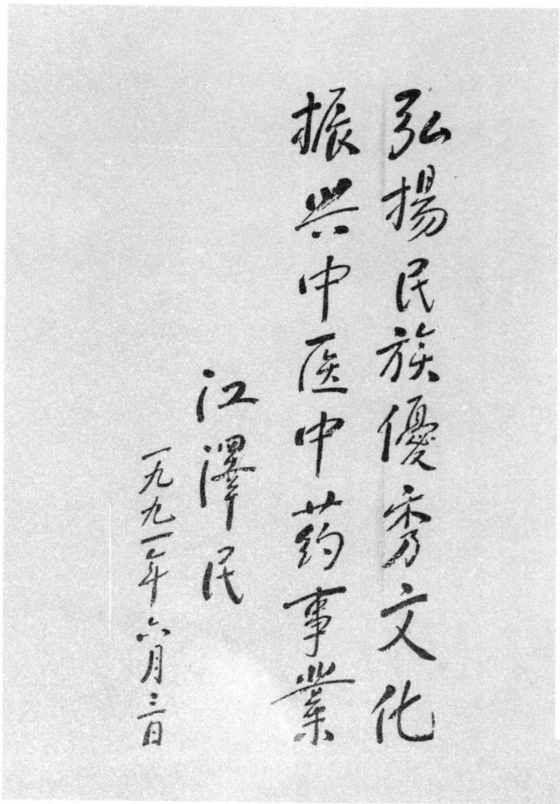

中共中央总书记江泽民为国际传统医药大会（北京，91）题词。

全国政协主席李先念为国际传统医药大会（北京，91）题词。

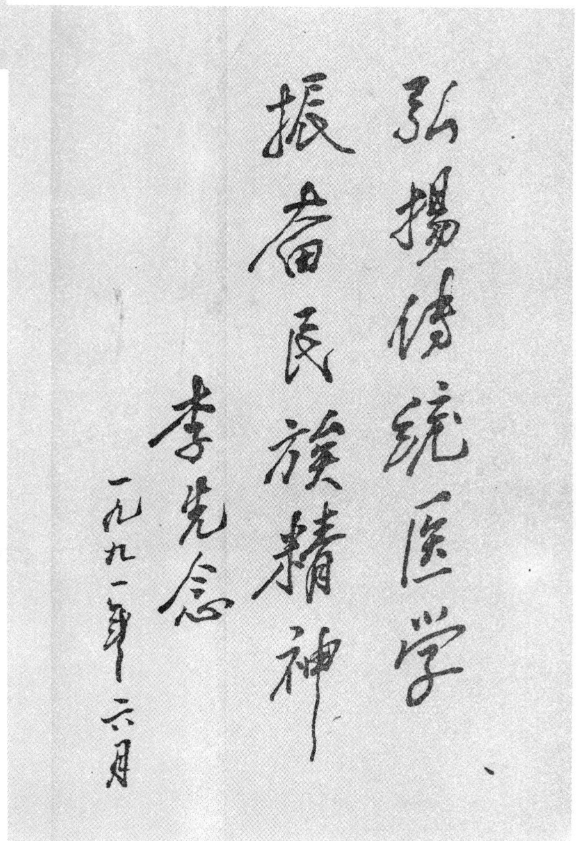

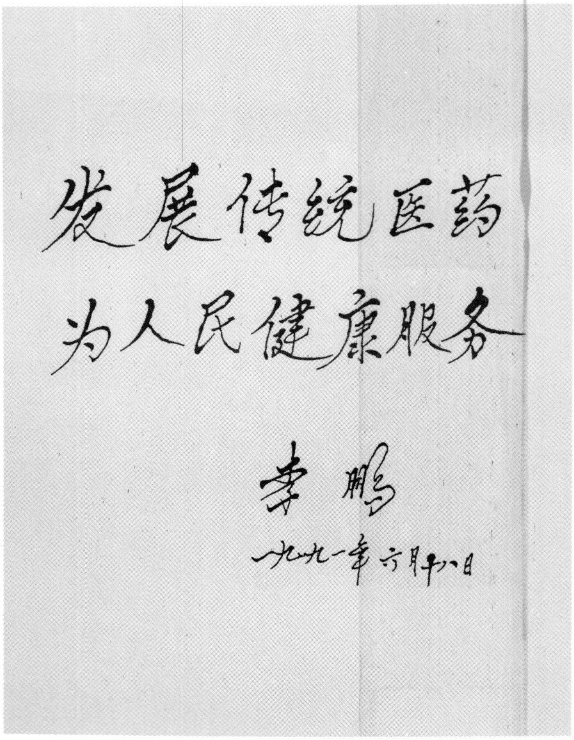

国务院总理李鹏为国际传统医药大会(北京，91)题词。

国家副主席王震为国际传统医药大会(北京，91)题词。

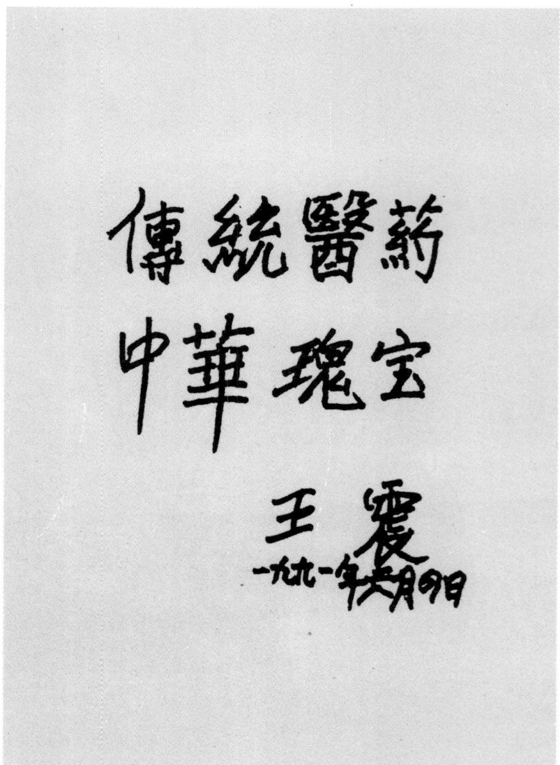

国务院总理李鹏等有关领导同志于10月19日下午，接见正在北京参加国际传统医药大会的专家、学者和官员。

（张为佳摄影、供稿）

1991年10月17日下午，国家副主席王震宣布国际传统医药大会（北京，91）开幕。

（张为佳摄影、供稿）

1991年10月21日，国家中医药管理局副局长朱杰陪同中共中央政治局常委宋平等领导参观国际传统医药展览。

（张为佳摄影、供稿）

1991年10月19日，中共中央政治局委员、国务委员李铁映接见世界卫生组织总干事中岛宏博士。

（张为佳摄影、供稿

1991年10月17日，由国家中医药管理局举办的国际传统医药展览（北京，91）于亚运村北京国际会议中心隆重开幕。图为国家中医药管理局副局长张洪魁主持剪彩仪式。

（张为佳摄影、供稿）

1991年10月22日，国际传统医药大会通过了《北京宣言》。图为中央电视台播音员李瑞英宣读《北京宣言》。

（张为佳摄影、供稿）

1991年10月18日，国际传统医药大会召开了有十几个国家卫生行政官员参加的第一次圆桌会议。

（张为佳摄影、供稿）

李鹏总理参观由国家计委、国家科委和财政部于1991年8月21日至9月1日联合主办的国家“七五”科技攻关成果展览会中医中药展区。

（国家中医药管理局供稿）

1991年全国中医工作厅局长会议于1月24日至28日在北京召开。

（张为佳摄影、供稿）

国家中医药管理局领导同志向香港中医学会代表赠送《中国中医药年鉴》。

（张为佳摄影、供稿）

1991年8月13日，国家中医药管理局欢送赴灾区首批医疗队。图为中国中医研究院广安门医院医疗队临行前与同志们亲切话别。

（张为佳摄影、供稿）

北京中医医院1991年12月29日建院35周年。图为该院新建的门诊楼。

（北京中医医院办公室供稿）

山西省黎成县源庄村在县药材公司的扶持下，种植的山茱萸在大旱之年喜获丰收。

（中国中医药报供稿　刘信昌摄）

国家级中药事业博物馆——杭州胡庆余堂中药博物馆于1991年5月试开馆。图为中药博物馆入口处。

（叶建华摄）

成都中医学院医史博物馆于1991年9月23日正式开馆。图为陈列馆一角。

（傅维康供稿）

德国实业家施道汀尔和北京中医学院东直门医院合作兴办的魁茨汀中医院于1991年6月24日正式开诊。图为中德两国医生为病人会诊。

（北京中医学院东直门医院办公室供稿）

云南中医学院附属医院护理部，为了使护理人员熟练掌握无菌技术操作规程，于1991年1月23日组织全院护理人员进行无菌技术比武。

（中国中医药报供稿　张南国摄）

第二届全国传统康复医学学术会议1991年11月26日在北京召开。

（吕金婵供稿）

安徽省中医药学会老年专业委员会成立暨首届学术交流会于1991年5月28日在安徽合肥市召开。

（安徽中医学会供稿）

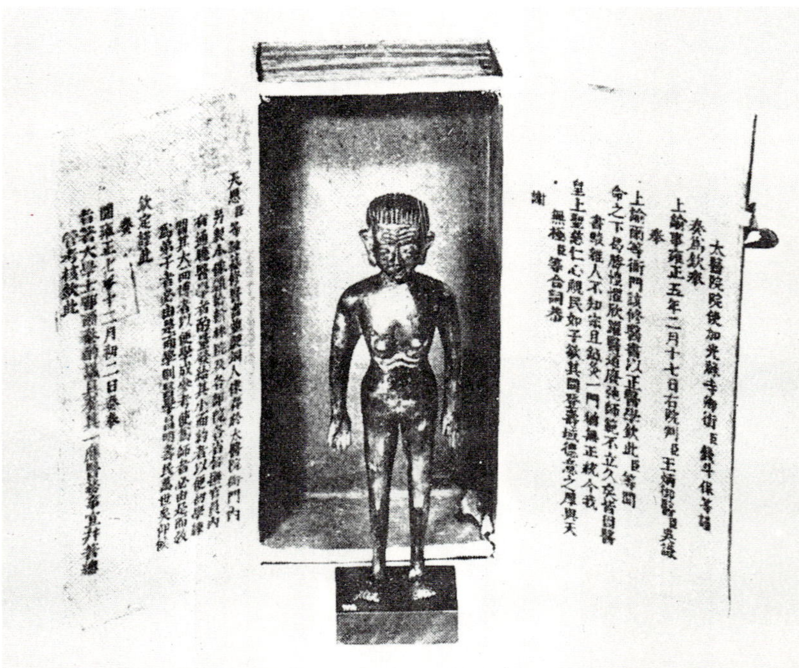

Bronze acupuncture figure, early 18th century. (No. 45).

清代针灸铜人，现藏英国Well Come 医史博物馆。

〔见医药古籍·明堂图源流考〕

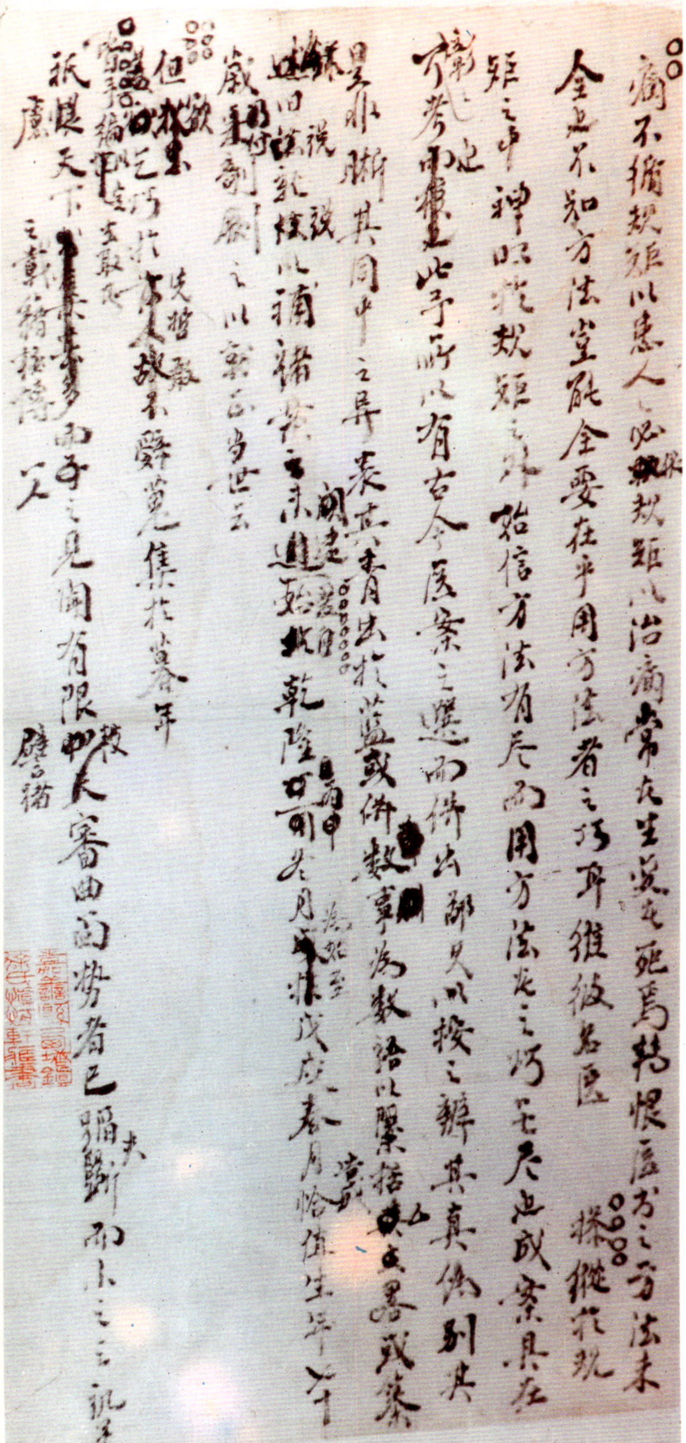

清·俞震《古今医案按》原序手稿。

（林乾良供稿　林功铮摄影）

〔见医药古籍·俞震《古今医案按》原序手稿问世〕

传说中的药王城

藏药植物标本图

藏医系列挂图《曼汤》　　　（蔡景峰供稿）

〔见医药古籍·藏医珍贵文物系列挂图《曼汤》〕

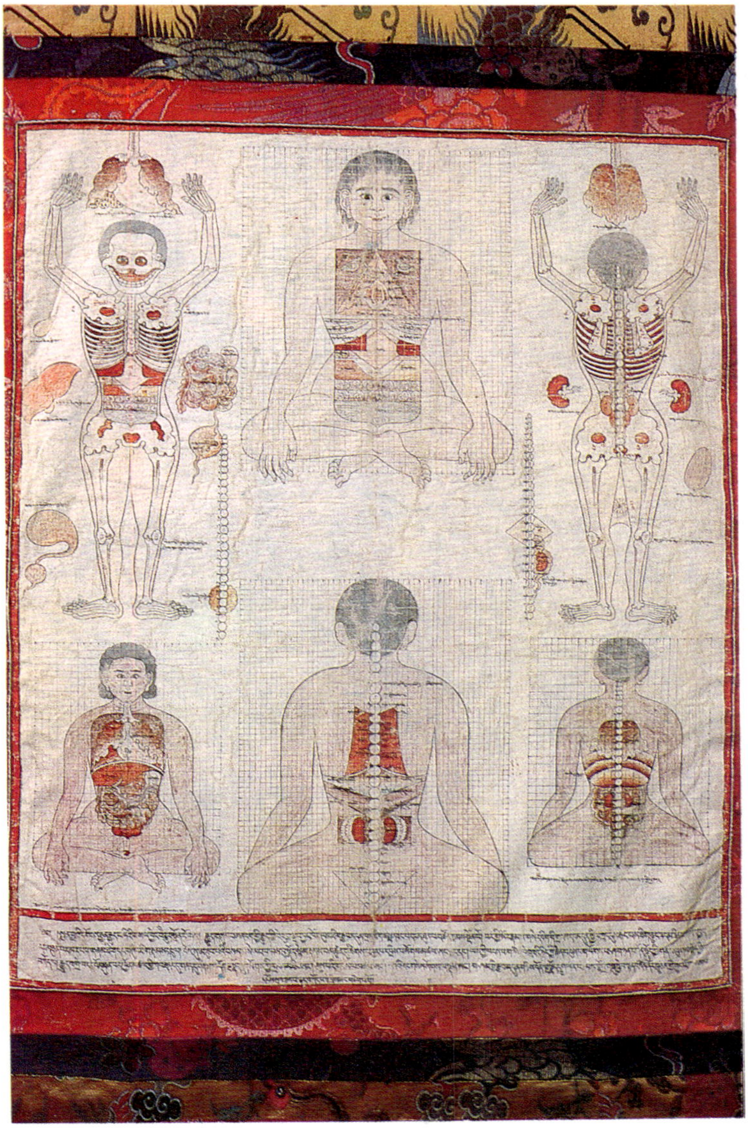

藏医《曼汤》解剖挂图

〔见医药古籍·藏医珍贵文物系列挂图《曼汤》〕

（蔡景峰供稿）

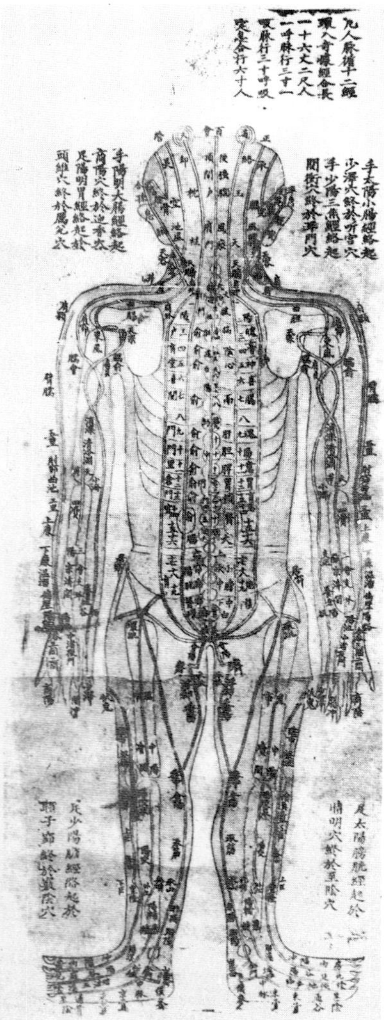

伏人明堂图

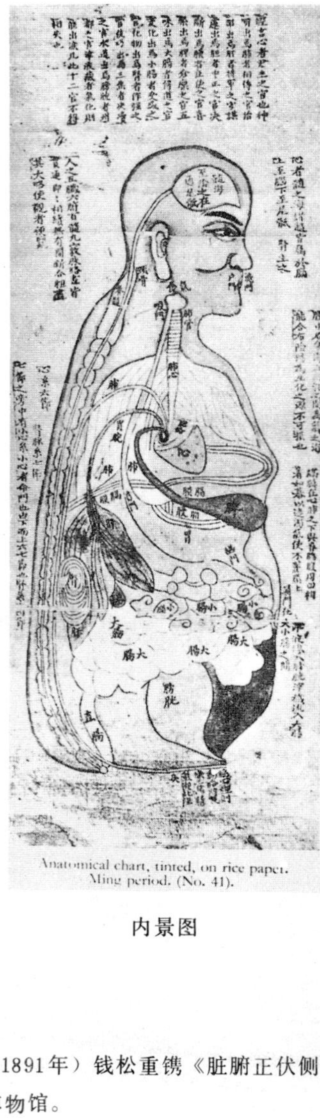

Anatomical chart, tinted, on rice paper. Ming period. (No. 41).

内景图

Anatomical chart, tinted, on rice paper. Ming period. (No. 40).

左侧人图

清嘉庆二十四年（公元1891年）钱松重镌《脏腑正伏侧人明堂图》共4幅。

现藏英国Wellcome 医史博物馆。

〔见医药古籍·明堂图源流考〕

前　言

《中国中医药年鉴》前身为《中医年鉴》，1989年更名为《中国中医药年鉴》，先后已出版十卷。编好中医药的综合性年鉴，目的是逐年记录中医药的学术和事业发展的基本情况。它既是史料，也是有价值的工具书。

由于国家中医药管理局及相应机构的陆续成立，经广泛征求意见，国家中医药管理局决定《中国中医药年鉴》由国家中医药管理局主办、局政策法规司归口管理，委托上海中医学院承办，由《中国中医药年鉴》编辑委员会编审，中国中医药出版社出版。《年鉴》实行主编负责制。

1991年4月在四川省成都市召开的《年鉴》第九次编委会，一致认为《中国中医药年鉴》的编纂质量应不断提高。其主要措施是：一要增加中药部分的内容；二要提高学术鉴赏能力，把当年的事业新发展、学术新进展准确、精练地收集到《年鉴》中来；三是行政管理部分要增加各省（区、市）的内容，反映各地改革创新的经验；四是要建立起必要的制度和程序，提高效率，缩短出版周期。这些建设性意见是正确的，是应当努力办到的。

从《中医年鉴》的问世，到《中国中医药年鉴》的出版，反映了中医药事业正迈出坚实的步伐前进。中医药行业的全体同志，要大力支持《中国中医药年鉴》的工作，使广大中医药工作者和管理干部了解《中国中医药年鉴》，充分利用它所提供的信息，使之发挥应有的作用。

十年来，国家卫生部领导对《年鉴》的工作给予了及时的指导与支持，人民卫生出版社对本书的出版承担了开拓者的工作。《中国中医药年鉴》今天的工作，离不开过去打下的良好基础。对此，中医药行业的同志们定会永志不忘。

朱　杰

《中国中医药年鉴》编辑委员会

目　　录

特 载

为国际传统医药大会(北京'91)题词

弘扬民族优秀文化　振兴中医中药事业

江泽民
一九九一年六月三日

弘扬传统医学　振奋民族精神

李先念
一九九一年六月

发展传统医药　为人民健康服务

李　鹏
一九九一年六月十八日

传统医药　中华瑰宝

王　震
一九九一年六月四日

为中医药屹立于世界医学之林而努力

田纪云
一九九一年七月

中医药是个伟大的宝库　一定要继承弘扬发展

李铁映
一九九一年八月十日

中医药应同现代科技密切结合

薄一波
一九九一年七月二十五日

中医与西医并重　继承与发展齐飞

宋任穷
一九九一年秋

发挥我国中医药的特点和优势，为社会主义祖国和人民健康服务！

刘澜涛
一九九一年八月五日

中医西医并重　中医中药并存

杨得志
一九九一年七月

中医药是我国社会主义卫生事业的特点和优势

余秋里
一九九一年七月十五日

中医与西医并重　继承与发扬齐飞

朱学范
一九九一年

继承和发展中华民族医学遗产　提高各族人民的健康水平

阿沛·阿旺晋美

杏林似锦　橘井香浓

严济慈
一九九一年七月

中医药同现代科技紧密结合

荣毅仁
一九九一年七月三十一日

中医与西医并重　继承与发扬齐飞

陈慕华
辛未年夏

放眼世界　弘扬国宝

孙起孟
一九九一年七月

中医同西医齐驱　继承与发展并重

宋　健
一九九一年七月十二日

中医西医并重　中医中药并存

王任重
一九九一年七月

运用现代科学技术　发展中医中药事业

洪学智
一九九一年七月十日

中医与西医并重　继承与发扬齐飞

卢嘉锡
一九九一年十月

发扬光大中医药威力　为人民健康服务

黄火青

为北京中医医院建院三十五周年题词

中医荟萃　盛誉不衰

李　鹏

一九九一年四月十八日

庆祝北京中医医院建院三十五周年

李先念

发展中医药事业为人民服务

李锡铭

一九九一年三月

北京中医医院建院三十五周年纪念

薄一波

一九九一年三月

中医中药国之瑰宝　发扬光大承古启今

宋任穷

一九九一年五月

治病救人　妙手慈心

耿　飙

一九九一年一月七日

利用现代科技成果来总结中医丰富的实践经验　创造中医新的医学理论　更好地为中国和世界人民服务

王任重

一九九一年三月

振兴中医

康克清

发扬传统医药特色　探索中西医结合途径　为人民健康造福

陈敏章

一九九一年十一月

发挥祖国医学优势　热情为患者服务　成绩显著

黄树则

大业功成

胡熙明

一九九一年十二月

继承传统医药学硕果累累　中西医团结合作成绩辉煌

钱信忠

一九九〇年十二月

能否真正认识中医的特点和规律，并以此来处理各种问题，是关系中医学兴衰的大事，是一个根本方向的问题。对每个人，也是是否真正关心这一事业的试金石。你们过去为此作出过卓有成效的努力，愿百尺竿头，更进一步，为全国提供示范。

朱杰谨识

一九九一年春

为中国中西医结合学会成立十周年学术发展研讨会题词

坚持中西医结合的方针　发展医学科学

李铁映

接见国际传统医药大会代表时的讲话

李　鹏

（一九九一年十月十九日）

我代表中国政府热烈欢迎大家在北京聚会，交流经验。中国政府对传统医药是非常重视的。我们的政策是中医与西医并重，中医与西医相结合，事实上也就是传统医药与现代医药相结合。早在明代，我国伟大的医药学家李时珍，就写出了医药学专著《本草纲目》，载药1892种。现在，中医药卫生部门和广大中医药专家已在编写新的《中华本草》。药物种类有了成倍增长。中华人民共和国自成立以来，卫生保健事业取得了很大成绩，中国人平均寿命已由解放初的35岁上升到现在的近70岁。当然，我们在卫生保健方面还要继续作出努力。传统医药在提高人民健康水平、预防治疗疾病、延长寿命方面，发挥了重要作用。希望国内外传统医药界的同志们、朋友们继续加强学术交流与合作，使传统医药得到更大的发展。

（国家中医药管理局政策法规司供稿）

人类健康需要传统医药

——国际传统医药大会(北京'91)开幕词

李铁映

(一九九一年十月十八日)

尊敬的各位来宾，各位代表，朋友们，同志们：

由世界卫生组织和中国国家中医药管理局联合召开的国际传统医药大会今天开幕了。请允许我代表中国政府，向与会的各国政府官员、专家、学者和全体代表，表示热烈的欢迎。

这是国际传统医药界的一次盛会，通过这次会议，我们将共同回顾和总结各国传统医药学的成就与经验，促进和加强各国传统医药的交流与合作。我相信，通过大家的努力，上述目的一定可以实现。北京的秋天是美好的，金秋十月，果实累累，这预示着此次盛会将取得丰硕的成果。

朋友们，同志们！

中国政府高度重视和充分肯定传统医药的历史贡献、科学价值及在卫生事业中的重要地位和作用。

——我国是统一的多民族国家，有五十六个民族，各民族都有悠久的历史。以中医药学为代表的我国传统医药，是在历史长河中，各族人民与疾病做斗争的经验结晶，为中华民族的繁衍昌盛做出了重要贡献，当前仍然是我国人民防病治病的重要手段。我国人均寿命近七十岁，这和传统医药事业的发展有着密切的关系。在中国，离开传统医药学，就谈不上建设有自己特色的医疗卫生事业，也不可能实现"人人享有卫生保健"这一战略目标。

——我国《宪法》第二十一条"发展现代医药和我国传统医药"的规定，是中国政府发展传统医药的根本法律依据；"中西医并重"是中国政府卫生工作的一项基本方针；继承和发展传统医药是中国政府的一贯政策。

——为了发展传统医药事业，中国政府成立了国家中医药管理局，各地也设立了相应的传统医药管理机构。各级政府把传统医药纳入国民经济与社会发展规划，并实行倾斜政策，每年拨出相当数量的专款。对中药生产经营，实行了比如减免中药饮片生产的税收、拨给中药特别储备基金、降低贷款利率等优惠政策。

我国是按照传统医药自身的规律和特点进行工作的。

首先是重视传统医药的人才培养。针对传统医药实践性强的特点，实行学校教育和师承教育相结合的办法。现在，我国已建立了三十二所中医药大学和民族医药大学，有五十七所中等中医药专业学校。不仅培养中专生、大专生、本科生，还培养硕士和博士研究生。另外，我们还继承和发展了师承传授的教育方式，其优点是学生长期在导师身边工作，以继承导师的独特经验。

第二是大力开展传统医药的科学研究。研究的重点是当前威胁人类健康的主要疾病。中医药在防治心脑血管病、恶性肿瘤、免疫性疾病、骨髓炎、烧伤等方面，取得了一定的进展。中医药在防治艾滋病方面的研究出现了可喜的苗头。已经建立了一百七十所不同类型的传统医药科研机构，拥有一支较大数量的多学科组合的科研队伍。最近的五年中，已取得重要科研成果二百三十一项，其中有二十九项获各种国际奖。

第三是加强传统医药医疗机构的建设。目前，我国中医和民族医医院已达两千一百四十一所，床位近二十万张，并在大多数综合医院设有中医科或民族医科，还有一批专科专病中心。遍及城乡的传统医药医疗体系，极大地方便了患者就医。

第四是利用丰富的药物资源发展传统医药。目前，我国有药材生产基地五百六十一个，中药饮片厂（场）一千五百多个，中成药厂六百八十四个，一九九〇年总产值达五十一点一八亿元，总产量近两万吨。中药出口已扩展到一百零五个国家和地区。我国传统药物的生产经营体系已经形成。

朋友们，同志们！

在历史的发展中，世界上许多民族都有自己的传统医药，而且各具特点和长处。在历史上，各国的传统医药是相互交流的。中国的传统医药早在汉代张骞出使西域，开辟古“丝绸之路”，就开始与阿拉伯国家的传统医药进行交流。如中国的炼丹术，在公元八世纪前后，就传入了阿拉伯，并辗转传至欧洲，对世界制药化学产生了一定影响。同时，许多国家的传统医药也传入我国，丰富了我国传统医药学知识。中医今天常用的乳香、没药等多种药物，就是唐代由阿拉伯国家传入的。印度眼科著作《龙树论》在唐代传入我国，对我国中医眼科的发展有一定的影响。

近年来，我国与许多国家在针灸、针刺麻醉、气功、正骨、中药研究等领域进行了广泛的交流与合作，与一百二十多个国家建立了民间交往，有许多国家的留学生到我国学习传统医药。我们希望进一步加强政府和民间的传统医药的交流与合作。

世界卫生组织关于传统医药做出的几个重要决定，对推动传统医药的发展起到了积极作用。对于世界卫生组织给予我国的帮助，我们表示由衷的感谢。

中国作为这次会议的东道主，将尽力提供良好的服务，也十分愿意听取大家对我国传统医药工作提出的建议。

最后，祝国际传统医药大会圆满成功！祝大家身体健康、生活愉快！谢谢！

（转自《中医药管理杂志》1991年第6期）

北京宣言

（人类健康需要传统医药）

为发展传统医药，我们来自世界各国的热心于传统医药学的人士，于1991年10月18至22日聚会北京，共商传统医药的发展大计。

传统医药是世界各民族的文化瑰宝，数千年来，对人类健康和医学进步做出了不可磨灭的贡献，面对现代科学技术迅速发展的新形势，传统医药学继续显示出强大的生命力，我们认为，为了人类健康，必须发展传统医药。

我们吁请各国政府、各有关国际组织、非政府的组织和各界人士，对传统医药的发展给予必要的关心和支持。

一、加强传统医药的国际交流与合作，筹建世界传统医药学术组织。

二、将每年的10月22日定为世界传统医药日。

三、发展传统医药教育事业，在世界范围内培养传统医药后继人才。

四、加强科学研究，提高传统医药的学术水平和临床水平。

五、合理地开发利用传统药物，加强自然资源保护。

我们谨以本宣言保证我们自己，同时号召全世界一切关心人类健康的人们，为发展传统医药，促进人类健康，实现人人享有卫生保健的目标而共同奋斗！

国际传统医药大会（北京'91）

1991年10月22日于北京

（转自《中医药管理杂志》1991年第6期）

专论

抓好中医药统一管理
贯彻“中西医并重”方针

田 景 福

1988年5月3日，国务院在国家机关体制改革中决定成立国家中医药管理局。这是继1986年成立国家中医管理局之后，对我国中医药管理体制所进行的又一重大改革。国家中医药管理局的成立，为改变中医中药多年来相互分离的管理体制和从属地位，实现中医中药的协调配合和同步发展提供了必要的组织保证。三年多的实践证明，成立国家中医药管理局，对中医中药实行统一管理是十分必要的。首先，它从国家一级较好地解决了中医中药的从属地位问题，使中医药行业能够相对独立地自主管理，能按中医药自身的特点和规律办事。如中药从1989年实现计划、财政单列，由于其存在着基础差、底子薄、技术改造起步晚等问题，建局后曾多次向国家有关主管部门汇报，请求予以支持。几年来，在国家治理整顿、深化改革、压缩投资规模的情况下，国家计委、中国工商银行、建设银行等部门考虑到中药行业的实际困难，在安排年度计划时均给予了照顾。三年的贷款、拨款总额较1988年划转时增长了三倍多。若没有中药计划、财政单列是根本不可能的。中医计划、财政单列后的情况也是如此。其次，这样做有利于充分发挥中医中药两个系统科技力量的作用，促进行业的技术进步。中医药的科研可以与中医临床水平的提高及中药新品种的开发、市场供应紧密结合起来，促进社会效益与经济效益不断提高。这个优势是中医中药分开管理所无法比拟的。第三，统一管理后，将医知药情、药知医用落到了实处。如中医组织全国力量攻急重症的治疗，急需提供安全、速效的中药新品种和新剂型，这就需要中药生产方面的大力配合。第四，中医中药形成一个拳头，有利于在国际上的竞争。

最近，全国人大七届四次会议通过的《中华人民共和国国民经济和社会发展十年规划和第八个五年计划纲要》中提出了新时期卫生工作的基本方针，这是原卫生工作“四大方针”的继承和发展。其中“中西医并重”是新方针的内容之一。“中西医并重”是宪法“发展我国传统医药”规定的具体体现，是建设有中国特色医疗卫生事业的重要标志，又为处理好两种医学的关系提供了准绳，这对充分发挥中医药人员在保护人民健康中的作用，有着极其重要和深远的意义。“中西医并重”的内涵是十分广泛的，但其核心应是在政治地位、社会地位上要一视同仁；在学术地位上要充分重视中医药学自身的特点和规律；在组织管理上要充实和加强中医药管理机构，要赋予发展中医药事业的相对自主权；在发展规划和经费安排上要给中医药事业的发展提供良好的物质条件等。各级政府和卫生、中医药主管部门逐步落实卫生工作新的指导方针时，中医药系统应不失时机地抓好中医药机构的内涵建设，它是中医药事业发展的核心内容，是更深层次的发展。内涵建设的根本问题是中医药学术的继承与发展，是防治疾病能力与水平的提高。为此，中医药战线的同志们必须进一步团结起来，奋发图强，巩固和发展来之不易的成果，决不辜负党和人民的期望，使中医药学在保护中国人民和世界人民健康中作出新的贡献。这也是新时期卫生工作方针对广大中医药人员提出的新要求。

（转自《中国中医药报》1991年8月9日）

当代中医学术的发展与展望

施 莫 邦

中医学的历史，是学术不断发展、不断创新的历史。新中国成立以来，在我国政府的亲切关怀下，中医学术取得了很大的进展，在研究的广度与深度上超越了任何历史时期。当代中医学术的研究，运用传统的方法和现代科学方法，保持和发扬中医特色，在基础研究、临床研究等方面都取得了引人瞩目的成就，迎来了中医学蓬勃发展的春天。作为全人类共同财富的中医学，正日益受到全世界有识之士的重视。

一、中医基础研究的进展

当代中医基础研究是全方位的，研究的方式除了传统的经验总结和文献整理等以外，并且与实验研究相结合，揭示其现代科学的内涵。作为中医理论支柱的阴阳学说、五行学说、经络学说、脏象学说、运气学说，以及气、血、痰、瘀和时间、体质、心理诸方面的研究，不断深化；诊法手段更新，治则、治法丰富多彩；与临床密切相关的“证”的研究取得了很大的进展。

中医文献研究方面，以先后五版中医院校教材为标志，构筑了中医学的基本体系，而阐释精义、赋予新义、开拓新境的诸多佳篇，反映了理论水平的提高。如任应秋在《阴阳五行》一书中，提出阴阳学说“两体合一”、“动静升降”、“始终嗣续”、“两极反复”四大规律，以阐明阴阳的奥义。很多学者对传统理论赋予新的涵义，如用现代病理学研究证与治则，还有些学者在深入研究《伤寒论》和温病学说的基础上，从临床实际出发，开拓了“寒温结合”的研究，对于建立一个统一的外感热病学是有益的。理论研究向纵深发展，有些学者在热性病的研究上，提出“截断”论，对来势凶险的病证，不拘于卫气营血辨证用药的传统法则，重用清热解毒，早用苦寒攻下，以提高疗效，缩短疗程，开辟了新途径。

实验研究方式与传统研究方式互为补充，使中医理论的奥秘从不同的角度逐步揭示出来。经络的现代研究，从六十年代的循经感传研究开始，目前从肌电、皮肤温度、皮肤电阻、血流图、超声波、激光及同位素示踪、微观解剖、内分泌、神经化学等方面多学科、多方法、多途径着手，证实了经络现象是客观存在的；至于经络的实质，已从经络与电磁、与神经体液、与脉管等方面的关系进行探讨，尚有待进一步的揭示。通过临床观察与动物实验等途径，探讨中医脏腑的实质，取得一定的进展。关于“肾”的研究，一些学者发表的资料表明，在肾阳虚时，下丘脑一垂体一肾上腺皮质、下丘脑一垂体一性腺、下丘脑一垂体一甲状腺三轴出现功能紊乱与低下，肾阳虚证的主要发病环节是下丘脑的调节功能紊乱，经采用温阳补肾等法治疗后，可有一定程度的调整与恢复。其它对脾、肝、肺、心的研究也不断取得成果。

在诊法的研究上，不仅使“四诊”更为条理化，而且运用整体观念和多学科方法对中医诊法进行研究，特别是对舌诊、脉诊客观化、标准化的研究，例如舌诊不仅是舌苔、舌质病理变化研究，近来已有利用色谱变化和电子计算机相结合，客观地观察舌色的动态变化，并有量的概念，这就更能明确这些疾病中舌象变化的规律。目前脉象仪、舌象仪的研制已具雏型。

辨证论治是中医学的精华。中医治疗注重辨证，从总体把握人体阴阳失调、邪正斗争的状态，把人本身的阴阳失调与外部环境结合起来，综合分析，强调因人、因时、因地制宜，即使西医尚未明确诊断的病，运用辨证论治同样可以进行分析处理取得疗效。当代对“证”的研究从概念到应用、从宏观到微观不断深入，关于证实质的研究，除开展脏腑病证的研究外，许多学者致力于证候规范化及阴虚、阳虚、寒证、热证和血瘀证的研究，如认识到血瘀证病人多见血液流变学、微循环障碍等方面的变化。这些成果目前已比较广泛地应用于临床。

二、中医临床研究的进展

当代中医临床研究具有鲜明的特点：辨证与辨病相结合，辨证论治与专方专药相结合，提高了疗效；大宗病例观察疗效与实验研究相结合，阐明了疗效机理；新思路、新方药、新疗法不断产生。

在外感热病方面，五十年代中期影响较大的是中医治疗乙型脑炎。进入八十年代，中医对流行性出血热的治疗与研究十分活跃，如南京中医学院以温病卫气营血理论为主，结合三焦与六经辨证，发热期从热毒论治，低血压休克期从热毒内陷、热深厥深论治，少尿期针对热毒、血毒、水毒互结，阴津耗伤，瘀热壅结下焦，治以泻下通瘀，滋阴利水，共治疗野鼠型出血热1127例，病死率下降到1.11%，显示了中医对急性传染病治疗有着巨大的潜力。

中医对急症的辨证与治疗也有较大的发展，具体表现在逐步掌握了急症辨证论治的规律，急救技术不断提高和药物剂型不断改进，已经尝试制定了中风、高热、厥脱、血证、心痛等多个急症诊疗规范，探索了证治的新路。“通里攻下”的理论与方药，治疗某些急腹症取得较好疗效，如急性阑尾炎、阑尾炎性腹膜炎、胃或十二指肠急性穿孔、宫外孕的非手术治疗，积累了宝贵的经验；对于厥脱（休克）的治疗，因证而施，应用回阳固脱的参附针，益气养阴的生脉针、参麦针，理气救逆的枳实针、青皮针等制剂，获得初步成功。其它研制的新方药如大黄醇提片等各种大黄制剂治疗急性消化道出血、大黄为主的结肠灌注液治疗急性肾功能衰竭以及活血化瘀的“冠心二号方”治疗心绞痛等，均取得显著的临床效果。

在内伤杂病及其它各科，取得的进展不胜枚举：

慢性萎缩性胃炎经中医中药治疗，近来已证明胃粘膜腺体萎缩的病理改变部分是可逆的。

乙型肝炎的整体性治疗，以及对有效的单方专药的发掘与研究（如五味子、山豆根、大黄、丹参、三七等）较前也有了较大的发展。

慢性肾小球肾炎的治疗，除了按传统的水气病的辨证治疗外，近来证明活血化瘀、清热解毒的治法方药，有助于消水肿、蛋白尿和血尿。

慢性粒细胞性白血病的治疗，五十年代中国医学科学院首先运用泻肝胆实火的当归龙荟丸，有效率达72.2%，初步肯定了芦荟和青黛的特殊作用，1977年四川中药研究所从青黛中分离出靛玉红，成为治疗该病的有效新药。

恶性肿瘤的中医药防治日益引起国内外广泛的关注。已经证明古代名方六味地黄丸对食管上皮癌有阻断作用。中药“三品一条枪”外用作宫颈药物椎切法治疗早期宫颈癌获得了成果，并已推广应用；以及火针治疗皮肤癌大量的临床研究证明，中医药对恶性肿瘤有缓解症状、延长病人生存期的作用，能提高患者生存质量，调整机体免疫功能；中药与放疗、化疗结合，可以减轻其毒副作用。

在针灸领域，经穴的国际标准化方案开始试行，除临床发现数十个新穴外，还开创了耳针、足针、面针、头针，鼻针、唇针、弯踝针、眼针等微针的经络穴位系统，针灸广泛用于各科临床，治疗细菌性痢疾、冠心病、甲状腺机能亢进、胆石症、泌尿系结石、胎位不正等取得一定疗效，针刺麻醉应用于100多种手术，如甲状腺摘除术、肺切除术、输卵管结扎、子宫全切除术、剖腹产等，成功率较高。

在外科领域，“消痔灵”注射液治疗内痔，具有操作简便安全、治愈率高、痛苦小、疗程短等优点，得到公认；中医、中西医结合治疗烧伤，包括对大面积危重烧伤病人的抢救治疗，取得很大成就。据报道，用烧伤湿润暴露疗法治疗烧伤120例（最大烧伤面积50%，深二度以下面积40%）全部治愈。

在骨科领域，动静结合的治伤原则普遍应用，治疗骨折、脱位、伤筋、内伤的有效手法不断创立，具有确切疗效的外固定器材不断研制出来，动静结合，运用手法复位和小夹板固定，配合中药治疗某些骨折的方法，使骨折愈合时间全疗程缩短½，骨折不愈合率由过去平均5—7%下降至0.04%，达到国际先进水平。

此外，在妇科、儿科、皮肤科、眼科、耳鼻喉科，以及气功、康复、养生、推拿等方面，亦是成果累累。七十年代以后，内科临床又引进了电子计算机技术整理和研究著名老中医经验，目前各地相继建立起肝炎、胃病、热病等数十个专家系统，应用临床获得成功。

三、展望

当代中医学术的进展令人鼓舞。面向未来，面向世界，我们要科学地总结经验，在新的起点上争取更大的飞跃，满怀希望走向二十一世纪。

1. 中医学将与现代科技相结合，有可能出现理论上的重大突破　当代科学技术突飞猛进，西医学日新月异，多学科交叉、渗透，为中医学的发展带来了契机。现代自然科学在高度分化的基础上，出现了综合的趋势，而中医学的整体观念、综合分析的方法又恰好是其优势之所在。我们一方面要充分认识自己的价值，做好继承挖掘工作；另一方面要把握历史的机遇，千方百计汲取现代科学技术，加强对中医的研究。可以断言，随着现代科技的高度发展，中医学的奥秘会不断地被揭示出来，一些目前无法解释但又行之有效的理论与方法，会重新被我们认识。我们有可能取得理论上的重大突破，从总体上来说，某个病的疗效提高以至于突破，是局部的；而理论上一旦有突破，将带动全局改观。

2. 辨证论治水平的不断提高，为疑难病的攻克带来了光明的前景　辨证论治是中医学的特点与优势，不管人们对病的认识精确到何种程度，总需要辨证。为了充分利用这一优势，我们必须在疑难病，特别是目前西医学尚缺乏办法的疾病上多下功夫，如自身免疫性疾病、闭塞性周围血管病、心脑血管病、再生障碍性贫血、肝炎、肾炎等，协同攻关，逐一突破。要把辨证论治和专方专药的应用密切结合起来。可以预期，在影响人类健康的大敌——爱滋病、癌症面前，中医学将大有作为。

3. 随着社会的老龄化，中医学将在养生保健方面发挥重大作用　中医学对于养生保健从理论到实践，从药物到食疗、气功等方面积累了丰富的经验，认识和创造了自我身心锻炼的方法。中医学认为衰老与肾虚有关，大量的研究表明，一些补益脾肾，或某些活血中药，有延缓衰老、延年益寿的作用。随着人类社会的老龄化，老年病的研究日益受到重视，对老年性痴呆、骨质增生、震颤麻痹等的治疗，中医学确有所长。它在人类养生保健方面将发挥越来越大的作用。

4. 大力推广中医中药，使之进一步国际化　中医药在防治疾病与预防保健方面的实用价值，日益受到国际科技界的重视。七十年代以来，以世界范围的针灸热为先导，又掀起了中医热。目前，我国的针灸学已传播到100多个国家和地区，世界卫生组织还在我国设立了7个传统医学合作中心，标志着中医学逐步国际化。我们要在加强中医学术研究的同时，密切医药结合，搞好中药资源的保护，进一步做好开发应用；要认真搞好中药剂型改革，研制出高效、速效、方便的各种剂型，促进中医科研成果推广应用。要进一步加强国际学术交流，相互沟通，取长补短，为世界人民的卫生保健作出更大的贡献。

（转自《中国中医药报》1991年10月21日）

对“八五”期间中医药事业若干问题的思考

邢 思 邵

近五年来，中医药工作虽然取得了很大的成绩，但也存在着不少困难与问题。对于这些问题，我们已制定了中医、中药事业“八五”计划及十年规划设想，提出了“八五”期间和到2000年我国中医药事业发展的指导思想、战略重点、发展目标与指标。许多工作，不但需要我们自己努力，也需要中央、地方有关部门大力支持、配合。当前共同面临的任务是：

（一）关于建立地方中医药统一管理机构问题　1988年5月3日国家中医药管理局成立，这是我国中医药管理体制的重大改革，从而实现了中医和中药的相互结合和统一管理，对发展我国中医药事业具有十分重要的意义，受到了全国中医药界和关心、热爱中医药的社会人士的欢迎。

按照“三定”方案，国家中医药管理局设9个职能司办，人员编制220人；并根据药材公司有几十年管理和经营的历史，以及在全国建有一整套经营管理体系和覆盖城乡的经营网络的情况，由中国药材公司承担国家中医药管理局委托的部分行业管理职能，协助把全国中药工作搞好。“三定”方案落实工作的检查验收报告已得到国家编委的批准。

省及省以下中医药管理体制目前仍然处于中医、中药分开管理的状态，而且各地发展不平衡。

目前建有17个省级中医管理局，其中仅有7个是副厅级的，有10个是处级的，有的编制也就是几个人。计划、财政单列户头的省中医管理局只有4个，其余省份的中医工作都由省卫生厅中医处抓。中医处力量十分薄弱，多的七八个人，少的仅三四个人。地（市）市级基本上没有独立的中医管理机构，少数在卫生局设中医科，大部分则连中医科都没有。县级更没有中医管理部门，有的甚至连管中医的专人都没有。

1989年4月7日李铁映同志召集国务院16个部委局领导开会，专题研究中医药工作中存在的问题。会后国务院印发了《关于解决中医药有关问题的会议纪要》。虽然我局为贯彻落实《纪要》精神，做了一些工作，但建立地方中医药统一管理的试点工作始终未能落实，国家中医药管理局下面没有地方机构，这就使政令不畅，困难重重。近几年建立的中央机构，如纪检、监察、审计、土地、新闻出版都是因为有了地方机构，工作才有了明显效果，反之则没有保障。中医药也是同一道理。

我们认为，建立地方中医药统一管理机构有以下好处：（1）符合中医药学的自身发展规律。中医药学作为一门科学，自古以来就是一个统一的整体。二者同出一源，同属于一个理论体系。中药的使用以中医药理论为指导，以辨证论治、复方用药、随证加减为特色，这同化学药品有很大的不同。中药的发展特别是新药的研制也不能离开中医药理论的指导，并且比化学药品更加紧密地依靠临床。这些，都要求对二者实行统一管理。（2）中医和中药的结合，实际上是生产和使用的结合。一个时期以来，中药生产单位反映销售不畅，而许多医院和医生又反映许多中药品种短缺，质量下降，影响了中医的疗效。把二者分开管理，不利于这些问题的解决。统一管理之后，可以使两方面更好地联系和沟通，做到"以用定产"、"产销结合"，使两者的问题都得到解决，有利于更好地为防病治病服务。(3) 有利于发挥中医现有的教育、科研优势，促进中药生产和科技结合，使科研成果向生产力转化，建立教育、科研、生产与临床紧密结合的机制。目前在中医系统，有中药人员14万多人，32所中医学院（含民族医学院）有23个中药系，还有50余所中医药学校设有中药专业。由于技术力量强，因而每年中医、卫生部门都有较多的中药科研成果。中医中药统一管理，有利于使中医系统的中药技术力量同中药生产相结合，有利于科研成果向生产力转化。(4) 有利于集中力量，形成拳头，适应国际竞争的要求。我们必须集中力量，形成优势，加速开发和发展，以保持先进地位。而中医、中药相互分离的体制和多头管理，既不利于形成拳头，加速发展，也不利于相互协调，在对外交流中，采取同一步调。(5) 有利于更好地处理经济效益与社会效益的关系。中药是一种为防病治病服务的特殊商品，应该把社会效益放在第一位。分开管理往往造成不考虑需要，偏重于考虑产值、利润，"大利大干、小利小干、无利不干"，这样必然使生产和使用脱节，不能保证产品质量，同时使产品结构存在严重问题，不能产销对路。前几年，一些厂家大量生产滋补药，而许多治疗药无人生产。(6) 有利于在管理上把中医药工作摆上应有的位置。多年来的经验证明，由西药部门管理中药，使中药摆不上应有的位置，得不到应有的重视。据了解在西药部门的职工中，中药专业人员很少，大部分西药人员对中药的情况和特点不了解，就不会主动考虑中药问题，必然会"重西轻中"，以管理西药的办法管理中药，致使中药越来越失去特色。同时，在经费和生产条件上，往往是"以西挤中"。比如，中药的简易建筑费、生产扶持资金和特种储备资金等都易被西药挤占。中药科研3项费用也少得可怜。全国中药材至今仍有30%露天存放，霉变、虫蚀造成很大损失，这同过去对中药不够重视也大有关系。

实行中医药全行业统一管理，就目前的情况来看，也存在某些不利的因素。如由于长期重西轻中思想的影响，中药管理体制薄弱，中药管理人才缺乏，经验不足，需要有一个加强培养、实践锻炼、总结提高的过程；中西药不可能绝对分开，只能大致分开，业务上会有些交叉，可能给行业管理带来一些麻烦。

但是，综上分析，从总体看，中医中药实行统一管理的利远远多于弊。中医药局长期这样没有地方机构不是解决问题的办法。

（二）继承名老中医学术经验，造就新一代名医　把老中医药专家的宝贵经验继承下来，造就新一代名医，是中医药事业生存、发展、兴盛的关键。建国以来，不少身怀绝学的中医药专家相继谢世。如中国中医研究院在50年代建院时，周总理亲自批示从全国遴选聘请来32位名医，目前还健在的只有4人；江苏省1980年确定的全省名老中医重点继承对象105人，目前还健在并坚持半日工作的只有28人；目前，全国著名的老中医药专家均年事已高，且大多健康状况不佳。这些名老中医药专家的许多独特的经验已经或濒将失传。广大中医药界，特别是老中医，每提及此，心情都十分沉重。因此，如何将他们的学术经验抢救下来，培养一批得意高徒，已经迫在眉睫。

1990年6月13日，人事部、卫生部和国家中医药管理局联合发布了《关于采取紧急措施做好老中医药专家学术经验继承工作的决定》，在全国遴选500名资格合格、品学兼优的学术继承人。还提到，对传授经验有贡献的老中医予以表彰和奖励；继承合格者晋升高一级专业技术职务，不受原单位的专业技术职务指标的限制；师徒采取两相情愿的办法；国家拨出一定的专款予以补助等。这一措施，已开始落实，国家中医药管理局1990年10月20日在人民大会堂举行了“全国继承老中医药专家学术经验拜师大会”，全国30个省、自治区、直辖市都有师生代表参加，国内外反应极佳。我们认为，仅有这一批是远远不够的，应在此基础上，把这项工作深入地开展下去。在“八五”期间全国再遴选2000名老中医药专家（含民族医及中西医结合专家）并配备继承人，连同去年已确定的500名老专家，总计为2500名，这样，就可培养出5000名继承人，三五年后有可能出现一批高质量的名医。

（三）大力培养农村中医人才　中医在广大农村有着深深的根基。建国初期，全国有中医50万（当时西医只有近8万人），广大农民看病主要靠中医。40多年来，由于农村中医人才来源不畅，中医院校的毕业生下不到农村，中专生尚不足以弥补县级中医机构的自然减员。传统的中医师带徒教育，由于学历问题或就业问题得不到解决，难以为续，从而造成广大农村缺乏中医的现象日趋严重。据1990年底统计，全国中医只有37万人，农村有的地方，甚至在十几个乡的范围内都找不到一名中医。广大农村看中医十分困难，群众意见很大。

师带徒是中医几千年来培养人才的一条主要途径。今后，在办好正规教育的同时，要大力提倡农村中医带徒。使学位制度、师承制度长期并存。我们已经提出了一个农村中医带徒的具体办法，希望纳入中专、成人统一招生计划，由省（区、市）统一考试，择优录取。入学考试的办法要相应改革，文化、专业考试分各占50%，对老中医子女可给予适当照顾。采取集中学习理论，分散跟师实践的培养方法，学徒期满，经省（区、市）主管部门统一考试，合格者发给毕业证书，承认学历，享受相应工资待遇，到农村基层工作。

（四）加强重点科研基地建设　现在国际上对中医药的研究抓得很紧，很多国家都列为科研重点。日本科技厅拨出5亿日元，把中医药研究列为该国的重大研究项目；美国国立癌症研究中心和爱滋病防治研究中心分别对3百种中草药进行系统筛选和有效成分研究；德国从《易经》到中医理论进行系统研究。中医药学正面临着世界性挑战。我们在这个问题上再不狠抓，就有落在其它国家后面的危险。

现在国家中医药管理局有一个科研中心（中国中医研究院）、7个科研基地（上海、四川、陕西、湖北、辽宁、吉林、湖南）和4个省级民族医药研究所。这些研究机构是中医科技攻关的核心和基地，其布局是合理的。当前的问题是基础差、设备不足。这些单位的设备总值加在一起，还抵不上某一所重点医科大学。我们希望有关部门对这些中医重点科研机构给予支持，在正常经费之外拨给仪器设备专款。若能在2年之内落实，同时注意布局的合理性，就能迅速形成中医科研的拳头，扭转中医药科研的被动局面。

（五）加强中医药对外交流、合作、贸易的管理　我们中医药学在国际上的优势是举足轻重的。来我国学习自然科学的外国留学生中，学习中医药的居第一位。42年来，党和政府实行的保护中医药的政策，在国际产生了重大的政治影响。很多国际组织与国家都非常重视学习我们这一方面的经验。

当前的问题是，对外合作没有统一协调的实质性机构。人员多头派出，中药材和中成药多头出口，一些外国商人利用我们这种混乱状态从中牟利。比如，有中药进出口权的外贸企业涉及到十几个系统，仅北京就有十几家企业，它们在国内抬价抢购，在国外压价出售，造成出口数量增多，创汇反而减少，如三七，由过去每吨售价5.5万美元，下降为3万美元；黄芪每吨售价0.7万美元，下降为0.2万美元。使国家利益受到很大损失。中成药的出口，更为混乱。

由于多头派出人员，质量不能保证；多头出口，药材管理混乱，中医药界强烈呼吁，这种状况如果不加以改变，我们将要自毁长城。关键是要实行中医药对外合作、交流的统一管理，应迅速建立中医药技术与贸易总公司，统一负责中医药对外贸易的出口问题。对各地技术交流与中药对外贸易，国家中医药管理局会同卫生部制定中药保护办法。争取实行定点生产许可证制度。

（六）重点办好一批示范中医院　现在全国有2141所中医医院，由于起步晚、底子薄、基础差，多数中医医院规模小，设备简陋。县级中医医院平均床位仅57张，设备仅10万元。过去中医医疗主要是个体应诊或诊所，办医院的历史不长，在如何突出中医特色、显示中医疗效、按中医自身规律办院方面缺乏经验。

当前急需办一批示范中医医院作为典型。我们已提出了《杏林计划》，在“八五”期间，重点办好100所示范中医医院。

（七）加速中西医结合人才培养　50年代，我国培养了一批中西医结合高级人才，他们是我国中西医结合事业的开创者，出了一些世界瞩目的成就。但令人担忧的是，这批人才有的已经故世，健在的也都年事已高，平均年龄在60岁以上。中西医结合面临着后继乏人的危机。其主要原因是西学中的培养方式和现行教育制度不配套，从西医院校本科毕业后，经几年临床，再学习中医，不仅要付出艰苦的劳动，而且职称、待遇等方面都受到影响，没有相应的鼓励政策。建议要选择两所医学院校，试办中西医结合专业。

（八）中药管理体制不顺，严重影响中药事业稳定、协调和发展的问题亟待重视解决　国家中医药管理局成立近3年来，中药管理体制一直未能理顺，中药行业管理工作被削弱。其主要表现在：(1) 一些地方的中药机构体系被削弱。国务院〔1983〕160号文件所规定的“中药实行中央、省、县三级管理”被打乱，部分县医药公司被撤并、易名。特别是一些中药主产县、市药材公司被易名为医药局、医药公司。(2) 中药厂更名为制药厂，管理权上收到局，有意识地取消中成药专业厂。(3) 中药教育、科研机构被合并、更名、上收。(4) 现行的中药管理体制下，在“八五”—2000年规划的执行中，省、市的地方投资必然会向西药倾斜，中药事业的发展将面临着缺乏后劲的危险。(5) 中药行业管理工作被削弱。中药行业管理工作过去一直由省药材公司承担，现在有些省医药局收走部分行业管理职能，省公司、地区二级站、县公司原有的一套业务指导关系被打乱。尤其是在现行体制下，省医药局以西药为主，中药工作摆不上位置。(6) 由于中医药无省级机构，致使国家中医药管理局的有关工作的贯彻执行很难得到保证。

（九）中药市场的治理整顿工作需要继续抓紧　中药市场的治理整顿工作还需下大力气，如果没有工商、税务、药政、公安等部门的配合和地方政府的支持，是难以奏效的。目前，在中药集散（贸）市场管理和中药名优产品保护等问题上，仍需继续与工商、药政部门协商。近来中药交流会失控的问题又有所抬头。有的药材交流会，秩序混乱，擅自向外商发出参会邀请，并对早经规定和一再重申不得对外进行的饮片炮制表演于不顾，以之作为招徕项目。

（十）中药应有的一些优惠政策尚待落实　中药行业基础薄弱，自有资金较少，自我改造能力较差，需要国家予以政策扶持。目前，中药饮片免税政策已经到期，能否延长，我们已向有关部门请示。关于申请减免中药批发营业税的问题，也尚未得到解决。中药是“一方吃全国”，药材公司要担负市场储备任务，以调剂余缺，供应灾情、疫情用药。但是，由于银行贷款利率过高，药材公司负担过重，难以保持必要的库存和一定的经营储备。

（转自《中医药时代》1991年第1卷第1期，作了部分删节）

依靠科技乃振兴中药之策

李　锦　开

中药行业经历了几年的风风雨雨之后，有人要问：发展中药的出路在哪里？除了国家给予优惠政策之外，还有无他路？应该说：有！路子就在你的脚下，依靠科技进步是发展中药的必由之路，乃振兴中药之策。

（一）依靠科技进步是由中药本身的特性所决定的　中药行业是一个既古老又年轻的行业。说它古老，是因为它已有九千年的发展史，有极其丰富的经验有待于我们去总结、挖掘、继承、发扬；说它年轻，是因为它在世界医学体系中所起的作用越来越重要，它所适用的范围越来越广泛，出现了许多新情况、新问题有待于我们去研究、解决、开发。而所有这些工作都离不开科技进步。从产业属性看，中药行业是我国国民经济体系中的一个重要组成部分，是技术密集型的高科技产业。既然是高科技产业，当然离不开科技进步；中药行业集农工商于一体，科工贸于一身；融动物学、植物学、矿物学、微生物学、物理学、化学、生物学多学科。中药既是防病治病、康复保健的重要物质，又是具有高附加值的很有前途的出口创汇的产品。中药的以上的这些特性决定了其发展必须依靠科技进步。

（二）依靠科技进步发展中药是当前世界高新技术革命的客观要求　人类社会进步的历史，实质上是科技进步的历史。科技进步创造人类文明，科技进步发展经济。而且，科技进步在发展经济中的作用越来越大，据有关资料统计，本世纪初发达国家在经济增长的多种因素中，科技进步所占的比重为5—10%，而现在已达到50%以上，有的行业或单位已达到80%以上。由此可见，科技进步已成为推动经济发展的最重要的因素，中药行业也毫无例外，从"七五"期间中药行业技术经济指标完成的情况看，凡是重视科技进步的企业，生产形势和社会经济效益就蒸蒸日上，凡是忽视科技进步的企业，日子就越来越难过。

科学无止境，科学无国界。国际间的竞争，归根结底是综合国力的竞争，而综合国力的竞争关键是科学技术的竞争。科学技术落后，经济上就会被掠夺，军事上就会被挨打。海湾战争的结局，使我们强烈地感受到高新技术的浪潮日益强烈地冲击着当今世界。21世纪将是高新技术发展的新时代，高新技术革命的浪潮将冲击每个角落，信息技术、生物工程技术、海洋开发技术、空间技术、新材料技术、新能源技术等将构成一个前所未有的高新技术群。中药行业将夹于这些高新技术群中，它为中药行业的发展提供了机遇，又对中药行业的发展提出了新要求。从当前和发展的趋势看，中药行业正面临着两个挑战：一是国内外高新技术革命的挑战，二是竞争越来越激烈的国内外市场的挑战。在这两个挑战面前，是"一江春水向东流"还是"大浪淘沙"，就看你是否能顺应这个潮流了。

（三）依靠科技进步发展中药是时代赋予我们的重任，是加速中药走向世界的客观要求　从第一部中药学专著《神农本草经》载药365种，至《中药大辞典》载药达5,767种；从第一部药典《新修本草》（又称《唐本草》）至《中华人民共和国药典》（已出了五版）；从宋代的"和剂局"至今天的现代化中药制药厂，就是一部中药科技进步的历史。从中药发展的各个历史时期看，中药发展的步伐是由科技发展的步伐所决定的。

当前，国内外对中药的需求是不断增长的，对中药的要求是越来越高的。在国内，随着人民群众生活水平的不断提高，用药水平也不断提高，他们需要疗效好、质量高、剂量小、服用方便的高档次的中药；在国外，随着我国对外更加开放的政策的贯彻执行，与世界各国的交流日益增加，世界人民对中药的了解日益深入，对中药越来越感兴趣，对中药所寄予的希望越来越大，世界范围的"中药热"方兴未艾。但是，从目前的中药行业的现状来看，与国内外的这种形势和要求很不适应。中药行业本应是技术密集型的，但是，那种仍然采用手工半手工的方式进行生产和采用原始的管理方法来管理生产经营的现象在不少企业中却是司空见惯的。中药出口产品技术含量低，原药材初级产品出口仍占很大部分，中成药尚无有效的质量控制标准和完善的质量检测方法，不少疗效好的中成药而因此被一些发达国家拒之于门外。要改变这种状况，依靠科技进步势在必行，这是改革开放的时代赋予我们的重任。

（四）如何依靠科技进步发展中药　意识是行为的先导，要依靠科技进步发展中药，首先要提高领导和中药行业全员的科技意识。中药要发展，科技是战略重点。对科技进步的认识，不能停留于一般重要的认识，而应提高到事关中药事业的前途和命运的高度来认识。现在，世界上许多国家都非常重视对中药的研究，投入大量的人力、财力和物力，有的国家还声言经过多少年后要超过我国。我国是中药的王国，但我们决不能"夜郎自大"，我们小时候都听过"乌龟与兔子赛跑"的故事，就是因为兔子自大麻痹反而落后于乌龟。对中药事业的发展我们要有危机感、紧迫感和责任感。

依靠科技进步发展中药要实现"三新"，一是树立科技是第一生产力的新观念，在思想上应该明确，科技人员是新生产力的开拓者，科技不足就没有后劲，就谈不上发展。如果中药材只停留在"农副产品"的水平上就没有前途，中药商品技术含量低就没有市场竞争力。中药工作不但要继承，更重要的是发展、开拓；二是建立新机制，要建立政府主管部门以及各行各业都支持中药科技的发展(不要认为仅仅是中药行业的事)、中药企业重视科技投入以科技求发展、中药科技人员以科技为荣以科技致富的新机制。要迅速改变目前存在的研制新产品的企业得不到多少实惠、科技人员的收入不如生产人员和经营人员的收入的不正常现象。完善对企业科研的管理，尊重科研人员的劳动，充分调动企业对科研的积极性和科研人员的积极性；三是制定新政策，国家要制定相应的政策鼓励企业和科技人员推进中药科技进步，对用于科技进步的资金和利率要给予优惠，对通过科技进步新增产值利润给予减免税，对取得突出成绩的企业和个人进行表彰奖励。为表彰建国以来兢兢业业为中药科技默默奉献的科技人员，建议国家对从事中药科技工作三十年以上的知识分子颁发荣誉证书，生活上给予照顾及适当的补贴。

对中药技术职务的晋升制度也有待于改进，过去由于历史原因，考核晋升的条件重点放在实践经验和资历。今后应在考核现代科学知识理论水平和外语水平等方面给予加强，只有这样才能逐步缩小中药与世界现代科学水平之间的差距，提高中药科技人员及技术工人的理论素质。

第二，中药科技工作要与生产实际和中医临床实际密切结合，中药科技工作是为发展中药服务的，发展中药又是为中医临床服务的，因此，中药科技工作要深深扎根于中药的生产经营实际和中医临床的实际。当前乃至八五期间中药科技工作应该结合哪些实际呢？笔者认为，重点应放在以下几个方面：① 提高道地药材的质量及产量的研究；② 进口药材的引种试种研究；③ 药材产地采收加工与中药炮制相结合的研究，使药材从产地开始就实现质量标准化、包装规格化，这是提高药材及饮片质量的根本途径；④ 中药储藏保管技术的研究，中药的储藏保管与中药的质量和经济效益密切相关。据估计，中药在储藏保管过程中，因虫蛀、发霉、氧化、挥发、变质等方面造成的损失是惊人的，全国每年的损失最少在5000万元；⑤ 中成药剂型改革及中成药的有效成分和内控质量标准的研究，这不但是中药自身发展的需要，而且是中药走向世界的需要；⑥ 利用中药治疗心血管病、艾滋病、癌症及其他用西医西药无法治愈的“不治之症”的研究；⑦ 老年用药、抗衰老药及计划生育中药的研究；⑧ 开拓海外市场的研究。

总之，中药行业面临世界技术革命的严峻挑战，要使中药继续为中华民族的生存、繁衍兴旺发挥重要作用，为世界人民的健康作出贡献，就必须依靠科技进步。

（转自《中国中医药报》1991年10月28日）

中药工业要以调整产品结构为突破口

苏州雷允上制药厂

中药工业通过前一阶段的治理整顿，生产滑坡已初步扭转，产销趋向平稳，但效益仍不理想，经济形势喜忧交杂，一些有关中药工业体制、市场、价格、结构、管理等方面的深层次矛盾显露。情况表明，当前，中药工业治理整顿已进入调整结构、提高效益、稳定发展的关键阶段。企业要保持生产适度增长，提高经济效益，必须抓住调整机遇，以产品结构为突破口，以市场需求为导向，以企业本身技术、设施、管理水平为依托，不断调整和优化企业产品结构，突出重点，有取有舍，扬长避短，逐步形成自己企业的特色，拥有一批适销对路，具竞争能力，有发展潜力的产品，形成一个良好的"立体化"产品结构。

产品结构，一般是指各产品之间质的组合和量的比例关系，是一个动态的和发展的概念。如中药工业产品即中成药，据不完全统计达43个剂型，约6000个品种，十分纷繁复杂，但按一定的标志又可分为若干类别。按产品用途可划分为治疗类和保健类；按产品价值可划分为高档品，中档品和低档品；按产品加工程度可划分为初级品、中级品和精加工品；按产品质量可划分为优级品、标准品、劣质品。除此之外，还可以各个不同的角度，把产品划分为内销产品和出口产品；高耗产品和低耗产品；盈利产品和亏本产品；劳动密集型产品、资金密集型产品和知识密集型产品，等等。上述各类产品之间的联系和比例形成了中成药产品结构。一个行业产品结构的状况，是该行业经济发展水平和科技水平高低的重要标志。因此，实现中成药产品结构合理化，对于提高企业经济效益，促进中药事业发展都是至关重要的。

我国中药工业产品结构目前存在许多问题，如前所述，初级产品、低档产品、浅度加工产品、高耗能、耗资源产品多；而高中档产品、优质产品、精加工产品、低耗能、耗资源产品则少；治疗类与保健类比例，老剂型与新剂型比例也不够合理。总之，现有中成药产品结构仍然是低层次的，不能满足市场和人民用药的需要结构，呈现一种产品滞销与紧缺并存结构性市场疲软的态势。因此，调整产品结构是中药工业刻不容缓的主题。

我们认为，在调整产品结构过程中，必须注意解决以下几个问题。

（一）正确处理好调整产品结构与当前生产的关系　调整产品结构是对市场需求变化的动态性适应过程。涉及面广，需要一定的财力、物力和人力，必须与企业当前的生产发展紧密结合起来。从本质上讲，调整产品结构与当前生产是一致的。调整产品结构不能脱离现生产状况，要从企业现产品结构入手，在广泛调查、分析、论证的基础上，制定好调整规划，防止盲目性，增强针对性和有效性；而当前生产也必须从市场需求出发，及时调整现有产品结构，提高产品质量，合理配置生产要素，保障市场有效供给，以促进生产、效益稳定增长。两者不能隔裂偏废，应该在实践中辩证地统一起来。用调整产品结构来促进现生产，以现生产来支持调整产品结构。

（二）正确处理好适应性调整与战略性调整的关系　产品结构具有多层性、网络性、变动性等特点，包括产品构成品种、批量、质量、档次以及剂型、规格等方面。因此，调整产品结构是一项复杂的系统工程。企业产品结构调整一般有两个出发点，即适应性调整与战略性调整，适应性调整是从市场当前需求出发，实现产品适销对路的平面产品结构合理化，战略性调整则是从市场发展需求出发，为推进产品结构高级化、立体化而进行的。前者属被动性调整，后者为主动性调整，是前者的优化和发展。在实践中，两者应统一兼顾起来，在不同的阶段，各有侧重地推进调整工作。我们中药工业现阶段调整产品结构的重点应放在适应性调整上，大力发展短线产品、优质产品和出口产品，严格限制一批消耗高、质量差、效益低的产品生产，坚持有保有压的方针，从而满足国内外市场的现实需求，在稳定的基础上，做到合理配置，平衡发展，增强企业在治理整顿紧缩时期的适应能力和竞争能力。在此同时，积极做好产品结构战略性调整的各项准备，包括市场趋势的调研、论证、决策和实施，以及企业科研、技术、生产、经营、管理和人才等方面的优势组合。

（三）正确处理好市场需求与企业优势的关系　产品结构是否适应市场消费结构的需要，是衡量产品结构是否合理的根本标志。我们在调整产品结构时，必须以市场需求为着眼点，力求适应市场多层次的消费需要；同时，要扬长避短，立足本企业的优势特色，尽量避开其它优势企业的主导产品。这方面，我们中药工业以往已有足够的教训，如前几年，人参蜂皇浆口服液市场见俏，不少企业为赶市场需求一时之浪潮，不顾客观和自身条件的限制，硬性发展有利可图的产品。随着市场疲软状况的出现，由于无法与生产这种产品的优势企业竞争，致使这些企业纷纷转产或停工。再如，目前由于各种涨价因素造成的成本推动，以及攀比效应激发的扩张冲动，一些中成药生产厂家对发展高利润的滋补保健类产品充满热情，放弃了有广泛市场的常用治疗类产品的生产，结果加剧了结构失衡引起的市场疲软。因此，我们中药工业企业产品结构的调整必须切实做到“外应”（即适应市场消费）与“内优”（即企业内各方面优势组合）的结合，在做好外应工作的基础上，把握企业自身的优势特征，知彼知己、百战不殆，这也是调整产品结构过程中至关重要的一环。

（四）正确处理好优化老产品与开发新产品的关系　企业的产品优势最终是通过品种构成，批量质量、剂型规格体现出来的。我们在调整产品结构时应该新老产品双管齐下。由于新产品的发展有一个较长的周期，当前，为了缩小生产结构与需求结构之间的差距，尽快克服市场疲软、效益下降，主要采用适应性调整方案，重点要放在老产品优化工作上，中成药有着悠久的历史，许多传统成药不仅能防治常见病、慢性病，在防治急性病、疑难病方面，也呈现出较好的疗效和广阔的发展前景。在调整中，我们既要重视继承和发挥传统成药的特点，又要坚持科技进步与优化老产品。一、在中药资源紧缺情况下，简化大复方的成药，可以通过化学、药理、制剂及疗效再评价等综合研究，既立足于发扬和提高原方疗效，又尽可能选用小复方，节约资源，提高效益。二、采用现代科技成果，尽快改变中成药丸散丹膏的老面孔。剂型是使用药物的必要方式，对发挥药效也起到积极的作用。中成药剂型改革的任务已提到议事日程。现代生物药学实验表明，剂型因素可以影响药物的吸收、分布、代谢与排泄，从而影响药物在人体内的生物利用度。我们在实践中认识到，近期中成药制型可以重点开发胶囊、冲剂、溶液剂、滴丸剂。这些剂型服用方便，吸收迅速完全，可以节约原辅料，生产工艺已过关，能满足现代人们用药要求。三、优化老产品还应注意提高产品的质量、水平和档次。要从众多的一般传统成药中，择优确定一批扶持发展对象，提高质量水平和档次，增强疗效，扩大市场使之形成新的重点产品。另外，对一部分虽产值低、批量小、技术水平不高、经济效益较差，但直接关系到人们医疗用药的传统小成药，也要开展双增双节的攻关活动，积极安排好生产，以建立合理的现实产品结构，努力满足市场需求。

在抓好老产品优化工作的同时，企业应该树立发展的观点，重视新品开发，建立或健全企业“科研、生产、经营”一体化的开发机制，从市场需求趋势出发，依靠企业自身的科技进步，加速产品更新换代步伐，做到有规划、有重点、有次序、有措施。力求通过抓重点战略性新品来提高企业的整体素质，从而使产品结构形成一个连续变化和飞跃的过程。

（五）正确处理好调整产品结构过程中的配套问题　由于产品结构的调整是一个复杂的系统工程，涉及许多方面利益，光凭企业本身的努力是远远不够的。因此，作为企业希望有一个比较宽松和谐的内外环境和一系列比较完备的配套办法。当前尤其需要解决以下一些问题。

1．继续加强中成药流通领域的治理整顿，尽快解决行业“内乱”问题，尽快清理“三角债”，进一步理顺和密切工商关系，为调整结构产品提供平等、有序的市场。

2．完善行业内部倾斜政策，在现阶段，有必要集中部分资金，为行业内骨干企业和重点产品发展提供有效资金，保证重要资源。

3．积极推进中成药价格体系的改革，调整部分小成药价格，使价格能反映价值高低和供求关系变化，逐步发挥价格规律和平均利润规律的作用。

4．优化承包责任制，增强企业活力，拓宽经营路子和服务领域，进一步开展双增双节活动，端正企业行为，以品种求效益，以质量求效益。

5．调整产品结构应该成为企业厂长经理和行业主管部门的共识，都要有各自的近期目标和远期规划，脚踏实地，见微知著，实行自我调节，自我改善，综合平衡。认真分析市场趋势，用市场的“时空差”活化生产经营环境，通过抓调整产品来稳定生产，提高效益，步出困境，促进中药工业的健康发展。

（宋家龙执笔）

（转自《中医药管理杂志》1991 年第 2 期）

关于中西医结合点问题

季　钟　朴

中西医结合点问题是中西医结合工作中一个带根本性的问题。什么是中西医学的结合点？中西医学有没有结合点？若是没有结合点，那就谈不上什么中西医结合了。中西医的结合点可分两方面来说：

(1) 中西医的共性结合点；

(2) 中西医的互补性结合点。

中西医的共性结合点：首先是不断提高临床疗效，保障人民健康。其次就是研究人类机体生命活动（包括生理和病理的机体活动）的客观规律。对同一患者结合使用中西医两种诊治方法，提高了疗效；这个新的疗效就是中西医在临床上的结合点。应用现代科学方法（包括现代医学方法），采取宏观与微观相结合的研究方法阐明生命活动的机理，这就是中西医学在理论上的结合点，也就是中西医学融会贯通之点，也可说是新医学派新理论的生长点。

提高疗效，掌握规律，阐明生命活动的本质，更好地为保障人民健康服务，这就是中西医的共同点，也是中西医结合的基础。

没有共性就没有结合的基础，没有各自的优缺点（特性）就没有结合的必要。中西医学既有共性也有各自的特点，它们的结合不能"对号入座"。中西医学是在两个不同历史条件下产生的。由于当时生产力、文化科学发展不同，当时的哲学思想影响不同，当时观察事物的方法学的不同，传统中医学成为宏观的整体性医学，而现代医学则成为偏重局部分析的微观医学。两者既有共性，也有各自的优缺点。所以中西医学的结合必须采取比较分析的方法，在共同的基础上取长补短地结合，也就是互补性结合。

怎样进行比较结合呢？

宏观的传统中医学要从微观化、客观化入手，打开宏观整体的黑箱进行微观研究，克服笼统而又不够精确的缺点，实现客观化的定性与定量分析。中医证型的客观化研究已经找到了一些客观指标，取得了显著的成绩。其他像经络、气血、脏腑等研究也有不少进展。微观的现代医学因为它比较偏重局部分析研究，对人类生命活动的整体考察不足，常易产生某种片面性，需要进行整体化研究，实现更全面的、有机联系的、动态的分析；需要采用多学科、多层次、多指标的合参，以便掌握机体的整体情况。辨证微观化与辨病的整体化，使辨证与辨病相结合，这是中西医比较结合（互补结合）的范例。

客观指标对中医证型有一定的客观反映，但由于机体复杂多变因素，它只具有相对特异性，所以需要多学科、多层次、多指标合参。而且微观化的指标常常来自末梢血、尿等体液，或来自局部细胞形态、功能、代谢的变化，如不联系机体的神经体液、递质、激素以及免疫的调节等因素，很难探索到整体活动规律。因此，宏观医学的微观化与微观指标的整体化两者是统一的、结合的，而不是孤立的。把来自局部细胞形态的指标，来自外周体液的生化分析指标（包括 cAMP、cGMP、离子、稀有元素、内分泌激素、酶……）和整体的神经体液免疫调节系统的活动结合起来，可能找到新的理论上的中西医结合的点。

（转自《中西医结合杂志》1991 年第 11 卷第 7 期）

应当大力推广中医药科技成果

沙凤桐　洪　静

党的十一届三中全会以来，我们党和政府在中华民族的历史上第一次把科学技术提到最重要的地位。因为没有高水平的科学技术，我们就不可能屹立于世界之林。没有科学技术的进步，就不会有高度的社会主义物质文明和精神文明。近年来，随着科技体制改革的不断深入，一场轰轰烈烈的科技兴业活动在全国范围内掀起，给各行各业带来了新的活力，她已经和正在产生着不可估量的社会效益和经济效益。中医药是我国独具的特点和优势，是社会主义医药卫生事业的重要组成部分，它的兴衰也象其他事业一样，有赖于科学技术进步。

科学研究和成果推广是科技活动中的两个阶段，具有同等重要地位。科技成果推广是科学研究的继续和延伸，是科技成果转变为现实生产力的关键环节，是科技与经济结合的纽带与桥梁。科研成果的应用并获得效益是科研工作的最终目的。中医药科技成果的推广应用，直接关系到中医药学术水平的提高，与中医药事业的发展紧密相连，是一项十分重要的工作。

中医药科研所涌现出的新成果、新技术、新进展，对提高医疗、教学、科研、中药生产质量，保护人民健康，开发和利用我国天然资源将产生巨大的社会效益和经济效益，而且进一步促进中医药事业的发展。因此，中医药科技成果推广不仅是人民群众防病治病的需要，也是中医药自身发展的需要。

中医药科技一直是我们工作中的一个薄弱环节。近年来，获部、局级以上奖励的中医药科技成果400项，但真正推广的项目却为数不多。科研成果是科技人员辛勤劳动的结晶，每一项科研成果中都蕴涵着科技工作者的心血和汗水，甚至一代或几代人毕生的精力。成果得不到推广应用，就是人力、财力的浪费，也将造成不应有的损失。科技体制改革的最根本目的，是使科学技术迅速地、广泛地应用于生产，促进经济和社会的发展。科技成果只有在实践活动中被推广应用时，才能体现其真正价值，才能起到其应有的作用，为经济建设服务。只有加强中医药科技成果的推广应用，才能充分发挥其社会效益和经济效益。

在我国社会主义经济体制下，科技成果的推广，一是靠政府组织的推动，二是靠技术市场，即：计划方式、市场机制。我们要把缩短中医药科技成果转化周期，加速科技成果的应用，作为今后科技成果管理工作的主要任务。

中医药科技成果推广工作是一项难度大，周期长，具有开拓性的工作。"八五"期间，国家中医药管理局拟从历年获部、局级以上奖励的中医药科技成果中，选出10项左右成果向国外推广；选择100项适用性强的成果陆续在全国范围内推广。项目的要求为：(1) 技术先进成熟可靠，资料齐备；(2) 适用性强，效益好，覆盖面大；(3) 接受单位的条件基本具备。分省、地(市)、县三个不同层次，因地制宜地推广。1991年计划推荐26项成果作为重点推广项目。各地区可根据需要，以推荐项目为重点，参考各省的优秀项目，选择适合本地区的项目进行推广。为了使计划更加符合实际，并具有较大灵活性，每年将进行一次调整、补充，以改进推广工作。

为有效地组织落实成果推广工作，保证计划的实施，国家中医药管理局将设立"中医药科技成果推广基金”，以无偿和有偿资助的方式提供一部分成果推广启动资金，以国家的少量引导性拨款，吸引、调动多方资金。同时发挥信贷资金的作用，使用银行贷款解决资金不足。各省、市应拨出专项经费，并以拨款、贷款、集资等方式广辟资金来源，用于成果推广。

科技成果推广工作是一项有意义而艰苦的工作。需要付出辛勤的劳动。为了调动广大科技工作者、管理人员的积极性，鼓励成果推广工作，国家中医药管理局特设立“科技成果推广奖”，奖励对推广应用科技成果作出贡献、取得显著社会效益与经济效益的单位和个人。

在今后的成果管理中，继续推行“鉴定—推广—奖励”的成果管理模式，以鼓励推广。

在实施中医药科技成果计划过程中，为了摸索成果推广工作经验，以点带面，将在一些省市进行试点，同时发挥学会的作用。各地应抓好试点工作。

对成果推广工作完成得好的试点省、市及非试点省、市将进行表彰，并纳入下一年度的试点。试点工作不力的，将取消其试点资格。

在成果推广中，有关部门将采取成果推广班、巡回讲习班、专题讲座、交流会、交易会、展览会、技术服务、技术转让、技术咨询、技术培训等多种形式进行。

为了加强领导，充实力量，化大力气抓出成效，国家中医药管理局拟成立“中国中医药科技开发交流中心”，以贯彻执行国家有关成果推广的方针政策；组织全国中医药科技成果推广工作，讨论和审查年度推广计划；协调推广工作中的事宜；总结交流推广工作经验，探索推广运行机制等。

中医药科技成果推广工作是科技工作的重要组成部分，是一项长期而艰巨的工作任务，需要我们中医药界的通力合作，加倍努力。通过成果推广这座金色的桥梁，把中医药科技与中医药的防病治病、保健、教育、生产实践结合起来，把全国乃至全世界的中医药界联合起来。大家共同努力，为中医药科技成果发挥更大的作用，为中医药走向世界作出贡献。我们坚信：中医药科技成果的推广工作，经过长期不懈地努力，将对中医药事业起到强大的推动作用，并结出累累硕果。

（转自《中医药管理杂志》1991 年第 2 期）

中药研究之特色

张炳鑫

中药研究在我国已有数千年的历史，日本对汉药研究的历史已近一个世纪，而西方国家只是在七十年代因化学合成药的副作用造成了药源性疾病才转向研究中药、植物药。其研究方法仍然是研制西药的老路。

日本的汉药研究曾经走了一段弯路。在五十年代以前，日本完全是按西方的植化研究方法研究单味药。1959年以后，日本开始研究中药复方，研究《伤寒论》。

可是，我国在中药研究方面仍有许多单位仍然停留在日本1959年以前的水平。搞植化分离，搞单味药提取，搞有效成分的人工合成，没有吸取日本的教训。之所以产生中药西化的倾向，其中一个重要的原因就是没有培养中药研究的专门人才，学西药的人研究中药使目前研究中药存在着以下问题：

一、"唯成分论"

虽然许多中药的有效化学成分已经研究清楚了，但在临床上，麻黄素代替不了麻黄，远志甙不能代替远志，葛根黄酮不能代替葛根，黄连素代替不了黄连、黄柏等等，这些事实说明中药的有效成分不是单一的。

另根据日本的研究证明，中药复方六味地黄汤治疗糖尿病的作用只在六味药合在一起时才有，六味药单独用时则没有治疗糖尿病的作用。此外，日本在研究生地时发现虽然生地甙是生地的有效成分，但其疗效只相当于原生地药材的40%，而将生地提取过程中弃去的蛋白部分加上生地甙，其药理活性上升为原药材的80%。这些事实说明中药研究应该持"注重治疗作用，分析其化学成分，但不'唯成分论'"的态度。

分离中药的化学成分绝不是研究中药的唯一途径。五十年代我国开始研究化学成分，所带来的第一次灾难是提取杜仲的降压成分而使杜仲资源大量消耗，30年都缓不过来。六十年代提取五味子中的降转氨酶的有效成分，带来了第二次灾难，把五味子资源扫荡一空，直到八十年代才缓过来。虽然从中药中的确找到一些有效成分并制成新药问世，但这样研制出的药物并不适合中医辨证施治的需要。

二、中医药理论与中药剂型

中药汤剂去急病用之，丸剂缓也，散剂散也，糊丸迟化，蜡丸难化而不伤脾胃。这些理论经过几千年实践证明有科学内容。西药亦采用包蜡衣方法，与中药蜡丸的道理是相似的。中药使用蜂蜡制成剂型限于剧毒药和治疗肠道疾病，这是古代中药学工作者的科学构思，值得我们深思。

另一方面，目前中药剂型改革有脱离传统的倾向。许多老产品从丸剂改为片剂，或改为浓缩丸剂；或将膏剂改为糖浆剂，将膏药改为橡皮膏等等。这些剂型改革有的是可行的，有的不可取。例如：将蜜煎膏改为糖浆剂，前者用蜜煎炼不但成膏剂，而且还能防腐，可是改成糖浆剂则需要另加入防腐剂。中药的配方中并没有防腐剂的味与量，而且对于防腐剂是否会破坏或影响原有的药效并没有验证。因此，照抄照搬西方药剂学的方法往往会降低中成药的质量与信誉。

还有的厂家在剂型改革的时候将中药材改为该味中药的提取物。例如，将处方中的薄荷改为薄荷油、薄荷冰。这是按西药理论进行的改革，实际上薄荷油、薄荷冰不能替代薄荷。再如冠心苏合丸、苏冰滴丸、清开灵注射液等，都是将古方拆开制成具有西药特色的中成药。而把这些药说成是苏合香丸的精华、安宫牛黄丸的精华将危害中成药的发展，甚至将成为消灭中成药的手段。目前，中药传统制剂工艺中有很多问题值得研究，但许多厂家和科研单位却一味地研究新剂型，追求更新换代，实在是本末倒置。中药的传统剂型并没有充分利用，如中药的"牙宣膏"是一种膜剂，中药的"坐药"就是栓剂。

总之，用研究西药制剂的方法研究中药制剂并不合适。由于许多中药行业从业人员毕业于西医院校的药学系，当初学的是西药那一套，所以走错方向是难免的。但也有些人不尊重中药技术人员的意见，这种状况对发展中成药工业不利。

三、中成药研究之特色

中成药研究包括药材、工艺、制剂等方面，经过科学实验证明后才能对传统的中成药制作方法和材料加以变革，但必须符合中医药原理。具体做法有：

1．古方新用　在古代中医文献中有大量的方剂未被使用，值得一提的是，中成药的传统使用方法要用引子煮水送服，又称"随症调引"。例如儿童服至宝锭时若发烧加钩藤、薄荷为引子煮水送服；若食滞纳呆则加焦三仙；停水则加焦四仙为引子；暑季停水则用益元散为引子等。成人服用银翘解毒丸时亦有加芦根为引子。

在挖掘研究古方时应注意"引子"的应用，这是中成药研究中的特色，万万不可忽视。

2．中药传统剂型　要研究中药传统剂型首先要学习中医基础理论与方剂学，千万不能硬套西药制剂理论，不能用西药改造中药。

蜜丸是中药最古老的剂型之一，五十年代提出改革剂型，首先就拿蜜丸开刀，可是却没有研究蜜丸的缺点是什么，优点是什么。当时大有不改革蜜丸剂型就不行的趋势。可是30年后，蜜丸的产量由1955年的470万丸上升到3.7亿丸仍不能满足需要。因此，蜜丸的改革方向应是改为小粒的蜜丸而不是被取消，不能完全采用提取分离的方法研究改造中药剂型，研究传统剂型要按照传统工艺设计研究方案。

3．中成药质量研究　目前中药饮片质量下降，中成药质量亦有所下降。其原因是多方面的。如有的设备不适用于中成药生产（粉碎机粉碎时温度较高，减压罐炼蜜质量与常压炼蜜有异），混合药料时间短，干燥温度过高等，都影响了质量，降低了疗效。

解决的办法是制定质量标准。先制定出药材和相应的炮炙品的标准，然后制定中成药的内控质量标准。

4．建立中药制剂理论及学科　中药制剂学必须与临床药学相结合，中药剂型的研究与临床疗效应紧密结合起来。

5．中药材紧缺品种的研究　中药材部分品种紧缺是一个长期存在的问题，例如天然牛黄紧缺便研究人工牛黄代替，熊胆紧缺时用猪胆、羊胆代替。山萸肉紧缺时药厂曾将六味地黄丸中的山萸肉减量而另加入枸杞子、何首乌代替，这种新六味地黄丸实际是八味药材，把处方配伍都变更了。

在1990年全国药用动物学术会议和矿物药学术会议上反映出人工埋核牛黄与天然牛黄

在质量标准上应统一；熊胆引流技术使药用熊胆已出现过剩；而矿物药经专家考察订正品种之后可进行综合开采利用。总之，以保持中药的“天然药物”本色为前提的研究是中药材紧缺品种研究的唯一方向。

（转自《中国中医药报》1991 年 9 月 23 日）

巩固发展农村中医阵地的几点意见

尹国有　张志民

中医药在农村医药卫生中有着举足轻重的地位。但是，由于主客观原因，虽经领导和各方面的努力，在一些地区农村中医阵地呈现萎缩的趋势。究其原因主要是：

首先，农村中医临床的大环境发生变化。在五十年代，中医药是农村主要的治疗手段，加之中医队伍中业务竞争强，客观上具备了适合开展中医临床的大环境。六十年代，中医机构保持一定规模，群众基础广泛。七十年代以来，农村中医整体框架部分解体，中医诊所不断西医化，西医诊所不断增加，加之老中医陆续谢世，人员锐减，人才欠缺，使中医学术水平呈负向倾斜，患者尤其青年患者对中医药治病信心不足。虽经近几年的努力，培养了一批人才，建立了一定数量的中医院，但农村中医人才缺乏之面貌变化不大，而许多县级中医院仍以西医为主要治疗手段，中医药处在从附地位。在乡镇医院，更是缺中医、少中药。

其次，农村中医临床范围缩小、阵地日窄。由于中医人员素质偏低，加之中药剂型、用药途径的限制，以及中医处理急诊难以得到法律的保护，只得对风险大、责任重的急症敬而远之，久之形成了"中医治慢性病，西医治急性病"的就医模式，急诊阵地丧失。现代医学应用先进诊疗技术，改善病情快，且西药服用方便，不断问世的新药使治疗疾病谱呈放射状扩散。八十年代以来西医以显著优势覆盖和渗透了农村的各个角落，而中医则退失缩小。中药汤剂药味数量繁多，服用量大，煎煮不便，中药价格过高，致使初诊患者选择中药的越来越少。加上中医药宣传的不够，导致年轻的一代对中医治病持怀疑态度，而西医知识普及率高，印象深。现在只是部分老年人首选西医多方治疗效果欠佳时才选择中医治疗。医技不精，辨证水平不高，中药不全，质量低劣，疗效不佳使部分患者改投西医，复诊患者逐渐减少，中医声誉受到直接影响。长此下去，农村中医阵地将会逐渐失去。

为了发展农村卫生事业，振兴中医药，建议有关部门尽快采取对策，巩固发展农村中医阵地。

（一）巩固扩大中医队伍，提高业务素质　大中专院校的招生分配应实行定向政策，恢复师带徒的培养方式，为名老中医配备助手。举办各种类型的培训班，搞好在职教育。充分发挥城市中医药技术力量强的优势，组织好城市支援农村工作，解决中医药人员存在的实际问题，以保证中医队伍的稳步发展，素质的提高。

（二）发挥中医专科的优势　中医在针灸、理疗、推拿、痔瘘、妇科等方面有较大的优势，且疗效可靠、潜力大、竞争能力强，形成局部优势。应发挥这一特长，办好强有力的中医专科。

（三）坚持走中西医结合的道路　在农村，取中西医之长的中西医结合疗法，因疗效好，可缩短病程，花钱少，患者乐于接受，有着广阔的市场，应积极开展。

（四）加快中药剂型改革　广大农民对传统的中药汤剂多不愿接受，而对携带服用方便的中药丸、散、膏、丹等易于接受，中药剂型必须向先进、高效、速效、微型、多样的方向发展，才能扩大服务对象。

（五）调整中药价格，提高中药质量　中药价格过高、质量低下、疗效较差是中医就诊人数减少的重要因素，应下决心予以解决。

（六）加强中医科普宣传　通过多种形式的宣传，使更多的人认识了解中医药，扩大中医在群众中的影响。

（转自《中国中医药报》1991年5月31日，作了部分删节）

提高中医本科教育质量的对策

孙　校

高等中医院校的全日制本科教育是高等中医教育的主要组成部分，是各校的主体教育层次。十几年来，中医院校教育有了较大的发展和提高，积累了一些成功的经验。然而在不断发展的过程中，仍然存在着种种影响教育质量的问题。一些院校中医本科生质量出现滑坡现象，希冀寻求改进提高的对策，从而使中医院校本科教育乃至整体办学水平有一个新的提高。

一、中医本科教育质量滑坡的表现及原因

（一）思想政治教育　不少学校思想政治教育与管理体制未理顺，思想教育部门的职责范围不够明确，工作配合不够紧密，行动不够协调。党政齐抓共管，各司其职的体制尚待在执行中进一步完善。有的院校德育教师和学生政工队伍力量薄弱，社科部骨干教师年龄老化，青黄不接现象严重。青年教师的理论素质和实践经验与教学要求不相适应，他们缺少思想政治工作的专门训练，实际工作经验少，而且要求改行的较多。另外，教师教书育人还未形成制度，一些教师不愿兼做班主任工作。政治课和德育课的教学内容不能结合当前的形势进行教学，学校教育脱离社会实践和脱离工农的现象时有发生。

（二）专业基础课教学　许多教学实习医院反映，高年级学生的中医基础理论和方剂中药知识掌握得不够扎实，中医基本功不过硬，究其原因主要有几个方面：

1．青年教师缺少教学与临床医疗经验　相当一部分青年教师上岗前未能进行教育学和心理学方面的培训，他们既缺乏教学经验，又缺乏临床经验，难以把握教材的重点和难点。

2．课程安排不当　中医基础、中医诊断、中药和方剂等重要课程通常都安排在第一学年中，份量较重，从而使教师忙于讲课，往往将实践性教学环节挤占。学生也难以消化理解，影响了教学效果。有的院校经典课在基础课阶段开，有的在后期课阶段讲，有的则合并或取消。西医课程安排时数少，内容多；外语教学常常应付频繁的升级考试，学生感到压力大。

3．教学经费不足，实验课降低要求　由于经费的严重不足，中西医基础课试验所需常规仪器和消耗品处于吃老本、拼消耗的状态，所以学生实验只好小组改大组，有的甚至变成教师示教。另外，第二课堂活动也常因经费少而无法开展。

（三）临床课教学和实习　中医毕业生临床实践动手能力差的原因，首先是临床教学体制没有理顺。中医系与附属医院分别负责临床教学与实习带教任务，教学、医疗、科研、管理工作无法统筹安排与实施；临床教研室与医院科室（病房）分离，人员调动困难；医院和科室实行承包以后，有的人不愿意承担教学和实习带教工作；有的临床教研室已处于瘫痪、半瘫痪状态，无法开展正常活动。其次，有临床教学经验的老教师讲课和带教的比例逐年下降，学术水平较高的正、副教授大都承担留学生和研究生的教学任务，本科生的带教任务大多由讲师和主治医师以下的医教人员担任，临床带教的质量受到影响。其三，临床教学理论脱离实际。教师只注重学生对理论知识的掌握，而忽视对学生必须掌握的中医基本功项目的训练和严格要求，所以出现了“高分低能”的学生。

（四）教育行政管理　一些院校没有把培养社会主义事业的建设者和接班人做为学校的

根本任务。一些领导干部的主要精力没有放在优化结构、提高教育质量上来，而是片面强调各自工作的重要性，分散了有限的人力、物力和财力。再加上教师培训费逐年减少，计划选送进修提高的学术骨干和有培养前途的青年教师难以落实。在教学与学生管理上，存在着条块之间的矛盾，由于几个职能处各抓一摊，统筹协调不够，因而也影响了本科层次的教学质量。

二、改进提高中医本科教育质量的对策

（一）把重视和加强德育工作，提高到稳定大局、反“和平演变”和培养社会主义建设接班人的战略高度上，狠抓决策落实，使党委对学生思想政治教育的领导真正从组织上得到保证，实行党政齐抓共管、各司其职的领导体制。选调一些政治素质好，有一定理论基础和实践经验的转业军人或中青年教师，充实和加强德育课师资和辅导员队伍，进行上岗前和在职培训，稳定队伍；抓好马克思主义理论队伍建设，不断提高教师的理论水平；组织中青年教师分批参加社会实践锻炼，了解国情、民情，走与工农结合的道路，在教学实践中增长才干，做青年学生的良师益友。为德育教学和学生参加社会实践建立基地，制定军训、社会调查和义诊等社会实践计划，并为开展思想政治教育和实践活动提供必要的经费。

（二）认真纠正教育思想中重理论、轻实践的倾向，切实加强实践性教学环节，狠抓中医基本功训练。首先，各级领导要在抓好课堂理论教学的同时，抽出更多的时间和人力深入实习、实验教学第一线，切实解决临床教学存在的问题。其次，要积极创造条件，让中青年教师定期参加临床，使他们有理论同实践相结合的机会，避免成为单纯的“教书匠”。第三，附属医院应将培养合格的中医人才视为自己责无旁贷的义务。各级领导均应将培养学生良好的医德医风和教学工作纳入重要议事日程加以研究安排，积极为临床教学提供更多的病种和典型病人，为学生练好中医基本功提供方便条件。

（三）治理整顿教学秩序，严格教学管理，为保证本科教育质量提供不可缺少的教学条件。学院领导要坚持把培养合格人才作为学校的中心任务，其它各项工作都应紧紧围绕教学工作进行。学院各级领导应集中精力，全神贯注地把提高教学水平放在首位。近年来，教育规模扩大了，留学生、研究生、本科生、专科生和各种成人教育层次齐全，如果在管理上不能统筹安排，势必造成师资分流，使本科教学受到干扰。为了加强对教学工作的管理，除了建立健全各项规章制度外，还应开展以课程评估为基础的系列教学评估活动，探索研究提高教育质量。

（四）按照社会对高等中医药人才的需求，通过治理整顿和深化改革，不断优化内部结构，处理好人才数量和质量的关系。首先，调整好层次结构。凡培养研究生较多的院校，本科招生数量应视其具体情况保持相对稳定，或适当缩减，不宜盲目扩大。鉴于广大农村亟需大中专层次的医生，有条件的院校可举办大专层次的“边疆班”、“定向班”、“少数民族班”。办学条件较差的院校，应允许少招一些学生，国家则按标准的招生规模照常拨款。这样做有利于学校改善办学条件，提高培养学生的质量，同时缓和分配难的局面。其次，调整专业结构。近几年来，多数中医院校都新增设了一些专业，造成每个院校都出现专业“小而全”的状况，教育投资效益不高，造成严重的结构性浪费。建议有些专业考虑在全国或大区设置，这样有利于办出特色，提高人才培养的质量。一些专业划分过窄，不利于毕业后适应基层的需求，应当调整合并，适当拓宽专业口径。第三，调整知识结构。要使学生的中医基本功真正达到国家要求，就要在继续加强中医基础理论和专业课理论教学的同时，治理整顿好临床教学基地；

在强调中医现代化的同时，注意保持和发扬中医特色；在强调培养人才要适应社会需求的同时，检查学生掌握中医理论和实践技能的质量。绝不能设想用增加西医课程和时数的办法来满足社会对高等中医药人才的要求。

（转自《中医教育》1991 年第 2 期　本文作了部分删节）

西藏藏医药亟待发展

国家中医药管理局赴藏考察组

一、藏医药的现状、地位和作用

藏医药是藏族劳动人民在长期与疾病作斗争中根据自己的实践经验，吸收了内地中医药精华和印度阿唷吠陀学派等医学内容而形成的一门具有较系统的理论及独特诊疗方法、丰富的医疗实践经验和医药文献、药物资源的传统医药学。

目前，全自治区已有独立藏医机构 14 所，其中自治区级 2 所（藏医学院、藏医院），地市级 6 所，县级 6 所；74 个县中有 71 个县人民医院设有藏医科；各级藏医院附属制药厂 13 个。藏医药卫技人员 850 人，其中正高职 8 人，副高职 42 人，主治（管）医师 113 人,医师(士) 614 人，其他 73 人。民间个体行医藏医 688 人。藏医院床位 396 张,周转率 5.9 次/年，使用率 89.2%，全区平均千人口拥有藏医人员 0.4 名。初步形成藏医药的医、教、研体系，为今后的发展奠定了基础。西藏自治区藏医药的发展，对青海、四川、甘肃、云南等省的藏医药发展影响很大。

自治区藏医院有职工 400 多名，建筑面积 3 万平方米，设 12 个科室，150 张病床，门诊量 23 万人次/年。附属单位有藏医研究所、天文星算研究所和制药厂。藏医院治疗高血压病、心脑血管病、风湿、类风湿、胃溃疡、萎缩性胃炎、癫痫疗效明显，占有一定优势。藏药然纳桑培(珍珠七十味丸)、玉宁、常觉、祖胎三十五味丸等为疗效显著的藏药优质产品。

藏医学院建于 1989 年 9 月，校园占地 108 亩，建筑面积 1.45 万平方米。分大学、中专两部，在校学生 356 人，专职教师 49 人，兼职教师 15 人。自编 24 册五年制教材。

藏医药的科研工作开始起步。藏医研究所开展了藏医藏药的文献整理研究工作，正在进行《中华本草·藏药分册》的编纂工作；天文星算研究所引进了计算机技术，为临床和农牧业服务；与华西医科大学合作研究的“大花红景天抗高山缺氧”课题初见苗头；并获自治区科研成果奖 7 项。

藏医药学日益为国际医药界所瞩目。美国、日本、印度、尼泊尔、意大利等国学者曾来藏考察藏医药或邀请藏医药专家进行学术访问，有 12 个国家提出派留学生学习藏医的要求，印度、尼泊尔、日本及港澳来藏就医、通信求治购药人士日益增多。

在西藏自治区，藏医药和现代医药共同担负着广大藏民的预防、医疗、保健任务。由于西藏的习俗、风情、语言文化、宗教各方面的原因，藏族群众喜爱藏医药，藏医药也确实能为患者解除疾苦。据 1990 年统计，自治区人民医院年门诊量 28 万人次，自治区藏医院年门诊量 23 万人次，山区农牧区就诊藏医药的比例更高。从门诊统计数据分析，藏医药占总医疗量的 40%。可见，藏医药绝不是一门可有可无的医学。

二、存在的问题

（一）藏医药机构不足　藏医药事业起步晚，底子薄，其机构数量和广大藏民防病治病的需求存在较大距离。全区现有人口 2,196,010 人，藏族占 95%以上，仅有独立机构 14 个。特别是边远地区，无医无药的问题尚未很好解决。

（二）已有的机构内涵建设有待加强　藏医院医疗设备简陋，总价值仅50万元，有学术专长的藏医生数量少，医生的层次结构不尽合理。藏医学院目前大专、中专在一个机构，在教学管理、学科分化（只有藏医专业不分教研组室）、师资梯队(只有老藏医和新毕业生及社来社去的青年助教人员)、教学比例（现代医学课时只占10%）、教学设备（仅2万元）等方面都有待加强、改进。科研方面没有独立科研机构，人数数量质量不足，设备几乎没有，只能从事一些文献整理研究和临床观察，没有独立开展实验研究的能力。

（三）藏药亟待开发、保护　疗效显著、深受患者欢迎的藏成药品种很多，但目前尚无一种具有正式批准文号的藏成药，因而不能形成社会生产和进入流通领域。原料昂贵，低价出售，谈不上经济效益。目前有一些内地的个体户、采药群体进藏对野生藏药资源滥采、滥伐、滥捕。

（四）农村三级医疗卫生网的建设应充分发挥藏医药的作用　目前,西藏广大农牧区的个体医只看病售药，没有充分发挥其医疗保健作用，以致三级卫生网中藏医药参与不够理想。

（五）藏药药政管理机构不健全　西藏自治区目前没有藏医药行政机构,均由各级卫生部门的医政处（科）兼管。一方面医政处（科）人员编制少（卫生厅医政处只有6人),日常工作中难以顾及藏医药工作；另一方面藏医药作为一门独立的传统医药有其自身规律，管理上有其特点，也应加以研究。

（六）全民免费医疗制度尚待探索求新　西藏和平解放40年来，一直采取对藏族农牧民特殊的全民免费医疗制度。由于国家卫生经费投入增长比例与物价增长指数尚有距离，经费计划时又要先医（人头费）后药，致使药品购置费十分紧张。藏药的主要服务对象是藏族农牧民（免费占86%），没有经济效益，失去自身活力,各级藏医机构的药品库存量越来越小，群众反映上级下发的藏药越来越少，“七十年代袋袋发(指装藏药的布袋），八十年代盒盒发，九十年代数丸发”。不少基层机构陷入药品十分缺乏的困境。

三、建议

（一）稳步发展藏医药机构，重点加强内涵建设

1．藏医机构还待稳步增加，基层藏医机构和城市藏医院应同步发展　藏医学院的中专部从发展的角度，今后应独立出来，建成藏医学校。

2．加强机构内涵建设应作为重点来抓　尽快培养一批学有专长的中青年藏医药技术尖子，造就一批学科带头人，形成梯队，使他们在医、教、研不同岗位上发挥作用。自治区藏医院应进一步吸收现代医院和现代科学的诊疗手段，学术开放引进，重点发展优势学科和项目，以提高藏医药诊疗水平。藏医学基础、临床教研室应进一步分化，提高现代医学的课程比例，完善教材，调整教学计划，使学生能以藏医药为专长，了解现代医学知识，动手能力强，以适应社会需求。藏医药的医、教、研机构应添置必要的仪器设备，促进学术引进和学科开放，使藏医药在继承的基础上得以发扬。

（二）对藏药的开发采取倾斜政策　藏成药配方复杂（有的多达七、八十味),工艺特殊，对药理、有效成份等尚认识不清。其质量标准应由藏医药专家根据其自身规律拟定，促进藏成药早日得到批号，得以流通。藏药厂的设备、工艺技术等应投资改造提高，其标准、要求不能用西药厂、中药厂的框框去套。藏成药的剂型改革，国家应给予一定投资和技术援助。

（三）加强农村三级卫生网中藏医药的建设　大力培训乡村医生、卫生员的藏医药知识的同时，组织集中乡村中的民间个体藏医到三级卫生网中来。使个体藏医在三级卫生网中发挥

作用。可在西藏选一两个县作为试点，摸索经验，逐步推广。

（四）建议建立（恢复）藏医药管理机构。

（五）逐步改革现行全民免费医疗制度　在不减少国家医疗经费投入的前提下，逐步改革现行全民免费医疗制度，使医疗费的支出与个人收入适当挂勾，从而使医疗和药品纳入经济管理。

（沙凤桐执笔）

（转自《中国中医药报》1991 年 11 月 15 日）

行政管理

一、1991年中医药工作概况

1991年是“八五”计划的第一年，中医药事业各方面的工作开了一个好头，在机构建设、人才培养、科技进步及中药的品种、效益、生产经营等各方面逐步将工作重心转移到提高质量上来。

在医疗工作方面，开展了几项试点工作，以探索自身的规律和特点，主要有：第一，实施“杏林计划”（即全国100所示范中医医院建设计划），按照示范中医医院建设规划，从全国2141所中医医院中评选出不同层次和典型的中医医院121所，在基建、设备、管理、医疗服务质量等各方面进行重点建设，摸索中医医院办院经验与模式，以进一步向全国推广。第二，为提高专科专病诊疗水平，促进中医医院的业务建设，根据中医事业“八五”计划，在全国遴选出11所中医专科（专病）医疗、急症中心、中药制剂和剂改基地作为第一批定点建设单位；与地方共同建设了8个民族医专科培训基地和制剂中心；并对全国7大急症协作组进行了调整充实。第三，为加强农村中医工作，去年开始进行农村中医工作试点县工作，制定了农村中医工作试点县标准，在全国确定10个县作为试点，以探索农村中医药工作的路子。

1991年在全国开展了中医医院分级管理工作，制定了《中医医院分级管理办法》、《中医医院分级管理标准》和《中医医院分级管理标准评分细则》，并于5月份召开了全国中医医院分级管理工作会议，部署在14个省（市）100余所医院开展首批试评工作。此外，还制定了《中医病案书写规范》、《中医医疗事故的防范与处理》及《蒙藏医医院建设标准和病案书写规范》。召开了首次全国中医护理工作会议，把中医护理学科建设提上了重要议事日程，从组织、经费等方面落实了措施，还表彰了全国100名优秀中医护理工作者。

1991年夏秋之季，我国部分省市遭受特大洪涝灾害，国家中医药管理局接连发出紧急通知，对救灾防病工作做出部署，并先后派出两批医疗队奔赴灾区。全国中医药系统广泛开展了支援灾区的义诊、募捐等活动，为灾区筹集了一定数量的资金和物质，表现出中医药战线干部职工的极大责任感和团结友爱、无私奉献的精神。各级药材公司调集了一批抗灾中药，及时运往灾区。在京的10来位著名老中医，积极为灾区献方献策。各地也充分利用当地中医药资源，发挥中医药特色，积极开展防病治病工作。在整个救灾防病过程中，中医药以其简、便、灵、验的特点，发挥了重要的作用，为今后开展这方面工作提供了宝贵的经验。同时也充分显示了国营药材公司主渠道作用。

在中医教育方面，上海中医学院作为综合改革试点，开展了以主动适应社会需求，加强实践能力培养为核心内容的教育改革，建立培养临床应用型人才的新模式。成都中医学院的改革试点工作，重点探索如何为农村培养应用型人才，通过改革旧的教学模式，吸取师承教育的长处，实行导师制，使学生真正做到早临床、多临床、理论密切联系实际，在招生、培养、分配等各个环节上，始终围绕为农村培养实用型人才的目标。在发展中医专科教育方面，着重抓了专科教材建设，从专科教材编写和改变课程体系结构入手，开展专科教育改革。成立了“国际针灸考试委员会”，颁布了考试办法，并于1991年10月份进行了第一次考试，反应很好。

1991年，国家中医药管理局设立了“老中医药专家学术经验继承工作办公室”，召开了全国继承工作座谈会，做了总结交流，并对今后工作做了部署。迄今为止，全国被确认的指导老师共462人，遴选继承人725人，基本上做到了人员到位，措施配套，经费落实。

在中医药科技工作方面，国家对“七五”中医药科技攻关课题进行了验收总结，其中17个专题选入了全国“七五”攻关科技成果展览会，针刺镇痛机理的揭示及针麻在临床的应用、著名中医诊治经验、123种中药材品种质量评价和冬虫夏草的人工培植技术四个项目获得了国家的表彰。

1991年对“八五”国家中医药科技攻关项目组织了论证、招标和评标。在突出重点的原则指导下，把肿瘤、中风、心血管病、肝炎、艾滋病、紧缺中药材再生、药材品种质量评价、饮片炮制、浸膏工艺与成套装备、急救制剂、重点出口中成药等研究作为重点，以期集中人力财力，在上述领域争取取得更多更好的成果。1991年，国家对中医药基础研究支持强度有所增加，并开始将中药纳入“火炬”计划。同时，世界卫生组织对中医药合作项目也有所增加，确定了1991至1992年计划外4个资助项目和1992年至1993年计划内两个资助项目。为贯彻点面结合的方针，1个中心、7个基地和1/3重点院所得到了加强，学术优势得到了强化。

中药产、供、销稳步发展，质量品种效益不断提高。对中医药事业的发展给予政策扶持，已成为国家发展中医药事业的一项重要政策。国家税务局已决定对中药饮片生产企业减征50%增值税。国家计委和国务院生产办公室安排“八五”期间中药行业基建和技改投资比“七五”有较大增加，这将使中药事业发展的后劲得到较大的增强。同时，在国家计委指导和支持下，批准下发了我局制定的《中药行业1991—2000年中药产业政策》，成为指导中药行业发展的重要指导性文件。1991年国家决定在一定范围内削价处理部分积压商品（不包含农副产品）时，破例为属于农副产品类的中药开了口子，使全国原值三亿元的中药商品得到了处理，约占不合理库存50%左右，对调整中药库存结构、启动中药市场起到了重要作用。

“质量、品种、效益年”活动的开展，推动了中药各项工作的进步和发展，使中药行业充分认识到产品是企业生存的基础。以名优产品为龙头，调整产品结构，生产一代、开发一代、储备一代、构思一代的战略思想，已逐步在中药行业树立起来。中药行业的质量管理意识得到进一步增强，质量管理水平不断提高。天津达仁堂制药厂获国家质量管理奖，广州中药一厂等9个中药工商企业获局级质量管理奖，厦门中药厂等3个企业获一级计量奖。1991年有7个产品获国家金银牌质量奖，有40个获局优质产品奖。在国际传统医药大会上有9个产品获“长城国际金奖”，19个产品获荣誉奖。

中药材生产稳定发展。1991年，中药材生产在前一年的基础上得以稳定发展。中药材种植面积467.9万亩，与1990年相比增长1.83%。当归、黄连、枸杞等20种大宗药材，预计完成种植面积为114.6万亩，产量88.2万担，比1990年同期分别增长14.75%，1991年药材收购总量、总值均比前年有所增长。中药材生产已从种植面积下降，出现了明显的回升势头。

中药工业出现了新的局面。中成药工业通过进一步调整产品结构，随着一批重点企业基础建设技改项目的竣工投产，许多名优特产品扩大了生产，许多新品种、新剂型、以及系列产品得到不断开发。在中药总销售额中，中成药销售比重已达62.8%。企业经济效益明显好转，1991年，中成药工业产值年预计完成87.76亿元，比前一年实际增长20.93%。

1991年，中药工业基建和技术改造共审批项目19个，总投资2.1亿元。安排技术引进项目3个。在国家计委举办的工业企业技术进步展览会上，有6个中成药企业获技术进步荣誉奖。中药企业管理水平不断提高。北京同仁堂制药厂、天津达仁堂制药厂进入国家一级企业，武汉健民制药厂等 7 家中药工商企业进入国家二级企业，沈阳中药厂等 6 家中药工商企业进入局级先进企业。有2个企业获得国家一级节能企业，17 个获国家二级节能企业，40 个获局级节能企业。中药市场日趋好转，购销增长。1991 年，全年总购进 73.73 亿元，其中：中药材 20.34 亿元，中成药 53.38 亿元，比 1990 年实际增长 8.59%和 8.23%。全年总销售99.81 亿元，其中：中药材 37.12 亿元，中成药 62.69 亿元，比 1990 年实际分别增长5.06%和 10.13%。

中药商业储运工作，1991 年，全行业有 105 个仓库被评为国家中医药管理局二级仓库。

中医药外事工作方面，国家中医药管理局加强了对外事工作的宏观管理，召开了首届全国中医药外事管理工作研讨会，对全国中医药外事工作走向规范化、制度化进行了积极的探讨。先后派团参加了在日内瓦召开的第四十四届世界卫生大会，访问了世界卫生组织日内瓦总部。在访问新加坡、马来西亚和南朝鲜时，就中药出口的质量控制和注册问题进行了积极的探讨。截止到目前，我们已同美国、巴西、埃及、马来西亚、英国、法国、德国、前苏联、西班牙、意大利等 30 多个国家建立了中医药交流与合作关系。

1991 年 10 月，国家中医药管理局与世界卫生组织在北京联合举办了“国际传统医药大会”，这是一次成功的大会，其成功的标志是：(1) 大会受到了党和国家领导人的高度重视，江泽民、李鹏等 22 位党和国家领导人为大会题了词；王震副主席出席了大会的开幕式并担任大会名誉主席；李铁映国务委员代表中国政府致开幕词；李鹏总理在人民大会堂接见了一千多位中外与会代表；宋平同志等数十名党和国家的各方面领导参观了与大会同时举办的“国际传统医药展览”。(2) 大会受到了世界卫生组织和许多国家的重视，世界卫生组织总干事中岛宏及西太区办事处主任韩湘泰参加大会并作了报告。大会期间有 5 个国家的卫生部长、副部长和 20 几个国家的卫生官员参加了国家中医药管理局倡议的“圆桌会议”，并就国际间传统医药发展的政策作了探讨。(3) 大会进行了广泛的学术交流，有 40 多个国家和地区的400 多位国外学者和400多位中国学者参加了大会，大会收到论文 1600 多篇，其中 500 多篇在大会进行了交流。(4) 大会一致通过了以“人类健康需要传统医药”为主题的《北京宣言》。倡议探索成立国际传统医药学术组织的可能性，将每年的 10 月 22 日定为“世界传统医药日”。这次大会使许多国家看到我国党和政府中医药政策的光辉成就，扩大了我国的影响，对世界传统医药的发展产生了积极的促进作用。

中医药工作目前仍面临着不少问题和困难。比较突出的是由于中医药管理体制上的原因，使我们在行业管理上存在相当大的困难；同时，对“中西医并重”的方针，还有一个正确理解、协调发展的过程。其次，中医药事业虽然有了较快的发展，但基础仍很薄弱，学术水平不高，农村中医药人员缺乏，中医药重大科研课题进展缓慢，科研成果推广不快。在中药的产供销工作方面，生产布局、产品结构的调整和新产品开发，仍是中药工业面临的主要问题。部分企业仍处于亏损和亏损边缘，生产经营还没有彻底摆脱困境，如何搞好国营中药大中型及重点骨干企业仍需做大量的工作。中药材生产发展不平衡，生产投入不足，致使药材生产缺乏后劲，生产技术落后，制约着中药行业的发展。中药经营、仓储设施亟待充实改造，中药市场管理及出口贸易管理需进一步加强。

(沙凤桐)

二、重要会议

1991年全国卫生厅局长会议

1991年全国卫生厅局长会议于1月21日至26日在北京召开。会议的中心议题是认真贯彻七中全会精神，在回顾"七五"期间我国卫生事业的发展历程，肯定成绩，总结经验，分析问题的基础上，着重研讨"八五"期间加强农村卫生事业建设的有关问题，讨论修改《中国卫生发展与改革纲要（草案)》。陈敏章部长作了《认真贯彻十三届七中全会精神，切实加强农村卫生事业建设》的报告。孙隆春副部长作会议总结。陈敏章部长在报告中讲了三个方面问题。

一、回顾"七五"，成绩显著

（一）"七五"期间卫生事业发展主要成就　医疗卫生机构有所增加。1990年全国卫生机构已达20.8735万个，五年新增7869所。医院病床262.4万多张，比1985年增加39.5万张，各类医院的装备水平有了明显提高。全国有医疗点的村数1990年比1985年增加3.6万个。卫生技术队伍不断扩大。全国专业卫生人员达到490.6万人，五年增加59.3万人，平均每千人口的卫生技术人员数由1985年的3.28人增长到3.43人，平均每千人口医生数由1985年的1.36人增长到1.56人。乡村医生和卫生员总数达到123万人，比1985年增加13万人。医学教育改革取得成效。全国高等医学院校达到135所，年招生能力达到4.5万人，在校生达到19.7万人；中等卫校达到511所。为农村培养的定向生逐年增长，打通了医学人才通往农村的渠道。医学科技事业有所发展。1986年至1990年，全国共评出部级以上科研成果594项，其中获国家自然科学奖8项，国家发明奖23项，国家科技进步奖50项，部级科技进步奖513项。1988年全国医药卫生科研单位技术转让成交额达3325.3万元。卫生立法、执法监督得到加强。人大常委会颁布了三部卫生法律。国务院颁布了13个行政法规，卫生部颁布了100多个规章。药品、食品卫生监督保证体系基本建成。各类卫生监督执法队伍正在不断壮大。医疗卫生服务改善，防病治病成绩显著。1990年，全国各级医院诊疗达到25亿多人次，比1985年增加1.2亿人次；入院人数为5092万人次，比1985年增加17.6%。多年来困扰卫生部门的"看病难"、"住院难"、"检查治疗难"的情况得到显著缓解。计划免疫"四苗"接种率继1988年实现以省为单位达到85%目标以后，可望实现以县为单位的第二个85%。新法接生率比1985年提高1.3个百分点，达到95.7%，产妇住院分娩率提高近7.8个百分点，婴儿死亡率10年降低15个百分点。农村改水到1990年底受益人口为农村人口的70.3%，比1985年提高20.5个百分点。24种法定传染病报告发病率由1985年的521/10万下降至1990年12月的258.4/10万，降低了50%左右；急性传染病报告死亡率由1985年的1.92/10万下降到1990年的0.91/10万，降低了52.6个百分点。

（二）促进卫生事业发展的主要原因

1．各级政府加强了对卫生工作的领导和支持　党中央、国务院十分重视、关怀卫生工作，做了许多重要的指示。在血吸虫病出现回升、血防工作遇到困难的关键时刻，以江泽民同志为核心的党中央对血防工作做了重要批示。"七五"期间的一个显著特点是各地政府增强了卫生意识，加强了对卫生工作的领导。去年，有10多个省、自治区的政府主持召开了卫生工作会议，有17个省 区、市成立了由政府主要领导担任主任的初级卫生保健委员会或领导协调组织，并以政府名义颁发了本省（市、区）“2000年人人享有卫生保健”的规划目标和加强农村卫生保健工作的决定。“七五”期间，国家和地方的卫生投入总额平均每年以12.3%的幅度增长，有力地促进了卫生事业的发展。

2．改革开拓了卫生工作新局面，治理整顿促进了卫生改革深入发展 卫生工作坚持党的“一个中心，两个基本点”的基本路线，认真贯彻国务院（85)62号和（89）10号文件的各项决定，在国家投入不足、医疗保健供求矛盾紧张情况下，通过改革，调动了单位和个人积极性，挖掘了潜力，扩大了服务，缓和了供求矛盾，同时也不同程度地改善了卫生人员的生活待遇。城乡医疗保健制度的改革也进行了许多有成效的探索，创造出适合不同情况的保险、保偿、互助合作医疗等新经验。一年来，各地卫生部门根据卫生部下发的治理整顿、深化改革的一系列文件精神，通过治理整顿，使卫生改革在保持政策连续性和稳定性的基础上，得到进一步完善。

3．认真贯彻中央决定，加强思想政治工作 各地结合卫生工作实际，广泛开展了以学习白求恩、学习雷锋、学习卫生系统先进模范人物为重要内容的医德医风教育以及“迎亚运、学雷锋、创四化、做贡献”等活动，弘扬了无私奉献精神和全心全意为人民服务的宗旨，促进了职业道德教育和社会主义精神文明建设，振奋了广大卫生工作者的精神。各地根据卫生部电话会议的部署，认真广泛地开展了卫生系统纠正行业不正之风的活动。许多医院在公开收费标准、公开办事程序的同时，还公布了致病人的公开信，请病人协助医院纠正不正之风，并把医德医风、精神文明建设作为医院分级管理的评审条件和奖惩的重要内容，强化了监督机制。

4．对外开放促进了我国卫生事业的发展 “七五”期间，卫生系统共向51个国家和地区派出留学进修人员7197人，其中学成回国的3209人，占派出人员总数的44.73%。世界卫生组织、儿童基金会、联合国开发计划署等国际组织共向我们提供无偿援助7850万美元；共建立了各种形式的合作中心54个。世界银行卫生贷款项目总额达到3亿美元。广泛的国际交流不仅培养了一批专业技术骨干和学科、学术带头人，而且对提高医疗、教学、科研和管理工作的整体水平，建立新兴学科，开展高新技术研究，缩短与国外的差距，起到了积极的促进作用。

二、“八五”期间卫生工作的总体设想

（一）发展战略 九十年代卫生工作战略目标是：继续坚定不移地执行党的“一个中心，两个基本点”的基本路线，从我国国情和卫生事业现有基础出发，认真贯彻“预防为主”的方针，以提高人民健康水平和卫生服务水平为主导，以加强预防保健、农村卫生和振兴中医药为战略重点，努力建立具有中国特色、适合城乡经济发展和人民防病治病需要的卫生工作基础，保障人民群众最基本的医疗保健需求，总体上达到与小康水平相适应的健康水平，实现人人享有卫生保健。这一目标也是“八五”期间卫生工作的战略目标。在战略布局上，要抓两头：一是尽最大努力，搞好基础设施和基础服务；二是在医学科研的关键的领域，追踪国际先进水平，为卫生事业的发展增强后劲。“八五”期间主要是立足现有基础，理顺关系、调整结构、整顿秩序、提高效益，走内涵与外延相结合、以内涵为主的发展道路。

（二）有关战略重点的问题 加强预防保健、农村卫生和继续振兴中医药是我国卫生事业

“八五”计划”和今后10年的发展战略重点。党的十三届七中全会通过的《中共中央关于制定国民经济和社会发展十年规划和“八五”计划的建议》明确提出，卫生工作要进一步贯彻“预防为主”的方针，加强卫生监督工作和传染病、寄生虫病、地方病、职业病和严重危害人民健康疾病的防治工作，降低发病率。从全国范围看，不仅各类传染病、地方病、职业病以及许多已有预防和治疗手段的疾病至今仍然是危害我国公众身体健康主要因素，而且一些疾病的发病率还较高，并在局部地区时有暴发流行。加强预防保健和加强农村卫生两个战略重点是密不可分的，是相互关连的。只有把两个战略重点紧密结合起来，才能达到预期的效果。

（三）实现发展战略的基本思路　总结十年来卫生事业发展建设的经验，“八五”期间要进一步强化以下四个意识：一是各级政府要进一步加强对卫生工作的领导，促进相关部门的协调配合，动员全体群众参与；二是深化改革，完善管理，多渠道增加卫生投入，不断提高卫生资源利用和卫生服务综合效益，实现卫生事业与社会和国民经济协调发展；三是依靠技术进步，人才培养，促进服务能力的提高和事业的发展；四是各项工作必须坚持从实际出发，因地制宜，分类指导，以适应不同地区经济、文化、卫生发展不平衡的特点。

三、充分认识加强农村卫生的战略意义，切实把卫生工作的重点放到农村

（一）加强农村卫生建设是我国卫生工作的当务之急　这是因为加强农村卫生工作，是发展农业的重要组成部分，也是脱贫致富的保证。全社会特别是各级政府必须树立加强农村卫生工作是发展农业的重要组成部分的观点，决不能把加强农村卫生工作与发展农业对立起来，更不能把农民增加医疗卫生的投入，看做是增加农民的负担。从我国的人口分布和卫生工作的宗旨来看，也决定了卫生工作的战略重点必须在农村。农村卫生工作的好坏，对于评价我国卫生工作成绩具有重要作用。当前，农村又是我国卫生工作的薄弱环节。我们必须清醒地看到，十年改革使我国农村经济发生了很大变化，但是农村卫生工作并不能适应农村经济发展的需要，广大农村特别是边远地区缺医少药的状况还没有从根本上扭转。许多地区对农村卫生事业的投资比例减少，基层技术力量外流严重，队伍素质降低，基层卫生组织不健全，预防保健任务的落实受到影响。受各种传染病、地方病、环境污染等问题危害最大的是广大农民。对此，必须引起各级政府和卫生部门的高度重视，切实地把加强农村卫生工作做为战略重点，力争在“八五”期间取得显著成效。

（二）实施初级卫生保健是落实加强预防保健和农村卫生两个战略重点的重要途径　“2000年人人享有卫生保健”是1977年世界卫生组织提出的全球性战略目标。对此，我国政府已予承诺。在我国能否实现这一目标，关键在于农村。实施初级卫生保健，目的是使人人都能得到最基本的、体现社会平等权利的、人民群众和政府都能负担得起的卫生保健服务。“八五”期间，初级卫生保健首先要抓好普及阶段的起步工作。各地卫生厅局要在当地政府领导下，进一步协调政府各职能部门，结合当地的实际情况，做好全面普及阶段的规划安排和各项准备工作，以保证到1995年全国至少有50%的县达到低限标准。各级政府一定要明确有关部门的责任，搞好部门协同。在卫生部门内也需统一思想、统一认识、统一行动。初级卫生保健工作是卫生部门的共同的任务。

（三）加强农村卫生事业建设的政策和措施　主要有以下几个方面：

1．各级政府要加强对农村卫生建设和改革的领导，为农村卫生事业发展创造宽松的环境　卫生投入不足是制约卫生发展的重要因素之一，各级政府要强化卫生投入，不是单纯消费性支出，而是保护劳动力的生产性投资的意识。在经费上，要采取有效措施增强卫生投入，要使卫生事业经费的增长比例高于财政支出的增长比例，使预防保健经费高于卫生事业经费增长的比例，并逐步达到卫生经费占地方财政支出的8%比例。要动员全社会共同增加对卫生的投入。在政策上，各级政府要明确稳定农村卫生技术队伍的政策，支持卫生部门解决农村基层卫生技术人员的实际困难，要为推广多种形式农村医疗保险制度，恢复和发展集体办医创造条件，明确集资办医不是向农民乱摊派；对不合理服务价格和收费标准要适时调整，并应制止社会向医疗卫生单位的各种摊派。

2. 加强三级医疗预防保健网的建设，积极推行多种形式的农村医疗保险制度　加强农村的医疗卫生工作，实施初级卫生保健，需要坚实的组织保障。“八五”期间，各地要按照统一规划、合理布局的原则，加强以县级医疗卫生机构为技术指导中心，以乡（镇）卫生院为枢纽，以村卫生室（所）为基础的三级医疗预防保健网的建设，逐步健全和完善农村卫生服务体系。建立多种形式农村医疗保险制度，是调动农民积极参加初级卫生保健的一种形式，是现阶段解决农民医疗保健费用问题的较为稳妥可行的办法，是贯彻十三届七中全会关于建立社会保障体系决定的重要组成部分。各地要在总结历史经验教训的基础上，根据农民的意愿，建立适合当地经济基础、符合群众利益的农村医疗保险制度，并要加强领导，严格管理，取信于民，使其不断巩固和发展。

3. 稳定和发展农村卫生技术队伍　在今后相当长的一个时期内，我们必须把稳定和发展农村卫生技术队伍做为加强农村卫生事业建设的一项重要任务，着重做好以下几项工作：一是各地要根据《卫生部关于进一步加强农村卫生技术队伍建设的意见》，逐步调整县、乡、村卫生技术队伍的人员结构，形成合理的技术梯队。二是要完善面向农村的定向培养制度和在职教育制度。对现有的农村卫生技术人员要逐步实行在职教育制度，利用各种教育形式，对在职人员进行培训。对乡村医生进行系统化、正规化培训，提高在岗乡村医生的业务素质是一项紧迫的任务。各地要把乡村医生教育纳入当地教育系列，达到《1991—2000年全国乡村医生教育规划》确定的标准。三是要制定稳定农村卫生技术队伍的相应政策，打通人才流向农村的渠道。

4. 强化科技兴农意识，为农村提供适宜的医学科学技术　各级卫生行政部门和科研单位要积极向农村医疗卫生单位推广先进成熟的适宜技术，促使科技成果转化为生产力，转化为社会、经济效益，促进医疗、预防等工作水平的提高。卫生部准备每年安排10项左右先进、成熟的适宜技术向农村、基层推广。为鼓励和支持农村医疗卫生机构积极引进、推广应用新技术，各级卫生部门要落实专项经费、制定奖励性政策和建立推广应用网络，使农村卫生工作逐步走上依靠医药卫生科技进步的发展轨道。

5. 坚持城市支援农村，促使农村卫生工作水平的提高　城市医疗卫生机构应充分发挥人才、技术优势，努力做好对农村和老少边穷地区的各项支援工作。通过对口支援、目标支援以及支农巡回医疗队或初级卫生保健工作队等多种形式，帮助基层单位进行专业培训、技术开发和改善经营管理以及对重大疫情、自然灾害等突发事件的应急处理。城市医疗卫生单位也可对基层单位进行物质支援，以无偿赠送或优惠价拨的方式把更新、剩余的器械设备支援农村基层卫生机构，缓解农村设备缺乏的状况。接受援助的单位也应采取措施为城市卫生技术人员支农创造必要的条件。

（歹益勤摘）

国际传统医药大会(北京'91)和国际传统医药展览(北京'91)

由中华人民共和国国家中医药管理局和世界卫生组织联合举办的国际传统医药大会（北京'91）于 1991 年 10 月 18 日至 22 日在北京隆重举行，国家中医药管理局主办的国际传统医药展览（北京'91）同时举行。大会受到中国政府和世界卫生组织的高度重视。江泽民、李鹏、李先念、王震等 22 位中国党和国家领导人为大会题词，世界卫生组织总干事中岛宏为大会发来贺词。王震副主席担任大会组织委员会名誉主任，并在开幕式上宣布大会开幕。李鹏总理在人民大会堂接见了全体与会代表，同大家合影并讲了话，他在讲话中强调：中国政府对传统医药非常重视，实行中西医并重、中西医结合的方针。李铁映国务委员担任大会组织委员会主任，并在大会开幕式上代表中国政府发表了题为《人类健康需要传统医药》的重要讲话。卫生部陈敏章部长也在大会就我国发展传统医药的工作作了特别报告。世界卫生组织总干事中岛宏、该组织西太区主任韩湘泰、该组织西太区发展规划主任刘国傧、该组织驻华代表基恩、该组织负责传统医药的官员阿克瑞拉都亲临大会。中岛宏、阿克瑞拉在大会上分别作了特别报告，强调世界卫生组织将努力通过各种渠道把传统医药纳入各国卫生保健工作中。韩湘泰在闭幕式上讲了话。

这次大会共有 40 多个国家和地区的 1200 余名官员和代表出席。240 位中外学者在 4 个分会场作了学术报告，内容涉及传统医学基础理论、传统医学临床、非药物疗法、传统药物(天然药物)、传统医药管理等各个领域。大会共收到 2218 篇论文，并将其中 557 篇论文的摘要和题录编辑了 25 万汉字和近 40 万英文单词的中英文学术论文集。在少数民族医药分会场上，中国代表就藏、蒙、维、朝、傣、彝、壮等 7 个少数民族传统医药作了学术报告。

参加大会的 23 个国家的卫生行政官员在大会期间举行了两次圆桌会议，专题研讨传统医药在卫生保健事业中的作用、发展和管理政策。

国际传统医药展览期间，国内 364 个中医药单位的 1215 项产品和科技成果、国外 14 家商社企业的 20 多项产品参加了展出。国家技术监督局、国家中医药管理局和中国医药保健品进出口商会还在展览期间，联合举办了传统药长城国际金奖评选活动，国内外 123 个企业的 238 项产品申报评奖，结果有 10 项国内外产品获金奖，20 项获荣誉奖。

大会闭幕式上，全体与会代表庄严通过了以"人类健康需要传统医药"为主题的《北京宣言》。《北京宣言》吁请世界各国政府、各有关组织、各界人士关心和支持传统医药事业的发展，提出筹建世界传统医药学术组织、确定世界传统医药日、发展传统医药教育事业、加强传统医药领域科学研究、合理开发利用传统药物资源等 5 项任务。《北京宣言》是世界传统医药发展史上的纲领性文献和里程碑。这次大会所具有的积极意义和产生的深远影响，将载入人类文明的史册，为世界医药学的发展开辟更加广阔的前景。

（杨　锐）

在国际传统医药大会(北京'91)上的讲话

陈敏章

（一九九一年十月十九日）

主席先生、各位来宾，女士们、先生们：

国际传统医药大会在金秋十月的北京隆重召开，我代表中华人民共和国卫生部表示热烈祝贺！刚才中岛宏博士的精辟报告，以及他和世界卫生组织西太区主任韩湘泰博士都亲自参加了这次大会，说明世界卫生组织很重视传统医药在卫生事业中的重要作用。传统医药是世界各国各民族人民在历史上长期同疾病斗争实践中逐渐形成的，有些已具有完整或不很完整的理论体系，有些属于是临床实践的世代相传。由于他们的独特效果在历史长河中被保留了下来，不仅受到人民群众的欢迎，而且也引起科技人员越来越广泛的兴趣和重视。通过国际学术交流活动有助于加深认识、开阔思路，这对传统医药进一步发展都是十分有益的。中国政府对传统医药的政策已在昨天李铁映国务委员的讲话中作了明确的阐述。中国传统医药是我国优秀的民族文化遗产，是我国各族人民千百年来同各种疾病进行反复斗争的广泛实践经验总结和理论性概括。其中尤以中医中药体系更为完整，其它如藏、蒙、维、傣医等也各有特长，它不仅为中华民族繁衍生息提供了重要保证，成为我国人民防病治病、保护健康的重要手段，而且以严谨的思维方法宽阔的临床实践和独特的临床疗效丰富了世界医学宝库。它与现代医药学并存形成我国医药卫生事业的重要特色。为了适应人民群众对医疗保健日益增长的需要，实现“2000年人人享有卫生保健”，更需要充分发挥传统医药学在各层次的医疗保健服务中的作用。我们把加强中医药事业与加强农村卫生工作和预防保健工作列为到本世纪末的十年中卫生工作的三大战略重要内容。这也是我国政府一贯重视和发掘、发展传统医药事业的继续。

在继承和发展传统医药事业上有三个重要问题值得认真对待。一是要培育一批忠诚、热心献身于传统医药事业的优秀科技人才。从历史上看，一大批名医如扁鹊、华佗、张仲景、孙思邈、李时珍……等对继承和发展中医中药事业起到了很突出的作用。建国四十多年来，我国在培养中医药人才方面做出了大量努力，几十所中医药大学和民族医药大学以及一大批中专学校不断培养出各种层次的中医药专门人才，此外还通过“西学中”、“师承传授”等教育方式，拓宽了中医药人才的来源。同时建立了一批硕士、博士研究生培养基地。传统医药事业的继承和发展在一定程度上依赖着中医药人才素质的提高。二是重视科技进步对传统医药发展的推动作用。在继承中重视发掘，才能不断推陈出新，使传统医药的精髓部分能充分显示它的科学价值，从而带动传统医药新的发展。因此，加强传统医药的科研工作，努力发掘，认真整理，是传统医药界长期而迫切的任务。在当今世界科学技术日新月异，突飞猛进的形势下，我们需要也有可能按照传统医药的特点和规律，利用现代科学技术的成就促进传统医药的深入研究与开发。传统医药学的发展历史是一个不断完善、进步的过程。我们目前在科技方面具备了更优越的条件，应该不失时机地努力开拓创新。三是要尊重传统医药学的特色和规律，无论在临床应用、人才培养和科研方面都宜遵循“继承而不泥古，创新而不离宗”这一原则。我们鼓励中西医结合和加强中西医交流沟通，互补长短，而不是改造传统医药。传统医药中有些一时难以用现有的科学知识解释或阐明而临床效果又很确切的问题，更应尊重历史的客观存在，这在科学发展史上也是屡见不鲜的。

我相信，通过这次国际学术交流，必将进一步唤起人们对传统医药事业的关心、重视和支持，也增进同道之间的友谊和理解，使各国的传统医药事业更加兴旺发达，共同为人类健康作出更多的贡献。谢谢各位。

（转自《中医药管理杂志》1991年第6期）

在国际传统医药大会(北京'91)特别报告会上的讲话

朱 杰

(一九九一年十月十九日)

主席:

中岛宏博士，陈敏章部长：

女士们，先生们，朋友们，同志们：

这次国际传统医药界的盛会在北京召开，并由世界卫生组织和中华人民共和国国家中医药管理局共同主办，我们感到十分荣幸与高兴。中国有句古话，“有朋自远方来,不亦乐乎”，表达了我们现在的心情。我谨代表中华人民共和国国家中医药管理局，并以我个人的名义，向来自世界各地的女士们、先生们、朋友们、同道们表示最热烈的欢迎!

中岛宏博士刚才所作的精彩报告，给传统医药事业以充分的肯定。世界卫生组织对传统医药事业始终如一的支持，是一个至关重要的因素。今天，中岛宏博士的讲话，又一次为传统医药事业展示了美好的前景。

中国人民共和国国家中医药管理局是我国为加强传统医药事业而于一九八八年五月决定成立的国家级传统医药管理机构。这个局设有九个司，履行对全国中医药行业的管理职能，负责对三十二所大学、五十七所中等学校、一百七十所研究机构、二千多所传统医药医院和二千余家中药工厂，以及数千个药材公司、数万个中药商业网点的行业管理。各个国家、各国际组织、各位同道们，只要有兴趣与我国进行传统医药方面的合作与交流，我们都将竭诚提供服务。

传统医药事业是一个为全人类健康服务的事业，它有着光辉的历史,也有着光明的未来。据了解，为了推动全球传统医药事业的发展，许多国家同道们有如下愿望：一、成立世界传统医药学会联合会；二、加强传统医药学的人才培训与提高；三、确定每年一天为世界传统医药日，以积极推动国际传统医药的活动；四、创办一个杂志，交流有关传统医药的信息。在这些工作和其它方面工作中，如有需要我们局做的事，我们将尽力去做。我们深信，只要大家共同努力，传统医药事业的发展目标是一定能够实现的。谢谢各位!

(转自《中医药管理杂志》1991年第6期)

在传统药“长城国际金奖”颁奖会上的讲话

张洪魁

(一九九一年十月二十日)

女士们、先生们，各位来宾和新闻界的朋友们:

传统医药是国际性的文化瑰宝，是人类长期与疾病作斗争的经验总结。不同的国家、民族和地区都有自己的传统医药，它是几百年甚至几千年人类长期临床实践的结晶，通过传统方法与现代科学方法的结合、通过继承、整理、研究和创新，传统医药极大的丰富了世界医药保健领域，使世界医药学向更高的水平发展。

本届国际传统医药大会是中华人民共和国国家中医药管理局和世界卫生组织联合主办的。这标志着世界卫生组织对传统医药的确认、重视和对这一领域开发的决心。为了鼓励传统药国际间的合作与交流，中国国家技术监督局、中国国家中医药管理局、中国医药保健品进出口商会共同研究决定在十月份举办的国际传统医药展览会上，组织中外企业进行传统医药长城国际金奖及荣誉奖的评选活动。这次国际传统医药大会的召开以及国际传统药长城国际金奖的颁发，将进一步推动传统医药迈入世界医药学之林，并逐步实现与现代医药并存、并举的目标。这次大会在中国北京召开是有特殊意义的，因为中国医药学有几千年的历史，有完整的中医药理论体系，有一万种以上的天然药物资源，有极为丰富的医药专著和举世瞩目的科技成果。中国传统医药是中国医疗卫生事业的重要组成部分，得到国家的高度重视，载入宪法，颁布药典，从中央到地方设立了管理和药政药检机构。目前，中国还是发展中国家，卫生设施、人民饮食营养结构都低于工业技术发达国家水平，但期望寿命和婴儿死亡率的指标却进入了世界先进行列，显然，中国传统医药是促进中国人民健康素质达到世界先进水平的重要因素之一。

这次传统药长城国际金奖的评定由中国国家技术监督局、中国国家中医药管理局、中国医药保健品进出口商会的领导组成领导小组，大会聘请了中国著名的临床、药理、药化、制剂、药检等不同学科的专家教授以及中国国家医药质量管理部门的技术官员共十八人组成评委会。本着高标准、严要求的科学态度和明确的标准，对中外制药企业申报参展评奖的产品进行了技术资料核查、初筛、预选、评论和终评，从238个参评产品中评选出牛黄清心丸、柴朴汤等10个长城国际金奖品种，并选出养阴清肺糖浆、排石冲剂等20个国际传统医药展览会荣誉奖。

这次评选的六项标准是：一、产品组方合理，疗效确切。组方分古方、验方和新方，疗效需要有现代临床的诊断和生物统计数据。二、产品内在质量标准。包括原料标准、成品标准，要求定性指标，定量指标齐全。三、产品年销售额。创汇额较大。以显示使用者对该产品的信任度。四、企业及产品知名度。综合考查生产企业的厂房设备、企业管理和质量管理水平，企业和企业家的荣誉称号，重点在于是否实施GMP。五、产品历年获奖情况，包括国际性获奖、国家科学发明奖、国家科学进步奖、国家质量金奖、银奖及部级质量优质奖等。六、产品包装。要求产品包装能确保产品质量的稳定，说明书不夸大疗效，通俗易懂，外形美观大方。

所评出的金奖产品都具有传统药的突出特色，并经过现代临床观察验证，通过药效学的研究阐明机制，定性定量质量标准齐全，按 GMP 规范生产。评选时专家记名打分投票。

此次评选，只限于已经向本次大会参展并申奖的产品，由于申报国家和地区不够广泛，因此有一定的局限性。

女士们、先生们：长城国际金奖是经国务院领导批准于一九九〇年在我国设立的国际展览会的质量最高奖。这次长城国际金奖在国际传统医药展览会期间颁发，对于提高传统医药在国际上的声誉和地位具有重要的现实意义。当前，“回归大自然”的国际新潮方兴未艾，传统药的发展前景兴旺广阔。众多人士建议，今后能够把以人类文明奇迹“长城”作为最佳传统药标志的国际金奖评选活动继续发展下去，促使传统医药向更高的水平推进。我们认为这一建议是十分有益、完全可行的。我们将在这次评奖后向国务院领导同志报告。促使传统医药这一人类共有的文化，通过继承、整理、研究、创新，在二十一世纪成为新兴的、古今结合的科学领域，更好地为人类保健服务。谢谢各位！

（转自《中医药管理杂志》1991年第6期）

三、行政文件

中医事业“八五”计划及十年规划设想（摘要）

国中医药计〔1990〕131号

为了加强对中医药工作的宏观指导和管理，充分发挥中医药的特色和优势，保证中医药事业持续、稳定、协调发展，特制定《中医事业“八五”计划及十年规划设想》。

回顾与现状

“七五”期间，在党的改革开放总方针指引下，在各级党政领导和有关部门的重视与支持下，党对中医药工作的各项政策和指示得到进一步贯彻落实，尤其是国家和部分省、自治区、直辖市和计划单列市中医管理部门建立以来，在加强机构建设、加速人才培养、提高学术水平、强化科学管理等方面做了大量工作，使中医药事业有了较快的恢复和发展，中医药工作出现了建国以来的最好形势。

一、中医医疗机构稳步发展，医疗保健体系正在形成

到1990年，预计全国拥有中医医院2170所，其中县中医医院约1400所，比1985年增加685所。“七五”末将有20个省、市实现县县有中医院的目标。到1990年底，预计全国中医床位达到19.6万张（含西医医院中医床位1.4万张），比1985年增加6.6万张。预计全国卫生机构拥有中医药技术人员56万人，其中中医师24.2万人，中药师6.1万人，千人口中医师0.22人，中药师0.05人。

二、中医教育进一步加强，队伍素质有所提高

到199 年底全国拥有高等中医药院校29所，本科专业设置16种，并有13所高等医药院校设置了中医药专业。中等中医药学校发展到57所。在校本专科生3.1万人，研究生1600人，中专生3万人。“七五”期间共培养本专科生2.4万人，研究生1800人，中专生2.4万人。中医职业技术学校和职工中专也有所发展。

三、中医科技工作有了新进展

到1990年底，全国拥有中医科研机构148所，其中独立机构87所，非独立机构61所。1986—1990年获得部（局）级以上奖励的科研成果201项，获各种国际奖励29项。大力开展了防治常见病、多发病以及危重症、疑难病症等的临床研究工作。

四、中医药的国际交流与合作广泛开展

中医药的国际影响日益扩大，出现了世界性的“针灸热”、“中医热”。1986年以来，我国为国外培养了数批中医药留学生和进修生，仅北京、上海、南京三个国际针灸培训中心就为60多个国家和地区培训了600多名针灸医生。

五、改革了管理体制，加强了宏观管理

国务院于1986年批准成立了国家中医管理局，继而又于1988年在机构改革中决定成立了国家中医药管理局，这是对我国卫生和中医药管理体制的重大改革，为中医药的协调发展

和同步振兴提供了组织保证。与此同时，部分省、自治区、直辖市先后成立了中医管理局。国家中医药管理局和部分地方中医管理局成立后，认真加强自身建设，与有关部门密切配合，发挥政府职能的作用，采取措施，加强宏观管理和指导，使中医药工作逐步走向科学管理的轨道。

指导思想

认真贯彻执行党中央国务院关于治理整顿、深化改革的方针和"要把中医和西医摆在同等重要的地位"、"中医和西医并存、并重、并举"等重要指示，继续保持和发扬中医药的特色和优势，把科技、教育和农村工作摆在突出的战略位置。坚持勤俭办事业的原则。从中医药事业发展的实际出发，统筹安排，保证重点，兼顾一般，以社会效益为宗旨，不断提高经济效益，促进中医药事业持续、稳定、协调发展，建设具有中国特色的社会主义卫生事业，更好地为人民群众医疗保健服务。

发展战略及重点

一、努力发展中医医疗建设，重点加强内涵建设。

二、突出人才培养和农村工作两个战略重点。

三、发展中医药事业以科技进步为先导，提高学术水平为核心。

四、努力扩大对外交流与合作，促进中医药进一步走向世界。

发展目标与指标

一、目标

"八五"期间中医事业的发展目标是：初步建立以全民所有制为主体，多种形式并存，机构和功能比较健全，人才结构相对合理，学术水平有较大提高的中医医疗保健、教育、科研体系。设想到本世纪末，在国内形成比较完善的中医药体系，传统医学与现代医学协调发展，使中医药在总体上基本上满足小康水平的需求，在国外继续保持我国中医药的领先地位，为二十一世纪中医药事业的全面振兴和进一步走向世界打下良好的基础。

二、指标

机构与床位的发展

——"八五"期间，以县级为主，增加中医医疗机构300所，初步形成多种形式并存的农村三级中医医疗保健网络。

增加中医床位8万张（含西医医院中医床位2.5万张），千人口中医床位达到0.23张。

——计划到2000年中医床位达到38万张（含西医医院中医床位6万张），其中农村19.5万张，城市18.5万张，千人口中医床位达到0.3张。

服务利用与效益

——到"八五"期末，全国中医门诊量达到总门诊量的四分之一，全国农村中医门诊量达到农村总门诊量的三分之一以上。

——"八五"期间，全国中医医院床位使用率提高5—10%；县及县以上中医医院床位使用率达到85%以上。全国中医医院床位年周转次数增加2～3次。

加强内涵建设

——“八五”期间，重点抓好100所示范中医医院的建设和40个农村中医工作试点县，办好一批中西医结合医院和民族医医院。

在现有中医医疗机构中，选点充实、健全20个全国中医专科专病中心、8个急症医疗技术中心、11个中药剂型改革基地（含4个民族药物制剂中心）。

——“九五”期间，继续分批充实中医医疗机构，逐步扩大和完善中医医疗保健和预防功能。到2000年，使各级各类中医医院达到分级管理标准，使中医医疗服务覆盖率达90%以上。

人才培养与教育发展

——“八五”期间，年度招收本、专科生达0.8～0.85万人，研究生0.04万人，中专生1.5万人（其中中医护理专业0.3万人），五年间共毕业本专科生3.5万人，研究生0.2万人，中专生5万人，培训西学中人员0.2万人。

——为农村培养中医药人才。从1991年到1995年，逐步使专科招生数达到本、专科招生总数的25～30%。本科定向招生（面向县及县以下）逐步达到10%。全国新建、改建中医药学校10所，重点放在尚未建立中医药学校的地区。

中医机构开展不脱产岗位培训覆盖率50%，使$\frac{1}{4}$在岗中医药人员累计接受3个月以上的短期进修教育。

——“八五”期间，分批选择2500名名老中医药专家作为指导老师，并分别配备1～2名助手。进一步完善中医师带徒制度。

——“九五”期间，中医药人才培养和层次结构与事业发展相适应，培养高等中医药人才4万人，中等中医药人才6.5万人。

科技进步与成果推广

——在“八五”期间或更长一段时间内重点建设好1个中心、7个基地，并建立6个国家级及部（局）级重点实验室。到2000年，争取形成以此为依托的科研骨干力量，国家级重点实验室要具有高科技能力，能承担国家重大科研课题及国际水平的科研任务。

深入开展中药材、饮片和中成药的研究，完成针灸名词、器具的标准命名和150种左右中药材及中成药（新药）质量控制标准的研究；在文献研究方面取得较大进展。

对外交流与合作

——“八五”至“九五”期间增建中医药国际科技和医疗合作网点15个，增设7个世界卫生组织传统医学合作中心，选择15项适用性科研成果向国外推广。

——在现有中医学院中选择2—3所作为全国中医药涉外人员培训中心，设置外语等专业，培养一批高质量的中医药对外交流人才。

对策与措施

一、“八五”期间，中医药行业的治理整顿和深化改革工作要以建立良好的中医药服务秩序为目标，挖掘潜力，提高效益，促进中医药事业积极稳步发展。

二、实行倾斜政策，增加财力投入是实现中医药事业发展目标与各项指标的有力保证，各级政府“要为中医事业创造良好的发展与提高的物质条件”给予重点扶持。

三、突出中医特色，提高医疗质量，切实加强农村中医药工作。

四、调整、优化中医药教育的专业及层次结构，改善办学条件，提高办学质量和效益，积极培养社会需要的各种合格人才，特别要加快高层次人才、短缺专业人才和农村急需人才的培养。进一步改革招生分配制度，与有关部门配合，制定政策和措施，以利人才面向农村。

五、加强中医药科学技术研究，提高学术水平。以临床、预防等应用研究为重点，重视开发研究、基础研究及医学高科技领域的研究。着重抓好重大科研课题的组织实施。

六、努力扩大对外交流与合作。在巩固扩大民间合作的同时，加强与世界卫生组织等国际组织的联系，发展政府间的合作。

七、加强政策研究，法制建设和宣传教育工作。

八、完善管理体制，强化管理职能，提高管理水平，大力培养中医药管理人才。

九、加强精神文明建设，深入开展职业道德教育，坚持物质文明和精神文明一起抓。

（张建华摘）

《中医事业“八五”计划及十年规划设想》的基本思路及编制说明

一、计划的编制过程

遵照国务院关于制定“八五”计划及十年规划设想的要求，国家计委提出了《关于编制“八五”计划及十年规划设想》的安排意见。按照国家计委的统一部署，我局三月上旬召开了局务会，向有关司、办布置了编制“八五”计划的任务，同时组成了“八五”计划起草工作领导小组，由朱杰副局长任组长，综合计划司牵头。四月上旬，在各有关司的积极支持与配合下，综合计划司提出了《中医事业“八五”计划（讨论稿）》，经局务会讨论和起草小组的几次修改，形成了《中医事业“八五”计划（草案）》。八月份我们召开了部分省、市中医专家及有关领导同志参加的论证会，听取了地方同志们的意见，进行了修改。尔后，我们又充实了十年规划设想的内容。在九月份的局暑期办公会上，由局领导主持和各司领导参加又进行了讨论。根据讨论的意见，我们进行了认真的研究，并对计划的结构进行了较大的修改。十月份在北京召开了有二十个省、市中医医疗、教育、科研、管理方面的同志参加的第二次论证会，再一次听取意见，补充修改。最后经局领导审定，《中医事业“八五”计划及十年规划设想》初步完成，并于十月份正式上报国家计委。

二、编制《中医事业“八五”计划及十年规划设想》的意义、指导方针和主要依据

（一）意义

制定中医事业“八五”计划和十年规划设想对于完成中医战线治理整顿的各项任务，指导今后十年全国中医事业的发展，以及建设具有中国特色的社会主义医疗卫生事业，都具有十分重要的现实意义和深远的历史意义。

（二）编制计划的指导方针和主要依据

1．党的十三届五中全会作出进一步治理整顿和深化改革的决定，是编制“八五”计划及十年规划设想的主要指导方针。坚持以治理整顿为主，同时执行“八五”发展计划，在治理整顿中求发展。

2．围绕国民经济和社会发展的战略总目标，实现国民经济生产总值第二个翻一番，人民生活达到小康水平。

3．继续遵循国家宪法关于“发展现代医药和我国传统医药”的决定和党的卫生工作的总方针以及党中央、国务院关于"要把中医和西医摆在同等重要的地位"、"中医和西医并存、并重、并举"等一系列重要指标，努力发展中医药事业。

4. 坚持实事求是，量力而行，注重实效，稳步前进，一切从实际出发的思想。根据社会发展及卫生事业对中医药的需求，以及中医药事业起步晚、基础差、底子薄的实际情况，立足于中医药事业"七五"发展现状，确定战略目标和战略重点，使中医药事业在"八五"和"九五"期间持续、稳定、协调发展。

5. 世界卫生组织提出，我国确定的"2000年人人享有卫生保健"的目标，这既是中医药事业发展的重要任务，也是我们制定发展计划和规划的依据之一。

三、发展目标及指标的测算依据

（一）《中医事业"八五"计划十年规划设想》的目标，是在一九八七年制定的《1988—2000年中医事业发展战略规划》的基础上，结合治理整顿、深化改革和今后发展任务提出的。根据党和国家调整的方针以及制定"八五"计划和十年规划的要求，对过去中医事业发展的目标和指标进行了调整，提出了"八五"期间中医事业发展的目标和指标，同时对本世纪末的发展远景做了概括性的描述。

中医药事业发展指标是目标的量度和具体体现。确定"八五"计划及十年规划设想的指标时，我们在过去"机构、人员、床位"的三大指标的基础上，拓宽了指标项目，力求从整体上反映中医事业发展的状况。根据"七五"中医事业发展的情况和当前存在的主要问题，在"八五"计划中突出了加强内涵建设，充分利用中医药资源，以社会效益为宗旨、提高经济效益等方面充实了新的指标和内容。在编制计划时，将指标体系划分为四个部分：医疗资源的开发利用、人才培养与教育发展、科技进步与成果推广、对外交流与合作。每一部分又细分为资源的服务、利用与效益、加强内涵建设等十四个分指标。每个部分的指标都以量化指标为主。十年规划采用了量化指标与描述性指标相结合的方法，对难以提出量化指标的项目从实际出发，不虚设、不浮夸，做到了指标有"硬"有"软"，利于实施、检查和评估。

（二）主要指标的测算依据

1. "八五"期间，国民生产总值按平均增长5—6%计算，以此测算中医事业发展与国民经济增长相适应的发展速度。

2. "八五"期间，全民所有制固定资产投资规模和事业费前两年按1990年水平测算，后三年有一定幅度增长。

3. 全国物价上涨幅度，设想1992年降到10%以下，1995年降到5—6%。在测算中医事业费增长速度时，以此估算实际的增长水平。

4. 人口增长与中医医院床位的相关关系

（1）按照第四次全国人口普查为基数，预计1995年全国人口达到12亿左右，二〇〇〇年达到12.5亿左右。

（2）1989年底全国医院床位256.8万张，千人口床位2.3张。卫生部计划"八五"期末千人口床位达到2.5—2.6张，到1995年预计床位总数突破300万张，年平均增加8万张左右，五年共增加40—45万张，年平均递增3.1%左右。

5. 中医床位发展和利用："八五"期间中医床位增加8万张（含西医医院中医床位2.5万张），千人口中医床位达到0.23张。其中增加的5.5万张中医医院床位，每年平均增加1.1万张，年均增长速度为5%。预计城市增加2万张，县及县以下农村增加3.5万张。到

2000年，计划中医床位达到38万张（含西医医院床位6万张），其中城市18.5万张，农村19.5万张，千人口中医床位达到0.3张。

随着中医医疗机构的不断发展和规模的逐渐扩大，预计“八五”期末全国中医门诊量将由现在占门诊总量的22.5%左右增加到25%，或者略高一些，五年中将增加2.5个百分点左右。全国农村中医门诊量将由现在占门诊总量的30%增加到33%以上，五年提高3个百分点。计划“八五”期间全国中医医院床位使用率提高5—10%，要求县和县以上中医医院床位使用率达到85%以上。实现此目标相当于“八五”期间不用投资则可增加500张床位的医院20—35所，增加床位0.9—1.8万张，可为国家节省投资2.7—5.4亿元。要求全国中医医院床位年周转次数增加2—3次，全国中医医院将多收治住院病人50多万人次。如果实现这些目标，将大大提高中医医疗工作的效率，中医药资源将进一步得到利用，同时也将带来巨大的社会效益和经济效益。

6. 中医药教育及培养能力。90年底全国高等中医药院校29所，民族医院校3所，在校生3.1万人；中等中医药学校57所。“八五”期间，中医药高等教育年培养能力0.8—0.85万人，中等教育年培养能力1.5万人。五年间计划共培养本、专科生3.5万人，研究生0.2万人，培养西学中人员0.2万人。“八五”期间，扩大招生能力，主要依靠挖掘内部潜力，走扩大内涵的道路。中医药人才培养与事业的发展，基本做到同步增长，协调发展。

“八五”期间，要大力为农村培养人才，一是调整专科生比例，逐步使专科招生达到本、专科生总数的25—30%；二是扩大农村定向招生比例，使本科生逐步达到10%；三是在没有中等中医药学校的地区新（改）建10所中医药学校。关于调整专科生比例，扩大农村定向招生问题，是教育改革的一项重要内容。这不仅需要我们逐步调整招生计划，而且需要国家及各地计划、教育、人事、财政等部门大力协助，完善有关的配套政策，才能将计划指标真正落实。此外，要求不脱产岗位培训覆盖率达到50%。使四分之一的在岗人员累计接受3个月以上短期进修教育。“八五”期间在职人员的培训工作，各级主管部门应研究、制定具体计划，以便分期实施。为了认真贯彻中央的指示，抢救名老中医药专家的经验，按照两部一局文件精神，“八五”期间分批选择2500名名老中医药专家作为指导老师，给每人配备1—2名助手。“九五”期间进一步提高培养能力，培养高等中医药人才4万人，中等中医药人才6.5万人。到2000年，计划中医机构不脱产岗位培训覆盖率达到90%以上，使在岗中医药人员50%以上接受3个月以上的短期进修教育。

7. 科技工作。“八五”期间或更长一段时间内重点是充实提高科研机构，加强内涵建设，建设好1个中心、7个基地和6个国家级或部（局）级重点实验室。关于6个国家级或部（局）级重点实验室，首先要争取国家及各级政府的支持和投入。第二，要使国家级或部（局）级重点实验室具有高科技能力，不仅要考虑到开展重点疑难病症的科研工作，同时要能够具有开展中医药综合科研工作的能力，要能够承担国家重大科研课题及国际水平的科研任务。“八五”期间对现有独立科研机构进行整顿提高，使三分之一的省级科研机构达到国家中医药管理局制定的标准。在指标中，对“八五”科研工作的重大研究项目也确定了部分量化指标，对科研成果推广、科技交流分别提出了要求。

8. 对外交流与合作。“八五”到“九五”期间，我们将把对外交流与合作促进中医药进一步走向世界作为战略重点之一，要立足国内，走向世界，内外结合，以外促内。在“七五”对外交流的基础上，进一步增建中医药国际科技医疗合作网点，增设世界卫生组织传统医学合作中心，建设中医药涉外人员培训中心。

四、发展战略及重点

“八五”计划及十年规划设想确定的发展战略及重点是：1. 努力发展中医医疗机构，重点加强内涵建设。2. 突出人才培养和农村工作两个战略重点。3. 发展中医药事业以科技进步为先导，提高科技水平为核心。4. 努力扩大对外交流与合作，促进中医药进一步走向世界。计划中确定的战略重点是发展中医药事业的关键，发展战略及重点能否实现，关键是要取得各级政府及有关部门的重视与支持。因此，各级中医主管部门应经常向当地政府和有关部门请示、汇报工作，以便及时解决工作中的困难和问题。

五、关于中医事业的资源与投入

1988 年卫生事业费 66.6 亿元，中医事业费为 5.23 亿元，相当于卫生事业费的 7.9%，占国家财政支出的 0.19%。1989 年卫生事业费为 74.29 亿元，中医事业费 6.11 亿元，相当于卫生事业费的 8.2%，占国家财政支出的 0.2%。1988 年中医事业费增长 13.9%，卫生事业费增长 12%，1989 年中医事业费增长 10.8%，卫生事业费增长 11.5%，根据中医事业基础差，底子薄的实际情况，我们提出在一定时期内中医事业费的增长速度应高于卫生和国家财政支出的增长速度。

根据 1990 年国家财政预算增长 10.3%的速度，并考虑物价总指数的上涨幅度，中医事业费按 12.3%增长，到 1995 年预计达到 11.9 亿，相当于卫生事业费的 12.6%，约占财政支出的 0.22%左右。中医事业的投入比重将逐年有所增加。“七五”前四年，卫生固定资产投资约 80 亿元，中医固定资产投资相当于卫生的 23%左右。根据中医事业费投资基数小，底子薄，应该有较快发展的原则，计划在“八五”期间中医固定资产投资增加到相当于卫生固定资产投资的 25%以上。

在这里我们需要强调的是：以上对中医事业的投入是从全国的角度提出的，有的省已达到甚至超过 25%，有的则低于这个比例，要从各地实际出发。按照现行的中央与地方“分灶”的计划财政体制，各地应根据本地区的财政情况确定增长比例，并依靠各级政府及有关部门给予支持和妥善安排。

（张建华）

中药行业“八五”计划和十年规划设想（摘要）

国中医药计（1991）11 号

一、中药行业现状及“七五”计划执行情况

（一）中药行业现状

全行业现有职工 46 万人，其中，中药商业（含从事中药材生产管理人员）28 万人，中药工业 18 万人。科技人员约占全部职工的 9%。现有 65 种主要中药材生产基地 561 个，分布在 26 个省、市、自治区的 423 个县（旗）或地区；中成药厂 684 个，固定资产原值 15 亿元；中药饮片厂（场）1500 多个；中药机械厂近 40 个，其中直供厂和重点厂 8 个；县级以上药材公司 2793 个，商业网点 3 万多个。商业固定资产原值 14 亿元。中药科技所 19 个，设置中药专业的中医药院校 48 所。

（二）“七五”计划执行情况

1．中药材生产收购。1990年预计药材种植面积495万亩（不包括林木药材），药材收购量40万吨，比1985年增加24%。

2．中成药工业。1990年预计总产值51.18亿元，总产量19.06万吨，与1985年相比产值增长122%，产量增长22%。“七五”期间国家共投资1.69亿元，地方、企业自筹2.01亿元，近100个厂家得到不同程度改造，形成了一批市场急需、质量好、疗效高的拳头产品。共有108个产品被评为国优产品，225个产品被评为部优产品。

3．中药饮片工业。“七五”期间，对全国44个重点饮片厂进行技术改造，截止1990年，共计投资1亿元，已动工改造36个，其中22个已竣工投产。

4．中药机械。“七五”期间，国家共投资120万元，地方和企业筹措250万元改造了长春、周口两个直供机械厂。行业内的机械厂家开始面向社会招标、研制、消化、吸收新技术、新设备。

5．中药商业。预计1990年购进63.53亿元，销售88.73亿元，分别比1985年增加99%和103%。其中，中药材购进17.9亿元，销售33.55亿元，分别比1985年增加了29%和53%；中成药购进45.6亿元，销售55.18亿元，与1985年相比分别增加了153%和154%。到1989年中药在中西药品销售总额中所占比例达到40%左右。饮片成方率达到90%以上。

6．中药科研、教育。中药开发研究列入国家“七五”重点攻关项目64—02共9个子课题，都已完成。有些课题的研究已达到国际先进水平。列入局级计划课题有80项，共获国家和省、局级奖的有30多项。中药教育已初步形成了正规教育与在职教育相结合的体系。在职工中开展了中级技术培训。

7．中药资源普查。“七五”期间全国动员了近四万人，投资五千多万元，收集矿务标本近200万份，民间单验方1万多个。编写出全国30个省、自治区、直辖市，200个地市、2000个县的中药资源普查系统资料。

8．中药对外贸易与经济技术合作交流。“七五”期间，与十多个国家和地区进行了经济技术合作交流。目前，中药已出口到125个国家和地区，1989年出口创汇约2.5亿美元，其中：中成药达1.03亿美元，突破了近十年徘徊在7000万美元的局面。“七五”期间，预计累计创汇13亿美元，引进了一批先进技术和设备仪器，开拓了中外合作生产、合资经营、补偿贸易等多种对外经济技术合作的新领域。

（三）存在问题

中药行业底子薄、基础差、投资少、欠帐多的状况未根本改变，极不适应“四化”建设和中药走向世界的要求。中药科技进步缓慢，科研力量分散，没有形成一个全国性的、学科齐全、完整的中药科研体系。中药教育管理体制不顺，培养能力不足。中药行业宏观管理机制不健全，措施不力。中药进出口贸易与经济技术合作交流管理混乱。

二、“八五”计划和十年规划设想

（一）指导思想和工作重点

今后十年，中药工作的指导思想是：坚持改革开放，坚持以中医药理论为指导，坚持质量第一，以教育为基础，以科技进步为先导，大力加强基础建设，全面提高中药生产、经营、科研、技术和管理水平。立足国内，优先保障医疗需要，放眼世界，开拓国际市场，更好地为我国医疗卫生事业发展和世界人民的防病治病、康复保健服务。

为此，中药行业要重点抓好四个方面的工作。1．搞好中药材生产基地和野生药材资源保护区的建设。2. 以技术进步促进中药工业质量上水平、管理升等级，调整产品结构，增加有效供给。3. 改善商业仓储条件，加强网点建设；强化宏观调控，搞活流通，保障供给。4. 初步建立一个辐射全国、学科齐全、专业配套、完整的科研教育体系。

（二）发展目标

中药行业“八五”至2000年的发展目标是：

1995年中药材种植面积520万亩（不包括林木中药材），年平均递增1%。中药材收购总量48万吨，年平均递增4%。到2000年中药材种植面积547万亩，药材收购总量61万吨，年平均递增1%和5%。到2000年部分濒危动物药材要通过科研开发转入商品化生产。

1995年中成药工业总产值73亿元，总产量22万吨，年平均递增6%和2%。2000年中成药工业总产值达到98亿元，总产量24万吨，年平均递增6%和2%。

中药商品流通，1995年购进90亿元，销售124亿元，年平均递增都是6%。其中，中药材购进27亿元，销售47亿元，年平均递增都是6%。中成药购进63亿元，销售77亿元，年平均递增都是6%。到2000年中药购进120亿元，中药销售166亿元，年平均递增都是6%。力争比重，由1990年的40%增至42%，2000年达到45%。

中药对外贸易和经济技术合作，1995年年出口创汇4亿美元，年平均递增4%。2000年年出口创汇5亿美元，年平均递增4.2%。2000年出口创汇结构争取实现中药材和中成药各占一半。

（三）发展规划

1. 中药材生产

规划期间，要进一步加强药材基地和收购网点的建设，抓好资源保护和合理开发工作，重视技术开发，加强计划管理，促进药材生产协调发展。要使市场供应紧缺品种明显减少，力争做到除20多种濒危动植物药材和野生资源少的品种外，基本满足市场需要。

（1）抓好中药材生产基地建设，对历史上形成的优质、地道、适销药材的老产区和建国以后发展起来的新产区择优定点，列为国家药材生产基地，在物资和资金上给以必要的扶持。

（2）认真贯彻《野生药材资源保护管理条例》，按照已经公布的名录及各地新增品种建立资源保护区，组建保护机构，严格限制采集、猎捕，加强资源保护工作。

（3）积极推广新技术、抓好良种培育，改进栽培技术，防止病虫害，提高单位面积产量，确保药材质量。

（4）为满足进出口贸易对中药材的需求，在保证国内市场供应的基础上，重点发展创汇多的药材生产。

2. 中成药工业

（1）调整产品结构，提高产品质量，支持名优、出口产品，不断挖掘开发系列品种，做到产品门类配套、品种齐全。“八五”期间，要使名优产品产值占总产值的比例从现在的13%提高到25%，“九五”期间提高到35%。支持以传统中医名家临床经验和经典中医药名著为基础发展的系列产品；支持以资源优势为依托发展的系列产品，支持治疗肝炎、风湿、心脑血管等常见病、多发病以及中医急症用药产品。

（2）抓好一批大中型骨干企业的整体改造。要以技术进步和科学管理为基础，以新产品、新剂型科研开发为依托，积极研究开发和利用新工艺、新设备、新仪器、新包装、新辅料，逐步形成一批具有自身特色，对行业能发挥指导作用，以及在国际上享有一定影响的现代化中成药厂，其中2～3个厂要达到八十年代国际制药先进水平。

(3) 抓好一批新技术、新工艺、新设备和剂型改革技术的推广应用，以及国外先进技术的引进、消化、吸收工作。

(4) 搞好市场急需、批量小、产值低、经济效益差的传统小成药的生产布局，并在政策和投资上给予扶持。

3. 中药饮片工业。中药饮片生产要严格执行《中药饮片炮制规范》，逐步实现质量标准化、工艺规范化、包装规格化、生产机械化和管理现代化。要继续争取国家安排专项拨款与地方积极性相结合，全面完成44个重点厂的整体改造任务。

4. 中药机械制造业。分步完成我局四个直供中药机械厂和行业内4个重点机械厂的整体改造，重点研制开发中药前处理、提取浓缩干燥、丸散制剂三条具有先进水平的生产线，及商业仓储机械设备。

5. 中药商业。

(1) 网点建设。首先要分期分批抓百年老字号和地（市)以上中心中药店的改建和改造，并合理布局一批新的零售药店。拟在大城市建2～3个大型中药综合商场，作为展示全国优质名牌中药产品和对外开放的窗口。

(2) 仓库建设。对为全国服务的中药材生产区和集散地给予支持，扩建和新建60个中转储备库，其中部分仓库要达到较高的机械化水平。2000年要全面解决药材露天存放问题，基本消灭危房。

6. 中药科研。规划期间，要建立一个以局直属中药科研机构为首、辐射全国、布局合理、学科齐全、专业配套、密切协作、协调发展的中药科研开发体系。重点建成国家中药资源开发研究中心和国家中药科技开发中心。同时要着重作好以下几方面的工作：

(1) 抓紧进行中药材标准的研究，对300～400种同名异物和多来源中药材进行系统研究，从中选出优良品种进行生产，并完善质量标准，确保用药完全有效。

(2) 继续抓好濒危动植物药材和菌类药材的研究，以四川养麝研究所为基础，重点开展麝、灵猫、虎的饲养和研究。

(3) 继续抓好工业性生产试验项目，完善华东药材基地，种子基因库和广东南药生产基地。在上海建立“中成药开发实验基地”，着重开发中医急症用中成药，建立多功能的中试车间。

(4) 大力开发中成药新产品、新剂型，把重点放在心脑血管、呼吸系统、儿科、妇科、抗肝炎、肿瘤防治、爱滋病和老年病用药上。

7. 中药教育。加强学校教育，深化教育改革，有计划的扩大招生。要建立局直属的中药学院。高校年度招生达到1500人以上，在校生达到5000～6000人，中等教育年招生达到2000～2500人，在校生达到6000～7500人。五年间，增加中药师、士20000～25000人，其中通过正规教育的占50%，到1995年具有中专水平以上的技术人员，应占中药系统职工的15%左右。

2000年，中医药高等院校年招生能力1800～2000人，在校生7000人，中等教育招生达到3000人，在校生8500～9000人，力争本世纪末中药师(士)占整个系统职工的20～25%。

要加强在职培训，坚持多渠道、多形式办学的方针，重点放在提高职工队伍素质上。

8. 质量管理。

(1)“八五”期间，计划制定中药材商品等级规格标准74种，研究和制定行业中成药质量标准 87 种，制定中药材成分对照品 200 种。研究制定中药饮片质量标准。到 2000 年，计划增定中药材商品等级规格标准 25～30 种，制定行业中成药质量标准 30～40 种。

(2) 加强中药材质量机构的自身建设，充实人员，配备必要的检测仪器、设备，健全和完善质量管理制度，加强质检人员的业务技术培训，提高质检人员的素质。

(3) 积极推行全面质量管理，开展群众性质量管理小组活动。

9. 中药企业管理。规划期间，中药企业管理工作要继续以质量第一，降低物耗，节约费用，提高社会经济效益为中心，加强各项基础工作，完善各项规章制度。

(1) 加强节能工作。"八五"期间，重点抓好淘汰 800 多台低效锅炉，采用先进保温技术，提高热效率，年节煤 14 万吨。十年规划后五年，重点改进提取浓缩、干燥等高耗能工序的工艺设备，使中药工业企业节能效果达到国家要求。

(2) 抓好安全生产和环境保护工作。"八五"期间，中药生产要杜绝恶性事故，减少一般事故，职工事故千人负伤率在 1.5‰之内。加强环境保护工作，"八五" 期间，所有中药厂的三废治理达到国家二级环保要求。

(3) 推广计算机管理技术。"八五"期间，大中型企业要采用计算机进行管理，到 2000 年，力争普及到县以上（含县）中药工商企业。

10. 中药对外贸易和经济技术合作。总的方针是：巩固传统的亚洲市场，积极开拓欧美市场，进一步走向世界。在出口产品结构上，扩大中药制剂产品，特别是中成药产品，稳步适度的发展中药材出口，积极扩大中药保健品的出口，逐步改变过去主要依靠中药材出口的局面。努力办好具有进出口权的中药联营企业，充分发挥其内联外引的作用，扩大对外业务。继续抓好现有中外合资的中药工商企业，争取在规划期间新开办 1～2 个行业内对外开展工贸、技贸结合的窗口，3～4 个中外合资、合作生产、经营的中药制剂企业，积极筹建我局中医药对外经济技术合作总公司。

根据上述规划目标，初步测算，中药行业所需基本建设和技术改造投资总规模，"八五" 时期约 24 亿元，国家外汇 2000 万美元，科技投入 3500 万元；"九五"时期约 28 亿元，国家外汇 3000 万美元，科技投入 5000 万元（投资总规模测算见附表）。

三、主要措施

1. 积极争取国家和地方对中药行业继续给予扶持政策。
2. 整顿中药市场，建立正常的流通秩序。
3. 搞好物价管理工作。
4. 加强行业管理，深化机构改革。

（一九九〇年七月三十一日）

（毛小莹摘）

《中药行业"八五"计划和十年规划设想》编制说明

一、编制依据和指导方针

编制《中药行业"八五"计划和十年规划设想》的依据是按照中央关于到本世纪末实现国民生产总值第二个翻一番，人民生活达到小康水平的战略目标。充分体现党的十三届四中、五中全会提出的治理整顿、深化改革，实现国民经济持续、稳定、协调发展的方针。以国务

一九九一年一月四日

院领导同志关于制定"八五"计划和十年规划设想的讲话精神，及国家计委有关文件要求为指导。认真分析研究中药行业"七五"计划执行情况、行业现状、以及存在问题和困难，根据国家规定的产业政策，以及国民经济和社会发展计划的要求，从中药行业的实际出发而制定的。

为此确定了编制《中药行业"八五"计划和十年规划设想》的指导方针是：既要积极向上，适应形势发展需要，又要注重实效，实事求是，量力而行，稳步前进；坚持发展与改革密切结合，按照计划经济和市场调节相结合的原则，逐步建立既有活力又具有宏观调控能力的新型的中药生产经营管理机制。

二、关于发展速度

"八五"至"九五"期间，中药行业工作的重点要放在优化产业结构，提高产品质量，增加有效供给，改善经营管理，提高企业和队伍素质上，防止单纯追求总量增长，在发展速度上要适当留有余地，力求稳步前进。

中药材生产、中药工业、中药商业和出口贸易的实际及其发展趋势，分别确定的年递增速度大体上与国民经济发展速度相近。各地区中药事业不平衡，现有基础、发展条件有差异，在确定本地区中药行业发展速度时，可以高于或低于全行业的发展速度，但应坚持积极、稳步和留有余地的原则。

三、关于发展规划与实施规划

发展规划这一部分在整个"规划设想"中占有较大篇幅，除按中药行业包括的农、工、商三个产业分别阐述规划目标外，同时对一些综合性、职能性工作，如质量管理、企业管理、科研教育、对外贸易和技术经济合作等也分别提出了规划目标和要求。

在实施规划的措施部分，根据国家关于对中药事业要给予政策扶持的既定原则，我们从中药行业的实际情况出发列出了几条必需的优惠政策。争取国家给予这些扶持政策，是保证全面实现《中药行业"八五"计划和十年规划设想》的极为重要的条件之一。

四、关于投资规模

规划中提出"八五"时期中药行业投资总规模24亿元，"九五"时期28亿元，增加的幅度均较大。这是根据"七五"期间的投入产出比，即每投入一万元，新增产值2.5万元、利税0.3万元，商品销售额2万元进行测算，同时考虑国家应在投入上给予倾斜的因素而推算出来的。所需投入来源也是按"七五"期间，国家和地方（包括企业）3:7的实际比例来平衡安排的。

（毛小莹）

关于发布《国际针灸专业人员水平考试办法（试行）》的通知

国中医药教〔1991〕1号

各省、自治区、直辖市、计划单列市中医（药）管理局，卫生厅（局），高等中医院校，中国国际针灸考试中心：

为开展国际针灸专业人员水平考试工作，我局制定了《国际针灸专业人员水平考试办法（试行）》，现发布实施。在试行中有何意见请及时告我局，以便进一步修订完善。

附件：国际针灸专业人员水平考试办法（试行）

国家中医药管理局

国际针灸专业人员水平考试办法（试行）

1．考试目的

1.1 通过不断努力，使针灸教育与考试逐步走向标准化、规范化，以提高国际针灸专业人员的业务素质。

1.2 检测并客观反映针灸专业人员的业务水平。

2．考试的性质和组织机构

2.1 考试性质：国际针灸专业人员水平考试，是对针灸专业人员做出专业水平鉴定的考试。

2.2 组织机构：考试由中华人民共和国国家中医药管理局批准成立的中国国际针灸考试委员会指导和监督，由其常设执行机构中国国际针灸考试中心组织实施。

3．考试内容

3.1 理论考试

3.1.1 分为《中医学基础》（包含：中医学的基本特点、阴阳五行学说、藏象学说、病因病机、诊法、辨证、预防与治则理论）、《针灸学》（包含：针灸学发展简史与经络、腧穴、针法灸法、针灸治疗理论）、《生理学》和《正常人体解剖学》（二科一张综合试卷）。

3.1.2 加试者需参加《中医学基础》附加试卷考试。各科考试内容详见该科《考试大纲》。

3.2 临床诊疗技能考试：分为辨证施治（包含病历书写）、取穴、针法灸法操作三部分。

3.3 理论考试成绩合格者，方准参加临床诊疗技能考试。理论考试与临床诊疗技能考试的总成绩满分为 1000 分（不包含加试合格分数 60 分）。

4．水平分级及要求

4.1 A 级针灸专业人员——相当于针灸医师水平。

成绩要求：考试总分达到 800 分以上（不包含加试合格分数 60 分）；各科单科及临床诊疗技能考试成绩达到合格分数线（合格分数线详见《国际针灸专业人员水平考试办法实施细则 4.5.1》（试行））。

4.2 B 级针灸专业人员——相当于针灸师水平。

成绩要求：考试总分达到 400 分以上；各科单科及临床诊疗技能考试成绩达到合格分数线（合格分数线详见《国际针灸专业人员水平考试办法实施细则 4.5.2》（试行））。

5．报考条件和范围

5.1 报考条件

5.1.1 凡高等中医药或针灸院校毕业，交验学历证明，经验证合格者，准予报考。

5.1.2 凡高等医学院校毕业，已取得医师资格，曾经过针灸学培训，交验学历证明和针灸学培训证明，经验证合格者，准予报考。

5.1.3 凡在各医学院校或中医药、针灸学术团体、协会举办的各类针灸培训班参加学习，学满 800 学时（包含针灸临床实践）以上，交验证明，经验证合格者，准予报考。申请获取A 级证书者，须参加加试。

5.1.4 随师学习针灸学，并从事针灸临床工作一年以上的针灸从业人员，交验证明，经验证合格者，准予报考。申请获取A级证书者，须参加加试。

5.2 报考范围：各国家或地区的针灸专业人员，凡符合5.1报考条件者，均可报考。

6. 报考办法

6.1 报考者于考前6个月面交或函寄证明材料，向中国国际针灸考试中心提出报考申请，并交纳报名费。经审查合格者，准予报考，并发给“国际针灸专业人员水平考试报考申请表”。

6.2 报考者收到“报考申请表”后，按要求详细填写完毕，面交或函寄中国国际针灸考试中心，并同时交2寸免冠照片4张及考试费。中国国际针灸考试中心核准后发给准考通知书，报考者持准考通知书参加考试。

6.3 凡参加过国际针灸专业人员水平考试，因成绩不合格而未能取得各级水平证书者可重新报考。报考办法同6.1、6.2。

7. 考试时间、地点

7.1 考试时间：每年举行1—2次考试，每次考试3—5天。

7.2 考试地点：主考场设在中国北京，可根据需要在国内、外设分考场。

8. 证书

8.1 国际针灸专业人员水平证书：凡参加国际针灸专业人员水平考试，达到B、A二级中某一级水平要求者，发给相应级别的“国际针灸专业人员水平证书”，并发给“国际针灸专业人员水平考试成绩单”。

8.2 国际针灸专业人员水平考试单科成绩单：凡参加国际针灸专业人员水平考试，总分未能达到B、A二级中某级要求标准，而理论考试与临床诊疗技能考试各科单科成绩中，一科或几科已达到该级标准者，发给“国际针灸专业人员水平考试单科成绩单”，若在二年内重新报考，可凭成绩单免试该科，超过二年者无效。

9. 附则

9.1 考试语种暂定为汉语与英语两种，其它语种将根据考试需要而设。

9.2 中国国际针灸考试中心可接受各国家、地区的有关方面及国际性学术团体、组织的委托，在中国或其他国家、地区为其组织针灸专业人员水平考试。

9.3 《国际针灸专业人员水平考试办法》（试行）由国家中医药管理局授权中国国际针灸考试中心负责解释。

关于印发《国家中医药管理局中药商业企业二级仓库标准及验收细则（试行）》的通知

国中医药经〔1991〕1号

各省、自治区、直辖市及计划单列市医药管理局（总公司）：

为了进一步加强和促进中药商业企业仓库管理工作，提高仓储管理水平，配合中药商业企业升级工作，我们曾多次邀请部分省市有仓储管理工作实践经验的同志在总结几年来开展“四好仓库”经验和“四好仓库”标准的基础上，起草了《国家中医药管理局中药商业企业二级仓库标准（征求意见稿）》，并于1989年12月12日下发征求意见。根据各地提出的意见和建议，在去年11月上海召开的中药商业二级仓库标准审定会议上，做了进一步研究修改。现将《国家中医药管理局中药商业企业二级仓库标准及验收细则(试行)》印发给你们，请在1991年考核中药商业企业二级仓库工作中贯彻执行。

中药商业企业二级仓库的评选工作原则上每年进行一次，具体评选时间、要求将另行通知。我局今后将不再评选国家级"四好仓库"。

在贯彻执行中有何问题，请及时函告我局加强企业管理领导小组办公室。

国家中医药管理局

一九九一年一月五日

报送《关于中药市场整顿情况的汇报》的报告

国中医药经〔1991〕6号

铁映同志：

根据您在中共中央办公厅、国务院办公厅信访局第58期《情况报告》上的批示，现呈上我局关于中药市场整顿情况的汇报。请阅示。

附件：1. 关于中药市场整顿情况的汇报

2. 中药材集散（贸）市场管理办法（征求意见稿）

国家中医药管理局

一九九一年二月十三日

关于中药市场整顿情况的汇报

根据"治理经济环境、整顿经济秩序"和李铁映同志在一九八九年四月听取我局汇报时指示：要抓好十大药市的整顿的精神，从一九八九年七月开始，我局就与国家计委、卫生部、商业部、国家工商管理局、国家物价局等部委局反复协商研究，并于一九九〇年一月二十四日联合发出了《关于整顿中药流通秩序的通知》，对中药流通秩序的整顿工作作了全面部署。

一、关于中药市场整顿的情况

据了解，《联合通知》下发后，只有湖北、河北、甘肃、河南、山西等五个省医药局与有关部门联合转发了。还有部分省市在当地政府关于整顿医药市场的通知中予以贯彻。

为了贯彻国务院29号文件和铁映同志指示"中西药市场一起整顿"的精神，去年七月八日我局又发出了《关于进一步加强中药市场治理整顿工作的通知》，并成立了以朱杰副局长为组长的局中药流通秩序治理整顿领导小组，设立了办公室，具体抓中药市场整顿工作。

为了解各地中药市场整顿进展情况及存在问题，去年八月份我们派出三个调查组，分赴河北、广东、广西、安徽、浙江等五省区进行中药市场整顿情况调查。十一月又召开《中药市场整顿工作座谈会》，听取各地中药市场整顿进展情况和存在问题的汇报。

根据铁映同志指示发一个《合格证》精神，在国务院法制局协调的基础上，又经刘忠德副秘书长协调，确定我局与国家医药局联合印制《合格证》10万份，已发各省、自治区、直辖市，开展验收审批发放《合格证》工作。据十三省上报已发480家，对于不符合规定和要求的中药企业、中西兼营企业，据六省统计，已撤并5306家。查处假冒伪劣药材2137种（次），价值447.78万元。对不法经营者进行坚决打击处理。

经过一年多的治理整顿，中药流通秩序有了较为明显的好转。从总体上看，百业经药、多方插手中药批发等混乱现象得到了一定的纠正，国营药材公司的主渠道地位有所增强，市场占有率稳步上升，正常的流通秩序正在得到恢复和建立。

二、当前存在的问题

对中药市场整顿总的分析是初见成效，难度很大，问题不少。主要表现为国营药材公司主渠道作用仍旧薄弱，计划管理失控，市场经济膨胀。

例一，据湖南省医药管理局的上报材料，全省经营药品批发业务的企业2759家，其中集体、个体户有2257家，占82%，广东省经营中药、医药企业14297家，其中系统外10561家，占73.9%。

例二，广西玉林是“十大药市”之一，国营药材站一九八〇年至一九八四年五年药材销售额为5679万元。在中药材放开经营后，一九八五年至一九八九年五年中药材销售额下降为3979万元，减少30%，如果加上涨价因素、下降幅度还要大。该站一九八二年中药材销售额1598万元，一九八九年下降为589万元，减少63.2%。

例三，个体、集体经营中药材贷款大大超过国营药材公司贷款额度。河北安国是十大药市之一，一九八八年当地国营药材公司贷款550万元，其它国营经营药材企业贷款233万元，而集体、个体经营中药材户贷款5321万元，国营药材公司贷款额度只占当地经营中药材贷款总额的9%。库存中药材数量分析，国营药材公司库存600吨，其它国营药材经营企业库存310吨，而集体、个体药材经营者药材库存20945吨。国营药材公司库存量只占库存总量的2.8%。

例四，随着中药材放开经营，中药材集贸市场不断扩大，参加经营中药材的户数越来越多，以致社会上流传“要发财，搞药材”。现在不仅有“十大药市”，而有几十家药市。安徽亳州是“十大药市”之一，一九八四年安徽省开放亳州药市，只有个体户200家，固定摊位1700个，日药材上市量25万公斤，成交额15万元，发展到一九九〇年建立了三条药材专业街，有经营商号的药材行、栈628家，另外两个药材专业大棚市场有固定摊位4500多个。全市约有5万人从事药材购销活动，日吞吐量在400吨左右，年成交额约5亿元。百万元以上的“富翁”有100多个。

例五，国家计划管理的麝香，药材公司的收购计划年年落空，主要名贵中成药的生产受到严重影响。麝香主产地四川省药材公司一九八八年只收到约2公斤，还是打击黑市交易时没收的。国家收购价1万元/公斤，而黑市价4—5万元/公斤。

从上述中药市场情况看，中药市场整顿难度很大，问题不少。

三、我们的意见

为了加强中药市场的整顿和管理，有些政策需要调整，有些需要制定新规定。

1. 中共中央、国务院一九八五年一月一日中发〔1985〕1号文件《关于进一步活跃农村经济的十项政策》中规定中药材除因保护自然资源必须严格控制的少数品种外，其余全部放开，自由购销。这对中药材生产、经营的发展起到了推动作用，但是中药材是防病治病的特殊商品，而未按特殊商品管理，出现了百业经药的问题。为加强中药材生产、经营和销售管理，对治疗必须的大宗主要品种，由国家中医药管理局统一进行管理、统一政策，由国营药材专业公司实行计划管理。并请国家拨给专项贮备资金，对市场供过于求的品种数量收购贮备，以丰补欠，以利调控市场，平抑价格。

2．对中药材属性问题认识不一致。供销社、工商管理部门认为药材为一般农副产品，由他们负责收购、经营和市场管理。现在全国除"十大药市"外，开办了几十家中药集贸市场，均是由当地政府、工商管理部门组建的，有些不是药材主产地也组建中药材集贸市场。因此，在整顿中由于认识不一致，目前整顿工作也有一定的难处。为了贯彻铁映同志指示，经过一年多的调查研究提出《中药材集贸市场管理办法》在今年一月十一日全国中药工作局长会议上讨论，希望有关部门予以配合，届时请国务院批转各地贯彻执行。

3．中药材集贸市场的整顿关系到几十万药农和药商，必须有组织有秩序地依法开展购销活动，对于不符合中药材经营条件的要关一批。但是在处理时要慎重。在整顿期间各地不再开办新的中药材集贸市场。

4．饮片是直接用于病患者的。根据了解，目前有几千家集体、个体户经营中药饮片，其加工场地不符合生产工艺要求和卫生条件，难于保证饮片质量。据不完全统计，全国国营饮片厂年加工产量3.5万吨，集体、个体加工饮片2.5万吨，占国营年加工量的71.4%，而国营饮片厂近50%吃不饱，这对国营饮片厂是一个很大的冲击。根据《药品管理法》规定："城乡集市贸易市场不得出售中药材以外的药品"，因此，中药材集贸市场的个体、集体户不准生产经营中药饮片。

国家中医药管理局

一九九一年一月三十一日

中药材集散（贸）市场管理办法(征求意见稿)

第一条　为加强中药材集散（贸）市场的管理和建设，促进中药事业健康发展，保证人民用药安全有效，维护国家和人民利益，根据《中华人民共和国药品管理法》、《城乡集市贸易管理办法》等有关法规，特制定本办法。

第二条　中药材集散（贸）市场，是在国家调控和管理下主要为药材生产者、经营者购销调剂国家允许上市的中药材场地。要发挥其促进中药材商品生产和流通，沟通产销信息，活跃城乡经济的作用。同时也要按照国家有关法律、规定严格管理。

第三条　申请开办中药材集散（贸）市场，必须由所在地的市、县中药主管部门提出申请，报省、自治区、直辖市中药主管部门审查同意，经省级工商行政管理部门批准，方准开办。

第四条　设立药材集散（贸）市场，要严格审查。对历史形成的集散（贸）市场，应控制发展规模，逐步使其发展适应现代中药商品流通的要求。地市以下原则不再新设中药材集散（贸）市场。

第五条　中药材不同于一般农副产品。它是人民防病治病、康复保健的药品，是一种特殊商品。从事中药材经营活动直接关系到人民身心健康和用药安全。经营者必须具有中药知识、严格的法律意识和质量意识，依法经营。

第六条　中药材集市贸易的管理，应贯彻计划经济与市场调节相结合的原则，做到"管而不死、活而有序"，在当地人民政府的领导下，由中药主管部门会同工商、卫生、税务、物价、公安等部门建立中药材集散（贸）市场管理委员会（以下简称管委会），负责监督管理。

第七条　在中药材集散（贸）市场从事允许范围内中药材经营的国营、集体和个体工商户，凡有固定营业场所，有企业（或商号）名称，具有一定经营规模，符合《药品管理法》规定的开业条件者，按照审批程序，必须首先向当地中药主管部门申领《药品经营企业合格证》，然后凭"合格证"向卫生行政部门申请领取《药品经营企业许可证》，再向工商行政部门申领《营业执照》。

中药材集散（贸）市场的摊商，要经当地中药主管部门审核同意，由工商行政部门发给《营业执照》，方可在指定市场设摊，进行允许范围内的中药材品种的经营。严禁场外交易。

药农到中药材集贸市场销售自产药材，必须持有村民委员会证明，经市场工商行政管理部门办理有关手续后，方可销售。但属于第八条规定的中药材品种必须全数交售给国营药材公司或其委托代购单位。

第八条　下列中药材由国营药材公司（站）统一收购、批发经营；国营药材公司自身购销网点尚未延伸到的地区，由所在地市、县药材公司委托具备《药品管理法》规定条件的基层供销社代购代批发经营。其它部门、集体和个体工商户均不得从事下列中药材的收购、批发经营。

（一）国家指定性计划管理的麝香、甘草、杜仲、厚朴及进口药材。具体品种见附件一。

（二）毒性、麻醉性中药材二十九种；《野生药材资源保护管理条例》规定的七十六种保护物种，即四十二种中药材。具体品种见附件二、三。

（三）根据《药品管理法》规定，在集贸市场不得出售中药材以外的药品，违者依法查处。

（四）各省、自治区、直辖市规定不准上市出售的中药材品种。

（五）中成药、中药饮片的批发业务由国营药材专业公司经营，不得在集市上购销。

第九条　中药材集散（贸）市场，只准许对港、澳、台及外宾零售，不准接受他们委托，代办收购中药材出口业务。

第十条　医疗单位、零售药店、药厂所需中药材应从国营药材公司（站）进货，不得从其它部门、集体和个体工商户进货。

第十一条　价格管理。管委会对紧俏中药材定期规定成交最高限价。紧缺品种的范围由省级中药主管部门定期公布。各药材行、栈、摊档实行挂牌明码标价，不准哄抬价格。

第十二条　质量管理。管委会必须配备专职质量管理人员，行使质量监督权力。严禁购销假药材、变质和被污染的中药材。严禁掺杂使假。

第十三条　参加中药集市贸易活动的单位和个人，必须接受管委会的指导和管理。自觉遵守职业道德，文明经商、依法经营、照章纳税、严禁行贿推销、欺行霸市。

第十四条　凡违反本办法规定的，分别不同情况，按照或参照国家《药品管理法》、《城乡集市贸易管理办法》、《企业法人登记管理条例》、《城乡个体户管理条例》、《价格管理条例》、《税收征管管理条例》等有关法规，由卫生、工商、物价、税务等部门给予行政的、经济的处罚。情节严重，构成犯罪者，由司法机关依法追究刑事责任。

第十五条　本办法适用于我国境内的所有城乡中药材集散（贸）市场。凡参加中药材集市贸易活动的单位和个人均须遵守本办法的规定，以维护市场秩序。

第十六条　本办法由国家中医药管理局负责解释。

第十七条　本办法自公布之日起实行。

国家中医药管理局

附件：

一、进口药材：公丁香、儿茶、马钱子、大枫子、大腹皮、牛黄、天仙子、天竺黄、天然冰片、玉果花、石决明、母丁香、龙涎香、血竭、毕拨、西红花、西洋参、西青果、安息香、肉桂、肉豆蔻、玳瑁、没药、没食子、豆蔻、苏合香、吕宋果、象皮、沉香、乳香、芦荟、诃子、阿魏、大海、砂仁、胡黄连、草果、海龙、海狗肾、羚羊角、穿山甲片、朝鲜参、猴枣、番泻叶、槟榔、檀香、藤黄、犀牛角、广角、广木香、白胶香。

二、毒性中药材二十八种：砒石（红砒、白砒）、砒霜、水银、生马钱子、生川乌、生草乌、生白附子、生附子、生半夏、生南星、生巴豆、斑蝥、青娘虫、红娘虫、生甘遂、生狼毒、生藤黄、生千金子、闹阳花、生天仙子、雪上一枝蒿、红升丹、白降丹、蟾酥、洋金花、红粉、轻粉、雄黄。

麻醉性中药材：罂粟壳。

三、《野生药材资源保护管理条例》规定保护的四十二种中药材

一级：虎骨、豹骨、羚羊角、花鹿茸。

二级：马鹿茸、麝香、熊胆、穿山甲片、蟾酥、蛤蟆油、金钱白花蛇、乌梢蛇、蕲蛇、蛤蚧、甘草、黄连、人参、杜仲、厚朴、黄柏、血竭。

三级：川（伊）贝母、刺五加、黄芩、天冬、猪苓、龙胆（草）、防风、远志、胡黄连、肉苁蓉、秦艽、细辛、紫草、五味子、蔓荆子、诃子、山茱萸、石斛、阿魏、连翘、羌活。

关于口服液使用直颈安瓿包装的意见

国中医药经〔1991〕8号

各省、自治区、直辖市及计划单列市医药管理局（总公司）：

我局国中医药经设〔1990〕30号文《关于进行口服液安瓿包装情况调查的通知》发出后，有二十个省、区、市（包括计划单列市）反馈了意见，其中八个省、区、市已具备更替口服液安瓿包装的条件，十二个省、区、市反映还存在一些问题。其余二十四个省、区、市也通过其它方式提出了一些意见。大家主要认为：

一、一九九一年七月一日前尚不具备淘汰全部口服液直颈安瓿的条件，有关部门推荐的替代包装尚存在一些问题，表现在：1．易拉盖包装、瓶子没有统一的质量控制标准，包装机械难以适从。灌装过程瓶子破损率高，瓶盖金属无材质标准，极易拉断，开瓶更困难。瓶子、瓶盖要适应要求，从制定标准、实施标准、达到标准还需要一个过程。2．易拉盖包装口服液密封性能差，成品的渗漏率在20%—30%左右，成品保存期短，产、销、市场缓冲调节性能差，并容易引起产品的染菌或霉变，不能保证包装质量。3．口服液采用螺旋盖包装，是国外最近推出的口服液第三代最新包装。据介绍能克服以上包装的不足，但包装机械国内尚无消化吸收，引进设备价格昂贵，同时包装成本也高。

二、当前市场疲软，企业各种费用增加，效益下降，产品包装成本的提高，企业难以消化吸收，部分企业反映缺乏更新包装设备的资金。

三、在企业的产销经济活动中，优胜劣汰是客观规律。当前，易拉盖包装已占有较大市场，多种包装并存，消费者可以自由选择自己需要的商品。落后商品，在市场竞争中必然逐步淘汰。

根据有关资料和各地对淘汰口服液直颈安瓿包装的意见，我局对口服液使用直颈安瓿包装意见通知如下：

一、口服液使用直颈安瓿包装存在着使用不方便和服用割口时玻璃屑落入口服液内等问题，有可能伤害消费者，需要认真研究解决。

二、各地、各部门要积极研究开发口服液新颖包装，解决当前口服液包装中存在的问题。但在没有找到质量可靠的替代包装以前，不搞一刀切的淘汰，避免给国家、企业、消费者造成损失。所以，淘汰中药口服液直颈安瓿包装暂缓执行，继续供应市场。

三、对已改用易拉盖包装的地方和企业，要加强监督管理，不断研究改进包装，提高包装瓶子质量。做到不合格的包装不出厂，过期产品不销售，以满足市场需求，维护消费者利益。

四、要求各地医药主管部门和企业要认真贯彻国务院关于“质量、品种、效益年”的活动通知精神，把全部工作切实转移到提高经济效益的轨道上来，争取中药工业的质量、品种、效益有个明显进步，使企业逐步走上投入少、质量好、效益高的发展道路。

国家中医药管理局

一九九一年二月二十四日

关于印发“杏林计划”及其附件的通知

国中医药医〔1991〕3号

各省、自治区、直辖市及计划单列市中医（药）管理局，卫生厅（局），本局直属单位：

现将中医药事业“杏林计划”（一百所示范中医医院建设计划）及其部分附件印发给你们，请遵照执行，并通知如下：

一、我局决定今年进行第一批示范中医医院的定点工作，请各省、自治区、直辖市严格按照“参选条件”向我局推荐一个县（市）级中医医院和一个地（市）级中医医院，计划单列市只推荐一个县（市）级或地（市）级中医医院。我局审核论证后，择优定点。省（市）级中医医院如确已达到“参选条件”的可以推荐。本地如无具备“参选条件”的中医医院，不要降低标准推荐。

二、西藏、新疆、青海、内蒙古推荐的单位中必须有一个民族医医院，对其“参选条件”可适当放宽。

三、各省、自治区、直辖市及计划单列市要严格按照《“杏林计划”实施办法》的“参选条件”进行选点，并按《中医医院分级管理文件汇编》和《中医医院分级管理标准》评分细则，对被推荐医院进行全面检查评分。县（市）和地（市）级中医医院按二级甲等标准检查；省(市)级中医医院按三级甲等标准检查。检查评分表（原始），审核推荐意见，示范中医医院参选申请书，请于五月十五日以前报我局医政司“示范中医医院建设工作办公室”。

四、各地的申报、查评、审核工作要严格按照《“杏林计划”实施办法》的“申报审批”程序进行，做到手续齐备，资料完整，内容真实。凡无申报、查评和审核意见的资料，我局不予复审。

五、我局将对各地推荐的部分中医医院进行实地考核。

附件：1.“杏林计划”（略）

2. “杏林计划”实施办法（略）

3. 示范中医医院参选申请书（略）

4. 示范中医医院建设投入资金合同书（略）

5. 示范中医医院建设检查标准（另发）（略）

6. 领导小组及办公室人员名单（略）

国家中医药管理局

一九九一年三月十七日

关于抓紧做好老中医药专家学术经验继承工作的通知

国中医药教〔1991〕27号

各省、自治区、直辖市及计划单列市中医（药）管理局、卫生厅（局）、医药管理局（总公司）：

自人事部、卫生部、国家中医药管理局人职发（1990）3号文件《关于采取紧急措施做好老中医药专家学术经验继承工作的决定》下发后，由于各地党政领导的重视和支持，继承工作进展比较顺利。上海、广东、四川、江西、山东、河南等十多个省市先后选定了一批老中医药专家及其继承人，并签订协议，召开拜师大会，有的省市还制定了管理考核办法。但是各地工作进度还不够平衡，在确定师生人选和组织管理方面也存在一些问题。为了抓紧抓好这项工作，现将有关事项通知如下：

一、各地区、各单位要根据国家分配的老中医药专家名额，尽快确定导师和继承人。遴选工作必须按照文件规定的条件执行，特别是对继承人的品学表现、技术职称、年龄及专业工龄等条件，不得随意放宽。对不符合条件的入选者应予更换调整，否则国家主管部门不予认可。同时，要注意避免师生之间跨地区、跨专业的现象，若确因继承工作需要而跨地区者，必须采取切实措施，保证跟师学习时间和带教质量，杜绝任何“挂名”的继承关系。

二、要认真组织被确定的导师和学生签订继承协议书，填写内容要求具体、充实、规范，不得草率敷衍，有关单位和主管部门应按照规定程序签署意见。各地要将协议书副本于四月三十日前报送我局核准备案（以邮戳日期为准）。逾期不报者，将不列为第一批计划指标。

三、各地要根据人职发(1990)3号文件及《实施细则》精神，结合当地实际，尽快制定继承工作的管理考核办法，并报送我局。我局也将制定相应的质量检测及评估方案，以确保人才培养的质量。

四、为了总结推广先进经验，研究解决工作中的问题，我局拟于今年六月下旬召开一次工作座谈会，请各地作好相应准备。会议的具体安排另行通知。

五、全国继承老中医药专家学术经验的日常管理工作由我局人事教育司（教育）负责，今后各地有关文件、材料等均报送该部门。

国家中医药管理局

一九九一年四月一日

附件：

老中医药专家名额分配表

北京市	18	天津市	17	河北省	14
山西省	12	内蒙古自治区	10	辽宁省	12
沈阳市	3	大连市	5	吉林省	14
长春市	3	黑龙江省	14	哈尔滨市	2
上海市	22	江苏省	20	南京市	2
浙江省	16	宁波市	2	安徽省	13
福建省	13	厦门市	2	江西省	13
山东省	18	青岛市	4	河南省	16
湖北省	12	武汉市	6	湖南省	17
广东省	11	广州市	3	广西壮族自治区	8
四川省	24	成都市	3	重庆市	6
贵州省	10	云南省	10	西藏自治区	6
陕西省	9	西安市	3	甘肃省	10
青海省	8	宁夏回族自治区	2	新疆维吾尔自治区	9
中国中医研究院	20	北京中医学院	12	广州中医学院	12
卫生部直属单位	24	解放军总后卫生部	5		

关于成立国家中医药管理局“质量、品种、效益年”活动领导小组的通知

国中医药经〔1991〕15号

根据国务院关于开展“质量、品种、效益年”活动的通知精神，为了更好地在全国中医药系统内抓好这项工作，我局曾以国中医药材〔1991〕3号文下发了《关于中药行业开展“质量、品种、效益年”活动的通知》，现将国家中医药管理局“质量、品种、效益年”活动领导小组名单印发给你们，以便联系工作。国家中医药管理局“质量、品种、效益年”活动领导小组办公室设在局经济协调司生产协调处，联系电话：466.4951，联系人：黄晓威。

附件：国家中医药管理局“质量、品种、效益年”活动领导小组名单

一九九一年四月十日

国家中医药管理局“质量、品种、效益年”活动领导小组名单

组　长：张洪魁　　本局副局长
副组长：阎洪礼　　本局经济协调司司长
　　　　李　力　　本局质量司司长
　　　　李　军　　中国药材公司副经理
成　员：刘晋儒　　本局综合计划司副司长
　　　　沙凤桐　　本局政策法规司副司长
　　　　王　淳　　本局科学技术司副司长
　　　　杨坤林　　本局经济协调司副司长
　　　　陈　珩　　本局质量司副司长
　　　　张　晶　　本局质量司副处长

办公室主任：杨坤林　　　　本局经济协调司副司长

关于印发《一九九一年中药行业节能工作要点》的通知

国中医药经〔1991〕12号

各省、自治区、直辖市及计划单列市医药管理局（总公司）：

根据国务院第六次节能办公会议及全国资源节约和综合利用工作会议精神，经一九九○年度全国中药工业节能工作年会讨论，我局制定了《一九九一年中药行业节能工作要点》，现印发给你们，请遵照执行并将执行情况告我局经济协调司。

国家中医药管理局

一九九一年四月十七日

一九九一年中药行业节能工作要点

一、要认真贯彻执行国务院第六次节能办公会议和全国资源节约和综合利用工作会议的精神，把李鹏总理"能源工作要坚持开发与节能并重，把节约放在突出地位"的指示做为开展节能工作的指导思想。在开展"质量、品种、效益年"活动中进一步强化能源管理，调整产品结构，继续推行技术进步，健全节能法规制度，为依法管理和科学合理用能奠定基础。要求以节能降耗为重点，以提高经济效益为中心，以科技进步为动力，认真做好节能工作，把中药行业的节能工作提高到一个新水平。

二、搞好节能宣传工作。各级中药主管部门和企业要认真贯彻国家计委关于"一九九一年九月在全国开展节能宣传月活动"的要求，利用广播、电视、报纸等各种宣传工具和宣传方式，积极宣传节约能源的重大意义，强化职工的节能意识，调动广大职工的积极性，深入开展资源节约和综合利用工作。

三、抓好节能技术培训，提高干部、职工素质。我们过去抓节能工作主要抓了重点企业，对一般中、小企业抓得比较少。因此中、小型企业的节能技术力量还比较薄弱，节能信息不灵，工作比较被动。希望各省、自治区、直辖市及计划单列市医药管理局（总公司），充分利用行业内外的科技力量，培养中药行业节能技术骨干，促进中药企业节能工作的开展。

四、继续抓好节能基础建设和管理工作。中药行业的节能基础管理工作多数企业还比较薄弱，要借鉴行业内外节能先进企业的经验，完善企业节能管理制度和节能计量仪表的配置，继续搞好能源的审计和能量平衡工作，要在微机应用及能源表格、台帐的标准化、规范化上下功夫，从而促进节能工作的深入开展。

五、继续抓好中药工业企业"八五"节能技术改造计划。中药行业"八五"期间的节能技术改造重点是：

1. 改造、更新低效锅炉；2. 改造、革新老式烘干设备；3. 改造、更新低效风机、水泵；4. 解决中药的敞口蒸煮问题，变敞口蒸煮为密闭提取浓缩，推广多效浓缩和动态提取等节能新设备、新工艺；5. 做好冷、热设备管道的保温；6. 管好、用好疏水器。

中药工业企业在"八五"期间的节能技术改造要达到上述要求，一些技术水平较高的企业，要在工艺节能和应用微机管理上走出新路子。

六、继续抓好企业的节能升级工作。"七五"期间通过节能升级工作，对加强企业的节能管理、推进企业节能技术进步、实现节能降耗、调动职工的积极性均起到了很大的推动作用。因此在“八五”期间，要继续抓好节能升级工作，推动全行业节能工作的发展。进一步修订、完善节能考核指标，使之更科学、更合理、更有可比性。已经升级的企业，要在提高企业节能意识、管理水平、节能技术进步上更下功夫，高标准、严要求，使企业的节能工作再上一个新台阶。

七、开展评比表彰和树立节能样板活动。希望各省、自治区、直辖市及计划单列市医药管理局（总公司）要认真抓好这项工作。具体事宜将根据国家计委的要求再做安排。

关于印发《局机关干部调配工作暂行规定》的通知

国中医药人〔1991〕37号

本局各司、办、室：

为了加强局机关干部队伍的管理，健全干部人事管理制度，我局制定了《局机关干部调配工作暂行规定》，现印发给你们试行。试行中有什么问题，请及时告局人事部门，以便进一步修改完善。

国家中医药管理局

一九九一年五月四日

局机关干部调配工作暂行规定

第一条　为加强局机关干部队伍管理，保证调配工作顺利进行，特制定本规定。

第二条　局机关各司、办、室干部调配必须按照国家中医药管理局“三定”方案确定的编制执行。坚持以工作需要为主，注意发挥干部的专业特长，适当照顾干部的实际困难，严格执行国家有关干部回避制度的规定。

第三条　一般干部调入，由用人部门提出书面报告，人事部门按规定程序考试、考核合格后，办理调入手续；副处级以上干部调入，由人事部门考核，报局务会批准后，办理调入手续。

第四条　从京外选调干部由人事部门考核，报局务会批准，上报人事部办理审批调动手续。副处长以下干部一般不从京外选调。

第五条　各部门接收转业军人和大、中专毕业生(包括研究生)，须在前一年十一月中旬前提出接收计划，由人事部门报人事部批准后方能进行。

第六条　干部个人要求调动的，应向所在部门提出书面申请，并按照干部管理权限报人事部门或局务会审核批准。

干部具有下列情形之一的，一般不得调动：

（一）见习期未满的；

（二）正在接受有关部门审查处理的。

第七条　各部门确因工作需要临时借用干部，须先由人事部门同意后方能办理借用手续。借用时间一般不超过三个月，有关福利待遇由原单位按规定办理。

第八条　局务会和人事部门可以根据工作需要和干部管理权限对局机关的干部进行调动、安排。各级干部应自觉服从组织的调动和安排。凡接到调动通知的干部，须按规定的时间办理调动手续；无正当理由不服从调动，经教育无效的，要给予必要的行政处分；调动后无故逾期不报到，应视为旷工，并按有关规定处理。

第九条 从事调配工作的干部，要严格遵守组织原则和调配规定，公道正派，照章办事。对违反调配纪律的，应严肃处理。

第十条 干部调配工作中，涉及职务、工资、福利待遇等问题时，分别按国家有关规定办理。

关于印发《中药机械行业“八五”发展计划》的通知

国中医药经〔1991〕19号

各省、自治区、直辖市及计划单列市医药管理局（总公司）：

根据国家关于制定行业“八五”规划的要求，按中药行业“八五”计划和十年规划设想对中药机械的需求，结合中药机械生产发展情况，在广泛征求意见的基础上，我局制定了《中药机械行业“八五”发展计划》，现印发给你们，请遵照执行。各地应遵照本计划结合实际情况，制定本地区的发展计划，以推动中药机械行业的发展。

国家中医药管理局

一九九一年五月四日

中药机械行业“八五”发展计划

中药是我国医药学的主要组成部分，具有悠久的历史，为中华民族的繁衍昌盛做出了重要贡献，它的独特的疗效在国内外享有盛誉。建国以来，特别是党的十一届三中全会以来，在党中央、国务院的关怀和各级党政部门的重视和支持下，中药工业已从前店后场的作坊式生产发展成初具规模的新兴产业。

中药工业的发展和现代化，要以中药机械制造业生产具有先进技术性能的机械装备为基础。改革开放以来，中药机械制造有了一定的发展，但是与中药工业发展是不相适应的。为了进一步促进中药机械工业的技术进步，适应中药工业生产发展和提高的需求，特制定本计划。

一、中药工业机械装备现状

（一）中药工业机械装备现状

由于中药原料外形多样、品种繁多、比重差异悬殊、物化性能复杂（高纤维、高淀粉、高硬度、高粘度）、加工工艺特殊等特性，给中药机械生产发展提出更高的要求。在“七五”期间，中药机械行业为中药工业提供了前处理、提取、蒸发、浓缩、干燥和多种制剂单机设备，促进了中药工业生产的发展。但是从全国中药工业装备的总体来看还是粗放型的，工艺技术装备还较落后，质量、技术性能均不高，联动化、自动化生产差，与中药工业发展的需要不相适应。反映在：

1．在“七五”期间改造的三十八家中药饮片厂，生产厂房和厂容厂貌有了明显改善，但设备未形成系列配套，没有从根本上解决产品落地和锹把扫帚等强体力劳动和生产装备落后面貌。

2．中药机械行业提供的装备，多为以工艺单元操作的普通型单机，没有形成标准化、定型化、规格化、系列化。

3. 中药机械企业由于基础薄弱，效益差，缺少技术和经济实力，因此，难于提供性能先进、高效节能、质量可靠、自动化控制程度较高的成套设备和生产线，影响了中药工业整体科技和管理水平的提高，不能适应中药工业推行GMP管理的需求，影响了中药工业的现代化和中药产品进一步走向世界。

4. 目前，中药机械生产企业全国有一百三十余家，我局管理的国家直供企业，产品品种及供货量只能满足中药工业需求的百分之六。其余一百二十余家隶属于制药机械和军工、农机、化工等行业及地方有关部门。技术水平较高的军工等企业，由于脱离中药工业生产，所开发设备不能符合中药工业生产要求。一些地方企业技术力量更差，所产机械产品一般质量低劣，满足不了中药工业提高质量开发新产品的要求。同时加上中药机械行业管理工作没能跟上，还存在许多问题亟待解决。

5. 科研、设计、制造、应用缺乏统一的管理、协调，各行业不能相互配合，致使产品重复开发、重复生产，花钱多，收效小，难于开发、制造，提供高、精、尖的中药机械设备，不适应中药工业的发展需要。

6. 中药机械厂规模小，难以开发高技术、高性能的新产品，生产企业随意制定型号投放市场，有很多产品外观粗糙，质量低下，技术性能差。

（二）中药机械产品的差距

1. 质量的差距

产品在质量、寿命、精度、可靠性、能耗、效率等方面存在一定的差距，部分产品的差距较大，不适应中药生产的需求。

2. 结构的差距

产品在多规格系列化上有相当差距，不能满足大、中、小型中药生产企业需要。许多机组只重视单机开发，忽视前后辅助配套设备，缺规格，缺档次，影响设备成套供应能力。

3. 科研方面的差距

和国内其他机电行业相比有一定的差距，和国外尤其与日本、西德等国差距更大，他们先采用我国中药生产工艺，再进行设备的研制，在先进程度上超过我国很多。

4. 企业素质的差距

中药机械制造业，在生产、经营、财务、物资、质量控制、技术管理方面水平普遍较低，基本还处于六、七十年代的水平，直接影响了产品的质量和性能以及本企业和使用单位的经济效益和科技进步。

5. 设备精度和制造工艺的差距

中药机械企业普遍存在装备老化、精度低、缺少必需的高精密检测设备和先进的工艺装备等问题，有很大部分零件仍处于手工加工制造阶段，影响了产品质量和效益。

6. 使用方面的差距

有部分结构较复杂、自控程度较高的设备，部分中药生产企业在使用中不适应，影响了新技术、新设备的应用和推广。

（三）原因

1. 中药机械行业的管理体制不顺，产品技术标准的制定未有统一规定及考核评优，基础工作没有开展，致使很多中药机械企业和产品处于无统一主管部门管理状态，产品不能扬优汰劣。

2．各研制部门缺乏有效地组织、协调和管理，不能使科研、设计、制造和应用进行有机地结合和配合。

3 国家没有专门的中药机械科研部门，企业的科研力量薄弱和不配套，高技术人材少，缺乏计算机和电子技术人员，因此，设计水平低，周期长，技术水平不高。

国家没有专项科研经费，科研立项困难，许多产品的研制费用靠企业筹措，而中药机械企业效益很低，科研难度大，风险大，影响了科研方面的积极性。

缺乏对科研成果的保护政策，研究成果在生产权和经济效益上没有保障。

缺少全民性质的技术人员的鼓励政策，不能充分调动技术人员的积极性和创新精神，使其充分发挥聪明才智。

4．企业员工的素质较低，缺乏职能教育和知识更新。

5．国家对中药机械企业技术改造投入甚少，企业无力进行设备更新、补充。

二、"八五"发展计划

（一）指导思想

在"八五"期间，必须遵照党的"一个中心两个基本点"的路线，按照党中央提出的控制总量、调整结构、整顿秩序、提高效益和确保国民经济持续稳定协调发展的方针，贯彻我局制定的"医药结合、医药并重、同步发展、全面振兴"的指导思想，坚持以中医药理论为指导，以技术进步为先导，坚持质量第一，大力加强基础建设和行业管理，全面提高生产、科研技术水平，为中药工业提供高效节能的成套设备和微机控制的全封闭生产线，促进和提高中药工业经济效益和 GMP 管理。促进中药产品进一步走向世界。

（二）工作重点

1．加强中药机械的行业管理，制定药机产品的行业"技术标准"，并据此对现有中药机械设备进行评价、筛选，调整产业结构，为实现中药机械现代化做好基础建设。

2．组建两个专家委员会，加强对中药工业生产装备的"科研、设计、制造、应用"相结合的联合组织的协调、管理和领导。

3．组织、协调新剂型新工艺的设备研制、开发，努力研制和开发具有八十年代水平的中药机械新产品。有计划地组织成套设备的生产，推广机电一体化，在"八五"期间为中药工业提供符合 GMP 要求的机械设备。

（三）主要发展目标

1．产品发展目标

产品品种及规格，必须在"八五"期间，全行业力争缺什么补什么，加速填补空白和增加档次，到一九九五年增加品种、规格三十四项，其中大多数是技术水平高、节约能源的产品，还有一些是属于机电一体化或替代进口的单机和符合 GMP 要求的成套设备或联动、自动生产线。

2．组织发展目标

鉴于我局管理的四个直供中药机械厂力量较弱，除在"八五"期间对其进行必要的技术改造（见中药机械技术改造项目规划）外，并对中药机械企业进行选拔，将固定资产较多、技术水平较高、产品质量较好、制造能力较强的企业由我局进行行业归口管理，建立中药机械的专业队伍。

3．科技发展目标

(1) 加强产品技术标准的制定。

为了保证产品技术性能和质量，必须加强中药机械产品“技术标准”的制定工作，同用途、同类型产品，统一“技术标准”规范和技术指标，使中药机械企业有标可循，质检部门据标检验，评优有标可依，使用单位据标选购，在“八五”期间头三年，制定“技术标准”产品三十四项（见附件一）。

(2) 重点单机。

在制定“技术标准”的前题下，对现有部分产品进行评价筛选(产品名单见附件二)。在此基础上，集中力量，加强横向联合，合理分工安排，加速空白或缺档重点单机的消化吸收或自行研制开发三十九项(见附件三)；达到八十年代水平，符合 GMP 要求的中药机械设备，争取一批中药机械产品获高科技成果、技术进步、发明奖达三十三项（见附件四)。

(3) 成套设备。

本着上品种、上水平的原则，根据中药生产 GMP 的要求，组织科技力量，加快对必需的成套设备的研制，在“八五”期间，完成成套设备八项（见附件五)。

(4) 大力发展替代进口产品。

对“七五”期间引进的一百六十九种(规格)的生产设备，要进一步抓好关键设备的消化吸收和推广工作。在“八五”期间，推出六个品种(规格)的中药机械替代进口产品(见附件六)，努力为国家节省外汇。

(5) 推广计算机技术应用。

积极发展机电一体化产品。机电一体化是将机械技术与微电子技术结合起来，使中药机械产品的质量、可靠性、控制的准确度提高到一个新水平。“八五”期间，将实现机电一体化产品十五种(见附件七)。

(6) 加速推广节能技术。

降低设备能耗是节约国家资源和提高经济效益的主要手段。必须认真下功夫，加速推广节能技术，在传统工艺基础上，研制开发、推广节能的新工艺、新技术、新设备。

(7) 开展产品“评优、创优”，提高技术性能和质量。

大力开展产品的“评优、创优”工作，推动产品技术性能和质量的提高，使之在寿命、可靠性、精度效益、节能等方面有较大的突破。在“八五”期间，有五项产品创国优，二十八项创局优（见附件八)。

(8) 为缩短中药生产技术和装备与国际先进水平的差距，加快中药工业推行 GMP 的步伐，拟定“八五”期间引进技术十一项(见附件九)。

(四) 发展重点

1．国内尚未开发的联动生产线，成套设备。

2．国内空白的联动生产线、成套设备配套缺项的单机设备。

3．替代进口设备。

4．高效节能、微机控制的设备。

5．新型饮片机械（包括粉碎、洗、切、润、干、炒、包装)。

6．符合 GMP 要求的机电一体化制剂和包装机械。

对以上发展重点，尤其是饮片机械项目，应给予政策上的扶持和优惠(见附件十)。

（五）主要政策措施

为实现“八五”期间中药机械行业发展计划，保证中药事业长期持续稳定、协调发展，须采取以下措施：

1．积极争取国家和地方对重点中药机械工业给予重点中药饮片工业同等的优惠政策，在基本建设、技术改造、投资上给予扶持或优惠贷款，开列投资专项，以增强企业自我改造能力，跟上中药工业生产发展的步伐。

2．加强中药机械行业的管理。在优化重点企业结构，提高企业素质的基础上，对制药机械厂兼产、军工和其他行业转产厂及地方管理的中药机械厂，从制定产品技术标准入手，加强宏观控制和归口管理，进行产品评优、达标和产品定点生产工作，采用分期分批发表推荐和淘汰产品名单，并通过对中成药厂、中药饮片厂改造、建设项目的技术审查、指导其正确订购设备。

3．建立“技术标准”审定委员会，负责对“技术标准”的制定、审查，以确保中药机械“技术标准”的通用性、统一性和高水平。

4．建立中药机械考评专家委员会，负责产品的考评工作，依据“技术标准”对产品做出结论，为颁发优质产品证书、发放产品生产许可证和公布淘汰次劣产品，提供检测和理论依据。

5．加强建立“科研、设计、制造、应用”横向联合体系的组织，并进行有效的协调、生产规划和管理领导。制定重点攻关项目，补助必要的经费，组织开发研究，协调测绘、仿制、消化吸收引进的中药工业生产装备工作。

6．组建中药机械研究所，组成一个学科齐全、专业配套，技术力量雄厚，有超前设计能力的科研机构，加快科研开发步伐。同时鼓励厂办科研，协调当地政府在财力上给予扶持，在政策上给予优惠，以形成上下结合，远近相济的科研体制。

7．建立中药工业装备与中药机械工业的信息网络和情报机构，组建中药机械信息刊物和行业学术组织，以进行学术交流、工艺研讨、新设备新工艺介绍，沟通科研、设计、制造、工艺和使用、管理等各方面信息。

8．为确保中药机械产品质量和确保产品行业“技术标准”的贯彻、监督，设置产品质量检测机构，并实施用户对产品质量的投诉制度。

9．加强人才培训工作，组织微机控制、自动化程度较高的技术、设备的学术交流和培训，以利新技术、新设备的推广、普及。

10．制定对中药机械有贡献的科技人员予以鼓励的政策，建立科研奖励基金和颁发局（部）级表彰奖励证书，以充分调动科技人员的积极性和创造性。

11．制定对科研成果的保护政策，维护成果研制单位的生产权和经济效益。

（六）实施步骤

1．一九九一年对中药机械制造企业及产品进行详细的调查摸底，对企业素质较高，技术水平和管理水平较好的企业由我局进行行业归口管理，建立起我局的专业队伍和依靠力量。

2．一九九一年下半年，组建起技术标准审定委员会，制定工作任务和工作计划，做好对产品的筛选评优的基础工作。

3．一九九一年下半年，组建产品考评委员会，并制定出优质产品评比办法，下发有关单位，一九九二年开始进行产品评优工作。

4．一九九一年，与有关地方质量检测部门协商建立起我行业的质量检测机构，担负起产品的质控和评优的检测工作。

5．一九九二年，开展中药机械制造企业的升级工作，促进企业的管理上等级、上水平。

6．一九九二年制定并实施对有贡献的科技人员的奖励规定，并颁发国家中医药管理局的表彰，奖励证书。

7．一九九二年建立起用户对产品质量的投诉制度，并予实施。

8．一九九二年制定并实施对中药机械科技成果的保护政策，维护成果研制单位的生产权宜。

9．一九九三年，建立并完备中药工业装备信息网络和学术组织。

10．对组建中药机械研究所进行技术论证，并提出可行性报告。同时协调厂办科研机构的立项及当地政府在财政、政策上给予优惠待遇。

11．积极争取国家对重点中药机械企业或产品给予中药饮片工业同等的优惠贷款，开列投资专项，在“八五”期间，争取国家开列优惠政策，对重点中药机械厂进行技术改造。

12．广开渠道协调科研立项资金。对重要的科研项目或高、精、尖的超前研究课题，积极开拓横向联合，加快中药机械行业技术进步的步伐。大力协调引进项目的测绘、仿制、推广工作，努力为国家节省外汇。

关于印发《局机关干部在职培训工作暂行规定》的通知

国中医药人〔1991〕39号

本局各司、办、室：

为了加强局机关干部培训工作的管理，健全干部人事制度，我局制定了《局机关干部在职培训工作暂行规定》，现印发给你们试行。试行中有什么问题，请及时告局人事部门，以便进一步修改完善。

国家中医药管理局

一九九一年五月十一日

局机关干部在职培训工作暂行规定

为了不断提高局机关干部的政治、业务素质及管理水平和工作效率，有目的、有计划地做好干部培训工作，使这项工作逐步规范化和制度化，特做以下暂行规定：

一、干部培训要坚持理论联系实际，学用结合，注重实效和本着干什么、学什么，缺什么、补什么的原则，进行多形式、多层次、多途径的培训。

二、培训的内容以马克思主义基本理论、党的路线、方针、政策和现代科学管理知识，以及工作岗位必备的业务知识为重点。

三、干部培训是加强机关建设的一项重要任务，局机关各部门要高度重视，认真作好安排，在每年的第四季度内，提出下一年的干部培训计划，由人事部门统一综合平衡后，报局务会审定。在同一时期内，安排培训的人数，原则上不超过各部门编制的六分之一。各部门也不得以有派出学习人员为由，要求增加人员或编制。

四、干部培训要有重点有计划地安排。大学本、专科毕业生工作不满五年且在本局机关工作不满二年者，研究生毕业在局机关工作不满二年者，其它干部在局机关工作不满三年者，一般不安排半年以上的脱产学习。凡参加过半年以上脱产学习的人员，如再次需参加半年以上的学习，其间隔时间不应少于三年；因工作需要须参加脱产学习外语人员，最长时间不得超过一年；如遇特殊情况须由主管部门提出意见，人事部门审核，报局务会批准。凡参加经考试出国学习或出国进修的人员，如第一次未考取，下次则按顺序向后排列。

五、凡列入局培训计划的人员，学费由局培训教育经费中统一安排解决。如各部门自行安排培训的，学费由该部门解决。

为了促进参加培训人员努力学习，提高学习质量，培训人员成绩不及格或未取得应有证书，或违犯纪律，受到组织处理者，其学费由个人承担。

六、干部培训的学习成绩将记入本人档案，作为使用和提拔干部的参考依据之一。

局机关干部在上级安排的培训时间内，与在工作岗位上的干部待遇相同。

一九九一年五月十日

关于印发《中医医院分级管理办法》、《中医医院分级管理标准》、《中医医院分级管理标准评分细则》的通知

国中医药医〔1991〕7号

各省、自治区、直辖市及计划单列市中医（药）管理局、卫生厅（局）中医处、本局有关直属单位：

现将我局组织制定的《中医医院分级管理办法》、《中医医院分级管理标准》、《中医医院分级管理标准评分细则》印发给你们，请遵照我局关于中医医院分级管理工作的部署贯彻执行。

国家中医药管理局

一九九一年五月二十三日

关于印发《国家中医药管理局中医统计资料和统计调查管理的暂行规定》的通知

国中医药计〔1991〕123号

各省、自治区、直辖市及计划单列市中医管理局、卫生厅(局)，本局各司、办、室，本局各直属单位、各中心：

为了进一步贯彻《统计法》和国务院批准发布的《统计法实施细则》，加强中医药部门统计工作的管理，尤其是中医统计资料、统计数字及统计调查的管理，特制定《国家中医药管理局中医统计资料和统计调查管理的暂行规定》，现印发给你们，请参照执行。在执行中有何问题和建议，请及时与我局综合计划司联系。

国家中医药管理局

一九九一年五月三十日

国家中医药管理局中医统计资料和统计调查管理的暂行规定

为了加强中医药统计资料、数字以及统计调查的管理，保证统计资料、数字的准确性、统一性、完整性以及中医统计调查方法的科学性，根据《统计法》、《统计法实施细则》和卫生部《卫生统计报表制度》的要求，结合中医药工作的实际情况，特做如下规定：

一、中医统计年报资料和数字

1．全国中医统计年报资料作为全国卫生统计年报报表制度的一个组成部分，由我局综合计划司和卫生部卫生统计信息中心共同管理。地方中医统计年报资料由各地卫生部门的统计机构和中医管理部门共同管理。

2．我局统计机构每年将根据全国卫生统计年报资料和各地卫生统计年报资料及其他资料编印《全国中医药统计摘编》，其中部分资料以统计公报形式公布。凡与《全国中医药统计摘编》和统计公报不一致的数字不得在文件、报刊、正式会议上引用和对外公布。

3．各级领导机关制定政策、计划，检查计划执行情况，考核经济效益，进行工作评定，如需使用统计资料时，以我局统计机构发布的统计资料为准。

二、中医统计调查及原则

1．中医统计调查

中医统计的各种调查必须按照有关规定，事先编制统计调查计划，明确调查目的和指标，确定调查对象和方式，拟订调查的组织计划及培训计划，以及调查经费的预算和来源。同时制定调查项目和调查表格，包括：调查用表格及说明，调查汇总表及说明、调查表收集方式，调查的汇总手段。统计调查表的内容要简明扼要。

各种统计调查方案（包括其它部门在中医系统进行的调查）均应按有关规定在调查方案（或调查表）的右上角标明表号、制表机关、批准或备案机关及批准或备案文号。未标明上述字样的统计调查表（包括以搜集统计数字为主的调查提纲）属非法报表，任何单位或个人有权拒绝填报，各级中医主管部门有权废止或拒报。

(1) 中医系统内的统计调查：

按照《统计法实施细则》及有关规定，全国性中医部门内的统计调查由国家中医药管理局统计机构对其必要性、可行性、科学性进行审查，经审查同意后，由局统计机构统一编排表号，并报国家统计局备案。地方范围的中医统计调查由地方卫生（中医）管理部门的统计机构进行审查，经审查同意后，并报同级政府统计部门备案。

(2) 中医系统外的统计调查：

全国性中医系统以外的以了解中医统计工作为主要目的的统计调查，需经我局统计机构批准后，报国家统计局审批。由局统计主管部门统一编排表号，登记批准文号。地方性中医系统以外的统计调查，除报地方卫生（中医）统计主管部门审查批准外，还需报同级政府统计部门审批。

(3) 全国性的大型调查（全国中医综合调查、以及以全国为对象的抽样调查等）必须对调查的必要性和可行性进行充分论证。在编制调查计划、制订调查方案时，应有统计专家或专业统计人员参与，搞好调查设计，明确调查目的，确定调查指标和预期的结果。调查前必须先征求有关地方、部门和基层单位的意见进行试点，确保调查的可行和效益。全国性的大型调查，要按照调查范围的不同，严格执行审查、批准程序，首先送局统计机构审查，然后报局主管统计工作的负责人批准。

各级中医主管部门，要严格审批全国性（地区性）的大型调查，按照统计调查的原则，控制调查的规模和次数。

2．统计调查的原则

(1) 统计调查要讲求实效，所需统计资料凡可以从现有资料中获取的不得再进行统计调查。

(2) 在已批准实施的各种统计报表、定期报表中能够搜集到的资料，不得进行重复调查。

(3) 能够采取抽样调查、典型调查或行政登记可以满足需要的，不得制发全面调查表；一次性调查即可满足需要的，不得进行经常性调查。按年统计即可满足需要的，不得按季统计；按季统计即可满足需要的，不得按月统计；月以下的各种统计报表要严格控制。

三、中医统计调查的资料和数字

1．中医统计调查（包括全面调查、抽样调查和典型调查），必须严格按照统计调查程序进行，所获得的统计资料必须经过调查主要负责人审核并签署审核意见。需要在文件、正式会议上使用或对外公布时，须经同级统计机构同意。防止数出多门，避免统计资料和统计数字的混淆和滥用。

2．同项目的调查资料与年报资料数字不一致时，在未查明原因前，原则上以年报资料为准；抽样调查资料与普查资料数字不一致时，原则上以普查资料为准。抽样调查的资料数字应在抽样调查原定误差之内。如果认为统计资料不实，应及时核实订正。

关于中药工业、商业统计，目前我局委托中国药材公司承担有关中药统计的资料、数字及统计调查的管理，另行规定。

四、此规定自批准之日起施行。

国家中医药管理局

一九九一年五月三十日

报送《关于在中医药系统开展法制宣传教育的五年计划》的函

国中医药政〔1991〕8号

中共中央宣传部、司法部：

根据中共中央中发〔1990〕20号文件精神和七届人大常委会第十八次会议通过的《关于深入开展法制宣传教育的决议》的要求，为巩固和发展第一个五年普法工作的成果，不断适应社会主义经济建设和社会主义法制建设的要求，结合中医药工作的实际，国家中医药管理局制定了一九九一年至一九九五年中医药系统开展法制宣传教育的五年计划，现报送给你们，请批复。

国家中医药管理局

一九九一年六月一日

关于在中医药系统开展法制宣传教育的五年规划

从一九八六年开始实施的第一个全民普法规划，在中共中央宣传部和司法部的指导下，中医药系统的广大干部职工和全国人民一道，普遍学习了《宪法》、《刑法》、《民法通则》、《刑事诉讼法》等("十法一条例")法律的基本常识。通过学习,增强了广大干部职工的法律意识,促进了各项工作的进展。

为了巩固和发展第一个五年普法工作的成果,不断适应社会主义经济建设和社会主义法制建设的要求,根据党中央、国务院中发(1990)20号文件批转的《关于在公民中开展法制宣传教育的第二个五年规划》和一九九一年三月二日全国人大常委会通过的《关于深入开展法制宣传教育的决议》的要求,结合中医药工作的实际,制定一九九一年至一九九五年中医药系统开展法制宣传教育的五年规划。

一、指导思想

围绕党和国家的中心工作,紧密联系中医药工作实际,坚持不懈地把法制教育引向深入。以宪法为核心,以专业法为重点,有计划、有步骤、分层次地组织广大中医药工作人员和干部学习宪法和有关基本法律,学习与中医药行业工作相关的法律、法规,进一步提高广大干部及中医药工作者的法律意识和民主意识。坚持理论联系实际、学法用法守法紧密结合的原则,把法制教育渗透到中医药行业的各项管理工作中。要一手抓法制教育,一手抓依法管理,促进改革的深化,促进中医药各项工作稳步发展。通过深入开展法制教育,培养一批学法用法和依法管理各项工作的先进典型。

二、宣传教育内容

(一)继续深入学习宪法,在广大干部群众中树立宪法观念,提高维护宪法尊严、保障宪法实施的自觉性。同时要认真普及《行政诉讼法》、《集会游行示威法》、《国旗法》、《保守国家秘密法》等基本法律常识。坚定不移地坚持四项基本原则,反对资产阶级自由化,维护国家政治、经济、社会的稳定和发展。

(二)根据中医药工作的需要,认真学习《药品管理法》及实施细则、《食品卫生法》、《企业法》、《经济合同法》、《会计法》、《标准化法》、《商标法》、《野生动物保护法》、《专利法》、《森林法》等。

(三)各医疗、科研、教学、药材、中成药生产机构要结合自身工作的需要,分别选学与机构、干部职工相关的部门规章(详见推荐表),各类机构的情况不完全相同,选学的内容要从实际出发,不搞一刀切,对不同的管理干部、医药人员和其他业务人员应该因地制宜地、有针对地选学法规内容。

三、宣传教育对象:

法制宣传教育的对象是中医药行业各级领导干部和各企事业单位全体中医药人员和职工、中医药院校在校学生。重点对象及要求是:

(一)处级以上领导干部,特别是各级党委、院、所、厂的主要领导干部,要做学法用法的表率。不仅要学习基本法律和与本职工作相关的法律、法规,而且要认真学习社会主义法学理论,增强法律常识,提高依法决策和依法管理的能力。

(二)专业管理干部,尤其是专业处、科室负责人要熟悉和掌握同自己的工作密切相关的法律知识,提高执法能力,做到严格依法管理,严格依法办事。

(三)在校学生的法规宣传教育和有关课程结合起来,并通过党、团组织及学生会,把法制宣传教育深入开展下去。青年职工要在学好基本法规的基础上,了解与自己工作和生活密切相关的法律知识及有关规章制度,自觉提高法律素质,自觉地遵纪守法。

四、实施步骤

本规划从一九九一年开始实施，到一九九五年底结束。分三个步骤进行。

（一）准备工作。从一九九一年五月至一九九一年十二月完成。着重抓好以下几方面的工作：(1) 各省、自治区、直辖市及直属单位根据本规划的要求，从本单位实际情况出发，制定本单位法制宣传教育的具体实施办法；(2) 由国家中医药管理局政策法规司负责与司法部、中宣部联系安排普法学习教材(基本法规和相关法律)，各单位选择相关的法规和部门规章。(3) 思想发动，广泛宣传，动员全体中医药人员积极参加学习法律知识的活动；(4) 健全宣传队伍，培训宣传骨干；(5) 进行试点，取得经验。

（二）组织实施。准备工作完成后，各单位要按本规划和自行制定的具体实施办法的要求，运用第一个五年普法教育行之有效的各项制度和方法，把法制教育的规划、内容、对象、组织措施、制度、考核落到实处，做到法制教育经常化、制度化、系统化。从讲究方法，注重实效入手，有计划、有步骤地把法制宣传教育工作全面铺开。

（三）考核验收。各省、自治区、直辖市中医药管理部门及直属单位对所属单位的普法工作，按照规定的考核标准，分别进行考核。

干部考核标准：

(1) 对规定学习的法律知识比较熟悉，经考核（试）合格；

(2) 能运用所学的相关法律、法规知识，依法管理自己的本职工作；

(3) 处级以上干部掌握一定的马克思主义法学基本理论。

单位考核标准：

(1) 参加普法学习人数达全员人数的95%以上，经考核（试）合格人数达全员人数的80%以上；

(2) 单位的各项工作基本走上依法管理的轨道；干部考核成绩，作为任免、评定职称、晋级和评选先进个人的条件之一，单位考核作为评选先进集体、评优、晋级的条件之一。

考核、验收情况及法制宣传教育工作总结于一九九五年六月底前报国家中医药管理局并抄报当地党委、人大和政府。一九九五年九月底前国家中医药管理局组织人力进行抽查、验收。

五、实施办法

法制教育要始终坚持理论联系实际、学法用法守法相结合的原则，围绕医疗、教学、科研和中药生产经营的实际，因人、因地制宜，采取多种形式进行自学、辅导。

（一）坚持以辅导面授为主的方法。根据实际情况安排一定的时间，采用不同的形式上课。培养不同层次的宣传培训骨干，举办脱产与不脱产的普法学习班、培训班，创造各种条件进行全员法制教育。

（二）充分发挥各种宣传舆论工具的作用。利用报纸刊物、板报图片的作用，宣传法律知识。

六、组织领导

（一）加强组织领导，按照“统一管理，分别实施，条块结合，以块为主，分类指导”的原则，在各地党委、人大和政府的领导监督下，由各地中医药主管部门组织实施本规划和各地的实施办法。局机关由局机关党委和政策法规司共同实施。

（二）建立汇报制度。各省、自治区、直辖市中医药管理部门及直属单位每年六月、十二月将普法进展情况、效果、经验、存在问题及下一步打算向国家中医药管理局书面汇报一次，并抄报当地党委、人大和政府。国家中医药管理局将执法情况报中共中央宣传部和司法部。局机关党委报国家机关党工委。

国家中医药管理局
一九九一年三月三十日

关于印发《国家中医药管理局中药商业企业二级仓库申报、考核、审定暂行办法》的通知

国中医药经〔1991〕23 号

各省、自治区、直辖市医药管理局（总公司）：

为了做好国家中医药管理局中药商业企业二级仓库的申报、考核、审定工作，现将《国家中医药管理局中药商业企业二级仓库申报、考核、审定暂行办法》印发给你们。根据一九九一年四月全国中药储运工作会议精神，决定：今年的“二级仓库”申报、考核工作，各省、自治区、直辖市应在一九八九年国家中医药管理局评定的九十七家“四好仓库”的基础上进行。但原“四好仓库”是单体库的，这次必须按整体考核。各省、自治区、直辖市考核中凡不符合条件的企业可在省、自治区、直辖市内调换其它达标的企业。请按《办法》规定组织申报、考核工作，并将考核材料于九月十日前上报我局经济协调司。

附件：1．国家中医药管理局中药商业企业二级仓库申报、考核、审定暂行办法(略)

2．国家中医药管理局级仓库申报表(略)

国家中医药管理局
一九九一年六月四日

关于成立修订中药行业工人技术等级标准工作领导小组及中药行业工人技术等级标准编审委员会的通知

国中医药人〔1991〕50 号

各省、自治区、直辖市、计划单列市医药管理局（总公司）：

根据劳动部关于修订工人技术等级标准工作的有关部署和要求，为了加强对修订中药行业工人技术等级标准工作的组织领导，我局决定成立修订中药行业工人技术等级标准工作领导小组，由张洪魁同志任组长，李满海同志任副组长，领导小组办公室设在中国药材公司人事劳动处，肖酒同志任办公室主任。

为了使修编标准工作得到有力开展和组织落实，决定成立中药行业工人技术等级标准编审委员会，在局“修标”领导小组的领导下，编审委员会负责中药行业工人技术等级标准的修编、论证和审订工作，由李军同志任主任委员，肖酒同志任副主任委员。委员由中药工业、中药商业和中药材生产等三个专业的业务技术专家组成，并按中药工业、中药商业和中药材生产等专业组建工人技术等级标准编审小组，编审委员会委员分别兼任各编审小组成员。请中国药材公司根据“精简”、“效率”的原则和实际工作的需要，负责编审委员会的具体组建工作。

附件：国家中医药管理局修订中药行业工人技术等级标准领导小组成员名单。

国家中医药管理局

一九九一年六月十二日

国家中医药管理局修订中药行业工人技术等级标准工作领导小组成员名单

组长：张洪魁（国家中医药管理局副局长）

副组长：李满海（国家中医药管理局人事教育司副司长）

李　军（中国药材公司副经理）

成员：肖　洒（中国药材公司人事劳动处副处长）

姜世强（中国药材公司生产处处长）

汪津生（中国药材公司工业处副处长）

关于中医药期刊归口管理的通知

国中医药政〔1991〕9号

各省、自治区、直辖市及计划单列市卫生厅(局)、中医（药）管理局、医药管理局(总公司)，各直属单位：

为了加强中医药期刊管理工作，维护期刊出版秩序，根据国务院“三定”方案及新闻出版署的有关规定，经研究决定，凡有关中医中药期刊，今后由国家中医药管理局管理。

国家中医药管理局

卫生部

一九九一年六月二十八日

关于印发《国家中医药管理局局机关及直属单位职工年度休假实施办法（试行)》的通知

国中医药办〔1991〕17号

本局各司办室，各直属单位、中心：

根据中发电〔1991〕2号通知精神，现将《国家中医药管理局局机关及直属单位职工年度休假实施办法（试行)》印发给你们，请按照执行。在执行过程中有什么意见和建议，请及时报送我局办公室。

国家中医药管理局

一九九一年七月一日

国家中医药管理局局机关及直属单位职工年度休假实施办法（试行）

（一九九一年六月二十日）

一、各单位在确保完成工作任务，不另增加人员编制和定员的前提下，可以安排职工的年度休假。

二、年度休假当年有效，原则上一次性安排，连续休完。

三、休假方式一般以就地休假为主，一律不准搞公费旅游。

四、年度休假天数，以当年年底前工龄满五年不满十五年的职工为七天(含星期天)；工龄满十五年的职工为十四天(含星期天)。工龄不满五年的职工原则上不安排休假。

五、各单位不得以不休假为由向职工发放或变相发放钱物。

六、各单位原拟定的休假办法或临时措施，凡与本办法规定相抵触的，均按本办法规定办理。

关于印发《国家中医药管理局老中医药专家学术经验继承工作管理考核暂行办法》的通知

国中医药政字〔1991〕10号

各省、自治区、直辖市及计划单列市中医（药）管理局、卫生厅(局)、医药管理局(总公司)：

现将《国家中医药管理局老中医药专家学术经验继承工作管理考核暂行办法》印发给你们，请认真贯彻执行，并将执行中的问题和意见函告我局老中医药专家学术经验继承工作办公室。

国家中医药管理局

一九九一年七月二十五日

国家中医药管理局老中医药专家学术经验继承工作管理考核暂行办法

第一章 总 则

第一条 老中医药专家的学术经验和技术专长是中医药学的宝贵财富。为有独到经验和专长的老中医药专家选配继承人，是培养新一代高层次专业人才的重要措施。为了加强对继承工作的管理，根据人事部、卫生部、国家中医药管理局《关于采取紧急措施做好老中医药专家学术经验继承工作的决定》和《实施细则》，特制定本办法。

第二条 老中医药专家和继承人，是指按照人事部、卫生部、国家中医药管理局人职发〔1990〕3号文件所规定的条件和程序确定的指导老师及其继承人。

第三条 老中医药专家学术经验继承工作坚持医药并重、统筹规划、分级管理的原则；实行计划管理与目标管理相结合；按照多项指标综合考评，严格验收。

第二章 组织管理

第四条 全国老中医药专家学术经验继承工作，由国家中医药管理局会同人事部、卫生部制定有关的方针、政策，并设立“国家中医药管理局老中医药专家学术经验继承工作办公室”(以下简称“局继承工作办公室”）负责日常工作。

第五条 各省、自治区、直辖市及计划单列市（以下简称省市）老中医药专家学术经验继承工作，由各地中医药主管部门负责日常工作。

第六条 老中医药专家学术经验继承的具体管理工作，主要由指导老师所在单位负责，要确定一名领导分管并通过本单位有关职能部门组织实施。这些工作包括：

1．为指导老师和继承人提供必要的工作和学习条件（包括场所、设备、时间等），不再安排他们与继承工作无关的行政、医疗、教学、科研及其它任务。

2．关心指导老师和继承人的工作与生活，帮助他们解决实际问题和困难。他们的工资、奖金及其它福利待遇均由原单位发给。离退休返聘的指导老师，其待遇与同级在职人员相同。

3．定期检查继承协议执行情况，若遇特殊原因不能正常履行协议时，应及时上报省市中医药主管部门处理。并要建立专门的继承人业务档案（包括思想表现、学习进度、继承成果、考核考评等）。

第七条　各省市中医药主管部门每年对继承工作进行一次全面检查，总结经验，发现问题及时解决。检查结果要记录在案，并报国家中医药管理局继承工作办公室。国家中医药管理局将不定期检查各地继承工作情况。

第三章　教　学　管　理

第八条　继承老中医药专家学术经验是一项特殊的教学工作。应以跟师实践、培养专业技能为主，做到传授与自学、实践与理论、继承与整理相结合，发挥指导老师和继承人两个积极性。

第九条　继承期限为三年，继承时间从实际进岗带教算起。若指导老师中途因故停止带教，继承人学习两年以上者，可继续自学研究，参加出师考核；不满两年者，经省市有关部门批准，可转跟相应专业的指导老师继续学习。

第十条　师生在签定协议书的基础上，共同制定三年教学计划，分年度实施。执行计划必须做到：

1．指导老师每周带继承人从事临床或实际操作的时间不得少于两天。

2．继承人每周除跟师两天外，另行安排两天从事临床或实际操作；其它时间用于自学和研究。

3．由继承人建立"带教日志"，每次随诊或操作应有记录，并及时整理成周记或半月记，以便总结心得体会和检查考核。

4．指导老师每月至少进行一次专题讲座或病案讨论，并吸收所在单位专业人员参加，会后由继承人做出书面小结。

第十一条　目标管理是教学管理的主要环节，三年继承的基本目标是：

1．继承人掌握指导老师的学术思想和技术专长，其临床疗效或操作技能基本达到指导老师的水平。

2．提供反映指导老师专长和经验的专科（专病）正规病历一百份。中药专业应有加工、炮制、制剂技艺及鉴别经验等方面总结材料。

3．撰写总结指导老师学术经验的论文，每年在省级以上学术刊物上至少发表一篇，三年之中要有一篇发表在国家级专业杂志上。

4．继承期满，提交三万字以上全面总结指导老师学术经验和技术专长的结业论文，以备答辩和出版选用。

第十二条　为了促进继承工作，各省市每年应组织一次教学经验交流会。国家可通过有关学术团体开展学术交流和奖评活动。

第四章　考 核 与 奖 励

第十三条　老中医药专家学术经验继承工作实行淘汰制度，继承人不能"一榜定终身"。对于定期检查、考核不合格者，应及时予以淘汰或更换。

第十四条　每半年由带教单位对继承人进行一次考核考评，认真填写统一印制的考核表，考核材料要归档并报省市中医药主管部门。

第十五条　继承人学习期满后，由省市中医药主管部门会同有关部门统一组织考核。按照本办法规定的各项指标，逐级审核，通过临床应诊、病案分析、操作演示、现场咨询、论文答辩等方式，定量定性，综合考评，严格把关，确保质量。

第十六条　国家中医药管理局根据“质量检测评估方案”组织核查验收，合格者，由国家统一发给继承合格证书，并可按照有关规定和程序申报晋升高一级专业技术职务。

第十七条　国家对继承工作有突出贡献的指导老师、继承人、管理干部及先进单位，给予表彰和奖励。

第五章　经　费　管　理

第十八条　继承工作经费，主要由各地财政部门和中医药主管部门安排落实，继承人所在单位也应给予适当的投入。国家每年拨出一定的经费作为专项补助。经费主要用于继承工作所需的教材、学习资料、经验整理、带教津贴、表彰奖励及有关管理费用等。

第十九条　指导老师在直接带教期间，可享受一定的带教津贴，带一名继承人者每月发给三十至五十元；带两名继承人者每月发给四十至六十元。继承人的学习费用，每人每年五百至六百元(不发给个人)。各地可根据财力参照上述标准自行确定。

第二十条　各地要制定继承工作经费使用管理办法，严格审批制度，保证专款专用。

第六章　附　　则

第二十一条　本办法由国家中医药管理局继承工作办公室负责解释。

第二十二条　各地可结合实际情况制定相应的实施办法。

关于征求《中药机械行业国家二级企业标准（试行)》意见的通知

国中医药经〔1991〕26号

各省、自治区、直辖市及计划单列市医药管理局（总公司)：

根据国家关于制定机械行业国家级企业等级标准的原则及有关规定，参照同行业标准并结合中药机械行业特点，我局制定了《中药机械行业国家二级企业标准（试行)》，现印发给你们征求意见，请于九月底以前将修改意见寄我局经济协调司，以便定稿送审。

国家中医药管理局

一九九一年七月五日

中药机械行业国家二级企业标准（试行）征求意见稿

1．适应范围

本标准适用生产中药机械的企业进行国家二级企业的评定。

2．制定依据

根据原国家机械工业委员会《关于制定机械行业国家级企业等级标准的原则规定》和全国加强企业管理领导小组，原国家经济委员会下达的有关规定，参照同行业标准，并结合中药机械行业特点制定本标准。

3．考核指标

3.1　按产品质量、物质消耗、经济效益三项主要指标考核评定。

3.2　在全面质量管理、计量管理、安全管理、设备管理方面必须达到规定的相应标准。

3.3　考核企业主要产品的质量。

3.3.1 企业的主要产品首先应是中药机械行业的主要产品，被考核主要产品的产值累计应达到本企业总产值的60%以上；多品种、小批量生产的企业应占50%。

3.3.2 主要产品质量指标按表一规定考核。

表一

产品质量水平	产品质量等级
达到国际通用标准，或相当于国际、国内现行国标、部(省)标，或经有关部门确认相当于国外同类机器的质量指标。	达到分等标准的合格品率和有关部门下达的优级品率指标。

3.4 物质消耗指标

3.4.1 主要考核占全部材料消耗价值量70%以上的原材料（基建、维修材料除外），按占价值大小依次选定。

3.4.2 中药机械企业按产品加工手段分为A、B两类，指标分类考核。

A类企业是指主要产品以机械加工手段为主的企业。

B类企业是指主要产品以铆焊加工手段为主的企业。如企业主要产品两种加工手段兼具，则按其主要产品产值大于60%的产品定其类别。

3.4.3 考虑到中药机械行业的能耗占全部物耗的比重较小，根据国家有关规定，对能耗在1000吨标准煤/年以下的企业能耗不予考核。

3.4.4 物质消耗指标，按表二规定考核。

表二

企业类别	钢材利用率(%)
A 类	60
B 类	75

计算公式·

$$钢材利用率=\frac{各种产品钢材净重}{各种产品钢材总消耗量}\times 100\%$$

3.5 经济效益指标

3.5.1 资金利税率指标中的固定资产净值计算办法，对“七五”期间列入国家计委、国务院主管部门、省级技术改造项目所增的企业固定资产，在审定时，自验收转入固定资产的年度算起，分五年摊入，逐年分摊和比例为10%、20%、40%、70%、100%。税金是指增值税、城建税、资源税、车船税、房产税、人育费之和。

对全员劳动生产率和资金利税率填报的数据要确切。

表三

企业类别	资金利税率(%)	人均创利税(元/人、年)	净值全员劳动生产率(元/人、年)
A类	20	2,400	4,500
B类	23	2,600	4,800

3.5.2 经济效益按表三考核。

计算公式：

$$资金利税率=\frac{利税总额}{固定资产净值平均占用额(万元)+定资流动资金平均占用额(万元)}$$

$$人均创利税(元/人、年)=\frac{利税总额(元)}{平均总数(人、年)}$$

$$净产值全员劳动生产率=\frac{净产值(万元)}{职工平均人数(人、年)}$$

学徒工在考核年度中尚未期满出徒，在计算中应扣除。

4. 申报条件

达到管理条件是申报国家二级企业的前提，只有达到以下条件的企业，才对其进行考评。

4.1　企业需达到国家中医药管理局制定的《中药机械生产企业全面质量管理验收细则》的要求。

4.2　取得“国家二级计量”合格证书。

4.3　主要设备完好率大于85%；静密封泄漏率小于1‰；设备资金利用率大于或等于90%。

4.4　微机计算机应用开发达到以下标准。

4.5.1　已开发成熟和应用了若干管理信息单项系统。

4.5.2　有经过专门部门论证的微机或计算机控制生产过程的可行性计划，资金、人员、设备落实，一年内可取得初步成效。

4.5.3　中层以上干部计算机应用知识人均受训时间在五十个学时以上。

4.6　三废治理达到环保要求。

4.7　考核期内和评审期间，凡发生人员死亡、重大火灾、爆炸、多人中毒；发生无伤亡人员的重大经济损失事故：一次事故直接经济损失十万元以上（含十万元）；或发生一万元以上（含一万元），十万元以下二次（含二次）以上的企业，取消其当年国家二级企业的资格。

关于在我局设立老中医药专家学术经验继承工作办公室的通知

国中医药教〔1991〕40号

各省、自治区、直辖市及计划单列市中医(药)管理局、卫生厅（局)、医药管理局(总公司)：

为了加强全国老中医药专家学术经验继承工作的日常管理，便于各方面的联系，在我局设立“老中医药专家学术经验继承工作办公室”，成员由李安邦、徐皖生、张启文、赵来玺、张为佳五人组成，由人事教育司副司长李安邦兼任办公室主任。并同时启用印鉴。

国家中医药管理局

一九九一年七月五日

转发《关于全国性的社会团体编制及其有关问题的暂行规定》的通知

国中医药办〔1991〕19号

本局各司办室，各直属单位、中心：

现将中央组织部、民政部、人事部、财政部、劳动部民社发〔1991〕8号文《关于全国性的社会团体编制及其有关问题的暂行规定》的复印件转发给你们，请遵照执行。

国家中医药管理局

一九九一年七月十一日

关于全国中医药行业开展支援灾区工作的紧急通知

国中医药办〔1991〕22号

各省、自治区、直辖市及计划单列市中医（药）管理局、卫生厅（局)、医药管理局（总公司)，各中医院校、中医（药）研究院(所)，本局各直属单位：

近期来，安徽、江苏、河南、湖北、贵州等十八个省市遭受历史上罕见的洪涝灾害，广大人民群众的生命财产蒙受重大损失，目前，防汛救灾形势十分严峻，治病防病任务极为繁重。

为了支援灾区医疗卫生工作，积极防病治病，国家中医药管理局号召各级中医药部门发扬"一方有困难，八方来支援"的协作精神，迅速行动起来，采取以下措施：

一、国家中医药管理局决定八月五日（星期一）为全国中医义诊日。全国两千一百多所中医医院及一百七十所中医（药）研究机构、八十所中医院校的附属中医医疗机构和各综合医院的中医科将义诊所得收入，全部捐给所在地的救灾部门。

二、各地药材公司要积极调拨救灾用的中药及其制品，满足救灾需要。

三、中医药界的全体医务人员、职工、技术人员、干部尽力为灾区人民捐款。

四、国家中医药管理局号召有条件的中医药单位向灾区群众捐献中医药品。

五、有条件的中医药单位要组织医疗队，听从当地政府的统一调遣，积极参加各项救灾活动。

六、国家中医药管理局召开首都名老中医救灾防病献方献策会议，并将所献适于灾区疾病防治的简要处方发至各地。

七、国家中医药管理局决定根据具体情况给灾区增拨适当的救灾专款。

八、各单位注意发现、宣传在抗灾救灾中涌现出的中医药先进人物及感人事迹。

九、请各地将义诊、捐赠情况以省、自治区、直辖市及计划单列市为单位报我局。中医情况由中医（药）局、卫生厅（局）中医处负责汇总；中药情况（不含中医单位捐献的中药及其制品）由医药局负责汇总。

国家中医药管理局

一九九一年七月十九日

关于做好全国卫生系统先进集体和模范个人评选表彰工作的通知

卫人发〔1991〕第56号

各省、自治区、直辖市卫生厅(局)、省中医（药）管理局、人事（劳动人事）厅(局)、国务院各部、委、局、总公司：

为进一步搞好治理整顿、深化改革，加强卫生行业管理，促进两个文明建设，弘扬广大卫生工作人员全心全意为人民服务和无私奉献精神，经国务院批准，卫生部、国家中医药管理局和人事部研究决定，于今年四季度在北京召开全国卫生系统先进集体和模范个人表彰大会。现将做好全国卫生系统先进集体和模范个人评选工作有关事项通知如下。

一、评选的范围和名额

评选的范围：全国卫生系统的各级各类单位（包括全民所有制和集体所有制单位）；在全国卫生系统的各级各类单位工作的业务技术人员、工人及行政管理人员。

全国卫生系统先进集体名额为239个（含中医先进集体名额31个），模范个人名额为460名（含中医模范个人名额60名）。除铁道部外，各部委所属单位名额均含在所在省、自治区、直辖市名额内。

关于"白求恩奖章"荣誉称号，此次暂不评选。

建国四十周年时已被评为全国劳动模范（先进工作者）的，这次不再参加评选。

二、评选的方法和要求

这次评选工作，由卫生部、国家中医药管理局和人事部共同组织实施，各省、自治区、直辖市卫生厅（局）、中医（药）管理局、人事（劳动人事）厅（局）统一组织评选审核或协商分别组织评选审核，经卫生部全国卫生系统荣誉称号评审领导小组审核后报卫生部、国家中医药管理局、人事部批准。

全国卫生系统先进集体和模范个人，要按照《全国卫生系统荣誉称号暂行规定》第三章、第四章的评选条件及评选程序选拔，逐级审核上报。

呈报的事迹材料要实事求是，内容充实，重点突出，生动感人。先进集体事迹材料限2500字左右，模范个人事迹材料限1500字左右，一律采用第三人称写法。材料各一式两份，于1991年11月30日前报送全国卫生系统荣誉称号评审领导小组办公室。

铁道部的先进集体和模范个人评审材料，由铁道部负责审核并报卫生部。

三、奖励办法和表彰形式

奖励办法和表彰形式，按照《全国卫生系统荣誉称号暂行规定》第十六条、第十七条实施。

四、评选的组织领导

为了搞好这次评选表彰工作，由卫生部、国家中医药管理局和人事部组成全国卫生系统荣誉称号评审领导小组，负责评选表彰工作的组织领导。领导小组下设办公室，办公室设在卫生部人事司。各地区、各部门也应根据各自的具体情况，成立相应的机构，加强领导，精心组织，以保证评选工作的顺利进行。请将你们负责评选工作的联系人名单于9月15日前报卫生部。

卫生部
国家中医药管理局
人事部
一九九一年八月十四日

关于印发《中药质量标准控制研讨会纪要》的通知

国中医药质〔1991〕19号

各省、自治区、直辖市及计划单列市医药管理局（总公司）：

为促进中药质量标准化，适应生产管理及国内外市场的需要，进而扩大国际间中医药的交流与合作，在贯彻国务院“质量、品种、效益年”活动中，我局质量司于七月上旬在北京召开了中药质量标准控制研讨会。与会领导和专家认为：中药质量标准的研究应有新起点、新发展，应系统地抓，全面地管，并以中医理论为指导，进一步改进措施。这些建议对今后中药质量标准化的工作将会起积极作用。现将会议纪要发给你们。

国家中医药管理局

一九九一年八月二十六日

关于印发《国家中医药管理局中医药科学技术成果登记管理办法(试行)》的通知

国中医药科〔1991〕12号

各省、自治区、直辖市中医（药）管理局、卫生厅(局)、医药管理局(总公司)，本局各直属单位：

为了加强中医药科学技术成果的管理，促进科技成果的交流、应用和推广，根据国家科委有关科学技术成果管理文件精神，我局制定了《国家中医药管理局中医药科学技术成果登记管理办法（试行)》，现印发给你们，请按照执行。在执行过程中，有什么意见和建议，请及时向我局科学技术司反映。

国家中医药管理局

一九九一年九月二十三日

国家中医药管理局中医药科学技术成果登记管理办法(试行)

第一条　为了加强中医药科学技术成果（以下简称科技成果）的管理，促进科技成果的交流、应用和推广，依据国家科委有关科学技术成果管理文件精神，制定本管理办法。

第二条　登记范围

1．阐明中医药理、法、方、药及其内在联系的，在学术上有新见解，并对中医药学术发展具有指导意义的基础研究成果及应用研究成果。

2．解决中医实践、中药生产、中医药器械等科学技术问题而取得的具有新颖性、先进性和实用价值的应用技术成果，包括新产品、新技术、新工艺、新材料、新设计和新品种。

3．推动决策科学化和管理现代化，对促进中医药事业发展起重大作用的软科学研究成果。

4．中医药古籍研究，中医药的标准、计量、科技情报、科技档案等的科学化、标准化研究所取得的科技成果。

5．引进、消化、吸收国外先进设备、技术中取得的科技成果。

6．推广应用已有的先进科学技术成果的过程中取得的科技成果。

第三条　登记材料

凡申请科技成果登记的项目，须上报如下材料：

1．《科学技术成果报告表》二份。

2．《科学技术成果鉴定证书》二份。

3．有关的系统技术资料(其中不能对外公开的材料须注明）一套。

第四条　登记程序

科技成果按项目完成单位的隶属关系逐级上报。

本局直属单位完成的科技成果经本单位科研主管部门审查签署意见后，上报国家中医药管理局科学技术司。

地方所属单位完成的科技成果按其隶属关系上报省、自治区、直辖市中医（药）管理局、卫生厅(局)、医药管理局（总公司）审查签署意见后，上报国家中医药管理局科学技术司。

第五条　发布成果公报

国家中医药管理局科学技术司负责对收到的科技成果及时审查，对符合登记条件的项目进行统一登记、编号，定期发布《中医药科技成果公报》，成果公报公布的科技成果是本系统首创查新的重要依据之一。

第六条　成果争议处理

凡正式公布的科技成果，任何部门、单位和个人都有权在公布之日起三个月内提出异议。如经调查核实，确属剽窃或弄虚作假者，应在原公布的范围内宣布撤销并通报批评。

第七条　中医药科技成果经鉴定后，应及时在国家中医药管理局科学技术司进行登记，此为申报国家中医药管理局科技进步奖必备条件之一。

第八条　本办法由国家中医药管理局科学技术司负责解释。

第九条　本办法自公布之日起实行。

关于印发《对部分省、市中药质量抽查情况的通报》的通知

国中医药质〔1991〕20号

各省、自治区、直辖市及计划单列市医药管理局(总公司)：

根据我局国中医药质〔1990〕3号文《关于开展全国中药质量大检查的通知》要求，我局质量司于去年十月至今年上半年组织调查组，先后对八省四市部分中药工商企业的质量管理情况进行了抽查。抽查结果表明，八省四市的中药质量管理水平和产品质量不断提高，但是，与《中华人民共和国药品管理法》及有关规定的要求尚存在差距，必须引起高度重视。现将抽查情况通报于后，希望各级中药主管部门与中药工商企业在“质量、品种、效益年”活动中，加强质量管理，扎扎实实做好基础管理及现场管理工作，为确保人民用药安全有效做出努力。

附件：1．对部分省、市中药质量抽查情况的通报；

2．受检企业名单。(略)

国家中医药管理局

一九九一年九月二十四日

对部分省、市中药质量抽查情况的通报

为了解各地中药质量大检查的情况，我局质量司于去年十月至今年上半年组织调查组先后对浙江、江苏、黑龙江、山东、河南、广东、四川、贵州八省，天津、哈尔滨、广州、成都四市开展中药质量大检查情况进行了抽查。共抽查中药工商企业六十五个，其中，中成药厂十八个，中药饮片厂十六个，中药仓库十三个，零售门市部十八个。

调查期间，调查小组听取了当地医药管理局(总公司)、药材公司以及受检单位的情况汇报，并进行了实地检查。通过抽查，反映出中药工商企业的质量管理工作总的情况是好的。

一、取得的成绩

(一) 领导重视,组织落实

1．各省、市中药主管部门领导及质量管理部门重视中药质量管理工作，能把这项工作列入重要议事日程，加强对企业质量管理工作的领导和监督，几年来坚持开展中药质量大检查和中药饮片质量检查评比工作，通过各种形式的检查评比，增强了企业领导和广大职工的质量意识，生产经营条件得到改善，伪劣药品得到查处，混淆品种得以纠正，产品质量和企业质量管理水平不断提高。黑龙江省连续八年进行饮片质量大检查，使饮片质量不断提高，目前全省已基本杜绝生、整药材入药现象，实行了净货供应，饮片合格率在95%左右，并基本杜绝了麻袋包装，使该省的中药饮片质量管理工作处于全国先进行列。

2．多数中药生产经营企业的领导能把质量管理工作做为企业管理的中心环节来抓,重视质检机构建设，建立三级质检网，设立标本室、化验室,配备专、兼职质检人员和检测仪器，从而使质量工作基本做到组织落实。

(二) 狠抓职工队伍建设。各级中药管理部门积极举办各种类型的学习班，帮助企业进行专业技术培训。广东省药材公司质量检测站，几年来共举办中药材真伪鉴别培训班九期，并编写了教材，培训人员五百多人，为全国各地区代培训了一批业务骨干，收到良好效果。此外，各生产经营企业也积极在企业内部开展多种形式的岗位培训活动。通过多形式、多渠道、多层次的教育培训，改善了职工队伍结构和素质。

(三) 加强制度建设。各中药生产经营企业重视抓好企业各项管理制度的完善和落实。中成药生产企业加强了对各种责任制执行情况的检查与考核，一些企业实行了质量否决权；中药饮片生产企业和中药商业企业的各项管理制度从无到有，并且内容不断充实。

(四) 推行全面质量管理，开展群众性质量管理活动。多数中成药生产企业开展了全面质量管理工作，实行了方针目标管理，并将企业升级、产品创优等工作与全面质量管理工作紧密结合，取得好的成效。

群众性质量管理活动在许多企业得到重视，质量管理小组活动日趋活跃。质量管理小组不仅数量增加，水平也在不断提高，使其在提高企业技术水平、质量管理水平以及职工素质方面发挥了积极作用。

(五) 加强企业质量管理工作

1．中成药生产企业认真贯彻落实《中成药生产管理规范》，积极进行技术改造，引进先进生产设备，合理规划工艺布局，生产条件得到很大改善，为企业加强质量管理提供了有利条件。同时，企业的质量意识不断提高，争优创奖的精神增强。如广州中药一厂、浙江台州制药厂、天目山制药厂荣获国家二级企业、省质量管理奖企业后继续努力,不断取得新的成绩。

多数企业重视抓质量标准工作，建立完善了原辅料、包装材料、半成品、成品的企业内控标准，标准水平不断提高，企业主导产品普遍增加了定性、定量检测指标，绝大多数产品均能按内控标准出厂。河南省宛西制药厂充分利用药材资源优势，严格控制原药材质量，使生产的六味地黄丸熊果酸含量高，临床效果好，受到医疗单位的好评。同时，各企业还通过采取一系列措施，加强对生产过程的产品质量控制，并建立健全了各项原始记录和台帐，开展了留样观察及质量信息管理等工作。

由于强化了企业内部管理，多数企业产品质量稳定。产品质量稳定提高率、优质产品产值率、市场抽检合格率等质量指标不断提高，企业经济效益稳步上升。

2. 中药商业企业的领导对质量工作的重要性有了进一步认识，重经营轻管理的现象有所改善，一些省、市已开始学习、贯彻《中药商业质量管理规范》。

面对目前中药市场复杂，伪劣药品增多的状况，各商业企业加强管理，严格执行各项管理制度，防止了伪劣中药进入流通领域，保证了用药安全有效，为国家减少了经济损失。去年，广州市药材公司验收检品二千六百六十宗，检出有质量问题的一千七百二十九宗，挽回经济损失四十多万元。

无锡、烟台、杭州、成都药材（医药）站，重视抓好基础管理工作，加强仓库管理和商品养护，有效地保证了在库药品质量，取得好成绩，连年获全国医药系统“四好”仓库称号。其中，无锡、烟台、杭州药材（医药）站获国家二级企业称号，烟台、杭州药材（医药）站还获得省级质量管理奖企业称号，并力争创国家中医药管理局级质量管理奖。

几年来，各地加强了对中药零售企业的管理，重视零售门市部的基础设施建设，部分零售门市部的经营条件得到改善，一些门市部的经营较有特色。无锡市普遍对中药零售门市部进行了改造，使零售门市部的店容店貌有了较大改观；广州市北京路药材商场结合本地特点，特设了药材自选商场，以满足各类用户的需要；成都同仁堂药店重视企业信誉，对上柜的饮片都进行再加工，并恢复传统的另称另包的方法，受到患者欢迎；天津市光辉药店多年来坚持优质服务，努力扩大经营品种，以品种齐全而著名，得到广大用户的好评。此外，抽查的十八家门市部均备有小炒、小炙的用具和辅料，经营的中药饮片品种较多，成方率在百分之九十五以上。多数门市部饮片质量较好，洁净度较高。

3. 所抽查的中药饮片生产企业中有三分之二的企业进行了技术改造，企业的各项基础工作得到加强。各企业基本能按照地方《中药炮制规范》组织生产，并严格了生产过程的质量控制，企业的工艺技术水平和管理水平都有不同程度的提高。天津中药饮片厂重视基础管理工作，积极推行全面质量管理，在质量、工艺、设备、计量等方面的管理水平有所提高。齐齐哈尔中药饮片厂加强质检机构建设，投资五万元建立化验室，购置检测仪器，并开展显微鉴别和理化鉴别等工作，同时，为降低饮片中的杂质含量，该厂加强挑选车间力量，有效地保证了饮片质量。无锡中药饮片厂重视发挥企业技术人员特长，多年来结合企业生产实际，坚持开展小改革活动，在改进工艺、降低消耗、改善生产环境、提高经济效益等方面取得显著成绩。

二、抽查中发现的主要问题

(一) 现场管理问题较多，工艺卫生、文明生产有待加强。中成药生产企业现场管理与《中成药生产管理规范》的要求尚有较大差距，尤其是前处理车间问题较多。一些中成药厂仍实行开放式生产，个别中成药厂工艺布局不合理，交叉污染严重，工艺卫生、文明生产极差，亟待改进。如河南省禹州制药厂厂区内竟有居民打麦子。部分饮片厂虽然建了新厂房，但是现场管理不配套，人踩药、车压药的现象依然普遍存在。有的企业不按工艺规程操作，责任心不强，造成药效流失严重或发霉变质。如四川省资阳县中药材公司饮片厂，药池里浸润的姜黄，由于时间过长已经沤烂、发霉。

（二）全面质量管理工作开展不平衡，还有相当一部分中成药厂全面质量管理工作不够深入；而中药饮片生产企业及中药商业企业推行全面质量管理的工作进展缓慢。

（三）基础管理工作尚需加强。中成药生产企业质量管理工作离标准化、规范化的要求还有一定差距，中药饮片生产企业和中药商业企业基础管理工作还很薄弱，一些企业仍停留在传统的经验管理方式上，随意性大。

（四）中药商业企业仓储条件普遍较差，库房拥挤，不利于药品保管养护。一些商业企业库房管理混乱，药品码放不符合要求，内服药与外用药，药品与杀虫、消毒防腐药混放的现象依然存在。广东省个别企业由于库房条件差，药品养护不当，药材鼠害、霉变现象比较严重。此外，不少中成药厂和中药饮片厂对仓库管理和商品养护工作重视不够，库房管理不符合要求。

（五）少数商业企业毒、麻药品管理不符合要求，药品名称书写不规范。门市部个别品种的饮片炮制达不到要求，个别地方生、整药材入药问题仍然相当严重。

希望各级中药主管部门对几年来开展中药质量大检查及中药饮片质量检查评比工作进行认真总结，巩固成绩。各中药生产经营企业要针对本企业质量管理工作中存在的问题认真进行整改。在开展"质量、品种、效益年"活动中，首先继续抓好质量意识的提高以及思想观念的转变，树立"依法治药"的观念，药品是治病救人的物质基础，而不是一般的农副产品、草根树皮。要加强对职工的技术培训和职业道德教育，提高企业整体素质，更加广泛深入地推行全面质量管理，大力加强基础管理工作，尤其要加强对中药饮片生产企业和中药商业企业的管理，努力改善企业内部环境，使企业质量管理水平不断提高，创造更好的经济效益。

关于印发《"质量、品种、效益年"活动座谈会纪要》的通知

国中医药经生〔1991〕48号

为了总结、交流今年上半年各地开展"质量、品种、效益年"活动经验，推动下一步工作的开展，我局于九月十三日至十六日在青岛市召开了"质量、品种、效益年"座谈会，现将《"质量、品种、效益年"活动座谈会纪要》印发你们，请继续组织做好有关工作。

国家中医药管理局经济协调司

一九九一年十月十五日

"质量、品种、效益年"活动座谈会纪要

九月十三日至十六日，国家中医药管理局在青岛市召开了北方部分省、自治区、直辖市及计划单列市医药管理局、药材公司和中药企业参加的"质量、品种、效益年"座谈会，共有三十四名代表出席了座谈会。经济协调司副司长杨坤林同志在座谈会上向大家通报了一九九一年上半年中药工商企业的经济形势和局机关今年上半年围绕"质量、品种、效益年"活动所做的工作。黑龙江省医药管理局吴成信副局长、山东省医药管理局于国钧副局长、青岛市医药总公司吴登廷副经理、哈尔滨市药材公司郭向红副经理、天津市药材公司章臣桂总工程师等分别介绍了本地区、本企业开展"质量、品种、效益年"活动所取得的成绩和经验。其他参

加会议的省、市局、公司和企业都根据会议通知要求做了很好的准备，畅谈了他们所做的工作和遇到的问题，讨论了"质量、品种、效益年"活动评比办法。座谈会达到了沟通信息、交流经验、研究工作和推动中药工商企业深入贯彻"质量、品种、效益年"活动的目的。

一、"质量、品种、效益年"活动（以下简称"活动"）开展的基本情况

（一）领导重视、组织落实、措施得力、行动迅速。

"活动"得到了各级中药主管部门和各企业领导重视，先后成立了领导小组，主要领导亲自挂帅，党政工团和各专业部门相互配合，齐抓共管。

山东省医药局在"活动"中制定了"四二一〇"工程计划，即建立四个基地、两个开发区（威海、烟台）、十大系列产品（中药三个：清热解毒系列、阿胶系列、三鞭系列）。并把发展药材基地建设作为"八五"工作的重点，计划建立沂蒙山区野生药材保护区。还在中药行业中开展"商业学济宁（药材站）、工业学东阿（阿胶厂）"的活动。

东阿阿胶厂打破了三个观念：即"小厂不能跟大厂比；落后城镇不能跟大城市比；中药企业不能跟西药企业比"的自卑观念。狠抓薄弱环节，做到措施落实、责任到人，由上而下层层展开，自下而上层层保证，形成一级保一级的局面。今年1—6月份工业总产值2241.75万元，与去年同期相比增加38.16%，实现利税391.01万元，优质品率达到98.2%。

北京同仁堂制药厂确定了"通过国家一级企业考评为主线、以国际质量标准攻关为方向、以扩大拳头产品生产为手段、以提高企业经济效益为目的，加强"两个文明"建设，全面提高企业素质"的指导思想。该厂的主要做法是：以质量求生存，以优质保名牌，以名牌创效益。

（二）群众性科技开发、提合理化建议、小改小革活动广泛开展，新技术、新设备、新工艺、新成果在企业推广应用。

天津达仁堂制药厂建立了献计献策管理线，并设立了合理化建议岗、成果发布岗，开展了技术比武表演赛和短途创优先竞赛活动。

天津市医药管理局、药材集团公司要求企业每个班组都要有一项质量攻关成果，每个职工都要有一项合理化建议或实现一项技术革新，每人要为企业作贡献100元。今年1—6月份天津市药材集团公司共征集合理化建议2699项，其中立项635件，创效益16.3万元。

哈尔滨市药材公司1—6月提出合理化建议200多条，采纳了40条，创利30万元。

（三）以名优产品为龙头，调整产品结构，积极开发新产品。

各地充分认识到产品是企业生存的基础，新产品是企业发展的后劲，产品结构关系着企业的兴衰存亡。本着生产一代、开发一代、储备一代、构思一代的方针积极开发新产品。

从各地情况看，中药饮片成方率在95%左右，比去年有所增加。治疗药产值占总产值的比重也在增加，产品结构得到了调整。各省都有近10—20种新品种、新剂型投入生产，取得了良好的社会效益和经济效益。

辽宁本溪第三制药厂积极开发新产品，今年新投产的虚寒胃痛冲剂和降脂茶，由于生产经营措施得力，形成了新的拳头产品。该厂已形成了独具特色的"三为主三为辅三结合"的生产经营格局。即首创新药为主，移植品种为辅，新移结合；系列中成药为主，西药为辅，中西药结合；治疗药为主，保健药为辅，治疗药和保健药相结合。

（四）质量管理意识增强，产品质量不断提高。

今年上半年各地各企业普遍推行全面质量管理，并通过知识竞赛、质量攻关、不合格品公开亮相等活动，加强职工质量意识，质量是企业的生命意识进一步加强。许多企业逐步建立了科学的质量管理体系，实行了质量否决权制度。1—6月产品市场抽查合格率增加，许多地区和企业达到100%，质量稳定提高率达100%，产品优级品率也有所提高。

哈尔滨市药材公司把"质量是企业的生命"落到了实处。他们主要抓了以下几个方面的工作。(1) 推行全面质量管理，使"质量第一"由意识变为行动。先后建立了四个体系，形成了四个网络；(2) 在工业企业中推行GMP，在商业企业中推行GSP管理；(3) 严格工艺纪律，强化工序质量控制；(4) 开展群众性QC活动；(5) 开展对标找差距活动，再创新水平。

(五) 通过活动经济效益明显提高。

1—6月份中药商业总购进同比增加26.3%，总销售同比增加19.4%；药材栽种面积同比增加23.05%，家种药材收购增加24.7%；中药工业总产值、实现利税同步增长，大部分省市无亏损企业。

二、存在的问题

从座谈会交流的情况看，虽然中药行业上半年形势明显好转，但还存在着许多问题。

中药工商企业生产经营虽有一定回升，但很不平衡。一些地方虽然亏损面减少，但亏损额却有所增加；三角债仍然严重困扰着企业的生产经营，清欠任务很重；市场整顿收到一定效果，但有些地方中药市场还很混乱，乱办药市之风又在抬头。

三、下一步开展"质量、品种、效益年"活动的意见和要求

会议在总结经验、研究存在问题的基础上，会议提出：

1. 继续认真贯彻国务院关于开展"质量、品种、效益年"活动的通知精神以及国务院和各省、市政府关于搞活企业的政策措施，认真贯彻八月二十七日朱镕基副总理在电话会议上的讲话，做好提高产品质量工作；解决产成品积压问题；按照国务院要求解决好"三角债"问题。

2. 继续做好中药市场管理和市场整顿工作。六部委文件下发后，各地政府和医药管理部门做了大量工作，取得了一定的成绩，但最近无证经药，乱办药市之风有所抬头。要求各地：(1) 继续认真贯彻六部委文件，继续做好市场整顿工作；(2) 要依法办事，要在当地政府领导下，以医药管理部门为主，联合工商、卫生、物价、税务、银行、公安部门对市场进行监督检查和管理；(3) 要按药品法管理好不得进入集贸市场的中药品种；(4) 在治理整顿期间不要再办新的药材市场。

3. 认真解决好企业亏损问题。要求中药管理部门深入亏损企业调查研究，分析亏损原因，落实整改措施。国务院要求亏损额不得超过6月末的水平，中药行业要做得更好。

关于印发全国"七五"中医专款使用经验交流会议主要文件的通知

国中医药计〔1991〕165号

各省、自治区、直辖市及计划单列市中医（药）管理局、卫生厅(局)：

九月四日至七日我局在四川成都召开了全国"七五"中医专款使用经验交流会。出席这次会议的有各省、自治区、直辖市及计划单列市中医（药)管理局、卫生厅（局）的领导同志，有部分市、县政府主管中医工作的市（县）长和部分省、地(市)、县财政厅（局）的同志以及新闻界的同志共一百余人，国家计委、财政部、卫生部有关同志也参加了会议。朱杰副局长出席会议并作了重要讲话。综合计划司司长宋文义同志在会上作了题为《合理利用中医专款，促进中医药事业的全面发展》的工作报告。这次会议全面回顾了“七五”期间中医专款的使用情况，充分交流了专款使用的经验和体会，总结了中医事业发展的成绩和经验，指出了存在的问题，并对“八五”期间中医专款的使用进行了部署和要求。会议还讨论修改了《国家中医药管理局关于进一步加强中医专款管理的意见》。

现将朱杰副局长在会议开幕式和闭幕式上的讲话，宋文义司长的工作报告以及会议讨论修改的《国家中医药管理局关于进一步加强中医专款管理的意见》印发给你们，请你们认真组织学习并遵照执行。希望各地在“八五”期间要继续积极主动争取各级政府和有关部门的大力支持，经常汇报工作，为发展和振兴中医药创造更为良好的条件，促进中医药事业的全面发展。

国家中医药管理局

一九九一年十月五日

国家中医药管理局关于进一步加强中医专款管理的意见

一九九一年九月

中医专款是国家为了加强中医工作，促进中医事业发展而拨给的专项补助经费，是正常事业费和基本建设投资以外的补助。

“七五”期间，为了管好用好中医专款，促进中医事业的发展，国家中医管理局于一九八七年制定了《关于加强中医专款管理的意见》。在《意见》中对中医专款的使用范围、补助及使用原则、分配办法和监督检查等均作了规定。从“七五”全国中医专款使用的效益来看是好的，有效地促进了中医事业的发展，得到了国务院领导同志和计划、财政部门的充分肯定。为了进一步加强和不断完善中医专款管理，努力提高专款使用效益，保证中医事业“八五”计划的实现，对“八五”期间中医专款的使用提出如下意见。

一、指导思想

认真贯彻党的中医政策和深化改革的方针，中医专款的安排要紧紧围绕《中医事业“八五”计划和十年规划设想》提出的目标及任务，特别是发展战略及重点，防止资金分散。要进一步发挥中医专款的宏观调控和导向作用，促进中医医、教、研协调发展，保证中医事业“八五”计划的完成。

二、补助重点

“八五”期间中医专款主要用于中医事业“八五”计划中确定的重点任务的补助。

1．医疗方面，重点是全国示范中医医院建设，农村中医工作试点县建设，急症剂改、专科专病中心的建设；

2．教育方面，重点是为农村培养人才，努力发展专科教育及在职教育，同时认真抓好老中医药专家学术经验继承与发扬工作；

3．科研方面，重点抓好一个中心、七个科研基地、六个实验室和三分之一省级科研机构达标建设。

三、补助与使用原则

① 中医专款的补助实行以地方为主，国家补助为辅的原则。各地发展中医事业的经费和投资主要依靠地方各级财政和计划部门，国家的专款主要对承担全国重点任务的单位给予适当补助。国家在分配中医专款时，将适当考虑地方配套资金的落实情况。

② 中医专款的补助要按照任务轻重、受益大小的不同合理分配。凡承担国家任务重、地

方受益小的单位，国家补助多一点，反之则少一点。同时，从我国实际情况出发，适当照顾经济不发达地区和少数民族地区，支持这些地区中医事业和民族医药事业的发展。

③ 在补助上贯彻“择优支持”的原则。在补助时优先支持投资少、周期短、见效快、效益好和地方投资多的项目。同时，应注意和中医事业“八五”计划重点任务相结合。

④ 中医专款的使用应遵循集中财力、保证重点、兼顾一般的原则。把国家和地方的中医专款分别轻、重、缓、急全面规划，统筹安排，合理使用，有计划、有步骤地解决“八五”计划中的重点任务。

⑤ 中医专款必须坚持专款专用的原则。中医专款应严格按照批准的用途使用，不得随意转移、挤占和挪用。如因情况发生变化，确需改变用途时，应事前报经国家中医药管理局同意后方可变更。

⑥ 坚持勤俭办事业的方针。努力节约一切可以节约的人力、物力、财力，做到少花钱、多办事，发挥资金的最大效益。

⑦ 中医专款不得用于修建办公楼、职工宿舍；不得用于与医、教、研项目无关的开支或弥补行政事业经费不足等。

四、中医专款的管理

1．国家中医药管理局负责对中医专款的分配和管理，提出年度用款计划报经财政部、国家计委批准后联合发文下达各地执行。

2．各地申请下年度中医专款补助，由省、自治区、直辖市及计划单列市中医管理局或卫生厅（局）审核汇总，在当年八月底以前统一上报国家中医药管理局。申报内容分别中医基本建设和中医事业费两个方面。属于基本建设的，应向我局报送经省、自治区、直辖市及计划单列市有关部门批准的项目建议书、设计任务书、扩初设计、地方年度投资计划等文件。属于事业费方面的，应报送申请补助项目、理由、经费总额、地方及单位配套资金数额、完成时间以及项目应达到的社会效益和经济效益。有偿使用资金的项目还要包括还款时间、还款的资金来源、经济责任等(见附表)。

3．在分配上实行协议制和非协议制两种方式，重点补助项目实行协议制。基本建设补助项目基本实行协议制，由国家中医药管理局综合计划司与省、自治区、直辖市中医管理局或卫生厅(局)、计委签订。事业费实行项目管理的，由国家中医药管理局有关司与各地中医管理局或卫生厅（局）签定协议。借款项目，由综合计划司与借款单位签定，所在地中医管理局或卫生厅（局）等担保。协议签定后各方面都要严格执行，不得随意变更。非协议制部分的补助，由各地中医主管部门统筹安排。

五、中医专款使用的监督和检查

为保证专款发挥应有效益，促进中医事业的发展，各地中医管理局或卫生厅（局）应主动配合财政、审计等部门的检查监督。我局对协议和专款的落实及使用情况将随时进行抽查．对违反协议的视情节轻重进行必要的处理。

每年年底省、自治区、直辖市及计划单列市中医管理局或卫生厅（局）应向国家中医药管理局书面报告专款使用情况及其效果。有基建补助项目的建设单位还应报送季度基建形象进度和财务报表。

各地可结合实际情况，制定本地区管理办法并抄送我局综合计划司一份。

关于暂停对企业的评比升级活动的通知

国中医药经〔1991〕36号

九月十六日国务院生产办公室以国生企业〔1991〕17号发出了《关于暂停对企业的评比升级活动和清理整顿各种对企业检查评比的通知》，通知中说"根据国务院决定和全国'质量、品种、效益年'活动领导小组在8月27日召开的第二次电话会议上提出的'暂停国务院以及各部门对企业的评比升级活动，尽可能减少那种增加企业负担，助长行业不正之风而实际效果很少的评比检查，使企业集中精力抓生产'的精神，为了贯彻落实《企业法》，切实减轻企业负担，必须采取坚决措施，暂停对企业的各种评比升级活动，并对过多过滥的检查评比清理整顿。"

遵照《通知》规定，并结合我局工作的具体情况，现将有关事宜通知如下：

1．暂停国家级企业、国家中医药管理局局级先进企业、国家级和国家中医药管理局局级设备管理优秀企业等评比升级活动。

2．国家中医药管理局中药商业企业二级仓库的评比检查工作已经全部结束，正由我局审核待批，将于十月十五日前审批完毕，对于审定的结果将不开会公布，也不公开宣传报道。

3．暂停对国家级企业、国家中医药管理局局级先进企业的复查工作，作延期处理，称号继续保留、有效。

4．对于尚未开展的检查评比工作，将不再进行。

5．暂停中国中药企业管理协会中药行业优秀企业管理奖、中药行业优秀企业家等各种评比活动。

按照《通知》要求，我局将于今、明两年对各种评比升级工作进行清理整顿，并要求各省、自治区、直辖市及计划单列市中药主管部门配合当地有关部门对本地区的升级评比活动认真做好总结和清理整顿工作。

一九九一年十月八日

关于印发《一九九一年全国中药质量管理(QC)小组成果发表会纪要》的通知

国中医药质〔1991〕25号

各省、自治区、直辖市及计划单列市医药管理局（总公司）：

我局质量司于六月十二日至十四日在河南省洛阳市召开了一九九一年全国中药质量管理（QC）小组成果发表会，会后对部分质量管理（QC）小组进行了抽查，经局质量管理奖审定委员会审定，现将会议纪要和评选结果印发给你们。

全面质量管理是现代化科学管理的重要组成部分，质量管理（QC）小组是全面质量管理的主要支柱，希望各地在"质量、品种、效益年"活动中，进一步抓好此项工作，依靠广大职工，不断总结经验，将中药行业QC小组活动更加广泛深入地、扎扎实实地、富有成效地开展起来。

附件：1. 一九九一年全国中药质量管理（QC）小组成果发表会纪要；

2. 一九九一年全国中药质量管理（QC）小组成果评选结果。

国家中医药管理局

一九九一年十月十二日

关于发布实施《国家中医药管理局中药产业科技研究计划管理办法（试行）》的通知

国中医药科〔1991〕22号

各省、自治区、直辖市中医（药）管理局、卫生厅（局）中医处、医药管理局（总公司），本局直属单位，各有关单位：

为了贯彻《中药行业"八五"—2000年产业政策》，推动中药行业的科技研究的开发，国家中医药管理局设立了国家中医药管理局中药产业科技研究计划，并发布实施《国家中医药管理局中药产业科技研究计划管理办法（试行）》。在执行中，如发现有何问题及修改意见，请函告我局科学技术司。

附件：国家中医药管理局中药产业科技研究计划管理办法（试行）

国家中医药管理局

一九九一年十月二十九日

国家中医药管理局中药产业科技研究计划管理办法（试行）

第一章 总 则

第一条 科学技术是发展中药生产的先导。为了贯彻《中药行业"八五"—2000年产业政策》，推动中药行业的科技研究和开发，设立中药产业科技研究计划（以下简称计划），并制订管理办法以利实施。

第二条 本计划是国家中医药管理局科技工作计划的组成部分，所设置的课题属于国家中医药管理局科技项目。

第三条 本计划课题包括研究和创制中药生产发展所需的新品种、新制剂、新技术、新设备、新辅料等，以及将其成果推广应用于生产。

第二章 申 报

第四条 申请本计划课题须具备以下条件：

1. 课题应对发展中药生产具有现实意义，有充分的前期基础和良好的开发前景，可望在1～3年内取得成果；

2. 承担课题的单位应有健全的科研组织和从事科研工作的技术条件，并信守合同；

3. 承担课题单位的自筹资金能够提供课题总经费的½以上。

凡从事中药科技研究和开发的生产、科研、教学、临床单位，符合以上条件者均可申请。

第三章 组 织 管 理

第五条 本计划由国家中医药管理局科学技术司制订并下达。

第六条 本计划实行技术合同管理。合同甲方为国家中医药管理局科学技术司，甲方委托中国药材公司为甲方代表；乙方为课题承担单位（或课题组长单位）；丙方为监督单位，即乙方的上级主管部门，保证合同执行。

第七条　本计划课题经费一次核定，根据课题进展分年度划拨，实行专款专用和有偿使用。偿还比例视课题产生效益的情况商定，平均为资助额的70%，须在完成拨款后3年内还清。偿还经费做为本计划滚动资金，继续用于发展中药产业科技事业。

第八条　建立定期交流和检查制度。中国药材公司每年向国家中医药管理局科学技术司书面报告当年计划执行情况。国家中医药管理局科学技术司参与必要的检查。

第九条　本计划运用电子计算机"全国中医药科技资料管理系统"参与管理。

第四章　验　收

第十条　课题按合同要求完成以后，承担单位须及时申请验收并提交全套技术资料，由中国药材公司审核同意后报国家中医药管理局科学技术司。

第十一条　国家中医药管理局科学技术司组织或委托有关单位主持验收。验收时对课题的技术内容须经技术专家委员会（组）评审和提出鉴定意见。

第五章　成果推广

第十二条　国家中医药管理局科学技术司委托中国药材公司制订成果推广应用计划和组织实施。

第十三条　通过验收的成果如属新产品，可申请纳入国家重点新产品试制计划，享受有关优惠政策。

第六章　奖　励

第十四条　经过正式验收的计划成果，可申报中医药科技进步奖。

第十五条　定期总结评比计划课题工作，对成绩突出的课题组、先进个人、科研管理及成果推广人员给予奖励和表彰。

第七章　附　则

第十六条　本计划管理办法由国家中医药管理局科学技术司负责解释。

第十七条　本计划管理办法自发布之日起施行。

关于公布传统药长城国际金奖和国际传统医药展览会(北京'91)荣誉奖产品名单的通知

国中医药质〔1991〕27号

各省、自治区、直辖市及计划单列市医药管理局（总公司）、西藏卫生厅：

由国家技术监督局、国家中医药管理局、中国医药保健品进出口商会共同举办的传统药长城国际金奖评审活动已于一九九一年十月结束，共评出传统药长城国际金奖产品十个，另评出国际传统医药展览会（北京'91）荣誉奖产品二十个，现将获奖产品名单予以公布（见附件）。

附件：一、传统药长城国际金奖获奖产品名单

二、国际传统医药展览会（北京'91）荣誉奖获奖产品名单

国家中医药管理局

一九九一年十一月六日

附件一：

传统药长城国际金奖获奖产品名单

序号	品名	注册商标	国别	生产企业
1.	津村柴朴汤·96		日本	株式会社津村
2.	牛黄清心丸	李时珍牌		
		同仁堂牌	中国	北京同仁堂制药厂
3.	牛黄降压丸	回生牌(内销)		
		长城牌(出口)	中国	天津达仁堂制药厂
4.	龟龄集	远字牌	中国	山西中药厂
5.	六神丸	上药牌	中国	上海中药制药一厂
6.	六神丸	九芝图牌	中国	江苏苏州雷允上制药厂
7.	阿胶	东阿牌	中国	山东东阿阿胶厂
8.	至宝三鞭丸	中亚牌	中国	山东烟台中药厂
9.	华佗再造丸	星环牌(外销)		
		星牌（内销）	中国	广州奇星药厂
10.	心灵丸	四角牌	中国	广东潮州宏兴制药厂

附件二：

国际传统医药展览会（北京'91）荣誉奖获奖产品名单

序号	品名	注册商标	生产企业
1.	大佛水	荷花牌	香港美加康医药保健公司
2.	国公酒	李时珍牌	
		同仁堂牌	北京同仁堂药酒厂
3.	白凤丸	李时珍牌	
		同仁堂牌	北京同仁堂制药厂
4.	养阴清肺糖浆	长城牌	天津乐仁堂制药厂
5.	额日敦·乌日勒	青腾牌	内蒙古蒙药制药厂
6.	尪痹冲剂	曙光牌	辽宁本溪第三制药厂
7.	沈阳红药	众牌	沈阳中药厂
8.	护肝片	葵花牌	黑龙江五常制药厂
9.	骨折挫伤散	向阳牌	黑龙江佳木斯中药厂
10.	麝香保心丸	上药牌	上海中药制药一厂
11.	季德胜蛇药片	季德胜牌	江苏南通制药厂
12.	排石冲剂	渡江牌	
		同乐牌	南京同仁堂制药厂
13.	浓缩六味地黄丸	灌河牌	河南宛西制药厂
14.	龙牡壮骨冲剂	龙牡牌	武汉健民制药厂
15.	古汉养生精	青草桥牌	湖南衡阳中药厂
16.	蛇胆川贝液	潘高寿牌	广州潘高寿药厂
17.	三九胃泰	三九牌	南方制药厂

18.	桂林西瓜霜	桂中药牌	广西桂林中药制药厂
19.	正骨水	玉林牌	广西玉林制药厂
20.	珍珠七十		西藏藏医院藏药厂

关于印发《文书档案管理期限表(试行)》的通知

国中医药办〔1991〕32号

本局各司办室：

为了加强档案基础性建设工作，进一步提高档案管理水平，现将《文书档案管理期限表(试行)》印发给你们。该表所列内容既考虑到我局目前工作的现实情况，又照顾到今后组织机构的健全和发展，在一定程度上概括了我局主要工作和归档范围，是确定文书档案保管期限的基本依据。请各部门在归档工作中认真贯彻执行，并将在实际操作过程中发现的问题迳与办公室档案处联系，以便今后进一步修订。

国家中医药管理局

一九九一年十一月十三日

关于中国中医药科技开发交流中心机构编制的批复

人中编函〔1990〕82号

国家中医药管理局：

你局《关于成立“中国中医药科技开发交流中心”的请示》(国中医药人〔1990〕80号)收悉。经研究，同意成立中国中医药科技开发交流中心，核批事业编制15人(从你局现有事业编制内调剂，并将调整情况，报我部备案),经费自理。

人事部

一九九〇年十二月二十一日

关于印发实行经营差率控制的中药材品种目录的通知

〔1991〕价农字197号

全国统一对一百五十种中药材实行经营差率（包括进销、批零差率）控制，在全国通一规定的实行差率控制的中药材品种之外，各地可以根据当地情况，适当增管一些品种，以加强对中药材价格的控制。

〔1990〕价农字816号《关于整顿中药价格的通知》规定的各项经营差率水平为最高限。属于差率控制的品种，各地凡有生产、经营的，务须在全国规定的差率水平内严格控制，不得突破。经营费用低的地区，可以从当地实际情况出发，按低于最高限安排。

附：实行经营差率控制的中药材品种目录

国家物价局

国家中医药管理局

实行经营差率控制的中药材品种目录

编号	品种	备注	编号	品种	备注
1	黄连	包括雅连、云连	30	鹿茸	各等级规格
2	甘草	各种规格	31	附子	
3	当归	各等级规格	32	红花	
4	川芎	包括茶芎	33	云木香	
5	生地	各等级规格	34	玄参	
6	白术	各等级规格	35	泽泻	
7	白芍	各等级规格	36	白芷	
8	茯苓	各等级规格	37	黄柏	
9	麦冬	各等级规格	38	枳壳	
10	黄芪	各等级规格	39	栀子	
11	贝母	各等级规格	40	酸枣仁	
12	银花	包括野生	41	朝鲜参	各等级规格
13	菊花	各等级规格	42	豆蔻	包括国产
14	牛膝	包括怀、川牛膝	43	荜拨	
15	元胡	各等级规格	44	槟榔	包括国产
16	桔梗	各等级规格	45	腹毛	包括国产
17	厚朴	各种规格	46	安息香	
18	连翘	包括青翘	47	乳香	
19	杜仲	各等级	48	没药	
20	芋肉		49	血竭	
21	三七	不包括花、叶	50	羚羊角	
22	人参	包括野山参，不含叶。各等级规格	51	广角	
23	牛黄	包括天然、合成、进口培植	52	石决明	包括国产
24	麝香	包括家养、进口	53	虎骨	包括国产
25	党参	包括家野各等级规格	54	豹骨	包括国产
26	山药	各等级规格	55	苏合香	
27	丹皮	各等级规格	56	沉香	包括国产
28	枸杞	各等级规格	57	檀香	
29	天麻	包括家、野各等级规格	58	公丁香	包括国产

编号	品　种	备　　注
59	天竺黄	包括合成
60	甲片	包括国产
61	西洋参	包括引种各等级规格
62	大海	
63	草果	
64	犀角	
65	海马	包括国产
66	海龙	包括国产
67	企边桂	包括国产
68	猴枣	
69	玳瑁	
70	西红花	包括引种
71	胡黄连	包括国产
72	千年健	包括国产
73	玉果	
74	北沙参	
75	太子参	
76	丹参	
77	黄芩	
78	白前	
79	白及	
80	天冬	
81	大黄	各规格等级
82	郁金	包括川、温郁金
83	半夏	包括水半夏
84	前胡	
85	柴胡	各等级规格
86	香附	
87	龙胆草	
88	远志	
89	紫菀	
90	羌活	
91	独活	
92	防风	
93	防己	
94	赤芍	
95	天花粉	
96	巴戟天	
97	苍术	
98	知母	包括知母肉
99	续断	
100	秦艽	
101	何首乌	
102	川乌	
103	草乌	
104	乌药	
105	葛根	
106	天南星	
107	板兰根	
108	射干	
109	菖蒲	各规格
110	百部	
111	砂仁	包括进口
112	五味子	包括南、北五味子
113	牛蒡子	
114	蔓荆子	
115	柏子仁	
116	吴茱萸	

编号	品种	备注	编号	品种	备注
117	益智		134	夜交藤	
118	佛手片		135	猪苓	
119	瓜蒌	包括子、皮	136	冬虫夏草	
120	陈皮		137	熊胆	包括熊胆粉各规格
121	枳实		138	蟾酥	
122	木瓜		139	僵蚕	
123	青皮		140	蛤蚧	包括进口
124	藿香		141	乌梢蛇	
125	细辛	各等级规格	142	全蝎	
126	肉苁蓉		143	土鳖虫	
127	石斛	各等级规格	144	地龙	
128	款冬花		145	蜈蚣	
129	桑皮		146	朱砂	
130	地骨皮		147	龙骨	各等级规格
131	木通		148	薄荷冰	包括油
132	桂枝		149	冰片	各等级规格
133	钩藤		150	神曲	

关于安排甘草、杜仲、厚朴指导价格的通知

〔1991〕价农字409号

近年来，由于农副产品价格的不断提高，甘草、杜仲、厚朴的收购指导价格未及时调整。现在各地实际执行收购价格高出国家规定的收购指导价格。为了加强对中药材价格的管理，建立正常的市场秩序，促进生产稳定发展，保护药源，经征得主产省、自治区医药、物价主管部门同意，现将三种药材的指导价格通知如下：一、甘草收购价格：内蒙、宁夏、陕西条草每公斤一等四元五角，二等三元六角，三等二元二角，其他规格参照历史上的等级差价自行安排。次产区服从主产区价格。上述价格各地可在10%幅度内自行掌握。新疆甘草由于质量有差别，如需调整请参照新的价格水平提出意见报国家物价局、国家中医药管理局审定。二、杜仲收购价格：每公斤一等三十元，二等二十三元，三等十七元，四等十元。三、厚朴收购价格：东部（浙江、福建、江西、湖南）每公斤给根朴一等十元，双筒一等九元，单筒一等六元；西部（四川、湖北，陕西）每公斤双筒一等十元，二等八元，三等六元。其他等级规定按品质差价由各地自行安排。上述收购价格是最高价格，各地根据实际情况可以从低安排，但不得突破，如需调整要报国家物价局、国家中医药管理局审定。各地可按上述价格

安排当地的具体收购价格下达执行，并报国家物价局、国家中医药管理局，同时抄中国药材公司备案。甘草、杜仲、厚朴销售价格的制定，按照〔1990〕价农字816号《关于整顿中药价格的通知》的有关规定执行。新的价格安排以后，各地要切实加强管理，做好指导协调工作，确保中药价格的稳定。

四、医 政 管 理

“杏林计划”在全国实施

“杏林计划”即全国一百所示范中医医院建设计划，是“八五”时期中医药事业的一个重点建设项目，对全国中医医院的政策导向和业务建设具有重要意义。

“杏林计划”的目标是：“八五”时期，在全国重点建设60所县级、30所地市级、10所省级示范中医医院。经过几年的建设，使其达到中医医院分级管理标准同级甲等或以上水平，成为中医特色突出，临床疗效显著，队伍结构合理，医院功能健全，管理水平高、群众信誉好，名副其实的先进中医医院。

1991年3月，国家中医药管理局向全国印发了“杏林计划”及其4个附件，对有关工作作出了部署。《“杏林计划”实施办法》规定了参选示范中医医院的8个条件：(1) 医院在中医特色、临床疗效、科研成果、教学质量、管理水平、医德医风、房屋设备、社会效益与经济效益等方面居本省或全国同级中医医院的前列。(2) 省（部）级医院的规模与各项工作已达到或接近《中医医院分级管理标准》三级甲等医院的水平。地（市）级应达到或高于二级甲等医院的水平。县（市）级已达到或接近二级甲等医院的水平。(3) 省（部）级医院病床不少于400张；地（市）级不少于200张；县（市）级不少于100张。三类医院床均业务用房建筑面积不少于42平方米。(4) 中医药人员占医药人员总数的70%以上。(5) 门诊中医药治疗率80%，病房中医药治疗率60%。(6) 有1—3个以上疗效突出的中医专科或专病，居本地区或全国同级中医医院的前列。重点中医专科本地区之外就诊人数不低于本科就诊人数的15%。(7) 截止申请之日起，前三年内曾获得过省、自治区、直辖市及以上先进单位或文明医院的称号。(8) 申报单位所在地政府对建设示范中医医院能承担较大比重的经费投入（省、市、自治区和计划单列市与当地政府承担80%的建设经费）。

各地根据参选条件对所辖中医医院进行了认真检查和评选，然后向国家中医药管理局推荐了一批单位，国家中医药管理局于6月初在京召开了评审会议，经过专家评审和局长办公会议通过，并对部分医院进行了复查，共确定了121所中医医院为示范中医医院建设单位，并通知到各地。9月初，国家中医药管理局在成都召开了全国示范中医医院工作会议，有270人出席了会议，其中市长、专员、县长等政府官员达46人。国家中医药管理局副局长朱杰在会上作了重要讲话，医政司司长陈佑邦作了“加强领导、齐心协力，为实现‘杏林计划’而奋斗”的工作报告，综合计划司司长宋文义宣读了示范中医医院建设单位名单，医政司副司长陈珞珈作了会议总结。这次会议全面部署了示范中医医院的业务建设与基建工作，国家中医药管理局与50个地方政府签订了示范中医医院建设投资合同书，讨论了示范中医医院建设标准，并规定1993年开始分批验收。国家中医药管理局还提出，对未被选为示范中医医院建设单位的中医医院，经过几年自身努力和当地政府的支持，达到“示范中医医院标准”的，可以申请国家局验收，对验收合格者同样授予“示范中医医院”证书和标牌。目前，各地示范中医医院建设单位正在按计划加紧建设。

（陈珞珈　刘文武）

1991年国家中医药管理局新确定16个农村中医工作试点县

根据1991年全国卫生厅局长会议、全国中医工作厅局长会议关于加强农村卫生、中医工作的精神，为了进一步探索农村中医工作的经验，为今后制定农村中医政策提供依据，国家中医药管理局在1990年确定7个农村中医工作试点县的基础上，1991年又新确定了16个农村中医工作试点县。

1990年确定的7个是：山西省临汾市、曲沃县，湖北省麻城市、公安县，河南省邓州市，江苏省高邮市，四川省射洪县。1991年确定的16个是：黑龙江省龙江县、望奎县，上海市嘉定县，安徽省潜山县，山东省莱州市、莱芜市，广东省阳春县、罗定县，辽宁省庄河县，湖南省慈利县，云南省陆良县，河北省隆化县，湖北省新州县，浙江省富阳县，广西壮族自治区灵山县，四川省合川县。

（刘文武）

国家中医药管理局决定对中医医院实现分级管理

为了加强中医工作宏观管理，健全和巩固中医药服务体系，充分发挥中医中药在医疗、预防保健、康复服务中的作用，合理利用中医药资源，进一步提高中医医院科学管理水平和服务质量，国家中医药管理局决定对全国中医医院实行分级管理。

中医医院分级管理实质就是根据不同区域的卫生服务要求，赋于医院不同的级别并对其规模、设备、功能、任务、人员配备、技术水平、服务质量、管理效应提出不同要求，对中医医院全方位实行科学管理即现代管理办法。1991年5月，国家中医药管理局在石家庄召开了全国中医医院分级管理工作会议，《中医医院分级管理办法与标准》和《中医医院分级管理标准评分细则与附件（试行草案）》做为正式文件下发，并对在14个省市开展中医医院分级管理试评工作做了全面部署。

对中医医院实行分级管理是我国中医医院管理体制的一项重大改革，是一种新的宏观管理体制，是当代中医医院管理的主要模式之一，目前各试评省市试评工作进展顺利，已经看到了这一新的宏观管理体制的积极效应。

（郑跃先）

七所中医学院附属医院1991年度工作会议

七所中医学院附属医院是国家“七五”期间重点投资扩建的中医医院。为了促进七所中医学院附属医院之间的相互交流与协作，进一步加强中医医院的业务建设和基本建设，提高医院的管理水平和服务水平，检查《关于加强七所中医学院附属医院建设的意见》下发后的落实情况，国家中医药管理局医政司会同局综合计划司于1991年5月15日至18日在天津召开了七所中医学院附属医院91年度工作会议。会上汇报和交流了七所中医附院基建工作进展和业务建设情况，讨论和修订了《七所中医学院附属医院建设验收标准》，进一步明确了在基建工作逐步完成的情况下，下一阶段的工作任务是要努力加强内涵建设，突出中医特色，做好项目验收的准备工作。

（吴厚新）

中医专科(专病)医疗中心、中医急症医疗中心、中药制剂和剂型改革基地的建设

为认真落实《中医事业“八五”计划及十年规划设想》，“八五”期间，国家中医药管理局将在全国有计划、有步骤地建设一批中医专科(专病)医疗中心、中医急症医疗中心和中药制剂及剂型改革基地，充分发挥学术“龙头”作用，进一步提高中医临床疗效和中医药整体学术水平。经过广泛调查、实地考察和反复论证，从各地申报的近百所候选单位中遴选出11所中医医疗、科研机构，作为国家中医药管理局首批确认的全国中医专科(专病)医疗中心建设单位、中医急症医疗中心建设单位及中药制剂和剂型改革基地建设单位。具体分别是天津中医学院第一附属医院(针灸专科)、中国中医研究院骨伤科研究所与河南洛阳白马寺正骨医院(骨伤专科)、南京市中医医院(肛肠专科)、上海中医学院附属龙华医院(肿瘤专科)、河北省廊坊市中医院（血液病)、北京中医学院附属东直门医院与长春中医学院附属医院（中风急症)、上海中医学院附属曙光医院（厥脱急症)、成都市中医药研究所与黑龙江省中医药研究院（中药制剂和剂改)。上述单位从 1991 年起建设，3 年后组织检查验收，其余的定点工作将于近两年内陆续完成。

（李尚青）

全国中医急症协作组组长例会

1991 年 5 月 29 日，国家中医药管理局医政司在西安召开了全国中医急症协作组组长例会，此次会议统一了思想认识，认为必须进一步加强对全国中医急症协作组工作的组织领导，把中医急症工作提高到一个新水平。会议研究了下一步如何深化全国中医急症工作的计划和措施。布置各中医急症协作组总结 1983 年以来工作开展情况，并酝酿于 1992 年 2 月份召开全国中医急症工作会议，会上将交流中医急症的组织管理经验和学术成果，表彰在开展中医急症中成绩突出的单位和个人，成立全国中医急症工作领导小组。

（吴厚新）

中医病证诊断疗效标准二期工作计划会议

为加快中医临床诊断及疗效判定标准化、规范化建设，国家中医药管理局医政司于1991年6月6日至8日在江苏常州市组织召开了中医病证诊断疗效标准二期工作计划会议，出席会议的有来自北京、上海、四川、湖南、吉林、浙江、江苏等省市的著名中医专家、中华全国中医学会学术部及内、外、妇、儿、眼、肛肠、皮肤、骨、五官科等学组的负责人，中医图书情报专业人员和中医管理干部共36人。会议在认真总结一期工作《中医内、外、妇、儿

科病证诊断疗效标准》（81 个病证）的基础上，研究了标准的修订工作，并部署了下一步扩大科属及病证的诊疗标准的制定工作。

（吴厚新）

印发《中医病案书写规范》

为进一步加强中医医院内涵建设，推进中医临床工作标准化、规范化的进程，强化中医医院的科学管理，自 1991 年 5 月份起，国家中医药管理局医政司多次组织中医临床专家、病案及医院管理人员对《中医病案书写规范》进行了最后的审定。正式制定、印发了《中医病案书写规范》，并定于 1992 年 2 月 1 日起在全国各级各类中医医院试行，西医医院中医科亦可参照执行。

（吴厚新）

《藏医病案书写规范》和《藏医医院建设标准》将试行

藏医药学是我国传统医学的一个组成部分，在国内外医学界有着一定的影响。为了继承、发扬藏医药学，进一步加强藏医医院的正规化、标准化建设，国家中医药管理局1990年决定制定全国统一的《藏医病案书写规范》和《藏医医院建设标准》。

经过近一年的准备和广泛征求意见，1991 年 7 月 12 日至 16 日在四川省召开了“制定《藏医病案书写规范》和《藏医医院建设标准》会议”。西藏、四川、青海、甘肃等省区派出了掌握藏医专业知识，熟悉藏医医院医疗与管理工作的同志参加了会议。会上大家根据西藏和青海制定的上述两个文件的草案，结合近年来藏医的发展及目前现状，并参照全国《中医医院分级管理标准》和《中医病案书写规范》（草案）进行了认真地讨论、研究，现已由西藏卫生厅整理完成，待国家中医药管理局组织有关人员审批后于 1992 年正式下发试行。

（刘文武）

蒙医医院标准化建设工作会议召开

1991年 4 月 20 日至 24 日，国家中医药管理局在内蒙古自治区呼和浩特市召开了蒙医医院标准化建设工作会议。参加会议的代表来自内蒙古、青海、新疆以及辽宁等有关省区。他们都是从事蒙医药临床、科研、教学及管理工作多年、掌握蒙医药知识的专家、教授和管理人员。会议期间，大家对蒙医药的现状及发展前景展开了热烈地讨论，对蒙医医院标准化建设提出了许多好的意见或建议。修改并通过了由内蒙古自治区卫生厅和青海省卫生厅起草的《蒙医医院建设标准》和《蒙医病案书写规范》，待国家中医药管理局审批后正式下发试行。

（陈珞珈　朱佳卿）

全国首届中医护理工作会议

为了总结建国以来的中医护理工作，提高护理质量，繁荣护理学术，促进中医护理工作的发展，国家中医药管理局于 1991 年 5 月在京召开了首届中医护理工作会议。朱杰副局长在开幕式上就中医护理工作发展概况及现状、当前存在的主要问题、对今后工作的几点意见等作了重要讲话。会议讨论了中医护理工作“八五”计划（讨论稿），并进行了 15 篇大会经验交流文章的发言，表彰了全国百名优秀中医护理工作者。诸国本副局长做了大会总结。此次会议得到了有关领导的重视与支持，薄一波、宋任穷、赵朴初等同志为大会题了词，陈慕华同志为大会写了贺信，对全体与会人员是一个很大的鼓舞。会后印发了《全国首届中医护理工作会议纪要》。

（潘筱秦）

全国医院中药理论与技术竞赛

为了继承和发扬传统中药理论与技术，提高医院的中药质量和中药人员的炮制、调剂、鉴别等专业技术水平，调动中药人员学习技术、钻研业务的积极性，促进中药事业的发展，1991 年 12 月 17 日至 20 日，国家中医药管理局在北京举办了全国医院中药理论与技术竞赛，卫生部、总后卫生部、农工民主党、中国中药学会、中国中医药报社等单位为协办单位，这是建国以来国家中医药行政部门首次举办的中药大赛。

这次竞赛的选手均是各级医院在岗的中青年中药人员，年龄在 45 岁以下，职称不限。各省、自治区、直辖市、管理局直属单位和总后卫生部各组成一支参赛队，每队 4 人，其中领队 1 人。全国共有 27 支队、81名选手参加了比赛。

本届竞赛首先由各省、自治区、直辖市、解放军等单位组织选拔赛，选拔出来的优秀选手参加全国的竞赛。全国竞赛的内容分理论知识、实际操作、口试三个部分。竞赛设团体奖和中药学理论、调剂、鉴别、炮制、四项全能 5 个单项奖。竞赛规定所有参赛队员都要参加理论、调剂、鉴别与炮制比赛。团体总分高的前六个队参加决赛。经过几天紧张的角逐，获得团体第一至六名的参赛队是：浙江队、山东队、河南队、北京队、湖北队、湖南队；获得四项全能第一名的是浙江的王小仙，理论第一名是湖北的张南方，炮制第一名是贵州的耿维凤，鉴别第一名是北京的李照福，调剂第一名是江苏的吴旭彤。

（陈珞珈　刘文武）

安阳市中医院的振兴

河南省安阳市中医院靠中医特色振兴，靠改革和管理腾飞。近几年来，该院先后办起了急救站、肛肠病分院、中药材加工经销部，成立了中西医结合科和针灸科，增添了一批现代化医疗仪器，扩建病床 300 张，兴建了门诊大楼和家属楼，病房与药房小楼也即将投入使用，初步形成了一个科室齐全、中医专科独具特色、治疗保健并重的综合型的现代化中医院。该院多次被省、市评为先进单位和文明中医院。目前，该院又被国家中医药管理局定为示范中医院和分级管理试点单位。

袁海卿等报道，安阳市中医院从 50 年代建院之初起，就以其鲜明的中医特色和显著的专科疗效享誉省内外。近几年来，医院围绕突出中医特色这个主题，从医、教、研到医院的整体建设，从中医治疗、保健到急症和专科专病建设等多方面，高层次形成一个立体型医疗服务体系，走出自己的特色。为保证特色，医院制定了一些具体办法，如严格控制中西医药人员比例不低于80%；制定了科研论文奖励条例；规定了优秀病历书写条件；每双月开展一次中医基础理论和中医临床的智力竞赛；给老中医配助手；在临床医疗中采取“能中不西，先中后西”的原则；保证中医治疗率达到有关规定标准等。赵建军等撰文介绍，近年来，安阳市中医院把发挥中医优势、加强专科建设，做为医院求生存、谋发展的头等大事来抓。医院对传统优势专科，努力发掘巩固。通过跟师学徒，以老带新，加以不断发展。对重点科室，从人、财、物各方面给予倾斜政策，重点扶持，并通过重点科室、拳头项目带动全院发展。同时，还根据专科特点和社会需求，下大气力抓人才培养，开展多种学术活动和派出进修，狠抓人员素质的提高，不断培养新的学科带头人，形成新的专科优势。该院把社会需求作为专科发展的导向，建设了新的专科专病。如新建的肛肠科，采用改良手术配合中药内服、坐浴等治疗内外痔、瘘管等疾病，疗效好，痛苦少，深受病人欢迎。目前，该院的专科专病门诊已发展到20个，临床各科逐步由专科向专病发展。张卫国等报道，安阳市中医院在中医急症防治方面也有自己的特色和优势，在全省率先办起了急救站。几年来，急救站以其独具的优势和中西医结合的治疗方法，显示出越来越强大的生命力。急救站坚持能中不西、先中后西、中西医结合的治疗方法，广泛应用中医针灸、正骨、灌肠、穴位注射、催吐、药物治疗等手段，制定并执行了十几种常见急重症中西医结合抢救治疗常规，展示了中医药参与急症抢救的潜力和前景。3年来，急救站先后三次出色地完成了市内集体中毒抢救任务，急诊万余人次，抢救危重病881人次，抢救成功率也较高。随着中医急诊工作的不断发展，医院加强了制剂室的建设和剂型研究，先后研制了各类制剂多种，保证了急症用药。

袁海卿等报道，安阳市中医院的发展与建设，也突出在改革与管理两个方面。医院实行了院长负责制和二级招聘。先后把20多名技术骨干、管理能手充实到临床科室和行政职能科室，给他们放权、压担子。在管理上制定和实施了技术经济责任制、百分计奖、综合目标责任制，对科室实行了内部核算、责任承包，科室对职工进行考核记分，与奖金挂钩。制定并推行《标准化管理方案》，从工作效率、工作质量、医疗技术、科室管理四个方面展开。实行了三年度目标管理责任制，以岗位责任制为主体，以标准化为基础，在逐步完善系统管理和质量控制的基础上，由定性管理逐步向定量管理迈进。通过上述综合措施，极大地调动了职工的工作积极性，强化了管理职能，提高了工作效率和医疗质量，使该院在完成医疗任务、诊疗危重病人、消除医疗事故、精神文明建设和经济收入五个方面，出现了历史最好水平。

（严恩清）

五、中 药 管 理

全国中药价格座谈会纪要

1991年9月17日至20日，国家中医药管理局在哈尔滨召开了全国中药价格座谈会，各省、自治区、直辖市及计划单列市医药管理局（总公司）派代表参加了会议。国家中医药管理局经济协调司司长阎洪礼主持会议，并讲了话。会议主要交流各地贯彻执行国家物价局、国家中医药管理局〔1990〕价农字816号《关于整顿中药价格的通知》和〔1991〕价农字197号《关于印发实行经营差率控制的中药材品种目录的通知》情况，研究了进一步治理整顿中药价格的措施，汇报20种中药材收购指导价格安排情况。通过这次座谈，交流了经验，沟通了信息，将推动两局816号、197号文件在各地的进一步贯彻执行。现就会议主要问题纪要如下：

（一）会议代表重点汇报交流各地贯彻执行两局816号、197号文件情况，研究了在贯彻执行中遇到的问题，并就这些问题进行了认真的讨论。通过座谈，与会代表一致认为两局816号文件，是一个好文件，是符合当前中药实际情况的，虽然在执行中有一些困难，但代表们仍认为这个文件应认真贯彻执行，以便在执行中加以完善。到目前为止已有15个省转发了816号文件，并结合本省情况提出了具体贯彻意见和要求，还有部分省正在准备贯彻。望各地要认真抓紧落实，以利于全国治理整顿统一步调。

（二）会议讨论了麝香购销价格问题。麝香购销价格是1986年制订的，现已5年多，近几年情况发生很大变化，野生资源减少，需要量增加，产需矛盾突出，国营药材公司主渠道收购很少，黑市价格很高，要调整购销价格，黑市价格也有可能随之上扬。会议研究，要求麝香的产地省尽快提出麝香收购价的设想意见及管理办法，以便供以后研究调整价格时参考。

（三）与会代表汇报了20种中药材收购指导价格安排情况。1991年下达的20种中药材收购价格，目前大多数省（区）均已贯彻执行，各省（区）在执行中若需要调整收购指导价格，须报国家中医药管理局并抄中国药材公司审批后执行。

（四）关于会议研究和代表提出的有关问题：(1) 关于进口成药作价问题。中成药是中国传统产品，中国是主要出口国，为了保护民族工业的发展，中国药材公司在贯彻两局816号通知的意见中，对进口成药（以中药材为原料）作价做了具体规定，以限制大量进口成药冲击国内市场。希望各省认真执行进口成药作价规定。(2) 中成药小品种作价问题。1987年12月19日，国家医药管理局国药财字（87）第753号《关于进一步放开小药品价格的通知》中已作4条规定，在没有新的规定以前仍按此文件规定执行。(3) 关于中药优质优价问题。国家中医药管理局对中药优质产品加价问题没有统一规定，但是，中药优质产品实行优价，可参照国家物价局、国家技术监督局颁发的《关于国家管理价格的轻工产品实行优质优价的（试行）办法》规定，并与地方物价部门商定。

（宋奕　郭文琪）

全国中药储运工作会议

1991年4月20日至28日，国家中医药管理局在山东省曲阜县召开了首届中药储运工作会议。中国中药企业管理协会同时召开了中药仓储管理专业委员会成立大会。参加这次会议的有各省、自治区、直辖市及计划单列市医药管理局(总公司)、药材公司及原全国中药材商品养护协作组的代表共120人。

会上，国家中医药管理局经济协调司阎洪礼司长总结了近几年的中药储运工作，提出了1991年储运工作安排意见；原全国中药材商品养护协作组的同志对中药商品养护工作进行了总结，并提出了仓储管理专业委员会"八五"规划意见；会议收到各地书面总结和经验材料22份，山东等5个单位在大会上交流了储运及养护工作方面的经验；对评出的1990年全国中药仓储养护先进集体和个人进行了表彰。

会议讨论确定了《国家中医药管理局中药商业企业二级仓库申报、考核、审定暂行办法》和《国家中医药管理局局级先进储运工作者评选办法》。决定1991年储运工作以开展仓库升级为中心，推动中药商业储运工作全面开展，提高仓储管理水平。并对各地加强储运管理机构和充实储运管理人员提出了要求。

(于海滨)

1990年度全国中药工业节能年会

1991年3月15日至20日，国家中医药管理局经济协调司和节能技术服务站联合在昆明市召开了1990年度全国中药工业节能年会。参加会议的有各省、自治区、直辖市及计划单列市医药管理局(总公司)、药材公司、节能先进企业、重点企业的代表130名。

会议的主要内容是：(1)传达国务院第六次节能办公会议精神和全国资源节约和综合利用工作会议精神。(2)回顾总结十年来，特别是"七五"期间中药工业节能工作的开展情况，布置、讨论1991年中药工业节能工作要点。(3)颁发1989年度全国中药工业的国家一级节能企业证书和国家二级节能企业证书。(4)研究中药工业有关能源审计及统计台账、表格的标准化、规范化管理和调整能源定额标准等问题。(5)交流节能管理、节能新技术、新工艺等方面的经验。

此次会议贯彻了国务院1991年开展"质量、品种、效益年"活动的精神，研究、讨论了中药工业资源节约及综合利用、节能降耗工作。要求把企业工作重点切实转移到以提高企业经济效益为中心的轨道上来，走投入少、产出多、效益高的发展道路，为实现中药工业的现代化，振兴中医药事业做出新成绩。

(刘　新)

1991年全国中药机械展销订货会

1991年全国中药机械展销订货会于1991年10月8日至12日在北京召开，会议委托北京市药材公司具体筹办。全国25个省、自治区、直辖市药材公司、中药厂、中药饮片厂、制药厂、中医院、药机制造厂和药机科研部门的代表共600余人应邀参加了订货会，其中供方代表161家，需方代表107家。会议总成交额1900万元。这次展销会有如下特点。

（一）反映出我国中药机械产品水平、产品质量正不断向高、精、新技术发展。推出了一批技术先进、性能优良的产品：如北京中药机械厂生产的喷射式洗药机，以其洗净度高、破损率低等特点，克服了滚筒式洗药机的缺点；浙江海宁刀具厂生产的冲剪式切药机，省力、耐用、加工质量高、结构紧凑，特别适用于医院、药房饮片切制。另外，中国大恒公司研制的药用超滤器、浙江瑞安飞云机械厂制造的自动铝塑包装机等均达到国际水平。

（二）订货会的成交额达1900万元，需方代表提出的购进计划基本得到落实。特别是系统外如食品加工厂等，也都选购了适合自己生产使用的设备。这对生产厂家来说无疑开拓了新的销售市场。有些厂家在会议上成交额比较大，如瓯海县制药机械厂成交156.4万元；陕西宝鸡中药机械厂成交84万元；江阴瑰宝制药机械厂成交81.7万元。

（三）为配合“八五”中药行业技术改造工作，会上组织进行了关于中药生产前处理、中药生产提取和中药生产厂扩大规模、设备更新、技术改造等问题的技术咨询会；组织进行了中药生产机械和医疗设备新产品的技术讲座、新闻发布会，解答了许多疑难问题，取得了较好的效果，同时宣传扩大了供方厂家的新、老产品和新技术，有利于中药行业的技术发展。

（四）会上安排供需双方代表座谈会，与会代表就中药机械制造业如何为中药工业发展和现代化服务畅所欲言，各抒己见，共商发展大计。

（五）定货会组织了产品评优工作，经评审专家审阅评优产品的技术资料、现场观摩和技术审定，评出了10个优质产品：中国大恒公司DVF-5型药用超滤器；天津市中药机械厂TF-700型粉碎机组；北京市制药机械设备厂LSB-W-1铝塑包装机；浙江瓯海县制药机械厂SIN-1000B三效节能浓缩器；常州干燥设备厂CFC系列烘箱；浙江省象山精密仪器厂FOL25系列节能型不锈钢多级泵；浙江温州市东瓯制药机械厂YG-10B易拉瓶自动灌装机；上海中药机械厂SF-200B高速粉碎机；江苏省江阴市瑰瑰宝制药机械厂WFJ-15微粉碎机组；浙江瑞安飞云机械厂LSB140型自动铝塑包装机。

（六）组织召开有关药机制造厂参加的座谈会，讨论今后如何更好地办好中药机械展销订货会，并拟定：(1)为了提高中药机械水平，交流经验，订货会要越办越好；(2)拟在中国中药企业管理协会下组建中药机械厂联谊会；(3)初步拟定1992年春季订货会委托常熟制药机械厂承办。

（国家中医药管理局经济协调司）

1991年有7个中成药产品被评为国家优质产品

经国家质量奖审定委员会审核批准，1991年中药行业共有7个中成药产品获国家优质产品奖。其中金质奖2个，它们是：广州中药一厂镇海楼牌胃乃安胶囊，天津达仁堂制药厂回生牌(内销)、长城牌（外销）藿香正气软胶囊；银质奖5个，它们是：湖南株洲市中药厂牡丹牌妇科千金片，浙江台州制药厂南峰牌固本咳喘片，沈阳中药厂大众牌沈阳红药，天津中药制药厂长城牌(外销)、体健牌（内销）藿香正气冲剂，北京同仁堂药酒厂宝塔牌骨刺消痛液。以上7个产品全部由国家中医药管理局组织抽样检测，结果均达到或超过优等品标准。这些产品不但有完善的质量标准和先进的检测手段，而且基本达到我国中药行业技术、质量、检测、管理的先进水平；产品质量稳定、疗效确切，畅销国内外，为企业带来很高的经济效益，同时也具有很大的社会效益。

（郭清伍）

20个中成药产品被复查确认为国家优质产品

1991年有20个中成药产品（详见"资料"部分）经国家技术监督局复查通过，确认继续保持其国家优质产品称号。这些产品是1985年获得国优产品奖的，其中金奖产品3个，银奖产品17个。几年来，获奖企业做了大量的保优工作，推行GMP及全面质量管理，健全质量保证体系，实行质量否决权，同时这些产品都有高于法定标准的企业内控标准。大部分企业进行了以产品为龙头的技术改造，为提高产品质量提供了可靠保证，使产品在复查确认时的质量标准高于初评时的标准。这些产品再次获得国优称号，增加了企业知名度，也给企业带来了很高的经济效益，成了企业的拳头产品。

（郭清伍）

1991年国家中医药管理局优质产品评选情况

依据《国家中医药管理局优质产品评选奖励办法(试行)》的规定，1991年的评选工作，在各地预审和提出推荐意见的基础上，经全国评优会评分员按《国家中医药管理局中成药优质产品评分细则(试行)》的有关规定要求进行了评分，并对部分企业创优产品进行了现场检查，最后提交局质量奖审定委员会审核批准。评选的结果是，共有41个产品荣获1991年国家中医药管理局优质产品，其中中成药40个，中药机械1个（详见"资料"部分）。

另根据中华人民共和国农业部农垦司、国家中医药管理局质量司联合发出的〔1991〕农(垦工）字第29号《关于中成药优质产品质量评比的通知》，决定"从1991年起全国农垦制药企业生产的优质产品审定纳入国家中医药管理局评优计划"。据此，1991年所评优质产品中有5个产品是农垦系统的。

在1991年"质量、品种、效益年"活动中，企业的质量意识得到增强，通过创优促进了企业各项工作的开展。1991年评优工作突出特点是：(1)领导重视，真正把创优工作摆到了议事日程，一等品率普遍达到95%以上；(2)产品质量稳步上升，41个产品平均得分82.33分，90分以上的产品有9个，按《中成药产品质量分等标准》不断提高了制药工艺技术和检测手段；(3)优质产品畅销，经济效益显著，41个产品以1990年计，共创销售额3亿3千多万元、创汇近4百万美元，超千万元产值的产品有12个。

（郭清伍）

1991年国家中医药管理局质量管理奖咨询、检查结果

1991年国家中医药管理局组织了3个质量管理奖咨询检查组，按照《国家中医药管理局中药工业企业质量管理奖评审条件(试行)》、《国家中医药管理局中药商业企业质量管理奖评选办法(试行)》要求，对部分省、市医药管理局上报推荐的1991年创国家中医药管理局质量

管理奖企业，进行了现场咨询、检查。最后，经局质量管理奖审定委员会审议批准，黑龙江省佳木斯中药厂、哈尔滨中药二厂、山东东阿阿胶厂、天津中药制药厂、广州中药一厂、上海中药制药一厂、杭州第二中药厂、山东潍坊药材站、山东烟台药材站为国家中医药管理局质量管理奖企业。获奖企业具有以下特点：

（一）质量意识强　各企业以超前的质量意识，大胆创新，积极开拓国内、国际两个市场，从提高产品质量、标准质量、技术质量、管理质量入手，走质量效益型道路。坚持“质量第一，用户至上”的生产经营方针，以务实、求实、扎实的工作作风，坚持不懈地推行全面质量管理，做到了组织、人员、制度三落实。方针目标管理已成为企业管理的主线，方针目标中重视突出质量目标，质量目标占企业方针目标的30%以上，并渗透到企业的各个环节，形成了较为完善的质量保证体系。

（二）重视技术进步，积极采用国内外先进技术、设备和现代化管理手段　各企业做到软件上抓管理的同时，狠抓硬件的技术改造，积极采用“四新”，以GMP要求为标准，结合本企业特点，进行厂区划分、厂房改造、调整工艺流程、更新设备，各企业均有处于国内中药行业领先的方面。如哈尔滨中药二厂开发了高技术产品双黄连粉针，填补了中药粉针的空白，并以其疗效显著，深受广大患者的欢迎，产品供不应求；山东东阿阿胶厂引进先进设备，改进阿胶生产工艺，成为全国唯一夏天不停产的阿胶生产厂；上海中药制药一厂引进日本水提、固液分离、浓缩、干燥及配套的干压制粒设备并消化吸收，生产出中药新剂型颗粒剂，产品国内领先并达到国际水平；广州中药一厂“七五”期间投资一千二百多万元，进行了三期技术改造，其粉碎车间具有程控自动化操作、消音防尘、安全设施好等优点，达到了国内先进水平；山东潍坊药材站积极推行微机辅助管理，配备了15台微机并联网运行。企业的技术进步，大大提高了产品质量和商品质量。

（三）方针目标成为企业职工的奋斗方向　企业方针目标管理的基础工作逐年扎实，方针目标展开的深度和广度逐年发展，方针目标的考核、诊断工作逐年完善，方针目标管理的制度、手段不断健全，使企业的方针目标真正成为指导全厂职工生产和工作的努力方向和奋斗目标。

（四）质量具有否决权　各企业的奖惩考核办法与经济责任制挂勾，对生产部门的产量和质量实行质量否决权。根据生产特点，提出具体实施细则，对管理部门采用百分制或系数法进行考核，拉开了奖金档次，很好地发挥了质量在其劳动与价值上的否决作用，树立了质量在企业中的权威性。

（五）产品实物质量好　工业企业主要产品均获省优以上荣誉称号，并至少有一种或一种以上产品获国家优质产品奖，优质产品产值率在70%以上，质量稳定提高率100%，市场监督抽查合格率100%。

（六）坚持社会主义经营方向，注重产品的适用性和服务质量　商业企业以良好的服务和质量赢得了顾客的好评。山东潍坊、烟台药材站常年经营中药品种2000余种，所属批发部、零售店分别建立了必备产品目录，成方率100%，合同履行率达90%以上，并积极开展便民活动，满足市场需要，树立了良好的医药道德风尚。

（孙力英）

1991年全国中药QC小组成果发表会

1991年全国中药QC小组成果发表会于6月12日至14日在河南省洛阳市由国家中医药管理局质量司组织召开。参加会议的有来自全国40个省、自治区、直辖市及计划单列市医药管理局和工商企业的代表209人，会上有101个QC小组发表了成果，其中有46个QC小组获国家中医药管理局优秀QC小组称号（详见"资料"部分），55个QC小组获国家中医药管理局先进QC小组称号(详见"资料"部分),并推选出南京同仁堂制药厂排石冲剂QC小组、北京同仁堂饮片厂的精制饮片QC小组、上海市药材公司的探讨芳香药材综合管理办法QC小组为国家级优秀QC小组。

这次QC小组成果发表会的特点是：

（一）成果的数量多，参加人员广　1991年，在贯彻国务院开展"质量、品种、效益年"活动的推动下，各地区中药主管部门都加强了对全面质量管理工作和质量管理小组活动的组织领导，使质量管理小组活动发展很快。全国有40个省、自治区、直辖市、计划单列市均有QC小组成果发表，是历年来发表成果最多、规模最大的一次。参加人员有厂长、老药工、技术人员、班组工人，显示出中药行业质量管理小组活动蓬勃发展之势。

（二）QC小组活动涉及面宽，注重实效　从交流的成果可以看出，QC小组这一活动形式，不仅在创优夺牌、技术革新、新产品开发中得到广泛应用，而且在优质服务、商品养护、产品销售以及提高企业管理水平和职工政治思想工作中得到很大发展。特别是在"质量、品种、效益年"活动中，QC小组活动注重实效，在降低不良品损失，提高产品一次投入产出合格率，降低成本方面发挥了重要作用。这次会议上发表的QC小组，有攻关型QC小组33个,现场型QC小组33个,管理型QC小组32个,服务型QC小组2个,共创经济效益831.17万元。

（三）商业企业QC小组活动有较大发展　1991年，有26个商业QC小组发表成果，占会议发表成果总数的25%，比1990年增长了12%，在安全养护和优质服务方面的成果水平有了较大的提高。

（孙力英）

中成药产品质量分等标准重新修订

国家中医药管理局质量司于1991年4月2日至10日在天津召开了"中成药产品质量分等标准"修订会。到会的有卫生部药政局、国家药典委员会、中国药品生物制品检定所及有关省、市的医药管理局(总公司)、药材公司和22家中成药生产企业的57名代表。会议的目的是贯彻执行国务院提出的"质量、品种、效益年"活动及国家技术监督局发布的《工业产品质量分等导则》精神，促使中成药产品质量标准逐步走向科学化、规范化、标准化，使之更适合于国际市场及企业生产管理标准化的需要。会议的主要内容是对原"中成药产品质量分等标准"进行修订。

到会代表首先学习讨论了《工业产品质量分等导则》，对导则中提到的工业产品质量分等原则有了明确的认识。代表们回顾了原质量分等标准在执行过程中所起的作用和存在的问题，认真审议了各地上报的修改意见和拟增加品种意见。明确中成药产品质量分等标准的划分原则是：(1) 优等品标准必须达到国际先进水平，产品的实物质量水平与国外同类产品相比应达到近5年内的先进水平。(2) 国优产品及一级企业主要考核产品要达到优等品标准。(3)一等品质量标准必须达到国际一般水平，产品的实物质量水平应达到国际同类产品水平。局优及二级企业考核产品要达到一等品标准。

经过认真讨论，代表们统一了认识，认为评价中成药的国际标准必须采用综合指标，不能靠单一的定性定量指标。必须突出中药的特色，在中医药理论的指导下，采用现代化生产管理、检测手段。代表们认为修订后的标准有二个特点：(1) 在广度上有发展。原标准收载剂型10个，修订后增至15个；原品种63个，修订后增至100个；剂型通则部分质量指标较全，有的指标高于法定标准；品种部分的质量指标更趋合理完善，原标准中检查项126项，修订后为153项，净增27项；新增品种近40个，新增剂型5个；检测项67项，原10个剂型增加检测项32项。修订后的标准更趋于科学性、准确性、更适用于生产管理的需求。(2)在深度上有发展。修订后的标准指标检测项较原标准健全了，抓住了标准的重点与关键。标准规定一等品必须有显微和理化鉴别，优等品必须有含量测定，增项中绝大部分是净度(灰分)、重金属限度、含量测定等关键项目。除此之外还就具体项目做了明确规定：含无机矿物成分的、糖衣片可不做酸灰检查；含生药粉的必须作显微和理化鉴别及酸灰检查等。

会议要求各企业对采用国际标准和国外先进标准应有紧迫感。国家一、二级企业、局级质量奖企业及创奖产品应率先执行中成药产品质量分等标准。

(潘　光)

修订《中药饮片质量管理暂行办法》和《中药饮片质量管理检查评比试行办法》

自1984年全国第一次中药饮片工作会议以后，中药饮片工作受到各级医药主管部门的重视，提到了重要的议事日程。“七五”期间国家和地方共同投资，重点改造了44个中药饮片厂，一些中药饮片生产企业充分利用国家给予的优惠政策，使饮片工业有了较快的发展，部分饮片生产企业生产条件得到改善，生产机械化程度有所提高。为促进企业整体素质的提高，各地根据中国药材公司1984年下发的《中药饮片质量管理暂行办法》和《中药饮片质量管理检查评比试行办法》(以下简称“两个办法”)的要求，制定了实施细则，并连续7年对饮片生产企业和零售门市部进行多种形式的中药饮片质量检查评比工作。通过质量检查评比，增强了企业领导对质量工作重要性的认识，提高了饮片质量和企业质量管理水平，使企业质量管理、监督机构得到加强，管理内容不断充实，管理手段逐步完善，职工队伍素质有一定提高，生产现场管理有所加强，少数规模较大的饮片生产企业从前店后场手工操作、经验管理，逐步走上工业化管理的轨道。

但是，不能不看到，作为中药三大支柱之一的中药饮片，目前仍处在比较落后的状态，存在着许多问题。大部分中药饮片生产企业生产条件仍很简陋，人员素质偏低，管理水平不高。而原药材质量不稳定，饮片质量标准、炮制工艺不统一，生产设备不过关等问题，给饮片生产企业的质量管理工作带来了很大困难。尽管如此，作为国营主渠道的饮片生产企业仍要加强质量管理，确保饮片质量。

虽然"两个办法"试行七年来在中药饮片生产企业质量管理工作中发挥了重要作用，但随着饮片生产的不断发展，其中的一些内容已不能适应企业质量管理的要求。为进一步提高中药饮片生产企业的质量管理水平和饮片实物质量，1991 年 7 月 21 日至 28 日，国家中医药管理局质量司在烟台召集有关省、市的中药管理部门及生产企业的代表，就"两个办法"进行了讨论、修改，修改后的《中药饮片生产企业质量管理办法》和《中药饮片生产企业质量管理检查细则》现已下发各地征求意见，待进一步修改充实后，于 1992 年正式执行。

（陈　皎）

中药质量标准控制研讨会在京召开

为了保证人民用药安全有效，促进中药质量标准化，以适应生产管理以及国内外市场的需要，进而扩大中医药的国际交流与合作，在世界卫生组织的支持下，国家中医药管理局质量司于一九九一年七月四日至六日在北京国际会议中心召开了"中药质量标准控制研讨会"。这次会议的中心议题是：传统药的质量标准控制。来自全国从事中药质量研究、教学、生产和管理方面的专家及国家中医药管理局科技司、外事司的近五十名代表列会，共商中药质量标准化及质量管理工作大计。

研讨会开幕式由国家中医药管理局张洪魁副局长主持，朱杰副局长及世界卫生组织驻华代表基恩博士出席并讲了话。

朱杰同志指出：制定中药质量标准尽管有一定的难度，要求又相当高，但是为了保证人民的健康，我们要花大力气做这项工作。国家中医药管理局已决定"八·五"期间将中药质量标准的研究作为一项重要工作来抓。希望今后研究和制定中药质量标准时在继承的基础上要有新起点、新发展。

世界卫生组织驻华代表基恩博士说：制订任何药物的标准，特别是植物药和天然药物的标准并非易事，在采集、生产和配方等诸多方面都应该标准化，从而确保最终的产品具有统一的标准和质量。制订标准的工作并非是一时之事，因此每个环节、每个人员的相互配合至关重要，从而达到整体的标准化，使生产出的产品安全、有效，使患者有足够的信心服用它。

参加会议的专家们首先回顾和评价了我国古代历史文献以及近年来在中医药质量标准方面所作的主要科研工作、法规建设以及企业的质量标准管理等方面的情况。有近二十名生药、药理、药化、炮炙、企业管理等方面的专家，从药材生产种植、采收、加工、饮片炮炙、科研、中药制剂技术、生产管理以及质量管理监督等方面做了主要发言，并提出了许多积极的建议。

经过专家们充分交流与研讨，对如何制订中药质量标准，保证中药的安全有效统一了认识，明确了思想：

一、制订中药质量标准工作的指导思想

1．中药质量标准的制订工作是一项长期而又艰巨的工作，应作为重大战略问题来看待。随着世界各国对中药需求量的逐步增多，中药走向世界势在必行，要适应国际市场的需求，质量标准化是基础，制订中药质量标准既应瞄准国际水平，又应从我国实际状况出发制订出科学的、切实可行的中药质量标准。

2. 中药质量标准的制订要以中医药理论为指导。中医药理论是我国传统文化的瑰宝，有着几千年的悠久历史，古代文献对中药的来源、产地、采集、性状(包括毒性)、加工、炮炙、功能主治等均做了详细的记载，这充分说明我们的祖先早在几千年前对控制中药的安全有效及质量标准就有了认识。专家们认为：中药质量标准的制订只有以中医药理论为指导，才能具有中医药的特色。

中药的质量标准要以整体的、综合的指标来衡量。专家们认为：中药质量标准化工作应逐渐系统化，必须从基础抓起，包括保护药用资源，发展地道药材，注重采收期及年限，重视加工、炮炙并在生产中严格质量管理监督，加强全过程的协作。

3. 制订中药质量标准，应在继承祖国传统医药理论基础上紧密结合现代科学方法。新起点是在标准上瞄准国际水平有所突破；新发展是在制剂技术、品种、剂型、检测手段等方面采用现代科学方法，开拓新领域，提高质量，提高水平。

二、制定标准的依据

专家们认为：应从整体性、应用性、可行性三方面来制定中药标准。整体性指标准中各项指标的规定应为有机的整体；实用性指标准中检测对象与方法的选定，在一定程度上要反映国家的科技水平，应切合实际，结合各品种的具体情况；可行性指标准的制定必须在系统研究工作的基础上进行，对于含量测定成分的选定必须切实可行，所定标准应在实际中便于操作执行。

三、加强质量管理，确保中药安全有效

目前，《中华人民共和国药品管理法》、《新药审批办法》、《中华人民共和国药典》、《中成药生产管理规范》等法规的执行，为生产安全有效的合格中药提供了可靠的保证。在实际工作中需要生产管理、市场管理、药政监督、药检等部门相互配合，做到依法制药，以保证标准贯彻实施。

四、需要研究的问题及解决措施

专家们认为：中药质量尽管有了较大的提高，但目前仍有许多问题需要研究。要制定出既符合中药的特点，又便于在国际上交流、推广、应用的质量标准，确实是一件艰巨的工作，尚有许多问题需要研究解决。专家们建议：

1. 继续贯彻《野生药材资源保护管理条例》，尤其是药材生产基地的建设要狠抓落实，进一步保护药源，发展地道药材生产。应把好种植、收购第一关，加强药材采集时间、生产年限的宣传和管理，确保原料药的质量，讲究规格等级、优质优价。

2. 目前，中药的贮存期、有效期尚无明确规定，除药典规定的少数品种外，大多数品种只要外观无严重发霉、变质、虫蛀等仍可使用，这种状况已不能适应生产、销售、使用的需要。

3. 加强对中药炮炙机理的科研工作。希望继“七·五”攻关之后再继续研究一批。

4. 经验鉴别是对药材进行真伪、优劣鉴别的重要手段之一，应进一步采用现代科学手段加以研究，使之数据化、标准化、以便有客观指标可以遵循。

5. 加强对中成药中重金属含量的基础和临床研究。

6. 质量标准的制定应尽量采用最新科技成果。

7. 各部门之间应形成合力，科研、教学、生产、管理部门应四位一体，重大课题应统一领导，大力协作，防止低水平的重复。

（潘　光）

"中药检验操作规程"编写会在广东召开

由国家中医药管理局质量司主持的"中药检验操作规程"编写会5月17日至20日在广东省番禺县召开。参加这次编写会的有来自广东省中药材质量监测站、国家中医药管理局质量监测站、河北省中药材质量监测站、陕西省药材公司、上海市药材公司、北京同仁堂制药厂、广州中药一厂、武汉健民制药厂等单位的十三名代表。

近几年随着对外改革开放的发展，国际间的交往日渐增多，中药的出口量呈逐年递增之势，在国际上的影响越来越大，许多国家渐渐兴起中医中药热。但目前中药在生产、质量控制、检测手段等方面仍存在很多问题。中药行业由于没有统一的检验手段，至使在检验方面出现很多问题。相同的检测指标由于检测方法的不同，往往使检测结果相差甚远，严重影响了检测结果的准确性。

此次检验操作规程编写的目的在于：在标准化基础上统一全行业的检测方法，使之逐步向规范化、标准化方面过渡，这将对中药行业标准化工作起到积极的指导作用。

"中药检验操作规程"分通则和分则两部分。通则部分对中药(中药材、中药饮片、中成药)以及中药检验规程应包含的内容进行了综述；分则部分编写内容为各种检测方法。检验操作规程的立足点放在实用、健全方面。实用体现在标准结合我国中药商业、企业现有的检测手段、管理水平、人员素质等方面情况，尽量作到简便易行、具有可操作性；健全体现在尽可能将现有的、较成熟的各种方法收集进去。

（潘　光）

中成药重金属检测方法研讨班、卫生标准检验方法培训班纪要

为了提高中药工业企业在岗质检、化验人员的业务素质，加强对检验方法基本理论知识的理解，使检验操作技术标准化、规范化，1991年4月15日至6月18日，国家中医药管理局质量司组织部分中药工业企业的质检和化验人员分别举办了两期中成药重金属检测方法研讨班和两期卫生标准检验方法培训班，来自全国近百家中药生产企业和检测站的同志参加了学习。

通过学习原子吸收分光光度法原理、原子吸收分光光度技术及其在中药检验中的应用等理论和1990年卫生部颁发的《药品卫生检验方法》总则部分的有关内容，结合《中成药生产管理规范》的贯彻执行，学员们进行了实际操作和交流研讨，基本上掌握了检测的方法，同时也反映了一些问题。

重金属检测情况：每位学员检测了自带的中成药样品，共做了30余个品种，铅、汞、砷、铜、铁、锌六种元素的检测。结果表明广州陈李济药厂的壮腰健肾丸是所参检的品种中唯一不含砷、铅、汞3项的产品，其余参检品均有不同程度的含量超限情况。

根据参检结果，分析重金属含量超限的原因，大致可归纳为：原药材前处理工序存在问题，没有做到文明生产，或原药材不洁净、混入外来物；个别厂区受外围环境影响，空气中

有粉尘污染；管理上存在的问题，如有的厂细料未按规定保管，药材混放，以致交叉污染；还有不依法加工炮制而造成重金属超限的原因。

卫生标准检验方法培训班情况：学员每人动手操作，对细菌数、霉菌数、酵母菌数的测定和大肠杆菌、沙门氏菌、绿脓杆菌、金黄色葡萄球菌、破伤风杆菌、活螨等各项检验原理、方法、步骤、注意事项及结果判定进行具体实践，并通过了结业考核。

通过培训学习，使大家提高了对检验工作重要性的认识和责任感，统一了检验操作方法。学员普遍感到在实验技能、动手能力方面收获很大，决心回到企业继续巩固学到的检验操作方法，达到标准化、规范化，把好中成药的产品质量关。

另外，发现一些学员在操作技术规范化方面存在不少问题，如随意简化检验步骤和操作标准，对规定的检验项目经常忽略不检等等。由于专业知识、文化程度参差不齐，检验人员变更过频，缺乏必要的仪器设备，也影响了检验人员的业务知识和技能的提高。

（冯爱平）

全国人参产品检评会情况

为提高人参质量，完善人参质量标准，扩大我国人参在国际上的声誉，国家中医药管理局质量司与农业部农垦司联合召开了全国人参产品检评会。27家企业的44个产品参加了检评，评审组按《人参产品检评会评分细则》对参检产品逐个检评记分，并对每个产品作出了检评结论。

大会通过展示参检产品，相互交流经验，肯定了成绩，找出了差距。代表们认为，近年人参加工品质量有很大提高，特别是一些老的参厂、加工厂技术力量强，加工也较精细，无论包装、外观质量、内在质量及经济效益都比较好；有的企业技术力量薄弱，选料不精细，包装简陋，质量不过关，所以经济效益也较低。在总结会上评审组对每个产品分别作了讲评和分析。

检评情况是：(1) 根据评分结果认为目前能代表我国人参加工先进水平、具有发展方向性的产品共有9个（平均分在80分以上），占检评总数的20%；(2) 检评较好的产品共有20个(平均分在60分以上)，约占检评总数的45%，这些产品代表了我国人参加工质量的一般水平；(3) 检评认为质量较差的产品有15个(评分在60分以下)，约占总数的35%。

针对这次检评中发现的问题，为提高人参加工品的质量，统一人参加工品质量标准，经与会代表商定，在现有人参质量标准的基础上，进一步制定《人参加工产品分等质量标准》。根据不同人参加工产品特点，分别组织了30个企事业单位组成标准起草小组，分头工作。

（郭清伍）

人参标准制定情况

1991年4月份，国家中医药管理局质量司邀请有关专家研讨了人参标准问题，会上提出了人参加工产品的框架标准及检测方法。为了进一步全面了解我国人参产品情况，以便制定符合我国实际的、并能达到国际先进水平的国家标准，与会代表认为应召开一次全国人参产品检评会，并制定了《全国人参产品检评会评分细则》，为全国人参产品检评作了充分的准备。

这次会议制定的标准，为进一步制定我国各种人参标准打下了一定的基础。

(郭清伍)

南京市药材公司在改革中腾飞

裴登顺等报道，南京市药材公司近几年来，以提高经济效益为中心，以承包经营责任制为手段，以企业改革为动力，使企业焕发生机，1990 年商品总销售和实现利税比 1986 年分别增长 1.2 倍和 1.1 倍。第一轮 4 年承包，给国家贡献出一个原南京药材公司。几年来，该公司在落实承包经营责任制过程中，每年结合企业工作重点，把全年的销售、利润、技术改造、企业管理和精神文明建设归纳为 20 项奋斗目标，然后分解到各基层，落实到各工种、岗位和人头，并定出考核办法、评分依据和管理综合系数值，把各项奋斗目标变成可以用数据考核的“硬指标”，定期进行检查打分，检查各部门职工的成果，取得了显著的经济效益。坚持改革是促进该公司企业发展的又一重要措施。几年来，他们从生产经营实际出发，多次改革经营机制，把业务科与生产收购科合并；改革资金管理，由开支多少报多少改为分类和定额管理，提高了资金利用率；改革价格管理，合理、准确、及时地制订了价格管理制度，促进了经营发展；改革奖金分配制度，由大锅饭改为联责联利二次分配，实行考绩评分计奖，做到上不封顶，下不包底。经过实施承包经营责任制与各项改革，始终坚持抓管理、上等级，使该公司企业素质不断提高，迈出了三大步。1988 年跨入市级先进企业，1989 年进入省级先进企业，1990 年又晋升为国家二级企业。

黄淮江等撰文报道，南京市药材公司企业管理的特点是：(1) 经济效益显著。该公司确立了打破地区封锁，积极引进外地新品种启动市场的促销策略，并制订出一整套新品种购销制度，克服了市场疲软，做到启动快、销售畅、效益增，实现了利税在全省名列前茅。(2)质量管理过硬。建立了公司、部门、班组三级质量管理网络体系，并建立了质量管理档案和质量否决权制度，严把商品入库、养护、销售三道关。开展了比药品质量、比经营品种、比两个效益、比优质服务、争创历史最好水平的“四比一创”活动。在品种供应上坚持“三个取胜”，即中药饮片以“全”取胜，中成药以“优”取胜，滋补品以“新”取胜。(3) 基础管理扎实。重新修改、充实、完善了 287 种岗位责任制，建立健全了 327 种工作台账。目前，一整套的管理制度已成为生产经营活动的准则。

裴登顺、叶贻国等报道，南京市药材公司在狠抓商品质量，调整品种结构，大打效益翻身仗的同时，围绕企业两个文明建设的奋斗目标，抓精神文明建设注重实效。通过建立一支强有力的思想政治工作网络，做到有针对性地进行思想工作，开展“领导为职工办实事，科室为基层解难题，职工为顾客送温暖”活动，改进了行业作风，行业信誉不断提高，连续 5 年被评为全省市场供应先进单位，连续 3 次被授予南京市文明单位，并被评为“全国医药系统思想政治工作优秀企业”。该公司的具体做法是：(1) 对思想政治工作实现目标管理，变软任务为硬指标。(2) 端正业务经营工作的指导思想，实现两个效益一起上。(3) 号召职工参政议政，强化民主管理意识。(4) 重视青年教育，培养“四有”新人。(5) 建立党员责任区，发挥共产党员的先锋模范作用。

(严思清)

全国第一个中药企业集团——天津中药集团

(天津市药材集团公司)

天津中药集团(天津市药材集团公司)是1990年12月19日经天津市有关主管部门批准，以天津市药材公司改组建立的天津市药材集团公司为主体的全国第一个中药企业集团。为全民所有制企业。实行总经理负责制。

该企业集团集供产销、技工贸于一体，人、财、物统一管理，内、外贸及批发零售兼营。目前，拥有7个中成药生产厂，一个大型综合性中药饮片厂，2个配套的中药机械厂和包装设计印刷厂。集团的工业生产有自身的营销机构为依托，包括3个国内批发经营部，1个进出口部，12个区、县公司，以及所属的150多个批零销售单位。此外，还与外商合作，在境内、外建立了4家合资企业，以及专门为集团生产经营配套的18个外联加工企业。

集团(不含4家合资企业及18个外联企业)1991年底有职工10866人，注册资本10482.4万元，固定资产原值15650万元，净值9429万元，年工业总产值33790万元，年生产能力12000吨以上，年销售总额88555万元，年实现利税13972万元，出口创汇264万美元。集团拥有一批高层次的专业技术人员，各类专业技术人员达3450人。集团有自身的科研、检测中心及集团各企业的科研、检测单位11个，并配备成套的现代化科研、检测仪器，以不断地开发研制新产品和对原料、生产、储运等环节的全过程均按“GMP”标准实施全面有效的控制，从而形成完整的科研和质量保证体系，促进了集团产品结构的优化和产品质量的提高。

集团生产、经营各类中成药、中药材、中药饮片、药酒和中药保健品、中药化妆品、中药卫生清洁剂、中药制药机械、包装设计印刷等。向政府卫生部门注册的中成药产品有20多种剂型，680多个品种，其中有49个产品为省、市级以上优质产品，包括天津感冒片、牛黄降压丸、速效救心丸、京万红烫伤膏、牛黄清心丸等13个获国家优质产品金、银产品。在集团整体生产经营上形成了门类齐全，品种繁多，质量第一，信誉至上，继承传统，重视科研，开拓市场，扩大出口等特色。产品行销全国29个省市并出口到17个国家和地区。集团今后将致力于新产品开发，特别是适应国际市场需要的新产品，利用先进技术改造企业，发挥集团技工贸一体优势，对内加强产区之间的配合，对外发展外向型经济，推动中药走向世界。

(任振宇)

关于发展中药饮片行业的探讨

随着中医药事业的发展，中药饮片生产有了一定的发展。然而，目前我国中药饮片工业设施陈旧，生产方式落后，与中医药事业发展的要求不相适应。近年来，中医药界对如何振兴中药饮片行业的问题十分关注，提出了许多见解，现综合如下。

(一) 完善体制改革，理顺行业关系　付永德提出，对饮片厂实行归口管理，按工业体制进行建设。有条件的饮片厂家，可以从中药商业部门划分出来，归口中药工业部门管理，使其既有生产自主权，也具有经营的紧迫感和企业的压力。付氏认为，借鉴中成药工业发展的经验，将有助于加速饮片生产工业化。原思通认为，中药饮片生产要走工业化的发展道路，作为独立的企业存在是必需的条件。若不实行独立核算，则国家对饮片行业的任何优惠政策也难以发挥作用。左铸人认为要尽快理顺中药饮片的产销关系，试行专营。应先从中药商业内部理顺关系，因地制宜，不硬搞统一模式。华宝忠指出，要加快体制改革，理顺关系，整顿饮片生产企业，将不具备生产企业条件的饮片加工生产单位坚决撤掉。王永清提出，除医疗单位少量特殊加工和协定配方制药外，应把中药饮片的加工炮制统一集中在生产厂家。

（二）实施规范化、标准化管理，提高中药饮片质量　王永清提出，对中药饮片实现规范化管理，就是对中药从原药购进时的真伪鉴别、精选清洗、切片、炮制、包装、养护储存、供销等全过程实行系统的质量管理。王氏并认为，要使饮片生产走向规范化，必须在现有基础上提高饮片生产的管理水平和业务技能，对设备和生产条件逐步加以改造和扩充，变单一切片加工为复杂的标准化炮制，在继承传统炮制方法的同时，引入先进技术，采用现代手段，改进工艺流程，对各种工艺制定严格的操作规程和质量要求标准。应钶认为，为了提高中药饮片质量，就必须对中药饮片实施标准化的管理。具体要抓好以下几个方面：(1) 首先要统一“饮片也是药品”的认识，各级药政、药检部门和医药主管机构要加强药材炮制管理和饮片质量监督的力量；(2) 中药饮片厂应积极推行企业标准化工作；(3) 对主要饮片品种建立标准样品，以统一质量；(4) 中药饮片厂和大型医院中药房应配备专职质检员；(5) 对质量不合格的饮片应按劣药严肃处理；(6) 在饮片标准的执行和监督中，要坚持地方标准服从部级标准，部级标准服从国家标准的原则；(7) 采用新技术、引用新设备，以改进炮制工艺，提高饮片质量，炮制工艺技术的改革应在中医药理论的指导下进行，对改革前后的炮制品都应进行实验研究及临床验证，经鉴定、审批后试行。华宝忠提出，国家有关部门应尽快制定饮片生产条例，按条例要求对饮片进行检查验收；改善饮片包装，制定饮片包装、储运养护配套措施，使饮片包装标准化、科学化。李锦开指出，药材产地采收加工与中药炮制相结合，使药材从产地开始就实现质量标准化、包装规格化，是提高药材及饮片质量的根本途径。庞国兴认为，中药采集加工与炮制的状况直接影响到中药饮片的质量。庞氏提出，要适时采集、修治、净选以纯净药材入药；用浸润法软化药材，减少成分流失，确保质量；切制合格片形，增大与溶剂接触面积提高煎（浸）出率；依法炮制（炙）出合格饮片，提高质量。

（三）国家和地方政府对饮片业继续实行优惠政策，扶持饮片生产的发展　华宝忠建议在“八五”期间，对饮片业继续给予免税、低息贷款的优惠政策，同时对饮片实行优质优价的定价办法。左铸人提出，饮片企业要解决资金不足问题，应采取企业自筹为主，地方酌情帮助，国家重点核算的三结合的办法。魏福凯认为，要彻底改变饮片生产落后的局面，国家必须下决心增加投资。

（严恩清）

六、科研管理

中医药科技工作进展

1991 年是国家科技攻关"七五"结束，"八五"开始的一年。国家中医药管理局会同有关部门对"七五"国家中医药科技攻关 38 个专题进行了验收和总结，其中 21 个专题参加了全国攻关成果展览会，4 个项目获得了国家的表彰，获奖项目有针刺麻醉、著名中医诊疗经验、123 种中药材品种质量评价和人工培植冬虫夏草。为了提高工作效率，国家中医药管理局对局级重大项目《中华本草》的管理层次进行了简化，并实行二级合同制以增强其制约机制；在艾滋病的研究方面，基于发现了有希望的苗头，又续签了为期三年的中坦合作协议；在标准化研究方面，经国家技术监督局批准，启动了"中药材农药残留标准"课题。1987 年至 1991年共获得国家科技进步奖 30 项，国家发明奖 4 项；1986 年至 1991 年共评出国家中医药科技进步奖 255 项，部分获奖项目已形成商品化或产业化，1991 年青蒿素治疟已经推向国外，10 项成果在国内得到了不同范围的推广，取得了较好的社会、经济效益。

1991 年国家中医药管理局会同有关部门对"八五"国家中医药科技攻关项目组织了论证、招标和评标。在突出重点的原则指导下，把肿瘤、中风、心血管病、乙肝、艾滋病、针刺麻醉、紧缺中药材培植、药材品种质量评价、饮片炮制、浸膏工艺与成套装备、急救制剂、重点出口中成药及新辅料的研究作为重点，可望取得更多更好的成果。1991 年，国家自然科学基金会对中医药基础研究（针麻、中药化学、中药对免疫机能的调节）增加了支持强度；国家科委也开始将中药（四种药物的生产）纳入火炬计划。同时，WHO 对中医药合作项目也有所增加，确定了 1991 年至 1992 年计划外 4 个资助项目和 1992 至 1993 年计划内两个资助项目。

根据 1990 年上海科技进步工作会议精神，贯彻把中医药事业发展的重点转移到依靠科技进步的轨道上来的指导思想。各级中医药主管部门贯彻点面结合的方针，加强了中医药科研机构的内涵建设。1 个中心、7 个基地和⅓重点院所得到了加强，学术优势得到了进一步强化。1991 年开始实行重点实验室（研究室）制度，情报检索中心和P 3 实验室已动手兴建。

1991 年扩大了对外学术交流，召开了国际传统医药大会和张仲景学术国际研讨会。参加国家传统医药大会的有 40 多个国家和地区的 400 多位国外学者和 400 多位中国学者，大会收到论文 2000 多篇，其中 500 多篇在大会上进行了交流；参加张仲景学术国际研讨会的有8个国家和地区的 40 位国外学者和 200 多位国内学者，收到论文 300 篇，其中 110 多篇在会上进行了交流。

（张瑞祥）

"七五"科技攻关项目圆满结束

第七个五年计划国家重点科技攻关项目 75—64"中医中药开发研究"，在国家中医药管理局的主持及有关部门的组织协调下，组织了60多个科研单位、20多个高等院校、38所医院、20多个中药生产厂家，共1500多名科技人员共同承担此项攻关任务，由34个专题有机组合。经过近5年的研究，已取得一批重要成果。本项目在提高中医药科技水平，促进中医药事业的发展方面，起到了积极的推动作用。

中医开发课题，已基本完成攻关计划考核目标。其中有7个专项在世界医学中属我国特色性研究题目。其研究结果在国际同类研究中居领先水平；另外，7个专项的研究结果居国内领先或先进水平。至验收时为止，本课题共取得阶段性成果及分题成果157项。

中药开发研究课题，均能按合同完成计划，达到攻关研究要求。其中，如冬虫夏草人工培植技术等属国际领先水平。该攻关研究课题至验收时为止，共获研究成果443项。其中，属国际领先水平的3项，国际先进水平的50项，属国内领先或先进水平的365项。

“七五”期间，中医药的科研第一次被纳入国家重点科技攻关计划，通过五年的艰苦攻关，中医药的科技队伍、机构及研究水平均有了较大的提高。

针麻可进行高难度的后颅窝及颞顶区的颅脑外科手术，麻醉Ⅰ级率达91.05%，针麻原理研究及针刺镇痛增强药物研究等成果使我国针麻研究继续保持世界领先水平。经络研究在经络循行和经络感传方面从研究深度和广度上超过国际同类研究水平。“证”的研究初步揭示了中医脏腑气血学说的现代科学内涵，使脾虚证、肾虚证、血瘀证的概念在原来症状、体征含义的基础上建立了较系统的现代客观指标，可能对生命科学提供新的研究课题和内容。中医、中西医结合诊治恶性肿瘤在临床和机理研究上为肿瘤防治开拓新的途径。乙型肝炎的中医药防治研究显示出优于西药的综合性疗效。中医、中西医结合治疗心力衰竭与西医相仿，而远期疗效好，副作用小。脑中风的预防与治疗，中医药已初步研究出一批疗效好的新药。尪痹复康冲剂系列药治疗类风湿性关节炎有较好的疗效。中医药治疗某些急性病有较好的疗效和优势。在退热、止血、止泻及抢救脏器功能衰竭等方面已试制出一批新药，有的药品已向WHO推荐。珍贵稀缺中药材如冬虫夏草首次在室内由全人工培殖成功；羚羊角的基原赛加羚羊已在我国人工饲养和繁殖成功。国内外畅销的甘草，配合“围栏”已获大面积优质高产，取得明显的经济效益和社会效益。通过系统研究使123种中药材的品种得到整理与澄清，其研究水平在广度、深度、创新性方面均属空前。20种中药饮片炮制工艺和质量控制已从传统的经验判别提高到客观、量化分析水平。中药制剂的粉粒体工程技术引入中药生产，使中药制剂工业进入一个新阶段；中药液体制剂工艺水平达到国际八十年代初水平。中医诊法仪器研制是中医科技的一项空白，按国际测色标准研制成功的舌诊仪系统仪器已达国际领先水平。中医脉诊仪在仪器设计、工艺水平、拟人指目等方面研制出多参数的样机。国内外尚无同等水平仪器的报道。计算机中医专家系统已进入智能化、推理新阶段。

中医药“七五”攻关项目在克服人员、经费、仪器、设备等不足的条件下，取得丰硕成果。1991年2月，经验收委员会通过专项的验收，认为本项目已按合同要求完成计划，达到攻关考核目标，一致通过验收。经国家计委、国家科委、财政部组织评定，中医药项目中，由上海医科大学、中国中医研究院、北京医科大学等完成的“针刺麻醉临床及机理研究”；由黑龙江中医研究院、北京市中医医院等完成的“著名中医诊治经验的研究”；由四川省中医研究院中药所完成的“冬虫夏草的人工培植技术”；由北京医科大学药学院、中国药科大学等完成的“常用中药材品种及质量研究”等四个项目被评为国家“七五”科技攻关重大科技成果。“针刺麻醉及机理研究”项目对机体内参与镇痛的组织及物质基础有了新的认识，筛选出针刺镇痛增效剂—强痛定等16种非麻醉性药物，显著提高了针刺镇痛效果；使针麻的颅脑手术适应范围，从颞顶区扩展到后颅窝，在临床上对颅脑、甲状腺、胃疝等外科手术提出了针麻手术规范化方案。“著名中医诊治经验的研究”项目建立了7位著名中医诊疗经验的电子计算机专家系统，起到了继承、储存和传播老中医经验的作用，还对8位著名老中医的临床经验进行了总结，对22种药物进行了基础研究，已获省级以上科技进步奖5项、一项专利、两种新药证书和7部专著。“冬虫夏草的人工培殖技术”项目总结了一整套低海拔室内人工培殖虫草技术，首次实现了低海拔室内人工培殖虫草成功，结束了国内外对虫草无性阶段认识的混乱局面，使该专题的研究成果达到国际先进水平，不仅在学术上有重大意义，并可直接推广于生产，具有重大经济效益。“常用中药材品种整理及质量研究”项目完成了123个中药材品种整理及质量研究，有近百项新发现、新创见，为澄清所研究的多来源品种药材的混乱现象和评价药材质量提供了科学依据，在促进这批中药材生产、供销、出口及开发新药源方面起到重大作用，并为发展中药学科、中药质量管理标准化、现代化做出了贡献。

上海医科大学曹小定教授、四川省中医研究院中药研究所曾纬助理研究员、国家中医药管理局科技司程翔林助教被评为国家“七五”科技攻关突出贡献科技人员和管理人员。至此，中医药“七五”科技攻关项目圆满结束。

由国家计委、国家科委、财政部联合主办的国家“七五”科技攻关成果展览会于1991年8月21日至9月1日在北京展览馆隆重举行，21项中医药“七五”科技攻关成果参加了展出。党和国家领导同志江泽民、李鹏、李瑞环、李铁映、吴学谦、秦基伟、邹家华、薄一波、刘华清、温家宝、陈慕华、雷洁琼、宋健、谷牧、卢嘉锡等兴致勃勃地参观了中医中药科技成果展览。李鹏同志详细询问了珍贵稀有药材冬虫夏草的人工培殖情况，并同冬虫夏草人工培殖的主要研究人员曾纬同志亲切握手。据抽样调查统计，中医药科技成果展区平均每天参观人流量为6000人次以上。

（程翔林）

1991年度国家中医药管理局中医药科技进步奖简介

1991年国家中医药管理局共收到申请奖励项目330项，经中医药科技进步奖评审委员会评审表决，评出获奖项目74项。其中一等奖7项，二等奖23项，三等奖44项(获奖项目名单详见资料栏)。本年度评审与奖励正值“七五”结束和“八五”开始，“七五”期间的大部分研究成果得以收获。从获奖项目总体情况来看，不仅获奖项目的数量比往年明显增加，而且研究内容在深度和广度上均有所发展和提高。具体反映在以下几个方面：

（一）中药材质量和栽培技术研究等取得显著进展　北京医科大学药学院、中国药科大学等完成的“常用中药材品种整理和质量研究”从10项指标进行了系统研究，澄清了中药品种的混乱现象，提出了品种鉴别的依据和方法，评价了品种的质量，对医疗预防与保健、安全用药、有效用药提供了科学依据，具有较大的社会效益。在药材生产、经销和开发新药源、提高药材出口信誉，扩大国际市场方面将产生较大的经济效益。对学科发展、制定中药材标准、修订中国药典、促进中药标准化、现代化具有重大的意义和科学价值。105个品种分别获得一，

二、三等奖。

麝香是珍稀动物药，天然资源十分紧缺。为发展养麝和解决药源问题，陕西省药材公司等进行了"林麝人工授精技术的研究"。首次成功地获得鲜精人工授精林麝受胎率达52.6%，产仔16头；冻精受胎率达33.3%，产仔6头。对保存动物资源、开展人工驯养事业、发展珍贵中药原料生产都具有重要意义，在麝属动物中此类研究属国内外领先地位。获得一等奖。

龙胆草为常用、紧缺中药材，因其种粒微小(4.3万粒/克)、发芽和头年幼苗的生长受自然条件干扰很大，国内外在相当长的时期内家种未获成功。黑龙江省中药研究所等开展的"龙胆草野生变家种的研究"以室内人工控温控湿催芽、液态播种、带土移栽、遮阴促长和防治病虫害等综合措施，使野生变家种成功，达到国内先进水平，并扩大种植3000亩，创经济效益100万元。

浙江省中药研究所完成的"300种药用植物种子生理的研究"对种子的生物学特性、地区分布、采收方法、合理调制、贮藏条件和寿命等进行了研究，编著了《药用植物种子手册》，为药用植物种子的生理研究奠定了基础，为种质库的建立提供了科学依据，填补了国内外空白。

（二）计算机应用成果令人瞩目　湖北中医学院附属医院"《医用文学信息处理及其应用》研究"在计算机中文信息处理及医用多文种信息处理等领域进行了开拓性系列研究。通过确立"广义文字信息概念"及其理论框架，将计算机中文信息处理的理论及技术提到了一个新的高度。首创"首音、首笔"编码技术；提出"相关信息复合存储"新概念及处理技术，并解决了专业分类文字信息库的设计及实现方法；外挂式多文种文字信息处理软件工具的研制解决了不同机型、不同版本中文、西文操作系统软件兼容性难题；并将以上技术应用于中医药学信息处理领域，遍及医药学文字信息的基础工作以及信息管理，使我国的计算机中、西文专业文字信息处理技术处于世界先进水平。迄今，已将科研、病案、统计、设备、人事、药品等方面的研究成果在全国30个省市的119个医疗单位推广应用，并取得经济效益28.3万元。获得一等奖。

中国中医研究院图书情报研究所"中英文版针灸文献分析和检索系统"是全面收录全世界针灸文献，具有中英文两种版本的文献型数据库，涉及十余种语言，计520多种学术期刊，覆盖面较广，具有较高的查全率和查准率。所采用的分类和叙词法为主的标引方法与MEDLARS标引方法相兼容，可检索途径为16项。已取得一定的社会效益和经济效益。

（三）经络、针麻研究取得新成果　经络研究是目前国内外十分关注的课题。全国经络研究协作组完成的"循经感传和可见的经络现象的研究"肯定了经络现象的存在；针刺感传具有路线基本循经、明确的客观效应、可被阻滞等重要特点；循经感传与针灸疗效有密切的关系，通过激发感传，促进气至病所，确可进一步提高针灸疗效。该研究进一步证明了经络学说的科学价值，使我国的经络研究在国际上保持了领先的地位。

黑龙江省中医研究院"循经感传规律性的研究"对1000例对象进行了实验观察，从经络俞穴的声、电阻、温度三方面研究证明了隐性感传的存在。采用28个指标观察人体和进行动物实验，提出了经络感传具有普遍、潜在、趋病效应，可激、可控、循经、变异等规律。并根据这些特性应用于临床，结合手法治疗冠心病等408例，疗效有明显提高，同时对治疗疾病的机理进行了探讨。该研究取得了显著成绩。

上海医科大学"药物加强针刺镇痛效应的研究"采用动物的皮肤痛及内脏痛测痛模型，观察24种临床常用药对针刺镇痛的影响，将这些药分为针麻增效药、针麻减效药和无影响药三类。在231例甲状腺切除术中进行了临床验证，选出4种增效药方案。应用多种先进技术进行增效机制的分析，不但找到了增效规律，而且对针刺镇痛原理的研究起到促进作用。该项目对临床针麻选择合理的辅助用药、提高针刺镇痛效果、扩大针麻的临床应用有重要意义。“针麻在颞顶枕区及后颅窝手术中应用的规范化研究”采用优选穴位和针麻增效辅助药物统一配方、统一操作，在536例手术中克服了开颅中镇痛不全的缺点，使针麻手术成功率从75%提高到90%以上，成为颅脑外科手术常规选择性麻醉方法。

(四) 老中医经验整理研究受到好评　重症肌无力是一种世界性难治病，目前尚无特效疗法。广州中医学院“脾虚型重症肌无力的临床和实验研究”继承总结了邓铁涛教授的学术经验，首次应用中医证候频率分析法对233例重症肌无力的58个中医证候作了频率分析，确认了该病病机为脾胃虚损。从补脾入手创立“强肌健力饮”治疗252例，临床治愈47.7%、显效38.5%、好转13.7%，总有效率98.8%。疗效与激素相似，但无副作用。

黑龙江省中医研究院开展的“著名老中医张琪治疗劳淋经验的临床和实验研究”对劳淋(慢性肾盂肾炎、慢性膀胱炎等)的病机提出本虚标实，治以益气养阴兼清热利湿。制成“泌炎康冲剂”，经临床326例验证，近期治愈率82.5%，远期治愈率(6个月)87%，明显高于西药对照组的33.33%和41.18%。

成都中医学院“杵针疗法经验整理研究”整理研究李仲愚老中医十四代家传的独特针灸疗法，编写了《杵针治疗学》，制作了杵针，完成了83例中老年心血管疾病的杵针与针刺治疗即时效应对比观察，两法无明显差异。杵针具有操作简便、无创痛、易为患者接受之特点。

“著名老中医方药中对慢性肾功能衰竭的临床诊治经验研究”、“名老中医何宏邦对慢性萎缩性胃炎辨证施治临床观察研究”等项目均分别获奖。老中医经验整理研究突出中医特色，既体现传统方法，又结合现代科学手段，源于中医发展中医，受到好评。

1991年度的中医药科技进步奖励项目，是在初审与终审会议上经专家评议，无计名投票表决确定的。

(洪　净)

1991年国家中医药管理局科研基金青年及民族医药课题招标工作

1991年国家中医药管理局科研基金青年及民族医药课题的招标已于8月29日完成。这次招标工作，有三个主要特点：一是突出了重点，达到了目的。国家中医药管理局科研基金设立专门项目资助青年及民族医药科研课题的目的是为了培养优秀青年中医药科技工作者，扶持民族医药科研工作，增强中医药科研队伍活力，利于中医药科技工作的长远发展。在评审中，评审专家本着既热情爱护，又严格要求的原则，以必要性、先进性、实用性、科学性、可行性等“五性”为尺度进行了认真评审。专家的评审意见及建议多以鼓励为主，并具有很强的指导性。二是投标踊跃，竞争激烈。全国27个省、自治区、直辖市及国务院部属10个直属单位共465项青年课题投标申请资助，经过评审专家认真遴选评议，52项青年课题获得资助，资助率为11.18%。民族医药课题由国家中医药管理局科学技术司于1990年布置各有关省、自治区中医及民族医药科研主管部门限额申报，经过评审，32项民族医药课题获得资助。第三，在招标的申请、评审工作中，继续运用了全国中医药科技资料统计管理系统及计算机进行辅助处理。各省、自治区、直辖市及国家中医药管理局直属单位的全国中医药科技资料统计管理系统网络信息员对招标工作给予了积极支持，80%以上的地区及单位按时报出了课题数据库计算机软盘，一次合格率较高。在申请、评审中计算机对每项课题的主要信息进行存储、查询、计分、统计并根据需要提取数据或打印报表，减轻了评审人员的劳动强度，提高了工作效率和质量，受到评审专家和管理人员的好评。

（宋春生）

《中华本草》第二次编纂工作会议

《中华本草》编委会第二次编纂工作会议于1991年9月18日至21日在南京举行。《中华本草》品种考证、栽培、药材、药理、药化、炮制、制剂、本草文献与临床应用、本草史、民族药11个专业编委会的主任或其代表、国家中医药管理局负责同志及江苏省卫生厅张华强副厅长等出席了会议。

会议由南京中医学院陈子德副院长主持。宋立人研究员总结了自第一次编纂会议以来的工作情况。他说，《中华本草》编委会在国家中医药管理局的直接领导下，依靠专家们的辛勤劳动，编纂工作已全面展开。第一，各专业编委会分别召开了工作会议，根据专业情况，修改完善了《编写细则》，制定了三年工作计划，布置落实了任务；第二，各专业认真撰写了样稿，办公室进行了统稿和审稿工作，整体质量较好；第三，广泛收集了文献资料，做好撰稿前准备工作；第四，通过多种途径，谋求资金赞助；第五，民族药工作起步虽晚，但进步较快，蒙药分卷已召开二次编撰会议。

国家中医药管理局负责人田景福同志在会上宣布了国家中医药管理局关于加强《中华本草》编撰工作的决定。(1) 为了加速工作运转，减少层次，决定撤销原领导小组及常务编委会；(2) 根据工作需要对编委会进行适当的人员调整，增补朱杰、张洪魁、张瑞祥、陈子德同志为编委会副主任委员，傅世垣、栗福民、王淳同志为编委会委员；(3) 实行正副总编负责制，由宋立人同志任总编，章国镇、徐国钧、谢宗万、凌一揆、王孝涛、肖培根、吴贻谷、肖崇厚、曹春林、李仪奎同志任副总编；(4) 编委会办公室工作委托南京中医学院承担。

会议对《编写细则》和《样稿》进行了再次修改和审定。会议决定：(1) 1992年6月底和12月底之前分别将7—9卷和4—6卷清稿交付编委会办公室；(2)1992年年底前完成7—9卷的统稿编审工作，送交出版；(3) 成立绘图专业组，开始图版的收集绘制工作；(4) 抓好集资工作，制定集资办法，编印集资宣传册，通过各种途径，向海内外有识之士广泛宣传，以谋求对《中华本草》编纂工程以资金上的赞助。

田景福同志指出，我们的工作与党中央弘扬民族文化的号召是完全一致的，国内外热心这项事业的人士也大有人在。尽管我们面临很多困难，但我们充满信心，在“八五”完成这部巨著。

（赵 璐）

国家中医药管理局和坦桑尼亚联合共和国卫生和社会福利部关于继续合作试治艾滋病的会谈

1991年8月26日，中华人民共和国国家中医药管理局副局长同坦桑尼亚首席秘书姆瓦布兰波就中坦双方继续合作试治艾滋病事宜在北京签署了会谈纪要。

根据中坦两国政府1987年5月2日和14日关于合作试治艾滋病的换文和同年6月19日中坦专家小组关于试治艾滋病的双边协议备忘录的规定，自1987年9月以来，共有18名中国中医专家组成员分三批抵达坦桑尼亚。中医专家组成员和坦桑尼亚医务人员为实施两个备忘录做了许多努力，共提交了一个一期进展报告、一个二期进展报告和一个三年临床疗效总结报告。中坦协作组合著的《中医药治疗158例艾滋病》的论文已在1991年10月的北京国际传统医药大会上宣读。双方认为，中坦协作组共同试治艾滋病的合作是积极的和富有成效的。截止到1991年3月，已有260名艾滋病病人用中医疗法进行了治疗，约有半数病人免疫功能好转，部分病人机会性感染得到改善或解除。

双方注意到，试治艾滋病是一项十分艰巨的任务，短时期内难以得出确切的结论。1991年3月，中坦试治艾滋病协作组组长吕维柏教授、副组长姆巴嘎教授曾正式向两国政府建议“签订第三个备忘录，以延长试治艾滋病的年限三年”。双方同意这一建议，中坦合作试治艾滋病的工作再继续进行三年，即从1991年9月19日至1994年9月18日。

双方认为，为了使这项研究工作更加符合国际学术惯例的要求，今后三年的研究设计应该更加周密和完善，包括增加国际公认的检测指标等。双方同意共同争取世界卫生组织和其它国际组织的支持与合作，包括国际组织官员和顾问对该项目的考察、技术指导以及经费的资助等。

（赵　璐）

加强中药新药研究的管理

为了更好地贯彻药品管理法中有关新药审批的规定，本文就中药新药的分类、药物质量、临床研究、临床药理基地任务和新药申报程序等问题综述如下：

王建华认为进行中药新药研制，必须明确研究的中药属于《新药审批办法》规定的五类中药新药的哪一类，因不同类别的中药新药，申报资料项目手续各不相同。在设计中药新药方时，不能随意组方，要遵循中医药理论，申报资料时，必须有方解。另外，中药新药研制时，必须首先确定所用药材的品种，挑选“道地药材”。同时，要根据药物的特性，重视药物的贮存、保管的条件，以提高研制质量。工艺研究除传统工艺外，要结合现代研究的认识，不断提高工艺水平。中药制剂的工艺必须改革，剂型必须多样。中药新药要制定新药的质控标准，药厂必须对质控标准高度重视。王氏还强调中药新药的药理、毒理研究是保证新药安全有效的重要手段，也是审批新药进行临床研究的科学依据。药理、毒理研究，包括药效学研究和毒理学研究。毒理学研究着重于急性毒性试验、长期毒性试验和特殊毒理研究。高益民提出，要认真做好中药新药的临床试验设计。中药新药的临床试验，一定要以中医药的理论体系为指导，不能生搬硬套西医药的模式。在临床试验设计中，要抓好病例的选择、试验的方法和疗效的评价三个关键环节。对受试者的选择要确保足够的数量和质量；采取严谨的试验方法，必须严格执行对照、随机分组的原则与合理选择对照药物；要客观评价疗效，就应该制定严格的疗效标准，采用定量效应指标，不能盲目追求有效率。杨甲禄指出，中药临床基地的建立与发展，可使中药的临床研究逐步走向标准化和科学化，提高中药临床研究水平。临床基地的主要任务是：承担中药新药的临床试验和验证、考察新药的疗效和毒副反应；负责制定临床研究计划和技术咨询；负责起草各类药物的临床试验指标和评价原则等。黄世湘指出，中药新药研究送审申报程序是：研究单位选题后，请有关药品审评委员和专家进行论证，向卫生厅报研究计划，根据新药类别规定进行临床前各项研究；研究结束后，资料打印送卫生厅20套，由卫生厅转给委员审查，委员书面意见由卫生厅反馈给研究单位，研究单位根据意见修改、补充和解释；由审评会讨论是否通过上临床，一般四、五类新药安排在省临床基地医院进行临床验证，一、二、三类由卫生部安排临床试验；新药临床试验结束后，召开审评会或资料给有关委员审查后报卫生部申请投产，一、二、三、四、五类新药投产都由卫生部审批。

（张玉萍）

七、教育管理

中医药教育概况

1991年中医药教育工作按照自身的规律和特点，着重抓了深化教育改革，加强宏观管理，扩大教育功能，主动适应社会需求。

（一）深化教育改革，优化教育结构　首先从高等教育改革试点入手，探索中医院校培养模式。选定上海、成都中医学院进行改革试点。上海中医学院的重点是开展以主动适应社会需求，加强学生实践能力培养为核心内容的教育改革。成都中医学院的改革目的是解决如何为农村基层培养应用型人才

其次，优化教育结构，重点调整办学层次。主要做了以下工作：

1. 配合国家教委对中医院校开办七年制中医专业进行论证，并在北京、广州、上海三所中医学院先行试办，目前已经招生，这标志着中医高等教育层次的逐步完善，为培养高层次中医药人才奠定了基础。

2. 论证开办中医专业第二学士学位教育，吸收更多有志于中医药事业的其它人才学习、研究中医药，促进学术的发展。

3. 积极发展专科、中专教育，为农村基地培养人才增加专科招生比例，扩大中专招生规模，注重提高学生的实际技能。至1991年底中医药专科在校学生已达本、专科总数的16.3%。中专在校生35310人，本、专科与中专在校生比例达到1:1。在发展普通中医药中专的同时，还开办了16所职业技术学校，直接为农村培养人才。

通过调整，使中医药教育结构，逐步趋于合理。

（二）加强宏观管理，促进内涵建设　1991年中医药教育在完善机构建设的同时，重点加强管理和内涵建设。强化高等中医教育的宏观控制手段，会同国家教委制定下发了本科中医学专业课程基本要求，其它专业课程基本要求正在制定之中，使中医药专业课程的教学要求和质量逐步标准化。抓专科教材编写，完善专科教育自身建设。中专教育贯彻国务院《关于大力发展职业技术教育决定》的精神，结合国家教委部署的中等专业学校合格评估，依据中医中专办学的特点和要求，决定在中等中医药学校开展达标建设计划，《实施方案》已初步制定。这将有效地加强中等中医药学校的建设，改善办学条件，在全国建立一批起示范和骨干作用的中医药学校。成人教育重点抓了岗位培训和继续教育，整顿加强现有中医药培训基地，制定管理办法，落实培训任务。中医专业自学考试在加强专科管理的同时，已有3个省市被批准开考本科。《中药专业课程考试大纲》业已编写、审定完毕，目前正在筹备开考。另外，中医药研究生教育、本科、中专和成人教育办学水平评估系列方案正在制定。

（三）重视政治思想工作，把德育放在首位　1991年在思想政治方面，重点抓贯彻落实"教育必须为社会主义建设服务，教育必须同生产劳动相结合，培养德、智、体全面发展的社会主义建设者和接班人"的教育方针。分别在福州和佳木斯召开了全国高、中等中医药院校思想政治工作研讨会，总结交流经验，明确思想政治工作在学校工作中的地位，着重研讨了如

何结合中医药专业教育，开展教书育人活动，从而教育学生认真学习专业知识，树立全心全意为人民服务的思想和共产主义人生观。

（四）抓师承教育管理，确保培养质量　为加强中医药师承教育的管理，根据人事部、卫生部、国家中医药管理局（90）3号文件精神，设立了“老中医药专家学术经验继承工作办公室”，负责管理工作。并于6月份在江西省庐山召开了全国中医药继承工作座谈会，总结交流了各地工作情况和经验，研讨了存在的问题，布置了今后的工作。会后，对各地上报的《继承协议书》进行了严格审核，确认指导老师462人，继承人725人。同时，制定颁发了《老中医药专家学术经验师承工作管理考核暂行办法》和《阶段考核表》，并举办了第一期有奖征文活动，评出优秀论文60篇。使这项工作基本做到了人员到位、措施配套、经费落实。

（五）开展针灸水平考试，扩大对外教育　为适应世界各国对中医药和针灸的需求，成立了针灸考试委员会，颁布了考试办法、考试大纲等有关文件，以加强管理，确保质量，并于10月22日至25日进行了第一次国际针灸水平考试，148人参加了考试。同时，加强北京、上海、南京三个国际针灸培训中心的管理，调整培训层次，扩大培训任务。为发展对港、澳、台地区和国外的中医药教育，还在厦门市设立了“国家中医药管理局厦门国际培训交流中心”。这将进一步促进中医药的对外交流。

（李安邦）

高等中医教育综合改革试点工作

为使高等医药教育主动适应社会需求，培养急需的临床应用型人才，国家中医药管理局确定上海和成都中医学院为全国高等中医教育综合改革的试点院校。

上海中医学院的综合改革试点工作是开展以主动适应社会需求，加强实践能力培养为核心的改革，与此同时进行校长负责制、人事、工资等管理制度的改革。其主要方式是建立社会参与教育，教育主动适应社会需要的开放型办学管理机制。实行导师制，开展通、专才相结合，建立起培养临床应用型人才的新模式。在教学内容、教材、课程设置方面的相应改革措施均是与培养临床应用型人才相配套，逐步摸索建立新的中医课程体系。

成都中医学院的改革重点放在如何为农村培养应用型人才方面，其主要内容是从改革招生制度入手，招收有实践经验的中医药从业人员，通过改革旧的教学模式，吸取师承教育长处，采用导师制，定向培养，使学生早临床、多临床。通过由理论—实践—理论—再实践的方法，在招生、培养、分配等各个环节上，始终围绕为农村培养应用型人才这个中心进行相应改革。

以上两所学校改革的共同点是增强高等中医教育的社会适应性。上海属城市型，成都则以面向农村为主，这样两种典型改革试点取得初步经验后，则可在全国加以推广，从而带动中医教育改革的深化与发展。

（于永杰）

老中医药专家学术经验继承工作

根据人事部、卫生部、国家中医药管理局《关于采取紧急措施做好老中医药专家学术经验继承工作的决定》，1991 年全国的继承工作全面开展。在管理方面主要做了以下几方面的工作：

1．为了加强对全国继承工作的管理与协调，国家中医药管理局设立了老中医药专家学术经验继承工作办公室，负责日常工作。

2．根据两部一局的《决定》和《实施细则》，严格掌握文件规定的导师和继承人条件，国家中医药管理局对继承协议书进行了审核备案，保证了继承工作的高起点水平。

3．国家中医药管理局于 1991 年 6 月 21 日至 24 日在江西庐山召开了全国继承老中医药专家学术经验工作座谈会，国家中医药管理局朱杰副局长、江西省陈癸尊副省长到会并作了重要讲话。会议对前段全国的继承工作情况进行了总结，与会代表交流了各地继承工作的经验和存在的问题，研讨了如何加强继承工作的管理及保证继承质量问题。

4．制定下发了《国家中医药管理局老中医药专家学术经验继承工作管理考核暂行办法》。

5．国家中医药管理局继承工作办公室与中国中医药学会联合举办了老中医药专家学术经验继承工作阶段有奖征文活动。1991 年度征文内容是中医药专家治学方法与治学经验。有 60 篇优秀论文获奖。

（徐皖生）

《中医学研究生教育和学位授予质量评估方案》制定工作

为提高研究生教育质量，主动适应社会主义建设和中医药事业发展的需要，根据国务院学位委员会第六次、第九次会议精神和国务院学位办的工作安排，我局决定开展对研究生教育的质量检查工作。并为此组织制定了《中医药研究生教育和学位授予质量评估方案》，几经各方面专家论证修改，现已基本定稿。整套方案遵从研究生教育的规律与特点，基本反映了中医药研究生教育与学位工作要素，既有较强的科学性，又具有可操作性，同时其指标体系的信度和效度也有切实保障。这套方案将配合整个研究生教育质量检查工作，于 1992 年开始试行实施。

（于永杰）

试办七年制高等中医教育

为了进一步完善我国高等医学教育的学制，主动适应中医药事业改革和发展的需要，经国家教育委员会批准，自 1991 年秋季开始试办七年制高等中医教育。培养理论基础和实践能力达到硕士水平的高级中医专门人才。根据各申请试办学校的实际办学条件，经国家教委研究决定，在北京、上海、广州中医学院试办七年制中医学专业。三校年招生人数分别定为：北京中医学院 20 人、上海中医学院 25 人、广州中医学院 20 人。

为了保证教育质量，促进高等中医教学改革，国家教委高等教育司修订颁发了《七年制中医学专业基本规范》，对专业培养目标、专业培养要求、主干学科、主要课程、修业年限、授予学位及主要分配去向作了明确的规定。

为了充分做好试办七年制高等中医教育的准备工作，确保教学工作的顺利进行，国家教委高等教育司与国家中医药管理局人事教育司于1991年8月在北京联合召开了“试办七年制高等中医教育准备工作汇报会”。会议听取了试办院校的工作汇报，并围绕七年制高等中医教育培养目标的特点，依托综合大学强化自然科学与人文社会科学基础课程教学的任务和确保质量严格管理等问题进行了讨论，并取得了一致意见。

（郑守曾）

北京针灸骨伤学院取得学士学位授予权

北京针灸骨伤学院于1986年3月经国家教委批准建立并开始招生，经过五年建设，已基本达到《普通学校设置暂行条例》有关标准。国家中医药管理局依据《中华人民共和国学位条例》、《中华人民共和国学位条例暂行实施办法》和《国务院学位委员会关于审定学位授予单位的原则和办法》，制定了评审指标体系和办法，组织专家评议组对北京针灸骨伤学院进行了评审工作。

经过对学校总体条件和办学水平的综合考察及所开设的针灸、骨伤专业的评审，认为北京针灸骨伤学院的办学条件与教学水平合格，特别是应届本科毕业生政治素质较高，学习成绩优良，较好地掌握了本门学科的基础理论、专门知识和基本技能，具有从事教学、科研和医疗的能力。据此，专家评议组一致同意北京针灸骨伤学院列为学士学位授予单位。1991年7月8日，国务院学位委员会和国家教委联合发布学位〔1991〕14号文件，批准北京针灸骨伤学院为学士学位授予单位。

（于永杰）

专科中医学专业教材建设

国家中医药管理局人事教育司1991年6月在成都召开全国中医专科教材建设第一次工作会议，部署专科中医学专业教材编写工作。会议强调要以促进中医药专科教育改革进一步深化为目的，立足于专科教学领域的改革，搞好专科教材建设。中医专科教育教学领域改革的重点，是要从根本上改变本科压缩型的教学模式，按照专科教育的服务方向和培养目标，改革专科教育的课程体系结构，精选课程教学内容，注重临床动手能力的培养。特别强调要在抓好课程体系结构调整的基础上编写出质量较高的专科教材。

按照会议确定的以临床为中心，基础课为临床课服务；适当加强西医基本知识的传授与基本技能的训练，给予必要的卫生防疫知识等原则，国家中医药管理局人事教育司制定下发了“专科中医学专业主要课程设置方案”。并组成了专科中医学专业主要课程教材编审委员会和各门教材的编写委员会。

1991年11月国家中医药管理局人事教育司在陕西咸阳召开全国专科中医学专科教材建设第二次工作会议，参加会议的有编审委员会全体委员与部分教材副主编，对17门主要课程的“课程基本要求”、“教学大纲”和教材“编写提纲”进行了认真审定。并探讨了提高教材编写质量，加强教材建设管理的思路和措施。强调要坚持教材科学性与适用性的辩证统一，着重解决教学适用性方面存在的问题，要从课程总体结构的优化出发，确定每门课程的教材内容，避免不必要的重复，处理好后期课程教学内容的衔接。同时必须加强教材建设的约束机制，强化质量控制，建立质量保证系统，调动学科专家和管理专家两方面的积极性，指定审定人，对教材质量严格把关。会议对下一阶段工作进行了部署，拟于 1992 年暑期召开教材定稿工作会议。

（郑守曾）

面向农村，深化中等中医药教育改革

1991 年中等中医药教育在加强学校建设的同时，将重点转移到如何面向农村，深化教育改革，培养实用型人才。

（一）调整结构适应农村需要　过去中医药学校都是单一的全日制普通中专类型，专业结构不合理，只有中医、中药两个专业，从而导致农村其它专业人才奇缺。因此，必须对中等中医药学校的类型结构和专业结构进行论证和调整。首先在发展普通中等中医药学校时，注重增加中医护校、中药、针灸推拿学校。在少数民族地区开办民族医药学校。建立 17 所中等中医药职业技术学校和 7 所中医药职工中专学校，有 46 所卫生学校设置了中医药专业。其次在专业建设方面，除论证、修订了原有专业外，增设了中医护士、针灸医士专业，各地还试办了一批中医骨伤等农村急需的短缺专业，改变了过去办学的单一模式和类型。1991 年全国各类中等中医药学校招生 10752 人，毕业 8356 人，在校学生 35310 人。

（二）改革教学提高实际技能　农村需要什么样的人才？具备什么样的知识结构？通过大量的社会调查，我们了解到农村基层由于中医药人员不足，加之经济条件等原因，分配到那里的中医学校毕业生，不可能立即送出进修提高。同时，农村卫生机构人少，承担的医疗保健服务面广，任务重，要求培养人才具有适应性广，动手能力强。因此，我们组织修订制定了各专业的教学计划和教学大纲。提出了中等中医药教育要坚持“两个突出，一个面向”，即突出中医特色，突出中专特点，面向农村基层培养人才的办学方向，并改革了教学内容。第一，根据各个专业的不同特点，对原教学计划的课程结构进行了大的调整。压缩或取消了部分理论课和经典著作的学习，减少课程门数，压缩周学时。同时，增加实践性教学和农村常见危急重病的中西医抢救内容；加强阶段和课间见习，延长毕业实习时间。第二，注意吸收新的科研成果和民间有效的治疗方法，改变了书本与应用相脱节的现象，使学生能学以致用，有一定的独立诊治疾病能力。第三，采取后期分化、专科定向实习、定向培养的方式，加强学生在某一方面的技能训练，使学生在掌握本专业的一般知识、技能的同时，侧重学习某一专科的理论和技能。

（三）改革招生分配制度　几年来，我们在中医药学校广泛开展了定向招生、定向培养、定向分配工作、对老少边穷地区采取适当降低分数线的办法，把一些考分稍低，素质较好的学生录取到中医药学校学习。毕业后，回原地区从事中医药工作。近几年，中医药学校毕业生有 80%分配到县及县以下中医、卫生机构工作，有的专业如中医士，90%分配到区、乡级医疗机构工作。中医药职业技术学校全部招收农村户口的初、高中毕业生，统一入学考试，毕业后成绩合格者发给毕业证书，承认学历，不包分配，不转户口，回原乡、村从事中医药工作。通过这些改革，疏通了人才流向农村的渠道，改善了农村中医药队伍的结构，为农村基层培养了一大批下得去、留得住、用得着的中级中医药人才。

（濮传文）

局属中等中医药学校合格评估情况

根据国家教委〔1991〕1号文《关于开展普通中等专业学校教育评估的通知》精神，以及有关教育评估工作的部署，国家中医药管理局组织对两所局属附设性中专学校——中国中医研究院卫生学校、广州中医学院附属中医药学校(以下简称“两校”)进行了合格评估，并于1992年1月10日完成这项工作。

合格评估是对学校基本办学条件和教育质量的评估。为搞好这次评估，根据教委要求，局人事教育司（教育）于1991年7月组织起草小组，参照国家教委关于中专学校建设的条例、规定、办法、《中专学校评估目标体系》，以及卫生部、国家中医药管理局颁发的中等中医药专业教学计划、教学大纲、专业建设标准等文件，结合“两校”的实际情况，制定《国家中医药管理局局属普通中等中医药学校合格评估目标体系》（以下简称“评估体系”），分五大类、38项指标。经试评、广泛征求意见及反复修改，于10月底定稿并下发“两校”。

“两校”分别在广州中医学院、中国中医研究院领导支持下，组成自评小组，依据《评估体系》，对本校的情况逐项进行了自查自评，于11月15日完成自评工作，并写出自评报告和《合格评估报告表》。为了全面核实、检查“两校”的合格评估情况，进一步了解存在的问题与差距，促进学校今后的建设与发展，由局人事教育司（人事、教育）、综合计划司，中国中医研究院、广州中医学院的领导及“两校”校长组成的复评小组，于1991年12月19日开始对“两校”进行复评。

复评小组分成两组，依据学校自评报告和《评估体系》，本着从实际出发、实事求是的精神，通过召开座谈会、查阅有关教学的文件、档案、资料及实地察看等方式，分别对学校的领导班子、教学队伍、教学与生活设施、规模经费、教育与管理质量的各项指标逐项进行了认真的核查、评分，然后再进行综合评议，形成对学校的评估结果、结论与情况报告。

复评结束，复评小组向有关方面报告了复评结果：中国中医研究院卫校复评得分54.37分，即缺乏基本办学条件，必需充实和加强；广州中医学院附属中医药学校复评得分72.52分，即具备了一定的办学条件，为基本合格学校。

通过合格评估的开展，有关部门领导及复评小组对“两校”的办学条件有了一个较全面的了解，一致认为“两校”与国家规定的标准还有较大差距，如不尽快改善办学条件，将会直接影响学校的发展和办学水平。

复评结束后，大家还就学校存在的问题进行座谈，提出许多切实可行的建议，这将对两所局属中专学校今后的建设与发展起积极作用。

（许云秋）

首届全国中等中医药学校思想政治工作研讨会

首届全国中等中医药学校思想政治工作研讨会于1991年8月3日至6日在黑龙江省佳木斯市召开。30所中等中医药学校的党委、团委书记和学生科的同志近50人参加了会议。交流论文30篇。会议对十一届三中全会以来，特别是近一时期中医药学校思想政治工作所取得的成绩和经验教训进行了认真总结；交流了各校在开展思想政治工作中所采取的有效措施和好的做法，并就新时期学校思想政治工作的地位、作用、内容和方法进行了深入的研讨。大家一致认为，中医药学校思想政治工作必须抓好四个方面：

1．坚持社会主义办学方向。认真贯彻落实"教育必须为社会主义建设服务，教育必须同生产劳动相结合，培养德、智、体全面发展的社会主义建设者和接班人"的教育方针。把德育放在首位，重视德、智、体、美、劳的全面实施。

2．明确思想政治工作在学校工作中的地位，充分发挥党组织的政治核心作用。把思想政治工作贯穿到学校的一切工作中去，建立一支强有力的政工队伍。

3．开展教书育人活动。把思想政治工作与专业教育结合起来，坚持不懈地进行四项基本原则和国情教育，让学生了解中国的近代、现代历史，增强他们的民族自豪感和自信心。通过深入开展五讲四美三热爱的活动和学习英雄模范人物的事迹，激励学生认真学习专业文化知识，树立爱国主义、集体主义及共产主义人生观；树立全心全意为人民服务的思想，自觉自愿到农村基层去工作。

4．开展多种形式的校园文化活动，丰富思想政治工作的方式、方法，寓教于乐。把思想政治工作溶于学生愿意接受的形式之中，通过业余党校、团校、社会实践、读书会、思想健康的文艺生活等活动，提高学生思想政治素质和辨别是非能力，从而自觉地抵制资产阶级自由化思潮和腐朽落后的东西侵袭。

在这次会议上，代表们还从心理学、伦理学和法律等方面交流了学校开展思想政治工作方面的经验。

（濮传文）

中国国际针灸考试委员会成立

由陈佑邦主任医师担任主任委员的中国国际针灸考试委员会（以下简称委员会）于1991年3月7日正式成立。委员会是在国家中医药管理局领导下，指导和监督国际针灸专业人员水平考试机构，主要任务是保证针灸专业人才质量检验的科学化、标准化程度，根据国家有关规定，审议国际针灸专业人员水平考试办法、条例、审定考试大纲，并报国家中医药管理局批准实施。委员会由中国从事针灸专业基础理论和临床教学工作的专家30人组成，其常设执行机构是中国国际针灸考试中心（以下简称中心）。中心的主要任务是开展日常工作，负责对外联络并组织实施考试。

开展国际针灸专业人员水平考试的主要目的是，衡量应考者在针灸理论和临床实践上所达到的水平，作为应考者判断自己业务水平的标准。同时，也可为其所在国家或地区的卫生行政主管部门或学术组织衡量其针灸专业水平的参考依据。通过考试，使针灸教育与考试逐步走向标准化、规范化，以提高国际针灸专业人员的业务素质。首次国际针灸专业人员水平考试于1991年10月22日至25日在京举行，共有148位考生参加了考试，考生来自加拿大、新西兰、香港、台湾等国家和地区。

（郑守曾）

高等教育自学考试中医中药专业考试进展

高等教育自学考试是个人自学、社会助学和国家考试相结合的一种新的教育形式，是我国社会主义高等教育体系的一个组成部分。而开展中医中药自学考试，其目的是为了继承和发扬祖国医药学，振兴中医药事业，提高现有中医药人员的业务水平，适应人民健康的需要。

高等教育中医专业自学考试，自 1985 年在北京、天津、上海、辽宁、四川五省市试点以来，至今已有 25 个省、自治区、直辖市开考。参加考试人员之多是其它专业不能比拟的，如河南、山东等省报考人数多达五、六千人。广大在职中医人员通过数年的艰苦学习，不但能正确地运用中医学的基本理论、基本知识、基本技能和（必要的）西医学知识，对常见病进行辨证论治，而且还可对一些急重症进行处理，分析和解决问题的能力均有所加强。根据中医事业的发展需要和广大中医专科毕业生的要求，在全国考委支持下，我们完成了中医专业本科段五门课程考试大纲的审定工作。被批准开考中医本科的有天津、上海、江西三省市。还有部分省在积极准备开考。

1987 年，黑龙江省率先开展了高等教育中药专业自学考试，以后又有北京、河北、山西、辽宁、吉林、山东、浙江、安徽、湖北、湖南等省市开考，但由于没有全国统一的自学考试计划和课程自学考试大纲，使自学考试质量规格无法保证。1991 年以来，受全国考委委托，我们先后组织两次会议，修订了高等教育自学考试中药专业考试计划，国家教委已正式颁发试行；随即又组织编写出中药专业课程考试大纲并通过审定，预计 1992 年一季度将出版发行。

实践证明，高等教育中医中药专业自学考试，是一种培养在职人员的有效途径。首先，自学考试制度社会信誉高，可以保证考试质量；第二，自学考试学习不全脱产，在职人员便于参加；第三，自学考试花费较少，深受广大在职中医药人员的欢迎。中医中药自学考试目前存在的主要问题为：

1．组织协调问题。根据国家颁布的自学考试计划规定，中医中药专业报考对象限在职人员，其宗旨为提高在职人员素质。而在执行过程中，个别地方随意扩大范围，面向社会开考。除自考部门的原因外，与中医（卫生）行政部门坚持条件不够也有关系；还有一个不容忽视的问题是，一些省份由于中医药管理体制未理顺，在开考中药专业时彼此协商不够，影响到该专业的正常考试。由此可见，各省开考中药专业时，有必要协调好中医(卫生)、医药部门之间的工作。

2．实践（实验）环节问题。中医、中药专业有一个共同特点，即实践（实验）环节很重要。此环节对确保人才规格、考试质量具有重要的作用。必需强调，要选择基础条件好，教学力量较强的县级以上中医院做为中医自考后期实践场所，获得主治医师职称的考生必须参加临床考核；要坚持"中药实验由主考学校组织进行"的规定，实验课要尽可能安排在主考学校内，非经主考学校同意，不能放在应考者所在单位或其它部门进行。实验考核通过后，主考学校核评成绩，方可发给该门课程单项合格证书。

（赵来玺）

八、其他管理

中医药救灾防病工作

今年夏季，我国河南、安徽、江苏、湖北、贵州等地先后出现了历史上罕见的洪涝灾害，主要灾区中医药单位的直接损失约 1.2 亿元。灾区中医药工作者在自身受灾的严重困难面前，奋起抗洪，全力救死扶伤。为了确保"大灾之后无大疫"，全国中医药行业在国家中医药管理局和各级人民政府的领导下，积极参与了救灾防病工作。

7 月 19 日，国家中医药管理局救灾防病领导小组成立。7 月 12 日和 7 月 19 日，国家中医药管理局接连发出紧急通知，要求全国中医药战线的干部职工立即全力投入到抗洪救灾的工作中去。7 月 19 日至 27 日，国家中医药管理局副局长朱杰率工作组赶赴安徽、江苏灾区开展工作。7 月 24 日，朱杰副局长在《人民日报》上发表题为《简便灵验，防病救灾》的文章，介绍灾区医务工作者和群众运用中医药互救、自救的经验。国家中医药管理局有关部门负责人也多次深入灾区工作。

根据李铁映国务委员关于"有针对性地让群众普遍服药（包括中医大锅汤）"的指示精神，以及陈敏章部长关于救灾防病工作要注意中西医结合、土洋结合的指示精神，7 月 22 日上午，国家中医药管理局邀请在京著名中医药专家为灾区献方献计，与会的施奠邦、王绵之、关幼波、朱仁康、印会河、赵绍琴、刘弼臣、宋孝志等八位老专家就灾区出现和可能出现的肠炎、痢疾、流感、肝炎、流脑、伤寒、红眼病、皮肤溃疡、湿疹、小儿麻痹症等疾病的防治及清洁饮水措施，共献简验方 36 个。

国家中医药管理局对安徽、江苏两个重灾省拨出中医救灾专款各 30 万元，中国药材公司也对两省的中药仓库、网点一次性补助拨款各 20 万元。中国药材公司对安徽、江苏、浙江、湖南、湖北、河南、江西、海南等灾区紧急调拨了一批贵细药材，以支援灾区安排好中成药生产，做好防病治病工作。主要计有：麝香 3.5 公斤，血竭 300 公斤，广角 35 公斤，天竺黄 130 公斤，海马 70 公斤，马钱子 200 公斤，犀角 1 公斤，沉香 140 公斤，天然牛黄 2 公斤，胡黄连 500 公斤，大海子 2000 公斤，天仙子 100 公斤，毕拨 100 公斤，玳瑁 10 公斤，青贝 500 公斤，六神丸 1 万瓶。全国各地先后开展了支援灾区中医义诊活动，国家中医药管理局号召 8 月 5 日为"全国中医义诊日"。在各种形式的中医义诊活动中，共为灾区募款百余万元。在为灾区捐款捐物活动中，仅国家中医药管理局局机关及在京直属单位就共为灾区捐款 192952.19 元人民币、1100马克和 3532.5 斤全国粮票、100斤北京市粮票，捐衣被 41241 件。

8 月 13 日至 10 月 15 日中国中医研究院和北京中医学院所属单位向河南省驻马店地区的新蔡、正阳两县派出救灾防病医疗队，共计 3 批 6 个队 42 人次。医疗队克服种种困难，在当地共诊治患者 52500 多人次，培训医务人员 1400 多人次，还采取多种形式宣传救灾防病知识，受到灾区干部、群众的一致好评。11 月 2 日国家中医药管理局做出决定，对赴灾区医疗队的工作给予表彰，并号召全国中医药行业向赴灾区医疗队学习。

中医药以其简、便、灵、验的特点在抗洪救灾防病工作中发挥了重要作用。灾区许多中医药人员用民间传统土办法防病治病，十分有效。如辣蓼泡水外洗治疗皮肤病，在耳尖或太阳穴针刺放血治疗红眼病，用“刮痧”或针刺尺泽放血防治中暑，用地锦草、铁苋菜、马齿苋、大蒜防治细菌性痢疾等。这些办法的好处是可以就地取材，少花钱或不花钱也可以防好病、治好病。另一个好处是，不等待和依赖，可以立即自救互救，不致因药品短缺而束手无策。中医药在救灾防病工作中所表现出的特长和优势，为今后开展这方面工作提供了宝贵的经验。

（杨　锐）

中医药行业全国性社会团体管理工作

为了加强对全国性社会团体的管理，根据国家有关规定，1991 年国家中医药管理局对中医药行业的全国性社会团体进行了清理整顿和复查登记的业务审查工作。此前，国家中医药管理局曾于 1990 年 8 月向全行业发出通知，以书面形式对中医药行业的全国性社团综合情况进行了调查。通过调查，基本掌握了中医药行业全国性社团的数量、分布、类别、活动情况等。在此基础上，按《社会团体登记管理条例》和有关要求，国家中医药管理局对这些社团的宗旨、任务、组织机构、人员构成、资金状况、工作开展情况等进行了审查，对符合国家有关规定的社团，准予其到民政部办理重新登记手续。截至 1991 年底，经国家中医药管理局审查同意并到民政部办理重新登记手续的中医药全国性社团有：世界医学气功学会、中国中药企业管理协会、中国保健食品协会、全国中药经济研究会、世界针灸学会联合会、中国民间中医药研究开发协会、中国中医药研究促进会、东北针灸经络研究会。此外，中医药行业的中华全国中医学会（1992年 1 月 1 日起更名为中国中医药学会）、中国针灸学会、中国中西医结合研究会经中国科协审查后，也已办理了重新登记手续。这次清理整顿理顺了社团的归口管理关系，整顿了社团的秩序，端正了办会思想，完善了社团的自身建设。对于没有经国家有关主管部门批准成立，而擅自开展活动的全国性社团都将视为非法。

（杨龙会）

全国中医药政策法规研讨咨询会

国家中医药管理局政策法规司于 1991 年 6 月 28 日至 7 月 3 日，在安徽省黄山市召开了“中医药政策法规研讨咨询会”。来自四川、广东、上海、天津、浙江、江西、贵州、安徽、山东、吉林、黑龙江、陕西、江苏、北京、湖北等 16 个省市的中医管理局局长、卫生厅中医处处长及有关负责人和中国药材公司、中国中医药报的负责同志共 30 人出席了会议。

国家中医药管理局副局长朱杰同志在会上指出：我们面临的一些问题既有客观因素，也有主观因素。当前，我们的紧迫任务之一，就是建立健全中医药法规。只有立法，中医药事业才有保障，才能按照中医药自身的特点去发展。田景福同志在会上回顾了近百年来中医药事业发展的艰辛历程和一些国家传统医学衰亡的教训，分析了建国以来中医药工作正反两方面的经验教训和党的十一届三中全会以来中医药工作的成就及存在的问题。

会上，代表们经过讨论，大家比较一致的意见是：《宪法》中关于“发展现代医药和传统医药”的规定，是发展中医药事业的法律依据；“中西医并重”是我们卫生工作的基本方针之一；"继承、保护、扶植、发展中医药"是我们党和政府的中医药政策。怎样才能做到"中西医并重"．大家提出了比较一致的看法，即在政治、社会、管理体制上应体现"并重"；在支撑条件上体现"并重"；在中医药自身学术发展和科技进步上要体现"并重"；在维护全国人民卫生保健的作用上体现"并重"。

这次研讨咨询会对《中医药振兴条例》（送审稿初稿）进行了逐字逐句地修订。同时，委托四川、广东两省中医管理局各提出一个《中医药振兴条例》草稿。然后，三稿合一，争取年内报送国务院。此外，还起草了"国际传统医药大会"开幕词，并对《中国卫生改革发展纲要》中关于"中西医并重，振兴中医药"等有关内容进行了充实修改。

与会代表一致认为，这次会议时间短、收效大、议题简要、重点突出、分工明确，取得了圆满成功。这样的会议希望年年召开。

（许志仁　赵丽娜）

中医药法规建设的新进展

1991 年，中医药法规建设工作进一步打开了局面，在法规的起草、制定、修改等方面都取得了一定的成绩，为中医药以后的发展打下了一定的基础。

（一）调整思路，起草修改《中医药振兴条例》　1991 年，我们在原有工作的基础上，对《中医药振兴条例》做了较大程度的修改。调整了起草《中医药振兴条例》的指导思想、立法目的和具体框架思路。吸取了有关部委和一些法律专家的意见，五易其稿。草拟了《中医药振兴条例》的起草说明，使整个条例草案在整体上趋向成熟。现已由局办会议通过，即将报送国务院讨论，力争在 1992 年下半年付诸实施。

（二）维护企业权益，参加对《中药品种保护条例》的制定　根据中央领导的指示精神，为了更好地适应中药事业的发展，1991 年 4 月，由国务院法制局、卫生部、国家中医药管理局联合成立了《中药品种保护条例》起草小组，就中药保护的内容及形式问题，进行了多次的立法调研和论证。在此基础之上，草拟了《中药品种保护条例》草稿，现正在进一步修改之中。

（三）协调关系，对有关政策法规草案进行了修改　根据 1991 年 7 月国务院秘书长协调会议的意见，国家中医药管理局与国务院法制局、国家医药管理局三家联合对《药品生产经营管理条例》进行了修改，已正式上报国务院。同时，在充分调查研究的基础上，对《医疗机构管理条例》进行了充实完善，使其更符合全国中医医疗机构管理的实际，现正在待批中。

（四）一批新的部门规章颁发　为适应当前中医药工作的形势和要求，结合中医药工作的实际，1991 年国家中医药管理局制定了《中医药科学技术成果登记管理办法（试行）》、《中医药档案管理暂行办法》等部门规章 8 个，以局名义正式颁发全国施行。这是中医药管理工作向法制化轨道迈进的新的一步。

（许志仁　朱　桂）

制定中医药系统"二五"普法规划

为了巩固和发展第一个五年普法工作的成果，不断适应社会主义建设和社会主义法制建设的要求，根据党中央、国务院中发〔1990〕20号文件批转的《关于在公民中开展法制宣传教育的第二个五年规划》和1991年3月2日全国人大常委会通过的《关于深入开展法制宣传教育的决议》的要求，结合中医药工作的实际，国家中医药管理局制定了1991年至1995年《关于在中医药系统开展法制宣传教育的五年规划》。经中共中央宣传部、司法部审批同意，印发各省、自治区、直辖市的中医药管理部门及局各直属单位。

此次普法的指导思想是围绕党和国家的中心工作，紧密联系中医药工作的实际，坚持不懈地把法制教育引向深入。规划要求中医药行业各级领导干部和各企事业单位全体中医药人员和职工、中医药院校的在校学生应有计划、有步骤、分层次地组织起来学习宪法和有关基本法律，学习与中医药行业工作相关的法律和法规，进一步提高广大干部及中医药工作者的法律意识和民主意识。规划从1991年开始实施，到1995年底结束，分三个步骤进行。从准备工作入手，安排好教材，制定出具体实施办法。思想发动，广泛宣传，培训宣传骨干，健全宣传队伍，把法制教育的规划、内容、对象、组织措施、制度、考核落到实处。做到法制教育经常化、制度化、系统化，并按标准组织对干部和单位的考核、验收。

法制教育要始终坚持理论联系实际、学法用法相结合的原则。围绕医疗、教学、科研和中药生产经营的实际，因人、因地制宜，采用多种形式进行自学、辅导。发挥各种宣传舆论工具的作用，加强组织领导，实行党政监督，建立汇报制度，以确实保证普法工作的深入进行。

（朱　桂）

首届中药行业贯彻行政诉讼法与普及法律常识厂长、经理培训班

为更好地将法律知识和企业的生产、经营活动紧密地结合在一起，由国家中医药管理局政策法规司和中国中药企业管理协会联合主办的首届全国中药企业贯彻行政诉讼法与普及法律知识厂长、经理培训班于1991年10月28日至11月1日在南京举办。来自全国15个省、市的37位中药企业的厂长、经理及负责同志参加了学习。

国家中医药管理局有关领导在开幕式上作了重要讲话。他介绍落实中医药系统普法规划的步骤和措施，强调了学法、用法的重要性及运用法律手段维护企业合法权益的深远意义。培训班聘请了法学界的知名教授进行授课。在短短的五天时间里，学员们学习了行政诉讼法、合同法、商标法的有关知识，并结合企业的实际，向专家们进行了咨询和讨论。培训班自始至终充满着学法、用法的气氛。学员们普遍反映，这次授课实践性强，具有较好的实用性，无论是对自己，还是对企业都将起到很大的促进作用。闭幕式上，主办单位向学员们颁发了结业证书。

（朱　桂）

国家中医药管理局成立行政复议办公室

国家中医药管理局于1991年5月6日成立行政复议办公室。办公室设在政策法规司。其

主要职责如下：(1) 负责拟定行政复议和行政应诉工作的规章制度。(2) 负责管理和组织审理行政复议案件，并根据局务会议决定起草复议决定书。(3) 组织起草行政诉讼答辩状，受局委托直接出庭或协助其他诉讼代理人出庭应诉。(4) 组织培训行政复议和行政应诉人员，开展工作研究和经验交流。(5) 办理诉讼代理人授权委托书。(6) 筹办局领导交办的其它与行政复议和行政应诉有关的工作。

(赵丽娜)

全国外事管理工作研讨会

为了进一步加强外事工作的宏观管理、制定一系列的管理办法，国家中医药管理局外事司于 1991 年 4 月 9 日至 11 日在四川省成都市召开首届全国中医药外事管理工作研讨会。各省中医药管理部门、中医学院、药材公司等部门的外事干部及我局有关业务司、办，国家科委等有关部委 170 余人参加了大会。国家中医药管理局副局长朱杰、诸国本同志到会并讲了话。诸国本副局长在讲话中指出"国家中医药管理局作为行业主管部门，出于对国家、对人民、对中医药事业的高度责任感，对刚刚起步的中医药外事工作，应该加强宏观管理，建立必要的规章制度，进行必要地治理整顿，使中医药外事工作走上规范化、制度化的道路。"国家中医药管理局外事司司长张小瑞同志就改革开放十年来中医药外事工作进行了总结发言。会议期间，代表们还就《中医药涉外管理办法》、《举办针灸培训班的基本要求》、《关于在华举办国际学术会议的管理办法》等有关文件进行了热烈的讨论。他们一致指出：这次会议的召开是非常及时和必要的，使大家提高了认识，充满了信心。

(国家中医药管理局外事司)

国家中医药管理局作为中国卫生代表团成员参加世界卫生大会

在卫生部领导的大力支持下，张小瑞司长、沈毓龙副处长作为国家中医药管理局代表首次参加中国卫生代表团出席了 1991 年 5 月在日内瓦召开的第 44 届世界卫生大会，张小瑞司长在大会讨论传统医学全球规划时，代表中国发言。中国代表的发言在会上引起了很大的反响，在以往的世界卫生会议上，讨论传统医药学工作时主要发言国家都是发展中国家，而大部分国家，特别是发达国家都将传统医学仅仅作为现代医学的一种手段。本次大会上发生了很大的变化，许多发达国家发言极为踊跃，如法国、瑞士代表在发言中指出，应修改世界卫生组织在传统医学全球规划工作报告中的措辞。他们认为发展传统医药不仅发展中国家需要，发达国家也需要，发展传统医药应作为发展整个医疗卫生工作的一个重要的组成部分。这一观点得到了与会的许多国家代表的支持和赞同。为此，大会秘书处同意修改工作报告。

(国家中医药管理局外事司)

北京国际传统医药大会圆桌会议

北京国际传统医药大会于 1991 年 10 月 18 日至 22 日在北京国际会议中心举行。会议期间，坦桑尼亚、罗马尼亚、波兰、斯里兰卡、朝鲜民主主义人民共和国、印度、泰国、墨西哥、尼日利亚、澳大利亚、缅甸、英国、日本、加蓬、蒙古、捷克、匈牙利和中国等十八个国家的卫生部门和传统医药部门的官员举行了两次圆桌会议，互相介绍了各国的传统医药发展情况，讨论了“北京宣言”以及对传统医药进一步发展的管理事宜。与会代表高度评价了召开圆桌会议的重要意义，并为大会正式通过“北京宣言”提出很多修改意见和补充建议。与会代表一致认为传统医学不应仅作为现代医学的一种补充手段，而应作为发展整个卫生医疗工作的一个重要组成部分。

（沈毓龙）

全国中医药台湾事务工作会议

由国家中医药管理局主持召开的全国中医药台湾事务工作会议于1991年5月30日至6月3日在广西桂林举行。国家中医药管理局台湾事务办公室主任王凤岐总结了近年来海峡两岸中医药学术交流情况，并就今后的工作提出了安排意见。国务院台湾事务办公室副局长陈丹特与会并讲了话。国家中医药管理局副局长朱杰作会议总结。会议一致认为，随着近年来海峡两岸民间交往日益增多，大陆和台湾的中医药学术交流与技术合作也越来越频繁。中医药是两岸炎黄子孙的共同文化，在两岸各种交往活动中占有十分重要的位置。不断扩大在这个领域的交流与合作，携手振兴中医中药，是两岸学者和人民的共同心愿。要进一步做好这方面的工作，使中医药在祖国统一大业中做出应有的贡献。

（查德忠）

首届全国中医统计骨干培训班在京举办

为进一步加强中医统计工作，提高中医统计工作质量和中医统计人员素质，国家中医药管理局于4月22日至5月23日在京举办首届全国中医统计骨干培训班。培训班由国家中医药管理局综合计划司主办，中国现场统计研究会生物统计委员会承办，邀请有关专家、教授及卫生管理人员讲课。来自全国25个省（自治区、直辖市）级医疗单位或中医药行政管理部门的学员共31人参加了学习。培训班学员将作为中医统计工作的骨干力量，以培训和指导地方中医统计队伍与业务建设。培训班根据学员的业务理论基础，结合中医统计工作中的实际，重点讲授了医用统计方法、医院统计报表制度、现场调查与设计及计算机基础知识等。同时还举行座谈会和讲座，共同探讨中医统计工作中存在的问题和未来的发展方向。学习期间，还实地考察了综合性中医医院的统计工作。

（国家中医药管理局综合计划司）

九、医德医风

抓好中医药行业的纠正不正之风工作

1991 年，国家中医药管理局纪委召开了首次局机关、直属单位纪检工作会议。有60名纪检专职及兼职干部参加了会议。会上，朱杰副局长做了《从中医药行业特点出发，把纠正行业不正之风的工作坚持下去》的讲话。张洪魁副局长谈了关于加强党风党纪建设的六条意见。广州中医学院附属中医院党委纪委做了“加强纠正行业不正之风的教育，树立良好的医德风范”的发言；天津市药材公司纪委作了“一封十个字的匿名信查出万元大案”的介绍；山西省药材公司晋城分公司做了“我们是如何抓好医药市场治理整顿工作”的经验介绍。与会代表对上述讲话和发言进行了认真讨论，同时还学习了中纪委颁发的 9 个党纪条规，修定了 1991 年国家中医药管理局纪检工作要点。这次工作会议时间紧凑、内容充实、效果很好，不仅得到了代表们的充分肯定，同时也受到了中纪委、监察部、卫生部等有关领导部门列席会议同志的高度评价。

（王丽明）

国家中医药管理局党校、团校成立

为了加强马克思主义基本理论学习，加速党员干部培训计划的完成，根据中共中央和中央国家机关党工委有关通知精神，中国共产党国家中医药管理局党校、共青团国家中医药管理局团校于 1991 年 12 月 5 日在北京成立。

出席局党校、团校成立大会的有国家中医药管理局副局长、直属机关党委书记朱杰，副局长张洪魁、诸国本同志，局机关各司办主要领导及京内直属单位的党委书记、院（所）长、纪委书记、团委书记、党支部书记等200余人。中共中央国家机关工委副书记李明豫、中共中央宣传部理论局局长靳辉明、共青团中央常委、组织部长江大明、中央党校党建理论教研室主任蔡长水、国家人事部向武、中央国家机关团委姚红等同志到会祝贺并讲话。

朱杰同志在局党校、团校成立大会上作了题为《加强马克思主义理论学习，用马克思主义理论武装思想，自觉为共产主义奋斗终身》的报告。朱杰强调：要重视党校、团校的建设，要使党校、团校成为传播马列主义、毛泽东思想，培养党的骨干的坚强阵地。他要求局机关和各直属单位的领导同志，一定要重视理论学习，重要的是学会运用马克思主义的立场、观点、方法来分析问题，研究解决问题。他还要求各单位一定要结合本单位实际情况，制定和建立健全干部培训制度，要把干部参加培训情况的考核作为评价和使用干部的重要依据。一定要把培养造就无产阶级革命事业接班人的工作提到重要议事日程，下大力气抓紧抓好，抓出成效来。

局党校主要领导成员：

校　长：朱　杰

副校长：张凤楼　李俊德（常务）　李满海

局团校主要领导成员：

校　长：鲍学全

副校长：景　胜　吴洪飞　薛爱和

（李怀荣）

国家中医药管理局直属机关团委成立及召开共青团工作会议

为了加强共青团工作，理顺团的领导关系，经局领导及局直属机关党委研究决定，于1991年6月7日召开了国家中医药管理局直属机关第一次团代会，成立了中国共产主义青年团国家中医药管理局直属机关委员会，将所属的中国中医研究院、中国药材公司、北京针灸骨伤学院、中国中医药报社、中国中医药学会、中国中医药出版社等单位的团组织统一划归其领导。

团代会召开时，国家中医药管理局副局长、直属机关党委书记朱杰，副局长诸国本，局办公室主任王凤岐等同志到会并讲了话。局直属机关党委副书记李俊德同志代表党委作了《振奋精神　齐心努力　为开创国家中医药管理局直属机关共青团工作的新局面而奋斗》的讲话。会议采取无计名投票的方式，选出鲍学全等11名同志组成第一届团委会。

国家中医药管理局于1991年10月9日至11日在北京市顺义县召开了共青团工作会议。与会者探讨了在新的历史时期，如何发挥国家中医药管理局直属机关共青团组织在中医药医疗、教学、科研、生产、管理、经营、后勤等各项工作中的积极作用，把青年一代培养成为无产阶级可靠的接班人的问题。出席这次会议的有国家中医药管理局副局长、直属机关党委书记朱杰同志，原国家中医药管理局副局长田景福同志，局综合计划司司长宋文义同志及局机关和在京直属单位的党政有关领导和团委负责同志。局直属机关党委副书记李俊德同志主持了会议。朱杰同志就如何从党政领导的角度大力支持团的工作和严格要求团的干部等方面作了重要讲话。

在这次会议上，与会同志认真学习了中共中央有关加强青年工作的各种文件，交流了各自的工作经验和体会，研究分析了当前局的团员青年的思想状况，着重讨论了《国家中医药管理局直属机关党委关于加强和改善对共青团工作领导的意见》。与会同志一致认为，面对当前复杂的国际形势，必须充分认识到加强共青团工作的重要性和紧迫性，切实加强党对共青团工作的领导。各级团组织要加强自身建设，增强活力和凝聚力，采取各种行之有效的方式方法，团结、引导青年成为中医药战线上的生力军。

（景　胜）

国家中医药管理局举行大型报告会 纪念中国共产党成立70周年

国家中医药管理局于1991年6月29日在京举行京内中医药系统优秀共产党员先进事迹

报告会，隆重纪念中国共产党建党 70 周年。会上，史兆岐（中国中医研究院广安门医院肛肠科主任、人事部授予“有突出贡献中青年专家”)、李彦玲（中国中医研究院西苑医院护士、团中央命名“学雷锋先进个人”)、李培松（北京市药材公司总中药师、市优秀党员)、王为兰(全国名老中医 北京中医医院主任医师)、牛建昭（留日归来学者、北京中医学院副教授)等 5 名同志汇报了自己在平凡的工作岗位上立足本职、无私奉献的事迹，讴歌了在党组织教育培养下的崇高追求和革命热情，表达了对党对人民的无限忠诚和全心全意为人民服务的感情。他们中有的数十年如一日，勤勤恳恳，埋头苦干，只求奉献，不计报酬；有的对事业无限执着追求，生命不息，奋斗不止；有的廉洁奉公，严于律己，时刻保持共产党员的优秀品质。他们的事迹平凡而伟大，使与会者受到教育和鼓舞。

国家中医药管理局副局长张洪魁同志在会上讲了话。他号召在京中医药系统广大共产党员行动起来，掀起一个“学先进、赶先进”的热潮，在本职工作岗位上，充分发挥党员的先锋模范作用，要树立共产主义的人生观和价值观，自觉保持与人民群众的血肉联系，廉洁奉公，勤奋工作，为中医药事业的全面振兴做出贡献。在京各直属单位及北京中医管理局、北京市药材公司所属单位约 800 多人参加了会议。

（陈梦生）

举办“为党旗添光彩的人”征文评奖活动

为迎接和庆祝中国共产党成立七十周年，热情宣传中医药战线上的优秀共产党员们全心全意为人民服务、勤政廉洁的光辉形象，国家中医药管理局直属机关党委和中国中医药报社联合举办了“为党旗添光彩的人”征文评奖活动。来自全国 23 个省、自治区、直辖市和人民解放军、人民日报社、健康报社及局直属单位等各地区、各单位的百余篇稿件中，有 18 篇获一、二、三等奖。

这次征文活动主题新，内容丰富，形式、效果好，是一次生动、活泼、有意义的党性教育。通过征文活动，讴歌了一大批中医药战线上的优秀共产党员。这些先进人物有的是生产第一线的工人和企业家，有的是医护工作者，有的是教育工作者或科研工作者，他们中间既有全国、省级劳动模范、新长征突击手，又有全国卫生文明先进工作者、90 年代优秀大学生或“白求恩式医务工作者”；他们和中医药战线上的百万职工一起，为保障人民健康努力工作着，推动了中医药事业的前进。他们是名副其实的“为党旗添光彩的人”。

征文评奖于 1991 年 8 月 2 日在京揭晓后召开了颁奖大会。一等奖获得者，中国中医研究院西苑医院的贺万才同志在会上发了言。国家中医药管理局副局长、直属机关党委书记朱杰同志参加了颁奖大会并讲话，他强调广大共产党员要认真学习江泽民同志在庆祝中国共产党成立七十周年大会上的讲话，坚持以马克思列宁主义、毛泽东思想为指导，继承和发扬民族优秀传统文化；坚持为人民服务，为社会主义服务，充分体现人民的利益和愿望，满足人民群众不同层次、多方面的精神需要。要以党员标准更加严格地要求自己，坚持理论联系实际，自觉地改造世界观，克服非无产阶级思想，树立共产主义世界观，以实际行动，为振兴中医药事业做贡献，为党旗添光彩。

（李怀荣）

参考文献

F

付永德。饮片行业发展管见。健康报，1990年7月7日

G

高益民。认真做好中药新药的临床试验设计。中药新药与临床药理，1991，(2):48

H

华宝忠。振兴中药饮片行业之浅见。中国中医药报，1990年8月13日

黄淮江，等。南京药材公司通过国家二级企业考评。中国中医药报，1991年6月28日

黄世湘。新药送审、审评程序及新药审批办法的补充规定。中药新药与临床药理，1991，(2):62

L

李锦开。依靠科技乃振兴中药之策。中国中医药报，1991年10月28日

P

庞国兴。论如何提高中药饮片的质量。基层中药杂志，1991，(1):17

裴登顺，等。从承包中崛起　在改革中振兴。中国中医药报，1991年10月28日

裴登顺，等。开展全行业全方位优质服务。中国中医药报，1991年11月4日

裴登顺，等。抓精神文明建设注重实效。中国中医药报，1991年11月8日

W

王建华。努力贯彻药品管理法，不断提高中药新药质量。中药（新药）临床及临床药理通讯，1990，(1):22

王永清。实行规范化管理　提高中药饮片质量。健康报，1990年9月29日

魏福凯。中药饮片生产走成药化道路。健康报，1990年6月2日

Y

杨甲禄。中药临床药理基地的任务。中药(新药)临床及临床药理通讯，1990，(1):61

叶贻国。南京药材公司抓思想教育有实效，促进党政工团工作上等级水平。中国中医药报，1991年7月15日

叶贻国。南京中药材公司大打效益翻身仗。中国中医药报，1991年9月2日

应　钶。中药饮片标准化问题的探讨。中药材，1991，(7):33

原思通。谈中药饮片生产行业的发展问题。中药材，1991，(2):30

袁海卿，等。靠中医特色振兴　靠改革管理腾飞。中国中医药报，1991年10月4日

袁海卿，等。事业成功的基本保证。中国中医药报，1991年11月1日

Z

张卫国，等。中医急症防治有强大的生命力。中国中医药报，1991年10月14日

赵建军，等。专科专病建设是发展的根本。中国中医药报，1991年10月7日

左铸人。发展中药饮片工业的关键何在。中国中医药报，1990年11月12日

学术进展

一、中　　医

(一) 基础理论

【概述】

1991 年,有关中医基础理论的研究报道约有 700 余篇。论述内容广泛而欠深入;临床观察和实验研究的检测指标有某些更新，而在研究思路和方法上仍未见有突破性进展。

一、阴阳五行学说

在本年度，阴阳学说的研究报道较五行学说为多。阴阳学说的研究,仍多见借助其它学科的某些原理来阐述阴阳学说。如薛雨芳以系统论中的自组织理论来阐述阴阳的“相和”、“失和”和“拒和”等不同状态,认为中医阴阳学说中早已蕴含着对人体自组织能力的认识。江觉民以热力学中人体的熵来阐述“阳盛则热”、“阴盛则寒”和“阳虚则寒”、“阴虚则热”的机理，认为人体的熵维持在恒定体温下能量代谢和合成代谢相协调的水平。这两类代谢失调，在体内即引起积熵，积熵部位偏离低熵、有序的非平衡稳态时，即可出现“寒”或“热”的不正常功能状态。所以“寒”或“热”是熵的两种不同表现形式，是人体两类代谢失调的结果。刘时觉从哲学、逻缉学的角度评析了用物质与功能来表述阴阳对立统一之说（刘氏称之为阴阳质能说）。认为阴阳的对立统一，不能混淆本质和属性两种概念，只能用同物质，或用同功能，绝不可以阴表物质和阳表功能来阐释阴阳之间的对立统一。阴虚和阳虚的研究，在临床观察和动物实验的检测指标上有所更新，机理探讨也有所深入。如武文斌等观察了阴虚、阳虚患者血清3，3，5′-三碘甲状腺原氨酸（rT_3)、3，5，3′-三碘甲状腺原氨酸（T_3）和甲状腺素（T_4）治疗前后的浓度变化，在再次肯定阴虚或阳虚与甲状腺激素水平的高或低有关外，进一步提出检测阴虚或阳虚的疗效，似以rT_3较 T_3或 T_4更为敏感，推测其治疗效果的关键不在于提高或降低甲状腺激素的水平，而可能是通过改变其脱碘酶活性，调整rT_3或 T_3比例来实现的。张家庆等观察了滋阴、助阳药对“高甲”、“低甲”模型大鼠肝细胞核甲状腺激素受体（T_3R）的影响。结果表明滋阴药对“高甲”、“低甲”模型大鼠肝细胞核甲状腺激素受体的最大结合量(Bmax)有降低作用，而对T_3R的解离常数（kd）则无影响。助阳药对“低甲”模型大鼠肝细胞核T_3R的 Bmax在低于正常的水平上再进一步下降，而对T_3R的kd也无影响。值得注意的是附子、肉桂和苁蓉、仙灵脾两类助阳药对T_3、T_4的作用基本相同，而对T_3R的 Bmax作用则有差异。附子、肉桂对“低甲”模型大鼠 T_3R的Bmax 有显著下降作用（$P<0.01$),而苁蓉、仙灵脾对 T_3R的Bmax 虽也有下降趋势,但无统计学意义。提示滋阴、助阳药不仅作用于激素本身，有可能在分子水平上调节着 T_3R的Bmax。有关五行学说的研究，近一年来的报道不多，未见有明显的进展。

二、藏象学说

藏象学说的研究，在理论探讨方面,“心神”和“脑神”之争仍较活跃,至今虽无定论,但多数学者主张两说并存。争议之中心似集中于“心神”和“脑神”之间的孰主、孰从问题。如陈铁清以《内经》之说为据,以“心神为主”,

“脑神为从”；何晓晖以后世李时珍、王清任之说和现代生理学为据，主张“脑神为主”，提出“脑为中心——五脏一体说”。有关脏腑生理、病理的临床观察和动物实验研究，仍以肾和脾较多报道外，心、肺、肝等也已逐步展开研究。肾的研究，似有向形体诸窍联系方面发展。如丁桂芝等采用SD-100型单光子骨矿物仪测定了2886例正常人桡、尺骨骨矿含量，发现各年龄组骨矿含量分布曲线与《素问·上古天真论》中，有关肾中精气盛衰和骨的生长、发育及其强弱的规律基本一致。同时测定了322例肾虚患者桡、尺骨的骨矿含量，均低于同年龄正常对照组($P<0.01$)。许志奇等也报道了采用 SPA-Ⅱ型骨矿分析仪，检测了251例无明显器质性疾病的肾虚患者桡骨骨矿含量，与239例无肾虚证的健康人作对比分析，也得出低于正常的相同结论，为“肾主骨”提供了新的实验依据。在“肾开窍于耳”方面，陈克忠等对6种肾脏疾患269例患者作了肾功能和听力的同步检测，在排除应用氨基甙类药物后，发现患者的听力可随着肾的受损程度而变化，随着肾功能的恢复而听力亦相应提高。孙爱华等在初步肯定肾虚型感觉神经性耳聋患者的血清铁，明显低于无肾虚证患者和正常听力健康人的基础上，复制了缺铁模型大鼠，并进行肾虚外观辨证。检测听力和血液、内耳铁代谢以及含铁酶活性，发现有¼的缺铁模型大鼠产生肾虚外观，而在溶血性贫血模型大鼠对照组中均无肾虚现象，有肾虚的缺铁模型大鼠的血液和内耳铁含量又明显低于无肾虚组，耳蜗含铁酶活性也明显低于无肾虚组，因而认为铁是肾开窍于耳的生化物质基础之一。在“肾藏精，精生髓”方面，吴志奎采用补肾阴中药复方对辐射和马利兰造型的骨髓造血障碍小白鼠进行实验治疗，证实补肾阴中药复方具有提高模型小白鼠外周血相和骨髓相作用，为“肾藏精，精生髓”提供了一定的实验依据。沈雁等观察了骨折、烧伤造型小白鼠垂体一性腺轴的病理形态，发现睾丸和垂体均存在着退行性改变，认为即是“急病伤肾”的病理基础。脾虚的研究，近年来进展不甚明显。如贾钰华等先后二次报道了脾虚患者存在着外周微循环障碍和血液流变性改变的观察结果。马伟丰等报道了47例脾虚患者的胃超声图象观察，发现存在着胃的位置下移、空胃积液、低张胃、排空延迟或增快、胃壁层次及粘膜层光洁度改变等现象，认为可能是产生脾虚症候群的病理基础。脾虚的动物实验，仍多采用以往的造模方法来观察其某些变化。如裴媛采用番泻叶造模大鼠观察其横纹肌线粒体超微结构和血清肌红蛋白(Mb)含量，发现造模动物的Mb明显低于对照组；心肌和比目鱼肌线粒体明显减少，并有肿胀、嵴破坏和空泡变性等变化，提示存在着肌肉组织氧的运输和贮存不足，肌肉氧化代谢障碍，为“脾主肌肉”提供了实验依据。王学庆对大黄造模家兔的血清胆碱脂酶和胃肠推进运动进行观察，结果认为胃肠推进运动的加快和血清胆碱脂酶的降低可能是脾阳虚病理机制之一。肺气虚的临床观察指标，看来已不限于肺功能，而有所更新。如齐幼龄等先后报道了88例和116例肺气虚患者的肾素（PRA）—血管紧张素（AT_{II})—醛固酮（ALD）系统(RAAS)的活性变化，发现一般肺部疾患肺气虚患者仅 AT_{II} 的增高有统计学意义，而肺心病肺气虚患者则 PRA、ALd、AT_{II} 均增高，并有统计学意义。李平报道了40例肺气虚患者血清干扰素（IFN）活性均显著低于正常对照组。戴维正等报道了19例肺肾阴虚患者病理形态，存在着肺气肿和右心室壁增厚外，还存在着肾上腺皮质变薄、多脏器瘀血等病理变化，与对照组比较有显著差异（$P<0.05$)。心虚证的临床观察，虽然仍多采用心脏血流动力学等方法，但较注意分析心气虚和心阳虚、有心脏疾患和非心脏疾患、心虚证与其它脏的虚证之间的差异。如孙界平等采用E UB-340型B超仪检测了146例心气、心阳虚患者的左心功能，

发现76例心气虚患者仅有左心室收缩末期内径（ESD）显著增大变化，而70例心阳虚患者中，除ESD显著增大外，还存在着射血分值指数（EF%）、心每搏搏出量（SV）和左心短轴收缩率（ΔD%）均显著降低变化，可见心阳虚由心气虚发展而来。同时发现，在76例心气虚患者中，大部分均非心血管系统的慢性疾病，而在70例心阳虚患者中有半数以上（51.43%）属于心血管系统疾患，说明各种慢性疾病，日久均可导致心气虚弱，最终发展成心阳虚衰，出现左心泵血功能极度下降。周英等采用阻抗法测定了98例心虚证患者的心功能，并和56例其它脏的虚证和100例健康人作对照分析，表明心虚证患者的每搏排血量（SV）、每分排血量（CO）、心指数（CI）、每搏排血指数（SI）、心肌收缩力指数（HI）、血管顺应性（C）和心脏射血分数（EF）均较正常对照组有明显下降，总外周阻力（TPR）明显增高，均有统计学意义。心虚证中属于心脏疾患和非心脏疾患之间，存在着程度差异。肾、脾、肺虚证之间及其与正常对照组均未见有差异。肝的研究虽屡有报道，看来还处于多方探索阶段。如刘爱平等测定了37例肝阳化风证患者血浆去甲肾上腺素（NE）和肾上腺素（E）含量，并与24例肝阳上亢证、17例肝风痉厥证及30例正常人对照分析，结果发现上述三类证型均呈现交感神经系统功能亢进的特征，血浆NE和E之间呈线性正相关。这三类证型中涉及多种不同的西医病种，但其血浆NE和E均显著增高，说明有共同的病理生化基础。郑洪新以“微观定量化辨证参考标准”，在83例异常老年人的尸检材料中认定80例为“肝气虚血滞证”，其中肝胆道系疾病21例，非肝胆道系疾病59例。80例的病种虽不同，但均存在着肝内淋巴细胞浸润现象，经采用单克隆抗体标记的方法，肝内浸润的淋巴细胞绝大部份是T细胞，极少部分是B细胞。T细胞亚群分类，见CD_8^+细胞有所增高，CD_4^+/CD_8^+的比值降低，与其他脏器不同，可能为老年肝脏的固有现象。袁铮等报道了CCl_4肝损伤模型大鼠的胃电图有节律紊乱、振辐降低等变化，且与肝损伤的程度呈正比，似可作为肝胃之间相关的实验依据之一。

三、经络学说

经络学说的研究，仍以经络的感传现象报道较多。许多学者从不同角度来探索经络感传现象的规律。如赵泉林等总结了循经感传的普遍性；李淑芳等总结了循经感传存在着潜在性规律；何平等认为循经感传存在着可激性；李永光等认为循经感传存在着趋病性的规律；张文娟等研究了循经感传与效应的关系；孙文善认为经络感传现象的完整过程可分为“诱发阶段”、“自发阶段”和“减弱阶段”。朱崇斌根据子午流注的时间节律，在辰时和酉时激发足阳明胃经和足少阴肾经的感传，表明胃经在辰时、肾经在酉时的激发感传时间短，感传速度快；而胃经在酉时、肾经在辰时，则激发感传时间长，感传速度慢，差异极其显著（$P<0.01$）。说明经络气血旺盛之时和未盛之时，其感传的效应有所差别。值得注意的是：常宝琪等采用核素经络显像的方法，观察了18例偏瘫、29例胆石症和12例单侧肾切除患者的胃经、胆经和肾经的核素显像情况，并和56例健康人作对照分析，结果表明核素显像正常迁移率明显降低，异常迁移率明显增高，与正常对照组有显著差异（$R<0.01$）。同时，偏瘫、胆石症和单侧肾切除三种不同疾病，其核素显像也各有不同，颇值进一步研究。在经络学说的理论探讨方面，仍多见回顾、评述和某些假说。如黄荣国回顾了经络研究的历史，归纳分析了14种经络研究的假说，认为经络学说的研究思路应不断移植新知识、新方法，研究已知结构整合作用，沿着系统论的思路开拓经络功能机制的研究。冯盛才借助于现代研究纤维状蛋白质特性的研究成果，认为经络是广泛存在于机体的纤维状蛋白质分子间的能量传递系

究。崔炳根则认为，经络的本质是人体血管、血液运动产生的次声波和超声波的传导线，经络中的经气，是一种声波而已。有关经络学说的传统理论研究，近年来报道较少。

四、诊法与辨证

诊法的研究报道较多，涉及望诊、手诊、腹诊等诸多方面，但仍以舌诊和脉诊的研究报道较为集中。舌诊的研究，在研究手段和方法上有所更新。如尚瑞梅等研制了舌体测量仪，并建立了舌体大小的测算方法，测量了545例正常人和860例各种疾病患者舌体大小，在舌诊量化指标方面迈出了新的一步。李乃民等采用B型超声波仪测定了血瘀证患者52例、非血瘀证患者30例和健康人200例的舌透声度和舌内静脉的宽度，发现有78.84%血瘀证患者舌透声不均匀，非血瘀证患者仅有10%舌透声不均匀，健康人舌透声都很均匀。舌内静脉宽度，血瘀证组的均值达3.65mm，非血瘀组和健康人的均值分别为1.75mm和1.50mm。李乃民等还采用阻抗法测定了血瘀证患者舌的阻抗容积，发现有82.43%的阻抗波形有明显改变，在80例非血瘀证和健康人中则无此现象。颇值注意的是：异常舌象的动物病理模型研制，近年已有些进展。如王光瑞等在急性腹膜感染家犬模型基础上，采取禁水、利尿等措施后，制成典型的无苔红舌的病理舌象模型，实验证明无苔红舌的形成与血清钾低于3.5mEg/L、血球压积下降、CO_2结合力降低、代谢性酸中毒有关。此外，对于青紫舌的形成机理的研究亦有所发展，如黄贵良等在研究浸润型肺结核患者青紫舌形成机理中发现，与肺阻抗血流图波辐（HS）在舌象淡红、红、绛、暗绛色组依次降低（$P<0.05$），肺动脉平均压（$\bar{p}PA$）依次升高（$P<0.01$），暗绛与青紫组之间的HS和$\bar{p}PA$均无差异（$P>0.05$）。王敏利等在研究肝病患者舌色变化中发现，鲎试验阳性组中青紫舌占51.1%；而在鲎试验阴性组中青紫舌仅占16.67%，有显著差异（$P<0.01$），提示青紫舌与内毒素血症相关。脉象的研究，大多重复验证以往工作，分析探讨脉图参数与中医某些脉象或心功能之间的关系，进展较迟缓。为此，有些学者对脉象研究工作进行反思。如刘晓伟等在回顾分析脉象研究工作的基础上指出，当前存在的主要问题有：脉象仪的种类虽多，但基本上还局限于在不同切脉压力下描记的脉搏波，尚难以全面反映中医切脉的丰富感觉；脉象图谱分析还缺乏一个统一的各种脉象模拟图作为标准；脉象机理的研究种类单调，以弦脉居多，其它脉象较少；脉图的实际应用，还处于实验研究阶段，要成为临床通用的检测指标，还有待于进一步研究。

辨证的研究，仍多见辨证与辨病结合的理论探讨，虽然多数学者均主张辨证与辨病相结合，中西医学之间取长补短，但同中有异。如沈礼勇认为辨证论治有其缺陷，故必须与辨病相结合；黄为群则认为辨病固属重要，但辨病之中尚须辨证。有关宏观辨证与微观辨证，不少学者提出了各自的临床体会和看法。如危北海、郭敦礼、郭振球等均分别回顾总结了宏观辨证与微观辨证相结合的实际经验，并提出展望。对于各种证的辨别方法和标准规范等方面的研究报道较少，亟待进一步加强。

此外，有关运气学说，天人相应、医和易关系等方面亦多有发表，但未见有明显进展。

（张伯讷　沈红艺）

【阴虚、阳虚证与血清rT_3浓度的关系】

武文斌根据全国中西医结合虚证与老年病研究专业委员会1986年修订的诊断标准，设阴虚组43例，阳虚组40例，正常对照组35例。用北京原子能研究院提供的药盒，按其操作流程，以放射免疫法实验观察了阴虚、阳虚证治疗前后血清rT_3（三碘甲状腺原胺酸，简称反T_3）、T_3、T_4浓度的改变，关系并作统计分析。初步表明血清rT_3浓度，阴虚组较正常组高

($P<0.01$)，阳虚组较正常组低($P<0.001$)。T_4与 rT_3一致。血清T_3浓度，阴虚组较正常组高($P<0.001$)，阳虚组与正常对照组无差异($P>0.05$)。治疗后，血清 rT_3、T_3浓度，阴虚组有所降低，阳虚组有所增高，而血清T_4的浓度，在治疗前后无显著性差异。由于rT_3能敏捷地反映机体对疾病的调节能力，且与生理调节变化相一致，因此武氏、維文田等认为，作为阴虚、阳虚辨证及疗效判定的检测指标，rT_3较T_3、T_4更敏感和准确。

（陈兆英）

【五行学说的研究】

本年鉴 1983 年卷、 1986 年卷有专条介绍。近几年的研究仍较活跃。陈德成等从"集合"入手，用离散数学的方法，研究了五行元素间传统的生、克、乘、侮关系，提出了五行各元素间还存在着"自生"和"反生"两种关系。秦宗昌等也认为五行间的生克是相互的，并不是单向的机械循环，五行之间是一种可逆反应，呈反复的肯定与否定。王海亭对五行间的生中寓克、相克既济、互藏、制化等研究后，提出五行是一个严密的自动控制系统。戴永生对"倒五行"进行了系统研究，认为"倒五行"源于古代逻辑思辩家墨翟的"五行无常胜"观点。倒五行与顺五行一样，类似现代控制论内稳定器系统的自调反馈原理。上海第一人民医院冯杜熊等运用现代数、理、化、光学等有关理论和方法，开展了"五行模型的研究"，推导出以正四面体为基本结构的五行主体（三维）模型，并在此基础上研制出五行球杆模型和五行推演仪。该研究首创了一种四维空间投影在三维座标中的五行立体模型，突破了历代五行的平面图式，能生动、准确地模拟和表现五行生克、制化、乘侮、方位等法则和规律的动态变化，直观性强，不仅可作为五行自身研究的一种工具，并可应用于教学和临床，居国内先进水平，获得了国家中医药管理局 1991 年度中医药科技进步二等奖。

此外，王玉川从五脏配五行角度对今文五行说和古文五行说进行了探讨。王氏认为古文五行配五脏说（脾属木，肺属火，心属土，肝属金，肾属水）与医学无关，并对"淳于意的医学尚用古文说"和"皇甫谧《甲乙经》用的也是古文说"的看法提出了质疑。邓铁涛认为古文五行说与上古在不同的季节中的祭祀活动有关，从古文《尚书》的五脏配五行关系转化为今文的五行模式，与"汉为火德"和人体以心为中心的认识有关。申秀云对《内经》与《春秋繁露》、《白虎通》的五行学说进行了比较研究，认为《内经》重在阐释人体的生理、病理、诊断、治疗等医学理论，既是世界观和方法论，又是医学理论的重要组成部分。《春秋繁露》和《白虎通》则在其自然属性上加上封建道德属性，并加以神化，用以解释社会现象和道德论常秩序，属唯心主义神学思想体系。

（张年顺）

【循经感传现象的观察和研究】

循经感传是指当经穴受到刺激后出现的一种特殊的感觉（如酸、胀、麻、热）沿着经络循行轨迹移行传导的现象，被认为是经络存在的证据之一，也是揭示经络实质的重要线索。为此，近年来对循经感传的规律、应用及本质作了大量的观察和研究。

（一）普遍性　循经感传现象在健康人和病人群体中都有存在，尤其在疾病状态下更易出现，在病人群体中分布更为普遍。赵泉林等通过 515 例 10979 条经的观察，健康人组的阳性率为 17.8 %，病人组的阳性率为 48.1 %。手经的阳性率高于足经，而左右两侧、阴阳经之间未见明显差异。张红林等对 7 例面瘫病人的观察，发现 7 个远端穴位都有循经感传到面部的例子。其中以针刺合谷、内关、跗阳时出现较多，阳交、太冲次之，足三里、外关较少。足三里多向下传导。吴炳煌在博茨瓦纳对 300 名就诊者作循经感传现象调查，其出现率为 63.3 %。李淑芳等从声、电阻、温度三方面对隐性感传线作了观察，结果显示十四经隐性感传线、低电阻点连线、低温点连线、古典经线四种线的体表路径基本重合。治疗前后十四经重合率的变化，说明隐性感传是可重复的、稳定的，但也是可变的。隐性、显性感传是同一事物在不同条件下的客观反映。说明在人群中普遍存在着隐性感传。在具有隐性感传病人身上的一定穴位上予以适当刺激，虽然病人没有出现感传，但可引起相应脏腑器官的效应反映，在这种情况下多可测出其隐性感传线。

（二）循经性　张缙等总结了49032条经的观察结果，其中完全按经脉路线循行全程者占16%，循行全程⅔以上再入病所者占57%，循全程⅔以下者占26%，不循经者占1%。杨成珍等观察了524条经，其中完全不循经的只占1.6%。在524条经的经线上还观察到4252次感传暂停现象，在腧穴上暂停的占67%。感传路线与古医籍所述的经络循行线基本一致，但也有一定的变异和不稳定性。一般来说，四肢部基本循经，躯干部常有偏离，头面部变异较大。张文娟等报道在1505条经中，变异率为83.79%。主要表现为循经长度不足和趋向病所，还有中途窜入他经、多经汇集、不循经等。周楣声等强调感传虽可部份的沿着生理经络的轨迹循行，但更多的是不受正常经络限制而越径前进。如腰痛取三阴交用温和灸，感传可由前向后直达腰部；阑尾炎取左尺泽用温和灸，感传入胸腔后可斜过胸腹，越任脉而达右下腹。认为这种由人工激发和诱导出来的感传现象与古人所说的正常经络体系，根本是两回事。

（三）趋病性　循经感传现象在疾病状态下最易出现，常以病变所在处为其终点。李永光等报道，在2167例显性感传现象观察中，病人显性率为82.2%，明显高于健康人的17.8%。张缙等观察到有病脏腑所属经脉的"气至病所"率为86.32%，而且本经较其他经的循经程度高。感传线偏离本经入病所者，多从关节及经脉弯曲部传出。张如心等对137例肩周炎在患侧合谷穴用行气法运针以激发循经感传现象，在116例"气至病所"者中痊愈和显效者87例（75.65%），明显高于未至病所者。当出现"气至病所"现象时，红外热像图测试显示局部皮肤温度升高。

（四）效应性　循经感传与针刺效果有一定关系。一般认为感传越显著，效果越好。张文娟等以电锟针激发循经感传治疗冠心病、肝癌、胃炎、脑梗塞、脑出血、风湿症、神经痛、甲亢、近视、颈椎骨质增生疾病共202例，有效率为97.5%，与对照组206例相比差异显著。周振坤等用电锟针治疗青少年近视眼，31例显性感传者显效率为64.52%，34例隐性感传者显效率为20.93%，差异显著。张晶等在十二井穴激发循经感传治疗冠心病，观察到其对心电图P波峰值呈双向调整作用。程连瑚等以针刺激发循经感传促使气至病所的治疗手段，对具有瘀血证象的75例慢性肝炎、58例慢性阻塞性肺病，45例血栓闭塞性脉管炎，65例冠心病病人，以生物电阻抗测定的21项指标作治疗前后对照，结果显示：气至病所（95例）能降低患病肝脏的门静脉压力，增加肝脏血液灌注量；能增加慢性阻塞性肺病的右心输出量，改善肺循环；能降低血栓闭塞性脉管炎患肢血管紧张度和阻塞程度；能提高冠心病患者心肌收缩力，增强心脏血管舒缩活动。有感传组（84例）也有一定作用，仅有局部感应者（67例）作用则不明显。

（五）可激性　循经感传现象可被激发，应用一定的措施可使循经感传从无到有，从弱到强，从短到长，从不至病所到至病所。何平等用声电锟针激发感传3405经次，阳性率为85%，气至病所率为58.7%。对照组2460条经用固定的脉冲法测查，阳性率为48.2%，气至病所及全经率为0.9%。张缙等报道激发感传可使十四经感传线延长。在458经次激发感传中，十四经循全程率及气至病所率为 72.14 %。原存信等也证实气功入静诱发可提高循经感传现象的出现率。循经感传现象的显著程度和出现快慢与选穴方式和刺激方法有关。杨楣良报道在 412 例痛症中，体针循经取穴组“气至病所”出现率为 15.6%，接近病所者为 31.7 %，远较手足同名经相应取穴组和腕踝针组为高。朱崇斌等选择 39 例敏感或较敏感型者进行观察，选取肢体远端穴（合谷、解溪）所需激发时间比稍近端穴（曲池、足三里）短。用针刺法所需激发时间较短，艾灸法最长，按压法和电脉冲法介于两者之间。感传必须在足够的刺激强度下才能出现。在一定强度范围内，强度增加则所需激发时间相应减少。朱崇斌还观察到胃经（解溪）和肾经（太溪）在本经气血旺盛的辰时和酉时，感传所需的激发时间短，感传速度快；而在气血未盛的酉时和辰时则所需的激发时间长，感传速度慢。提示循经感传可能具有时间节律特征。张文娟等观察到鍉针压力大则感传线长。鍉针方向的变换可以控制感传方位。在中等度压力下，呈向心方向刺激时向心感传出现率高；呈离心方向刺激时离心感传出现率高。向心刺激引起的向心感传率是离心感传率的1.2倍；离心刺激引起的离心感传率是向心感传率的3.2倍。

（六）循经感传的形成机理　有“中枢兴奋扩散”和“外周动因激发”说。前者认为是由针刺穴位所诱发的兴奋在中枢神经系统(特别是大脑皮层)内的定向扩散所引起。后一说认为针刺穴位时可能有某种动因循经行进，依次激发了沿经分布的神经感受装置，神经冲动相继传入中枢神经系统，从而使受试者主观上感受到循经感传。胡翔龙等证实，当刺激大肠经面部穴位或肩髃穴而使感传循经到达手背或食指时，可激活该处的神经感受装置。在部分实验中可从支配该部的桡神经线支上记录到相应的传入放电。由此强调在循经感传形成中起主导作用的是外周过程。在显性循经感传上达头面或通达经脉全程后，受试者可不由自主地进入睡眠状态。这种现象说明循经感传不同于一般的感觉过程，而与神经中枢的非特异性投射系统有密切联系。循经感传是一种中枢系统的兴奋扩散。这种兴奋扩散的始发部位并不在大脑皮层，而在皮层下中枢，很可能是在丘脑内髓板的中央中核内。原存信等依据气功入静可诱发循经感传，而其诱发的感传现象可被局部机械压迫所阻滞，认为循经感传现象的形成是外周和中枢综合作用的结果。

（赵善祥）

【体表与内脏相关的研究】

体表与内脏相关的观点是中医学理论的重要组成部分。针灸经络穴位可以治疗内脏的疾病，而内脏有疾患时，在体表经络穴位上有相应的反应（如电阻降低、出现压痛点等），可作为临床诊断的重要依据。为了搞清这种双向性联系的特异性和具体途径，自1962年毋望远等利用损伤动物的肢体观察耳壳压痛点的变化以来，甚多的研究肯定了体表与内脏相关观点的正确性。近年来应用一些新技术着重对体表与内脏相关的联系途径、特异性、中枢的调控进行了研究。

（一）体表与内脏相关的形态学基础　近年来，不少学者应用现代神经解剖学的方法对某些穴位和内脏的传入神经元的节段性分布进行相关研究，以探索经穴—脏腑相关学说的形态学基础。陶之理等研究了心脏与内关、间使等穴区传入神经元的节段性分布，即将辣根过氧化酶（HRP）注入猫的心外膜及肌间，观察脊神经节内的标记细胞，实验观察到颈8～胸 10脊神经节内有HRP标记细胞，说明心脏传入节段为颈8～胸 10，而注入内关穴区及间使穴区的传入节段分别为颈6～胸1及颈7～胸1，所以心脏与内关、间使穴在颈8～胸 1 节段是相互交汇及重叠的。用同一方法发现胃与足三里也有相互交汇及重叠。这种相互交汇及重叠为针刺内关、间使治疗心脏病和针刺足三里治疗胃病提供了形态学的依据，也为经穴一脏腑相关学说提供了依据。姜俊等也以 HRP 法观察到兔的神门穴与心脏感觉神经元有节段性重叠，认为这种重叠现象在空间上提供了它们直接和间接相互联系的最大可能性，亦是其作用效应的重要形态学基础。蔚大金等研究表明：日月、期门穴区的感觉神经投射与胆总管壶腹部感觉神经投射有5～7个节段的重叠，穴位投射的高峰段胸6～8恰位于壶腹支配节段的中间部，这一巧合是有一定意义的。蔡德亨等应用神经实验形态学方法进行两组动物实验，一组切除迷走神经结状节，观察迷走神经内脏传入纤维的投射；另一组动物做脊髓半离断手术，观察脊髓上行纤维与内脏迷走神经之间在中枢的汇聚点，用改良的 Nauta 方法染制。实验结果表明，孤束核、连合核、延髓中央背侧核和三叉神经背束核等核团既接受来自迷走神经的传入投射，同时也接受来自脊髓前外侧索上行纤维的投射，两种神经传入纤维，在上述核团发生中枢汇聚，这些会聚既与躯体神经有关，又与内脏神经有关，它们可能是“躯体内脏相关”学说的联络点。

（二）体液因素在家兔内脏—耳穴反应中的作用　管遵信等多年的临床和动物实验证明，当人或动物患病时，用耳穴染色法进行染色，与患病脏腑相应的耳穴就会着色，而无关耳穴或正常皮肤不着色。最近作者在实验性急性阑尾炎和胃溃疡家兔疾病模型上，患病脏腑相应耳穴着色，着色的耳穴中有酸性磷酸酶和过氧化物酶活性存在，而健康兔耳穴不着色，也无酶的存在。认为引起着色耳穴酶活性的提高，只可能是激素调节。患病脏腑所受的病理刺激通过神经体液、经络等多条途径，反应到耳穴上，使耳穴激素水平改变。这一结果，从酶的合成及活性提高的角度阐述了耳穴与脏腑的相关性和内在联系。朱元根等用 10 只家兔(5对)进行交叉循环实验以观察内脏-耳穴反应中是否有体液因素的参与。在交叉循环的同时，对每对家兔中的一只进行心脏刺激，在交叉循环和心脏刺激后发生了耳穴平均导电图的显著增加，持续约 5 天，与交叉循环前相比，有统计学的显著差异。两只家兔的增加程度和变化趋势是一致的和同步的。但心脏被刺激的家兔有心电图的变化，而未刺激心脏者无变化。对照组 5 对家兔也进行交叉循环，但不刺激心脏，结果没有任何变化出现。说明内脏受刺激或病变后产生的内脏-耳穴反应可通过体液因素进行，至于何种物质，尚需进一步研究。

（三）体表-内脏相关的联系途径　汪桐等认为针刺效应是通过长短两重反射实现的。长反射是指通过中枢的神经体液机制，短反射是指不通过中枢，在外周即可完成的反射活动。实验用 15 只大鼠，肌肉注射垂体后叶素造成急性心肌缺血，发现在切断颈6～胸 1 脊神经背根排除通过中枢的长反射机制之后，急性心肌缺血仍可影响“内关”穴的皮肤电阻与温度，针刺仍可改善急性心肌缺血，加速心率。但后肢的足三里穴与心脏的这种双向联系并不明显。从而说明，在内关-心脏的机能相关中存在着短反射的联系途径。曹庆淑等从心包经内关穴与心脏相关联系入手，探讨躯体-内脏作用途径的部分物质基础。以兔、狗等实验性缺血性心肌损伤模型，观察到电针内关对缺血性心肌产生良性影响，加速其恢复。并发现刺激下丘脑可增强电针的效应，认为针刺作用主要是通过正中神经和内脏神经的作用，视前区-下丘脑前部可能是电针内关促进急性缺血性心肌损伤恢复的重要中枢环节之一，为临床针刺治疗冠心病提供了新的实验依据。

（四）体表穴位-脏腑相关的相对特异性　崔瑾等以 40 例被B超确诊胆囊结石患者，随机分成胆俞和肾俞两组，均采用电针连续刺激，观察针刺前后胆囊大小。电针 15 分钟后取针，休息5分钟，再用B超复测胆囊大小，结果胆俞组针刺前后胆囊横径、纵径均有变化，统计处理有显著意义，而肾俞组针刺前后胆囊横径、纵径统计学处理无意义，证实背俞穴对所属脏腑有特异性联系。而曹庆淑等在家兔冠状动脉左室支结扎后重新灌注的模型上，比较了"心包经"、"膀胱经"和"肝经"上六个穴位对心脏的效应，亦证明经穴间存在相对特异性。张文亮对136例胃、十二指肠球部溃疡、胃窦炎等患者，作了经穴压痛诊断检查，并用胃肠钡餐检查诊断验证经穴压痛诊断结果，其符合率达90%左右，证明内脏与体表有一定相对特异关系。病情好转或痊愈，这些压痛点压痛程度减轻或消失，证明这些经穴压痛点的产生是与胃肠病变相联系。

（桂金水）

【心气虚证临床检测指标的研究】

（一）心气虚证诊断标准修订近况　1980年全国冠心病辨证论治研究座谈会曾拟订了本证的诊断标准，稍后《中医虚证辨证参考标准》对本证规定得更为具体，1986年全国中西医结合虚证与老年病研究专业委员会会议对心气虚证的诊断标准作了修改。由于各指标难以定量，因此尚未为临床所完全接受。

（二）脉象与脉图参数检测　李绍芝观察了44例心气虚患者，发现弱脉有28例，与心阴虚证、心脉痹阻证及正常人比较均有显著性差异。34例脉图参数AA′、BB′、CC′、SA、DD′均较正常明显减少。嗣后，又对45例患者作了脉图血液动力学参数检测，发现EWK、EPE、VP、IP、VDV、CF、CMD、CK均值明显减少（$P<0.01$），其他各证均无显著性差异，不同病种的心气虚证也无显著性差异，揭示这些参数有一定特异性，故认为可将其作为该证的诊断和鉴别诊断方法之一。但各参数的意义尚有待更多病例作验证。

（三）心机图检测　继樊良卿、任树生等报道（见1986年卷），蒋方健、张立等也指出了心气虚证存在着不同程度的左心功能不全。但孙界平等对146例心气心阳虚证心功能指数检测的结果则认为，心气虚证左心的收缩功能虽明显减弱，但心气虚证在泵血能力上还能代偿，只有心阳虚才失去代偿能力。

（四）超声心动图检测　李绍芝发现心气虚者的心输出量明显减少，与正常人、心阴虚、心脉痹阻各组比较有高度显著差异，从而推测左心室舒缩功能障碍导致心输出量减少是心气虚证的产生原因之一。柳文仪更观察到心气虚证的每搏输出量、每分排血量、射血分值、射血指数、左室小轴缩短百分率均值均较正常组明显减少。孙界平作ESD、SV、EF等8项心功能指数检测，发现心气虚证仅ESD与正常组有显著性差异，而心阳虚组则全部有显著性差异。76例心气虚证系涉及多个系统的慢性疾病，而70例心阳虚证中有36例直系心血管系统疾病。认为各种慢性疾病久而久之均可导致心气虚弱，造成左心功能低下；而心血管疾病最终会形成心阳虚衰，左心泵血能力极度下降。由于所用仪器和指数不甚统一，故有待继续观测。

（五）血液流变学检测　宋崇顺等对109例心气虚证与50例正常人作对比研究，发现心气虚证的血粘度异常增高，红细胞聚集性异常增强。苏南湘等、廖家桢等发现红细胞电泳时间也明显延长。心气虚证的血液流变性有所改变已属定论，但各项指标改变的具体数据尚不统一，与其他各证所出现血液流变学指标异常的鉴别，还有待作进一步探索。

（六）肺功能检测　张立等根据肺主气、司呼吸、气行则血行的理论，认为心气虚对肺的通气功能也有一定损害。检测发现25例心气虚者肺活量为2801.2 ± 729，而25例正常人的肺活量为3357.2 ± 1083；心气虚者的第一秒时间肺活量、最高呼气流速也远较正常为低。将测得的肺功能与心功能，通过逐步回归分析，发现心气虚证的肺活量(Y_1)与RPEP/RVET、SV、CO、CI、TPR、PEP/LVET、ICT/LVET间有相关关系，从而认为心气虚提示宗气生成不足。但心气虚与肺气虚时肺通气功能变化是否相同等问题，尚须作进一步分析。

（赵章忠）

【肝的研究】

本年度肝的研究特点是：文献研究内容广泛，涉及生理、病理和治则等诸方面；基础与临床实验研究多集中在肝病本质的研究。

一、文献研究

（一）“肝生于左”的意义　柴可夫认为《素问·刺禁论》“肝生于左，肺藏于右”的论述概括了肝主升肺主降的生理特性。肝升肺降的通道主要是经络与三焦。肝气升发有常，肺气肃降有序，则全身气机调和，一旦升降失调，气机紊乱，乃生百病。宣达条畅气机是调治肝肺的关键。

（二）肝为生痰之源　谢亚强认为五脏之中，肝脏功能失调与痰的形成关系最为密切。应引起诊断、治疗与用药的重视。主要病机有七情内伤，郁而生痰（赵献可）；木旺克土生痰（李时珍）；肝火煎熬营血为痰（费伯雄）。

（三）肝阳虚证　张成运、晏友君等将肝阳虚证的症状归纳为面白或青黑，畏寒肢冷，神疲乏力、气短懒言，舌淡苔白，脉虚弱或沉细，以及胸腹胀满、嗳气太息，干呕纳呆，大便溏泄或少腹冷痛坠胀，悲怯忧恐，男子阳萎、囊冷筋缩，女子漏下、痛经、带下等。

（四）老年肝气虚血滞证　郑洪新等认为老年人五脏精气渐衰，肝气不足，血行迟缓，复加某些疾病的侵扰，往往导致肝气虚血滞证的发生。主要症状是：肝气虚证见头晕目眩，神疲无力，少寐多梦，关节不利，少气，忧郁、胆怯，多疑善虑，爪甲枯厚，纳呆腹满；血滞证见肌肤甲错，面部、齿龈、眼周黧青晦暗，舌质紫暗、瘀斑，舌下静脉瘀血，脉弦涩。

（五）抑木扶土不同于疏肝健脾　王殿华、杜廷贵等指出，《中医基础理论》教材把抑木扶土与疏肝健脾等同是不确切的。抑木乃针对木旺疏泄太过而设，有泄肝和胃和抑肝扶脾等法；疏肝乃为肝郁、疏泄不及而设，有疏肝健脾、疏肝运脾和疏肝和胃等法。

二、实验研究

（一）肝郁证的临床与实验研究　周大桥等观察100例肝郁患者，结果表明，肝郁患者24小时尿CA（荧光法）含量显著升高，皮肤胃电幅值低于正常水平，进食前后无明显变化；皮肤电位于4℃冷刺激时明显升高，说明交感神经活动处于亢奋状态。李凤夕等简介了“怒伤肝致血瘀”、慢性恼怒致血瘀和“肝郁致血瘀”三种大鼠模型。他们发现，肝郁证神经中枢5-羟色胺含量升高，交感神经节后皮肤缩血管神经紧张性明显升高，心肌电位有效不应期和复极化时间明显延长，心肌细胞兴奋性明显下降。并发现微循环障碍是气滞病理变化的基本环节，而血管内皮细胞形态及其代谢改变是气滞病理变化的最后环节。见有LPO增高，PGI_2分泌减少，TXA_2增多，最终导致血管痉挛加重，血栓形成加速。此外，肝郁大鼠CA分泌异常，DA、E、NE均明显升高，肾球旁细胞内肾素颗粒明显增加。激怒刺激后8天，肾上腺皮质束状带、网状带细胞数量明显增多。李氏等还发现，肝郁动物特异性T淋巴细胞与非特异性巨噬细胞免疫功能明显降低，认为肝郁每每导致血瘀，其机制在于以上改变造成血液有形成分的粘聚状态，或出现高脂浑浊血液或渗出出血等病理特征。须惠仁等用止血钳夹大鼠尾激怒全笼大鼠引起厮打，每日4次，共2日。结果表明，大鼠血小板聚集率有极其明显的升高，血小板扩大型的含量增高，而园树型减少，全血粘度增高，血浆比粘度极明显升高，复钙时间延长，粘度上升率与红细胞比容明显减少，血沉加快。激怒同时用舒肝理气药（柴胡、白芍、枳壳、川芎、香附、甘草）者，血小板聚集明显下降，扩大型血小板含量减少、园树型增多，其它血液流变学指标无明显改变。须氏认为，暴怒致瘀的现象在大鼠身上确实存在。郑洪新等观察了80例肝气虚血滞老年人。结果表明：肝气虚见红细胞数下降，比积和血红蛋白减少，血浆白蛋白下降；血滞表现为部分凝血酶时间延长，纤维蛋白原及纤维蛋白原降解产物含量升高。该证病人的肝内淋巴细胞浸润，被疑为自身免疫亢进。肝内浸润的淋巴细胞88.44%为CD_3^+T细胞，其中CD_8^+T细胞增高，CD_4^+/CD_8^+比值降低。提示该证老年人免疫功能失调。75%的病例有肝内NK细胞浸润，并发现该证肿瘤免疫功能较之感染免疫降低，该证的白细胞介素α受体淋巴细胞阳性率明显低下，细胞免疫反应下降。袁铮等用CCl_4损伤大鼠肝脏的方法来研究肝脾之间的关系，结果表明，当肝轻度损伤，胃电波以紊乱为主，而重度损伤则多见胃电波低下。

（二）肝阳化风的临床研究　刘爱平等测定了37例肝阳化风患者血浆CA(高效液相色谱)，结果表明，该证NE、E均显著升高，其绝对值高于肝阳上亢者（24例），而低于肝风痰厥者（17例）。其中脑血管意外者NE与E均较正常人升高。

（方肇勤）

【肾与耳相关的理论研究】

肾与耳之间联系的物质基础已为近代学者所关注。曾兆麟在60年代研究结果提示，把由肾上腺皮质分泌的醛固酮(AD)作为联系中医肾与耳之间的物质基础是合理的；莫启忠等也证实了醛固酮对内耳功能有促进作用；刘鲁明等根据沈自尹等对肾虚的研究结果提示，血钙可能是肾与耳之间联系的一种物质基础。

孙爱华据108例感觉神经性耳聋的临床疗效，对部分患者作了治疗前后血清铁水平测定，结果表明治疗有效者血清铁水平多有升高，而无效者多无升高甚至下降，差别非常显著。还发现耳聋程度愈重，其血清铁含量愈低；而无肾虚耳聋组即使耳聋程度加重，血清铁水平虽有所下降，但无显著性差异。孙氏等重用磁石等含铁量高的中药或加用西药铁剂治疗152例突发性耳聋患者，治疗后听力多渐恢复、血清铁升高，这可能是通过纠正机体肾虚状态，从而对缺铁和铁利用障碍都有直接治疗作用。孙氏等自1985～1991年进行了缺铁大鼠肾虚形成与内耳铁含量及含铁酶变化关系的一系列研究，发现缺铁肾虚组、缺铁无肾虚组、贫血对照组的血红蛋白含量均明显地低于正常对照组，但三组间无明显差异。实验表明，肾虚并非贫血引起，而是铁缺乏的后果；肾虚又影响铁的吸收利用，使铁代谢障碍进一步加重。提示内耳铁与肾关系十分密切，铁也是肾与耳相关理论的物质基础之一。

（赵章忠）

【脑髓的研究】

近两年来，脑髓的研究颇为活跃。孙朝润从脑与经络脏腑的关系、脑与神的关系、脑主记忆智慧的功能方面探讨了脑的生理。孙朝润、谢海洲、朱文锋从外感风邪、情志内伤、脑髓不足、脏腑内伤、脑部外伤方面探讨了脑的病理。刘正民从脑的特性、生成和功能三方面进行了探讨。张雪亮从脑髓的形成与解剖、脑主神明、脑神与“五神脏”、脑主记忆感觉和运动、脑为人身之大主、脑髓与经络六方面进行了探讨，认为中医的脑髓理论，属于脏象学说的范畴。张作记认为《内经》中的髓不能单独作为一个“脏器”来认识，而应当看作是高于气血津液精的物质功能系统；髓与津液精血之间具有相互转化的关系，在生理、病理上相互影响；髓主要滋养骨与脑，不独立于肾，与脾胃等脏腑在生理、病理上有密切的关系。张觉人从脑的生理特性出发，认为脑病有阳易亢、邪易蒙、神易病、髓易空的特点。谢海洲、朱文锋认为脑髓病的内容广泛，包括昏迷、中风、癫狂、脏躁、郁证、厥脱、头痛、眩晕、癫痫、痿证、失音、不寐、多寐、耳鸣耳聋、解颅、痉病、虚劳等等。现代医学的流行性乙型脑炎、流行性脑脊髓膜炎、三叉神经痛、血管神经性头痛、散发性脑炎、先天性脑积水、脑肿瘤、震颤麻痹、多发性神经炎、重症肌无力、进行性肌营养不良症、脊髓灰白质炎、精神分裂症、急性一氧化碳中毒、更年期综合征、夜游症、再生障碍性贫血等都可参考中医脑髓病进行治疗。脑髓病的病机主要有气血亏虚、髓海不足、火热上扰、瘀血(虫)内阻、痰饮上扰等。朱文锋认为将脑的生理与病理统属于心是不妥的，提出“脑当另立为脏”的观点。认为将六脏中的心包改为脑，“心主手厥阴心包络之脉”改为“脑主手厥阴之脉”；肾开窍于耳和二阴改为“脑开窍于耳”和“肾开窍于二阴”。《素问·金匮真言论》的“心开窍于耳”之说，此“心”实指脑。朱氏还提出脑病的治则为虚则补之，气血充，精髓足，脑得其养则神气健旺；实则泻之，或清热泻火，或祛痰化浊，或活血行瘀，或顺气开窍，或潜阳熄风，使病邪出脑则神气安宁。何晓晖等提出了“脑为中心—五脏一体说”的脏象构思，即以五脏为主体，通过经络联系六腑、五体、五官、四肢百骸，形成五大系统，在“脑神”的统摄协调下，形成一个有机的整体，从而保持着生命活动的动态平衡。解建国则引经据典和以现代科研成果作佐证，提出了中医脑脏腑系统的假说。

对脑主神明和心主神明的争论仍在继续，除本年鉴1989年卷“神的新解”中所介绍之外；主张心主神明的还有余韵星、张铭韬，主张脑主神明的还有张博生、姜惟。潘文奎则提出“脑为神之用，心为神之基”的看法。许国振提出心脑共主神明说，认为心主神明是从脏腑功能控制调节立论，而脑主神明是从物质场所立论；心调神，脑生神，心在神明的产生和变化中比脑更重要一些。

（张年顺）

【舌诊的实验研究】

（一）基础理论研究　翁侯年等认为各种繁殖旺盛的微生物是构成舌苔的主要成份。舌苔部的pH值多低于舌尖部，这是由于各种微生物代谢产物分解所致。尚瑞梅等制成了舌体测量器，能迅速、准确地测出舌体的宽度与厚度，将两者厘(米)相加，除以体表面积（平方米），其商即为“舌体指数”，经统计学处理，求出平均值及各年龄组舌体大小范围，通过优选法测算，凡≥正常值上界10%为胖大舌，≤正常值下界10%为瘦小舌，大于正常值上界而不足10%或小于正常值下界不足10%者定为可疑。李乃民等对明确血瘀证的400例患者的舌象主要客观指标进行观察，发现舌色紫暗、舌体出现瘀斑、条纹线、隆起物，舌下静脉增宽，B超提示，舌内静脉宽度、舌组织透声度、舌尖微循环和舌阻抗波形均有改变，各项指标与非瘀证组、健康对照组比较，有显著性差异。宁静观察发现69例紫暗舌患者的甲襞微循环几乎均有不同程度的异常，出现率为97%。王敏利等发现113例肝病患者鲎试验阳性组青紫舌的百分率明显高于阴性组，说明内毒素症与血瘀有密切关系。

（二）临床实验研究　冯晓灵等分析了128例原发性肝癌资料，发现Ⅰ期以淡红舌为主，Ⅱ、Ⅲ期以暗红或伴瘀斑为主，提示中晚期肝癌者内有瘀血。随着病情进展，腻苔增多，有8例Ⅲ期患者舌体发生明显变化。刘坚对582例乙型肝炎舌象的观察分析：Ⅰ型，舌质淡红，舌象与常人相比变化不大，多见于慢性迁延型肝炎及慢性活动性肝炎静止期；Ⅱ型，舌质红或绛苔黄腻，多见于慢性活动性肝炎；Ⅲ型，舌质红、舌体瘦小、裂纹、少苔、光剥，多见于慢性活动性肝炎；Ⅳ型，舌质紫暗、斑点，多见于慢性活动性肝炎；Ⅴ型，舌质暗淡、舌形肿胖、齿痕，多表示肝功能损害严重，预后较差。魏长安运用舌诊结合肥达氏反应诊断伤寒病 102 例，无一例误诊。认为舌生芒刺是邪热内结，能作为诊断伤寒病的依据之一。黄贵良等进行了 98 例浸润型肺结核肺阻抗血流图与舌象关系的探讨，认为此病因血管阻力增加，产生HS（肺血流图波幅）明显降低、延长，影响舌血灌注量，而致舌质色泽加深。成志峰等观察了 125 例中风病人舌苔，发现黄苔和黄腻苔的出现率为 78.4%。张顶方对 1026 例低血色素儿的舌象进行观察，发现随着血色素的降低，淡舌、胖嫩舌、干红舌的出现率逐渐增加，白滑苔、微黄苔的出现率也增加。但舌象异常的儿童，其血色素不一定都降低。王淑英等认为诊断急性阑尾炎的舌象依据是舌尖出现或粗或细的粒型刺状物、厚腻苔，而回盲部肿瘤、克隆氏病、子宫外孕、阑尾癌等病的舌象易与急性阑尾炎相混淆，但均无红赤或绛色刺状物，且舌色多淡紫或淡白，多无厚腻苔。江汉才等观察 46 例（A组）结肠息肉患者，并与 53 例（B组）无结肠息肉者的舌象作了比较。结果发现，舌系带周围颗粒，A组阳性 26 例，B组阳性15例，经卡方检验有非常显著性差异($P<0.01$)。彭清华对 228 例视网膜色素变性(RP) 患者的舌象进行了观察，表明在RP异常舌质中，以反映瘀血表现的暗红、紫及瘀点瘀斑舌的出现率最高，占 34.21%，而红舌只占16.23%，淡白舌为5.26%，提示RP血瘀证与暗红舌类间亦有密切关系。李富汉等认为成人重病、久病患者可出现雪花苔，多为机体免疫功能低下或长期应用抗生素以致肠道菌群失调，从而引起白色念珠菌感染。此苔主脾阳衰败，预后不良。

（三）舌象调查研究　徐华清对 129 例健康人舌象随季节的变化，进行了动态观察。结果表明：舌色以淡红为最多，舌形以正常舌为多，但齿印舌、裂纹舌和瘀点舌在少数健康人中亦可出现；舌下络脉以浅紫型为多，深紫型为次，未见轻度扭曲型及瘀滞怒张型；苔以薄白为多，但薄黄苔在春夏二季均超过 17%。王新奉报道了 462 例老年人舌边齿痕阳性率情况。老年前期组总阳性率高于老年组（$P<0.01$）。认为到了老年期，阳损及阴，阴阳俱虚，在一个较低的水平上阴阳达到了相对平衡，所以脾肾阳虚的症候反倒不如老年前期明显。彭晔通过 907 例小学生的调查发现：低锌儿童中，胖嫩舌占 71%，具有临床辅助诊断意义。

（四）动物实验研究　陈小野等对脾虚模型大鼠的舌象进行病理学观察，发现舌背粘膜从舌尖部到舌根部的组织有逐渐而又显著的变化，其舌色淡与血流减少、角化层和细胞层增厚、真皮乳头萎缩有关，而苔少质嫩则与丝状乳头减少有关。从舌尖到舌根的粘膜组织学表现代表了不同营养状况下的情况，因此，用舌尖型或舌根型来区分舌粘膜变化，具有相当的典型性。王光瑞等首次制成了家犬"气阴两伤"证型的红舌模型。发现只有当犬接种高浓度细菌后，才出现急性腹膜炎的系列证型，并在发烧3～5天之后开始具有红舌等气阴两伤证型舌象。电镜显示，气阴两伤证型红舌的蕈状乳头水肿紊乱、微血管变形、形态严重萎缩。实验证明：在血清钾低于 3.5mEq/L以下，机体伤阴程度与红舌的形成呈正相关。当血球压积的下降程度较实验前低 30%以上，CO_2结合力降低，形成代谢性酸中毒时，多出现红舌，表明红、光舌的出现与机体的内环境变化的程度紧密相关。

（陶福兴）

【血瘀证诊断标准的探讨】

1988年在血瘀证研究国际会议上，把瘀血腹证列为血瘀证诊断参考标准之一。但单凭摸、触、按的手感及患者的反映，仅能粗略定性。为此，史载祥等作了瘀血腹证的表浅血流及红外热图象改变的研究（以DM80-b型表浅血流量仪测定腹部表浅血流量，用日本San-eiT$_{66}$型红外热图象仪测试腹部温度），以求腹证的客观化。结果显示瘀血腹证组下腹部、右髂部、左髂部的表浅血流量均较正常人少(P<0.01)。腹部皮肤温度改变：瘀血腹证组最低温度为29.82±0.21℃，正常对照组腹部最低温度为31.14±0.26℃，两组比较，有极显著性差异（P<0.01)。因此，可以认为血瘀导致腹部血流量减少，是瘀血腹证产生机理之一。上述两种仪器在一定程度上能客观反映瘀血腹证的诊断、病情和疗效。

在第二届全国活血化瘀研究学术会议修订的血瘀证诊断标准中，腭粘膜征列为诊断依据之一。近年，柯联才等从甲皱微循环方面阐明腭征异常与血瘀的内在联系。观察了268例血瘀证病人（包括心血管疾病、肺气肿、糖尿病等）腭征表现，将腭征分为三度，同时分别进行甲皱微循环检测，结果观察组患者各度腭征分别与健康组的甲皱微循环对照均有显著性差异（P<0.01)。观察组268例患者各度腭征之间分别比较，其甲皱微循环异常率也均有显著性差异（P<0.01)。提示将腭征作为中医血瘀证的一种临床观察指标具有一定的科学依据。

在血瘀证的诊断中，脉象和舌象仍然占有重要地位。何光明等对115例血瘀证的脉象进行了分析，结果弦、弦滑、弦细、弦数脉占67.0%，这可能与血瘀证概念的发展而导致血瘀证范围扩大有关。宁静发现69例紫暗舌患者的甲皱微循环几乎均有不同程度的异常，出现率为97%。提示舌象与甲皱微循环结合起来综合分析，对于提高血瘀证的临床诊断具有重要意义。李乃民等对明确血瘀证诊断的400例门静脉高压、原发性肝癌、冠心病、肺心病、中晚期胃癌等患者的舌象主要客观指标进行了分析，发现其中条纹线占78.75%，认为是一个新的客观指标。在80例非瘀证疾病对照组中，仅有1.25%患者有条纹线。条纹颜色和长短，对判断血瘀证病程有较大意义。色鲜而短者病程短；色暗而长者病程长。此外，舌面隆起物(占7.75%)亦是李氏在肝癌舌诊研究中发现的血瘀指标。健康人和非血瘀证疾病组舌无隆起物，隆起物的出现提示血瘀程度严重。

蔡兰卿等根据全国活血化瘀诊断标准，发现164例妇产科血瘀证疾病患者的甲皱微循环及血液流变学都有明显异常。丘瑞香等认为血液粘度的检测不但可作为判断气虚血瘀或气滞血瘀的客观指标之一，并可以此衡量机体内瘀血的程度，病情的缓急、虚实和转化，从而指导治法和用药原则，对提高血瘀证的疗效有其重要意义。

很多眼病表现出血瘀证的病态，研究血瘀性眼病是探讨血瘀证本质的重要途径。彭清华从眼病学角度，根据局部和全身症状及实验室检测提出眼病血瘀证的诊断标准，并以血瘀性眼病中最有代表性的眼底出血为例，探讨了血瘀证病理。从近20种真性血瘀性眼病中总结出血瘀性眼病的局部症状有(1)眼睑及结膜颜色暗红或青紫，或有瘀点瘀斑；(2)眼内外的出血、积血；(3)球结膜或视网膜血管紧张、扭曲或呈波浪状及网状畸形；(4)眼底血管显著变细；(5)眼内外各部的新生血管；(6)局部组织的增生物(如颗粒、结节、硬节、肿块)；(7)视乳头苍白色；(8)视野显著缩小；(9)眼球胀痛或刺痛。再结合舌质、脉象、甲皱微循环和舌下脉观察和实验室检查，可发现眼血流量减少、血流阻力增加、流速减慢、血管紧张度增加、血管弹性减退等。

（丁钰熊）

【中医时间医学的研究】

中医时间医学的研究，在本年鉴1985、1986、1987、1989年卷中有专条介绍。目前，中医时间医学作为一门独立的学科已基本形成。1989年湖北科技出版社出版了周铭心等的《中医时间医学》，1990年安徽科技出版社出版了胡剑北等的《中医时间医学》，1991年上海中医学院出版社出版了张年顺等的《实用中医时间医学》。

中医时间医学的研究目前在下列方面比

较活跃。（1）对人体节律的认识：胡剑北等总结出11种节律，即人体阴阳年节律、人体阴阳昼夜节律、卫气昼夜运行节律、营气昼夜运行节律、冲任脉月节律、脉象变化年节律、五脏精气活动节律、新生儿出生节律、疾病的旦慧昼安夕加夜甚节律、五脏病变年节律、五脏病变昼夜节律。张年顺等总结出20种节律，即昼夜阴阳消长节律、昼夜气机升降浮沉节律、卫气运行节律、五脏主时节律、经脉气血流注节律、日死亡节律、气血盛衰月节律、女子月经节律、小儿变蒸节律、四季阴阳盛衰节律、四季气机升降浮沉节律、五脏主季节律、四季脉象节律、四季色泽节律、六气发病节律、六年发病节律、十年发病节律、三十年发病节律、肾气盛衰节律、生长壮老死节律。对于有些节律的研究比较深入，如妇女月经节律是否与月相同步的问题，学者们的看法不大一致。罗颂平、孟琳升、徐小林等认为月经节律与月相同步；张年顺认为月经节律是一内源性节律，不与月相同步；黄宏华认为月经周期与月相同步是有条件的，即月经周期有明显的地域性和民族性。（2）时间治疗学发展迅速：马瑞英探讨了中风病的用药时间，段先志探讨了中风病的发病时间，李德新探讨了用人工睡眠旋律法治疗顽固性失眠，胡剑北等对发热、五更泻、真心痛、夜尿、夜啼、小儿夏季热、心下痞、呕血、癫狂、哮喘等病证的变化节律进行了研究，张年顺提出了"时间性病证"的概念，即是指与时间因素关系密切的一类疾病，具体分为因时间变动直接引起的疾病和疾病发生发展时，具有明显时间性两种。按时针刺（子午流注、灵龟八法等）的临床研究，在时间治疗学中仍系重要内容，1989年至1991年公开发表的该类文章约有百篇之多。（3）时间养生学崭露头角：宋乃光、余新华、毛淳等对《内经》"春夏养阳、秋冬养阴"的时间养生观的讨论较为深入；程士德、李若萍、王沁凯、岳在文、陈明等都发表了许多中肯的意见。（4）调查报告和实验室研究正在深入。朱才、刘爱民、尹淇臣、韩纯庆等对死亡节律进行了调查研究；周春民、连维真对出生节律进行了调查研究；蔡光先对四季面色，徐清华、陈振相对四季舌象，朱传汀对四季与昼夜脉象进行了调查研究。郭霞珍对昼夜阴阳消长节律，杨贵林对血浆睾酮浓度季节性变化与人体阳气四时消长关系，满心英对月之盈缺与气血盛衰，张莉莎对"天人相应"中光照影响等进行了实验室研究。显示了调查报告和实验室研究将成中医时间医学的重要研究方法。

（张年顺）

参考文献

C

蔡德亨，等。躯体与内脏相关的形态学研究。针刺研究，1989；(4):407

蔡光先，等。102例正常成人春夏秋冬面色四季变化定量观察。湖南中医学院学报，1990；(4):217

蔡兰卿，等。妇产科血瘀证的病理生理改变初探。中西医结合杂志，1991；(1):22

曹庆淑，等。心包经某些经穴-心脏的相关联系。针刺研究，1990；(1):35

内关-心脏相关的外周途径和下丘脑的调控作用。中国针灸，1991；(4):34

柴可夫。肝升肺降机理的探讨。江苏中医，1991；(6):34

常宝琪，等。不同疾病证候核素经络显像的观察研究。中医杂志，1991；(3):47

陈德成，等。试论五行学说的"自生"反生作用。吉林中医药，1990；(2):1

陈克忠，等。肾脏病的听力检测观察。实用中西医结合杂志，1991；(6):347

陈明，等。也谈"春夏养阳、秋冬养阴"。河南中医，1991；(6):21

陈铁清。"神"的研讨述评。中医学信息，1991；(4):5

陈小野。舌背粘膜的组织学特点脾虚大鼠舌象的病理类型。北京中医，1991；(4)
陈振相，等。正常人群四季舌象的动态研究。北京中医学院学报，1991；(5):1
成志峰，等。125例中风病人舌苔与病情的关系。中医药信息，1991；(6):11
程连湖，等。针刺感传气至病所的"活血化瘀"作用研究。中西医结合杂志，1990；(4):209
程士德，等。"春夏养阳、秋冬养阴"如何应用的讨论。中医杂志，1990；(4):4
崔　瑾。论脏腑背俞穴与脏腑的联系途径。贵阳中医学院学报，1991；(1):11
崔炳根。关于经络是血流、血管振动波路线的见解。实用中西医结合杂志，1991；(5):271

D

戴维正，等。19例肺肾阴虚证病理学征的探讨。中医杂志，1991；(5):45
戴永生。中医倒五行探微。辽宁中医杂志，1991；(6):1
丁桂芝，等。从骨矿含量变化规律看肾主骨理论的科学性。湖北中医杂志，1991；(2):27
杜廷贵，等。抑木扶土法之管见。河南中医，1991；(3):43
段先志，等。中风发病的时间节律初探。山西中医，1991；(4):10

F

冯盛才。机体纤维状蛋白分子内分子间能量传递系统假说概要。四川中医，1991；(4):44
冯晓灵，等。128例原发性肝癌临床分期与舌象的关系分析。江苏中医，1991；(1):41

G

管遵信，等。患病脏腑相应耳穴中过氧化物酶活性的实验研究。云南中医，1991；(4):7
郭敦礼，等。宏观辨证与微观检查关系探讨。实用中西医结合杂志，1991；(5):265
郭霞珍，等。有关昼夜阴阳消长节律的实验研究。中国医药学报，1990；(3):12
郭振球。对九十年代微观辨证学研究的展望。湖南中医学院学报，1991；(2):3

H

韩纯庆。98例脑溢血病人死亡与时辰、月份关系的探讨。新中医，1991；(3):13
何光明，等。血瘀证脉象探讨——附115例分析。陕西中医学院学报，1991；(4):12
何　平，等。循经感传可激性的研究。针灸学报，1991；(2):24
何晓晖，等。脏象"脑为中心——五脏一体说"的构思。甘肃中医，1991；(3):32
胡剑北，等。《中医时间医学》。安徽科学技术出版社，1990年
胡翔龙，等。循经感传过程中外周激发动因存在的初步证明（简报）。针刺研究，1991；(2):142
黄贵良，等。浸润型肺结核肺阻抗血流图与舌象关系的探讨。实用中西医结合杂志，1991；(2):100
黄国荣。关于经络本质研究的反思。山东中医学院学报，1991；(1):61
黄宏华。也论月经节律与月相的关系。湖南中医学院学报，1990；(2):66
黄为群。辨病之中尚须明证。上海中医药杂志，1991；(2):8

J

贾钰华，等。脾虚证的微循环和血液流变学同步观察。浙江中医杂志，1991；(7):315
江汉才。结肠息肉与舌象变化关系的临床探讨。浙江中医杂志，1991；(6):271
江觉民。"阳虚生寒"和"阴虚生热"的热力学分析。贵阳中医学院学报，1991；(2):13
姜　俊，等。"神门穴-心脏"相关的神经机理研究。上海针灸杂志，1991；(3):25
姜　惟。略论脑主神明。陕西中医，1991；(10):452
蒋方健，等。重症肌无力症患者左心功能分析——75例STI对照检查。上海中医药杂志，1988；(6):20

K

柯联才，等。腭粘膜征与瘀血关系再探——附268例甲皱微循环资料分析。新中医，1991；(1):17
孔　健。关于经络中枢定位的设想。针灸学报，1991；(4):11
孔　健。循经感传诱发睡眠现象的探讨。云南中医杂志，1991；(4):23

L

李德新。人工睡眠旋律法治疗顽固性失眠20例。河北中医，1989；(6):2
李富汉，等。小议"雪花苔"的诊断价值。陕西中医，

1991；(3)：143

李凤夕，等。肝郁气滞血瘀的临床和实验研究。中医杂志，1991；(10)：46

李乃民，等。血瘀证的舌象研究。中西医结合杂志，1991；(1)：28

李　平，40例肺气虚患者血清干扰素活性观察。安徽中医学院学报，1991；(1)：43

李若萍。对"春夏养阳、秋冬养阴"的理解和应用。新疆中医药，1990；(3)：29

李淑芳，等。循经感传潜在性的研究。针灸学报，1991；(2)：5

李绍芝。心气虚证研究近况。湖南中医学院学报，1989；(2)：103

李永先，等。循经感传趋病性的研究。针灸学报，1991；(2)：11

连维真。从婴儿出生时间和性别探讨《内经》天人相应规律。辽宁中医杂志，1990；(3)：3

廖家桢，等。冠心病心气虚证临床微观辨证初探。上海中医药杂志，1987；(11)：2

刘爱民，呼吸系疾病死亡节律探讨——附2316例死亡病例分析。北京中医学院学报，1990；(6)：23

刘爱平，等。肝阳化风证血浆去甲肾上腺素和肾上腺素测定。湖南医科大学学报，1991；(1)：33

刘　坚。乙型肝炎582例舌象观察分析。湖北中医杂志，1991；(2)：7

刘鲁明，等。试从钙磷代谢角度探讨肾虚耳鸣的物质基础——56例肾虚患者临床观察。中西医结合杂志，1986；(6)：538

刘晓伟，等。脉诊研究进展。中医药信息，1991；(3)：9

刘时觉。评阴阳质能说——阴阳不能表述物质与功能的关系。山东中医学院学报，1991；(4)：2

刘正民。传统医学脑论。新中医，1991；(10)：8

柳文仪。心气虚证超声心动图观察。中西医结合杂志，1988；(12)：744

罗颂平。月经节律与月相的联系初探。上海中医药杂志，1984；(12)：42

雒文田，等。血清rT_3测定在甲状腺及非甲状腺疾病中的临床意义。中华内分泌代谢杂志，1987；(4)：239

马瑞英，等。中风病用药时间初探。陕西中医，1988；(9)：430

马伟丰，等。脾虚患者胃形态和运动功能的超声图观察。浙江中医杂志，1991；(4)：184

满心英。月之盈缺与气血盛衰实验研究。山东中医学院学报，1991；(1)：33

毛　淳，等。中医养生之道的时间医学观。山东中医学院学报，1991；(4)：14

孟琳升。月经周期与月亮圆缺。浙江中医学院学报，1985；(2)：8

莫启忠，等。中医肾与耳联系的物质基础的探讨——3H-醛固酮在豚鼠耳蜗和其他组织中的分布。中医杂志，1982；(7)：69

N

宁　静。69例紫暗舌患者的甲襞微循环变化。实用中西医结合杂志，1991；(3)：139

P

潘文奎。试论"脑为神之用，心为神之基"。甘肃中医，1991；(1)：29

裴　媛。脾阳虚大白鼠横纹肌线粒体超微结构及血清肌红蛋白含量的实验研究。辽宁中医杂志，1991；(5)：43

彭清华。从眼病学角度探讨血瘀证的诊断标准。云南中医杂志，1991；(1)：11

视网膜色素变性228例的舌象观察。辽宁中医杂志，1991；(5)：20

彭　晔。197例低锌儿舌象观察。中医杂志，1991；(12)：22

Q

齐幼龄，等。88例肺气虚病人血浆肾素、血管紧张素Ⅱ及醛固酮的测定。广西中医药，1991；(2)：93

不同证型肺心病患者血浆肾素、血管紧张素、醛固酮的观察。中西医结合杂志，1991；(10)：605

秦宗昌，等。五行生克规律钩玄。陕西中医，1990；(8)：353

丘瑞香，等。血液粘滞性检测在气病血瘀辨证论治中的意义。实用中西医结合杂志，1991；(1)：27

S

尚瑞梅，等。舌体测量器与测算方法的研究及应用——附正常545人及患者860例测算结果初步分析。河北中医，1991；(1)：48

申秀云。《内经》与《春秋繁露》、《白虎通》中阴阳五行学说的比较研究。甘肃中医学院学报，1991；

(1):9

史载祥，等。瘀血腹证的表浅血流及红外热图象改变。中医杂志，1991；(4):41

宋崇顺，等。气虚证血液流变学的临床观察和实验研究。中医杂志，1981；(10):39

宋乃光。中医时间养生思想探讨。北京中医学院学报，1988；(6):9

苏南湘，等。98例冠心病的血液流变性与辨证分型。湖南中医学院学报，1987；(4):40

孙朝润。祖国医学对"脑"的认识。陕西中医，1989；(10):453

孙爱华。中西医结合治疗感觉神经性耳聋初步报告——附108例疗效分析。中医杂志，1981；(12):35

孙爱华，等。从感觉神经性聋患者血清铁变化探讨中医肾与耳的关系。中医杂志，1982；(7):66

中药耳聋方治疗突发性聋的初步研究——附152例疗效对比分析。中医杂志，1984；(1):43

缺铁对听毛细胞损伤的实验研究。上海医学，1987；(10):344

大鼠耳蜗表面标本制备技术。中华耳鼻咽喉科杂志，1988；(23):30

肾主耳理论的生化物质基础——缺铁大鼠肾虚证与内耳铁含量及含铁酶变化。中医杂志，1991；(3):44

孙界平，等。心气心阳虚证146例左心功能指数观察。辽宁中医杂志，1991；(7):11

孙文善。经络现象的阶段性。山东中医学院学报，1991；(1):67

沈礼勇。从辨证论治的缺陷谈辨病与辨证相结合的重要性。中医药研究，1991；(2):32

沈　雁，等。"外伤及肾"的实验研究。中西医结合杂志，1991；(10):608

T

陶云理。穴位形态学的研究及进展。针刺研究，1989；(4):397

W

汪　桐，等。内关-心脏短反射的实验研究。针刺研究，1991；(2):115

王殿华，等。抑木扶土与疏肝健脾辨异。中医函授通讯，1991；(3):29

王光瑞，等。热病伤阴红舌证动物模型的实验研究。实用中西医结合杂志，1991；(1):48

王海亭。试论五行关系。山东中医杂志，1991；(1):4

王景贤，等。通过肾脏病患者听力测定结果探讨肾与耳的关系。中西医结合杂志，1989；(1):1

王敏利，等。肝病患者舌色变化与内毒素血症关系的探讨。黑龙江中医药，1991；(4):14

王淑英，等。观察舌象变化在急性阑尾炎诊断中的价值。北京中医，1991；(4):24

王沁凯。"春夏养阳、秋冬养阴"别解。吉林中医药，1990；(5):45

王新奉。462例老年前期者与老年人舌边齿痕观察。山东中医杂志，1991；(5):17

王学庆。脾阳虚家兔模型血清胆碱酯酶和胃肠推进运动的实验研究。辽宁中医杂志，1991；(7):41

王玉川。五脏配五行、五味及其他。北京中医学院学报，1988；(1):7

蔚大金，等。日月、期门穴区与其相应神经干相关内脏对中枢的投射关系。针刺研究，1990；(1):13

魏长安。舌诊有助于早期诊断伤寒病。实用中西医结合杂志，1991；(2):109

危北海。宏观辨证与微观辨证结合的研究。中西医结合杂志，1991；(5):301

翁侯年，等。舌苔细胞学与细菌学观察。湖北中医杂志，1991；(2):41

吴炳煌。对300名博茨瓦纳人循经感传现象的调查分析。福建中医药，1991；(1):15

吴志奎。中医肾生髓理论的现代研究。实用中西医结合杂志，1991；(6):382

武文斌，等。阴虚、阳虚证与血清rT_3浓度的关系。山东中医学院学报，1991；(2):24

X

谢海洲。中医脑髓学说及临床应用。山西中医，1991；(4):46

谢亚强。论肝为生痰之源。四川中医，1991；(1):9

解建国。脑与五脏关系浅探。陕西中医，1991；(10):454

须惠仁，等。肝郁证的动物实验研究——激怒刺激对大白鼠血液流变学的影响。中医杂志，1991；(6):44

徐华清。129例健康人舌象随季节变化的动态观察。

成都中医学院学报，1991；(1):25
徐小林。对1600名妇女行经时间与月相关系的调查报告。陕西中医，1986；(5):210
许国振。心脑共主神明论。新中医，1991；(10):6
许志奇，等。肾虚证骨矿物含量的初步研究。中西医结合杂志，1991；(4):222
薛雨芳。阴阳自和与机体系统自组织。山东中医学院学报，1991；(2):14
Y
晏友君。肝阳虚及其证治。四川中医，1991；(10):11
杨成珍，等。循经感传循经性的研究。针灸学报，1991；(2):31
杨贵林，等。血浆睾酮浓度季节性变化与人体阳气四时消长关系的初探。中医杂志，1990；(7):48
杨楣良。中风患者的循经感传显著程度与针刺镇痛效果的关系。中国针灸，1991；(2):29
尹洪臣。834例小儿死亡节律分析。山东中医杂志，1991；(1):16
余新华。《内经》因时养生思想初探。湖北中医杂志，1988；(5):28
余韵星。"脑主神明"析。北京中医，1989；(3):14
原存信，等。循经感传机理的研究——气功诱发循经感传现象的观察分析。中国针灸，1991；(4):40
岳在文。"春夏养阳、秋冬养阴"之我见。上海中医药杂志，1991；(8):40
袁　铮，等。从肝损伤大鼠胃电改变认识中医脏腑学说(摘要)。中西医结合杂志，1991；(5):297
Z
曾兆麟，等。中医肾与耳关系的实验研究。上海中医药杂志，1980；(1):2
张博生。脑与神明——兼与刘兴仁同志商榷。辽宁中医杂志，1990；(2):9
张成运，等。肝阳虚证治浅谈。河北中医，1991；(2):26
张顶方。1026例低血色素儿的血色素和舌象分析。实用中西医结合杂志，1991；(5):299
张红林，等。7例面瘫患者的远端循经感传现象。云南中医杂志，1991；(4):26
张觉人。从脑的生理特性探讨脑病证治特点。上海中医药杂志，1991；(3):8
张家庆，等。滋阴、助阳药对"高甲"、"低甲"大鼠模型肝细胞核甲状腺激素受体的影响。中西医结合杂志，1991；(2):105
张　晶，等。循经感传治疗对冠心病心电P波影响的观察。黑龙江中医药，1991；(1):38
张　缙，等。循经感传规律性的研究。针灸学报，1991；(1):7
张　立，等。心气虚证患者肺功能与心脏功能变化的相关关系初探。甘肃中医学院学报，1991；(2):7
张莉莎。有关"天人相应"中光照影响的实验研究。中国医药学报，1991；(2):9
张铭韬。刍议"心主神明"的科学性。中医药信息，1990；(3):8
张年顺。试论月经周期与月相同步的研究。湖南中医学院学报，1989；(3):115
几种常见时间性病证的诊治。北京中医学院学报，1989；(6):17
张年顺，等。《实用中医时间医学》。上海中医学院出版社，1991年
张如心，等。循经感传"气至病所"治疗肩周炎137例临床疗效及客观显示分析。中国针灸，1991；(5):19
张文娟，等。循经感传效应性的研究。针灸学报，1991；(2):16
循经感传可控性的研究。针灸学报，1991；(2):27
循经感传变异性的研究。针灸学报，1991；(2):33
张文亮。胃肠常见病经穴压痛诊断与治疗的临床观察。上海针灸杂志，1991；(3):13
张雪亮。中医脑髓理论初探。浙江中医学院学报，1991；(4):4
张作记。《内经》髓理论探析。上海中医药杂志，1991；(3):40
赵泉林，等。循经感传普遍性的研究。针灸学报，1991；(2):1
郑洪新，等。老年肝气虚血滞的理论探讨。中医函授通讯，1991；(1):19
郑洪新。老年人肝气虚血滞证肝内淋巴细胞浸润及其表面抗原的研究。辽宁中医杂志，1991；(1):43；(2):43
周春民。阴阳变化对新生儿出生时间的影响—1066

例新生儿时间分析。新疆中医药，1990；(1)：10

周大桥，等。肝郁患者植物神经功能状态探讨。湖北中医杂志，1991；(1)：41

周楣声，等。对经络学说的认识应有生理与病理的区别。中国针灸，1991；(1)：39

周铭心，等。《中医时间医学》。湖北科学技术出版社，1989年

周振坤，等。循经感传治疗对视力的影响—声电鍉针治疗74例青少年近视眼疗效分析。黑龙江中医药，1991；(5)：38

周　英，等。心虚证患者心脏血流动力学变化的初步研究。中西医结合杂志，1991；(5)：268

朱　才，等。1230例死亡时间之探讨。浙江中医杂志，1990；(1)：32

朱传汀。正常人四季与昼夜脉象变化的初步观测。湖南中医学院学报，1991；(1)：36

朱崇斌。时辰对循经感传的影响。山东中医学报，1991；(1)：65

朱崇斌，等。循经感传激发时间的观察。中国针灸，1991；(2)：43

朱文锋。略论脑当另立为脏。湖南中医学院学报，1990；(3)：113

朱元根，等。体液因素在家兔内脏-耳穴反应中的作用。针刺研究，1990；(4)：306

(二) 临床与预防

(1) 传　染　病

【概述】

1991年传染病（以国家法定须作传染报告的35种为限）范畴发表的论文约430余篇，其中病毒性肝炎的治疗及实验研究约占48%，其次分别为艾滋病、流行性出血热、肺结核、细菌性痢疾、淋病、流行性腮腺炎、伤寒及百日咳等病症的防治。

(一) 病毒性肝炎　急性病毒性肝炎的治疗，多以清利湿热为主。郑伟达报道100例，用茵陈双白汤（茵陈、白英、白花蛇舌草、板蓝根、大青叶、茯苓等）；罗飞报道200例，用肝炎解毒汤(茵陈、苍术、木通、山栀、赤小豆、连翘等)；马力行报道200例，用四子退黄汤（山栀、女贞子、莱菔子、川楝子等）。有效率均达96%以上。陈长寅等观察370例急性黄疸型肝炎合并胆囊炎患者，用中药（金钱草、茵陈、虎杖、大黄、枳实、甘草)清热解毒、利胆退黄为主，同时配合西药护肝药治疗。另设西医(单用护肝药）对照组34例。治疗后，胆囊、谷丙转氨酶与胆红质恢复正常的平均时间治疗组分别为8.19 ± 0.92天、11.69 ± 1.39天与15.50 ± 1.93天；对照组分别为19.54 ± 0.92天、21.00 ± 1.39天与28.58 ± 1.93天。两组相比，差异性非常显著(P＜0.001)。重症肝炎，林弘等报道35例、谭庚发等报道21例，均以中西医结合治疗，病死率分别为28.57%、19.05%(详见专条)。慢性病毒性肝炎，仍以辨证治疗为主，如郑权报道52例，分为肝胃湿热、湿阻血瘀，肝脾不调、气滞血瘀，肝肾阴虚、阴虚血瘀，脾胃虚弱、气虚血瘀等4型论治，总有效率达85%。有较多报道，治以活血化瘀为主（已列专条)，或以清热解毒为主。孙永安报道150例，用白蓝黄胡根汤（白花蛇舌草、茵陈、白芍、虎杖、板蓝根、佩兰、泽兰等）煎服，HBV阴转率达66.7%(100/150)，有效率为93.4%。范东林则用补肾健脾法为主治疗60例，显效30例，好转20例，有效10例。除汤药外，杨世忠用乙肝宁片(斑蝥、紫草、糯米等)口服，经3个月治疗，总有效率为89.5%；其中基本治愈（HBsAg、HBeAg转阴）率为42%(128/304)。张俊富、陈庆全等的报道，探讨用现代化检测手段协助肝炎的临床辨证，不失为研究中医辨证的一条途径（详见专

条)。婴幼儿巨细胞包涵体肝炎，肖挹等报道11例，以茵陈、干油菜、路路通、田基黄、龙胆草、白蔻仁、生谷芽、生麦芽等为基本方，随证加减煎服。结果有效10例，其中痊愈（症状与体征消失，肝功能正常，尿中连续3月以上未见包涵体）7例。

（二）细菌性痢疾　孟祥文报道100例急性患者，服用绿胆丸(猪胆汁、绿豆粉)。治疗2～4天，痊愈91例。赫炎光报道125例急性患者，服用愈痢丸(大黄、硫酸镁、生山楂、活性炭、白矾、甘草)。治疗4～5天，全部有效。与对照组(30例用痢特灵等)相比，有显著性差异(P<0.01)。此外，用中药灌肠法的报道趋多。如戴树生、吴红玲、彭启琼等的治疗报道，有效率分别达91.04%、95%、100%(详见专条)。

（三）伤寒　贺志良报道98例，用葛根芩连汤加味治疗，均获痊愈。薛中理等报道576例、乔明德报道71例，均以中西医结合治疗，治愈率分别达98.96%、100%。疗效明显优于单用西药治疗的对照组。(详见专条)

（四）淋病　对本病的治疗，多用成方、验方。李曰初报道48例，服用加减八正散；金时海等报道58例，服用龙胆泻肝汤。临床治愈率均达100%。(详见专条)

（五）百日咳　对本病痉咳期的治疗，周建衡报道221例，以养阴止咳汤(百部、黄精、天冬、麦冬、茯苓、紫菀、枳实、陈皮、半夏)口服，总有效率为96.9%。秦亮报道46例，用痉咳散(紫菀、百部、杏仁、橘红、蜈蚣、甘草)煎服，总有效率为97.83%。(详见专条)

（六）流行性出血热　万友生等报道273例，用寒温统一理论指导治疗，治愈率达96.34%(263/273)。与西医组治愈率89.20%(125/140)比较，有显著性差异(详见专条)。李朝霞报道108例，发热期用银翘散合白虎汤，低血压休克期用清瘟败毒饮合生脉饮，少尿期用济生肾气丸加减；同时配合西药治疗。结果均获痊愈。平均住院时间13.4天。应乔麟报道17例少尿期患者，用中药（生大黄粉、槐花、蒲公英、益母草等）保留灌肠，全部有效。平均治疗时间3.5天。刘俊彬等报道61例少尿期患者，随机分为对照组25例，以西药综合治疗；治疗组36例，在对照组基础上，加用中药护肾液(丹参、生大黄、白茅根、黄芩炭、川芎、当归、黄芪、党参、甘草）口服、鼻饲或高位灌肠。结果治疗组与对照组的痊愈率分别为88.9%、52%；少尿持续平均天数分别为4.1±2.7天、6.7±4.2天。两组比较，有显著性差异(P<0.05或P<0.01)。

（七）肺结核　马晓平等报道107例空洞型肺结核，自拟结核散口服。治疗三个月，空洞闭合率达64.8%，总有效率为91.2%。(详见专条)

（八）流行性感冒　刘征利等以葛根、荆芥、防风、柴胡、银花、连翘、大青叶、生石膏、杏仁、茵陈煎服，治疗201例接受多种抗生素及中成药治疗而效果不佳者。服药前先服200毫升热稀粥，服药后复被取汗。其中服药1～2剂、24小时内热退者达178例，占88.6%。李建国等报道，以小儿热速清口服液治疗小儿感冒高热，有效率为98%。並通过实验证实了该制剂对流感病毒甲1、甲3、乙型在鸡胚中繁殖均有明显抑制作用。

此外，柏选正等报道59例梅毒，治以托毒攻里法为主，总有效率达93%（详见专条)。潘德义报道48例囊虫病，服用排囊汤后，治愈率83.3%（40/48)。随访1～5年未见复发。马晓红等报道715例流行性腮腺炎，以痄腮膏（川连、大青叶、雄黄、川军）外敷患处，治疗3天，有效率为99.27%。唐凤玲报道52例痄疾，用鲜菖蒲根、鲜紫苏叶、生鸡蛋煎服，痊愈率为98.08%(51/52)。随访4年未复发。邓世发报道200例钩端螺旋体病，以七鲜饮(鲜忍冬藤、鲜葎草、鲜旱莲草、鲜鱼腥草、鲜白茅根、鲜青蒿、鲜薄荷、生大黄）煎服，治愈率为98%(196/200)。郭承伟等报道219例流行性结膜炎，以双贯眼液（银花、贯仲）滴眼，7天内全部治愈。其中3天治愈率为62.1%(136/219)。对艾滋病的报道，多侧重于病因病机的研究，对其治疗则泛实例。

（王育群）

【重症肝炎的治疗】

目前，对重症肝炎尚无满意的治疗方法，故病死率仍较高(达50%以上)。中西医结合治疗可明显降低病死率。林弘等报道35例，在动物试验基础上，根据中医以脏补脏理论，治以人胎肝细胞悬液直肠灌注，每次100毫升，儿童量减半。西医采用综合疗法为基础（如抗病毒、免疫调控、抗肝细胞坏死、治疗肝性脑病、预防出血、抗感染等）并应用强力宁静脉滴注，间歇应用鲜血、冻干血浆、人血白蛋白等治疗。结果存活25例，病死率为28.57%。且临床症状于用药3天即明显减轻，用药7天检查肝功能等各项指标较治疗前均有明显改善($P<0.05$或$P<0.01$)，其中对凝血酶原活动度的升高及胆红素的降低最为有效。李居富等报道37例，分一般疗法（即保肝，预防、清除和抑制肠道有毒物质及氨的产生，调节水电解质平衡，抗感染及对症治疗等）、综合基础疗法(即一般疗法的基础上加用六合氨基酸、胸腺肽、胰高血糖素及正规胰岛素静脉滴注，间歇应用鲜血或新鲜血浆等)、中西医结合疗法（即综合基础疗法上加用凉血活血中药，其中赤芍30～60克、大黄9～24克、生地9～15克、蒲公英15～30克、百合15～24克、三七粉3～6克（冲服每日1剂，水煎服）3组治疗。结果一般疗法组8例，病死率为75%(6/8)，综合基础疗法组12例，病死率为58.33%(7/12)，中西医结合组17例，病死率为35.29%(6/17)。谭庚发等报道21例，在以综合疗法(包括一般支持疗法，维持水、电解质及酸碱平衡，防治感染及出血，纠正低蛋白血症及腹水等）基础上，加用陈金黄汤（茵陈、郁金、金钱草、生大黄、黄芩、黄连、生黄芪、丹参、赤芍等）随证加减煎服。结果存活17例，肝功能、血浆蛋白等检测指标均较治疗前有非常显著性改善（$P<0.01$）。胡同斌等报道9例，以生大黄、蚤休、虎杖、赤芍、茵陈、郁金、贯众、桃仁、田基黄、川芎等为基本方，随证加减煎服，或高位保留灌肠；复方丹参液静脉滴注。西药则以常规对症及支持疗法，预防并发症。结果存活6例。

（王育群　桂华）

【病毒性肝炎虚证、实证与有关实验室指标的关系】

探讨用现代化的实验室客观指标来协助肝炎的临床辨证，不失为研究中医辨证的一条途径。张俊富对27例实证和61例虚证慢性肝炎的内分泌激素，其中包括睾酮（Tes）、醛固酮（ALD）、皮质醇、胰岛素（INS）、胰高血糖素(GR)、胃泌素、三碘甲状腺原氨酸(T_3)、甲状腺素(T_4)、促甲状腺激素(TSH)的检测结果表明，中医辨证分型和内分泌激素有明显的相关性。虚证组患者TeS、T_3、T_4、TSH、胃泌素水平明显降低，和对照组及实证组比较差异显著($P<0.01$、$P<0.05$）。实证组T_4、胃泌素升高，和虚证组及对照组比较差异均非常显著（$P<0.01$）。虚证组及实证组ALD、皮质醇、INS、GR等比较，也有显著差异（$P<0.05$）。因而张氏认为可以把TeS、T_3、T_4、ALD、皮质醇、INS、GR、胃泌素等内分泌激素作为慢性肝炎辨证的客观指标之一。

陈庆全等对病毒性无黄疸型肝炎患者的白细胞介素-2（IL—2）活性及血浆丙二醛（MDA）含量的检测结果表明，肝炎虚证和实证者的IL—2活性均非常显著低于正常人对照组(P均<0.01)，而肝炎虚证组又明显低于实证组（$P<0.05$）。肝炎患者的血浆MDA含量比正常人有非常显著增高($P<0.01$)，而肝炎实证患者增高更为显著，与虚证患者

比较也有非常显著的差异（$P<0.01$）。陈氏等认为该研究补充了肝炎的病理生理学机制，並对肝炎辨证分型的实质提供了实验室依据。

（王育群　张　玮）

【活血化瘀为主治疗慢性乙型病毒性肝炎的研究】

慢性乙型病毒性肝炎的治疗，以活血化瘀为主已成为一个大法。王育群认为肝藏血，主疏泄，肝病日久则致肝络瘀阻、疏泄不利，出现各种瘀阻之象。且瘀血之变，虽多因气滞、气郁、气虚，然肝肾不足、或因湿、或因热等均可致瘀。故治疗本病病情反复者，常以活血化瘀为主而兼顾致瘀之因。方兴等报道32例，以化瘀方(丹参、桃仁、红花、三七、三棱、莪术)随证加减煎服，治疗40～90天，HBe抗体均转阴。吴定田报道107例，以赤芍30～50克、丹参30克、制川军5～30克为活血化瘀基本方，随证加减煎服。治疗3个月，近期有效率为95.33%；HBeAg的阴转率为51.9%(41/79)；HBsAg的阴转率为15%（16/107）；抗HBc的阴转率为8%(8/101)。张玮等报道150例，以丹参、赤芍、制川军、郁金各30克，穿山甲、炙鳖甲、苦参各15克，生甘草6克为基础方，随证加减煎服。治疗3～6个月，基本治愈（症状消失，肝功能正常，病毒复制指标消失而HBsAg仍可持续存在，以上各项保持稳定1年以上）110例，占73.33%；总有效率为96%。罗远超报道8例，平均胆红素为237.86μmol/L，用赤虎汤（赤芍60～100克、虎杖30克、大黄6～10克）随证加减煎服。结果以服药1周顿挫有效（胆红素停止上升或每日上升速度不超过5.13μmol/L)7例；服药4周退黄有效(胆红素下降50%并继续下降至34.2μmol/L）8例。马凤友报道56例，以丹青饮（丹参50克、大青叶100克)随证加减，沸水浸泡饮用。结果总有效率为91%；其中显效（症状消失，肝功能正常，HBsAg转阴）17例，占30.3%。李炎戊报道48例，用化瘀通络汤（制川军、丹参、柴胡、当归、红花、桃仁、郁金、虎杖、炮山甲、白芍）随证加减煎服。治疗2个月，总有效率为91.7%。石坚报道60例，以疏肝活血解毒汤（柴胡、香附、枳壳、赤芍、当归、连翘、白芍、板蓝根、川芎、生甘草）随证加减煎服；同时口服西药肝泰乐、肌苷、维生素C及肌肉注射维丙胺。另设对照组40例只服用以上西药。治疗3个月，治疗组与对照组的有效率分别为91.67%、67.5%（$P<0.01$）。

（王育群　张　玮）

【中药灌肠治疗细菌性痢疾】

近年来，细菌性痢疾的治疗，用中药灌肠法的报道趋多。该法可使药物直接作用于肠粘膜，收效较快。还可避免口服中药苦寒败胃且难以下咽的缺陷以及西药的毒副作用。戴树生报道67例急性患者，用自拟中药灌肠液（白头翁、乌梅、黄连、赤芍、槟榔、凤尾草)保留灌肠，总有效率为91.04%。其中治愈（症状消失，大便镜检正常、培养阴性）35例，占52.24%。陈建平报道84例急性患者，用三黄秦芍汤（黄连、黄芩、大黄、秦皮、白芍、白头翁、广木香、当归、甘草)保留灌肠。治疗3～6天，总有效率为94.05%，其中治愈(症状消失、大便及化验正常)68例；占80.95%。李行迎报道81例慢性患者，采用以中药煎剂（黄连、黄柏、秦皮、白头翁、木香、小蓟、党参、白术）为主，辅以西药（强的松10毫克，研末加入中药煎液中混匀备用）保留灌肠。12次为1疗程。经1～3疗程治疗，全部有效，其中治愈率达93.8%(76/81)。彭启琼等报道30例，用二清汤（银花、连翘、黄柏、秦皮各30克）保留灌肠。治疗3天，全部获愈，其中2例慢性期急性发作型患者愈后随访3月无复发。吴红玲报道60例，用锡类散加味(锡类散、黄芩、黄连、黄柏）保留灌肠。7天为1疗程。结果1个疗程痊愈者36例；2个疗程内痊愈者

15例，好转6例；总有效率为95%。孙绍梅报道36例，按辨证分为湿热痢30例，寒湿痢6例，分别用湿热痢方（苦参、扁豆花、焦山楂、马齿苋、槟榔、木香）、寒湿痢方(椿根皮、石榴皮、黄连、附子、干姜）作保留灌肠。结果总有效率为86.11%，其中痊愈（症状消失，饮食好转，大便常规阴性）23例，有效(症状好转，大便常规只有白细胞少许，患者不愿灌肠或自动服药而愈）7例。

（金之荣）

【伤寒及其并发症的治疗】

贺志良报道98例伤寒患者，采用葛根芩连汤加味（葛根、黄芩、黄连、猪苓、茯苓、泽泻、白术、芦根、冬瓜子、甘草，每日1剂，分2次服）治疗，均获痊愈。体温于7天内恢复正常者占77.65%(76/98)。夏中伟等报道40例本病持续高热患者，以葛根芩连汤为基本方，同时用氯霉素、氨下青霉素、复方新诺明、痢特灵等西药治疗，退热时间平均为4.9天。而对照组24例单纯用以上西药，平均退热时间为8.6天（$P<0.05$)。薛中理等认为伤寒的治疗，单纯用有效抗生素，仅能抑制和杀灭细菌，而其毒素难以排出，毒血症加重，热期延长，并发肠出血的机会大为增加。以中西医结合治疗，则可减轻毒血症，减少并发症，特别是早期配合凉血药可减少肠出血的发生。薛氏等报道576例，按辨证分型论治。湿重于热者，用藿朴夏苓汤或三仁汤加减；热重于湿者，用白虎加苍术汤加味；湿热并重者，用小柴胡汤去姜、枣、甘草合三仁汤；热入血营者，用清营汤；正虚邪留者，用参苓白术散合平胃散加减。西药用丁胺卡那0.2克静脉滴注；口服吡哌酸0.3克，每日4次。临床治愈率为98.96%；死亡2例，占0.34%。而单以西药治疗的2849例，死亡21例，占0.73%。两组疗效相比有非常显著性差异($P<0.01$)。乔明德报道71例本病小儿患者，按中医辨证分为湿热郁结（用三仁汤加减）、湿热化火(用小柴胡合白虎汤加减）、气阴两亏(用竹叶石膏汤加减）等3型施治，同时合用西药抗生素及支持疗法等治疗。另设单用西药组79例作对照。结果两组病例均获治愈。但治疗组与对照组的平均退热时间(分别为10.9、13.6天)、中毒症状消退时间（分别为5.8、9.7天）及合并症发生率(分别为16.9%、35.4%)，均有非常显著性差异（$P<0.01$）。陈云云报道78例伤寒肠出血患者，治以大黄白芨粉(按3:2比例混匀）口服，每次3克，每日3次。总有效率为94.9%(74/78)。

（王文娣）

【淋病的治疗】

淋病是由淋球菌感染所致的性传播疾病，临床以中药或针灸的治疗报道疗效较佳。

（一）中药治疗　多用成方、验方。金时海等选用龙胆泻肝汤治疗58例，用药8～12天，治愈率(症状及体征消失，尿常规检查、前列腺液涂片及细菌培养均阴性）100%。随访1年未复发。张华等报道76例，用龙胆泻肝汤加白茅根、虎杖、金钱草等煎服，每日1剂。平均治疗9天，痊愈（症状、体征消失，化验检查正常者)57例；另设西药(用青霉素、四环素)组60例，治愈33例。两组间的疗效比较，中药组明显优于西药组（$P<0.05$)。何荣桂等报道72例，自拟淋通治（金银花、板蓝根、土茯苓、黄柏、车前子、木通、萹蓄、泽泻、甘草)煎服，每剂服3次，每日服2次。12～18剂为1疗程。总有效率为93.1%。其中痊愈（症状消失，连续涂片检菌3次以上阴性，培养淋菌阴性者）54例，占75%。周平龙报道17例，以八正散加味（滑石、瞿麦、萹蓄、车前子、山栀、大黄、木通、蒲公英、土茯苓、地肤子、甘草）煎服，每日1剂。治疗5～20天，全部有效。其中痊愈(症状与体征消失，化验检查正常者）11例，占64.7%。李日初报道48例，以加减八正散（木通、瞿麦、车前子、海金砂、茯苓、猪苓、赤芍、赤小豆、蒲公英)煎服，治疗5～

10天，全部治愈（症状、体征消失，尿道分泌物菌检转阴)。王道俊报道12例，以清淋汤(知母、黄柏、银花、茯苓、车前子)随证加减煎服；同时以苦参、生大黄、黄柏煎水外洗，每日数次。结果全部有效，其中治愈（症状消失，尿道分泌物涂片未发现淋球菌者）10例。

（二）针灸治疗　王侃报道595例，取照海(泻)、中极（补、温灸)、太冲(泻）为主穴，湿热型配膀胱腧(泻)、阴陵泉（泻)；阴虚型配肾腧（轻补)、阴谷（轻泻)；阳虚型配命门(补)、三阴交(补、温灸)。每10分钟施手法1次。湿热型留针30分钟；阴虚型留针50分钟；阳虚型留针60分钟。每日1次，10天为1疗程。休息5天再行下1疗程。治疗4个疗程，总有效率为88.2%。

（王文娣）

【梅毒的治疗】

梅毒是由梅毒螺旋体引起的性传播性疾病。中医称“杨梅疮”，因其由葡萄牙商人进入广州后，于1505年在广东一带首次流行，故也称广疮。中药砷制剂，在梅毒治疗史上曾处于世界领先地位。由于40年代青霉素的发明而被淘汰。我国于50年代，在全国范围内广泛开展了“驱梅”工作，60年代初基本绝迹。

多继诚报道了内蒙古地区50年代391例梅毒患者，临床以不含汞、砒等毒性药物的5种中药方剂进行治疗研究及5年的随访情况，临床症状改善总有效率达98%，血清康氏反应平均转阴率为39.8%，下降率为17.2%，固定率为43%，与青霉素疗法血清转阴率相似。5个中药方剂以通仙五宝散(煅钟乳石、琥珀、朱砂、冰片研末，以土茯苓煎汤送服）疗效最好，依次为加味遗粮汤（当归、川芎、防风、薏仁、木瓜、金银花、木通、白癣皮、苍术、威灵仙、生甘草、皂角刺、土茯苓煎服)、五宝散(煅钟乳石、琥珀、朱砂、冰片、珍珠研末，以土茯苓煎汤送服)、土茯苓马齿苋合剂（马齿苋、土茯苓、金银花、蒲公英、生甘草煎服)、解毒紫金丹(醋龟板、石决明、朱砂研末泛丸，以土茯苓煎汤送服)。近年来，本病又有发现，且有蔓延之势。马宽玉等报道30例早期梅毒，治以苄星青霉素每侧臂部各120万单位，肌肉注射，每周1次，共2次。同时服用驱梅汤（土茯苓、马齿苋、忍冬藤、半枝莲、黄柏、滑石、草薢、苦参、生甘草)、每日1剂。15天为1疗程。治疗1月后获效，复查血清反应转阴。柏选正等报道以托里攻毒法治疗本病59例，用托毒汤（银花、土茯苓各45克，蒲公英30克，生黄芪、薏苡仁、赤小豆各20克，龙胆草、马齿苋、苍耳子、皂角刺各10克，大枫子仁3克，车前子15克）内服；用盐汁石硇液（煅石膏、脑砂、大青盐、包心菜等制成）外洗。总有效率达93%；其中痊愈（男性下疳和女性阴疮消失，掌跖部斑疹消退，血清反应转阴，停药1～5年无复发）75例、占86.44%。

（王文娣）

【百日咳痉咳期证治】

百日咳痉咳期的治疗，韩德宝报道120例，辨证分为风寒痰阻、痰热阻肺等2个证型，分别以止痉散（全蝎、蜈蚣各1.5克）合小青龙汤、止痉散合清气化痰丸内服。治疗9天，全部有效，其中痊愈（症状完全消失，随访3个月以上未见复发者）55例，占45.83%。渠敬文报道80例，用百子平咳汤（百部、葶苈子、白芥子、莱菔子、青黛、地龙、蝉蜕、桑白皮、僵蚕、枳实、天竺黄、甘草）随证加减煎服。每日1剂。并另设西药组66例(用氨苄青霉素或红霉素）作对照观察。治疗12天。治疗组痊愈(症状全部消失、白细胞计数及分类数正常）75例，占93.75%；对照组痊愈53例（占80.30%)。治疗组明显优于对照组（$P<0.05$)。周建衡认为本病久咳必伤阴，而自拟养阴止嗽汤(百部、黄精、天冬、麦冬、茯苓、紫菀、枳实、

陈皮、半夏、甘草、细辛)煎服治疗221例。服药7天内，总有效率为96.9%，其中痊愈(咳嗽消失) 103例，占46.7%。胡义保报道61例，从肝与冲脉论治，以自拟平肝降冲汤(代赭石、橘皮、杏仁、半夏、炙百部、炙枇杷叶、浙贝母、黄芩) 煎服。另设西药组61例，服用红霉素、非那根等。治疗6天，中药组有效率为88.52%，其中治愈(症状消失，白细胞总数及淋巴细胞复常) 45例、占73.77%；对照组有效率为75.61%，其中治愈17例、占41.46%。两组比较，有非常显著性差异 ($P<0.005$)。秦亮报道46例，以痉咳散(紫菀、百部、杏仁各10克，橘红5克，蜈蚣1条，甘草2克) 随证加减煎服，总有效率为97.83%。其中治愈(症状消失，血检正常) 42例，占91.3%。平均治愈时间5.5天。

(金之荣)

【寒温统一理论指导治疗流行性出血热的临床研究】

万友生提倡寒温统一。近年来，以寒温统一理论指导治疗流行性出血热的临床研究，探讨该病的中医病因病机、传变规律和辨证论治方案，以提高治疗效果。

万兰清等提出，本病病因出血热疫毒属性以湿毒为主，致病特点为好犯血络，主要病位是少阴心肾、少阳三焦和阳明胃肠。其犯人之后，与正气相搏而生热，随患者体内阳气的盛衰而有寒化与热化两途：阳盛者，湿热郁遏，渐从热化；阴盛者，湿热伤阳，渐从寒化。从热化者，适用三焦、卫气营血辨证论治；从寒化者，适用六经辨证论治。江西疫区以湿热证最多，温热证与阴寒证较少。湿热证初起(发热期)湿偏胜，状类伤寒；低血压休克期以邪毒内陷，少阴气阴欲脱证最多，重度休克多属内闭外脱证；若能度过休克期，则湿热之邪不从外解而内结，留连三焦，由表入里，由腑入脏，与内生瘀、水等有形之邪互结，阻遏三焦气机。此为本病极期，邪热伤阴动血，瘀血入脑闭窍，水邪凌心犯肺，DIC继发纤溶亢进、脑出血、心衰、肺水肿、高血容量综合征等种种危重变证均易发生。若能度过此期，则可望邪退正复，进入多尿期与恢复期。温热证初起由卫入气入营入血，或兼而入之；阴寒证初起由太阳而少阳而阳明，或三阳同病。休克期热证多为热毒内闭、气阴外脱证。寒证多为寒毒内闭、阳气外脱证。但到极期则无论寒邪、湿邪，皆从热化。无论寒化、热化，终将阻滞三焦气机而生湿停水，又均因血络受损而留瘀，故均出现湿热瘀结三焦的局面。从而认识到，本病的寒化、热化，是病原作用于不同人体后，邪正斗争的不同状态，突出体现了寒温两说是矛盾的统一体这一客观规律。在此基础上提出了寒温合璧的开闭固脱法与宣畅三焦法这两个综合治理的大法以及“治湿不远温”的原则。并以此为基础，制定了辨证论治方案。除温热证与阴寒证遵传统治法选方用药外，湿热证发热期另组5个败毒汤，三阳同治，寒湿热兼顾，发散、和解、淡渗、分消，诸法并用。低血压休克期主用参麦针剂(四川雅安制药厂生产)益气养阴固脱，参附针剂、参附青针剂回阳救逆，“三宝”或牛黄醒脑针剂、清开灵针剂开热闭，宣畅三焦方或菖蒲郁金汤送服紫金锭开湿闭，桃仁承气汤合抵当汤或犀珀至宝丹开瘀闭。以上合称开闭固脱法。少尿期以宣畅三焦方(麻黄、苍术、大腹皮、陈皮、杏仁、广木香、猪苓、泽泻等) 为主，兼瘀热互结证加用桃仁承气汤合抵当汤，兼水热互结证加用大陷胸汤，兼寒实结胸证加用三物小白散，兼热结阴亏证加用增液承气汤，兼气阴两亏证加用参麦针剂。以上合称宣畅三焦法。多尿期与恢复期以驱余邪、扶正气为主，按瘥后病处理。

万友生等报道五年中对本病413例患者进行治疗的结果：中医组273例治愈率为96.34% (263/273)，病死率为3.66% (10/273)；西医组140例分别为89.2%(125/140)

和 10.8% (15/140)。中医组的疗效明显优于西医组 (P<0.01)。其主要原因是：(1) 开闭固脱法的运用使本病低血压休克期出现的难治性休克(往往与急性肾衰、DIC的并存有关) 获得治愈可能；(2)宣畅三焦法的运用使本病少尿期急性肾衰尿毒症大多得以度过。兰青山、杨宁等对宣畅三焦法的临床应用进行了深入研究。兰氏等总结本病急性肾衰193例 (中医组 117 例，西医组 76 例)。中医组总有效率为 97.44%，病死率为 2.56%；西医组分别为 88.16%。和 11.84%。两组疗效有显著性差异 (P<0.05)，且尿素氮及肌酐复常时间、尿蛋白转阴时间、无少尿型肾衰发生率等肾功能改善指标亦明显优于对照组 (P<0.01或P<0.05)。马超英等对开闭固脱法的临床应用进行了深入研究，总结本病休克159例 (中医组106例，西医组53例)，中医组总有效率为 97.17%，病死率为 2.83%；西医组分别为 84.91%和 15.09%。两组疗效有非常显著性差异 (P<0.01)，且中医组在降低少尿发生率与提高越少尿期率方面均优于对照组。证明了集寒温两说之长的宣畅三焦法、开闭固脱法，对本病有确切疗效。

万兰清认为寒温统一理论指导流行性出血热的临床研究结果，使中医对本病病因的认识由单一的温热、伏邪发展为湿热、伤寒和新感；对病机的认识由单一的卫气营血传变发展为六经、三焦、卫气营血三个传变模式，且认识到它们的内在统一性；治疗上随之由简单的清解、寒下和化瘀这“三斧头”发展为集寒、温诸法的综合治理、辨证论治系列方药；护理上提出了针对寒温不同证侯用不同温度输液的“辨证输液”主张。

(万兰清)

【肺结核证治】

马晓平等报道 107 例空洞型肺结核，系使用抗痨药治疗而病情未见好转者。改用结核散 (Ⅰ号方：珍珠 1 克，三七 5 克，全蝎 5 克，乌梢蛇、穿山甲、白芨各 15 克，共研细末，每次 5 克，每日 3 次，饭前服；Ⅱ号方：蛤蚧 1 对，黄芪 30 克，鳖甲、知母、黄芩、百部各 15 克，夏枯草、鱼腥草各 20 克，共研细末，每次 7.5 克，每日 3 次，饭后服)治疗，连续用药 3 个月。结果空洞闭合率达 64.8% (81/125)，痰菌阴转率为 83.6% (51/61)；总有效率为 91.2%。刘巧珍报道 20例肺结核球患者，以消瘀散结汤(丹参、瓜蒌、连翘、天花粉、夏枯草、首乌、赤芍、红花、桑叶、桔梗、桃仁、杏仁、玄参、甘草) 随证加减煎服。结果 19 例有效。其中痊愈 (胸片显示结核球阴影消失者) 10 例，平均治疗时间为 6 个月；显效(胸片显示阴影缩小 1/2 或 1/3 以上) 9 例。冯国安报道 30 例(其中浸润型 12 例、慢性纤维空洞型 18 例)，以黄芪煎汤送服抗痨补肺丸(百合、炙百部、冬虫夏草、蜈蚣、桃仁、红花、杏仁、甘草、蜂蜜等泛成丸，每丸 10 克)，每次 1 丸，每日 3 次。30 天为 1 疗程。结果均有效，其中痊愈 (症状消失，肺部病灶吸收钙化，痰菌阴转者) 23 例，占 76.67%。张传国等报道 30 例慢性纤维空洞型肺结核，于服用抗痨药的同时，按辨证分为阴虚、阳虚及阴阳俱虚等 3 型，分别施以养阴润肺(用百合固金汤加减)、壮阳益气 (用补中益气汤加减)及壮阳滋阴(用六君子汤加减) 等法。治疗 1 年后，显效(停药后症状消失，空洞缩小 1/5 以上，连续 3 次痰找抗酸杆菌阴性)率达88.66%(26/30)。与对照组 (30 例单用抗痨药物，显效率为 33.33%)比较，差异性非常显著(P<0.01)。冯秋云等报道用复方丹参液联合化疗短程疗法治疗排菌浸润型肺结核 88 例，同时设对照组 (病例数相同) 纯用联合化疗作比较。疗程均为 6 个月。结果显示观察组治疗 1 月、3 月及疗程结束时的痰菌阴转率均明显高于对照组 (P均<0.01)。且胸片显示病灶吸收率亦明显高于对照组 (P均<0.01)。

(姜春茂)

参考文献

B

柏选正，等。托里攻毒法治疗梅毒59例。陕西中医，1991；(6)：252

C

陈建平。三黄秦芍汤灌肠治疗小儿急性菌痢84例。辽宁中医杂志，1990；(9)：38

陈庆全，等。病毒性肝炎无黄疸型肝炎虚实证的研究——白细胞介素—2活性及血浆丙二醛的测定。中医杂志，1991；(5)：30

陈云云。大黄白芨粉在治疗伤寒出血中的应用。贵阳中医学院学报，1991；(1)：25

陈长寅，等。中药为主治疗急性黄疸型肝炎合并胆囊炎改变。中医杂志，1991；(5)：38

D

戴树生。中药保留灌肠治疗小儿急性菌痢67例疗效观察。新中医，1991；(7)：30

邓世发，等。运用七鲜饮防治钩端螺旋体病的初步观察。浙江中医杂志，1991；(7)：293

多继诚。50年代391例梅毒五种方剂临床研究。内蒙古中医药，1990；(2)：13

F

范东林。补肾健脾法治疗病毒性肝炎60例。湖北中医杂志，1991；(3)：47

方　兴。活血化瘀为主治疗HBe抗体阳性的乙型慢性活动性肝炎。四川中医，1991；(3)：25

冯国安。肺痨30例临症治疗体会。中医函授通讯，1991；(1)：44

冯秋云，等。复方丹参液联合化疗短程疗法治疗排菌浸润型肺结核疗效观察。实用中西医结合杂志，1991；(9)：531

G

郭承伟，等。双贯眼液治疗流行性结膜炎疗效观察及实验研究。山东中医学院学报，1991；(4)：32

H

韩德宝。辨证施治百日咳痉咳期120例。浙江中医杂志，1991；(11)：493

何桂荣，等。"淋通治"治疗慢性淋病72例疗效分析。实用中医内科杂志，1991；(4)：24

贺志良。葛根芩连汤加味治疗肠伤寒98例。浙江中医杂志，1991；(8)：344

赫炎光，等　愈痢丸治疗急性细菌性痢疾125例。陕西中医，1991；(3)：116

胡同斌，等。中西医结合抢救9例重型病毒性肝炎的体会。国医论坛，1991；(2)：37

胡义保。从肝和冲脉论治百日咳痉咳期61例疗效观察。甘肃中医，1991；(1)：14

J

金时海，等。龙胆泻肝汤治疗淋病58例。吉林中医药，1991；(2)：12

L

兰青山，等。宣畅三焦法治疗流行性出血热急性肾衰的临床研究。中国医药学报，1991；(1)：24

李朝霞。中西医结合治疗流行性出血热108例。浙江中医杂志，1991；(7)：46

李建国，等。小儿热速清口服液对流感病毒在鸡胚中繁殖的实验研究。河南中医，1991；(1)：14

李居富，等。中西医结合治疗重型肝炎的初步观察。实用中西医结合杂志，1991；(2)：99

李曰初。加减八正散治疗淋病48例临床观察。陕西中医函授，1991；(6)：22

李炎戊。化瘀通络汤治疗气滞血瘀型慢性乙型活动性肝炎48例。浙江中医学院学报，1991；(1)：21

李行迎。中药煎剂为主保留灌肠治疗慢性细菌性痢疾81例。中西医结合杂志，1991；(12)：749

林　弘，等。以脏补脏治疗重症肝炎的研究。中医杂志，1991；(1)：23

刘巧珍。自拟消瘀散结汤治疗肺结核球20例。实用中西医结合杂志，1991；(6)：369

刘俊彬，等。中西医结合治疗流行性出血热重度急性肾功能衰竭36例。中西医结合杂志，1991；(8)：475

刘玉书。祖国医学对梅毒流行及防治的认识。内蒙古中医药，1989；(4)：32

刘征利，等。中医药治疗流行性感冒201例分析。中医杂志，1991；(1)：25

罗　飞。肝炎解毒汤治疗急性黄疸型肝炎200例，浙江中医杂志，1991；(4)：150

罗远超。赤虎汤治疗病毒性肝炎高胆红素血症33例疗效观察　中医杂志，1991；(4)：39

M

孟祥文。绿胆丸治疗急性细菌性痢疾100例。湖北中

医杂志，1991；（1）：封三

马超英，等。开闭固脱法治疗流行性出血热低血压休克的临床研究。中国医药学报，1991；（5）：12

马凤友。丹青饮治疗乙型肝炎56例。陕西中医，1991；（3）：101

马宽玉，等。早期梅毒30例临床报道。陕西中医学院学报，1991；（2）：33

马力行。四子退黄汤治疗急性病毒性肝炎。四川中医，1991；（3）：24

马晓红，等。痄腮膏外敷治疗流行性腮腺炎715例观察。黑龙江中医药，1991；（6）：29

马晓平，等。结核散治疗空洞型肺结核107例疗效观察。黑龙江中医药，1991；（5）：19

P

潘德义。中药治疗囊虫病48例。辽宁中医杂志，1991；（9）：23

彭启琼，等。二清汤保留灌肠治疗细菌性痢疾30例。江西中医药，1991；（6）：55

Q

乔明德。中西医结合治疗小儿伤寒71例观察。中西医结合杂志，1991；（11）：695

秦　亮。痉咳散治疗百日咳46例。湖北中医杂志，1991；（1）：17

渠敬文。百子平咳汤治疗百日咳痉咳期80例。辽宁中医杂志，1991；（1）：22

S

石　坚。疏肝活血汤加西药治疗慢性肝炎67例。安徽中医学院学报，1991；（1）：25

孙绍梅。中药灌肠治疗菌痢36例。山东中医杂志，1990；（5）：29

孙永安。白兰黄胡根汤治疗乙型肝炎。四川中医，1991；（12）：31

T

谭庚发，等。陈金黄汤治疗重型肝炎21例观察。实用中西医结合杂志，1991；（8）：461

唐凤玲。验方截疟一得。浙江中医杂志，1991；（7）：300

W

万兰青。流行性出血热的中医研究进展(述评)。中国医药学报，1991；（2）：3

应用寒温统一热病理论辨治流行性出血热的临床与实验研究。江西中医学院学报，1988；（创刊号）：11

谈输液反应与辨证输液。江西中医药，1988；（5）：11

谈流行性出血热中的少阳三焦证。江西中医药，1988；（2）：17

宣畅三焦法对流行性出血热急性肾功能衰竭的作用机理初探。中国医药学报，1988；（5）：11

流行性出血热。现代中医内科学，第134～141页、中国医学科技出版社，1991；7月出版

万兰青，等。论流行性出血热治疗中的宣畅三焦法。福建中医药，1988；（4）：2

万友生。寒温统一论。上海科技出版社，1988年版

万友生，等。应用寒温统一热病理论治疗流行性出血热的临床研究。中医杂志，1991；（10）：26

王　侃。针灸治疗淋球菌感染595例临床观察。甘肃中医学院学报，1991；（2）：12

王道俊，等。清淋汤治疗淋病12例。湖南中医杂志，1991；（4）：46

吴红铃。锡类散加味灌肠治疗菌痢60例。陕西中医，1991；（8）：352

吴定田。乙型慢性活动性肝炎107例临床观察。湖北中医杂志，1991；（4）：13

X

夏中伟，等。中西医结合治疗伤寒40例临床观察。浙江中医学院学报，1991；（1）：33

肖　挹，等。中医药治疗小儿巨细胞包涵体肝炎。四川中医，1991；（6）：18

薛中理，等。中西医结合治疗伤寒580例疗效观察。中西医结合杂志，1991；（3）：180

Y

杨　宁，等。宣畅三焦法治疗流行性出血热50例探讨。江西中医学院学报，1989；（1）：22

杨世忠，等。中药“乙肝宁”治疗慢性乙型肝炎304例。北京中医，1991；（5）：40

应乔麟。中药透析治疗流行性出血热急性肾功能衰竭17例。浙江中医杂志，1991；（7）：295

Z

张　华，等。龙胆泻肝汤治疗淋病76例小结　湖南中医杂志，1991；（1）：11

张　玮，等。活血化瘀法为主治疗150例乙型慢性活动性肝炎的临床分析。上海中医药杂志，1991；（10）：11

张传国，等。中西药合用治疗慢性纤维空洞型肺结核30例。中西医结合杂志，1991；(2):119

张俊富。慢性肝炎及肝硬化辨证分型与内分泌激素关系的探讨。中西医结合杂志，1991；(3):147

郑　权。辨证治疗慢性乙型肝炎52例观察。黑龙江中医药，1991；(2):17

郑伟达。茵陈双白汤治疗急性黄疸型肝炎100例。福建中医药，1991；(4):19

周建衡。养阴止嗽汤治疗百日咳22例。山东中医杂志，1991；(5):29

周平龙。八正散加味治疗淋病17例。实用中西医结合杂志，1991；(7):408

(2) 肿　瘤

【概述】

1991 年有关肿瘤的报道有 220 余篇。对于癌症诊断与辨证关系进行了探讨，尤其在舌诊方面有较多的报道。王福田通过对 280 例癌症病人的舌象观察发现，癌症患者舌质多呈青紫、紫绛有瘀斑等。舌体多瘦小而薄，舌质或淡白、或绛红、或干晦，舌苔无裂痕。刘德禄等通过对 95 例恶性肿瘤舌质、舌苔颜色及形态的变化，判断疾病的转归与预后，如舌质淡红为邪浅病轻；舌质由淡红转红为热毒已深，病情加重（20人，占21%）；由红转绛为热盛津伤，阴虚火旺，预后不良（8人，占 8.42%）；淡紫为正虚邪盛，病情较重。从舌苔而论，白薄转白腻（10人，占 11%）为正虚湿从内生；若白腻转黄腻（17人，占 17.9%），为湿郁化热，病情进展。范德荣等观察了 168 例胃癌患者及 200 例正常人的舌象与病机进行了分析，认为若见紫舌、剥苔，舌脉异常，并有消化道症状，或患有萎缩性胃炎等癌前病变患者，应高度怀疑本病的可能。刘少翔等观察 130 例癌症病人舌色与血沉的变化发现，舌质青紫和血沉增快可以作为癌症复发扩散的警报信号。崔同建等发现，胃癌患者脾虚证CD_3、CD_4均低于正常人，CD_8高于正常人，CD_4/CD_8低于正常人。李占元等以耳穴探测肿瘤760例，其中Ⅰ组 332例，病理诊断为恶性肿瘤 174 例，耳穴诊断与其相符者 146 例，占 83.9%；Ⅱ组 428 例中，经X线或CT等影相学诊断者 101 例，B超诊断者 327 例，耳穴电脑信息诊断与其符合者占 92.1%。李荣先等用F-8836吸光度与人体耳部信息检测恶性肿瘤，对多数恶性肿瘤的定性、定位和分期诊断有价值。关昕分析肝癌的CT影像，绝大多数为低密度影像。

在治则治法和临床研究方面有一定进展。齐远富认为中医药治疗晚期肿瘤中应注重四个法则，即以补为主，脾肾并重；慎用攻逐，切勿破血；开胃保中，增强食欲；安神止痛，缓解痛苦。并强调调养胃气在晚期肿瘤治疗中的重要意义。周维顺对恶性肿瘤的治疗，原则分为理气化滞、活血化瘀、扶正培本、清热解毒、软坚散结、化瘀利湿诸法。靖士侠等概述了近几年抗癌中药有效成份的研究进展，按其结构性质对其抗癌成分进行分类，如甙类、生物碱类、多糖类、有机酸类等，并对其抗癌谱作了详细介绍。哈尔滨医科大学最新研制成“癌灵Ⅰ号”已有报道。杨巨才等论述了心理因素在癌症的发生、发展和防治中的重要作用。

目前对于肿瘤的治疗趋向防治结合，治疗中又以扶正和祛邪兼顾，辨证施治，结合放、化疗及手术等方法，也有应用单方、验方的报道。如李连华以益气养阴中药加放疗治疗 138 例鼻咽癌，3 年及 5 年生存率分别为 120 例、93 例。孙桂颖等中药治疗 50 例甲状腺肿瘤，总有效率 96 %。吴艳环在内镜下局部注射“消癌灵”治疗食管贲门胃癌 33 例，有效率88%。刘边林运用中药益气健脾、软坚散结治疗晚期胃癌33例，平均生存期 3.5 年。冀向东观察到中药FA867液对人体直肠癌组织有抑制其生长和转移的作用。朴炳奎等报道用肺瘤平膏治疗原发性肺癌 195 例，部分缓解2例，稳定16 6例。王德龙用普陀膏外敷，配合内服中药，治疗原发性肝癌70例，总有效率96.7%，Ⅱ期肝癌一年生存率达44.8%。唐由君等对急性白血病的舌象、中医分型及客观指标进行了观察和分析。潘明继等采用扶正健脾汤防治543例癌症化疗副反应，5年生存率为48%。另外，中药防治脑瘤、脑垂体瘤、丘脑肿瘤、神经纤维瘤、舌癌、气管下端乳头瘤、乳腺癌、软组织肉瘤、恶性淋巴瘤、子宫颈癌、膀胱癌等均有报道。

关于实验研究，翟道荡等观察发现艾灸关元可使小鼠的细胞和体液免疫功能维持在正常或较高水平，分析表明，艾灸疗法可能引起了亮氨酸-脑啡肽和甲硫氨酸-脑啡肽从垂体及肾上腺髓质等处释放入血增加。这些肽类作用于免疫细胞表面受体，从而调节了荷瘤小鼠紊乱的免疫功能。焦正葵等将荷瘤小鼠分成益气养血保元胶囊治疗组和对照组，两组的腹腔MNφEA花环形成率分别为70.45 ± 5.62和30.49 ± 12.75，二组差别显著（P＜0.01)。说明益气养血保元胶囊对Mφ活性的促进作用与其通过调理吞噬方式有关，而不是单纯地影响表面吞噬，而抑瘤机理之一是活化Mφ(巨噬细胞)。

（陆鸿元　李　洁）

【急性白血病的证治与实验研究】

（一）发病机理　赵绍琴认为急性白血病以热毒为本,体虚为标。温热毒邪深伏髓中,乃禀受先天，发病以人体正气的调节作用而定，因热郁骨髓由里外发，为热结、耗血、动血、停瘀并存,涉及髓、血、营、气、卫。吴维海等提出热毒为病，正气不足，内外合毒而致气血阴液不足贯穿始终，病理特点是虚实夹杂、正虚邪盛。张庆祯认为急性白血病有感染温毒、湿热毒、伏毒之不同，发病部位有气、营、血、髓之异。

（二）辨证分型　唐由君等探讨了200例急性白血病分型与客观指标的关系，发现气阴两虚型有低热、胸骨压痛、轻中度贫血，血小板在40～50×10⁹/L,骨髓增生活跃或明显活跃，血钾偏低；气血双亏型有低热，胸骨压痛、中重度贫血，血小板在40～50×10⁹/L之间，骨髓增生活跃或明显活跃,血沉增快，IgG、淋转均偏低，铁蛋白增高;热毒炽盛型有胸骨压痛、肝脾肿大、淋巴结肿大，白细胞总数多增高，血小板多在6～20×10⁹/L间，骨髓增生极度活跃、白细胞比数多在71～90%，血钾、淋转均偏低，铁蛋白增多；痰瘀互结型有胸骨压痛、肝脾肿大、淋巴结肿大，中枢神经系统白血病，骨髓增生极度活跃，白血病细胞比数多在91%以上，急淋白血病多属此型。王介人等认为分型治疗应当随证型的变化而调整治法。

（三）方药治疗　罗秀素等报道中西医结合治疗急性非淋巴细胞白血病（简称急非淋)75例,分为三型治疗:瘟毒内蕴型(23例),方选白虎汤、犀角地黄汤、清瘟败毒饮等加减；痰湿瘀阻型（26例),方用温胆汤、消瘰丸、膈下逐瘀汤、金匮鳖甲煎丸等化裁；正虚型（26例），方用人参养营汤、归脾汤、六味地黄汤等加减。联合化疗用HOP、HOAP、HA及DA方案。61例疗效评定，完全缓解(CR) 42例。肖仁鹄等报道治疗急性白血病19例（气血两虚型8例、热毒入血型2例、热毒炽盛型9例），以清热解毒、抗癌、活血化瘀为主，药用半枝莲、白花蛇舌草、龙葵、夏枯草、穿心莲、生地、丹皮、金银花、当归、赤芍、地鳖虫、山甲珠、丹参、红花等加减，急淋（急性淋巴细胞性白血病）配合VMP或COAP方案，急非淋用COAP或HOAP联合方案，结果完全缓解CR11例，总有效率84.2%。对照组CR10例，总有效率63.6%，治疗组3例存活4年以上，其中1例已逾7年，优于对照组。刘玺珍等用烧鸡丹（阿胶、鳖甲、蜜蜡、血竭、孩儿茶、三七、火硝、穿山甲、蜈蚣、水蛭、鹿茸等）治疗52例,结果近期治愈17例(33%）。宋茂美等报道中西结合治疗的12例急性白血病长期存活5年以上者，其5年存活率16.7%。认为与白血病细胞类型、年龄、第一次完全缓解持续时间及有计划的定期强化治疗有关，完全缓解后大多数病人坚持服用益气养阴方。王忠芬报道急性白血病2例，西药联合化疗结合中药益气养阴佐以解毒抗癌之剂治疗，存活5年以上。此外，朱海洪等对白血病化疗胃肠反应26例用温胆汤加减，结果与对照组比较，改善症状显著者和总有效明显高于对照组（P<0.05）。并认为该方不仅可消除症状，且与化疗抗癌相辅相成。

（四）实验研究　李琰等通过建立L_{7212}白血病小鼠缓解、复发模型，实验观察三个中药复方的治疗结果，表明补气养血方有保护骨髓促进造血的功能，同时有杀灭瘤细胞的作用；益气养阴方和清热解毒方促进造血功能较补气养血方差，但杀灭瘤细胞的作用较强，对体液免疫有促进作用。唐由君等应用L_{7212}白血病模型对六神丸、紫金锭、犀黄丸进行治疗性研究，结果发现三种中成药均有明显的抑制和杀伤实验小鼠白血病细胞的作用（P<0.05～0.001），认为药物主要作用于细胞周期的S期（P<0.01），具有减轻、缓解白血病细胞对肝脾侵润的作用（P<0.001），从而具有显著延长白血病小鼠生存期的作用（P<0.01～0.001）。犀黄丸与诸复方配伍延长生存期作用更为显著。陈泽涛等应用荧光偏振技术观察了中药对L_{7212}白血病小鼠红细胞及淋巴细胞膜流动性的影响，结果表明益气养阴方和补气养血方均可降低淋巴细胞膜的流动性，从而改善膜的结构和功能发挥抗白血病作用。淋巴细胞膜流动性的异常可能对白血病的早期诊断有意义。

（黄振翘　黄松玲）

【鼻咽癌的治疗】

鼻咽癌单纯放射治疗的生存率低。近年来以放疗配合中药治疗效果较好。李连华治疗中药加放疗组（简称中放组）138例，单纯放疗组（简称单放组）134例。鼻咽原发灶放射剂量为60～70Gy；颈部淋巴结转移灶为55～70Gy；无颈淋巴结转移者作上半颈预防照射45～50Gy。中放组除放疗外加服益气养阴汤（太子参、元参、麦冬、生地、女贞子、石斛、天花粉、白花蛇舌草、半枝莲、甘草）。结果5年内复发中放组16例（11.59%），单放组51例（38.06%），两组间有非常显著差异（P<0.01）。5年肿瘤远处器官转移，中放组16例（11.59%），单放组21例（15.67%），两组无显著差异（P>0.05）。5年内死亡中放组45例（32.6%），单放组70例（52.24%），中放组死亡人数明显少于单放组，两组间有非常显著差异（P<0.01）。治疗后3年及5年以上生存率比较，中放组存活3年以上者120例（86.96%），存活5年以上者93例（67.4%）；单放组存活3年以上者89例（66.42%），存活5年以上者64例（47.76%）。两组的3年及5年以上生存率相比较均有显著差异（P<0.01）。吴敬亮对全部患者放疗，对照A组30例单纯服西药，B组30例加服成药舒喉宁（含白花蛇舌草、穿心莲等），C组服参射汤135例。C组中胃阴枯涸型114例加服本方Ⅰ号（玄参、茯苓、银花、菊花、岗梅根、射干、芦根、火麻仁、桑叶、甘草）；脾阳虚型21例加服本方Ⅱ号（党参、茯苓、银花、菊花、岗梅根、射干、芦根、夏枯草、天花粉、甘草）。结果C组总有效率98.52%，显著优于两对照组（P<0.01和0.05）。吴氏认为参射汤能减轻咽喉的放疗反应，保护咽喉粘膜以利患者进食，并顺利完成放疗。程剑华对鼻咽癌原发灶放射剂量予6000CGy，转移灶为4000～5000CGy。热毒阴伤者，予服生地、麦冬、北沙参、玄参、天花粉、银花、野菊花、薄荷、山豆根，脾虚湿热者，予服太子参、党参、全瓜蒌、薏苡仁、蔻仁、黄芩、茯苓、佩兰、苦参、白术、竹茹。结合随证加减。结果：治愈（原发灶和转移灶

全部消失）44例，好转12例，无效1例。程氏认为中药可减轻和改善放疗的毒副作用，对口腔粘膜及消化道症状效果尤著。服药20剂以上者治愈率明显提高。穆美云对11例临床上怀疑鼻咽癌、EBV特异的核壳抗原IgA抗体阳性患者，其阳性滴度范围为1:5⁺～1:40⁺；外周血天然杀伤细胞（NK)明显低于正常人；血清α-干扰素浓度接近正常。均予黄芪注射液16毫克/日静注，10日为1疗程，除1例治疗2疗程外，余均治疗1疗程。治疗2月复测，EBV-VCA/IgA转阴者3例；外周血NK细胞活性虽仍略低于正常人，但已无显著差异；血清α-干扰素浓度低于正常值（P＜0.01)。

（李　洁）

【原发性肺癌的证治】

肺癌不按辨证治疗疗效低，据朴炳奎等报道用肺瘤平膏治疗原发性肺癌195例，其中鳞癌100例，腺癌78例，鳞腺癌3例，未分型癌14例；气虚型50例，阴虚型36例，气阴两虚型63例，痰湿瘀阻型46例。治疗时不分病理类型或中医分型，均口服肺瘤平膏（由黄芪、党参、沙参、杏仁、桔梗、败酱草、白花蛇舌草等，水煎酒提，蜜制成膏），每次15克，每日3次，二个月为一疗程。近期疗效：部分缓解2例、稳定166例、恶化27例。郭喜平等报道用紫星口服液（系中药紫草萘醌色素、人参皂甙配伍制成的胶体形液体药剂）治疗晚期肺癌19例，其中鳞癌12例，腺癌7例。治疗后完全缓解1例、部分缓解6例，好转5例，稳定7例，进展0。瘤块缩小25%以上客观有效率63.3%，总缓解率为36.9%。经疗效与剂量的分析，提示每日用0.4mg/kg～0.6mg/kg为适宜剂量范围。治后生存1年以上者9例，占47.3%，中位生存期10个月，其中腺癌10个月、鳞癌12个月。张书林等采用理气解郁法治疗肺癌42例，所有病例都接受过化疗、放疗，15例手术治疗。用拟定解郁救肺汤（炙黄芪、柴胡、清半夏、西洋参、香附、神曲、栝蒌、鱼腥草、川贝母、白豆蔻、陈皮、升麻、白及、三七参、炙甘草、灯芯、竹叶）进行加减。治疗结果：存活5年以上10例，2年以上18例，2年内死亡14例。陈斌等用益气养阴汤合并化疗治疗小细胞肺癌26例，其中病变局限于一侧胸腔10例，病变范围超过一侧胸腔16例，21例为初治病例，5例行剖胸探查术。化疗采用COEP方案，同时服用益气养阴汤，每日1剂水煎服，直至化疗结束。处方为黄芪、西洋参、冬虫夏草、薏苡仁、百合、生地、熟地、天冬、麦冬、玄参、芦根、甘草、三七，经中西医结合治疗后，完全缓解（CR）8例，部分缓解（PR）12例，稳定（S）5例，恶化（P）1例，总缓解率为77%，取得了良好近期疗效。梁清华等以中药配合放疗、化疗治疗晚期肺癌44例，（Ⅲ期18例、Ⅳ期17例）、分成中西医结合组（中药＋放疗＋化疗），西医组（化疗、放疗或化＋放疗），中药组（基本方为黄芪、党参、当归、百合、麦冬、浙贝母、参三七、茯苓、桑白皮、紫菀、冬虫夏草等加减）。结果：中西医结合组总有效率为66.6%，西药组30.7%，中药配合放、化疗组有效率为73.3%，显示了较好的疗效。单独中药治疗有效率不明显，但患者一般状况较稳定。中药＋放疗＋化疗的中西医组合组中位生存期17个月，未加中药为10个月生存期，中药组为7个月。以上提示多学科综合治疗优于其他治疗。且毒副反应较轻，并易恢复；又表明了中西医结合治疗晚期肺癌能提高疗效，延长生存期。

（刘嘉湘）

【食管、贲门、胃癌的诊治及实验研究】

刘边林报道用中药益气健脾、软坚散结法治疗晚期胃癌33例，均获程度不等的临床缓解，平均存活期3.5年。基本方为党参、茯苓、半夏、陈皮、白术、露蜂房、全蝎、黄芪、料姜石、瓦楞子、蜈蚣。陈斌等用扶正抗癌Ⅱ号（黄芪、党参、云茯苓、白术、海藻、牡蛎、三七、壁虎、蟾蜍皮）治疗晚期胃癌32例，结果缓解率为21.9%，稳定率为62.5%。治后细胞免疫功能及血粘度均有改善。黄志华等用通幽汤加味（生地、熟地、制半夏、白花蛇舌草、七叶一枝花、桃仁、厚朴、枳实、红花、炙甘草、升麻、大黄、生姜汁、韭菜汁）治疗晚期食管癌、胃癌76例，使食管癌吞咽困难和胃癌顽固性呕吐得以迅速改善，病情有所缓解。并强调重用半夏、养阴药及破血通降药是治疗的关键。王庆才等用南星半夏汤加味(生南星、生半夏、瓜蒌、黄药子、旋覆花、代赭石、石打穿、急性子、天龙、蜈蚣）缓解36例食管贲门癌梗阻，其中显效18例、有效13例。

在中西医结合治疗方面，王冠庭等用扶正抗癌方（党参、黄芪、白术、薏苡仁、仙鹤草、白英、白花蛇舌草、七叶一枝花、石见穿）结合化疗治疗晚期胃癌158例，第一批56例的3、5、10年生存率分别为41.07%、30.36%和12.5%；第二批102例的3年生存率均超过50%，以中药加5-Fu为最佳。动物实验研究表明，扶正抗癌方能抑制或杀灭艾氏腹水瘤癌细胞，使小白鼠生存期显著延长。孙兆和用放疗配合扶正祛瘀汤(党参、白术、茯苓、陈皮、炒谷芽、炒麦芽、女贞子、补骨脂、丹参、赤芍、川芎)治疗60例食管癌，结果中药加放疗组的完全缓解率为76.7%，一、二年生存率为100%、50%，均明显优于对照组。吴良村等根据中医辨证论治配合腹腔动脉插管化疗治疗晚期食管癌69例，结果治疗组有效率为88.64%，一年生存率为39.24%，均明显优于对照组。陈建中报道31例胃癌患者化疗中结合扶正培本方(黄芪、党参、山药、白术、地黄、山萸肉、女贞子、枸杞子、菟丝子、补骨脂、半夏、丹参、木香、草豆蔻）观察对白细胞的影响，结果中药扶正组白细胞均值大于4.0($\times 10^9$/L)，且无1例低于3.0者，均明显优于其他两组。

此外，吴世仁等探讨了20例胃癌的超声诊断，认为以胃壁增厚和内部回声的变化为胃癌病变超声基本征象，是非侵入性检查方法，但检出率不如X线造影。范德荣等对168例胃癌患者及200名健康人群的舌象进行观察分析，结果胃癌者紫舌占70%，厚苔占61.9%，舌有齿痕占23.2%，舌脉异常占83.9%，均较对照组明显为高。说明舌象的变化对胃癌的诊断及预后观察具有重要参考价值。

（汤新民）

【胃癌前期病变的治疗】

胃粘膜肠化和不典型增生称胃癌前期病变。张文尧观察分析45例萎缩性胃炎伴胃腺不典型增生患者，辨证论治按肝胃不和型予柴胡舒肝散加减；脾胃虚寒型予黄芪建中汤加减；湿热型予连朴饮加减；胃阴不足型予养胃汤加减。同时结合内窥镜检查分型治疗粘膜充血为热邪、粘膜水肿为湿重，局部有瘀斑、血点、粘膜苍白为脾胃虚寒，粘膜脱垂为中气下陷。原45例中重度不典型增生19例，中度21例，轻度5例。治疗后复查35例结果：痊愈2例、显效（重度转为中度）27例，无效5例，加重1例。张镜人等用调气活血法治疗伴有胃粘膜肠化生及不典型增生的萎缩性胃炎52例。气滞证治以调肝理气为主；气虚证治以健脾和胃为主；兼阴虚者酌加养阴之品。治疗结果：原38例肠腺化生中，重度5例，中度17例，轻度16例，治疗后，7例消失，轻度22例，中度8例，重度1例；原7例不典型增生轻度4例，中度3例，治疗后全部消失。周学文等治疗128例慢性萎缩性胃炎，其中伴肠化生100例(轻度38例，中度42例，重度20例)。治疗后复查肠化生轻度48例，中度27例，重度2例。治疗方法：虚寒证用黄芪、桂枝、白芍、白术、延胡索、枳壳、威灵仙、毕澄茄、苦参、麦芽、香橼、甘草组成冲剂；郁热证用黄连、柴胡、知母、石斛、焦山栀、白薇、蚕砂、枳壳、射干、苦参、生地榆、马齿苋、威灵仙组成冲剂，早晚空腹各冲服30克，连续服6个月。朱生梁等治疗500例萎缩性胃炎伴不典型增生及肠化生患者，方用自拟“平萎汤”（苏梗、藿梗、白术、枳壳、桂枝、川连、黄芩、川芎、莪术、白蔻、党参、黄芪、大枣、生姜、甘草、地榆），随证加减，3月1疗程。治疗1～2疗程后显效40例，有效4例，有效率90%。孙希圣用乌梅、枳壳、仙鹤草、白矾、郁金、火硝、制马钱子、炒干漆，按比例配成胃复康冲剂，治疗萎缩性胃炎伴肠化20例，服1月为1疗程。结果经2～4月治疗胃粘膜萎缩病变与肠化消失11例，肠化消失、萎缩病变改善者5例。张文尧等报告用四逆散为主方治疗不典型增生30例（Ⅲ级24例、Ⅳ级2例，Ⅱ级4例），服药3～6月后复查显效25例，有效3例，无效2例，总有效率93.3%。24例Ⅲ级转Ⅱ级19例，5例不变；2例Ⅳ级均转为Ⅱ级。治疗主方：柴胡、枳壳、赤芍、白芍、炙甘草、制半夏、陈皮，结合随证加减。根据胃粘膜充血水肿或萎缩程度加蒲公英、红藤、败酱草、白花蛇舌草、芙蓉叶、丹参、九香虫等清热活血之药。

（邱佳信　吴学勇）

【直肠癌的证治】

直肠癌在临床上一般采用“Dukes一中国改良分期”法，即分为A、B、C、D四期。周维顺根据中医辨证将本病分为脾虚湿热、湿热瘀毒、脾肾阳虚三型。治疗以中西结合为主，早期（A期）以根治手术为主，予服扶正祛邪中药；中晚期（B～C期），手术配合放、化疗及中药以巩固疗效；晚期（D期），以化疗为主，配合免疫及中草药治疗，以延长生存期。其中脾虚湿热型，重用健脾理气、清热利湿之品，药用苍术、白术、茯苓、川朴、延胡索、薏苡仁、白英、龙葵、藤梨根等；湿热瘀毒型，宜用清热解毒、理气化滞、祛瘀攻积为法，药用三棱、莪术、儿茶等；脾肾阳虚、寒湿结毒型，宜温肾健脾、祛寒胜湿，药用党参、苍术、补骨脂、肉豆蔻等。徐振晔治疗3例确诊为本病的患者，均以中药为主治疗取得满意效果。1例证属邪毒猖盛，脾肾阳虚，治拟温运脾肾，清除肠道热毒。药用炙黄芪、升麻、白花蛇舌草、莪葜、野葡萄根、赤石脂、党参、苦参、焦山楂、炒白术、煨葛根等，服药2月后，症状好转，3年后死亡。又一例证属脾失健运、水湿蓄结，治拟健脾利水、清肠消肿。药用生黄芪、龙葵、石打穿、车前子、泽泻、薏苡仁、白术、乌梅、茯苓、八月扎等，服药60余帖，症状明显改善，3年后因失治而死亡。再有一例证属热毒蕴结肠腑、耗伤脾胃、气机不畅，治拟益气健脾、清肠消肿。药用党参、苦参、生白术、枳壳、乌梅、茯苓、八月札等，服药1年，病情稳定，存活5年2个月。冀向东等制成中药FA867液（从五倍子、明矾等提取的有效成分）。经对人体直肠癌组织（直肠癌30例、肛管癌1例）的病理形态学观察。结果表明：FA867液能促进纤维结缔组织大量增生，分割包围癌组织，在注射部位及药物所及之处产生明显的无菌性炎症，使大量中性粒细胞、单核细胞、吞噬细胞和淋巴细胞聚集，癌组织呈灶状、片状坏死，从而达到抑制癌细胞生长和转移。

（李　洁）

【原发性肝癌及其兼证的治疗】

（一）辨证施治　许继平等对不能手术的72例中、晚期肝癌，分为疏肝补肾方组（柴胡、广郁金、蒸山萸肉、何首乌、川芎、制香附、佛手柑、枸杞子、桑寄生、仙灵脾、生甘草、蜈蚣，每日1剂水煎服，共服50～350剂）45例；化疗组（5FuDR0.5克，MMC6毫克，每周2次，3周1疗程，共1～4疗程）27例作对照组。中位生存率：中药组8.9月，化疗组6.2月，两组有显著差异。吴玉生对35例Ⅲ期原发性肝癌，运用辨证与辨病结合，分为气滞血瘀型，治以疏肝理气，活血化瘀；

肝热湿毒型，治以清肝利湿，解毒散结；脾胃虚弱型，治以健脾益气，扶正抗癌；肝肾阴虚型，治以滋养肝肾，软坚散结等随证加味，日服中药一剂，同时服用莲花片。经治结果：35例中，存活1个月以上者占25.7%，2个月以上者占22.8%，3～4个月以上者分别占2.8%，5个月以上者占5.7%，半年以上者占11.4%，一年以上者占5.7%。平均生存期间为108天，中位生存数为62天。潘澄濂用辨证施治法治疗3例中晚期原发性肝癌取得存活2月余到6年半的显著疗效。用药体会，在肝癌术后或一般情况尚可时，多选用黄芪、白术、鳖甲、西洋参、女贞子、白毛藤、蛇舌草、猪苓、半枝莲等。应用中草药对局部病灶作介入治疗是近年来治疗肝癌的新发展。田利等在B超声像图监视和引导下，经皮瘤内注射活血化瘀中药挥发油提取液（由蓬莪术、乳香、没药经蒸馏提取制成针剂，每支20毫升），每周1次注入20～40毫升，4～6周为1疗程，治疗Ⅱ、Ⅲ期肝癌26例，显效（肿块缩小½以上）18例，平均存活1.6年。陈义文等探索肝癌的中医治法与客观检测关系，发现肝郁气滞型的血浆粘稠度增加，血浆cAMP水平下降，用理气药可以改善；肝热血瘀型的血球压积降低，用活血药可以纠正；肝盛脾虚型的玫瑰花结形成率降低，木糖排泄率降低，用健脾药有效；肝肾阴虚型的血浆cAMP/cGMP比例明显下降，用滋阴药有效。应用丸剂治疗肝癌已见成效。张所乐等用安宫牛黄丸为主治疗中晚期肝癌20例，显效2例，1年生存率26.7%，半年生存率53.4%。马风友用犀黄丸口服、外敷、灌肠治疗肝癌数10例疗效确实。

（二）中西医结合治疗　沈敏鹤等运用DMF方案肝动脉插管灌注化疗结合中医辨证用药（生米仁、仙鹤草、茜草、蛇舌草、丹参、八月札等），共治疗晚期原发性肝癌20例，总有效率为85%。其中存活6个月以上者19例，存活8个月以上者12例，存活10个月以上者9例，存活1年以上者5例。平均生存8.4月。存活8例平均已生存10.6月。何健树以西药对症处理，中药扶正培本为主要治则，治疗44例老年肝癌，存活3个月10例，存活6个月12例，存活12个月2例，中位数生存期105天。牛景月治疗晚期原发性肝癌17例，其中中药组（醋柴胡、白芍、丹皮、白僵蚕、三棱、莪术、炙鳖甲、穿山甲、夏枯草、龙葵、白英、白花蛇舌草、半枝莲）5例，中药加化疗组（EMF方案）12例。结果中药组平均生存13.4个月，2例存活达23个月；中药加化疗组平均生存7.5个月；全部病例平均生存时间9.5个月。生存时间中药组明显优于中药加化疗组。

（三）肝癌兼症的治疗　肝癌出现兼症，均为恶候，往往成为影响肝癌生存质量的重要关键因素。余庆伟等用清利湿热方（岩柏、金钱草、茵陈、白花蛇舌草、半枝莲、白术、大腹皮、郁金、香附、泽泻、猪苓、云茯苓、玫瑰花）治4例肝癌黄疸，2例消失，2例稳定。李佩文等用消水方（生芪、莪术、薏苡仁、牵牛、桃仁、红花等）外敷治疗45例肝癌腹水，39例改善。陈再连等用直肠净化液（黄芪、大黄、丹参、红花、海藻、蒲公英等）保留灌肠透析治疗87例肝癌肝肾衰竭，与87例对照组比，平均生存天数分别为42.8±47.5日、35.3±34.5日，两组有非常显著差异。关于肝癌疼痛的治疗，如王吉的癌症止痛方（威灵仙、丹参、赤芍、郁金、木瓜、延胡索、桂枝）煎服；刘志卿的肝癌疼痛方（沙参、麦冬、五灵脂、延胡索、茵陈、柴胡、丹皮、栀子、瓜蒌、鱼腥草、乌梅、虎杖、枳实、郁金、当归、川芎、红花、半夏、板蓝根、鸡内金、知母、黄芪、三七、血竭）煎服；盛国荣的镇痛散（山奈、乳香、没药、大黄、姜黄、栀子、白芷、黄芩、小茴香、公丁香、赤芍、木香、黄柏、蓖麻仁）外敷期门穴；王群芳的蟾蜍皮外敷；王劲的镇痛灵（生草乌、蟾酥、生半夏、生南星、细辛）

撒布痛处，用阿魏膏敷贴等方法。这些经验方见效快，持续时间长，不存在依赖性、成瘾性。

（王義明）

【肿瘤放疗、化疗副反应的治疗】

潘明继等报道中医药防治癌症534例化疗副反应的观察，采用扶正健脾汤（生黄芪、党参、熟地、女贞子、芡实、鸡血藤、白术、茯苓、枸杞、首乌、淮山药、沙参、麦冬、甘草）为基本方，结合辨证加减。在化疗期间及化疗后2～4周内投药，每天1剂，45～55剂为1疗程。534例癌证化疗患者经过1～5个疗程治疗，结果在防治化疗副反应、保护机体免疫功能，扶正健脾汤组与对照组比有显著性差异。远期疗效观察，治疗组与对照组中可资比较的Ⅲ期胃癌术后患者分别为30例和25例，观察其5年生存率，扶正健脾汤为48%，单纯化疗组为28%。

吴敬亮等对195例鼻咽癌患者的放疗中，分为不服中药组30例，服中成药喉舒宁30例和服参射汤（Ⅰ、Ⅱ号方均参见本栏“鼻咽癌的治疗”）135例进行观察。结果表明，参射汤组在改善患者饮食和保护咽喉粘膜上，效果明显高于另外两组。随访达5年以上的45例中，5年生存率为68.69%。徐祖德为消除肿瘤患者化疗期间的消化道反应，将41例患者随机分为中西药组、西药组。中西药组采用西药加橘皮竹茹汤煎剂内服，西药组采用单纯西药治疗，并以患者消化道症状与体征作为观察指标。结果中西药组除1例无效外，其他20例均顺利通过化疗，与单纯西药组相比，疗效显著（$P<0.05$）。马廷行等把38例经化疗出现脾虚证的肿瘤患者随机为观察组20例，对照组18例。对照组以常规西药治疗，观察组加服参苓白术散。结果3周后观察组疲乏无力、自汗等脾虚症状痊愈者占85%，对照组为13%，观察组治愈率明显高于对照组。

（季　光　纪　钧）

参考文献

C

陈　斌，等。益气养阴汤合并化疗治疗小细胞肺癌26例疗效观察。实用中西医结合杂志，1991；(4)：204

陈　斌，等。扶正抗癌Ⅱ号治疗晚期胃癌的临床观察。国医论坛，1991；(5)：32

陈建中。中西医配合化疗在胃癌治疗中对白细胞的影响。中西医结合杂志，1990；(12)：717

陈义文，等。对肝癌诊治的看法。中西医结合肿瘤杂志，1991；(1～2)：13

陈再造，等。中药直肠净化液治疗晚期肝癌87例。中西医结合杂志，1991；(1)：55

陈泽涛，等。中药对淋巴细胞型白血病小鼠细胞膜流动性的影响。中西医结合杂志，1991；(1)：39

程剑华。中药配合放射治疗鼻咽癌57例临床疗效分析。江西中医药，1991；(3)：36

崔同建，等。胃癌脾虚证患者与T淋巴细胞亚群的关系探讨。中西医结合杂志，1991；(12)：746

G

关　昕。肝癌的CT影像分析及中西医结合治疗。中医药学报，1991；(5)：43

郭喜平，等。紫星口服液治疗晚期肺癌的临床观察。中西医结合杂志，1991；(10)：598

F

范德荣，等。胃癌患者舌象与病机分析。中医杂志，1991；(10)：34

H

何健村。老年肝癌44例中西医结合治疗与转归。实用中医药杂志，1991；(2)：18

黄志华。通幽汤加味治疗晚期食管癌胃癌76例。陕西中医，1990；(11)：488

J

冀向东，等。中药FA867液对人体直肠癌组织影响的病理形态学观察。中国医药学报，1991；(3)：27

蒋红玉。胃粘膜不典型增生与肠化研究进展。湖南中医学院学报，1987；(2):53
焦正葵，等。益气养血保元胶囊对荷瘤小鼠腹腔巨噬细胞膜表面FC受体的作用。现代中医，1991；(1):40
靖士侠，等。抗癌中药及天然药物有效成分研究进展。实用中西医结合杂志，1991；(4):211
K
柯联才。盛国荣应用癌痛散外敷穴位治疗肝癌肺癌疼痛经验。浙江中医杂志，1991；(1):34
L
李　琰，等。中药复方治疗急性白血病作用机理探讨。实用中西医结合杂志，1991；(2):11
李连华，等。益气养阴汤配合放射治疗鼻咽癌患者远期疗效观察。中医杂志，1991；(5):32
李佩文，等。中药消水方外敷治疗癌性腹水的研究。中医杂志，1991；(7):28
李荣先，等。F-8836吸光度与人体耳部信息联合检测诊断恶性肿瘤价值探讨。实用中西医结合杂志，1991；(4):195
李占元，等。耳穴探测肿瘤760例临床对照观察。实用中西医结合杂志，1991；(10):615
梁清华，等。中药配合放化疗治疗晚期肺癌44例临床观察。实用中西医结合杂志，1991；(4):199
刘边林，中药治疗晚期胃癌33例。陕西中医，1990；(11):487
刘德禄，等。恶性肿瘤的舌诊与辨证施治关系初探(附95例分析)。中医药学报，1991；(1):40
刘少翔，等。舌色与血沉观察癌症疗效的探析。辽宁中医杂志，1991；(7):19
刘玺珍，等。烧鸡丹结合辨证论治治疗白血病52例近期疗效观察。河北中医，1991；(4):1
刘志卿。治肝癌疼痛验方。河北中医，1991；(1)28
罗秀素，等。中西医结合治疗急性非淋巴细胞白血病。中医杂志，1991；(5):34
M
马凤友。犀黄丸治疗肝癌探讨。四川中医，1991；(10):31
马廷行，等。参苓白术散治疗化疗所致脾虚证临床观察。山东中医杂志，1991；(3):24
穆美云，等。黄芪对鼻咽癌危险患者临床治疗初探。肿瘤，1991；(1):29
N
牛景月，等。中西医结合治疗晚期原发性肝癌17例小结。河北中医，1991；(5):41
P
潘澄濂。中医药治疗原发性肝癌举隅。浙江中医杂志，1991；(4):147
潘明继，等。扶正健脾汤辨证加减防治534例癌症化疗副反应的观察。中西医结合杂志，1991；(4):233
朴炳奎，等。肺瘤平膏治疗晚期原发性肺癌临床观察。中医杂志，1991；(4):21
Q
齐元富。调养胃气在晚期肿瘤治疗中的应用。山西中医，1991；(3):20
齐远富。中医药治疗晚期癌瘤法则初探。陕西中医，1991；(2):73
S
沈敏鹤，等。DMF方案肝动脉灌注结合中医药治疗晚期原发性肝癌20例体会。浙江中医学院学报，1991；(2):31
孙桂颖，等。中药治疗甲状腺肿瘤50例。吉林中医药，1991；(4):30
孙希圣。中药胃复康治疗萎缩性胃炎伴肠腺上皮化生20例观察。中医杂志，1985；(12):18
孙兆和。放疗配合扶正祛瘀汤治疗食管癌的临床疗效观察。实用中西医结合杂志，1990；(6):358
宋茂美，等。存活5年以上急性白血病12例报告。山东中医学院学报，1991；(4):42
T
唐由君，等。传统抗癌中成药抗急性白血病(L7212)的实验研究，中西医结合杂志，1990；(12):734
200例急性白血病的中医分型与客观指标关系初探。上海中医药杂志，1991；(8):4
180例急性白血病舌象的临床研究。山东中医学院学报。1991；(3):32
犀黄丸加中药复方抗急性白血病的实验研究。实用中西医结合杂志，1991；(4):239
田　利，等。B超引导下经皮瘤内注射中药挥发油提取液治疗肝癌26例。中西医结合肝病杂志，1991；(1):47

W

吴敬亮。参射汤治疗鼻咽癌放疗中不良反应的临床观察。新中医，1991；(2):40

吴良村，等。中西医结合治疗晚期食管癌69例疗效观察。浙江中医学院学报，1991；(4):29

吴世仁，等。胃癌的超声诊断及探讨。实用中西医结合杂志，1990；(6):351

吴维海，等。中医对白血病的认识。河北中医，1991；(2):24

吴艳环。内镜下注射消癌灵治疗食管贲门胃癌疗效观察。中西医结合杂志，1990；(12):743

吴玉生。中药治疗晚期原发性肝癌35例临床观察。新中医，1991；(10):21

王德龙。普陀膏并中药治疗原发性肝癌70例疗效分析。中西医结合杂志，1990；(12):723

王福田。癌症的舌象浅析。辽宁中医杂志，1991；(9):27

王冠庭，等。扶正抗癌方为主结合化疗对158例术后晚期胃癌的治疗及实验研究。中西医结合杂志，1990；(12):712

王　吉。癌症缓急两法。国医论坛，1991；(1):18

王介人，等。辨证治疗急性非淋巴细胞性白血病132例临床研究。河南中医，1991；(3):21

王　劲，等。镇痛灵外用治疗癌症疼痛32例疗效观察。浙江中医杂志，1991；(5):201

王庆才，等。应用南星半夏汤加味缓解食管贲门癌梗阻—附36例临床报告。辽宁中医杂志，1991；(1):27

王群芳，等。蟾蜍皮外用治疗肝癌疼痛20例。中国乡村医生，1991；(4):8

王忠芬。中西医结合治疗急性白血病存活五年以上二例报告。中西医结合杂志，1991；(4):封三

X

肖仁鹄，等。中西医结合治疗急性白血病19例近期疗效观察。实用中西医结合杂志，1991；(4):201

徐振晔。升提固涩，导下通腑治疗直肠癌。上海中医药杂志，1991；(7):10

徐祖德。中西药联用治疗肿瘤化疗消化道反应的观察。黑龙江中医药，1991；(3):19

许继平，等。疏肝补肾法治疗中、晚期原发性肝癌生存率的探讨（附72例统计）。中医药研究，1991；(1):38

Y

杨巨才，等。浅谈癌症防治中的心理因素。实用中西医结合杂志，1991；(11):662

余庆伟，等。癌性黄疸的中医治疗。上海中医药杂志，1991；(5):10

Z

翟道荡，等。艾灸“关元”穴抗小鼠移植型肝癌(HAC)的神经免疫学机理研究。针灸学报，1991；(3):10

张镜人，等。调气活血法治疗萎缩性胃炎52例疗效观察。中医杂志，1987；(8):28

张庆祯。42例急性白血病化疗后的病机转归分析。山东中医杂志，1990；(6):28

张书林，等。理气解郁法治疗肺癌42例。辽宁中医杂志，1991；(2):27

张所乐，等。安宫牛黄丸并中药辨证治疗中晚期原发性肝癌20例临床疗效观察。江西中医药，1991；(2):37

张文尧，等。四逆散加味治疗胃粘膜异型增生30例观察。中医杂志，1986；(12):35

　中医治疗萎缩性胃炎伴胃腺异型增生45例临床报道。辽宁中医杂志，1987；(3):15

赵绍琴。对中医药治疗白血病的再认识。中医杂志，1991；(4):10

周美秀，等。中药加小剂量化疗治疗5例原发性肝癌。福建中医药，1991；(1):12

周维顺。略论恶性肿瘤的中医治疗原则。浙江中医学院学报，1991；(3):8

　略谈大肠癌的证治原则。浙江中医杂志，1991；(9):420

周学文，等。中药系列冲剂治疗慢性萎缩性胃炎。中医杂志，1991；(8):25

朱海洪，等。温胆汤加减治疗白血病化疗胃肠反应26例分析。山东中医学院学报，1991；(4):28

朱生梁，等。胃粘膜重度肠腺化生，不典型增生50例临床观察。上海中医药杂志，1991；(2):1

(3) 内　科

【概述】

本年度内科栏目共收入50条，从不同角度反映了91年度内科常见病、疑难病、危重症及罕见病种的中医辨证论治和有关实验研

究的特点和进展，主要有以下4个方面。

一、常见病的临床研究减少了低水平重复，注重于辨证论治对提高疗效的作用的研究，使某些病证的辨证分型更为合理和完善，治疗方药也更为贴切，从而提高了疗效。如通过对胃下垂的研究，提出气滞血瘀较气虚下陷更为多见，因此总体上使用健脾理气化瘀的疗效优于升阳益气。认为糖尿病的共同病理改变是血瘀，在原来辨证论治的基础上加入活血化瘀药可明显提高疗效。提出治疗高血压不可单从肝阳上亢入手，应对阳虚气虚类型引起足够的重视。通过临床对照观察证实，再生障碍性贫血的心脾两虚型应用归脾汤的疗效明显优于二仙温肾汤。反之，脾肾阳虚型则用二仙温肾汤的效果更佳。认为慢性萎缩性胃炎并非以阴虚为主要病机，肝郁气滞、脾胃虚寒和血瘀更为常见，因此理气化瘀的疗效更高，并可见到胃粘膜的逆转。

常见病的实验研究方面也有了新的进展。如动物实验证明益气养阴活血药物对心肌有保护作用，对红细胞的可变性及微循环也有良性影响。温补脾肾药物可增强骨髓的再生作用，并对环磷酰胺等免疫抑制剂的骨髓抑制有拮抗作用。通过胃炎胃粘膜相微观辨证的研究为治疗提供了可靠的依据。

二、对疑难病的研究更加广泛和深入。主要体现在对疑难病证的较为系统的观察和总结。如对胃肠道息肉、男性免疫性不育、不射精、精液不化、阳萎、脑卒中、甲状腺机能亢进等病证的中医辨证论治规律进行了探讨，老年性痴呆症的研究也有所增加。还研究了用放射免疫法（RIA）测定脑卒中患者的血浆钠素（ANP）及脑部CT检查与中医辨证的关系。对含碘中药治疗甲状腺机能亢进的近期和远期疗效进行了观察，对含碘中药治疗本病的宜忌进行了探讨。

三、对某些罕见病已不限于个案报道，进行了较为系统的研究。如对汗闭症、不安腿综合征、变应性亚急性败血症、矽肺、自发性气胸、原发性扩张型心肌病、痛风等的辨证论治规律进行了初步探讨，并取得了较好的疗效，为今后的进一步研究奠定了基础。

四、内科病的外治法及配合针、灸等其他综合治疗的报道有所增加。如失眠、头痛、甲状腺机能亢进采用穴位外敷中药；溃疡性结肠炎、肾功能衰竭采用中药灌肠或足底穴位按摩；痛风、雷诺氏病的中药外洗等等。对某些疑难病、危重病症，如肾病综合征、重症狼疮性肾炎、肺性脑病等的中西医结合治疗进行了研究，证明可以提高疗效，降低死亡率，并可减少西药的毒副作用。

从91年度的中医内科发展情况可以看出，目前中医内科的发展趋势：(1) 较多地引入西医诊断，特别是某些疑难病或危重病证。(2) 较为重视研究微观诊断和实验室指标对中医辨证论治的指导意义。(3) 减少了低水平重复，开展了辨证论治的深入研究及对有时代特征的疑难病证的系统研究。

（董建华）

【肺性脑病的辨证与救治】

张力超从对肺性脑病13例治疗前后的苔脉观察到，本病虽为内伤杂病，但其病理演变过程，多循卫气营血规律，在卫、气分之证后可见神昏，谵语之营分证；病邪深入血分，则有耗血动血之变；后期阴液亏损，筋脉失养，则有动风之症，均按卫气营血辨证治疗。在卫分、气分时，分别予解表、清气；气营两燔证，予清瘟败毒饮；热入血分、予犀角地黄汤；虚风内动者，予大定风珠，并随证加减。配合西药抗感染、解痉、化痰、降低颅内压及促进脑细胞功能恢复的措施。结果：6例治愈（神志转清，PCO_2下降，PO_2上升），3例死亡，另4例中途转市级医院治疗。并认为，本病虽循卫气营血规律演变，但也有别于外感热病，很少出现逆传心包及热甚动风的现象。顾伯生报道治疗本病1例，辨证则属瘀热痰浊、上蒙清窍、逆犯心包，症见喘息气促，面色黧黑，口唇及指甲青紫，面目及足胫浮肿，神识昏愦，撮空理线，循衣摸床，苔腻舌紫，脉结代，除西药外，中药治以清心化痰，活血祛风而取效。

朱亚萍等报道肺性脑病44例(其中合并心力衰竭37例，并发心律失常20例，并发上消化出血11例，并发休克13例)。中医辨证分型论治，配合西药治疗。(1)痰浊闭窍(7例)，治以豁痰开窍，方用苏合香丸、涤痰汤；(2)痰火扰心(5例)，治以清心豁痰，开窍醒神，方用安宫牛黄丸或至宝丹、清营汤、黄连温胆汤；(3)肝风内动(5例)，治以滋阴潜阳，平肝息风，方用羚羊钩藤汤、大定风珠等；(4)痰瘀互结(19例)，治以化痰祛瘀，醒神开窍，方用局方至宝丹、自拟佛手二陈汤(含有甘肃特产岷当归，用量达30～90克)、苓桂术甘汤、桃红四物汤；(5)痰盛气衰(8例)，治以益气养阴，涤痰开窍，方用生脉散、醒神散。根据1980年10月全国第三次肺心病专业会议修订的“肺性脑病诊断标准”判定疗效。临床治愈(病情缓解，生活自理或基本自理，咳喘减轻)30例，治愈率占68.18%，治疗时间2～10天，平均6天；死亡14例，占31.82%(其中痰浊闭窍、肝风内动各4例，痰盛气衰6例)。倪克中报道收治本病12例，其中男7例，女5例，除1例52岁外，其余11例均在70岁以上。所有病例，均在慢性肺心病(按1977年全国肺心病会议诊断标准)急性发作的基础上，伴有神志不清、恍惚、胡言乱语、烦躁不安、昏迷者，并摒除其他神经疾病。周围白细胞$10～20×10^9/L$者7例，$20×10^9/L$以上者2例；二氧化碳结合率<65容量%者2例，>65容量%者8例；血钾低者3例，血钾高者1例。治疗方法：应用自拟益气阴豁痰开窍汤：皮尾参15克，麦冬、胆南星各10克，远志6克、郁金10克，石菖蒲12克，鹿含草、蒲公英各30克，水煎。另安宫牛黄丸1粒，每日2次，研末送服；如昏迷者，鼻饲灌下。西医药均应用抗生素，持续低流量吸氧，呼吸兴奋剂，少数应用利尿强心剂或激素。结果：有效(1～2天神志转清治后出院者)11例，死亡1例，并体会：本病病机是本虚标实，虚实并重。标实指痰热内恋，邪热蒙闭心窍；本虚指气阴亏耗将脱之势。当肺心病急性发作，在有神志症状时，如烦躁多言，神志模糊，尚未完全进入昏迷阶段，应及早投入益气养阴、豁痰开窍法，冀其逆转病势，阻止病情向昏迷发展，如果进入昏迷，其预后则极差。

(陆鸿元)

【变应性亚败血症的治疗研究】

变应性亚败血症(简称亚败血症)是一种具有变态反应的基本特征而临床表现又酷似败血症的综合征，起病急、变化快、病情复杂。为了探讨本病的诊治用药规律，郁党初等收治60例，分别采用西药与中西医结合对照治疗。随机分为两组，西药组23例，单独使用激素治疗；中西医结合组37例，采用激素加中药治疗：(1)邪犯卫表型(8例)，治宜泄卫透邪、解表清热，方宗新加香薷饮加减：香薷、升麻、淡豆豉、蝉蜕、银花、连翘、薄荷、荆芥、桔梗、生甘草。(2)热炽气营型(12例)，治当清气凉营、泄火解毒，方选白虎汤合清营汤化裁：生石膏、丹皮、赤芍、连翘、知母、生地、元参、银花、板蓝根、生甘草。(3)阴虚血瘀型(17例)，治拟养阴退热、活血祛瘀为法，方选增液汤合青蒿鳖甲汤加减：元参、生地、炙鳖甲(先煎)、知母、麦冬、丹皮、青蒿、地骨皮、红花、生甘草。待激素撤除后，改为间日一剂或每周二剂。两组比较：中西医组痊愈21例，好转13例，总有效率为91.9%；西药组痊愈7例，好转9例，有效率为69.6%，差异显著($P<0.05$)。而且死亡率西药组2例，中西医组无1例；撤减激素复发率西药占62.5%，中西医组占8.8%，差异极为显著($P<0.01$)。通过系统观察，认为本病应属温病范畴，采用中西医结合治疗显示了其优

越性。王天玲认为其发病特点应属温病范围。报道1例，均与温病初起相符，采用清营解毒、豁痰开窍，方用安宫牛黄丸主之，每日早晚各一粒，服1周余而愈。赫丙莉报道1例，服强的松半个月无效，采用中医辨证，治以清热解毒、活血通络，方用宣痹汤合白虎加桂枝汤：防己、桑枝、牛膝、石膏、知母、生地、连翘、桂枝、桃仁、红花、忍冬藤，诸证悉除，随访2个月未复发。顾庆华又报道1例，因强的松、消炎痛栓等长服副作用大，改为中药治疗。辨证拟属热痹，乃由表里俱热，气血郁滞所致。治以表里双解，行气和血。仿防风通圣散意：防风、麻黄、薄荷（后下）、生大黄（后下）、荆芥、连翘、当归、川芎、大生地、生石膏（先煎）、炒白术、焦山栀、炒白芍、芒硝（分冲），共加减服用13剂，获痊愈。并嘱服防风通圣丸1月，以固疗效，随访未见复发。

（朱宝贵）

【肝咳与咳从肝治】

赵学兰撰文指出：《素问·咳论》谓："五脏六腑皆令人咳，非独肺也。"治疗咳嗽要有整体观念，不能专注于肺，而忽略调治其他脏腑。临床肝木病变殃及肺金而致咳嗽者，殊不少见。陈建平探讨了五脏咳嗽的病因证治。其中肝咳属于肝火犯肺者，症见咳逆频作，咳时面赤咽干，常感痰滞咽喉，咯之难出，量少质粘，兼见胸胁胀痛，咳时引痛，口干苦。且其咳可因情绪波动而增减。舌苔薄黄少津，脉多弦数。治宜清肝泻火，润肺化痰，黛蛤散合清金化痰汤为常用方。王从学也认为，肺居胸之上，肝居胁下，肝木之火上炎，熏蒸肺金，肃降失常而致咳。举例治疗两例均用苦寒直折的龙胆泻肝汤加黛蛤散、丹皮、马鞭草等而获愈。

关于肝咳的病机，张丽萍根据《素问·咳论》所描述的症状，认为是由于肝的条达功能失职，气郁化火，上逆侮肺所致。经治34例，均有善郁易怒的性格，运用具有疏肝理气，透解郁热功效的四逆散加减（柴胡、枳实、白芍、杏仁、桑白皮、瓜蒌皮、浙贝母、广地龙、焦栀子、枇杷叶、甘草。痰中带血者加侧柏叶、黛蛤散；大便干结者加生决明子、大黄）。结果：痊愈（药后咳嗽停止，其它症状消失或明显减轻）30例，有效（咳嗽次数减少一半，程度减轻，其它症状减轻）3例，无效（咳嗽次数减少不足一半，程度未减，并伴有其它症状）1例。痊愈病例服药最多者12剂，最少者5例。

对咳嗽从肝施治，赵氏又进一步总结了以下四个治则：（1）疏肝宣肺法，用于肝气郁结，肺失宣降的咳嗽，症见咳势频急，牵引胁痛，痰多色白，脉弦。方用逍遥散出入为治。（2）暖肝温肺法，用于肝阳不足所致肺寒咳嗽。症见咳嗽痰量较多，每兼形寒怕冷，腰膝痠软，懈怠乏力，时时胆怯，舌淡苔薄白，脉沉细而微。方用吴茱萸、陈皮、法半夏、干姜、光杏仁、云茯苓、当归、肉苁蓉、款冬花、仙灵脾、炙甘草、炙细辛、沉香等。（3）滋水涵木法，用于肝肾阴亏，虚火上炎犯肺的咳嗽。症见呛咳阵阵，痰或黄或白，量少稠粘，难以咳出，咽干、手心灼热，舌红苔薄黄，脉细数。方用山药、生地、山萸肉、川贝母、白术、白芍、南沙参、麦冬、杏仁、枇杷叶、桔梗、炙甘草等。（4）泄肝宁肺法，用于肝火刑肺，风阳上犯于肺的咳嗽。其属肝火刑肺者，症见咳呛频作，痰少色黄粘稠，或干咳无痰，牵引胁痛，咳甚而面红目赤，烦躁易怒，咽喉干燥，渴欲饮冷，舌红苔黄，脉弦数。方用泻白散，龙胆泻肝汤、黛蛤散、清肝汤（《沈氏尊生书》）等化裁。属风阳上犯于肺者，症见头晕目眩，咳嗽咽痒。痰或多或少，或呕吐痰涎，舌红、苔薄黄，脉弦或弦劲，方用杞菊地黄丸、天麻钩藤饮等化裁。储秀珍介绍了咳喘治肝的临床体会，推崇逍遥散一方，认为诸药配合，使肝郁得解，血虚得养，脾虚得补，肝复为柔和舒适之常态，则痰嗽潮热诸证自愈，诚为从肝论治之良剂。

（陆鸿元）

【哮喘证治】

周平安等通过对支气管哮喘病因病机的探索，从风邪立论，以柔肝疏风为主要治则，拟有柴胡脱敏汤（柴胡、黄芩、白芍、乌梅、五味子、防风、甘草、炙麻黄、杏仁、广地龙）为基本方，并随症加减。共治50例，均不加用平喘西药，少数伴有肺部感染者，加用适量抗生素。结果：2例无效，临控20例，显效15例，有效13例，总有效率96%。白峻峰等认为本病是由于肝木郁而不达，失其疏泄之职，则上侮肺金，肺失肃宣，哮喘遂作；又木郁土壅，胃气不降，哮喘难平，故运用疏肝和胃法治疗本病发作期30例，按全国中医学会内科分会哮喘病评定标准：属气郁痰阻型12例，痰热型12例，寒痰型6例，基础处方：乌药、沉香、枳实、苏梗、槟榔、半夏、茯苓、党参（人参）、甘草、生姜；寒证的加干姜、桂枝，热证的加瓜蒌、黄芩。必要时配合氧气吸入或加用西药抗生素、强心剂等，结果：显效（哮喘基本平息，生化指标基本正常）22例，有效（哮喘症状改善，生化指标有所好转）8例。石曾淑等观察了本病的发病过程，认为是患者气化功能不足，肺卫之气不及，难与邪气抗争的正虚本质所致。经治本病50例，均有典型的反复发作的支气管哮喘史，基本方为小柴胡汤加麻黄、浮萍、杏仁，痰热者加银花、连翘、石膏、知母；脉微细，手足不温者加附子、细辛。结果：热哮患者服药6剂缓解者15例，12剂缓解者15例；显效7例，无效1例。冷哮患者服药6剂缓解者1例，12剂缓解者4例，显效3例，无效4例。合计总有效率为90%。萧泽民报道治疗寒性哮喘83例，运用自拟龙柴汤（桂枝、白芍、半夏、五味子、苦参、蝉衣、麻黄、甘草、川细辛、地龙、黄芪、柴胡、黄芩、干姜）加减，结果：痊愈38例，显效29例，有效11例，无效5例。

王有奎治疗支气管哮喘208例，分为三型治疗。(1)阴虚肺燥型（113例），多在夏季发病。症见胸闷喘息，喉中痰鸣、咽干而痒，痰少不利，咳嗽，舌红苔薄，脉数或细。主方用自拟哮灵汤（桑白皮、苏子、天花粉、冬瓜子、炙麻黄、杏仁、地龙、石膏、熟地、山药、甘草）。(2)脾虚痰湿型（57例），多在冬春发病。症见胸憋喘息，喉中痰鸣，咳嗽，痰多不利，背冷，食后胃脘腹满，舌苔薄白，脉弦缓。主方用自拟白术杏仁汤（苏子、杏仁、党参、茯苓、白术、陈皮、半夏、紫菀、款冬花、炙麻黄、熟地、山药）。(3)肾虚肺实型（38例），多为年老体弱或合并肺气肿者。症见经常喘息，气短活动加重，胸憋咳嗽，或兼腰背疲困，舌淡苔薄，脉数。主方用自拟健身益肾汤（熟地、山药、茯苓、五味子、补骨脂、苏子、麦冬、当归、人参、杏仁）。结果：三型中，近控（哮喘等症状消失，已停服西药）分别为44例、18例、5例；显效（哮喘等症明显好转，停服西药；或哮喘曾已完全控制，偶有轻微反复发作者）分别为50例、24例、17例；好转分别16例、13例、13例、42例；无效分别为3例、2例、3例、8例。合计总有效率为96%。朱德梓报道根据扶正固本的原理运用自拟宁哮饮，治疗本病85例，基本方：炙麻黄、炒桃仁、炒杏仁、清半夏、五味子、苏子、远志、白果、地龙、制僵蚕、补骨脂、细辛、茯苓、黄芪、陈皮、沙参、仙灵脾、甘草。每服20剂为一个疗程，连服3个疗程，每个疗程间隔5～7天。待临床症状基本缓解后改服宁哮丸（为上方加鹿角胶、苡仁、生牡蛎、冬虫夏草、怀牛膝、肉桂、制附子、山药、焦山楂、沉香面料，另加蛤蚧2对，紫河车2具，共研细末），每次服10克，连服2个月，结果（依据中华全国中医学会内科学会1983年哮喘病疗效评定标准）：痊愈17例，显效40例，有效18例，无效10例，总有效率88.2%。朱氏又体会：本病缓解期、哮喘虽平，但隐伏于肺系的宿邪，伏痰并未完全消除，随时都有因感邪而诱发。治疗时，仍宜邪正兼顾，标本同治，纳气与降气同用，益气与宣肺并行，有利于患者康复。

许德金等根据临床实验研究结果，提示活血化瘀中药丹参，具有良好的防治哮喘作用，可能与其能抗过敏及稳定肥大细胞膜，抑制其脱颗粒和介质释放有关。患者治疗后血清总IgE水平显著下降，提示丹参还可能对浆细胞的IgE产生株IgE浆细胞有抑制作用。40例患者经过治疗后IgG及补体C_3均有一定程度增高，治疗前后相比两者均有显著意义。

（陆鸿元）

【支气管扩张咯血的治疗】

苏建华介绍了尚荣老中医治疗支气管扩张咯血的经验。尚氏认为该病最根本的病因，是体内宿潜之"伏火"。伏火潜伏的部位，按气血定位在血，以脏腑定位在肺。伏火可在其成因的长期持续作用下，渐积而盛，由微转旺，到了一定程度，便会灼伤肺络，而引起咯血，这是该病的初发原因，或因新感新邪，劳累体虚，狂饮，暴怒，骤热等，引动"伏火"复炎成灾，灼伤肺络，每致咯血屡屡复发，宿根难治。杨明均等报道以苦寒直折泻火为治则，采用血宁冲剂（据《金匮》三黄泻心汤研制）治疗咯血104例，其中支扩咯血52例，治疗组每次服本冲剂1～2包，每日3～4次，对照组使用西药安络血、止血敏、Vitk，中重度咯血加用垂体后叶素。结果：咯血停止天数，治疗组平均4.6天，对照组平均8.5天，经统计学处理有显著性差异（$P<0.01$）。张建明报道治疗本病咯血36例，年龄最小18岁，最大67岁，均经X线胸片检查，有21例经支气管碘油造影确诊。其中大量咯血（>300毫升）5例，中量咯血（100～300毫升）9例，小量咯血（<100毫升）22例。治疗采用黛黄汤：黛蛤散15克（包煎），生大黄9克（大便稀溏者，易以制大黄），生蒲黄20克，白及9克，三七粉6克（一日分2次吞），代赭石、炒白芍各30克，黄芩、黄柏、知母各6克，桑白皮、百部、姜半夏各9克。并随证加减，每日1剂煎3次，分3次服；重危患者1日2剂，分6次服。7天为一疗程。咯血停止后，改为间日口服2次，以4周为期限，以巩固疗效。结果：痊愈（药后咯血停止，1年内未复发）28例；显效（药后咯血停止，1年内有1～2次复发）；有效（药后咯血停止，半年内有1～2次复发）。复发患者用原方加减治疗都有效。服药后止血时间，最短1天，最长6天。张氏并体会，本病成因非一端，但肺热肝旺肾火，热胜燔灼则是其基本病机。当然，气阳虚薄而固摄无权所致者，临床或亦可见，然究属变局。故治法取清撤肺肝肾蕴热为主，兼以化痰消瘀止血。刘耀武报道治疗本病咯血100例，中医辨证分为：(1)肝火犯肺型，治以泻肝清肺，和络止血为主，佐以祛瘀生新；(2)肺虚内热型，治以益气养阴，清肺宁络；(3)肝胃实热型，治以清肺泻胃止血。结果：显效53例，有效41例，无效6例；有效病例中3天止血者24例，4天止血者29例，5天以上止血者41例，平均止血天数3.93天，总有效率为94%。

吴崇城报道镇冲止血法治疗本病咯血54例，31～40岁居多，占67%；发病时间1～5年者37例，占68.5%；有49例伴有慢性咳嗽，咳吐大量脓痰，舌质红者39例，淡红15例，脉濡细为多，细数者仅23例。全部病例均经过支气管碘油造影X线摄片确诊。治疗方法：(1)汤剂以镇冲止血为法。药用：代赭石、生地、太子参、百合、桑白皮（吴茱萸汁炒）、白及、阿胶、侧柏炭、藕节。(2)丸剂以滋补肝肾，养阴敛肺，散瘀镇冲为法。药用：代赭石、生地、太子参、桑白皮、沙参、麦冬、百合、阿胶、紫河车、田三七、诃子、川贝母、海浮石、白及、蜜丸服，1个月为一疗程，治疗效果良好。

（陆鸿元）

【肺炎支原体肺炎的治疗】

肺炎支原体肺炎，也称原发性非典型肺炎，系由肺炎支原体（是一种比病毒大，较立克次体小的微生物）引起的急性呼吸道感染伴有肺部炎症改变的一种疾病。夏季较冬季多见，好发于青壮年。郑群赟报道治疗本病1例，因咳嗽、头痛、咽痛、发热、伴恶心呕吐、腹泻而住院。X线胸片报告：肺炎支原体右下肺炎。曾用青霉素、新青Ⅱ等治疗2月余，诸症不减。舌红少苔，脉细滑数。辨证属肺肾阴虚，阴血不足，治以补肺益肾，养阴化痰，宗《景岳全书》金水六君煎加减：当归、熟地、鳖甲、半夏、陈皮、青蒿、紫菀、款冬、茯苓、炙甘草。连服4剂，诸症悉除。后服麦味地黄丸2瓶，以巩固疗效。随访2月，未见复发。

陈蓉蓉报道治疗本病10例，年龄最小5岁，最大12岁。诊断根据解放军后勤部卫生部编的"临床疾病诊断依据、治愈好转标准"。基本方为千金苇茎汤（鲜芦根、冬瓜仁、生米仁、桃仁）加炒莱菔子、浙贝母、杏仁、银花、连翘、黛蛤散、鱼腥草。加味法：咳甚加炙款冬花、炙紫菀，痰多加全瓜蒌、天竺黄；热不退加生石膏；胸痛加广郁金，同时加重桃仁用量。另设对照组8例，用抗生素及对症治疗。结果：治疗组均获痊愈（体温正常，症状、体征全部消失，X线检查肺部病变完全吸收）；对照组5例痊愈，3例好转（体温正常，轻度咳嗽，肺部罗音明显减少，X线检查肺部病变吸收好转）。其中体温正常时间，治疗组为3.6天，对照组为5.7天；咳嗽消失时间，治疗组为7天，对照组为10.6天；胸片恢复时间，治疗组为12天，对照组为15.5天。

（陆鸿元）

【悬饮辨治】

1. 急性非特异性心包炎并发心包积液，属于中医"悬饮"范畴。赵金才报道本病1例，男性，45岁。1987年8月21日初诊，于20天前因涉水后出现"感冒"症状，治后畏寒除，但仍每天午后低热。症见干咳，胸痛，心悸、气促，倚息不得卧，手足心热，口苦，头晕，乏力。胸廓饱满对称。X线胸透、胸片结果："可见心影近似球形，左右心缘向两侧扩大，左侧肋膈角变钝，下肺野可见条索状阴影"。心电图提示心肌受损。血白细胞计数10500，中性70%，血沉34毫米/小时。舌淡红，苔薄黄，脉细促。中医辨证为水饮滞胸，气机不畅，瘀阻心肺所致。西医诊断：急性非特异性心包炎并发心包积液。治以泻下逐饮，理气宽胸，化瘀止痛方：大戟、甘遂各5～10克，研末装入胶囊；另用葶苈子、法半夏、桑白皮、杏仁、黄芩、郁金各10克，大枣、茯苓各30克，瓜蒌壳15克，丹参30克，水煎，每日分2次服，送上药。服2剂后，诸症明显减轻；再进6剂，X线胸片意见：心包积液已全部吸收。续将原方逐水药剂量酌减服4剂，诸症悉除。后改拟六君子汤合炙甘草汤加减调理善后。11月7日，心电图、血常规、血沉等复查均在正常范围。随访1年未见复发。

2. 史正芳等报道中西医结合治疗结核性渗出性胸膜炎25例，大多为青壮年。经理化检查：结核菌素试验阳性者8例，血沉增快者15例，胸水19例为淡黄色透明液体，3例为血性，李凡他试验阳性，比重＞1.018，细胞数＞0.5×10^9/L，分类以淋巴为主，符合渗出液特点。胸水中未找到瘤细胞及大量退化型、幼稚型间皮细胞。结果：治疗20天左右复查胸片，其中18例患者胸腔积液基本消失；7例仍有少量积液，继续治疗10～20天，胸片亦示胸腔积液大致吸收。半年后复查，仅1例有轻度胸膜粘连及增厚，余均告痊。随访（至今），未见复发。胡莉玲等报道用中西医结合治疗渗出性胸膜炎32例，西医以抗结核为主。中医基本方：葶苈子、杏仁、车前子、鱼腥草、丹参、红花、大枣、甘草。结果：全部痊愈，其中胸腔积液吸收者，

1周内 8 例，10天内 7 例，2 周 16例，2 周以上 1 例；吸收最快时间 4 天，最慢 23 天，平均 11.4 天。

夏发镛等报道治疗悬饮 52 例，采用《医林改错》血府逐瘀汤加减治疗，结果全部治愈，且无 1 例留有胸胁痛等后遗症。均经X线胸片或胸透复查，积液完全吸收，临床症状消失。并认为，悬饮多为现代医学结核性渗出性胸膜炎，瘀血既是饮停的结果（病理产物），又是其病因，因而治疗上主张“从瘀论治”。乔振纲也认为，治疗本病间或加入活血通络药，既可减轻胸胁刺痛，又可改善血液循环，以促使炎症、渗出液消散吸收。

（陆鸿元）

【矽肺病从胸痹论治及研究】

游祖生报道，对于矽肺病，根据《灵枢·本脏》关于“肺大则多饮，善病胸痹、喉痹、气逆”的理论，运用宣痹祛尘，行瘀散结法从胸痹论治。方用《金匮》瓜蒌薤白半夏汤加丹参、桃仁、杏仁、紫菀。再按不同辨证加味。如热重加黄芩、贝母、鱼腥草；寒重加苏子、干姜、陈皮；合并肺结核加百部，地骨皮等。服药一个月休息 3 天，连服 3 个月。共观察 15 例，均有长期接尘史，为男性，年龄 47～68 岁，平均 56.5 岁；病程最短 3 年，最长 18 年，平均 8.9 年；Ⅰ期矽肺 9 例，Ⅱ期 5 例，Ⅲ期 1 例。中医辨证属痰热 9 例，偏阴虚 5 例，属寒证 1 例。X线胸片作为考核疗效的主要依据。结果：治后有 5 例肺部团块阴影缩小超过¼，6 例团块阴影缩小但未超过¼，无明显变化病情稳定 4 例。多数患者主要症状均有消失和改善。免疫生化铜蓝蛋白和粘蛋白，治后多有降低，但少数增高。并指出：本病按胸痹论治的目的，在于宣开痹结，使胸中阳气得以转运，达到气血通畅，痹开结散，排出粉尘，降低肺内矽尘，恢复肺的宣肃治节功能。

毕常康报道治疗尘肺（包括矽肺、煤矽肺、煤肺、石棉肺）85例，均是 2 年以上未经任何抗纤维化治疗者。给服八珍益肺片（由马尾连、小青藤香、黄芪、黄精、白及等 8 味中药提炼加工而成的浸膏片）。另在相同作业环境，选单纯性尘肺 74 例，作为对照组。结果经八珍益肺片治疗后，患者主要症状如咳嗽、咯痰、气短、胸痛等有所好转或减轻，易感冒减少，服药期间多数患者感到体力增强，食欲增加，睡眠改善，停药后患者的症状一般保持稳定，但症状好转与疗程无平行关系。经治 1～2 年后，血清铜蓝蛋白、粘蛋白、IgA、IgG 皆有显著或非常显著地下降。提示该片可阻抑胶原纤维的形成和增生，对减缓尘肺病灶的发生、发展具有重要意义。李霖报道对矽肺病治疗前后易感性（抵抗力）及X胸片进行了观察，共治疗 23 例，采用中西医结合治疗。中医分两个阶段用药（每疗程 6 个月，3 个月为一阶段）。第一阶段以益气扶正健脾润肺，佐以活血为主，基本药物有黄芪、白术、防风、党参、丹参、山药、黄精、天冬、麦冬、沙参。第二阶段以活血化瘀，利湿排矽，佐以益气为主，基本药物有当归、丹参、红花、桃仁、三七、地鳖虫、泽泻、黄芪、冬葵子、金钱草。在分别应用以上药物的同时，根据辨证分型加入相应的药物，西医包括抗矽治疗、防痨治疗和抗感染等。结果（按易感性及X胸片治疗前后对比）；好转 4 例，稳定 17 例，进展 2 例。

（陆鸿元）

【自发性气胸证治】

自发性气胸多发生在慢性支气管炎等慢性肺部疾患的基础上，以剧烈的突然发作的胸痛、咳嗽、吸气性呼吸困难，语声低微、面色苍白，全身出冷汗，口唇紫绀为主证。王吉耀按“损其肺者补其气”，“虚者补其母”的原则，用补中益气法治疗自发性气胸 34 例（并发胸腔积液者 13 例）。药用红参、白术、当归、柴胡、升麻、炙甘草。伴胸腔积液者，加鱼腥草、猪苓、泽泻、牵牛子；咳嗽甚者，加麻黄、杏仁、射干；胸痛甚者，加丹参、降香、桃仁；气急者，加麦门冬、五味子。结果全部治愈。服药最少3剂，最多25剂，平均17剂。姜文彦治疗1例左侧自发性气胸，10年前曾发作过，近3年来反复发作，辨证属肺气衰竭，大气下陷。方用《医学衷中参西录》升陷法加减：党参、知母、山茱萸、柴胡、桔梗、升麻、陈皮、炙甘草。服13剂后症状消失，胸腔积气吸收，龙瑞泽治1例右肺结核伴右侧结核性胸膜炎并发之自发性气胸，患者肺组织压缩达70%，亦从脾肺气虚论治，用参苓白术散加减：党参、炙黄芪、白芍、炒白术、炒扁豆、茯苓、银杏、焦山楂、炒陈皮、橘络、桔梗、炙甘草、砂仁、百部，连服15剂后症状消失，胸片无异常，随访1年半未复发。白雨武报道用加味生脉散以健脾益气、补气养心法治疗慢性支气管炎并发自发性气胸1例，左肺压缩⅓。药用人参12克，五味子8克，麦冬9克，龙骨70克，山萸肉30克，熟地60克，山药60克，生黄芪40克，以补肾固脱定喘。服药2剂后，呼吸即较平稳而能平卧，续服2剂后，原方龙骨、山萸肉、熟地剂量减半，再服5剂，症状消失，胸腔积气基本吸收，肺叶基本复张。

（王锦鸿）

【黄连治疗心律失常】

黄连性味苦寒，功能清热泻火，解毒杀虫。入心、肝胃、大肠经。近几年来，以黄连为主治疗各类心悸、心律失常的报道时有所见。傅文录统计200余例的治疗报道，其中室上性和室性心律失常的有效率分别为70%和80%左右，傅氏本人用黄连或黄连素治疗顽固性心律失常，也取得良效。张选志报道，用黄连五参汤（黄连、苦参、沙参、玄参、党参、丹参、制附片，其黄连用量为15克）治疗Ⅲ°心衰、快速房颤1例，21小时服完两剂后转窦性心律，8剂后浮肿等症状全部消退，随访一年，未见复发。龚晓平报道以自拟连参枳五草汤（黄连、苦参、枳实、五味子、甘草）治疗心悸，对心动过速及心动过缓均有疗效。徐素仙报道，1例阵发性心动过速（心率150～170次/分）反复发作已6年的患者，给黄连阿胶汤加味治疗后心悸即安，调治3月，未再复发。王金荣用黄连生脉饮治疗86例过早搏动(其中频发性房性早搏24例，频发性房室交界性早搏7例，频发性室性早搏55例)，根据全国中西结合座谈会修订的标准统计，86例中属轻度者12例，中度者56例，重度者18例。处方：黄连、党参、麦冬、五味子，水煎，三次分服，每日1剂，10天为一疗程。结果：显效45例、有效30例，无效9例，恶化2例，总有效率达87.2%，王氏认为早搏多以气阴两虚为本，阳亢悸动为标，故用生脉饮益气养阴，养心复脉治本，黄连清心安神治标，从而取得较好疗效。

陈可冀等在综述中医药抗心律失常研究进展中，介绍了黄连的有效成分之一——黄连素的抗心律失常作用，指出黄连素是从黄连等植物中提出的一种季胺类生物碱—小蘖碱。据1985年Shaffer报道，黄连素有心脏正性肌力和负性频率作用；Ksiezycek等还观察到有抗实验性心律失常作用；黄伟民等进一步证明其可延长豚鼠乳头肌动作电位时程(APO)，并认为该品具有α-肾上腺素能受体阻滞作用。黄连素口服治疗45例心律失常表明，其对室性心律失常的有效率为70%，室上性为84%，治疗难治性室性早搏等50例，有效率为60%，显效率40%，无严重副作用。

（郭天玲）

【病态窦房结综合征的治疗】

赵忠印等指出，病态窦房结综合征（病窦综合征）多发生在40岁以上，其病机由于阴气盛、阳气衰，多属阴证虚证、寒证、瘀证，且多本虚标实，治则以益气温阳治其本，活血化瘀治其标。临床观察50例，每日给服自拟活窦丸（炙麻黄、仙茅、仙灵脾、丹参、党参、黄芪，研末蜜丸），并停服一切西药。服药时间最短2周，最长1年。药后基本症状消失，心律恢复正常，心电图大致恢复正常，心率平均增加10次/分以上，评为显效者34例，占68%；基本症状消失，心律大致恢复，心电图部分恢复，心率平均增加5～9次/分，评为有效11例，占22%；平稳者5例，占10%；无恶化病例。阎鼎忠亦认为本病临床多有“虚寒”表现，据报道2例，均以鹿茸粉每日0.5克开水冲服，以大补肾阳、温精生血 连续服用月余而治愈。均经1～3年随访未复发。赵东升等认为病窦以心肾阳虚为主而兼有阴伤，治宜温补心肾，益气养阴之法。临床取麻黄附子细辛汤合生脉散（麻黄、细辛、附片、红参、麦冬、五味子）为主，治疗24例，30天为一疗程，停用西药。结果治愈9例，有效12例，无效3例，总有效率达87.5%。段学忠报道治疗本病27例，用保元增率汤（炙黄芪、红参、肉桂、炙麻黄、炙甘草、熟附子、丹参、麦冬、枸杞、当归、生地、细辛），服药最少40剂，最多80剂，结果除2例无效外，显效20例，有效5例，总有效率92.6%。尚振铎治疗本病30例，以补气、温阳、活血化瘀为法，方用丹附炙草汤（炙甘草、生地、阿胶、桂枝、麦冬、党参、黄芪、丹参、当归、郁金、附子、干姜、生姜、大枣）为基础方，其中附子、丹参为必用之品。结果：基本治愈18例，好转6例，总有效率为80%。刘中明以消瘀法为主（用药如丹参、当归、川芎、赤芍、郁金等）治疗本病56例，辨证分为三型：阳虚型，治以温补心肾阳气，活血消瘀通脉为法；气虚型，治以补益心脾，益气活血通脉为法；痰湿型，治以化痰除湿，行气活血通脉为法。结果治愈22例，好转26例，无效8例。并体会，无论瘀血征象明显与否，其内在的瘀滞还是存在的，治疗时加入活血化瘀药物是必要的。段慧杰认为本病为湿邪阻滞，胸阳不展，方用三仁汤加味，临床多获显效。

马凤英等采用中西医结合治疗本病87例，以中医辨证分型为主，冠心病者同时服用扩冠西药，其他病者停用西药。共分四型：(1)心肾阳虚型35例；(2)气滞血瘀型3例；(3)气虚型31例，(4)气阴两虚型18例。前三型以益气助阳，活血化瘀为基本治则，选用附子、肉桂、仙灵脾、生黄芪、红参、三七、当归、桃仁等为基本方，根据各型的不同，侧重用药并加有关药。第4型治以益气滋阴，药选红参、生黄芪、党参、麦冬、五味子、玉竹、丹皮等。结果显效26例，有效44例，无效17例，总有效率80%。其中阳虚型的缓慢型患者似乎疗效较好。齐国忠等也采用中药：党参、白术、附子、麻黄、熟地、五味子、麦冬、黄芪、丹参、甘草为基本方，30剂为1疗程，心率低于40次/分者，立即用5%葡萄糖500ml加异丙基肾上腺素1毫克静滴。据报道19例，治愈7例，（一年后随访均正常）；显效5例，（一年后随访心电图复查轻度异常）；有效4例（停药3个月又复发）；无效3例，总有效率为84.2%。还有史东岩等对中医药治疗病窦的新方药进行了评析。

（朱宝贵　姜志昂）

【原发性扩张型心肌病的治疗】

原发性扩张型心肌病以心脏扩大、全心功能不全、心律失常为主要临床表现。超声心动图等先进检测设备应用普及前，常被误诊为心肌炎或风湿性心脏病。本病为心脏移植的重要指征之一（心脏移植术中约半数为本病）。

1988年以来，国内运用中医药或中西医结合治疗本病的报道屡有所见。曹恩泽等较早报道了以中医药为主治疗13例特发性心肌病，其中10例为扩张型，3例为肥厚型；对照组16例中，13例为扩张型，3例为肥厚型。两组中以心衰为主者分别为7例与9例；以心律失常为主者分别为6例及7例。中医辨证论治分两型：(1)心肾阳虚、水气凌心兼瘀血内阻型。内服方药：桂枝、白术、半夏、桑白皮、薤白、赤芍、桃仁、红花、泽泻、炙甘草、茯苓、车前子、丹参、柴胡、川芎、牛膝、生姜；(2) 气阴两虚型。内服方药：太子参、生龙骨、生牡蛎、麦冬、生地、丹参、夜交藤、灵磁石、当归、炙甘草、五味子、枣仁。独参注射液6～10毫升加入25%葡萄糖液250毫升中静脉滴注，每日一次，10天一疗程。对照组为地高辛或西地兰、双克或速尿、消心痛、肌苷、ATP、Co—A等。结果：以心悸、水肿消退、肝脏回缩、心律正常、胸片、B超、心电图等改善为显效，中药组4例、对照组3例；以症状、体征改善、胸片、B超等检查无明显变化为有效，中药组7例，对照组8例，两组有效率分别为84.61%、68.75%，无效者分别为2例、5例。

何进报道治疗2例充血型（扩张型）心肌病。例一，辨证属心脉瘀阻、湿热壅盛，治以清热解毒、除湿活血，方用甘露消毒丹加减：茵陈、大腹皮、滑石、木通、苍术、黄芩、山楂、神曲、连翘、甘草，另用丹参注射液每日肌注2毫升，18日后腹胀大减，再予原方加减用药20余剂，心电图、超声心动图均见改善，生活完全自理。例二，辨证属痰热扰心，心脉瘀阻，治以清热养心，化痰活血，用瓜蒌薤白半夏汤加减：全瓜蒌、薤白、半夏、葶苈子、黄芩、桃仁、白及、大枣、苦参，连服11剂后，症状消退，心电图、胸片等复查，心肌缺血改善，心脏逐渐缩小。秦宗昌报道用血府逐瘀汤治疗心肌病2例，一例用药：当归、赤芍、生地、桃仁、川芎、牛膝、桔梗、柴胡、红花、枳壳、炙甘草，服16剂后诸症消失，胸片显示心脏外形缩小，心腰明显，超声心动图示心内径稍大，瓣膜活动良好。另一例曾用真武汤无效，改用血府逐瘀汤，处方同上，连服24剂，诸症消失，并逐渐恢复劳动能力。余明报道用中药治疗原发性扩张型心肌病65例，基本方药：红参、白术、赤芍、桃仁、红花、枣仁、桂枝、茯苓、苦参、生地、生黄芪、当归、柏子仁、泽泻、炙甘草。临床体会：重用生地，配合茯苓、党参、桂枝、炙甘草，治疗心肌病引起的房室传导阻滞有良好效果。

赵树征报道中西医结合治疗1例充血型心肌病取得满意疗效。患者表现为心衰、心律不规则，经用西药后两肺水泡音明显减少，但心律不规则，反复昏厥、抽搐。给利多卡因无效。辨证给中药益气养阴、行水化瘀，方用生脉散合炙甘草汤、膈下逐瘀汤、五苓散化裁：太子参、炙甘草、炙黄芪、赤芍、红花、川芎、丹参、桂枝、茯苓、泽泻，一周后未再发生昏厥，因有二联律，方中再加生龙骨、生牡蛎、琥珀粉，调理3月，心电图恢复正常，随访2年未见复发。翟理黄等报道用丹参注射液20ml加入10%葡萄糖液500ml中每日静脉滴注，治疗本病，14天为一疗程，一般用药二个疗程，酌加西药强心利尿，共20例，一个月后复查胸片，结果显效（临床症状好转，胸片示心脏最大横径缩小1.5cm以上）10例，有效（临床症状好转，胸片示心脏横径缩小在1.5cm以内者）7例，无效3例，对照组20例只给西药，不给丹参注射液，显效6例，有效5例，无效9例。白新胜等报道用补心汤合西药治疗扩张型心肌病心衰22例，方药组成：人参、黄芪、制附片、丹参、川芎、麦门冬、五味子。同时与西药对照组30例疗效比较，中西医治疗组优于西药对照组（$P<0.05$）。尤以2年生存率提高和心功能的恢复更为明显。

（郭天玲）

【冠心病的治疗及实验研究】

张尚臣等对冠心病156例从发病年龄、症状、证型、发病季节、诱发因素、生化基础等方面进行分析，认为心肾失调是该病发病的病理生理基础，本虚标实是疾病的本质。经用生地、淮山药、怀牛膝、菊花、菖蒲、枣仁、山楂等12味调节心肾的药物，制成片剂，治疗111例冠心病，显效率75.67%，总有效率92.79%。傅秀兰治疗本病300例，用红花、丹参、川芎、当归、葛根制成复方红花注射液，静脉滴注。结果：显效217例，有效58例，无效7例，总有效率97.52%。心电图有效率74.33%，明显优于静滴低分子右旋糖酐加服潘生丁戊硝酸甘油59例治疗的对照组，（P＜0.01）。毕德田等用蝮蛇抗栓酶治疗47例，0.01～0.012单位/公斤/日，静脉给药，15～20天为1疗程，结果：治愈14例，显效22例，好转6例，无效5例，总有效率为89.4%。郭仁旭报道治疗本病114例采用健心汤（太子参、当归、川芎、生地、赤芍、桃仁、红花、茯苓、木香、陈皮、炙甘草、瓜蒌皮、草决明），总有效率为98.25%，心电图恢复率为79%。动物实验结果显示，健心汤具有增加心输出量及冠脉流量的作用，且药效持久，无毒副作用，与其他组对照，差异显著（P＜0.01）。刘仁义用扩冠一号方（人参、党参、黄芪、葛根、鸡血藤、当归、郁金、三七、没药、木贼、姜黄、山楂）作心肌保护作用的病理实验观察，选250±30克6月龄SD大鼠24只，分成对照、损伤、保护三组，每组8只。保护组每天给药1克/公斤，灌胃，共7天，于末次灌后1小时，保护组与损伤组同时皮下注射盐酸异丙基肾上腺素30mg/kg。结果发现：损伤组与正常对照组比，心肌损伤显著，坏死灶大小不等，分布广；保护组与损伤组比，心肌结构显著改观，多数细胞结构完整，肌原纤维排列有序，提示扩冠一号方有明显的心肌保护作用，可防止心肌变性的发生发展，预防心肌坏死的发生。徐洪涛等进行24条犬的实验观察，证实冠脉狭窄后，CBF·-dp/dtmax·-Vce均明显降低、T值延长（P＜0.01），而狭窄15分钟后左心房注射丹参，可使心肌缺血时左心室舒张功能损害减轻，且以CBF的改善在先。

近来关于冠心病的基础实验研究也时有报道，如何永恒，对25例冠心病血瘀证患者进行红细胞变形性与外周微循环的同步检测分析，结果发现：冠心病血瘀证组红细胞变形性指数明显低于冠心病非血瘀证组，后者为前者6.5倍，P＜0.01；血瘀证组甲襞、球结膜微循环积分值高于非血瘀证组，P＜0.01。血瘀证组患者之红细胞变形性指数越低，阻塞微血管网引起循环动态或血状态改变的变化越明显，外周微循环及其微循环动态之积分值越高。林院昌用日本光电产RM—6000多道记录仪同步记录心阻抗图、颈动脉搏动图、心音图、心电图、挠动脉搏动图，对72例冠心病属气虚、心气虚者，及31例正常人作心功能对比研究，结果：冠心病气虚、心气虚者均有不同程度的心脏收缩功能减损（射血前期时间延长，左室射血时间缩短，心输出量减少），脉图表现为波幅变低，速率变小，时值缩短。

（马贵同　叶　进）

【益气温阳诸法治疗气阳虚型高血压病】

近年来临床报道对于气阳虚型高血压病用益气温阳诸法治疗亦取得较好疗效。

（一）补气升阳法　余天泰认为，中气不足，枢纽失调，不能斡旋上下，气机紊乱，升降失常，可致本病，如此刻贸然应用潜降之品，反伤中气。临床运用补中益气升阳法治愈12例。药选：红参（另兑）、黄芪、升麻、柴胡、神曲、炒陈皮、谷芽、麦芽、炒白术、茯苓、炒苡米、炙甘草。李世文用补中升阳法治疗本病气虚型20例，治愈9例，好转8例，无效3例。药选：柴胡、淮山药、扁豆、茯苓、升麻、白术、黄芪、菟丝子。据现代研究，黄芪有较好的扩血管降压作用。张权斌也运用大剂量黄芪，结合辨证用药：瘀血阻络型常配牛膝、川芎、丹参等；气虚痰浊型常配半夏天麻白术汤合重坠之品。经治15例（按世界卫生组织1987年制定标准诊断），显效6例（收缩压下降＞3.999kPa，舒张压下降＞2.666

kPa)，有效7例（收缩压下降>2.666kPa，舒张压下降>1.333kPa)，无效2例。并认为肝阳上亢型及肝肾阴虚内热型不宜采用此法。张氏还介绍了邓铁涛的经验，认为小剂量黄芪（小于15克）具升压作用，大剂量（大于30克）则具降压作用。

（二）温阳法　尚春生用温阳法治疗阳虚型高血压16例（病程均在5年以上；收缩压在22～32kPa之间，舒张压在13～16kPa之间)，均证见眩晕，腰酸肢冷，倦怠无力，舌质淡，苔白滑或白腻，脉沉紧或沉滑。治以温阳化湿法，方选苓桂术甘汤合济生肾气汤加减：附子、肉桂、白术、茯苓、泽泻、寄生、防己、牛膝、甘草。结果：显效占62.5%（服药后症状明显改善，血压降至21/11kPa以下，或较原来下降4～5/1.5～2.5kPa)，有效占31.25%（服药10剂后症状改善，血压较原来下降)。尚氏认为，因本病多用重镇潜阳法，故易致阳虚，此时宜用本法治之；但考虑到本病辨证特点，故运用温阳法也宜中病即止。王玉芹临床也用金匮肾气丸化裁治肾气虚型高血压2例，均获痊愈。李恒欣报道用温阳法治疗本病2例，一例辨证为阳虚水泛用真武汤加味：茯苓、附子、白术、生白芍、生龟版、生牡蛎、怀牛膝、生姜；另一例辨证属肾阳虚衰，寒湿不化，肝阳上浮，方用附子汤加味：附子、党参、白术、茯苓、白芍、怀牛膝、生龟版、生龙骨、生牡蛎。结果均获显效。

（三）益气化痰法　章继才用益气化痰汤治高血压病，统计25人，其中17例获显效，6例有效，无效2例。药选：黄芪、白术、茯苓、党参、半夏、陈皮、白芍、川芎、胆星、丹参。并认为补气化痰，可调节与增强气血津液运化功能，从而改善心、脑、脉络等脏功能活动，使症状消除。药理研究也证明，补气药，黄芪、人参、白术等，具有促进代谢、调节心脏功能、舒缩血管、利尿作用；化痰药如茯苓、半夏、陈皮、南星等，有不同程度的调节内分泌、调节体内代谢、调节血脂、促进消化、利尿、降压的功能。孙伯扬指出：气虚挟痰型高血压多见于老年气虚之人，或兼有肝肾阴虚，病机比较复杂，临床治疗应辨证施治，不可单用滋阴潜阳之法。

（方力行）

【幽门弯曲菌引起的胃病证治及研究】

幽门弯曲菌，又称幽门螺旋菌（简称CP)，与慢性胃炎、溃疡病的发病有密切关系。目前应用多种抗生素及胶质铋剂有消除CP作用，促进炎症消失和溃疡愈合，但复发率高、副作用较多。近年报道侧重于中医辨证论治及理论探讨。

徐健国等对慢性胃病患者317例进行了CP检测，共检出CP阳性者213例（活动性胃炎、溃疡病占75%，多见于胃病早期、急性期或慢性炎症的急性发作期)，其中辨证属气滞兼郁热型者CP阳性率最高，占76.8%。据此认为：清热、利湿、理气药对CP有抑制作用。房静远等将75例胃镜、病理证实的幽门弯曲菌感染性胃、十二指肠炎、溃疡病患者随机分组。中药组45例，以扶正祛邪为治则，用补益脾气和清热解毒药组方（黄芪、白术、白芍、藿香、蒲公英、白花蛇舌草、炙甘草等）加减治疗。西药组30例，口服庆大霉素，每日3次，每次4万单位。疗程均为2个月，观察临床症状、胃镜、病理及免疫学和CP变化。结果提示：两组的胃镜病理象、细菌抑杀率无显著性差异（$P>0.05$)；中药组临床症状改善显著（$P<0.05$)，病理好转率50%，CP抑杀率80%，CP阴转率30%，恶化率低于西药组，仅6.7%，其中窦部中药组恶化率明显低于西药组($P<0.05$)。李方跃等治疗溃疡病20例，慢性胃炎40例，药用川楝子、元胡粉各0.5克，醋酸洗必泰0.2克，混合装入胶囊为一次量，每日3次，饭前服用，4周为一疗程，结果：CP转阴58例，转阴率为96.7%。对照组慢性胃炎20

例，口服复方胃友片2片，每日3次，5周为一疗程。结果CP转阴7例，转阴率为35%。两组有明显差异（P<0.05）。宋希仁等将70例消化性溃疡、CP阳性患者随机分为2组：大黄组40例，采用上海香山中医医院提供的精制醇提大黄片（每片0.25克，相当于生药1克），每日3次，每次3～4片，饭后服用。对照组30例，服用甲氰咪胍，早中晚各服200毫克，临睡前加服400毫克。均以1月为一疗程。结果表明：两组在溃疡愈合、症状缓解上疗效相仿，经统计学处理无显著差异（P>0.05）；CP转阴率，大黄组90%，对照组仅3.3%，两组差异非常显著（P<0.001）；溃疡复发率、胃窦炎好转率、止血时间上大黄组也都优于对照组。徐氏等又对31例CP阳性的慢性胃炎、消化性溃疡患者，采用自身对照法，以自拟"清幽汤"(半夏、川连、黄芩、吴茱萸、党参、白术、白芍、枳壳、当归、木香、砂仁、地锦草、炙甘草）每日早晚分服，6～8周为一疗程。结果临床症状总有效率为87.1%；CP转阴率为57.2%；病理改善率为57.1%。

（尚　云　卫新国　瞿晓竹）

【慢性萎缩性胃炎的病机与治则】

在1991年9月召开的全国中医药治疗萎缩性胃炎专家座谈会上，一些学者认为慢性萎缩性胃炎(CAG)的病变中心在"脾胃"，但与"肝""肾"的关系密切，病机特点是虚中挟实。高想等认为脾胃虚弱或脾胃虚寒为CAG的主要病机，提出CAG的中药组方思路即以健脾和胃、益气健中的基本治法，配合温中活血，少佐酸甘化阴，或补肾药物。近年来的研究也表明，胃阴亏虚并非CAG的主要病机，如裴正义等分析所治疗CAG的专方，发现多数运用健脾益气，活血化瘀，疏肝理气之法，只有少数运用滋养胃阴法，个别的运用清热解毒法。高玉德等认为CAG主要是忧思恼怒，肝气郁结，肝郁犯脾或饮食不节。脾胃受损而发病，其中尤以情志所伤最为突出，形成肝胃气滞或脾虚气滞等病理变化，因此在辨证施治过程中要重视情志因素的致病特点，要重视对心理的调整。王士福等认为CAG以痞满䐜胀最为显著，病机乃肝、胃、脾三经相干为患，每呈虚实互见，寒热错杂之势，胀满之成总与气机失于斡旋息息相关，故以通降法，温运法为主治疗本病。本病初起时，辨证多属内实中满，肝胃气逆之候，其治在胃，主以通降，辅以调肝；如迁延日久，每可由胃及脾，多伤脾阳，其治在脾，当温中散寒，兼以行气。田养年则认为气滞不畅、痰瘀互结、脾胃中虚是CAG的病理基础，故其治疗时采用化痰散结，活血祛瘀之法，对痰淤气滞型者用自拟"和胃止痛Ⅰ号"（瓜蒌、橘皮、香附、青木香、清半夏、黄连、柴胡、炒枳实、炒白芍、甘草、木瓜、当归、莪术、五灵脂、甘松）治疗；对血瘀脾虚型者用自拟"和胃止痛Ⅱ号"（桃仁、五灵脂、没药、草果、黄芪、土炒白术、升麻、炒白芍、甘草、吴朱萸、高良姜，香附、白扁豆、白及、乌贼骨）治疗。而李利亚认为CAG以中老年人多见，病变在脾胃，但与中年以后肾气渐衰，脏腑功能减退密切相关，主张"从肾论治"，采用菟丝子、茯苓、石斛、白芍、黄精、吴茱萸、杜仲、党参、丁香等药组成的基本方加减治疗。

针对本地区CAG的病机特点而采取相应的治则，近来也有报道，如裴氏等认为武汉为中心地区CAG的病理机制多为气滞湿阻、中焦枢机不利、升降传导失司而发病，因此立行气化湿、通络理胃之法，以自拟"紫苏四香汤"(云苓、砂仁、沉香、甘草）加减治之。报道216例，临床治愈201例，显效15例。其中治愈病例中，32例经胃镜活检复查，获病理痊愈。

对胃癌前病变的治疗正日益受到重视。朱生梁等认为CAG伴重度肠化生、不典型增生者发病的本质是脾胃虚弱、外邪内阻、气血郁滞、升降功能失司，因此拟订了具有健脾养胃，开郁化滞、行气散结的“平萎汤”（苏梗、藿梗、白术、枳壳、桂枝、川连、黄芩、川芎、莪术、白豆蔻、党参、黄芪、大枣、生姜、甘草、地榆）治疗。吴丹明等则认为活血清热药与传统的健脾温中，疏肝和胃方药都有良好的治疗胃炎作用，而内镜相和病理改善作用以活血清热药更为明显，尤其是对肠上皮化生的逆转作用更优。

（程　勇　蔡　淦）

【慢性胃炎胃粘膜相微观辨治的研究】

1990年在澳大利亚悉尼召开的第9届世界胃肠病学大会，提出了对胃炎的新分类法，其中，胃镜以肉眼所见描述为主，分别区分病变程度，并确定了7种胃镜下的胃炎诊断（1）红斑渗出性胃炎；（2）平坦糜烂性胃炎；（3）隆起糜烂性胃炎；（4）萎缩性胃炎；（5）出血性胃炎；（6）返流性胃炎；（7）皱襞增生性胃炎。近年来，慢性胃炎治疗中，中医辨证结合胃镜下肉眼观察微观辨证获有进展。

詹继烈等在对2000例脾胃病患者进行中医临床辨证分型的基础上，结合胃镜下对胃粘膜的直接观察及病理活检组织学检查，初步建立了胃粘膜相微观辨证分型的标准。（1）胃寒型粘膜：示胃粘膜色泽淡红或苍白充血区域呈斑片样，粘膜下血管纹灰蓝，粘膜反光减弱，粘液稀薄，占27.4%。（2）胃热型粘膜：粘膜呈樱桃红色或绛色，充血区域弥漫，血管纹紫红色，呈网状样显露，粘膜面干燥，脆性增加，粘膜粗糙或者疣状增生，占29.8%。（3）胃络瘀滞型粘膜：粘膜暗红色，充血区域局限或斑点样，血管纹暗红，呈树枝样显露，粘膜薄，可见瘀点或瘀斑，粘液灰白或褐色，粘膜呈颗粒样或结节样增生，占24.2%。（4）胃络灼伤型粘膜：粘膜暗红色，弥漫性充血，血管纹紫暗，粘膜脆性增加或僵硬，粘膜有点或片状糜烂，有紫红色或鲜红色出血点，粘膜呈结节样增生，粘液黄稠或污秽，占18.6%。詹氏等认为：兼顾胃粘膜微观辨证与中医临床宏观辨证可以提高临床疗效。

在对慢性胃炎的治疗中，临床辨证结合胃镜肉眼观察能提高疗效。柴可夫对121例萎缩性胃炎临床分为：肝胃不和，胃阴不足，脾胃虚弱，脾胃湿热四型。结合胃镜下胃粘膜微观改变，进行中药加减治疗。例如临床辨证为脾胃虚弱，而胃粘膜相局部辨证见有充血、水肿表现者，则在健脾温中法中佐以清热化湿药，取得很好疗效。李玉奇治疗慢性胃炎含有不典型增生者，采取“从痈论治”法，即在辨证分型基础上，加用抗腐、消痈、生肌药，如黄芪、五倍子、白蔹、蚕沙、马齿苋、乳香、没药等。张文尧报告慢性胃炎伴不典型增生，在辨证分型基础上，对胃粘膜水肿者，加猪苓、茯苓、薏苡仁；胃粘膜充血者加蒲公英、地丁草、败酱草、红藤、白花蛇舌草、芙蓉叶；不典型增生者加九香虫、地鳖虫、丹参、赤芍、乳香。治疗后有效率占88.6%。江扬清治疗萎缩性胃炎伴有肠化生和不典型增生者，主张在辨证施治中增加抗癌中药如石见穿、半枝莲、蜀羊泉、白花蛇舌草、龙葵、黄药子、海藻、昆布、威灵仙、三棱、莪术、瓜蒌、苡仁、半边莲、紫草、八月札，虎杖、蚤休等。

（朱生梁）

【胃下垂的治疗】

刘士正等对胃下垂进行辨治归纳为六法：（1）益气升陷法，以补中益气汤为基本方。（2）行气化滞法，以用四磨饮为基本方。（3）活血通络法，常用失笑散合丹参饮。（4）辛开苦降法，常用半夏泻心汤。（5）养阴益胃法，常用叶氏养胃汤为基本方。（6）健脾化饮法，常用苓桂术甘汤为基本方。并认为本病病因虽为多端，但皆可导致脾胃功能失调．在辨证中尤须把握以虚为本，同时在施治中应权衡虚实，兼顾标本，随证情变化遣方用药。于各法后举有验案均获愈。

杨文明等则认为历来医家治疗本病代表

方多推补中益气汤一方。但其病机不仅有"中气下陷"，亦有邪壅气实者，治当行气去邪，不仅能升胃复本位，且能明显消除症状。据报道治疗本病30例用香砂枳实汤(《摄生秘剖》)：广木香12克，砂仁6克，枳实30克，白术10克，每日1剂，煎水500毫升，中晚分服，1个月为一疗程。临床随证加味；另设对照组30例，用补中益气汤，用法、疗程均同上。结果两组近期疗效分别为：痊愈12例、8例，好转16例、14例，总有效率93.3%、73.3%；远期疗效（一年随访）分别为：痊愈8例、7例，好转16例、8例，总有效率80%、50%。治疗组无论近期、远期疗效均优于对照组（P<0.05)。马凤书认为本病主要病机是虚中夹滞，治疗关键在于升清阳、通胃浊，治疗过程中要切实把握升降之分寸，加强辨证施治。据报道自拟升胃汤（黄芪、白术、陈皮、党参、升麻、柴胡、枳壳、云茯苓、川军、制马前子、甘草）治疗本病120例，痊愈106例，显效（主证消失，胃下垂上提6厘米以上）12例，无效2例，治愈率为88.33%，总有效率为98.33%。周薇莉等也认为本病病机以中虚气滞为主，治宜健脾行气合用，方用枳术汤重剂(枳实、白术各50克）为主方。共治32例，9例痊愈，12例显效，8例有效，3例无效。用药时间最长90天，最短21天。

王振录报道治疗本病31例，方拟升阳泻火汤：黄芪、当归、枳壳、厚朴、石斛、黄芩、公英、砂仁、柴胡、炒神曲、炙甘草、生姜、大枣，水煎2次，取药液300毫升，早、中、晚3次分服。结果治愈(症状消失，胃复常位）12例，显效（症状消失，胃上升但未复常位）9例，有效（症状改善，胃略上升）7例，总有效率为90.5%。洪明报道治疗本病50例。采用益气化瘀汤（黄芪、升麻、云苓、麦芽、党参、山楂、鸡内金、白术、枳实、三棱、莪术、川芎、柴胡、红花）为主，结果痊愈16例，显效28例，有效4例，总有效率96%。

万传贵认为"胃以通降为顺，为补"，治疗应从通降消滞入手。据报道治疗本病142例，方拟樟枳汤：鲜樟树叶（为治胃下垂的民间验方）、枳实、黄芪、炒蒲黄、桂枝、沉香。结果除2例无效外，痊愈104例，好转21例，有效15例，总有效率达98.5%。操瑞明等指出以前多以补中益气汤为主治疗，虽然对改善临床症状有较好的效果，但对升提胃的位置不够理想。操氏等根据本病的病机和升清降浊原理，自拟升降复位汤（党参、黄芪、升麻、枳壳、牵牛子、槟榔、莪术等13味）为主，治疗237例。并设对照组36例，方用补中益气汤，煎服法均相同，皆以30日为一疗程。结果治疗组治愈152例，(占64.14%）显效43例，有效29例，无效13例，总有效率94.51%，平均治疗34.1天；对照组治愈9例，（占25%）显效8例，有效11例，无效8例，总有效率77.78%，平均治疗33.3天。两组比较：总有效率、治愈率均有非常显著差异(P<0.001)。治疗组近95%的病人临床症状及X线诊断指征都有不同程度的改善。并体会到大多数病者，久病入络在血，因此在辨证施治的基础上适当配伍活血祛瘀之品如莪术等，确能提高疗效。蔡柳洲在治疗胃下垂用代赭石的体会是：代赭石历来被视为胃下垂之禁药，但根据辨证与辨病相结合的原则，于治疗中灵活运用代赭石，疗效更显。如辨证属肝胃郁热、气逆于上，重用代赭石（在化肝煎基础上)；辨证属脾失健运、痰阻气逆，遂以旋覆代赭汤加减，其中代赭石用10克；但辨证属中气下陷者则忌用赭石。并各举验案，均获愈。

（朱宝贵）

【慢性溃疡性结肠炎的治疗】

1. 中药内服　林家坤报道对慢性溃疡性结肠炎采用加味桂枝加大黄汤（桂枝、白芍、大枣、炙甘草、生姜、生大黄、田三七、山楂、鸡内金）酌情加减治疗24例，治愈15

例，好转7例，有效率91.7%。吕德自拟陈荷散（陈皮、干荷叶、砂仁）开水泡服治疗本病30例，总有效率90%。白荣禄认为，本病以湿热蕴结大肠、肝木乘脾者为多见，故以白头翁汤合痛泻要方加减（白头翁、白术、白芍、生地榆、槐花、乌梅、黄芩、秦皮、防风、陈皮、黄连、甘草）治疗本病，多获良效。陈治水等用具有健脾益气作用的健脾灵片治疗本病300例，并以SASP（水杨酸偶氮磺胺吡啶）治疗60例作为对照。结果治疗组治愈203例，占67.7%；显效及好转90例，占30%。治愈率和总有效率均明显优于西药组。张润民治疗本病27例，以温脾汤为主加减（制附子、干姜、桂心、甘草、厚朴、白术、白芍、车前子、生大黄、伏龙肝），结果治愈22例，并随访1年，均无复发。此外，田维君等根据本病在不同阶段的临床表现辨证立法治疗，丁发权以加味白头翁汤合桃花汤辨证加减治疗，均获满意疗效。

2. 中药灌肠　张崇绪等报道治疗本病122例，用2号灌肠粉（蜂房、儿茶、青黛、白芨），温水稀释保留灌肠，结果痊愈110例，占90%；显效9例，占7%。李留记等以乌贼糊剂（乌贼骨、藕粉、鸦胆子）保留灌肠治疗本病36例，总有效率97%。崔淑云等用肠炎Ⅰ号散（白术、党参、地榆、甘草等）治疗本病，亦获良效。王衍等用自拟紫艾煎剂（紫草、艾叶、黄柏、白芨、当归、木香）以直肠滴入法治疗本病184例，治愈93例，缓解73例，总有效率达99.5%。马贵同等以自制清肠栓（主要药物为参三七、马齿苋、五倍子等）塞肛治疗本病40例，有效率90%。同时根据免疫学说成功地建立了该病的动物模型，并予清肠栓治疗，结果证实该药确有阻抑溃疡形成及促进溃疡愈合和炎症吸收的作用。

3. 中药内服结合灌肠　阎小萍报道治疗本病21例，内服温肾健脾、利湿止泻的中药（黄芪、党参、茯苓、炒白术、附子、莲肉、苡米、芡实）；配合清热解毒、消肿止泻中药（白芷、黄柏、炒地榆、赤石脂、禹余粮、丹参）水煎保留灌肠，结果治愈11例，好转9例。王林等以治疗本病23例，用自拟愈肠汤（黄芪、升麻、黄柏、黄连、蒲公英、补骨脂、五味子、肉豆蔻、吴茱萸、仙鹤草）水煎内服并灌肠，疗效亦佳。陈氏等又报道难治性溃疡性结肠炎93例，口服健脾灵片，配合苦参、槐花合剂保留灌肠的方法，近期治愈率为52.9%，总有效率为85.3%。因此认为，以健脾益气、调节免疫治本，缓急止痛、涩肠敛疮、抗菌消炎治标，内外合治的综合治疗方法，是目前治疗难治性溃疡性结肠炎较为理想的治疗方法。

4. 中西医结合治疗　马大中等采用中西医结合方法治疗本病18例，其方法是以5%大蒜液保留灌肠，配合中药内服(分湿热壅盛型、脾虚挟湿型、脾肾阳虚型辨证用药)，并酌情应用支持疗法（如补液、输血等），必要时加用强的松，或用氢化考的松加生理盐水保留灌肠，结果近期治愈7例，显效9例，好转2例，其中近期治愈与显效率达89%。

（蔡永敏　刘道清）

【胃肠道息肉证治】

胃肠道息肉指胃、十二指肠、结肠、直肠息肉，是消化系统疾病中较难治的一种疾病。万黎等认为从病因上看，多由肝胃不和所致，在治疗方法上，主张分三步走：先疏肝和胃，继之行气活血，终以益气养阴。但三者又不可截然分开，疏肝和胃不忘行气活血，行气活血兼顾益气养阴，三法贯穿在治疗的全过程。经治1例，治宜疏肝和胃为主，方用四逆散、左金丸加神曲、砂仁、煨葛根。7剂后又治以行气活血，疏肝和胃方：丹参、元胡、陈皮、鸡内金、金钱草、柴胡、云苓、山栀、丹皮。14剂后，用益气养阴，兼以疏肝方：太子参、杭白芍、于白术、生甘草、砂仁、生麦芽　炒枳壳、青皮、陈皮、云茯苓，连服21剂后停药。结果痊愈（临床症状消失，胃镜检查，息肉消失）。姚保泰认为本病为脾虚痰热所致。报道1例多发性胃息肉，发病10年，辨证久病多虚，脾虚则化源不足，气血不能上荣，治以清热祛痰、凉血止血，方拟温胆汤加焦山栀、花蕊石、大蓟、小蓟、侧柏炭。20剂后症状减轻，大便颜色转黄，口中血腥味消失。原方去花蕊石、大蓟、小蓟、侧柏炭，加蒲公英、薏苡仁。共服药60剂，临床痊愈，X线、胃镜检查胃窦及胃体下端息肉消失。赵桂华报道1例胃体下端十二指肠息肉(纤维胃镜诊断)，症见胃脘胀痛4年，形体消瘦乏力，舌质红、苔白少津，脉沉弦，用乌梅煎剂（乌梅、僵蚕、穿山甲、党参、茯苓、白术、甘草)，药后半小时胃内不适，随之自行缓解，每日如此，以晨为甚，但不影响饮食与二便，继服40剂。胃镜检后，息肉消失。

马伯涵报道中药治疗胃肠道息肉30例(其中位于直肠和结肠的共27例，占90%)。取通经活络、祛瘀散结、化痰软坚、止血定痛之法，自拟活血消息汤（丹参、生地榆、凌霄花、半枝莲、桃仁、赤芍、炮山甲、皂角刺、三棱、丹皮、槐米、山慈菇、牛膝)，30剂为一疗程。结果：治愈25例，显效3例，无效2例，总有效率达93%以上。服药最少24剂，最多65剂。

（朱宝贵）

【肝脓肿的治疗】

肝脓肿属中医“肝痈”范畴，因其病势险恶，常因保守治疗效果不佳，而采取手术。中医采用辨证论治、或中西医结合治疗，取得一定的疗效。

徐振纲等治疗本病6例用自拟肝郁通（公英、地丁、黄芩、黄连、黄柏、白芷、乳香、没药、赤芍、丹皮、穿山甲、皂角刺、青皮、乌药、竹茹）结果1个月症状消失2例，2个月症状消失3例，3个月症状消失1例。B超提示肝脓肿消失天数，60天1例，86天1例，41大1例，83天1例，其余2例症状消失后未在当时复查B超，无1例复发。高润菊等治疗本病6例，采用清热解毒、活血化瘀的脓疡散（青黛、紫草、寒水石、乳香、牙皂）加减，全部治愈。平均服药26剂。退热时间平均为13.5天；肝区触痛和叩击痛消失、肝大消失、精神食欲改善平均为20天；平均住院天数为25.7天。卢韩庸重用大剂量清热解毒消痈的白英治疗肝脓肿患者12例，获效满意。基本方：白英200克，蒲公英、银花、败酱草、生苡仁各30克，冬瓜子20克，柴胡、丹皮、赤芍各10克，焦山栀12克，生甘草6克。朱振华报道中西医治疗肝脓肿42例，全部病例均经B型超声波检查。其中单个脓肿36例，多个脓肿6例。合并胸膜炎、胸腔积液4例，右下肺炎5例。中医分期辨治：(1)脓肿蕴结期，治宜清肝解毒，化瘀散痛，方选柴芩红藤煎（柴胡、黄芩、赤芍、红藤、败酱草、蒲公英、紫花地丁、银花、连翘、制乳香、制没药、丹皮、生大黄)。(2)化腐成脓期，治宜清肝解毒、逐瘀托脓，上方去大黄、乳香、没药，加山甲、皂角、米仁、桃仁、虎杖。(3)脓肿消散期，治宜补虚托毒、活血散肿，方选透脓散加减(黄芪、当归、炮山甲、天花粉、赤芍、桃仁、川芎、败酱草、虎杖根、米仁、牡蛎)。西药36例用抗生素，42例用灭滴灵，7～10天为一疗程。根据《实用内科学》疗效标准，结果：42例均获临床治愈。退热时间最短2天，最长10天，平均4.7天；血白细胞总数至正常值平均10天。出院时，B超复查：8例脓肿消退，34例平均尚有1.8～1.2厘米左右低回声区，提示为肝脓肿恢复期。23例1个半月后随访，未见复发。而西医内科统计本病35例，平均退热时间9.8天，平均血白细胞总数恢复正常时间15天，与上比较有显著差异。

（姜志昂　朱宝贵）

【肝硬化并发上消化道出血与腹水的分期治

疗】

蒙定水等报道分期治疗肝硬化并发上消化道出血31例中，绝大部分病人在出血前或出血后经上消化道吞钡造影示有胃底或食道静脉呈蚯蚓状曲张。(1) 急性出血期，宜中西医结合治疗。西医给予输液、输血、垂体后叶素等，直至出血控制。中药用白及糊（白及末与田七末用水拌成糊状)，每次10克，每日3次。若用三腔二囊管压迫止血时，则在插管前先吞服上药1次，插管后将胃囊充气，牵引固定，再吞服白及糊1次，然后再充食管囊气。或用大黄浸剂(生大黄300克，蒸馏水100毫升泡成)，每次10毫升，每日3次，与白及糊交叉运用。若插三腔二囊管，则从胃管注入药液。(2) 出血缓解期，宜中医治疗为主。中医辨证分为：阴虚血热型，方选一贯煎化裁（生地、沙参、杞子、麦冬、川楝子、赤芍、丹皮、女贞子、旱莲草)；脾虚胃热型，方选二蒲四君汤加味（党参、茯苓、白术、甘草、蒲黄、蒲公英、陈皮、白及)。(3) 变证（主要出现于急性期)：若气随血脱，相当于失血性休克，除西医积极纠正休克外，中药用参麦注射液、独参汤；若湿毒上闭清窍，神志恍惚或嗜睡昏迷，相当于肝性脑病，中药灌服安宫牛黄丸、大黄浸剂（或灌肠)。结果：24例病人出血停止，无呕血，大便潜血转阴。其中2天内止血的10例，3天内止血的14例，有7例无效或转科治疗。出院随访15例，仅2例于半年内复发。

张晓刚等报道，采用中西医结合方法对52例肝硬化腹水患者进行分期辨证治疗。(1) 早期肝硬化腹水。初发腹水，或腹水出现不足半年，症见胸闷腹胀，食欲不振，少气懒言，胁肋隐痛，口干溲少，舌质红，苔厚腻，脉弦滑。白蛋白/球蛋白比值接近1:1。证属气滞湿停，肝脾同病。治宜疏肝健脾利水。主方用柴胡、郁金、党参、厚朴、陈皮、车前子、木香、茯苓、甘草。阴虚者加生地、山药、鳖甲、知母。30剂为一疗程。同时，采用西药护肝及利尿剂（短程、间歇使用)，严格控制输液量。(2) 中期肝硬化腹水。腹水时隐时现，反复发作，病程在1～2年以内。症见腹胀如鼓，脉络怒张，胁腹刺痛，面色黯黑，口干溲少，纳差乏力，心烦、失眠，舌质红绛少津，脉弦细。白蛋白/球蛋白比值为1:1.5～2.0。证属气阴两虚，肝脾血瘀。治宜益气养阴，活血行气。主方用黄芪、党参、五味子、郁金、丹参、生地、白芍、麦冬、猪苓、茯苓、甘草，并随证加味，如有黄疸者，加茵陈、虎杖、五味子。同时限制饮水及钠盐摄入，控制输液量，酌用西药利尿剂，每周补充人血白蛋白，静脉给甲氰咪胍预防上消化道出血等。(3) 晚期肝硬化腹水。腹水经久不退，腹大坚满，脉络怒张，病程长达5～7年不等。白蛋白、球蛋白比例倒置显著，γ-球蛋白>35%，PT>20秒。甚至出现电解质紊乱现象。症见面色晦黯，唇紫，尿少，低热，烦躁，畏寒肢冷，舌红绛少津，脉弦细数，证属阴阳两虚，肝肾俱损，此期处方宜小，药味要精，用药如西洋参、茯苓、白术、丹参、甘草。并冲服甘遂末，装入胶囊，每服1克，每日2次。西药基本同上。治疗结果和预后：经治2～3月后，33例存活（占全部病例的63.5%)，其中有23例追踪观察3年，病情稳定无特殊变化。在死亡19例中，5例因上消化道出血，7例死于肝肾综合征，5例死于肝昏迷，2例死于腹腔及肺部感染。还有朱建华认为，肝硬化腹水消退后的治疗与调护尤为重要，是促进疾病痊愈，恢复肝功能正常的关键。并分别介绍了饮食调理，精神情志调护和运动锻炼调整等要领。

（陆鸿元）

【顽固性便秘证治】

柴霄等报道治疗老年性便秘300例，用“通便达康”口服液（黄芪、当归、首乌、火麻仁、肉苁蓉等)；另设对照组57例，口服麻仁滋脾丸；均10天为一疗程。结果：服药1～3疗程后，治疗组痊愈者（大便通畅成形，1～2天一次，停药3天无反复）占90.3%；有效者（服药期间大便正常，但停药后又便秘）占7%；无效者占2.7%。对照组有效者占75.4%；无效者占24.6%；无痊愈病例。两组差别显著（P＜0.05）。陈运如治疗20例老年性便秘，以补中益气汤加减（阴虚者加玄参、生地；阳虚者加肉苁蓉）；对照组23例，药用果导、开塞露、番泻叶等，10天为一疗程。结果：有效（大便正常，一年内无复发者）：治疗组19例，对照组14例。苏孝斌治疗慢性便秘57例（为用其他泻药如果导、麻仁丸、番泻叶等治疗4周无效者）运用单味生大黄粉3～6克，每晚睡前温水送服，2～4周一疗程，结果：全部病例均达到服药24小时内出现排便且无困难；停药2周后，大便次数仍为每周3～5次。对其中47例患者进行一年追踪随访，疗效巩固37例。高希源治疗老年便秘24例。根据"塞因塞用"治则自拟通便饮（当归、熟地、首乌、威灵仙、白术各30克，天麻10克）水煎，日服1剂。结果治愈占75%，显效占25%，一般药后3月仍能保持大便通畅。耿守绪据《本经疏证》"芍药合甘草以破肠胃之结"的启示，以白芍30克，甘草10克，用于老年性便秘，取得较好临床疗效。

胡国泰治疗老年便秘100例自拟"虚秘通"（肉苁蓉、锁阳、生晒参、胡麻仁、砂仁，上药共研细末，与蜂蜜、芝麻油混合，略加热拌匀即成），每晨空腹服15～30克，结果91例大便转为正常（其中一月治愈者72例；二月治愈者16例；三月治愈者3例）；好转5例，无效4例。李殿伟介绍芦根蜂蜜膏治疗便秘。组成及制法：芦根500克放入煎锅中加水6000毫升，浸泡四小时，慢火煎煮2小时后，去渣，得药液1000毫升，浓缩至750毫升，然后加入蜂蜜750克煎熬收膏，每次30毫升，每日3次，饭前服。服药3天后大便正常。张汉民治疗顽固性便秘56例用自拟首乌汤（生首乌、百合、甘杞子各100克，草决明300克，桂园肉60克，研成细末，再用蜂蜜250克蒸化），每日早晚各冲服1匙，服用一周后，余药再蒸一次。刑学泰介绍老年人便秘验方：辽细辛6克，猪牙皂10克共研末，用炼熟蜂蜜调和药粉做成锭剂（微硬），塞入肛门内（越深越好），大约15分钟即可有粪便自动排出。

（尚云　姜正兴　瞿晓竹）

【狼疮性肾炎的治疗】

狼疮性肾炎（LN）是系统性红斑狼疮（SLE）的主要死亡原因，约占SLE的40～78%。目前对狼疮性肾炎的治疗主要有激素、免疫抑制剂、雷公藤、抗凝血、血浆置换、肾移植等方法，大多数认为激素为必用之药，但长期使用又会造成一系列的副作用，因此采用中西医结合治疗是较好的方法。

顾美华等对本病30例进行辨治，其基本方药：生地、玄参、乌梅、青蒿、白花蛇舌草。具体分为4型：（1）气血热盛型，以清热解毒，上方加银花、土茯苓、黄芩、大青叶等。（2）阴虚火旺型，治以滋阴降火，上方加丹皮、知母、黄柏、麦冬等。（3）气血瘀滞型，治以理气活血，上方加柴胡、川芎、丹参、赤芍等。（4）脾肾阳虚型，治以温补脾肾为主，改用真武汤加仙灵脾、菟丝子、桂枝、玉米须等。西药以皮质激素为主，服用常规剂量的½～⅓（即强的松20～30毫克/日），必要时加用免疫抑制剂及抗凝剂。治疗结果：除无效4例外，显效10例，好转16例，总有效率为86.7%。顾氏等又指出，由于SLE的临床特征是多系统多样化表现，病情变化多端，故又总结出临床辨治三法：（1）高敏状态，治以祛风胜湿法，药用防风、防己、羌活、黄芩、生地、乌梅、甘草等；（2）合并感染，治以清热解毒养阴法，药用黄连、黄芩、青蒿、石膏、杏仁、甘草、麻黄、沙参、生地等；（3）贫血，治以健脾益气、养血活血法，药用黄芪、白术、桂枝、当归、赤芍、白芍、山楂、鸡内金、甘草、丹皮、丹参、陈皮、乌梅、青蒿等。

章永红等认为狼疮性肾炎的病因多由禀赋不足，肝肾亏损，气阴两虚，正不胜邪，邪毒乘虚而入所致，而虚、毒、瘀是本病的主要病理机转。据报道28例分两组治疗：一组用益气养阴解毒法（16例），基本方药：生黄芪、桑寄生、怀牛膝、女贞子、旱莲草、何首乌、车前子、全蝎、雷公藤（先煎50分钟）、土茯苓、益母草、鸡血藤、生甘草。另一组用养阴通络法，（12例），基本方药：何首乌、生地、熟地、玄参、丹皮、丹参、女贞子、墨旱莲、川芎、红花、赤芍、荠菜花、秦艽、虎杖。疗程为2个月至1年余。结果：单纯用中药治疗完全缓解3例，基本缓解7例，部分缓解10例，无效8例。另外，黄泰生辨证治疗狼疮性肾炎尿毒症1例，以清营解毒泄浊为先，方用犀角地黄汤合导痰汤化裁而使症状缓解。

沈丕安等提出养阴清热药如生地、麦冬、知母、玄参、黄芩等是治疗狼疮的基本药物，并且应该重用生地。上述药物能使抗体合成期延长，可以提高细胞免疫，从而调节机体的免疫功能，并可减轻医源性柯兴氏症，促进唾液腺分泌，而改善口腔的干燥症状。清热活血利水药如六月雪、接骨木、落得打、石龙芮、虎杖等，具有减少尿蛋白、改善肾功能的功效。由于狼疮性肾炎患者属阴虚者多，气虚者少，故不应该服用人参、党参以及人参制品。且人参有促进抗体形成，增加DNA抗体作用，对狼疮是不利的。

（沈庆法）

【慢性肾炎的治疗】

陈靖报道，在辨证基础上加活血化瘀药治疗慢性肾炎100例，其中脾肾阳亏，药选：淡附片、仙灵脾、仙茅、生白术、生黄芪、白茯苓、泽泻、山药、留行子、丹参、泽泻、田七片；肝肾阴亏，药选：知母、黄柏、山茱萸、山药、生地、丹皮、泽泻、茯苓、益母草、茜草根、虎杖根、田七片；脾肾两亏，气血互损，药选：党参、白术、茯苓、当归、熟地、川续断、杜仲、杞子、丹参、茜草、益母草、田七片；脾肾衰败，浊阴内盛，药选：淡附片、生姜、姜竹茹、党参、生大黄、猪苓、茯苓、厚朴、赤小豆、丹参、泽兰、姜半夏、陈皮。结果：痊愈32例，好转48例，无效13例，恶化7例。总有效率80%。倪易平等治疗老年人慢性肾炎231例，其中肺脾气虚（普通型多见），治宜益气固卫，健脾利水，方选玉屏风散合参苓白术散加减；肝肾阴虚（高血压型多见），治宜滋补肝肾，育阴潜阳，方选杞菊地黄丸加减；脾肾阳虚（肾病型多见），治宜温补脾肾，化气行水，方选真武汤或济生肾气丸加减；瘀阻水停（混合型多见），治宜活血化瘀，利水消肿，方选桃红四物汤加减。结果好转158例，无效73例。严冰等治疗慢性肾炎肾劳期104例，其中脾虚血瘀型64例，方选健脾活血方：黄芪、党参、白术、山药、茯苓、桂枝、泽泻、玉米须、赤芍、冬瓜皮、板蓝根、益母草、刘寄奴、甘草；肾虚血瘀型40例，方选温肾活血方：黑附子、巴戟天、芡实、胡芦巴、淫羊藿、白术、山药、山萸肉、黄芪、党参、赤芍、银花、益母草、刘寄奴、甘草。结果：完全缓解39例，基本缓解31例，部分缓解23例，无效11例。李平总结时振声治疗慢性肾炎气阴两虚证140例，对本证的治疗：脾气虚以参芪地黄汤加减，肺气虚、肾阴虚加大生芪的用量，肾气阴两虚者以参芪五子衍宗丸合二至丸治疗；对标证的治疗：瘀血内阻者以血府逐瘀汤加减治疗，湿热中阻者予黄连温胆汤治疗，风热外感者予银蒲玄麦甘桔汤加味，痰热内蕴者予杏仁滑石汤治疗。结果：完全缓解25例，基本缓解22例，好转74例，近期总有效率86.4%。徐瑞芳等报道辨证治疗本病120例。肺脾气虚型，药用：山药、茯苓、益母草、泽兰、黄芪、白花蛇舌草、半枝莲、白术、泽泻、车前子、马鞭草；脾阳虚衰，瘀血阻滞型，药用黄芪、马鞭草、益母草、泽兰、党参、制附子、大腹皮、半边莲、白术、丹参、车前子、泽泻；肾阴虚型，药用：山萸肉、益母草、泽兰、马鞭草、半枝莲、白花蛇舌草、水蛭、龟版，总有效率为88.6%。

程辉星总结治疗47例，自拟益祛汤（黄芪、锁阳、蝉蜕、木香、泽兰、山药、全蝎）。结果：完全缓解23例，基本缓解11例，好转5例，总有效率为82.98%。张喜奎整理杜雨茂病案64例，用滋阴益肾法，药选：牛膝、旱莲草、猪苓、茯苓、桑寄生、山萸肉、丹皮、泽泻、益母草、生地、石苇、白茅根。结果：完全缓解17例，基本缓解18例，部分缓解22例，总有效率达89%。杨文明采用益气解毒化瘀法治疗46例。药用：党参、黄芪、蒲公英、白花蛇舌草、益母草、丹参、黄连、茯苓、白术。并设丹参注射液静滴活血化瘀对照组25例。两组疗程相同。结果：治疗组完全缓解16例，基本缓解12例，好转13例，总缓解率为60.9%，总有效率为89.2%。对照组完全缓解3例，基本缓解5例，好转8例，总缓解率为32%，总有效率为64%，两组相比，差异显著($P<0.05$)。程锦国以祛风湿活血通络立法，采用自拟四藤二丹汤治疗慢性原发性肾小球肾炎50例。药选忍冬藤、络石藤、天仙藤、海风藤、丹参、丹皮组成。结果：完全缓解18例，基本缓解12例，好转10例，总有效率为80%。张剑宇等报道治疗慢性肾炎33例，以健脾加活血药组：茯苓、生白术、黄芪、银花、连翘、生山药、赤小豆、丹参、益母草、生苡仁、泽泻、当归尾、赤芍、川芎，治疗17例；健脾加补肾药组：茯苓、生白术、黄芪、山萸肉、枸杞子、女贞子、旱莲草、菟丝子、芡实、金樱子、生山药、熟地黄，治疗16例。结果：总有效率分别为82%、75%。

（陶明龙）

【肾病综合征的治疗】

王秀琴等对肾病综合征112例进行了近期疗效观察。单纯中药组34例，总有效率76.47%；中西医结合组78例，总有效率88.46%($P<0.05$)。并认为疗效的提高与辨证分型论治及不同阶段配以清热解毒药和活血化瘀药有关，而且可以防治感染，增强机体免疫力，减少复发。其中中药分组：(1)肺脾气虚型，治以益气健脾、化湿活血利水；(2)脾肾阳虚型，治以健脾温肾、活血利水；(3)肝肾阴虚型，治以滋阴补肾、平肝潜阳、活血化瘀；(4)气阴两虚型，治以益气养阴清热解毒、活血化瘀。中西药组：使用激素阶段，治疗用滋阴清热解毒，常用知柏地黄丸和银翘散加减；减激素至最小有效维持量阶段，治疗同中药组脾肾阳虚型；在开始减激素加环磷酰胺时，病人出现胃肠道反应或血虚表现，应加和胃降逆止呕和补血之剂。结果两组总疗效：完全缓解50例，占44.64%，基本缓解9例，占8.03%；好转36例，占32.40%；无效17例，占15.18%。曹广顺认为化湿清热是扭转病机的重要治法。临床报道61例，其中单用中药化湿清热法治疗的有36例，基本缓解20例，占55.6%。达南等提出本病的几个阶段：(1)治疗阶段，以温阳利水、益气活血为基本治则，药用黄芪、丹参、茯苓、车前子、制附片、肉桂、苍术、大腹皮、木瓜、厚朴、赤芍、红花、炙甘草；(2)巩固阶段，获得完全或基本缓解后，以补肾健脾、益气活血为治则，药用黄芪、熟地、杞子、菟丝子、杜仲、山萸肉、白术、当归、川芎、红花、砂仁、丹参、炙甘草，蜜和为丸。疗程1～1.5年。临床报道65例，完全缓解55例，基本缓解6例，总有效率93.85%。肖德才等分期论治肾病综合征23例并进行疗效观察。对本病水肿期、水肿消退期进行辨证论治，结合各阶段虚实夹杂、湿浊、余毒、血瘀等随机应变治疗。临床治愈8例，有效12例。其中水肿期又分脾肾阳虚，

方用真武汤合济生肾气丸加减；湿毒浸淫，方用五味消毒饮加味。水肿消退期又分热毒未尽、肝肾阴虚，方用知柏地黄汤加味；气阴两虚，方用参芪地黄汤加味。曾庆英等报道以"开鬼门，洁净府"为主体法，用麻杏石甘汤为主加味（该方加用葶苈子、益母草、蒲公英、半枝莲等）治疗，附本病50例，获效后以健脾通阳温肾法巩固疗效。除部分明显高血压者加用降压西药外，一律用中药煎剂。结果完全缓解38例，基本缓解7例，部分缓解3例，无效2例，总有效率达96%。其中7例是因激素治疗无效而转用中药治疗，5例获完全缓解，2例获基本缓解。关启文等报道本病20例，在用小量激素治疗时，加服中药益肾汤（党参、仙灵脾、巴戟天、菟丝子、赤芍、猪苓、黄芪、丹参、泽泻、白茅根、焦白术、防己）。结果治愈13例，好转5例，无效2例。陈锋报道治疗难治性原发性肾病综合征110例，采用中医辨证治疗：(1)气虚型，方用防己茯苓汤、参苓白术散加减；(2)阳虚型，方用温阳利水汤、实脾饮加减；(3)湿热型，方用猪苓汤合龙胆泻肝汤加减；(4)阴阳两虚型，方用右归饮合猪苓汤加减。西医常规处理。结果：完全及基本缓解共99例，占90%，病情稳定两年以上69例。施赛珠报道中西医结合治疗本病31例，采用补肾活血中药配合肾上腺皮质激素的方法，根据中医辨证，分为湿热、肝肾阳虚、脾气虚弱、脾肾阳虚、气阴两虚等五型治疗。结果获完全缓解者14例。体会：在应用激素早期，剂量大，故主张用滋阴降火中药；当激素递减为维持量时，主张用益气补肾活血药。薛昌森报道治疗原发性肾病综合征，其中治疗组（中药加激素）28例；对照组（上方加环磷酰胺）25例。中药采用分期治疗：(1)水肿期，宜益气温阳行水，常用黄芪、防己、白术、薏苡仁、猪苓、茯苓、泽泻、桂枝、白茅根、益母草、车前草、赤小豆等；(2)无水肿期，宜培补脾肾化湿，药用党参、黄芪、白术、茯苓、生地、熟地、山药、菟丝子、金樱子、芡实、泽泻、地龙、陈皮等；(3)恢复期，宜平调阴阳固表，药用龟版、鹿角霜、仙灵脾、仙茅、巴戟、当归、知母、黄柏、砂仁、甘草、黄芪、白术、防风等。结果治疗组痊愈好转率为80%，对照组为91.7%。

吕志平等报道采用多联疗法治疗本病49例。中医分虚损型(脾肾阳虚型、气阴两虚型)、湿阻型、血瘀型治疗。其中二联疗法：中药＋皮质激素，用于病程较短，肾功能代偿期；三联疗法：再加免疫抑制剂(环磷酰胺)，用于肾功能失代偿期、氮质血症、尿毒证；四联疗法：三联＋肝素或潘生丁，适用于三联法病证，尤其用于血瘀证或夹瘀症状明显者。中药用附子、黄芪、生地、丹参、益母草、泽泻、茯苓、车前子。采用二联法26例，三联法14例，四联法9例，疗程平均78天。结果缓解16例，有效25例，无效8例，总有效率为83.7%。吕氏等体会，多联疗法可加快水肿消退及肌酐等代谢产物的排泄，疗效较快。代文林等也报道治疗本病属于顽固性者用三联疗法：(1)强的松；(2)环磷酰胺；(3)中医辨证分型治疗。其中阳虚型29例，阴虚型6例。平均疗程74天，完全缓解者20例，基本缓解9例，部分缓解2例，总有效率88.6%，远期随访(平均3年8个月)，稳定和进步者占87.7%。刘宏伟等对经过肾穿刺活检确诊的35例原发性肾病综合征患者进行了中医辨证分型与病理类型的相关性研究。结果表明：阳（气）虚型并非多见，本组仅占17.1%。阴虚型（肝肾阴虚）与系膜增殖性肾小球肾炎有一定的内在联系；而且中医分型与血浆白蛋白及24 h尿蛋白定量也有一定内在联系的趋势。

（朱宝贵　许士骠）

【肾功能衰竭证治】

许家松介绍了方药中对慢性肾功能衰竭的理论。方氏认为慢性肾衰属中医的"虚劳"、

"癃闭"、"关格"、"溺毒"等范畴。根据中医理论体系，提出本病辨证论治的五步：(1)定位，即病位。慢性肾衰的定位，或在脾，或在肾，或在脾肾，而以脾肾同病者较多。(2)定性，即病性。归纳为风热、湿、燥、寒、瘀，又以夹湿、夹瘀、夹热、夹风较为多见。(3)必先五胜，即在定位、定性基础上，找出起主导作用的病理生理变化。(4)治病求本，则在上述辨证基础上采取相应的治法和方药。(5)治未病，即在治疗已病时，通过调节未病脏腑对已病脏腑的制约作用，治疗已病脏腑，按以上"五步"为方法，从而全面地、从动态中把握病机并达到理法方药的统一性，临床就能取得较好的疗效。仝小林等临床认为治疗慢性肾衰，理当重视调胃，先治其标症。以呃、呕为主症者，当辨湿浊之寒化热化。寒化者，旋覆代赭汤，小半夏汤类；热化者，黄连温胆汤，连苏饮等；寒热不显者，藿香正气散加减；寒热错杂，泻心汤类化裁；秽浊甚者，玉枢丹常能奏效。标症控制后再治病本，方能收到事半功倍之效。

饶才坤等报道治疗慢性肾衰42例(治疗组)，应用三黄双参汤(黄芪、黄柏、大黄、丹参、太子参)。西药治疗13例(对照组)。结果：显效15例，好转17例，无效10例，总有效率76.2%。对照组显效2例，好转5例，无效6例，有效率53.8%。有显著性差异($P<0.01$)。其中治疗组28例观察一年，继续维持疗效者20例；对照组10例，继续维持疗效者仅4例。谢桂权报道根据本病的病机和"祛邪安正"的理论，选用活血祛瘀之丹参与祛浊化痰清热之清开灵注射液(牛黄、水牛角、黄芩、山栀子、银花等)治疗本病36例。并与"肾安"治疗14例进行对照。结果治疗组显效13例，有效18例，无效5例；对照组显效3例，有效8例，无效3例。治疗组尿素氮，肌酐治疗前后均值比较($P<0.01$，$P<0.01$)，均有非常显著性差别。刘华报道治疗慢性肾炎尿毒症12例，采用川芎嗪80毫克，加入10%葡萄糖250～500毫升静脉滴注，每天1次；内服益气活血排毒汤(生黄芪、红参、生白术、茯苓、菟丝子、山药、益母草、泽泻、制大黄、当归)并随证加味；同时用生大黄、黑大豆、六月雪、牡蛎煎汤，每晚保留灌肠1次，结果：显效3例，好转7例，无效2例。治疗后尿素氮(BUN)均有明显下降($P<0.01$)。周民权报道治疗本病70例，并设西药对照组30例。均4周为一疗程，结果治疗组的症状改善明显优于对照组，且无副反应。其中尿素氮平均下降22.19mg/dl；对照组平均下降13.1mg/dl。曹庆敏等报道治疗本病27例，内服降氮灵(姜半夏、茯苓、大黄、黄芪、附子、生姜)配合按摩涌泉穴。结果：显效11例，有效9例，无效7例。张步振等应用丹参防治急性肾功能衰竭23例，取得较好疗效。并对疗效和作用机理进行观察。表明丹参有增加肾血流量，改善肌酐清除率，降低血尿素氮和利尿作用，并体会到丹参最大优点是可以大量反复使用，没有明显副作用。李德益等应用岳美中芡实合剂加味(芡实、白术、茯苓、山药、菟丝子、金樱子、黄精、百合、枇杷叶、仙灵脾、黄芪)内服和中药(大黄、赤石脂、白头翁)高位灌肠，共治26例，显效50%，总有效率88.5%。疗效优于辨证论治及复方或单味大黄制剂灌肠治疗。

目前采用中药灌肠疗法仍为本病的一大法则。宋赤等用肾衰方(大黄、黄芪、丹参、银花、益母草等)灌肠治疗33例，显效率60.61%，总有效率87.88%，对照组20例，采用中医辨证施治或大黄附子细辛汤灌肠等治疗，显效率15%，总有效率60%。两组有显著差异($P<0.05$)。杨宗善等根据辨证，偏于阳虚者用清氮Ⅰ号(大黄、生牡蛎、玄明粉、附子、红花、槐花)；偏阴虚者用Ⅱ号(大黄、玄明粉、红花、槐花、草决明)均水煎加温保留灌肠30分钟至1小时。临床治疗51例，血中BUN总平均下降11.8mmol/L，

总平均治疗天数20.6d。经统计学处理，疗效显著（P<0.001）。宋氏又报道有4例本病患者在进行持续性腹透中出现腹腔感染及透析管堵塞，导致病情加重，而改用中药肾衰方灌肠。同样起到缓解症状作用并延长病人生存期。因此提出采用中药灌肠与间歇性腹膜透析交替使用，以替代不卧床持续性腹膜透析。

洪钦国等观察了中药对维持血透的15例慢性肾衰患者血钾的影响。中药用：茯苓、半夏、枳实、竹茹、北黄芪、当归、大黄、熟地、山萸肉、丹参、白茅根为基本方。结果：7例并发高血钾症和其他8例血清钾均值都维持在正常范围，没有引起高血钾的发生。钱英报道95例晚期尿毒症者血液透析诱导前的中医治疗疗效分析。采用辨证分型施治，先用小半夏加茯苓汤温中化湿，和胃降逆，清除呕吐、纳少等症。再分：(1)肝肾阴虚（高血压为主），治宜滋补肝肾镇肝潜阳，方用杞菊地黄汤合镇肝熄风汤加减；(2)脾肾阳虚（水肿为主），治宜温补脾肾，方用附子理中汤合济生肾气汤加减；(3)阴阳两虚，气血耗竭(贫血为主)，治宜滋阴助阳益气养血，方用桂附八味汤合人参养荣汤。结果：显效（BUN下降大于20mg%）31例；好转（BUN下降小于20mg%）27例，总有效率为61%。认为中医治疗确能使临床症状好转，机体状态改善，延缓病情恶化，为血液透析和肾脏移植争取了时机创造条件。

（朱宝贵　路俊）

【免疫性不育症证治】

在男性不育症患者中，部分病例往往与自身免疫反应有关，其免疫检查可发现阳性抗精子抗体。根据目前临床观察，结合中医理论审证求因，本病的主要病机是肝肾阴虚、湿热内蕴、气血不和、精道瘀滞等，有本虚标实的表现。

葛松平撰有专著，探讨了免疫性不育症的中医中药治疗，自拟"脱敏生育方"，主药有苍术、忍冬藤、当归、赤芍、青皮、泽泻、泽兰、车前子。每日1剂，水煎服。本方具有清热、渗湿、祛瘀之功效，3个月为一疗程，连服几个疗程，使阳性免疫指标能在或长或短的疗程中全部转阴。陈文伯认为，如有精室湿热者，用知柏地黄汤加减：丹皮，黄柏、知母、苦参、山萸肉、云苓、泽泻、丹参。精脉瘀阻者，用桃红四物汤加减；精气不足者，宜用补肾填精丸：鹿茸、紫河车、杞子、锁阳、蚕蛾、海狗肾。徐福松等辨证分型治本症33例。其中肝肾阴虚湿热证26例，治以滋阴降火、清利湿热，基本方：生地、泽泻、茯苓、车前子、白芍、丹皮、知母、黄柏、碧玉散、生鳖甲。肺脾气虚易感证7例，治以补肺健脾、清肠泄热；基本方：人参、白术、茯苓、怀山药、木香、砂仁、黄连、苡仁、益元散、芡实。3个月为一疗程。结果，复查血清抗精子抗体转阴者25例，阴转率为75.76%。其中女方怀孕者16例，受孕率为48.5%。

（周智恒　于龙刚）

【精液不液化症的治疗】

精液不液化症是导致男子不育的重要原因之一。近年来关于治疗本病的经验方剂屡有报道。崔云报道治疗精液不液化致不育症，选用"液精煎"（仙灵脾、五加皮、车前子、川牛膝、赤芍、黄柏、天花粉、山萸肉、五味子、淮山药）。湿胜加萆薢，热甚重用黄柏。共治33例，痊愈17例；（其中妊娠9例）有效15例；总有效率96.97%。郭智荣治疗男性不育65例用：液化生精汤（菟丝子、萆薢、黄柏、车前子、穿山甲、桂枝、九香虫、大熟地、枸杞子、淫羊藿等10味药组成），肾虚型加蛇床子、巴戟天、紫河车；湿热型加鱼腥草、土茯苓、干地龙；偏瘀滞型加丹参、地鳖虫、川牛膝。30天为一疗程。结果治愈35例，（受孕）有效21例，总有效率为86.2%。对于辨证属湿热下注，熏蒸精室，灼烁津液，精凝不化者，多用养阴益液、清热利湿等法治之。如（1）张惠和报道治疗本症23例用润燥养精汤（急性子、玄参、生地、白芍、肉苁蓉、川牛膝、山萸肉、土茯苓、米仁、覆盆子、枸杞子、五味子、知母、黄柏、菟丝子）为主方治疗23例，每周5剂，5～8周为1疗程。结果治愈11例，好转7例，无效5例。又（2）孙书义治疗本病常用利湿化瘀、清热解毒药（如黄柏、萆薢、龙胆草、猪苓、苡仁、佩兰、滑石、地肤子、丹皮、银花、蒲公英等）临床亦多获效。若辨证属气血瘀滞、精窍瘀阻、精液凝而不化者，多用活血化瘀法治之。如欧春报道，治疗精液不液化159例用桃红四物汤加减（当归、桃仁、红花、丹皮、赤芍、川芎、川牛膝、枳壳、佛手、生地、黄芪、仙灵脾、炒谷芽），15天为1疗程，治疗1～6个疗程。结果有效（精液常规化验液化正常，临床症状、体征消失）137例，有效率86.2%。平均疗程42天。并体会，该方药活血而无耗血之虑，行气而无伤正之弊，共奏活血强精，促液化，故疗效满意。

（周家乐）

【射精不能症的治疗】

功能性射精不能症是男性性功能障碍的常见病。李炳茂探讨了射精不能症治疗六法，大致可归纳为虚证、实证、虚实挟杂三个方面。近年报道治疗本病多采用辨证论治。

1. 肾命火衰或肾阴不足，肾精枯涸。许耀恒报道治疗本病服用自拟造精丸（鹿角胶、龟版胶、羊睾丸、红参、紫河车、熟地、枸杞子、肉苁蓉、覆盆子、菟丝子、怀山药、田三七、研末蜜丸），淡盐水送服。共治11例，治愈7例（怀孕4例），好转2例，无效2例，总有效率为80.1%。

2. 肝郁气滞。李保民报道治疗同房不射精症38例，应用自拟解郁通精汤（柴胡、枳壳、半夏、黄芩、桃仁、王不留行、石菖蒲、桂枝、青皮、炮山甲），结果：同房射精功能正常20人，同房已有射精感，然精出艰涩精量少10人，平均服药30天，总有效率为78%。

3. 肝经实热，相火亢盛，湿热下注。李氏又用龙胆泻肝汤主治，药用：龙胆草、泽泻、柴胡、车前子、木通、生地、栀子、黄芩、当归尾、甘草，临床疗效明显。

4. 气血亏损、肝气郁滞，虚实相间，精无化原，经脉闭止，精不能射。张润民治疗本病用通乳丹加味，方用人参（党参）、黄芪、当归、麦冬以补气养血滋液；木通、桔梗以理气通络；路路通、王不留行、石菖蒲以畅达宗筋煮肉汤补血而通精之力，共奏补气养血通精之功。临床总结30例，均属气血两亏型。结果痊愈29例（最多服药37剂，最少12剂）。

5 .胃热腑结，气机失畅。李氏又用调胃承气汤加味（生大黄、芒硝、甘草、知母、黄柏、桔梗），方中桔梗能开肺气，增强通腑泄热之功；知母、黄柏降低神经系统兴奋性，使射精阈值降低，以利射精。

6. 气滞血瘀、瘀阻精道。许鹏飞则用血府逐瘀汤加味以化瘀泄浊，利窍通精，一般服药10剂，多能获效。

（周家乐）

【缺铁性贫血辨证分型与治疗】

陈信义对202例缺铁性贫血患者归纳为四个证型：脾胃虚弱证97例（48%）：食欲减少，食后腹胀、恶心呕吐、大便溏薄、舌淡苔薄、脉细弱；脾气虚弱证14例（6.93%）：食欲减退、食后腹胀、大便溏薄、面色萎黄、神疲懒言、体倦乏力、舌淡苔薄、脉象细弱；脾虚夹湿证13例（6.43%）：食欲减退、食后腹胀、大便溏薄、舌质淡、舌体胖大、苔白腻、脉细弱；气血两虚证78例（38.6%）：神疲懒言、体倦乏力、失眠不寐、面色萎黄、舌淡苔薄、脉象细弱。根据“脾胃虚弱”基本证型采用健脾生血法，药用党参、白术、茯苓、陈皮、半夏、甘草、大枣等为主方，治疗194例，同时用硫酸亚铁对照治疗，结果两组疗效相似，贫血纠正率均100%，贫血一般症状改善率分别为95%、92%，$P>0.05$，消化道症状改善率分别为 97.2%、55.3%，P <0.05。何国兴等治疗 54 例采用自拟补肾生血汤，药用小红参(或潞党参 3 倍量)、磁石、生黄芪、阿胶、鹿角胶、龟版胶、白术、陈皮、当归、白芍、熟地黄、首乌、枸杞子、紫河车、炙甘草。结果除 4 例无效外，治愈 28 例，缓解 14 例，好转 8 例，总有效率 92.6%。有效的 50 例中，服药后血红蛋白平均上升幅度，男性58g/L、女性51g/L。马凤友自拟补铁调红汤治疗本病 42 例，药用当归、川芎、党参、白术、熟地、甘草、阿胶或鹿角胶、黄芪、枸杞子、女贞子、鸡血藤、首乌、陈皮。连服21 剂停 7 天，再进行第 2 疗程。气虚重者用黄芪 50～100 克；气血双虚重者，用党参 50 克，熟地 30 克；偏阴虚者，加山萸肉 30 克，山药 50 克；偏阳虚者，加菟丝子、巴戟天各20 克；纳差加山楂 20 克、鸡内金 15 克、太子参 30 克；头晕重者用川芎至 40 克；心悸重者加柏子仁 20 克；乏力加黄精 30 克。另用自制委黄丸(生铁末 5 份，胆矾 3 份，山药 2 份，内金 1 份，为末蜜丸如黄豆大)，每服 5 粒，每日 3 次。结果：服药 10～21 剂痊愈者 23 例；21～40 剂痊愈者 10 例；服药 40 剂而症状改善，实验室检查接近正常者为有效者 9 例。

（黄振翘　黄松玲）

【再生障碍性贫血的治疗与实验研究】

汤金土等报道治疗脾肾亏虚型再生障碍性贫血用二仙温肾汤（仙茅、仙灵脾、巴戟天、黄芪、人参、当归、赤豆、陈皮、甘草)为主，共治 80 例，其中脾肾两虚偏脾阳虚型(7 例）合理中汤；脾肾两虚偏肾阳虚型(11 例）加补骨脂、淡苁蓉、锁阳、菟丝子、紫河车粉等。结果总有效率 92.5%（74／80)，治愈 16 例，缓解 26 例，治愈缓解率 52.5%；(42/80)明显进步32例(40%)；基本治愈组和缓解组的血红蛋白、白细胞、血小板治疗前后均有显著性差别，($P<0.01$)明显进步组血小板前后差异无显著性。通过二仙温肾汤与归脾汤分治心脾两虚型 5 例，7例观察比较，结果归脾汤基本痊愈达 85.7%，而二仙温肾汤仅为 20%，因指出其它证型不能一概使用本方。吉洪仕等用温肾益髓汤（鹿角胶、龟版胶、阿胶、仙茅、仙灵脾、仙鹤草、黄芪、人参、补骨脂、肉苁蓉、天门冬、杞子、紫河车、生地、熟地、虎杖、鸡血藤、全当归）治疗再障急性型 2 例，慢性型 18 例，基本治愈 10 例，缓解 5 例，明显好转 4 例，总有效率 95%。王树庆等对再障 35 例慢性患者，以SSL方案（康力龙、硝酸-叶萩碱，左旋咪唑）为基础分别加用中药内服（熟地、山药、山萸肉、菟丝子、补骨脂、党参、鸡血藤、枸杞子、随证加减）和胎儿胸腺包埋（埋于腹壁脂肪层)，结果：痊愈 17 例（48.6%)，缓解 7 例(20%)，明显进步 6 例(17.1%)，总有效率 85.7%。高于华东区再障协作组SSL方案，283 例病人验证有效率 65.8%。高玉民治疗 6 例再障以补肾益精为主，药用鹿角胶、紫河车粉、熟地、何首乌、菟丝子、巴戟天、金毛狗脊、山茱萸、丹参、当归、川芎、太子参、鸡血藤、白术、山药加减，配合康力龙，结果：2例基本治愈，1例缓解，1 例明显进步，1例进步。如有阴虚火旺者治后转阳虚，又当从扶阳着手，注意法随证变。稳定后须延长服药，以求远期巩固疗效。

孙玉桃等辨证分型治疗重度再障发热 60 例，阴虚内热型 22 例，用凉血解毒汤(羚羊角粉、生地、丹皮、麦冬、黄芩、茜草、仙鹤草、生龙骨、生牡蛎、三七粉）；外感温热型 28 例，初期用银翘散，中期加白虎汤，后期清瘟败毒饮配以安宫牛黄丸、紫雪丹；外感湿热型 10 例，治以清热利湿，凉血解毒。有肠痈用大黄牡丹皮汤加减，有菌痢用白头翁汤、清营汤加减；结果总有效率 58%。

张传玺等观察了小鼠再障模型骨髓造血功能损伤的防治及保护作用，方用自拟再生汤（当归、党参、黄芪、何首乌、阿胶、白术、山药、枸杞子、白芍、白及、仙鹤草、龟版、黄精、生地、熟地、陈皮、栀子)。结果表明该方具有促进骨髓造血功能，使环磷酰胺所致的造血损伤趋于恢复正常，并能促进骨髓有核细胞的增殖，还具预防和抗环磷酰胺对骨髓造血系统的抑制，损伤作用。

(黄振翘　黄松玲)

【原发性血小板减少性紫癜证治与研究】

任昌伟等治疗原发性血小板减少性紫癜(ITD)采用“治崩三步法”：(1)塞流适用于急性期，清热塞流用犀角地黄汤、收涩塞流用独参汤加味；(2)澄源适用于慢性期，阴虚火旺者用养阴清热之剂，心脾不足者用归脾汤加减；(3)复旧适用于恢复期，分调肾复旧法用血肉有情之剂填精补肾，佐以辛甘助阳和理脾复旧法(根据气虚或阴虚的偏衰分别施治)。黄振翘等报道：对本病103例辨证分为血热络伤(实证)型、脾虚失统型、脾虚阴亏型和脾肾阳虚型(三型统称为虚证)，同时与20例正常对照组比较。结果发现血热络伤者年龄较小，病程较短；脾虚失统和脾虚阴亏者年龄较大，病程较长；脾肾阳虚者年龄最大，病程最长。各型PAIgG值与血小板均呈负相关，其均值都超过正常对照组($P<0.001$)；而实证组显著高于虚证组($P<0.001$)，各型患者OKT_3^+(总T淋巴细胞)百分值均明显低于正常对照组，其中虚证各型还表现为T辅助细胞(OKT_4^+. Tn)降低，T抑制细胞(OKT_8^+. Ts)增高，以致Tn/Ts比值降低。Th/Ts值由血热络伤、脾虚失统、脾虚阴亏和脾肾阳虚型依次发展逐渐下降，组间差异显著($P<0.05$)，孙伟正等将本病45例分为血热妄行，气不摄血和阴虚火旺三型，发现血热妄行者PAIgG、PAIgM也均高于正常对照；气不摄血型只PAIgG单项增高，且低于其它两型；阴虚火旺型不但PAIgG高于气不摄血型，且PAIgM属三型最高者；PAC_3仅在血热妄行者检测到，提示该型与其它两型之间有一定差异。

郭教礼等从肝热论治，用清肝消癜汤(生地炭、黄芩、白芍、焦栀子、丹皮、龙骨、茅根、阿胶、甘草、大枣、)为基本方进行治疗。黄氏等报道了泻火止血以治标，健脾补肾以治本和遣方用药在变通的经验，用健脾补肾泻火法治疗36例，药用黄芪、党参、当归、生地、熟地、旱莲草、丹皮、大青叶、仙鹤草和甘草等制成糖浆口服。近期疗效91.67%，与强的松81.25%相似，随访疗效86.11%优于强的松43.75%($P<0.01$)。高想等治疗本病35例以补肾健脾的基本方(补骨脂、骨碎补、菟丝子、白术、茯苓、党参、黄芪、地黄、当归)结果显效8例，良效16例，进步7例，无效4例。血小板由平均$51.9\times10^9/L$上升至$78.7\times10^9/L$($P<0.001$)，展昭民等以清热凉血益气法治疗本病15例，用玳瑁、女贞子、土大黄、黄药子、山豆根、生地、丹皮、当归、茜草、紫草、仙鹤草、旱莲草、黄芪、白芍、炙甘草、鸡血藤，制成蜜丸，每服1丸(15克)日服3次，结果总有效率为80%。张素琴治疗本病24例用紫斑汤(丹参、当归、参三七、侧柏叶、大小蓟、丹皮、旱莲草、花生衣、黄芪)加减，痊愈15例，好转6例，无效3例。贾树才治疗本病15例，药用黄芪、党参、熟地、山萸肉、巴戟天、川芎、当归、地鳖虫、九香虫、穿山甲、肉桂、鹿角片、制附片，结果：显效8例，有效4例，无效3例。龚风平治疗本病慢性型64例，以三胶阳和汤(熟地、鹿角胶、龟版胶、阿胶、肉桂、麻黄、姜炭、人参、白术、龙眼肉、旱莲草、炙甘草等结果除3例无效外，临床治愈19例、显效22例、有效20例、总有效率为95.2%。王会仍等报道观察血小板减少症，每次给服含人参皂甙40毫克之绞股兰冲剂或口服液，一日3次，连服一月，其中冲剂24例，服液36例，总有效率分别为83.3%和83.4%，两种剂型血小板均极显著地升高($P<0.001$)。叶金梅等对三七根干燥粉末制剂血宁胶囊进行动物实验，证实出血时间或凝血时间均明显缩

短，骨髓产板巨核细胞数明显增加，其急性毒性表明除大剂量组动物血色素及红细胞明显升高外，其余血常规、肝肾功能、体重及心肝肾肺脾脉器等均未见明显改变。周永明等采用改良的甲基纤维素—琼脂双层体外培养技术，观察了具有健脾补肾泻火作用的生血灵对本病患者骨髓巨核系祖细胞（CFu-Meg）的影响，结果表明生血灵（>300mg/md)能显著增加CFu-meg产率（P<0.01)，正常骨髓细胞培养体系同时加入本病患者血清和生血灵培养后，平均产率显著高于患者组（P<0.01)，且接近正常对照组（P>0.005)，提示生血灵能抑制血小板抗体，促进本病患者 CFu-meg的增殖分化和成熟。

（周永明　黄振翘）

【高粘血症的治疗】

高粘血症又称高血粘综合征，是指患者的血液处于高粘稠状态，在血液流变性上有显著改变，在病理过程中可表现为微循环障碍或组织缺氧、缺血。因病程日久，瘀血内停，临床上多有虚劳、血瘀证的表现。陈纪藩等报道治疗本病42例，以古方大黄䗪虫丸为主研制成消瘀灵（剂型为水蜜丸），每日3次，每次6～10克，并停用其它药物，20天为一疗程，服药1～4个疗程。结果：显效（症状、体征消失，血液流变学及有关指标恢复正常或明显好转）19例；好转（症状、体征减轻，有关指标好转）15例；无效8例，总有效率81%。有效病例的全血比粘度、血浆比粘度、还原粘度，治疗前后对比有显著差异（P<0.01)；红细胞聚集指数、压积治疗前后对比有明显下降（P<0.05)。郭志明等报道治疗本病107例采用降粘汤煎剂：生地、当归、桃仁、红花、炒枳壳、柴胡、赤芍、桔梗、川芎、山楂、怀牛膝、甘草。每日早晚各服150毫升，15天为一个疗程，并作血液流变学治疗前后的比较。结果显效18例；有效75例；无效14例，总有效率为86.9%。乔九胜等以丹参为主治疗本病150例，治疗方法：(1)丹参汤剂（丹参60克，益母草20克，鸡血藤20克，赤芍15克，甘草9克)，每日1剂；(2)复方丹参片一日3次，每次3片口服；(3)复方丹参注射液16毫升溶于5%葡萄糖注射液500毫升中静滴，滴毕，再以本注射液20毫升，每日1次，口服。结果临床治愈95例；有效51例；无效4例，总有效率为97%。治疗后，血液流变学较治前有明显改善。

夏翔等报道治疗老年瘀证（高凝状态）50例，治疗组采用黄芪合剂（黄芪、首乌、黄精、益母草、葛根、白芍、炙甘草）；对照组用外观相似服法相同的安慰剂，均3个月为一疗程，并停用其它药。结果治疗组，显效12例，有效7例，无效6例；对照组，显效3例，有效5例，无效17例。两组比较有非常显著差异（P<0.01)。治疗组血液流变学指标均有较大幅度下降，而对照组则有增高趋势。治疗组ATⅢ、A与ATⅣ、Ag均有程度不同的增高，对照组无增高作用。黄芪合剂对PC有双向调整作用（P<0.05)，而对照组不显著（P>0.05)。全方补气活血，益肾填精，寄补于攻，寓攻于补，能有效地改善老年"高凝状态"和"瘀证"，并在改善瘀证的同时改善虚证，有效地阻止疾病的发展和并发症的加重。

（朱宝贵）

【甲状腺机能亢进症证治和研究】

罗善祐报道中医辨证分型治疗甲状腺机能亢进症（甲亢）26例：(1)肝郁痰火型，治以益气解郁，化痰散结，药用党参、牡蛎、麦冬、浙贝母、天花粉、瓦楞子、白芥子、海藻、郁金、夏枯草、三棱、莪术；(2)阴虚阳亢型，治以益气养阴，活血散结，药用党参、生地、牡蛎、海藻、玄参、天花粉、夏枯草、三棱、莪术、五味子；(3)气阴两虚型，治以益气健脾，活血安神，药用党参、黄芪、麦冬、天花粉、茯苓、丹参、枣仁、神曲、白术、五味子、陈皮、远志。结果临床治愈（体征、症状消失，T_3、T_4值或基础代谢率恢复正常）13例；显效（症状、体征明显好转，T_3、T_4或基础代谢率接近正常）5例；好转（上述症状、体征好转，指标有所下降）6例。刘临祥等报道治疗甲亢38例（均为不宜用抗甲状腺药物治疗的患者），采用黄连鳖甲汤（黄连、鳖甲、莲子、黄芪、磁石），治愈27例，有效9例，总有效率为95%。所有病例治疗前后指标的变化症状指数积分、血清T_3含量、血清T_4含量比较（$P<0.005$）。

李学敏等采用综合疗法治疗甲亢38例，采用（1）电离子导药：柴胡、香附、山甲、生牡蛎、鳖甲等药物炮制的药液，浸泡5×3.5厘米的两个纱布垫，敷于两侧甲状腺体导药20分钟，隔日一次。（2）针刺治疗：同时取神门、内关、三阴交、足三里穴。（3）中药处方：党参、生黄芪、木瓜、乌梅、五味子、柴胡、香附、首乌、夏枯草、白芍、鳖甲、生牡蛎等。结果临床治愈18例，基本治愈10例，显效6例，好转2例，无效2例。李常度等对含碘中药的治疗作了利弊分析。根据临床报道，凡应用含碘丰富的中药（海藻、昆布、海带、香附、玄参、川贝、连翘、木通、牛蒡子、丹参）及其方剂几乎都有较高的有效率。李氏等结合自己临床实践观察则认为：含碘中药能迅速使甲亢症状缓解，至今仍为甲亢危象综合治疗中的一项重要措施，这是有利的一面。但其弊病有：（1）数周后出现甲亢症状复发、反跳，病情加重，远期疗效差。（2）如再使用抗甲状腺药物，则需增加剂量，延长疗程，临床症状缓解率明显降低。（3）一旦发生甲亢危象再用碘化物抑制甲状腺素的释放则无效。并举治两例验案证之。因此强调指出对含碘丰富的中药，作常规治疗应持慎重态度。

廖世煌等采用中西医结合方法治疗甲亢60例，药用自制甲亢灵片剂（太子参、麦冬、五味子、黄芪、玄参、生牡蛎、酸枣仁、浙贝母、赤芍、猫爪草、夏枯草，他巴唑少量）另设他巴唑组13例。3个月为一疗程。结果甲亢灵组总有效率96.7%，其中缓解率63.3%；他巴唑组总有效率77%，缓解率30.8%。两组有显著差别（$P<0.05$）。而甲亢灵组未见毒副反应；他巴唑组发现皮疹3例，白细胞减少2例，肝功受损2例。还有刘佳扬等报道中西医结合治疗甲亢伴Evans综合征采用中药以补益气血、摄血止血、清热解毒为主；西药用强的松、他巴唑，以及输血、抗感染和止血等。顾文聪等报道临床用甲亢复方治疗6例阴虚火旺甲亢患者，药用益气养阴之品：黄芪、首乌、生地、白芍、夏枯草、制香附；心火旺者加黄连，肝火旺者加龙胆草或黄芩。6个月为一疗程。随症状改善或消失，血浆LPO（血浆过氧化脂）趋向正常。其中3例已恢复正常，3例接近正常。共观察56例，其血浆LPO含量均显著高于正常组（194例健康者）（$P<0.001$）；而13例阴虚火旺不明显者与正常组无明显差异。

（朱宝贵）

【类风湿性关节炎的治疗与研究】

杨明亮报道治疗类风湿关节炎20例，以疏风宣湿，化痰祛瘀为其常用大法。选丹溪痛风方为基础：苍术、黄柏、防已、羌活、威灵仙、桂枝、白芷、川芎、桃仁、红花、南星、龙胆草、神曲。结果：近期控制7例，显效9例，好转3例，无变化1例。张鸣鹤等认为本病以清热解毒为重要法则。观察163例，全部病例以全国风湿病会议的诊断标准为依据。治疗组133例按中医辨证分型治疗。（1）阴虚内热型（44例），治以清热解毒、滋阴凉血，方药：金银花、蒲公英、丹皮、生地、白薇、石斛、青蒿、威灵仙、秦艽、独活等。（2）湿热型（85例），治以清热解毒、利湿通络，药用：金银花、蒲公英、黄柏、土茯苓、苡仁、车前草、泽泻、苍术、川牛膝。（3）瘀血发热型（4例），治以清热解毒、活血通络，方药：金银花、土茯苓、猫眼草、生地、威灵仙、远志、牛膝、赤芍等。对照30例，服用温热为主方剂独活寄生汤或丸剂。结果：治疗组痊愈32例，显效46例；好转48例；对照组显效1例，好转11例。治疗组总有效率为94.7%，显效率为58.6%；对照组总有效率为40%，显效率为3.33%，有显著性差异（P<0.01）。栗德林等对本病进行辨证分型及治疗：（1）寒型，治以祛风散寒，扶正固表，方用乌头汤合八珍汤加减。（2）热型，治以滋阴清热，通络化湿，方用增液汤合蠲痹汤加减。（3）中间型，治以舒筋活血，理气止痛，方药：金雀根、徐长卿、虎杖、蜈蚣、茯苓皮、毛冬青、乌梢蛇、青皮、陈皮、木贼草、制川乌、草乌、雷公藤、豨莶草、丹参、川芎。据总结40例，3个月内近期控制症状，显效35人，占85%；好转12%。陈纪藩等报道治疗本病52例（按美国风湿病协会1987年制定的RA诊断标准）服用通痹灵（桂枝芍药知母汤加味轧制片剂），结果近期控制12例，显效16例，有效22例，总有效率96.2%。本方的特点为：（1）消炎止痛作用较强，可明显改善临床症状，降低血沉、RF滴度及C反应蛋白等；（2）具有免疫调节作用，可降低IgG、IgA、IgM等；（3）疗效持久，长期服用无毒副作用。

冯金标报道应用中西医结合方法治疗本病260例，按西医分为6型：单纯周围型、复合周围型、中枢型、混合型、关节外型、儿童型。自拟抗风湿一号（风湿停）：羌活、独活、桑寄生、秦艽、防风、生地、鸡血藤、杜仲、党参、白术、茯苓、桂枝、泽泻、甘草，主用于单纯周围型、儿童型、关节外型；抗风湿二号（寒痹灵）：上方去党参、杜仲加制附子、川续断，多用于病者产后、人工流产、月经期感受风寒湿邪；抗风湿三号：一号方去防风、羌活、党参、茯苓、泽泻，加熟地、鹿衔草、骨碎补、丹参、肉苁蓉，主用于复合周围型、中枢型、混合型者。上述配方均制成冲剂，成人每日服用量相当于生药90～100克，3个月为一疗程。如治疗中出现另一型表现，即按后一型辨治。结果近期治愈26例，显效107例，有效113例，总有效率为94.62%。李荫昆报道中西医结合治疗本病20例，在辨证基础上分期专药专方治疗。发作期以桂枝芍药知母汤加鸡血藤、昆明山海棠、秦艽、防己、茯苓、白花蛇等。同时配合肌肉注射助应素，晨僵明显者配合口服左旋咪唑。20例均未服任何激素。静止期以调营卫、养气血、补肝肾为主治疗，选益肾蠲痹汤为基础方：黄芪、当归、姜黄、熟地、鹿衔草、淫羊藿、乌梢蛇、蜂房、威灵仙、怀牛膝、木瓜。结果治愈6例，显效9例，好转4例。黄焱明等对本病稳定期血流变学与中医辨证分型关系进行探讨。临床通常分为风寒湿痹和热痹二型，结果说明本病稳定期瘀血这一病理产物的存在，而尤以热痹为严重。提示了经脉受阻、久病入络的病理机制，另一方面提示治疗上要扶正与祛邪兼施，祛邪上尤其要重视活血化瘀的应用，提高疗效。阎松才等观察了62例患者，甲襞微循环检查均有不同程度的异常，其中32例加用中药活血愈痹汤，和单用西药治疗相比较，不仅疗程缩短，减少了复发，微循环检查也有明显改善。证明由于微循环障碍，局部供血供氧不足，引起肌肉、神经慢性退行性病变，是病理变化的重要因素，因此兼用中药活血化瘀，是行之有效的方法。

（朱宝贵）

【雷诺氏病的治疗】

雷诺氏病是血管神经功能紊乱所引起的肢端小动脉与微动脉痉挛性疾病，主证为指趾发绀、发凉、肌肤苍白、反复发作，严重者可形成肢端坏死。似属于中医“四肢逆冷”、“痹证”的范畴。周丹介绍了雷诺氏病的中医治疗近况其辨证分型论治有：（1）阳虚型，治以温经散寒、活血通脉、解痉通络，药用细辛、桂枝、葛根、甘草、白芍、当归、丹参、全蝎、乌梢蛇、地龙等；（2）血瘀型，治以疏肝解痉、活血通脉，用上方去地龙加柴胡、桃仁、红花等；(3) 血热型，治以清热养阴、活血化瘀、解痉通络，药用银花、玄参、当归、甘草、葛根、地龙、白芍、丹参、赤芍、川芎、全蝎等。路立然等，根据上述分型治疗 71 例，临床治愈 22 例，显著好转 19 例，好转 28 例，无效 2 例，总有效率为 97.2%。

蒲蔚安对于雷诺氏病临床辨证为阳虚血弱所致之痹症，治以温阳散寒、补血通脉，方用黄芪桂枝五物汤加味：炙黄芪、桂枝、白芍、干姜、炙甘草、大枣、当归、淡附片、鸡血藤。一般服用 20 剂左右可见愈。举治 3 例，均作随访无复发。王景春报道治疗本病 37 例，方用当归四逆汤（当归、桂枝、白芍、细辛、大枣、附子、木通、炙甘草）随证加减、内服；同时外用温经汤（独活、川椒、艾叶、桂枝、桑枝、红花、透骨草各等量），先熏后洗，每日 2 次。结果：临床治愈 10 例，显效 18 例，好转 9 例。吴丕中认为雷诺氏病辨证属脾肾阳虚、血脉瘀滞，治宜温补脾肾、通利血脉。临床应用补益温通法治疗本病 19 例。其内服方：党参、白术、黄芪、淮山药、巴戟天、肉苁蓉、菟丝子、仙灵脾、乌附片、肉桂、川芎、鸡血藤、红花、威灵仙，每日 1 剂，15 剂为一疗程，视病情可改服本方丸剂。外用搽洗方：肉桂、干姜、红花、白芥子，煎水加白酒适量浸搽患处，每日 2～3 次。结果，19 例中用药 1 月好转者 1 例，痊愈者 3 例；用药 2 月好转者 2 例，痊愈者 8 例；用药 3 月好转 2 例，痊愈者 2 例，无效 1 例。詹瑞林、汤淳康也分别报道用温阳活血法及温阳益气、养血活血法治疗本病获愈。其方药分别为：(1) 桃仁、红花、牛膝、川芎、制香附、干姜、桂枝、炙甘草；(2) 桂枝、炙甘草、熟地、炒白芍、川牛膝、伸筋草、当归、鸡血藤、川芎。徐灵建认为本病多因寒冷、情绪激动而诱发肝郁气滞、寒凝血瘀、经脉痹阻、气血运行失调所致。治以滋肾阴补肾阳、柔肝养肝。临床报道 21 例，采用地黄饮子化裁：熟地黄、巴戟、山萸肉、石斛、肉苁蓉、炮附子、五味子、官桂、茯苓、麦冬、菖蒲、远志。阴寒重者重用肉桂，加良姜、桑枝；血瘀重者去熟地、加鸡血藤、全蝎、王不留行、丹参、姜炭等，每日1剂，煎服 3 次，15 剂为一疗程。经过 1 个疗程评定疗效，治愈 15 例，经 12～15 个月随访无复发；显效 4 例，无效 2 例。

张茹莲等治疗本病 17 例，采用市售的刺五加注射液治疗 17 例（全部符合Allen和Brown提出的诊断标准）。按每日1ml/kg，即60ml加入 5%葡萄糖盐水300ml内，静脉滴注，连用 2 周为一疗程。其中用药 1 个疗程 6 例，2个疗程 11 例。结果显效（症状、体征消失，激发试验阴性）15 例，有效（症状、体征消失，而激发试验阳性）2例，总有效率 100%。其中 13 例随访 6 个月以上无复发。实验室证实本药能缓解小动脉痉挛所引起的症状，提高机体对有害刺激因子（如寒冷灼热等）的非特异性抵抗力等。故认为对本病的疗效是肯定的。

（朱宝贵）

【特发性水肿的治疗】

特发性水肿是一种原因不明的综合征，但也考虑与内分泌功能失调以及对直立体位的反应异常等原因有关，本病多为女性，发病年龄在 30～50岁之间。病程较长，一般在 1～10年之间。任昌伟、王淑波、陶学成等认为，其病理基础为脾肾两虚、水湿停滞为主，或兼有肝郁者。王淑波治疗本病以补气养血、滋补肾阴为主，用归脾丸合六味地黄丸治疗 31例（其中气血两虚型 20例，脾阳不足型 4 例，脾肾两虚型 7 例。）每次各服 1 丸，每日 2 次，30天为 1 疗程。结果：水肿消退者28例，好转 3 例。孙元勤用疏肝健脾法治疗本病，药用柴胡、川楝子、青木香、川朴、苍术、茯苓、大腹皮、苡仁、生黄芪、白术、枳壳。如肝火较旺者，去苍术，加栀子；腹胀甚者，去生黄芪，加陈皮；头痛、失眠者，加天麻、远志；月经不调者，去苍术，加当归、赤芍。结果：所治32例中痊愈26例，总有效率达93.75%。关启文用四逆散加味治疗本病，以疏肝解郁、健脾化湿利水，药用炒柴胡、茯苓、白芍、泽泻、白茅根、车前草、炙甘草、枳壳。任昌伟用活血化瘀法治疗本病25例，其脾虚型予益气健脾、活血利水，方用防己茯苓汤加活血化瘀之品：防己、茯苓、黄芪、白术、山药、桂枝、大腹皮、槟榔、苡仁、泽兰、牛膝、当归、炙甘草。气滞型，予疏肝理气行滞、活血化瘀利水，方用天仙藤散加活血化瘀之品：天仙藤、香附、槟榔、乌药、木瓜、大腹皮、苏叶、泽兰、益母草、牛膝、生姜；肾虚型，予补肾活血利水，方用二仙汤加活血化瘀之品：仙茅、仙灵脾、当归、巴戟天、山药、苡仁、车前子、桑寄生、泽兰、益母草、川牛膝，经4周治疗，痊愈14例，显效8例，好转2例，无效1例。此外，陆中岳也介绍了特发性水肿辨证属气虚血瘀的治验。

（王锦鸿）

【糖尿病及其并发症从瘀论治】

刘冰撰文就糖尿病中医药研究现状进行评估：经统计其中医辨证分型有50余种，但得到大多数学者公认的可概括以下四型：(1)燥热阴虚型，多见于早期，约占50%左右；(2)气阴两虚型，约80%以上病者均有此见证；(3)瘀血内阻型，多见于本病的中，后期，兼有多种合并症者为最常见，约占后期患者的60%左右；(4)阴阳两虚型为晚期重症患者，以合并肾病为多见，约占病人的20%。又糖尿病从瘀论治的观点已得到普遍承认。王国辰总结第二届全国消渴病（糖尿病）学术会议，认为血瘀贯穿在糖尿病发展的整个过程中，早期应用活血化瘀法对本病的治疗及延缓，防止并发症的产生是有积极意义；益气养阴法临床应用各类病人有效率均在85%左右。睦书魁等报道糖尿病从瘀论治，设治疗组57例（采用活血化瘀法为主），药用泽兰、川芎、丹参、水蛭、鬼箭羽、花粉、生地、黄芪、地骨皮；对照组40例（用益气养阴清热法为主），药用黄芪、太子参、山药、麦冬、石斛、花粉、生地、黄连、知母、地骨皮。3个月为一疗程。结果，治疗组显效30例，好转19例，总有效率为86%；对照组显效12例，好转18例，总有效率75%。治疗组优于对照组($P<0.05$)；且治疗组降糖、降脂的效果更为明显。高静洁报道治疗本病120例，采用复方丹参注射液8～12毫升，加入0.9%氯化钠液500毫升中、每日1次静脉滴注。结果显效50例，好转55例，总有效率87.6%。经4～6月治疗后，症状明显改善，血糖均值明显下降($P<0.01$)。

屠伯言等认为糖尿病肾病和糖尿病心血管疾病已成为当前威胁糖尿病患者的两大合并症，是主要死因之一。临床采用补肾活血法治疗糖尿病肾病40例(均有持续性蛋白尿)，其中浮肿25例，伴肾功能不全者22例，高血压20例，病程平均在18.5年。设对照组40例（病情、病程大致相同）。辨证多为肾虚挟瘀，治以培补脾肾，活血化瘀。两组除采取基本相似的临床监护方法外，治疗组采用补肾活血方（黑附块、炮姜、熟地、山萸肉、黄芪、党参、茯苓、山药、丹参、益母草、五味子、芡实、枸杞子、赤小豆、猪苓、陈葫芦）为主；对照组用西药对症处理。两组共同观察3～6个月。结果：治疗组显效8例，有效20例，总有效率70%；对照组显效2例，有效10例，死亡2例，总有效率30%；治疗组明显优于对照组($P<0.01$)。朱良争等治疗糖尿病高脂血症患者进行了临床观察并进行了实验研究。观察72例采用通瘀灵片（生大黄3份、桃仁2份、水蛭1份）。其中空腹血糖、血脂高于正常者，随机分为A组39例，在降糖药的基础上加用通瘀灵片；B组22例，继用D 860片治疗。空腹血糖降至正常而血脂增高者为C组11例，予通瘀灵片治

疗。A组和C组共50例中，显效26例(治疗前有1～2项血脂增高，治后均降至正常范围)；有效14例（有2项血脂增高，治后有1项降至正常范围），总有效率80%。实验室也证实通瘀灵片对实验性大鼠的模型有明显降血脂作用，其中甘油三脂下降幅度最为突出，与临床观察一致。

除上述从瘀论治为主外，临床上也多有应用益气养阴为主法治疗本病的报道。如肖玉珍等报道用益气养阴丸（红人参、生地、熟地、泽泻、杞果、丹参、黄芪、地骨皮、山萸、花粉）治疗Ⅱ型糖尿病249例（其中合并肾病5例、甲亢5例、高血压11例、高血脂81例、冠心病53例，牙周病37例，视网膜病变119例，植物神经功能紊乱18例），2个月后观察疗效。显效69例，有效140例，无效40例，总有效率为84%。而且改善三多症状起效快，病情稳定期延长。王德修也报道以救阴清热、益气生津法治疗288例Ⅱ型显性糖尿病，药用复方降糖丸（生晒参、生地、地骨皮、泽泻、维生素B_1和维生素C等组成），30天为一疗程。并停用其它降糖药。结果临床控制173例，显效52例，有效40例，无效23例。血糖下降至正常者198例；尿糖恢复正常者203例，酮体消失者5例；胆固醇和甘油三脂恢复正常者84例。

（朱宝贵　朱家宝）

【高脂血症的证治与研究】

陆纪宏认为，高脂血症和痰证十分相似，脂本津血，脂痰可以互生，而脾气虚弱是脂浊成化的关键。后天之本不足则心气匮乏，脂浊存于血中则易致血瘀，故心气不足，痰凝血瘀是高脂血症合并证的主因。治疗当力图使其气旺脾健，气旺则湿去痰自清，脾健则裕心益气瘀亦行。为此提出健脾益气荣心，利湿化痰通腑，活血逐瘀畅脉，攻补兼施的综合治法。运用《金匮》三方（防己黄芪汤、泽泻汤、抵当汤）有机融合配用，经治40例高脂血症，取得较好疗效。陈国华治疗本症34例，以中医辨证分型论治为主。阴虚阳亢型，方以天麻钩藤饮加减；气滞血瘀型，方用血府逐瘀汤加减；痰浊蒙蔽型，方用温胆汤加减；脾虚湿阻型，方用胃苓汤加减。同时，适当加入有效降脂中药（首乌、枸杞子、决明子、菊花、红花、当归、丹参等）。结果：血脂下降显效占47.06%，有效29.41%，总有效率76.47%。临床指标：痊愈19例，好转13例，总有效率92.12%。血脂水平显著降低，治疗前后自身比较差别显著（P＜0.05，0.01）。王靖根据目前降脂药普遍存在长期使用有肝损现象和停药之后血脂回升较快的两种弊端，因对单味决明子治疗高脂血症24例进行了远期疗效观察。结果表明：12例高胆固醇者治疗一月后平均下降19.2%（P＜0.05）；一年后平均下降27.4%(P＜0.01)；二年后平均下降27.1%（P＜0.01）。17例高甘油三脂者一月后平均下降26.9%（P＜0.05)；一年后平均下降38.7%（P＜0.01)；二年后平均下降39.2%（P＜0.01)。提示治疗前后（近期、远期）均有显著性差异，然以一年间为最佳效期。经每半年查一次肝、肾功能测定，提示该药对肝、肾功能无明显影响。苏瑞君等治疗本症306例用脂可清胶囊（葶苈子、黄芩、茵陈、山楂、泽泻、大黄、木香）每粒0.3克，口服3次，每次2～3粒，并设104例对照组投予外观与脂可清相同的烟酸肌醇脂胶囊，每日3次，每次0.4克。两组均以1个月为一疗程。结果：治疗组总有效率94.1%，显效率70.9%；对照组总有效率75%，显效率39.4%。两组降甘油三脂、β脂蛋白有显著差异（P＜0.05)；对升高高密度脂蛋白胆固醇有非常显著差异（P＜0.01)。

（瞿晓竹　尚云　卫新国）

【痛风的治疗】

痛风是以侵犯关节为主的全身性疾病，主要表现为反复发作关节疼痛。在急性发作时，起病急剧，多于夜间突然发作趾关节剧痛，也可发于其它小关节。中晚期病人在关节，皮下及其它组织可见痛风石，且常累及肾脏。实验室检查，血尿酸高于正常。一般认为本病属中医学痹证历节或白虎历节等范畴。

对于本病的治疗，近年报道大都认为本病系急性发作关节疼痛居多数，与中医"热痹"的症状颇多相似之外，因而采用清热燥湿之剂进行治疗。洪国章用四妙汤加味（黄柏、苍术、米仁、牛膝、土茯苓、生地黄、生石膏、浙贝、野菊花、山甲片）并用中药外洗，治疗20例，均在3～5天内症状减轻或消失，白细胞计数均降至正常范围能自行行走。如倪毓生用四妙丸加味，江世英、程登福等用三妙汤加味，而取得较好疗效。韦家杰自拟镇痛消风汤，由车前子、牛膝、黄柏等组成，其组方本意亦在于清热燥湿。叶伟洪治疗18例，自拟消痛饮，（当归、牛膝、防风、防已、泽泻、钩藤、忍冬藤、赤芍、木瓜、桑枝、甘草）加减，同时配用中药外洗，旨在凉血清热，通络止痛，利湿消肿。结果显效15例，有效3例。随访1～7年复发率46.6%，重复应用上法治疗均获效。痛风在急性发作关节疼痛时，表现为寒湿者亦有之。如方剑萍治疗本病1例，采用桂枝、苍术、秦艽等药以散寒祛湿，通络止痛而获效。郭焕章对痛风54例，辨证分型论治，其中真热型用六味地黄汤加黄柏、木瓜、牛膝等；真寒假热型用六味地黄汤加木瓜、牛膝、制附片、桂皮。结果：痊愈47例，有效5例，总有效率96.2%。临床除用上述方药内服外，还多辅以外敷药，均收到满意的效果。

姚培祖等介绍了朱良春治疗痛风的经验，朱氏主张泄化浊瘀为治，常用土茯苓、萆薢、薏苡仁、泽兰、泽泻、当归、桃仁等，在此基础上，审证权变，加减用药，收效甚佳。至于痛风中晚期病人，出现慢性肾功能不全者，洪用森等认为当温补脾肾，药用山茱萸、黄芪、仙灵脾、仙茅、茯苓、泽泻、丹参、益母草等。若腹胀便溏、加党参、炒白术等；兼有它症，随症加减。

（王秋琴）

【重症肌无力的治疗】

重症肌无力至今仍为临床难治疾病之一，李任先等报道了承担国家科委攻关课题"重症肌无力辨证论治研究"在国内首次使用证候频率分析法总结了233例重症肌无力中58个中医证候的出现频率，确认了本病最常见的13个证候：薄白苔（97.4%），淡红舌（95.3%），眼睑下垂（94.8%），脉细弱（86.3%），舌胖（76.8%），四肢无力（64.8%），舌边齿印（61.4%），眼球活动受限（56.2%），胃纳差（52.4%），大便溏泄（49.7%），吞咽困难（48.9%），复视（45.2%），小便清长（42.2%）。按中国中西医结合学会制定的脾虚证全国统一标准，辨证为脾气虚219例（占94%），脾肾阳虚11例（占4.7%），脾肾阴虚1例（占0.4%），肝血不足2例（占0.9%）。实际上脾虚者占99.1%。并提出本病的辨证应以脾虚为基本证型（占99.1%）。临床运用邓铁涛的经验方"强肌腱力饮"（由黄芪、五爪龙等健脾补虚药为主），为专病专方结合五脏相关之证辨证治疗252例。结果：治愈118例（占47.2%），显效97例（占38.5%），好转33例（占13.7%），无效3例（1.2%），总有效率98.8%，居国内外先进水平。同时对94例作了强肌腱力饮与糖皮质激素的疗效对比研究，结果总有效率分别为95.7%、91.5%，且无激素样副作用。临床体会，在峻补脾气时常感口干、口臭或口腔溃疡，或咽喉干痛，应需刻刻顾护胃阴，加石斛等，以免阳回气复而胃阴劫伤，阳火因而上僭。此外，对于久病肝郁者，必须结合心理治疗，并加用疏肝解郁之品。

李庚和等对50例重症肌无力按改良Osserman分型Ⅱ型以上（全身型）的重型患者进行临床辨证治疗及疗效的对照观察。其中脾气虚弱型21例，药用黄芪、党参、升麻、柴胡、白术、甘草、当归、葛根等。脾肾气阴两虚型11例，药用生地、熟地、山萸肉、龟版、枸杞、制首乌、白芍、脐带、五味子、党参等。脾肾阳虚型18例，药用黄芪、党参、制附子、鹿角胶、熟地、巴戟肉、锁阳、怀山药、脐带、甘草等。以上患者治疗前服抗Ache剂者，逐步递减药量。对照组50例口服强的松30～60毫克，结果中药组临床治愈11例，显效18例，有效20例，无效1例。对照组治愈8例，显效19例，有效20例，无效3例，两组在疗效上虽无显著差异，但中药组无副作用，对递减激素剂量，减轻激素副作用，调整其所致的对机体内环境干扰有较大帮助。临床观察分析认为：本病是一种涉及机体免疫，神经肌肉多种内分泌腺综合性紊乱的疾病。与中医"脾"所主的生理病理范畴相吻合。治疗上应强调以补脾为主的整体调节观点，即通过调理脾经入手，培补脾气，以强肌健力。还有张俊敏用温补脾肾法治疗本病（延髓型）1例，取得显效的报道。

（朱宝贵）

【血管神经性头痛证治】

（一）内治诸法 (1)熄风止痉，活血止痛。王如沾采用芎蝎汤（川芎、葛根、蔓荆子、全蝎、红花、龙胆草）治疗本病178例，治愈143例，好转28例，无效7例。(2)散寒通经止痛。武留国以辛乌荆芷汤（细辛、制川乌、南星、蔓荆子、白芷、地龙、菊花、川芎）治疗本病55例，结果服药3～6剂痊愈者30例，服药7～12剂痊愈者25例。(3)疏肝活血止痛。全坤山运用柴葛活血汤（柴胡、葛根、黄芩、当归、荷叶、白蒺藜、川芎、丹参、赤芍）加减治疗本病84例，结果痊愈41例，显效26例，好转17例，其疗效显著优于西药对照组。(4)祛风柔肝，潜阳止痛。柳振涛以自拟抗痛灵汤（川芎、生白芍、白芷、全蝎末、钩藤、石决明、香附）治疗本病24例，结果痊愈17例，显效5例，有效2例。胡意明采用四味芍药汤（白芍、生牡蛎、丹参、甘草）治疗本病68例，仅4例无效，治愈36例，好转28例，总有效率为94%。唐慧娟运用止痛熄风汤（天麻、钩藤、地龙、全蝎去毒、僵蚕、蜈蚣）治疗本病20例，全部奏效。(5)和解镇痛。韩志有选具有和解镇痛作用的中药柴胡、黄芩、半夏、陈皮、川芎、白芷、石菖蒲、白芍、炒枣仁、远志、甘草、为方治疗本病20例，结果痊愈11例，好转9例。(6)化瘀通络止痛。张天恩等采用脑宁汤（赤芍、川芎、水蛭、白芷、藁本、红花、细辛．白附子）治疗本病168例，除5例无效，治愈82例，显效58例，好转23例，总有效率达97.2%。朴志贤等运用化瘀止痛汤（当归、桃仁、红花、川芎、白芷、藁本、黄芪、生地、丹参、龙骨、牡蛎、细辛、蜈蚣、甘草）治疗本病97例，结果痊愈37例，显效25例，好转29例，无效6例。(7)重镇安神、解郁止痛。汪文强选取川芎、磁石、石决明、珍珠母、代赭石、牛膝、白芍、菊花、白芷、柴胡、神曲、甘草组成川芎磁石饮，共治本病86例，结果除6例无效，痊愈33例，好转47例，总有效率达93.1%。此外，储水鑫、李克隆、朱乐平等采用疏风通泄、熄风通络等法亦效果满意。

（二）外治配内治法 宋宪源等以头痛灵方Ⅰ号外用为主治疗本病600例，其中典型偏头痛311例，普通型165例，丛集型74例，眼肌麻痹型4例，基底动脉型27例，结果近期治愈405例，显效165例，无效32例，总有效率达94.7%。除内服头痛灵方2号（川芎、白芷、香附、毛冬青、柴胡、白芍、生甘草）外，其外治药物组成及用法：麝香0.1克或洋金花2克，白芷、樟脑各10克，细辛、红花各5克，血竭3克，冰片1克。研末用60度白酒200毫升浸泡3日过滤，治疗时用药棉蘸药液少许缓慢涂擦头痛处约3分钟，每日3～6次。

（张友海 纪钧）

【失眠的治疗】

田新景报道治疗精神刺激引起重症失眠患者16例，运用焦树德经验方挹神汤（《用药心得十讲》）加减，组成：香附、黄芩、菊花、远志、生地、白芍、白蒺藜、夜交藤、生石决、生赭石。如气郁明显加佛手、槟榔、香橼；纳呆加白扁豆、山药、红枣；痰热壅盛加胆南星、瓜蒌、生军；头痛加川芎、葛根。10剂为一疗程。并劝导患者开阔胸怀，适当进行体育锻炼。结果9例痊愈(夜寐安、诸症除)，5例显效（夜寐较好，诸症基本消失），2例好转（夜可寐3～5小时，偶遇刺激，症情有反复）。顾庆华报道，用陈伯涛经验方治疗顽固性失眠36例。结果治愈24例，好转12例（夜眠时间多于6小时）。陈氏认为顽固性失眠，其原因之一，由于病程较长，久病不愈耗伤阴血，阴亏于下，阳亢于上，阳不入阴而为不寐；其二，肾阴亏虚于下，阴水不能上承心火，心火独亢，而致心肾不交；其三，阴虚生内热，易炼液成痰，痰火内蕴，扰乱神明。故方用：半夏、夏枯草、生地、白芍、女贞子、墨旱莲、丹参、合欢皮、夜交藤、生牡蛎，水煎服，睡前2小时服头煎，夜间醒后服二煎；夜间不醒者，次日早晨服二煎。如辅以睡前温水洗脚后，配合按摩双侧涌泉穴各约15分钟。

于青圃则认为，失眠原因不外乎虚实两种。临床虚证为多，肝肾阴虚更为常见。采用自拟方：健脑安神膏治疗因肝肾阴虚所致失眠42例，显效28例，有效14例。膏方组成：生地、熟地、泽泻、当归、炒柏子仁、合欢皮、龙眼肉、杭白芍、炙远志、西洋参、枸杞、菊花、百合、炒枣仁、黄精、琥珀粉。上药共研细末，加优质蜂蜜制成。曹圣荣报道治疗失眠心悸症50例，均为气虚阴血亏损者，其中单纯失眠33例。给服自拟安神定悸汤（太子参或党参、当归、黄芪、桂枝、麦冬、五味子、苦参、炒柏子仁、炒枣仁、丹参)。结果：痊愈24例，好转8例，无效1例；失眠伴心悸者17例，治疗结果：痊愈13例，好转3例，无效1例。其中痊愈率占74%。董平认为，虚证失眠各证与心神有关，拟有养心安神汤（北五味、炙远志、朱麦冬、丹参、生龙骨、太子参、茯苓、茯神、桂圆肉、当归身、炒枣仁、柏子仁、生牡蛎、夜交藤、炙甘草）临床用治虚证失眠颇有效验。赵进喜则认为失眠虽以虚证多见，但也不乏实证者。如有因月经久未来潮，少腹双侧皆有深压痛，瘀血内结之实证，治当活血去瘀，泻热开结，用桂枝茯苓丸治之有效。李德益报道治疗以失眠为主症210例，用自拟复方独活胶囊丸（独活30克，朱砂6克，琥珀6克，共研细末，混合后装入2号空心胶囊内，每晚睡前2小时服胶丸6粒，连服10天。结果：治愈175例（睡眠显著改善至正常，伴随症状消失或基本消失），有效30例（睡眠改善，每晚延长不足3小时，伴随症状减轻)，无效5例（治疗前后无改善或加重者)。王健等认为，失眠亦有因湿阻三焦者，投以三仁汤化裁(杏仁、白蔻仁、薏苡仁、川朴、半夏、竹叶、茵陈、白通草、白芥子、滑石、肉桂等）随症加减，清化三焦之湿热，使气机调畅，阳气出入有序，则失眠平复，颇有效验。杨德明介绍治疗失眠验方，用鲜花生茎尖30克，用沸水150毫升冲泡，治疗失眠，每晚睡前一小时服完。一般2～3日即可明显见效。无任何禁忌与副作用。李桂林介绍治疗顽固性失眠采用口服自验方（炒枣仁30克，乌梅10克，半夏10克，夏枯草15克)，一般服药周后即可见效。

此外，在外治法方面，吴月娥等介绍手心敷药治疗失眠54例，基本方药：生龙骨20克，(研细)，珍珠粉4.5克，琥珀末5克，三药合调拌匀，装瓶备用。每天以3～4克，加鲜竹沥少许调湿，分为2份，用2层纱布包妥。中午和晚上入睡前，将药分别置于手心（劳宫穴周围），外用胶布固定，并用手指轮流缓慢按压药包30～50分钟，每分钟40～60

次。夜间可留药于次日晨取下。如邪热内扰：热偏盛者，基本方加黄连末5克；痰偏盛者，加生半夏10克。阴虚火旺：以基本方加黄连末6克，肉桂末1克。气血两虚：手心敷药的同时，加服归脾丸。无血虚证者，于基本方中加朱砂5克。以上加味药的研制及用法同前。本组病例治疗时间最长30天，最短7天，平均20天。结果显效者23例，有效者27例；无效者4例。

（姚克袁）

【老年性痴呆的治疗】

老年性痴呆一般指脑部器质性病变或持续性代谢损害所致的持久性智能衰退，包括感知、记忆能力、抽象、概括能力和创造思维能力的严重衰退。按病变部位分为皮质性痴呆和皮质下性痴呆及这两型都兼的混和性痴呆。发病时间多见老年前期或老年期。根据其临床表现属中医“文痴”、“善忘”、“语言颠倒”、“郁证”、“癫疾”等范畴。随着临床研究的深入，多将本病分为虚实两大类。颜乾麟等认为本病病机特点为本虚标实，肾精虚损为本，气郁、痰湿、瘀血为标。赖祥林等认为本病多属肾阴亏损、肾阳不足，治宜补肾健脑，方选首乌延寿丹加减。但气血不足也较多见，治宜益气养血，方选八珍汤或川芎核桃汤加味。夏承义也认为本病辨证在于抓住“虚”、“痰”、“瘀”三字。并介绍了姚培发的用药特点：“痴呆要补肾，肾足髓海充；痴呆需开窍，窍通痰瘀化”。王悦礼等介绍名老中医的治疗经验，认为病变在脑，其本在肾，病机是肾元亏损，脑海失养；或兼有肾气亏损，火不生土，脾虚不运，痰湿内盛，导致清阳不升、浊阴不降、蒙蔽清窍。治疗用自拟五子清脑汤为基础方（决明子、栀子、女贞子、莲子心、车前子）。狂躁型加酸枣仁、郁金、丹参、水蛭、大黄、龙骨、牡蛎、菊花、石菖蒲；抑郁型加石菖蒲、远志、水蛭、大黄、桃仁、茯苓、半夏。陈业孟等认为临床辨证治疗可分：(1)心脾两伤（虚），治宜健脾养心、补养气血，方用归脾汤加减；(2)肝肾亏虚，治宜滋补肝肾、填精生髓，方用左归丸加味；(3)痰阻血瘀，治宜涤痰醒脑、活血化瘀，方用顺气导痰汤合血府逐瘀汤加减；(4)阴虚火炎，治宜滋阴降火、安神定志，方用二阴煎合生铁落饮加减。

王龙宝等治疗本病32例，用轻身饮（茵陈、首乌、金樱子、葛根、泽泻、大黄、三七粉等），每半个月为一疗程，并停用其它药物，结果显效9例，有效18例，总有效率84.4%，傅仁杰等在辨证分型论治的基础上运用了通络熄风注射液，（该药有益气化瘀作用），共治18例，有效率55.6%。周康报道本病60例，用配对方法随机分为中西药组和西药对照组各30例。中医采用辨证分类：心病者用养心安神；肝阳者治以平肝潜阳；气郁者治以理气解郁；阴虚者治以滋阴降火；阳虚者治以温阳补肾；瘀血者治以活血化瘀。同时并用西药。以6个月为一疗程。结果：中西药组精神症状方面获显著进步7例，进步16例，无效7例；西药对照组疗效基本相同。但在自觉症状官能性主诉方面中西药组较西药组为优，有显著性差异而且病情比较稳定。马凤友用还少丹汤剂（山茱萸、山药、茯苓、熟地、杜仲、牛膝、肉苁蓉、小茴香、巴戟天、枸杞、远志、石菖蒲、五味子、干姜、大枣）治疗本病14例，3周为一疗程。结果痊愈5例，显著进步4例，进步3例，无效2例。CT复查12例，其中病灶消失者1例，缩小者3例，无变化者7例，扩大者1例。本方药待症状改善后，还可改用丸剂久服，效果更佳。此外，邸秀萍等治疗本病用黄连温胆汤加减；白峻峰用地黄饮子加减；还有饶宏孝报道从心治，方用养心汤；从脾治方用香砂六君子汤；从肾治，方用右归丸，六味地黄汤等，临床均获佳效。

本病在国际流行病学调查中，老年发病率为40～58%。郭振球对国内5055名55岁以上的老年人进行了流行病学调查，结果发现在老人群中患病率为：55岁以上2.57%，60岁以上3.46%，65岁以上4.61%。因此对本病的防治极为重要。争取早期治疗，强调精神调治，对提高人体健康素质是必要的。

（朱宝贵　王纪龙）

【癫痫治法研究】

1. 熄风化痰法：高永汉等自拟“熄风定痫丸1号”（由胆南星、天麻、半夏、地龙、木香、藿香、陈皮、天竺黄、沉香、川贝母、生大黄、礞石、白矾、黑丑、白丑、全蝎、钩藤、石菖蒲、丹参、海浮石、琥珀粉等组成）治疗阳痫52例；用“熄风定痫丸2号”（由“1号丸”减冰片、大黄、黑丑、白丑，加黄芪、当归、紫河车、鹿茸、黄精组成）治疗阴痫35例；用“熄风定痫丸3号”（由“1号丸”减白矾、冰片，加川芎、红花、鸡血藤、牛膝组成）治疗瘀痫33例。结果：显效76例（占63.3%），有效41例（占34.2%），总有效率97.5%。平均服药时间2.88年。杨秀婷等用半夏白术天麻汤为主，治疗31例小儿头痛型癫痫，结果：停药后停止发作1年以上者25例，发作频率减少75%以上者6例。吴书贤采用吴润苍家传秘方“愈痫丸”（由全蝎、蜈蚣、牛黄等10余味中药组成）治疗176例癫痫，其中服药4个月，停药后2年未发者68例（占38.63%）；服药4个月，减药期间偶有小发者55例（占31.25%）；服药1个月，发作间隔延长，发病时间及次数减少者44例（占25%）总有效率95%。杜明等以何世英验方“宁痫丹”（由全蝎、地龙、僵蚕、菖蒲、郁金、南星、磁石、紫贝齿等组成）治疗607例各型癫痫，结果总有效率达93.4%。以3～6个月为最佳疗程。朱远生自拟“三白茶皂散”（由白矾、白胡椒、白朱砂、生皂角、茶叶、郁金、磁石组成）治疗91例原发性癫痫。结果：停药3年以上不再复发，脑电图改善者22例（占24.18%）；服药期间症状全部消失，停药后仍有轻发，脑电图改善者49例（占53.85%）；服药1月后发病停止，停药后发病同前者16例（占17.58%）。

2. 活血化瘀法：杨卫生用“加味佛手散”（当归、川芎、丹参、炮山甲、地龙、路路通）结合辨证：肝气郁结型加柴胡、赤白芍、香附、枳壳；风痰瘀血型加胆南星、天竺黄、礞石、防风、葛根；血虚型加党参、黄芪、炙甘草；肝肾阴虚型（2例）加地黄、山药、杞子、龟版。本组18例；治疗后基本控制和显效6例，有效8例。

3. 镇惊安神法：聂轩等用《千金方》磁朱丸合白金丸化裁成“朱矾散”（由朱砂、煅磁石、白矾组成）研末装胶囊，每次3克，90天为一疗程。共治疗30例控制发作者21例，偶有发作或发作明显减少者5例。有26例经6个月～20年随访，复发者6例。认为矿物药能补充或调整细胞局部的钾、钠、镁等离子浓度，提高膜电位阈值，降低病灶区细胞膜兴奋性，从而控制细胞异常放电。这与中医镇惊安神作用相吻合。

4. 和解法：程竑认为，调和阴阳是治痫的核心。并取仲景小柴胡汤、桂枝汤各用半量合剂，取其既能调和阴阳又可调整寒热平衡，有利于改善阳虚痰湿证的病理状态。另一方面，治痫要治痰，而治痰应着重调理脾胃。并自拟“调痫汤”（柴胡、桂枝、白芍、附片、细辛、黄芩、远志、郁金、半夏、地龙、党参、茯苓、生姜、大枣、龙骨、牡蛎、甘草）为基础方。临床应用收到一定疗效。

5. 扶正法：曾淑珍对先天不足，后天失养的小儿癫痫，以滋阴补肾，调理脾胃法治疗，方用熟地、山药、女贞子、黄芪、党参、龟版、山萸、茯苓、天麻、钩藤、紫河车等；对补养失调、脾气亏虚者，以补脾健胃、养血安神法治疗，方用党参、白术、茯神、黄芪、白芍、当归、远志、枣仁、石菖蒲、天麻、陈皮、甘草等；对情志受损、心营亏虚者，用疏肝理脾、养心安神法治疗。方用当归、柴胡、白芍、白术、郁金、菖蒲、茯神、天麻、钩藤等。对临床辨证确有虚象的痫证，有较好疗效。刘玉璋从益脑定痫着手，治疗33例，用党参、白术、茯苓、山萸肉、熟地、菟丝子、钩藤、炙甘草、丹参、僵蚕、硼砂、陈皮、菖蒲、半夏、南星等药味，共研细末，每次6克，每日3次。结果3年以上未发者17例；1～2年未发者8例；发作次数减少，间隙期延长，症状减轻者6例。

（王庆其）

【脑卒中的临床研究】

脑卒中即脑血管意外，也称中风病。李秀峰将中风治疗归纳为八法：(1) 平肝潜阳法；(2) 滋阴息风法；(3)清心开窍法；(4)豁痰祛浊法；(5) 祛风解痉法；(6) 活血化瘀法；(7) 益气养血法；(8) 通腑泻下法。并逐一论述了各治法的适应证和方药。丁云贵等根据“离经之血是为瘀血”的论点，提出出血性中风证治四法：(1) 潜阳化瘀法，适用于肝阳亢逆之“大厥”。(2) 涤痰化瘀法，适用于体丰痰湿较盛者。(3) 固脱化瘀法，适用于年老体弱而成脱证者。(4) 通腑化瘀法，适用于阳闭者。庞国明认为急性脑出血患者，由于出血成瘀，病位在脑，血瘀是重要病理之一；治宜活血化瘀，瘀散血止，血行风熄，则神清症缓。临床经CT观察证实，服用活血化瘀后，颅内血肿逐渐缩小乃至吸收。李敏等认为，无论出血性或是缺血性中风均存在着“血行不畅”的病理过程，病理基础均为“瘀血”，故活血化瘀是治疗的首要措施。必须消散瘀血，使络通血止，病势缓解，瘀血不除，痹阻脑窍，久则必见神明失主，精气耗散，阴阳离决。并提出重症病人必须投以重剂破血逐瘀药物。

陈启俊等报道用活血化瘀法治疗老年急性期出血性脑血管病42例，首选丹参注射液静滴，日1次，2～4周为1疗程；口服或鼻饲水蛭、三棱、莪术、鸡血藤、党参、黄芪、南星、附子、甘草、川乌、木香、全蝎、蜈蚣、菖蒲等组成的中药方，每日1剂，7～14天为1疗程。结果痊愈31例，显效5例，好转4例，总有效率94.17%。设西药对照组38例，痊愈15例，显效7例，好转8例，总有效率74.71%。中药组优于西药组，比较其痊愈加显效（P值＜0.01），总有效率（P值＜0.05）。傅辉报道治疗脑血栓形成26例，用四虫活血汤，以水蛭、蜈蚣、僵蚕、全蝎、丹参、川芎、山药、甘草为基本方。10剂为1疗程。临床治愈16例，显效5例，进步4例。一般用药在2个疗程内。并认为本方药尤其对瘀滞时间不久的新证疗效最著。宋秀芝等治疗脑血栓形成96例，用自拟行气通栓汤（木香、厚朴、槟榔、枳壳、丹参、赤芍、川芎、桃仁、红花），合用西药以治。并与西药对照组30例对比。结果治愈34例，显著进步36例，进步20例，总有效率为93.75%；对照组治愈4例，显著进步8例，进步8例，总有效率为66.76%。两组有非常显著性差异（P＜0.01），李秀荣等治疗中风病100例，采用通腑法：其中平肝潜阳、清心开窍、攻下腑实，药用安宫牛黄丸合生大黄末等；化瘀通腑，自拟验方星竹承气汤；益气活血，通腑活络，方选补阳还五汤合济川煎加减；滋补肝肾，通便活络方选地黄饮子加减。结果明显好转95例，无效4例，总有效率95%。万黎治疗中风28例亦用下法，以瓜蒌大黄汤（瓜蒌、大黄）为基本方，结果临床治愈2例，显效15例，好转9例，总有效率92.8%。李心正报道治疗中风病42例，也重视痰瘀并治，特别是急性期患者，获有佳效。王金桥报道治疗中风闭证32例，以禹功七厘夺命汤（牵牛、小茴香、牛膝、当归、川芎、大黄、血竭、没药、麝香、冰片），基本治愈8例，显效14例，有效6例。同时，据原发病之不同，施以相应的西医常规疗法。吴斌等治疗缺血性中风，以“831”注射液（赤芍、桃仁、红花、葛根、鸡血藤）40毫升加入10%葡萄糖液500毫升静滴，每日1次。共治131例，另设西药对照组45例以低分子右旋糖酐500毫升静滴。结果治疗组与对照组比较：基本治愈分别为54.44%、35.56%；显著好转

22.14%、22.22%；好转21.37%、20.67%；总有效率96.95%、84.45%。有显著差异（$P<0.01$）。

何光明等以放射免疫法（RIA）测定了60例发病1周内的急性脑卒中患者和50例正常人的血浆心钠素（ANP）含量并分析了其与中医辨证的关系。发现病者的ANP含量显著增高，并发现痰热内闭心窍证、肝阳暴亢、风火上扰证，阴虚风动证组ANP含量显著增高，气虚血瘀证组无明显增高。并认为ANP强大的排钠利尿作用与中医阳(气)的“气化”功能相似，似属于中医阳(气)的范畴。林勉生等对92例脑出血者CT与中医辨证分型的关系进行分析：中经络者以小量脑出血居多占61%，与其他各组比较差异显著（$P<0.05$），其次为痰热腑实。风痰上扰证，占22%。而中脏腑者以中等量出血居多，占65%，其次为大量脑出血，占23%，小量出血占12%。中脏腑又以痰热内闭心窍证为多，占42%，与其它组比较差异显著（$P<0.05$）。

（朱宝贵）

【汗闭证治】

汗闭是皮肤科罕见的一种疑难病症。病因尚不明，属于中医“无汗症”等范畴。近年来，中医药治疗本病积累了一定经验。本条的内容以内伤杂病为主，简介如下。

龚文德等报道辨证论治汗闭症85例（其中病程2～5年10例，6～10年12例，11～20年39例，21～30年24例；遍体无汗泄者71例；仅两腋、两腹股沟或头额、颈部略有汗渗，90%以上部位无汗泄者14例），临床以汗闭、皮肤干燥，盛夏身灼热如焚（体温升高至39℃左右）、心悸（心率达120次/分左右）、胸闷、气急为基本主症。治疗以辨证分型为主。(1) 卫阳不振（19例），治宜温通卫阳，活血调营。药用桂枝、附块温通卫阳，麻黄、细辛、白芷、生姜、青葱辛开通窍，丹参、赤芍、桃仁、红花治血调营。(2) 肝气郁结（16例）治宜疏肝活血，通调营卫。药用柴胡、香附、枳实、薄荷疏泄肝气，菖蒲、远志开通心气，丹参、桃仁、红花、川芎活血调营，以通肤窍之闭。(3) 肝胆郁热（24例），治宜清泄肝胆、开通心气、活血调营，方拟芩连温胆汤加柴胡、薄荷清泄肝胆郁热，菖蒲、远志开通心气，丹参、桃仁活血调营，以开泄为务。(4) 肝气横逆（1例），治宜顺气降逆，舒畅少阳枢机，药用柴胡、薄荷疏散气郁，木香、乌药顺气宽胸，枳实、槟榔、沉香破气降气，丹参、桃仁、红花活血调营，由理气活血入手，获调和营卫气闭之功。(5) 脾虚疳积（4例），治宜益气健脾、消积导滞、活血调营，药用黄芪、太子参、白术、茯苓、甘草、红枣、粳米益气健脾，木香、槟榔、枳实、莱菔子、鸡内金、五谷虫消导积滞，丹参、地鳖虫、赤芍活血调营。(6) 脾肾阳虚（21例），治宜温补脾肾、升运通阳、活血调营，药用生黄芪、丹参、党参、白术、熟地、山萸肉、巴戟、苁蓉、桃仁、红花、桂枝、赤芍、白芍、升麻、柴胡、炙甘草、生姜、青葱管、红枣，以促进营卫气血的资生输布。结果显效（汗泄正常，症状消失）51例，有效（90%以上部位恢复汗泄，症状明显好转）26例；无效8例。并认为6型中又以肝胆郁热，脾肾阳虚型为多见。在辨证论治的基础上皆辅用活血之品，旨在通调营卫闭滞以协调卫气的敷布，改善毛细血管循环，以利汗腺通畅，促进泌汗机能的恢复。

黎济民认为汗闭以气阳不足及兼有瘀滞者居多，气阳不足为本，气血瘀滞为标。据报道治疗虚人汗闭证25例，运用芪附归丹四君子汤为主治疗，以达到血运行通畅云蒸雨布之目的，其中附子用量为10～20克，为温阳之要药。结果：治愈（一年以上未复发）17例；显效（一年内有复发，药后仍有效）4例；有效（疗效不稳定）3例，无效1例。服药平均为13例。李铁也认为阳虚为汗闭主要原因，治则以扶助阳气为主，方选桂枝加附子汤。举治1例阳虚汗闭，服发汗解表药罔效。处方用桂枝、白芍、熟附子、生地、大枣、川芎、当归、细辛等药，共服10剂而愈。罗中秋根据“汗血同源”，“汗乃津液所化”，“瘀水互患”等理论，采用化瘀利水法。治疗1例瘀水互患不能化生汗液之汗闭者，药用赤芍、鸡血藤、穿山甲、王不留行，猪苓、茯苓、泽泻、桂枝，共服10剂病愈。随访一年，未见复发。

（朱宝贵　路俊）

【梅核气的治疗】

梅核气系指患者咽喉如有梅核阻塞（或《金匮要略》）所谓“咽中如有炙脔”。胡政力认为，梅核气证型多变，非气郁痰凝一型所能概括，在治疗时，须辨明脏腑寒热虚实，常涉及肺、脾、胃、肝、肾等脏腑，并不限于肝脾，而半夏厚朴汤也非专病专方，处方用药应审证求因，临机应变，方能获效。临床可分：(1) 肺阴亏虚，用养阴清肺汤加减（象贝母、麦冬、玄参、南沙参、北沙参、丹皮、木蝴蝶、桔梗、制半夏、制大黄、甘草）；(2) 肾阴虚损、灼津为痰，治则滋阴降火、化痰散结，方用知柏地黄汤加味（山药、茯苓、知母、黄柏、熟地、山萸肉、泽泻、丹皮、象贝、木蝴蝶、半夏）；(3) 脾胃气虚、痰湿滞咽，方用补中益气汤加味（党参、黄芪、白术、茯苓、当归、谷芽、半夏、厚朴、陈皮、柴胡、甘草）。各型均附验案获愈。张宽智对梅核气进行辨治，并归纳为六法：(1) 肝气郁结用疏肝理气法，方选四逆散加减；(2) 痰涎结聚、阻滞气机用清咽化痰法，方选二陈汤加减；(3) 久病不愈、气血瘀阻咽喉，用行气活血、通窍化痰法，方选通窍活血汤加减；(4) 肺津耗伤、阴虚肺燥、用养阴清肺法，方选二阴煎加减；(5) 肾阴亏损、虚火上炎，用滋阴降火法，方选知柏地黄汤；(6) 外邪犯肺、或忧愁悲伤、痰浊饮邪犯肺、肺气郁闭，用开宣肺气法，方选疏风清热汤加减。

熊道明报道治疗梅核气62例（病程5年以上28例占88.7%），则用半夏厚朴汤加减和灵仙水醋各半汤为基础方：半夏、厚朴、茯苓、苏叶、僵蚕、姜黄、贝母、川牛膝、白花蛇舌草；另用成灵仙、水醋煎浓汁、随时渐渐咽下。结果痊愈46例，占74.19%，显效15例，占24.19%，无效1例。庞存生用利咽解郁汤治疗梅核气46例（均经内窥镜观察环咽肌处于持续收缩状态），药用柴胡、苏叶、川朴花、法半夏、金果榄、牛蒡子、僵蚕、土贝母、桔梗、川芎、香附、苍术为基本方、如肝胃不和加香橼、炒莱服子、枳壳，脾胃虚弱加苍术，心神不宁加百合、甘麦大枣汤等。同时避免刺激性食物。18剂为一疗程。结果经内窥镜复查，完全消失收缩状态20例（43.4%），明显改善24例（52.2%），总有效率95.6%。王文川用郁金四逆散（郁金、香附、半夏、桔梗、柴胡、白芍、枳实、甘草）治疗43例，兼阴虚火旺加元参、知母、黄柏；气虚加党参、黄芪、白术；血虚加熟地、当归、阿胶；血瘀加五灵脂、蒲黄；肝气犯胃加川楝子、玄胡索；肝火上炎加黄芩、龙胆草。结果治愈34例，有效9例、并随访半年，复发2例，重复应用上法仍有效、本方体现了辛开苦降、上下分消之旨，可以整体上纠正咽部肌功能失调、解除咽部异物感。锡景柱用《医宗辑要》中加味四七汤（半夏、陈皮、茯苓、槟榔、砂仁、益智仁、苏梗、厚朴、青皮、枳实、南星、白豆蔻、生姜）为基本方，配合用50%葡萄糖20毫升，加入10%葡萄糖酸钙20毫升，静脉注射，每日1次，治疗26例。5剂治愈16例，10剂愈9例，12剂愈1例，半年至1年随访，复发3例。

冯怀英认为，梅核气七情郁结，痰滞气阻、半夏厚朴汤变施虽时验．但阴虚体质或七情郁久化火者，上法有燥化动火伤阴之弊端，自拟安神欢元枣方（先以合欢皮、元参、煎后取汁入枣，煮干吃枣）每日3～4次，每次，5～8枚。本方甘苦微温，具有解郁安神、利咽散结之功效，附有验案，如法而愈。李天生用蜂蜡丸（露蜂房、黄蜡、蜂蜜、鸡金）治疗梅核气，长期临床证实为有效验方。姚广首报道民间秘方（石菖蒲、炒山甲、炒僵蚕、枳实、知母、炒白芥子、海藻、瓦楞子、青黛、川楝子、昆布），加入食醋750毫升，煎沸20分钟、去渣取汁，每次服10至20毫升，每日3次，共用16例，1至3剂获愈。

本病用心理疗法，临床也多获效。如马洪恩报道心理疗法治疗梅核气1000例，具体方法：(1) 详细正确采集病史是获得正确诊断关键，医生对患者关怀和保密态度，耐心听取患者倾诉；(2) 认真做好有关必要检查，排除因器质性疾病引起咽异物感；(3) 针对患者心理、社会致病因素，做耐心细致劝导，告之以其败，语之以其善，导之以其所信，开之以其所苦，使患者心悦诚服，可以收到不药而愈的效果；(4) 在心理疏导同时，配合使用安慰剂辅助治疗，口服刺五加片或服甘麦大枣汤等。结果单用劝导疗法653例、配合安慰剂347例、全部告愈。

（沈国良）

【不安腿综合征证治】

吕云钊等报道治疗20例不安腿综合征，以一贯煎加味（北沙参、生地、当归、枸杞、麦冬、川楝子、钩藤、生龙骨、生牡蛎），气虚者加黄芪、党参；血虚者加鸡血藤、何首乌；肾虚者加桑寄生、续断、杜仲。结果治愈18例，无效2例。服药最少10剂，最多者30剂，平均20剂。袁士良治疗本病12例，以补中益气汤加麦冬、五味子、酒炒黄柏，日服一剂，于日暮及睡前各服一次。其中服5剂而愈者8例，10剂而愈者4例。

尚礼俭根据临床研究提出本病诊断标准：(1) 双下肢膝踝之间深部肌肉有似痛非痛难以忍受的痠胀、痒麻、刺、灼热、虫爬样等不适感。(2) 其症以休息时或晚间卧床后发作，用力拍打、按摩、揉搓或起床活动后能缓解片刻，但不久又复出现，甚者烦乱不宁，难以入寐。(3) 查无阳性体征。其病机多属肝肾阴虚，筋脉失荣，血行涩滞所致。治宜滋补肝肾以治其本，舒筋活络解除拘挛，以治其标。据报道25例，基本方用芍药甘草汤合二至丸加丹参、木瓜、怀牛膝等，取酸甘化阴、养血荣筋、活血化瘀为法。结果25例临床治愈。其中经服6剂者2例，9剂者4例，15剂者9例，20剂者6例，30剂者4例。随访1年，除1例在劳累后，下肢轻度不适感，其余24例未再发作。

（姜志昂　朱宝贵）

参　考　文　献

B

白峻峰。多发梗塞性痴呆。湖南中医杂志，1991；(5)：33

白峻峰，等。运用疏肝和胃法治疗哮喘30例。中医药研究，1991；(6)：50

白雨武。加味生脉散治愈慢支并发自发性气胸1例。实用中西医结合杂志，1991；(8)：493

白荣禄。白头翁汤合痛泻要方加减治溃疡性结肠炎。四川中医，1991；(5)：26

白新胜，等。补心汤合西药治疗扩张型心肌病心衰。中西医结合杂志，1991；(5)：309

毕常康。八珍益肺片治疗尘肺临床疗效观察。中药药理与临床，1991；(4)：36

毕德田。蝮蛇抗栓酶治疗冠心病47例临床总结。吉林中医药，1990；(5)：22

C

蔡柳洲。胃下垂用代赭石小议。浙江中医杂志，1991；(10)：460

操瑞明，等。升降复位汤治疗胃下垂237例临床观察。中国医药学报，1991；(4)：30

曹恩泽，等。中医药为主治疗心肌病13例。中西医结合杂志，1988；(7)：438

曹广顺　化湿清热法治疗肾病综合征61例临床观察。陕西中医学院学报，1991；(3)：14

曹庆敏，等。治疗慢性肾功能衰竭27例。河北中医，1991；(3)：11

曹圣荣。"安神定悸汤"治疗心悸失眠症74例。新疆中医药，1991；(2):52
储水鑫。防风通圣散治疗血管性头痛。上海中医药杂志，1991；(4):31
储秀珍。咳喘治肝的临床体会。中国医药学报，1991；(5):49
崔淑云，等。肠炎Ⅰ号治疗溃疡性结肠炎的体会。中国乡村医生，1991；(3):34
崔　云。(液精煎)治精液不液化致不育症的临床观察33例。浙江中医学院学报，1990；(6):23
柴可夫。慢性萎缩性胃炎胃粘膜相微观辨证施治的体会。山西中医，1991；(3):16
柴　霄，等。"通便达康"口服液治疗中老年人便秘357例疗效观察。河北中医，1991；(5):4
陈　锋。难治性原发性肾病综合中征西医结合治疗110例。实用中西医结合杂志，1991；(6):341
陈国华。中医中药治疗高脂血症疗效观察。云南中医杂志，1991；(3):20
陈纪藩，等。消瘀灵治疗高粘滞综合征的临床研究。新中医，1991；(8):53
陈纪藩，等。通痹灵治疗类风湿病52例临床观察。广州中医学院学报，1991；合刊：139
陈建平。五脏咳嗽的病因证治。山西中医，1991；(2):51
陈　靖。活血化瘀药在慢性肾炎中的治疗初探—附100例治疗观察。天津中医，1991；(1):18
陈可冀，等。中医药抗心律失常研究进展。中西医结合杂志，1991；(7):445。
陈启俊，等。活血化瘀法治疗老年急性期出血性脑血管病42例报告。实用中西医结合杂志，1991；(2):80
陈蓉蓉。千金苇茎汤加减治疗支原体肺炎10例。浙江中医杂志，1991；(5):203
陈文伯。男性不育虚实论。《男性不育与性功能障碍》，1990年2月北京第1版、第152页
陈信义。202例缺铁性贫血中医辨证分型初探。北京中医学院学报，1991；14(2):31
陈业孟，等。老年痴呆症的中医疗法。上海中医药杂志，1990；(6):13
陈运如。补中益气汤治疗老年性便秘20例。湖南中医杂志，1991；(5):39
陈泽民。慢性萎缩性胃炎胃粘膜相微观辨证施治的体会。北京中医杂志，1990；(1):27
陈治水，等。难治性溃疡性结肠炎的临床双盲治疗研究。中医药学报，1991；(5):28
程登福，等。凉血清热法治疗痛风性关节炎。四川中医，1991；(11):45
程　竑。和法治痫刍议。湖北中医杂志，1991；(3):43
程辉星。益祛汤治疗慢肾47例。湖北中医杂志，1991；(3):16
程锦国。四藤二丹汤治疗慢肾。浙江中医杂志，1991；(10):439

D

达　南，等。温阳利水益气活血法治疗肾病综合征65例。山东中医杂志，1991；(4):19
代文林，等。中西医结合三联疗法治疗顽固性原发性肾病综合征35例报告。贵阳中医学院学报，1991；(2):33
邸秀萍，等。老年性痴呆。山东中医杂志，1991；(3):50
丁发权。加味白头翁汤合桃花汤治疗67例溃疡性结肠炎临床观察。新中医，1991；(10):26
丁云贵，等。出血性中风证治四法。中医药信息，1991；(5):9
董　平。养心安神汤治虚证不寐。新中医，1991；(3):16
杜　明，等。宁痫丹治疗癫痫病607例观察及实验研究。天津中医，1991；(4):5
段慧杰。三仁汤治疗病态窦房结综合征。河北中医，1990；(6):21
段学忠。保元增率治疗病窦综合征二十七例。浙江中医杂志，1991；(9):392

F

方剑萍。痛风医案二则。江苏中医，1991；(9):26
房静远，等。扶正祛邪法治疗幽门弯曲菌感染性胃病的临床与理论探讨。中西医结合杂志，1991；(3):150
裴正义，等。紫苏四香汤治疗慢性萎缩性胃炎216例。湖北中医杂志，1991；(2):11
冯金标。中西医结合治疗类风湿性关节炎260例临床观察报告。北京中医杂志，1990；(1):14
冯怀英。安神欢元枣治疗梅核气。山西中医，1991；(6):32
傅　辉。四虫活血汤治疗脑血栓形成26例。湖北中医杂志，1991；(6):14
傅仁杰，等。多发梗塞性痴呆中医治疗体会。中医

杂志，1991；(4):24

傅秀兰。复方红花注射液治疗冠心病 300 例疗效观察。实用中西医结合杂志，1991；(3):157

傅文录，等。黄连治心悸有良效。国医论坛，1990，(6):43

G

高静洁。复方丹参注射液治疗糖尿病 120 例。北京中医杂志；1991；(6):26

高润菊，等。脓疡散加减治疗肝脓肿 6 例报告。中医杂志，1991；(7):37

高希源。自拟通便饮治疗老年便秘。内蒙古中医药，1991；(3):15

高　想，等。补肾健脾法治疗慢性原发性血小板减少性紫癜35例。中医杂志，1991；(3):24

慢性萎缩性胃炎组方思路探讨。中医药信息，1991；(1):3

高永汉，等。熄风定痫丸治疗癫痫189例报告。河北中医，1991；(4):42

熄风定痫丸治疗癫痫120例总结。北京中医学院学报，1991；(4):17

高玉德，等。情志与慢性萎缩性胃炎关系探析。天津中医，1991；(5):18

高玉民。中西医结合治疗再生障碍性贫血 6 例分析。山西中医，1991；(1):37

葛颂平。初探免疫性不育症的中医中药治疗、《男性不育与性功能障碍》。学苑出版社，1991 年 2 月北京第 1 版，第143页

耿守绪。芍药甘草汤治疗老年性便秘。四川中医，1991；(3):34

龚风平。三胶阳和汤治疗慢性血小板减少性紫癜64例。陕西中医，1991；(6):245

龚文德，等。85例汗闭症的辨证论治。中医杂志，1991；(8):22

龚晓平，等。自拟连参积五草汤治心悸。云南中医杂志，1991；(2):23

顾伯生。肺性脑病治验。河北中医，1991；(4):24

顾美华，等。狼疮性肾炎辨治体会。江苏中医，1990；(8):10

系统性红斑狼疮性肾炎临床辨治法　江苏中医，1991；(8):16

顾庆华。防风通圣散治变应性亚败血症。福建中医药，1991；(5):55

陈伯涛治疗顽固性失眠的经验。广西中医药，1990；(6):6

顾文聪，等。对甲亢阴虚火旺证患者血浆过氧化脂质含里观察。上海中医学院上海市中医药研究院学报，1990；(2):27

关启文，等。四逆散加味治疗特发性肿，四川中医；(4):32

关启文，等。小量激素加中药治疗肾病综合征20例。云南中医杂志，1991；(4):3

郭焕章，等。高原痛风病中医辨证分型初探。中国中医骨伤科杂志，1991；(4):34

郭教礼，等。特发性血小板减少性紫癜从肝热论治。陕西中医函授，1991；(3):13

郭仁旭。健心汤治疗冠心病心绞痛及动物实验报告。四川中医，1991；(3):9

郭振球。老年期痴呆的证治学研究。中医药研究，1991；(1):16

郭志明，等。降粘汤治疗高血粘综合症107例。陕西中医，1991；(10):446

郭智荣。液化生精汤治疗男性不育65例疗效观察。江西中医药，1991；(3):21

H

韩志有。和解镇痛汤治疗血管性头痛20例。陕西中医，1991；(4):176

何光明，等。急性脑卒中患者血浆心钠素含量与中医辨证关系的探讨。实用中西医结合杂志，1991；(9):537

何国兴，等。补肾生血汤治疗缺铁性贫血54例。陕西中医，1991(6):253

何　进。中药治疗充血型心肌病。四川中医，1990；(4):31

何永恒。冠心病血瘀证25例红细胞变形性与外周微循环的同步检测分析。辽宁中医杂志，1991；(9):7

赫丙莉。中西医结合治疗变应性亚败血症。吉林中医药，1991；(1):28

郝扎根。慢肾汤治疗慢肾32例。河北中医，1991；(5):6

洪国章。四妙汤加味治疗痛风20例。浙江中医杂志，1991；(6):276

洪　明。益气化瘀汤治疗胃下垂50例。湖北中医杂志，1991；(5):14

洪钦国，等。中药对维持血透的慢性肾衰患者血钾的影响。广州中医学院学报，1991；(2～3):133

洪用森。痛风性肾病伴慢性肾功能不全的中医治疗。中医杂志，1987；(5):38

胡国泰。"虚秘通"治疗老年便秘。四川中医，1991；(8):31

胡锦心。参芍通冠片治疗冠心病心绞痛的临床及实验研究。中西药结合杂志，1990；(10):596

胡莉玲。中西医结合治疗渗出性胸膜炎32例临床观察。实用中西医结合杂志，1991；(9):559

胡政力。梅核气的辨治体会。实用中医内科杂志。1991；(3):35

黄泰生。辨证治疗狼疮性肾炎尿毒症1例体会。江西中医药，1990；(5):32

黄淼明，等。类风湿关节炎稳定期血液流变学与中医辨证分型关系的探讨。四川中医，1990；(5):5

黄振翘，等。原发性血小板减少性紫癜中医辨证分型与免疫学关系的研究。中医杂志，1991；(10):31

贾树才。自拟升板汤治疗原发性血小板减少性紫斑症15例疗效观察。天津中医，1991；(1):22

姜文彦。升陷汤治疗自发性气胸。河北中医，1991；(2):15

江世英。历节(痛风)。新中医，1984；(4):24

江扬青。萎缩性胃炎癌前病变的诊断依据是什么。中医杂志，1991；(2):57

吉洪仕，等。温肾益髓汤治疗再生障碍性贫血20例。陕西中医学院学报，1991；(2):24

L

赖祥林，等，老年脑病治法探讨。中医研究，1991；(1):13

李保民。治疗同房不射精症38例。辽宁中医杂志，1991；(6):35

李炳茂。射精不能治疗六法初探。陕西中医，1991；(7):308

李常度，等。含碘中药治疗甲状腺机能亢进症的利弊。北京中医杂志，1991；(3):46

李殿伟。芦根蜂蜜膏治便秘。山东中医杂志，1991；(5):54

李德益。复方独活胶囊治疗失眠症210例。湖北中医杂志，1991；(2):6

李德益，等。综合治疗慢性肾功能衰竭26例报道。湖北中医杂志，1991；(4):15

李方跃，等。金铃子散加洗必泰治疗幽门弯曲菌感染性慢性胃炎。中西医结合杂志，1991；(3):180

李庚和，等。50例重症肌无力症（重型患者）的临床疗效观察。上海中医药杂志，1991；(11):1

李桂林。治疗顽固性失眠验方。河北中医，1991；(1):25

李恒欣。用温阳法治疗高血压病。河南中医，1988；(3):15

黎济民。芪附归丹四君子汤治疗常见虚人汗闭证25例。新中医，1991；(10):24

李克隆，等。蔓荆子汤治疗血管神经性头痛93例。北京中医，1991；(3):22

李利亚。萎缩性胃炎46例从肾论治的疗效观察。浙江中医杂志，1991；(2):63

李　霖。矽肺病治疗前后易感性及X胸片观察。四川中医，1991；(3):17

李留记，等。乌贼糊剂保元灌肠治疗溃疡性结肠炎36例。浙江中医杂志，1991；(3):202

李　敏，等。中风治疗若干问题管见。河南中医，1991；(6):24

李　平。慢肾气阴两虚证的临床观察。中医杂志，1991；(5):22

李任先，等。中医药治疗重症肌无力的经验特色。中药新药与临床药理，1991；(2):25

李世文。益气升清法治疗高血压20例。湖南中医杂志，1988；(4):29

李　铁。桂枝加附子汤治愈阳虚无汗。四川中医，1991；(1):27

李天生。蜂腊丸治梅核气。实用中医内科杂志，1991；(1):22

李心正。42例"中风病"治疗的体会。中医药研究，1991；(6):34

李学敏，等。综合疗法治疗38例甲亢，天津中医，1991；(2):34

李秀峰。中风治疗八法。河北中医，1991；(5):30

李秀荣，等。通腑法治疗100例中风病疗效体会。天津中医，1991；(5):12

李荫昆。中西医结合治疗类风湿性关节炎20例。云南中医学院学报，1991；(3):20

李玉奇。以痈论治102例萎缩性胃炎临床总结。中国中医药学报，1987；(2):9

梁华龙，等。白头翁加甘草阿胶汤及胃风汤加甘草治疗溃疡性结肠炎。河南中医，1991；(5):35

廖世煌，等。"甲亢灵"治疗甲状腺机能亢进症的临床观察。广州中医学院学报，1991；（第8卷第2、3期）：145

林家坤。加味桂枝加大黄汤治疗慢性溃疡性结肠炎24例。成都中医学院学报，1991；（3）：19

林勉生，等。脑出血时中医辨证分型与CT间关系初探。陕西中医，1991；（4）：152

林院昌。冠心病心气虚证脉图与心功能对比研究。辽宁中医杂志，1991；（9）：10

刘　冰。糖尿病中医药研究现状评估。北京中医杂志，1991；（6）：10

刘　冰，等。芍药甘草附子汤治疗寒痹。河北中医，1991；（5）：3

刘宏伟，等。35例原发性肾病综合征中医辨证分型与病理类型的相关性研究。中西医结合杂志，1991；（2）：97

刘　华。川芎嗪加益气活血排毒汤治疗慢性肾炎尿毒症12例。浙江中医杂志，1991；（2）：59

刘临祥，等。黄连鳖甲汤治疗甲状腺机能亢进症38例近期疗效观察。实用中西医结合杂志，1991；（8）：475

刘佳扬，等。中西医结合治疗甲亢伴Evans综合征1例。山东中医学院学报，1991；（3）：41

刘金山。复心汤治疗冠心病心绞痛的临床疗效观察。中医药研究，1991；（4）：39

刘仁义。扩冠一号方剂对心肌保护作用的病理实验观察。中医药学报，1991；（2）：42

刘士正，等。胃下垂辨治六法。贵阳中医学院学报，1990；（4）：14

刘文昭。近十年来中医治疗萎缩性胃炎（CAG）的概况。山西中医，1991；（1）：44

刘耀武。中医治疗支气管扩张咯血100例。新疆中医药，1991；（4）：63

刘玉璋。益脑定痫散治疗癫痫33例。山东中医杂志，1991；（3）：25

刘中明。消瘀法治疗病态窦房结综合征56例。湖北中医杂志，1991；（5）：10

龙瑞泽。右侧自发性气胸肺压缩70%治验。陕西中医，1991；（7）：314

卢韩庸。重用白英治疗肝脓肿。浙江中医杂志，1991；（7）：320

陆纪宏。试论中医辨治高脂血症。辽宁中医杂志，1991；（2）：1

陆中岳。特发性水肿治验案。江苏中医，（6）：18

罗善祐。中医辨证分型治疗甲状腺机能亢进症26例。福建中医药，1991；（4）：21

罗中秋。化瘀利水法治疗汗闭。新中医，1990；（11）：38

吕　德。陈荷散治疗溃疡性结肠炎的疗效观察。浙江中医杂志，1991；（4）：156

吕云钊。加味一贯煎治疗不宁腿综合征20例。辽宁中医杂志，1991；（4）：40

吕志平，等。多联疗法治疗肾病综合征的疗效观察。中医杂志，1991；（9）：26

M

马伯涵。中药治疗胃肠道息肉30例。陕西中医，1991；（2）：58

马大中，等。中西医结合治疗慢性溃疡性结肠炎18例。实用中西医结合杂志，1991；（4）：228

马凤书，等。升胃汤治疗胃下垂108例疗效观察。河南中医，1991；（4）：28

马凤书。升阳通降法治疗胃下垂120例。北京中医。1991；（6）：18

马凤英，等。中西医结合治疗病态窦房结综合征87例远期疗效观察。天津中医，1991；（1）：2

马凤友。42例缺铁性贫血的中药治疗。实用中医内科杂志，1991；（2）：22

还少丹治疗老年性痴呆14例。湖南中医杂志，1991；（2）：44

马贵同，等。清肠栓治疗溃疡性结肠炎的临床及实验研究。上海中医药杂志，1991；（9）：1

马洪恩。心理疗法治疗梅核气1000例。实用中西医结合杂志，1991；（9）：561

蒙定水，等。肝硬化上消化道出血31例疗效观察。北京中医，1990；（2）：30

睦书魁，等。糖尿病从瘀论治临床小结。新中医，1991；（11）：23

N

聂　轩，等。朱矾散治疗痫证临床观察。黑龙江中医药，1991；（4）：42

倪克中。益气养阴豁痰开窍法治肺性脑病。上海中医药杂志，1991；（7）：8

倪易平，等。中医治疗老年人慢性肾炎231例。辽宁中医杂志，1991；（2）：35

倪毓生。四妙丸加味治疗痛风性关节炎34例。江苏中医，1988；（9）：20

O

欧　春，等。桃红四物汤加减治疗精液不液化症159例。浙江中医杂志，1991；(1):15

P

庞存生，等。利咽解郁汤治疗梅核气46例。甘肃中医学院学报，1991；(3):24

庞国明。活血化瘀是治疗急性脑出血的重要法则。实用中西医结合杂志，1991；(2):124

彭世桥，等。复方丹参静滴治疗支气管扩张咯血案。四川中医，1991；(5):23

朴志贤，等。化瘀止痛汤治疗血管神经性头痛97例。吉林中医药，1991；(5):14

蒲蔚安。黄芪桂枝五物汤治疗雷诺氏病。中医杂志，1990；(8):46

Q

齐国忠等。中西医结合治疗病态窦房结综合征——附19例临床分析。北京中医，1991；(1):27

钱　英。晚期尿毒症患者血液透析诱导前的中医治疗——附95例疗效分析。北京中医，1991；(2):36

乔九胜。丹参治疗高血度粘 150 例观察。河北中医，1991；(4):5

乔振纲。渗出性胸膜炎。湖南中医杂志，1991；(1):37

秦宗昌。血府逐瘀汤治疗心肌病 2 例。实用中西医结合杂志，1990；(1):14

全坤山。柴葛活血汤治疗血管性头痛。福建中医药，1991；(1):2

R

饶才坤，等。自拟三黄双参汤治疗慢性肾功能衰竭。河南中医，1991；(5):19

饶宏孝。脑衰老的证治。上海中医药杂志，1990；(12):7

任昌伟。活血化瘀治疗特发性水肿中的运用。山东中医杂志，1991；(2):22

任昌伟，等。浅谈"治崩三法"在治疗原发性血小板减少性紫癜中的运用。河南中医，1991；(5):6

S

尚春生。温阳法治疗阴虚型高血压16例。吉林中医药，1991；(2):14

尚礼俭。芍药甘草汤合二至丸加味治疗不安腿综合征25例。浙江中医杂志，1991；(2):78

尚振铎　丹附炙草汤治疗病窦综合征。辽宁中医杂志，1990；(2):24

沈丕安，等。52例狼疮性肾炎用养阴清热法治疗。上海中医药杂志，1990；(5):14

宋　赤，等。肾衰方治疗慢性肾功能衰竭的临床与实验研究。中西医结合杂志，1991；(8):461

宋　赤。腹膜透析与中药灌肠结合治疗慢性肾衰。山东中医学院学报，1991；(2):20

宋希仁，等。大黄治疗幽门弯曲菌阳性的消化性溃疡临床观察。中医杂志，1991；(5):25

宋宪源，等。治疗偏头痛600例。河北中医，1991；(3):13

宋秀芝，等。行气通栓汤为主治疗脑血栓形成96例。辽宁中医杂志，1991；(11):23

宋远生。原发性癫痫91例临床疗效观察。湖南中医杂志，1991；(4):8

施赛珠。中西医结合治疗肾病综合征的临床分析。中医杂志，1991；(4):34

史东岩，等。中医药治疗病态窦房结综合征的新方药评析。中医药时代，1991；(1):43

史正芳。中西医结合治疗结核性渗出性胸膜炎25例。辽宁中医杂志，1991；(2):26

石志超。精闭治验二则。辽宁中医杂志，1991；(2):33

石曾淑，等。小柴胡汤加味治疗支气管哮喘50例。山东中医杂志，1991；(1):17

栗德林，等。中医药治疗类风湿性关节炎临床研究。中医药信息，1991(1):43

苏建华。尚荣老中医治疗支气管扩张咯血的经验。陕西中医，1991；(7):289

苏瑞君，等。脂可清胶囊治疗高脂血症306例观察。中西医结合杂志，1991(5):296

苏孝斌。单味生大黄对慢性便秘的疗效观察。中医杂志，1991；(3):46

孙伯扬。高血压病的辨证论治。实用中西医结合杂志，1991；(5):260

孙书义。精液不液化治验。河北中医，1991；(4):17

孙伟正，等。原发性血小板减少性紫癜患者血小板相关抗体变化与中医辨证分型的关系。黑龙江中医药，1991；(6):14

孙元勤。疏肝健脾法治疗特发性水肿32例。陕西中医，1991；(4):176

孙玉桃，等。辨证治疗重度再生障碍性贫血发热60

例。陕西中医，1991；(2):57

孙玉桃，等。原发性血小板减少性紫癜88例临床治疗与预后关系探讨。实用中西医结合杂志，1991；(6):367

严重性再生障碍性贫血发热的辨证施治。河北中医，1990；(6):1

T

汤淳康。雷诺氏病治验。陕西中医函授，1991；(4):32

汤金土，等。二仙温肾汤治疗再生障碍性贫血的临床观察。浙江中医学院学报，1991；(1):16

唐慧娟。自拟止痛熄风汤治疗脑血管痉挛。辽宁中医杂志，1991；(1):39

陶学成。六味地黄丸合五皮苡治疗顽固性水肿。浙江中医杂志，1991；(9):398

田维君，等。溃疡性结肠炎诊治八法。四川中医，1991；(1):16

田新景。摇神汤治疗重症不寐16例。山西中医，1990；(6):24

田养年。中药治疗萎缩性胃炎100例。辽宁中医杂志，1991(2):24

屠伯言，等。糖尿病肾病用补肾活血法治疗的临床和实验研究。上海中医药杂志，1991；(1):1

仝小林，等。从慢性肾衰谈肾损及胃。中医杂志，1990；(5):60

W

韦家杰。镇痛消风汤治疗痛风18例。安徽中医学院学报，1989；(2):26

魏道武，等。中西医结合治疗52例肝硬化腹水临床总结。甘肃中医学院学报，1991；(4):22

吴　斌，等。"831"注射液治疗缺血性中风临床及实验观察。中西医结合杂志，1991；(12):738

吴崇城。镇冲止血法治疗支气管扩张咯血54例。北京中医，1991；(3):63

吴丹明，等。防血清热药治疗慢性胃炎的临床观察及胃粘液分泌的实验研究。北京中医，1991；(4):18

吴丕中。补益温通法治疗雷诺氏病19例。湖南中医杂志，1991；(3):42

吴书贤。愈痫丸治疗癫痫病176例临床观察。天津中医，1991；(3):81

吴永林。中药抢救糖尿病昏迷伴上消化道大出血1例报告。江苏中医，1991；(12):17

吴月娥，等。手心敷药辨治失眠54例疗效观察。江西中医药，1991；(2):36

武留国。辛乌荆芷汤治疗血管神经性头痛55例。陕西中医，1991；(2):82

万传贵。自拟樟枳汤治疗胃下垂浅析。中医药研究，1991；(1):38

自拟樟枳汤治疗胃下垂142例。陕西中医，1991；(3):109

万　黎。瓜蒌大黄汤治疗中风28例。光明中医，1991；(5):20

万　黎，等。胃息肉治验一则。中医杂志，1991；(8):29

王从学。龙胆泻肝汤治咳嗽二则。新中医，1991；(2):47

王德修。复方降糖丸治疗糖尿病288例。北京中医杂志，1991；(6):24

王会仍。绞股兰治疗血小板减少症的临床观察。浙江中医学院学报，1991；(2):29

王吉耀。补中益气法治疗自发性液气胸34例。湖南中医杂志，1991；(2):10

王　健，等。三仁汤治不寐、多寐案。四川中医，1990；(8):36

王金桥。禹功七厘夺命汤治疗中风闭证的体会。中医药学报，1991；(6):41

王金荣。黄连生脉饮治疗86例过早搏动临床观察。中医杂志，1988；(12):37

王景春。当归四逆汤为主治疗雷诺氏病37例。辽宁中医杂志，1991；(3):31

王　靖。决明子治疗高脂血症24例近远期疗效观察。辽宁中医杂志，1991；(7):29

王龙宝。轻身饮治疗老年呆病32例临床观察。实用中医内科杂志，1991；(4):16

王如沾。芎蝎汤治疗血管性头痛178例。山东中医杂志，1991；(4):34

王士福，等。以通络法、温运法为主治疗慢性萎缩性胃炎。吉林中医药，1991；(6):1

王淑波。归脾丸合六味地黄丸治疗特发性水肿31例。广西中医药，1990；(5):14

王树庆，等。中西医结合治疗慢性再生障碍性贫血35例。山东中医杂志，1991；(4):35

王天玲。变应性亚败血症治验。新中医，1991；(12):21

王万富。益气活血汤治疗中老年冠心病108例。内

蒙古中医药，1991；(1):1

王文川。郁金四逆散治疗咽异症43例。福建中医药，1991；(2):39

汪文强。川芎磁石饮治疗血管性头痛86例。中医药信息，1991；(5):35

王秀琴，等。肾病综合征112例近期疗效观察。中国医药学报，1991；(5):42

王　衍，等，中药直肠滴入治疗溃疡性结肠炎184例疗效观察。北京中医，1991；(5):26

王悦礼，等。治疗老年性痴呆的经验介绍。中医药研究，1991；(4):52

王玉芹。金匮肾气丸治疗高血压。内蒙古中医药，1991；(1):33

王有奎。以理肺补肾法治疗208例支气管哮喘。中医药研究，1991；(6):48

王振录。升阳气泻阴火法治疗胃下垂31例。北京中医，1991；(6):59

X

夏承义。姚培发教授治疗老年性痴呆的用药特点。新中医，1991；(8):55

夏发镛。血府逐瘀汤加减治疗悬饮52例总结，湖南中医杂志，1991；(1):17

夏　翔，等。黄芪合剂对老年瘀证(高凝状态)的治疗和观察。中医药研究，1991；(5):50

肖德才，等。分期论治肾病综合征23例疗效观察。湖南中医杂志，1991；(3):2

肖国兴。瓜蒌薤白半夏汤加味治失眠。四川中医，1991；(7):32

肖王珍，等。益气养阴丸治疗Ⅱ型糖尿病249例。北京中医杂志，1991；(6):27

萧泽民。龙柴汤加减治疗寒性哮喘83例。上海中医药杂志，1991(6):26

薛昌森。原发性肾病综合征53例疗效分析。新中医1991；(3):40

锡□柱。加味四七汤合钙剂治疗梅核气26例。山东中医杂志，1991；(6):27

谢桂权。丹参、清开灵治疗36例慢性肾衰竭临床观察。新中医，1991；(9):27

刑学泰。治老年人便秘验方。河北中医，1991；(1):3

熊道明。半夏厚朴汤加减和灵仙水醋各半汤治疗梅核气62例。实用中医内科杂志，1991；(4):21

徐福松，等。辨证分型治疗男子免疫性不育症33例。江苏中医，1990；(2):9

徐健国，等。"清幽汤"治疗幽门弯曲菌阳性的胃炎及溃疡病疗效观察。中医杂志，1991；(7):35

胃病辨证与幽门弯曲菌感染的关系(摘要)。中西医结合杂志，1991；(3):158

徐济民。灯盏花胶囊治疗冠心病心绞痛的临床观察。上海中医药杂志，1991；(10):7

徐洪涛。丹参对冠状动脉狭窄时左心室舒张功能的影响。中西医结合杂志，1990；(12):737

徐灵建。地黄饮子化裁治疗雷诺氏病21例。中国乡村医生杂志，1991；(9):26

徐瑞芳，等。辨证治疗慢性肾炎120例临床分析。中医药信息，1991；(5):30

徐素仙。黄连阿胶汤临床运用举隅。浙江中医学院学报，1991；(3):19

徐振纲，等。肝郁通治疗肝脓肿6例初步观察。天津中医，1991；(2):11

许德金，等，丹参对小儿支气管哮喘治疗及实验研究，中医杂志，1991；(2):41

许家松。方药中对慢性肾功能衰竭的理论。中医杂志，1991(10):1

许鹏飞。不射精症的治疗体会。江苏中医，1991；(3):13

许耀恒。造精丸治疗男性不育症46例疗效观察。黑龙江中医药，1991；(1):21

Y

颜乾麟，等。老年性痴呆的中医药治疗概况。杏苑中医文献杂志，1991；(4):38

严　冰，等。中医治疗慢性肾炎肾劳期104例。辽宁中医杂志，1991；(4):19

阎鼎忠。鹿茸粉治疗病态窦房结综合征2例。江苏中医，1991；(12):28

阎松才，等。活血愈痹汤治疗类风湿性关节炎前后甲襞微循环改变的观察。浙江中医杂志，1991；(8):365

阎小萍。中药内服及灌肠治疗溃疡性结肠炎23例临床观察。北京中医，1991；(5):30

杨春波，等。中医药治疗萎缩性胃炎专家座谈会纪要，中医杂志，1991；(12):46

杨德明，鲜花茎茎尖治疗失眠。四川中医，1990；(11):29

杨明均，等。血宁冲剂治疗咯血104例临床总结。中国医药学报，1991；(1):57

杨明亮。丹溪痛风方治疗类风湿关节炎。浙江中医杂志，1991；(2):77

杨庆云。中医药专方防治萎缩性胃炎概况。四川中医，1991；(7):15

杨文明，等。香砂枳术汤治疗胃下垂30例临床疗效观察。中医临床与保健，1991；(11):47

杨文明。益气解毒化瘀法治疗慢肾46例。陕西中医，1991；(7):303

杨卫生。加味佛手散为主治疗痫证18例临床观察。中医杂志，1990；(11):32

杨秀婷，等。半夏白术天麻汤治疗头痛型癫痫31例。中医药信息，1991；(4):35

杨宗善，等。中药灌肠为主治疗慢性肾功能衰竭51例。陕西中医，1991；(1):11

姚保泰。温胆汤加味治疗多发性胃息肉。山东中医杂志，1991；(2):52

姚广首。梅核气的中医药疗法。河南中医，1990；(6):43

姚培祖，等。朱良春治疗痛风经验。中医杂志，1989；(3):16

叶金梅，等。血宁胶囊的升血小板作用及毒性观察。吉林中医药，1991；(2):36

叶伟洪。消痛饮治疗痛风性关节炎18例报告。中医杂志，1990；(4):40

游祖生。矽肺病从胸痹论治探讨。实用中西医结合杂志，1991；(9):534

余　明。中医药治疗原发性扩张型心肌病。实用中医药杂志，1991；(3):6

于青圃，等。健脑安神膏治疗不寐42例。山东中医杂志，1990；(6):18

余天泰。补中益气升阳法治疗高血压病。实用中医内科杂志，1989；(4):4

郁觉初，等。变应性亚败血症的中西医治疗比较。中医杂志，1991；(12):33

袁士良。加味补中益气汤治疗“不安腿综合征”12例。南京中医学院学报，1991；(2):84

Z

曾庆英，等。“开鬼门洁净府”主体法治疗肾病综合征——附50例病例分析及实验研究。贵阳中医学院学报，1991；(1):18

曾淑珍。痫从虚治三则。湖南中医杂志，1991；(4):32

翟理黄，等。丹参注射液治疗扩张型心肌病心衰。中原医刊，1991；(3):30

詹瑞林。肢端苍白症。湖南中医杂志。1991；(4):35

詹继烈。胃粘膜相微观辨证分型探讨，中医杂志，1989；(4):37

展昭民，等。清热凉血益气法治疗原发性血小板减少性紫癜临床观察。中医药学报，1991；(2):26

张步振，等。丹参对急性肾衰的疗效观察与机理研究。中国医药学报，1991；(2):26

张崇绪，等。2号灌肠粉治疗溃疡性结肠炎122例。中国肛肠病杂志，1991；(1):40

张传玺，等。再生汤治疗再障的实验研究。实用中西医结合杂志，1991；(6):374

张汉民。顽固性便秘治验方。浙江中医杂志，1991；(7):299

张慧芳，等。成人痴呆50例临床分析。实用中西医结合杂志，1991；(3):158

张惠和，等。润燥养精汤治疗精液不能液化症23例。陕西中医，1991；(1):32

张建明。黛黄汤治疗支气管扩张咯血36例。辽宁中医杂志，1991；(8):25

张俊敏。温补脾肾法治疗重症肌无力1例。云南中医学院学报，1991；(4):29

张剑宇，等。中医治疗慢肾33例。陕西中医，1991；(7):293

张宽智。梅核气辨治六法小议。陕西中医，1991；(4):191

张丽萍。四逆散治肝咳。浙江中医杂志，1991；(11):484

张力超。运用卫气营血理论治疗肺性脑病13例。南京中医学院学报，1990；(4):25

张鸣鹤，等。清热解毒法治疗活动性类风湿关节炎163例疗效总结。北京中医杂志，1990；(1):16

张权斌。大剂量黄芪治疗高血压病15例。实用中西医结合杂志，1991；(10):629

张润民。温脾汤加减治疗慢性溃疡性结肠炎27例。湖南中医杂志，1991；(3):39

张润民。通乳丹加味治疗不射精30例。浙江中医杂志，1991；(4) 162

张茹莲，等。刺五加治疗雷诺氏病17例。中西医结合杂志，1991；(10):631

张尚臣。调节心肾方药治疗111例冠心病临床疗效分析。河南中医，1991；(1):8
张尚臣。156例冠心病患者的临床分析。河南中医，1990；(6):2
张素琴。原发性血小板减少性紫癜临证体会。中医函授通讯，1991；(2):46
张天恩，等。脑宁汤治疗血管性头痛168例。陕西中医，1991；(6):248
张文尧。慢性胃炎伴胃腺异型增生的中医治疗。中医杂志，1987；(10):31
张选志。黄连五参汤治疗快速房颤1例。陕西中医，1989；(1):26
张喜奎。滋阴益肾法治疗慢肾64例。陕西中医，1991；(7):301
章永红，等。中医药为主治疗狼疮性肾炎28例。吉林中医药，1990；(5):7
张宗举。知柏地黄汤治疗不射精症8例。山东中医杂志，1991；(1):24
章继才。益气化痰汤治疗高血压病。云南中医杂志，1990；(2):33
赵东升，等。麻黄附子细辛汤合生脉散治疗病窦24例疗效观察。国医论坛，1990；(4):33
赵甫成，等。血府逐瘀汤治疗胸膜炎15例。实用中西医结合杂志，1991；(9):533
赵桂华。乌梅煎剂治愈十二指肠息肉。实用中医内科杂志，1990；(4):5
赵金才。悬饮。湖南中医杂志，1991；(1):38
赵进喜。桂枝茯苓丸治顽固性失眠健忘。国医论坛，1991；(5):30
赵树征。中西医结合治疗原发性充血性心肌病。河北中医，1988；(6):21
赵学兰。咳嗽从肝施治浅谈。河南中医，1991；(5):4
赵忠印等。活窦丸治疗病窦综合征50例临床观察。中医杂志，1990；(2):37
郑群馨。肺炎支原体肺炎治验。四川中医，1991；(9):28
周　丹。雷诺氏病的中医治疗近况。中医药信息。1991；(5):18
周　康。60例老年性痴呆的临床研究。上海中医药杂志，1991；(8):1
周民权，等。化湿降浊清治疗慢性肾功能衰竭。中医药学报，1991；(1):36
周平安，等。柴胡脱敏汤治疗支气管哮喘50例疗效观察。中国医药学报，1991；(4):34
周薇莉，等。枳术汤治疗胃下垂32例。浙江中医杂志，1991；(10):443
周永明，等。健脾补肾泻火法治疗原发性血小板减少性紫癜的临床观察。上海中医药杂志，1991；(3):1
周永明，等。黄振翘治疗原发性血小板减少性紫癜经验。浙江中医杂志，1991；(3):111
周永明，等。生血灵对原发性血小板减少性紫癜患者骨髓体外培养巨核系祖细胞的影响。中西医结合杂志，1991；(1):23
朱德梓。宁哮饮治疗支气管哮喘85例。山东中医杂志，1991；(5):23
朱建华。浅谈肝硬化腹水消退的治疗和调护。北京中医学院学报，1991；(2):33
朱良争，等。通瘀灵治疗糖尿病高脂血症的临床和实验研究，中医杂志，1991；(12):23
朱乐平。熄风通络汤治疗血管性头痛36例临床观察。江苏中医，1991；(2):17
朱生梁，等。胃粘膜重度肠化生，不典型增生50例临床观察。上海中医药杂志，1991；(2):1
朱亚萍，等。肺性脑病44例临床报道。中国医药学报，1991；(5):45
朱振华。中西医结合治疗肝脓肿42例。浙江中医杂志，1991；(4):149

(4) 妇　科

【概述】

1991年各地医家应用中医中药、中西医结合，并结合现代科学检验手段，对妇产科疾病的病因病机、药物作用机理的研究获得了些规律性的认识。

(一) 经量异常　刘家磊自拟归芎茜七汤（黄芪、当归、川芎、三七、赤石脂、党参、阿胶、赤芍、丹皮、炮姜）治疗崩漏989例，总有效率96.7%。李惠群自拟固冲安宫汤（萸肉、地黄、黄芪、当归、益母草、茜草、川断、龙骨、牡蛎、芍药、海螵蛸、荆芥、阿胶）治疗上环后经漏62例，全部获效。宫血安研制小组自制复方宫血安冲剂（党参、黄芪、川断、芍药、山楂、乌梅、女贞、旱莲、甘草）治疗月经过多43例，总有效率95%。经动物实验证实该药能明显缩短动物凝血时间，能调节离体动物子宫的活动，疗效与剂量大小成正比。曹玲仙等报道用参茜固经冲剂（党参、白术、生地、白芍、女贞、旱莲、蒲黄、槐花、升麻、山楂、大蓟、小蓟等）治疗月经过多72例，应用改良碱性血红蛋白测定法，检测治疗前后每周期经血量，经自身对照，总有效率达87.5%。同时在临床有效的基础上，测定了月经过多患者经血及周围血纤维蛋白降解产物（FDP）的含量，提示治疗以后月经血及血清中FDP含量明显下降，其中显效病例经血中FDP含量下降尤为明显。董素琴报道从血液流变学的变化观察中药治疗功能失调性子宫出血的作用机理，发现患者血液流变学的特点有沉降率增快，血浆粘度显著增高，以及红细胞压积、纤维蛋白原、血小板粘附率明显降低。经中药治疗后上述指标趋向正常。

（二）闭经　于素萍报道应用复宫灵Ⅰ号、复宫灵Ⅱ号作周期治疗45例闭经患者，总有效率97.7%。详见专条。戴德英报道以温肾填精、活血通络法，药用苁蓉、巴戟、黄芪、地黄、当归、白芍、鸡血藤、川芎、磁石、阿胶、鹿角、河车粉、旱莲草治疗席汉氏综合征闭经35例，经半年治疗症状、体征改善，且FSH、血HB、子宫大小均有改善，治愈19例。李秀珍等报道用逍遥散加减（当归、柴胡、白术、茯苓、薄荷、香附、青皮、芍药、麦芽）治疗高泌乳素血症54例，服药后血泌乳素全部下降，其中下降到正常值者达90.74%。

（三）痛经　胡金茹自拟痛经丸（田三七、当归、肉桂、五灵脂、丹参、香附）治疗原发性痛经81例，总有效率达85%，对重度痛经疗效更佳。张秀梅等采用独活寄生汤治疗痛经获满意疗效。汪明德报道用辛乌序贯疗法，即经前3天开始服细辛汤并辨证加味，每日1剂，至经期3～4天停止，经后接服乌鸡白凤丸，每日3次，每次1丸，直到下次经期前3天接服汤剂，治疗痛经51例，有效率100%，其中最短1个周期，最长疗程8个周期。李祥云报道用补肾祛瘀治疗子宫内膜异位症，即内服仙茅、仙灵脾、地黄、山药、香附、三棱、莪术、鸡血藤、丹参；再用三棱、莪术、蜂房、角刺、赤芍保留灌肠；结合子宫、卵巢、交感耳穴贴敷综合治疗74例，总有效率达96%。汪娴等报道用中西药结合序贯疗法治疗，详见专条。王大增用内异1号丸（大黄、鳖甲、琥珀、醋等）治疗子宫内膜异位症76例，总有效率80.26%。

（四）排卵功能障碍　金维新等报道用罗勒胶囊治疗排卵功能障碍性不孕91例，排卵率达91.2%，妊娠率25.3%。排卵率妊娠率均优于克罗米芬组。

（五）习惯性流产　王兰玉用益气安胎汤（黄芪、党参、白术、砂仁、甘草、黄芩、茵陈、大黄）治疗ABO血型不合所致的习惯性流产27例，药后IgG抗体均有下降。现已分娩、存活10例，12例继续妊娠。

（六）子宫肌瘤　张书林自拟花粉消癥汤治疗子宫肌瘤81例，总有效率93.8%。张杰自拟消癥汤灌肠治疗54例，总有效率85.2%。详见专条介绍。

（七）盆腔炎　潘玉华用内服消癥饮治疗盆腔炎102例，有效率89.4%。方留焰用胜红抗炎素胶囊清热化瘀，有腹块时用赤桃化瘀汤治疗盆腔炎144例，总有效率97.9%。

（八）产后病　史恒军等用甲皱微循环及血液流变性同步观察的方法，对产后多瘀的论述进行了研究。产后多瘀是指产妇机体呈现血虚气弱、津液浓粘、血液凝结、血球积聚不散、血液运行迟缓的病理状态。正常产妇新产后血液粘滞性、聚集性、凝固性增强，甲皱微循环明显异常，临床血瘀征象存在，证实中医产后多瘀论点的客观性、科学性。但产后血瘀可自行消散，产褥复旧是一个自然修复过程，说明产后血瘀与致病性血瘀其发生及转归是不同的。因此对新产妇适当给以补虚化瘀的保健性治疗是有必要的。

（九）性早熟　蔡培德等对真性性早熟女童进行中医辨证，发现患儿均有阴虚火旺证象。下丘脑—垂体—卵巢轴功能测定，FSH、LH、E_2水平均较正常同龄儿显著升高，LHRH兴奋试验呈亢进的特征性变化。应用生地、元参、知母、黄柏、丹皮、夏枯草、泽泻、龟板、龙胆草、麦芽等滋阴降火药后，患儿不但阴虚火旺症状明显改善，血清FSH、LH、E_2水平显著下降，子宫卵巢显著回缩，第二性征明显消退。

（曹玲仙）

【闭经证治】

导致闭经，原因颇多，治法各异。刘之椰总结了许润三治疗闭经的经验。许氏依据"肾藏精"、"肾主生殖"的理论，以补肾为主、兼调它脏的大法治疗闭经。方药为淫羊藿、仙茅、紫河车、山茱萸、女贞子、当归、白芍、制香附。有时结合疏肝理气、活血行滞或温经散寒等法，治标固本。还兼用活血通经之法，方药如䗪虫、桃仁、天花粉、桂枝等，有时还用少量芫花。钱虹用血府逐瘀汤治疗流产后闭经33例，全部有效。钱氏认为冲任气血不足，瘀血凝滞胞宫，气机郁遏是本病的主要病机。且血府逐瘀汤活血而不耗血，理气而不伤阴，既可补亏虚之阴血，又可俾冲任之盈溢，故经可自行。于素萍治疗人工流产术后闭经，先予复宫灵Ⅰ号（鹿角胶、紫河车、紫石英、枸杞子、女贞子、何首乌、杜仲、香附）18剂；再服复宫灵Ⅱ号（益母草、茺蔚子、当归、丹参、牛膝、香附、枳壳、路路通、仙灵脾、紫河车）5剂。共23剂为一周期。若月经来潮则于月经第5天继续下一周期用药，3个周期停药；若无月经，七天后再继续下一周期用药，连续3个月。共治45例，治愈率为95.5%。施艳秋等运用中医药按月经周期节律诱导法治疗继发性闭经24例。治疗方法：经后期滋阴养血，补肾调经，方取归芍地黄汤合二至丸；经间期补肾调气血以促排卵，方取促转化方（当归、赤芍、白芍、淮山药、川续断、菟丝子、紫河车、川芎等）；经前期补肾助阳，疏肝健脾，方取毓麟珠合越鞠丸；经期补肾活血通经，方取益肾通经汤，药用柏子仁、熟地、泽兰叶、当归、仙灵脾、川续断、牛膝、菟丝子、丹参、赤芍等。有效率87.5%。徐细维等用当归补血汤（当归、黄芪、莪术、三棱、丹参、月月红）为主治疗子宫发育不良性闭经37例，3个月为一疗程，总有效率为91.89%。张红玉等用大黄治疗瘀阻型闭经25例。生大黄120克，白酒浸泡一夜，晒干后碾为细末；用长流水、米醋各250毫升共煮沸，然后放入大黄末，搅拌令稠、以起大泡、泡破冒青烟，色如老酱油者为佳。团如蛋黄大(约重15克)，每次1丸，每日2～3次，全部治愈。姜国峰认为，有些患者因劳累过度伤脾，外感湿邪困脾，湿郁化热，痰火、瘀血胶结阻滞于冲、任而致闭经，当用调胃承气汤治之，使冲任通畅，闭经得愈。戴德英等采用温肾通经方（苁蓉、巴戟、黄芪、熟地、当归、川芎、鸡血藤、芍药、磁石、阿胶、鹿角片、泽兰叶、河车粉）治疗闭经35例，治愈19例。而且FSH、血HB、子宫径线等都有不同程度的改善或恢复正常。李秀珍等以逍遥散加减治疗高泌乳素血症所致闭经54例，服药8～54天PRL值降至正常者49例（90.74%），部分下降而未达正常水平者5例（9.26%）。

（李光荣　王茹）

【子宫内膜异位症证治】

钱静认为子宫内膜异位症的病因病机以血瘀为主，兼夹其他因素，辨证可分气滞血瘀型、血瘀癥瘕型、血瘀湿热型、气虚血瘀型、阳虚血瘀型和阴虚血瘀六型。印苏昆受中药人工周期调治月经病的启示，按阶段治疗本病52例。行（临）经期（月经周期的第27～4天），治以益气温经活血为主。经后期（月经周期的第4～8天），以健脾补肾养肝活血为主。经间期(月经周期的第8～26天)，以活血化瘀消癥为主。1日1剂，或2日1剂，疗程均在4个月经周期以上。结果治愈2例，显效18例，有效27例，无效5例。李祥云认为子宫内膜异位症多属本虚标实，辨证以肾虚血瘀并见为多。因而采用补肾祛瘀法拟定补肾祛瘀方（仙灵脾、仙茅、熟地、山药、香附、三棱、莪术、鸡血藤、丹参），每日1剂，并配合临睡前保留灌肠（三棱、莪术、蜂房、皂角、赤芍）以及耳穴贴压。共治74例，治愈38例，其中妊娠24例(最短治疗3个月，最长半年)，占51%，总有效率96%。程萍应用“通”、“调”两法治疗本病。“通”指月经来潮时予活血祛瘀调经法，方用自拟祛瘀汤（当归、白芍、益母草、泽兰、红花、蒲黄等）服2剂。“调”指在月经净后采用调补的方法，自拟调补汤（当归身、党参、白术、白芍、香附、女贞子、菟丝子、覆盆子等），服4剂。连用3个月。结果显效26例，总有效率88%。孙宝珍采用中西医结合的方法治疗子宫内膜异位症所致不孕146例，中药以活血化瘀为原则拟定三方辨证用药：内异Ⅰ号方，用以治本症痛经症；Ⅱ号方用以治月经过多；Ⅲ号方用以治癥瘕包块。对部分重度病例同时采用西药“孕激素”周期治疗3个月以控制病势。治疗结果，114例受孕，妊娠率达78%。汪娴等治子宫内膜异位症73例，分两组（炔睾醇治疗组及炔睾醇加中药治疗组）对比观察。第一组32例，经炔睾醇治疗6个月，痊愈（疼痛症状消失和减轻，肿块软化）30例（93.75%）。第二组41例，经炔睾醇加中药少腹逐瘀汤治疗41个月，痊愈40例（97.56%）。第二组疗效优于第一组（$P<0.05$）。王大增用化瘀通腑的内异1号丸（大黄、鳖甲、琥珀、醋等）治疗盆腔子宫内膜异位症76例，总有效率为80.26%。治疗前后分别作实验室检查，结果血液流变学包括全血比粘度(低切比)、红细胞聚集指数、全血还原粘度、血沉、血沉方程K值、血浆比粘度均有显著改变($P<0.05$)，血清IgA、IgG、IgM、C_3均有显著下降（$P<0.001$），OKT_8升高，OKT_4/OKT_8下降（$P<0.001$），经期血浆$PGF_2\alpha$下降($P<0.001$)。提示化瘀通腑法和它的代表方内异1号丸具有改变血液流变性、改善微循环、调整机体免疫功能和降低经期血浆前列腺素浓度的作用，从而使患者的临床症状和体征得到改善。

（包明蕙）

【输卵管阻塞性不孕症的治疗】

年内治疗输卵管阻塞性不孕症的临床报道均经通液、通气、造影等法明确诊断，治疗效果均以妊娠或复查输卵管通畅程度为依据。治疗方法有内服、灌肠、外敷、中药离子透入等法。刘承云等报道自拟助孕通管汤（生地、当归、赤芍、白芍、川芎、穿山甲、角刺、三棱、莪术、乳香、没药、昆布、海藻、夏枯草、益母草、丹参、桃仁、路路通、仙灵脾、紫石英）内服治疗72例，结果治愈63例。连方等报道用活血化瘀、温经通络的药物组成痛经宝（当归、红花、丹参、五灵脂、三棱、莪术、肉桂、木香、延胡索)合复方当归液治疗30例，有效率94.6%。经实验证实，该方能疏通输卵管的管腔、抗炎、抑制纤维结缔组织增生和促进上皮组织再生。樊素琼认为本病系血瘀阻滞，胞宫胞脉闭塞，冲任督受损所致，用血府逐瘀汤加减治疗50例，妊娠率30.28%，总有效率86%。门玲瑞等认为本病系肾虚瘀阻所致，故用补肾化瘀的孕宝丹(当归、川芎、赤芍、红花、莪术、山甲、地黄、桑寄生、菟丝子、女贞子、益母草、乌药、香附、茯苓共研细末，炼蜜为丸）内服，配合胎盘组织液治疗126例，妊娠率60.3%，总有效率84.3%。杨汝欣等用疏肝理气、活血化瘀的温阳疏通汤（柴胡、王不留行、香附、桃仁、红花、三棱、莪术、牛膝等）内服治疗82例，妊娠61例、有效4例，总有效率79.3%。认为本方能促进全身血液循环，改善输卵管及其周围组织的生理效应，降低炎性组织的侵蚀性，使炎症吸收，粘连松解。

中药离子透入法，路荣岱报道使用离子导入治疗机（GZ-1A治疗仪）将中药离子导入体内治疗输卵管阻塞性不孕137例，总有效率达98.54%。通管Ⅰ号方（败酱草、地丁、丹参、赤芍、三棱、莪术、路路通、山甲、橘核、玄胡索）清热解毒、行气活血、消癥散结，用以治疗急性感染型；通管Ⅱ号方（Ⅰ号方去地丁、延胡索，加三七末、地龙、桃仁、蒲公英）行气活血、消癥散结，用以治疗慢性粘连型的输卵管阻塞性不孕症。以上二方分别水煎浓缩到150毫升，分4次使用，通过治疗机将药液导入体内。

罗亦戎还报道将血府逐瘀汤及中极穴埋线法使用于输卵管吻合术的患者，促进输卵管通畅，提高受孕率。输卵管吻合术的患者应用血府逐瘀汤加减方后，输卵管的通畅率达85%，受孕率达82.5%，与对照组相比，疗效显著，证实本方能改善生殖系统的微循环及血液流变学性质，促使组织再生与修复，减轻炎症反应，防止输卵管粘连瘀阻，提高输卵管通畅度，同时能增强机体免疫调节机制，促进排卵而获得满意的疗效。

（曹玲仙）

【宫外孕的治疗】

（一）古方　冯丽霞用少腹逐瘀汤加减治疗宫外孕，方用丹参、赤芍、川芎、当归、红花、小茴香、苡仁、天花粉、炒莱菔子、生蒲黄、延胡索、桃仁、益母草、甘草、泽兰、香附、川牛膝。随证加减。适当用西药抗菌素。共治疗12例，全部治愈。朱永昌认为陈旧性宫外孕（病情日久形成包块者）属虚实夹杂之证，用补阳还五汤益气化瘀，方用炙黄芪、当归、赤芍、川芎、红花、桃仁、地龙、水蛭。治疗40例，治愈38例。用药3个月治愈（临床症状、体征消失，月经正常，妇检、B超证实盆腔包块消失）25例，用药4个月治愈7例，用药5个月治愈5例，用药6个月治愈1例。

（二）自拟方　杨家麟等用郁结消散饮加味治疗宫外孕，药用丹参、桂枝、红花、赤芍、木香、川芎、桃仁、延胡索、五灵脂、蒲黄。随证加减。治疗8例，B超检查包块消失6例。林淑琴等用乳没汤（乳香、没药、桃仁、红花、赤芍、丹参、三棱、莪术、山楂、当归、川芎），腹痛者加白芍，体弱气虚多汗者加党参、黄芪。治疗陈旧性宫外孕11例，新发19例，结果治愈26例。邹淑凤等首先选用止血化瘀，清热杀胚之药炒蒲黄、五灵脂、白及、蜈蚣、槐花、丹参、红藤、焦三仙，治疗5～7天；病情稳定后，改为活血化瘀之药治疗。治疗97例，痊愈67例，占69.07%。周蜻亦采用消癥杀胚法，待胚胎死亡后改用消癥散结的方药，治疗38例，结果治愈29例，占76%。此外刘彦等用结晶天花粉蛋白注射液治疗宫外孕，也获良效。

（方幼毅　李祥云）

【宫颈糜烂外治法】

杨晓晖等自制宫颈丸（乳香、没药、硼砂、儿茶、雄黄、血竭、铅丹、明矾、滑石、冰片等），具有活血化瘀、祛腐生肌、解毒杀菌作用，予阴道给药，每4天1粒，12天为1疗程。孕期、经期禁用。治疗本病874例，治愈712例，显效98例，总有效率98.63%。未发现不良反应。阎凤兰研制治糜粉。治糜粉Ⅰ号（蛤粉、章丹、硼砂、硇砂、乳香、没药、冰片），适用于重度宫颈糜烂。治糜粉Ⅱ号（Ⅰ号去硼砂、硇砂），适用于中度宫颈糜烂。治糜粉Ⅲ号（蛤粉、章丹、冰片），适用于轻度宫颈糜烂。以上三方皆研为细末，应用时取适量撒于病变部位，每3天1次，10次为1疗程。经期停用。治疗196例，痊愈161例，好转33例。该方有清热解毒、消肿利湿、去腐止带作用，能促进糜烂周围的鳞状上皮新生。王桂珍等自制糜烂粉，将冰片1克、麝香1克、雄黄5克、儿茶10克、乳香10克、没药10克、白矾500克共研细末，过箩筛出约500克，每2克一包备用。在排除宫颈癌后，于宫颈病变部位局部上药。每日换药1次，连续5～7次为1疗程。经后3天开始用药。治疗204例。其中重度130例，治愈87.69%；中度56例，治愈94.4%；轻度18例，治愈100%。王忠平自制愈糜散(川黄连500克，枯矾250克，青黛250克，五倍子500克，月石250克，分别碾成极细粉末，经紫外线照射灭菌后备用)，在宫颈糜烂面及后穹窿部位喷药约2克，隔日上药1次，连续治疗10次为1疗程。治疗150例，总有效率98.7%，治愈率93.3%。李秀英自制护膜膏(香油60克，黄蜡25克，三七粉100克，章丹5克。将香油烧开后放入黄蜡，然后放三七粉、章丹搅匀待用)和冰宁膏(乳香、没药、枯矾各100克，冰片、儿茶、三七粉各50克，碾成粉末拌匀用香油调成膏剂)，宫颈局部上药，先上冰宁膏，待糜烂面剥脱后再上护膜膏。经后2天开始上药，隔日换药，10次为1疗程。经期停止用药。治疗256例，治愈95%。未发现副作用。刘玉芝等用双料喉风散，每瓶加入1毫克乙烯雌酚粉，局部喷雾治疗，在月经干净后3～5天开始，每天1次，1～4周为1疗程。治疗129例，近期治愈118例，占91.8%；远期1～4年随访109例，无复发。

(方幼毅　李祥云)

【慢性盆腔炎的治疗】

(一) 内服法　傅方珍辨证治疗盆腔炎：清热利湿，药用薏苡仁、车前子、黄柏、滑石等；温化寒湿，药用小茴香、肉桂、薤白、吴黄等；健脾胜湿，药用党参、茯苓、白术、陈皮、吴黄等；调气理血，药用柴胡、枳壳、香附、木香、苏梗、川芎、延胡索、赤芍、白芍、生地、熟地、丹参皮、当归、蒲黄等。效果满意。陈兴华以少腹消癥汤(柴胡、枳实、败酱草、红藤、川楝子、延胡索、薏苡仁、桃仁、红花、三棱、莪术、甘草)为主，随证加减治疗慢性盆腔炎646例，痊愈(临床症状消失，复查B超示炎症吸收，包块消除)416例，总有效率96.5%。尹德军自拟健脾益肾汤(潞党参、黄芪、薏苡仁、芡实、蛇床子、杜仲、败酱草、萆薢、白头翁)治疗慢性盆腔炎72例，结果痊愈46例，好转21例，无效5例。方留焰等应用清热化瘀法以胜红抗炎素(胜红蓟、剩针草、红木香、连翘)治疗盆腔炎血瘀证144例，总有效率97.82%，治愈率68.75%。杨宣治自拟消炎肿方(丹参、赤芍、桃仁、红花、黄芩、连翘、银花、三棱、莪术)治疗妇科盆腔疾患113例，总有效率95.6%。

(二) 外治法　于素萍用中药保留灌肠(当归、丹参、三棱、莪术、败酱草、鱼腥草、石菖蒲等)治疗慢性附件炎72例，1剂水煎200～300毫升，每日2次保留灌肠。14天为1疗程。结果治愈63人，好转8人，无效1人，总有效率达98.6%。杨晓翡用红藤、败酱草、紫花地丁、蒲公英、土茯苓、枳实、枳壳、三棱、莪术、地鳖虫、煎成150～200毫升，每日1次保留灌肠，治疗79例盆腔炎，其中慢性72例，显效68例，有效4例。

(三) 内外同治法　李馥蓉依据盆腔炎气滞血瘀的病机特点，选用中药内外同治。自拟活血理气止痛汤(当归、赤芍、丹参、香附、益母草、台乌药、薏苡仁、延胡索)内服，另以赤芍、丹参、蒲公英、红藤、败酱草加水浓煎100毫升保留灌肠。共治疗38例，治愈11例，显效2例，有效24例，无效1例。刘凤英等辨证分型施治。实热型(6例)，内服方以五味消毒饮加减，加保留灌肠(大黄、赤芍、皂角刺、蒲公英、厚朴、黄柏）；气滞血瘀型（18例）。内服以桂枝茯苓丸加减，加保留灌肠（大黄、赤芍、皂角刺、蒲公英、厚朴、乳香、没药）。共治疗24例，盆腔包块及临床症状全部消失。陈金凤等治疗本症30例，内服以和血清化为主，方用四物汤合金铃子散加减，灌肠以清热解毒，消肿散结为法，药用蒲公英、红藤、葛根、丹参等。结果治愈22例。潘玉华等自拟消癥饮（败酱草、蛇舌草、丹参、香附、海藻、莪术、元胡、穿山甲、当归、黄芪）加保留灌肠（蒲公英、赤芍、黄柏、夏枯草、川楝子）治疗盆腔炎102例，总有效率为89.4%。何秀蓉根据临床腹痛带下等症状，结合全身体征，用清宫解毒饮（土茯苓、鸡血藤、忍冬藤、薏苡仁、丹参、车前草、益母草、甘草）内服，日2次，另用药渣加白酒炒热外敷患处腹部相应部位。治疗94例慢性盆腔炎，治愈68例，好转15例，无效11例，总有效率88%。

（邓迎苏　李祥云）

【恶露不绝的治疗】

吴昌生辨证治疗产后恶露不绝。气虚夹瘀型用加味生化汤（当归、制香附、炮姜炭、炙甘草、川芎、桃仁、益母草、党参）；瘀热内阻型用加味桃仁二丹四物汤（桃仁、红蚤休、生蒲黄、炒蒲黄、丹皮、紫丹参、当归尾、赤芍、黄芩、生地、焦山楂、红花、川芎、益母草）。113例患者经治疗后全部血止，肉眼见残留胎盘组织排出者39人。其中服1剂血止者21人，服2剂血止者27人，服3剂血止者36人，服4～7剂血止者25人，服8～25剂血止者4人。刘新生报道用缩宫逐瘀汤（当归、川芎、刘寄奴、桃仁、蚤休、枳壳、益母草、焦山楂、炮姜、甘草）治疗血瘀恶露不绝68例，总有效率为97.1%。其中痊愈（连服2～10剂，恶露净止，症状消失）63例（服药1～3剂者39例，4～6剂者19例，7～10剂者5例）。张心夷应用张锡纯的安冲汤（炒白术、生黄芪、生龙骨捣细、生牡蛎捣细、大生地、茜草、生杭芍、海螵蛸捣细、川断）为主，随证加减治疗。共治43例。全部治愈，平均治愈时间6.5天。赵晓薇等认为本证乃“瘀血”所致，故用活血化瘀之桃仁、红花、当归、赤芍、生地、川芎、木香、大黄、炮姜，配以活血、通络的黄酒，取其升散之性，和上药煎取汁，每日2次。治疗30例中12例服用3剂、18例服用6剂后血止。张红立等报道用单味生蒲黄，醋适量，先把醋倒入锅内煮沸，再放入蒲黄搅拌成稠糊状；待凉后，团如弹子大（约重9克）。每服1丸，用醋将丸药化开后喝下，早晚各1次。功能行血去瘀，收涩止血。共治疗46例，痊愈44例，有效1例，无效1例。

（沈丽君）

【产后发热证治】

曾文长报道，产后气血两虚又受外邪而发热者采用刘完素柴胡四物汤（柴胡、太子参、甘草、半夏、生地、当归、川芎、黄芩、白芍、生姜、大枣）随证化裁治疗。共153例，服药3剂后痊愈107例，有效41例，无效5例。总有效率为96.73%。弭阳认为本病有外感邪毒、血虚、血瘀等因素，治疗宜益气养血、养阴清热、调和营卫，采用人参当归汤（人参、桂心、当归、生地、麦冬、白芍、粳米、竹叶、大枣）随证加减，治疗93例，痊愈60例，好转28例，总有效率94.5%；疗程一般为6～15天。郭炎林辨证分为外感发热、火郁发热、瘀血发热和血虚发热四型进行治疗，自拟八仙汤（红花、川芎、当归、赤芍、桃仁、制香附、黄芩、延胡，红糖或黄酒为引）为主，随证加减，取得较好效果。李虹报道辨证治疗：营卫不和型用桂枝合四物汤；湿浊蕴阻型用三仁汤合平胃散；气阴两虚型用生脉饮合当归六黄汤；邪毒瘀结型用生化汤合大黄牡丹皮汤；暑热夹湿型用白虎加人参汤合十味香薷饮。姜裕琴等报道，感染邪毒发热以四物汤和生黄芪扶正祛邪，表虚外感发热以疏表清热，益气养血，血瘀发热以活血化瘀，清热解毒，阴虚发热养阴血为主，兼以益气。姚传平根据不同病因制定了辨治八法：清热解毒法、凉血化瘀法，养血解表法，清暑化湿法，活血化瘀法，补血益气法，健脾和胃、消食导滞法，滋阴生津、清热和胃法，疏肝清热、健脾和胃法。

（沈丽君）

参考文献

C

蔡培德，等。性早熟女童阴虚火旺本质探讨。中西医结合杂志，1991；(7)：397

曹玲仙，等。参茜固经冲剂治疗月经过多及其对血清、经血纤维蛋白裂解产物的影响。中西医结合杂志，1991；(7)：409

陈金凤。中药内外法治疗盆腔炎30例。江苏中医，1991；(12)：10

陈兴华。少腹消癥汤治疗慢性盆腔炎646例。湖北中医杂志，1991；(5)：25

程萍。辨证治疗子宫内膜异位症41例。江西中医药，1991；(5)：21

D

戴德英，等。温肾填精通络法治疗席汉氏综合征闭经。上海中医药杂志，1991；(10)：15

董世华。复方败酱注射液治疗盆腔炎的临床观察及药理实验。山东中医杂志，1990；(4)：14

董素琴。中药治疗56例功血血液流变学观察。天津中医，1991；(3)：13

F

樊素琼。输卵管阻塞50例疗效分析。新中医，1991；(5)：41

方留焰。胜红抗炎素治疗盆腔炎血瘀证144例临床观察和实验研究。中西医结合杂志，1991；(7)：411

冯丽霞。中医药为主治疗宫外孕12例。湖南中医杂志，1991；(5)：17

G

宫血安研制小组。复方宫血安冲剂治疗月经过多43例临床观察。湖南中医学院学报，1991；(2)：17

H

何秀蓉。清宫饮治疗慢性盆腔炎94例。广西中医药，1991；(2)：52

胡金茹。痛经丸治疗原发痛经81例疗效观察。吉林中医，1991；(2)：21

J

姜国峰，等。闭经从泻下论治。上海中医药杂志，1991；(3)：23

姜裕琴，等。产后发热辨证治疗。辽宁中医杂志，1991；(2)：28

金维新，等。罗勒胶囊治疗女性排卵功能障碍性不孕症的临床观察。中医杂志，1991；(2)：43

L

李馥蓉。活血化瘀治疗盆腔炎38例临床观察。陕西中医函授，1991；(3)：19

李　虹，等。辨证治疗产后热55例。江苏中医，1991；(11)：12

李惠群。自拟固冲安宫汤治疗上环后经痛证62例分析。湖南中医学院学报，1991；(2)：23

李祥云，等。补肾祛瘀治疗子宫内膜异位症74例。上海中医药杂志，1991；(7)：120

李秀英。冰宁膏与护膜膏治疗宫颈糜烂256例的临床观察。辽宁中医杂志，1991；(8)：31

李秀珍。逍遥散加减治疗高泌乳素血症54例。中西医结合杂志，1991；(7)：438

连　方，等。痛经宝与复方当归液治疗输卵管阻塞临床与实验研究。中西医结合杂志，1991；(5)：282

林淑琴，等。自拟乳没汤治疗宫外孕30例。吉林中医药，1991；(4)：26

刘承云，等。助孕通管汤治疗输卵管阻塞72例X线观察。山东中医杂志，1991；(4)：22

刘凤英。中药内服加保留灌肠治疗盆腔炎胜包块。云南中医杂志，1991；(5)：49

刘家磊。归芎茜七汤治疗崩漏989例观察。黑龙江中医杂志，1991；(4)：19

刘新生。缩宫逐瘀汤治疗血瘀型恶露不绝的临床与实验研究。中医杂志，1990；(11)：35

刘　彦，等。天花粉治疗宫颈妊娠一例报告。第二军医大学学报，1991；(1)：4

刘玉芝，等。双料喉风散用于宫颈糜烂。内蒙古中

医药，1991；(1)：38

刘元椰。刘元椰、许润三治疗闭经之经验。广西中医药，1991；(3)：110

路荣岱，等。中药离子导入法治疗输卵管阻塞137例临床观察。中西医结合杂志，1991；(6)：333

罗亦戎。血府逐瘀汤及中极穴埋线法对输卵管吻合术后复孕的观察。中西医结合杂志，1991；(9)：569

M

门玲瑞，等。孕宝丹治疗输卵管阻塞不孕126例。河北中医，1991；(3)：21

弭阳。人参当归汤治疗产后发热93例。陕西中医，1991；(5)：208

N

任黎明，等。郭炎林治疗产后发热经验简介。新中医，1991；(4)：4

P

潘玉华。中药治疗慢性盆腔炎102例疗效观察。中医杂志，1991；(9)：29

Q

钱虹。血府逐瘀汤治疗流产后闭经33例。陕西中医，1991；(5)：200

钱静。子宫内膜异位症病机症治初探。江苏中医，1991；(2)：31

S

施艳秋，等。月经周期节律诱导法治疗闭经24例。陕西中医，1991；(5)：199

史恒军，等。产后多瘀的临床研究。中医杂志，1991；(6)：36

孙宝珍。146例子宫内膜异位致不孕症临床分析。上海中医药杂志，1991；(3)：10

W

汪明德。辛乌序贯疗法治疗原发性痛经51例疗效观察。上海中医药杂志，1991；(7)：17

汪娴，等。中西医结合治疗子宫内膜异位症41例远期疗效观察。中西医结合杂志，1991；(7)：425

王大增，等。化瘀通腑法治疗子宫内膜异位症临床及实验研究。中西医结合杂志，1991；(9)：524

王桂珍，等。糜烂粉治疗宫颈糜烂。山东中医杂志，1991；(3)：53

王兰玉，等。益气安胎汤对27例血型不合IgG抗体的影响。山东中医杂志，1991；(4)：16

王忠平。愈糜散治疗宫颈糜烂150例小结。天津中医，1991；(3)：14

吴昌生。辨证治疗流产后恶露不绝113例小结。安徽中医学院学报，1991；(2)：35

X

徐细维。当归补血汤为主治疗子宫发育不良性闭经37例。实用中西医结合杂志，1991；(8)：477

Y

阎凤兰。治糜粉治疗宫颈糜烂196例。河北中医，1991；(5)：35

杨家麟，等。郁结消散饮加味治疗宫外孕。辽宁中医杂志，1991；(2)：25

杨汝欣，等。温阳疏通汤治疗输卵管阻塞性不孕82例。中西医结合杂志，1991；(3)：168

杨晓翡。中药保留灌肠治疗盆腔炎72例。安徽中医学院学报，1991；(1)：32

杨晓晖，等。宫颈丸治疗874例宫颈糜烂疗效分析。中成药，1991；(8)：21

杨宣治。消炎肿方治疗妇科盆腔疾患113例。福建中医药，1991；(3)：24

姚传平。产后热辨治八法。云南中医杂志，1990；(6)：9

尹德军。自拟健脾益肾汤治疗慢性盆腔炎72例。云南中医杂志，1991；(1)：28

印苏昆。分阶段辨治子宫内膜异位症52例。云南中医学院学报，1991；(3)：18

于素萍。中药保留灌肠治疗慢性附件炎。福建中医药，1991；(1)：14

于素萍。复宫灵Ⅰ、Ⅱ号加减治疗人流后闭经45例。中西医结合杂志，1991；(8)：507

Z

曾文长。柴胡四物汤治疗产后发热153例。新中医，1991；(8)：28

张红玉，等。大黄治疗瘀阻型闭经25例。实用中西医结合杂志，1991；(4)：227

张红立，等。单味蒲黄治恶露不绝有良效。新中医，1991；(9)：16

张心夷。安冲汤治疗放环及人流后阴道出血。四川中医，1991；(4)：34

张秀梅。独活寄生汤加减治疗痛经。吉林中医，1991；(4)：34

赵晓薇，等。活血化瘀法治疗人工流产术后阴道出血30例疗效观察。甘肃中医，1991；(2)：24

郑坚梅。补肾祛瘀治疗子宫内膜异位症74例。上海

中医药杂志，1991；(7):20
周　靖。38例异位妊娠中医治疗体会。云南中医学院学报。1991；(2):3
邹淑凤，等。中西医结合治疗子宫外孕的探讨（附97例）分析。天津中医，1991；(2):8
邹玉宝，等。傅方珍治疗盆腔炎的经验。中医药研究，1991；(3):33
朱永昌。补阳还五汤加味治疗陈旧性子宫外孕40例。上海中医杂志，1991；(6):20

(5) 儿　科

【概述】

一、急、重症的治疗

小儿外感高热在内治的基础上不断摸索外治疗法，取得较为满意的效果。目前研究和应用较多，疗效较好的有肛肠给药法、擦浴法和敷贴疗法，参见专条。毕可恩等还通过192例小儿高热惊厥发病时辰和季节分析，认为对有高热惊厥发病史的发热患儿，应于午后及时采取降温措施，冬季应少食膏粱厚味，以免产生食积郁热。对病毒性心肌炎，王常勇等以补气益血养心、活血化瘀解毒为主，选用黄芪、炙甘草、党参、麦冬、五味子、生地黄、当归、白芍、茯苓、丹参、桂枝、苦参、板蓝根、阿胶、生姜、大枣加减，配以复方丹参注射液静滴，治疗50例，并与西医对照组对照，总有效率相近，治愈率、显效率均明显高于对照组（P＜0.001）。王万春单独用复方丹参注射液静滴治疗小儿病毒性心肌炎112例，也取得较好疗效。陈展中等用新破汤（全蝎、僵蚕、蝉衣、胆南星、葛根、田基黄、银花、防风、钩藤、鲜红骨蓖麻根）加减，并结合西医疗法，治疗31例重症新生儿破伤风，结果痊愈19例，与单纯西医治疗组对照，治愈率有显著提高（P＜0.05）。张卉报道用中药（辨证处方）灌肠配合西药治疗婴儿重症肺炎，与单纯西药治疗组对照，结果平均治愈时间分别为10.1天和12.4天，疗程明显短于对照组。

二、常见病、多发病的治疗

(一) 肺系疾病的治疗

1. 上呼吸道感染　宋南萍等用小儿热速清口服液（柴胡、葛根、金银花、板蓝根、大黄等）治疗上感高热96例，总有效率为96%，疗效显著优于西医对照组（P＜0.01)。余国飓等用桂枝二越婢一汤加减治疗上感发热130例，其中89例于3日内痊愈。对本病的防治研究今年报道较多，请参阅专条。

2. 肺炎　纪凤鸣等报道江育仁强调辨证论治的治疗规律，并总结出宣肺、清肺、润肺、泻肺、温肺、蠲饮、化痰、降气、通腑、平肝十法。孙轶秋等通过164例肺炎的辨治，认为：(1) 早期使用活血化瘀药可提高疗效；(2) 早期通腑泻肺有利退热涤痰、降气平喘；(3) 对正虚邪恋患儿及时应用扶正药物，有助于达邪。何天有等用痰热咳喘方（银花、荆芥、薄荷、黄芩、陈皮、枳壳、桔梗、前胡、鱼腥草、白茅根、甘草）加减治疗180例，总有效率为97.8%。王文治等采用板蓝根、僵蚕、钩藤、竹茹、木瓜、银杏、百合、地龙、红花、青黛，治疗48例难治性迁延性肺炎，治愈47例，好转1例。对病毒性肺炎，温振英等用扶正抗毒糖浆（黄芪、玄参、沙参、天花粉、黄精等）治疗145例，并设病毒唑对照组，糖浆组平均退热时间2.12±1.64天，平均平喘时间3.56±1.8天，平均止咳时间6.02±1.7天，平均啰音消失时间5.3±1.7天，疗效明显优于对照组（P＜0.05～0.001)。周贤能报道用三叶青治疗小儿病毒性肺炎效佳。阎超然等通过60例观察，再次证实中药超声雾化具有较好疗效，在临床症状及X线胸片的改善方面与西药组对照均无显著差别。

3. 哮喘　许德金等通过丹参对60例的治疗观察证实，其效果相当于西药酮替芬。根据实验研究认为，丹参具有良好的防治哮喘作用可能与它能抗过敏及稳定肥大细胞膜，抑制其脱颗粒和介质释放有关。并认为微循环瘀血是哮喘发作的一个中间环节，据此为活血化瘀法治疗哮喘提供了理论依据。冯益真等用麻地定喘汤（麻黄、地龙、银杏、苏子、甘草、黄芩、连翘、当归、川芎、射干）加减治疗200例小儿喘息性疾病，有效率为93%，较西药对照组为优，且咳喘和啰音消失时间明显缩短。姬树鹏对30例缓解期患儿作了治疗观察。第一年予小牛胸腺素注射剂，内服麻黄、杏仁、苏子、干姜、细辛、五味子、乌梅、防风、黄芪、淮山药、菟丝子、熟地黄、甘草等加减，疗程为10周；第二年重复治疗，内服药为期5周。随访3年。结果治愈8例，显效17例，好转4例。血浆环核苷酸水平及与环鸟苷酸的比值均较治疗前显著升高（$P<0.01$）。

（二）脾系疾病的治疗

1. 厌食　汪受传等对178例脾运失健型用儿宝冲剂（苍术、山楂、陈皮、鸡内金），174例脾气不足型用健儿糖浆（党参、茯苓、神曲、陈皮），并设西药对照组，治疗1个月后，中药组疗效显著优于西药对照组（$P<0.001$）。儿宝冲剂能提高患儿尿D—木糖排泄率和头发中锌、铁、钴、锶等8种元素含量，增加血T淋巴细胞比值和唾液SIgA含量，调节家兔异常肠蠕动，增进家兔离体十二指肠对氨基酸和葡萄糖的吸收。健儿糖浆能提高头发中锌、铁、铜、锰等14种元素含量，增加T淋巴细胞比值。王僧琪等报道用延寿散（苍术、使君子肉、雷丸等）治疗厌食、疳积2000例，显效86%，好转11%，无效3%。朱锦善等将山楂丸（药典处方）改为单味提取再调制成复方山楂口服液，治疗59例，另设山楂丸对照组31例，也取得较好疗效。对脾失健运、胃阴不足、脾胃气虚型均有效，尤以脾失健运型为佳。口服液组优于丸剂组。

2. 腹泻　李晏龄等以地锦草、茯苓、山楂炭、白芍、乌梅、甘草等制成小儿泻速停冲剂，治疗419例小儿腹泻，并设中西医治疗对照组，治疗3～10日后，治疗组治愈377例，好转28例，疗效优于对照组。而且止泻的起效时间、治愈时间明显短于对照组。实验证明，该冲剂具有抑制病菌以消除病因，调整及提高机体的免疫功能，促进肠道消化及吸收功能的恢复和肠管运动等作用。杜克宽用内服益脾合剂（党参、干姜、附子、甘草、地榆、白术、白芍、防风），外用温脐散（小茴、桂心、五倍子、冰片）醋或白酒调敷脐部，外加热熨，治疗虚寒腹泻200例。治疗2日后痊愈156例，好转39例，总有效率97.5%。张建明等研制水泻停口服液（淮山药、太子参、佩兰、车前子）治疗轮状病毒肠炎832例，也取得满意疗效。

（三）其他疾病的治疗

1. 嗜酸性粒细胞肺浸润　张南治疗9例，皆为迁延性顽固性病例，并经西药治疗无效者。方用苏梗、苏子、僵蚕、全瓜蒌、白芍各9克，防风、川朴、枳壳、车前子各6克，苍耳子、蜜肺风草各6～9克，蝉蜕3克，咳喘痰鸣甚者去白芍加紫菀10克，腹胀纳呆甚者去苏子加藿梗9克，大便溏软去瓜蒌。日1剂，水煎服。治疗4～18天，痊愈6例，好转3例。

2. 百日咳　渠敬文自拟百子平咳（百部、莱菔子、葶苈子、地龙、蝉蜕、桑白皮、白芥子、青黛、僵蚕、枳实、天竺黄、甘草）治疗80例痉咳期患儿，总有效率为96.25%，疗效优于西医治疗对照组（$P<0.05$）。

3. 癫痫　李新民等认为痰阻气逆是小儿精神运动性癫痫的基本病机，以顺气豁痰法治疗38例，疗程24～78周，显效24例，有效5例。王作林以凉膈散为基本方治疗小儿原发性癫痫10例，坚持服药半年至1年，随访5年，未复发者5例，3年未发者2例，2年未发者2例，半年后复发1例。

4. 紫癜　时毓民等用益气补肾活血法治疗41例特发性血小板减少性紫癜，经1～22个月的治疗，痊愈24例，显效6例，好转10例。崔淑珍则从活血化瘀着手，选用川芎、丹参、赤芍、鸡血藤、益母草为主，随证加减治疗56例血小板减少性紫癜，并设强的松治疗对照组。治疗1月后，有效率分别为90%、52%。治疗前两组血小板差异不显著，治疗后则有非常显著的差异（$P<0.001$）。另治疗组30例PAIgG检测亦证明治疗前后有非常显著性差异。过敏性紫癜的治疗本年度的研究也较突出，可参见专条。

5. 佝偻病　陈文利报道用中药合剂（菟丝子、党参、黄芪、白术、陈皮、柴胡、郁金、五味子、龙骨、牡蛎）治疗，有效率为83%，血钙、血磷均有提高，AKP降低，与治疗前比较有显著差异。

另外，肾病综合征、小儿多动症、脑积水、新生儿硬肿症、盗汗、口疮、小儿抽动一秽语综合征，以及腹泻的外治疗法等，均有新的研究进展，各列专条，不再赘述。

（朱锦善　高修安）

【反复呼吸道感染的防治】

小儿呼吸道感染90%以上由病毒引起。据目前所知，呼吸道感染病毒有130多个型别，而且变异繁多，人体免疫力又不能持久，血清抗体也不能防止再感染的发生。江育仁报道通过城乡714例学龄前期儿童的调查，反复呼吸道感染儿（以下简称复感儿）的患病率城市为32.61%，乡村为24.19%。其发病特点是病程较长，每次感染可达10天以上（健康儿感染一般在5～7天内）。有的一次未愈，又重复感染，甚至迁延几个月之久。有的初期是上呼吸道感染，很快发展为下呼吸道感染。治疗后，有的临床症状虽见好转，而肺部病灶很难消失。平时容易出汗，面色㿠白或面黄少华，山根色青，毛发不荣，舌苔较白，也有白厚苔、地图舌，舌质多淡红，胖嫩。江氏认为本病的发病机理“不在邪多，而在正虚”　病由营卫失和导致对呼吸道病毒有“易感性”。运用桂枝加龙骨牡蛎汤合黄芪防治，观察结果，其疗效高于左旋咪唑。不仅外感次数减少、病情明显减轻、病程缩短（一般不超过5天），还提示本方能增强患儿体质，提高机体的免疫力，杀灭复感儿呼吸道中所存在的病原微生物。马融等报道用江氏上述经验方“防感口服液”治疗86例，左旋咪唑治疗30例。结果表明，防感口服液组总有效率97.7%，明显高于左旋咪唑组86.7%（$P<0.05$）。在改善患儿症状、体征方面亦明显优于后者。药后唾液分泌型免疫球蛋白（SIgA）、植物血凝素（PHA）皮试较服药前显著提高。

高智铭等报道用肺宝防治复感儿189例，有效率达95.2%，与左旋咪唑有效率78.6%比较有显著差异（$P<0.05$）。观察表明肺宝能从多方面提高和调节机体的免疫功能，尤其对细胞免疫和血清IgA水平的提高更为明显，服药前后对比差异非常显著（$P<0.01$）。肺宝由黄芪、冬虫夏草、鸡内金、白花蛇舌草等组成。

张亮等报道用强力口服液（海龙、黄芪、白芍、生龙骨、生牡蛎、红枣等制成，每安瓿10毫升，约30毫升含1剂药量）治疗，日3次，饭前服。30天为1疗程，连服2疗程。对照组不服任何药物。共观察96例复感儿的发病频度，病程长短，症状轻重，植物血凝素皮试（PHA）、SIgA、血IgG、IgA、IgM、补体C_3及D-木糖排泄率。并在停药后继续观察随访6个月。结果表明治疗组48例的免疫防御功能明显提高，患儿精力充沛、胃纳增加、体重上升。2疗程结束时，其木糖吸收量明显上升（$P<0.01$），提示复感儿存在的脾气虚弱现象获得改善。龙锦焜报道80例复感儿，分治疗组40例，用加味白术散（党参、白术、葛根、藿香、黄芪各30克，茯苓60克，木香10克，炙甘草60克，研粉），每次每公斤体重0.2克，1日3次，隔日服。

对照组40例，只作常规预防(如隔离、防寒)，不服任何药物。两组自用药起观察1年，对比发病次数。结果治疗组显效29例，有效6例，无效5例。对照组显效7例，有效7例，无效26例。两组疗效有非常显著差异（$P<0.01$）。柯松德等用复方黄芪散(黄芪、党参、大枣，按5:4:1的药量制成）每日3～5克，分1～2次冲服，1个月为1疗程，连服2疗程。观察27例，显效24例，有效3例。张宪军采用加味玉屏风散（黄芪、炒白术、防风、白茯苓、鸡内金、五味子)治疗53例复感儿，观察结果总有效率为94.3%，与左旋咪唑治疗的47例总有效率81%相比，有显著性差异($P<0.05$)。王华光则用补脾益气固表汤（党参、茯苓、白术、淮山药、甘草、麦芽、黄芪、防风、紫河车、玄参、五味子），每日1剂，连服10剂，以后每个月中旬各服5剂，治疗21例。观察1年，总有效率85.7%。蔡夫力应用中草药香囊（袋）预防小儿流感，每袋含菊花、苍术、荆芥、辛夷、薄荷、桂枝、紫苏、茴香各1.25克。将药袋挂缝在小儿胸前背心外，30天更换1次。观察100例，分为实验组50例和对照组50例，以同一时间内二组的感冒发病率及疗程作为判断标准，结果相比有非常显著差别（$P<0.01$）。

此外，梅力等报道从中药猪苓中提取猪苓多糖，制成注射液，治疗免疫功能低下的体弱儿童60例，8岁以下每日20毫克，8岁以上每日40毫克，肌肉注射，20天为1疗程。对照组60例不用任何药物。结果猪苓多糖治疗组各项免疫指标均有明显改善，PHA皮试其平均直径已超过10毫米(阳性标准)。治疗后胃纳、跑步耐力、体重均增加，睡眠改善，呼吸道感染减少。

（俞景茂）

【外感高热外治法】

1. 肛肠给药　杨秀婷等自制银翘双解栓塞肛治疗风热袭肺证发热，包括上呼吸道感染、扁桃体炎、急性支气管炎等病的重症患儿163例。体温均在38.5℃以上，病程在2天以内。评价病情用评分法，选择发热、咳喘、扁桃体肿大或分泌物、肺部体征等7项指标。疗效标准经非参数统计学处理。结果疗效显著，优于口服银翘解毒片的对照组。该栓剂处方为金银花、黄芩、丁香叶等。刘国栋等采用市售藿香正气水灌肠治疗夏季感冒34例。每次3毫升，1岁以下每增加1个月龄加0.3毫升，1岁以上每增加1个月龄加0.2毫升。与西药（安痛定、病毒灵）对照组34例对照，退热效果优于对照组($P<0.01$)。王美霞则用20%大黄粉水溶液保留灌肠治疗外感发热兼见大便秘结者（病种包括感冒夹滞、感冒合并口疮、乳蛾、丹痧、咳喘、急惊风等)60例，半数以上病例在39.2℃～40.2℃之间。高热者辅以物理降温。结果1天内体温降至正常者46例，体温下降者12例，未降者2例，有效率96.7%。吴甫才对各种原因引起的高热，在其他疗法疗效不佳的情况下，将辨证用药煎液灌肠（直肠点滴)，收效显著。并认为大肠吸收药物的速度快于口服，同时避免上消化道的酸硷度和酶对药物的影响，有可不经过肝脏而直接进入大循环等优点，值得推广应用。

2. 擦浴疗法　陈法安等采用退热汤浴洗和肛肠滴注治疗小儿高热270例，结果疗效优于口服对照组（95例）。平均退热时间是：浴洗组1.7天，肛滴组2.1天，口服组2.51天。观察的病种包括上感、扁桃体炎、腮腺炎、肺炎、菌痢等。退热汤由生石膏、葛根、连翘、钩藤、羌活、黄芩、蒲公英、大黄组成，并随证加减。浴洗法为将上药煮10余沸，去渣，再加水，适温浴洗15～30分钟。每日1剂，每剂煎液浴洗2次。刘安澜用青蒿30克，葛根20克泡水擦身，重点对胸背、前额、肘腘窝、手足心多次擦拭，疗效甚佳。张奇文等介绍唐学友治感冒发热用苏叶3克，葱白50克，鲜生姜15克，麻油3克捣烂搅匀，布包擦熨两太阳穴、胸前、背后、手足心，治疟疾发热用雄黄粉1克，煅赭石6克，朱砂1.5克，麝香0.3克研末，入麻油适量，于疟疾发作前2小时涂擦患儿眉心、鼻尖、大椎、命门，收到很好疗效。孙浩自拟清解汤（银花、黄芩、板蓝根各15克，连翘、薄荷、檀香各30克，蒲公英25克，冰片3克）浴洗治暑热症95例，2天退热者69例，4天退热者22例。

3. 敷贴法　文益华用紫雪丹(用量为每次½瓶)填敷患儿脐部治疗小儿高热200例，其中外感风热100例，外感风寒50例，外感夹滞50例（其中有里热证者30例)，结果1天内体温降至正常180例，降至37.5℃以下18例，不降2例。文氏认为该法简便可靠，也不会使邪气内陷或引邪入里，临床运用10余年从未发生不良反应。王忠明则用栀子粉外敷治疗小儿流感、流行性腮腺炎、风疹等所致之高热，方法是用栀子粉30克研末过筛，与鲜鸡蛋清调成糊状，做成小饼（五分硬币大）敷贴涌泉穴。男左女右。每日1次，每次敷8小时。连用3天。发热兼抽搐者加敷内关穴。药饼取下时，敷贴处皮肤呈鸭蛋清色，颜色越深说明效果越好，热退后青色可自退。方红等取生山栀9克研碎，浸入少量70%酒精或白酒中，浸泡30～60分钟，取浸泡液与适量面粉和匀，做成4个如五分硬币大小的面饼，睡前贴在患儿的双侧涌泉和双侧内关穴，用胶布固定，次晨取下。治疗50例均愈。1次退热者22例，2次18例，3次10例。

（朱锦善　曾庆祥）

【口疮的治疗】

口疮一般可分脾胃积热、心火上炎、虚火上浮三型，但也有以胃热、心火分型的。治疗以清热泻火为主的，有张永祥报道本病55例，药用山栀、黄芩、黄连、赤茯苓、生石膏各等分，每日1剂，水煎分3～4次服。结果服药2剂愈29例，4剂愈24例，6剂愈2例，治愈率为100%。邓和平报道1000例。药用黄连、黄柏、青黛各3克，黄芩5克，石膏8克，冰片0.2克，薄荷脑0.1克，研细末，混和分成8包，每日2次，每次1包、开水化服；同时外用口疳散。结果痊愈457例、显效531例，总有效率98.8%。陈性双等采用加味龙胆泻肝汤治疗211例，另设96例作对照(用消炎镇痛薄膜，含服溶菌酶，口服维生素B_2)，结果治疗组总有效率99.6%，平均疗程3.5天；对照组总有效率89.6%、平均疗程13.5天。谢韶祥用黄白一三汤(川连1克，白芍3克，随年龄按此比例增加2～4倍)，水煎服，2日1剂，3剂为1疗程。治疗123例小儿复发性粘膜溃疡，1～2个疗程见效，3个疗程全部治愈。有7例复发，继续用上药仍有效。治疗以清热养胃为主的，有金作砺用生地、麦冬、木通、车前、鲜竹叶、甘草梢煎汤频服，每日1剂，重症2剂。火热甚者加山栀、连翘；大便干燥加大黄(后下)；湿热加黄连、滑石；阴虚火旺加知母；营养不良加太子参。同时配合醋调吴茱萸粉外敷涌泉穴。治疗136例，均愈。一般服2～5剂。吴达昌报道小儿热病后期口腔溃疡36例，用生地、麦冬、玄参、贝母、丹皮、白芍、甘草、薄荷煎服，每日1剂，分2～4次服。余热未清加银花、淡竹叶；便秘加大黄。服药2～4天愈31例，服药5～7天愈5例，治愈率100%。

更多的则以外治法治疗。有邱本元等用中药外敷治疗小儿口炎87例，治愈69例，显效14例。方药：(1) 细辛1.5克，研细末过筛　用唾液调成饼状，贴于脐上；(2) 吴茱萸10克，肉桂5克，研细末过筛，用食醋调成饼状，贴于两涌泉。均在晚上敷上，次晨去掉。一般1～4次见效。史存娥等以儿茶蜜治疗小儿口疮503例，最小10天，最大5岁，以1岁以内为多。药物组成：儿茶9克，维生素B_2 150毫克，研细末，用蜂蜜30克调匀，每日3次涂患处。结果痊愈482例，好转11例。多数1次见效。王忠智用釜底抽新散治疗小儿口疮 260 例，药用吴茱萸 8 克，胆星 2 克，大黄 4 克，均研细末，用陈醋调成糊状，睡熟时敷两涌泉，12小时后去掉。病重者重复一次。结果治愈 202 例，好转58例。张玉盘用白矾研细末，纳入猪苦胆中，以满为度，悬吊于房檐下晾干。至少一年，起白霜时取下，再研细末备用。每日撒口疮处 2 次，治疗 200 余例均愈。段锦芝用细辛 2.5 克加适量小麦粉，温水调成饼状，敷脐上，早晚各 1 次，3 天为 1 疗程。治疗 89 例，3 天内治愈 75 例，好转 12 例，总有效率 97.75%。

（程家正）

【婴儿泄泻外治法】

（一）贴敷法　徐书德将婴幼儿秋冬季腹泻 53 例辨证分为湿热型和风寒型。湿热型 39 例，用颠倒苦参散（苦参、苍术各研末。热重者按 3:1 配合，湿重者按 1:3 配合）以米醋调敷患儿涌泉穴，盖上塑料纸，外用纱布包扎。1 日换药 2 次，3 天为 1 疗程。风寒型 14 例，用苍藁散（苍术、藁本按 2:1 配合研末），以适量唾液调和纳患儿脐中令满，外以胶布复盖。1 日 1 次，3 天为 1 疗程。结果湿热型治愈率 84.6%；风寒型治愈率为 100%。牛敏国等用固本药袋（益智仁、白胡椒、吴茱萸、冰片、艾叶等，共研细粉，用双层纱布夹棉花少许，放入药粉 50 克，封口，每副两袋，宽松带联结，长短随患儿腹围大小而定），前敷神阙，后敷肾俞。敷时在药袋内侧喷白酒少许。敷 10～12 小时后，把药袋取下喷白酒再敷。每副药袋可连用 1 周。治疗 180 例，治愈 118 例，好转 48 例，无效14例，总有效率 92%。王知侠等用自拟三香散（丁香、木香、茴香、吴萸各30克，食盐 250 克，捣碎混合）炒到有香味为度，装入一布袋中乘热置于肚脐上约 30 分钟。每天 1 次，早晚均可。每料药物可用 3 天。共治83例，治愈 48 例，显效 13 例，好转 10 例，无效 12 例。李学声报道治疗组 800 例用淡干姜、鸡爪连、五味子、紫油桂、吴茱萸、瑞龙脑，按 4:4:4:2:2:1 之比配方，共研细末制成“健童散”填满脐中，每次 1～2 克，然后放五味子一粒置药中，盖以伤湿止痛膏，并用手轻轻按揉片刻。隔 2～3 日换药 1 次，连用 2 次为 1 疗程。设对照组 200 例，口服西药小儿抗菌优干糖浆。结果治疗组治愈率 89.5%，明显高于对照组治愈率 37.5%。罗中秋则以玉屏风散外敷脐腹部治疗 64 例，病程连续在 2 周～2 个月。结果敷 1 次治愈者 6 例，2～8 次 53 例，无效 5 例。张化南以车金膏（炒车前子、炒鸡内金各 30 克）敷脐治疗 52 例，治愈 37 例，好转 13 例，无效 2 例。李寿彭则将炒白术、炒山药、硫磺等量研末，用时取 5～6 克，加寸长葱白 3～5 节和适量鲜路边菊，共捣为饼，贴敷神阙穴，治疗小儿久泻 15 例。腹泻持续时间最长 1 年，最短 5 个月。结果显效 11 例，有效 2 例，无效 2 例。肖汗清用一团鸭蛋大的糯米酒糟，撒上胡连、苍术等量研粉 9～10 克捏成饼敷于脐中。治疗 500 例，痊愈 386 例，好转 102 例，总有效率 97.6%。韩如章等报道治疗组1050例，用黄连、白胡椒、冰片研末填脐，1 日 1 次，3 次为 1 疗程。观察 2 疗程，治愈870例，好转 130 例，总有效率 95.2%；对照组 300 例，口服西药止泻宁，治愈 98 例，显效 132 例，总有效率 76.7%。两组比较差别显著（$P<0.01$）。钟勇用姜萸散，刘谋升用复方吴萸散，李雁等用吴萸、苍术、干姜、白术，王象礼等用丁香、肉桂敷脐，分别治疗 86 例，55 例，300 例和 100 例，总有效率分别为 95.3%，94.5%，97%和 91%。孟玉容等则用单味云南白药 1 克，以 70%酒精调成稠糊状填于脐窝处，外用麝香虎骨膏贴封，每日 1 次。治疗 52 例，显效 32 例，有效15例。管宁也用此法治愈 12 例。徐文清等采用白胡椒粉敷贴神阙、长强二穴，治疗 214 例，总有效率为 97.2%。

（二）直肠给药法　史存娥等用止泻粉

（雄黄、冰片、樟丹、御米壳、枯矾、儿茶、黄柏、松香、诃子共研细粉）治疗本病240例。取适量药粉加香油调成糊状，再取大小适中的脱脂棉球蘸药糊塞入肛门内约一指至一指半深处，用力捏紧患儿臀部5分钟。待大便后再放入，1日3次。结果治愈146例，好转82例，无效12例。用药次数最少者3次，最多者15次。赵学云用冰硼散塞肛治疗82例，治愈75例，好转2例，无效5例。疗程短者1天，长者3天。张文仲将半夏泻心汤合理中汤煎剂直肠滴入，速度30～60滴/分，滴完睡卧10～20分钟。每日1～2次，4天为1疗程，共治83例，治愈57例，好转20例，总有效率93.2%。郭云露将101例患儿辨证分治：湿热型，方选自拟复方黄黄饮（黄连、黄芩、炒白术、炒白芍、车前子）；脾肾阳虚型，用附子理中汤合四神丸加味；食积型，用自拟消食汤（山楂、炒麦芽、建曲、炒白术、陈皮、茯苓、制半夏）；风寒型，方选藿香正气散加减。均为保留灌肠。结果治愈84例，显效12例，好转3例，无效2例。许桂英、谢自成、张国范均以葛根芩连汤加味保留灌肠分别治疗本病56例、350例、60例，依次取得总有效率96.43%、治愈率96%和治愈率98.33%的疗效。

（三）穴位划痕法 张丽民等报道在腹泻患儿背部脾俞（双）、胃俞（双），用30号0.5寸毫针在每个穴位上自左而右依次划痕，长2.0～2.5厘米，深度以皮下有点滴出血为准。术后敷以无菌纱布。1周后可施行第2次治疗。治疗73例，1次而愈者32例，2次愈者27例，3次愈者10例。总有效率95%。周先明报道于患儿胸10、11、12夹脊部位先涂适量的生姜汁或麝香风湿油，再以瓷汤匙施行刮法。每侧一般刮200次左右，皮肤呈红色或紫色为好。每日1次，连续3次。治疗284例，治愈281例，无效3例。

（四）外洗法 高树迎采用单味刺蒺藜（2岁以内30～40克，2岁以上40～60克）煎汤温洗患儿双侧下肢，并不断搓揉足底、足背、腓肠肌处。每次15～20分钟，早晚各1次。治疗本病30例。另设对照组30例采用输液和抗生素。结果中药外洗组在止泻、腹胀消失时间方面均较抗生素组明显缩短（$P<0.001$）。卜庆亮用葎草煎剂浸洗足部治疗5000多例，取得满意疗效。

（娄国菁）

【肾病综合征的治疗】

何绚等治疗本病30例，属于脾虚湿困型，药用苏梗叶、茯苓、泽泻、抽葫芦、厚朴、六曲、白术、枳壳、陈皮、知母、麦冬、黄精、太子参，并随症加减。尿蛋白转阴4周后改丸剂。原服激素者递减直至用中药取代。3个月为1疗程。治疗2个疗程后，完全缓解22例，部份缓解5例，无效3例，总有效率为90%。使激素依赖儿4周后复发率明显降低，半年复发率也明显降低（P均<0.005）。肖淑琴等治疗本病74例。基本方：太子参、茯苓、白术、陈皮、鸡内金。肺虚加黄芪、防风；肾虚加生地、山药、女贞子、旱莲草；在服用激素足量期出现阴虚阳亢证时加知母、丹皮、白茅根。经3～18个月治疗，结果缓解55例，部份缓解15例，未缓解4例。随访30例，2～7年无复发者28例（93.3%）。陈建平从脾肾两虚论治，药用太子参、山药、生地、山萸肉、枸杞子、益母草、白术、菟丝子、炙黄芪、白茅根，并随证加减。治疗36例，显效22例，有效9例，无效5例，有效率为86%。

中西医结合治疗较单用西药或中药效果为好。莫志平认为激素应用早期，有明显浮肿者加用温肾利水药，如真武汤加减；中期，可加用和胃健脾药，如二陈汤加减；后期，可加用清热解毒或养阴清热药，如银翘散、知柏地黄汤加减，或五味消毒饮；激素撤退期，随激素剂量的减少，逐渐加入健脾补肾药，如参苓白术散加减。盖庄豪采用三种方法治疗本病31例。（1）单纯中药（11例）：基本方为防己黄芪汤加味，药用黄芪、防己、党参、白术、猪苓、茯苓、泽泻、车前子、陈皮、桑白皮，并随证加减。结果浮肿缓解明显，但尿蛋白、血浆蛋白、血清胆固醇改善不理想。(2) 激素加中药(22例)：强的松首先连续用药，继以间歇疗法。结果尿蛋白转阴，血生化相继改善。(3) 激素、环磷酰胺、中药联合使用(8例)：用于第二种疗法有反复者。中药宜早期应用，激素用后2周加用环磷酰胺。结果未再复发。曾章超等报道：治疗组65例，其中脾虚湿困型用带皮苓、苍术、白术、泽泻、猪苓、陈皮、桑白皮、益母草、生麻黄或桂枝，浮肿消退后用四君子汤合六味地黄丸化裁；脾肾阳虚型用党参、黄芪、附子、熟地、山萸肉、山药、泽泻、丹皮、茯苓、车前子、牛膝，并随证加减。同时使用强的松常规治疗。对照组40例仅用强的松治疗，疗程6～9月以上，如无效者加用环磷酰胺。结果：治疗组与对照组分别基本痊愈（完全缓解并停止治疗3年以上）13例、5例，完全缓解32例、15例，部份缓解16例、11例，未缓解4例、9例，复发6例、9例。治疗组疗效优于对照组（$P<0.05$），复发率亦较低（$P<0.01$）。冯步珍治疗本病95例。脾虚湿困方用四君子汤合五皮饮加减；脾肾阳虚方用真武汤加减；阴虚火旺方用知柏地黄汤加减。西药用强的松和环磷酰胺。结果：95例中，治愈86例，好转5例，无效4例，总有效率95%。住院时间最短者32天，最长者半年，平均51天。叶盛德采用同样的方法治疗71例本病患者也取得了总有效率97.2%的效果。

有人认为在辨证的基础上强调活血化瘀。王玉轩以双补脾肾为主，佐利水、活血、清热法，加用丹参、赤芍等药治愈本病20余例。孟庆中等报道12例难治性肾病，其中气虚血瘀型9例，兼有阴虚火旺3例，血瘀水停3例。以益气活血的生黄芪、干蟾、川芎、赤芍、泽泻为基本方，并随症加减。同时用复方丹参注射液静滴。长期服健脾合剂（异功散加黄芪而成）。结果，近期完全缓解8例，部份缓解4例。

（曹济民 吴志群）

【过敏性紫癜的治疗】

赵连臻采用抗敏汤（茜草15～30克，紫草、生甘草、丹参各10克，鸡血藤15克，大枣5枚）治疗本病80例。其中皮肤型6例，关节型10例，腹型8例，混合型26例，肾型30例。随证加减：血热型加丹皮、赤芍、白芍、地榆炭、生地、大青叶，出血重加三七粉冲服；湿热型加苍术、牛膝、生苡仁、小蓟、白茅根；风热型加连翘、白藓皮、牛蒡子、蝉衣；阴虚者加知母、丹皮、黄柏、旱莲草；气虚型加黄芪、仙鹤草、党参、阿胶；有肾脏损害者，血尿为主加白茅根、小蓟、地榆炭，镜下血尿不消加三七粉、琥珀粉、益母草，蛋白尿不消加益母草、石苇、白术、苡仁。水煎，每日1剂，分2～3次服。结果痊愈53例，好转25例，总有效率97%。平均住院天数15.4天。尹丹等认为本病常发于特异体质儿，多有外感先驱，起病急骤，在疾病过程中必然发生瘀血。治疗除清热凉血外，还需活血化瘀。若病久不愈，反复迁延，其病变多为内脏虚损，尤与脾肾关系最为密切，治疗要兼顾调补脾肾。治疗200例，基本方由青黛、紫草、乳香、丹参、白茅根、丹皮、生地、威灵仙、木香、焦山楂组成。关节肿痛加丝瓜络、牛膝、红花；腹痛加枳壳、玄胡、赤芍、甘草；肾炎加大小蓟、生苡仁、凤尾草、倒蔻草。每日1剂。结果痊愈169例，显效22例，有效6例.总有效率98.5%。服药最短4天 最长67天，平均疗程13.1天。成瑞华自拟紫癜汤（血见愁、黄莲、生地、侧柏叶、使君子、栀子、苍术、孩儿茶、蝉衣）治疗本病36例。每日1剂，分早晚2次服用。结果痊愈34例，治愈率为94%。杨梦兰等以中药为主治疗本病43例，治愈40例，有效3例。紫癜初起用清斑汤（桑叶、生地、焦山栀、白茅根、板蓝根、连翘、紫草)。紫癜日久，属虚证者则用富血汤(制首乌、鸡血藤、赤芍、白芍、紫丹参、当归、生地、益母草)。杨氏等指出，治疗慢性、反复性紫癜，在采用养血柔肝的同时，应选用既有活血又有止血作用的药物，尤其是云南白药或三七粉，不仅对有瘀血现象的紫癜收效甚著，而且对没有明显瘀血现象但久治不愈的病例也有明显疗效。

(虞坚尔)

【闭塞性脑血管炎偏瘫的治疗】

小儿闭塞性脑血管炎偏瘫常并发于一些全身性疾病，或继发于局部、口腔、乳突部及软脑膜的感染。以感染引起的脑血管炎为多。

马洪杰等报道以活血化瘀方法为主治疗本病 10 例，均表现有中枢性偏瘫。其中面瘫 5 例；偏瘫，肢体肌力 0 级 3 例，Ⅱ级 3 例，Ⅲ级 2 例，Ⅳ级 2 例。经脑脊液化验、脑CT 扫描等排除颅内化脓性、结核性感染。发病前多有发热、惊厥、意识障碍等症。其中 2 例腰穿颅内压增高，2 例脑脊液淋巴细胞增高，7 例CT均提示脑部有局灶性或多发性低密度区。治疗用莪红注射液(莪术、红花提取的有效成分制成的灭菌水溶液)加入静脉滴注，病情好转后改为莪红冲剂(方药同前)口服。入院时颅内压增高者短期予以甘露醇、地塞米松治疗。结果：用药 1 疗程(10～15 天)，治愈(瘫痪肢体肌力恢复正常者)7例，显效 2 例，好转 1 例。

费翠兰等报道本病 22 例，所有病例均排除围产期、细菌性脑膜炎及癫痫 Todd 氏麻痹所致的偏瘫。其中急性起病 21 例，反复发作 4 次偏瘫 1 例。病例分为 3 型，卒中型 6 例，急性型 15 例，间歇型 1 例。脑脊液检查，21 例中，2 例白细胞稍增高；脑电图检查，16 例中4 例异常。全部病例早期使用大剂量激素，病情稳定后口服强的松，同时合用复方丹参注射液加入低分子右旋糖酐静脉滴注，配合能量合剂等治疗。结果：痊愈 12 例，显效 9 例，好转 1 例。

小儿钩端螺旋体病脑脉管炎的急性偏瘫是该病的远期神经症状，目前尚无特效治疗，易留后遗症。彭兆麟观察治疗 21 例，取得了较好疗效。患儿均居住农村，有疫源接触史，8 例检测血清钩端螺旋体补体结合试验阳性。21 例均发病于夏秋季，不发热，表现为肢体瘫痪、口眼㖞斜等症。认为病机主要是阳气虚衰，气滞血瘀。施以通阳化瘀法，采用中药加针灸治疗。中药以桂枝、川芎、甘草、地龙、郁金、丹参、当归、黄芪为基本方，浓煎后分次或频服，日 1 剂。同时视年龄大小用复方丹参注射液 8～16 毫升加入 10%葡萄糖溶液中静滴，日 1 次。针灸治疗：上肢取肩髃、曲池、合谷；下肢取环跳、阳陵泉、足三里；口眼㖞斜取地仓、颊车、合谷等。以上穴位交替选用，用泻法，每日 1 次。结果痊愈 13 例，好转(肌力达 3～4 级，肢体功能活动基本恢复)7 例，无效 1 例。

本病单纯中医药治疗报道甚少，邵云报道用一贯煎加减(当归、生地、麦冬、北沙参、甘杞子、川楝子、丹皮、赤芍、牛膝、鸡血藤、石斛、玉竹、玄参、莱菔子、鸡内金、甘草)治愈 2 例。季之颖等以清利湿热、通经活络，佐以芳香开窍的中药治愈 2 例。

(朱锦善　曾庆祥)

【轻微脑功能障碍综合征证治】

高洁等综合近年来中医对本病的认识，认为本病主要为阴阳不调，心肾不交，神志失充。临床多见肝肾阴虚，肝阳上亢，治疗应滋补肝肾，育阴潜阳为主。姜忠珍等也认为小儿多动症与心、肝、脾、肾四脏有密切关系，主要表现为阳有余而阴不足。在治疗上，如心脾不足，可用养心安神、健脾益气，方用养心汤合甘麦大枣汤；肝肾阴虚、肝阳上亢，应滋补肝肾、滋阴潜阳，以杞菊地黄汤加减；而心火上炎、痰热内扰，可清心泻火、化痰开窍，取泻心汤合温胆汤；气滞血瘀、络脉失养，则可活血化瘀、益气通络，当用补阳还五汤加减。马献图亦持同样的看法，认为本病的发生与小儿生理病理特点有关。因小儿为纯阳之体，生机旺盛，阳常有余，阴常不足。阴阳稚弱，故易致阴阳偏颇。

对于本病的诊断，目前尚无统一标准。肖代齐等应用二值回归方程，将辨证要素如做事不善始终、注意力易分散、记忆模糊、产难史等20项辨证指标，经过数学处理，进行计量分析，经临床验证，符合率达98.6%，为中医诊断本病客观化作了可喜的探索。

在治疗方面，胡铭等在原有基础上扩大临床，用熟地、山药、山萸肉、茯苓、泽泻、知母、黄柏、五味子、菖蒲、龙骨、远志等中药制成"静灵"口服液，经463例临床应用，总有效率达91.8%。张横柳等用小柴胡汤加减治疗小儿多动症80例，并与西药组20例对照。方药组成：柴胡6～12克，黄芩5～10克，象牙丝10～15克，北芪30～60克，党参10～15克，女贞子10～15克，淡竹叶5～10克。每日1剂，水煎，分2次服。1个月为1疗程，1～3个疗程评定疗效。西药组用利太林，常规剂量。结果中药组80例，痊愈23例，好转46例，无效11例，有效率为86.25%。与对照组无显著差异。

孙远龄等根据王玉润的经验，用黄芪、大枣、煅龙骨、煅牡蛎、珍珠母、钩藤、炙甘草、浮小麦、夜交藤、当归、白芍、五味子、黄柏等药，组成"益智糖浆"治疗本病。不仅疗效明显，并通过动物实验，观察到该中药糖浆能提高能量代谢，促进动物体内环磷酸腺苷（cAMP）的合成，提高多巴胺、去甲肾上腺素的含量，增强记忆，增强免疫。

（虞坚尔）

【抽动—秽语综合征的治疗】

抽动—秽语综合征又称多发性抽动症、冲动性肌痉挛。其临床特征为慢性、波动性，多发性的运动肌抽搐，并伴有不自主发声和语言障碍。本病在中医文献中无专题论述，近年来按风证、痰证论治，并取得了较好的疗效。

肖淑琴等报道用二陈汤加减治疗本病120例。其中69例病因不详，51例患儿有出生时窒息、高热惊厥、头部轻微外伤和受惊史。病情反复多变，常与感冒、活动量增加、学习紧张及受批评等精神因素有关。临床表现动作多样而多变，出现胸闷、善叹息、咽中声响、全身不定处肌肉抽动（如耸肩、挺胸、鼓肚、伸颈、仰头、眨眼、皱鼻、扬手、蹬足等），辨为脾虚痰聚，肝脉失调所致，采用二陈汤加味（茯苓10～12克，半夏6～10克，栝蒌6～10克，生甘草3克，日1剂，分3次服）治疗，30天为1疗程。若兼有肝郁气滞者加柴胡、枳壳；兼有心血不足者加太子参、生黄芪、当归、白芍；兼有胸阳不振者加薤白、生姜；兼有血瘀者加红花、丹参、琥珀粉。结果痊愈47例，好转63例，无效10例。总有效率为91.7%。

王玄华等报道用中药治疗16例，分为三型治疗。痰火内扰型，治以化痰熄风为主，处方陈皮、半夏、僵蚕、枳实、胆南星、生龙骨、生牡蛎等。肝风内动型，治以平肝熄风为主，处方天麻、钩藤、栀子、郁金、白芍、石决明等。心脾不足型，治以健脾养心，处方为太子参、白术、茯苓、五味子、当归、远志、白芍等。王氏等认为用此三法治疗本病，近期疗效明显，而远期疗效还有待于进一步观察。

苗晋认为本病属中医学中的慢惊风、抽搐、瘛疭、筋惕肉瞤等范畴，以酸枣仁汤加味（酸枣仁、知母、川芎、茯苓、炙甘草、远志、菖蒲、地龙、白芍、黄连）治疗本病1例，证属心肝血虚、痰热内蕴，经1月治疗，诸症消失，读书如常，随访四年未见复发。王恩桂也介绍了刘弼臣先用三甲复脉汤化裁，滋阴养血、平肝熄风，待症状减轻后用桂枝加龙骨牡蛎汤调和营卫、潜镇摄纳而治愈本病1例的经验。

（俞景茂）

【新生儿硬肿症的治疗】

近二年来运用中医药治疗新生儿硬肿症，除用中药注射液静脉滴注以提高疗效外，采用中药外敷法治疗本病的报道也增多。

林文华等报道89例，除以综合治疗(复温、补液、激素、控制并发症）外，还用丹参注射液（含生药1～2克）加入5%～10%葡萄糖液50～100毫升内，静脉滴注（4～8滴/分)，每天1次，连用5天。分成三组观察疗效：(1）单纯用抗生素治疗36例，痊愈2例，无效32例，死亡1例，自动出院1例，平均疗程6天。(2）抗生素无效，加用丹参注射液治疗32例，痊愈30例，死亡1例，自动出院1例，平均疗程36天。(3）抗生素加丹参注射液同时治疗21例，痊愈20例，死亡1例，平均疗程3天。郎益立将61例本病患儿，随机分为两组。治疗组30例，其中足月顺产11例，早产、难产19例；病情轻度7例，中度14例，重度9例；21例有并发症。对照组31例，其中足月顺产10例，早产、难产21例；病情轻度6例，中度13例，重度12例；20例有并发症。两组皆以综合治疗，而治疗组则加用复方丹参注射液2毫升（含丹参、降香各2克)，加入葡萄糖液内静注，每日1次。疗程最短7天，最长15天。结果治疗组30例中，25例平均4天硬肿消退，治愈率83.33%，对照组31例中，18例平均5天硬肿消退，治愈率58.06%。两组病情相似，而治疗组病死率16.67%明显低于对照组病死率41.93%（P<0.05)。王洪珠将新生儿重度(Ⅲ°)硬肿症84例分为两组观察。对照组42例，采用常规综合治疗。治疗组42例，则加用复方丹参（丹参、降香各1克)2毫升和5%葡萄糖液静注，每日1～2次。结果治疗组和对照组微循环改善天数分别为2天、3.5天，硬肿消失6天、8天，平均住院天数12天、16天，治愈28例、23例，死亡14例、19例。疗效对比差异非常显著（P<0.01)。李韫华等报道54例，采用王氏同样的方法，治愈率为72%，死亡率为28%。李氏等认为中西医结合的疗效和以往单用西药治愈率49%、死亡率51%相比，得到显著提高。蒋犁报道54例。对照组28例，单以综合治疗；治疗组26例加用川芎嗪注射液6～10毫克/公斤/日，最大量<20毫克/公斤/日，加入葡萄糖液中静滴，每日1次，3天为1疗程。结果治疗组和对照组疗效分别为显效12例、6例，有效12例、14例，无效2例、8例。住院天数平均11.4±3.2、14.88±3.4；复温所需时间（小时）为11.5±3.6、20.14±4.2；硬肿消退时间（天）为2.76±1.57、4.46±1.93。治疗组在缩短高温、硬肿消退时间上疗效明显优于对照组（P<0.01）。

陈庚玲报道中药活血化瘀膏外敷治疗本病100例。活血化瘀膏用乳香、没药、川乌、草乌各8克，肉桂6克，丁香9克，当归、红花、川芎、赤芍、透骨草各15克，共研细末后加入凡士林500克调成。治疗时将软膏涂抹在纱布棉花垫上加温包敷硬肿面，隔日换药1次。并设对照组80例，单用常规的综合治疗。结果中药外敷组显效37例，有效63例，总有效率100%。对照组显效13例，有效41例，无效26例，总有效率67.5%。两组疗效对比差异非常显著。(P<0.01)陈氏还将对照组中26例无效的患儿，再以中药外敷1～2次后亦得到痊愈。刘清云等也采用活血化瘀膏外敷治疗新生儿硬肿症50例。结果治愈42例，死亡8例。硬肿消退时间为5天者35例，7天者6例，8天者1例。

（娄国菁）

【脑积水的治疗经验】

徐相富等认为临床分型除毒热型、阴虚型、阳虚型、阴阳两虚型外，临床发现患儿舌质暗红、舌边有瘀斑或齿龈、指纹发紫或隐青、脉弦或虚数者多于前四型，为瘀阻型。以行气导滞、化瘀通阻为法，方用丹参桃红芎蚓汤（丹参50克，桃仁、地龙各25克，红花

15克，川芎10克）。症重便秘加麝香0.01克，水蛭0.5克。同时用天南星、柏子仁、防风各等量为末外敷，共治疗51例，均获效验。华荣等报道，张学文认为本病颅脑水瘀、脑络壅塞是病机之关键，而化瘀利水，祛邪通窍是治疗的关键。基本方用丹参、赤芍、川芎、桃仁、红花、当归、茯苓、川牛膝、白茅根、益母草、琥珀、麝香(冲服)、生姜、大枣、老葱，水煎，黄酒送服。一般茯苓、川牛膝用量宜重，瘀象明显加三七粉冲服，先天性脑积水者加鹿角胶、桑寄生，抽搐者加钩藤、僵蚕，外伤加苏木，后期加杜仲、寄生、鹿角胶、黄芪等补益肾气。宋虎杰用通窍活血利水汤（当归、赤芍、川芎、红花、桃仁、丹参、黄芪、地龙、全蝎、车前子、菖蒲、麝香、葱白、大枣)，同时配合活血通水膏（红花、艾叶各60克，皂角1500克，麝香1克）外敷头顶部。治疗7例，痊愈4例，显效2例，有效1例。史淑琴以滋阴补肾为主，兼以健脾益气，平肝熄风治疗3例，均愈。

（顾明达）

【盗汗的治疗】

胡义保将56例盗汗患儿辨证分为气阳虚（20例）和气阴虚（36例）二型。病程最短3个月，最长6年。其中15例作为对照组，予谷维素、维生素、谷氨酸、阿托品等药物治疗，7日为1疗程。41例为治疗组，用桂枝加龙骨牡蛎汤（桂枝、白芍、甘草、大枣、龙骨、牡蛎），每日1剂，7天为1疗程。结果对照组好转2例，无效13例，无效者再以中药治疗。治疗组为54例，痊愈38例，好转11例，无效5例。两组有非常显著差异（$P<0.01$）。杨福盛报道小儿盗汗140例，病程最短10天，最长2年。采用自拟茵陈牡蛎汤（茵陈、生地、生牡蛎、焦山楂、丹皮、五味子、山栀、甘草）治疗，每天1剂，水煎服。兼口渴喜凉饮者，加麦冬、石斛、胡黄连；兼气阴虚弱者，加炙黄芪、白芍、大枣；兼纳呆腹胀明显者，加厚朴、麦芽。结果痊愈（盗汗止，1年未复发者）130例，有效（盗汗止，半年后偶有复发，再用上方仍有效者）32例，无效5例，总有效率为96.4%。方永彦采用加味归脾汤（黄芪、当参、茯苓、白术、当归、桂枝、巴戟天、砂仁、甘草、白豆蔻、丹参、龟板、鳖甲）治疗57例盗汗患儿，结果痊愈47例，好转8例，无效2例，总有效率96.5%。杨德明则取泥鳅鱼4～5两，用温开水洗去鱼身粘液，去头、尾，剖腹去内脏，用适量菜油煎至黄焦色，加水煮汤至半碗，加少许盐调味，喝汤吃肉。分二顿服，每日一次。一般连用5～6天即可见效。共治58例，均获显效。

赵东明等报道，在诊治小儿麻痹症的过程中发现患儿盗汗明显。用柏倍散敷脐治疗。药用生黄柏、五倍子各等分，共研细末备用。另备一块4×4厘米的医用橡皮膏。施治前将患儿脐部洗净擦干，然后取柏倍散药面将脐窝填满，再用温水调药作饼，置于胶布正中，敷在脐上，保留24小时。共治36例，盗汗均消失。其中1次控制者14例，2次17例，3次以上5例。王烈等应用单味五倍子研细末每次5克，用普通食醋调成软膏状，于睡前敷贴脐中，以布带固定勿使脱落，次晨取下。连用4夜为1疗程。共治疗汗症500例。其中盗汗93例，治愈28例（1日治愈者2例，2日者4例，3日者6例，4日者16例），好转63例，无效2例。文明峰则单用五倍子研细末，每晚睡前用适量药粉加温水调成软面状，填平脐孔，用胶布贴脐固定，次晨起床拔除。治疗27例均治愈。其中3次汗止者8例，4次10例，5次8例，5次以上1例。观察1年未见复发。

（娄国菁）

【小儿鞘膜积液的治疗】

宋兰田等用水疝汤（沙参、橘红、橘皮、橘核、猪苓、茯苓、青皮、川楝子、小茴香、车前子、木香、黄柏、佛手、黄芪、防风、升麻）加减治疗小儿鞘膜积液9例，初期用前11味药，当积液部分吸收后酌情减猪苓、车前子用量，加黄柏、防风、佛手、黄芪；待积液大部分吸收阶段再加升麻。结果9例均愈，疗程12天左右。谢存柱认为本病与肝脾肾三经有关。肝气失疏、复受寒湿，以致气滞、水湿内结为本病成因之一；气虚中运乏力，水湿内聚，下流阴囊为其又一成因。用三核补中汤（橘核、荔枝核、芒果核、黄芪、白术、陈皮、炙升麻、党参、当归、炒柴胡、白芍、葫芦巴、小茴香、川楝子、茯苓、甘草、大枣、生姜）治疗3例均获效。庞俊群用验方（小茴香、乌药、青皮、川楝子、鱼腥草、黄芪、车前子、防己）治疗8例均愈。李景白用渗利祛瘀法，张明用清热散结、疏肝理气法，陈丽娜用疏肝理气、健脾利水、散结通络法各治愈1例。

马子知报道16例，内服五苓散加味，外用水疝洗剂（枯矾、五倍子各15克，肉桂9克，冰片2克），每日2次浸泡。结果痊愈13例，好转2例。

索寿臣报道治疗本病243例，用母丁香粉2克放入患者肚脐中，用胶布固定，2日换药1次，20天为一疗程。结果治愈148例，显效72例，有效20例，有效率为98.8%。霍兴隆用汉防己、川芎、小茴香、川椒、艾叶各15克煎汤，白矾10克研细溶化后湿敷，每次30分钟，每日2～3次，治疗本病40例。对积液较多者，用0.25%普鲁卡因作精索周围封闭，穿刺抽出鞘膜积液后再湿敷。结果治愈37例。疗程最短4天，最长12天。张清旺等用苏叶、枯矾、五倍子、蝉蜕煎汤熏洗浸泡治疗36例，治愈30例，有效4例，总有效率98%。李庆用单味威灵仙15～25克煎汤泡洗患处，每日2～4次。2日1剂。治疗10余例，均获效。一般用药3剂即可治愈。秦元峥用煅牡蛎、生石膏研末加蛋清调成糊状，每晚临睡前外敷，次日晨取下，连用3剂为1疗程。共治13例均愈。刘智报道点穴治疗7例，取三阴交（双）、蠡沟（双）穴，采用平、揉、压、放手法。经7～15次治疗，全部告愈。

（顾明达）

参考文献

B

毕可恩，等。192例小儿高热惊厥发病时辰和季节分析。中医药研究，1991；(3):45

卜庆亮。葎草煎剂浸足部治疗小儿腹泻。山东中医杂志，1990；(6):49

C

蔡夫力。中药香囊(袋)预防小儿流感50例疗效观察。中国医院药学杂志，1991；(7):330

陈法安。退热汤外治法治疗小儿高热270例。新疆中医药，1990；(3):39

陈庚玲。中药外敷治疗新生儿硬肿症100例。陕西中医，1991；(8):353

陈建平。参芪术药汤治疗小儿肾病综合征。四川中医，1991；(2):31

陈丽娜。小儿睾丸精索鞘膜积液治验。云南中医学院学报，1991；(2):38

陈文利。中药治疗小儿佝偻病的临床研究。北京中医，1991；(4):17

陈性双，等。龙胆泻肝汤治疗小儿口疮211例。陕西中医，1991；(8):354

陈展中，等。清热止痉法治疗重症新生儿破伤风31例疗效观察。湖南中医杂志，1991；(2):15

成瑞华。自拟紫癜汤治疗小儿紫癜50例。吉林中医药，1990；(6):17

崔淑珍，等。活血化瘀法治疗小儿特发性血小板减少性紫癜。吉林中医药，1991；(3):25

D

邓和平。内外合治小儿口疳1000例。陕西中医，1990；(4):162

杜克宽。中药治疗婴幼儿虚寒型腹泻200例。江苏中医，1992；(5):17

段锦芝。细辛外敷治疗小儿口舌生疮89例。中医药

学报，1991；(3)：39

F

方永彦。归脾汤治疗小儿盗汗57例。陕西中医，1991；(8)：369

方　红，等。生山栀外敷治疗小儿发热50例。陕西中医，1991；(12)：554

费翠兰，等。小儿急性闭塞性脑血管病偏瘫22例临床分析。实用中西医结合杂志，1991；(2)：86

冯步珍。中西医结合治疗小儿肾病综合征95例。陕西中医，1991；(7)：497

冯益真，等。麻地定喘汤为主治疗小儿喘息性疾病200例疗效观察。山东中医杂志，1991；(2)：20

G

高树迎。刺蒺藜煎汤外洗下肢治疗小儿秋季腹泻60例观察。黑龙江中医药，1991；(4)：36

高智铭，等。肺宝防治小儿反复呼吸道感染临床与实验研究。中西医结合杂志，1991；(4)：206

高　洁，等。中医治疗儿童多动综合征近况。山东中医杂志，1991；(1)：60

盖庄豪。儿童肾病综合征31例疗效比较观察。湖南中医杂志，1991；(2)：40

管　宁。穴位贴敷云南白药治疗婴幼儿腹泻。实用中西医结合杂志，1990；(3)：184

郭云露。保留灌肠治疗婴儿泄泻101例。中医临床与保健，1991；(1)：11

H

韩如章，等。填脐粉治疗小儿腹泻的临床疗效观察。江苏中医，1991；(9)：18

何天有，等。痰热咳喘方治疗小儿肺炎180例。陕西中医，1991；(8)：343

何　绚，等。小儿肾病合剂治疗30例小儿肾病综合征临床观察。天津中医，1990；(2)：6

胡义保。桂枝加龙骨牡蛎汤治疗小儿睡眠多汗症。河南中医，1991；(5)：26

胡　铭，等。静灵口服液治疗儿童多动症463例临床疗效观察。中成药，1991；(6)：24

华　荣，等。张学文教授治疗小儿脑积水的经验。陕西中医，1991；(8)：337

霍兴隆，中药湿敷治疗小儿鞘膜积液40例。陕西中医，1991；(8)：368

J

姬树鹏。小牛胸腺素结合中医辨证防治小儿支气管哮喘临床观察。中西医结合杂志，1991；(8)：492

纪凤鸣，等。江育仁教授治疗小儿咳喘用药特点。江苏中医，1991；(12)：1

季之颖，等。小儿急性偏瘫验案二则。中医杂志，1989；(1)：21

江育仁。防感口服液的临床作用及机理探讨。中医杂志，1990；(12)：8

姜忠珍，等。小儿多动症的中医辨证施治。中医药学报，1991；(4)：23

蒋　犁。川芎嗪治疗新生儿硬肿症的疗效观察。江苏中医，1991；(9)：21

金作砺。小儿口疮136例治验。上海中医药杂志，1988；(8)：22

K

柯松德，等。复方黄芪散治疗反复呼吸道感染儿27例疗效观察。中国农村医学，1991；(1)：47

L

郎益立。复方丹参注射液治疗新生儿硬肿症30例。中西医结合杂志，1990；(9)：567

李景白。睾丸鞘膜积液治验。吉林中医药，1991；(4)：30

李新民，等。顺气豁痰法治疗小儿精神运动性癫痫。中医杂志，1991；(4)：26

李寿彭。贴脐治疗小儿久泻。四川中医，1991；(4)：19

李学声。健童散覆脐治疗小儿腹泻探析。北京中医，1991；(1)：18

李晏龄，等。小儿泻速停冲剂治疗小儿腹泻419例临床与实验研究。中西医结合杂志，1991；(2)：79

李韫华，等。中西医结合治疗新生儿硬肿症54例。江苏中医，1991；(12)：19

李　庆。威灵仙治小儿鞘膜积液。辽宁中医杂志，1989；(6)：45

李　雁，等。小儿敷脐散治疗婴幼儿腹泻300例临床观察。中医研究，1991；(2)：34

林文华，等。丹参注射液治疗新生儿硬肿症89例观察。中原医刊，1990；(2)：14

龙锦烺。加味白术散预防小儿反复呼吸道感染疗效观察。浙江中医杂志，1991；(8)：353

刘安澜。中医外治法治疗小儿疾病初探。新中医，1991；(9)：14

刘国栋，等。藿香正气水灌肠治疗小儿夏令感冒34例退热效果观察。河北中医，1991；(5)：12
刘谋升。复方吴萸贴敷散治疗小儿泄泻108例。湖南中医杂志，1991；(6)：46
刘清云，等。活血化瘀膏外敷治疗新生儿硬肿症50例疗效观察。河南中医，1991；(4)：39
刘　智。点穴治疗小儿睾丸鞘膜积液。辽宁中医杂志，1991；(5)：40
罗中秋。玉屏风散外敷治疗小儿迁延性肠炎64例。湖南中医杂志，1991；(6)：47
M
马洪杰，等。莪红注射液为主治疗小儿闭塞性脑血管炎所致偏瘫10例。中西医结合杂志，1991；(6)：361
马少武。外用退热散治疗小儿发热。四川中医，1991；(10)：4
马献图。儿童多动症中医病机初探。陕西中医函授，1991；(5)：11
马子知。中医治疗鞘膜积液16例。河北中医，1990；(5)：11
马　融，等。防感合剂防治小儿反复呼吸道感染的临床研究。中西医结合杂志，1991；(10)：592
梅　力，等。猪苓多糖对免疫功能低下的体弱儿童疗效观察。中医杂志，1990；(3)：40
孟庆中，等。益气活血法治疗小儿原发性肾病综合征12例疗效观察。中医药信息，1991；(3)：32
孟玉蓉，等。云南白药穴位敷贴治疗婴幼儿秋季腹泻52例。中国医药学报，1990；(4)：44
苗　晋。抽动一秽语综合征一例治验。中医杂志，1990；(8)：10
莫志平。小儿肾病综合征的中西医治疗。实用中西医结合杂志，1991；(6)：379
N
牛敏国，等。固本袋敷神阙、肾俞治疗婴幼儿腹泻180例临床总结。安徽中医学院学报，1991；(4)：38
P
庞俊群。小儿睾丸鞘膜积液。广西中医药，1987；(6)：42
彭兆麟。中药治疗小儿钩端螺旋体病急性偏瘫21例。陕西中医，1991；(1)：13
q
秦元崿。牡蛎石膏散外敷治疗小儿鞘膜积液。中成药，1989；(3)：46
邱本元，等。中药外敷治疗小儿口炎87例。中原医刊，1990；(5)：31
渠敬文。百子平咳汤治疗百日咳痉咳期80例。辽宁中医杂志，1991；(1)：22
S
邵　云。一贯煎治小儿瘫痪。四川中医，1990；(4)：13
时毓民，等。益气补肾活血法治疗儿童特发性血小板减少性紫癜及血小板聚集功能的变化。中西医结合杂志，1991；(1)：14
史存娥，等。止泻粉塞肛治疗小儿腹泻240例。山东中医杂志，1991；(4)：30
儿茶蜜治小儿口疮。四川中医，1990；(11)：47
史淑琴。中医药治疗小儿脑积水三例。黑龙江中医药，1991；(2)：27
宋虎杰。通窍活血法治疗脑积水7例报告。新中医，1991；(7)：22
宋兰田，等。水疝汤加减治疗小儿鞘膜积液9例。吉林中医药，1990；(5)：21
宋南萍，等。小儿热速清口服液治疗小儿上感，高热96例疗效观察。河南中医，1991；(1)：12
孙铁秋，等。小儿支气管肺炎的辨证治疗。江苏中医，1991；(10)：7
孙远龄，等。益智糖浆治疗儿童多动症的动物实验观察。陕西中医学院学报，1991；(4)：37
索寿臣。母丁香粉治疗小儿睾丸鞘膜积液243例观察。河北中医，1990；(3)：6
W
汪受传，等。运脾方药治疗小儿厌食症的临床与实验研究。中西医结合杂志，1991；(2)：75
王常勇，等。中西医结合治疗小儿病毒性心肌炎临床观察。中西医结合杂志，1991；(7)：436
王恩桂。刘弼臣教授临证治验四例。北京中医，1988；(5)：7
王华光。补脾益气固表汤防治儿童频发呼吸道感染。江西中医药，1991；(6)：55
王洪珠。中西医结合治疗新生儿重度硬肿症疗效观察。实用中西医结合杂志，1991；(6)：363
王美霞。大黄灌肠治疗小儿外感高热60例。陕西中医，1991；(8)：345
王象礼，等。小儿健脾止泻膏治疗小儿腹泻100例

临床报告。山西中医，1991；(6)：16

王玄华，等。中医药治疗儿童抽动——秽语综合征。中医药研究，1989；(2)：18

王万春。丹参治疗小儿病毒性心肌炎112例的临床分析。实用中西医结合杂志，1991；(5)：283

王文治，等。临证治疗小儿难治性迁延性肺炎体会。中医函授通讯，1991；(4)：封3

王玉轩。中药治疗小儿肾病综合征验案举隅。陕西中医，1991；(8)：361

王忠明。栀子粉外敷治疗小儿高热。四川中医，1990；(10)：29

王忠智。釜底抽薪散治小儿口疮效好。新中医，1991；(6)：22

王知侠，等。中药外敷治疗小儿腹泻83例。陕西中医，1991；(1)：19

王僧琪，等。延寿散治疗厌食症、疳积症2000例临床体会。江西中医药，1991；(2)：39

王作林。凉膈散加减治疗小儿原发性癫痫10例。中国医药学报，1991；(2)：40

王　烈，等。五倍子散敷脐治小儿汗症500例报告。中医杂志，1991；(12)：48

温振英，等。扶正祛邪法治疗小儿病毒性肺炎的临床与实验研究。中医杂志，1991；(10)：41

文明峰。五倍子填脐治疗小儿盗汗27例。云南中医杂志，1991；(4)：34

文益华。紫雪丹敷脐治疗小儿高热200例。河北中医，1991；(4)：12

吴达昌。养阴清肺汤治疗小儿热病后期口腔溃疡36例。江苏中医，1988；(4)：13

吴甫才。肠道给药治小儿高热。四川中医，1991；(3)：13

X

肖代齐，等。多动综合征的中医计量诊断。湖北中医杂志，1991；(4)：28

肖汗清。胡连苍术酒糟泥外敷神阙穴治疗小儿腹泻500例。中西医结合杂志，1991；(10)：635

肖淑琴，等。二陈汤加减治疗小儿抽动—秽语综合征120例。北京中医，1991；(1)：44

中医治疗74例小儿肾病综合征。中医杂志，1991；(3)：33

谢存柱。三核补中汤治疗小儿睾丸鞘膜积液。云南中医杂志，1986；(1)：5

谢韶祥。黄白一三汤治疗小儿口疮。中医杂志，1987；(7)：32

谢自成。止泻合剂保留灌肠治疗小儿腹泻350例。新中医，1990；(12)：30

徐文清，等。白胡椒粉敷贴治疗婴幼儿腹泻。河南中医，1991；(5)：39

徐相富，等。梗阻性小儿脑积水辨治。中医杂志，1991；(8)：20

徐书德。外敷法治疗婴幼儿秋冬季腹泻。中国乡村医生，1991；(12)：35

许德金，等。丹参对小儿支气管哮喘临床及实验研究。中医杂志，1991；(2)：41

许桂英。清肠液灌肠治疗小儿腹泻102例。上海中医药杂志，1989；(9)：18

Y

阎超然，等。中药超声雾化吸入治疗小儿肺炎。中医杂志，1991；(2)：39

杨德明。泥鳅鱼治疗小儿盗汗。湖南中医杂志，1988；(2)：45

杨福盛。茵陈牡蛎汤治疗小儿盗汗140例。陕西中医，1991；(12)：532

杨梦兰，等。中药为主治疗小儿紫癜118例。北京中医学院学报，1991；(6)：37

杨秀婷，等。银翘双解栓治疗小儿风热袭肺证的临床疗效观察。中医药学报，1991；(4)：25

叶盛德。中西医结合治疗小儿肾病综合征71例临床报告。甘肃中医学院学报，1991；(4)：24

尹　丹，等。中药治疗小儿过敏性紫癜200例。中国医药学报，1990；(6)：39

余国飓，等。桂枝二越婢一汤治小儿上呼吸道感染发热130例。浙江中医杂志，1991；(11)：492

Z

曾章超，等。中西医结合治疗小儿原发性肾病综合征65例疗效分析。福建中医药，1991；(3)：18

张国范。中药合剂保留灌肠治疗秋季泄泻。河南中医，1989；(5)：4

张横柳，等。儿童轻微脑功能障碍综合征的中医治疗初探—附100例分析。中西医结合杂志，1990；(5)：278

张化南。车金膏贴脐治疗小儿腹泻52例。黑龙江中医药，1991；(1)：5

张建明，等。中药治疗婴幼儿轮状病毒肠炎832例报告。中医杂志，1991；(8)：35

张丽民，等。穴位划痕治疗小儿腹泻。山东中医杂志，1990；(1):15
张宪军。加味玉屏风散防治小儿反复上呼吸道感染。中西医结合杂志，1991；(10):619
张奇文，等。全国第四次中医儿科学术会议内病外治疗法研究述评。中医杂志，1991；(1):47
张清旺，等。苏叶枯矾煎外用治疗小儿鞘膜积液36例。陕西中医，1991；(1):16
张文仲。中药直肠给药治疗婴幼儿腹泻83例。江西中医药，1989；(3):27
张玉盘。治疗小儿口疮验方。山东中医杂志，1991；(2):57
张永祥。泻脾汤治疗幼儿口腔炎。江西中医药，1987；(1):21
张　卉。中药灌肠配合西药治疗婴儿重症肺炎观察。陕西中医学院学报，1991；(1):39
张　亮，等。强力防感口服液预防小儿反复呼吸道感染的疗效观察。湖南中医学院学报。1991；(3):14
张　明。小儿精索鞘膜积液治验。新中医，1989；(9):19
张　南。宣通三焦法治疗小儿嗜酸性粒细胞肺浸润。中医药信息，1991；(2):33
赵东明，等。敷脐治疗麻痹证患儿盗汗36例疗效观察。黑龙江中医药，1991；(4):40
赵连臻。抗敏汤加减治疗小儿过敏性紫癜80例。浙江中医杂志，1991；(12):541
赵学云。冰硼散塞肛治疗小儿秋冬腹泻。山东中医杂志，1990；(2):53
钟　勇。姜萸散敷脐治疗小儿腹泻86例。广西中医药，1991；(3):106
周先明。华陀夹脊穴刮法治疗婴幼儿腹泻284例。湖北中医杂志，1991；(3):39
周贤能。三叶青治疗小儿病毒性肺炎。浙江中医杂志，1991；(10):464
朱锦善，等。复方山楂口服液(丸)治小儿厌食症90例临床观察。江西中医药，1991；(2):32

(6) 外　科

【概述】

（一）疮疡　侯勇用玉屏风散加减治疗多发性疖35例，治愈率为94.3%。并认为本病多是皮毛不固，营卫不和，外邪侵袭，蕴阻皮肤所致，提示本方的抗感染机理可能是通过改善全身情况及机体免疫功能，从而改善局部防卫屏障的能力而起作用。王景春用托里消毒散治疗虚证脑疽发背64例，治愈率为100%，重用黄芪50克，银花100克，配合人参、当归、白术、白芍、茯苓、白芷、川芎、皂角刺等。刘再朋等用中药治疗顽固性窦道30例，治愈25例。主要采用含汞的升丹（水银、火硝、白矾升华而成）药条，用长纤维的棉纸，搓成不同粗细、长短的纸条，以白及粉浆或稀面糊浸湿，粘上含量不同的升丹药粉，搓滚均匀，阴干即成。此药条既能杀菌消炎解毒，又能使炎性肉芽、坏死组织、窦道管壁溶解，使其引流通畅、暴露异物，使窦道愈合。余培南治疗眼镜蛇咬伤溃疡114例，全部治愈。初期用黄连解毒汤，中期用透脓散，后期用当归补血汤、参苓白术散等；外洗方用小叶三点金草等。促进局部血液循环好转是蛇伤晚期防止局部组织坏死，加速溃疡愈合的主要方法。郭彩霞等治疗300例破溃型淋巴结结核，有效率为100%。辨治为痰火凝结型用夏枯草、猫爪草等；气虚寒凝型用生黄芪、肉桂等。外用丹药，主要是汞剂，汞可以和TB菌体内酶中的硫基结合，从而杀死病菌。初用五五丹，次用七三丹、八二丹，最后用九一丹。洪淑云等以麝雄灸线疗法治疗淋巴结结核39例，全部痊愈。并对其免疫调控进行了研究。治疗结果表明：患者外周血CD_3^+、CD_4^+细胞百分率和CD_4^+/CD_5^+比值均上升，淋转活性恢复至正常，同时症状改善，肿块消退，溃疡愈合。

（二）乳房病　张光丽等以逍遥散合二陈汤加减，治疗乳腺增生病51例，有效率为96.1%，用药前后分别进行唾液雌二醇、孕酮、睾酮、血清泌乳素水平测定和乳腺钼靶X线摄影检查对照。药后雌二醇、泌乳素浓度下降，睾酮无明显改变，增生腺体部分吸收。说明此方药有调节内分泌作用，通过抑制泌乳素分泌，减少对促卵泡成熟激素的拮抗作用恢复卵巢功能，并调整垂体一卵巢轴分泌。对预防乳腺增生病癌变有一定作用。

（三）周围血管病　周聪和以活血化瘀法治疗血栓闭塞性脉管炎57例，痊愈21例，显效19例，有效14例。主药为丹参、归尾、桃仁、红花、毛冬青等。王景春对本病180例进行辨证施治，分虚寒凝滞型、血脉瘀滞型和热毒型。结果痊愈90例，显效58例，好转26例。王氏还报道用当归四逆汤治疗雷诺氏病37例，治愈10例，显效18例，有效9例。王氏还用当归活血汤加味治疗小腿深静脉炎30例，痊愈19例，显效9例，好转2例。姜福连报道内服外熨加味仙方活命饮治疗血栓性静脉炎12例，有效率为100%。内服银花、连翘、蒲公英、当归、赤芍、红花、乳香、没药、丝瓜络等；外用上方药渣趁热熨患处。

（四）皮肤病　贾东强等用消风导赤汤治疗急性湿疹37例，总有效率84%。主药为生地、银花、牛蒡、薄荷、黄连、白藓皮等。邹明祥辨证治疗银屑病148例，风寒型用荆防败毒散合四物汤；血热型用槐花汤或化斑汤，气滞血瘀型用桃红四物汤；血虚风燥型用生血润肤汤。治愈59例，显效54例，有效25例，无效10例。施曼绮等用银屑病浴液及霜剂治疗银屑病320例，随机分外用药组、内服药组各100例，外用加内服药组120例，其有效率分别为81%、74%、94.2%。浴液主药为黄连解毒汤加生地、赤芍、生地榆、槐花、地肤子、蛇床子、五倍子、苦参等，内服氨肽素、V_A、V_C等。陈英等用抗荨丸治疗荨麻疹320例，有效率为99.37%。本方由中药防风、蝉蜕、白藓皮、黄芪、赤芍、白芍、生地等，西药安泰乐、赛庚啶等配制而成。马宽玉等辨证分型治疗青年痤疮250例，肺胃湿热型用黄连解毒汤加生地、生石膏、白花蛇舌草等；痰瘀互结型用桃仁、红花、川芎、丹参、夏枯草、牡蛎等。治愈156例，显效84例。胡德明用竹叶柳蒡汤治疗痤疮158例，主药为干柳枝、牛蒡、荆芥、薄荷、竹叶等，有效率为95%。李秀敏等以中药倒模面膜治疗痤疮、黄褐斑、扁平疣216例，主要为丹参、当归、白芷、紫草等，并施用摩、揉推、搓、按、叩、梳手法，疏通经络、消积散瘀、调和气血，并借助石膏的释热效应，加速血液循环，促进药物吸收，总有效率为78.7%。刘丽达等以耳压倒模面膜法治疗黄褐斑91例，有效率为95.6%。耳穴取反应点，加压用王不留行。路琳综合中医药治疗扁平疣为辨证施治分三型：风湿热型用板蓝根、生薏仁、柴胡、黄芩等；血瘀型用桃仁、红花、当归、赤芍、川芎等；脾虚型用黄芪、党参、虎杖、蛇舌草等。吴宏斌用中药薏苡仁、黄芪、大青叶、马齿苋、红花、紫草加注射聚肌胞，经治扁平疣73例，总有效率为93%，平均治疗天数9.05天。郭在培等用六味地黄丸加麦冬、五味子治疗异位性皮炎，有效率为60%。张国山报道活血通络止痒方治疗老年性皮肤瘙痒症90例，主药为当归、生地、白藓皮、苦参等，总有效率为93%。王鹏辉报道苍术膏为主治疗寻常性鱼鳞病60例，主药为苍术、鸡血藤、薏米仁、当归等，有效率为88.3%。林森报道凉血解毒祛湿法治疗剥脱性角质松解症15例，主药为赤芍、丹皮、银花、连翘、白藓皮、地肤子、苦参、苍术等，有效率为100%。王兰镇用阿矾石癣粉治疗足癣97例，有效率100%。苑勰治疗硬化性筋膜炎60例，辨证分郁邪化热、经络阻滞型，治以凉血清热、理气通络；肝郁气滞、瘀血阻络型，治以舒肝解郁、活血通络；脾阳不振、气虚血瘀型，治以健脾益气、养血化瘀；肝肾阴虚、寒凝肌肤型，治以滋补肝肾、活血逐瘀。有效率为96.7%。

（五）胆系疾病　排石疗法已转向“化石”或“溶石”方面的探索。路志正认为应以辨证论治为基础，消法为主的治法，以期达到结石变小，减少或消失的目的。刘亚娴则针对痰、瘀、浊进行施治，常用柴胡、木香、枳壳、郁金、茵陈、半夏、丹参、茯苓、泽泻、金钱草、大黄等。焦东海应用单味大黄的体会是：剂量要大，要猛，使患者每天有2次以上的大便。钱秋海等分两型施治：肝胆湿热治以通腑利胆、理气清热化湿；肝郁脾虚治以健脾疏肝。张元兴用小柴胡合茵陈蒿汤加减治疗胆石症，当发作时，每加芍药甘草汤。吴灵光报道辨证分肝郁气滞型用四逆散、保和丸加减；湿热蕴结型用藿香正气散、三仁汤加减；毒热型用龙胆泻肝汤、安宫牛黄丸加减。有效率分别为91.7%、89.8%、50%。朱培庭等用养肝利胆合剂Ⅰ号治疗178例肝阴不足型胆石病，有效率92.11%；用养肝利胆合剂Ⅱ号治疗182例，有效率90.11%。金庆丰等报道通胆胰汤（罗布麻叶、野菊花、柴胡、枳壳、香附、郁金、延胡索、大黄）治疗胆道感染及胆石症和胰腺炎1264例，总有效率为93.43%。王德华等用解毒化瘀汤（七叶一枝花、白花蛇舌草、半边莲、金钱草、丹参、枳实、黄连、大黄）治疗急性胆系感染47例，有效率为95.8%，该方有直接清除血浆内毒素和保护组织器官、调节免疫能力的作用。

（马绍尧）

【有头疽的治疗】

黄礼等报道辨证分型治疗252例，其中（1）热毒型（178例），药用：野菊花、蚤休、连翘、丹皮、赤芍、蒲公英、紫地丁、大青叶、六一散、金银花、皂角刺。高热神昏者，加犀角或神犀丹；动风惊厥者，加安宫牛黄丸或紫雪丹等。（2）阳虚型（31例），药用：鹿角霜、生黄芪、蒲公英、紫地丁、银花、赤芍、连翘、蚤休、白茄蒂，另金匮肾气丸（包煎）。若气虚者，加党参或别直参；脓毒不透者，加皂角刺。（3）阴虚型（43例），药用：太子参、生地、川石斛、地骨皮、玄参、鸭跖草、丹皮、青蒿、银花、生甘草。若疮面久不愈合者，加服四妙片。以上各型均加用外治药。结果治愈250例，好转2例。王景春以托里消毒散加减治疗虚证脑疽、发背64例，全部治愈。基本方：黄芪30克，金银花100克，人参10克，当归、白芍、茯苓各20克，白芷、皂角刺、白术各10克、甘草5克、川芎、桔梗各10克。加减法：气虚加倍黄芪、人参；血虚加熟地10克；内热毒盛，加玄参10克，倍金银花；脓腐不出加山甲珠10克；体胖痰湿盛加陈皮、半夏各10克；有毒气内陷趋势，加服牛黄安宫丸或犀黄丸。

刘爱民在专论脑疽外治法中指出：初起成形期，用金黄散、冲和散箍围；蕴脓溃腐期，拟选用（1）针刺泻火箍毒，（2）药线提脓去栓引流，（3）手术决脓排毒外泄，（4）蚕蚀清疮与提脓祛腐相辅为用；敛口愈合期采用（1）以枯矾冰片液纱条收敛滋液，清洁疮窦；（2）加垫加压，促其疮窦粘合；（3）以芙蓉膏纱条等生肌长肉；（4）以冰石散、万应膏等敛口护疮。陈惠藩以羊肉爵床汤治愈阳虚型背疽46例，方法是鲜羊肉300克，爵床（六角仙）全草120克（鲜者更佳，量加3倍），煎饮，每日服一剂，症重者可日服二剂。此外，李加坤以“十”字切口加桑皮纸药线蘸九一丹、七三丹、五五丹，提吊邪毒治疗未成脓期发背114例均愈。本法可缩短疗程，又可避免内陷之变。

（唐汉钧　汝丽娟）

【甲状腺囊肿的治疗】

梅广源报道对甲状腺囊肿临床治疗观察218例，均系痰气郁结，气滞血瘀和热毒交炽所酿成者，治以清热化痰，逐瘀散结。基本方：猫爪草30克，石上柏、丹参、夏枯草、栗毛球各20克，三棱、莪术、贝母、牡蛎各15克，甘草10克。并随证加减，30天为一疗程。观察1～3个疗程后，经触诊及A型超声波检查，除5例无效外，肿块完全消失者175例，有效38例，总有效率97.7%。经5年追踪观察，仅1例复发，再服前方又消失。张杨报道治疗本病76例(冷结节47例，热结节3例，凉结节8例，温结节18例)，服用自制消囊丸：炙乳香、炙没药、制香附、三棱各35克；地龙、山甲片各75克，当归40克，制马钱子7.5克，全蝎10克，共研细粉，制成黄豆大丸剂。每次10粒，每日2次，饭后水送服。局部外贴红膏药（制松香、苦杏仁、银朱、炙乳香、炙没药、蓖麻子油、阿魏)。用药30天为一疗程，经2个疗程后，治愈62例，显效9例；无效5例。并认为本病大多由于忧郁恼怒，思虑过度，致瘀血痰浊结于颈部，故投以消囊丸而取效。梁钦等报道50例，均属单纯性腺肿，囊肿大小在1.5～3厘米者28例，3～6厘米者22例。内服活血化瘀汤(当归、海藻、川贝母、半夏、炒山甲、黄药子、牡蛎、桃仁、赤芍)。30天为一疗程，经治3个疗程，治愈18例，有效25例，无效7例。

杨玉海报道治疗本病40例(囊肿多位于甲状腺下极，肿物大小如核桃至鸡蛋样不等，多为单发囊肿)，病程6个月到1年内者居多，最长达9年。内服自拟“消瘿汤”（柴胡、栀子、贝母、玄参、白术、郁金、昆布、海藻、薄荷、川楝子、甘草、夏枯草)，7天为一疗程。配合囊内抽液。结果治愈（囊肿完全消失)33例，有效（囊肿缩小或留下一硬结）5例，无效2例。张兴无等报道中西医结合治疗本病62例，经同位素扫描、B超检查或诊断性穿刺而确诊。病程最短4个月，最长3年。中药以海藻玉壶汤加减，连服5天为一疗程。配合囊腔内注射：确诊后行甲状腺囊肿穿刺术。先抽尽囊腔内液体，再向囊腔内注入氢化波尼松混悬液，药量视囊肿腔大小而定，一般用20～40毫克。以后可根据囊肿缩小情况，间隔5～7天重复穿刺注射1次，药量减少。结果治愈60例，好转2例(因未坚持治疗)。总治愈率96.8%。其中腔内注射1次，中药1疗程治愈者15例；注射2次，中药2疗程治愈者31例。随访最长3年，最短半年，均未复发。

（娄国菁）

【尖锐湿疣的治疗】

尖锐湿疣是常见的、难治的性传播疾病之一。司在和根据辨证治疗尖锐湿疣40例。其中肝胆湿热型(15例)，方用龙胆泻肝汤加减；热毒炽盛型（8例），方用六味地黄汤合三黄解毒汤加减；痰血阻滞型(10例)，方用桃红四物汤化裁；脾虚湿浊型（9例)，方用除湿胃苓汤加减。均配合外洗，药用：狼毒、蒲公英、地肤子、藤梨根各30克，透骨草20克，明矾、冰片各10克，黄柏15克。结果除2例无效外，治愈28例，有效10例，总有效率为95%。叶之龙治疗本病102例，用龙胆泻肝汤内服，配合明矾液外用，结果痊愈率79.4%，总有效率98%。江海燕介绍张文雄则用龙胆泻肝汤和三妙散加减内服，外以1/8000高锰酸钾洗浴后扑痱子粉。共治9例，治愈5例。高培德采用龙胆泻肝汤内服，外用聚肌胞，治愈2例阴茎尖锐湿疣。王宗荣也以内服龙胆泻肝汤化裁，外用自拟消疣散（苍术、黄柏、枯矾、青黛、冰片、轻粉）治疗84例肛门尖锐湿疣，痊愈68例，好转16例。疗程2～4周，平均3周。徐杰军用六味地黄汤加味，治愈1例顽固性阴茎尖锐湿疣。周玉祥等报道以激光并中药治疗肛门尖锐湿疣12例。内服中药：土茯苓、白花蛇舌草、半枝莲、大青叶、野菊花、七叶一枝花各30克，苦参、黄柏、苍术、白术各15克，生黄芪20克，生甘草10克。浓煎400毫升，分2次口服，每日1剂。加用激光治疗，均愈。宁蔚夏等摘译报道将单味薏苡仁提取物制成片剂，每日服8～14片，共治4例均愈。

外治法，江海燕介绍王天祥外治本病3例均愈。药用紫草、木贼、黄柏、苡仁、板蓝根等，加入桃仁、红花、川芎、牡蛎等以清热解毒、活血散结，枯矾以收敛，熏洗揉搽患处，日2次。王孝明以抗癌中草药喜树碱注射液加二甲基亚砜与蒸馏水蘸涂疣表面，治愈女阴尖锐湿疣3例。赵淑贞等以银花、黄芩、连翘为主药，局部坐浴。配合外涂抗疣灵软膏（主要成份为环胞苷），治疗女性生殖器尖锐湿疣36例，痊愈28例，治愈率93.3%。杨英用竹签蘸五妙水仙膏原汁点涂疣体，连续点涂2～4遍，直至疣体变平为止，治愈6例。朱士涛在局麻后以加热之火针，从疣顶刺向疣之基底逐个烧灼，治疗阴部尖锐湿疣40例，治愈32例，痊愈率80%。高淑华用中药熏洗治疗本病55例，药用：黄柏、板蓝根、紫草、木贼、香附、苡米、桃仁、红花、当归、川芎、牡蛎各50克。全部治愈。张友陇等治疗本病15例，用中药洗剂（金银花、板蓝根、蛇床子、白藓皮、黄连、黄柏、苦参、苍耳子）和粉剂（炒黄柏、青黛、滑石各等份共研细末），总有效率86.7%。姜萼桃等用复方苦楝素涂剂，治疗本病12例，痊愈率84%。王炳炎治疗本病43例，用疣灵搽剂：板蓝根、苦参、生香附、木贼草、露蜂房各250克，共置容器内，煎煮1小时，得澄清药液约2000毫升，再兑入陈醋500毫升。结果痊愈41例，无效2例。杨爱国等治疗肛门尖锐湿疣20例，用熏洗剂（苏叶、香附、木贼、蛇床子各30克）和外涂平疣散（苍术、黄柏、丹石各60克，大黄40克，白蒺藜30克，木贼、苦参、白藓皮各10克，青黛、冰片各9克，共研细末）。早晚各1次，10天为一疗程，结果均获愈。王秀霞等采用中药洗剂治疗本病37例，全部有效。其中洗剂方一（白头翁50克，蒺藜、茵陈各15克，蛇床子5克，防风3克）男女同用；洗剂方二（臭椿皮、荆芥、藿香各20克）用于妇女白带增多者；另外掺粉剂（黄连、黄柏各50克，紫草100克，珍珠10克，共研细末）。高葆良等用手术切除配合中药外洗方（鱼腥草、地肤子、五倍子、蛇床子各10克，明矾6克，徐长卿、杠板归、百部各10克，板蓝根15克）治愈7例肛周尖锐湿疣。初中采用低功率氦－氖激光仪，病灶直接照射，1日2次，每次照射10分钟、配合湿疣汤（苦参、黄柏、地肤子、明矾、五倍子、乌梅、花椒、赤芍、金银花）水煎，先熏后洗，治疗肛周尖锐湿疣32例，治愈29例，好转2例，总有效率96.9%。其中疗程最短8天，最长67天，平均21天。陈忠英报道用液氮冷冻治疗尖锐湿疣100例；除2例无效，治愈93例，显效5例；总有效率98%。

（孟　勐　马绍尧）

【多发性疖肿的治疗】

侯勇报道治疗组35例多发性疖的病程为9天～3个月，平均38天。在玉屏风散原方的基础上加味：挟风者加荆芥、白芷、桔梗；热重者加银花、连翘、黄芩、山栀；湿重者加苍术、萆薢、黄柏。对照组20例多发性疖的病程为10天～3个月，平均37天。单用红霉素或麦迪霉素口服。结果治疗组治愈33例，未愈2例。治愈率94.3%；对照组治愈12例，未愈8例，治愈率60%。两组治愈率比较有明显差别（P<0.01）。任志兴报道治疗本病16例，其中男性15例，女性1例，病程均在3个月以上。发病部位：头部1人，颈部2人，身体其他部位13人。就诊时疖肿数从2～9个不等。采用止痉散（蜈蚣3条，全蝎3条，焙干后共研细末）。蜈蚣和全蝎必须有头有尾，肢体完整，否则无效。将上药末用温开水一次送服。结果1次治愈14例，2次治愈1例。另1例头部疖肿因失治而成蝼蛄疖，病程达3年之久，治愈后2个月又复发。王炜等采用内托法治疗本病94例，其中75例单纯内服中药，19例配合外用中药。内服内托消疖汤（天花粉、银花、蒲公英、赤芍、丹参、生黄芪、连翘、太子参、白术、茯苓、白芷、贝母、陈皮）。加减法：病在上部（头面、颈项及上肢）者，加荆芥、防风；病在中部（胸腹、背部）者，加柴胡、栀子；病在下部（臀部及下肢）者，加车前草、泽泻。外敷药：金黄散或紫金锭，用冷开水调

成糊状，围敷患处，每日1换。病灶超过2厘米，脓成时行切开排脓术者有8例。结果疗程最短10天，最长38天，平均15天，全部治愈。

以单方验方治疗本病的个例报道有：李在明等报道多发性疖肿1例，项后疖肿满布，上至发际，旁及耳下，有高突脓头十余个，红肿疼痛明显。证属阴虚血燥，风热袭扰，采用当归饮子加味，配合外敷金黄散而治愈。胡敏治疗1例多发性颈部疖肿，似黄豆大小13个，用木芙蓉叶、花捣烂外敷患部，每日外敷1～2次，6天后疖肿全部消失。严天顺用蛋黄油膏治疗1例面部（三角区尤甚）的多发性毛囊炎患者，取五倍子10克，冰片5克，樟脑粉2克，蛋黄5个。先取熟蛋黄炒至出油，再将前3味药物与蛋黄油调匀成膏涂患处，每日1～2次。连用3天，即告痊愈。黄一梅对初起红肿坚硬高出皮肤的疖肿患者，用大蒜头切成薄片敷盖其上，然后放上黄豆大小的点燃艾炷，使大蒜汁渗透到患处，一日1次。破溃收敛者勿灸，然后用浸泡在消毒过的复方黄连液中之纱布，敷盖在整个发际处，定期在纱布上注射复方黄连液，1日1换。经治2例反复发作，项后发际处均有6～10个黄豆大小疖肿的患者，均愈。

（娄国菁）

【银屑病的治疗】

方宗棠报道内外合治银屑病107例，痊愈99例，好转7例，无效1例。其中（1）燥热型内服银Ⅰ号汤（大生地、牡丹皮、知母、金银花、赤芍、白蒺藜、防风、大黄、川黄连、甘草），热甚加生石膏；外用白银丹Ⅰ号软膏（轻粉、硫黄、黄连、青黛等）。(2)湿热型内服银Ⅱ号汤（苍术、赤芍、地肤子、土茯苓、黄柏、大生地、白藓皮、苦参、防风、甘草）；外用白银丹Ⅰ号软膏。(3)血瘀型内服银Ⅲ号汤（生黄芪、党参、生地、熟地、赤芍、莪术、桃仁、王不留行子、当归、大黄、甘草）；外用白银丹Ⅱ号软膏(Ⅰ号膏加乳香、没药)。(4)气血两虚型内服银Ⅳ号汤（炙黄芪、党参、生地、熟地、制首乌、红枣、土大黄、防风、当归）；外用白银丹Ⅲ号软膏(Ⅰ号膏剂量减半)。李国良治疗本病，辨证分三型：(1)血热风燥型，方选理血解毒汤四号（熟大黄、土大黄、重楼、赤芍、丹参、肿节风、土茯苓、白芷、萆薢、落得打)。(2)风热血燥型，方选理血解毒汤五号（熟大黄、土大黄、生槐花、鸡血藤、连翘、茵陈、丹参、黄芪、皂角刺、防风、蒲公英、白花蛇舌草)。(3)血瘀型，方选理血解毒汤六号（丹参、黄芪、鸡血藤、何首乌、红花、桃仁)。共治本病155例，其中血热风燥型痊愈率71.57%，总有效率为100%；风热血燥型痊愈率68.3%，总有效率为97.56%；血瘀型痊愈率35%，总有效率为80%。李加坤报道李古松经验时指出，本病治疗当以炭类药及收涩之品以止血为总则，其风热型宜予炒槐花、炒荆芥配疏风清热之品；湿热型宜予侧柏炭配清热祛湿之品；血热型宜予地榆炭、小蓟炭配清热凉血之品；血瘀型宜予茜草炭、藕节炭、血余炭配活血化瘀之品；血虚型宜予棕榈炭、仙鹤草配养血祛风之品。

吴贵臣选用具有养阴活血祛风作用的中药（白藓皮、丹参、天花粉、丹皮、防风、川芎、当归、白蒺藜、麦冬、石斛、土茯苓、三棱、莪术、大枣）为基本方加减治疗本病200例，痊愈124例，有效65例，总有效率达94.5%。刘玉梅对本病属湿热型者，内服大黄合剂（大黄、乌蛇肉、鸡血藤、白茅根、茜草根、生槐花、白藓皮、土茯苓、丹参、生苡仁、地肤子、泽泻、木通、川连）共治200例，痊愈168例，显效24例，好转7例，总有效率达99.5%。

纪钧以生大黄后下3～5克，熟大黄6～20克，每日1剂，早晚2次各煎取药液150毫升，配合大黄酊（生、熟大黄各30克，加适量30%酒精浸泡取汁100毫升）外用，共治45例，痊愈28例，好转12例，总有效率达

88.9%。陈大用等运用苦参、丹参、乌梅、土茯苓等制成片剂，治疗寻常型进行期银屑病42例，其有效率及显效率与白血宁无明显差异。动物实验还表明其有抑制银屑病表皮细胞增殖过速的作用。张殿龙报道，以乙肝解毒胶囊（土茯苓、重楼、贯众、黄芩、黄柏、大黄等）治疗血热风燥型银屑病61例，治愈34例，有效22例，总有效率92%。韩仲成以梅花点舌丹每次服4粒，每日2次，配合其调糊外用，所治本病进行期20例均有效。吴文媛等以自制雷公藤10～15毫升，日服3次（相当生药30～45克/日）。治疗本病190例，总有效率达90.6%，显效率62.7%。

还有施曼绮等采用银屑病浴液(生地榆、川连、黄芩、黄柏、蛇床子、栀子、槐花、五倍子、地肤子、生地、赤芍、苦参）轻擦皮损处；外涂霜剂（浴液方加紫草、乳香、没药、杏仁、明矾）治疗100例，总有效率81%。杨恒裕采用中药填脐方法治疗本病106例。药物组成：升麻、大枫子、丹参、甘草、水牛角粉各9克，葛根、生地各30克，赤芍10克，冰片6克共研细末，填实脐眼，外以肤疾宁固定，42小时更换1次，7次1疗程。结果痊愈42例，显效24例，总有效率92.44%。

（纪钧　张友海）

【痤疮证治】

赵纯修就青年痤疮的病机提出一些见解，认为除风热、血热、肺经血热蕴结于面外，还与血瘀化热、湿盛（皮脂溢出过多）、痰核郁结、肠胃实热或热毒蕴结等有关。马宽玉等辨证分型施治：(1）肺胃湿热型，治以宣肺清热，通腑利湿，方用Ⅰ号消痤饮(生石膏、黄芩、生地、黄连、桑白皮、枇杷叶、生槐花、生栀、白花蛇舌草、赤茯苓)，伴便秘者加大黄；皮脂溢出多者，加苡米、生白术；合并感染者，加野菊花、蒲公英。(2）痰瘀互结型，治以活血化瘀，化痰散结，方用Ⅱ号消痤饮（蟅虫、桃仁、红花、浙贝母、川芎、赤芍、夏枯草、牡蛎、丹参、生甘草)。其结节囊肿难消者，加莪术、海藻；妇女月经不调、经闭、痛经者，加白芍、益母草。共治本病250例，治愈156例，显效84例，无效10例。

石志发等采用消痤美容汤（石膏、银花、白茅根、知母、白芷、丹皮、红花、甘草、枇杷叶、菊花、大青叶、黄芩）治疗本病160例，治愈96例，好转4例，总有效率达89.4%。杨德明等以竹叶柳蒡汤（干柳枝、荆芥、蝉衣、薄荷、淡竹叶、炒牛蒡子、玄参、麦冬、知母、干葛、生甘草）治疗本病158例，痊愈126例，有效25例，总有效率为95.5%。王炳炎采用玉容汤（白芷、仙灵脾、苦参、白花蛇舌草、丹参、川椒、甘草）治疗本病100例，结果痊愈60例，显效40例，总有效率达100%。吴凤岐用龙胆泻肝汤治疗64例，徐学武用增液承气汤治疗110例，总有效率分别为96.7%和95.5%。

张书林等选用生地、黄精、白茯苓、紫草各50克，霜桑叶、赤芍、黄柏、桔梗各35克，白附子、血竭各20克，皂角刺10克制成散剂，每次5克，早晚各服1次，共治本病69例，结果痊愈42例，有效21例，无效6例，总有效率达91.3%。周光平等以地榆为原料制成片剂，每次200毫克，每日3次口服，治疗本病101例，总有效率达86.14%，与对照组相比，其脓疱消失率有显著差异($P<0.05$)。赵一忠等采用内服消痤汤（紫草、皂刺、当归、白芷、生地、蒲公英、连翘、银花、薏苡仁、栀子、黄芩、甘草）水煎服，15天为一疗程。外治法：(1）清热燥湿散（大黄、黄连、黄柏、黄芩、硫黄、槟榔)；(2）凉血解毒散（青黛、冰片、生石膏、寒水石、绿豆)。上两方均为细末，用花茶水调成糊状，交替外敷患处，每日1～2次，每次2小时。经治350例，痊愈200例，显效100例，有效50例。曹恩溥则采用颠倒散（硫黄、大黄各20克研极细末，加石灰水100毫升)外擦治疗52例，痊愈25例，显效12例，有效5

例，总有效率83%。

李秀敏等运用消痤霜（丹参、侧柏叶、黄芩、地丁草各30克，经醇提浓缩，制成水包油型霜膏）倒膜治疗本病107例，全部获效。陈步松等以中药倒膜（白蔹、杏仁、僵蚕、黄芩、穿心莲、白及、白芷各100克，乳香80克，十大功劳120克，冰片、薄荷各40克，轻粉20克，制成厚约0.05厘米的药膜）治疗本病79例，结果痊愈66例，好转11例，总有效率达97.4%。

（纪钧　张友海）

【硬皮病证治】

马龙侪等撰文马骥老中医对硬皮病证治经验，认为本病是多种因素共同作用所致，既有中气不足本虚的一面，又有寒邪凝结，瘀血内阻的一面，而临床以脾肾阳虚，寒邪凝结为多见。曾治疗1例病程已10年，由营血为火邪所扰，凝聚而成者，经用滋阴凉血、通络破瘀、清热解毒法而治愈。郑占才等报道16例，其中局限性硬皮病8例，瘀血阻络比较明显；系统性硬皮病8例，肾阳不足更为突出。治以温肾补阳、活血化瘀。基本方（丹参、川芎、红花、鬼箭羽、威灵仙、丝瓜络、桂枝、茯苓、熟地、黄芪、仙茅、仙灵脾）水煎，每日1剂。结果显效4例，好转11例，总有效率93.75%。赵莉蓉等用桂参通络煎（桂枝、丹参、生地、当归、黄芪、车前子、仙灵脾、红花、桃仁、瞿麦、仙茅、甘草），每日1剂，连服30天。治疗本病7例，显效1例，好转6例。苑勰等报道以三种不同的活血化瘀配方，对本病725例患者进行临床观察，并通过对患者肢端血循环、皮肤活体组织病理形态、组织化学检查，以及超微结构的检查和治疗前后的血清结合己糖、氨基己糖、肾上腺皮质激素等指标的测定，证明活血化瘀药物作用是多方面的，可改善血液循环与结缔组织代谢，特别是对结缔组织有明显的软化作用。725例中系统性硬皮病265例，局限性硬皮病460例，分三组观察。第1组188例，病程在1个月～25年，其中系统性104例，局限性84例。采用605配方（乳香、没药、川郁金等制成蜜丸，每丸10克），每日3次，每次2丸。第2组123例，病程在1个月～22年，其中系统性43例，局限性80例。采用泽兰、丹参、苏木等为基本方辨证加减。水煎，每日1剂。其中31例患者同时加用当归注射液2～4毫升局部注射或穴位注射，每周2～3次。第3组414例，病程在1个月～24年，其中系统性118例，局限性296例。采用79～2配方（当归、葛根、红花、川芎等制成片剂）每次4～6片，1日3次。结果第1组疗程为1年以内，系统性和局限性的疗效分别为98.1%和100%；第2组疗程3个月～4年，疗效分别为97.7%和97.5%；第3组疗程3个月～3年3个月，疗效分别为96.6%和97.6%。王春荣等采用黄芪桂枝五物汤加减治疗48例，显效28例，有效13例，无效5例。王惠芳则用丹参川芎嗪静脉滴注治愈4例系统性硬皮病。王剑乔等以活血化瘀法治愈局限性硬皮病4例。

汤一鹏报道32例局限性硬皮病，其中病变属斑状损害者9例，带状损害者17例，点状损害者6例；病程在2～30年之间。采用中药：威灵仙60克，蜀羊泉40克，石菖蒲30克，艾叶、独活、羌活、千年健各20克，红花15克，食醋500克，加水2500～3000毫升。熏洗患部，每日1～2次。每剂可用6～8次，其间可加水和醋。结果治愈25例，有效7例。裴振环报道复方丹参注射液直流电导入法治疗局限性硬皮病5例。采用YD-Ⅱ型直流电药物导入治疗机，依皮损大小剪裁相应面积的滤纸，将复方丹参注射液均匀涂在滤纸上至滤纸湿润，再将滤纸盖于皮损部位，最后放上相应面积的绒布垫，以机器治疗。每次20分钟，1日1次，15次为一疗程。结果治愈1例，显效2例，有效1例，无效1例。

（娄国菁）

【乳腺增生病的治疗】

吴其林等报道，中西医结合治疗乳腺囊性增生病 112 例，分为中西医组和西医组。中西医组 64 例，辨证分为两型：肝郁痰型治以疏肝理气、化痰消坚（柴胡、橘叶、橘核、当归、赤芍、昆布、海藻、制香附、丹参）。冲任失调型治以疏肝解郁。调摄冲任(柴胡、当归、白芍、鹿角片、仙茅、仙灵脾、巴戟肉、菟丝子、蒲公英)。3周为一疗程，月经期停药，同时口服维生素 E 100 毫克。每日 1 次；复方碘液早晚各服 5 滴。西医组 48 例，单纯给予维生素 E 和复方碘液，剂量同中西医组。结果：中西医组痊愈（肿块消失、症状消除）42 例，有效（肿块缩小、症状缓解）22 例，治愈率 66%；西医组痊愈 16 例，有效 32 例，治愈率 33%。并随访 6 个月以上，中西医组症状复发，肿块重现 14 例，占21.8%，西医组复发 36 例，占 75%，两组比较差异显著（$P<0.05$）。张光丽用逍遥散合二陈汤加减（陈皮、半夏、茯苓、白术、当归、柴胡、丝瓜络、川楝子、白芍、夏枯草、浙贝母、生牡蛎、瓜蒌、甘草）治疗本病 51 例，总有效率 96.1%，每例患者用药前后均进行卵泡期唾液雌二醇（E_2）、孕酮（P）、睾酮（T）及血清泌乳素（PRL）水平测定和乳腺钼靶 X 线摄影检查对照，发现用药后 E_2 和 PRL 水平下降，差异非常显著（$P<0.001$ 和 $P<0.005$），P 差异有显著意义（$P<0.05$），T 无明显改变，乳腺 X 线检查，增生腺体有部分吸收者 21 例，说明该药有调节内分泌的作用，可能通过抑制 PRL 分泌，减少其对促卵泡成熟激素（FSH）的拮抗作用，恢复卵巢功能，并有调整垂体一卵巢轴分泌使之规律的效用。张金兰治疗本病 42 例，予以逍遥散为主（柴胡、当归、白芍、茯苓、炙甘草、丹皮、栀子、夏枯草、生牡蛎、穿山甲、王不留行），全部患者均于月经来潮前 13 天开始服药，共服 10 剂。西药用甲基睾丸素 5 毫克，每日 1 次，月经来潮前 10 天开始，共服 7 天；谷维素 20 毫克，1日 3 次。结果：治愈 28 例，好转 12 例，无效 2 例。经统计表明年龄与疗效有关，年轻患者疗效好，40岁以上患者疗效慢，疗程长。

马秀清等采用内服外敷治疗本病 60 例。内服行气解郁、祛瘀通络的中药（柴胡、香附、郁金、全瓜蒌、白芥子、穿山甲、王不留行、丝瓜络、皂角刺）；外敷用《医宗金鉴》治吹乳病方（南星、半夏、僵蚕、白芷、皂角刺、草乌共研细末，大葱一颗捣碎合蜜调）敷肿块局部。结果治愈 18 例；显效 30 例，好转 10 例，总有效率 97%。张天才报道治疗乳癖，内服以化癖消疬汤（柴胡、白芍、浙贝母、海藻、茯苓、橘核、王不留行、生牡蛎、穿山甲、蜈蚣）；外敷药：芒硝、葱白适量，将其捣为糊状，敷于患处，用纱布覆盖，胶布固定，每日 1 换，10 次为一疗程。经治 87 例痊愈 62 例，有效 18 例，无效 7 例，总有效率为 91.9%。

（许 能）

【嵌顿痔和炎性外痔的治疗】

荣新奇等对嵌顿痔合并肛缘水肿31例采用局麻复位术治疗，结果治疗组的总有效率(94.12%)，明显优于对照组(73.33%)。其方法：肛周常规消毒，用0.25%布比卡因12～18毫升作肛周棱形局部浸润麻醉、肛门松弛后，还纳内痔，并用喇叭式肛门镜扩肛 3～5 分钟或指扩至可容纳 4 指，加压按摩肛缘，使水肿消退至最大限度。有血栓外痔者剥离血栓，创口不缝合，或挤碎血栓，肛内置九华膏纱条，用 Y 型绷带加压固定。对照组用手法复位内痔，对无法复位者，于肛外覆盖九华膏敷料、胶布固定。并认为局麻复位术对治疗嵌顿痔合并肛缘水肿具有缓解疼痛、坠胀、水肿的作用。张德辉等采用外剥内扎术治疗嵌顿痔 120 例，疗程缩短，且未发现并发症和后遗症。并指出早期手术能及时减压阻断痔核肿胀之恶性循环。刘本武认为嵌顿痔的水肿炎症是以机械物理性和化学因素为主引起的局部急性无菌性炎症，由于肛周局部有较强的抗感染力，不主张使用大量抗生素。刘氏经对50例患者早期手术观察，认为该法明显优于保守治疗。

传统的中药熏、洗、浸法治疗仍占主导地位。吴德秀自拟银黄熏洗剂(银花、黄柏、苍术、苦参、五倍子、芒硝)治疗100例，5天治愈28例，7天治愈52例、10天以上治愈15例，好转5例。认为通过熏、洗、浸（坐浴）等方式，使药液功效直达病所；并在热力的作用下，加快药物的吸收，促进患处腠理的疏松，经络、气血得到疏通，进而达到活血祛瘀，消炎止痛的目的。如炎性外痔、嵌顿性内痔、加大黄、血栓外痔加红花，肛缘水肿加食盐，局部出血加明矾。刘仍海报道中药熏洗治疗100例，认为疗效好，疗程短，方法简单，药物便宜，无副作用，是一种可取的治法。方药组成：蛤蟆草、朴硝各30克，土茯苓、苦参、马齿苋、生大黄各15克。张宏俊等用单味鱼腥草100克(鲜草250克)，先用蒸汽熏洗，再用纱布浸洗。治疗40余例均取得显著疗效。江从舟等以生大黄粉外用治疗各种炎性肛痔及痔术后患者80例均有效。用法：大黄粉15～30克，冲开水约3公斤，先用热气熏，再坐浴，每天1次。陈云海以足三里穴位注射654～2 10毫升，治疗炎性水肿性内外痔8例，6天治愈者7例。

牛治君报道以麻杏石甘汤内服治疗内痔脱垂嵌顿40例，6小时肿消痛止9例，24～48小时肿消痛止27例，48小时后肿消痛止4例。此为内治法治疗嵌顿痔之首篇报道。

（唐汉钧　汝丽娟）

【静脉炎的治疗】

蒋希林报道按血栓性静脉炎发病规律，分期立方治疗，并随证加减。第一期为热毒壅滞型，治以养阴解毒，活血通脉，予自拟脉炎汤1号方（元参、银花、当归、石斛、黄柏、苍术、牛膝、郁金、赤芍、苡仁、丝瓜络、土茯苓、甘草)。第二期为气虚血瘀、寒湿凝滞型，治以补气活血温经散寒，通络散结，予脉炎汤2号（黄芪、党参、制附子、水蛭、穿山甲、赤芍、当归、石斛、牛膝、苡仁、枳壳、炙甘草）。共治20例，痊愈12例，显效6例。贾俊卿等用“脉得康”方（党参、牛膝、石斛、金银花、鸡血藤、桃仁、红花、丹参、当归、焦白术、甘草）加减，治疗血栓性静脉炎50例，治愈90%，显效10%。韩志河等研制水土散胶囊（水蛭、地鳖虫、地龙、甘草)治疗静脉血栓性疾病115例。每服5粒，一日3次，30天左右为一疗程。总有效率96.52%，具有溶化血栓，加速侧支循环建立的作用。其疗效优于用复方丹参片和脉通片的对照组（$P<0.001$)。杨秀冰等治疗下肢深静脉血栓形成40例，采用化瘀利湿中药（益母草、紫草、制乳香、水蛭、荔枝草、车前草为主煎服，并随证加减)，治愈29例，显效11例，平均服药时间6个月。对其中6例患者进行X线深静脉造影复查，片示治疗前未显影的血管为全程显影。张晓冬还介绍了赵忠信采用大剂量水蛭（每剂20～40克）为主，配合其它活血化瘀，清热解毒，益气养阴的药物，治疗下肢血栓性静脉炎的经验。陆炯等以补阳还五汤加味（生黄芪、当归尾、赤芍、地龙、川芎、桃仁、红花、水蛭、片姜黄、川楝子、猪苓、茯苓、车前子、半枝莲）治疗腋锁骨下静脉血栓形成21例，痊愈18例，显效2例，好转1例。疗程最短7天，最长58天，平均18天。赵绚德等报道治疗下肢深静脉血栓形成88例，应用蝮蛇抗栓酶为主（皮内试验阴性者，按每公斤体重0.01～0.012单位计算）加入5%～10%葡萄糖溶液静脉滴注，每日1次，20次为1疗程，观察3个疗程，同时，根据中医辨证分型（湿热型、血瘀型）内服中药。结果：临床治愈58例，显效20例，进步9例，总有效率为98.8%，治疗后体外血栓各值，纤维蛋白原定量明显改善（$P<0.001$)；多普勒超声血流测定股静脉或腘静脉治疗后

部分或完全再通者占50%。

姜福连介绍内服外熨法治疗血栓性静脉炎12例。处方：加味仙方活命饮。药物组成：金银花、蒲公英、连翘、天花粉、威灵仙、防风、山甲珠、白芷、当归、赤芍、鸡血藤、红花、乳香、没药、木香、香附、陈皮、苍术、黄柏、怀牛膝、丝瓜络、生甘草。另黄酒50毫升入药同煎，每日1剂，连煎3次，药汁滤出后将药渣趁热装入纱布袋内熥患处，热水袋置药袋上保持温度或将药渣反复加热熥敷患处，每日1次。结果：治愈75%，显效25%。吕长青等治疗输液后静脉炎20例，取六神丸适量研末，用酒调成糊状均匀摊在消毒纱布上敷患处，胶布固定，24小时换一次干后滴酒以保持湿度，至局部痛消变软为止，全部获愈。李连杰治疗药物性静脉炎根据患部的大小，取跌打丸3～7枚，用白酒调成糊状敷于患处，外用纱布覆盖，并保持药膏湿润不断洒酒，每日换药一次敷后病人可感局部松活，痛减，有轻微瘙痒感，一般换药2～3次即可治愈，还有张仁惠采用佛甲草外敷治疗静脉炎16例，全部治愈。

（陈荣荣）

【血栓闭塞性脉管炎的治疗与研究】

（一）辨证分型　黎镜报道治疗血栓闭塞性脉管炎（以下简写TAO）115例，辨证分为虚寒、瘀滞、湿热、热毒四型。内服脉炎汤：忍冬藤、当归、玄参、党参、蜈蚣、川牛膝、鸡血藤、紫丹参、石斛、白术、桃仁、红花、甘草、鹿角霜。另以制松香末3.5克，全蝎末2.4克，水蛭末3克，金钱白花蛇1条，研末混匀装胶囊，分成3份，每天早、中、晚用汤药送服。外敷松桐膏（松香研极细末，加适量生桐油调为糊状）。结果治愈109例，显效6例。其中瘀滞型52例，治后均愈。王景春报道辨证治疗本病180例。虚寒凝滞型治以补气温经、散寒通络法，药用黄芪、当归、红花、丹参、牛膝、地龙、肉桂、附子；血脉瘀滞型治以活血化瘀、通经达络法，药用当归、赤芍、红花、丹参、牛膝、鸡血藤、地龙、甘草、桃仁；热毒型治以清热解毒、化瘀止痛法，药用金银花、玄参、当归、赤芍、全蝎、蜈蚣、甘草；气血虚型治以大补气血、化瘀解毒法，药用黄芪、当归、党参、红花、丹参、金银花、熟地、白术、甘草。结果：痊愈（症状、体征消失，溃口愈合，血流图恢复正常）90例，显效58例，好转26例，无效6例。在中西医结合治疗方面，孔繁璜治疗本病108例，马新普等治疗90例，其总有效率分别为95.5%、96.6%。孔氏认为以三七粉10～12克（重症可用30克）随汤剂冲服，有显著的活血止痛效果。而马氏等体会是，对素体阴虚的湿热下注型，采用滋阴活血比单纯使用清热利湿，活血通络治疗效果好；而对阴寒型采用温阳散寒活血之品效果好；对热毒炽盛型注意用轻剂活血化瘀药及重剂清热解毒药，再佐以滋阴之品。孙建华用活络效灵丹与四妙勇安汤治疗本病17例，均属热毒内蕴型，痊愈11例，显效2例，无效4例。

（二）经验方　周聪和用活血汤（丹参、当归尾、桃仁、红花、毛冬青、鸡血藤、水蛭、牛膝、银花、甘草）。治疗本病57例，治愈21例，显效19例，有效14例，无效3例。董士锋等以强力丹胶丸（当归、川芎、红花、桃仁、丹参、赤芍、鸡血藤、怀牛膝、桂枝、水蛭、附子、川乌、草乌、姜黄、人参、菟丝子、巴戟天、淫羊藿、白花蛇、制马钱子）治疗本病150例，治愈率占86%，有效率为98%。10天以内即见明显效果者约占一半以上。王树德等根据脉管炎患者有气虚血瘀的特点，用内服脉灵Ⅰ号（黄芪、党参、麦冬、当归、地龙、蒲黄、水蛭），饭前1小时用引药（① 药酒：鲜松针、山楂、糖、白酒。② 人尿）送服2丸。注射脉灵Ⅱ号（0.125%美蓝、5%葡萄糖溶液）15～30毫升，患肢动脉快速注射，每周2次。外用脉灵Ⅲ号（熏洗汤为艾叶、葱白、荆芥、蒲公英、透骨草、红花、丁香），先熏洗患处；有创口者，涂以猪胆汁膏（猪胆汁、制乳香、制没药、珍珠层粉、樟脑、猪脂）。上法4周为1疗程，经治155例，总有效率为98.7%，痊愈率为94.19%。郑学军等用总攻疗法：按脉管炎一期、二期、三期分别服新脉Ⅰ号（黄芪、桂枝、附子、细辛、红花、当归、赤芍、丹参、菖蒲、刘寄奴、木通），新脉Ⅱ号（黄芪、桂枝、当归、石斛、玄参、银花、连翘、丹参、赤芍、白芍、玄参、御米壳）和新脉Ⅲ号（银花、连翘、川石斛、元参、坤草、丹参、毛冬青、地龙、泽兰、元胡、御米壳）。Ⅱ、Ⅲ期加服活脉散胶囊（水蛭、䗪虫、地鳖虫、地龙、洋金花等），待中药逐渐从胃肠吸收后，用西药（烟酸、妥拉苏林）迅速扩张血管，使药物通过被扩张的侧枝达到阻塞的远端，起到抗凝、溶栓、活血通脉的作用。Ⅰ、Ⅱ期配用中药熏洗患肢，治疗本病40例，总有效率为92.5%。

（三）临床研究　郑进等观察了TAO患者21例。结果发现：唇粘膜微循环和甲皱微循环均有明显变化，其中畸形管袢增多、渗出明显、流态异常、袢顶瘀血、血色暗红5项指标，两者均与对照组（健康者25人）呈显著性差异（P<0.01）。其中唇粘膜微循环的变化以扩张为主，而甲皱微循环的变化则以变细、变短为主并有管袢数目减少，管袢模糊、排列紊乱等，可为本病的诊断提供参考依据。李志海等对31例本病患者和40例健康人进行了全血超氧化物歧化酶（SOD）活性测定，发现TAO患者SOD活性显著低于健康人。石晶华等通过脉通灵Ⅰ、Ⅱ号液对本病210例TAO中热毒型和血瘀型重症的治疗，临床痊愈104例，显效60例，有效27例，无效19例。实验研究表明：脉通灵Ⅰ、Ⅱ号液对实验性血栓形成，血小板聚集有明显的抑制作用，为临床使用两方药治疗血栓疾病提供了实验依据。Ⅱ、Ⅲ期脉管炎患者血清中铁、锌、铜浓度均高于健康人，Ⅲ期脉管炎患者治疗后血清铁、锌、铜明显降低。王以信采用口服通脉散（由水蛭、虻虫等虫类药组成），每次6克，每日2～3次、疗程60天。临床有效率86%。对本病43例患者和100例健康人的血液流变学指标作了对照，有明显的差异（P<0.01）。血小板聚集性也明显高出对照组。另外，第Ⅱ、Ⅲ期患者的全血粘度在高低切变率下都显著高于Ⅰ期患者（P<0.01 P<0.05）。周聪和等经检验TAO组58例全血比粘度、血浆比粘度、红细胞电泳时间、血球压积均高于对照组25人（P<0.05），TAO各型之间，与阴寒组比较，热毒组全血比粘度、血浆比粘度、血球压积明显高值（P<0.05），血瘀组纤维蛋白无明显高值（P<0.05）。

（陈荣荣）

【指(趾)头炎的治疗】

王啸天等报道治疗化脓性指头炎108例，病程最短28天，最长7个月。外用杜记独角膏（独角莲、黄连、巴豆霜、全蝎、白花蛇、当归、大黄、三棱、厚朴、川乌、香附、白芷、牙皂、大戟、桃仁、莪术、生地、独活、麻黄、炮山甲、樟丹、香油）每日或2～3日换药1次。结果肿硬无脓型26例，治愈18例，显效3例，有效5例；溃脓不畅型82例，治愈79例，显效3例。陈卓全用山慈姑（鲜）25克，洗净捣烂加米醋3毫升和匀稍蒸温，用塑料薄膜包敷患指。每日换药1次。7例化脓性指头炎经治3～4天，全部痛除肿消而愈，平均治愈天数3.3天。崔奎学介绍蜂房猪胆套指法治疗手指无名肿毒87例。方法：取新鲜的肥猪胆1枚，胆囊口向上，将焙焦存性辗细的露蜂房2克均匀拌入胆汁，不使胆汁外溢。患指向下伸进胆囊胆汁内，用线扎住胆囊口的上部。胆汁宜多宜稠，并以冬季公猪胆为最好；露蜂房以秋季采集的无虫无霉烂新鲜者为好。一般在疼痛消失后10小时左右可去掉，再有疼痛可以再套。结果，有效率在90%以上，70%

的患者经一次治疗获逐步痊愈；经治2个小时疼痛均有不同程度的减轻。

胡劲倍报道提吊膏治疗急性甲沟炎85例，取轻粉、铜绿、巴豆霜、黄蜡、松香、凡士林按4:4:3:40:30:10的比例制成药膏，隔2日换药一次。结果治愈76例，无效9例。治愈率89.4%。朱惠云等报道治疗甲沟炎75例，其中发生在手指者52例，以食、中指为多；发生在足趾者23例，以拇指为多。病程最短者3天，最长者15个月。采用四黄煎剂（生大黄30克，川黄连8克，黄芩15克，黄柏20克）浸泡患指（趾），每次30～40分钟，1日3次，每次更换浸泡液。浸泡中每隔10分钟用消毒纱布包裹患指（趾）轻轻挤压患处，然后再浸泡，完毕后用消毒纱布包扎。结果治愈61例，好转8例，拔甲6例。浸泡时间最短4天，最长21天。

（娄国菁）

【养肝利胆合剂治疗胆石病的研究】

朱培庭等报道根据朱丹溪"阳常有余，阴常不足"的理论及老中医的经验，制成养肝利胆合剂，用于治疗肝阴不足型慢性胆道感染、胆石病360例。药物组成：养肝利胆Ⅰ号合剂：生地、首乌、栀子、茵陈、虎杖、山楂、木香、陈皮等；Ⅱ号合剂：生地、首乌、杞子、白芍、陈皮、炙甘草等。两种合剂均以养肝柔肝为主，而Ⅰ号合剂且具有疏肝利胆的作用。经双盲、随机、对照前瞻性临床研究，结果Ⅰ号合剂总有效率为92.11%，Ⅱ号合剂总有效率为90.11%，但两组总体治疗效果无显著性差异(P＞0.5)。临床研究证实应用养肝柔肝法治疗肝阴不足型胆石病的疗效与应用养肝柔肝加疏肝利胆法治疗的结果也是一致的。由此认为，养肝柔肝法是治疗肝阴不足型胆石病的一种较为合理的辨证治疗方法。

朱氏等应用豚鼠胆色素结石模型和SD大白鼠对Ⅱ号合剂、Ⅰ号合剂进行防治胆色素结石的观察，显示两法都能降低胆汁β-葡萄糖醛酸酶活力，胆汁游离胆红素百分比与胆汁中钙离子含量，具有明显的防石作用。两法的效价在统计上无显著差异(P＞0.05)。养肝柔肝中药还具有明显的利胆作用。实验研究还证实养肝柔肝中药具有从肝细胞水平发挥防治胆色素结石病的作用。

（朱培庭）

【中西医结合治疗胆道感染、胆石病与研究】

温高等应用中药加针灸方法治疗357例慢性胆囊炎，并设对照组35例。以2月为一疗程，第一疗程未愈病例，休息一周继续第2疗程。结果中医组总有效率97.67%，与对照组比有显著性差异（P＜0.5）。中医组辨治为：气滞型用金钱草、枳壳、郁金、生大黄、川楝子、木香等加减；湿热型用上方加茵陈、栀子、虎杖。另针刺胆囊、足三里、阳陵泉、胆俞等穴。对照组用利胆素、去氧胆酸片、VitC。李建荣等报道以清热解毒、理气活血、通里攻下法为主治疗689例急性胆囊炎、胆石症，治愈率达98.5%，死亡率0.85%。比单纯西医或单纯中医疗效均好。认为本病发病原因是多方面的，常见者有肝胆之气郁结，疏泄失常，乃由机体抵抗力下降或免疫机制受到遏止，内分泌紊乱所致。其发病过程为肝气郁结→结聚不通→肝胆湿热→血行瘀滞→热深厥深。因此以清热解毒，促进炎症吸收，以疏肝利胆，攻里排石，扶正祛邪为治则，主张重用大黄。对已化脓、坏疽穿孔者或全身中毒症状明显者，主张及早手术治疗。肖祖芝等提出治疗本病应遵循西医（急性期）—中医（或中西医结合）—再中医（包括出院后治疗）三个阶段。应用茵陈蒿汤（茵陈50～100克，栀子30～50克，大黄10～30克）酌加郁金、金钱草、柴胡、枳实、黄连、木香（中药用量宜大不宜小），治疗1370例胆道感染、胆石病，分四组进行疗效统计和对比，结果中西医结合组疗效最为理想，有效率为95.5%。吴晓林等报道胆源性胰腺炎45例，占同期急性胰腺炎发病率的29.8%，认为因胆、胰组织解剖上的特殊关系（具有共同通路），而使胆石症和胰腺炎互为因果，若胆石不解除，胰腺炎必定会反复发作。而以舒肝理气、清热攻下、扶正养阴的辨证施治为主的中西医结合治疗是目前治愈胆源性胰腺炎的较为理想的方法。手术虽可根治胆源性胰腺炎，但应尽可能采用中西医结合治疗以稳定病情，待病情好转、炎症控制后择期中转手术，才能最终提高根治率。石坚应用生大黄 10～20 克，木香 10 克加开水浸泡 10 分钟后饮服，治疗 45 例胆绞痛，结果胆绞痛在服药 1 小时内完全缓解或明显减轻者 21 例；疼痛在 1 小时内减轻者20例。其中有 4 例大便中发现结石排出。

胡泽民等进行了防止胆石生成的实验研究，应用低蛋白与高胆固醇饮食诱发豚鼠生成胆石，以自制中药肝胆通口服液与舒胆通、消炎利胆片对照研究，结果提示三种药物都能程度不同地阻止肝脏及胆管、胆囊的病理损害，使致石动物的胆囊容积缩小，阻止胆囊及胆管粘膜下酸性腺体增生和分泌，促进肝细胞分泌胆汁，提高胆汁中胆盐及 IgA含量，降低内源性β-葡萄糖醛酸酶活性，降低胆汁中钙、胆固醇以及IgG的含量。肝胆通能有效抑制色素结石及胆固醇结石的生成，在抑制色素结石生成方面肝胆通明显优于舒胆通及消炎利胆片。

魏德全等观察了益气养阴汤对胆石症患者术后体内胆汁生化的影响。选择病例均日服 1 剂益气养阴汤；对照组病例则不服药，分别予术后 48～72 小时收集服药前的胆汁和术后第 4 周服药后的胆汁。结果发现：胆色素类结石的患者服药组的总胆红素、游离胆红素浓度与β-葡萄醛酸酶活性均较对照组下降（$P<0.05$），而胆汁酸浓度则增高，使游离胆红素/结合胆红素的比值和总胆红素/胆酸的比值下降。而胆固醇类结石的患者服药组总胆红素、胆酸和胆固醇的浓度均增加（$P<0.05$），而胆酸/胆固醇比值较对照组增高。以上结果表明，益气养阴汤有使成石胆汁逆转的趋向，它通过影响体内代谢，使胆汁中胆红素含量下降。通过抗感染和抗炎作用，使胆汁中β-葡萄糖醛酸酶活性下降，同时使游离胆红素等成分下降，通过抗炎作用也使胆汁酸的浓度增加，使成石胆汁成分逆转，有利于防止胆石新生和促进胆石溶解。

（朱培庭）

【术后肠粘连及粘连性肠梗阻的防治】

莫卫林报道中药治疗术后腹腔局部粘连 16 例，均有术后伤口愈合后出现腹痛，大便异常，腹部触及大小不等的包块等症状。采用腹腔散结汤（生鳖甲 20 克，炒穿山甲 10 克，丹参 15 克，泽兰 12 克，赤芍、红花、延胡索、炒山楂各 9 克），水煎，1 日分 3 次服。结果治愈 15 例，好转 1 例。顾树南报道治疗术后肠粘连 125 例，病程最长 21 年，最短 3 个月，平均 1 年 3 个月，予服黄芪皂刺粥：先将生黄芪、皂刺各 30 克加水 100 毫升，文火煎之。留汁去渣，再把淘净的糯米 50 克放在药汁中，加水适量，煮成药粥。每日 1 剂，早晚 2 次分服。2 周为一疗程。结果显效 80 例，有效 29 例，无效 16 例。疗程最短 2 天，最长 2 个疗程，平均 8 天。

赵振波等指出，粘连性肠梗阻术后，在胃肠道功能未恢复之前，即通过胃管给药，保持每日稀便 1～3 次，对促进胃肠功能早期恢复，减少粘连性肠梗阻的再次发生，无论是近期或远期都有明显作用。赵氏等将 94 例患者分成两组：治疗组 47 例，在术后 8 小时开始从胃管注入加减复方大承气汤液（川厚朴、枳实、桃仁、赤芍、白芍、炒莱菔子、大腹皮、生大黄、芒硝），每次 60 毫升，6 小时一次。给药后鼓励病人早期下床或做床上活动，以肠鸣音恢复良好，每日保持稀便 1～3 次，即为给药适当。对照组 47 例，除不给中药外，其它均同治疗组。结果治疗组 47 例中，有效 46 例，1 例出现早期梗阻症状，经原方加减治疗 5 天而愈。对照组 47 例中，有效22例，无效25例，均再行手术治疗。两组近期疗效（3个月内）相比差异显著（P<0.01）。随访一年，治疗组有效41例，无效6例；对照组有效13例，无效34例。疗效相比差异明显（P<0.01）。吴忠文等报道治疗本病18例，出现梗阻病症最短12小时为10例，最长5天为8例。经将桂枝茯苓丸原方改成汤剂，每日1剂分2次服。经治均愈。轻者2剂，重者3～6剂。其中有2例患者每当劳动强度大或过饱之后反复发作，仍以本方治愈。王宗杰报道治疗本病20例，手术距发生梗阻时间最长14天，最短5天。梗阻期首先采用攻补兼施，方用黄龙汤（大黄、芒硝、厚朴、枳实、人参、当归、桔梗、甘草、生姜、大枣）加减，水煎分两次胃管内注入，闭胃管2小时。待梗阻缓解后再用香砂六君子汤加减，水煎，分2次服。并以辅助治疗：胃肠减压，吸净胃内容物，补液纠正脱水及电解质失衡。结果完全缓解18例，服中药后缓解最快者8小时，最慢者72小时。中转手术2例，术中探查均系肠扭转，复位后梗阻亦缓解。

在中医药预防本病方面也有一定进展。屠守林等观察了120例腹部手术患者，均行常规胃肠减压，补充液体，纠正酸碱平衡，术前准备，术中处理。治疗组60例于术后12小时开始从胃管注入（或口服）粘连防预汤（当归、丹参、赤芍、三棱、莪术、桃仁、夏枯草、海藻、桂枝、大黄、木香、山药、冬瓜仁、水蛭、虻虫、䗪虫、甘草），结果均有效。对照组60例没有用中药，结果有效29例，31例出现不同程度的肠粘连。李兆晖等采用通里攻下中药，预防广泛性粘连性肠梗阻术后复发，并对疗效进行观察。术中施行粘连松解术或肠段切除术，术后早期口服通腑汤（大黄、厚朴、枳壳、芒硝、白芍、川楝子、炒莱菔子、太子参）浓煎100毫升。粘连松解术患者，术后3小时胃管内注药；肠切除术患者，术后24小时胃管内注药。结果10例均有效。给药后肠鸣音恢复时间平均为7.5小时，排气时间平均为33小时，排便时间平均为42小时。随访1年，均无复发，并已恢复了以前的工作。

（娄国菁）

参考文献

C

曹恩溥."颠倒散"治疗痤疮52例。中医临床与保健，1991；(4):18

陈步松，等。中药倒模美容治疗痤疮79例临床小结。新中医，1991；(3):33

陈大用，等。中药治银片治疗银屑病的研究。中国皮肤性病学杂志，1991；(3):148

陈惠藩。羊肉爵床汤治疗阳虚型背疽46例。福建中医药，1986；(6):15

陈云海.足三里穴位注射治疗内外痔急性炎症水肿.吉林中医药，1991；(3):31

陈忠英。冷冻治疗尖锐湿疣100例疗效分析。实用中西医结合杂志，1991；(10):592

陈卓全。山慈姑调醋治愈脓性指头炎7例，中医杂志，1990；(4):30

陈　英，等。抗荨丸治疗荨麻疹320例疗效观察。中西医结合杂志，1991；(12):754

初　中。氦一氖激光照射配合"湿疣汤"熏洗治疗肛周尖锐湿疣32例临床报告。中级医刊，1991；(4):62

崔奎学。蜂房猪胆套指治疗手指无名肿毒87例。陕西中医学院学报，1989；(1):54

D

董士锋，等.强力丹胶丸治疗血栓闭塞性脉管炎150例。实用中西医结合杂志，1991；(2):101

F

方宗棠.内外合治银屑病107例.广西中医药，1991；(2):54

G

高葆良，等。手术切除配合中药外洗治疗肛周尖锐湿疣七例。浙江中医学院学报，1991；(1):24

高培德。外用聚肌胞内服中药治愈性病疣2例。甘

肃中医学院学报，1991；(2):封底

高淑华。中药熏洗治尖锐湿疣55例。铁道医学，1991；(1):50

顾树南。黄芪皂刺粥治疗术后肠粘连。中西医结合杂志，1989；(12):755

郭彩霞，等。中药内外结合治疗300例破溃型淋巴结结核的临床观察研究。北京中医，1991；(1):25

郭在培，等。六味地黄丸和八仙丸治疗异位性皮炎。中华皮肤科杂志，1991；(5):346

H

韩志河，等。水土散胶囊治疗四肢动静脉血栓的临床观察。河北中医，1991；(2):1

韩仲成。梅花点舌丹治疗银屑病。浙江中医杂志，1991；(5):203

洪淑云，等。麝雄灸线疗法治疗淋巴结结核39例及其免疫调控研究。中西医结合杂志，1991；(8):465

侯　勇。玉屏风散加味治疗多发性疖35例观察。中西医结合杂志，1991；(5):308

胡劲倍。提吊膏治指甲沟炎。江苏中医，1989；(8):9

胡泽民，等。肝胆通口服液防止结石生成的实验研究。中西医结合学会第四届全国中西医结合诊治胆道疾病学术会议论文摘要汇编，1990年，第5页

胡　敏。木芙蓉外敷治疗多发性疖肿。大众中医药，1989；(4):18

黄一梅。隔蒜灸加复方黄连液治疗"发际疮"。中医临床与保健，1991；(1):24

黄　礼，等。辨证分型治疗重症有头疽252例临床小结。江苏中医，1991；(7):13

J

纪　钧。生熟大黄治疗银屑病。中医杂志，1991；(10):8

贾东强，等。消风导赤汤治疗急性湿疹37例。辽宁中医杂志，1991；(4):40

贾俊卿，等。脉得康加减治疗血栓性静脉炎50例临床观察。天津中医，1991；(3):17

江海燕。尖锐湿疣的中医药治疗。四川中医，1991；(10):16

江从舟，等。生大黄粉外用治疗肛门常见病80例。浙江中医杂志，1991；(3):116

姜萼桃，等。复方苦楝素涂剂治疗尖锐湿疣。实用中西医结合杂志，1991；(1):43

姜福连，内服外熨加味仙方活命饮治疗血栓性静脉炎12例。辽宁中医杂志，1991；(5):34

蒋希林。中西医结合治疗20例血栓性静脉炎。河南中医，1991；(5):23

焦东海。单味大黄治疗急性胆囊炎。中医杂志，1991；(3):5

金庆丰，等。通胆胰汤治疗胰腺炎、胆道感染及胆石症。北京中医，1991；(1):15

K

孔繁璜。中西医结合治疗血栓闭塞性脉管炎108例临床总结。实用中西医结合杂志，1991；(9):553

L

黎　镜。分型论治Ⅲ期血栓闭塞性脉管炎115例体会。中西医结合杂志，1991；(11):677

李国良。理血解毒汤治疗银屑病155例疗效分析。辽宁中医杂志，1991；(6):28

李加坤。切开提吊法治疗未成脓期发背114例。四川中医，1987；(8):37

李古松运用止血法治疗银屑病的经验。浙江中医杂志，1991；(5):211

李建荣，等。中西医结合治疗急性胆囊炎、胆石症699例临床总结。中西医结合学会第四届全国中西医结合诊治胆道疾病学术会议论文摘要汇编，1990年，第92页

李连杰。跌打丸外用治疗药物性静脉炎。江西中医药，1991(1):37

李秀敏，等。中药倒模面膜治疗痤疮、黄褐斑、扁平疣216例疗效观察。中医杂志，1991；(3):40

李兆晖，等。通腑汤预防广泛性粘连性肠梗阻术后复发的疗效观察。中西医结合杂志，1990；(6):367

李在明，等。当归饮子治疗多发性疖肿。浙江中医杂志，1991；(1):36

李志海，等。血栓闭塞性脉管炎患者全血中超氧化物歧化酶活性变化。中西医结合杂志，1991；(4):211

梁　钦，等。活血化瘀汤治疗甲状腺囊肿50例疗效观察。中西医结合杂志，1990；(2):87

林　森。凉血解毒祛湿法治疗剥脱性角质松解症15例。中西医结合杂志，1991；(9):570

刘爱民。脑疽外治法。湖北中医杂志，1990；

(6):2

刘本武。急性嵌顿痔50例的早期手术治疗。北京中医，1991；(2):27

刘丽达，等。耳压加倒模面膜治疗黄褐斑91例。中华皮肤科杂志，1991；(3):191

刘仍海。中药熏洗治疗炎性外痔。四川中医，1991；(9):31

刘亚娴。针对"痰""瘀""浊"施治。中医杂志，1991；(3):5

刘玉梅。大黄合剂治疗湿热型银屑病200例。上海中医药杂志，1991；(6):33

刘再朋，等。中药治疗顽固性窦道30例小结。中医杂志，1991；(10):39

陆　炯，等。中医治疗腋锁骨下静脉血栓形成21例临床小结。江苏中医，1991；(2):9。

路志正。结者散之、坚者削之。中医杂志，1991；(3):4

路　琳。中医药治疗扁平疣的近况。浙江中医杂志，1991；(6):281

吕长青，等。六神丸外用治愈输液后静脉炎。四川中医，1991；(4):35

M

马宽玉，等。辨证分型治疗青年痤疮250例.辽宁中医杂志，1991；(8):28

马龙侪，等。马骥谈中医对硬皮病的认识和治疗。中医药学报，1991；(2):28

马新普，等。中西医结合治疗血栓闭塞性脉管炎90例。山东中医杂志，1991；(5):35

马秀清，等。内服外敷治疗乳腺增生病60例。中医药学报，1991；(4):41

梅广源。甲状腺囊肿218例临床治疗观察。中医杂志，1991；(9):62

莫卫林。中药治疗术后腹腔局部粘连16例。湖北中医杂志，1991；(3):21

N

宁蔚夏，等。尖锐湿疣治验。四川中医，1991；(10):18

牛治君。麻杏石甘汤治疗内痔脱垂嵌顿40例。中国肛肠病杂志，1991；(1):23

P

裴振环。复方丹参注射液直流电导入治疗硬皮病5例。山东中医杂志，1991；(4):24

Q

钱秋海，等。以通为用、补中有疏。中医杂志，1991；(3):6

R

任志兴。中药"止痉散"治疗多发性疖肿16例。中国农村医学，1990；(9):39

荣新奇，等。局麻复位术治疗嵌顿痔合并肛缘水肿。中国肛肠病杂志，1991；(3):16

S

施曼绮，等。银屑病浴液及霜剂治疗银屑病临床观察。中西医结合杂志，1991；(12):755

石晶华，等。血栓闭塞性脉管炎的临床研究和实验研究。北京中医，1991；(4):54

石志发，等。消痤美容汤治疗寻常性痤疮160例.中医药信息，1991；(5):38

石　坚。大黄木香泡服治疗胆绞痛45例。中西医结合杂志，1991；(3):183

司在和。辨证治疗尖锐湿疣40例。北京中医，1991；(2):18

孙建华，等。活络效灵丹合四妙勇安汤治疗血栓闭塞性脉管炎17例。山东中医杂志，1991；(5):24

T

汤一鹏。中药熏洗治疗局限性硬皮病32例。云南中医杂志，1991；(3):33

屠守林，等。粘连防预汤预防术后肠粘连疗效观察。浙江中医杂志，1990；(7):305

W

苑　勰。硬化性筋膜炎的中医药治疗。中医杂志，1991；(9):36

苑　勰，等。活血化瘀法治疗硬皮病临床实验观察。中西医结合杂志，1989；(1):19

王春荣，等。按痹辨证治疗硬皮病48例。北京中医，1990；(1):22

王德华，等。解毒化瘀汤治疗急性胆系感染临床观察。中医杂志，1991；(11):24

王惠芳。丹参川芎嗪治疗系统性硬皮病4例报告。现代中医，1991；(4):182

王兰镇。阿矾石癣粉治疗足癣97例疗效观察。中西医结合杂志，1991；(6):375

王剑乔，等。活血化瘀法治疗硬皮病4例。陕西中医，1991；(1):505

王景春。当归四逆汤为主治疗雷诺氏病37例。辽宁中医杂志，1991；(3):31

托里消毒散治疗虚证脑疽发背64例。辽宁中医杂志，1991；(6)：20

当归活血汤加味治疗小腿深部静脉炎30例。辽宁中医杂志，1991；(9)：20

血栓闭塞性脉管炎180例的中医辨治。辽宁中医杂志，1991；(11)：20

王鹏辉。苍术膏为主治疗寻常性鱼鳞病60例。浙江中医杂志，1991；(11)：495

王炳炎。疣灵搽剂治疗尖锐湿疣43例。江苏中医，1991；(2)：22

玉容汤治疗粉刺100例。浙江中医杂志，1991；(7)：331

王树德，等。治疗脉管炎经验介绍。中医药研究，1991；(2)：62

王啸天，等。应用杜记独角膏治疗化脓性指头炎108例临床报告。天津中医，1991；(5)：27

王秀霞，等。中药为主治疗尖锐湿疣37例总结。中医药信息，1991；(1)：37

王以信。通脉散治疗血栓闭塞性脉管炎43例临床观察。天津中医，1991；(4)：2

王宗杰。中西医结合治疗术后粘连性肠梗阻20例。陕西中医学院学报，1991；(4)：21

王宗荣。中药治疗肛门尖锐湿疣84例。陕西中医，1991；(11)：491

王　炜，等。内托法治疗多发性疖肿94例疗效观家。中医临床与保健，1991；(1)：17

温　高，等。中西医结合治疗慢性胆囊炎357例疗效分析。中西医结合学会第四届全国中西医结合诊治胆道疾病学术会议论文摘要汇编，1990年，第82页

魏德全，等。益气养阴汤对胆石症患者术后体内胆汁生化的影响。中西医结合学会第四届全国中西医结合诊治胆道疾病学术会议论文摘要汇编，1990年，第8页

吴德秀。中药熏、洗、浸法治疗痔疮炎症100例。湖南中医杂志，1991；(5)：42

吴凤岐。龙胆泻肝汤治疗痤疮。内蒙古中医药，1991；(1)：34

吴贵臣，等。中西医结合治疗银屑病。实用中西医结合杂志，1991；(1)：46

吴宏斌。中西药治疗扁平疣73例。中西医结合杂志，1991；(10)：635

吴灵光。100例胆石症诊治体会。中医临床与保健，1991；(3)：6

吴其林，等。中西医结合治疗乳腺囊性增生病。实用中西医结合杂志，1991；(6)：365

吴文媛，等。雷公藤糖浆治疗190例银屑病的临床观察及其机理探讨。中国皮肤性病学杂志，1991；(1)：27

吴晓林，等。中西医结合治疗胆源性胰腺炎。中西医结合学会第四届全国中西医结合诊治胆道疾病学术会议论文摘要汇编，1990年，第84页

吴忠文，等。桂枝茯苓丸治疗术后粘连性肠梗阻18例次小结。湖南中医杂志，1989；(8)：496

肖祖芝，等。中西医结合治疗胆系感染和胆石病方法的选择及疗效评价。中西医结合学会第四届全国中西医结合诊治胆道疾病学术会议论文摘要汇编，1990年，第86页

徐学武。增液承气汤加味治疗寻常痤疮110例。湖北中医杂志，1991；(1)：18

Y

严天顺。蛋黄油膏治疗多发性毛囊炎。四川中医，1989；(1)：41

杨爱国，等。熏洗加平疣散治疗肛门尖锐湿疣20例。内蒙古中医药，1991；(4)：8

杨德明。竹叶柳蒡汤治疗痤疮158例。浙江中医杂志，1991；(1)：20

杨秀冰，等。化瘀利湿法治疗下肢深静脉血栓形成40例小结。贵阳中医学院学报，1991；(3)：21

杨玉海。内服中药配合囊内抽液治疗甲状腺囊肿40例临床观察。实用中西医结合杂志，1989；(2)：18

杨恒裕。中药填脐疗法治疗银屑病106例疗效观察。北京中医学院学报，1991；(1)：35

叶之龙。龙胆泻肝汤内服配合明矾液外用治疗尖锐湿疣。云南中医杂志，1991；(5)：9

余培南。中药治疗眼镜蛇咬伤溃疡114例报告。中医杂志，1991；(8)：38

Z

张德辉，等。外剥内扎术治疗嵌顿痔120例。中国肛肠病杂志，1991；(1)：38

张殿龙。辨证选用乙肝解毒胶囊治疗银屑病。中华皮肤科杂志，1991；(1)：51

张光丽，等。逍遥散合二陈汤加减治疗乳腺增生病临床观察。中西医结合杂志，1991；(7)：400

张国山。活血通络止痒方治疗老年皮肤瘙痒症90

例。北京中医，1991；(5):42
张宏俊，等。单味鱼腥草熏洗疗痔疾。浙江中医杂志，1991；(4):185
张金蓝。逍遥散为主治疗乳腺增生42例观察。中西医结合杂志，1990；(12):731
张仁惠。佛甲草治静脉炎、硬结，疖痈。四川中医，1991；(7):37
张书林，等。润肌除脂散治疗痤疮69例。陕西中医，1991；(7):321
张天才。内服加外敷治疗乳癖87例。陕西中医，1991；(10):465
张晓冬。大剂量水蛭为主辨证治疗血栓性静脉炎。云南中医杂志，1991；(4):36
张兴无，等。中西医结合治疗甲状腺囊肿62例临床观察。实用中西医结合杂志，1991；(9):541
张友陇，等。中药外治尖锐湿疣15例。陕西中医，1991；(7):321
张元兴。辨证与辨病相结合。中医杂志，1991；(3):8
张　杨。中药消囊丸治疗甲状腺囊肿76例。辽宁中医杂志，1991；(12):29
赵纯修。谈青年痤疮的病机与治法。山东中医杂志，1991；(1):18
赵莉蓉，等。桂参通络煎治疗7例硬皮病观察。实用中医药杂志，1991；(1):16
赵绚德，等。蝮蛇抗栓酶为治疗下肢深静脉血栓形成88例报道。实用中西医结合杂志，1991；(2):105
赵一忠，等。消痤汤结合外用药治疗痤疮350例。内蒙古中医药，1991；(4):9
赵振波，等。复方大承气汤预防术后粘连性肠梗阻。新中医，1990；(5):26
郑学军，等。"总攻疗法"治疗血栓闭塞性脉管炎40例临床分析与体会。中医药研究，1991；(4):36
郑占才，等。温阳活血法治疗硬皮病16例。中国医药学报，1990；(6):46
郑　进，等。血栓闭塞性脉管炎患者唇粘膜和甲皱微循环的初步观察。实用中西医结合杂志，1991；(1):30
周聪和。活血化瘀法治疗血栓闭塞性脉管炎57例。辽宁中医杂志，1991；(3):27
周聪和，等。血栓闭塞性脉管炎的临床实验研究。江苏中医，1991；(5):45
周光平，等。地榆片治疗101例痤疮。中华皮肤科杂志，1991；(3):192
周玉祥，等。激光并中药治疗肛门尖锐湿疣12例。江苏中医，1991；(7):18
朱惠云，等。四黄煎剂浸泡治疗手足指(趾)甲沟炎75例。南京中医学院学报，1991；(3):163
朱培庭，等。养肝利胆合剂防止胆色素类结石的实验研究。中药新药与临床药理，1991；(3-4):28
养肝利胆合剂治疗肝阴不足型胆石病的双盲随机、对照前瞻性临床研究——附360例疗效分析。上海中医药杂志，1991；(7):5
庄赞根，等。第四届全国中西医结合诊治胆道疾病学术会议纪要。中西医结合杂志，1991；(7):441
邹明祥。辨证治疗银屑病148例。浙江中医杂志，1991；(4):165

(7) 伤　科

【概述】

1991年，国内发表有关中医骨伤科方面的论文1000余篇，其中临床和实验报道约占92%。还召开了一些学术会议，如"高等中医院校骨伤研究会第六次学术会议"、"平乐正骨第四次学术研讨会"、"全国第一次骨伤科科研讨论会"、"骨伤科学会年会"等。

（一）临床报道，量多面广　许多学者对长期骨伤临床积累的病例资料进行统计、比较和分析，试图从中探索治疗规律，成为本年度的重点。这些报道中，骨折约占32%，脱位占10%，软组织损伤占34%，内伤占4%，骨病占20%。文献比较集中的仍是一些常见病、多发病，如锁骨骨折、跟骨骨折、骨折迟缓愈合、肘关节脱位、颈椎病、腰椎后关节综合征、肩关节周围炎、肾挫伤等，本卷均设专条介绍。此外，还有李润德等用胸围布带治疗肱骨外科颈粉碎性骨折合并肩关节脱位308例，田明等用中西医结合法治疗胫腓骨双骨折137例，王殿喜用中药治疗腰椎间盘突出症1800例，杨天祥等用软骨丹治疗骨质增生症575例等，都取得一定进展。

（二）理论研讨，百家争鸣　关于骨伤科的病名，目前的现状是中医病名、西医病名并用。多数学者认为，以有利于临床和科研为原则，不必强求统一。但亦有持不同观点者，如夏祖昌等认为，骨伤科病名必须中医化，并提出了命名的原则和方法。此外，还有程定远等对骨伤科手法的理论基础进行了研究，徐明标等讨论了"津血同源"理论在伤科的应用等。

（三）文献研究，内容丰富　李成建等对国内期刊进行调查，认为在1986～1990年间15种期刊载中医骨伤科论文量占66.39%，构成核心期刊。陶惠宁等应用电子计算机储存了1980～1987年间10种中医药期刊上的骨伤科论文题录及主题索引。研究古代文献的有钱忠权的"《理伤续断方》在骨伤科学上的成就"、夏淑云的"《医宗金鉴》正骨手法特色"等。

（四）老中医经验，各有千秋　郭维淮等按照中医理论体系并将临床与实验研究相结合，使郭氏祖传的宝贵经验得到更好地继承和发扬。此外，还有丁继华研究了李同生的学术思想与骨伤科特色，钟志南等介绍了刘氏伤科经验等。

（五）学科建设，颇多探讨　施杞认为，应当加强与中医药理论体系、传统文化和现代科学三个方面的结合，才能更好地深化和拓展中医骨伤科学科建设。谭家祥探讨了本学科科研的方向和方法，认为值得深入研究的方向有：五脏与五体关系理论、气血津液及经络理论、整骨理筋手法、固定器材的应用发展、中药内服外敷的治法研究等。

（施　杞　方东行）

【锁骨骨折的整复与固定】

锁骨骨折的整复与固定在本年鉴1988年卷已有介绍。近年来，许多学者针对所存在的复位后维持对位难、骨折畸形愈合率高等问题进行了研究，取得一些进展。苏学忠等用"小切口逆穿针外∞字形布带固定"治疗锁骨粉碎性骨折200例，获优160例，良35例，尚可5例；优良率占97.5%，无1例骨折不愈合，拔针时间约4～5周。曹维等用"二头结绷带外固定"治疗锁骨骨折，效果较以往采用的"8"字绷带、石膏背心及双棉圈等外固定方法为优。李国安综合手法整复和切开内固定二者的优点，避开其短处，设计了"克氏针经皮内固定"治疗锁骨骨折，操作简便，疗效满意。肖兴义等对153根锁骨及23例成人防腐尸体进行解剖学、生物力学的研究，设计了"经皮单臂抱骨式微型锁骨外固定器"治疗锁骨骨折8例（中外⅓骨折6例，中⅓骨折2例；横断移位性骨折4例，大斜面重叠错位骨折1例，粉碎性骨折3例），结果获解剖复位5例，近解剖复位3例。横断骨折和粉碎性骨折在3～4周、大斜面骨折在34天解除固定，均获得骨连接。该固定器由抱骨固定钳夹、导向装置、加压撑开杆等组成，在常规手法整复的基础上使用。具有结构简单、体积小、便于患者功能训练和康复的特点，避免了因骨穿针可能造成的颈根部重要毗邻结构的损伤或针孔感染等弊端。孟宪增等研制"桥型抓钩式锁骨复位外固定器"治疗锁骨骨折45例（粉碎型23例，斜型19例，横型3例，重叠42例，侧方成角3例；中⅓者8例，中外⅓者10例，外⅓者27例），结果：重叠移位均得到纠正，获解剖对位41例，近解剖对位2例，功能对位2例；固定时间平均35.1天。经1～2月后复查，全部恢复正常功能，未发生感染、骨不连及血管神经损伤等。该固定器由吊抓、加压、桥架三种结构组成，具有小型、整体、轻便、牵引钳夹力可靠、操作简易、术后不影响起卧穿衣及其他关节活动等特点。黄忠毅用"上肢皮肤牵引结合手法整复"治疗非稳定性、复杂性锁骨骨折36例，痊愈35例。治法：患肢用肘直伸旋后位外展90°～100°施行床边皮肤牵引，牵引重量为4～5公斤；在7天内用轻巧、稳妥手法整复，若骨折向前成角（或移位），则可在成角的骨凸处加压沙袋；骨折对位后维持重量为3～4公斤，牵引时间不超过3周。去除牵引后继续外固定1周，并循序渐进作吊臂屈肘活动和磨肩旋转运动。

（方东行）

【"经跟距反弹固定器"治疗跟骨骨折】

跟骨骨折多为高处坠落伤引起，约占全身骨折的1～2%。由于骨折后的折块往往严重压陷、爆裂，增加了复位与固定上的难度，使一部份患者遗留持续性疼痛和功能障碍，致残率高达30%以上。张春健等研制"经跟距反弹固定器"治疗跟骨骨折58例，获疗效优20例，良19例，尚可1例，差3例；优良率达90.7%。该方法利用跟骨轴位针的杠杆作用撬起压陷的骨折、恢复结节角，配合手法缩小跟骨横经宽度、纠正侧方移位及轴向成角，利用距骨轴位针穿越跟腱至距骨造成跟腱临时止点以限制跟腱对跟骨结节的牵拉，再加大两针之间夹角并固定于固定器上，使针体弯曲后所产生的反向弹力能有效地防止跟骨复位后的再错位与塌陷。使用这一方法能早期活动，可有效防止肌肉萎缩与关节强直，降低了残废率；且不需开刀、创伤小、功能恢复快，临床易于开展。

（毛书歌）

【骨折迟缓愈合的治疗】

骨折迟缓愈合的治疗在本年鉴1990年卷有过介绍。近年来，又有许多报道。治疗法以内服补肾药为主。郑跃进以龟龄集治疗本症35例获得了全部临床愈合的效果，平均服药时间为8周。药用鹿茸、海马、人参、杜仲、雀脑等，皆系补肾填精益髓长骨之品。现代药理研究亦表明该方中含磷脂类、核酸、雌激素以及多种氨基酸，有促进骨折愈合作用，且对蛋白、核酸代谢有调节作用，有利骨折修复。谭德维以金锁固精丸治疗本症22例，皆获效。平均治疗60天。患者自觉症状消失，骨折端X线摄片有大量骨痂生长。秦刚以生血补髓汤治疗胫骨下⅓骨折迟缓愈合6例，全部治愈。平均治疗87.5天。除内服药外，邹志军等采用巨刺疗法对32例股骨颈骨折延迟愈合的病例进行了临床观察。经40～100天治疗后，除2例无效外，其余皆取得骨折愈合的良好效果；与对照组20例比较，有显著差异。巨刺法能舒筋通络、活血祛瘀、强筋壮骨，在健侧取穴：太冲、太溪、足三里、绝骨用补法，急脉、环跳用平补平泻，阳陵泉、箕门用泻法。江成会等对骨迟缓连接的治疗方法，除了改善全身状态之外，还采用改善外固定条件和进行纵向挤压练功等方法，治疗39例，获优良率为62.4%。

（诸福度　邵　森）

【肘关节脱位的整复】

朱瑞林用手法治疗单纯性陈旧性肘关节后脱位42例，均获成功。手法前先用舒筋活血中药熏洗患部2～4天，每天3次，每次半小时。然后采用推拿、按摩、摇晃、屈伸、内外旋转等活筋15～20分钟。手法时患者仰卧，患肢肩关节外展90°，肘关节屈曲130°，前臂向上，掌心向内，肘部上下各垫厚棉垫一块，术者弯腰站在患肢同侧的检查床上，一脚踏抵住患肢肱骨远端，双手握住患肢腕关节向上拔伸牵引，待感到足下有骨移动时，弯曲肘关节，即可听到复位响声。叶胜因用手法整复陈旧性肘关节后外方脱位一例成功。先用中药（当归、白芍、红花、五加皮、川芎、苏木、白敛、生大黄、海桐皮、羌活、透骨草、细辛）煎汤洗患处，每天3次，连续5天。并理筋按摩患处，使痉挛的软组织得以伸展。然后在全身麻醉下进行手法复位。术者将患肢前臂向内外摇摆，旋前旋后，使肱骨下端向前，桡尺骨近端向后，力量由轻渐重，活动幅度由小到大，促使局部粘连的软组织、疤痕组织得到充分的松解分离；然后由第一助手握住患肢的下臂，第二助手握牢上臂，顺着130°之屈曲位进行对抗牵引，医者一手掌部推肱骨下端向后，另一手掌推鹰嘴突向前向尺方，在保持持续牵引中将肘关节徐徐屈曲，即复位。肘关节前脱位少见，李铜元用牵拉法整复该脱位1例获成功。其方法：患者坐位，患肢外展90°，一助手立于患侧前方，用双手握住患肢腕部，作向前拉前臂的准备；医者立于患侧肘后，用双手由后方向前环握患肘前肱骨下端，作向后牵拉的准备；待患者肌肉放松时，乘其不备，医者和助手同时用力牵拉，即复位。

（陆纯淳　诸福度）

【颈椎病的治疗】

颈椎病的治疗在本年鉴1989年卷已有介绍。近年来发表的论文较多，仅1991年就有60余篇（单用针灸、气功治疗的未包括在内），取得不少进展。郑翎、李荣分别综述了本专题的资料，郑氏归纳1985～1990年间治疗本病的总有效率为：内服中药86%～100%，外用中药90%～95.7%，针灸疗法82.6%～100%，手法推拿及综合疗法86.9%～97%。本病用中医药治疗效果较好，但也有一些须引起重视的问题。如蒙仁勇指出，本病如忽视病因检查，易造成误诊，盲目使用手法复位或牵引而使病情恶化，并分析了10例误诊病例，有肿瘤骨转移、骨肉瘤、骨结核、脊髓侧索硬化症、椎管内神经鞘瘤等。

（一）中药内治　易锦中用“鹿角四虫散”治疗颈椎病250例，显效93例，有效15例；总有效率97.2%。该方由鹿角、威灵仙、地龙、土鳖虫、全蝎、蜈蚣、白花蛇、三七组成。燕中等用“桂枝加葛根汤”合“桃红四物汤”治疗神经根型颈椎病125例，治愈84例，好转32例；总有效率92.8%。王易虎等用“颈痛宁冲剂”治疗椎动脉型颈椎病102例，治愈38例，显效29例，减轻31例；总有效率96.1%。经血液流变学和眼底微血管检查，观察到该方有明显的降低血液粘度、降低血管阻力、扩张微小血管及增加血运的作用。该方由丹参、赤芍、红花、葛根、地龙川芎、细辛等组成。梁建萍等用“补肾消增汤”治疗颈椎病36例，治愈19例，好转14例。对其中20例进行脑血流图观察发现：经治疗后，椎-基底动脉系统脑血流量明显增加，脑血管弹性增强，脑血管紧张度和血管阻力均有降低。血液流变性检查亦观察到该方具有降低血液粘度、促进细胞解聚作用。该方由熟地、白芍、当归尾、苁蓉、骨碎补、威灵仙、仙灵脾、鸡血藤、姜黄、丹参、秦艽等组成。

（二）中药外治　王令喜用外贴膏药治疗颈椎增生276例。(1)血瘀型236例，用“骨质增生膏”（鹿角胶、龟板胶、黄芪、象牙屑、乳香、没药、地龙、穿山甲、血竭、冰片、蟾酥、麝香）。治愈191例，显效20例，有效17例；总有效率96.6%。(2)风寒型40例，用“麝香鹿茸膏”（鹿茸、全蝎、马钱子、防风、川乌、草乌、乌蛇、黄明胶、透骨草、蜈蚣、苍耳虫、樟脑、麝香）。治愈33例，显效7例。朱庄庄等用“复方中药煎剂”（川乌、桂枝、细辛、姜黄、防己、威灵仙、伸筋草、葛根、黄花、红花、当归等）在颈、肩部作离子导入，治疗颈椎病109例，显效72例，有效35例；总有效率98.2%。龚显琳用“中药电熨”治疗本病。将84例患者分为两组：(1)甲组42例用胜湿祛风散寒通络配方（桂枝、赤芍、川芎、乳香、草乌、羌活、独活、干姜），治愈3例，显效13例，好转23例；总有效率92.85%。(2)乙组42例用活血舒筋、破血通络配方（赤芍、川芎、三棱、莪术、乳香、草乌、当归、丹参、威灵仙、木瓜、透骨草），治愈2例，显效24例，好转15例；总有效率97.62%。两组比较，乙组疗效优于甲组（$P<0.05$）。

（三）手法治疗　李春涛等用手法治疗

各型颈椎病 427 例，治愈 94 例，显效 225 例，有效 75 例；总有效率 92.3%。其手法以头颈前屈左右旋转复位和仰头左右旋转推拉复位两种方法为主，辅以点按、顺筋、分筋、镇定等。张文华以手法按摩为主治疗本病272例，治愈 119 例，显效 88 例，有效 36 例；总有效率 89.33%。手法：先作按摩、摇转头部、提颈等，再用双手拖握患者两颊部，将头部向左、右水平旋转，待患者颈部肌肉放松时，向左、右各快速转拨 50～60 度，此时可在颈部关节处发出响声；再于颈、肩部轻轻敲打放松。韦贵康等研究手法对颈椎病伴血压、血脂、视力等异常的疗效。发现：(1) 伴血压异常者 243 例，手法后显效 123 例，有效 93 例；总有效率 88.9%，平均施行手法 7.1 次。(2) 伴高血脂者 15 例，手法后血脂各成份均有不同程度下降，其中三酸甘油脂下降非常明显 (P<0.001)。(3) 伴视力异常者 21 例(42 只眼)，手法后视力上升 2～7 行 20 只眼，平均上升 3 行。其手法有单人旋转复位、角度复位、侧旋提推、定位点按、分筋理筋等。

（四）仪器与器械治疗　易鸿奇用“电脑多功能电疗仪”刺激大椎穴治疗颈椎病 100 例。其中神经根型 86 例，优 69 例，良 17 例；脊髓型 2 例，良 1 例，尚可 1 例；椎动脉型 7 例，良 3 例，尚可 4 例；交感神经型 5 例，良 3 例，尚可 2 例。总显效率为 93%。该治疗仪内含多种治疗处方程序，可灵活选择。能在规定的时间内对患部施以不同频谱和波形的电流刺激，且作用比手法渗透得更深远。黄桂成等用“支撑式可活动颈托”治疗非脊髓型颈椎病 116 例，获优 57 例，良 47 例，好转 11 例；总有效率 99.14%。该器械佩戴使用，支撑力可调节；具有支撑颈椎、固托头颈、锻炼颈肌、调整颈椎机械性紊乱等作用。

（五）综合治疗　张长江等用内外兼治、药法并重、治练相辅、医患配合的方法治疗颈椎病 505 例，疗效优 132 例，良 220 例，尚可 136 例；总有效率 96.63%，随访疗效巩固率为 95.91%。患者治疗前后的体感诱发电位、甲皱微循环及脉象图亦具有显著性差异。其治法特点是“辨证施治”，将本病分为经俞不利、经络痹阻、气滞血瘀、痰瘀交阻、肝肾不足五型。李大宽用“固本宣痹汤”加穴位注射治疗本病 115 例，治愈 53 例，显效 48 例，有效 11 例；总有效率 97.3%。刘顺安等用“药物注射”加电疗治疗本病 520 例，治愈 117 例，显效 142 例，好转 250 例；总有效率97.88%。对 291 例随访发现，巩固 1 年以上者有 181 例，巩固率达 62.2%。王正义等对 369 例颈椎病进行不同疗法的疗效比较。(1) 牵引治疗 71 例，治愈 7 例，显效25例，好转 30 例；有效率87.3%。(2) 理疗76例，治愈 6 例，显效 25 例，好转 37 例；有效率89.5%。(3) 手法治疗 603 例，治愈46例，显效 31 例，好转 21 例；有效率95.1%。(4) 综合治疗(合用手法、理疗和中药内服) 119 例，治愈 57 例，显效 37 例，好转 22 例；有效率97.5%。四组间疗效比较提示：综合疗法的疗效较好；而单一采用理疗或牵引治疗，不但疗程长且疗效亦差，不应作为首选方法。

（方东行）

【腰椎后关节综合征的诊断与治疗】

腰腿痛的原因一般都归咎于椎间盘纤维环突出。其实并非如此。相当一部份特别是老年性的腰痛及腿痛是因腰椎小关节的病变所造成的，出现的症状往往类似于腰突症。许多人把腰椎后关节综合征称为后关节紊乱、后关节滑膜嵌顿等等，尚没有一个统一的名称。石关桐等通过 100 例有腰痛病史的腰椎 CT 片观察到其小关节的不对称表现有关节间隙的不对称、关节对合不良、关节面位置的不对称、关节面的不对称、下关节突的不对称、关节突的骨赘形成等。周秉文对后关节综合征所产生的症状和体征作了详细的描述：主要以腰臀、髋部痛为主症；腿痛在膝上为主，不过膝，尤以大腿后外侧为主；晨起僵硬，卧床静息时症状不缓解；检查时椎旁有压痛；有放射痛，但不过膝；直腿抬高正常，但可有髋、臀部疼痛。也有许多人把棘突偏歪作为阳性体征。本病治疗以手法为主。田正富报道，用背法治疗50例，近期疗效治愈40例，好转8例，无效2例。远期疗效3～18个月信访24例，痊愈15例，好转7例，无效2例。钟有鸣采用推拿按揉、屈腰拍震、提抱牵抖和旋转摇动等手法治疗124例，均治愈。治疗时间最长为9天（治疗5次），最短为1天（治疗1次）。赵伟等将患者取坐位，术者坐在其身后，双手拇指抵住腰椎4、5双横突，令患者向前曲腰，然后再逐渐直立并后伸；与此同时，左右拇指分别向对侧用力推挤，或双手拇指由上向下滑动，找准"力"点，同时向前挤压。治疗96例，均1次治愈。旷时恩则自上而下点按足太阳膀胱经诸穴，反复2～3次，再作斜扳及牵按推耸法。治疗80例，经1次治愈者59例，2次治愈者17例，多次治愈者4例。

（*石关桐*）

【肩关节周围炎的治疗】

肩关节周围炎的治疗在本年鉴1986年卷已有介绍。王星田、王万祖、刘志刚分别综述了以1986～1990年间所发表论文为主的有关资料。王星田归纳出该期间治疗本病的总有效率为：中药内服97.76%，中药外敷96%，针灸97.43%，按摩及手法99.5%，综合疗法97.23%。1991年，又发表了有关报道50余篇（单用针灸、气功治疗的未包括在内），治法和病例数均超过以往。

（一）中药内治　黄铁银用"舒筋通络汤"治疗肩关节周围炎57例，治愈34例，显效17例，好转5例；总有效率98.2%。药用生山楂、桑椹、桑枝、白芍、乌梅、姜黄、桂枝、醋制香附、伸筋草、醋制延胡索、威灵仙、甘草。修宗伯用"枫香寄生汤"加减治疗26例，治愈24例，好转2例。药用枫香寄生、鸡血藤、老桑枝、土地骨皮、炒山甲、桑寄生、威灵仙、羚羊骨、两头尖等。李永康用"两乌愈风酒"治疗痛痹型肩关节周围炎49例，治愈41例，有效6例；一般服药3～7天见效。药用生川乌、生草乌、秦艽、木瓜、熟地、鸡血藤、当归、威灵仙、菝葜、骨碎补、蜈蚣、延胡索、全蝎、五加皮、桑枝、羌活、独活、防已、细辛、丹参、木香、白芷、桂枝、丝瓜络、红枣、黄酒。

（二）中药外治　卫田江等用"川乌樟脑散"贴敷治疗肩周炎40例，治愈34例，显效5例，有效1例；一般治疗1～6次。治法：川乌、樟脑共研细末，用醋调成糊状，贴敷于疼痛部位，同时用热水袋热敷30分钟，每日换药1次。胥福林用"细辛生姜白酒方"治疗37例，治愈32例，有效5例。药用细辛、生姜杵成泥绒并加入60度高粱白酒调匀，热敷肩周疼痛部位。肖述钧用"5%马钱子液导入法"治疗漏肩风50例，治愈41例，显效7例，好转2例；平均治疗16.2次。对其中20名患者进行了痛阈测定，亦观察到治后即刻痛阈显著升高（$P<0.01$），治后15分钟痛阈升高仍保持；提示该法镇痛作用好，持续时间长。

（三）手法治疗　周辉等用"一次性松解手法"为主治疗肩周炎632例。其中420例随访1年以上，疗效属优者216例，良好107例，尚可88例；总有效率97.9%。管卫东等用"柔松手法"治疗100例（105肩），治愈1肩，显效77肩，有效26肩；总有效率99%。对其中20例治疗前后皮温、上肢血流图及指端血管容积改变的观察发现，用该法治疗，其病情的好转与患肩血供的改善有关。该手法的要点是轻灵柔和、逐步松解。冯济陈等用"三扳一摇一抛手法"治疗84例，治愈48例；总有效率100%。徐守宇认为，"冻结肩"等实际上是一组症状的描述。造成原因可分为两类，一种是普通的肩关节僵硬及疼痛；另一种为粘连性关节囊炎。其病因、病理、临床表现不同，治疗亦应有区别。前者不适于进行推拿；后者则应按关节活动受限程度加以分型，采用不同手法。并介绍用“轻手法加封闭”治疗肩关节粘连性关节囊炎42例，治愈34例，有效5例；有效率为91.9%。

（四）综合治疗　王尔治疗肩周炎614例，治愈558例（占90.9%），显效44例（占7.2%），有效12例（占1.9%）；总有效率100%。治法有按摩、外贴中药“消痛散”、针灸、封闭痛点、内服舒筋活血培补肝肾中药及消炎解痉镇痛西药、透热理疗、功能锻炼等。张宝安治疗514例，治愈399例（占77.62%），显效102例（占19.85%），有效13例（占2.55%）；总有效率100%。治法：（1）早期：用按摩热敷、外敷伤湿止痛膏、内服炎痛喜康。（2）肩功能受限期：对顽固的痛点用醋酸强的松龙局封，加强按摩和肩关节被动功能锻炼，外敷“止疼展筋膏”（川乌、草乌、川断、红花、五加皮、乳香、没药、马钱子等）。（3）后期形成冻结肩：加用在局部麻醉下施行的手法松解术。患者仰卧，术者先行按摩推拿提捏舒筋，再将患肢被动伸屈外展上举，使幅度逐渐加大，直到可以正反旋转为止。张本学应用生物力学原理设计了“功能疗法辅以药物封闭”治疗169例，其中118例经4个月～3.5年随访，优良占91.5%。功能疗法有上肢下垂摆动划圈、患手爬墙下蹲运动、双手环抱上举摸头枕、双手上下摸脊会师、被动活动绳索牵拉等法。

（方东行）

【肾挫伤证治】

肾挫伤是伤科常见疾病之一，中医药治疗效果颇佳。赵阿林分早、中、后三期辨证治疗肾挫伤93例，治愈49例（占52.8%），好转38例（占40.7%）；总有效率为93.5%。治愈时间最短者5天，最长者21天，平均为13天。早期治以化瘀止血、利尿通淋，药用参三七、西琥珀、地鳖虫、炒蒲黄、炒地榆；小便不畅、疼痛者加木通、瞿麦、生甘草，大便结者加生大黄。中期治以活血化瘀、止血利尿，药用地鳖虫、蓬莪术、三棱、生大黄、桑寄生、仙鹤草、白茅根、生甘草、三七；小便不通者加通草、车前子，口干舌燥者加天花粉。后期治以补肾壮腰，药用山萸肉、丹皮、泽泻、生地黄、山药、白茯苓；潮热盗汗者加龟版、地骨皮，肢体不温、小便频数、面色皖白、脉迟细者加淡附片、肉桂。郑海焕等认为，肾挫伤为瘀血凝滞，血不循经，肾之气化失常而致血尿、小便不利；后期因肾气耗伤，主水无力而发生浮肿等症。宜治以止血生肌、解瘀止痛、利水通淋之法。并采用浙江宁波伤科陆氏验方“加味二一散”（琥珀、参三七、车前子、海金砂、白茅根、延胡索、川楝子）治疗肾挫伤52例，均治愈。疗程3～5天者有29例，6～7天者20例，8～9天者3例。叶琳认为，外伤性血尿为外力挫伤肾系，络脉破裂，内动于血，血溢阴伤；如拘囿于外伤瘀血的传统观念，采用止血与活血化瘀之法，往往疗效欠佳。叶氏汲取明代医家萧京“治血贵静”之说，治以“滋肾宁血法”，药用生地、山药、山萸肉、丹皮、仙鹤草、花蕊石、白茅根、泽泻、茯苓、车前草、续断；兼有蛋白尿者加黄芪，尿中兼见白细胞者加白花蛇舌草或黄芩。治疗外伤性血尿68例，治愈66例，有效1例；总有效率为98.5%。治疗时间最短者36小时，最长者6天。血尿消失时间平均为3天18小时。

（方东行）

【治伤手法与固定方法的实验研究】

符诗聪等对6组24只家兔作了肘关节血肿模型。于术后，对其左肘采用手法治疗，右肘作为对照；并在第1～14天分别取材作光镜、透射电镜观察。结果发现：早期以滑膜组织的炎性反应为主；治疗侧要比对照侧出现得早。提示手法能使滑膜修复加快。后期以软骨的变性为主；对照侧关节软骨在创伤后第7天就可观察到退行性变的表现，表面被血管翳复盖，软骨细胞浆中有大量微丝和糖原颗粒，而治疗侧却未见类似的病变。提示手法能使瘀血挤散于肘后组织而减轻软骨的变性。刘志诚等研制了软组织损伤家兔的病理模型，观察了损伤和按摩前后脑脊液及血液内大量的介质、激素及活性酶的含量，试图揭示推拿按摩作用的本质。结果发现：按摩对软组织损伤家兔中枢和外周的介质、激素和活性酶具有良性调整作用。认为推拿按摩治疗软组织损伤的机制可能是抑制过度的交感—肾上腺髓质系统和下丘脑—垂体—肾上腺皮质系统的功能，减少血糖的浪费，以及增强外周致痛性、致炎性和缩血管介质的降解和运转等。

孙炳烈等将夹板、外用中药（当归、红花、地龙、丹参、骨碎补、自然铜、龙骨、酒精）及电热加温三者结合，研制了“中药电热夹板”，使中医小夹板能同时起到固定、药物及热疗的多重作用，并用 42 只家兔桡骨缺损模型进行实验研究。结果发现：(1) X 线片新生骨痂的观察和计算，实验组（用中药电热夹板治疗）均比对照组好，其总平均值相差 37.24%（$P<0.01$）。(2) 血管灌注观察，实验组均比对照组毛细血管多、毛细血管网建立早、血液供应丰富。(3) 组织学观察，实验组血肿机化早，骨痂生长迅速而且成熟快。(4) 组织化学观察，实验组在新骨生长处碱性磷酸酶（ALP）含量增高、利用糖元快。(5) 四环素荧光标记检查，实验组的荧光光环计数、面积、重量、直径均与对照组有显著差异（$P<0.01$）；经计算，实验组的矿化沉积速率（MAR）较对照组多一倍（$P<0.01$）。提示中药电热夹板确有明显的促进骨折愈合的作用。为了解决小夹板对关节内骨折块的控制力较弱，骨折易再移位，导致畸形愈合，影响关节功能恢复等问题，顾云五等研制“加压外固定器”治疗关节内骨折。并将 12 只家兔造成膝关节胫骨纵形骨折模型，一侧作加压外固定器固定，对侧作克氏针内固定，进行二侧比较。结果发现：(1) 生物力学测定：第 4、第 8 周，加压侧的骨折标本压性力值明显高于克氏针侧的标本（$P<0.05$）。(2) 病理学检查：第 4 周时，克氏针侧在镜下见炎性细胞反应，有灶性透明软骨增生；而加压侧已无炎性细胞反应，除软骨骨痂外，可见部份骨性骨痂。第 8 周时，克氏针侧在镜下除见骨性骨痂外，仍可见少量软骨性骨痂；而加压侧则均为骨性骨痂，可见骨小梁形成。提示：加压外固定器能增加关节内骨折块的稳定性，可促进骨折愈合。

（方东行）

【治伤方药的实验研究】

万圣祥等用间接免疫荧光法对 40 例骨科创伤患者外周静脉血 T 细胞亚群进行检测，且动态观察了中药一盘珠汤（广木香、红花、桃仁、大黄、甘草、生地、川芎、泽兰、赤芍、苏木、乌药、续断、制乳香、制没药）对创伤后 T 细胞亚群的免疫调节作用。提示该方对创伤后 T 细胞亚群变化具有一定的免疫调节作用。徐农等对中药内服剂“速效治伤胶囊（三七、川芎、延胡索、川楝子、细辛、地鳖虫、川草乌等）进行了实验研究。结果表明该方具有良好的镇痛及抗炎作用。华江等对治疗肝肾阴亏型腰臀筋膜炎的“滋阴壮筋冲剂”（清炙芪、延胡索、白芍、生地黄）进行实验研究。提示该方具有较好的镇痛、抗炎、消肿及促进非特异性免疫功能的作用。李强等对李同生治疗顽固性腰腿疼痛的祖传验方“通督活血汤”（当归、泽兰叶、苏木、地龙、杜仲、赤芍、黄芪、丹参、鹿角片、金毛狗脊）进行实验研究。提示该方有抗血小板聚集功能的作用，且代谢失活慢；有利于改善腰椎管狭窄症病变局部的微循环灌注量，增加局部神经根血与氧的供给，加速局部炎性介质及致痛因子的运转。蒋位庄等研究以活血化瘀为治则的“腰痛一号方”（川芎、当归、郁金、赤芍、红花、延胡索、制大黄、三七、桃仁、枳实、泽泻、香附、鸡血藤、制草乌等）治疗椎间盘源性腰腿痛的机制。将350只大白鼠用手术置入致炎刺激物于腰神经根部造成神经根炎症模型；给药组每日2次，持续30天灌胃给药。结果发现：(1) 给药组的步态、肌萎缩、痛阈、触觉的恢复均优于对照组（$P<0.001$)。(2) 给药组置入的致炎刺激物重量较手术前明显减轻（$P<0.001$)，而对照组则无明显差异。(3) 给药组脑组织内cAMP含量高于正常值，而对照组则低于正常值。(4) 给药组在异物巨细胞反应、肉芽肿形成、炎症消退等方面均比对照组提前5～7天。(5) 进一步实验还证明，该方能显著降低大白鼠外周血栓形成的长度（$P<0.05$)和重量($P<0.025$)，对毛细血管通透性也具有显著抑制作用（$P<0.005$)，还能提高机体肾上腺素的水平（$P<0.05$)。提示该方有较好的抗炎消肿作用，其机制可能与提高脑内cAMP与cGMP比值以调节免疫功能，以及通过肾上腺素调节血管通透性和血流量等因素有关。

林燕萍等为探讨煅狗骨对骨折愈合的作用，将20只家兔制成双桡骨中、下⅓人工标准骨折模型，用药组每天喂服煅狗骨粉（按每公斤体重4克计，调在20毫升生理盐水中），对照组以同法喂服等量生理盐水。骨折后定期取材，作组织学和PAS胶原纤维等组织化学染色，以检测骨折愈合过程中细胞活动、蛋白多糖及胶原纤维形成情况。结果发现：用药组在血肿吸收机化、碎骨片吸收、新骨及基质形成、软骨组织的改造等方面都较对照组早而且彻底，从而证明该药能明显促进骨折愈合。童培建等进行山莨菪碱（天仙子等中药的一种有效成份，其人工合成品为654-2）防治筋膜间室综合征的实验研究，用38只筋膜间室综合征兔模型分组观察发现：该药能调节微血管管径，增加组织血液灌流量，减少渗出，减轻肌肉组织、神经组织水肿，降低血液粘滞度，疏通微循环，促进血液流通。这些作用能针对筋膜间室综合征发生发展的各个环节，有效地阻缓、中断它们的恶性循环，使肌纤维的病变程度大大减轻，骨骼肌受到保护。

（方东行）

【生物力学在骨伤科的应用】

生物力学的运用促进了中医骨伤科学术发展。顾志华归纳了骨伤生物力学在中医骨伤科发展的基础及其主要研究内容。黄会保从生物力学角度，即从颈部脊柱动力运动学探讨颈椎病发病及牵引治疗的机理，认为拉颈带对颈椎的牵引力可达到每个椎体与椎间盘，牵引力不但减轻了椎体和椎间盘的负重，使椎间隙增宽，椎间盘内压下降，还可解除颈部肌肉痉挛，局部制动。张本学、冯济陈分别根据肩关节的生物力学特点，设计主动、被动手法治疗肩周炎，获得良效，详见专条。王胜利等通过实验及生物力学研究，认为肱骨髁上骨折后，骨断口间所持续存在的内倾和内旋的相对运动是造成肘内翻畸形的根本原因，并据此设计了一种前臂支架，以防止这种相对运动。应用这种支架治疗112例，平均随访18个月，优良率为96.4%。王庆甫等应用光弹性贴片法对股骨上端的应力状态进行实测，结果表明：(1) 股骨上端的高应力区在颈内侧，低应力区在颈外侧，应力稳定区位于颈中部。(2) 股骨上端作用着多种生理载荷，如弯曲、压缩、扭转等。扭转具有生理功能，治疗中要注意其不利作用。(3) 体位变化对股骨上端应力状态影响不大，只改变了力作用点和方向。提醒治疗中要注意扭转所致的病理效应。张蒲等根据股骨颈的功能主要是承受剪力和弯矩的原理，分析了治疗陈旧性股骨颈骨折的外固定器“双针起重机固定架”的生物力学原理。张氏还运用该固定器治疗受伤时间为2～11月的股骨颈骨折11例，随访7例，全部愈合，未发生股骨头坏死。

（钱秋冰 施 杞）

参考文献

C

曹　维，等。二头结绷带外固定治疗锁骨骨折的临床体会。实用中西医结合杂志，1989；(2)：28

程定远，等。骨伤科手法的理论基础研究。中国骨伤，1991；(2)：4

D

丁继华。李同生的学术思想与骨伤科特色。湖北中医杂志，1991；(1)：2

F

冯济陈，等。生物力学在肩关节周围炎治疗中的应用（附84例报道）。中国中医骨伤科杂志，1991；(2)：24

符诗聪，等。手法治疗肘关节血肿的组织学实验研究。中国中医骨伤科杂志，1989；(6)：3

G

龚显琳。中药电熨治疗颈椎病84例疗效观察。中西医结合杂志，1991；(1)：41

顾云五，等。加压外固定器治疗关节内骨折的实验与临床研究。中国骨伤，1991；(4)：7

顾志华。骨伤生物力学及在我国的发展。中国中医骨伤科杂志，1991；(1)：5

管卫东，等。柔松手法治疗肩关节周围炎100例临床观察。中医正骨，1991；(3)：7

郭维淮，等。利用现代科学方法研究平乐郭氏正骨。中国骨伤，1991；(3)：1

H

华　江，等。滋阴壮筋冲剂的临床实验研究。中国中医骨伤科杂志，1991；(5)：10

黄桂成，等。支撑式可活动颈托治疗颈椎病。中国骨伤，1991；(6)：3

黄会保。试从生物力学角度探讨颈椎病发病及牵引治疗的机理。中医正骨，1991；(3)：15

黄铁银。舒筋通络汤治疗肩关节周围炎57例小结。中医正骨，1991；(3)：27

黄忠毅。非稳定性复杂性锁骨骨折的治疗体会。新中医，1991；(10)：50

J

江成会，等。骨迟缓连接的中医治疗。中医药学报，1991；(4)：46

蒋位庄，等。活血化瘀对椎间盘源性腰腿痛的临床和实验研究。中国骨伤，1991；(1)：8

K

旷时恩。点穴按摩治疗腰椎小关节综合征。中医正骨，1991；(3)：47

L

李　强，等。通督活血汤治疗腰椎管狭窄症的临床及实验研究。中医正骨，1991；(3)：9

李　荣，等。国内颈椎病的中医治疗及展望。中医药信息，1991；(4)：14

李成建，等。我国中医骨伤科核心期刊初步调查。中国中医骨伤科杂志，1991；(6)：3

李春涛，等。手法治疗各型颈椎病427例临床观察。中国中医骨伤科杂志，1991；(6)：41

李大宽。固本宣痹汤加穴位注射治疗颈椎病115例临床观察。中医临床与保健，1991；(2)：17

李国安。克氏针经皮内固定治疗锁骨骨折。中国骨伤，1991；(2)：39

李润德，等。胸围布带治疗肱骨外科颈粉碎性骨折并肩关节脱位308例临床体会。新中医，1991；(4)：34

李铜元。牵拉法整复肘关节前脱位一例。中国骨伤，1991；(2)：37

李永康。两乌愈风酒治疗痛痹型肩关节周围炎49例。浙江中医杂志，1991；(1)：17

梁建萍，等。颈椎病的中医治疗及脑血流图、血液流变性观察。江西中医药，1991；(1)：21

林燕萍，等。煅狗骨对实验性骨折愈合作用的组织学和组织化学研究。中国中医骨伤科杂志，1991；(6)：4

刘顺安，等。药物注射加电疗治疗颈椎病520例。湖南中医杂志，1991；(5)：39

刘志诚，等。推拿按摩镇痛和调整作用的研究。中国中医骨伤科杂志，1991；(5)：3

刘志刚。肩周炎的中医药治疗进展。中医药信息，1991；(2)：17

M

蒙仁勇。颈椎病的误诊及治疗。中国中医骨伤科杂志，1991；(2)：19

孟宪增，等。桥形抓钩式锁骨复位外固定器的研制与应用(附45例报告)。中国中医骨伤科杂志，1991；(4)：44

Q

线忠权。论《理伤续断方》在骨伤科学上的成就。中医正骨，1991；(2):24

秦　刚。生血补髓汤治疗胫骨下1/3骨折迟缓愈合——附6例报告。中国中医骨伤科杂志，1990；(4):37

S

施　杞。加强科学研究，振兴中医骨伤科事业。中国中医骨伤科杂志，1991；(4):1

石关桐，等。腰椎后关节不对称的探讨(附100例CT片分析)。全国第八届颈肩腰腿病学术交流大会论文汇编，1991年；第154页

苏学忠，等。小切口逆穿针外"∝"字形布带固定治疗锁骨粉碎性骨折200例的体会。辽宁中医杂志，1988；(10):26

孙炳烈，等。中药电热夹板促进骨折愈合的实验研究。中国中医骨伤科杂志，1991；(4):15

T

谭德雄。金锁固精丸治疗骨折迟缓愈合22例报告。中国中医骨伤科杂志，1991；(2):44

谭家祥。关于骨伤科科研方向方法的探讨。中国中医骨伤科杂志，1991；(4):3

陶惠宁，等。中医骨伤文献数据库的研制。中国中医骨伤科杂志，1991；(4):6

田　明，等。中西医结合治疗胫腓骨双骨折——附137例临床分析。贵阳中医学院学报，1991；(1):26

田正富。背法治疗腰椎后关节紊乱症(附50例报告)。全国骨伤科学会学术年会论文集，1991年；第308页

童培建，等。山莨菪碱防治筋膜间室综合征实验研究。中国骨伤，1991；(2):6

W

万圣祥，等。骨科创伤患者T细胞亚群变化及一盘珠汤对其免疫调节作用。中西医结合杂志，1991；(6):340

王　尔。中西医结合治疗肩关节周围炎614例体会。实用中西医结合杂志，1991；(11):651

王殿喜。中药治疗腰椎间盘突出症1800例。辽宁中医杂志，1991；(10):28

王令喜。外贴膏药治疗颈椎增生276例。山东中医杂志，1991；(1):21

王庆甫，等。股骨上端应力分析——光弹性贴片法。中国中医骨伤科杂志，1991；(1):7

王胜利，等。前臂支架预防肘内翻畸形的生物力学机制。中国中医骨伤科杂志，1991；(1):16

王万祖。治疗肩周炎近况。福建中医药，1991；(4):40

王星田。肩周炎的中医治疗近况。陕西中医，1991；(6):282

王易虎，等。颈痛宁冲剂治疗颈椎病的临床及实验研究。中西医结合杂志，1991；(6):343

王正义，等。颈椎病369例疗效分析。中国骨伤，1991；(2):21

韦贵康，等。旋转复位手法与治疗颈椎性血压异常疗效研究。中国中医骨伤科杂志，1991；(4):20

卫田江，等。川乌樟脑散贴敷治疗肩周炎。实用中西医结合杂志，1991；(6):373

X

夏淑云，等。《医宗金鉴》正骨手法特色及临床应用。中医正骨，1991；(4):29

夏祖昌，等。中医骨伤科病名刍议。中国骨伤，1991；(4):43

肖述钧。5%马钱子液导入法治疗漏肩风50例疗效观察。湖北中医杂志，1991；(4):38

肖兴义，等。微型锁骨外固定器的研制与临床应用。中国中医骨伤科杂志，1991；(4):26

胥福林。细辛生姜白酒方外敷治疗肩周炎。四川中医，1991；(3):41

修宗伯。枫香寄生汤加减治疗肩周炎。四川中医，1991；(7):35

徐　农，等。速效治伤胶囊抗炎镇痛作用的实验研究。中医正骨，1991；(4):13

徐明标，等。"津血同源"理论在伤科临床上的运用。中国骨伤，1991；(2):25

徐守宇。手法配合封闭治疗肩关节粘连性关节囊炎42例报告。中医正骨，1991；(3):11

Y

杨天祥，等。软骨丹治疗骨质增生症575例。中医正骨，1991；(3):29

叶　琳。滋肾宁血法治疗外伤性血尿68例临床观察。云南中医杂志，1990；(6):11

叶胜因。手法整复陈旧性肘关节后外方脱位一例。浙江中医学院学报，1991；(2):48

易鸿奇。电脑多功能电疗仪治疗颈椎病。中国骨伤，1991；(5):24

易锦中。鹿角四虫散治疗颈椎病。四川中医，1991；(2):30
燕　中，等。桂枝加葛根汤合桃红四物汤治疗神经根型颈椎病。中国骨伤，1991；(3):32
Z
张　蒲，等。双针起重机固定架治疗陈旧性股骨颈骨折的生物力学分析。中医正骨，1991；(1):12
张宝安。中西医结合治疗肩周炎514例。现代中医，1991；(1):26
张本学。应用生物力学探讨肩周炎发病机理及治疗。中国中医骨伤科杂志，1991；(2):21
张长江，等。颈椎病中医分型及辨证施治的临床研究。中国骨伤，1991；(5):1
张春健，等。经跟距反弹固定器治疗跟骨骨折。中医正骨，1991；(1):14
张文华。治疗颈椎病272例临床观察。天津中医，1991；(5):30
赵　伟，等。对侧挤压法治疗小关节紊乱症。中国骨伤，1991；(6):27
赵阿林。中药治疗肾脏挫伤93例。浙江中医杂志，1990；(2):65
郑　翎。中医治疗颈椎病概况。云南中医杂志，1991；(6):37
郑海焕，等。加味二一散治疗肾挫伤52例疗效观察。中国中医骨伤科杂志，1991；(1):43
郑跃进。龟龄集治疗骨折延迟愈合35例临床观察。中成药，1991；(5):21
钟有鸣。屈腰拍震手法治疗腰椎后关节滑膜嵌顿症。全国骨伤科学会学术年会论文集，1991年；第310页
钟志南，等。刘氏治骨伤经验浅谈。中国骨伤，1991；(2):23
周　辉，等。手法治疗肩关节周围炎的临床观察。中国中医骨伤科杂志，1991；(5):15
周秉文。腰椎小关节综合征。颈腰病杂志，1990；(2):25
朱瑞林。手法治疗单纯性陈旧性肘关节后脱位42例。河南中医，1991；(2):30
朱庄庄，等。中药离子导入治疗颈椎病109例。实用中西医结合杂志，1991；(8):478
邹志军，等。巨刺疗法对股骨颈骨折延迟愈合的疗效观察。中国中医骨伤科杂志，1991；(3):32

(8) 五　官　科

【概述】

1991年五官科发表的论文，眼科较集中于眼睑病、眼肌病、角膜病、内眼病及眼底病的治疗与研究；耳科集中于突发性耳聋、中耳炎及内耳性眩晕的治疗；鼻科较集中于过敏性鼻炎、副鼻窦炎、鼻出血及鼻息肉的治疗；喉科较集中于咽喉炎、急性扁桃体炎及声带息肉的治疗；口腔科则集中于复发性口腔溃疡及牙周病的治疗。

一、眼科疾病

1．眼睑病　眼睑痉挛，林洁报道22例，治以清肝健脾祛风法。以胡黄连、荆芥、防风、甘草、苍术、白术、鸡内金、谷芽、麦芽、神曲、太子参等为基本方，随证加减煎服，结果全部有效。周谷平报道48例，治以健脾利气、燥湿清热法。选用归脾汤加黄连、龙胆草等随证加减煎服，其中9例配合西药及针刺治疗。结果治愈率达91.67%(44/48)。麦粒肿，多采取贴敷疗法，如过贵元报道280例，以三黄粉贴敷治疗，3天内的痊愈率达94.29%（详见专条）。

2．眼肌病　眼肌型重症肌无力的治疗，陈丹等报道30例，以复力冲剂（党参、当归、黄芪、柴胡、马钱子）口服，总有效率为96.7%。其疗效与同时设西药（用强的松治疗30例）对照组比较，基本一致（$P>0.05$）。眼外肌麻痹，李万山报道26例，以正容汤（羌活、白附子、防风、秦艽、胆南星、僵蚕、半夏、木瓜、甘草、升麻、钩藤、茯苓）加减煎服；同时配以西药维生素B_1、B_2及能量合剂等。治疗6～35天，治愈18例。胡光伟等报道50例，以牵正散合苓桂术甘汤为基本方，辅以活血化瘀药；西药用维生素类常规治疗。痊愈率达86%（43/50）。

3．角膜病　单疱病毒性角膜炎，辨证或辨病论治的报道都有。凡文博报道62例，分为风热、热毒与阴虚3型，分别选用银翘解毒汤、龙胆泻肝汤与六味地黄汤等方随证加减治疗。平均用药13天，治愈率为80.64%（50/62）。毕留彬报道126例，分为浅层与深层两型，分别用龙胆泻肝汤与银花复明汤加减；伴发葡萄膜炎用通脾泻胃汤加减。治疗15～60天，均获痊愈。细菌性角膜溃疡，彭清华报道67例，按辨证分为肝经风热、肝胆火炽、肝经热毒、湿热蕴结、肝阴亏虚等5型分别用药。平均治疗41天，总有效率为91.30%；其中治愈（症状消失，溃疡愈合，不留瘢痕或遗留瘢痕而不影响视力者）43眼，占62.32%。此外，对角膜炎、角膜翳及角膜溃疡以局部治疗的报道，已立专条介绍。

4．内眼病　前房出血以外伤为多见，熊成年、王长贵、郭美香的报道，均以活血化瘀为主治疗而获痊愈（详见专条）。葡萄膜炎，庞涛等报道82例108眼，辨证分为肝经湿热挟风、肝经热毒、肝经郁热伤阴、阴虚肝旺等4型分别施治。结果总有效率为95.4%；其中治愈（炎症全退，角膜后壁遗留棕色沉着物，房内闪光阴性，晶体前囊留有色素或有部分虹膜后粘连，眼底病灶吸收，视力恢复至5.0以上）74眼，占68.5%。陈锦礼报道24例，以雷公藤多甙片口服，1%阿托品滴眼散瞳。治疗1～3个月，全部有效；其中治愈（炎症全退、裸眼或矫正视力达1.0或1.0以上）12眼。平均随访2年4个月无复发。老年性白内障的治疗，钟运兴利用天竹黄具有吸水、粘附力强的特点而作为粘吸白内障的手段，并用于各类白内障摘除术257例293眼，成功率达93.9%。其疗效均高于硅胶及骨炭棒摘除术（详见专条）。

5．视网膜病　中心性浆液性视网膜病变，毛道明报道250例，以龙骨、牡蛎、石决明、白蒺藜、丹参、当归、虎杖、黄芪、茯苓、白术、泽泻、车前子、菟丝子、肉桂、枳壳、神曲等为基本方随证加减：部分病例配合服用地巴唑、复方路丁、呋喃硫胺等西药。治疗15～75天，皆获治愈。伊成达报道42例45眼，治以柴胡疏肝散加味（柴胡、白芍、香附、川芎、枳壳、甘草、丹参、杞子、滑石、首乌、泽泻、琥珀等）为基本方，随证加减煎服，结果全部有效。刘学桂等报道47例，分别采用中药、西药及中西医结合治疗，观察比较疗效。中药组16例服用活血利水、软坚散结之剂；西药组15例，服用激素、扩张血管剂及维生素类药；中西医结合组11例，服以上中药与西药。结果三组治愈分别为12例、0例、11例。糖尿病性视网膜病变，陈兴隆等报道47例，按辨证分为阴虚血瘀、阴虚火旺与阴阳两虚等3型，均以养阴化瘀方（天花粉、白芍、山药、葛根、楮实子、菟丝子、生蒲黄、丹参）为主，随证加味煎服，每日1剂，并配合服用降糖灵或优降糖。获得66.5%的总有效率。原发性视网膜色素变性的治疗研究，秦裕辉等及吴烈等的报道，分别探讨了本病的免疫发病机理及治疗与疗效的评价(详见专条)。老年性黄斑变性的辨治，黄仲委、李景恒等的报道，探讨了本病的病机及不同证型与病变程度的关系等（详见专条)。

6．视神经病　视神经炎，付洪全报道13例21眼，李刚等报道44例78眼，均以辨证论治为主，有效率分别为9眼、75眼（详见专条)。视盘血管炎与缺血性视神经病变的报道不多，然以中医或中西医结合的疗效较佳，均已列专条介绍。

二、耳科疾病

1．耳聋　突发性耳聋的治疗，多用验方或成方。李德瑛报道39例，按辨治论治，胡元香等报道100例，以活血化瘀法治疗，总有效率分别为77%、73%。范世秀等报道27例，以脑血康液口服，同时加服肉桂嗪、地吧唑及静脉滴注能量合剂等。结果19例获效（详见专条）。药物中毒性耳聋，石铭卿等报道15例，以柴胡、党参、桑寄生、黄芪、白芍、石菖蒲、葛根、炙甘草、蝉衣、当归、菊花、川芎为基本方，随证加减煎服；同时配以维生素B_1及能量合剂肌肉注射。治疗30天，听力提高30分贝以上者占9例。

2. 中耳炎　急性卡他性中耳炎，贾春芒报道110例，以三仁汤随证加减煎服。治疗4～21天，总有效率为92.73%；其中症状及体征消失，听力检查正常者占60%（66/110）。化脓性中耳炎，余明报道22例，以疳耳汤（银花、连翘、生地、丹皮、黄柏、地丁草、穿心莲、远志、石菖蒲、苍耳子、辛夷、黄连、栀子、黄芪、甘草）随证加减煎服，痊愈20例。赵虹等对万春堂耳底药（以冰片、麝香等为主药）作动物实验研究，发现耳底药能拮抗绿脓杆菌引起的中耳化脓性炎症，其中以慢性炎症最为明显。其抗菌、抗炎作用均优于氯霉素（$P<0.01$或$P<0.05$），且无毒性。

3. 内耳性眩晕，对本病的病因病机，历来都认为由风、火、虚、痰所致，其治亦多针对此四个因素。如饶云中报道42例重用泽泻汤、袁呈云报道86例用温胆汤加味，总有效率分别为97.62%、98.84%（详见专条）。

三、鼻科疾病

1. 过敏性鼻炎　徐轩报道400例、曹洪波报道30例、陈仁华报道130例，均以益气固表、祛风散寒为主。有效率分别为90%、96.67%、86.15%（详见专条）。

2. 副鼻窦炎　张冬生报道108例急性患者，以鼻窦消炎汤（麻黄、杏仁、石膏、苍耳子、辛夷、细辛、黄芩、僵蚕、菊花、蔓荆子、白芷、甘草）煎服。治疗3～4天，全部有效；其中治愈（症状消失、鼻镜复查正常）92例，占85.19%。彭序明等报道35例慢性患者，以鼻窦炎合剂（黄芩、桔梗、栀子、甘草、蒲公英、鱼腥草、茯苓、赤芍、防风、白芷、川芎、黄芪、菖蒲、薄荷、路路通、泽泻、苍耳子等）超声雾化吸入，每日1次。治疗10次，总有效率91.43%。而另设对照组28例，以该合剂口服，总有效率为50%。两组间的差异性显著。燮积科、董茂林等及王德鉴等对慢性上颌窦炎的治疗，已列专条介绍。

3. 鼻息肉　梁淑满等报道246例，以消痔灵注射液直接注射于息肉处，每2周1次。5次为1疗程。结果息肉缩小½以上，通气基本正常者占60.57%（149/246）。谭永明报道23例，以川芎茶调散加味（川芎、防风、细辛、白芷各20克，辛夷、苍耳子、石膏各30克，荆芥、牙皂、羌活、苏叶各10克研末）口服，每次10克，每日3次。经21天的治疗，痊愈（外观息肉消失、呼吸通畅）21例。

4. 鼻出血　张升平报道47例，以止衄汤（麦冬、玄参、生地、栀子、五味子、藕节、小蓟炭）煎服。治疗3～6天，总有效率为97.9%。随访1年以上未复发者占91.5%（43/47）。外治法的报道较多。徐东晨等报道350例，以大黄碳粉置砂布条填塞出血鼻腔。用药2次血止者占87.4%（306/350）。卢长云等报道113例鼻中隔粘膜糜烂者，以棉片蘸云南白药贴敷患处，每日1次，有效率为95.6%。平均止血时间2.4天，糜烂面愈合平均时间4.7天。

四、喉科疾病

1. 咽炎　急性咽炎，周宗起等报道70例，治以山豆根口服液（山豆根、黄芩、银花、连翘、玄参、竹叶、桔梗、甘草）含服，总有效率为91.7%。其中用药7天内症状及体征消失者占51.43%（36/70）。慢性咽炎，杨中华等以药物喷雾吸入、李瑞玉等以咽炎宁作咽后壁注射等局部疗法的报道，疗效较好（详见专条）。陈占功等报道171例，以天黄消炎汤（天冬、阿胶、北沙参、甘草、石膏、葛根、玉竹、杏仁、枇杷叶、射干）煎服，总有效率为98.83%。与对照组(63例用六神丸，有效率为69.84%）比较，差异性显著（P<0.05)。

2．急性扁桃体炎　程栽芝报道46例，以冰蝎散(冰片5克、全蝎10克、菜油2毫升)贴敷外廉泉穴，均获治愈。其中贴敷1～4次痊愈者占82.6%(38/46)。对本病化脓患者，彭世桥、刘立芬及吕长钊等的报道，均以大黄为主药，疗效颇佳（详见专条)。

3．声带小结与息肉　祝桂庭等报道51例，以化瘀散结汤（当归、赤芍、桃仁、红花、桔梗、玄参、麦冬等）随证加减煎服，总有效率为84%。其中声带小结、息肉消失者占47.06%(24/51)。

五、口腔科疾病

1．口腔粘膜病　许长照等报道73例，按中医辨证并进行微循环检测。结果发现本病以虚证居多(70/73)占95.9%；其微循环障碍与正常人比较，差异性显著(P<0.01)。表明本病有血瘀证存在。对其治疗宜佐以活血化瘀药。吕咏等报道15例口腔扁平苔癣，以六味地黄丸口服。治疗2个月，总有效率为86.7%；其中粘膜恢复正常者占40%(6/15)。张元坚、彭世桥等对复发性口腔溃疡的辨治，已列专条介绍。

2．牙周病　急性牙周炎，陈晓秋等报道96例，以仙人掌捣烂加冰片贴敷患处，均在5日内治愈。杨清志以六神丸填塞患处，治疗63例，有效率为95.24%（详见专条)。刘菊英等报道72例（82牙）根尖周围炎，治以中药烧伤油与氧化锌调成糊状作根管充填。临床显效率达87.8%(72/82)；X线检查根尖区骨质完全愈合率为82.9%(68/82)。且可避免醛酚类药物的刺激及其所形成的尖周免疫反应。

（姚芳蔚　张应文）

【缺血性视神经病变的治疗】

缺血性视神经病变以视力障碍与视野缺损为主证。属中医“视瞻昏渺”与“青盲”一类病症。其病因复杂，凡能引起视神经乳头供血不足的全身与局部因素均可能发生本病。掌握整体观念与眼底所出现的不同病变，采取辨证与辨病相结合的方法进行治疗，可以获得较好疗效。潘开明等于1985年报道以丹参注射液24毫升加入5%葡萄糖液500毫升中静滴，配合激素球后注射等治疗本病12例14眼，全部有效，其中治愈9眼。潘氏认为丹参具有改善微循环作用，而局部应用激素，有利于消退水肿，防止组织破坏。张铭连报道64例，球后注射激素，同时按辨证分为肝郁络阻、肾虚络阻、血虚络阻、阴虚阳亢与肝郁气损等5个证型，分别以舒肝通络、益肾通络、养血通络、滋阴潜阳与益气舒肝等法，并结合眼底所见，佐以渗湿利水、止血化瘀等药。平均治疗50天，总有效率为93%。姚芳蔚等报道12例16眼，辨证分为肝阳上亢、肝郁气滞与气血两亏等3型，分别采用平肝潜阳、疏肝理气与益气养血法。治疗2～4月后，有效13眼。其中眼底病变消退、视力增进4行以上，视野恢复正常者6眼，眼底水肿、出血吸收，视野扩大，视力提高1～3行者7眼。姚氏认为，视神经与足厥阴肝经相连，其病多因肝经气血失调，治疗当用平肝、补肝或疏肝等法；而眼底水肿与出血是因局部气血瘀滞所致，因而须佐以理气活血、渗湿利水之剂。任春慧等对本病伴有血管硬化、血液流变异常的17例老年患者，以补阳还五汤合泽泻汤内服；同时配合复方丹参注射液8～12毫升加入低分子右旋糖酐500毫升中静脉滴注，每日1次。治疗20天后，全部有效；其中治愈（视力提高至病前水平，视野、眼底均恢复正常）15例。任氏等认为本病是因脏腑虚损、元气不足，气虚血行迟缓，导致局部血脉瘀阻而引起，方选补阳还五汤以补气活血、通络祛瘀，而泽泻汤善于利水消肿，二方联合，具有补气活血、通络利水之效。配合复方丹参，可增强活血化瘀的作用。朱寿彭报道本病24

例，以血栓通注射液4毫升（内含三七总皂甙140毫克)加入10%葡萄糖注射液250毫升静脉滴注，每日1次。治疗10～20天，治愈11例，有效10例。另21例以地塞米松静滴治疗，治愈10例，有效8例。

（姚芳蔚）

【视神经炎证治】

视神经炎为眼科重症，炎症发生在视神经的眼内段或球后部分，前者称为视神经乳头炎，后者称为球后视神经炎。病变不论在球内或球后，原因非常复杂，治疗也较棘手。张继烈认为，对本症辨治，必须区分早期与后期，鉴别挟瘀血与挟痰湿。本症早期多为实证，以肝气郁结或肝郁化火为多见；后期多为虚证，以肝肾阴虚或气血两虚为多见。至于瘀血与痰湿，为本症常见之挟证，可从舌苔、脉象以及有关体征加以鉴别。付洪全报道急性视神经炎13例21眼，其中视乳头炎6例8眼，球后视神经炎7例13眼。按辨证分为肝气郁结、湿热阻滞、阴虚血热、气血亏虚等4个证型，分别施以疏肝理气、养阴清热(方选丹栀逍遥散加减)，清热利湿（方选三仁汤加减），养阴清热凉血(方选清营汤加减)，益气养血、滋补肝肾（方选八珍汤加减）等法。治疗7～73天，有效20眼，其中治愈（视力及眼底皆恢复正常）18眼。张起会等报道哺乳期慢性球后视神经炎7例，曾用维生素B_1、血管扩张剂，或同时应用抗生素、激素等无效；后继续用以上西药，嘱停哺乳，同时以八珍汤加减服用。经7～28天的治疗，视力皆获不同程度的提高。李刚等亦以中西药联合应用治疗本症44例，其中视神经乳头炎24例38眼，球后视神经炎20例30眼。西药用维生素B族、能量合剂、血管扩张剂与激素等。中医按辨证分为肝郁化火、肝气郁结等2型，分别以清热舒肝理气（用柴胡疏肝散加减)，舒肝理气、清热养血法（早期用丹栀逍遥散加减，后期用补中益气汤)。平均治疗39天，获得46.87%的治愈率与96.3%的总有效率。李风云等报道9例11眼视神经乳头炎，选用犀角地黄汤随证加减治疗，结果全部有效。

（姚芳蔚）

【视盘血管炎证治】

视盘血管炎是因视神经血管发炎而引起的眼底病。外表无特殊症状，仅自觉视糊干涩。属中医“干涩昏花”一类病症；但如病情发展，导致视神经萎缩而严重影响视力，则属“青盲”。本症病因不明，辨证用药多根据视神经（目系）与肝经相连的理论，从肝论治。1981年姚亦群报道10例，辨证分肝经郁火、肝阳偏亢、阴虚火旺三型，分别采用疏肝凉血、平肝清热与滋阴降火三法，结合眼底乳头水肿与网膜出血等症状，而佐以活血利水之剂。治疗2～6周，均获痊愈。1983年戴明儒等报道15例，分瘀热阻络与气滞血瘀两型，经用凉血化瘀与理气活血法，配合维生素与地巴唑等药治疗，皆获痊愈。近2年来，有白石明报道以开导法为主，结合辨证，并配合甘露醇与复方丹参静脉滴注，治疗23例，全部有效。其中治愈（视力恢复到1.0以上，眼底乳头水肿、出血全部吸收，留有少量色素沉着及硬性渗出者）17例。所谓开导法，即以“塞者通之”为治则，用药物开塞导滞，以疏通眼内气血之运行。白氏认为本症病机主要为痰火上犯于目，使之局部脉络瘀滞，导致血中清液外渗，久而成痰结。故选用具有软坚散结、渗湿利水、行气活血、清热解毒、化痰通络作用的中药组成基本方，并结合辨证，分肝经湿热、肝气郁结与痰湿内停三型，分别佐以清热利湿、疏肝解郁与化痰利湿的药物。王德全对本症16例19眼，根据病程与眼底所见，分早、中、晚三期施治。早期，发病在1个月内，乳头水肿、网膜出血新鲜而量多，治以清热泻火，佐以凉血止血，方选龙胆泻肝汤和宁血汤加减；中期，发病在2个月以内，眼底出血及水肿减退，治以益气活血化瘀，佐以清热利湿，方选桃红四物汤和温胆汤加减；晚期，发病时间在2个月以上，眼底水肿退，出血大部吸收，或伴有机化，治以活血化瘀通络，佐以软坚散结，方选血府逐瘀汤加减。对病情严重的，配以西药低分子右旋糖酐和地塞米松静脉滴注。治疗后，痊愈5眼，显效7眼，有效3眼。曹仁方对本症18例辨证分肝经热盛与气滞血瘀两型，分别以清热解毒、活血化瘀与疏肝理气、活血化瘀法。经不同治程，局部炎症均消退；15例视力有不同程度提高，其中8例视力恢复正常。随访1年仍保持治后水平。

（姚芳蔚）

【原发性视网膜色素变性的治疗与实验研究】

（一）原发性视网膜色素变性（RP）的治疗　丁淑华等报道23例46眼，自拟补益肝肾、活血通络开窍方（黄芪、当归、丹参、首乌、枸杞子、石菖蒲）煎服，每日1剂；部分病例配合针刺疗法，取球后、睛明、承泣、足三里、合谷等穴，每次选用其中2穴，每日1次。治疗2个月，总有效率达87%。其中显效（视野扩大20度以上，管状视野扩大10度以上，环状暗点消失，视力提高3行以上者）22眼，占48%；好转（视野扩大10度以上，管状视野扩大5～10度，环状暗点缩小½，视力提高2行者）18眼，占39%。庄曾渊报道79例158眼，按辨证分为(1)脾肾阳虚型，以益气升阳、温肾培元法，方用益气聪明汤加减（黄芪、太子参、炙甘草、蔓荆子、升麻、白芍、当归、丹参、紫河车、鹿角霜、补骨脂、巴戟天），(2)肝肾阴虚型，以滋肾益精、养血宁神法，方用滋阴地黄丸（当归、生地、熟地、天冬、麦冬、五味子、党参、杞子、生石决、夜明砂、制首乌、丹参、枳壳）。同时配合针灸及丹参注射液静脉滴注、654-2注射液穴位注射等治疗。以3个月为1疗程。结果：视野大于10度者，治疗前42眼（29.6%），治疗后73眼（52.1%），近期总有效率为46.2%；视力0.5以上者，治疗前101眼（63.9%），治疗后128眼（81%），近期总有效率为54.4%。治疗前后的视野及视力比较，均有非常显著性差异（$P<0.01$）。吴烈等报道22例41眼，按辨证分为脾肾阳虚及肝肾阴虚等2型，分别以健脾益气、温阳补肾（用益气聪明汤、右归丸）及滋肾养血、通络明目（用左归丸、四物汤）等法。同时以针刺（眼面部穴位为主）及静脉滴注与肌肉注射复方丹参、川芎嗪注射液等治疗。疗程为3个月。结果：28眼（28/41）的视野有不同程度扩大，32眼（32/41）的中心10度视野平均敏感度有不同程度提高；治疗前后的视野范围及10度视野平均敏感度比较，有显著性差异（$P<0.01$及$P<0.05$）；视力亦有明显提高（$P<0.001$），其中提高2行以上者24眼（24/41），4行以上者8眼（8/41）。吴氏等认为RP的主要表现为中心视力下降及视野损害。而视力主要反映黄斑区中心部位的视网膜情况，很难说明其病变程度；视野则能反映整个视网膜情况。故定量视野的检查应成为病变程度及评价其疗效的主要指标之一。

（二）实验研究　秦裕辉等报道对60例RP患者及40例正常者的T淋巴细胞亚群（包括T细胞总数(T_1)、辅助性T细胞(T_4)、抑制性T细胞（T_8）及（T_4/T_8）、循环免疫复合物(CIC)、免疫球蛋白(IgG、IgA、IgM)及补体（C_3、C_4）等免疫指标作检测，并分析RP不同证型的免疫学改变特点。结果显示：RP患者T_1、T_4、T_8、C_3、C_4值降低，T_4/T_8、IgM、CIC值升高，与正常人对照，差异性非常显著（$P<0.01$）。而不同证型的免疫学改变亦有所不同，肝肾阴虚型以T_4/T_8显著升高，T_4正常为特点；脾肾阳虚型以T_1显著下降，T_4亦下降为特点。秦氏等认为本病“以虚为本”，也存在瘀血阻络、肝气郁滞等“挟实”的表现。本实验探讨了RP的免疫发病机理。提示了RP的“虚”，主要表现为T细胞总数降低，T细胞亚群比例失调，机

体免疫功能低下；“实”则指体液免疫紊乱，CIC增高。因而对本病的治疗，当首重扶正以增强细胞免疫功能，如黄芪、党参、熟地、五味子、仙灵脾等；还须兼顾活血以调整体液免疫功能，如当归、川芎、红花、丹参等。

（张应文）

【老年性黄斑变性证治】

黄仲委等报道124例177眼老年性黄斑变性早期病变（玻璃膜疣）与中医证型、症状及体征的关系，并探讨本病早期病机及治疗。辨证属虚证者(101/177)占57.06%，其中气虚证(55/101)占54.46%，尤以脾气虚型为多见，其次为肾气虚型。据此认为本病可能是由于年老体衰，脾虚运化乏力，气虚津液生化不足，清阳不升，浊阴不降，导致湿浊潴留，酿而成“痰”。同时，由于年老肾衰，肾气鼓动无力，藏精功能失职，反聚而成湿，助长玻璃膜疣之形成。治疗应以健脾益气为主。李景恒等报道对122例老年性黄斑变性患者按中医辨证分型，结果在符合中医气虚、血虚、阴虚、阳虚、血瘀、肝郁、痰热等8个证型诊断的53例中，气虚型最为多见（占45.28%），均明显高于其他证型。气虚型的发病年龄及视力损害程度与其他证型比较，经统计学处理，无显著性差异(P＞0.05)。提示了本病的不同证型，其视力损害程度基本相同；且视力损害主要与病变的部位、程度及有否新生血管膜形成等有关。詹宇坚等报道43例71眼老年性黄斑变性患者，以健脾益气为基本治则。其中干性型38眼，治以健脾益气、化痰散结法，服用睛明Ⅰ号丸（党参、白术、茯苓、陈皮、灵芝、五爪龙、刺五加、白芍、草决明、菊花等）；湿性型33眼，治以健脾益气、活血祛瘀止血法，服用睛明Ⅱ号丸(党参、白术、茯苓、陈皮、五爪龙、紫珠、旱莲草、大黄、山楂等)。每日2次，每次6克，3个月为1疗程。连服2～3疗程，定期复查。并与对照组30例追踪观察3～4年进行疗效比较。结果：视力好转者，治疗组干性型21眼，占55.2%，湿性型20眼，占60.6%，而对照组均无好转。两组间有非常显著性差异（P＜0.01)。黄叔仁等报道7例渗出性老年黄斑变性，以九子还睛煎2号冲剂（枸杞子、制首乌、山茱萸、菟丝子、桑椹子、女贞子、楮实子、茺蔚子、益智仁、沙苑子、丹参、川芎、淫羊藿、黄柏、炙鳖甲等）口服，每次10克，每日1次。经约5年治疗及随访，视力均有好转。且发现该制剂在阻止渗出前期发展为渗出期方面，以及瘢痕修复期后防止复发方面，均比Vit$_E$、Vit$_C$、锌剂等常规药物治疗有一定优势。可能与该药缓解了黄斑部结构衰老过程和改善局部循环有关。年春志等报道20例32眼老年性黄斑盘状变性，其中萎缩型12例，渗出型8例。按辨证与辨病相结合论治，以槐连汤（槐米、连翘、白茅根、夏枯草、生蒲黄、泽泻、丹参、车前子、茯苓、黄芩）随证加减煎服。3个月为1个疗程，停1周后续用药。治疗2～3疗程，平均随访18个月，有效17例；其中痊愈（眼底视网膜下渗血、出血吸收，中心暗点消失，视力增进1行者）8例。

（张应文）

【老年性白内障的治疗与研究】

对老年性白内障的治疗研究，早期仍以辨证论治为主；成熟期则以针拨术为主，且并发症的发生率有所下降。

（一）辨证治疗　吕树芸报道28例53眼，辨证分肝肾阴虚与脾肾双虚两型，分别采用滋补肝肾、益阴明目与滋阴健脾、益气养精法。治疗3个月，显效（视力提高3～4行）24眼，有效（视力提高1～2行）22眼，总有效率为86.7%。随访1年保持治后视力的占54.2%。孙录来等报道200例387眼，以活血祛障汤（丹参、桃仁、红花、当归、川芎、熟地、白芍、杞子、菊花、白蒺藜、蝉衣、夜明砂、青葙子、石决明、磁石、神曲、桑椹子、陈皮等）随证加减煎服，每日1剂。治疗1～3个月后，总有效率为98.4%。其中视力提高3～5行的占36%（137/381）；提高1～2行的占30%(116/381)。李逢报道80例150眼，以健脾补肾、益气生津、化瘀软坚为治则，自拟治障丸（黄芪、白术、升麻、枳壳、山药、党参、熟地、菟丝子、茯苓、杞子、丹参、海藻等加蜜制成丸，每丸9克）口服，每次1丸，每日3次。经20天治疗，总有效率为88.67%，其中视力提高3行以上的占25.33%（38/150），提高1～2行的占63.33%(95/150)。任鲁平等报道89例146眼，自拟祛障明目汤（茺蔚子、白芍、当归、女贞子、菊花、枸杞子、决明子、青葙子、香附、郁金、红花、川芎）随证加减治疗，总有效率65.1%。其中视力提高5行以上的占47.26%(69/146)；提高2行以上占17.8%（26/146）。沈汝才等自制白内消（麝香、冰片、珍珠等）滴眼剂滴眼与注射液作球结膜下注射治疗本症57例111眼。6个月为1疗程。总有效率为91%。其中视力提高3行以上的占74%(82/111)；提高2行的占17%(19/111)。

（二）针拨术的应用　罗成虎报道89例149眼，术后对127眼作视力检查，除4眼无进步外，余皆有不同程度提高。并发症为晶体半脱位(9.4%)、玻璃体混浊(10.5%)与虹膜睫状体炎(0.28%)。张大勤等采用本法治疗382眼，并与摘除术治疗359眼加以比较。结果显示，两种手术的脱残、脱盲率相接近，分别为97.36%与95.5%，但矫正视力，针拨术比摘除术好。术后并发症中，继发性青光眼的发生率相近，分别为3.4%、3.62%；眼内感染摘除术为0.84%；网脱发生率针拨术为0.26%。张氏等认为在严格控制适应症的前提下，对不适应摘除术的患者，采用针拨术，仍不失为治盲脱盲的一种手段。

为了避免针拨术可能发生的严重并发症，目下有利用天竺黄具有吸水、粘附力强的特点而作为粘吸白内障的手段。曾宪柱报道24例25眼，采用该法摘除白内障，成功20眼。钟运兴对天竺黄的粘附能力、吸水能力及粘附过程进行试验观察。应用于各类白内障摘除术257例293眼，成功275眼，成功率为93.9%。均高于硅胶及骨炭棒摘除术的成功率（分别为81%与92.5%）。

（姚芳蔚）

【角膜炎、角膜翳及角膜溃疡的局部治疗】

对角膜炎、角膜翳及角膜溃疡的治疗，以局部用药的报道，疗效较好。

（一）病毒性角膜炎　周运诗报道84例91眼，以50%鱼腥草溶液(即鱼腥草注射液与0.9%NaCl等量混合)分别滴眼及冲洗角膜、结膜囊，必要时以鱼腥草注射液肌注或球结膜下注射。结果总有效率为91%，其中痊愈（症状消失、睫状充血消除，角膜知觉恢复，萤光素染色阴性）50眼，占54.95%。蔡华松等报道47例81眼，以50%双冠眼液（金银花、贯众等制成）滴眼为主，全部治愈。平均治疗时间7.5天。而另设对照组以中药煎服为主，或配合25%氯霉素、0.1%疱疹净、4%病毒灵液滴眼等治疗48例62眼，亦全部痊愈，但疗程较长（平均28.5天）。俞国新报道24例，以熊胆等中西药制成“角膜821”滴眼剂滴眼，每日4次。结果均愈；平均治愈时间浅层型为6.9天，深层型为13天。明显优于对照组（22例用金霉素眼膏，分别为36.7天、90.6天）。

（二）角膜翳　曲江春等报道94眼，其中薄翳88眼、斑翳6眼。治以斑马眼药水滴眼，再涂消蒙眼膏(冰片与珍珠为主要成份)，每日3次。涂后热敷15～20分钟。经半年治疗，角膜薄翳88眼中，显效（薄翳减退，视力增进3行以上）18例、占20%，有效（视力增进1～3行）64例、占73%；斑翳4眼均有效。曲氏等认为其功能可能与所含微量元素及氨基酸能扩张血管、改善角膜营养有关。

（三）角膜溃疡　秦察言报道12例12眼，以锡类散少许外敷于溃疡面上，每日用药 1 次。同时给患眼散瞳，涂抗生素眼膏。治疗后，除 1 例因前房积脓增多，溃疡周围出现卫星病灶而中止治疗外，其余 11 例都结疤愈合。平均治愈时间 10.1 天。秦氏认为锡类散愈合的疤痕近期内比较浓厚致密，故不主张用于瞳孔区小面积浅在易愈合的溃疡。

（汤抗美）

【活血化瘀治疗挫伤性前房出血】

以活血化瘀法为主治疗挫伤性前房出血的临床报道较集中，疗效好、收效快。熊成年认为，活血祛瘀药具有活跃前房血液循环而清除局部组织郁血、缺血，从而促进前房内渗出物吸收，改善对前房循环代谢的调节等作用。熊氏报道 18 例，分三期辨证论治。初期（5 天以内），治以凉血止血、活血化瘀，自拟凉血化瘀止血汤（小蓟、藕节、丹皮、防风、当归、赤芍、茯苓、黄芩、牛膝、生甘草）；中期(6～10 天)，治以活血化瘀，清热止血、软坚散结，方用行气化瘀明目汤（黄芪、蒲公英、黄芩、桃仁、红花、三棱、莪术、丹参、川芎、牛膝、茯苓、炙甘草）；后期（15 天以上）治以滋阴固本，口服石斛夜光丸等。同时辅以西药抗生素、激素、能量合剂、维生素 B 及安络血等。用药 5～10 天后，前房积血均完全吸收；且视力均有不同程度提高，其中提高至 1.0 以上者占 13 例。王长贵报道 30 例，以祛瘀清瞳汤（桃仁、泽兰、丹参、赤芍、当归尾、红花、生地、菊花、僵蚕、决明子、谷精草、车前子、茯苓、王不留行、蝉衣等煎汁约 600 毫升）于早、中、晚饭前分服；另以药渣煎汤，用毛巾蘸敷患眼，每次 20 分钟，每天 4～6 次。治疗 1～2 周后，全部获效。其中前房积血全部吸收、视力基本恢复正常者占 77%(23/30)。郭美香报道 36 例，以云南白药口服，平均用药 7.8 天均获痊愈。岳好俊等报道 15 例，自拟化瘀止血汤（当归、丹参、白茅根、赤芍、坤草、密蒙花、菊花、三七粉、甘草）随证加减煎服。治疗 15～30 天，痊愈 14 例。钟运兴报道 84 例 88 眼，以桃红四物汤加味煎服。另设对照组 80 例 82 眼，以止血剂、抗生素、20%甘露醇、速尿等西药治疗。结果中医组的治愈率为59.4%，总有效率为96%，西医组分别为 45.3%、76.6%。平均治疗时间中医组 25.6 天，西医组 30.8 天。潘开明报道 9 例，早期（7 天以内）用凉血止血、清热降火法，晚期（7 天以上）用活血化瘀、行气明目法。治疗 4～27 天均获痊愈，视力恢复正常。

（汤抗美）

【麦粒肿的贴敷疗法】

麦粒肿俗称偷针眼，采取贴敷治疗有较好效果。1985 年汤国瑶报道 40 例，以天南星膏（天南星、生地各等份研末蜜调）贴敷患侧太阳穴，每日 1 次。治疗 1～4 天后，治愈率达 97.5%（39/40)。1986 年刘益群报道 154 例，以金黄散油膏（如意金黄散 30 克，冰片 2 克，无水羊毛脂 10 克，加凡士林等调制）贴敷患眼，全部治愈。其中敷药 3 次治愈 100 例。近二年来，郭少华报道 420 例，以三黄散（大黄、黄柏、黄连按 3:2:1 分别研粉，用温开水调成糊状）外敷。另设西药组 200 例。用抗生素眼药水滴眼及眼药膏局部外涂，并口服或肌注抗生素。结果全部治愈，但中药组的平均治愈时间（为 4.5 天）较西药组（为 6 天）明显缩短。过贵元应用三黄粉（大黄、黄芩、黄柏各等分研成细末混和，用生理盐水搅拌成糊状）贴敷治疗 280 例（眼），于 3 天内炎症消退、肿块吸收的 264 例，治愈率达 94.29%。而另以西药常规给药治疗 24 例，3 天治愈的仅 6 例(25%)，两组的疗效比较，有显著性差异。王元贵则以消散粉（蜈蚣 1.5 克、全蝎 1.5 克、大黄 3 克、冰片 1.5 克，各研细末混和，用陈醋调成糊状）贴敷患处，治疗本症 86 例（眼），除 4 例用药不能坚持无效外，其余均获效。其中 3～4天治愈的 54 例，占62.79%。程向东等认为本症是因邪风热毒客于胞睑皮肤所致。选用生地、南星等份研细，加凡士林制成生地南星软膏贴敷患侧太阳穴，治疗早期患者40例，获得90%治愈率。其中4天内治愈的32例，占80%。

（姚芳蔚）

【突发性耳聋的治疗】

突发性耳聋的治疗，王蕴弼报道7例，按辨证分为厥聋、风聋2个证型，分别用通气散（或通窍活血汤）、银翘散(或桑菊饮）加减煎服。用药时间平均20天，听力恢复。郑运发报道48例，自拟复聪汤（丹参、川芎、赤芍、郁金、佛手、菖蒲、远志、地龙）随证加减煎服，每日1剂。10日为1疗程。总有效率为87%。其中痊愈（症状消失、听力恢复正常者）28例，占58.33%。张平等报道19例，选用复方丹参注射液16～20毫升加入5%葡萄糖溶液500毫升中静脉滴注。每日1次。14天为1疗程。经1～2疗程治疗后，听力提高10分贝以上者14例。胡元香等报道100例，亦以丹参注射液20～30毫升入5%葡萄糖溶液500毫升中静脉滴注，每日1次；同时以活血通窍药煎服，每日1剂。以2周为1疗程。经1～2个疗程治疗后，总有效率为73%。其中痊愈（听力在35分贝者）28例(28%)，好转（听力在40～60分贝者)45例（45%）。李德瑛报道39例，按中医辨证分为肾经亏损、耳失濡养，气血不足、耳脉失充，肝胆火盛、上扰清窍，及痰火郁结、耳窍壅滞等4个证型，分别以滋补肝肾、降火通络，益气养血、行气通窍，清肝泄热、开郁通窍，及清热除湿、降浊通窍等法治疗。总有效率为77%。其中痊愈（有效应用水平达到30分贝）10例、占25.6%，好转（听力提高21～45分贝）16例、占41%。范世秀等报道27例，服用脑血康口服液，同时加服肉桂嗪、地巴唑，静脉滴注三磷酸腺苷、辅酶A、细胞色素C等。另设对照组27例，除脑血康不用外，其他同治疗组。结果治疗组显效（平均听力提高30分贝以上）8例，好转(听力提高15～30分贝）11例；对照组分别为2例、6例。

（吴益贤）

【内耳性眩晕症的治疗】

内耳性眩晕症的病因，历来都认为由风、火、虚、痰所致。近年报道的治疗亦多针对此四个因素。饶云中报道42例，重用泽泻汤（泽泻50～70克，白术20～50克）随证加味煎服，总有效率为97.62%。袁呈云报道86例，用温胆汤加味(半夏、陈皮、竹茹、枳壳、僵蚕、茯苓、地龙、谷精草、甘草、生姜）煎服，治疗6～15天，总有效率为98.84%。杨宏斌报道35例，治以清泄肝胆方（柴胡、黄芩、半夏、青皮、枳壳、苍耳子、大青叶）加减煎服，全部有效。其中服药1～2剂，症状、体征消失，随访1年以上无复发者占77%（27/35）。文明峰报道36例，以宁眩十味饮（泡参、法半夏、柴胡、黄芩、当归、石菖蒲、苡仁、木通、泽泻、甘草）加减煎服，治疗2～4天，全部痊愈。尚有许多报道认为本证与“瘀”关系密切。风、火、痰、虚致病日久均可使血行不畅而瘀滞。吕志平等报道150例，以镇眩汤（川芎、白芍、当归、生地、桂枝、茯苓、白术、甘草、生龙骨、生牡蛎）煎服，总有效率96.7%。李贯彻报道100例，以平眩汤（泽泻、天麻、丹参、磁石、白术、代赭石）煎服，全部有效。其中眩晕、呕吐消失，耳鸣、听力复常，1年内未复发者占93%。程远文报道110例，用加味当归芍药汤（川芎、泽泻、当归、白术、茯苓、丹参、白茅根）煎服，总有效率91.82%。其中眩晕、耳聋耳鸣、头胀头痛等症消失，随访2年未复发者占80%（88/110）。

此外，中西医结合治疗本症，颜英娜报道128例，西药用654-2及安定等；中药以藿香、苍术、薄荷、荷叶、菊花、半夏、竹茹、陈皮、茯苓、车前子、冬瓜子、代赭石、钩藤等为基本方。结果总有效率为93.75%；

其中眩晕、恶心、耳鸣、呕吐于短期内消失者占60.25%（77/128)。张中建等报道54例，随机分为对照组26例，服用常规量安定、苯海拉明、强的松等；治疗组28例，服药同前，再以仙鹤草30克煎服，每日1次。结果两组均治愈。但治疗组平均治愈时间明显优于对照组（P<0.05）。

（张守杰）

【过敏性鼻炎的治疗】

过敏性鼻炎的治疗，以益气固表、祛风散寒为主。徐轩报道400例，以真武汤合玉屏风散加减（制附子、桂枝、细辛、防风、白术、黄芪、白芍、炙甘草、生姜）煎服。治疗7～28天，总有效率为90%；其中治愈（鼻粘膜由苍白水肿转为正常，血清IgE有转向正常趋势，1年内未复发）140例，占35%。曹洪波报道30例，以加味玉屏风散（黄芪、白术、防风、桂枝、乌梅、细辛、五味子、金樱子、路路通）为基本方，随证加减煎服，总有效率为96.67%。其中痊愈（常年发作或遇冷即发症状消失，随访半年以上未复发）11例，占36.67%。陈仁华报道130例，以玉屏风散加味（黄芪、白术、苍耳子、防风、辛夷、炙甘草）煎服，总有效率为86.15%。其中痊愈(鼻塞、流清涕、鼻痒打嚏等自觉症状消失)47例，占36.15%。勾大君报道250例，以加味玉屏风散（生黄芪、防风、白术、桂枝、蝉蜕、辛夷、茯苓、党参、乌梅、藿香、炙甘草）煎服，同时配合辛夷液滴鼻治疗，总有效率为66.8%。另设对照组60例，内服赛庚定片4mg，每日3次，同时配合1%麻黄素考的松液滴鼻治疗，总有效率为43.33%。两组的疗效比较，有非常显著性差异（P<0.01)。李广振认为阴血不足、营卫空疏，卫表不固，外感风寒，肺窍失利为本病的主要病机，而立四物汤加苍耳子、辛夷、徐长卿等煎服治疗42例，总有效率为87.5%。其中治愈（诸症消失、鼻腔及鼻粘膜肿胀消退，颜色复常，无清水样分泌物，鼻腔分泌物涂片检查EOS阴性，观察1年未复发）23例，占54.76%。陈晓林报道32例，为素体阳盛，热伏于内，感受风寒之邪于外者，以加味大青龙汤（麻黄、石膏、桂枝、生姜、杏仁、紫草、石榴皮、乌梅、五味子、大枣、甘草）煎服，经5～20天治疗，总有效率为96.88%。其中痊愈(诸症消失，鼻腔检查正常，观察1年以上未复发）19例，占59.38%。此外有以中成药配合局部用药的治疗报道。于建平等以鼻炎片(苍耳子、辛夷、野菊花、五味子、白芷、防风、连翘、荆芥等）口服，并用鼻腔去敏膜（主要为色甘酸钠，盐酸麻黄碱，醋酸氟美松）贴于下鼻甲上治疗42例，用药10～20天，总有效率为92.9%。其中显效（鼻痒、喷嚏、流清涕、鼻塞四大症状消失或基本消失，鼻粘膜苍白水肿恢复正常）18例，占42.86%。刘洪茂等以固本鼻炎丸(由黄芪、白术、防风、百合、桑白皮等研细末炼蜜为丸)口服，配合过敏滴鼻剂(以1%盐酸麻黄素滴鼻剂、地塞米松磷酸钠注射液、扑尔敏注射液加适量生理盐水配成)滴鼻治疗146例，全部有效。

（吴贤益）

【慢性上颌窦炎的治疗】

慢性上颌窦炎，属鼻渊、脑漏范畴。对本症的治疗，董茂林等报道80例，取银花、菊花、薄荷、防风、细辛、甘草、白芷、川芎、苍耳子、辛夷、黄芩煎服，同时用西药ECS（麻黄素、氢化可的松、链霉素）滴鼻。治疗10～15天，总有效率达97.5%。其中治愈（鼻呼吸通畅、鼻涕显著减少、头痛症状消失，嗅觉改善，检查鼻甲肿胀消失、粘膜色泽正常、中鼻道清洁，X线拍片见上颌窦粘膜基本恢复)54例，占67.5%。爨积科报道183例，自拟柴芩苍耳子煎(柴胡、黄芩、藿香、苍耳子、白芷、羌活、石菖蒲、菊花、防风、辛夷、薄荷、白芥子)随证加减煎服，并用药渣热敷患处。另设对照组40例服用苍耳子散。均以10剂为1疗程。结果治疗组总有效率为97.8%，其中治愈（鼻腔通气、嗅觉、记忆力恢复正常，鼻粘膜充血、肿胀消失，X线拍片正常）162例、占88.52%；对照组的总有效率为70%，其中治愈20例，占50%。两组的疗效，有显著差异（P<0.01）。王德鉴等报道29例，行上颌窦穿刺冲洗后，以鼻窦灌注液（由黄芪、淫羊藿叶、桂枝、当归、红花、辛夷、野菊花、白芷、栀子、薄荷组成）注入，每周1次，4次为1疗程；并服加味苍耳子丸。另设对照组20例，以窦内注入庆大霉素及内服加味苍耳子丸治疗。结果治疗组有效17例，对照组有效13例。两组的痊愈（症状消失、检查鼻腔中鼻道无引流，上颌窦穿刺冲洗无脓，X片显示炎症消退）例数相同，但治疗组在改善临床症状方面明显优于对照组。王氏等认为，本病的治疗，以内服方药为多，由于给药途径的局限，药物未能直接作用于鼻窦腔，限制了药效。而窦内注入则开辟了治疗本病的新途径。

（吴贤益）

【慢性咽炎的局部治疗】

慢性咽炎的治疗，以药物喷雾吸入或咽后壁注射等局部疗法的报道较多，疗效较好。

（一）局部喷雾吸入法　杨中华等报道160例，以自制咽炎喷雾剂（包括水剂：鱼腥草注射液2毫升、维生素C注射液0.25克加蒸馏水至10毫升为1次用量；粉剂：薄荷叶、生甘草各约300克研末备用）间断喷雾于咽部，每日1次，7次为1疗程。结果全部有效；其中痊愈（临床症状消失、咽部病变恢复正常）119例，占74.4%。其疗效与对照组（66例，以庆大霉素12万单位、地塞米松2.5毫升加蒸馏水至10毫升为1次用量。总有效率为72.7%）比较，有显著性差异（P<0.05）。潘中秋等报道350例，以生地、赤芍、连翘、板蓝根、金银花、菊花、胖大海等药，清水浸泡2小时，水煎2次约500毫升，每次用40毫升作蒸气吸入。每日1次，10日为1疗程。经1～2疗程治疗，总有效率为99.2%。其中显效（咽部异物感基本消失，咽干明显好转，隐痛消失，充血明显好转，淋巴滤泡减少）177例，占50.6%；好转（咽部异物感明显减轻，咽干、隐痛明显好转，充血及淋巴滤泡同治疗前）143例，占40%。

（二）局部注射疗法　刘志民报道500例，治以消痔灵、2%普鲁卡因注射液各1毫升混合，每次用1～1.5毫升注射于咽后壁淋巴滤泡（或悬雍垂、或咽侧索）内1～4点，每点0.2～0.4毫升；每3日1次，5次为1疗程。间隔7日后，再行第2疗程。结果总有效率为98.2%；其中痊愈（咽部症状消失、参加正常工作者）377例，占75.4%；显效（咽部症状基本消失，但感冒、饮酒后仍有微痛，不影响工作者）73例，占14.6%。李瑞玉等报道308例，治以咽炎宁注射液（由丹参、板蓝根、刺五加三种注射液按3:2:1比例混合，加适量吐温，放入玻璃瓶内高温消毒后密闭备用）4毫升，于咽后壁粘膜下注射，每周2次，2周为1疗程。同时口服丹参片，每次4片，每日3次。经2个疗程治疗后，总有效率为98.1%。其中痊愈（症状消失，局部检查正常，半年内未复发者）204例，占62%；显效（局部症状及咽部表现明显好转者）98例，占31.9%。李氏等又对本病及同年龄的健康人各33例，于治疗前后进行血液流变学测定分析。发现慢性咽炎患者的全血比高切粘度、全血比低切粘度、血沉、血浆比粘度、全血还原比粘度与健康人比较，均有显著升高（P<0.01）；红细胞压积虽有升高，但无显著意义（P>0.05）。治疗后，上述的各项指标均有不同程度的下降。其中全血比高切粘度、全血还原比粘度、血浆比粘度较治疗前有非常显著性差异（P<0.01）；全血比低切粘度较治疗前有显著性差异（P<0.05）。实验提示了慢性咽炎患者血液性状

呈"浓、粘、凝、聚"状态，显著高于健康人，即所谓"血瘀"证的客观存在。而咽炎宁的药物作用，可能是降低了局部及全身血粘度，减少血液阻力，增加组织血循环，改善了局部组织供养，达到治疗目的。

（张应文）

【急性化脓性扁桃体炎的治疗】

急性化脓性扁桃体炎的治疗，以通便泻火法的报道较多。不少作者认为，本病始于外感风寒或风热之邪，随即入里化热，肺胃热盛，搏结于咽喉，治当通腑泄火为主，用药均以大黄为主。彭世桥报道50例，以分消利咽汤（生大黄、柴胡、黄芩、牛蒡子、山豆根、射干、木通、银花、生甘草）随证加减煎服，结果均愈。体温下降平均时间为2.7天。刘立芬报道56例，采用大黄升麻汤(生大黄、升麻、玄参、连翘、丹皮、生甘草）随证加减煎服，另以生大黄10克，沸水浸泡后含服。结果除1例外，均服1～3剂而愈。吕云钊等报道50例，用大黄牡丹汤加味(生大黄、芒硝、桃仁、连翘、丹皮、黄连、冬瓜仁、银花、甘草）随证加减煎服，全部治愈。平均服药8剂。

王忠全认为肺阴不足，复感外邪，瘀热上结咽喉为本病的病理基础。临床运用清热解毒药有一定效果，但有碍于胃气。因此，其治关键当以清肺化瘀为宜。王氏报道34例，治以消蛾汤（沙参、麦冬、大力子、生地、赤芍、地龙、桔梗、焦山楂）随证加减煎服，总有效率为98.18%。平均服药7剂。

（张守杰）

【复发性口腔溃疡的治疗】

潘学柱认为复发性口腔溃疡发病率居于各种口腔粘膜病之首，但目前总结、规范本病辨证分型和治疗标准的总体框架，为时过早。因此，寻找控制复发的有效措施，仍为今后研究的主要方向。并指出临床滥用苦寒泻火之品，损伤正气，为本病久治不愈的重要因素之一。因此，证属本虚标实，治病必求其本。而保持大便通畅以达祛邪保津之目的，是治疗中不可忽视的重要环节，邪热无外出之途，其病则难以治愈。张元坚报道57例，按辨证分心火上炎、胃火灼热、阴虚火旺、脾肾阳虚等4型，分别施药治疗。结果痊愈35例，好转14例，总有效率85.96%。王永林报道30例，用香砂六君子汤加防风、当归、栀子、大枣煎服。治疗4～20天，全部治愈。中西医结合治疗本病，彭世桥等报道120例，按辨证分为心火、脾火、阴虚、气虚及阳虚等5型分别施药；同时服左旋咪唑45毫克，每日3次，每周服2天。治疗2个月，总有效率为95%，其中痊愈（溃疡面愈合后1年内未复发）53例，占44.2%；显效（1年内复发次数较前减少3～5次，发作时间减少3～5天）44例，占36.7%。任祥保等报道129例，按辨证分为脾胃阴虚、心阴虚、肝肾阴虚、胃肠积热、心火上炎、肝胆实热、脾虚湿困、肝气郁滞等8型分别施药；同时用人脾转移因子（兰州生物药品研制所产）1支，交替注射患者腋窝近淋巴回流处皮下，每周1次。治疗12次，总有效率为98.45%；其中观察1年未复发者占75.97%(98/129)。

此外，对本病以局部用药的治疗报道较多。赵先烽用口病平（青黛、硼砂、氧化锌粉研末）外涂于疮面上，治疗86例，72例治愈。杨国安等用口秘散（冰片、硼砂、朱砂、青黛、雄黄、黄连、煅石膏、麝香、猪胆、西瓜翠衣等研末）吹撒于疮面上，治疗100例，均痊愈。罗颈竹用口炎散（银花、黄柏、冰片、延胡索、当归、复方新诺明、灭滴灵、硫酸锌研末备用）涂擦溃疡面，治疗43例，用药3天后治愈率达88.4%。张鹏军用双乌合剂（川乌、草乌、细辛、良姜、肉桂、荜拨、生草、尼泊金）含漱治疗100例，总有效率为98%。其中属轻型的75例中显效65例、有效10例；属中型的22例中显效17例，有效4例；3例巨型患者均无效。朱聘倬用吴茱萸制成药膜，敷贴双足涌泉穴，24小时更换1次。治疗37例，显效20例，有效7例，有效率达73%。

（沈龙柱　夏翔）

【牙周炎的治疗】

牙周炎的治疗，陈晓秋等报道96例本病急性患者，用仙人掌30克捣烂成糊状加冰片适量，涂贴于炎症部位，每日换药1次。结果均在5天内治愈。杨清志报道63例急性患者，以六神丸10～20粒置于药棉里捻成条状后嵌置在患处牙颊间，每日换药3次。总有效率为95.24%。其中治愈（症状和体症消失、牙齿嚼合功能正常，6个月内未复发）41例，占65.08%；好转（症状缓解，牙周袋未消失，6个月内出现复发）19例，占30.16%。尤以止痛效果为佳，用药30分钟到1小时即见效。殷登揩报道70例，以自制辛芎汤（细辛、川芎、生草、白术、川椒、白芷、生地）加减煎服。治疗3～5天，痊愈52例，显效13例，好转5例。治愈者随访1年未复发。清胃散治疗牙周炎有效已被越来越多的学者证实（《中国中医药年鉴》1990年卷设有条目），赵联社等报道50例，以清胃散加减治疗，总有效率为98%。其中显效（牙龈出血和炎症消失，牙周袋溢脓显著减少，齿松动度明显改善，数月内无复发）40例，占80%。

药物牙膏治疗牙周病方兴未艾，邓治国报道366例（诊断按上海第二医科大学教科书规定的分度标准），用清宫固齿秘方药物牙膏（生大黄、熟大黄、生石膏、熟石膏、明矾、枯矾、骨碎补、当归、杜仲等）治疗，并设对照组57例用不含药物的牙膏。用药3个月后，药物组临床有效率达93.7%，对照组有效率为28%。两组比较，有显著差异。

（沈龙柱　夏翔）

参考文献

B

白石明。开导法治疗视盘血管炎疗效观察。中西医结合眼科杂志，1990；(3):123

毕留彬。病毒性角膜炎辨病论治。中西医结合眼科杂志，1991；(2):88

C

蔡华松，等。双冠眼药水治疗单疱病毒性角膜炎的疗效研究。中西医结合眼科杂志，1991；(4):201

曹洪波。加味玉屏风散治疗过敏性鼻炎。山西中医，1991；(4):50

曹仁方。中西医结合治疗视盘血管炎18例。中西医结合眼科杂志，1991；(3):167

陈　丹，等。小儿眼肌型重症肌无力对照分析。中医杂志，1991；(8):33

陈锦礼。雷公藤多甙治疗重症葡萄膜炎24例观察。江苏中医，1991；(2):14

陈仁华。玉屏风散加味治疗过敏性鼻炎130例。浙江中医杂志，1991；(5):212

陈晓秋，等。仙人掌冰片贴敷治疗急性牙髓炎牙周炎96例。中西医结合杂志，1991；(10):602

陈晓林。加味大青龙汤治疗过敏性鼻炎。四川中医，1991；(10):46

陈兴隆，等。养阴化瘀对糖尿病性视网膜病变的血液流变学影响及其临床疗效的初步观察。中国中医眼科杂志，1991；(1):22

陈占功，等。天黄消炎汤治疗慢性咽炎171例。新疆中医药，1991；(3):18

程栽芝。冰蝎散外治小儿急性扁桃体炎46例。浙江中医杂志，1991；(7):292

程向东，等。生地南星软膏穴敷治疗早期麦粒肿。中西医结合眼科杂志，1991；(2):78

程运文。加味当归芍药汤治疗美尼尔氏综合征110例。国医论坛，1991；(1):9

D

戴明儒，等。中西医结合治疗视盘血管炎15例。中西医结合眼科，1983；(3):40

邓治国。清宫固齿秘方牙膏治疗牙龈炎牙周炎的临床观察。福建中医药，1991；(4):23

丁淑华，等。中药配合针灸治疗原发性视网膜色素变性。南京中医学院学报，1991；(2):79

董茂林，等。中西医结合治疗慢性上颌窦炎。中医

药研究，1991；(5)：44

F

凡文博，等。单疱角膜炎治疗体会。中西医结合眼科杂志，1991；(2)：89

爨积科。中药治疗慢性化脓性上颌窦炎183例。山西中医，1991；(5)：43

范世秀，等。脑血康治疗突发性耳聋的临床观察。中西医结合杂志，1991；(6)：372

付洪全。辨证治疗急性视神经炎13例。中西医结合眼科杂志，1991；(3)：157

G

勾大君。加味玉屏风散治疗变应性鼻炎250例观察。中西医结合杂志，1991；(5)：288

郭少华。三黄散外敷治疗外眦部麦粒肿。中西医结合眼科杂志，1990；(4)：189

郭美香。活血化瘀法治疗眼外伤体会。中西医结合眼科杂志，1991；(1)：53

过贵元。麦粒肿的中西医治疗。中西医结合眼科杂志，1991；(3)：154

H

胡光伟，等。眼外肌麻痹的中西医结合治疗。中西医结合眼科杂志，1991；(2)：80

胡元香。等。丹参注射液治疗神经性耳聋100例的疗效观察。中医杂志，1991；(12)：28

黄淑仁，等。九子还睛煎二号冲剂治疗渗出性老年黄斑变性的初步临床观察。中国中医眼科杂志，1991；(1)：12

黄仲委，等。老年性黄斑变性早期病变(玻璃膜疣)的中医辨证论治。中西医结合眼科杂志，1991；(3)：148

J

贾春芒。三仁汤治疗卡他性中耳炎110例。浙江中医杂志，1991；(6)：255

L

李　逢。中药治障丸治疗老年性白内障。中西医结合眼科杂志，1991；(2)：97

李　刚，等。中西医结合治疗视神经炎44例临床分析。中西医结合眼科杂志，1991；(2)：114

李德瑛。中西医结合治疗暴聋39例。北京中医，1991；(1)：22

李风云，等。犀角地黄汤治疗视神经乳头炎等眼病疗效观察。中西医结合杂志，1991；(4)：220

李贯彻。平眩汤治疗耳源性眩晕症100例临床小结。新中医，1991；(3)：31

李广振。四物汤加味治疗过敏性鼻炎42例。黑龙江中医药，1991；(5)：33

李景恒，等。老年性黄斑变性患病年龄、视力与中医证型的关系。广州中医学院学报，1991；(2、3)：179

李瑞玉，等。咽炎宁注射液治疗慢性咽炎308例疗效观察。实用中西医结合杂志，1991；(7)：424

咽炎宁注射液对慢性咽炎患者的血液流变学影响。现代中医，1991；(2)：64

李万山。正容汤加减治疗眼外肌麻痹。中西医结合眼科杂志，1991；(2)：79

梁淑满，等。消痔灵注射液治疗鼻息肉250例观察。中西医结合杂志，1991；(1)：53

林　洁。清肝健脾祛风方治疗目眨。中西医结合眼科杂志，1991；(2)：78

刘崇达。鱼腥草、复方当归注射液超声雾化吸入治疗咽喉疾病。云南中医杂志，1991；(5)：20

刘洪茂，等。过敏性鼻炎146例临床疗效观察。新疆中医药，1991；(2)：18

刘菊英，等。中药烧伤油治疗根尖周围炎72例。陕西中医，1991；(6)：249

刘立芬。大黄升麻汤治疗急性化脓性扁桃体炎。四川中医，1991；(2)：51

刘学桂，等。中浆病变的中医、西医和中西医结合治疗疗效比较。中西医结合眼科杂志，1991；(1)：32

刘益群。金黄散油膏敷治麦粒肿154例效果观察。安徽中医学院学报，1986；(1)：37

刘志民。清痔灵普鲁卡因局部注射治疗慢性咽炎500例。浙江中医杂志，1991；(6)：256

卢长云，等。云南白药治疗鼻中隔粘膜糜烂113例。中医药学报，1991；(3)：44

吕　咏，等。六味地黄丸治疗口腔扁平苔癣。吉林中医药，1991；(6)：17

吕树芸。辨证治疗老年性白内障的疗效。中西医结合眼科杂志，1991；(1)：26

吕云钊，等。大黄牡丹汤加味治疗小儿化脓性扁桃体炎。辽宁中医杂志，1991；(6)：36

吕志平，等。镇眩汤治疗眩晕症150例。新中医，1991；(3)：34

罗成虎。针拨白内障89例临床观察。中西医结合眼

科杂志，1991；(2)：98
罗颈竹。"口炎散"治疗口腔溃疡43例疗效观察。中级医刊，1991；(6)：64
M
毛道明。中西医结合治疗中心性浆液性视网膜脉络膜炎。中西医结合眼科杂志，1991；(1)：30
N
年春志，等。槐连汤治疗老年性黄斑盘状变性20例。中西医结合杂志，1991；(4)：232
P
潘开明，等。挫伤性前房出血临症一得。中西医结合眼科杂志，1991；(2)：118
中西医结合治疗缺血性视神经病变10例。中西医结合眼科，1985；(2)：24
潘学柱。复发性口腔炎的研究近况。云南中医杂志，1991；(2)：45
潘中秋，等。中药雾化吸入治疗慢性咽炎(附350例分析)。中医药学报，1991；(2)：24
庞　涛。中西辨证分型治疗色素膜炎82例。中国中医眼科杂志，1991；(1)：98
彭清华。细菌性角膜溃疡67例的辨证论治。辽宁中医杂志，1991；(8)：22
彭世桥。分消利咽汤治疗小儿急性化脓性扁桃体炎50例。湖北中医杂志，1991；(4)：30
彭世桥，等。中西医结合治疗复发性口腔溃疡120例临床观察。新中医，1991；(10)：32
彭序明，等。鼻窦炎合剂超声雾化治疗慢性鼻窦炎35例。中西医结合杂志，1991；(8)：467
Q
秦察言。锡类散治疗角膜溃疡。中西医结合眼科杂志，1991；(3)：166
秦裕辉，等。视网膜色素变性的免疫学改变及其与中医辨证关系的研究。中西医结合杂志，1991；(10)：600
视网膜色素变性及其辨证分型的免疫学改变。上海中医杂志，1991；(4)：9
曲江春，等。消朦眼膏治疗角膜点状上皮脱落与角膜翳。中西医结合眼科杂志，1991；(2)：86
R
饶云中。重用泽泻汤治疗美尼尔氏征42例。浙江中医杂志，1991；(3)：110
任春慧，等。益气活血治疗缺血性视神经病变。中西医结合眼科杂志，1991；(4)：218
任鲁平，等。祛障明目汤对老年性白内障的治疗观察。中国中医眼科杂志，1991；(1)：43
任祥保，等。中西医结合治疗复发性口疮129例临床报道。山西中医，1991；(2)：30
S
沈汝才，等。白内消治疗老年性白内障疗效观察。中西医结合眼科杂志，1991；(1)：9
石铭卿，等。中西医结合治疗药物中毒性耳聋。实用中西医结合杂志，1991；(11)：688
孙录来，等。活血祛障汤治疗老年性白内障200例疗效观察。中西医结合眼科杂志，1991；(1)：23
T
谭永明。川芎茶调散加味治疗鼻息肉23例。福建中医药，1991；(6)：17
汤国瑶。"天南星膏"外敷太阳穴治疗麦粒肿。江西中医药，1985；(1)：11
W
王德鉴，等。鼻窦灌注液治疗慢性上颌窦炎的临床观察。广州中医学院学报，1991；(2，3)：176
王德全。中西医结合治疗视盘血管炎。中西医结合眼科杂志，1991；(3)：149
王永林。香砂六君汤加减治疗慢性口腔溃疡30例。山东中医杂志，1991；(5)：32
王元贵。麦粒肿的中西医治疗。中西医结合眼科杂志，1991；(3)：154
王蕴嫏。中西医分型论治突发性耳聋。实用中西医结合杂志，1991；(8)：486
王长贵。祛瘀清瞳汤治疗外伤性前房积血30例。陕西中医，1991；(1)：33
王忠全。清肺消蛾汤治疗乳蛾34例。云南中医杂志。1991；(4)：23
文明峰。宁眩十味饮治疗美尼尔氏综合征36例。实用中医药杂志，1991；(3)：11
吴　烈，等。定量视野检查对中医药治疗视网膜色素变性疗效的评价。广州中医学院学报，1991；(2、3)：184
X
熊成年。中西医结合治疗重症挫伤性前房积血13例。中西医结合杂志，1991；(3)：172
活血化瘀法在重症外伤性前房积血的运用（摘要）。实用中西医结合杂志，1991；(3)：173
中西医结合治疗严重挫伤前房出血15例。中西

医结合眼科杂志，1991；(2)：119

徐　轩。温阳祛寒、益气固表治疗 400 例变态反应性鼻炎小结。福建中医药，1991；(5)：23

徐东晨，等。大黄碳粉治疗鼻衄。中西医结合杂志，1991；(11)：673

许长照，等。口腔粘膜病中虚证与微循环的关系。南京中医学院学报，1991；(2)：73

Y

颜英娜。中西医结合治疗内耳眩晕症 128 例临床观察。实用中西医结合杂志，1991；(10)：625

杨国安，等。口秘散治疗口疮有良效。国医论坛，1991；(2)：19

杨宏斌。清泄肝胆方治疗内耳眩晕症35例。山西中医，1991；(6)：19

杨清志，等。六神丸治疗急性牙周炎63例。中成药，1991；(5)：46

杨中华，等。咽炎喷雾剂治疗慢性咽炎。云南中医杂志，1991；(5)：23

姚芳蔚，等。缺血性视神经病变辨证论治。中西医结合眼科杂志，1991；(3)：138

姚亦群。视乳头血管炎辨证施治。眼科中西医结合资料汇编，1981；(1)：47

伊成远。柴胡疏肝散加味治疗中心性视网膜视网膜病变。中西医结合眼科杂志，1991；(2)：111

殷登楷。自制辛芎汤治疗牙周炎70例。湖北中医杂志，1991；(1)：47

于建平，等。中西医结合治疗过敏性鼻炎42例。中西医结合杂志，1991；(10)：634

余　明。自拟瘖耳汤治疗慢性化脓性中耳炎。实用中医药杂志，1991；(1)：21

俞国新。角膜821滴眼剂治疗单疱角膜炎疗效观察。中西医结合眼科杂志，1991；(2)：91

袁呈云。温胆汤加味治疗美尼尔氏征86例。浙江中医杂志，1991；(3)：110

岳好俊，等。化瘀止血汤配合西药治疗外伤反复性前房出血。中西医结合眼科杂志，1991；(3)：168

Z

曾宪柱。天竺黄用于白内障囊内摘除术。中西医结合眼科杂志，1991；(2)：98

詹宇坚，等。中医治疗老年性黄斑变性临床分析。中国中医眼科杂志，1991；(1)：16

张　平，等。活血化瘀治疗美尼尔病、突聋的临床观察。实用中西医结合杂志，1991；(3)：177

张大勤，等。白内障针拨术和摘除术术后视力及并发症分析。中西医结合眼科杂志，1991；(2)97

张冬生。鼻窦消炎汤治疗急性鼻窦炎 108 例。福建中医药，1991；(6)：35

张继烈。视神经炎辨治体会。中西医结合眼科杂志，1991；(2)：75

张铭连。中西医结合治疗前部缺血性视神经病变的疗效。中西医结合眼科杂志，1991；(2)：115

张鹏军。双乌合剂治疗复发性口疮 100 例。陕西中医，1991；(4)：162

张起会，等。中西医结合治疗哺乳期慢性球后视神经炎。中西医结合眼科杂志，1991；(3)：145

张升平。止衄汤治疗顽固性鼻衄 46 例。中医药学报，1991；(2)：17

张元坚。复发性口疮中医分型治疗探讨。广东医学，1991；(1)：34

张中建，等。仙鹤草治疗内耳眩晕症。实用中西医结合杂志，1991；(1)：40

赵　虹，等。"耳底药"治疗慢性化脓性中耳炎的实验研究。云南中医学院学报，1991；(2)：8

赵联社，等。清胃散加减治疗牙周病的临床体会。陕西中医函授，1991；(3)：25

赵先烽。口疡平治疗口腔溃疡 86 例。陕西中医，1991；(2)：82

郑运发。复聪汤治疗突发性耳聋48例。湖北中医杂志，1991；(3)：20

钟运兴。桃红四物汤治疗外伤性前房出血。中西医结合眼科杂志，1991；(2)：120

竺膏摘除术治疗白内障。中西医结合眼科杂志，1991；(4)：211

周谷平。中西药治疗儿童多眨症48例。中西医结合眼科杂志，1991；(2)：79

周运诗。鱼腥草液治疗单纯疱疹性角膜炎84例。湖北中医杂志，1991；(2)：26

周宗起，等。山豆根口服液治疗急性咽炎的临床观察。中成药，1991；(8)：20

朱聘倬。吴茱萸薄膜敷贴治疗复发性口疮37例。上海中医药杂志，1991；(10)：24

朱寿彭。血栓通治疗缺血性视神经乳头病变。中西医结合眼科杂志，1991；(2)：114

祝桂庭，等。化瘀散结汤治疗声带小结、息肉51例。山东中医学院学报，1991；(4)：44

庄曾渊。原发性视网膜色素变性近期疗效观察。中医杂志，1991；(1)：29

(9) 针　　灸

【概述】

针灸作为临床防治疾病的重要手段之一，近年来得到进一步发展，在临床和实验研究等方面更趋广泛和深入。

(一) 传染病　针灸可激发免疫功能，提高机体的抗病能力，对某些传染病症的治疗，收效快，疗效比较显著。如菌痢除以往常用的足三里、上巨虚等穴外，吴新伟等报道用头皮针治疗114例，治愈93例。平均治疗次数为2.69次。针灸治疗病毒性肝炎一般在3～5天症状即有明显好转。刘汉城等认为以针刺加穴位注射（维生素 B_{12}）和针刺加耳压为佳。龙文君等以耳针治疗流行性腮腺炎192例，总有效率为97.39%，对照组为78.82%。耳针治疗有效天数为3.04天，对照组为6.37天。祖腾良用针刺翳风下5分治疗106例，一次治愈者96例。朱子钰用照海穴点刺出血法治疗33例，一次治愈者24例。

(二) 呼吸系统疾病　针灸常用于防治慢性咳喘症，要提高疗效必须掌握好治疗时机和坚持巩固治疗。陆建等以穴位埋线治疗慢性咳喘症2125例，显效率为49%，总有效率为99.5%。殷世山等用穴位埋线法治疗支气管哮喘、慢性支气管炎1077例，总有效率为89%，首次有效率为65%，儿童首次有效率为78%。唐维礼以异体脂肪穴位鱼际、膻中、定喘、肺俞埋藏法治疗慢性支气管炎、支气管哮喘1500例，总有效率为92.3%。吕荧等在伏天进行“灸贴”治疗咳喘189例，经2年随访有效率为90.47%。钱松林等用蜡烛灸膀胱经背俞穴治疗慢性支气管炎180例，总有效率为81.1%。侯恒、金雁、王伟等报道应用穴位注射（尺泽或孔最等穴）法治疗咯血有较好效果。宋丽对20例小儿肺炎肺部罗音迟迟不消失者加用背部拔罐法，平均4天罗音消失。

(三) 心血管疾病　方云鹏等用头皮针治疗冠心病100例，症状消失者52例。张登部等用艾条悬灸法治疗冠心病138例，症状改善明显。管遵惠等以针刺足三里治疗高脂血症110例，显效37例。陈晓萍等用耳穴贴压法治疗高脂血症，总有效率为76.32%。丹宁报道针刺可以解除或减轻洋地黄中毒引起的房室传导阻滞。张淳等报道在背部腧穴拔罐可改善心功能。潘银英等在31例全身麻醉病人中，观察到针刺人中穴可使颈总动脉血流搏动方式改变，阻力明显降低，从而有利于脑组织的血液供应和复苏。

(四) 消化系统疾病　宋振元等以温和灸中脘、梁丘治疗胃痉挛，温和灸神阙、上巨虚治疗肠痉挛，其30分钟内疼痛消失率高于西药对照组。苏建华针刺行间穴治疗胃痉挛、肠痉挛或胆道痉挛引起的腹痛共83例，痊愈79例。班勇用金津玉液点刺放血法缓解不同原因引起的胃、肠痉挛性急腹病100例，总有效率为93%。魏金垒在经穴埋线治疗慢性胃炎及溃疡病500例，总有效率为94.2%。魏殿鹏等以穴位埋线治疗消化性溃疡173例，总有效率为94.8%。邢文堂以胃电图幅值和频率为指标，观察到对慢性浅表性胃炎、慢性萎缩性胃炎以及表现为低频低幅的胃癌病人，宜用提插或循经感传手法；对胃、十二指肠溃疡、高酸症等胃电图表现为高频、高幅者宜用平补平泻或捻转手法。慢性肠炎应用穴位埋线治疗疗效较为持久，如陈佃夫等对接受穴位埋线治疗的过敏性结肠炎30例进行了2～20年的随访，复发者较少。吴焕淦等报道隔饼灸治疗慢性非特异性结肠炎患者有改善微循环作用，对肠粘膜恢复也有良好效果。杨承昌用电针治疗腹部手术后肠麻痹46例，总有效率为97.8%。在胆石症方面，郑庆泉等在B超监测下，应用推按运经仪取胆经综合治疗106例，其中14例肝内胆管结石，排石12例，排净5例。20例总胆管结石，排石18例，排净15例。21例总胆管蛔虫体，排出排净18例。51例胆囊结石，排石45例，排净15例。王学志等用推按运经仪进行中西医结合治疗，75例胆囊结石排石者71例，排净者22例。王有贵对30例胆囊结石患者在B超下分别作了远道穴（太冲和丘墟）强、弱两种刺激的临床观察，结果发现强刺激引起的胆囊收缩幅度、胆总管扩张幅度明显大于弱刺激。邓惠民等认为要提高非手术治疗的排石率必须严格选择适应症标准，即以胆囊收缩功能良好、胆结石小于0.5厘米、结石数量少、胆管无梗阻现象者较为适宜。

（五）泌尿系疾病　针灸治疗肾绞痛有良好效果。如林家放、王志英等用耳穴按压法、穴位注射法治疗，一般1～2次疼痛即可减轻或消失。近年来随着体外震波碎石术的开展，针灸在术后止痛、排石等方面的应用较为广泛。如梁启伟针刺足三里治疗碎石术后肾绞痛160例，显效128例。肖友光等以经络导平治疗肾结石碎石后引起的"石街"有一定效果。此外，许维新等用电激光针肾俞、会阴穴治疗前列腺肥大90例，基本治愈75例。

（六）内分泌疾病　针灸能纠正自身免疫性甲状腺病患者的甲状腺功能和免疫功能，从而获得较好的临床治疗效果。陈汉平等观察到针灸对不同证型患者的调节作用不同，如用隔附子饼灸治疗桥本氏病，阳虚患者的各项指标改善较明显，而气虚者不明显。张文仙用围刺等法治疗单发良性甲状腺结节56例，总有效率为89.3%。针灸对血糖、胰岛素等有明显的调整作用。朱秀锋针刺足三里、三阴交、曲池、肾俞、气海等穴治疗糖尿病246例，总有效率为96.3%。

（七）运动系统疾病　应用针刺促使骨折愈合是一个比较新颖的课题。黄伯灵等以循经辨证取穴治疗桡骨远端骨折87例、第五跖骨基底骨折33例，显示针刺有明显的消肿、止痛及促进骨折愈合作用。邹志军等观察到针刺健侧穴位对股骨颈骨折延迟愈合者可缩短病程。韩雪华用走罐法整复肋骨凹陷骨折26例，使折断的肋骨大多能得到较好的解剖复位，且痛苦小、合并症少。秦黎虹等用走罐法治疗痹症150例，治愈62例。邓世发以间隔灸为主治疗腰痛224例，痊愈140例。徐梦林等以针刺天鼎、缺盆穴为主治疗前斜角肌综合征100例，痊愈87例。李仁铭报道用阿是穴贴药（血竭、芒硝、僵蚕）法治疗先天性肌性斜颈，邹学炳用分刺法纠正骶髂关节错位都有良好效果。

（八）神经精神科疾病　针刺是治疗中风的有效方法之一。如陆寿康对头针治疗中风偏瘫的方法及疗效作了评估。刘进先报道头针治疗以顶颞前后斜线疗效最佳，选用健侧或患侧则无差异。于致顺等认为头针每日针2次比针1次为佳。王全奇等观察了233例中风偏瘫的治疗效果，认为头针与体针无明显差异。朱凤山等报道用眼针有增强瘫痪肢体主动抬高度的即刻效应。蒋炜等观察到针刺瘫侧加健侧穴位比单针瘫侧穴位的效果快而好。瞿润民认为针刺督脉穴较四肢穴为优。杨日和报道背腧针疗效较好。王建新等报道络刺法治疗脑梗塞疗效较优。晏义平以针刺哑门为主治疗中风失语60例，治愈27例。王欣以舌下放血法治疗中风舌喑32例，基本治愈12例。中风恢复期除偏瘫、失语外，还可出现强制性自笑。雷新强针刺内关、言语二区和三区治疗23例，痊愈21例。李忠仁等通过60例测试结果，推测针刺能预防和抑制中风患者体内细胞的脂膜过氧化作用，这可能是针刺中风临床康复的机理之一。陈业孟等以针刺结合乙酰谷酰胺穴位注射治疗老年痴呆症，改善率为35.29%，脑血管性痴呆总有效率为85.71%。刘广志等在早老期、老年期抑郁状态病人中，应用电针百会、印堂穴法治疗，总有效率为83.3%。此外，厉腐华等对弱智儿童进行针刺治疗，结果显示可提高智商，并以小年龄患儿为佳。彭享娣等报道用督脉电针治疗晚期脊髓损伤有较好效果。

（九）妇产科疾病　刘万成等用针刺治疗功能失调性子宫出血，有效率为92.4%。马玉泉应用电针治疗本病也有良好效果。祝秀都等观察到针刺后手部皮肤温度上升者的针刺促排卵率升高。预选此类患者27例进行治疗，其针刺促排卵率由原来的50%左右提高到81.5%。殷学军等在针刺或按压耳穴下，对20例产妇进行无痛分娩，效果满意。王长春等以针刺治疗产后宫缩痛39例，一次止痛者34例。李积敏针刺胸背部穴位治疗产后缺乳158例，2疗程后乳汁分泌正常者146例。

（十）五官科疾病　付积忠针刺太阳、风池、合谷、睛明穴治疗急性结膜炎300例，痊愈225例。宗玉祥用耳尖放血法治疗外眼急性炎症200例，治疗3次后治愈率为94.5%。李桂森用刺入式激光针治疗中心性浆液性视网膜炎107例(177眼)，基本治愈126眼。治疗视网膜静脉阻塞97例，显效53例。陈长义以针刺结合气功治疗中心性视网膜炎162例(233眼)，治愈163眼。汪元骏等观察到针刺对中心性视网膜炎患者血浆性激素水平有双向调整作用。刘靖宇用半刺法治疗小儿急性中耳炎60例(68耳)，痊愈58耳。王玉明针刺四关穴，刘松江等电针颧髎穴治疗鼻炎均有良好效果。谭宏等报道针刺耳穴治疗急性鼻塞有效率为100%，慢性鼻塞为85.18%。周文憬以激光照射穴位治疗鼻部疮疖588例，一次治愈373例。张栋用热像图观察了合谷与鼻部的对应关系，当留针20分钟时，针刺合谷对鼻部的升温作用达到高峰，持续时间较长，似为较佳留针时间。吴振华针刺合谷、天突治疗急性喉头痉挛、急性阻塞性呼吸困难，效果明显。王爱平电针增音穴（喉结与下颌角连线的中点）治愈较腭麻痹13例，最短7天，最长11天。魏履霜针刺治疗慢性咽炎800例，治愈312例。

（十一）皮肤科疾病　葛书翰针刺治疗斑秃186例，治愈111例。何公子以针刺心俞穴为主治疗痤疮68例，痊愈45例。王华崇等在大椎穴附近挑治治疗痤疮600例，痊愈422例。刘照伟等用背部挑治法治疗387例，治愈301例。杨新敬等用中药贴穴治疗慢性荨麻疹287例，总有效率为95.8%。对治愈的230例随访一年，复发率为11.7%。刘丽达等用耳压加倒膜法治疗黄褐斑91例，总有效率为95.6%。

（十二）肿瘤　针刺对癌性疼痛有良好效果。沈荣福等治疗72例晚期肿瘤恶痛，总有效率为58%。徐淑英等针刺足三里治疗癌性腹痛69例(包括胃癌晚期和术后复发、肝癌、结肠癌术后复发、腹腔淋巴肉瘤）均有一定镇痛效果。左秀玲针刺孔最对肺癌病人也有镇痛作用。针灸对肿瘤化疗反应和白细胞降低的治疗取得较好疗效，柳霞、黄喜梅、郭文灿、陈惠玲等作了报道。

（十三）穴位研究　林昭庚等以电脑断层扫描照相术探测了背部各经穴的针刺安全深度。在同一穴位中，男性女性之间无显著差异，而不同体型间则有显著差异。李卫东等根据测量结果认为针刺风府穴只要深度不超过50毫米，一般不会发生医疗事故。李定明等认为针刺风府、哑门穴应以“得气”为度，两穴的得气深度与颈围有正相关关系。林昭庚等观察到胸部诸穴的得气深度在男女和不同体型之间有显著差异。陶之理等在动物实验中观察到肝俞、脾俞、期门、梁门穴的感觉神经元与胆囊的感觉神经元相互重叠5至7个节段。内关、间使、神门穴和心脏的传入神经元相互重叠在颈$_8$至胸$_2$节段，同时皆向脊髓投射至3～5板层。郭义等对家兔经穴的钙离子浓度进行了探测，显出在经穴处的钙离子浓度明显高于非经非穴处。管遵信等报道在耳穴染色时，患病脏腑的相应耳穴中有组织化学成分的改变，它不同于周围皮肤和无关耳穴。

（赵善祥）

【针灸治疗偏头痛】

（一）针刺　李一清等用粗毫针泻患侧悬颅、颔厌，双侧安眠，配足三里、三阳络，治疗偏头痛120例。随机设对照组42例，取患侧太阳、风池、阿是穴。结果：治疗组缓解次数短者2次，长者22次，平均9次，总有效率95.83%；对照组缓解次数短者6次，长者28次，平均15次，总有效率76.19%。两组有非常显著差别（P<0.01）。陈文友等以大幅度捻转提插手法针刺液门、足窍阴，治疗本病148例，痊愈132例，而对照组从常规手法取穴风池、太阳、丝竹空，治疗65例，痊愈47例。两组疗效相比较有非常显著差异（P<0.01）。临床分型与疗效关系，外感头痛96例，治愈率93.75%，内伤头痛52例，治愈率80.76%。外感型的疗效优于内伤型。王光鼎等取少阳经穴为主，治疗本病62例，痊愈32例，显效16例，有效12例，总有效率96.8%。黄宗勖取穴丝竹空透率谷、风池，结合辨证取穴治疗168例，治愈96例。李仁琴针刺太阳、风池、合谷、太冲治疗35例，痊愈9例。张文元针刺头痛新穴Ⅰ号（第三、四手掌骨之间，掌指关节后半寸处）、Ⅱ号（第三、四足掌骨之间，足掌趾关节后半寸处）治疗100例，针1次痊愈25例，2次26例，3次39例，4～7次10例。王继元采用《易》学流注针法治疗384例，取穴丝竹透角孙、足临泣，均取双侧，时间为上午11点到下午1点，根据脑血流图施用不同方法。治疗结果痊愈340例，显效26例，无效18例。

（二）耳穴　田正美根据病人属血管神经性头痛、血管性头痛、神经功能性头痛还是肌紧张性头痛，以肝、胆等为主穴，辨证配穴，以王不留行籽贴压，治疗58例，痊愈35例，总有效率96.5%。陈苏华取神门、额、太阳、肝为主穴，配以内分泌、皮质下、耳尖、枕、心，贴压，治疗50例，治愈18例，总有效率96%。王秀蓉取穴神门，头痛1、2、3，心，肝，内分泌等，治疗30例，22例治愈。刘汉城以三焦、胆、神门、皮质下、镇静和太阳、交感、枕小神经、肾、脑干两组穴位，两耳交替，隔日贴压，7次为1疗程。治疗58例，痊愈36例，好转16例，总有效率94.8%。

（三）穴位注射　叶德宝认为本病由脑血管舒缩紊乱引起，故以中药当归注射液注入内关穴，1毫升/穴。急性期以交叉取穴为原则，缓解期左右穴交替使用。结合随证配穴，肝阳上亢型配风池、太冲，风邪袭络型配风池，气滞血瘀型配阿是穴，气血不足型配足三里。治疗31例，16例痊愈。马慧平将维生素B_{12} 0.25微克注射风池穴直上0.5寸处，每3日1次，3次为1疗程。治疗204例，痊愈160例。其中1次痊愈68例，2次痊愈30例。

（四）其他　孟庆良以眼针取双侧上焦区，配合头针对侧感觉区上⅕、下⅖，血管舒缩区上⅕，治疗本病94例。每日1次，10次为1疗程。结果痊愈59例，好转33例，总有效率97.9%。聂汉云等采用颞前、后线皮内埋针治疗166例，12～24小时痛止92例，25～48小时痛止46例，48小时以上痛止28例，近期全部有效。莫道金等用壮医的药线点灸攒竹、头维、风池、阿是穴治疗38例，每日施灸1次，7次为1疗程。2个疗程内治愈29例。

（李　洁）

【针刺治疗面瘫】

（一）选穴　张栋等将病人随机分为观察组（热象图选穴）和对照组（常规选穴），观察组运用热象图上面部双侧各部位的温度差选择穴位针刺治疗，而对照组按传统的选穴方法取穴治疗。结果热象图选穴组的疗效明显优于常规选穴组，且疗程和针刺次数亦较常规选穴组明显缩短。热象图选穴组各穴选用率依次为地仓、迎香、合谷、太阳、阳白、颧髎、颊车、下关、四白、攒竹、禾髎、丝竹空、头维、承浆、翳风、风池。

（二）治疗　黎作克分别于患侧耳轮水平向前0.8厘米处，耳垂下，鼻唇沟下1/3处及眉梢外侧凹陷处行斜刺，治疗348例，仅2例无效。吴奇方针刺“二点加一圈”（两点即健侧合谷，患侧翳风。一圈为下关透颊车，下关透四白，地仓透颊车，地仓透四白），治疗203例，总有效率为94.5%。一般在1～2周左右开始恢复，1个月内基本痊愈。赵晓蔷将病人分为风寒型、风热型及外风型三种，据不同病型辨证取穴针刺后在穴位上行梅花针叩刺。治疗126例，痊愈119例。李荣耀等在针刺得气后加用9伏直流电疗机进行电牵拉，正极接主穴，负极接配穴。共治疗300例，治愈270例，无效5例。牵拉反应越好，治愈率越高。许峰等对上唇歪斜明显者取下关配颧髎，下唇歪斜明显者取牵正配颊车，上下唇均歪斜明显者取下关配颊车，均取患侧。电针20分钟。治疗200例，仅12例无效。治疗中发现，针感强，脉冲电流刺激能牵动患侧面部肌肉收缩者疗效好，反之疗效差、疗程长。宋梦玉亦用电针治疗204例，痊愈156例。张树芬取面部穴位1～2个，将1毫克的加兰他敏缓慢注入穴内，又将4毫克的维生素B_1分别注入两侧曲池穴，12次为1疗程。54例患者中，1个疗程内治愈者45例。陈彦洪用四联液行斜刺穴注，治疗65例，全部获效。赵学斌对160例患者穴位注射维生素B_{12}治疗，总有效率为98.7%。晨光等采用穴注与针刺交替应用治疗42例，痊愈39例。刘文斗等根据病变不同部位，用铍针划割患者口腔粘膜不同位置放血治疗，1580例痊愈1054例。孙士文等放血的部位为口腔内出现的一条白线或青筋。张法信在患者病侧额部、面颊部以及耳后下方处探寻疼痛敏感点，每次选2～5个最敏感点贴敷自制中药饼（蓖麻籽仁、红花、樟脑等），每次贴2～7天。治疗60例，痊愈50例。王光鼎采用针刺配合患侧外敷中药治疗226例，治疗2个月后，痊愈219例。金完成等在针刺、外敷鳝麝天仙散基础上，加红外光照射患侧，经临床疗效比较，认为此疗法较针刺加外敷中药疗效为优。李志华在针刺留针期间加红外线照射20分钟，100例除2例中断治疗外，其余98例全部治愈。罗正中采用针刺、红外照射加局部按摩治疗203例，治愈184例。秦昊于针刺后在患侧牵正穴拔罐，并服牵正散为主的中药，100例患者中，1个月内治愈65例，半年内治愈35例。

（三）疗效探讨　郑友兰等以肌电为指标，对患者进行疗效观察，发现治疗前患侧面部肌电幅值明显小于健侧，差异非常显著（$P<0.001$），治疗后，患侧的肌电幅值恢复到健侧的水平。张丹凤等通过对患者损伤神经定位与针刺疗效相关性的研究认为，面神经的损伤平面是影响疗效的一个重要因素，面神经的损伤平面越高，疗效越差，反之，则疗效越高。

（董秀琴）

【针灸治疗顽固性呃逆】

顽固性呃逆系膈肌痉挛，可因消化系、泌尿系疾病或腹部术后所致，针灸治疗本症效果较佳。

（一）体针治疗　蔡国伟取缺盆，治68例，针刺1次而愈18例，2次而愈17例，3次而愈15例，4次而愈10例，5次而愈8例。费文荣等取中魁，进针后嘱患者深吸气后憋气。共治50例，治愈49例（其中经治1次而愈28例，2～3次愈14例）。李兆苓取人中，共治40例，治疗1次而愈35例。王耀民针刺素髎，进针5分，强刺激，留针30分钟。共治23例，全部治愈，最少针1次，最多3次。喻雄师取少商（双），共治30例，均在2次内治愈。夏晓川取涌泉（双），治12例，经治1次而愈11例，2次而愈1例。赵淑侠取合谷，治 15 例，5 分钟内呃止 9 例。安龙民以鸠尾透下脘，治 60 例，经治 1 次而愈 28 例，32例加刺天突后愈。胡子成在3、4 颈椎之间旁开(双)0.3 公分处直针 1～1.5 寸，治 60 例，均 1 次而愈。张玉祥以中脘、足三里(双)、三阴交(双)为主穴，配穴为内关、太冲，每日针 1 次，5 次为 1 疗程。共治 30 例，痊愈(呃逆 3 天不止，经治 1 疗程内症除) 22 例，显效（经 2 疗程症状减轻）6 例，总有效率93.3%。王玉明以膈俞透胆俞、至阳透膈俞治疗 52 例，47例痊愈。李鹭取中脘、气海，每日 1 次，10 次为 1 疗程，共治 31 例，1 疗程治愈 23 例。马瑞寅直刺膈神经（从颈部环状软骨上缘平开至胸锁乳突肌前缘处进针 1.5～2.0 寸)，加用电针仪予低频脉冲电刺激，由小逐步加大，通电 15～20 分钟，治疗 66 例，在 1 小时内呃止者 18 例，1 周内呃止 35 例，减轻 13 例。

（二）耳针、耳压治疗　郭瑞琦针刺膈、胃为主，接针疗仪，找到变阻点，每穴治疗 10 分钟。共治 15 例，治疗 1 次而愈 8 例，2 次而愈 6 例，3 次而愈 1 例。金紫萍在膈、交感、胃、皮质下埋针 3～5 天，共治 8 例，治疗 1次而愈 6 例，2 次愈 1 例。奚彩昆按压膈穴，持续 1 分钟，治疗 32 例，均 1 次而愈；其中按单侧者 25 例，按双侧者 7 例。

（三）穴位注射、埋线、敷贴　桂方虎等用阿托品0.5毫克极缓慢地注入一侧足三里，若 3 小时内呃不止则注射另一侧。共治 50 例，治愈 40 例，明显好转 8 例。其中经治 1 次而愈 35 例，2 例而愈 10 例，3 次而愈3例。董柏年在内关(双)、中脘、膈俞(双)穴各注当归注射液 1 毫升治疗 12 例，数分钟后呃逆均止。高塔木对 31 例患者以 654-2 注射液10 毫克注入巨阙、内关，痊愈 13 例，基本痊愈 16 例，显效 2 例。李世杰等用 654-2 注射液 5 毫克膻中皮下注入，每日 1 次，共治50 例，治疗 1 次而愈 43 例，2 次愈 4 例，好转 2 例。总有效率94%。李有田用 Vit B_1 100 毫克、VitB_6 50 毫克注入内关，每穴 1.5 毫升，共治 87 例，治疗1次而愈 74 例，治疗 2 次明显好转 6 例，偶有复发 5 例，无效 2 例，总有效率97.6%。

（四）头针治疗　李平华等针刺双侧额旁 2 线，得气后提插 5 分钟，对病员作自上胸至下腹按摩，并频咽唾液或饮温开水，留针 2 小时，每 20 分钟行针 1 次。共治 48 例，治愈 44 例。

（五）眼针治疗　庞文清针刺眼穴 3、5、7 区，留针 20 分钟，每日 1 次。共治 30 例，治疗3次而愈 26 例，4 次而愈 2 例，6 次而愈 2 例。

（六）艾灸治疗　冯春英以艾条灸膈俞、肝俞、胃俞、中脘、足三里，每次 5～10 分钟，每日 1 次。共治 6 例，全部有效，治疗 1 次而愈 3 例。周孝娟取膻中、中脘、关元(重症加肾俞)作艾条熏灸。每灸 20 分钟。共治 150 例，治疗 1 次而愈 103 例，每日灸 2 次，1 周内症状消失者 47 例。

（七）拔罐治疗　杨继良于膻中穴拔罐 30 分钟，治 27 例，26 例获显效。

（沈施德）

【针灸治疗胃下垂】

（一）循经取穴　孟昭敏等针刺中脘、天枢、气海、足三里，用热补法。共治 91 例，痊愈 25 例，显效 27 例，进步 37 例，有效率 97.8%。见效最快者治 1 次，最慢者治 10次；痊愈病例中，治疗次数最少 10 次，最多 40 次。崔云山针刺上脘、中脘、下脘、胃俞(双)、足三里（双)，得气后即出针。共治 55 例，治愈 54 例，无效 1 例。仝俐功治 103 例，主穴分二组，每日取 1 组，交替使用。第一组：中脘、胃上穴(下脘旁开 4 寸)、足三里。第二组：胃俞、脾俞、百会。结果痊愈 46 例，显效 31 例，好转 23 例，有效率为97.1%。蔡小玲取二组主穴，交替使用。治疗 20 例。第一组：针刺胃上穴、脾俞、阴陵泉，重灸百会；第二组：天枢透中脘、足三里、胃俞，重灸气海。结果痊愈10例，显效7例，好转2例。

（二）长针透刺 肖国豪用4寸毫针针刺天枢（双），针尖呈15度向气海穴斜刺，捻转进针。同时针刺足三里（双）。留针30分钟。每日1次，10次为1疗程。共治24例，治疗2～3疗程，16例痊愈。康中才用32号芒针从鸠尾沿皮下缓慢地边捻边进针，至脐左下方（相当于胃小弯处）压痛最明显处止，同时作托胃手法（以虎口托住胃下极，用力缓缓向上推移），并将针重提3～5次后出针，平卧3小时。共治42例，治愈16例，显效12例，进步11例。杨兆钢用30号芒针先刺中脘、大横（左）、气海、关元、归来（左），得气后即出针，然后急按其孔。再针百会、足三里（双），留针20分钟。共治30例，治愈16例，显效13例，好转1例。蔡崇山等用3寸毫针刺中脘透至神阙，胃上穴透至神阙，足三里，另配内关、三阴交、脾俞、胃俞，针后通电20分钟。每日1次，10次为1疗程。加服补中益气汤加味。共治80例，治愈48例（Ⅰ°下垂24例，Ⅱ°下垂20例，Ⅲ°下垂4例），好转28例（Ⅰ°下垂8例，Ⅱ°下垂12例，Ⅲ°下垂10例）。陈笑山用28号8寸长针在巨阙右旁5分处进针，以15度角沿皮下刺左侧天枢，缓慢捻转上提，得气后退针，急按针孔，右侧卧30～60分钟。间日治1次，6次为1疗程。共治21例，治愈12例，好转6例。蒋素梱从胃上穴进针3寸后，以30度角缓慢透刺曲骨，配穴为足三里、气海，隔日针1次，10次为1疗程。共治33例，治愈13例，有效18例。刘亚坤等用长针刺升提1、升提2（病位取穴），每穴施补法1分钟，休息15分钟后，再行针1次，然后留针1小时。配穴取百会、足三里、天枢、胃俞、脾俞。共治120例。治愈33例，显效33例，好转51例。总有效率97.5%。

（三）头针疗法 郭兆通等取双侧胃区（瞳孔直上至发际上2厘米处）治疗本病。沿皮下进针2厘米，捻针3分钟，留针10分钟，每日针1次，12次为1疗程。配中脘、足三里，行补法。共治158例，近期治愈136例（86.1%），总有效率96.8%。对其中72例作1～8年远期疗效观察，良好者占70.8%，一般者26.4%，不良者2.8%。

（四）穴位埋线及敷贴 陈森然以提胃穴透肓俞，脾俞透胃俞、三焦俞（双）、作羊肠线埋入，治疗22例。其中Ⅰ度下垂埋1～2次，Ⅱ度下垂埋3～4次，Ⅲ度下垂埋4～6次，每次间隔30天。并以艾条温和灸中脘、足三里，每天1～2次。结果：Ⅰ度下垂者，埋线1次，灸3疗程（1疗程10天），治愈2例；埋线2次，灸6疗程，治愈4例。Ⅱ度下垂者，埋线2次，灸6疗程，治愈2例；埋线3次，灸9疗程，治愈5例；埋线4次，灸12疗程，治愈2例，显效2例，无效1例。Ⅲ度下垂者，埋线4次，灸12疗程，治愈1例；埋线6次，灸18疗程，显效2例，无效1例。贾士赟用五倍子5克、蓖麻仁10粒，共捣如泥，空腹敷贴百会穴，每日3次，每次7分钟，7天为1疗程。共治13例，1疗程而愈7例，2疗程而愈5例，无效1例，有效率为92.3%。

（沈施德）

【针灸治疗胃炎与胃十二指肠溃疡】

（一）按时取穴治疗 周章玲运用子午流注纳甲法之开穴与闭穴，将病人分为开穴组和闭穴组。开穴组31例，针刺得气后行平补平泻法（井穴除外），然后用电针仪通电20分钟，每日1次，10次为1疗程，共治疗2个疗程。闭穴组15例，针法同开穴组，但将取穴时间推迟24小时，即取来诊前1日同一时辰所开之腧穴。治疗5次～30次后，开穴组和闭穴组分别临床治愈13例、4例，总有效率分别为93.55%以及86.67%。两组疗效比较无显著差异（$P>0.05$）。针前基础胃酸高者，针后无论其胃酸还是胃液量，均有下降趋势，反之则升高。与针前比较，针后血清胃泌素呈上升趋势；开穴组在针后30分钟达到高峰，而闭穴组针前与针后60分钟才有显著性差异。张连城也根据子午流注纳子法，顺应脏腑气血流注，采用辰时针刺足三里穴治疗慢性胃炎68例，每天早晨7～9点针刺双侧足三里。根据中医辨证分为三型。肝胃不和(28人）用泻法，留针15～30分钟；脾胃虚寒(36人)用补法和温针，留针30～60分钟；胃阴不足（4人）先泻后补，留针30～60分钟。一般1日1次，15次为1疗程。结果总有效率94.1%，近期治愈28例。

（二）针刺治疗　许培昌等以胃电图为指标，观察了针刺胃俞、梁丘、胃俞配梁丘及非穴位对17例慢性胃炎患者胃电图的影响，并与38例正常人进行了比较。结果表明：针刺这三组穴位时，患者原来低下的胃电波幅上升（$P<0.05\sim0.01$)，频率无变化($P>0.05$)，而针刺非穴位和正常人的相同穴位时，对胃电图无明显影响（$P>0.05$)。故认为体表穴位与内脏有一定的相关性。可惜观察病例过少。王玉琴治疗慢性萎缩性胃炎69例，主穴取足三里、陷谷、足临泣、阳辅，辅穴取上巨虚、下巨虚、公孙、内关。结果痊愈42例，痊愈率61%。孙静等治疗40例患者，胃镜检查溃疡在十二指肠球部27例，幽门、胃窦、复合各2例，胃角6例，胃体1例。主穴取中脘、章门和胃俞、脾俞两组。脾胃虚寒型配足三里、三阴交，偏虚寒疼痛取中脘、足三里，加艾条熏灸；脾胃不和型偏火郁者配阳陵泉、期门、大陵，偏气滞配足三里、行间。两组主穴交替使用。针刺手法用提插捻转补泻，留针30分钟。50天为1疗程。治疗结果，临床痊愈（症状消失，观察2个月未发）29例，总有效率97.5%；胃镜检查，痊愈（溃疡面在胃镜下消失）12例，显效(溃疡面缩小½以上)6例，有效（溃疡面缩小½以下）4例，无效（溃疡面无变化或扩大）8例，总有效率80%。

（三）穴位埋线　魏金垒等选胃俞、中脘、足三里，以羊肠线穴位埋线治疗本病500例。1个月埋线1次，为1疗程。结果治愈332例，总有效率94.2%。而魏殿鹏等治疗173例，按经络穴位取下脘透上脘，胃俞透脾俞，以羊肠线埋于两穴之间。结果治愈151例，总有效率94.8%。分析本法对单纯性胃炎和十二指肠溃疡疗效好，对复合性溃疡疗效较差；对成年病者疗效好，对老年、少年病者疗效较差。李兴华取穴足三里、内关、三阴交、中脘，用羊肠线埋穴，每半月1次，3次为1疗程，同时口服灭滴灵400mg/次，1日3次，连服2周。共治疗106例，治愈91例。

（李　洁）

【针灸治疗阳萎】

针灸治疗阳萎，惯以补命门，壮肾阳为法，但针刺方法常有不同。回克义主要取中极、关元、气海等穴，关元、气海两穴加温针。每日治疗1次，6次为1疗程。治疗患者25例，痊愈20例，显效4例。刘喆主要针刺关元、中极、大赫等穴。对关元、中极、次髎穴施以针刺治神之法，即针刺得气后，嘱病者慎守勿失，全神贯注于针下，使气至病所，而后守气。隔日治疗1次，10次为1疗程。结果62例患者痊愈41例，好转15例。胡幼平等取关元、中极、三阴交等穴，采用透刺法。针刺关元穴得气后，沿皮斜向中极方向透刺。每日1次或隔日1次，10次为1疗程。共60例，总有效率91.6%。痊愈38例。康锁彬主要取会阴、肾俞、次髎等穴，配合七星针叩刺会阴穴，打至局部红晕为度，其余穴均用毫针刺双侧。隔日1次，10次为1疗程。共治58例，治愈30例，有效24例，总有效率93%。徐文德取肾俞、三阴交与复溜、关元两组穴位交替使用，采用隔姜温针灸。每日1次，10天为1疗程。总共9例患者，26天治愈者1例，3～4疗程治愈者5例。傅兴国主要针刺关元、次髎、三阴交、大敦、配合辨证取穴。电针20～25分钟，隔日1次，10次为1疗程。本组91例患者，痊愈67

例，有效17例，总有效率92.3%。俞国桥以足三里为主穴，辅以辨证取穴，脾肾阳虚者配三阴交、肾俞，用隔姜灸；湿热下注者配阴陵泉、丰隆。每日1次，10次为1疗程。共12例，治愈8例，有效3例。任留江针刺举阳穴(秩边穴与环跳穴连线的中点)为主，配以辨证取穴。隔日1次，12次为1疗程。共258例，痊愈87例（33.72%），有效率94.5%。张润民等取阴包穴上2寸压痛明显处针刺（双侧），留针30分钟，同时艾灸双侧列缺穴，每穴各灸5～10分钟，7天为1疗程。共30例，1疗程治愈者7人，2～3疗程治愈者21人。单永华等深刺中膂俞、会阴两穴，虚证用热补手法，实证用捻转泻法。留针20分钟，隔日1次，10次为1疗程。患者共75例，总有效率93.33%。其中痊愈49例。

（戎象棣）

【针灸治疗类风湿性关节炎及机理探讨】

梅忠英采用针灸与水针配合，或两者交替使用的方法治疗本病，以曲池、外关、合谷、中渚、足三里、阳陵泉、三阴交、太冲、足临泣为主穴，根据各部位关节病变程度不同再加取配穴。凡是风热偏盛的，一般多用短针浅刺或配合皮肤针循经叩击；寒湿偏盛的，多用深针久留或配合灸法。水针每次取4穴，视病症急缓及体质强弱穴注不同的药物。急性期用复方寻骨风注射液，稳定期用当归注射液，久病体虚用复方维生素注射液。治疗28例，临床治愈5例，显效8例，好转13例，无效2例。总有效率92.8%。孙丽琴报道治疗本病以人中、极泉、委中为特定穴，并配合四肢关节周围及附近穴位、华佗夹脊、八髎。每天上午先针特定穴，人中用雀啄法约3分钟，极泉、委中均于进针后行提插手法，不留针；后针四肢穴位，得气后将艾炷套在针柄上施灸。下午针华佗夹脊和八髎穴，留针20分钟。均配合关节锻炼、按摩、内服中药和局部熏洗等法。治疗150例，临床治愈17例。治疗前各免疫指标（免疫球蛋白、循环免疫复合物、50%补体溶血单位、C-反应蛋白）均值都高，治疗后均降低或恢复正常水平。朱江等取特制的梅花针或三棱针，用针槌叩击使针尖刺入穴位皮肤后即提起，然后拔以用祛风活血为主的中药煮过的竹管，留管15～20分钟。共治疗35例，临床症状消失、关节活动功能恢复10例。罗铁阳等对病人施以蜂针疗法，治疗前一次先进行药敏试验，阴性者即可行螫刺治疗。上肢取肩髃、臑俞、肩井、曲池、少海、外关、中渚等穴；下肢取风市、阳关、犊鼻、委中、阴陵泉、解溪等；腰部取肾俞、气海俞、大肠俞、关元俞、膀胱俞等。治疗19例，显效12例。孙作露等运用整体取穴和局部取穴相结合的针刺方法治疗31例，总有效率为83.9%，并观察了患者的关节晨僵时间，两手握力、关节肿痛数、压痛等体征和血沉、粘蛋白、类风湿因子、血液流变学等实验室指标，发现针刺后除类风湿因子无变化外，其余指标均有明显改善，有统计学差异。提示针刺治疗本病可能通过活血化瘀解除或减轻患者血液高粘滞状态和消炎镇痛等途径实现。朱月伟等对82例患者于三伏天施以铺灸治疗，并观察治疗前后免疫功能的变化。结果多数患者治疗后血红蛋白升高，血沉下降，类风湿因子转阴，淋巴细胞转化率和E-玫瑰花结形成率提高，补体C_3增高及免疫球蛋白含量变化。说明该疗法对本病具有调节机体免疫功能的作用。冯建国等在临床研究中发现，针灸对患者近端指间关节和腕关节肿胀有明显的消退作用，82.8%的患者治疗后握力明显改善。同时观察到，患者在活动期血浆脂质过氧化物（LPO）含量和红细胞超氧化歧化酶（SOD）活性较正常人明显增高，针灸后两者含量均显著降低，过氧化氢酶（CAT）活性针灸前较正常人为低，针灸后活性有升高趋势。说明针灸对氧离子等自由基的释放有抑制作用，从而减弱体内自由基的连锁反应，使原代偿性增高的SOD活性和血浆LPO

含量降低，使炎症减轻，关节功能得以改善。

（董秀琴）

【针灸治疗急性腰扭伤】

有关针灸治疗腰扭伤的报道，在1987年、1989年卷本《年鉴》中已作介绍。近二年对急性腰扭伤的针灸治疗以强调配合运动的针法为主。

宋振之以运动针法治疗1000例。辨证取穴，督脉病取人中穴，足太阳经病取养老穴，足太阳与足少阳经合病取腰痛穴（手背2～3，4～5指总伸肌腱中间，手背横纹下1.5寸处），以补法，配合活动腰部。设立对照组100例，针刺时不活动腰部。经1次治疗后，治疗组与对照组分别痊愈619例、16例，显效249例、26例，好转110例、40例，无效22例、18例。两组疗效比较有显著性差异（P＜0.05），治疗组各症型之间疗效无显著性差异（P＞0.05）。龙文君将238例病人随机分为对照组112例，治疗组126例。对照组首选腰夹脊穴，治疗组针养老穴，并配合腰部运动。治疗组1次治愈75例，3次总有效率97.22％，而对照组为75.01％。吴耀持治疗150例，随意分成各75人，分别定为后溪穴组和腰痛穴组。治疗后，两组分别痊愈30例、20例，总有效率分别为93.33％、80％。二组统计学处理P＜0.01，有非常显著差异，说明后溪穴组临床疗效优于腰痛穴组。郭龙恩以强刺激手法针刺手三里，共治疗203例。治疗1次痊愈者146例。有的取经验穴治疗。如金长禄选用食指与中指掌骨间隙的“扭伤1”和中指与无名指掌骨间隙的“扭伤2”，治疗346例，痛止、功能恢复只需1～3天，而药物组需要3～10天。王予康取闪腰穴（桡骨茎突至肱骨外上髁上画一直线，于其中上¼的交界处），治疗63例，痊愈47例。郑占武等针刺百会穴治疗65例，痊愈41例。张党红针刺龈交穴治疗126例，1次痊愈率84.9％。张化南针刺双侧威灵穴（手背第2、第3掌骨间中点，第2指伸肌腱桡侧凹陷处）治疗250例，总有效率98％。还有以针刺人中治疗急性腰扭伤者，如赵平原治疗200例，薄庆治疗26例，均效。又刘喆针刺委中放血，共治疗58例，痊愈32例。

除单纯针刺外，又有配合拔罐治疗者。如陆茂忠治疗的1793例，分成针灸组1293例，针罐组500例。主穴均取肾俞、大肠俞、委中、承山、阳陵泉、悬钟，配穴阿是穴。针灸组针刺时针上加艾炷灸；针罐组针刺后拔罐。治疗结果：针灸组和针罐组治愈例数分别为1102例、318例，统计学有显著性差异（P＜0.05），针灸组优于针罐组。孙法轩针刺人中、养老穴后，在腰肌痛点拔火罐，96例中治愈74例。徐百秀治疗421例，取穴支沟，并行拔罐，结果痊愈379例，占90.02％。

（李　洁）

【针灸治疗荨麻疹】

高世田采用点刺穴位放血疗法治疗荨麻疹。若病变在腰部以上取曲泽穴；病变在腰部以下取委中穴；全身性病变，取曲泽、委中；顽固性荨麻疹在长强穴点刺3～4针，用火罐拔血。每日1次，连续3天。共治60例。痊愈53例。马风友用梅花针在荨麻疹上反复叩刺，以轻微渗血为度。每日2次，10次为1疗程。叩刺3次痊愈11例，10次痊愈9例，2例无效。林宏等治疗本病，主穴取中脘，采用平补平泻法，配穴取曲池、合谷、血海、三阴交，采用泻法。留针30分钟，每5～10分钟运针1次。急性荨麻疹每日1次，慢性荨麻疹隔日1次，并加用灸法。10次为1疗程。共治疗60例，总有效率95％，其中痊愈40例。何继红等以耳针治疗本病，用王不留行籽耳压荨麻疹区、肺区、脾区、肾上腺、皮质下、神门、内分泌，每日按压5次以上，两耳交替。3天更换1次，4次为1疗程。治疗90例慢性患者，痊愈73例。其中1个疗程痊愈35例，2个疗程痊愈21例，3个疗程痊愈17例，总有效率93.3％。彭世桥治疗50例慢性荨麻疹，取耳穴肺、脾、神门、内分泌、肾上腺用急性子贴压，每5天更换1次，4次为1疗程。经2～3疗程治疗，痊愈（皮疹及症状消失，1年以内无风团出现）34例，好转（皮疹消退，自觉症状减退，1年内偶有复发）14例，无效（皮疹及症状有好转，仍不能控制反复发作）2例。

（李　洁）

【针刺治疗小儿遗尿】

秦刚治疗小儿遗尿102例，取穴素髎、关元，每日1次，留针30分钟，6次为1疗程。经治疗1个疗程，39例痊愈（随访半年以上无遗尿），47例显效（随访偶遗尿），16例有效（遗尿次数减少）。国万春等单独针刺夜尿点（掌面手小指末节指关节横纹的中点）治疗39例小儿遗尿，总有效率92.5%，其中痊愈30例。刘金荣等用口针治疗小儿遗尿200例，取穴：泌尿生殖区域（从上腭乳头，腭中缝直到上腭软、硬腭交界及口腔前庭粘膜处），泌尿生殖穴(在上腭乳头两侧口腔前庭粘膜处)，泌尿穴（在上腭软、硬腭交界处,腭中缝两侧及口腔前庭粘膜处)。进针后自然闭口，留针30分钟。每日1次。治疗7次无改变者为无效。痊愈192例，无效8例。孟庆良眼针治疗80例,取穴双侧肾与膀胱区。每日1次，10次为1疗程。痊愈42例,总有效率为96.3%。谈爱民治疗14例，耳压脑干、脑点、肾、膀胱、胃、内分泌，另外配合揿针夜尿点。6天为1疗程。结果痊愈13例。陈景云以氦-氖激光穴位照射关元、中极、三阴交，每日1次，每次15分钟，7次为1疗程，共治32例。总有效率91%，其中痊愈18例。何福秀等以穴位磁疗治疗小儿遗尿20例，取穴中极、关元、归来、三阴交。每日1次，5次为1疗程。治疗3个疗程，痊愈19例。

（李　洁）

【针灸治疗小儿腹泻】

小儿腹泻针灸治疗报道颇多。江保录针刺阙缘穴（神阙穴的上、下缘)治疗48例小儿腹泻，以1寸毫针刺入5～8分深，捻转15～20次，不留针，每日1次。3天后观察疗效，痊愈44例，有效2例，总有效率95.8%；而31例药物对照组，痊愈24例，有效2例，总有效率为83.8%。崔景胜治疗小儿腹泻1250例，分成湿泻、脾虚泻、伤食泻、寒泻、热泻五型施治。主穴取长强、腹泻（位于脐下5分），结合辨证配穴。结果痊愈1025例，显效125例，好转88例，无效12例。常树其注重手法，对13例伤食型，30例湿热型，3例虚寒型，4例脾虚型的腹泻患儿，主穴取中脘、足三里，配穴取公孙、太白，结合辨证配穴。用快速捻转法，不留针，1个疗程3天。结果痊愈44例，好转6例。张丽君治疗婴幼儿脾虚泄泻100例，主穴选上脘、中脘、天枢、足三里；配穴取天容、承满、内关、合谷、大椎、三阴交。结果痊愈85例，好转12例，无效3例。李玉环用点刺双侧止泻一穴（大拇指桡侧第一、二指骨弯指横纹头处）和止泻二穴、止泻三穴（分别在食指第一、二和二、三指骨弯指横纹头处)，治疗546例，针1次愈者239人，针2次愈者164人,针3次愈者126人，总治愈率97%。刘二改治疗110例小儿腹泻，其中40例采用针、灸结合治疗者（40例)全部痊愈，较针刺组（58例）和灸治组（12例）效佳。其方法是：针刺足三里、天枢，每日1次。同时艾灸神阙、关元，以皮肤潮红为度，每次灸5～10分钟，每日1～2次。3天为1疗程。张孝石用艾条灸背部十二胸椎至皮肤潮红为度，100例腹泻患儿经1次治愈者33例，经2次治愈者45例，经3次治疗后症状明显好转者16例，3次治疗后症状无明显好转者6例，总有效率94%。王兰英针刺长强、四缝、足三里，四缝穴点刺出血，长强穴针刺加拔火罐，每日1次。治疗30例，结果治愈26例，有效4例。周先明用Vit B_{12} 0.25毫克快速注入长强穴，每日1次，对142例因腹泻有轻、中度脱水的婴幼儿治疗3次，显效104例，有效26例，无效12例。曾玉祥用硫酸阿托品注射液0.2毫克、$VitB_6$注射液20毫克加入注射用水稀释至0.8～1.2毫升注入双侧天枢穴，先斜刺入皮下，再向外侧斜刺1～1.5寸，每穴注药0.4毫升；一次注射腹泻未止，第二天重复1次。结果痊愈91例，好转6例，无效3例。秦济平治疗80例小儿腹泻，用氦-氖激光针照射神阙20分钟，每日1次，照射5次。痊愈58例，好转18例，无效4例。王秀兰报道激光针配合耳穴贴压治疗550例婴幼儿单纯性腹泻，痊愈356例，显效183例，无效11例。其方法是：取神阙、中脘、足三里，每穴照射5～10分钟，每日1次。对病情比较重者配合耳穴贴压小肠、胃、大肠、皮质下。另外有张丽民取脾俞、胃俞（均双侧），局部皮肤常规消毒后，医者左手固定穴位，右手持30号0.5寸毫针在每个穴位上自左而右依次划痕2.0～2.5厘米，深度以皮下有点滴出血为宜，术后敷以无菌纱布，用胶布固定；1周后施行第二次治疗。73例小儿腹泻经1次治疗而愈者32例，2次治疗而愈者27例，3次治疗而愈者10例，3次治疗未愈者4例，总治愈率为95%。

（钟莎莉）

【“龈交结”与肛肠疾病的关系】

“龈交结”是指在上唇系带龈交穴处出现的结节，多数呈球形，大小不一，一般如小米粒大，大多孤立存在。“龈交结”与肛肠疾病有关自50年代提出后，近年来再度引起注意。刘宏等调查了肛门病人63例，阳性者52例（82.5%）；非肛门疾患病人900例，阳性者518例（57.5%）；健康人1289例，阳性者462例(35.8%)。阳性率以肛门疾患病人为最高，非肛门疾患病人次之，健康人群最低。在非肛门疾患病人中，以胃肠病患者为最高（71%）。对肛肠病住院病人进行调查，未经手术的44例中77.2%呈阳性，而手术后的68例中只有30.8%呈阳性，两者差异非常显著。但龈交结有无及其大小与肛门病种类之间无明显相关。从宏观上看龈交结是一个小小的息肉样赘生物，从微观上看，它不具有任何特异所见，属于一种非炎性的增生反应。朱传训观察了肛肠疾病病人166例，上唇系带处均有结节。大者为白色，小者为红色，有的凸起，有的平塌。其中内痔，混合痔、直肠癌105例，结节位于上唇系带中上部；外痔，肛裂61例，位于中下部。各病种间龈交结的大小，颜色均无明显差异，因此不能将痔、直肠癌等不同病变予以区分。在治疗后观察了106例病例，发现肛肠病痊愈后3个月结节消失。黄志华报道痔疾患者100例（内51例以往曾经过治疗），上唇系带有白色或红色芝麻大或米粒大赘生物者54例，当症状及体征消失后赘生物也随之消失。

（赵善祥）

【针灸调节机体免疫功能的研究】

（一）临床研究　赵粹英等采用隔蒜灸治疗难治性肺结核患者，使患者痰菌级数明显下降，总有效率达65%。同时还看到，治疗后患者皮泡液巨噬细胞吞噬活性明显升高；治疗前外周血OKT_4^+细胞百分率、OKT_4^+/OKT_8^+比值、NK活性和IL_2活性低于正常，治疗后均有明显升高。说明艾灸能够通过调节机体免疫功能而治疗难治性肺结核。李娟等用针刺足三里、曲池加气海穴温和灸治疗恶性肿瘤患者。治疗前患者外周血OKT_3^+、OKT_4^+细胞百分率和OKT_4^+/oKT_8^+比值均低于正常人，治疗后OKT_3^+和OKT_4^+细胞百分率明显升高。孙华等以针刺加中药治疗虚实夹杂型肺癌患者，并与单纯中药治疗组相比，结果发现，针刺加中药组患者外周血NK和LAK细胞活性明显升高，而单纯中药治疗组NK和LAK细胞百分率治疗后均没有明显变化。胡国胜等用隔附子饼灸治疗桥本氏甲状腺炎，发现患者治疗前血清甲状腺微粒体抗体结合率和外周血抗体依赖细胞介导的细胞毒性作用（ADCC）活性高于正常，治疗后均有显著下降，并且两者的变化有密切关系，说明艾灸治疗桥本氏甲状腺炎与其降低甲状腺抗体和K细胞活性的作用有关。戍柏华等发现，类风湿性关节炎患者血浆亮脑啡肽含量低于正常，NK活性高于正常，经针刺治疗后均趋向正常。

（二）实验研究　王坤等用壮医药线点灸正常家兔的大椎和足三里，看到灸后PHA皮试反应和血清羊红细胞溶血素均显著增高。钱伟华针刺家兔的心俞、肝俞，使家兔红细胞C_3b花环和免疫复合物花环形成率明显升高。骆永珍等艾灸家兔命门，也使红细胞免疫粘附活性升高。林文注等采用“毋吹其火”的艾灸补法，能增强氢考小鼠模型的免疫功能，并发现，艾灸的这一作用可被损毁外周交感肾上腺素能神经或注射β受体阻滞剂所阻断。

（胡国胜）

【针灸的双向调节作用】

（一）对消化系统的双向调节作用　邵雷在B超显象下观察针刺足三里后胃蠕动波的变化，发现原胃蠕动波频率和幅度低下的，针刺后均有增加，而胃蠕动较亢进的，针刺足三里后胃蠕动频率及波幅均下降。说明足三里穴对消化机能的影响与其原来的机能状态有密切关系。杨君佑在胃节律紊乱动物实验模型上观察电针足三里穴对胃节律紊乱的调节作用，当从胃左动脉匀速灌注肾上腺素使胃电基本节律出现过缓时，电针足三里使之增快；灌注乙酰胆硷使胃电基本节律过速时，电针足三里可使之减慢。电针足三里使异常的胃电节律趋向正常化的作用，其原理可能是穴位感受器的传入冲动，通过一系列的突触传递，相互作用，到达下丘脑植物性神经较高级中枢，根据当时的机能状态进行整合，经过下丘脑—迷走神经传到胃或经下丘脑—垂体—肾上腺轴到胃，使胃电活动趋于正常。刘维洲等采用电生理学方法观察家兔耳穴电针对胃肠生理功能的影响，实验结果表明，耳针对胃肠道的电活动（胃电频率与幅值）有增强与减弱的双向效应。当分别切断支配耳廓的某一支神经后上述针刺效应尚能保留，而支配耳廓的神经全切断后，耳针效应则不明显，提示耳针作用具有耳廓神经支配的多重性与完整性。

（二）对免疫功能的双向调节作用　严华等观察针灸对49例哮喘患者体液免疫功能的影响，其中有的病例体液免疫值属正常范围，但也有的病例体液免疫超过正常值或低于正常值。经艾灸后，原属正常范围的变化不明显，而高值者灸治后降低，低值者灸治后可升高。灸治前后相比，有统计学意义，且与疗效有相关性。这表明了灸治对人体免疫功能具有双向性调节作用。王景廉等提出了针灸的适应原样双向作用。认为临床治疗慢性消耗性疾病时，首先应使机体向适应原样性方向发展，这是治疗疾病的根本原则。在疾病过程中，刺激一定的腧穴通过经络的自身调节，使机体的功能活动朝着适应原样的方向发展。

（三）对性激素的双向调节作用　汪元骏等观察针刺治疗中心性视网膜炎30例男性患者的血浆性激素变化。其中20例患者睾酮（T）低于正常值，10例高于正常值；雌二醇（E_2）低于正常及高于正常值者各9例；E_2/T比值低于正常值者11例，高于正常值者16例。针刺治疗后，T值低于正常者上升，高于正常者下降；E_2及E_2/T比值亦均有此双向调节作用。还观察到E_2及E_2/T比值调节与视力恢复存在相关。

（桂金水）

【疾病状态下经络腧穴变化的探测与分析】

疾病状态下，经络腧穴上往往可以出现相应的变化。近年来应用核素经络显像法进行了一些研究，并继续对经络失衡、腧穴电特性探测、耳穴视诊、腧穴压痛等方面进行了观察分析。

（一）核素示踪　常宝琪等将高锝酸钠

分别注入太溪、解溪、丘墟穴，以观察单侧肾切除（12例）、偏瘫（18例）、胆石症(29例）病人肾经、胃经、胆经核素经络显像的放射强度及动态变化。结果显示：单侧肾切除病人的病侧经脉与健康人相比，其迁移潜伏期缩短，迁移速度加快，清除率降低。偏瘫病人病侧胃经与健康人相比，潜伏期延长，迁移速度减慢，移行长度缩短。偏瘫病人健侧胃经与健康人相比，潜伏期延长，移行长度缩短。胆石症病人胆经与健康人相比，潜伏期、迁移速度、通过时间及清除率等各项动态指标无显著差异，但病人本身两侧胆经的某些动态参数可出现失衡现象。

（二）经络失衡　厉喬华等通过对十二经原穴的电特性探测，观察到与健康儿童相比，脑瘫、弱智患儿的经络失衡现象主要表现在肝、胆、肾、膀胱、胃、三焦、小肠经上。经针刺治疗后，随着病情的好转，小肠、三焦、胆、胃、膀胱经的平衡率均有提高，而肝、肾二经则无明显变化。刘畅用肌电图机在面部地仓—下关、阳白—听会、翳风—丝竹空三条经脉线上进行了传导时间测定，发现单侧面瘫患者健患两侧的数值绝对不等，患侧传导时间延长。差值的大小与病情的轻重程度成正比。健康人及痊愈患者两侧的传导时间则基本相等。李志超等通过对30例正常人和28例胃病（浅表性胃炎、胃溃疡、萎缩性胃炎、胃部肿瘤）患者脾、胃、肝、胆四经原穴电阻值的测定，观察到胃病患者四经右侧原穴的电阻值均比正常人高，其中尤以胃部肿瘤患者为最高。胃溃疡、萎缩性胃炎、胃部肿瘤患者脾经、胃经左右不平衡度平均值大于正常人。胃病患者肝经与胆经表里经之间，手足厥阴经之间和手足少阳经之间的失衡度也大于正常人。

（三）腧穴电特性探测　胡文彬等对75例颈椎病（椎动脉型）作穴位电流测定，观察到右侧角孙＞风池（75例），角孙、风池＞第四颈椎棘突(39例)。选择电流量最低的1～2点作电脉冲刺激治疗后穴位电流量显著上升，各点相对平衡。吴志英等选择背俞、郄穴、募穴、原穴和任脉、督脉部分经穴共66个作导电量测定，结果显示对照组健康人(100例)导电量平均值均较精神分裂症患者（90例）为高。姚庆云等对346例痹证作耳穴电阻探测，发现相应耳穴有低电阻敏感点者339例，临床诊断符合率为97.97%。在166例治疗后复测中，其敏感点消失或存在与临床症状的消失或存在相吻合者164例，符合率为98.79%。李占元等对332例外科、妇科病人作耳穴电特性探测，病理诊断恶性肿瘤174例，耳穴探测与之相符者146例(83.9%)；病理诊断非恶性肿瘤158例，耳穴探测与之相符者129例(81.6%)。李荣先对108例病人用血清F—8836吸光度与耳穴探测联合检测恶性肿瘤，结果表明其对某些恶性肿瘤的定性、定位和分期有一定价值。耳穴电特性探测有一定误差。

（四）耳穴视诊　朱丹认为耳穴视诊较耳穴电探测的误差少，尤其对颈椎病（对耳轮颈椎区)、肝脏疾患(肝区)、慢性胃炎(胃区)、头痛头昏（对耳屏)、慢性咽炎（耳垂下缘皱折)、胆结石(胆区)、手术后疤痕(相应区)、心脏疾患（心区及耳垂皱折)、恶性肿瘤（肿瘤特异区及相应区）的准确率较高。陈文萧等对100例老年耳折征阳性者的心功能、心电图及临床主要诊断进行分析，并与耳折征阴性者51例作比较。结果证实耳折阳性者的心功能变异与其冠心病的关系极为密切，认为耳折可作为“衰老的指标”之一。周有芬等通过B型超声观察，认为耳垂皱折与主动脉粥样硬化相关。马松涛在350例动脉硬化病人中观察到耳折者341例(97.4%)，在115例正常人群中，出现耳折者14例（12.1%)，提出动脉硬化患者以长大而深的折痕为主，正常人群中所见者则大多较为短浅。

（五）腧穴压痛　张文亮对136例胃肠

病病人以钡餐检查验证经穴压痛诊断结果，符合率为90%左右。中脘、下脘出现率高达80～90%。一般说来，右侧梁门穴在十二指肠球部溃疡中出现率较高，右承满穴在胃部疾病中出现率较高。当病情好转或痊愈后，压痛的程度就减轻或消失。正常人和上述病人自身的胆经穴位上则很少出现压痛点。根据临床瘀血腹证病人水道穴压痛出现率高的特点，史载祥等选择水道及关元穴为表浅血流量的探测点。结果显示其表浅血流量均较正常人组为少。尤其是左侧水道穴和关元穴与正常人组相比有极显著差异。

（赵善祥）

【提高针刺麻醉效果的临床研究】

近年来提高针刺麻醉临床效果的研究，主要集中在适应症的选择、药物的辅助配合以及复合麻醉等方面。

王一山挑选了心内病变单纯者15例，在针麻下施行体外循环心内直视手术，针麻效果属Ⅰ级者14例（93.33%），较以往的16.8%（42/250）显著提高。王氏提出适应症为：不适合药物麻醉，心内病变单纯，年龄不小于14岁，神经和精神状态正常或健康，首次接受心脏手术，采用胸骨正中劈开切口者。邹学超等列举了5例施行针麻作胸内手术成功的特殊病历，也指出要提高针麻效果须从选择病例开始。陈卫民等总结了针麻拔牙4000余例，其中60岁以上者825例次的针麻优良率为89.04%，与18～40岁组的76.20%相比，差异非常显著。在牙位方面，上颌优于下颌，前牙优于后牙；以上前牙效果最好，下磨牙最差。陈氏等建议将针麻作为老年人拔牙的首选方法。孟文慧通过1005例（1055枚牙齿）激光穴位麻醉拔牙的观察，认为对较松动牙及儿童拔牙更为适宜。解聪等在110例耳穴针麻人工流产术中观察到，针麻有效率多胎妊娠（100%）较第一胎妊娠（93.4%）为高。

目前影响针麻成功率的关键问题仍是镇痛不全，所以除了选择合适病人，改进刺激方法，筛选有效穴位，改进手术操作和监测外，也可应用某些药物以加强针刺的镇痛效应。许绍芬等对作甲状腺腺叶切除术的病人，在电针双侧合谷、内关和以布比卡因或盐酸普鲁卡因作双侧浅颈丛阻滞的基础上选用药物加强针刺镇痛效应。结果表明灭吐灵、强痛定、颅痛定、哌替啶＋氟哌啶＋颅痛定均可提高针麻的临床效果，颅痛定还可降低病员的应激反应。杨红姝等也认为在甲状腺切除术中采用针麻加小剂量哌替啶、氟哌啶和颅痛定是最佳配伍方式。张德琛也报道加用一定剂量的芬太尼可解决甲状腺手术单纯针麻的镇痛不全及牵拉反应。许灿然等在体外循环心内直视手术中观察到，应用利多卡因加肾上腺素作切口皮内皮下和剑突后匐行浸润有利于提高针麻效果，并减少电灼止血。下针前静脉注射氟哌啶，术前15分钟和锯开与合拢胸骨前静脉注射芬太尼，体外循环转流开始时静脉注射卡肌宁使膈肌活动停止，保持手术区安静，有助于心内手术操作顺利进行。严惠昌等报道，在145例后颅窝手术中针刺与利多卡因合用，针麻成功率从82.7%提高到88.3%，尤其是耳针与利多卡因合用成功率达96.2%。在辅助用药方面主张采用氟哌啶芬太尼合剂。项立敏等通过1201例的观察，认为针刺足三里、上巨虚合并硬脊膜外腔注射少量药物的针药复合麻醉能明显增强胃大部切除术的针麻效果。梁炎基等提出作针刺复合小剂量硬膜外麻醉时，应选用硬膜外麻醉阻滞区以外的穴位，如腹部手术以足三里为宜。卞学平等采用氦-氖激光穴位照射足三里加切口局部穴位电针（患侧玉枢、维道、大巨、曲骨）复合麻醉作疝修补术34例，针麻成功率为94.12%，高于单纯针麻组33例的90.91%。尤其是Ⅰ级率61.77%，明显较单纯针麻组的30.30%为高。此外，还观察到在辅助用药方面，将过去的杜冷丁改为小剂量芬太尼，使镇痛效果明显提高。

（赵善祥）

【激光针的临床应用】

何树槐对88例支气管哮喘的患儿，辨证分成四型，采用激光照射穴位治疗。主穴取肺俞、太渊。外感型加大椎、风门、合谷；痰湿壅肺型加足三里、丰隆、膻中；肺脾两虚型加膏肓俞、脾俞、足三里；肺肾两虚型加膏肓俞、脾俞、肾俞、足三里。每次选用2～3穴，每穴照射2～4分钟，10次为1疗程。经1～2个疗程治愈41例。总有效率95.5%。施炳培等治疗30例小儿肺炎，取天突、膻中、肺俞为主穴。每穴照射5分钟，每日1次，10次为1疗程。14例停用药物单纯接受氦-氖激光穴位照射治疗，痊愈10例。16例由于各种原因，同时接药物治疗，痊愈11例。王连清报导小儿遗尿采用氦-氖激光穴位照射，主穴为关元、肾俞、三阴交，配穴为中极、足三里。每次照射5分钟，1次照3～4穴。每日治疗1次。经3～10次治疗，50例患儿痊愈者38例，总有效率为98%。眼科激光针的应用也不少。如晏克勇治疗青少年近视170例，共300只眼，裸眼视力在0.9以下。取主穴睛明、承泣、瞳子髎，配穴球后、鱼腰。每次照射10分钟，每日1次。300只眼中，总有效率达89.67%，痊愈32只。李桂森用刺入式氦-氖激光针治疗中心性浆液性视网膜炎。主穴取球后、臂臑，配穴取睛明、太阳。每次留针10分钟，10次为1疗程。107例177只眼治愈126只眼。激光具有明显的镇痛效应，顾国柱等对45例脑外伤后头痛患者，用氦氖激光照射百会、风府，患侧风池、太阳、合谷。每穴照射4分钟，20分钟后12例头痛消失，25例痛减轻，即时镇痛率为82.2%。45例中38例微血管血流明显加快，血细胞不同程度解聚。激光在治疗疮疖、溃疡方面效果也较好。汤仁香对臀部、腿脚部、口腔、口唇、耳垂、肚脐、乳房根下，溃疡面积在2～6cm²，有渗出液和脓液的320例患者，采用氦氖激光束直接照射溃疡面。照射距离5～10厘米。先从溃疡的外围开始照射，然后逐日缩小照射面积。每次照射前须将创面分泌物用生理盐水清洗干净。酌情选解溪、足三里、三阴交、伏兔、期门、合谷、臑会、外关1～2穴，每穴照射10分钟。每日照射2次，10次为1疗程。经4～28次治疗，183例溃疡面完全愈合，8例有效。周文憬治疗588例鼻部疮疖，取鼻通穴，照射距离为10～20毫米，每穴照5分钟，每日1次。经1次治疗痊愈373例，2次治疗痊愈215例。

（钟莎莉）

【灸法的研究】

灸法不仅可以治病，还可以防病保健。近年来出现了不少新的艾灸方法，对灸法治病的理论研究也有进展，推动了艾灸疗法在临床上的应用。

（一）多种隔物灸　詹敏杰等用手心药灸治疗面瘫。方法是在健侧手心放少量药粉，上置加热水的碗加温。共治疗300例，痊愈187例，显效79例，好转34例。余宗南用隔膏药灸治疗痹证，方法是在痛点贴小块膏药，上面放灸盒加温。治疗96例均有效。朱世强用樟脑隔姜灸治疗急性腰扭伤，先把姜泥敷在痛点上，在上面铺樟脑粉，施灸时点燃樟脑粉。治疗66例，痊愈41例。马小平用隔粉灸治疗慢性胆囊炎31例，方法是在滑石粉上加中药粉剂，再加艾炷施灸。总有效率为93.5%。刘国光用隔附子饼灸神阙治疗虚寒痢100例，痊愈79例，好转20例。陈镇江等对老年人足三里穴作隔姜灸，能够降低血脂和升高红细胞SOD，对清除自由基和抗衰老有一定意义。葛宝和发现隔姜灸足三里能使慢性胃炎患者胃电图幅值明显升高，而艾灸尺泽的作用不明显。

（二）多种器械灸　钱松林用自制的苇管器治疗暴聋者，在苇管的一端放艾绒，用胶布固定，插入耳道施灸。21例中听力恢复

13例，好转6例，无效2例。黄慧芬等用光灸治疗颞下颌关节紊乱综合征50例，总有效率为94%。钟彦华用多功能艾灸器治疗颈椎病144例，陈培良用自制的简易温灸架治疗肩周炎135例，都取得了较好的效果。白耀辉等发现，艾灸、JWD-901型仿灸治疗仪、微波和氦氖激光的即时镇痛效应相似，但后效应则以艾灸和仿灸仪较佳，而艾灸和仿灸仪的镇痛效应无显著差异。

（三）药物发泡灸　叶长青等用斑蝥冷灸印堂穴治疗鼻炎，对单纯性鼻炎和副鼻窦炎的有效率分别为84.3%和72.1%。张法信等用蓖麻籽仁、红花、樟脑粉作发泡灸治疗周围性面瘫60例，治愈50例。郭朝印用中药制的阴阳丹压在敏感穴位上发泡治疗哮喘性支气管炎97例，近期治愈22例。钱松林等用蜡烛灸治疗慢性支气管炎，总有效率为81.1%。严君白采用祖传化脓灸治疗慢性泄泻26例，发现其疗效与病程长短有关，病程10年以内的患者总有效率100%，而11～20年者则为62.5%。张舒雁等用严氏祖传化脓灸治疗哮喘54例，总有效率为82.6%。

（四）时辰灸　韩承谟用择时灸治疗咳嗽16例，发现在平旦(3～7时)施灸效果较好。黄进贵等以艾灸“八华穴”（天突、膻中、中府、云门、大椎、定喘、肺俞、肾俞）治疗支气管哮喘80例，总有效率为93.6%。府强等在不同时辰艾灸幽门结扎性溃疡的大鼠，结果看到卯时灸的疗效优于戌时。

（五）热症施灸　金明月用灸法治疗辨证为肝风挟火的三叉神经痛、热毒内结的脓肿和湿热内结的臀痈，均获良效。认为艾灸不仅可用于治疗寒症，也可用于热证。周楣声等用灸法及火针治疗流行性出血热33例，痊愈32例，死亡1例，与采用中西医结合综合治疗的结果相同。说明某些热性病也可以用艾灸治疗。

（胡国胜）

【针刺镇痛原理的研究】

（一）感受装置、传入纤维和外周镇痛机制　王克模等用记录人体胫神经在针刺该神经支配穴位时的单位放电的方法，研究感受器、传入纤维与针感性质间的关系。结果表明，牵张感受器是胫神经支配穴位、尤其是肌肉丰厚处穴位的主要感受器，针刺可兴奋Ⅱ、Ⅲ、Ⅳ类传入纤维，且不同针感是由不同类别纤维传入的。包虹等观察到辣椒素选择性阻断鼠电针侧坐骨神经中C纤维传导后，电针对脊髓广动力型（WDR）神经元长潜伏期放电的抑制作用无显著影响，因此认为电针的镇痛作用不是由C纤维传入的。陆卓珊等研究电针对鼠甩尾阈的影响，也得出辣椒素敏感的C传入纤维不介入针刺镇痛信息传导的结论。朱丽霞等的工作表明，电针激活以节段性抑制为主的镇痛效应，可不依赖C纤维传入，但有大量C纤维参加的情况下，可激活下行性抑制，使针效更好。艾民康等的工作提示，含P物质的细纤维参与痛觉与针感的一级传入。胡三觉等的工作表明，电针足三里穴可诱发阿片样物质释放，通过激活炎症痛敏部位的阿片受体发挥外周镇痛作用。

（二）背根神经节和脊髓的作用　艾民康等的工作表明，乙酰胆碱可能是体感一级传入递质；体感一级传入神经元在背根节水平受多种活性物质调制；脊髓胶状质含脑啡肽、NT、γ-氨基丁酸中间神经元可通过突触前及突触后机制调控体感和针感传入。戴甲培等实验发现，背根神经节内交感神经可能参与了痛信息传递和针刺镇痛作用的调节，其机制可能是交感神经末梢释放去甲肾上腺素等递质或调制物作用于节细胞而实现。关新民等证明，交感神经通过节细胞膜上的α受体对针感信息的一级传入进行调控。脊髓后角内的乙酰胆碱参与针感的一级传入，与P物质有某种功能联系；脊髓后角内的脑啡肽神经元参与针感的初级整合。杜俊辉等报告，针刺镇痛时脊髓背角P物质含量增加。赵晏等报告，鞘内应用P物质抗体可对抗针刺镇痛效应，提示P物质是介导初级传入针刺镇痛信息的神经递质。常国清等报告，电针镇痛时脊髓后角浅层内神经降压肽和降钙素基因相关肽释放增加。许伟等报告脊髓5-羟色胺1型受体参与高频电针镇痛。黎春元工作表明，脊髓水平的γ-氨基丁酸、内阿片肽和P物质均参与针刺的突触前去极化效应。方宗仁等报告电针的突触后抑制也和上述三种物质有关。周岩等报告脑啡肽酶抑制剂 Acetorphan 和 SCH 34826 能加强大鼠低频电针镇痛，这是低频电针促进脊髓脑啡肽释放的又一证据。

（三）脑干的作用　白丽敏等报道，电针刺激坐骨神经后孤束核内P物质样免疫反应阳性纤维明显增加。黄仲荪等报告，损毁孤束核，电针足三里抑制内脏-躯体痛反射的效应减弱，纳洛酮能翻转电针对该反射长时程的抑制，但对早期作用影响不大。周丽等报告，电刺激延髓外侧网状巨细胞核有加强电镇痛的作用，而损毁一侧网状巨细胞核则可减弱针刺镇痛效果。芦子跃等报告，电针四白穴可抑制去传入神经慢性痛大鼠延髓后角P物质的释放。张国玺等报告深刺大鼠双侧环跳穴时蓝斑内乙酰胆碱酯酶反应明显增强，痛阈明显提高，而浅刺组与对照组则不明显。范天生等的工作表明，中缝大核内除了5-羟色胺神经元外，还有脑啡肽和P物质等其他神经元。在针刺镇痛过程中，中缝大核可能增加了乙酰胆碱、生物胺和肽类递质的突触释放。李戬等观察到，电针镇痛有效动物，中脑导水管周围灰质（PAG）周边区和中缝大核(NRM)含清亮园囊泡、含清亮园囊泡伴颗粒囊泡两类突触前终和内突触囊泡数量减少。提示该两核团内的乙酰胆碱、生物胺和/或肽类递质在电针镇痛中增加了突触释放。朱寿彭等电针大鼠人中、承浆两穴，观察到中脑中缝核和导水管壁及周围灰质的 ^{3}H-5 羟色胺放射自显影像明显增高。黄坤厚等报告，针刺合谷穴与脑啡肽微量注入PAG、PGC 对三叉神经尾侧脊束核神经元伤害性反应有类似的抑制效应。崔仁麟等的工作表明，电针可激活5-羟色胺下行性抑制，减少P物质在脑干以下部位的伤害性传递性释放，电针镇痛作用至少部分通过此机制起作用。李希成等在大鼠离体“中脑”片试验中证实，P物质可经 PAG 使下丘脑、海马内5-羟色胺增多而起镇痛作用。但P物质注入PAG 加强电针的镇痛作用与以上两脑区的5-羟色胺关系不大。张鸿德等报告，电刺激PAG 对内脏痛反应有明显的抑制作用和长时程的抑制后作用，PAG 至丘脑后核投射径路上的吗啡样物质参与此抑制过程。刘敏芝等报告，红核对躯体痛和内脏痛均有抑制作用，其神经元的兴奋与乙酰胆碱有关。电刺激红核可加强电针的镇痛效应，该核对三叉神经脊束核尾侧亚核和甩尾反射的抑制作用可能是通过中缝大核实现的。李惠民等在超微结构水平上证实，红核的纤维终末在中继神经元处可以对三叉神经传来的感觉信息发生影响。

（四）间脑的作用　崔仁麟的工作表明，电针镇痛增加P物质在下丘脑的释放，而在脑干和腰髓则降低释放、增加储存。但阮怀珍等却倾向于认为下丘脑和纹状体内P物质含量的变化和痛阈之间可能并无内在联系。龚珊等报告下丘脑室旁核参与电针抑制内脏痛的效应。韩永勤等报告，电针足三里、三阴交也能明显抑制室旁核神经元对坐骨神经伤害性刺激的反应。杨俊等的实验结果提示，室旁核内的加压素很可能是室旁核参与针刺镇痛的主要生物活性物质。陈易风等的实验也得出类似的结论。蒋星红等实验证明，室旁核镇痛机理之一是兴奋了该核中的加压素神经元，后者通过下行投射纤维在小鼠孤束核中释放加压素，影响孤束核神经元的活动，从而产生镇痛效应。韩济生的工作证明，低频和高频电针镇痛分别由下丘脑弓状核和桥脑臂旁核转递。低频电针信号上达弓状核后兴奋β-内啡肽神经元，在腹侧中脑导水管周围灰质（VPAG）释放β-内啡肽，转而引起脊髓释放脑啡肽；高频电针信号上达臂旁核，通过神经纤维到达VPAG，转而引起脊髓释放强啡肽。吴根诚等报告，针刺镇痛时视前区去甲肾上腺素释放减少可能与该区内阿片肽的活动加强有关。孙明智等观察到电针足三里可使丘脑腹后外侧核中痛兴奋神经元活动减弱，痛抑制神经元活动加强。提示丘脑腹后外侧核中痛兴奋神经元和痛抑制神经元同时参与电针镇痛的调制作用。

（五）边缘系统的作用　乜治国的实验表明，伏核是促甲状腺素释放激素（TRH）中枢抗伤害的一个极有效部位。在伏核内，TRH抑制痛兴奋神经元痛放电的效应可被同部位分别注射胆碱能M受体阻断剂阿托品、多巴胺受体阻断剂氟哌啶醇所消除。提示伏核内可能存在一种肽能、胆碱能和多巴胺能成分的串联式的多突触神经联系，TRH有可能通过这种多突触神经联系发挥作用。马青平等的实验提示，伏核和杏仁核之间具有功能上的双向联系，可相互促进阿片肽的释放，并可能参与脑内镇痛系统的某种正反馈机制。潘玉贞等的实验提示，僵核内的钙离子可能通过乙酰胆碱实现其对抗电针镇痛的作用。

（六）大脑皮层的作用　徐志卿等的实验表明，乙酰胆碱可能参与关节炎大鼠体感皮层SMI区对束旁核的下行镇痛和针刺镇痛过程。吴杰等的实验提示，电针足三里穴抑制小脑慢痛反应可能通过大脑皮层SMI区的下行冲动发挥作用。陈正秋等的实验表明，SMⅡ区对中央中核伤害性反应的下行调节与十字沟周围皮层有关。陈助华等报告，SMⅡ区参与电针对慢痛反应的抑制可能有内阿片肽参与。刘乡等的工作表明，SMⅡ区对痛的调制作用至少部分是通过脊髓背外侧束实现的。高美兰等的实验表明，额叶皮层对PAG神经元伤害性反应具有下行性调节作用。杨芝兰等报告刺激前额叶具有镇痛效应，它可能是通过对束旁核痛相关神经元活动的调制作用而实现的。曾玲等的实验结果提示，额叶皮层参与束旁核痛感觉及针刺镇痛过程可能与尾核的完整性有关。

（七）针麻增效药和针麻减效药的作用　许绍芬、蔡伯元、汪海宏、戴佳乐等的工作表明，能增强针刺镇痛效应的药物有芬太尼、芬太尼-氟哌啶、颅通定、灭吐灵、强痛定等16种；能拮抗针刺镇痛效应的药物有氯胺酮、安定、非那更、氯丙嗪、泰尔登等；无影响药物有舒必剂、泰必利、阿托品等。颅通定加强针刺镇痛作用与阻断脑内多巴胺受体有关。氟哌啶醇加强针刺镇痛时，脑内阿片受体的亲和力进一步提高。灭吐灵加强针刺镇痛的效应是由于它抑制了电针激活多巴胺系统的效应。四氢大麻酚加强针刺镇痛作用与增加室周结构亮氨酸脑啡肽的释放有关。氯丙嗪降低针刺镇痛效应可能是它阻断中枢多巴胺自身受体，激活了脑内多巴胺系统所致。

（八）性激素及其它　朱笛霓等的实验果结提示，性激素尤其是一定浓度的睾酮、雌二醇与针刺镇痛作用密切相关。但孔天翰等的工作表明，针刺虽能提高血浆睾酮、双氢睾酮的含量，但后者的升高对前者的镇痛效应并不起加强作用。升高或降低血浆睾酮、双氢睾酮的水平对大鼠的基础痛阈和针刺后痛阈均无明显影响。刘文彦等的工作提示，脑室注射催产素增强电针镇痛的效应不完全依赖脑内阿片肽系统。宋朝佑等报告，侧脑室注射松果体激素AVP的类似物可明显提高痛阈和增强电针的镇痛效应。程介士等的实验证明，针刺对不同内脏痛反应的抑制作用通过不同的阿片受体。对前肢回缩反应可能是通过脑内μ受体系统实现的，而对内脏躯体反射的抑制可能主要和K受体系统有关。俞咏蓓等报告，低频高强度和高频高强度电针抑制脊髓背角WDR神经元伤害性反应的强度和时程较低频低强度和高频低强度电针为好，电针异节段穴位的作用时程明显长于同节段。

（林文注　郭慧颖）

参 考 文 献

A

艾民康，等。痛觉一级传入与初级整合的细胞化学基础。针刺研究，1991；(3～4)：209

安龙民。针刺治疗呃逆60例疗效观察。河北中医，1987；(3)：30

B

包　虹，等。C纤维不是电针镇痛的主要传入纤维。针刺研究，1991；(2)：120

白丽敏，等。电针刺激对大鼠孤束核内P物质含量的影响。针刺研究，1991；(1)：39

白耀辉，等。艾灸与温热刺激关系的探讨。针灸学报，1991；(4)：10

白耀辉，等。仿灸与艾灸镇痛效应的比较。针灸学报，1990；(3)：封三。

卞学平，等。激光针刺复合麻醉在疝修补术中的应用。中国针灸，1991；(4)：28

薄庆。针人中治急性腰扭伤26例。四川中医，1991；(10)：50。

C

蔡伯元，等。灭吐灵加强电针镇痛内脏痛的中枢机制探讨。针刺研究，1991；(3～4)：215

蔡崇山，等。针药综合治疗胃下垂80例临床疗效观察。国医论坛，1988；(3)：44

蔡国伟。针刺缺盆穴治疗顽固性呃逆68例。针灸学报，1990；(2)：11

蔡小玲。针灸治疗胃下垂20例。实用中医药杂志，1991；(1)：36

单永华。深刺中膂俞、会阴治疗勃起障碍75例。中国针灸，1991；(6)：11

常宝琪，等。不同疾病证候核素经络显像的观察研究。中医杂志，1991；(3)：47

常宝琪，等。单侧肾切除病人核素示踪经络显像的观察。中国针灸，1991；(3)：39

常国清，等。大鼠脊髓后角浅层内NT、CGRP在针刺镇痛中的作用的免疫细胞化学研究。针刺研究，1991；(3～4)：203

常树琪。针灸治疗小儿腹泻50例。辽宁中医杂志，1991；(6)：23

晨　光，等。五穴四针三药治疗周围性面瘫42例观察。中西医结合杂志，1991；(9)：560

陈佃夫，等。穴位埋线治疗慢性结肠炎85例。中国针灸，1991；(2)：9

陈景云，等。氦氖激光穴位照射治疗小儿遗尿32例。福建中医药，1991；(1)：10

陈国栋，等。电针加鳝鱼血外敷治疗面瘫115例。陕西中医，1991；(4)：179

陈汉平，等。针灸治疗自身免疫性甲状腺疾病的作用特点。中国针灸，1991；(6)：33

陈惠玲，等。针灸治疗化疗引起白细胞减少症376例疗效观察。中西医结合杂志，1991；(6)：350

C

陈培良。简易温灸架治疗肩关节周围炎135例临床观察。中国针灸，1990；(4)：27

陈森然。穴位埋线加灸治疗胃下垂22例疗效观察。上海针灸杂志，1986；(3)：17

陈苏华。耳穴贴压王不留行籽治疗偏头痛50例。实用中医药杂志，1991；(2)：23

陈卫民，等。825例次老年人针麻拔牙效果分析。针刺研究，1991；(1)：1。

陈文萧，等。老年耳垂征阳性者心功能的探讨。老年学杂志，1991；(4)：218

陈文友，等。针刺治疗偏头痛148例。针刺研究，1991；(3～4)：242

陈晓萍，等。耳穴贴压法治疗高脂血症。上海中医药杂志，1991；(10)：27

陈笑山，等。长针治疗胃下垂21例。针灸学报，1989；(4)：25

陈彦洪。四联液穴位封闭治疗面神经麻痹45例。河北中医，1990；(5)：40

陈业孟，等。针刺结合穴位注射治疗老年痴呆症临床初探。中国针灸，1991；(4)：20

陈易风，等。大鼠下丘脑室旁核在针刺镇痛中的作

用。针刺研究，1991；(1):32

陈长义。气功针治疗中心性视网膜炎162例疗效观察。中国针灸，1991；(6):9

陈正秋，等。SⅡ区对CM伤害性反应的下行调节与十字沟周围皮层有关。针刺研究，1990；(4):251

陈镇江，等。保健灸对老年人作用的初步研究。中医杂志，1990；(7):40。

陈助华，等。体感皮层Ⅱ区在电针抑制大脑皮层慢痛反应中的作用。针刺研究，1991；(3～4):153

C

成柏华，等。针灸对免疫调整作用的机理研究。中国针灸，1991；(5):31

程介士，等。针刺对不同内脏痛反应的抑制通过不同的阿片受体。针刺研究，1991；(3～4):217

崔景胜，等。针灸治疗小儿腹泻1250例。陕西中医，1990；(4):176

崔仁麟，等。5、7—双羟色胺对大鼠电针镇痛与中枢P物质含量的影响。针刺研究，1990；(4):282

崔仁麟，等。电针镇痛对大鼠中枢神经系统中P物质含量的影响。针刺研究，1990；(4):263

崔云山。针刺治疗胃下垂。中国针灸，1987；(2):55

D

戴佳乐，等。氯丙嗪使电针镇痛减效—多巴胺系统的参与。针刺研究，1991；(3～4):226

戴甲培，等。交感神经在背根节水平对痛信息传入和针刺镇痛影响的研究。针刺研究，1991；(3～4):203

丹宇。针刺治疗洋地黄类药物中毒引起房室传导阻滞2例。中西医结合杂志，1991；(2):113

邓惠民，等。影响非手术治疗胆石症疗效的因素探讨。上海中医药杂志，1991；(7):24

邓世发。火艾炷灸为主治疗顽固性腰痛症224例。浙江中医杂志，1991；(9):421

董柏年。水针治呃逆12例。浙江中医杂志，1986；(4):150

杜俊辉。电针镇痛时脊髓背角P物质含量的变化。针刺研究，1991；(3～4):199

F

范天生，等。中缝大核的递质及其与针刺镇痛的关系。针刺研究，1991；(3～4):166

方云鹏，等。头皮针治疗冠心病100例疗效观察。中国针灸，1991；(2):15

费文荣，等。针刺中魁穴治疗顽固性呃逆50例。新中医，1988；(1):38

冯春英。灸治呃逆6例。上海针灸杂志，1987；(3):44

冯建国，等。针灸对早期类风炎患者抗氧自由基酶的影响。上海针灸杂志，1991；(3):3。

府　强，等。不同时辰艾灸抗大鼠幽门结扎性溃疡的作用观察。中国医药学报，1990；(4):19

付积忠。针刺治疗急性结膜炎300例。中国针灸，1991；(4):11

傅兴国。针刺治疗阳萎症91例疗效观察。中国针灸，1991；(2):27

G

高美兰，等。GABA改变额叶皮层机能状态对PAG神经元电针效应的影响。针刺研究，1990；(4):264

高世田。放血治疗荨麻疹60例。河北中医，1991；(1):29。

高塔木。针刺加穴位注射治疗呃逆31例。内蒙古中医药，1986；(4):33

葛宝和。隔姜灸对人体胃电的影响及穴位相对特异性的研究。四川中医，1990；(10):50

葛书翰。针刺治疗斑秃186例临床观察。中国针灸，1991；(1):17

仝俐功。针灸治疗胃下垂103例疗效临床观察。陕西中医，1988；(5):205

龚　珊等。下丘脑室旁核在电针抑制内脏痛中的作用。针刺研究，1991；(3～4):177

顾国柱。氦-氖激光针治疗脑外伤后头痛疗效及实验观察。中国针灸，1991；(5):5

关新民，等。针感一级传入与初级整合的神经生化基础。针刺研究，1991；(3～4):206

管遵惠，等。针刺治疗高脂血症110例临床观察。中国针灸，1991；(2):13

管遵信，等。患病脏腑相应耳穴中过氧化物酶活性的实验研究。云南中医杂志，1991；(4):7

桂方虎，等。阿托品穴位封闭治疗顽固性呃逆50例。实用中西医结合杂志，1990；(1):49

郭朝印。阴阳丹压穴灸治哮喘性支气管炎97例。陕西中医，1991；(7):322

郭龙恩。针刺手三里治疗急性腰扭伤203例。浙江中

医杂志，1991；(6)：280

郭瑞琦。经络诊疗器治愈呃逆15例。山西中医，1991；(2)：35。

郭文灿，等。中药穴位敷贴治疗白细胞减少症40例。浙江中医杂志，1991；(4)：158

郭　义，等。家兔经穴钙离子浓度特异性的研究。针刺研究，1991；(1)：66

郭兆通，等。头针为主治疗胃下垂158例疗效观察。中医杂志，1991；(6)：43

国万春，等。独针夜尿点治小儿遗尿。四川中医。1991；(7)：46

H

韩承漠。择时艾灸治疗咳嗽。江西中医药，1990；(3)：41

韩济生。等。低频和高频电针镇痛分别由下丘脑弓状核和桥脑臂旁核转递。针刺研究，1991；(3～4)：181

韩雪华。走罐法整复肋骨凹陷骨折26例临床小结。中国中医骨伤科杂志，1991；(2)：26

韩永勤，等。大鼠下丘脑室旁核参与针刺镇痛的电生理学观察。针刺研究，1991；(3～4)：178

何秉贤，等。耳皱的流行病学及其临床意义。新疆医学院学报，1991；(1)：27

何福秀，等。穴位磁疗治小儿遗尿20例。上海中医药杂志，1991；(4)：29

何公之。针刺治疗痤疮68例体会。中医函授通讯，1991；(5)：29

何继红，等。耳压治疗慢性荨麻疹90例临床总结。新疆中医药，1991；(3)：24。

何树槐。激光照射治疗小儿支气管哮喘。中国针灸1991；(2)：25

侯　恒，等。普鲁卡因尺泽穴注射治疗咯血18例。实用中西医结合杂志，1991；(9)：561

胡国胜，等。艾灸对桥本氏甲状腺炎患者外周血ADCC活性作用。中西医结合杂志，1991；(7)：403

胡三觉，等。针刺对炎症性痛过敏的外周镇痛作用。针刺研究，1991；(3～4)：236

胡文彬，等。穴位电流测定及电脉冲刺激治疗颈椎病75例观察。中西医结合杂志，1991；(12)：753

胡幼平，等。针刺透穴法治疗阳萎。针灸学报，1991；(3)：27

胡子成。针刺治疗呃逆60例。云南中医学院学报，1989；(4)：39

回克义。针灸治疗阳萎25例。针灸学报，1990；(4)：10

黄伯灵，等。针刺治疗骨折的临床研究——附120例对照分析。江苏中医，1991；(6)：22

黄慧芬，等。光灸治疗颞下颌关节功能紊乱综合征50例。上海针灸杂志，1991；(3)：20

黄进贵。艾灸自拟"八华穴"为主治疗支气管哮喘80例。陕西中医，1989；(12)：553

黄坤厚，等。针刺对三叉神经尾侧脊束核活动的影响及PAG或PGC微量注入脑啡肽后影响的比较。针刺研究，1990；(4)：279

黄喜梅，等。针灸对化疗中白细胞下降的影响。河南中医，1991；(5)：32

黄志华。上唇系带封闭加钳夹治疗痔疮100例疗效观察。实用中西医结合杂志，1991；(11)：654

黄宗勖。针刺辨证治疗偏头痛168例。福建中医药，1991；(2)：2

黄仲荪，等。兔孤束核在接受腹部迷走伤害性传入冲动及其在针刺抑制内脏-躯体反射中的作用。针刺研究，1991；(1)：43

J

贾士赟。五倍子膏穴位敷贴治疗胃下垂13例。湖南中医杂志，1991；(4)：44

蒋素栩。针刺治疗胃下垂33例。河北中医，1990；(2)：39

蒋　炜，等。针刺瘫健两侧治疗脑卒中偏瘫。福建中医药，1991；(3)：29

蒋星红，等。孤束核参与刺激下丘脑室旁核的镇痛作用。生理学报，1991；(2)：120

江保录。针刺阙缘穴治疗小儿腹泻48例观察。河北中医。1990；(2)：41

金长禄。手针治疗急性腰扭伤346例临床观察。中国针灸，1991；(3)：30

金明月。灸治辨证及热证施灸。新疆中医药，1990；(3)：44

金完成，等。针刺敷药综合治疗重症面瘫160例临床与实验观察。中国针灸，1991；(4)：9

金　雁，等。孔最穴位注射治疗支气管扩张咯血临床体会。浙江中医学院学报，1991；(3)：54

金紫萍。耳穴揿针治疗呃逆。上海针灸杂志，1987；(4)：42

K

康锁彬。针刺配合打刺治疗阳萎58例。河北中医，1991；(3):32

康中才。芒针治疗胃下垂42例疗效观察。河南中医，1986；(1):36

孔天翰，等。针刺镇痛与睾酮、双氢睾酮的关系。针刺研究，1991；(2):138

L

雷新强。针刺治疗脑卒中恢复期强制性自笑。中国针灸，1991；(6):25

黎春元，等。γ-氨基丁酸、内阿片肽及P物质均参与针刺的突触前去极化效应。刺针研究，1991；(3～4):223

黎作克。四针根治面神经麻痹348例临床报导。中国针灸，1991；(1):13

李定明，等。针刺风府、哑门穴的研究。上海针灸杂志，1991；(4):29

李桂森。刺入式氦-氖激光针灸治疗中心性浆液性视网膜炎107例疗效观察。中国针灸，1991；(1):15

李桂森，等。刺入式氦-氖激光针灸治疗视网膜静脉阻塞97例疗效观察。中国针灸，1991；(4):7

李　和，等。电针对大鼠脊髓后角内神经降压素含量的影响。针刺研究，1991；(3～4):200

李惠民，等。猫红核对口面部痛兴奋传递调控的超微结构研究。针刺研究，1991；(3～4):187

李积敏。针刺经外奇穴治疗缺乳症158例。云南中医学院学报，1991；(3):48

李　戬，等。大鼠导水管周围灰质和中缝大核的超微结构及其在电针镇痛中的变化。针刺研究，1990；(3):181

李　娟，等。针灸对恶性肿瘤病人T淋巴细胞亚群的影响。中国针灸，1991；(2):39

李平华，等。针刺补泻头穴配合导引吐纳治疗呃逆48例。针灸学报，1989；(4):25

李仁铭。阿是穴贴药法治愈先天性肌性斜颈24例报告。新中医，1991；(9):38

李仁琴。针刺治疗偏头痛35例。陕西中医，1990；(3):131

李荼先。F-8836吸光度与人体耳部信息联合检测诊断恶性肿瘤价值探讨。实用中西医结合杂志，1991；(4):195

李荣耀，等。针电药综合治疗周围性面瘫300例。中国针灸，1991；(5):13

李世杰，等。654-2膻中穴注射治疗顽固性呃逆50例。中西医结合杂志，1991；(5):309

李卫东，等。风府穴的解剖结构与安全针刺法的研究。安徽中医学院学报，1991；(4):49

李希成，等。脑内注射P物质对大鼠不同脑区5-羟色胺含量的影响及其与痛阈、电针镇痛的关系。针刺研究，1991；(2):125

李兴华。穴位埋线治疗顽固性呃逆。四川中医，1990；(10):封底

李兴华。穴位埋加服灭滴灵治疗慢性胃炎106例。北京中医，1991；(5):22

刘亚坤，等。长针升提补益法治疗胃下垂120例。吉林中医药，1991；(3):23

李有田。内关穴位封闭治疗术后顽固性呃逆87例。中国针灸，1991；(2):20

李玉环。穴位点刺治疗小儿腹泻546例。新中医，1991；(3):36

李一清，等。用粗毫针泻悬颅穴治疗偏头痛120例。中国针灸，1991；(1):4

李兆苓。针刺人中治呃逆。四川中医，1990；(1):47

李　鹭。针刺治疗顽固性呃逆。针灸学报，1990；(3):56

李志超，等。正常人与胃病患者经络失衡检测。中国针灸，1991；(3):43

李志华。针刺透穴加红外线照射治疗面瘫100例。新疆中医药，1991；(3):30

李忠仁，等。针刺治疗中风高过氧化脂质血症的临床研究。上海针灸杂志，1991；(1):18

厉裔华，等。经络针刺治疗小儿脑性瘫痪、弱智的临床研究——附经络腧穴探测结果分析。中国针灸，1991；(5):1

梁启伟。针刺足三里治疗震波术后肾绞痛160例。中西医结合杂志，1991；(1):27

梁炎基，等。针刺复合小剂量硬膜外麻醉时的穴位选择。针刺研究，1991；(3～4):288

林　宏，等。针刺中脘穴为主治疗荨麻疹60例。福建中医药，1990；(4):封底

林家放。耳穴按压治疗肾绞痛50例。中国针灸，1991；(3):29

林文注，等。外周肾上腺素能系统在艾灸提高阳虚小鼠免疫功能中的作用。上海针灸杂志，1991；

(3):27

林昭庚，等。以电脑断层扫描照相术探测背部各经穴安全深度。中西医结合杂志，1991；(1)：10

林昭庚，等。人体胸部诸穴得气深度之探讨。中西医结合杂志，1991；(10)：628

刘　畅。经络平衡与面瘫针刺治疗的临床观察。辽宁中医杂志，1991；(3)：33

刘二改，等。针灸治疗小儿泄泻110例。河北中医，1990；(4)：36

刘广志，等。电针治疗早老期、老年期抑郁状态的临床疗效观察。中医杂志，1991；(5)：292

刘国光。隔附子饼灸神阙治疗虚寒痢100例。针灸学报，1991；(1)：22

刘汉城。耳压治疗偏头痛58例。陕西中医，1990；(3)：109

刘汉城，等。穴位疗法治疗病毒性肝炎203例临床观察。中国针灸，1991；(3)：9

刘　宏，等。关于龈交结的再次调查报告。中国针灸，1991；(1)：42

刘　喆。针刺治神法治疗阳萎62例。河北中医，1991；(5)：32

刘　喆。委中放血治疗急性腰扭伤58例。针灸学报，1991；(1)：37。

刘金荣，等。口针治疗遗尿200例疗效观察。河北中医，1991；(4)：21。

刘靖宇。半刺法治疗小儿急性中耳炎60例观察。新疆中医药，1991；(1)：34

刘进先。头针治疗脑血管疾病100例。上海针灸杂志，1991；(4)：8

刘丽达，等。耳压加倒面膜法治疗黄褐斑91例。中华皮肤科杂志，1991；(3)：191

刘敏芝，等。红核的镇痛作用及其机制的初步探讨。针刺研究，1991；(3～4)：186

刘敏芝，等。红核的镇痛作用和加强电针镇痛的作用。针刺研究，1991；(1)：48

刘　琪。耳压与夹脊埋线治疗银屑病50例。陕西中医，1991；(11)：513

刘松江，等。电针治疗鼻炎153例分析。中国针灸，1991；(2)：21

刘万成，等。针刺对功能失调性子宫出血病人血清激素的影响。中国针灸，1991；(5)：37

刘文斗，等。铍针治疗面神经麻痹1520例临床分析。中国针灸，1991；(6)：23.

刘文彦，等。催产素与八肽胆囊收缩素对电针镇痛的影响针刺研究，1991；(3～4)：231

刘维洲，等。耳穴电针对家兔胃肠电活动的双向调整作用及其机理初探。安徽中医学院学报，1991；(1)：40

刘　乡，等。横断脊髓背外侧束对NRM神经元刺激SMⅡ效应的影响。针刺研究，1991；(3～4)：224

刘占元，等。耳穴探测肿瘤760例临床对照观察。实用中西医结合杂志，1991；(10)：615

刘照伟，等。挑刺治疗痤疮387例。中国针灸，1991；(5)：36

柳　霞，等。氦一氖激光穴位照射治疗化疗反应。中华理疗杂志，1991；(1)：24

龙文君。针刺治疗急性腰扭伤238例临床对照观察。针灸学报，1991；(1)：25

龙文君，等。耳毫针治疗流行性腮腺炎临床分析。中国针灸，1991；(6)：19

芦子跃，等。电针四白穴抑制去传入神经慢性痛大鼠延髓后角P物质的释放。针刺研究，1991；(3～4)：175

陆茂忠。针灸与针罐治疗腰腿痛1793例疗效分析。针灸学报，1991；(3)：15

陆　建，等。穴位埋线治疗慢性咳喘症2125例疗效分析。中国针灸，1991；(1)：1

陆寿康。头针治疗中风偏瘫及其疗效的评估。中医杂志，1991；(10)：49

陆卓珊，等。辣椒素敏感神经元与针刺镇痛效应的关系。针刺研究，1990；(3)：213

吕长青。针刺少商穴治愈顽固性呃逆。浙江中医杂志，1990；(1)：21

吕　茇，等。伏天"灸贴"治疗咳喘189例临床疗效观察。安徽中医学院学报，1991；(3)：38

罗铁阳，等。蜂针治疗类风湿性关节炎19例。上海针灸杂志，1990；(1)：25

罗正中。针刺治疗面神经麻痹203例。中国针灸，1991；(4)：8

M

马风友。梅花针治疗荨麻疹22例。江苏中医，1991；(1)：29

马慧平。穴位注射治疗偏头痛204例。上海针灸杂志，1990；(2)：46

孟良。眼针治疗遗尿80例。上海针灸杂志，1991；(3):44

马青平，等。伏核和杏仁核在脑啡肽和B-内啡肽的释放中的相互作用。生理学报，1991；(2):189

马瑞寅。针刺膈神经治疗呃逆86例。上海针灸杂志，1987；(2):15

孟文慧。激光穴位麻醉在拔牙术中的疗效观察。新疆医学院学报，1991；(3):230

马小平。隔粉灸治疗慢性胆囊炎31例临床小结。江苏中医，1991；(8):22

马玉泉。电针治疗功能性子宫出血205例。中国针灸，1991；(1):29

梅忠英。针灸为主治疗类风湿性关节炎28例。上海针灸杂志，1991；(1):8

孟庆良。眼针配合头针治疗偏头痛94例。针灸学报，1990；(3):20。

孟昭敏，等。针刺治疗胃下垂91例临床观察。中国针灸，1986；(1):18

莫道金，等。药线点灸治疗偏头痛38例。广西中医药，1990；(2):35

N

聂汉云，等。皮内埋针治疗偏头痛166例疗效观察。新中医，1990；(10):32

P

潘银英，等。针刺人中穴对颈总动脉血流动力学的影响。上海医学，1991；(2):70

潘玉贞，等。缰核内注射Ca*拮抗电针镇痛作用可被三碘季胺酚翻转。针刺研究，1991；(3～4):185

庞文清。眼针治疗顽固性呃逆30例。广西中医药，1989；(2):30

彭世桥。耳穴埋药治疗慢性荨麻疹50例。云南中医杂志，1991；(5):6。

彭享娣，等。督脉电针对晚期脊髓损伤的疗效观察。中国康复，1991；(4):158

Q

钱松林，等。蜡烛灸治疗慢性支气管炎180例小结。湖南中医杂志，1991；(3):26

钱松林。苇管器灸耳道治疗暴聋。辽宁中医杂志，1991；(8):34。

钱伟华。针刺心俞、肝俞对红细胞免疫功能影响的实验研究。云南中医学院学报，1991；(2):18。

秦　潮，等。刺激大脑前额叶及电针对脊髓背角神经元伤害性反应的影响。针刺研究，1991；(3～4):163

秦　刚。针刺素髎、关元治疗遗尿症102例。浙江中医杂志，1991；(4):162

秦济平。激光治疗小儿腹泻90例。针灸学报，1990；(1):9

秦黎虹，等。走罐法治疗痹症150例观察。浙江中医杂志，1991；(2):67

秦　昊。针药罐配合治疗面瘫100例。陕西中医，1991；(2):87

瞿润民。针刺督脉穴为主治疗中风后遗症105例疗效观察。江西中医药，1991；(5):32

R

任留江，等。针刺举阳穴为主治疗阳萎258例临床观察。中国针灸，1991；(5):15

茹立强。电针及吗啡镇痛大鼠脊髓内AchE的改变与痛觉一级传入关系的形态学研究。针刺研究，1991；(3～4):205

阮怀珍，等。单胺类递质、脑啡肽、吗啡对不同脑区P物质含量和痛阈的影响。针刺研究，1990；(3):217

骆永珍，等。艾灸命门对家兔红细胞免疫功能的影响。中国医药学报，1990；(4):17

S

邵　雷。B超显象观察针刺足三里对胃蠕动的影响。上海针灸杂志，1991；(1):13

沈荣福，等。针刺对肿瘤恶痛的镇痛的作用。针刺研究，1991；(3～4):243

施炳培，等。激光穴位照射治疗小儿肺炎30例。上海针灸杂志，1991；(3):18

史载祥，等。瘀血腹证的表浅血流及红外热图像改变。中医杂志，1991；(4):41

宋朝佑，等。1,6-氨基辛二酸-8-精-催产素对电针镇痛的影响　针刺研究，1991；(3～4):232

宋梦玉。电针治疗面神经麻痹204例。针灸学报，1990；(2):45

宋　丽。穴位拔罐佐治小儿肺炎罗音吸收不良20例。中西医结合杂志，1991；(9):566

宋振元，等。温和灸治疗胃肠痉挛症97例疗效分析。针灸学报，1991；(4):50

宋振之。运动针法治疗急性腰部软组织损伤1000例临床报告。中国针灸，1991；(3):1

苏建华。针刺行间穴治疗急性痉挛性腹痛83例。中

西医结合杂志，1991；(4):234

孙法轩。针刺加拔罐治疗急性腰扭伤96例。针灸学报，1991；(1):33

孙华，等。针刺对虚实夹杂型肺癌患者外周血作细胞及LAK细胞活性的影响的研究，中医药学报。1991；(3):49

孙 静。等。针灸治疗消化性溃疡40例。陕西中医1991；(3):130

孙明智，等。伤害性刺激对大鼠丘脑腹后外侧核痛兴奋神经元和痛抑制神经元放电的影响及电针对其调制作用。针刺研究，1991；(1):19

孙 磊。针刺与电刺激对大鼠体液免疫反应的影响。上海针灸杂志，1991；(2):47

孙丽琴。以温针为主治疗类风湿性关节炎。中医杂志，1990；(1):47

孙士文，等。针刺按摩口腔紫筋放血治疗面瘫750例。辽宁中医杂志，1991；(4):35

孙作露，等。针刺治疗类风湿性关节炎的疗效观察。上海针灸杂志，1991；(1):3

T

谈爱民。耳压配合揿针治疗遗尿14例。上海中医杂志，1991；(8):18

谭 宏，等。鼻通穴治疗鼻塞182例疗效观察。实用中医药杂志，1991；(3):18

汤仁香。氦-氖激光治疗体表溃疡320例。中国针灸，1991；(5):18

唐维礼。异体脂肪穴位埋藏治疗慢性支气管炎支气管哮喘1500例疗效观察。中国针灸，1991；(2):1

陶之理，等。针灸“内关”、“间使”及“神门”穴治疗心脏疾患的机理探讨。针刺研究，1991；(3～4):213

针灸肝俞、脾俞、梁门、期门各穴抑制胆色素结石的神经解剖学机理探讨。针刺研究，1991；(1):61

田正美。贴压耳穴治疗偏头痛58例。新疆中医药，1991；(3):26

W

汪海宏，等。多巴胺受体拮抗剂氟哌啶醇加强针刺镇痛机制的研究。针刺研究，1991；(3～4):225

汪元骏，等。针刺对中心性视网膜炎患者激素的调节。上海针灸杂志，1991；(3):12

王爱平。电针增音穴治愈软腭麻痹13例。中西医结合杂志，1991；(6):365

王长春，等。针刺治疗产后宫缩痛39例。针刺研究，1991；(3～4):24

王光鼎，等。取少阳经穴为主治疗偏头痛62例小结。云南中医学院学报，1991(2):15

王光鼎。针刺配合外敷中药治疗面瘫226例。云南中医杂志，1991；(1):38

王华崇，等。挑刺治疗痤疮600例。中国针灸，1991；(3):36

王继元。针刺治疗血管性偏头痛384例疗效观察。中国针灸，1991；(1):25

王建新，等。体针加络刺治疗脑梗塞临床及血液流变学观察。中国针灸，1991；(3):1

王景廉，等。针灸的双向调节作用初探。陕西中医函授1991；(5):35

王克模，等。胫神经支配穴位的外周装置及其针感的研究。针刺研究，1991；(3～4):211

王 坤，等。壮医药线点灸对家兔免疫功能的影响。广西中医药，1991；(1):46。

王兰英。针刺火罐治疗婴幼儿腹泻30例。针灸学报，1990；(2):47

王连清，等。氦-氖激光穴位照射治疗小儿遗尿50例。中国针灸，1991；(5):21

王全奇，等。头针、体针治疗中风偏瘫的疗效对比观察。中国针灸，1991；(5):11

王 伟，等。穴位注射结合中药治疗顽固性“支扩”咯血。浙江中医学院学报，1991；(5):48

王秀兰。激光针灸为主治疗婴幼儿单纯性腹泻550例。安徽中医学院学报，1991；(3):40

王秀蓉。耳穴压迫法治疗偏头痛30例。上海中医药杂志，1991；(7):23

王学志，等。推按运经中西医结合治疗胆囊结石。安徽医学，1991；(5):24

王 欣。舌下放血治疗舌喑32例临床观察。天津中医，1991；(2):45

王耀民。针刺素髎治疗呃逆23例。河北中医，1991；(2):18。

王一山 针刺麻醉体外循环心内直视手术适应证的商榷。针刺研究，1991；(3～4):286

王友贵。两种针刺强度对胆囊、胆总管运动功能的影响。中国针灸，1991；(6):37

王予康。"内腰穴"治疗急性腰扭伤。北京中医学院学报，1991；(4):27

王玉明。长针透刺四花穴治疗呃逆52例。辽宁中医杂志，1990；(10):34

王玉明。针刺四关穴治疗过敏性鼻炎 111 例临床分析。黑龙江中医药，1991；(5):42

王玉琴。针刺治疗慢性萎缩性胃炎69例。陕西中医，1991；(9):420

王志英，等。推按运经仪配合穴位注射治疗肾绞痛500例。北京中医，1991；(5):46

魏殿鹏，等。穴位埋线治疗消化性溃疡 173 例疗效观察。新中医，1991；(2):36

魏金垒，等。经穴埋线治疗慢性胃炎及溃疡病500例。北京中医，1991；(1):46

魏金垒。经穴埋线治疗慢性胃炎及溃疡病500例。针灸学报，1991；(1):46

魏履霜。针刺治疗慢性咽炎800例疗效观察。中国针灸，1991；(1):3

吴根诚，等。针刺镇痛时视前区内阿片肽与去甲肾上腺素变化的关系。针刺研究，1991；(3～4):165

吴焕淦，等。隔药饼灸对慢性非特异性结肠炎患者球结膜微循环的影响。针灸学报，1991；(3):4

吴　杰，等。大脑下行冲动对小脑慢痛反应的影响。针刺研究，1991；(3～4):161

吴奇方。针刺"两点加一圈"治疗面神经麻痹203例。中国针灸，1991；(3):37

吴新伟，等。头皮针治疗菌痢 114 例临床分析。中国针灸，1991；(2):11

吴耀持，等。针刺治疗急性腰扭伤 150 例。上海针灸杂志，1991；(2):18

吴振华。针刺合谷、天突治疗急性喉头痉挛、急性阻塞性呼吸困难。中国乡村医生杂志，1991；(11):22

吴志英，等。经穴导电量对精神分裂症患者诊断初探，中国针灸，1990；(2):37

X

奚彩昆。按压耳膈穴治疗呃逆32例。湖南中医杂志。1989；(1):33

夏晓川。针刺治疗顽固性呃逆12例。湖北中医杂志。1989；(5):48

项立敏，等。针麻下胃大部切除术临床规律探讨。上海针灸杂志，1991；(1):9

肖国豪。针刺治疗胃下垂24例疗效观察。新疆中医药，1986；(1):49

肖友光，等。经络导平治疗肾结石震波碎石后"石街"(附10例报告)。新中医，1991；(10):34

解　聪，等。耳穴针麻下行人工流产术 110 例疗效观察。山西中医，1991；(5):35

邢文堂。不同针刺手法对人体胃电影响的研究。山西中医，1991；(4):33

徐百秀。针刺支沟穴兼拔火罐治疗急性腰扭伤：附421例临床分析。中级医刊，1991；(2):58

徐梦林，等。针刺天鼎缺盆为主治疗前斜角肌综合征100例观察。河北中医，1991；(4):24

徐　仁，等。针刺镇痛中突触后抑制和阿片肽、GABA、P物质的关系。针刺研究，1991；(3～4):195

徐淑英，等。针刺足三里穴治疗癌性腹痛69例临床观察。针刺研究，1991；(3～4):244

徐文德。温针灸治疗阳萎 9 例。新中医，199[illegible]；(1):40

徐志卿，等。关节炎大鼠腹腔注射阿托品减弱脑刺激及电针的效应。针刺研究，1990；(3):207

许灿然，等。针麻体外循环心内直视术规范化的研究。中国针灸，1991；(4):24

许　峰，等。精选穴位治疗面神经麻痹200例。浙江中医杂志，1990；(12):560

许培昌，等。针刺胃俞、梁丘穴对慢性胃炎患者胃电图影响的临床研究。针灸学报，1991；(3):7

许绍芬，等。药物加强针刺镇痛效应的研究。针刺研究，1991；(3～4):240

许　伟，等。脊髓5-羟色胺Ⅰ型受体 (5-HTIR) 参与高频电针镇痛。针刺研究，1991；(3～4):222

许维新，等。"电激光针"治疗前列腺肥大90例。中国针灸，1991；(6):3

Y

晏克勇，等。激光穴位点射治疗近视 170 例。陕西中医，1991；(1):37

晏义平。针刺哑门为主治疗中风失语60例小结。安徽中医学报，1991；(1):38

严惠昌，等。针麻在后颅窝手术中的应用。上海针灸杂志，1991；(2):7。

严　华，等。化脓灸对哮喘患者免疫功能的影响。上海针灸杂志，1989；(1):17

严君白。化脓灸治疗慢性泄泻26例。上海针灸杂志，1990；(3):15

杨承昌。电针治疗手术后肠麻痹46例。上海针灸杂志，1991；(2):14

杨红妹，等。多种针药复合麻醉用于甲状腺切除术的比较。上海针灸杂志，1991；(4):4

杨继良。膻中穴拔罐治疗顽固性呃逆。甘肃中医杂志，1991；(2):35

杨君佑。电针对实验性胃节律紊乱的调整作用。针刺研究，1990；(2):150

杨　俊，等。下丘脑室旁核参与针刺镇痛的生物活性物质。针刺研究，1991；(3～4):179

杨日和。背腧针配体针与单纯体针治疗脑血管病后遗症160例疗效观察。中国针灸，1991；(1):9

杨新敬，等。中药贴穴治疗慢性荨麻疹287例。中华皮肤科杂志，1991；(3):173

杨兆钢。芒针治疗胃下垂30例疗效观察。天津中医，1988；(6):35

杨芝兰，等。刺激大鼠前额叶对丘脑束旁核痛相关神经元放电的影响。针刺研究，1991；(1):23

姚庆云，等。346例痹证的耳穴探测结果报道。中医临床与保健，1991；(4):16

乜治国。伏核注射促甲状腺素释放激素对大鼠束旁核痛放电的影响。针刺研究，1990；(3):222

Y

叶长青，等。斑蝥冷灸治疗鼻炎670例。上海中医药杂志，1990；(2):18

叶德宝。当归注射液穴注内关穴治疗偏头痛31例临床观察。浙江中医学院学报，1991；(2):47

尹德馨。中药配合针灸治疗食管癌、贲门癌术后胃肠功能紊乱50例。北京中医学院学报，1991；(4):28

殷世山，等。长效针感治疗支气管病1077例。中国针灸，1991；(2):53

殷学军，等。耳穴无痛分娩效果观察。针刺研究，1991；(3～4):250

于致顺，等。头穴改善偏瘫病人肌力效应的时间动态观察。针灸学报，1991；(1):39

余宗南。隔膏药灸治疗痹证96例。福建中医药，1990；(3):26

俞国桥。针灸足三里治疗阳萎。上海针灸杂志，1991；(3):23

俞永蓓，等。电针同异节段穴位对大鼠脊髓背角WDR神经元的作用。针刺研究，1991；(3～4):198

俞雄师。针刺少商穴治疗顽固性呃逆。湖南中医杂志，1987；(1):33

Z

曾　玲，等。刺激额叶皮层对束旁核痛单位放电的影响及与电针的关系。针刺研究，1991；(3～4):154

曾玉祥。穴位注射治疗小儿腹泻100例。湖北中医杂志，1990；(6):4

詹敏杰，等。手心药灸治疗面瘫300例。针灸学报，1990；(2):37

张　淳，等。火罐疗法对改善心功能的初步观察。针刺研究，1991；(1):4

张丹风，等。周围性面瘫损伤神经定位与针刺疗效相关性研究。针灸学报，1991；(2):46

张党红，等。针刺龈交穴治疗急性腰扭伤126例。陕西中医函授，1991；(5):38

张德琛，针刺麻醉用于甲状腺手术临床分析。针刺研究。1991；(3～4):262

张登部，等。艾条悬灸法治疗冠心病138例临床观察。中医杂志，1991；(3):35

张　栋，等。临床选择针刺穴位方案的初步研究：面神经麻痹热象图辅助选穴的观察。中医杂志，1990；(12):25

张　栋。针刺留针时间长短与针刺升温作用关系的热像图观察。针刺研究，1991；(1):73

张法信。天灸治疗周围性面瘫60例疗效观察。河南中医，1991；(2):27

张国玺，等。电针深、浅刺"环跳穴"对大白鼠镇痛及蓝斑内组化成份的影响。针刺研究，1990；(3):203

张鸿德，等。电刺激中脑导水平周围灰质对猫丘脑后核内脏大神经诱发放电的影响。针刺研究。1991；(1):10

张化南。针刺威灵穴治疗急性腰扭伤。云南中医杂志，1991；(4):19

张丽民，等。穴位划痕治疗小儿腹泻73例。山东中医杂志，1990；(1):15

张丽君，等。针刺治疗婴幼儿脾虚泄泻100例。针灸学报，1990；(2):43

张连城．辰时针足三里治疗慢性胃炎．四川中医，1991；(2):49

张润民。针灸治疗阳萎。四川中医，1991；(4):48

张舒雁，等。化脓灸治疗哮喘的疗效观察。浙江中医学院学报，1990；(2):50

张树芬。穴位封闭治疗面神经麻痹54例。实用中西医结合杂志，1991；(8):473

张文亮。胃肠常见病经穴压痛诊断与治疗的临床观察。上海针灸杂志，1991；(3):13

张文仙。56例单发良性甲状腺结节的针刺治疗。中医杂志，1991；(9):41

张文元。头痛新穴治疗偏头痛。四川中医，1990；(3):30

张孝石。艾灸背部十二胸椎治疗小儿腹泻100例。针灸学报，1990；(4):14

张玉祥。针刺治疗呃逆症30例。中国针灸，1991；(6):47

赵粹英，等。艾灸治疗难治性肺结核的临床研究。上海针灸杂志，1990；(4):1

赵平原。针刺水沟治疗急性腰扭伤200例。陕西中医，1991；(2):84

赵淑侠。针刺合谷穴治疗膈肌痉挛15例。针灸学报，1990；(2):51

赵晓蔷。透穴加梅花针治疗面神经麻痹126例临床观察。国医论坛，1991；(1):28

赵学斌。维生素B_{12}穴位注射治疗面瘫160例。陕西中医，1990；(7):325

赵　晏，等。针刺镇痛的传入递质。针刺研究，1991；(3～4):206

郑庆泉，等。"推按运经仪"综合治疗胆石症106例临床分析。中西医结合杂志，1991；(3):167

郑友兰，等。以肌电为指标探讨针灸治疗周围性面瘫的疗效。福建中医药，1991；(3):22

郑占武，等。针刺百会穴治疗急性腰扭伤65例。陕西中医函授，1991；(5):37

宗玉祥。耳尖放血治疗外眼急性炎症200例临床观察。贵阳中医学院学报，1991；(3):36

钟彦华。多功能灸疗器治疗颈椎病144例。中国针灸，1990；(4):28

邹学炳。分刺法纠正骶髂关节错位63例疗效观察。广西中医药，1991；(5):216

邹学超，等　从针麻胸内手术探讨针麻的适应症。针刺研究，1991；(3～4)；264

邹志军，等。巨刺疗法对股骨颈骨折延迟愈合的疗效观察。中国中医骨伤科杂志，1991；(3):32

周　丽，等。电刺激和损毁大鼠延髓外侧网状旁巨细胞核对针刺镇痛的影响。针刺研究，1991；(2):103

周楣声，等。灸法治疗流行性出血热再次临床观察。中国针灸，1990；(3):35

周文憬。氦-氖激光照射穴位治疗588例鼻部疮疖疗效观察。贵阳中医学院学报，1991；(1):34

周秀娟。持续熏灸治疗呃逆150例。中国针灸，1991；(4):16

周　岩，等。脑啡肽酶抑制剂Acetorphan及SCH34826能够加强大鼠低频电针镇痛。针刺研究，1990；(4):310

周章玲，等。子午流注纳甲法治疗慢性浅表性胃炎31例临床观察。中西医结合杂志，1991；(1):94

朱传训。上唇系带结节与肛肠疾病的关系。中国肛肠病杂志，1991；(3):41

朱　丹。耳穴视诊的临床价值。实用中医药杂志，1991；(1):34

朱笛霓，等。性激素与针刺镇痛效应关系的初步研究。针刺研究，1991；(3～4):230

朱凤山，等。眼针治疗中风偏瘫的即刻效应观察。中国针灸，1991；(3):19

朱　江，等。竹管疗法治疗类风湿性关节炎35例。上海针灸杂志，1991；(1):6

朱丽霞，等。新生鼠辣椒素处理对电针镇痛的影响。针刺研究。1990；(4):291

朱世强。樟脑隔姜灸治疗急性腰扭伤。广西中医药 1991；(1):23

朱寿彭，等。放射自显影研究中枢^{3}H-5羟色胺在针刺镇痛中的作用。针刺研究，1990；(4):269

朱月伟，等。铺灸对类风湿性关节炎患者免疫功能的影响。上海针灸杂志，1991；(1):1

朱子钰。针刺治疗流行性腮腺炎。河北中医，1991；(1):4

祖腾良。针刺治疗流行性腮腺炎106例。河北中医，1991；(2):14

祝秀都，等．针刺后手部皮肤温度上升者的促排卵效果。上海针灸杂志，1991；(1):12

左秀玲。孔最穴在肺癌止痛中的应用。河北中医，1991；(3):4

（10）推　　拿

【概述】

推拿作为一种卓有成效的传统疗法，近年来越来越受到人们的重视。无论在临床应用，还是在理论探讨、实验研究以及传统经验继承整理等方面都有所发展。其中关于推拿治疗头痛、面神经麻痹、肠梗阻、膝部软组织损伤、小儿咳嗽、小儿遗尿、青少年近视以及手法实验研究、推拿意外观察研究等均有进展，均列专条中予以介绍，不再赘述。

（一）骨伤科　年内报道的论文，较着重于治疗方法的比较和手法机理的探讨。如推拿治疗颈椎病，杨揭武等将126例颈椎病患者分为按摩、红外线加牵引、短波、威灵仙和陈醋直流电导入四组治疗，对照结果表明按摩组的临床治愈率最高。斜扳法是治疗颈部病症的主要手法之一，但应用不当可造成不良后果，因此必须掌握好操作要领和应用指征。罗志瑜认为应用颈椎斜扳法之前，先要作舒筋手法，然后根据不同病症，选择合理体位进行。如环枢关节半脱位（错缝），一定要采取屈颈位20°～30°扳法；颈椎病和落枕好发于下颈段，宜采用后伸位斜扳法；颈椎后关节滑膜嵌顿，宜在颈前屈10°～15°的体位下进行斜扳。李化均对推拿治疗腰椎间盘突出症疗效机制进行了探讨。并在手术中观察了侧卧位斜扳法、仰卧上扳法，认为俯卧位后伸配合牵引推拿最有利于“腰突”回纳。以往治疗手法大多着眼于“复位”，近年来对椎旁软组织的影响和作用也给予很大重视。如黄德裕观察到对腰椎旁软组织进行手法调节，使其机能得到改善或恢复，从而保持正常应力关系，对治疗腰椎间盘突出症以及促使椎体脊柱功能活动的恢复和稳定方面有着很大作用。在软组织扭伤的推拿治疗方面，报道也较多。吴荣水将“电推拿”与手法推拿治疗颈背软组织扭伤100例的疗效作了对比，结果：在即刻显效率、一次治愈率、治愈平均次数方面，手法推拿明显优于“电推拿”。刘锡文采用点按承扶、殷门、委中、承山、昆仑及三阴交结合扳趾治疗急性踝关节扭伤147例，经1～3次治疗全部痊愈。

（二）内妇科　推拿治疗内妇科病症的报道日见增多，涉及面甚广。其中对于高血压、胃肠痉挛、慢性结肠炎、非阻塞性癃闭等均有良好的疗效。如刘光泗介绍用推桥弓法治疗高血压，有效率为91.3%。覃芬莲等以足底穴位按摩法治疗内耳眩晕，如属单纯眩晕者往往一次即效。罗永宽等用压指法治疗膈肌痉挛232例，总有效率为90.95%。张壮雄在背部施予按摩治疗由胃肠痉挛等引起的急性腹痛89例，总有效率为98%。李文科用按摩治疗慢性结肠炎76例，治愈68例，好转8例。杨克文应用热水坐浴按摩中极穴治疗非阻塞性癃闭10例，经1～3次治疗症状均解除；治疗前列腺增生所致癃闭13例，显效9例，好转3例。陈培良用按摩治疗室女痛经50例，治愈41例，显效7例。黄明河治疗产后缺乳症20例，全部有效。

（三）五官科　学龄前儿童视力不良问题正引起人们的关注，如何防治显得十分重要。齐建华将眼保健操推广应用于4～7岁幼儿，使视力明显提高，有预防近视的作用。耳聋是老年人的常见病症，运用推拿可提高老年聋者的听力，并能预防或延缓老年聋的发生。孙安达等应用按揉耳门、翳风穴，钻耳眼，鸣天鼓，按揉会宗、肾俞等法治疗老年性耳聋24例（48耳），在语言区听阈，有效17例（34耳），无效7例（14耳）；而高频区听阈无明显变化。

（四）儿科　小儿推拿的报道历来以呼吸、消化、神经系病症较为突出。近年来续有报道，并在机理方面作了某些观察。如傅淑琴等治疗婴幼儿腹泻230例，均推拿1～

10次而愈。陈桂君等报道捏脊法可使疳积患儿的症状明显改善，大部分患儿的体重增加速度超过正常儿，胃泌素下降至正常范围，尿木糖排泄率升高，尿淀粉酶活性增加。陈飞南等对锌缺乏症患儿在补充锌剂的同时应用捏脊法治疗，总有效率为85.7%。随访半年，情况良好。张惠文等报道捏脊法还可纠正小儿缺铁性贫血。乔建君以推天柱骨法为主治疗小儿暑热症24例，治愈21例，有效2例。田常英治疗小儿惊证63例，痊愈53例，好转10例。徐全江治疗产伤麻痹15例均痊愈。平均治疗42.7天。阎超然等用按摩督脉法治疗Tourette综合征2例，取得近期显效。

（赵善祥）

【膝部软组织损伤的治疗】

高福利采用㨰、揉等手法同时配合热敷治疗30例半月板损伤。结果症状消失，关节活动正常者23例；疼痛基本消失，偶尔有关节酸痛者7例。方法（以膝关节内侧半月板为例）：(1)在大腿前侧用㨰、揉法从大腿根部到膝关节反复操作，然后揉摩髌下缘，待症状略有缓解后再弹拨髌腱韧带，然后于膝关节内侧关节间隙处采用轻揉法操作，以局部酸胀为度；(2)㨰法，施于大腿至小腿后侧，重点在腘窝处，同时配合膝关节的屈伸活动。张登科等采用推挤分筋法治疗髌下脂肪垫劳损54例，结果显效48例(疼痛消失，关节功能完全恢复)，有效6例（疼痛减轻，关节屈曲达80°，伸膝达170°)。其中治疗1次而显效者10例，2次显效者13例。方法：(1)患者仰卧，先以轻柔手法推㨰、提捏股四头肌及小腿外前侧肌群。(2)一手虎口部卡住髌上缘，向后下推挤患髌，另一手拇指尖置患髌内下缘，沿髌深面与股、胫骨之间上下挤按分筋3～5分钟。然后以同样手法推按患髌外下缘。(3)掌心按住患髌，沿肢体方向上下推挤，幅度由小至大10～20次。(4)被动地屈伸患膝数次，待患者注意力分散时，术者双手配合，快速伸直其膝关节，如此反复1～3次。旷时恩报道点穴按摩治疗髌下脂肪垫劳损性疼痛54例，治愈37例，显效13例，有效3例，无效1例。方法是点按足三里，压放冲门穴各半分钟。其余手法近似上述。2天治疗1次。一般治疗5～15次。彭奇采用㨰、按、拨、拿、叩等手法治疗股外侧肌髌下附着处劳损引起的膝痛20例，治愈8例，显效10例，有效2例。李守良以手法为主加熥洗药治疗增生性膝关节合并滑膜积液53例，基本消除者31例，显著进步者18例，好转者4例。手法：点穴髀关、伏兔、血海、鹤顶、双膝眼、阳陵泉、悬钟；推膝眼；搓膝关节髌上囊5分钟；以轻柔的拿法、㨰法施于患肢股四头肌；点按承扶、殷门、委中、委阳、承筋、承山，每穴点1分钟；推腘窝10分钟；拿、㨰股二头肌及小腿三头肌；最后自足跟向上推小腿后侧肌肉。

（陈国民）

【头痛的治疗】

贾大军按摩治疗高原性头痛102例，痊愈(头痛消失，当晚能正常睡眠，不再复发)37例，显效（头痛减轻，当晚可入睡，24小时后头痛复发者）65例。方法是以双手拇指指腹由印堂推按至上星，由鱼腰向上推至前发际，由丝竹空轻推至太阳；点按阳白、太阳、睛明、耳门、风池，督脉的上星至风府，胆经的阳白至风池；按揉率谷，督脉的风府至大椎，胆经的风池至肩井，重点肩井穴，出现串麻感上行头部者效佳。最后以双手上下按压搓揉整个头部两侧1分钟，并以手掌尺侧面叩击整个头部3～5遍。以轻手法长时间按摩为好。汪平然按摩治疗气血不足性头痛69例，治疗4～12次，痊愈53例，好转14例，无效2例。方法是推抹印堂至太阳，轻揉神庭至率谷，叩敲头前侧部，点揉攒竹、神庭、百会等，揉拿风池和枕骨下缘至颈部，点压肝俞、脾俞，按揉肾俞。邹勋等采用穴位和压痛点按摩治疗单纯性枕神经痛72例，治疗5～10次，痊愈65例。方法是枕大神经痛常用风池、玉枕、通天、承灵和压痛点(乳突尖与第二颈椎棘突联线中点)，枕小神经痛常用天衢、承灵、风池和压痛点（胸锁乳突肌上端的后缘)，耳大神经痛常用翳风、完骨、窍阴、天容、压痛点。项颈部痛重时可选用天柱、天窗、扶突等穴位。先在选定的穴位和压痛点上每穴持续按压10～15分钟，然后每穴推15～20分钟。以患者能忍受为度。董秀革根据标病治本，上病下取的治法，以强刺激手法点揉足临泣、行间、至阴、足三里、涌泉、照海等穴，切掐第2～5趾甲根边缘及掐揉足趾掌侧跟部，辅以点揉胆俞、膏肓及其附近的压痛点，并轻抚头部，治疗17例神经性偏头痛。15例经1次按摩疼痛消失，2例无效。赵昆明等按揉双手第二掌骨桡侧相对应全息穴位3～10分钟，治疗多种痛证，其中偏头痛5例，显效2例，有效2例，无效1例。

（包来发）

【周围性面神经麻痹的治疗】

用传统的一指禅推法为主治疗面瘫，都获满意效果。共同常用的取穴是百会、印堂、睛明、瞳子髎、太阳、颊车、下关、地仓、迎香、人中、承浆、翳风、风池、合谷等。肖明辉的方法是以一指禅推法在面部诸穴往返推5次，然后顺沿额、颧、颏部用两拇指以印堂为中点向左右两侧分按10次，最后配合面部肌肉的拿、揉擦法结束。治疗42例，痊愈41例，显效1例。王映华亦以一指禅推法轻柔地在上述面部诸穴推15～20分钟，然后再推颈项5分钟，拿风池、合谷、足三里结束。治疗32例，痊愈30例，显效1例，好转1例。张克强的方法是先在面部诸穴以一指禅推5～10分钟，再点按各穴，每穴30秒至1分钟，随后用拇指分推、抹前额、印堂、迎香、人中、承浆、地仓，最后加擦法使之温热。每日或隔日1次，一般1～2周可愈。治疗10例，痊愈9例，显效1例。张俊峰治疗小儿面神经麻痹22例，均治愈。方法是在患侧颜面先用掌揉或指揉5分钟，然后点压诸穴约5分钟，最后直推和旋转推法交替施用，速度不宜快。上述手法之后再重复操作一次。每次治疗30分钟，每日1次，10次为1疗程。

（张文才）

【肠梗阻的治疗】

年内推拿治疗肠梗阻的报道颇多。徐庆瑞报道推拿治疗粘连性肠梗阻115例，有效92例，无效23例。方法：(1) 旋摩法，两手掌着力，从患者右下腹开始沿升、横、降结肠的方向反复旋转运摩3～5分钟，横结肠处手法重，降结肠处轻。(2) 疏通法，两手四指托起患者之两侧腹后壁，使腹壁汇集后大拇指合拢于病人腹中部，然后右手握住整个腹壁，以左手全掌自剑突处向下推抚至脐下少腹处，接着再以右手自脐上向剑突方向作"振赶"，反复操作2～3次。(3) 扭揉法，两手捏住患者整个腹壁，然后一手向外推，另一手向内拉，把腹壁扭成S形，反复操作10～15次。(4) 提抖法，两手大拇指着力，将病人腹壁一侧之腹壁肌肤推向对侧，两手将积聚的腹壁提起上下抖动，然后用两手四指端将手中之肌肤（切不可放掉）勾回另一侧，再行提抖，反复操作5～8次。(5) 掌振法，自患者脐下向上作高速振颤动作2～3分钟。(6) 指弹法，两手尺侧着力，在患者腹部自上而下地弹打1～2分钟，最后以旋摩法结束。王志仪报道推拿治疗蛔虫性肠梗阻11例，其中9例获痊愈。治疗后排蛔虫最多者110条，最少者20余条。治疗方法近似上述报道的疏通法和旋摩法。但手法注意轻巧、柔软，患儿腹部涂滑润剂，以免擦破皮肤。施术前先服蓖麻油或石腊油（也可用豆油熬热代替）效果更佳。王淑平报道采用以捏脊为主的综合疗法治疗小儿肠梗阻32例，全部有效。手法用捏脊法，从长强至大椎穴，由下而上共3次，每捏2次向上提1次，共5～7

遍，再由下而上推拿5次，最后在腰部两菱形窝处按摩3～5分钟。上述手法后，休息10～30分钟后再进行1次。一般3～5次后，肠梗阻即可缓解。同时采用支持疗法，纠正水盐紊乱，服中药大承气汤和驱虫治疗。

（陈国民）

【点穴法治疗青少年近视】

青少年近视和弱视发病率较高。近年来报道推拿治疗该病近期疗效颇佳。宋澎采用点穴按摩法治疗230例，显效188例，有效33例，无效9例；其中17例为高度近视患者，显效12例，有效5例。方法是取主要穴位攒竹、上睛明、鱼腰、瞳子髎、四白、太阳、眼(耳穴)、翳风、翳明、风池、光明。先在鱼腰、四白、翳明等穴位上做垂直向下点压，用拇指指腹在闭目后的眼球上轻轻按压，并有节奏地起落。在后颈部用指揉法由上而下做螺旋形运动，随后对称地掐住风池穴等，内外对称地掐住眼穴，做用力内收与合拢动作。最后用指尖在眼眶四周、太阳穴周围、后颈部及视区（头针刺激区）做垂直的雀啄式上下击打动作。配合手法，揉按眼球并扣击头面及颈部。每次治疗10分钟，每天1次，5次为1疗程。郑俊武等治疗106例近视患者，单用点按法，取穴与前述大同小异。结果治愈15例，显效37例，进步49例，无效5例，总有效率为95.1%。刘祖萍等采用弹拨、分推、点按法，同时配合导引治疗青少年假性近视151例，显效77例，好转63例，无效11例，总有效率93%。高志远治疗113例青少年近视和弱视患者，并作了手法按摩前后眶血流图波幅、皮温、屈光度变化的实验观察。实验证明，按摩后的眶血流图波幅、皮温升高，屈光度下降。治疗方法分泻法和补法。泻法是在患眼有关的经穴上用掐拿揉挤的手法，用力较重，每次约20分钟。补法是在患眼有关的经穴上用推振擦啄的手法，用力较轻，每次约10分钟。治疗近视眼采用多泻少补的手法，治疗弱视则相反。结果近视共97人194只眼(其中假性近视69人138只眼)，治愈132只眼，明显好转12只眼，进步6只眼，无效4只眼；弱视16人18只眼，治愈5只眼，明显好转6只眼，进步5只眼，无效2只眼。

（胡广勤）

【小儿咳嗽的防治】

1989卷《中国中医药年鉴》曾介绍了推拿治疗咳嗽。近二年对该病的治疗及预防的报道有所增多，临床治疗都取得了满意疗效。廖基城采用“冬病夏治”方法，对128例小儿咳喘进行临床观察。病程1～3月15例，4～6月30例，半年至3年55例，3年以上28例。手法是补脾经300次，清肺经200次，揉膻中30次，揉肺俞50次，捏脊3～5遍。阳气虚型加揉丹田5分钟；阴虚型加揉、推肾顶。手上穴位推左手。夏季初伏开始，每日1次，10次为1疗程。休息3天后再做第2疗程。一般治疗2个疗程。结果痊愈63例(症状消除，冬季不再发病)，显效53例(症状减轻，发病次数减少)，无效12例（治疗前后症状无明显改变)。陆茂忠采用推拿拔罐治疗小儿咳嗽385例，治愈314例，显效63例，无效8例。方法是揉摩肺俞100次，然后用双手掌面以肺俞穴为点呈螺旋辐射状渐扩大到整个上背部双侧肺野处，按摩10分钟，使皮肤有温热感为度。揉摩膻中穴100次，然后按摩上胸部双侧肺野处10分钟。点揉双丰隆穴5分钟，手法以患儿能耐受为度。最后可选肺俞、风门或膻中穴拔罐10分钟。手法1日1次，需重复拔罐者间日1次，3次1疗程。赵鎏秋采用运八卦10分钟，清肺平肝10分钟，清天河水5分钟，再随证加减。共治疗小儿外感咳嗽203例，痊愈165例，好转36例，无效2例。治疗次数最少2次，最多12次。孙安达治疗小儿咳嗽30例，治愈17例，有效率100%。郭秀荣等治疗小儿急、慢性支气管炎301例，痊愈287例，显效9例，无效5例。方法是以手臂部穴位为主，胸背部穴位配合。分阴阳50次，对揉小天心、一窝风500次，揉小横纹300次，平肝、清肺各300次，顺运内八卦100次；推揉天突至膻中穴20遍，再以食、中、无名指分三线推、揉一至七胸椎棘突及两侧10余遍。慢性支气管炎加清天河水500次，再以双拇指自前正中线沿两锁骨下缘分推至腋前线20遍。

（胡广勤）

【遗尿的治疗】

推拿治疗遗尿自1983年以来陆续有所报道，疗效也满意，不失为遗尿的一种疗法。周慧琳采用补左侧脾土、肾水各100次，揉丹田5分钟，按揉左侧三阴交10次，按揉百会10次，治疗小儿遗尿55例，治愈率81%。闻正怡治疗15例遗尿。其方法是以掌摩手法使腹部放松，然后四指摩推中、下腹部，揉气海、关元穴约2分钟立即放松，重复3～5次；按压天枢、神厥及周围诸穴，分抹腹部自脐向两侧横抹，以温补下元气之气虚。随后用拇、食二指在膀胱经之俞穴自上而下至八髎穴进行疏经点揉法，并重点的点揉三焦俞、肾俞、命门等主要穴位，以壮脾肾之虚。结果治愈10例，显效4例，好转1例。程本增采用推拿加艾灸治疗小儿遗尿30例。其方法是健脾补肾、温阳固涩法。取穴：补脾经200次，补肺经200次，推天门入虎口100次，推三关300次，掐揉上马200次，运八卦100次，灸肾俞、关元、百会各3分钟。结果治愈25例，好转3例，无效2例。治疗次数最少6次，最多24次，平均9次。庞承泽采用经穴按摩治疗小儿遗尿46例。其方法取督脉、任脉、肾经、膀胱经、脾经。先在双下肢的复溜、三阴交、阴谷、阴陵泉等穴，施按、揉、推补手法；在背部督脉及膀胱经诸穴位施按揉法，连续做3～5遍，着重按揉肺俞、胃俞、三焦俞、膀胱俞、命门等穴；在督脉施捏脊法，由长强穴至大椎穴，共3～5遍；在骶部用掌根向上推揉“八髎”穴2分钟；用拇指点、按中脘、气海、关元、中极等穴，点中极穴时要向生殖器方向传导反应，各穴均1分钟；再两手掌分别按压两气冲穴2分钟，然后按揉箕门、气海、百会穴1～2分钟。结果46例经半年以上随访痊愈43例，显效2例，无效1例。颜云初采用按摩梨状肌治疗遗尿60例，其方法是患者俯卧位，两下肢取外展位伸直，使臀部肌肉和梨状肌处于松弛状态。医者立于患者右侧，于右侧髂后上棘与股骨大转子连线的中外⅓交点处，以左手拇指末节指腹用力下压，触摸到梨状肌肌腹，再用力下压梨状肌，并与该肌肌纤维成垂直方向来回弹拨10～15次，然后与该肌肌纤维成平行方向由内作镇定手法持续30秒钟。再用同样方法对左侧梨状肌进行治疗。结果治愈50例。治疗次数最少3次，最多12次。60例中有3例智能低下患者，无1例治愈。颜氏认为可能是通过对梨状肌的按摩刺激，向心性传导，引起大脑皮质兴奋性增高，大脑皮质对副交感神经排尿中枢的抑制、调节能力也就得到增强，从而达到治疗目的。

（胡广勤）

【推拿手法及治疗作用的实验研究】

罗志瑜等运用医用热电偶测温仪在不同深度测温，进行手法深透力热效应实验观察。实验显示：摩法组表面升温超过推法组，在深入体表1cm处，两者温度接近，大于1cm处，推法组升温超过摩法组，而初学者推法组不论在体表或深部其升温均比熟练者推法组低。实验提示深层的温度变化则可反映推拿手法深透力的强弱。袁宝国等采用高精度电偶测温仪对推拿不同时间的局部各层温度测定，根据最小二乘法作出温度—深度回归曲线，计算推拿不同时间后不同深度的温度梯度值。发现：(1) 推拿前后机体内的温度梯度均随深度增加而减小；(2) 随着推拿时间的增加，皮肤表面的温度增加而温度梯度逐渐减小，造成表面的温度随时间变化较大，而深部的温度梯度随时间变化较小；(3) 在同一深度，温度梯度随推拿时间增加而减小；

在同一时间，温度梯度随深度增加而减小。从生物物理角度看，推拿的过程是一种能量传递过程，患者局部温度升高，血流量相应增加，局部的耗氧量也增多，组织代谢作用增强。此外，局部加热还可减轻肌肉紧张及痉挛，从而使疼痛减轻以至消失。因此，研究推拿热效应规律有助于提高推拿疗效。张炳然等观察按摩风池穴对颈总动脉血流量的影响，结果颈总动脉流速和秒血流量推拿后较推拿前均明显增加，而心率平均降低7.2次/分，表明颈总动脉血流量增加与运动无关。本文资料表明：按摩缺血性卒中风后遗症患者风池穴20分钟后，颈总动脉血流量提高0.154～0.231，颈内动脉占颈总动脉血流量的0.70。因此，颈总动脉血流量基本上反映了颈内动脉血流量的改变，提示脑组织血供得以改善，这对缺血性卒中风后遗症患者的康复有意义。常瑞祥等用四电极直接式血流图机对肩周炎患者进行测定，结果经推拿后肩关节血流图获得恢复者占85%，说明疗效是显著的。张萍芝等以温阳通络，活血化瘀推拿方法，应用RM—6000八导生理记录仪同步描记心电图、颈动脉搏动图、心尖搏动图及心音图测试对30例冠心病人心功能的影响，结果显示推拿前后的各项指标有显著性差异（$P<0.05$或$P<0.01$）。

（张文才）

【常规推拿手法引起意外原因分析】

常规推拿手法，如运用不当也可造成意外。刘岚庆等编著的《推拿意外的预防及处理》一书，较全面的阐述了造成推拿意外的因素，并提出处理及预防方法。栾长业等报道6例手法运用不当引起意外。（1）肥大性脊椎炎，治疗时由于俯卧时间较长，胸廓劳累，支撑力减低，加之施术者冒然采用冲力连续压三下，造成肋软骨挫伤。（2）颈椎病，施术者为解除上背痛，没有考虑到患者年龄过大，盲目施用顶搬扩胸法，并连续强搬3次，导致患者软组织严重撕拉伤。（3）右股上部胀痛，按软组织损伤治疗。施术者用力过重过猛，局部刺激时间过长，导致次日卧床不起。（4）肥大性脊椎炎并骶椎腰化，采用以局部为重点上下作诱导施术，当用肘压法压脊椎两侧膀胱经时，由于用力过猛、部位不准，在患者处于过分紧张的情况下，施术者肘关节突然向外滑动，造成第3腰椎横突骨折。（5）左股骨下端横断骨折石膏固定后造成膝关节僵硬，施术者采取加大被动活动度，使僵硬的膝关节在外力的作用下尽量屈曲。由于施术者临床经验缺乏，用力过度又欠协调，被动力大大超过患膝关节最大承受力，导致膝关节周围粘连的软组织严重撕拉伤。（6）颈椎病(椎动脉型)，施术者因在风池穴重复刺激过重，引起昏厥。栾氏等认为要避免意外发生，减少推拿治疗中的失误，治疗前必须详细询问病史、认真检查、明确诊断。有些手法要慎用，如拐肘压、擅压、点穴、顶搬扩胸、头颈扭转等；有些疾病如较严重的心脏病，出血性疾病，肿瘤，椎管狭窄，颈椎病，骶椎隐裂，第3与第5腰椎横突肥大症，外伤后局部出现严重瘀肿或血肿者，应慎重对待，不可盲目施术。朱建民等报道1例落枕在治疗中当用力扳转头颈时，引起颈椎骨折、脱位和脊髓损伤。蒋国华报道2例腰痛，用俯卧位下肢过伸手法后产生了比较典型的腰突症临床表现。蒋氏认为，当过伸时腰椎处于腹侧间隙增大而背侧间隙变狭的状态，并将椎间盘中的髓核挤向腹侧并偏向后伸的下肢对侧；而2例腰痛患者可能在过伸手法以前，椎间盘纤维环已有受损的隐患存在，当过伸之力达到一定强度时，受损的纤维环则进一步破裂而髓核脱出，压迫神经产生腰突症表现。顾罗嘉对1230例急、慢性腰痛患者进行记录观察，除用一般的推拿手法外，均采用斜扳手法，其中12例引起腰三横突综合征。顾氏认为，急、慢性腰痛患者均有不同程度的腰部软组织急、慢性损伤和肌肉、韧带的痉挛，又因腰三横突长而宽的生理特点，如术者操之过急，肌肉、韧带处于痉挛状态而未及放松，强硬斜扳手法或强求“咯嗒”响声，反复多次强硬斜扳，或斜扳手法不熟练，用力过猛，两肘部用力不协调，均可导致腰三横突周围产生无菌性炎症。因此对于急、慢性腰痛患者运用斜扳手法时，首先要用其它手法解除腰部肌肉、韧带痉挛后再用斜扳手法；其次，斜扳手法一定要轻柔、协调、次少，切忌用暴力、猛力、反复多次强扳，切忌强求“咯嗒”响声。

(郑贤国)

参考文献

C

常瑞祥，等。肩周炎的按摩疗效在血流图方面的反映。按摩与导引，1991；(1):11

陈飞甫，等。捏脊在小儿锌缺乏症治疗中的应用。中医杂志，1991；(6):28

陈桂君，等。捏脊疗法对疳积患儿胃肠胰功能影响的研究。实用中西医结合杂志，1991；(6):377

陈培良。按摩治疗室女痛经50例。按摩与导引，1991；(2):22

程本增。推拿加艾灸治疗小儿遗尿30例。山东中医杂志，1986；(6):27

D

董秀革。下肢按摩为主治疗神经性偏头痛17例报告。按摩与导引，1991；(2):20

F

傅淑琴，等。推拿治疗婴幼儿泄泻230例。陕西中医，1991；(1):17

G

高福利。推拿治疗30例半月板损伤的临床观察。按摩与导引，1991；(3):30

高志远。手法按摩治疗113例青少年近视和弱视的疗效观察。中国农村医学，1991；(3):48

顾罗嘉。斜扳法引起腰三横突综合症12例报告。按摩与导引，1991；(4):20

郭秀荣，等。小儿支气管炎301例推拿疗效分析。按摩与导引，1991；(3):17

H

黄德裕。椎旁软组织在手法治疗腰椎间盘突出症中的作用和意义。中国康复，1991；(3):137

黄明河。按摩治疗缺乳——附20例临床报告。按摩与导引，1991；(5):25

J

贾大军。按摩治疗高原性头痛102例。按摩与导引，1991；(5):24

蒋国华。俯卧位下肢过伸手法引起腰突症样发作2例。按摩与导引，1991；(4):44

K

旷时恩。点穴按摩治疗髌下脂肪垫劳损性疼痛。按摩与导引，1991；(4):34

L

李化均。腰椎间盘突出症的机理及手法探讨。按摩与导引，1991；(4):17

李守良。手法加大熥洗药治疗增生性膝关节合并滑膜积液53例临床观察。北京中医，1991；(3):63

李文科。按摩治疗慢性结肠炎76例。实用中医内科杂志，1991；(1):47

廖基城。推拿防治小儿咳喘128例临床观察。按摩与导引，1991；(1):12

刘光泗。推桥弓治疗高血压23例观察。山东中医杂志，1991；(3):28

刘家放。耳穴按压治疗肾绞痛50例。中国针灸，1991；(3):29

刘岚庆，等。《推拿意外的预防及处理方法》。上海科技出版社，1991年

刘锡文。手法治疗急性踝关节扭伤147例。按摩与导引，1991；(4):33

刘祖萍，等。按摩配合导引治疗青少年假性近视151例。浙江中医杂志，1990；(7):310

陆茂忠。推拿拔罐治疗小儿咳嗽385例。陕西中医学院学报，1991；(3):19

罗永宽，等。压指法治疗膈肌痉挛。按摩与导引，1991；(2):21

罗志瑜。颈椎斜扳法的合理体位和适应证的机理探讨。上海中医药杂志，1991；(1):14

罗志瑜，等。推拿手法深透力热效应实验的影响。上海中医学院学报，1990；(2):21

P

庞承泽。经穴按摩治疗小儿遗尿症46例。北京中医，1991；(1):47

彭　奇。股外侧肌髌上附着处劳损导致膝痛的手法治疗。按摩与导引，1991；(4):38

Q

齐建华。眼保健操防治幼儿近视效果观察。实用眼科杂志，1991；(12):760

乔建君。推拿治疗小儿暑热症24例。山东中医杂志，1991；(3):29

S

孙安达。推拿治疗小儿咳嗽30例临床观察。按摩与导引，1990；(3):17

孙安达，等。推拿治疗老年性耳聋的临床观察。中国康复，1991；(4):161

宋　澎。点穴按摩法治疗青少年近视230例临床观察。国医论坛，1991；(5):31

T

覃芬莲，等。足底穴位按摩治疗内耳眩晕25例。新中医，1991；(7):24

田常英。推拿治疗小儿惊证。按摩与导引，1991；(6):16

W

汪平然。按摩治疗气血不足性头痛69例。按摩与导引，1991；(3):22

王淑平。捏脊为主治疗小儿肠梗阻32例。陕西中医，1991；(8):372

王映华。一指禅推法治疗周围性面神经麻痹32例。云南中医杂志，1991；(2):33

王志仪。推拿治疗蛔虫性肠梗阻。按摩与导引，1991；(3):23

闻正怡，等。推拿治疗遗尿。按摩与导引，1987；(3):8

吴荣水。电推拿与手法推拿治疗颈背软组织扭伤100例疗效对比。按摩与导引，1991；(4):24

X

肖明辉。推拿治疗面神经麻痹42例。按摩与导引，1991；(5):28

徐庆瑞。推拿治疗粘连性肠梗阻115例。山东中医杂志，1991；(2):35

徐全江。推拿治疗产伤麻痹15例。按摩与导引，1991；(3):27

Y

阎超然。督脉按摩治疗Tourette综合征二例报告。按摩与导引，1991；(6):35

颜云初。按摩梨状肌治疗遗尿症60例临床报告。中西医结合杂志，1991；(2):99

杨揭武，等。手法按摩治疗颈椎病临床观察。中国运动医学杂志，1991；(4):233

杨克文。热水坐浴按摩中级穴治疗癃闭23例。中西医结合杂志，1991；(10):633

奕长业，等。推拿意外病例分析。按摩与导引，1991；(3):28

袁宝国，等。推拿对人体局部温度梯度的影响。上海中医学院学报，1990；(2):24

Z

张炳然，等。按摩风池穴对颈总动脉血流量的影响。按摩与导引，1991；(3):4

张登科，等。推挤分筋法治疗髌下脂肪垫劳损54例。上海中医杂志，1990；(3):9

张惠文，等。按摩捏脊法治疗小儿缺铁性贫血的疗效观察。新中医，1991；(8):35

张俊峰。点穴配合推拿治疗小儿面神经麻痹症。按摩与导引，1990；(5):31

张克强。推拿配合热敷治疗面神经炎。江西中医药，1991；(2):59

张萍芝，等。活血化瘀推拿手法对30例冠心病人心功能的影响。山东中医学院学报，1991；(3):24

张壮雄。背部按摩治疗急性腹痛89例。按摩与导引，1991；(2):6

赵昆明，等。按摩全息穴位治疗痛证68例报告。按摩与导引，1991；(4):11

赵鎏秋。推拿治疗小儿外感咳嗽203例。按摩与导引，1989；(3):9

郑俊武，等。点穴按摩法治疗106例近视眼临床观察。甘肃中医学院学报，1990；(4):41

周慧琳。推拿治疗小儿遗尿症。大众医学，1983；(6):13

朱建民，等。推拿手法不当引起颈椎骨折、脱位和脊髓损伤1例报告。上海医学，1990；(6):330

邹　勋，等。按摩治疗枕神经痛7例。山东中医杂志，1991；(2):30

（11）气　功

【概述】

1991年共发表了700多篇有关气功的文章。其内容概括起来有：讨论中国传统气功概念和特点、介绍古代气功代表性人物、注释古代气功名著、解释古代气功术语、报道练功方法、叙述练功体会、总结应用效果、气功作用原理研究等等。气功学术研究已开始逐渐深入发展，表现在文章中对气功概念的认识开始趋向一致，研究古代气功文献资料的水平也进入新的阶段；这对气功热潮冲击中出现的种种混乱现象，将有积极的影响。回顾近10年来的气功学术动态说明：从民间发掘和继承中国传统气功精华，需要长期、广泛地实践及整理古代气功文献，也更需要结合现代科学方法进行实验研究。庞明认为，气功科学是一门新兴的独立科学，它研究的是形、气、神三位一体的人及其与自然、社会统一整体的生命活动规律。并认为气功科学在方法学、方法论、方法论基础等方面都迥异于现在已有的各门科学。有四个主要特征：(1) 有独特的理论体系（独特的方法论和认识论基础）；(2) 有独特的研究方法（内求法）；(3) 有特定的研究对象与范围(既研究人体自身的生命现象，又研究超常智能)；(4) 有特定的研究目的（认识掌握人体生命活动规律及其与自然、社会的关系，为自身健康服务）。李少波阐述了对传统气功认识和实践的发展，认为从古代“黄老之道”至“老庄之道”即是从“以静摄生”到“静坐调息”的过程；继之，《行气玉佩铭》的问世总结出“静坐调息行气”的模式，并沿用至今。气功减肥曾在国内外推广，但减肥本身就是一项从原因到防治机理均没有解决的难题。因此，气功减肥效果应当如何评价，引起了重视。杨子彬等从血液动力学、血液化学以及免疫学方面探讨健美减肥气功的减肥效果及其对人体有关生理功能的影响，从一个角度提示其实验依据。传统气功理论认为，气功锻炼由调身、调心、调息三调构成，以调心为其核心，此“心”包括脑的功能和意识状态；因此，气功态有可能从脑的功能态所测出。卢侃、林雅谷等以线性的自回归模型谱和非线性的混沌动力学关联维数分析技术研究气功态脑电图特点，对气功态下脑功能态在意守和入静两个高级心理层次的功能进行了定量观察，建立了反映气功调心中最重要的心理过程——意守和入静的客观化定量指标。本年度，气功科学的实验研究工作还有若干可喜的进展，详见有关条目。

（林雅谷）

【冠心病的治疗】

刘文清介绍“膻中开合功”是治疗冠心病的有效功法。该功法以刘仲华的“导引功法”结合现代医理编制而成，属于组合功法，以铜钟式站桩功为预备功，膻中的升降开合为主功，配合导引操、保健功、自我导引、退火功等。刘氏用此功治疗本病心绞痛者12例，症状消失11例，好转1例；心功能异常者21例，恢复正常8例，好转13例。为了探讨该功法对调和气血、疏通心脉以防治冠心病的作用，刘氏等又将26例冠心病患者分为2组（第一组11例以单纯冠心病心绞痛型为主，第二组15例大部份为重病例），并以Ⅷ因子相关抗原（ⅧR）：Ag、纤维蛋白元(Fg)为凝血指标，抗凝血酶Ⅲ（AT—Ⅲ）、纤溶总活力（Fa）为抗凝、纤溶指标，结合血液粘度、心功能、脑功能等指标进行观察。练功2个半月后发现：(1) 第一组患者的舒张压、三酸甘油脂、全血粘度等指标均有下降（$P<0.001\sim0.05$）；脑电图则有6例α波波幅增高。(2) 第二组患者的心绞痛均消失或好转。(3) 2组患者的心舒张功能、左室收缩力均有所恢复，ⅧR：Ag均有所下降；第一组Fa下降，AT—Ⅷ上升，第二组Fa略

见上升。(4) 血凝平衡指数：第一组患者由0.879上升至0.998，有极显著意义；第二组亦有回升趋势。提示该功法有调畅气血、疏通心脉的功能，其机理可能是对凝血—抗凝机制的稳态调节，从而使微循环通畅，血粘度降低，消除了血液高凝状态，减轻了心脏负担。马有忠介绍的"铜钟功"习练法有放松入静，调整呼吸，意守劳宫、膻中、脐中，搓涌泉，按摩内关等；并报道用此功治疗冠心病 39 例，练功 2～7.5 个月后，痊愈 2 例，显效 15 例，好转 19 例，无效 3 例。华夏智能气功培训中心医务组用"智能气功"治疗本病 109 例，练功 130 学时（22天）后，治愈 24 例，显效 48 例，有效36例，无效 1 例；总有效率99.08%。从治疗前后心脏体征的变化，观察到该功法对第一心音低钝及室性早搏疗效较好，而对主动脉第二音增强、左心扩大及心脏杂音的疗效较差。对部份患者进行辅助检查亦表明该功法对改善血脂、血压、血糖指标的疗效较好，对心电图好转则疗效较差。该功法以集体练"捧气贯顶法"、"三心并站庄"、"贯气健身法"为主，辅以带功看录像授课、气功师组场调气、个别调气治疗等。朱育梅等用"自控疗法"治疗本病 100 例，练功 1 年后，显效 28 例，好转 61 例，无效11例；总有效率89%。该功法以自控疗法中的"调息补气功"、"跷步运化功"为主，有心前区不适者，随时加练"心脏按摩功"配合治疗。

（方东行）

【慢性萎缩性胃炎的治疗】

孙继旺等用"真气运行法"治疗慢性萎缩性胃炎 54 例，练功 3 个月后，获显效 34 例（占62.96%），好转 19 例（占35.19%）；胃镜复查者 40 例，其中显效 15 例，好转 18 例；组织学检查显效14例，好转 8 例。张文尧等用"内气练养功"治疗本病合并有不同程度肠腺化生或不典型增生患者20例，练功 3 个月后，获显效 11 例（占55%），有效 8 例（占40%），无效 1 例。其功法：动静结合，以局部站桩为基础，配以八节站桩动功。有双臂搅月、云门穿梭、怀中抱球、掌心开合、丹凤朝阳、罗汉出掌、推波逐澜、碧海藏丹等。冯养正等用"重阳吐纳功"治疗慢性萎缩性胃炎14例，练功 2 个月后发现：(1) 患者腹痛等症状均有不同程度好转。(2) 胃镜和胃粘膜病理检查 9 例，镜下诊断：3例由中、轻度转为慢性浅表性胃炎，3 例由重、中度转为轻度萎缩；粘膜病理诊断：1 例由中度萎缩性胃炎伴肠腺化生并伴一点内局限性癌变，转变为胃粘膜显慢性炎症伴轻度萎缩及肠上皮化生，3 例转变为慢性浅表性胃炎，2 例由中度转为轻度。(3) 胃电图检查 10 例，观察进食前后的胃电幅度和频率，发现该功法有调整胃电幅度和频率的作用（$P<0.05$）。冯氏又对 103 例本病患者教练"导引吐纳气功"（该功法流传于陕西民间，以大呼大吸、扎缠腰带、按摩叩击、循月练功为主要特点），平均练功 79 天后观察近期疗效。结果：临床症状有效率97.1%，胃镜检查有效率64.5%（20/31），胃粘膜病理改变有效率87.1%（27/31），胃电图餐前频率、振幅及餐后振幅较练功前均有所升高（$P<0.05$），免疫功能也有所改善。提示练功对慢性萎缩性胃炎是一种较好的治疗方法。

（方东行）

【"气功"一词的概念】

"气功"一词，古书偶有提及，但并无当今释义。刘贵珍于50年代首先将古代称作吐纳、导引、静坐、内功等内容统称气功，并认为："气"这个字在这里代表呼吸的意思，"功"就是不断地调整呼吸和姿势的练习；将这种方法以医学观点整理研究，用于治疗疾病和保健，并去掉以往的迷信糟粕，称之为气功疗法。亦有一些学者发表不同见解。如蒋维乔认为，现在大家都称"气功"，其实这个名称并不妥当，在古时叫"养生法"。陈涛认为，气功疗法这个"气"字，如果把它看成是人体所固有的神经系统活动的各种现象，那就容易理解；如果硬说是天地的玄气在人体内起作用，那就必然无法从神秘的外衣中解脱出来。李立知指出，常常有人顾名思义地把气功理解为练气，于是专在“气”上用功夫，以致发生了各种流弊；比如有些初学者，为了“练气”就强力地做深呼吸或憋气下沉，结果不但影响入静，反而产生气闷和胸腹疼痛等弊病；所以要正确进行呼吸只是为了达到入静的一种手段，而不是为了“练气”。此后，刘贵珍又对气功进行了新的解释：气功的“气”不仅包括呼吸之气，也包括人体内的正气；我们把培育元气的健身方法称之为气功；气功之“气”主要指真气（元气）而言。近年来，对“气功”概念的讨论较为活跃，如张洪林认为：《黄帝内经》中“恬淡虚无，真气从之，精神内守，病安从来”、“肾有久病者，可以寅时面向南，净神不乱思”等论述，以及历代中医著作对气功理论与功法的记载，早就确定了气功的本质特征是调神练意，而不是练呼吸之气或元气；即使古代气功发展过程中从佛、道教中汲取的修炼方法也含有这个核心；因此，气功是通过自我心神的调整来影响自身气机（生理功能）的一种心身锻炼方法，是中医调神理论和情志理论具体应用和发展的学科。胡云松则认为，张氏的论点无法解释无须意守的“少林内劲一指禅”、“空劲气功”等气功功法和气功外气对无意识物体所起的作用；并从气功态的生理效应和气功外气实验等角度给气功下定义，认为：“气功”是人体通过特定的锻炼方式，以内向意识为主导的精神一神经、体液一形态方面的调节功夫。程祖耀认为，目前的气功包含清静、练意、导引、吐纳、综合、按摩、其它、虚诈等8种类型；并指出：“气功”所包含的内容非常广泛，几乎包括了中国古代和近代各门各派所有养生保健的锻炼方法，还包含了一些巫术迷信的东西，因此要下一个确切的定义非常困难。樊映培介绍在“全国中医系统理论专业委员会首届学术交流会”上对气功中“气”的概念进行了讨论，有多种不同的观点；认为对“气”的宣判应当缓行。

（水　木　方东行）

【气功练功时间的选择】

气功练功除功法本身外，还有练功最佳时间选择的问题。近年有关报道较多，归纳约有如下几种论点。（1）择阳气生发或盛极之时。宋乃光、张苏辰、洪天瑜等分别介绍了“子时论”、“子午时论”、“平旦论”等。如《千金方》曰：“凡调气之法，夜半后日午前，气生得调”；《养生延命录》曰：“从夜半至日中为生气”；《素问·生气通天论》曰：“平旦人气生”（平旦相当于寅时，早晨3～5时）。（2）辨证择时。烟建华指出，练功者体质有阴阳盛衰偏颇，择时练功以纠其偏。如偏于阳虚者应在六阳时（子时～巳时，即23～11时）练，以助其阳；偏于阴虚者应在六阴时（午时～亥时，即11～23时）练，以滋其阴。（3）按不同功法要求择时。烟氏又指出，此类文献记载不乏其例。如《上洞心丹经诀》的“修内丹法”要求于子时至巳时练，《太清导引养生经》之“彭祖导引法”要求子时至寅时练，《云笈七签》的“白云子导引法”要求在丑后卯前练，《医学心悟》之“咽津法”要求在丑时至巳时练等等。（4）择空气清静时练功。刘日龙认为，根据环境卫生专家研究，一年中以夏秋季节空气较清洁，冬春季节空气污浊。一天中以中午及下午空气较清洁，晨间及晚间空气污浊，其中晨7时及晚7时为污染高峰。因而提出练功者应尽量避开空气污浊时吐纳练功。冬春季应避开早上6～7时，夏秋季早上5～6时空气尚清洁，一般应选择上午9～10时及下午3～5时练功。并认为有人提倡子时练功，现代人生活习惯在半夜11时至晨1时（子时）正值睡眠休息最佳时间，不应强调在此时练功。有关择时练功之实践体会颇多，各有特色。如宋氏在练功过程中体会到择时对练功成败有关，在晚19～23时（戌时～亥时）练功，身体总不发热，且功后不适，改到夜23～晨5时练功，则全身发热，效应良佳。许成章择子时练元极功，虽睡眠减少，但精力充足，功效亦佳。

侯薇、黄思刚等指出，古今亦有不少练功家认为不必拘囿于定时练功，而应根据具体情况灵活掌握，这种择时练功的方法则称为“活子时”。如《入药镜》曰：“一日内十二时，意所到，皆可为”；《还丹复命篇》曰：“练丹不用寻冬至（指子时），身中自有一阳生”。至于如何掌握“活子时”，《天仙正理》曰：“外肾欲举之时，即身中“活子时”；《入药镜》曰：“先天气，后天气，得之者，常似醉”，即以“醉”作为“活子时”。有人认为不同功法有相应不同的“活子时”，《八宝门气功资料》提到，在杂乱无章的意识中突然出现一个制止杂念的“忽”，是“性功”的“活子时”；当意守达一定程度，真意呈现，是“命功”的“活子时”；自发动出现“灵气”是“混元功”的“活子时”；丹田发热（起火）是“经脉周天功”之活子时；外阴抽动、阴茎勃起（药苗）是“丹道周天功”之“活子时”。

（吴伯平　胡　艺）

【气功与音乐相关的探讨】

气功与音乐相关的研究是近年涉及的一个新课题。王素玲论及“神龙三摩地密功”，以典雅古乐引发练功者和谐歌音，使音乐信息通达脏腑肢骸，将病浊邪气排于体外，达到练功良效。张志强介绍音乐诱导练功入静法为选择适宜身心的音乐磁带曲谱，播放音乐与练功同步进行或先以音乐诱导。胡结续提出气功音乐与音乐气功为内涵不同的两个概念，认为各类气功多可配以音乐习练。气功音乐的选择条件为乐曲音量不超过60～70分贝；节奏不超过正常人脉速，旋律高低起伏与人体呼吸相近，曲调音域与人声和谐，宜选奏音柔和的乐器；以使演唱、演奏、练功三者形成同步共振的“气场”，可收到良好功效。他又将音乐气功归结为四种形式：(1)配合式，即以功法为主导，辅以适宜音乐，使练功者入神入境；(2)导引式（暗示式），为以音乐诱导、暗示练功者，使之意随乐走，气随意行；(3)注入式，即授功者将不同类型、内涵、功能的乐曲强化“注入”不同体质、年龄、病情的练功者之感官、思维，使其“药”到病除；(4)激发式，是选用气功声韵、字诀、密语等方法，在练功时发出唱（喊）的声腔字韵，以振动练功者经脉脏腑，达到练功目的。练气与练唱（奏）相结合，显现气功对人体的声乐效应方面。徐一之提出“意念发声法”，即将气功机理运用于声乐演唱及教学中，施以意念主导整体训练发声；以意领气，以气化声，以声通达气血的养生功法。其理论依据为突出“自调”、“自然”、“自如”的练功特点，体现静动结合、意念领先、气沉丹田的功力，运用阴阳学说，达到气息与声音循行于“小周天”的体感。此法不仅获得歌唱训练中情、声（即对呼吸、声带振动及共鸣）、字三方面良好效果，也收到气血畅通、身心健康之功效。战洪海认为，气功练习使自身音域得以扩展，呼吸能力得到增强，“心、身、息”得到调整，故达到强化歌喉嗓音的功能。胡勇俊以练功与吹奏(笛)的体会，简述带功吹奏的健身效果，有助于入静、通经、调息。在气功声学效应研究方面，李哲认为外气发放和内气运行确与发声相关。气功师、气功仪所发出的“外气”次声波、超声波可对患者进行治疗。诸多功法如藏密功、禅密功及大明咒等，皆为练功过程中利用声波的原理达到增强功力的效果。以上简介气功与音乐的联系及相互效应问题，由于其是一个横向渗透的新领域，研究尚不深入，有待于进一步研讨。

（吴伯平　胡　艺）

【气功开发智力的研究】

吴一认为，气功益智的应用课题有：(1)优生胎教，人口调控；(2)开发智力，提高时效；(3) 推迟智力衰老，防治难症；(4) 净化心灵，善美升华。

刘桂卢等编制了"诱导入静"的幼儿益智功法，教练幼儿36人，另设对照组33人，并用学前儿童50项智能测查法检验。结果：气功组训练一年后，在6个单项测试中，除1项(自我认识)与对照组比较无明显差异外，其它5项（运动能力、观察力、思维能力、记忆力、常识）提高的速度均显著比对照组快。周鲁用庞鹤鸣编制的"智能动功"的第一步功法——捧气贯顶法及三心并站桩教练小学生。一学期后发现：(1) 三年级1个班的话文测验成绩由练功前80分以上者占参试者的30.6%上升到84.9%，而60分以下者则由22.4%下降为3.77%。(2) 四年级1个班的语文测验成绩由练功前85分以上者占55.31%。上升到78.65%；该班五年级下学期气功训练中断，85分以上者则下降到60%，但较之练功前仍高出近5%。杜大美等用"智能气功"教练高中学生一个班，一个月后经4次考试发现：练功班的8门功课总评分在全年级里的名次由第3名上升到第2名，仅次于重点班。孔庆人研究气功对记忆品质的影响。对实验班小学生教练气功，对照班不练功，并用古诗测验其理解、记忆的能力。结果：记忆直接再现率对比，三年级实验班（教师本身练气功并采用"气功教学法"），比对照班平均分数高出14.89%；四年级实验班（教师没学过气功，但支持并在课前让学生练5分钟气功)，比对照班高出9.49%。15天后又进行记忆保存率对比，2个实验班亦分别较对照班高5%及2.25%。陈兆亭用"气功入静"（意守下丹田、脊柱，慧目内视，调息等）教练中学生1个班。1学期后，使学习成绩由原来在同一年级7个班中的语文第5名、数学第2名、外语第6名分别上升到第1名。灵峰介绍"气功超速阅读法"30分钟训练程序有：松弛呼吸、集中一点、增强眼肌、行列移动、掌握大意、超默读等方法。并认为通过训练，能将原来看到文字后需转变为脑中读音再理解的过程，转化为看到文字后能瞬间理解的过程。高志祥等研究"益智气功"对青少年心理测试指标的影响。选择高中和初中学生各1个班为练功班，另2个班作为对照。在开学初和学期末对记忆力、注意力和思维能力三项智力指标进行测试分析。结果表明：(1)练功对青少年学生学习的注意力有明显影响 ($P<0.001$)；(2) 练功对学生的记忆力有明显影响 ($P<0.001$)；(3) 练功对学生的思维能力影响不明显 ($P=0.3\sim0.4$)；提示思维能力的改变不是短期内可以实现的。孙福立等对有智能早衰趋向的颈椎病患者45人(平均年龄47.87±10.65岁) 教练"思维静功"，另设对照组60人。并对17名练功者测试了练功前后的智能指标。发现练功2个月后各项测试指标均有改善，以数字符号、数字广度及液态智能（智力功能中与形象思维有关的部份）年龄等项变化最为明显 ($P<0.05\sim0.01$)。提示气功在一定程度上能够阻滞或逆转老年智能减退。

周静认为，气功促进智力开发的心理和生理机制有：(1) 练功动机的力量：如钱学森指出，练功的目的是"性命双修"即意识与身体双双处于最优功能状态，使练功者的意识达到高度智慧。(2) 精力充沛的促进作用：在"气功态"时，大脑及全身各器官的ATP（三磷酸腺苷）能量消耗最低，并使大量的ADP(二磷酸腺苷）吸收更多的能量转化成ATP，能为智力活动提供更多的能量。(3)情绪改变的作用：情绪对智力开发有很大制约作用，练功能改善与提高人的情绪稳定性、情绪愉快度。(4) 脑功能的改善：脑电观察表明，练功不仅使大脑各区域内细胞电活动有序程度提高，而且使这种有序结构趋于稳定。

(方东行)

【气功抗衰老作用的研究】

气功是保精、练气、养神、益寿之法，其抗衰老作用在本年鉴1987年卷已有介绍。近年来，王崇行等采用半计量计分积分法，取临床常见十项症状对肾虚证程度进行评估，随机分组对照观察发现：气功组（n=100）治疗前“肾虚见症”积分值17.1±4.9，治疗1年后降为9.2±2.7（$P<0.01$），而对照组（n=100）疗程前后分别为17.3±5.1和15.6±4.7（$P>0.05$），气功组明显优于对照组。肾藏精，主生殖，衰老与性功能的衰退密切相关。靖玉仲等在气功对促卵泡刺激素（FSH）、促黄体生成素（LH）和雌二醇（E_2）、睾酮（T）四项激素影响观察中发现：气功治疗后血浆T水平上升，原异常升高的血浆E_2水平和E_2/T比值下降，垂体分泌的促性腺激素FSH和LH水平亦相应降低，显示良好的性激素内环境调节效应。衰老与脑功能状态有密切关系。侯灿发现练功时脑电变化趋势与随增龄脑电变化趋势刚好相反，认为从脑电变化提示气功具有“返老还童”逆转衰老的作用。王崇行等对220例受试者分组对比观察发现：正常老年人与正常成年人相比，脑电功率谱θ频段高功率及α主峰频移异常阳性率呈增加趋势，而练气功对改善增龄和疾病引起的脑功能减退有康复作用。陈克忠等观察道家养生功法对30例老年性脑动脉硬化症诱发电位的影响，气功前体觉诱发电位（SEP）的N_3及视觉诱发电位（VEP）的N_1、P_2、N_2波的潜伏期较健康老年人明显延迟（$P<0.01$），提示衰老和疾病累及SEP和VEP通路。经练功半年后，SEP的N_3和VEP的N_1、P_2和N_2的潜伏期均较治疗前明显缩短（$P<0.01$），说明气功能改善感觉通路，具有增进脑功能延缓老化作用。此外，坚持练功还有降低老年人液态智能年龄等作用，详见本栏目“气功开发智力的研究”专条。

（王崇行）

【气功镇痛原理的研究】

气功对各种性质疼痛的治疗，具有非特异性的缓解作用。根据气功不同的方法及其生理和心理学特点，临床上适宜用气功作为缓解疼痛手段的范围较为广泛。自从1980年在针麻基础上，将气功“外气”代替针麻后期的激光束麻醉，行甲状腺切除术获得成功以后，引起了人们对气功镇痛原理的极大兴趣，并因气功外气的应用，使动物实验成为可能。

（一）气功对人体的镇痛效应　1983年，王极盛等对29例被试者全身87个测痛点，用弹簧压力测痛器进行痛阈测定，观察气功师发放外气后的痛阈变化，结果能使痛阈提高44.15%，差异非常显著，达到与针刺和激光束对照组相同的镇痛作用，并发现其镇痛作用均有后效应和个体差异。传统以松静为主的内功锻炼，也有类似的镇痛效应。王崇行报道，在松静功锻炼过程中，血浆亮氨酸脑啡呔（LEK）含量增高，练功30分钟时较练功前上升10.20%（$P<0.001$），而该物质被公认为有效的镇痛物质。林厚省报道，在施行气功麻醉手术过程中，患者血中LEK平均可提高51.9%。上海市气功研究所气麻组等对31例甲状腺腺瘤腺叶和舌甲囊肿行切除术，施以气功麻醉均获得成功，观察到气功麻醉后血中LEK明显升高，为气功镇痛提供了物质基础。

（二）气功“外气”镇痛的动物实验　许红等用钾离子透入痛阈测定仪在整体水平观察到气功外气可提高大鼠和家兔的痛阈（$P<0.001$），如用发功者的食中两指（剑指功）对准动物测痛部位发放气功外气，则镇痛效应更为明显，并具有后效应。杨孔舜报道，在中枢水平的研究中，电毁大鼠双侧导水管周围灰质后，外气的镇痛效应即被取消，提示中枢神经参与了气功镇痛机制。张金梅报道，气功外气可使C类纤维传入冲动所致之猫体感皮层诱发电位（C-CEP）的P_1-N_1峰峰值明显下降，且有后作用，而C类纤维一般是传入痛冲动的。如预先在侧脑室注入吗

非拮抗剂纳络酮，则这种作用即减弱，提示内源性阿片样物质参与了气功镇痛过程。刘诗祥等报道，气功外气能显著抑制家兔弓状核区诱发电位之振幅，对传导痛觉的As和C类纤维兴奋有直接关系的 P_2 和 N_2 之抑制最为明显，并同样表现出明显的后效应。詹红生等用微电极技术观察了大鼠丘脑束旁核痛敏神经元的电活动。当用气功外气向动物头、背及左下肢布气3～5分钟后，上述痛敏神经元之放电频率下降了64.0%（$P<0.001$），显示镇痛作用的有效单位占88.2%（$P<0.005$），潜伏期延长了58.4%。在细胞水平上对外气镇痛的中枢机制进行了探讨，并得到了肯定的结论。

（储维忠）

【气功态的生理效应】

（一）循环系统　孙福立等应用遥测心电和频谱分析的方法，研究了“自控强肾气功”对23名受试者心率变异的影响。结果发现：练功20分钟后，心电R间期频谱图的低频Ⅱ（0.05～0.15Hz）和高频(0.15～0.55Hz）两频段的能量明显增加；在练功过程中，R间期及R间期方差呈逐渐下降趋势，而低频Ⅱ和高频段的能量则呈上升的变化。认为根据低频Ⅱ/高频比值的测定，可将练功过程分为运动态和气功态两个阶段。吴汉荣等研究“无极功”对31例受试者三项生理、心理指标的影响。观察到练该功对正常生理状况的血压具有稳压作用，长期练功者其血红蛋白增加，练功后短时记忆力也有明显增强（P值均小于0.01）。朱崇斌研究气功对62例练功者甲皱微循环的影响。观察到练“形神庄气功”2小时后，甲皱微循环有关指标比练功前都有不同程度的改变。主要变化指标为：管袢数比练功前增多（$P<0.05$），流速加快（$P<0.01$），袢顶宽增加($P<0.05$)。胡松昌等研究老人练功对球结膜微循环的影响。其观察对象有二组，练功组22例主要练动静结合的老子功、内劲一指禅，练功年限平均6.6年；对照组22例为不练功的健康者。结果发现：(1)球结膜微血管异常的发生率：微血管扩张、粗细不匀或有血管瘤者，练功组未出现，对照组有4例（$P<0.01$）；血液流态呈线流者，练功组有19例，对照组仅6例（$P<0.01$）；血液流态呈线粒流者，练功组为3例，对照组有13例($P<0.01$)。(2)微血管病的程度分级：微血管完全正常者，练功组有12例，对照组5例（$P<0.05$）；有Ⅲ级退行性变者，练功组未出现，对照组有4例（$P<0.01$）。提示气功对微循环有良好的改善作用。刘耀武等研究“站桩功”对32名受试者红细胞超氧化物歧化酶（SOD）的影响。结果提示：该功法能提高人体SOD活力水平（$P<0.01$），可防止超氧自由基对人体的危害，对抗衰老、抗炎症、抗免疫性疾病等方面具有积极作用。

（二）呼吸系统　李前铎等研究练功对老年人肺功能的影响。将49名老年人分为三组：气功组15名选练太极气功十八式或导引养生功；家务组18名每日家务劳动2～3小时，早晚少量散步；慢跑组16名每日练慢跑3小时以上。结果：(1)练功组5年间肺通气功能主要指标均有明显改善；其中肺活量（VC）五年前后分别为3.69升及3.82升，用力肺活量（FVC）为3.17升及3.38升，1秒量（FEV1.0）为2.86升及2.94升，最大呼气流速（PEFR）为6.75升/秒及7.14升/秒，最大通气量(MVV)为85.09升/分钟及92.15升/分钟。(2)气功组与家务组比较，5年间肺功能主要指标前者明显好于后者，8项主要指标中，6项差异有显著和非常显著意义。(3)气功组与慢跑组比较，前者多项数值仍明显好于后者，4项指标有显著和非常显著差异。

（三）神经系统　侯书礼等用肌电图仪和多点巡回检测式温度计，对53名练功者和18名对照者测试结果提示：在气功功能态下，练功组中意念的下丹田皮肤温度呈现上升的趋势；练功组的眨眼反射（BR）各成份 R_1、R_2 和 R_2x 反应的潜伏期，和自身功前安静及对照组相比较，均表现出非常明显地延长。认为在气功功能态下，大脑进入抑制增强的状态。

（四）内分泌系统　霍银玲等研究气功对老年人甲状腺功能的影响。观察到练功一年半以上的34名老年人血清甲状腺激素（T_3、T_4）与未练功的老年人比较有明显差异（P值均小于0.05）；练功组 T_4 的值明显低于未练功组，而 T_3 值则明显升高，且男女性别结果一致。郝文平等研究气功对17名飞行员心钠素、醛固酮的影响。结果：练“动意功”3个月后，受试者的血清心钠素较练功前明显升高（$P<0.05$），醛固酮则非常显著下降（$P<0.001$）。提示练功能调整内分泌功能。

（五）免疫系统　冯晓君等研究“真气运行法”对22例患慢性疾病的练功者免疫功能和补体活性的影响。观察到在练功前，其分泌性免疫球蛋白 IgG、IgA、IgM 因受疾病的影响均高于同年龄的正常人群，而练功后则趋向于接近正常；与此同时，补体C_3、C_4含量亦恢复正常。刘海洋等研究该功法对40名健康老年人免疫功能的影响。结果；练功45～60天后的免疫指标 Et—RFC%（玫瑰花形成试验）、LT%（T淋巴细胞转化试验）和血清溶菌酶含量均较练功前显著升高（$P<0.01$）。提示练功能提高免疫功能。

（方东行）

【气功外气效应的实验研究】

1991年，有关气功外气（简称“外气”）效应的实验报道约有40余篇。

（一）外气的物理效应　徐坚华等用分辨率为0.02毫特的特斯拉计（高斯计）和温度计测试练功者的内劳宫穴磁场强度。在发气15分钟内，特斯拉计和温度计指针都持续上升；而停止发气20分钟内，两者的示值均较稳定，但有起伏，其变化基本同步。认为气功师发气时伴有红外辐射。邓明侠等的实验发现，“陈林峰外气”具有很高的能量，它可以影响V计数率使之增加，也可以使之减少；当气功师用身体不同穴位发功时，其强度是不同的，丹田较劳宫穴为强。张德俊等研究外气的声学特性。观察到“夏双全外气”在4～32Hz频段明显出现几分贝的声压增量，且具有脉动起伏特征，其脉动平均周期为2～3秒。严新等研究外气对放射性同位素镅—241衰变半衰期的影响。在第一次实验中，外气使该物质衰变半衰期缩短，而第二次实验又使之加长。认为外气对其有“双向性效应”。

（二）外气对生物细胞的效应　华北药厂104车间种子组用“智能气功外气”对洁霉素产生菌孢子液进行了诱变处理。结果提示：外气对该孢子液具有致死作用、诱变形态突变、产量的正向突破等作用。李长岭等在平菇菌丝体的平板培养中接种绿霉 A_{12} 菌体，然后利用外气的抑制作用，有效地防止了绿霉 A_{12} 对平菇菌丝体生长的侵害，提高了平菇菌丝体的抗杂能力和生长量。陈世杰等报道，“剑指与掌心发放的外气”对异胶藻的繁殖具有促进作用。唐一鹏等用离体培养细胞研究外气与神经、免疫的内在联系。观察到外气能促进LPS诱导神经胶质细胞（G.C.）增殖（$P<0.001$），并能促进G.C.产生IL-1样物质来影响免疫活性细胞及其功能；还能直接作用于T淋巴细胞，增强其活性物质的释放，从而影响G.C.的增殖反应。冯理达等报道，外气能够激活鼠腹腔巨噬细胞，并且改变其细胞结构状态；还能提高人离体白细胞的吞噬功能。张丰德等研究外气对细胞白蛋白和核酸的作用。这两类分子在接受外气后，会发生局部变性，其溶液构象有了改变；此外，细胞核的核酸含量亦有所增加，DNA最高增加2倍，RNA最高达12倍。提示外气可影响细胞周期，促进DNA复制和RNA转录的速率。

（三）外气对实验动物的效应　张江等

研究外气对器官血流量的影响。利用放射性生物微球技术，测定了接受外气和未接受外气的正常家兔及失血性休克家兔心、肝、脾、肾、脑等内脏器官的血流量。结果：接受外气影响的正常家兔，其脑血流量高于正常对照组（$P<0.05$）；接受外气影响的失血性休克家兔，其心血流量高于失血性休克对照组（$P<0.01$）。杨秦飞等用16只家兔分为二组进行实验，观察外气对心肌再灌注损伤的影响。发现：气功组在再灌流后乳酸脱氢酶（LDH）、乳酸脱氢酶同功酶（LDH_1）的递增幅度较小，尤其LDH_1的递增明显低于对照组；病理检查亦证实气功组心肌梗塞区的水泡样变和嗜酸性变范围和程度都轻于对照组。提示外气可减轻心肌缺血再灌注所致的损伤，对组织具有一定的保护作用。刘春梅等制作"血瘀证"动物模型进行实验，观察到"李晓明、沈志全外气"对血瘀小鼠红细胞膜流动性、肝线粒体流动性及血瘀大白鼠红细胞膜流动性均有"双向调节"作用。赵晓梅等用28只家兔分组对照，观察外气对实验动物颈总动脉出血时间和肝脏出血时间的影响。结果提示："赵晓梅加止血意念外气"有明显的止血效果。冯理达等用X线照射大鼠导致机体免疫缺陷状态，再对其施以外气，发现：外气对细胞免疫低下或缺陷机体的外周血T细胞亚群数量和比值有显著影响。提示外气对细胞免疫功能具有促进和增强作用。张捷等研究外气对实验性小鼠断肢的影响。结果：外气可以明显地减少小鼠对闭合性骨折的炎症反应；还能增加小鼠对麻醉药的耐受性，并且骨痂形成的时间也略有缩短。张祖启等用24只小白鼠分12组进行实验，结果提示："蔡全胜外气"有促进麻醉后小白鼠复苏的作用。

（四）外气的抗肿瘤效应　徐荷芬等研究外气对小鼠种植性肿瘤的影响，发现：外气作用于荷瘤动物后，对正常组织和肿瘤组织能产生截然相反的效应。对肿瘤细胞，外气一方面具有杀伤、抑制效应，使肿瘤细胞出现较广泛的变性、坏死，抑瘤率可达到65%；另一方面又可促使其逆转，使其异型性降低，分化度增高，病理型分裂像数明显低于对照组。对正常的组织，尤其对免疫器官（淋巴结和脾脏）则具有明显的促细胞生长、增殖作用。张丽等进行外气抗肿瘤的实验研究。结果提示：(1) 以环磷酰胺（cy）为代表的化疗药物抗肿瘤的疗效远强于外气，但副作用严重。(2) 外气对肿瘤细胞无直接杀伤作用，对病情重、发展快、难以控制的腹水型小鼠疗效不明显，甚至出现反跳现象，加快死亡；但对于发展较缓的实体瘤动物则有较明显的治疗作用，总抑瘤率为36.4%，最大抑瘤率达51.2%，其抑瘤作用可能与外气提高机体免疫功能，从而增强机体对肿瘤细胞的杀伤能力有关。(3) 外气与cy协同治疗有助于提高对肿瘤的治疗效果。

（方东行）

参考文献

C

陈克忠，等。养生长寿术对老年性脑动脉硬化症脑诱发电位的影响。中华气功，1989；(4):3

陈世杰，等。气功外气对异胶藻繁殖的影响。气功与科学，1991；(1):17

陈兆亭。气功入静与开发学生智力。气功与科学，1991；(4):25

程祖耀。气功应有一个确定的所属范围。气功杂志，1991；(3):123

D

邓明侠，等。气功外气对V计数率影响的试验。气功与科学，1991；(1):16

杜大美，等。气功在中学教育中效应的初探。气功与科学，1991；(11):26

F

樊映培。对"气"的宣判应当缓行。中国气功，1991；(3):22

冯理达，等　气功增强机体免疫功能新证实——气

功外气可改变鼠腹腔巨噬细胞的结构与功能。中华气功，1991；(1):5
气功外气对人的离体白细胞吞噬功能影响的初步观察。气功与科学，1991；(4):18
气功外气对大鼠外周血T细胞亚群变化影响的观测。东方气功，1991；(6):46
冯晓君，等。真气运行法对免疫功能和补体活性的影响。气功杂志，1991；(2):61
冯养正，等。重阳吐纳功治疗慢性萎缩性胃炎疗效观察。气功杂志，1987；(12):535
导引吐纳气功治疗慢性萎缩性胃炎103例近期疗效观察。中西医结合杂志，1989；(12):728
G
高志祥，等。益智气功对青少年心理影响的实验研究。东方气功，1991；(4):43
H
郝文平，等。气功对飞行员心钠素、醛固酮影响的初步研究。中国气功，1991；(6):11
洪天瑜。"子午"修真疗病。大众气功，1991；(8):33
侯灿。气功对脑功能"返老还童"作用。中华气功，1991；(2):5
侯薇。"子时"与"活子时"。气功与体育，1990；(3):34
侯书礼，等。气功功能态下BR反射的研究。气功与体育，1991；(6):12
胡结续。论气功音乐与音乐气功。气功与科学，1991；(9):13
胡松昌，等。老人练功对球结膜微循环作用的对照观察。气功杂志，1991；(1):20
胡勇俊。吹笛与气功。气功，1990；(8):382
胡云松。也谈对气功概念的认识——同张洪林同志商榷。气功与科学，1991；(1):8
华北药厂104车间种子组。智能气功在洁霉素生产中的应用初探。东方气功，1991；(2):44
华夏智能气功培训中心医务组。智能气功治疗109例冠心病疗效观察。东方气功，1991；(6):36
黄思刚。"活子时"之我见。气功，1991；(9):398
霍银玲，等。气功对老年人甲状腺功能的影响。内蒙古中医药，1991；(3):42
J
蒋维乔。谈谈气功治疗法。中医杂志，1956；(10):558
靖玉仲，等。中国古代养生长寿术对男性老年前期及老年人FSH、LH、E_2、T四项激素水平的影响。上海国际医学气功应用研讨会论文集，1991年；第94页。
孔庆人。气功对记忆品质影响的初步探索。气功与科学，1991；(11):25
L
李哲。气功声学效应的研究。气功，1991；(2):51
李长岭，等。气功外气在平菇菌丝体培养中对绿霉A_{12}抗污染作用研究初探。东方气功，1991；(5):41
李立知。对气功疗法的一些体会。上海中医药杂志，1959；(5):15
李前铎，等。气功对老年人肺功能的影响。中国气功，1991；(2):10
李少波。人类保健摄生的几个历史阶段。气功杂志，1991；(5):207
林厚省。气功麻醉的临床和实验。中华气功，1988；(5):10
灵峰。气功超速阅读法。气功杂志，1991；(11):497
刘春梅，等。外气对血瘀大白鼠红细胞膜流动性的影响。中华气功，1991；(1):6
刘桂贞，等。气功提高幼儿智力试验初步报告。气功杂志，1991；(2):69
刘海洋，等。真气运行法对老年人免疫功能的影响。中华气功，1991；(3):5
刘日龙。正确选择练功时间和功法。气功，1991；(2):80
刘诗祥，等。气功外气对兔弓状核区诱发电位的影响。云南中医杂志，1989；(4):33
刘文清。治疗冠心病的奇功—膻中开合功。中华气功，1991；(4):18
刘文清，等。膻中开合功防治冠心病机理探讨。气功杂志，1988；(5):201
刘耀武，等。站桩功对人体红细胞超氧化物歧化酶的影响研究。陕西中医学院学报，1991；(1):27
卢侃，等。气功——1990——关于气功的最新科学阐述(一)。世界气功，1991；(9):2
脑电八导联网络参数L与脑功能的对应。自然杂志，1991；(1):33
M

马有忠。铜钟功治疗冠心病39例。气功杂志，1987；(4)：158

铜钟功治疗冠心病。中华气功，1991；(1)：15

P

庞明。气功科学概论(一)。东方气功，1991；(5)：2

S

上海市气功研究所气麻组，等。对31例切除甲状腺瘤和甲舌囊肿所施气功麻醉的临床和实验总结。上海中医药杂志，1988；(2)：2

宋乃光。谈谈练功的时间性。中华气功，1990；(4)：44

孙福立，等。自控强肾气功对心率变异的影响。气功与科学，1991；(7)：22

孙福立，等。液态智能因素在气功治疗颈椎病中的作用。东方气功，1991；(1)：44

孙继旺，等。真气运行法治疗慢性萎缩性胃炎54例分析。气功杂志，1988；(7)：291

T

唐一鹏，等。气功与神经免疫调节机制关系的初步探讨。北京中医学院学报，1991；(5)：41

W

吴一。气功智能研究与应用前景。中国人体科学，1991；(4)：229

吴汉荣，等。元极功对人体三项生理、心理指标影响的初步探讨。按摩与导引，1991；(5)：12

王崇行，等。气功锻炼过程中血浆脑啡呔含量变化的初步观察。气功与科学，1987；(7)：17

气功"培本补肾、抗衰防老"作用初探。中华气功，1988；(1)：4

气功防治心血管疾病。华夏出版社，1990年；第33页

王极盛。气功镇痛研究。气功，1983；(1)：10

王素玲。谈谈音乐与气功。气功与体育，1991；(3)：24

X

徐荷芬，等。气功外气对小鼠种植性肿瘤生物效应的实验研究。气功与科学，1991；(9)：18

徐坚华，等。用特斯拉计测人体磁场的可靠性探讨。气功杂志，1991；(2)：63

徐一之。练气与练唱。气功与科学，1991；(5)：16

许　红，等。气功外气镇痛效应的实验研究。中国医药学报，1989；(6)：10

许成章。练功时间的体会。大众气功，1991；(4)：26

Y

烟建华。请您选择最佳练功时间。中华气功，1990；(5)：41

严　新，等。外气对于放射性同位素镅—241衰变半衰期的影响。中华气功，1991；(2)：2

杨孔舜，等。电毁大鼠导水管周围灰质对气功外气镇痛效应的影响。第一届医学气功学术讨论会论文汇编（摘要），1988年；第28页

杨秦飞，等。气功外气对心肌再灌注损伤的影响。北京中医学院学报，1991；(2)：48

杨子彬，等。气功减肥医学基础的研究(上)。东方气功，1991；(3)：6

Z

詹红生，等。臧文毅外气镇痛效应中枢机制的初步研究。气功与科学，1991；(10)：17

战洪海。气功帮助我歌唱事业获得成功。气功，1990；(10)：459

张　江，等。气功"外气"对家兔器官血流量的影响。成都中医学院学报，1991；(3)：32

张　捷，等。"外气"对实验性小鼠断肢的影响。气功与科学，1991；(2)：14

张　丽，等。气功外气抗肿瘤的实验观察。气功杂志，1991；(9)：392

张德俊，等。外气的声学特性。东方气功，1991；(2)：46

张丰德，等。外气对白蛋白和核酸的作用。中华气功，1991；(3)：6

张洪林。辨证求因——对气功概念的重新认识（神话气功探源之四)。医学与哲学，1991；(3)：19

张金梅，等。气功外气对体感皮层慢痛反应的影响及其机制讨论。气功与科学，1989；(5)：4

张苏辰。试论活子时和活午时的运用。气功，1991；(2)：54

张文尧，等。内气练养功治疗慢性萎缩性胃炎。中国气功，1991；(5)：18

张志强。谈谈音乐在练功中的妙用。气功，1990；(10)：463

张祖启，等。气功外气能促使麻醉后的小白鼠复苏。按摩与导引，1991；(2)：1

赵晓梅，等。气功外气对家兔的止血效应观察。东

方气功，1991；(6):43
周　静。气功促进智力开发奥秘何在？气功与科学，1991；(1):11
周　鲁。以超常手段在小学生中开发智能的探索。东方气功，1991；(5):36
朱崇斌。气功对甲皱微循环影响的观察。东方气功，1991；(1):46
朱育梅，等。自控疗法配合心脏按摩功治疗冠心病。中华气功，1988；(5):11

(12) 预防、养生、护理

【概述】

近年来有关研制抗衰老方剂的报道较多，如高云等观察了降脂延衰流膏(何首乌、枸杞子、仙灵脾、菟丝子、黄芪、党参、山楂、陈皮、蜂蜜等)对老年人免疫功能和血浆性激素的影响；高清芳等对中药复方制剂“抗衰灵”进行抗自由基损伤的实验研究；李玉莺等用益气补肾方(首乌、党参、黄芪、丹参楮实子、生地、陈皮等)对黑腹果蝇进行试验，结果提示既能延长果蝇寿命，又能显著加强性功能活力。均详见有关条目。中医药延缓衰老及防治老年病的理论，临床及实验研究，主要集中于肾虚致衰及脾虚致衰两个方面。而对重要的病理因素“痰”、“瘀”则论及较少。胡桃英撰文就“痰”、“瘀”学说在机体衰老及老年发病中意义进行阐述。认为衰老与老年病的产生有一个长期渐进的过程，在脏腑虚衰、阴阳气血失调的生理病理过程中，势必产生病理性代谢产物，大抵归属于“血瘀”、“痰湿”两类。如常见病的冠心病、慢性支气管炎、脑动脉硬化、颈椎病、前列腺肥大等，中医辨证无不与“痰”“瘀”有关。活血化瘀，化痰散结则为常用之法，此与现代残渣衰老学说（脂褐素累积学说)有一定的共同特点，值得进一步探讨。

在预防医学方面，据虞文泰报道，采用综合性中医传统康复疗法（如针灸、按跷、导引、摄生、食疗、中药、护理等)，治疗外伤性截瘫87例，结果：基本治愈3例，显著好转29例，进步43例，无效12例。总有效率86.2%。潘继承等对小儿麻痹症进行康复疗法后体会到，康复首先是心理康复，而矫形手术只是达到康复的手段之一。

在辨证施护方面有一定进展。胥秀琴介绍在对于中老年人常见病症胸痛、心痛的护理过程中，观察病情突出一个“辨”字；护理措施围绕一个“防”字。唐卫红、周可华对慢性肾功能衰竭的辨证施护，都重视用中药、针灸在预防呕恶、腹胀等并发症的作用。邵光、梁冬青等对小儿脾虚泄泻和厌食的护理，除从饮食进行调护外，采用推拿手法以调理脾胃、健脾益气、温阳止泻。同时嘱家属做好局部卫生，便后洗净肛门、勤换尿布；并重视适当控制饮食，延长哺乳时间，吃易消化食物等措施，取得较好疗效。这种采用不同治疗手段，结合家庭护理，是提高医护效果的一个重要环节。其余内容均详见有关条目。

（陆鸿元）

【降脂延衰流膏等抗衰老方的应用与研究】

1. 降脂延衰流膏（由何首乌、枸杞子、仙灵脾、菟丝子、黄芪、党参、山楂、陈皮、蜂蜜等13味中药组成） 高云等报道，对45岁以上的血脂偏高或血液粘稠度偏高，无严重器质性病变的107例老人分为两组观察。(1) 治疗组（又将45～59岁的46例，其中男33例、女13例作为老年前期组；60～76岁的31例，男24、女7例作为老年期组）77例。(2) 对照组30，年龄45～71岁，男27、女3例。治疗组每日均服本膏30～40毫升，对照组每日服维生素E 0.1克。1个月为一疗程。均于治疗前及疗程结束后，检验免疫球蛋白、补体C_3、血浆睾酮(T)、雌二醇（E_2)。结果：治疗前IgM、C_3、男性T老年期较老年前期显著降低（$P<0.05$～

0.001)、而 E_2/T 比值老年期显著高于老年前期（$P<0.05$），IgG、IgA、男性 E_2 有随年龄而增高的趋势。治疗后 IgM 比治前明显增高（$P<0.01$）、IgG IgA 显著降低（$P<0.05$），能升高老年期和老年前期 T水平（$P<0.05$～0.01），降低 E_2/T 比值（$P<0.05$～0.001）。高氏认为本膏具有调节老年人免疫功能紊乱，增强机体免疫力及改善性腺分泌功能的作用，从而达到防治老年病及延缓衰老的目的。治疗后与对照组比较，有显著差异。

2. 复方西洋参口服液　崔晶等报道对老年人 71 例，随机分为两组：治疗组 36 例，口服复方西洋参口服液（西洋参、淫羊藿、山楂）；对照组 35 例，口服单味西洋参口服液，3 个月为一疗程。结果：提示复方西洋参口服液确有一定的延缓衰老的效应。表现在：(1) 具有改善与增龄有关的衰老临床症状和肾虚证候的作用，尤其在改善肾阳虚证型方面优于对照组。(2) 有提高红细胞过氧化物歧化酶（SOD）活性，降低血清脂质过氧化物（LPO）水平、提高 SOD/LPO 比值；降低血清单胺氧化酶-β（MAO-β）活性，改善 E_2/T 比值的作用。(3) 有延缓老年人函数月龄的效果。

3. 中药复方制剂“抗衰灵”高清芳等报道对本制剂进行了抗自由基损伤的实验研究，其法是将小鼠分为 5 组：O_3 组小鼠饲养于 O_3 浓度为 0.9ppm 的环境中，吃普通饲料，连续 5 个月；抗衰灵分小剂量组（按人日用量折算）、中量组（小剂量 3 倍）、大量组（中剂量 3 倍），均饲养于 O_3 同样环境中，饲喂小、中、大剂量抗衰灵拌成的饲料；空白组对照，饲养于普通环境，吃普通饲料。结果：O_3 组小鼠，血、肝、脑组织中脂质过氧化物（LPO）含量明显升高（$P<0.001$）；服抗衰灵制剂各剂量组，除小剂量组血清LPO与 O_3 组无差别外，肝和脑内 LPO 含量以及大、中剂量组的血清和肝、脑组织中LPO均显著低于 O_3 组（$P<0.001$）。O_3 组与空白对照组比较，SOD 活性无明显差别；而服抗衰灵各组 SOD 活性有随剂量加大而增高的趋势，MDA（丙二醛）含量相反呈下降的趋势。抗衰灵减少 MDA可能是通过提高SOD活性，加强了对超氧阴离子自由基（O_2^-）的清除，减少了 LPO 作用的效果。脂褐素在老年人和老龄动物的重要脏器内含量增加。其形成的生化过程比较成熟的理论是来自 O_2^-。本实验检测结果：O_3 组脑、心、肝组织中含量明显高于对照组（$P<0.001$）；大剂量抗衰灵组明显减少（$P<0.01$～0.001），中剂量组脑和肝中明显减少，小剂量组只在肝中减少显著。单胺氧化酶（MAO）和脂褐素，O_3 组均高于空白组（$P<0.001$），服中剂量抗衰灵组该二项指标均明显低于O_3组，小剂量组作用不明显，而大剂量组MAO活性反应有增高趋势。

4. 其他　(1)刘青云等以大鼠和小鼠对“首乌丸”进行抗衰老实验。并用人参总皂甙作对照。结果：首乌丸能清除 O_2^-，又有明显降低大鼠肝 LPO的含量和小鼠脑MAO-β（单胺氧化酶-β）活性以及脑脂褐质含量。提示首乌丸有抗衰老作用。但比人参总皂甙作用稍弱。(2) 周寿然等用传统名方“扶桑至宝丹”（桑叶、蜂蜜、黑芝麻剂量按2:2:1比例），进行实验研究。结果：表明该药能有效地降低老龄小鼠体内的 LPO，增加胸腺重量、核糖核酸(RNA) 及肝蛋白质含量。认为蛋白质与 RNA 的合成增加可能与LPO的清除有关。此外尚有耐低温作用。(3) 邱保国等对按中医理论制成的“寿康”液（人参、鹿茸、何首乌、枸杞、女贞子、生地、巴戟、当归、山药等 13味中药）进行抗衰老实验研究。结果：家蝇寿命比对照组延长 2～9 天。对照组家蝇脑中脂褐素随日龄增长而增加；而3%和5%寿康组均较同龄对照组明显降低；同样肠上皮内出现率和含量亦较同日龄对照组明显减少。丙二醛（MDA）是脂质过氧化产物。MPA 与蛋白质、磷脂进一步交联形成脂褐素。寿康组对小鼠MDA的产生有抑制作用，能延缓试验动物胸腺萎缩，提高免疫机能，可抑制老化相关酶（MAO-B，即单胺氧化酶-B）的活性，能使试验小鼠增加抗疲劳、耐低温耐缺氧的能力，有增加去氧核糖核酸（DNA）修复合成的效用，具有显著提高性激素和改善受试动物血液粘稠度。（4）李新吾等对经过累积计分法，家蝇寿命实验、正交试验等筛选出"抗衰延寿"方（干生地、覆盆子、麦冬、杜仲、红参、枸杞子、肉桂）进行实验研究。结果：该方具有抗疲劳、耐缺氧能力，提高红细胞SeGSH、SOD、活性，降低肝脂质过氧化物和心脂褐素的累积，对脑肝的MAO-β均有抑制作用。能提高高密度脂蛋白胆固醇(HDLC)、降低低密度脂蛋白胆固醇（LDLC)，能降低血清、肺、脑中碱性RNase活性。（5）李玉莺等用益气补肾方（首乌、党参、黄芪、丹参、楮实子、生地、陈皮等）中药对黑腹果蝇进行试验。结果：既能延长果蝇寿命，又能显著加强性功能的活力，还有陈双厚等对"中国神方"进行了抗衰老实验研究。

（陈兆英）

【截瘫、关节障碍等疾患的康复疗法】

虞文恭报道，采用综合性中医传统康复疗法（如针灸、按跷、导引、摄生、食疗、中药、护理等）治外伤性截瘫87例，均为住院病例，病程两个月以上。其中骨折在颈椎15例，胸11以上27例，胸12-腰$_1$ 37例，腰骶椎8例；损伤程度：完全性截瘫49例，不完全性38例；病程：最短两月，最长9年，平均0.84年。疗效评定标准：（1）基本治愈：肌力恢复正常，但还存在跛行，截瘫指数已降到1或2。（2）显著好转：功能障碍明显改善，截瘫指数下降两个档次，大小便能自控。（3）进步：能控制性站立15～60分钟，不需监护或要鉴护在双杠支架内作原始步行，ADL评定优或良（有改善)，能起坐、摇轮椅。结果：87例中基本治愈3例，显著好转29例，进步43例，无效12例总有效率86.20%。

在康复的内容方面，除重视心理康复，制定合理的康复计划，注意饮食辅导及护理常规外，具体方法，尚有（1）针灸：第一组穴位，沿脊背中线两侧旁开1.5寸，自上而下寻找感觉开始迟钝处和感觉几乎消失处各扎一针。第二组穴位，脊髓节段平面取穴，颈$_{5-7}$髓节损伤，取手太阴或手阳明经的穴位；颈$_8$-胸$_2$髓节损伤，取手少阴经或手太阳经穴位；胸$_{4-5}$损伤，取与双乳头连线相平的背部俞穴；胸$_{7-9}$损伤，取与肋缘线或肋缘下方的背部俞穴；胸$_{10}$损伤，取脐两旁腰部的俞穴；腰$_{1-5}$损伤，取足阳明经和足太阴经的穴位。骶$_{1-3}$损伤，取足太阳和足少阳经的穴位。上两组穴位隔日交替进行，均加电刺激（软瘫宜弱刺激，硬瘫宜强刺激；促进屈肌群的功能以取手足三阴经穴位为佳，促进伸肌群功能以取手足三阳经穴位为佳)，(2）按摩和气功导引：对弛缓性患者手法以拍打、抖动、振颤为主；痉挛性以捏拿为主。使用推法时，在上下肢外侧应从远端到近端，内侧则从近端至远端。气功，以坐、卧位为主，顺呼吸法，采用上海有声读物公司《气功强身法》磁带播放。导引（功能锻炼，医疗体操)，一般顺序是分卧、坐、立位和行走四个阶段训练。（3）中药治疗原则：硬瘫宜活血通络，滋肾柔肝；软瘫宜温肾健脾，通络益肾。尿失禁酌加益智仁、龙骨、牡蛎等，尿潴留用车前子、萹蓄、冬葵子等，并配合针灸。

林忠豪等自1984年以来，对328例肢体创伤，经骨科处理后，遗有肢体关节肿胀，疼痛，功能障碍影响工作和生活的患者，用中药外敷配合体疗进行康复观察。功能障碍涉及的关节为肩、肘、腕、指、髋、膝、踝。治疗，（1）药物：当归、红花、川芎、赤芍、羌活、独活、川乌、马钱子等量研细末混匀水调成糊状，然间接加热到45°C左右，按治疗部位大小用薄布包好，放于治疗部位，其上置用水煮溶温度达60～80℃的预制石蜡袋，每次治疗30分钟，每天1次。此药可连用3天后更换。但第2～3次应加入适量95%酒精或60°白酒，以利药性发挥。(2)体疗：中药敷后，进行体疗。各关节方法有别，按需要分别进行。康复评定采用测量肢体围度以了解肿胀及废用性肌萎缩的指标。进行关节功能活动度测量，判定功能丧失及恢复程度。其它压痛、行走、下蹲度数作辅佐指标。治疗前详细检查记录。治疗5次后全面复查，治疗结束行康复效果测定。疗效评定标准：(1)痊愈：肿胀、疼痛消失，关节功能恢复正常。(2)显效：疼痛消失，肿胀基本消失，关节功能接近正常相差<20°。(3)进步：体征、关节功能有改善。(4)无效：治疗前后无变化。结果：中药外敷结合体疗，最多治疗40次，最少2次，平均12.1次。痊愈203例，显效72例，进步52例，无效1例，总有效率99.7%。

潘继承等认为治疗小儿麻痹后遗症患者，应有一种系统的康复程序。矫形手术只是达到康复的手段之一。康复首先是心理康复，其措施是建立可信赖的医患关系；建立良好的患际关系；开展群体康复，帮助患者克复手术并发的异常心理反应，进行深入的心理治疗，争取社会康复的支持，同时积极进行全身功能锻炼，预防术后肌肉萎缩，力求取得更好的康复效果。

（陈兆英）

【胸痹心痛的辨证施护】

"胸痹"、"心痛"是中老年人常见的病症，严重者可危及生命。属于现代医学冠心病心绞痛范畴。胥秀琴在临床护理中，应用中医基本理论和方法突出"辨"、"防"两字。

观察病情突出一个"辨"字：(1)寒凝心脉证，投以热饮料，中药更应热服，饮食宜进辛温，行气之品，如生姜、葱、蒜、羊肉等。(2)心血瘀阻证，中药应按时内服，以促进血液循环使其通则不痛"。饮食上可用桃仁100克煮熟取汁和粳米煮粥食用，或常佐食以黑木耳。(3)痰浊闭阻证，急性期过后应动静结合，以利气血流畅。饮食宜清淡，可取萝卜加米煮粥。(4)心气不足证，应嘱静卧培育正气，饮食宜进温补之品，如桂圆、红枣、莲子、羊肉和动物心脏等。(5)心阳亏虚证，如见心悸闷痛，即以灸法温振胸阳，可选心包经等有关穴位灸之；也可用人参汤频服。(6)心肾阴虚证，证见心烦不寐，可在情志护理基础上，针刺取神门、内关、三阴交（留针30分钟），以安神定志。睡前服酸枣仁粥（酸枣仁30克，白米30克，先将酸枣仁煮汁去渣）；温水泡脚20分钟，或按摩内关穴，可减少心悸频发。护理措施围绕一个"防"字：(1)做好精神护理，防止情绪激动。(2)做好卫生保健，防止感受寒邪。

雷艳玲认为在病房护理心脏病患者时，主要做到勤巡视，细观察，尽量避免加重病情的诱因，遇到问题，及时处理。必须加强夜间巡诊观察，特别要注意看、听、查三个环节。例如"心痛"常在夜间发作，突然出现胸闷、胸痛、气短、汗出肢冷、面色苍白、烦躁不安、脉微细欲绝，这是心阳虚衰的严重表现，立即采取应急措施，如输氧，针刺内关、膻中、足三里，艾灸内关、神门等。同时要向医生反映情况及时处理，这是提高疗效的关键。

（任秀芝）

【慢性肾功能衰竭的辨证施护】

慢性肾功能不全是内科难治疾病之一，病程长，易反复，较为难治。中药保留灌肠对于本病有较好的治疗效果。但在施行这一疗法时，有赖于护理的密切配合。唐卫红报道，对36例患者内服中药及中药保留灌肠配合护理，结果显效5例，有效26例，总有效率为87%。中药保留灌肠方法：选用大黄，丹参等10种活血祛瘀通腑泻浊之中药组成灌肠方药煎汁，每次药量100毫升，每日一次，10～15天间隔7天再灌，2个月为一个疗程。在护理方面，以调好药液温度和掌握注药速度为重点。中药药液温度以38℃为宜，肛管插入15～20厘米，灌肠的速度以慢而均匀，高龄肾虚病者注药更应缓慢，一般药量100毫升左右以10～15分钟内注完为宜。灌肠后的体位可依次变换，左侧卧位──→仰卧──→右侧卧位──→平卧位，但须注意整个过程均应抬高臀位。周可华认为，应用中药保留灌肠能起到结肠透析作用，故主张药液应浓煎，温度在39～41℃之间为宜，并采用低压灌肠法，保证药液在肠道停留更长时间，从而达到结肠透析的目的。

此外，还有几点在护理本病时应予重视。由于本病常有呕恶症状，所以应给患者清淡易消化食物；服中药宜在餐前或饭后一小时温服；服药前可在舌面上滴数滴生姜汁，也可给予按摩或针灸双侧内关穴，以达到降逆止呕作用。如有腹胀者取艾灸神阙、气海、关元等穴。对久病卧床患者要勤翻身，在骨突部位行按摩，以促进气血流畅。如皮肤破损，每日早晚清洗后外敷三黄液。早晚餐前，后用兰香液漱口，以预防口腔炎。

（任秀芝）

【胆石症的中西医结合护理】

辛守朴等报导，采用中西医结合治疗及护理胆石症患者61例，其中非手术治疗58例，有52例排石，排石率为89.6%。中医辨证分为三型：(1) 气郁型：相当于胆石症的间歇期；(2) 湿热型：相当于胆石症急性发病期；(3) 热毒型：相当于胆石症胆道感染合并中毒性休克。对以上各型除按中西医治疗原则处理必要时采取应急措施外，在中西医结合护理方面，主要有如下几点：(1) 针刺取右侧期门，日月两穴，每日1次，每次1小时。对湿热型针刺后服50%硫酸镁30毫升。热毒型针刺，每日2次，每次1个半小时。多数胆石症病人针后精神转佳，情绪安定，疼痛减轻或消失。(2) 耳压疗法：取肝、胆、胰、十二指肠、神门、交感、三焦等穴压痛点，用0.6厘米方形胶布，将王不留行籽粘附在胶布中央，贴敷穴位上，按压数分钟。两则耳穴交替贴，每次饭前或胆绞痛时，自行按压20分钟，3天换药一次。(3) 护理中发现虽已排石，但疼痛仍不减，一般提示有大块结石存在。在治疗过程中，若胆绞痛并出现发热，黄疸等症状，而后突然剧痛缓解，体温随之下降，黄疸消退，很可能是排石现象，此时应观察大便的次数和颜色，并注意收集粪便，淘洗检查结石排出情况。辛氏等发现湿热型较气郁型排石率高。(4) 饮食护理：气郁型宜进高脂餐，餐后10～30分钟再行耳压疗法，可提高排石效果。湿热型宜进清淡及营养丰富的食物，忌辛辣，烟酒甘肥厚味。热毒型饮食以营养丰富的流汁。(5) 情志护理，"怡情悦志"对提高疗效大有裨益。巫建慧等则认为应将西医的生命体征及各系统病变的观察与中医的四诊八纲结合起来。辨病与辨证相结合，使每个病人在每个不同阶段均能得到相应的护理。

（任秀芝）

【葛根及茶油生姜制剂治疗褥疮】

冯伟如报道，自1984～1990年用中药葛根治疗Ⅲ度褥疮32例。结果：除1例死亡外，其余31人全部治愈。愈合时间，最短4天，最长28天，14天治愈的19例，都是Ⅲ°，28天以内治愈的12例。

葛根制剂及使用方法：葛根Ⅰ号，将葛根块洗净焙干，研成粉末，过120目筛高压灭菌备用。适用于轻Ⅲ度褥疮。葛根Ⅱ号，取葛根5份，黄芩1份，洗净焙干研成粉末，过筛、灭菌，同上法，适用于重Ⅲ度褥疮。为适合不同的创面，又将Ⅰ、Ⅱ号分别配制成以下剂型。(1) 散剂或粉剂：用度广泛，适用于各期疮面，对腐肉多，脓液渗出多的创面尤为适宜。(2) 糊剂：Ⅰ、Ⅱ号散剂12克，分别用鸡蛋（一只，约50克）的蛋清调匀而成。鸡蛋清必须新鲜，现调现用。适用于肉芽生长期，对营养性溃疡和肉芽生长缓慢者疗效更佳。(3) 油剂：用Ⅰ、Ⅱ号散剂与消毒麻油配制而成，适用于疡面浅，渗液面少的创面，主要用于收口期，使用时，先常规消毒创面，将葛根药均匀敷在创面上，厚度约3毫米左右，然后用无菌敷料包扎固定，每日换药一次，收口期改用油剂，换药可隔日一次。溃烂期间如出现渗液骤然增多的现象，可酌情增加换药次数。

余拉治报道用茶油浸泡生姜外敷治疗Ⅱ°和Ⅲ°褥疮18例，取得显著疗效。制药方法：(1) 片剂：将生姜适量，洗净凉干，切成1毫米的薄片，放在茶油中浸泡8～12小时。(2) 糊剂：生姜捣烂，与茶油混合调成糊状，搁置8小时后即可使用。使用与护理要点：(1) Ⅱ°褥疮有水泡时，在无菌操作下用注射器抽出水泡内的渗液，取茶油姜片敷于患处，用消毒纱布覆盖。(2) 创面大的Ⅲ°褥疮，用生理盐水彻底清洗创面，再用茶油姜片敷于患处，用消毒纱布覆盖。(3) 如经常汗出或尿液外溢致皮肤呈片状糜烂时，先用生理盐水清洗皮肤，然后用茶油姜糊，涂擦患处，一日数次，局部涂药后予以暴露，但是避免摩擦。(4) 若创面大而深，渗出多，每天换药2～3次，若皮肤呈片状糜烂，每日宜多次擦药，擦时动作要轻柔，有肉芽长出时，减少换药次数，以免过多的刺激创面，破坏新生肉芽组织而影响愈合。

（彭佳珍）

参考文献

C

崔晶，等。复方西洋参口服液延缓衰老作用的临床研究。中西医结合杂志，1991；(8)：457

F

冯伟如。葛根治疗Ⅲ度褥疮的护理体会。中华护理杂志，1991；(9)：415

G

高清芳，等。中药复方制剂"抗衰灵"抗自由基损伤的实验研究。中药药理与临床，1991；(2)：13

高云，等。降脂延衰流膏对老年人免疫功能和血浆性激素的影响。中医临床与保健，1991；(3)：13

H

胡桃英。"血瘀""痰阻"说在机体衰老及老年病学中的意义。上海中医药杂志，1991；(1)：31

L

雷艳玲。心脏病的护理体会。湖南中医杂志，1991；(6)：52

李玉莺，等。益气补肾中药制剂的抗衰老实验研究。中医杂志，1991；(8)：45

李新吾，等。抗衰延寿方的实验研究。湖南中医学院学报，1991；(3)：33

梁冬青。对儿童厌食的调护。内蒙古中医药，1991；(4)：42

林忠豪，等。中药外敷配合体疗对关节功能障碍康复作用的观察。中西医结合杂志，1991；(8)：490

刘青云，等。首乌丸抗衰老作用的实验研究。中成药，1991；(4)：28

P

潘继承，等。小儿麻痹后遗症患者的手术前后康复，中国康复，1991；(2)：49

Q

邱保国，等。寿康抗衰老作用的药效学研究。中医研究，1991；(2)：26

S

邵光。婴幼儿腹泻推拿治疗及家庭护理。中医临床与保健，1991；(2)：19

T

唐卫红。中药保留灌肠治疗慢性肾功能衰竭的护理体会。湖南中医杂志，1991；(5)：47

W

巫建慧，等。胆石症的中医护理问题。中医药研究，1991；(6)：61

X

辛守朴，等。中西医结合护理胆石症的体会。山东中医杂志，1991；(6)：32

胥秀琴。"心痛"的辨证施护。新疆中医药，1991；(4)：27

Y

余拉洁。茶油浸泡生姜外敷治疗褥疮。中医杂志，1991；(7)：13

虞文恭。综合性中医传统康复疗法治外伤性截瘫87例临床观察。中国康复，1991；(2)：80

Z

周可华。护理45例慢性肾功能不全的体会。中医临床与保健，1991；(3)：35

周寿然，等。扶桑至宝丹抗衰老作用研究。中成药，1991；(9)：24

二、中　药

(一) 药材与鉴定

【概述】

一、中药材鉴定研究

(一) 对商品药材品种的调查与鉴定　丁永辉等发现甘肃市场上商品马勃共来源于17种植物，隶属于3科8属，其中有6种在商品中系首次发现，而过去商品量较大的硬皮马勃科植物在调查中却未发现，《中国药典》规定的3种正品马勃也较少见。丁氏等提出，上述17种市售马勃中，有些药的功效与马勃不尽相同，有些药未见使用记载，能否作马勃使用，必须进行药效学和药理学的研究。李满飞等在石斛主产区广西、贵州、四川、浙江等地收集石斛商品药材70余件，发现21种植物作石斛药用，连同1986年Ⅰ报的18种，共有原植物39种，其中石斛属植物33种，金石斛属植物2种，石仙桃属植物3种，石豆兰属植物1种。研究表明，不同植物来源的石斛，其化学成分的种类、含量及其药理作用多有不同。

(二) 对易混品和伪品药材的鉴定　药物因形近而被误采误收，是导致商品药材混杂的原因之一。如蟾酥的其原动物是中华大蟾蜍和黑眶蟾蜍，但由于华西大蟾蜍与中华大蟾蜍二者的成体极难区别，故采集蟾酥者常误认华西大蟾蜍为中华大蟾蜍，造成蟾酥药材品种混乱。金向群等对此两种蟾蜍耳后腺分泌物进行显微鉴定和薄层层析鉴定，结果：中华大蟾蜍耳后腺分泌物在镜下可以观察到棕色、上有密集条纹的不规则片状结构和部分无色透明的片状结构，而华西大蟾蜍耳后腺分泌物在镜下仅能看到无色透明的片状结构；从层析图上则表明华西大蟾蜍耳后腺分泌物中不含有华蟾毒精。两者均可作为鉴别依据。又如人参叶、刺五加叶和无梗五加叶同为适应原样药物，而所含生物活性物质则不同。徐世义通过鉴别认为三者的不同点主要在叶缘和叶的主脉处，只须取一小块具叶缘或叶主脉的叶碎片，置显微镜下观察，即可根据特征作出鉴别，此法值得收购、生产部门借鉴。

陈俊华等对杜仲及其伪品进行了较详的比较鉴别，6种伪品中：红杜仲、土杜仲的原植物为卫矛科 Euoymus mupinesis（宝兴卫矛）、E·granditlorus（大花卫矛）；藤杜仲、白杜仲的原植物为夹竹桃科 Parabarium micranthum（杜仲藤）、Trachelospermum axillare（紫花络石）；野杜仲的原植物为紫草科 Ehretia dicksonii（粗糠树）；栀子皮的原植物为大风子科 Itoa orienthalis（栀子皮）。6种伪品杜仲中以属于卫矛科及夹竹桃科者最为常见。正品人工牛黄是以胆红素、牛羊胆酸、猪胆酸、无机盐等成分为原料，用人工合成方法生产的，袁伟盛等从混入市场的300余公斤人工牛黄中随机抽取26份样品，经作性状、显微特征和理化鉴别后，确认这批人工牛黄纯属伪品，它是用盐酸黄连素片及维生素B_2片粉碎后，加甘薯（红薯）粉伪造而成。从一年来的研究报告看，伪劣药材不仅出现在传统名贵药物方面，即使是蒲黄、艾叶、苏木、附片、瓜蒌子、川黄柏、皂角刺、吴茱萸等并不名贵但较紧缺的药物，也都发现有掺伪之品混杂其中，这是值得引起注意的。

(三) 鉴定药材的方法在不断探索、改进

和提高　近年来，国内外广泛应用聚丙烯酰胺凝胶电泳法分析鉴别各种蛇毒，但操作繁琐，样品处理麻烦。韦世秀等应用等速电泳技术对不同产地的蛇毒、蛇毒冻干粉、新鲜蛇毒液及蛇毒掺伪品进行分析对比研究，结果表明，不同蛇种、不同产地的蛇毒或蛇毒掺伪品，因其组分、含量各异，表现在等速电泳图谱上是不一致的；因此，认为应用等速电泳技术鉴别蛇毒，将对蛇毒的质量监控发挥重要作用。刘训红等采用改进的蛋白质等电点法对蛤蚧及其伪品壁虎、多疣壁虎、无蹼壁虎、红瘰疣螈进行鉴别研究，结果表明，蛤蚧及其伪品的等电点区别明显，具有显著性差异($P<0.01$)，为鉴别蛤蚧真伪提供了一个有实用价值的方法。蔡国强等在天然牛黄薄层分析中发现两个特征荧光斑点，经 13 批天然牛黄和 4 批培植牛黄的验证，重现性、稳定性均好，可作为天然牛黄薄层色谱的特征，与胆红素、胆汁酸的薄层色谱作综合判别，可有效地鉴别天然牛黄。

二、中药资源调查研究

一年来，有关中药资源方面，各地继续进行了调查研究。据周元川报告，经多次对云南省西部高黎贡山自然保护区及临近地区的药用植物资源进行实地调查，共查得该区有药用植物1077种（含亚种、变种、变型），隶属于 188 科，652属，约占云南全省药用植物总数的23%，其中有 144 种已载入 1990 版《中国药典》。

半边莲属植物中国有 19 种，其中可供药用的有13种和1个亚种。本属植物所含半边莲类生物碱为植物界中半边莲属的特有成分，故具有特殊的分类学意义及药用价值。张铁军等鉴于本属的药用植物较多，对其主要分布区云南、吉林、辽宁等省进行了实地调查和采集，研究了该属药用植物的地理分布，综述其药用价值，并提出了开发利用途径。宋万志通过对云南、青海、湖南等省区的调查，了解到龙胆科中不少植物多被当地称为青叶胆或藏茵陈，在少数民族与民间用于治疗肝炎及其他炎症疾病。经鉴定共有 4 属 15 种，其中以青叶胆为药名的原植物 12 种，以藏茵陈为药名的原植物 3 种。为进一步开发利用其资源，宋氏对上述 15 种植物的产地、民间应用和临床应用等作了介绍。秦松云等几年以来对四川凉山、西昌、阿坝、达县、涪陵、重庆等10多个地区的药用真菌资源和民间用药情况进行了调查，根据采集的 508 号标本和调查资料进行初步整理和鉴定。结果是，共有药用真菌 174 种(全国已知种类约300种)，分属于30科66属。其中已在民间应用疗效较好的约90余种，目前已被开发利用的只是其中的极少部分，绝大部分种类有待进一步研究。调查中还发现藏医使用鹿菌 Sarcodon violascens (Fr.) Quel 及齿菌属 Hydnum 的一些种类治疗胆囊炎；川东地区民间用灵芝属药物治疗食道癌，歪蹄 Pyropolyporus earyophylli (Racib.) Teng 治疗中风偏瘫；川南地区用苦粉孢牛肝菌 Thlopilus felleus (Bull:Fr.) Karst 治疗肝炎等均有较好的疗效，而且这些种类资源丰富。因此，民间用药经验也亟待发掘整理和验证研究，对扩大药源，寻找新药具有重要的社会意义和经济价值。

（吴贻谷）

【中药品种的研究】

一、中药品种考证

1. 续断　王家葵等对续断进行本草考证，表明其来源由汉至清，品种几经变迁，共涉及八个科（川续断科、唇形科、菊科、桑寄生科、忍冬科、买麻藤科、灯心草科、豆科）的十数种植物，现今所用的川续断 Dipsacus asperoides 至迟也起于宋代，在明代已成为药用主要品种。

2. 栀子　商品栀子古代就有山栀子与水栀子之分，但多年来对水栀子的原植物没有搞清楚，经谢宗万考证，水栀子即《雷公炮炙论》之“伏尸栀子”，其原植物应定名为长果栀子 Gardenia jasminoides Ellis f. longicarpa Z. W. Xie et Okada。并且从主要化学成分来看，水栀子的质量优于山栀子，可同作栀子入药。

3. 滑石 王家葵经过考证认为，汉代药用滑石以硬滑石为主；南北朝时期，硬滑石与软滑石兼用；唐代开始，软滑石一直是药用的主流。因此建议《中国药典》应将软滑石作为正品收载。

4. 赤地利 华青以本草所载赤地利的形态、产地、药用部位、功效等方面为依据，考订其原植物应为蓼科蓼属植物火炭母 Polygonum chinensis L.。《本草图经》和《植物名实图考》的附图有误。《本草图经》的“赤地利”和“火炭母草”两者为一物。

5. 水杨柳 在《本草纲目拾遗》卷四草部中所载水杨柳，经陈修源考证，原植物指今萝藦科植物柳叶白前 Cynanchum stauntoni (Decne.) Schltr. ex Lévl.

6. 庵蕳 赵素云认为《本草纲目》及其它古代本草所载庵蕳，原植物应为菊科植物白苞蒿 Artemisia lactiflora Wall. 现代一些医药学及植物学文献中所载庵蕳学名均为 Artemisia keiskeana Miq. 应考虑修正。

7. 水晶花 水晶花始载于清《植物名实图考》。万金荣考证，本草记载的水晶花应为金粟兰科植物全缘金粟兰 Chloranthus holostegius (Hand.-Mazz.) Pei et Shan，不应为同科丝穗金粟兰 Chloranthus fortunei (A. Gray) Solms-Lau。

8. 醋草 黄斌对《外台秘要》卷四十崔氏疗被蛇螫验方中的醋草进行考证，认为醋草是酢浆草科植物酢浆草 Oxalis corniculata L.

9. 木鳖 钱鹏程对清代王维德著《外科证治全生集》中小金丹方中所用木鳖加以考证，认为是葫芦科植物木鳖的种子，而不是马钱科的番木鳖。

10. 罗晃子 张敏考证认为古代所称“罗晃子”应该是梧桐科植物苹婆 Sterculia nobilis Smith 的果实，而不是豆科植物酸角 Tamarindus indica L.，因此建议“罗晃子”不宜再作酸角的别名，更不能再作酸角的正名。豆科的 Tamarindus 属，不应称“罗晃子”属，该称为酸豆属。

11. 红娘子和樗鸡 林静等认为本草中虽有记载红娘子为樗鸡之释名，然而经考证红娘子和樗鸡实为不同的动物，应作两味药使用。

12. 白药子 林其权考察了历代本草所载白药子的使用情况、产地和地方志记载，认为唐代合州贡品合州白药子是葫芦科植物栝楼的根。

13. 安痛藤 王求淦鉴定表明，江西民间广泛使用的一种有明显止痛效果的草药“安痛藤”，为葡萄科植物毛叶白粉藤 Cissus assamica (Laws.) Graib。

14. 土药“七十二七” 田华咏对土家族药物中称为“七十二七”的药物来源进行考订，他曾先后三次到鄂西南实地考察，获得丰富的第一手资料，经反复核实，整理出30科72种“七类”药物，基本弄清“七十二七”药物的来源及功用。

二、中药品种理论探讨

谢宗万在多年调查研究中药材的品种中，首次创立十个新论点，即(1) 药材品种延续论；(2) 药材品种变异论；(3) 药材新兴品种优选论；(4) 药材基原（品种）的单一性与有限多原论；(5) 解决中药品种“异物同名”问题的关键在于“统一药名”论；(6) 优良品种遗传基因是形成“道地药材”的内在因素论；(7) 解决伪劣混乱品种的根本措施在于发展“道地药材”论；(8) 品种相近，性效相似论；(9) 品种虽同，在一定条件下，性效可变论；(10) 立足中国，放眼世界论。谢氏还建议由国家中医药管理局主编出版《全国中草药正名名称》，并正式颁布施行，则有利于中国多年来存在的“异物同名”问题的解决和混乱品种的澄清。

(洪 恂)

【中药资源的研究】

(一) 中药资源调查 万兵对四川药材资源合理开发进行了探讨，统计出四川省有药用动物344种、药用植物3962种、药用矿物44种，总数占中国的¾，居第一位。中药资源蕴藏量达100亿吨以上，占中国总蕴藏量的10%，亦居第一位。张馨等报道了中国蒿属药用植物资源，有67种及8变种，其中10种及2变种为首次记载入药。周印锁等对甘肃省中药贝母资料进行调查，通过实地考察和分类鉴定，甘肃省药用贝母有9种及1变种和1栽培变种。另外，对海洋药物资源的调查亦有报道，如赵秀贞对福建省海洋药物进行了调查，结果发现：共有239种，其中海藻类50种、腔肠动物3种、环节动物5种、苔藓动物1种、软体动物51种、节肢动物17种、棘皮动物6种、鱼类96种、爬行动物8种、哺乳动物2种。吴常文等也报道了浙江北部沿海的海龙资源，以刺冠海龙最广，舒氏海龙、粗吻海龙次之，还有蓝海龙及夫海龙，初步估计资源量有3500吨左右。

(二) 药用植物栽培 近来对常用药人参、西洋参、白术、知母、杜仲、地黄、玉竹等新的栽培管理技术均有较多报道，如刘玉亭对白术栽培种栽大小、适宜栽种期、收获期与摘除花蕾等对产量的影响及在全生长期中根茎生长发育动态与相应的管理措施进行了探讨。在野生变家种方面，对竹节人参、黄芩、栝楼、鸡骨草、半枝莲、羊角透骨草、头顶一颗珠等均进行人工栽培试验，取得了一定成果。如冯延文介绍羊角透骨草的原植物角蒿 *Incarvillea sinensis* Lam. 1980年开始家种，经过5年逐步选育出高产品种，由亩产100公斤提高到1000公斤左右。

(三) 药用动物养殖 迟程认为与植物药相比，动物药具有下述优势：生物活性更强，亲缘关系与人更接近，繁殖能力更快，产量更大，驯养和培养方便，集中管理容易。目前药用动物只占动物总数的0.05%，有很大的潜力可以开发利用。如关超等研究的林麝人工授精及精液冷冻保存技术，历时4年，已取得成功。加快了林麝的良种繁育进程，提高麝香产量并解决家庭养麝中优良公麝不足的矛盾。又如张含藻等对人工养殖乌梢蛇的生物学特性进行观察，为乌梢蛇的人工养殖提供经验。

(四) 菌类中药培养 梁佩琼等报道，目前人工培育冬虫夏草已取得关键性进展，在低海拔地区人工饲养寄主昆虫已获成功。模拟天然环境，长出子座，培养出与天然完全相似的冬虫夏草，说明人工繁殖冬虫夏草是可行的。

(五) 扩大药用部分 雷公藤以根入药，而根的生长较慢，为增加药源，李汉保等将雷公藤地上部分与根的化学成分进行对比分析，地上部分提取物的薄层扫描测定结果显示，叶的雷公藤甲素含量高达0.0178%，约比根高出3倍，为叶的开发利用提供了科学依据。

(六) 动植物的保护 何顺志报道了贵州珍稀濒危药用动植物的情况，在收购的250种动植物中，濒危的约50种，受到威胁的约80种。建议建立自然保护区和加速野生变家种的研究工作。又如张含藻等对乌龟资源进行调查，结果表明，由于无计划的滥捕滥杀及自然因素的影响，导致雌龟数量显著大于雄龟，致使自然繁殖力降低。所以，应在乌龟盛产区建立自然保护点，有计划、有控制的捕捉，确保龟群的自然发展。潘映红等对药用植物种质资源研究方向与方法进行了专题探讨，提出了初步的研究程序和种质保护方案，希望能得到实施。

(洪 恂)

【贝母栽培的研究】

(一) 野生变家种 郑良敏等认为太白

贝母为川贝母一种，为建立种子田，在栽种鳞茎时，应用直径在 2cm 以上作种较好。向跃定等认为应利用降低太白贝母生长海拔进行野生变家种，在海拔2000m以下的农区发展川贝母生产是一条重要途径。荫蔽度保持在50%是太白贝母有性繁殖在第1、2、3年保苗的关键，同时，亦是提高单位产量的重要措施。徐世安等认为安徽贝母用鳞茎作为繁殖材料，用切瓣法繁殖可增产185.6%，但要把切口晾干愈合或防腐处理以防病虫害；而分瓣法可增产208%，是目前生产上较多采用的繁殖方法。

（二）育种改良 （1）杂交法：王志安通过研究首次获得了浙贝母种间及其与3个近缘种种间杂种F_1，并对F_1种子和F_1鳞茎休眠的方法作了系统研究。初步观察表明杂种均明显地表现了双亲的性状。并认为第4～5年进行抉选是比较合适的。苏新认为若因种间杂交花期不遇，可采用超低温保存花粉，再经授粉杂交。（2）种子法：李志亮等发现种子浸液对伊贝母生长有抑制作用，推测种子内含有抑制物质，故在萌发前采用大量水浸泡一天再砂藏，可减少这种抑制物质和促进萌发。苏新用定量法测定浙贝母种子的活力，判断浙贝母种子质量的优劣。结果表明，高活力种子的吸收度值为0.241～0.267；低活力种子的吸收度值为0.171～0.192；无活力种子的吸收度值为0.005～0.006。（3）鳞茎法：徐锦堂为增加繁殖系数，认为可用分切法，要点是自然瓣须纵切2～4瓣和保留内皮。陈德恩试验认为浙贝母用鳞茎繁殖时常把1cm 小鳞茎弃而未用，但将小鳞茎作种子鳞茎，颇有经济价值。经栽培 0.6～3.1g 小鳞茎一年可达 9～15g，增长4.5～11 倍，1～2年即可种用或商用。

（三）解除休眠 （1）化学剂：苏新、王有生等研究认为伊贝母的种子有形态后熟和生理后熟阶段，休眠期较长。胚乳中存在有抑制物质，是抑制种子萌发的原因。GA、KT、硫脲的处理，能加快形态后熟过程。KT、GA、硫脲浸渍满胚种子，对生理休眠的解除有一定作用，能提早种子发芽。徐世安等为了提高“安徽贝母”繁殖系数，改变目前生产上普遍采用的鳞茎繁殖为种子繁殖，研究了贝母种子及解除种子休眠和促进萌发的温度范围。（2）低温度：王文杰等认为伊贝母种子吸水以后，在5～10℃的低温才能完成胚的后熟发育，吸涨后于35℃刺激能加快这个发育过程。满胚种子尚需一个低温阶段以完成其生理后熟，适合的温度是 1.5℃。（3）水洗法：苏新试验认为，种子经水冲洗2天要比未冲洗提早7天发芽，且发芽率高。（4）感菌法：陈露等认为伊贝母鳞茎在贮存中，由于受真菌感染，使休眠解除。经过分离培养和回接试验。结果表明，伊贝母鳞茎所感染的两种真菌，其分泌物对解除休眠有作用，而且萌发后植株生长正常，用灭菌的菌液浸处鳞茎，还可减少因真菌感染而引起的腐烂。

（四）组织培养 （1）育种研究：王小菁等认为鳞茎再生以固体培养基用 NAA0.5 mg/L＋6BA 0.2mg/L 的效果最佳，诱导率达100%，培养 80 天即可达到自然条件下2～3年的鳞茎大小。苏新等认为保存愈伤组织宜超低温，较好的冷冻保护剂是10% DMSO（二甲基亚砜）＋5%甘油。（2）生产研究：乔惠淋等认为华西贝母是国产川贝母类中的一新种。通过筛选培养基，使贝母的小切块及愈伤组织向着产生鳞茎器官方向分化，从而通过鳞茎继代培养探索贝母工厂化生产的可能性。陈敏等经测试培养物，发现生化全蛋白图谱：培养鳞茎与原种川贝结果一致，愈伤组织也基本相同。故认为在提供鳞茎同时，将其培养物制成制剂，可部分代替药用。

（戴龙瑞）

【乌龟等动物药的养殖研究】

1. 乌龟 为龟科动物与龟 *Chinemys reevesii* Gray。它的甲壳龟版，是常用中药材，具有滋阴潜阳、补肾健骨之功能。许伟彪探索了乌龟人工养殖技术，认为通过加温后，(1) 可打破乌龟的冬季休眠习性，使其能在冬季正常活动、觅食、生长；(2) 可使亲龟提前产卵，从原来每年2～3 次增至3～4 次；(3) 缩短了生长周期，稚龟从出壳经加温至翌年 5 月左右，可从 5 克左右生长至70克以上，相当于野生情况下约 3 年的生长速度，同时也提高了稚龟的越冬成活率。张含藻等对乌龟在人工饲养下其生活、繁殖、冬眠等习性进行观察，发现它的习性与温度有密切关系，它们多生活于江河、湖泊、池塘和稻田等水域里，以水生蠕虫、鱼虾、螺类和植物种子为食，耐饥力极强，在25℃～32℃生长发育较快，低于17℃时停止取食。在四川中南部的乌龟约于11月进入冬眠，到翌年 4 月下旬至 5 月初出蛰，出蛰后约20～35天开始交配，6～8月为产卵期，8 月中旬仔龟陆续孵化。全年活动取食期约155～182天。阳建春等通过对 162 只乌龟血液生理指数的测定，来研究其季节性变化。结果表明：血糖、胆固醇、甘油三酯都有明显的季节性变化，其中血糖、甘油三酯在 7 月达到全年最高水平，而在 2 月降至全年最低水平；胆固醇含量10月最高，4 月最低；血红蛋白含量在12月份最高，7 月最低，但除 7 月份出现一次显著下降外，血红蛋白基本没有明显的季节性变化。

2. 灵猫香　灵猫香来源于灵猫科大灵猫 Viverra zibetha L. 和小灵猫 Viverricula indica Desmarest 等动物雌雄会阴部香腺囊的分泌物，为四大动物香料（麝香、灵猫香、龙涎香、海狸香）之一。其功效和作用与麝香类似，代替麝香前景较大。刘福荣对野生灵猫进行了人工饲养繁殖的研究，表明：开始驯养时，食物应尽量接近野生灵猫的种类，用鱼虾、昆虫、老鼠、家禽内脏、大米、玉米面、金樱子、青菜等多种动植物和加入少量食盐喂养的小灵猫，采食良好，发育正常。驯养的小灵猫 2 岁左右方有繁殖能力，一般 2～4 月或 8～9 月发情交配，5～6月或 10～12 月产仔，一般母猫一次下仔 3～4 只。人工驯养的小灵猫 1～2 岁即可取香，其会阴部的香腺囊一年四季均可不断分泌香液，常常在突出物或笼壁上自行摩擦泌香。人工采香有两种：挤香和刮香。

3. 脆蛇　为蛇蜥科药用动物脆蛇蜥 Ophisaurus harti Boulenger。药用干燥虫体，具有散瘀、祛风、消肿、解毒的功能。张含藻等对脆蛇生态学进行了研究，认为人工养殖脆蛇，首先要创造一个既荫蔽湿润又适应活动寻食的生态环境，以蚯蚓、猪肺为主，兼蛞蝓、蝼蛄、蟋蟀等作饲料。脆蛇一般 4～6 岁达性成熟，交配的合适温度为23～26℃，湿度为70～80%。雌蛇一年只产卵一次，每次产卵2～8枚。张氏等通过研究进一步发现，脆蛇是变温动物，喜暖恶寒，当气温下降到15℃左右时，即营巢冬眠。而且脆蛇生长缓慢，繁殖力弱，天敌多，生态条件特殊，所以养殖难度较大，为了避免脆蛇资源的枯竭，建议应扶持养殖专业户开展人工养殖或在产区建立保护区等。

4. 墨江蜈蚣　墨江蜈蚣 Scolopendra mojiangica Zhang et Chi 是一种野生的药用蜈蚣，具有抗肿瘤、止痉、抗真菌作用。迟程等对墨江蜈蚣的生态环境、形态特征、生活习性、活动规律和气候因子的关系、灰色系统关联分析研究墨江蜈蚣家养及墨江蜈蚣人工养殖环境最佳设计方案等进行了研究探讨。得最佳人工养殖环境：(1) 降水应控制在 180～280mm（提示环境中湿度要大）；(2) 气温应控制在20～22℃（提示环境中的温度要高而且稳定）；(3) 地温应控制在21～24℃（提示地温要比气温稍高）；(4)蒸发量应控制在 110°～150mm 之间最为合适；(5) 相对湿度应控制在75～83%之间（提示环境中湿度最大）；(6) 日照度应控制在 130～140小时/年(提示环境中要尽可能减少日照，尽可能避光)。迟氏等的研究,为墨江蜈蚣的家养提供了依据。

5. 黄黑小豆象　黄黑小豆象 Bruchus cichorii Linn. 既是蝗科昆虫的天敌,又是重要的传统中药材(斑蝥),具有攻毒、逐瘀的功能。张含藻等对黄黑小豆象生活习性及生长发育进行了研究。发现:黄黑小豆象是复变态昆虫,以卵越冬,一年生长一代,有4个虫态时期,其中以卵历期最长,蛹历期最短,全世代历期约315～395天。以豆科植物的花为主食,成虫取食约3～5天后开始交配,一般交配2～4次。在日平均气温19～27℃,湿度58～96%时,越冬卵开始孵化,卵历期约270～280天。幼虫以蝗科昆虫的卵为食,5龄幼虫在6月初到月底蜕去一层白色的皮即变成蛹,蛹期一般13～15天,最适温度为24～27℃,湿度为65～88%。

6. 刺猬　为刺猬科动物刺猬 Erinaceus europaeus Linnaeus,其皮、胆、油、肉皆可入药,刺猬皮具有收敛、止血、解毒、镇痛的功能。为此,彭凤鸣对刺猬进行了人工饲养的研究,认为以黄粉虫、蚕蛹为主辅以熟鸡骨,家畜、禽内脏等为食物,能够满足刺猬的生长、发育要求。

(黄　燕)

【运用紫外光谱等法鉴别真伪天麻的研究】

关于名贵药材天麻的真伪鉴别,本年鉴1988卷曾有介绍。鉴于该药伪品和混淆品较多,近年来方涛等又运用紫外光谱法对其真伪品进行了鉴别实验。测定结果,天麻的紫外光谱特征是:λ_{max} 201nm, λ_2 222nm, λ 270 nm, λ_{max} 与λ_2的吸收度比值为1.28, λ_2 与λ_3的吸收度比值为5.2。伪品测定结果,(1)大丽花 Dahlia varibilis Des: 紫外特征是,有一个强吸收峰 λ_{max} 202.8nm,还有5个小吸收峰为 λ_2 252nm, λ_3 267nm, λ_4 278nm, λ_5 294nm, λ_6 314nm;(2)紫茉莉 Mirabilis jalapa L: 紫外光谱特征是, λ_{max} 202.8 nm, λ_2 280nm,吸收度比值为8.93;(3)芭蕉 Musa basjoo Siab: 紫外光谱特征是, λ_{max} 220.0nm, λ_2 283nm, λ_3 344.2nm, λ_{max} 与λ_2的吸收度比值为1.63, λ_2与λ_3的吸收度比值为2.07;(4)赤色(爬)Thladiantha dubia Bge: 紫外光谱特征是, λ_{max}204.8 nm, λ_2 264.2nm,吸收度比值为2.82;(5)马铃薯 Solanum tvberosum L: 紫外光谱特征是, λ_{max} 344.4nm, λ_2 331.6nm,吸收度比值为1.65;(6)商陆 Phytolacca esculenta Van Houtt: 紫外光谱特征是, λ_{max} 223.2nm, λ_2 344.4nm,吸收度比值为10.04;(7)美商陆 Phytolacca americana L: 紫外光谱特征是, λ_{max} 216.3nm, λ_2 266.0nm,吸收度比值为3.86;(8)黄精 Polygoatum sibiricum Redoute: 紫外光谱特征是, λ_{max} 224.8nm, λ_2 285.6nm,吸收度比值为2.94;(9)天花粉 Trichosanthes Kirilowii Maximl: 紫外光谱特征是, λ_{max} 199.4nm, λ_2 223.4nm, λ_3 255.8nm,吸收度比值λ_{max}与λ_2为0.893, λ_2与λ_3为0.873。实验表明,天麻真伪品用无水乙醇为溶剂进行紫外光谱测定效果最佳,真品在201nm显示出吸收峰,而伪品在此始终未有明显吸收峰,因此比较紫外吸收图谱的形状,吸收度比值,是区别天麻真伪的有效方法。

尚卫平等采用薄层层析法及化学方法对天麻蜂王浆中的主要成分天麻进行了鉴别。其结果为:(1)对照液是天麻乙醇液;(2)样品液是取天麻蜂王浆30毫升,水浴蒸至近干,加10毫升异丙醇溶解,倾出异丙醇溶液,蒸干,加2毫升乙醇溶解,备用。将上述对照液与样品液分别点于同一硅胶G板上,展开、晾干、喷显色剂,于105℃烘5分钟。发现天麻与样品在同一位置处出现一紫红色斑点。另外,还做了阴性对照试验,结果无紫红色斑点。

(杨长仪)

【燕窝的真伪鉴别】

燕窝为雨燕科动物金丝燕Collocalia esculenta L. 及其同属近缘种用唾液或唾液与绒羽等混合凝结所筑成的巢窝。燕窝既是名贵滋补品，又是高级宴席佳肴，主产于东南亚及中国南方沿海地区。由于燕窝货源短缺，市场上有许多掺伪品，故王求淦、杜光、王钢力、刘惠娟等报道对于本品的真伪从性状、理化和显微等鉴定进行了研究。

（一）性状鉴定　正品呈不规则半月形、黄色或灰白色，长约6.5～10cm，宽3～5cm，凹陷或兜状。隆起面（外面）呈波状层层叠叠；凹陷面（内面），粗糙呈丝瓜络样；附着岩石的面，较平坦，层层排列较整齐。质硬而脆，易折断，断面角质样，有光泽。气微、味微咸。浸泡时柔软，无色透明，溶液澄清。

商品燕窝有白燕、毛燕、血燕、洞燕、厝燕之分。(1) 白燕又名官燕，一般为金丝燕第一次所筑新巢，品质较好；(2) 毛燕系金丝燕第二次所筑之巢，品质较差，内有较多的灰黑色羽毛；(3) 血燕则含有赤褐色的血丝；(4) 洞燕多呈糙米色，质坚，间有细毛；(5) 厝燕为人工饲养，在饲养室营巢者，色白、质松、毛少、落水膨胀性也强。

（二）理化鉴定　列表如下：

试验项目	方　法	正品	伪　品					
		燕窝	燕窝丝（大隆牌）	特地选择正庄燕窝	特级正官燕　球	皮肚	琼脂	鱼鳔
(1) 茚三酮反应	样品加水加热10min，加茚三酮试液观察溶液颜色	深蓝色	同左	蓝色或蓝紫色	蓝色或蓝紫色，溶液显蓝乳白色	蓝色	不反应	蓝色
(2) 稀盐酸反应	样品加稀盐酸，煮沸5min，观察	显棕黄色或棕黑色，样品不溶解	同左	显淡黄棕色，样品不溶解	同左	显淡黄色，样品不溶解	样品溶解，溶液显黄棕色	显淡黄棕色，样品不溶解
(3) 碘反应	样品碎片，浸入0.02mol/L碘液中5min后观察	显棕红色	显深棕红色	同左	同左	同左	显棕黑色	显深棕红色
	吸掉碘液24h后观察	无色	淡棕红色	淡黄色	同左	同左	无色	淡棕色红
(4) 溴麝香草酚蓝反应	样品加水煮沸0.5h，冷却，取上清液加溴麝香草酚蓝试液	显蓝色	显黄绿色	显金黄色	同左	显黄绿色	显蓝色	显黄色
(5) 荧光反应	样品于365nm灯下观察	显微蓝白色	显微绿白色	显蓝紫色	显淡灰绿色	显浅黄白色	无荧光	显暗白色
(6) 碱性酒石酸铜反应	样品加水，水浴加热0.5h，取水溶液加HCl再热0.5h，加NaOH试液及碱性酒石酸铜试液，再置水浴加热20min后观察	产生少量红色沉淀，溶液显蓝色	同左	无红色沉淀，溶液显蓝色	同左	同左	产生红色沉淀，溶液显绿色	无红色沉淀，溶液显蓝色

（三）显微鉴定　样品粉碎过80目筛，取粉末少量加50%甘油水装片，置显微镜下观察。

1. 燕窝　粉末微白色，味微咸。不规则碎块灰白色或近白色，半透明，大小不一。表面具较清晰的、纤细的线条状纹理，大多作平行排列，也有呈弧状或相互交错状；另有与纹理同方向的长短不一的细缝状、梭状的裂隙；碎块边缘多平直或呈刀削状、锯齿状；断面略显层状纹理。

2．燕窝丝（大隆牌） 粉末微黄白色，味微咸。粉末中大多（约⅔～¾）碎块的特征基本与燕窝一致，其中很少的碎块表面污染有圆簇状物，少数（约⅓～¼）碎块表面具不规则条状纹理，条纹弯曲或呈断续状，还附有小块片状物。

3．特地选择正庄燕球 粉末灰白色，具哈喇气味。不规则碎块灰白色或近无色。表面具众多细条状纹理，条纹略平直或弯曲并相互缠绕，有的呈断续状。

4．特级正官燕球 粉末浅灰白色，显油性，具哈喇气味。粉末基本特征与正庄燕球类似，只是其碎块表面粘有较多的、大小不一的脂肪油滴。

5．皮肚 粉末微黄白色，气微香。不规则碎块表面及周围粘有较多的、大小不一的脂肪油滴。碎块近无色，表面具不规则的条状纹理，纹理稀密不一。边缘多不整齐。

6．琼脂 粉末灰白色，味淡。不规则碎片灰白色。表面显颗粒性，其中杂有少数无色、具光泽、无定形细小块粒。边缘不整齐。

7．鱼鳔 粉末浅黄白色，气微香，味淡。不规则碎片近无色。表面细条状纹理不规则，疏密不一，平直或弯曲。边缘多不整齐。

（黄　燕）

参考文献

C

蔡国强，等。天然牛黄薄层鉴别的再研究。中药材，1991；(4):20

陈德恩。浙贝母“小鳞茎”的利用与培育。中药通报，1985；(3):10

陈俊华，等。杜仲及其伪品的比较鉴别。中药材，1991；(7):19

陈　露，等。伊贝母感菌后对解除鳞茎休眠的效应。中药材，1989；(7):6

陈　敏，等。川贝母组织培养。中药通报，1986；(3):13

陈修源。《本草纲目拾遗》水杨柳考释。中药材，1991；(11):41

迟　程，等。墨江蜈蚣养殖生物学的研究。中药材，1991；(10):13

迟　程。动物药潜在资源的开发利用。成都中医学院学报，1989；(4):39

D

丁永辉，等。商品马勃的品种调查和鉴定。中国中药杂志，1991；(6):323

杜　光。燕窝如何辨真伪。大众医学，1991；(10):45

F

方　涛，等。用紫外光谱鉴别天麻真伪。山西中医，1991；(1):28

冯延文。羊角透骨草栽培经验。中国中药杂志，1990；(9):16

G

关　超，等。林麝人工授精及精液冷冻保存技术研究。中药材，1990；(5):9

H

华　青。赤地利的本草考证。中药材，1991；(12):39

何顺志。贵州珍稀濒危药用动植物及其保护问题。中药材，1990；(2):14

黄　斌，等。醋草的本草考证。中药材，1991；(1):44

J

金向群，等。中华大蟾蜍与华西大蟾蜍耳后腺分泌物的显微和薄层层析鉴定。中药材，1991；(9):26

L

李汉保，等。雷公藤地上部分资源利用初探。中药材，1990；(4):16

李满飞，等。商品石斛的调查及鉴定（Ⅰ）。中草药，1991；(10):33

李志亮，等。贝母种子浸液抑制性测定。中国中药杂志，1989；(5):15

梁佩琼，等。冬虫夏草生物学研究新进展。食用菌，1990；(3):2

林　静，等。红娘子、樗鸡的考证。全国本草文献学术讨论会论文集，1991；8

林其权。合州白药子考。中药材，1991；(10):43
刘福荣。谈中药灵猫香的研究（上）。中药材，1991；(4):13
谈中药灵猫香的研究（下）。中药材，1991；(6):15
刘惠娟，等。燕窝及其掺伪品的鉴定研究。中草药，1991；(9):413
刘训红，等。蛤蚧及其伪品的等电点鉴别。中药材，1991；(10):24
刘玉亭。白术栽培技术的探讨。中国中药杂志，1990；(1):19
P
潘映红，等。中国药用植物种质资源研究方向与方法探讨。中草药，1990；(6):36
彭凤鸣。刺猬人工饲养研究初报。中药材，1990；(12):15
Q
乔惠琳，等。川贝母鳞茎室内生产研究初报。中药通报，1986；(3):10
钱鹏程，等。小金丹处方中木鳖的初步考证。中药材，1990；(1):42
秦松云，等。四川省药用真菌资源调查报告。中国中药杂志，1991；(3):130
S
尚卫平，等。天麻蜂王浆中天麻及何首乌的定性鉴别。中成药，1990；(11):16
宋万志。龙胆科的资源植物——"青叶胆"和"藏茵陈"。中药材，1991；(7):15
苏　新，等。浙贝母愈伤组织超低温保存的研究。中药材，1990；(12):3
浙贝母种子活力的测定。中国中药杂志，1991；(1):19
浙贝母种子休眠特性的初步研究。时珍国药研究，1991；(3):129
浙贝母花粉超低温保存方法的研究。中国中药杂志，1991；(7):399
T
田华咏。土药"七十二七"原植物初考。中药材，1991；(8):42
W
万　兵。川产道地药材资源合理开发利用的探讨。中国中药杂志，1990；(8):2
万金荣。本草水晶花应为全缘金粟兰。中药材，1991；(2):46
韦世秀，等。等速电泳法用于蛇毒的鉴别研究。中药材，1991；(7):23
吴常文，等。浙江北部沿海海龙资源调查。中国海洋药物，1991；(2):47
王钢力，等。燕窝绒羽的鉴定。中药材，1991；(8):24
王家葵。滑石名实考。中药材，1991；(9):43
王家葵，等。续断的本草考证。中药材，1991；(5):44
王求淦。燕窝的真伪鉴别。中国中药杂志，1991；(7):398
江西民间用药"安痛藤"的研究。全国本草文献学术讨论会论文集，1991；8
王文杰，等。温度对伊贝母种子萌发的效应。中药材，1989；(5):7
几种化学物质对伊贝母鳞茎休眠解除的效应。中药材，1990；(1):9
王小菁，等。伊贝母黄化茎段小鳞茎再生的研究。中草药，1986；(10):28
王有生，等。伊贝母种子的休眠特性及化学药剂对解除休眠的效应。中药材，1989；(4):5
王志安。浙贝母品种间及其与近缘种种间杂交育种方法的初步研究。中国中药杂志，1991；(6):332
X
向跃定，等。太白贝母野生变家种研究。中草药，1991；(3):128
谢宗万。中药品种理论研究的价值观。中医药研究，1991；(4):41
中药品种理论研究。中国中药杂志，1991；(4):195
水栀子的品种考证及品质评价刍议。中药材，1991；(7):45
对药材新兴品种优选中量化标准的设想。中药材，1991；(12):37
徐锦堂。尖贝分切繁殖经验介绍。药学通报，1988；(10):596
徐世安，等。"安徽贝母"野生改家种初报。安徽中医学院学报，1985；(3):42
"安徽贝母"野生改家种第二报——解除种子休眠与促进萌发的试验研究。安徽中医学院学报，1989；(3):61

徐世义。人参叶、刺五加叶、无梗五加叶的鉴别。中药材，1991；(9)：27

许伟彪。乌龟人工养殖技术的进一步探索。时珍国药研究，1991；(1)：37

Y

阳建春，等。乌龟几项血液生理指数季节性变化的研究。中药材，1991；(5)：12

袁伟盛，等。一批假人工牛黄的分析鉴定。中药材，1991；(1)：23

Z

张　敏。"罗晃子"名实考辨。中国中药杂志，1991；(9)：518

张含藻，等。人工养殖乌梢蛇生物学特性观察。中药材，1990；(2)：11

脆蛇生物学及养殖的初步研究。时珍国药研究，1991；(4)：175

脆蛇生态学的初步研究。中药材，1991；(6)：12

黄黑小豆象生活习性及生长发育的初步研究。中药材，1991；(7)：11

乌龟在人工饲养下其生活、繁殖、冬眠等习性的观察。中药材，1990；(12)：12

乌龟资源调查报告。中国中药杂志，1990；(12)：4

张铁军，等。中国半边莲属药用植物地理分布及资源利用。中药材，1991；(11)：18

张　馨，等。中国蒿属药用植物资源。中药材，1990；(7)：16

赵素云。《本草纲目》中庵蔺、白蒿二药考。中药材，1991；(11)：39

赵秀贞。福建省海洋动物的药用调查。中国海洋药物，1990；(4)：34

周荣汉。关于中药资源学的建立与发展。中国中药杂志，1990；(1)：3

周印锁，等。甘肃省中药贝母资源调查。中国中药杂志，1990；(9)：3

周元川。高黎贡山自然保护区药用植物调查报告。中国中药杂志，1991；(12)：713

郑良敏，等。太白贝母野生变家种研究报告。中草药，1985；(11)：42

（二）药化与成分

【概述】

一年来中国学者在40多味中草药中发现了70余种新成分，并运用化学和质谱方法测定了它们的化学结构。这些新成分的发现，将有助于人工合成新药等项目的进一步研究。

中药微量无机元素的测定已从植物药扩大到动物药的研究。孙会文对鳖腹甲和鳖背甲中11种微量元素的比较研究；田惠军等对天然牛黄中金属元素的分析；迟程等对墨江蜈蚣和少棘蜈蚣中微量元素的比较研究；陈定一等对阿胶及其炮制品中微量元素的分析研究；黄维等对东方木工蚁与拟多刺墨蚁的微量元素分析；陈建伟等对麝香中无机元素的含量测定以及杨连菊等对不同产地龙骨中无机元素的测定等。

在提取有效成分的工艺方面，也有很大改进。李义侠等提出用"水-正丁醇"法提取西洋参茎叶中总皂甙的新工艺，所得精制皂甙，含量达90%以上；赵争胜等改进了楤木中齐墩果酸的提取工艺，不仅工艺简单，产品成本降低，多项指标均符合原料药质量标准，而且将齐墩果酸制成钠盐，对其溶解度进行了比较，结果表明：制成钠盐后其溶解度提高27倍，从而解决了齐墩果酸在水中难溶的问题；李建华等对影响黄栌中漆黄素提取量的因素进行了实验性研究，并提出了改进提取工艺的各项措施。

随着科学的发展，市场上对木糖的需求量日益增加，它既可药用，也可作为食品添加剂和工业原料。王永奇等对8种植物废料中木糖的含量进行了比较，结果表明：玉米穗轴的含量最高，有开发利用的价值。

精馏是中草药提取分离中不可缺少的方法之一。刘特美将蒸馏水器上的冷凝器与另一不锈钢夹层罐配用，串连多能式提取罐组合成一套精馏装置，该装置具有改装简单、功用多、节省能源和操作方便等优点，经多年使用证明效果良好。

在新技术的应用方面。梁宏晞等成功地采用共轭方向法在μBondapak C_{18}色谱柱上对流动相组成进行了条件优化。在优化后的色谱条件下使麻黄碱与伪麻黄碱分离，获得满意的结果；夏开元等将CO_2超临界流体萃取法应用于新疆软紫草中萘醌色素的提取也获得成功；此外，蔡定国等还报道了应用高速逆流层析仪分离三尖杉总碱中的主要成分方法。

麝香吡啶是从天然麝香中分离出的一种化学成分，其含量极低，早期合成方法步骤复杂。王存英等采用了双-格氏试剂与三氯化物的交叉偶合方法进行环合，使反应简化、产率提高。此外，徐风等的钩吻素子全合成研究和陶遵威等的马蔺子乙素的合成研究也有一定的参考价值。

（凌罗庆）

【云前胡等48种中药中的新成分】

中国学者在48种中草药中发现了74个新成分，分别列表介绍如下：

中药名和原植物学名	新成分名称	分子式	熔点℃	生物活性或医疗作用	报导者
1. 云前胡Peucedanum rubricaule Shan et Shch	云前胡甙	$C_{27}H_{38}O_{15}$	123～127		饶高雄等
2. 独一味(藏药)Lamiophlomis rotata (Bebth.)Kudo	独一味素A	$C_{11}H_{14}O_6$	159～163		易进海等
	独一味素B	$C_{11}H_{14}O_6$			
3. 楤木Aralia chinensis L.	楤木皂甙D				孙文基等
4. 浙贝母Fritillaria thunbergii Miq.	浙贝宁	$C_{27}H_{45}O_3N$	240～242		张建兴等
	浙贝丙素	$C_{27}H_{43}O_2N$	210～212		
5. 蔓性千斤拔 Flemingia philippinensis(Merr.et Rolfe) Li	蔓性千斤拔素C	$C_{26}H_{26}O_6$	143～145		陈　敏等
	蔓性千斤拔素D	$C_{25}H_{28}O_6$	161～163		
6. 野八角 Illicium simonsii Maxim	2-氧-6-去氧新莽草毒素	$C_{15}H_{18}O_7$	193～194	毒性大，小鼠腹腔注射LD_{50}为0.94±0.0707mg/kg	杨春澍等
7. 乌拉尔甘草 Glycyrrhiza uralensis Fisch	新甘草酚	$C_{21}H_{18}O_6$	263.5～265		王彩兰等
8. 三叶鼠尾草 Salvia trijuga Diels	小红参醌丙	$C_{20}H_{20}O_5$	113～114		鲁学照等
9. 水蔓菁Veronica linariifolia Pall. ex Link. sub dilatata (Nakai et Kitagana) Hong	水蔓菁甙	$C_{29}H_{32}O_{27}$	232～234		马翠英等
10. 白花丹参 Salvia miltiorrhiza f. alba	丹参醛	$C_{19}H_{16}O_4$	223～225		李志田等

中药名和原植物学名	新成分名称	分子式	熔点℃	生物活性或医疗作用	报导者
	1,2,15,16-四氢丹参醌	$C_{18}H_{16}O_3$	140～142	对淋巴白血病细胞P388有较强的抑制作用	
11. 异叶梁王茶 Nothopanax davidii (Franch) Harms	异叶梁王茶甙Ⅰ	$C_{57}H_{88}O_{25}$	203～205(d)		庚石山等
	异叶梁王茶甙Ⅱ	$C_{37}H_{56}O_{10}$	240～244(d)		
	异叶梁王茶甙 YL_4	$C_{35}H_{54}O_9$	265～267		
	异叶梁王茶甙 YL_1	$C_{37}H_{56}O_{10}$	278～280		
12. 赤芝Ganoderma lucidum Karst		$C_{30}H_{38}O_8$	115～118		陈若芸等
	赤芝孢子内酯A	$C_{30}H_{40}O_7$	238～240		
	赤芝孢子内酯B	$C_{30}H_{42}O_7$	235～237		
13. 粉花石斛 Dendrobium loddigesii Rolfe	石斛宁定	$C_{12}H_{11}ON_2$	173～174		李满飞等
14. 雷公藤 Tripterygium wilfordii Hook f.	雷公藤酮	$C_{29}H_{42}O_4$	286～287		张东明等
	16-羟基雷公藤内酯醇	$C_{20}H_{24}O_7$	232～233.5	具有较强的抗炎、免疫抑制和雄性抗生育作用	马鹏程等
	雷藤内酯三醇	$C_{20}H_{26}O_7$		具有较强的抗炎作用	
15. 樟叶胡椒Piper polysyphorum C.DC	樟叶素	$C_{23}H_{30}O_7$	147～148	对血小板活化因子（PAF）受体结合实验及PAF引起的血小板聚集实验有明显的抑制活性作用	马 迎等
16. 蝙蝠葛(北豆根) Menispermum dauricum DC.	蝙蝠葛新林碱	$C_{36}H_{40}O_6N_2$	109～110		潘锡平等
17. 苦楝 Melia azedarach L.	苦楝新醇	$C_{20}H_{20}O_6$	150～152	对菜青小虫有一定的拒食活性	韩 玖等
18. 小叶买麻藤 Gnetum parvifolium (Warb)C. Y. Cheng	买麻藤甲素	$C_{16}H_{14}O_6$	219～221		李建北等
19. 祁州漏芦 Phaponticum uniflorum(L.)DC.	漏芦甾酮	$C_{27}H_{44}O_8$	234～236		果德安等
20. 黄甘草Glycyrrhiza eurycarpa P. C. Li.	黄甘草皂甙	$C_{42}H_{62}O_{16}$	288		蔡立宁等

中药名和原植物学名	新成分名称	分子式	熔点℃	生物活性或医疗作用	报导者
21. 红参Panax ginseng C. A. Meyer	RGPI RGPⅡ			二者混合物能明显降低第35代人胚肺二倍体细胞内的总多糖含量，并能明显增强第37代人胚肺二倍体细胞内琥珀酸脱氢酶的活力	吴庆夫等
22. 异一支蒿 Artemisia rupestris L.	异一支蒿酮酸	$C_{15}H_{20}O_3$	192～193		徐广顺等
23. 昆明山海棠 Tripterygium hypoglaucum(Levl) Hetch	雷酚二萜酸 雷藤二萜酸 山海棠二萜内酯	$C_{21}H_{28}O_4$ $C_{21}H_{28}O_3$ $C_{20}H_{30}O_3$	189～191		张亮等
24. 华北白前 Cynanchum hancockianum (Maxim.)Al. Iljinski	华北白前醇 新白前醇 新白前酮 新白前醇二十八烷酸酯	$C_{30}H_{50}O$ $C_{30}H_{50}O$ $C_{30}H_{48}O$ $C_{58}H_{104}O_2$	223～225 184～185 228～229.5 99～101		娄红祥等
25. 知母Anomarrhena asphodeloides Bge.	晶Ⅰ	$C_{27}H_{44}O_3$	174～176		郭冬等
26. 大叶牛奶菜 Marsdenia koi Tsiang	大叶牛奶菜甙丙	$C_{46}H_{76}O_{18}$	156～158	对雌性SD大鼠具有一定的抗生育活性，且无雌激素作用	阮金兰等
27. 川续断Dipsacus asper Wall.	皂甙Ⅳ 皂甙Ⅴ		198～201 227～230		张永文等
28. 云南红豆杉 Taxus yunnanensis Cheng et L.	云南红豆杉甲素	$C_{31}H_{46}O_9$	165～167	具有抗肿瘤活性	陈未名等
29. 木防己Cocculus trilobus DC	N-氧化异木防己碱	$C_{36}H_{38}O_6N_2$	178～179 (d)	对 P388 肿瘤细胞有明显抑制活性	陈海生等
30. 宁国贝母 Fritillaria ningguoensis S. C. Chen et S. F. Yin	宁贝甙Ⅰ	$C_{34}H_{57}O_7N$	284～286	有明显祛痰作用	李清华等
31. 大叶胡枝子 Lespedeza devidii Franch	胡枝子辛素	$C_{30}H_{36}O_6$	128～130		申文吉等
32. 火索麻 Helicteres isora L.	火索麻素	$C_{33}H_{50}O_5$	159～161		曲文浩等
33. 川西樟牙菜 Swertia mussotii Franch.	结晶Ⅰ 结晶Ⅳ 结晶Ⅴ	$C_{25}H_{28}O_{14}$ $C_{19}H_{18}O_{10}$ $C_{20}H_{20}O_{11}$	232.2		孙洪发等
34. 粗毛甘草 Glycyrrhiza aspera Pall.	异甘草香豆素	$C_{21}H_{20}O_6$	236～237		曾路等

中药名和原植物学名	新成分名称	分子式	熔点℃	生物活性或医疗作用	报导者
35. 长叶竹柏 Podocarpus fleuryi Hickle	Robustaflavone-7″-甲醚		>320		徐亚明等
36. 临沧地不容 Stephania lincangensis H. S. Lo. et M. Yang	临沧碱 1,2,3,9,10-五甲氧基四氢原小檗碱		250～251 116～117		陈 燕等
37. 小叶香茶菜 Isodon parvifolia (Butalin) Hara	小叶香茶菜甙	$C_{26}H_{40}O_{11}$	279～281		郭跃伟等
38. 苦豆子Sophora alopecuroides L.	Δ″-脱氢苦豆碱		113～114		王忠效等
39. 黄柏Phellodendron chinense Schneid	phellochin	$C_{31}H_{52}O_4$	173～175		苏荣辉等
40. 展毛黄草乌 Aconitum vilmorinianum var. patenipilum W. T. Wang	白乌头宁	$C_{25}H_{41}O_7N$			丁立生等
41. 扶桑花Hibiscus rosasinensis L.	扶桑甾醇	$C_{29}H_{50}O$	123～124		于东防等
42. 党参Codonopsis pilosula (Franch.) Nannf.	党参内酯	$C_{15}H_{20}O_3$	179～181		王惠康等
43. 毛冬青Ilex pubescens Hook. et Arn	毛冬青皂甙B	$C_{41}H_{64}O_{12}$	214～216		蒋仲芳等
44. 救必应Ilex rotunda Thunb.	铁冬青酸异丙叉酮缩醇	$C_{33}H_{52}O_5$	235～237		文东旭等
45. 长梗南五味子 Kadsura longipedunculata Finet. et Gagnep.	五内酯E 长南酸	$C_{30}H_{44}O_4$ $C_{30}H_{44}O_4$	120～122 99～101	两成分在体外对白血病P388细胞均有明显的抑制作用	刘嘉森等
46. 山甘草Mussaenda pubesecus	山甘草苷A 山甘草苷B 山甘草苷C	$C_{42}H_{65}O_9N$ $C_{41}H_{63}O_8N$ $C_{47}H_{73}O_{13}N$	175～177 194～197 186～189		徐俊平等
47. 白头翁Pulsatilla chinensis (Bunge) Regel	白头翁皂甙B	$C_{53}H_{86}O_{22}$	230～234		吴振洁等
48. 丝叶唐松草 Thalictrum foeniculaceum		$C_{50}H_{82}O_{30}$	245		易以军等

（凌罗庆）

【麦冬等17种中草药挥发油的研究】

1. 麦冬　朱永新等对其挥发油进行了研究，共鉴出10个成分，出油率为0.085%，其主要成分为长叶烯（18.52%）、β-绿叶烯（9.64%）、愈创木醇（5.23%）和莎草烯（2.69%）等。

2. 小茴香　小茴香 Foeniculum vulgare Mill 具有理气和胃、祛寒止痛等作用，赵淑平等对其叶、花和果实中的挥发油进行了研究，共鉴出27个成分，其主成分为柠檬烯（叶57.8%、花34.2%、果实13.1%）、反式茴香脑（叶21.8%、花41.2%、果实63.4%）、α-蒎烯和爱草脑等。这对开发利用中国丰富的小茴香资源提供了一定的科学依据。

3. 姜味草　姜味草 Micromeria biflora Benth. 地上部分入药，为中国西南各省常用中药，能祛风解表，温中除湿，经朱甘培研究，在其挥发油中共鉴出18个成分，主要成分为胡薄荷酮(42.00%)、薄荷酮(26.79%)、异薄荷酮（10.62%)、薄荷醇（5.07%)、胡椒酮、1,8-桉叶素及甲基丁香油酚等。

4. 长瓣金莲花　长瓣金莲花 Trollius macropetalus Fr. Schmidt 资源丰富，对多种细菌有明显的抑制作用，张大军等从其挥发油中鉴出16个成分，主要成分为十六酸、9,12-二烯十八酸、十二酸、十四酸等。

5. 肉豆蔻　贾天柱等对肉豆蔻不同炮制品挥发油中肉豆蔻醚和黄樟醚的含量进行了测定，发现炮制后肉豆蔻醚含量明显降低，证明了肉豆蔻炮制后毒性降低是由肉豆蔻醚降低所致，而以面煨者最显著，其次是麸煨、滑石粉煨者。

6. 青川椒、花椒　青川椒 Zanthoxylum schinifolium Sieb. et Zucc. 和花椒 Z. bungeanum Maxim. 均为药用花椒，其果皮中的挥发油有较好的抑菌作用，经刘锁兰等对两种花椒果皮挥发油的化学成分进行了分析。结果表明：两者果皮挥发油在化学组成及含量上有显著差异，在已鉴出的33个成分中，有 18 个为两者所共有，青川椒主成分为爱草脑，而花椒主成分为柠檬烯、1,8-桉叶素和月桂烯等。

7. 紫丁杜鹃　紫丁杜鹃Rhododendron violaceum Rehd. et Wils的挥发油经赵兴红等分析，结果表明：其出油率为1.2%，共鉴出 36 个成分，主成分为大牻牛儿酮、愈创木醇、异愈创木醇、β-桉叶油醇、γ-榄香烯和 α-荜澄茄油烯等。

8. 草珊瑚　近年来的研究表明，草珊瑚的挥发油具有一定的抗肿瘤活性和抗真菌作用，李松林等对不同产地的草珊瑚的挥发油进行了分析，结果表明：在李氏研究的范围内，草珊瑚可分为 3 种化学型，并发现其挥发油的抗真菌活性与其化学组分有一定的相关性，因此认为药用植物种内化学成分多型性的研究，对植物药的品质评价以及资源开发具有重要的理论意义和实用价值，应引起重视。

9. 金钗石斛　金钗石斛 Dendrobium nobile Lindl. 是中药石斛的品种之一，李满飞通过研究，在其挥发油中共鉴出53个化学成分，主成分为柏泪醇（50.46%)、紫罗兰酮和十八碳二烯-9,12-酸等。

10. 广陈皮　刘文粢等对 8 种广陈皮挥发油进行研究，证明其中均含柠檬烯、β-月桂烯、α-蒎烯、α-松油醇等药理活性较强的成分。经各种广陈皮比较，茶枝柑皮中挥发油的含量最高，所含化学成分多，它作为广陈皮的主要商品药材，是有一定物质基础的，而八月橘挥发油的含量与茶枝柑相似，可充分开发利用。

11. 五味子　芮和恺等对五味子挥发油进行了研究，共鉴出 29 种化合物，其主成分为1-甲基-3-(1-甲基乙基）苯、α-松油醇、松油醇-4、乙酸松油酯等。

12. 枫香叶　枫香叶 Liquidambar formosana Hance全株均可药用，根和叶有除湿止痛的功效，姜志宏等在枫香叶的挥发油中共鉴出 20 个成分，其主成分为4-松油醇、Δ1(2),8-menthadiene、β-石竹烯、伞形花酮等。

13. 莪术　王雪峰等对莪术的挥发油进行了研究，共鉴出 23 个成分，主成分为樟脑、吉马酮、莪术烯醇、1,8-桉叶素、异龙脑等。

14. 益母草　王晓光等对益母草 Leonurus japonicus Houtt. 细叶益母草L. sibiricus Linn 和大花益母草L. macranthus Maxim. 三种益母草的挥发油进行了研究，结果证明三种益母草均含有较多量的1-辛烯-3-醇、反式石竹烯、葎草烯、棕榈酸和叶绿醇等成分，其中石竹烯等具有平喘作用，可对它进行综合利用。益母草和细叶益母草的挥发油成分比较相似，而大花益母草的挥发油中有不少成分是前两种所没有的，说明前两者的亲缘关系较为相近。

15. 白豆蔻　周成明等在白豆蔻 Amomum kravanh Pierre ex Gapnep挥发油中共鉴出52个化学成分，主要有苧酮、α-萜品醇、3-蒈烯等。

16. 防风　王建华等在防风果实的挥发油中分离鉴定出66种化学成分，出油率为6.11%，主成分有氧化石竹烯、香松烯、β-蒎烯、桃金娘醛、桃金娘烯醇、α-松油醇、对聚伞花素、α-蒎烯和壬酸等。

17. 药茴香　刘谦光对药茴香 Pleurospermum giraldii Diels. 籽中的挥发油进行分离，鉴出43个化学成分，主要有L-藏茴香酮（75.69%）和柠檬烯(19.02%)等，并认为可作为一种新的中草药资源或新型天然香料，有重要的开发价值。

（凌罗庆）

【引流熊胆的研究】

熊胆是熊科动物黑熊Selenarctos thibetanus G. 或棕熊 Ursus arctos L. 及其近缘动物的胆囊及内含胆汁的干燥品，具有退热、清心、平肝、明目、解痉、杀虫等功能。近年来许多学者采用胆囊造瘘法人工引流直接抽取熊胆汁，替代天然熊胆以供药用。梁凤锡等用统计学方法对105只黑熊胆汁产量进行了实验观察，发现不同季节对黑熊产胆汁量的影响很大，以7-9月产量最高，10～12月次之，4～6月较低，1～3月最低。公熊比母熊产胆汁量高。

熊胆含有熊去氧胆酸（UDCA)、鹅去氧胆酸（CDCA)、胆酸（CA)、胆红素、氨基酸及微量元素等成分。其主要成分UDCA和CDCA是差向异构体，也是熊胆特有的成分，同时存在于天然熊胆和人工引流熊胆中，所以人们对两者的成分进行了比较研究。张守利用薄层层析法进行了比较，发现人工引流熊胆比天然熊胆多一个斑点。王永金等采用薄层色谱扫描分析，结果表明：UDCA与CDCA同时存在，人工引流熊胆比天然熊胆多两个斑点，其中一个微量。郭耀武等用薄层色谱扫描法测定了陕西产的熊胆粉的游离胆汁酸的含量，实验显示熊胆粉和天然熊胆含胆汁酸类成分基本一致，主要成分UDCA和CDCA的含量之和，熊胆粉高于天然熊胆，故认为熊胆粉可代替熊胆药用，而且质量前者比后者较优。郭氏同时又对其它成分进行了分析比较，从氨基酸类品种和脂溶性成分来看，熊胆粉和天然熊胆差别不大。廖杰等用氨基酸自动分析仪对天然熊胆和人工引流熊胆的结合型氨基酸作了分离，经检测，引流熊胆中结合型氨基酸含量波动范围大，但各种氨基酸含量无显著差别，引流熊胆中的牛磺酸含量略高于天然熊胆，甘氨酸含量与天然熊胆无显著差别。

（吴赵云）

【几种五味子原植物与化学成分的研究】

五味子为木兰科植物五味子Schisandra chinensis(Turcz.)Baill. 或华中五味子S. sphen anthera Rehd. et Wils. 的干燥成熟果实。性温、味酸，有敛肺、滋肾、生津、收汗、涩精等功效。主产于辽宁、吉林、黑龙江、河北等地，商品习惯称“北五味子”；产于四川、湖北、陕西等地，称为“南五味子”。

（一）原植物形态研究　宋万志等人对湖北产的兴山五味子S. incarnata Stapf与北五味子的原植物进行了比较，发现兴山五味子雄蕊20～30枚，排成3～4列，着生于肉质的蕊柱上，最外层雄蕊具扁平花丝，雌蕊心皮约70枚。北五味子雄蕊4～6枚，通常5枚，无花丝，雌蕊20～40枚。凌云等人对四川省采集到的13种五味子及其变种与黑龙江采集的北五味子通过扫描电镜形态观察，发现各种五味子的种皮表面凹凸程度以及种皮横切面中栅栏状厚壁细胞腔、石细胞层次及大小均存在差异。并发现有各种不同类型的晶体，包括大小不同的针晶、砂晶、方晶。这三种晶体通过规则或不规则堆积可形成形态各异的花样，晶体的类型和花样在不同品种亦有不同的分布。并且认为五味子种皮表面的凹凸程度、种皮横切面的构成及晶体的存在可以反映各种五味子药材特征。

（二）化学成分研究　五味子果实中含挥发油约3%。芮和恺等人采用气相色谱-质谱-计算机联用方法对五味子挥发油进行了研究，结果从分离出173个色谱峰中鉴定了29种化合物，占挥发油总量的38.65%。宋万志等人从湖北产的兴山五味子 Schisandra incarnata 中分离得到襄五脂素 chicanine、β-谷甾醇。经药理实验表明，兴山五味子乙醇提取物有降酶和镇静作用。为进一步扩大五味子的药用资源，王诃等人应用薄层光密度法，以化学成分已明确的北五味子中提取物为标准，对 10 种五味子中的五味子甲素、乙素、丙素、醇甲、醇乙、酯甲及五味酚作了含量分析，结果表明：五味子属植物中所含成分各异，同种五味子成分的含量因产地不同而异；10 种五味子的薄层扫描图有显著差异，可作为不同品种五味子的理化鉴别方法之一。陶勇等人从四川省宜宾产翼梗五味子 Schisandra henryi 中分得的 7 个1-酮基四氢萘木脂素化合物，并对从中分得的 4 个木脂素化合物进行鉴定。分别为前五味子素、(+)-安五酯素、五味子酚和表恩施辛甲醚。其中表恩施辛甲醚首次从天然植物中得到，前五味子素和(+)-安五脂素是首次从翼梗五味子中分得。

（史美瑶）

【高效液相色谱法和薄层扫描法在中药分析中的应用】

（一）高效液相色谱法（HPLC）　张永煜等应用本法对不同产地及日本产五味子中木脂素有效成分含量进行了测定，并作了精密度及回收率试验。结果表明：中国产五味子11个样品中除1个黑龙江省的样品外，不同产地的 7 种木脂素成分含量无显著差异；日本产五味子与中国产五味子比较，所含木脂素成分的种类相差不大，但含量差别甚大。饶伟文等建立了黄芪中异黄酮类成分HPLC测定法，利用本法对黄芪样品中的芒柄花素（F）、毛蕊异黄酮（C）、黄芪异黄烷甙(A)进行定性检测，并对芒柄花素和毛蕊异黄酮进行了含量测定。胡丽萍等用HPLC对不同厚朴饮片进行含量测定，结果表明：清炒品厚朴酚含量最高，辅料生姜可使厚朴含量有所增加。曾路等报道了应用 HPLC 对甘草中三种皂甙类成分甘草酸、乌拉甘草皂甙甲和乌拉甘草甙乙进行分离和含量测定。刘延泽等综合评述了 HPLC 在中草药鞣质类成分研究中应用的四个方面，包括判断鞣质分子的大小，判断各组分纯度 α、β-异构体，判断鞣质水解进行的程度及定性定量分析。徐凯健等应用 HPLC 测定双黄连注射液中绿原酸、黄芩甙的含量，结果样品中的成分得到较好地分离，方法准确、稳定性好，故可用于双黄连注射液的质量控制。张晓平等也采用 HPLC 测定海马补肾丸中淫羊藿甙的含量。肖云祥等用 HPLC 测定了甘草和制剂人丹中甘草酸含量，此方法精密度、准确度较好，简便、快速，适合于甘草及含甘草制剂中甘草酸的测定。余洪等用 HPLC 测定了杞菊地黄口服液中丹皮酚的含量。朱秀华也用本法使归芍六君丸中芍药甙能迅速、精确地测定。另外，王杰民等建立了测定芍药中芍药甙的反相高效液相色谱法，实验结果显示，色谱峰的分离完全，线性关系良好，且具有取样量少、步骤简单、准确可靠的优点。黄宗玉等也用反相高效液相色谱法测定当归调经露中当归和川芎有效成分之一——阿魏酸。此法能排除其它干扰，快速准确。还有鲁静等也用反相高效液相法测定了血竭中血竭素的含量。

（二）薄层扫描法　该法操作简便、稳定性强、重现性好、灵敏度高的优点。李国强等采用本法对归脾丸（浓缩丸）中阿魏酸的含量进行了测定，结果表明：本法可作为控制归脾丸（浓缩丸)的质量标准的方法之一。张荣安等采用本法测定黄藤根和茎中巴马汀与药根碱的含量。李同芬等采用薄层扫描外标两点法测定由多味药材制成的中药酊剂复方人参酊中人参皂甙 Re 的含量。刘伟华也采用本法测定了矮地茶中岩白菜素的含量，给矮地茶中岩白菜素的含量控制提供了新的方法。杨建红等采用本法测定了甘草中甘草次酸的含量。张庆生等用薄层色谱法将芍药甙与干扰物质分离，此方法可用于白芍和复方白芍片的质量鉴定。韩成泰等用本法测定麝香酮的含量，以扩大麝香的检验手段和完善麝香的检验方法。李霞等用独活的醇提取物，经硅胶G层析，分离到主要有效成分二氢欧山芹醇，采用双波长薄层扫描测定其含量，方法快速、灵敏、简便，为生药及制剂的质量控制提供了定量方法。贾元印等用本法测定麻黄中麻黄碱和2,3,5,6-四甲基吡嗪的含量，认为它不仅适用于单味麻黄中二种有效成分的含量测定，而且可推广用于测定麻黄制剂中二有效成分的含量。钱芳等用对川芎中的阿魏酸进行定性及定量测定，本法测定结果准确，可作为川芎质量控制的标准。梁文清等采用本法测定松蓝根和叶中靛玉红与靛蓝的含量。此方法无需显色，直接扫描测定即可，而且重现性好。孙文基等用本法测定远志及其制剂中的远志皂甙元的含量，此法能客观地反映远志及其制剂的内在质量，而且测定结果准确。张启明等用本法测定了牛黄中胆酸、鹅去氧胆酸、去氧胆酸的含量。万振先等以人参二醇为标准品，测定江西宁岗产绞股蓝全草、茎、叶中人参二醇的含量，方法简便、可靠，为绞股蓝的资源开发和合理利用提供了依据。另外，李连达等用高效薄层扫描法测定了中风脑脉通口服液的 4 个不同批号制剂中黄芪甲甙的含量，可用于含有黄芪复方制剂的质量控制。刘美丽等采用双波长薄层扫描法测定了大叶刺黄柏植物各部位所含主要 3 种原小檗碱型的生物碱的含量。

（史　亮）

参考文献

C

蔡定国，等．应用高速逆流层析仪分离三尖杉总碱的主要成分．中国医药工业杂志，1991；(2):72

蔡立宁，等．黄甘草皂甙的结构．药学学报，1991；(6):447

迟　程，等．墨江蜈蚣和少棘蜈蚣游离氨基酸和微量元素的比较．中国中药杂志，1991；(2):104

陈定一，等．阿胶及其炮制品中氨基酸和微量元素的分析研究．中国中药杂志，1991；(2):83

陈海生，等．木防已化学成分研究．药学学报，1991；(10):755

陈建伟，等．电子探针快速测定麝香中的无机元素．中国中药杂志，1991；(8):487

陈　敏，等．蔓性千斤拔化学成分的研究．药学学报，1991；(1):42

陈若芸，等．赤芝孢子粉三萜化学成分研究．药学学报，1991；(4):267

用二维核磁共振技术研究赤芝孢子内酯A和B的结构．药学学报，1991；(6):430

陈未名，等．云南红豆杉抗肿瘤活性成分的研究．药学学报，1991；(10):747

陈　嬿，等．临沧地不容中的生物碱．植物学报，1991；(7):552

D

丁立生，等．展毛黄草乌的生物碱研究．植物学报，1991；(10):807

G

果德安，等．祁州漏芦蜕皮甾酮类化学成分的研究．药学学报，1991；(6):442

郭　冬，等．知母中一个新皂甙的分离和结构鉴定．药学学报，1991；(8):619

郭跃伟，等．小叶香茶菜甙的结构．植物学报，

1991;(9):722

郭嬗武，等。陕西产熊胆粉的质量评价。陕西中医，1990;(9):425

H

韩成泰，等。麝香中麝香酮的薄层色谱扫描法。药物分析杂志，1990;(3):146

韩 玖，等。苦楝化学成分的研究。药学学报，1991;(6):426

胡丽萍，等。高效液相色谱法测定不同厚朴饮片中厚朴酚含量及厚朴姜制原理的研究。中国中药杂志，1991;(9):535

黄 维，等。东方木工蚁与拟多刺黑蚁的氨基酸及微量元素。中国中药杂志，1991;(6):362

黄宗玉，等。反相高效液相色谱法测定当归调经露中阿魏酸。中成药，1991;(8):11

J

贾天柱，等。肉豆蔻不同炮制品挥发油中肉豆蔻醚、黄樟醚的薄层扫描测定。中国中药杂志，1991;(5):275

贾元印，等。薄层扫描法测定麻黄中麻黄碱和2，3，5，6-四甲基吡嗪的含量。中草药，1990;(1):19

姜志宏，等。枫香叶挥发油化学成分研究。中药材，1991;(8):34

蒋仲芳，等。毛冬青化学成分的研究Ⅱ四种三萜皂甙的分离和鉴定。中草药，1991;(7):291

L

李国强，等。薄层扫描法测定归脾丸(浓缩丸)中阿魏酸含量。中成药，1991;(3):15

李建北，等。小叶买麻藤中买麻藤甲素的结构研究。药学学报，1991;(6):437

李建华，等。影响黄栌中漆黄素提取量的因素。中国中药杂志，1991;(10):614

李连达，等。高效薄层扫描法测定中风脑脉通口服液中黄芪甲甙的含量。中国中药杂志，1991;(2):90

李满飞，等。金钗石斛精油化学成分研究。有机化学，1991;(2):219

粉花石斛化学成分研究。药学学报，1991;(4):307

李清华，等。宁国贝母中宁贝新甙的分离和结构鉴定。药学学报，1991;(10):794

李松林，等。草珊瑚3个化学型的挥发油成分及其抗真菌活性研究。中草药，1991;(10):435

李同芬，等。薄层扫描法测定复方人参酊中人参皂甙Re的含量。中成药，1991;(4):15

李 霞，等。薄层扫描法测定独活浸膏中二氢欧山芹醇的含量。中草药，1990;(2):11

李义侠，等。西洋参茎叶总皂甙水-正丁醇法提取工艺。中草药，1991;(1):14

李志田，等。白花丹参化学成分的研究。药学学报，1991;(3):209

梁凤锡，等。几种因素对熊产胆汁量的影响。中药材，1990;(4):11

梁宏晞，等。共轭方向法在HPLC流动相条件优化中的应用——麻黄碱、伪麻黄碱的分离。药学学报，1991;(1):49

梁文清，等。薄层扫描法测定菘蓝根和叶中靛玉红与靛蓝的含量。中草药，1990;(4):11

廖 杰，等。天然熊胆与人工引流熊胆中氨基酸含量的比较。中草药，1990;(4):15

凌 云，等。五味子药材的扫描电镜形态比较。中国中药杂志，1991;(1):9

刘嘉森，等。五内酯E和长南酸的分离与结构。化学学报，1991;(5):502

刘美丽，等。高效薄层扫描法测定大叶刺黄柏各部位生物碱的含量。中草药，1991;(7):308

刘谦光。药茴香籽挥发油成分研究。中国药学杂志，1991;(10):593

刘锁兰，等。两种药用花椒挥发油的分析。中国中药杂志，1991;(6):359

刘特美。一种组合精馏装置。中成药，1991;(2):38

刘伟华。薄层扫描法测定矮地茶中岩白菜素的含量。中国中药杂志，1991;(2):102

刘文粢，等。广陈皮化学成分的比较研究。中药材，1991;(3):33

刘延泽，等。高效液相色谱法在中草药鞣质类研究中的应用。中草药，1991;(2):89

娄红祥，等。华北白前中的新三萜成分。药学学报，1991;(8):584

鲁 静，等。反相高效液相色谱法测定血竭中血竭素含量。中国中药杂志，1991;(10):615

鲁学照，等。三叶鼠尾草中小红参醌丙的结构。药学学报，1991;(3):193

M

马翠英，等。水蔓菁中黄酮类化合物的研究。药学学报，1991；(3):203

马鹏程，等。雷公藤内酯三醇的分离与结构研究。植物学报，1991；(5):370

雷公藤中16-羟基雷公藤内酯醇的分离与鉴定。药学学报，1991；(10):759

马　迎，等。樟叶胡椒中新木脂素成分的研究。药学学报，1991；(5):345

P

潘锡平，等。蝙蝠葛中的新生物碱——蝙蝠葛新林碱。药学学报，1991；(5):387

Q

钱　芳，等。川芎中阿魏酸定性定量的薄层色谱扫描法。中成药，1990；(4):9

曲文浩，等。火索麻化学成分的研究。中国药科大学学报，1991；(4):203

R

饶高雄，等。中药云前胡的化学成分研究。药学学报，1991；(1):30

饶伟文，等。黄芪类中药中芒柄花素和毛蕊异黄酮的HPLC测定。中成药，1991；(9):32

芮和恺，等。五味子挥发油成分的研究。中药材，1991；(7):38

S

申文吉，等。大叶胡枝子化学成分的研究。中国药科大学学报，1991；(3):148

苏荣辉，等。川黄柏果中的新三萜化合物。植物学报，1991；(10):801

孙洪发，等。川西獐牙菜甙类成分。植物学报，1991；(1):31

孙会文。鳖腹甲和鳖背甲中11种元素的比较。中草药，1991；(1):11

孙文基，等。远志及其制剂中远志皂甙的薄层扫描法测定。中成药，1990；(5):15

楤木根皮中皂甙化学成分的研究。药学学报，1991；(3):197

宋万志，等。兴山五味子的质量研究。中国中药杂志，1991；(4):204

T

陶　勇，等。翼梗五味子的研究Ⅵ．四个木脂素的分离和鉴定。中草药，1991；(2):51

陶遵威，等。马蔺子乙素的合成。中国医药工业杂志，1991；(2):57

田惠军，等。天然牛黄和人胆红素钙结石中氨基酸及金属元素的分析。中草药，1991；(1):19

W

文东旭，等。救必应化学成分的研究(Ⅰ)。中草药，1991；(6):246

吴庆夫，等。红参中多肽成分的分离和鉴定。药学学报，1991；(7):499

吴振洁，等。中药白头翁的甙类成分。中国药科大学学报，1991；(5):265

王彩兰，等。乌拉尔甘草中新香豆素的化学研究。药学学报，1991；(2):147

王存英，等。麝香吡啶及其类似物的合成。药学学报，1991；(5):379

王惠康，等。党参的化学成分研究Ⅱ．党参内酯及党参酸的分离和结构测定。中草药，1991；(5):195

王建华，等。防风果实中挥发油成分的研究。中国药学杂志，1991；(8):465

王杰民，等。芍药中芍药甙的高效液相色谱法测定。中成药，1991；(4):32

王　诃，等。五味子类生药的薄层光密度法鉴别研究。中国中药杂志，1991；(2):70

王晓光，等。三种益母草挥发油成分的研究。中药材，1991；(11):35

王雪峰，等。莪术挥发油成分的GC/MS鉴定。中药材，1991；(10):35

王永金，等。薄层扫描法鉴定熊胆的研究。沈阳药学院学报，1990；(4):263

王永奇，等。木糖原料的筛选1．八种植物废料中木糖含量比较。中草药，1991；(7):301

王忠效，等。"Δ"-脱氢苦豆碱的结构。植物学报，1991；(9):727

X

夏开元，等。CO_2超临界流体萃取的应用研究Ⅰ．新疆软紫草中萘醌色素的提取。中草药，1991；(5):202

肖云祥，等。高效液相色谱法测定甘草及人丹中甘草酸的含量。中成药，1990；(7):12

徐　风，等。钩吻素子的全合成研究——具有19-C，20-C双键、16-C氧化的蛇根精骨架的合成。化学学报，1991；(3):290

徐广顺，等。异一枝蒿酮酸的结构。药学学报，

1991; (7):505

徐俊平，等。抗生育药山甘草的新三萜皂苷。化学学报，1991；(6):621

徐凯健，等。HPLC法测定双黄连注射液中绿原酸、黄芩甙的含量。中草药，1991；(2):53

徐亚明，等。长叶竹柏中的一个新双黄酮的结构。植物学报，1991；(2):162

Y

杨春澍，等。野八角果毒性成分的研究。药学学报，1991；(2):128

杨建红，等。薄层扫描法测定甘草中甘草次酸的含量。中国中药杂志，1991；(4):232

杨连菊，等。不同产地龙骨中无机元素的含量测定。中国中药杂志，1991；(9):522

易进海，等。藏药独一枝根化学成分的研究。药学学报，1991；(1):37

易以军，等。丝叶唐松草中——新三萜皂甙。中国药科大学学报，1991；(5):270

于东防，等。扶桑花中扶桑甾醇的分离和结构测定。中草药，1991；(1):3

庾石山，等。异叶梁王茶化学成分的研究。药学学报，1991；(4):261

异叶梁王茶化学成分研究（Ⅱ）。中草药，1991；(6):243

阮金兰，等。大叶牛奶菜甙丙的结构测定。药学学报，1991；(9):667

Z

曾　路，等。粗毛甘草化学成分研究。植物学报，1991；(2):124

甘草中三种皂甙类成分的高效液相色谱法分离和含量测定。药学学报，1991；(1):53

张大军，等。长瓣金莲花挥发油化学成分的研究。中草药，1991；(4):172

张东明，等。雷公藤酮的结构。药学学报，1991；(5):341

张建兴，等。浙贝母化学成分研究。药学学报，1991；(3):231

浙贝母化学成分的研究Ⅱ。植物学报，1991；(12):923

张　亮，等。从昆明山海棠根中分得三个新二萜化合物。中国药科大学学报，1991；(3):132

昆明山海棠化学成分的研究。药学学报，1991；(7):515

张庆生，等。薄层扫描法测定白芍及复方白芍片中芍药甙的含量。中国中药杂志，1991；(9):535

张荣安，等。薄层扫描法测定黄藤根和茎中巴马汀与药根碱的含量。中成药，1991；(4):44

张守利。人工引流熊胆与熊胆的鉴别。中国中药杂志，1990；(2):12

张晓平，等。海马补肾丸中淫羊藿甙的高效液相色谱法测定。中草药，1990；(2):15

张永文，等。川续断的化学成分研究。药学学报，1991；(9):676

张永煜，等。不同产地五味子中木脂素类成分的高效液相色谱法测定。药物分析杂志，1990；(3):146

赵淑平，等。小茴香挥发油的成分。植物学报，1991；(1):82

赵兴红，等。紫丁杜鹃挥发油的化学成分。中草药，1991；(8):360

赵争胜，等。齐墩果酸钠盐的制备及其溶解度。中成药，1991；(8):32

秦岭楤木中齐墩果酸提取及工艺改进。中草药，1991；(1):18

周成明，等。白豆蔻挥发油成分研究。中国药学杂志，1991；(7):406

朱甘培，等。姜味草挥发油化学成分的研究。中草药，1991；(3):127

朱秀华。高效液相色谱测归芍六君丸中芍药甙。中成药，1991；(6):14

朱永新，等。麦冬挥发油化学成份的研究。药物分析杂志，1991；(1):21

（三）药性与药理

【概述】

1991年，对药性的探讨，主要集中在理论研究方面，并提出了一些新的观点。翟胜利等认为中药的形质与其功效有密切联系，药性中应包括“药物形质”。杨中林以五行五藏观点提出五味药性五藏说。刘福祥等认为大多数酸味药并不具收敛作用，因而中药酸味收涩理论是不完善的或局限的。李宗铎等通过实验研究指出，人参畏五灵脂实质在于药效的降低。刘茂林等证明蜂蜜能以多种形式降低乌头的毒性。

人参的药理作用主要向茎叶花果等综合利用和有效组分的研究发展。杨世杰等研究认为人参茎叶二醇组及三醇组皂甙能分别引起血压下降及升高。马天才等证实人参茎叶皂甙有增强学习记忆力的作用。潘文军等认为人参花皂甙可升高心肌 cAMP 与 cGMP 含量。杨晓静等证实人参根皂甙、茎叶皂甙可改善“血瘀”状态下的血液流变性及红细胞流动性。金莹等认为人参皂甙Re对心肌缺血再灌注损伤有保护作用。钟国赣等观察了人参二醇组与三醇组皂甙对心肌细胞的氧化损伤均具有保护作用。刘媛媛等指出人参二醇组皂甙具有抗内毒素休克作用。

绞股蓝、丹参的有效成分研究。辛冬生、濮家伉等研究认为绞股蓝总皂甙有改善缺血早期心功能及对抗缺血再灌注性心律失常的作用。李玉爱等提出绞股蓝总皂甙具有持久的减慢心率及降压作用。吴基良等观察到绞股蓝总皂甙对血小板 TXB_2 及主动脉环生成均有明显抑制作用。郑若玄等观察到丹参对异丙肾上腺素引起的心室纤颤具有防治作用。李晓辉等提出丹参酮具有防治心肌梗死作用。孙锡铭等提出丹参素有抑制细胞内源性胆固醇生成及抗脂蛋白氧化作用。时毓民等证实丹参具有防治高血粘滞度引起的肺出血作用。

三七的研究主要在其所含皂甙的心血管作用方面。黄聪、李麟仙等认为三七总皂甙对心肌缺血再灌注及急性脑缺血有保护作用。但汉雄等提出三七二醇甙有抗实验性室性、房性心律失常的作用。陈芷芳等指出三七皂甙Rg_1和 Rb_1有对抗实验性室早、室速和室颤及死亡的作用。金黎清等认为三七总皂甙可显著激活脑突触膜 Na^+-K^+-ATP 酶活力和抑制 Ca^{2+}-Mg^{2+}-ATP 酶活力。

在川芎的研究中，刘众等提出该药防治脑缺血的作用在于降低血小板激活因子的含量。魏敏杰等观察到川芎嗪能促进离体肺动脉合成释放前列环素，蔡伟菁等则指出川芎嗪不影响离体人血管内皮细胞合成释放前列环素。

大黄的研究在心血管、免疫等方面有较深入广泛的开展。马路等认为大黄具有促进动物细胞免疫和淋巴细胞增殖的作用。田劲、黎磊石等分别从不同角度提出大黄可抑制肾小管上皮细胞、系膜细胞的生成。徐萍用微核测定方法表明大黄对骨髓血细胞有保护作用。姚文兵等证实波叶大黄多糖具有明显抗 S_{180} 肉瘤、降血糖及抗辐射等药理效应。

中药防治动脉粥样硬化的研究。杜笑逸等指出月见草油及钠盐均有升高高密度脂蛋白胆固醇的作用。张克锦等观察到赤土茯苓在不影响血清胆固醇的情况下，具有显著抗动粥作用。武继彪等认为齐墩果酸抗动粥作用在于降低过氧化脂质，升高前列环素/血栓素 A_2 比值。高春义等提出大蒜素能防止高胆固醇血症，且使主动脉cAMP 水平维持正常。黄桂秋等认为蒲黄单体对血管内皮细胞有明显保护作用。

中药抗血栓形成作用从不同角度进行了探讨。马丽娟等认为海兰地嗪抗血小板聚集作用与升高血小板 cAMP 水平和抑制细胞内游离钙离子浓度升高有关。王玲等认为毛冬青甲素可显著减少 TXB_2 的生成。朱亮等提出枫香脂及其挥发油抗血栓形成作用机理之一在于提高血小板cAMP水平。王敏等观察到淫羊藿甙能显著增加脑血流量，降低脑血管阻力。曾国钱等提出蝙蝠葛碱可抑制大脑前动脉平滑肌细胞增殖、DNA 生成及细胞钙内流。史载祥等认为大蒜素治疗脑梗塞作用在于抑制动脉平滑肌收缩。

中药的抗炎作用研究的探讨。周重楚和师海波等认为龙牙楤木总甙、臭冷杉精油抗炎作用机理之一在于抑制前列腺素E合成释放、及清除自由基作用。徐克意、段泾云等提出钩吻总碱、娃八藤总碱抗炎作用与抑制前列腺素E合成释放有关。欧阳瑜等研究了10种中药的有效成分，其中大黄素、齐墩果酸、放线瑞香宁和去氧胆酸可明显抑制白三烯B_4生物合成，汉防己甲素亦有类似作用。方军等认为商陆皂甙甲通过抑制血小板活化因子而呈现抗炎作用。吴勇杰等认为甘草次酸钠的抗炎作用不依赖垂体——肾上腺皮质系统，而与抑制前列腺素E_2生成，拮抗组胺、5-羟色胺作用有关。

中药对中枢神经系统的研究，主要是中药益智、安神等方面。徐惠波、张锐武、楚正绪等分别研究了鹿茸神经节甙酯、石杉碱甲、赤芍提取物均有促进学习记忆功能的作用。张林魁、郭正平等认为五味子醇甲、天麻素及天麻甙元的中枢抑制作用机理分别与增加脑内多巴胺含量与兴奋苯二氮䓬受体有关。李悦欣等提出辣椒素通过调控神经元的活动而调节体温。鲁友明等认为蝙蝠葛苏林碱能阻断海马神经元门冬氨酸操纵的Ca^{2+}通道，而不拮抗门冬氨酸受体。

在中药抗生育作用的研究方面，从生理、生化角度提出了一些新的认识。童建孙、叶惟三等分别研究了雷公藤多甙及某些单体的雄性抗生育作用，提出他们的作用点主要是附睾组织。钱之玉提出棉酚抗生育作用的生化机理之一是干扰雄性生殖系统多胺的正常水平。王伟成等认为土荆皮乙酸抗早孕的作用机理可能是影响子宫组织血流量。张颂、杨士杰、何冰芳、韩维田等分别探讨了阿魏酸、薄荷油、黑木耳多糖、α-苦瓜籽蛋白的抗生育作用。

徐健国等选用21味中药做了幽门螺旋菌的体外药敏试验，结果：黄芩、大黄、木香、乌梅、黄连对该菌有抑制作用。赵晓洋、郭宁如、程波等分别观察到五味子、半夏、甘草甜素、川椒挥发油等有抗真菌作用。刘晶星、穆美云等分别提出苦参有抗柯萨基B组病毒，黄芪有增强自然杀伤细胞活性的作用。

中药药动学研究方面，注意了条件的多样化，具有较大的理论及实践价值。金昔陆等用异速增大方程表明葛根素在大鼠、家兔、狗的体内过程存在着种属差异，而且动物越大该药体内过程的某些方面越与人相近。凌树森研究了3H-雷公藤甲素在大鼠的体内过程，表明该药口服和静脉注射后，在体内的分布及消除速率大体相似。黄熙等对补骨脂素及补骨脂素混合结晶进行了研究，表明它们的药动学分别属二室模型与一室模型。刘晓勤等在川芎嗪的研究中结合了药动学与药效学两方面，表明川芎嗪血液浓度与其主要效应密切相关，肝脏损伤时对其药动学产生明显影响。

（王树荣　李仪奎）

【中药药性理论的探讨】

五味理论的探讨。陈德宁等对26种酸味药的一般药性特征及其配伍作用做了研究，表明：酸味药归肝经最多，与传统理论相吻合；酸味药中以温性、平性占最多；酸味药中的化学成分是酸根、鞣质、生物碱、挥发油及甙类；酸味药有收敛作用，表现为抗病原微生物、凝固、吸附及调节神经系统等；酸味药临床上配伍作用有酸甘化阴、酸苦涌泄、酸苦泄热等。赵兴连等认为化学物质决定了中药之味的性质，组成化学物质的元素数量、分子量以及化学成分在药物中的含量，则是中药味的定量标准。以穿心莲为例：穿心莲所含的穿心莲甲素，分子式为$C_{20}H_{30}O_4$，分子量334.46，含量约0.1%，为无色片状或长方形结晶，味稍苦；穿心莲乙素，分子式为$C_{20}H_{30}O_5$，分子量350，含量约1.5%以上，为无色方形或长方形结晶，味极苦；穿心莲丙素，分子式为$C_{26}H_{40}O_8$，分子量590.61，含量约0.2%，为无色柱状结晶，无苦味。由此可见，分析中药的不同化学成分，不仅使中药的单纯药味的定性与定量研究建立在原子或分子化学之上，而且使中药的药味理论得到科学的揭示和阐明，同时也使同药异味、异药同味的理论得到科学的解释。

四气理论的探讨。徐流认为本草著作中有些药物的性味不统一，这是因为此类药物具有寒热两种的双重性，当机体处于热证时，其表现为寒性；当机体处于寒证时，其表现为热性，所以《汤液本草》中就有一物二气的论述。王儒飞等认为一种药物是一个具有多种阴阳属性的对立统一体，提高了“四气”阴阳属性四项归类，即每一药物分为“药原”体内阴阳之盛衰，及“五味”、“五色”、“质地轻重”阴阳对立之属性四项来定性分析药物。白建生考证了历代医药文献，提出了中药的气绝非指性，也不同于味，而是依附于味，并存在于药物之内的有效成分，在一定条件下能够从味中分离散发出来，独立发挥其治疗作用的部分。管竞环等通过对120味植物药中无机元素含量的检测分析，结果表明药物中各种无机元素含量的水平，是决定植物类中药四性的主要因素之一，提示把药性研究建立在药物无机元素含量的检测分析基础上，是探测药性的一个方面。瞿胜利认为中药的形质与人体疾病的发生部位在治疗上有着密切的内在联系，发现药物地上部分、表皮部分为阳，有上升、向外发展趋势；地下部分、表皮以内的部分为阴，有内守、下降的趋势，因此认为中药形质应该属于中药性能之一。

归经理论的探讨。周平龙将412种中药的味与归经进行统计分析，认为辛与肺、甘与脾、酸与肝、咸与肾、苦与心并没有必然的内在联系，故认为传统的“五味所入”之说，作为中医临床用药、中药归经及食疗原则失去普遍指导意义。王儒飞等以“天人合一”的整体观念为理论基础，结合元气、阴阳、五行及脏腑、经络，提出了“五行系统树-小宇宙成象”的中药归经新理论，以归经五要素来判断每一药物的归经。

中药性能包括有毒与无毒。常章富通过研究认为，药物有毒无毒是针对药物之间的性效对比而言，它表示了不同药物在常量应用时，其性能的峻缓及对人体毒害大小，而且认为有毒、无毒又可相互转化。秦林认为中医以毒攻毒的治法，即利用中药“有毒”以祛邪毒，有毒药物药理作用迅猛，而且强大，能祛除凶险沉痼之邪。

陈松育探讨了中药理论中存在的一些问题，认为这些问题阻碍着学说发展，其中五味学说中的辛润、苦坚、咸下并无普遍指导意义，因此不能与五味的作用辛散、苦燥、咸软等相提并论。气味学说中的“气味厚薄升降”理论，渊源于《内经》，形成于金元易水学派，明代李时珍总结前人之说，提出了味薄者升，气薄者降，气厚者浮，味厚者沉的理论，但目前已很少应用，主要是概念不清，使人困惑不解，还有待进一步研究。

（吴燕芳）

【冬虫夏草和人工虫草菌丝体的药理研究】

冬虫夏草是中国特有的名贵中药材。虽然人工虫草繁殖获得成功，但产量有限，因此人工虫草菌丝体研究引起人们的重视，并进入了工业化生产。

林维启利用天然虫草分离、纯化而获虫草头孢菌，选择适合培养基进行繁殖，然后收其菌丝体，经分析表明：菌丝体的氨基酸、麦角甾醇含量均比天然虫草高一倍，D-甘露醇含量低30%，微量元素含量基本相同。张士善等对氨基酸成分进行药理分析，按天然虫草所含的18种氨基酸进行人工配伍（Ⅰ）、复合氨基酸注射液（12X）、用18种氨基酸中最有效成分谷氨酸、色氨酸、酪氨酸配伍（Ⅱ），均以小白鼠自发活动为指标，其结果：配伍（Ⅰ）与天然虫草作用相似；配伍（Ⅱ）也获得同样的药理效应，但对小白鼠增强单核巨噬细胞吞噬功能；而（12X）的药理作用明显减弱。

李毓、徐仁和等利用组织培养方法探讨冬虫夏草结晶制剂（CS-Cr）对小鼠骨髓红系祖细胞（CFU-E 和 BFU-E）增殖的影响。实验表明：CS-Cr 有明显提高骨髓 CFU-E、BFU-E 和造血干细胞（CFU-S）的产率和自杀率；采用液体培养技术发现 CS-Cr 促进骨髓成纤维祖细胞（CFU-F）增殖，其产率变化与 CFU-E、BFU-E 一致，这是因为 CS-Cr 含有D-甘露醇、多糖以及多种氨基酸等，是一种非特异免疫增强剂和调节剂，可激活机体的免疫活性细胞，并参与造血细胞的增殖与分化的控制。刘菊华、刘灿坤等利用天然虫草和虫草菌丝体研究指出：它们均能提高小鼠腹腔巨噬细胞的吞噬指数和百分率，加快小鼠血中胶体炭粒清除速度，增强机体的免疫功能；对小鼠皮下移殖 Lewis 肺癌的原发生长、自发肺部转移均有明显抑制作用；对大鼠的心率有明显抑制作用、对小鼠心肌缺氧有保护作用；用这两种药的水提取液注射小鼠肌肉，使其血小板明显增加（$P<0.01$），此外还有镇静、解毒、平喘、祛痰等作用。据认为虫草有一定的拟雄激素样作用和抗雌激素样作用，对性功能紊乱有调节恢复正常作用，但报道不一，王勤等研究了冬虫夏草对生育力的影响，结果表明：对正常小鼠生育力、子宫重量、精囊重量、精子数量和活动力均无明显影响。

虫草在临床应用方面，林氏报道了云南生产的"冬虫夏草精"治疗老年心律失常 101 例，表明：抗心律失常有效率达66.3%，与西药相比，虫草制剂无血压降低、眩晕、嗜睡、心动过缓等副作用；同时还能抑制体内血栓形成、治疗慢性支气管炎和慢性肾功能衰竭等。余敏对虫草菌丝体工业生产的"冬虫夏草胶囊"，分别由山西大同利群制药厂生产的(CS_1)、江西南昌国药厂生产的(CS_2)、浙江杭州第二制药厂生产的（CS_3），进行了研究，结果表明：这三种药对大、小鼠脑内的 MAO-B 活性均有显著的抑制作用，提示该药对延缓衰老和老年保健作用具有一定的意义。

另外，舒树芳用新发现的金针虫草和天然冬虫夏草进行水解氨基酸含量对比分析。测定结果为：冬虫夏草含17种氨基酸，而金针虫草含有15种与冬虫夏草相同的氨基酸，而且某些人体必需氨基酸的含量还超过了冬虫夏草，所以将金针虫草开发为药用虫草以补充冬虫夏草资源不足，是极有研究前景的。

（周秀佳）

【丁香等 5 种中药温中止痛作用的研究】

戴云华等对附子、干姜、肉桂、丁香、细辛、胡椒、花椒、高良姜、荜澄茄、吴茱萸、荜茇、小茴香和八角茴香等13味温里药和27种生物无机元素进行含量测定，结果表明：药物中 Zn、Fe、Mn、Ca、Mg、Sr等含量均较高；并就温里药中的生物元素与其功效关系进行了讨论。阴健对温里药的化学结构进行了研究，发现许多温里中药中有微量但生理活性极强的水溶性生物碱与儿茶酚胺有普遍联系，常称这些为儿茶酚胺类似物质，并从构效关系的角度探讨结构与功效的关系。由于消化系统是温里药"温中止痛"的靶系统。因此，近年许多学者都从这一系统进行了药理研究，现分述如下：

1. 丁香　陈光娟等研究结果表明：丁香除对幽门结扎性溃疡无明显影响外，水提物对小鼠水浸应激溃疡、醚提物对消炎痛诱发溃疡，均有较好保护作用；丁香醚提部位存在显著促进麻醉大鼠胆汁分泌的成分，胆汁分泌的增加无疑对宿食不消会起改善作用；丁香对正常肠功能活动无影响而对功能失调肠活动有调整作用；丁香醚和水提物对 2 种致痛模型均有良好效果；丁香的水、醚部位对 CCL_4 引起的肝细胞受损血清谷丙转氨酶升高无抑制作用，提示丁香可能无保肝作用，保肝不是其"温中"的内容。所以作为温里药之一的丁香，其温中散寒，治疗脘腹冷痛的功效与其抗胃溃疡、利胆、止泻及镇痛作用有关。

2. 花椒　张明发等研究表明：花椒水提

物中的成分具有抗溃疡的作用；无利胆作用；花椒中抗刺激大肠性腹泻成分是水溶性的，而抗刺激小肠性腹泻成分是脂溶性的，并认为抑制胃肠推进运动不是花椒抗腹泻的主要机理；花椒水煎剂具有镇痛作用；花椒水提物能保护肝脏，抑制 CCL_4升高 SGPT。所以说，花椒的抗溃疡、保肝、对抗炎性和功能性腹泻及纠正胃肠道功能紊乱作用是花椒"温中止痛"的内涵，而它的镇痛作用对缓解各种腹痛起加强作用。并证明花椒无利胆作用，对胆汁分泌的影响不是其"温中止痛"的内容。

3. 荜澄茄　沈雅琴等研究认为：荜澄茄醚、水提取物对大鼠盐酸性胃溃疡有对抗作用，其醚提物对小鼠水浸应激性胃溃疡也有对抗作用。两种提取物均有持久的利胆作用，都能对抗蓖麻油和番泻叶引起的小鼠腹泻和抑制小鼠墨汁胃肠推进运动，并延长小鼠热刺激反应潜伏期；醚提物还能抑制乙酸引起的小鼠扭体反应。荜澄茄的上述药理作用，无疑对胃溃疡，慢性胆囊炎，食积气胀，炎症性、功能性和感染性的腹泻，痢疾等病引起的脘腹疼痛有治疗作用，这些内涵构成了它的"温中止痛"功效。

4. 吴茱萸　张明发等研究表明：吴茱萸水煎剂具有抗盐酸性胃溃疡和消炎痛加乙醇性胃溃疡作用，对水浸应激性和结扎幽门性胃溃疡有抑制形成倾向；对抗CCL_4引起大鼠血清SGPT和SGOT值升高，具有短暂的促进胆汁分泌作用。吴茱萸能抑制小鼠墨汁胃肠推进运动，显著减少蓖麻油或番泻叶引起的小鼠腹泻次数；还能减少乙酸引起的小鼠扭体反应次数和延长热刺激痛反应潜伏期。从实验结果来看，吴茱萸的温中止痛内涵包括用于治疗胃溃疡、肝损害及炎症性和功能性腹泻。张氏等曾报道吴茱萸对肠平滑肌具有低浓度兴奋、高脓度抑制的双向作用，对处于某些异常状态的肠平滑肌活动具有使之恢复正常的作用。因此，吴茱萸的温中止痛还包括用于治疗胃肠道运动功能紊乱，而其镇痛作用，对缓解这些病证的腹痛即"脘腹冷痛"无疑起了加强作用。

5. 高良姜　朱自平等研究表明：高良姜水提物和醚提物能显著对抗小鼠水浸应激型溃疡和大鼠盐酸损伤性溃疡；水提物对小鼠胃肠推进有明显抑制作用。高良姜的两种提取物都能显著对抗蓖麻油引起的腹泻，其水提物还对番泻叶引起的腹泻有效；高良姜醚提物对 CCL_4肝损伤大鼠 SGPT 和 SGOT 无明显影响，而水提物反而有协同转氨酶升高作用；两种提取物对麻醉大鼠均有明显利胆作用，醚提物作用较强；在热板法和乙酸扭体试验中，两种提取物都有明显镇痛作用。综上所述，高良姜的抗溃疡，抗腹泻和利胆作用是其温中散寒治疗脘腹冷痛的药理学基础，其镇痛作用加强了温中止痛效果。

（黄　燕）

【中药中毒及过敏反应】

一、中药中毒反应

1. 心血管系统　陈凤英报道因左胫皮肤溃疡10余年患者，用鲜铁棒锤(又名雪上一枝蒿)$8\times8\times1mm^3$之片敷于创面，并以$8\times8\times8mm^3$之药块水煎热服，20分钟后头昏恶心、四肢强直抽搐、口吐白沫，继之不省人事，ECG示：心室颤动、Ⅱ°Ⅱ型房室传导阻滞；胡明灿报道1例口服虎骨木瓜酒，每日20毫升，三天后颜面浮肿、头痛；郭志达报道1例因每日口服含蜈蚣4～5条的汤剂，当服至蜈蚣总量达150条时，出现心悸、气短，ECG示ST-T改变、频发性室性早搏；温玉梅报道1例用山豆根9克温水浸泡30分钟后口服，40分钟后出现头晕、恶心、四肢颤抖、心率加快、血压升高；李良等报道1例口服番泻叶30克水煎液，一小时后头痛、频繁呕吐、躁动不安，血压高达29.2/16kPa；李文敏等报道2例因内服含附子6克的汤药，30分钟后出现全身麻木、胸闷心悸，ECG均示室性早搏呈二联律。凌玲报道1例也是口服含附子12克的汤药，30分钟后手足、口唇麻木，心悸胸闷；刘春风报道1例服药酒(含川乌、草乌)35克，1小时后舌体麻木，2小时后心跳停止而死亡；另一例也在服此药酒10克后约3小时，出现全身麻木；王竹民报道1例服川草乌丸药12～14克，15分钟后口周麻木、牙关紧闭、面色苍白、四肢湿冷，20分钟后呼吸困难，咳出粉红色泡沫痰，急诊入院已呈昏迷状态，呼吸39次/分。

2. 消化系统　潘志宁报道1例口服含山豆根10克的汤药，30分钟后出现头痛、胸闷，并且频繁呕吐胃内容物；郑铮报道2例空腹内服黑藜芦1克，3克后即出现恶心呕吐，并呕出咖啡色胃内容物，大便隐血阳性；李宁等报道1例服含射干10克的汤药后，出现水泻；张振东报道1例将威灵仙120克水煎后用黄酒送服，30分钟后出现腹痛、剧烈呕吐、腹泻（3小时内达30余次)，并排出黑臭粪便及大量液体，最终因低血容量性休克而死亡；郭志达报道1例每日服含蜈蚣4～5条的汤药，半月后感到胃痛不适，服至第35天后检查，诊为十二指肠球部溃疡。

3. 神经、运动系统　肖辉良报道2例因服含山豆根、大黄各10克的汤药2小时后，出现肢软、昏睡；余广涛报道1例将苦参60克浓煎去渣后与2只鸡蛋、60克红糖同煮后顿服，一小时后出现恶心呕吐，脚软无力，以左脚为甚并有麻木疼痛感；石占城等报道1例口服马钱子煎液(用量不详)，连服一周后出现全身麻木、四肢拘挛；吴德辉报道1例煎服3个罂粟果，30分钟后即不省人事、四肢抽搐、两目上翻、口吐白沫，经抢救虽已脱离危险，但留有后遗症即上肢颤抖，行走不稳，二便失控；另1例服炒火麻仁12～15粒后，次日言语错乱、答非所问、视物模糊、二便失禁；金生报道1例误服含博落回20克的汤药，半小时后即头昏肢麻、抽搐、呕吐、大汗、不省人事，再服一剂后，症状加剧而死亡；边立荣报道一幼女误食天仙子数十粒，30分钟后出现神志不清、四肢抽搐、呼吸急促、心跳加快，同时有尿潴留现象；李风秀报道1例饮服6克华山人参浸泡液50毫升，3小时后即意识模糊、烦躁谵语、不认亲属。

4. 其他　刘雄伟报道一例精神分裂症病人被灌服了用黄酒调匀的6克碎雄黄后，当即大汗淋漓、口吐白沫、呼吸困难，继之神昏、四肢抽搐、口唇发绀、血压为零，终因急性砷中毒而死亡；史学茂报道1例在服药过程中，当黄芪剂量加至100克时感到全身有热气走窜感，四肢剧烈疼痛、震颤；苑贵毕等报道一皮炎患者用自制烟卷(内含硫黄、雄黄各200克）熏皮肤，烟熏30分钟，第二天全身瘙痒，再次烟熏后全身皮肤出现米粒至蚕豆大小瘀块，烟熏局部明显红肿疼痛，糜烂流水，最终死亡；李保春报道2例口服雷公藤多甙20mg，每日3次，均在服药2～3月后死亡。

二、中药过敏反应

1. 引起过敏性休克的药物　水蛭(易献春报道)，番泻叶（李良等报道)，川、草乌(王竹民报道)。

2. 引起皮疹的药物　三七(舒依报道)，水蛭(易献春报道)，天花粉(廖帮忠报道)，云南白药(许书记等报道)，金钱草（童代玲报道)，外用补骨脂酊（钱慰慈报道)，山药(郭廷赞报道)，板蓝根注射液(杰勇报道)、柴胡注射液(杨勇报道)。

3. 其他　齐本建等报道1例风湿性关节炎病人用前胡外敷颈项、肩肘等部位，24小时后局部奇痒起泡、渗出，48小时后局部皮肤变黑，水泡破溃，表面脱落；钱慰慈报道1例用30%补骨脂酊擦手背，次日局部红肿，皮肤皲裂；温水应报道一患者服含泽泻12克的汤药，3剂后阴囊搔痒，皮下瘀肿；韩振坤报道1例口服内含制乳没各15克的汤药，30分钟后周身发热，继而下腹部、大腿内侧皮肤红肿斑块，奇痒难忍；张道诚报道一患者服三七酒，皮肤出现紫斑，并向全身蔓延。

(汪文娟)

参 考 文 献

B

白建生。中药理论中“气”的质疑。中国医药学报，1990；(3):58

边立荣。幼儿天仙子中毒救治验案。内蒙古中医药，1991；(3):9

C

蔡伟菁，等。中药槲寄生、川芎嗪对体外人血管内皮细胞的影响。上海医学，1991；(8):462

常章富。试论中药的有毒与无毒。北京中医学院学报，1991；(2):16

陈德宁，等。酸味药的药性理论及配伍作用之探讨。中医药信息，1990；(6):44

陈凤英。铁棒锤中毒一例报告。甘肃中医，1991；(1):37

陈光娟，等。丁香温中止痛作用研究。中国中药杂志，1991；(7):429

陈松育。中药理论中存在的若干问题探讨。中国中药杂志，1991；(4):246

陈芷芳，等。某些自由基清除剂对抗哇巴因致豚鼠心律失常的研究。中国药理学通报，1991；(2):117

程　波，等。川椒挥发油抗致病真菌作用的实验研究。贵阳医学院学报，1991；(1):26

楚正绪，等。赤芍提取物改善学习记忆的作用。第二军医大学学报，1991；(5):465

D

戴云华，等。温里药的生物无机元素。云南中医学院学报，1991；(4):7

但汉雄，等。三七二醇甙抗实验性心律失常的作用。中草药，1991；(5):212

杜笑逸，等。月见草油对实验性高血脂及脂肪肝的影响。中国药学杂志，1991；(10):597

段泾云，等。娃儿藤总碱的抗炎作用。中草药，1991；(7):316

E

欧阳瑜，等。10种中草药抗炎有效成分对白三烯B_4生物合成的影响。中药药理与临床，1991；(1):24

F

方　军，等。商陆皂甙甲抑制大鼠腹腔巨噬细胞释放血小板活化因子。药学学报，1991；(10):721

G

高春义，等。大蒜素对实验性高胆固醇血症家兔血和主动脉 cAMP 的影响。中西医结合杂志，1991；(4):227

管竞环，等。植物类中药四性与无机元素关系的初步研究。中国医药学报，1990；(5):40

郭宁如，等。甘草甜素对系统性白念珠菌感染小鼠的保护作用及机理研究。中国医学科学院学报，1991；(5):380

郭廷赞。生山药外敷致过敏。四川中医，1991；(4):41

郭正平，等。天麻素及天麻甙元作用机理的研究。华西医大学报，1991；(1):79

郭志达。过量蜈蚣引起不良反应一例报告。中西医结合杂志，1991；(8):485

H

韩维田，等。α-苦瓜籽蛋白对体外培养人胚泡滋养层和蜕膜细胞的影响。中国药理学与毒理学杂志，1991；(3):200

韩振坤。乳香、没药致过敏案。辽宁中医杂志，1991；(12):33

何冰芳，等。黑木耳多糖对小鼠的抗生育作用。中国药科大学学报，1991；(1):48

胡明灿。虎骨木瓜酒致不良反应一例。湖北中医杂志，1991；(3):47

黄　聪，等。三七总皂甙对清醒兔心肌缺血再灌注损伤的保护作用。中国药理学通报，1991；(3):190

黄桂秋，等。蒲黄单体对内皮细胞的保护作用。上海第二医科大学学报，1991；(3):185

黄　熙，等。补骨脂素房室模型拟合及生物利用度。第四军医大学学报，1991；(5):349

补骨脂素混合结晶在健康和 S 180 小鼠体内的药代动力学研究。中草药，1991；(8):361

J

杰　勇。板蓝根过敏一例报道。四川中医，1991；(9)：封三

金黎清，等。三七总皂甙对 Na^+-K^+-ATP 酶和 Ca^{2+}-Mg^{2+}-ATP酶活力的影响。中国药理学报，1991；(6)：504

金　生。博落回误作虎杖致死案例讨论。北京中医学院学报，1991；(6)：46

金昔陆，等。葛根素在三种动物的药代动力学参数与体重的相关性。徐州医学院学报，1991；(1)：25

金　莹，等。人参皂甙Re对大鼠心肌再灌注性损伤的保护作用。延边医学院学报，1991；(4)：106

L

黎磊石，等。大黄延缓慢性肾衰的临床及实验研究。中西医结合杂志，1991；(7)：392

李保春，等。雷公藤致骨髓抑制和粒细胞缺乏症三例报告。第二军医大学学报，1991；(1)：95

李风秀。华山参中毒一例。陕西中医，1991；(1)：521

李　良，等。口服大剂量番泻叶致恶性血压变化的报告。中国中药杂志，1991；(10)：626

李麟仙，等。三七皂甙对急性脑缺血的保护作用。中国药理学通报，1991；(1)：56

李　宁，等。射干致泻用量浅淡。中国中药杂志，1991；(4)：249

李文敏，等。附子中毒二例报告。实用中医内科杂志，1991；(1)：42

李晓辉，等。丹参酮抑制嗜中性白细胞功能与其防治心肌梗死作用的关系。中国药理学报，1991；(3)：269

李　毓，等。冬虫夏草对小鼠红系造血机能的影响。湖南医科大学学报，1990；(1)：43

李玉爱，等。绞股蓝总皂甙对家兔甙对家兔心脏功能及血压的影响。山东医科大学学报，1991；(3)：34

李悦欣，等。辣椒素对猫下丘脑前部一视前区温度敏感神经元放电活动的影响。中国医科大学学报，1991；(2)：93

李宗铎，等。人参畏五灵脂的实验研究。河南中医，1991；(2)：39

廖帮忠。内服天花粉过敏一例。实用中医内科杂志，1991；(3)：48

凌　玲。附子中毒一例报告。广西中医药，1991；(6)：265

凌树森，等。雷公藤甲素在大鼠体内过程的研究。中国药理学通报，1991；(5)：366

林维启。人工冬虫夏草的种类及效用。云南中医杂志，1991；(3)：36

刘灿坤，冬虫夏草及虫草菌丝体药理研究近况。山东中医杂志，1991；(5)：42

刘春凤。中药制川乌、草乌、细辛中毒二例报告。北京中医，1991；(6)：57

刘福祥，等。中药酸味收涩质疑。中医药学报，1991；(6)：30

刘晶星，等。苦参抗柯萨基B组病毒的初步研究。上海第二医科大学学报，1991；(2)：140

刘菊华，等。冬虫夏草及虫草菌丝体对小鼠免疫功能的影响。山东中医杂志，1991；(5)：41

刘茂林，等。《金匮》用乌头必用蜂蜜之谜。河南中医，1991；(2)：41

刘晓勤，等。川芎嗪药代动力学与药效学相关性及肝功能损伤对其药代动力学的影响。北京医科大学学报，1991；(3)：185

刘雄伟。雄黄酒急性中毒死亡1例。湖南中医杂志，1991；(3)：49

刘媛媛，等。人参二醇组皂甙对内毒素休克鼠5-羟色胺含量的影响。白求恩医科大学学报，1991；(4)：365

刘　众，等。川芎对急性脑梗塞患者脑脊液中血小板激活因子含量的影响。第二军医大学学报，1991；(2)：153

鲁友明，等。左旋蝙蝠葛苏林碱对自由活动大鼠喹啉酸引起海马神经元钙内流的影响。中国药理学报，1991；(4)：301

M

马丽娟，等。海兰地嗪对血小板聚集的影响及机理探讨。中国药理学与毒理学杂志，1991；(1)：41

马　路，等。大黄免疫调节作用的实验研究。中西医结合杂志，1991；(7)：418

马天才，等。人参茎叶皂甙对大鼠单路回避行为的影响。中国药理学报，1991；(5)：403

穆美云，等。黄芪对EB病毒核壳抗原IgA抗体阳性的作用。上海医科大学学报，1991；(2)：90

P

潘文军，等。人参花皂甙对小鼠心肌 cAMP 和 cGMP含量的影响。沈阳药学院学报，1991；(3)：200

潘志宁。山豆根致头昏呕吐。四川中医，1991；(7)：52

濮家伉，等。绞股蓝总皂甙对大鼠缺血心肌心功能的影响。铁道医学，1991；(4)：193

Q

齐本建，等。外敷中药前胡致皮肤大面积腐蚀伤一例。实用中西医结合杂志，1991；(10)：628

钱慰慈。补骨脂酊外用致过敏一例。中成药，1991；(9)：46

钱之玉，等。棉酚对雄性大鼠生殖系统多胺的影响。中国药科大学学报，1991；(1)：21

秦　林。论以毒攻毒。山东中医学院学报，1991；(2)：2

瞿胜利，等。论中药形质与药物性能。新疆中医药，1991；(2)：35

S

佘　敏。冬虫夏草菌丝体对鼠脑B型单胺氧化酶的影响。中草药，1991；(5)：218

沈雅琴，等。中药荜澄茄"温中止痛"药理研究。中药药理与临床。1991；(2)：18

师海波，等。臭冷杉精油的抗炎作用。中草药，1991；(8)：353

时毓民，等。丹参、三七防治高分子右旋糖酐致家兔肺出血模型的初步探讨。上海医科大学学报，1991；(4)：312

石占城，等。马钱子中毒治验一例。河北中医，1991；(5)：22

史学茂。大剂黄芪引起剧烈肢痛。陕西中医，1991；(4)：182

史载祥，等。大蒜素治疗脑梗塞的临床及实验研究。中国医药学报，1991；(1)：23

舒树芳。金针虫草和冬虫夏草氨基酸含量的对比分析。贵阳中医学院学报，1991；(2)：47

舒　依。口服三七粉引起药疹一例报告。江苏中医，1991；(11)：17

孙锡铭，等。丹参素的新药理作用。中草药，1991；(1)：20

T

田　劲，等。冬虫夏草、大黄及肾大部切除大鼠血清对肾小管上皮细胞生长的影响。中西医结合杂志，1991；(9)：547

童代玲。金钱草过敏。四川中医，1991；(1)：52

童建孙，等。雷公藤多甙对雄性大鼠抗生育作用的研究。中国药学杂志，1991，(2)，85

W

魏敏杰，等。川芎嗪对离体大鼠肺动脉作用及机理的探讨。中国医科大学学报，1991；(2)：85

温水应。中药泽泻过敏一例报告。中医药研究，1991；(1)：43

温玉梅。口服山豆根致中毒一例。中国医院药学杂志，1991；(6)：271

吴德辉。服食罂粟果、火麻仁中毒各一例报告。江苏中医，1991；(10)：17

吴基良，等。绞股蓝总皂甙对血栓形成血栓素A_2和前列环素生成的影响。现代中医，1991；(1)：38

吴勇杰，等。甘草次酸钠的抗炎作用机理。中国药理学通报，1991；(1)：46

武继彪，等。齐墩果酸对实验性动脉粥样硬化的预防作用。中国药理与临床，1991；(2)：24

王　玲，等。毛冬青甲素调节花生四烯酸代谢的机理探讨。中国医学科学院学报，1991；(2)：148

王　敏，等。淫羊藿甙扩张脑血管作用的研究。沈阳药学院学报，1991；(2)：272

王　勤，等。冬虫夏草对生育力影响的实验研究。广西中医药，1990；(6)：42

王儒飞，等。中药归经新论。河北中医，1991；(3)：37

中药"四气"定性分析法初探。中医杂志，1991；(5)：9

王伟成，等，土荆皮乙酸对妊娠大鼠子宫内膜及肌层血流量的影响。中国药理学报，1991；(5)：423

王竹民。中药制川、草乌中毒二例抢救报告。实用中西医结合杂志，1991；(5)：312

X

肖辉良。山豆根与大黄配伍后毒性反应2例。江西中医药，1991；(5)：59

辛冬生，等。绞股蓝总皂甙抗心肌缺血作用的研究。西安医科大学学报，1991；(2)：129

徐惠波，等。鹿茸神经节甙酯对小鼠学习记忆功能

的影响。中国药理学通报，1991；(5)：385

徐健国，等。幽门弯曲菌的中药药敏试验。北京中医杂志，1991；(5)：35

徐克意，等。钩吻总碱的抗炎作用研究。中药药理与临床，1991；(1)：27

徐　萍，等。用微核测定方法检测大黄液对小鼠骨髓细胞保护作用的实验研究。实用中西医杂志，1991；(5)：314

徐仁和，等。冬虫夏草对小鼠造血干细胞的影响。湖南医科大学学报，1990；(1)：48

徐　流。中药四气的双重性。陕西中医学院学报，1991；(1)：29

许书记，等。云南白药致过敏反应一例。江苏中医，1991；(1)：15

Y

杨晓静，等。三种人参皂甙对"血瘀"大鼠血液流变学及红细胞膜流动性的影响。中国药理学通报，1991；(3)：193

杨世杰，等。人参茎叶二醇组和三醇组皂甙对血压等作用影响。白求恩医科大学学报，1991；(1)：20

薄荷油终止家兔早期妊娠及其机理的初探。中草药，1991；(10)：454

杨　勇。柴胡引起过敏反应一例报告。贵州医药，1991；(5)：306

杨中林。中药五味药性互藏。黑龙江中医药，1990；(3)：47

姚文兵，等。波叶大黄多糖对机体的保护作用。中国药科大学学报，1991；(1)：17

叶惟三，等。雷公藤多甙及其单体T_4对大鼠精子发生影响的初步观察。中国医学科学院学报，1991；(4)：235

易献春。水蛭引起过敏反应一例。中国中药杂志，1991；(5)：309

阴　健。温里中药与儿茶酚胺类似物质的关系。中国中药杂志，1991；(11)：690

余广涛。苦参过量引起不良反应一例。四川中医，1991；(9)：42

苑贵毕，等。硫黄、雄黄烟熏皮肤致死一例。中国中药杂志，1991；(7)：440

Z

翟胜利，等。论中药形质与药物性能。新疆中医药，1991；(2)：35

曾国钱，等。山莨菪碱和蝙蝠葛碱对培养的小牛大脑前动脉平滑肌细胞增殖、DNA合成及钙内流的影响。中国药理学报，1991；(4)：308

张道诚。中药三七致敏一例报道。贵阳中医学院学报，1991；(1)：55

张克锦，等。赤土茯苓提取物对实验性鹌鹑动脉粥样硬化的预防作用。中草药，1991；(9)：411

张林魁，等。五味子醇甲对中枢神经系统单胺类递质的影响。中国医学科学院学报，1991；(1)：13

张明发，等。花椒"温中止痛"药理研究。中国中药杂志，1991；(8)：493

吴茱萸温中止痛药理研究。中药材，1991；(3)：38

张锐武，等。石杉碱甲治疗老年期记忆障碍的药物评价。中国药理学报，1991；(3)：250

张士善，等。冬虫夏草氨基酸成分的药理分析。药学学报，1991；(5)：326

张　颂，等。阿魏的终止妊娠作用。中草药，1991；(10)：458

张振东。服威灵仙过量中毒致死一例。浙江中医杂志，1991；(10)：404

赵晓洋，等。五味子、半夏等几种中药抗真菌作用的初步观察。哈尔滨医科大学学报，1991；(2)：118

赵兴连，等。"味"的定性与定量。山东中医学院学报，1991；(2)：16

郑若玄，等。丹参对异丙肾上腺素引起大白鼠心室纤颤的防治作用。中西医结合杂志，1991；(9)：543

郑　铮。黑黎芦中毒二例报告。江西中医药，1991；(6)：32

钟国赣，等。人参二醇与三醇组皂甙对正常与黄嘌呤一黄嘌呤氧化酶致损的培养心肌细胞动作电位的影响。中国药理学报，1991；(3)：256

周平龙。试评"五味所入"。国医论坛，1990；(6)：22

周重楚，等。龙牙楤木总甙的抗炎作用。中国药理学与毒理学杂志，1991；(1)：30

朱　亮，等。枫香脂及其挥发油抗血栓作用。中草药，1991；(9)：405

朱自平，等。高良姜的温中止痛药理研究。中药材，1991；(10)：37

（四）炮制与制剂

【概述】

一、中药炮制

1．文献研究　吕文海等报道水蛭烫制的目的在于易碎、矫味、便于药用。传统认为未制则入腹生子为害及制后降低毒性的依据不足，同时有降低药效之弊。近代水蛭生粉装胶囊或制成粗制剂应用，可在保存药效前提下方便应用，节省药源。周冠群经查证后认为，巴豆生猛熟缓，有强烈的泻下作用，但经高温烘烤，炒尽其烟之后，却有通肠、消滞、止泻之效，且效果确凿，应进一步研究。张宏对赭石炮制方法及原始意图进行研究，认为赭石的煅、醋淬、水飞炮制，对于治疗某些疾病是不可缺少的。因赭石含小量的砷而有毒性，无论是生品还是制品都应病愈即止，不可久服。甄汉深报道，狗脊历代均有“去毛”的方法，但“去毛”的方法和工序不尽相同，现代砂烫去毛法较历代其它去毛法好，目前多用于临床。

2．炮制工艺的研究　随着新技术的引进应用，炮制工艺研究有了新进展。张玲等应用微波技术炮制苦杏仁，最佳温度80℃，加热4～5min，可使苦杏仁酶完全灭活，苦杏仁甙含量不受影响。高家鉴等对苦杏仁焯制品、蒸制品及生药进行研究，提出以流通蒸气蒸制30分钟的方法可有效地破酶保甙，并用三硝基苯酚试纸显色试验作为苦杏仁炮制品中苦杏仁酶是否被完全破坏的简易检测方法。刘德隆等探讨了电烘法炮制中药存在烘制时间过长的问题。结果表明，经短时间高温烘制的穿山甲、龟版、川芎、益智仁、蔓荆子、侧柏叶、决明子、狗脊、王不留行、斑蝥、芥子等从外观质量、水溶性浸出物、粉碎度等方面均优于或接近于传统法。王和平等以葛根黄酮含量为指标，进行烘制麸葛根的实验，认为烘法可有效地代替传统煨法。许大伟等对炮姜、金银花炭、炮穿山甲、制马钱子、煅珍珠母、炒王不留行的传统法和膨化法进行比较。结果表明，膨化炮制品在外观、性状、内在质量与传统炮制品基本一致，前者较后者的含量及煎出率均有明显增加。

以化学成分为指标，进行炮制工艺研究与评价引起普遍重视。原思通、赵一等对商陆进行了化学成分与药理实验的系统研究。从降低毒性考虑建议将清蒸法列为商陆炮制的新工艺，用于临床。唐第光以同批原料分别加工得生、熟三七及油炸程度不同的炮制品进行比较研究，发现炮制品的化学成分间的比例发生变化，溶出物含量下降，而从有效成分角度看，传统用油炸法欠妥。应钶等研究表明，红娘子不含有斑蝥素样毒性成分，各种毒性试验都提示红娘子几无毒性，结合炮制工艺的调查，认为革除红娘子传统的去头、足、翅和米炒的炮制方法，采用全虫生品入药是可行的。王爱芳等摸索出乳香炮制两种新工艺，生产效率比老工艺提高40%，质量指标也比原来提高。从俭勤等用正交试验法，以水溶性煎出物含量为标准，探讨茯苓饮片片型及煎煮条件。结果表明，煎煮条件以茯苓粗粉浸泡1小时、煎煮1小时效果最好。建议茯苓入汤剂时捣碎使用。唐小鹏研究了板蓝根饮片片型对其水溶性浸出物及还原糖含量的影响，证明薄片的浸出物及还原糖含量均高于斜片、厚片、段片，建议板蓝根入汤剂时切薄片。

3．炮制前后化学与药理的研究　龚跃新等应用电感耦合等离子体发射光谱仪对20味中药炒炭前后的溶出液中微量元素作了研究。结果Ca^{2+}含量，小蓟、大蓟中最高，分别为115.63和96.01ppm，炒炭后，小蓟等6味中药较生药增加明显，大蓟、侧柏等

6 味略有上升，地榆等下降。对 20 味中药炒炭前后的鞣质进行含量测定，地榆炭鞣质最高，达 12.38%，槐米、茜草等 8 味中药有不同程度增加，大蓟、小蓟等 8 味含量甚微，由此说明，大多数止血中药炒炭后，有些 Ca^{2+} 含量增加，有些鞣质含量增加，提供了止血物质的基础。贾天柱等对肉豆蔻不同炮制挥发油中肉豆蔻醚、黄樟醚进行薄层扫描测定，结果表明，制后肉豆蔻醚明显降低，黄樟醚亦有所降低。于少军等对当归不同炮制品进行研究，当归酒制后水溶物增加，阿魏酸几无降低，收敛成分鞣质量少，土制品鞣质为生品的 1.4倍，且有益元素Fe、Ni、Cu、Mn、Zn 的含量显著升高。制炭后鞣质成分是生品的 2 倍，其他成分成倍降低，而应用于临床需依法炮制。胡丽萍等利用高效液相色谱法测定厚朴饮片，认为厚朴经辅料炮制后其组织结构有所改变而有利于厚朴酚的溶出。许益民对白扁豆炒后利用薄层扫描法和钼蓝比色法进行分析，其总磷脂含量及磷脂组分中的磷脂酰胆碱含量均有所降低。推测其磷脂酰胆碱发生了变化。马长华等对首乌实验结果表明，其炮制前后所含磷脂类化合物种类基本相同，但炮制后磷脂含量明显减少。刘成基等应用一阶导数光谱法测试了何首乌中降血脂成分二苯乙烯甙，炮制后含量略有上升。此法简便、稳定、重现性好，可用作何首乌炮制质量标准之一。王兴文等对穿山甲和蛤蚧不同部位的 12 种生物无机元素和 18 种水解氨基酸分析表明，穿山甲之片、血、肝、肺、肉或蛤蚧体、头足、四肢皆有药用价值。薛建海等测定了半夏炮制品中总生物碱和氨基酸的含量，其炮制方法对氨基酸的含量较对生物碱含量影响大。李赛等对酒炙赤芍用反相高效液相色谱法测定，结果提示：赤芍中没食子酸的含量随炮制时间增加而增加，d-儿茶精则相反。沙德智等对补骨脂炮制品中的有效成分补骨脂内酯、异补骨脂内酯的含量进行测定，结果炮制前后成分的含量变化不大，而清炒、盐炙后两种成分的煎出率均高于生品。牛锐等对淫羊藿炮制前后淫羊藿甙的含量测定亦表明，炮制后其含量无明显变化，但在水煎液中制品的淫羊藿甙的溶出量明显提高。杨明等以 α-香附酮为指标，采用高压液相色谱分析法，对香附进行醋炙前后乙醇提取液溶出量的比较，生香附 0.174，醋炙香附 0.208mg/ml，说明炮制后确有助于有效成分的溶出。刘成基等采用薄层层析——光密度法及紫外分光光度法对甘草及其炮制品中的甘草酸含量进行了测定。杨锡等应用薄层扫描法对四种炮制品中辅料甘草进行检查，方法简单快速、专属性强，可作为法半夏、远志、巴戟天、吴茱萸炮制品中辅料甘草的定性控制指标。殷玉生等就白芍生品、酒制品、醋制品及炒黄品作了定性、定量比较。结果表明，不同炮制方法对白芍化学成分无明显影响，但炮制后芍药甙含量均高于生品，炒黄品约提高 3 倍。炮制品的镇痛作用亦较生品明显，但炒黄品镇痛作用低于醋制和酒制品，提示芍药甙不是唯一镇痛成分。杨守业等对天南星生品、白矾浸制品、热压片和药典法炮制品对粘膜的刺激性、急性和亚急性毒性作了比较研究，表明炮制能使其毒性降低或消除。冯敬群等对黄精不同炮制品的毒性及浸出物进行对比研究，经炮制后水、醇浸出液含量均较生品有所增加，以蒸制 10 小时增加最明显，急性毒性试验表明，生品在（450g/kg/日）时有毒性，炮制品无毒，说明黄精炮制是有一定道理的。杨中林等以碳粒廓清实验为指标，研究了山药不同炮制品对小白鼠非特异性免疫功能的影响，认为补气用山药宜用生品。中国生产西洋参四种不同炮制品（西洋原皮参、西洋烫参、西洋红参、西洋活性参），比较其药理活性：均抗缺氧、耐高温、促生长，提高在高温（50℃）下的体温调节能力，增强细胞膜在低渗液中的稳定性，但强度不同。其中活性参耐高温、抗缺氧、提高对体温的调节能力非常突出；红参抗缺氧、抗疲劳、促生长作用显著；烫参稳定红细胞和抗疲劳作用较好；原皮参抗疲劳、耐高温、提高对体温的调节能力和促进生长作用明显。

二、中药制剂

1. 工艺改进　滕茜华等探讨了不同浸出时间和方法对番泻叶有效成分的影响，结果表明，番泻叶以沸水浸泡25分钟其有效成分浸出量最高。本品沸水浸泡和煎煮时间过长，均会引起有效成分的破坏和损失。张守利改进了熊胆在熊胆丸生产中的干燥方法，在变软的熊胆中加入适量的黄连粉末，使熊胆不致相互粘连，并且形成很多的缝隙，增加了熊胆的表面积，使干燥时间缩短，节省了工时，但不影响制剂的质量。汪庆富等对风油精进行了研制，制成了风油精聚胺酯海绵，它具有延长并加强其药效，克服多次涂药的麻烦，扩大了应用范围。

2. 剂型改革　夏新华等研制出一种新的中药剂型，即中药口腔溃疡复合膜，由药膜和覆盖膜构成。并认为以 PVA_{17-88}-CMCNa(1:1)为药膜基质，PVA_{17-99} 为覆盖膜材料较为理想，它具有与口腔粘贴时间长、不易脱落、使生物利用度增高、延长药物作用时间等优点。张尊祥将咽炎茶泡饮剂改制成10ml的安瓿中，本品与原方剂相比，有剂量小，服用方便，无细菌污染，质量稳定，携带方便，易保存等优点。许国振认为，利用肠道给药治疗中医急症具有药效取效快，不受病人神志状态限制，操作简单，临床应用安全，无创伤性等优点。

3. 含量测定　林黎明采用差示导数光谱法测定金银花及银翘解毒片中总绿原酸的含量，该法以钨酸钠为反应试剂，以绿原酸为标准品，不经任何分离便可直接测定，其平均回收率为100.4%，变异系数为1.82%。张庆生等报道了薄层扫描法测定芍药甙含量的方法，认为以薄层色谱法将芍药甙与干扰物质分离，平均回收率为99.60%，变异系数为3.67%，所以本法可用于白芍和复方白芍片的质量鉴定。李霞等采用比色法测定独活中总香豆素的含量，该方法排除了显色反应的干扰因素，提高了总香豆素含量测定的准确性。张卫星等应用分光光度法测定冠舒片中总黄酮的含量，离子对萃取比色法测定元胡含碱的含量，以可见光比色法、酸性染料萃取比色法测定冠舒片中总黄酮及元胡全碱的含量，方法简单易行，结果准确，还可用于本品的质量控制。

（李　飞　张世臣　黄　燕）

【何首乌 等12种中药炮制前后化学成分的比较】

1. 何首乌　何首乌中的磷脂成分，具有升血糖、抗衰老的作用。为此，马长华等对生首乌、清蒸首乌、酒制首乌、豆制首乌及豆加酒制首乌中磷脂类成分进行了定性比较和磷脂含量测定。结果：首乌炮制前后所含磷脂类化合物种类基本相同，均含有溶离卵磷脂、磷脂酰肌醇、卵磷脂、脑磷脂、N-溶离脑磷脂、神经鞘磷脂等主要成分。磷脂含量，生品(3.49%)＞酒制品(1.82%)＞豆制品(1.62%)＞清蒸品(1.38%)＞豆加酒制品(1.12%)。这结果与何首乌传统炮制方法中以豆制和酒制为主是相符合的。刘成基等测定了何首乌及其炮制品中二苯乙烯甙的含量。结果：生首乌为2.66%、黑豆制首乌为2.69%、清蒸首乌为2.68%。制首乌略高于生品，但三种样品差别不大。

2. 当归　于少军等测定并比较了当归生品及三种炮制品中的水溶物、醇溶物、阿魏酸和鞣质的含量。结果：酒炙品的水溶物增高，阿魏酸几乎无降低，鞣质最少；土炒品鞣质为生品的1.4倍，且有益元素Fe、Ni、Cu、Mn、Zn的含量显著升高；当归炭鞣质为生品的2倍，其它成分都成倍降低。因此，在临床应用时要提倡依法炮制。

3. 半夏　薛建海等对1985年版药典中的半夏炮制品进行了总生物碱和氨基酸的成

分分析。结果：总生物碱的百分含量分别为，生半夏(0.0163%)>法半夏(0.0149%)>姜半夏(0.0144%)>清半夏(0.0136%)；氨基酸的含量依次为清半夏>姜半夏>生半夏>法半夏。半夏及其炮制品中氨基酸的含量较高，半夏炮制方法对氨基酸的含量影响较大。

4．乌头　乌头多糖具有降血压的作用。苏孝礼等测定了乌头及其炮制品中的含糖量。结果表明：乌头在煮或蒸的炮制过程中，乌头各部分提取液的含糖量均有不同程度的下降。而且煮乌头在80%EtOH提取液中含糖量比生品降低50%，煮乌头水提液含糖量与生品相比下降少。

5．延胡索　刘成基等对南京、扬州、南通、成都、广州等市售醋制延胡索饮片进行薄层分析、总生物碱和延胡索乙素的含量测定。结果表明：五市醋制延胡索水煎液中的总生物碱含量（在0.19～0.21%之间）基本一致。但延胡索乙素含量(在0.034～0.104%之间）相差较大，其中以南京和扬州的样品含量最高，分别为0.1024%和0.0994%。总生物碱和延胡索乙素含量之间并不呈现平行关系。

6．商陆　商陆有毒，其主要有毒成分是商陆毒素和组织胺。原思通等研究了垂序商陆不同饮片中的毒性成分。结果：商陆饮片中商陆毒素的含量均较原药材有不同程度的降低，其降低率依次为水煮品>清蒸品>醋蒸品>醋煮品>醋炙品>生品；组织胺也均有不同程度的减少，与原药材比较，其降低率生品为23.3%、醋蒸品和清蒸品为20.39%、水煮品为19.42%、醋煮品为18.45%、醋炙品为16.5%。所以从炮制工艺对商陆饮片中毒性成分含量的影响来看，加热处理似比辅料醋的作用更显著，为商陆炮制工艺提供了一定的依据。

7．小茴香　刘善新等通过对小茴香的各种炮制品中挥发油含量、物理常数的测定及薄层层析比较。结果：挥发油的含量，生品（1.62%）>清炒品（1.25%）>盐炙品（1.07%）；挥发油的组分，炮制前后基本无变化，但是它们的折光率、比重及比旋度等物理常数有不同程度的改变，说明其组分比例发生了改变。

8．肉豆蔻　贾天柱等测定了肉豆蔻不同炮制品挥发油中肉豆蔻醚、黄樟醚的含量。结果：炮制后肉豆蔻醚明显降低，黄樟醚也有所降低；其肉豆蔻醚含量是面煨<麸煨<滑石粉煨<生品，其毒性降低与肉豆蔻醚降低有关。肉豆蔻醚的含量基本上随着温度升高和时间延长而降低。

9．白扁豆　许益民等对白扁豆炮制前后磷脂成分的变化进行了比较分析。结果表明：白扁豆经清炒后，其中的总磷脂含量减少6.5～9.4%，磷脂酰胆碱的摩尔百分比较生品减少18～25%，而其它组分的相对摩尔百分比含量则略有增高。推测白扁豆经炒制后，氧化分解的主要成分为磷脂酰胆碱。

10．自然铜　中药自然铜中，含有有毒元素砷。铁步荣对11种煅自然铜中砷的含量进行了测定和比较。结果表明：生品中的含量比煅制品高约10倍，这说明自然铜经炮制后可降低毒性。

11．厚朴　胡丽萍等对厚朴不同炮制品中的厚朴酚含量进行测定。结果表明：清炒品厚朴酚含量最高（1.82%）；姜炙、姜煮、姜浸品中以姜炙品含量最高(1.76%)；辅料生姜可使厚朴酚含量有所增加，但其用量多少对厚朴酚含量的影响不大。

12．阿胶　陈定一等测定了山东、宁夏、张家口、北京阿胶炮制前后氨基酸的含量，同时对各种阿胶所含的微量元素进行了分析比较。结果表明：阿胶含各类氨基酸中以甘氨酸含量为最高（平均为18.33%），其次为脯氨酸（平均为9.4%）、谷氨酸（平均为8.63%），不同产地的含量不同，炮制对大多数氨基酸基本无影响。微量元素含量因产地不同而有明显差异，张家口阿胶含Co、Zn、

Cu 量较高，北京、宁夏阿胶含 Mn 量较高。

（沈道修　王兴法）

【白附子等 6 种中药炮制前后药理作用的比较】

1．白附子　目前市售的白附子有关白附和禹白附，均被列为毒性中药。所以吴连英等比较研究了它们的抗炎作用及毒性反应，结果：关白附、禹白附对大鼠蛋清性、酵母性关节肿及棉球肉芽肿增生、渗出等炎症反应均有明显的抑制作用。口服给药观察急性毒性，二者均不明显。禹白附混悬液，对眼结膜、咽喉或胃粘膜有明显的刺激作用，而关白附则未见上述反应。

2．商陆　赵一等研究了不同炮制方法对商陆毒性和药效的影响。结果表明：商陆不同炮制品与原生药比较毒性均降低，其中局部刺激性降低 16.7～83.3%，LD_{50} 提高 1.66～10.47 倍，祛痰作用提高 1.10～1.57 倍，但利尿作用多数降低 16.0～45.0%。这与商陆传统炮制目的降低毒性，提高祛痰作用和缓和利尿逐水功能是一致的。

3．天南星　杨守业等对天南星生品、白矾浸制片、热压片和药典法炮制品对粘膜的刺激性、急性和亚急性作了比较研究。结果表明：不同的炮制法皆能使其毒性降低或消除，而生品煎汤也未见毒性反应。在炮制过程中，水浸、加白矾及加热处理的三个环节必须应用得当，才能够既降低毒性而又提高饮片质量。

4．西洋参　陈玉山等对中国产西洋参的 4 种不同炮制品（西洋原皮参、西洋烫参、西洋红参、西洋活性参）进行了药理活性的比较研究。结果表明：4 种炮制品对小鼠均有抗缺氧、耐高温、促生长及提高在高温(50℃)下的体温调节能力和增强细胞膜在低渗液中的稳定性等药理作用，但作用强度不同。其中活性参耐高温、抗缺氧和提高对体温的调节能力非常突出；红参抗缺氧、抗疲劳和促生长作用显著；烫参稳定红细胞和抗疲劳作用较好；原皮参抗疲劳、耐高温、提高对体温的调节能力和促进生长作用明显。

5．山药　杨中林等以碳粒廓清实验为指标，研究了山药生品、麸炒品及土炒品对小白鼠非特异性免疫功能的影响。结果表明：各给药组与对照组比较，均有非常显著性差异($P<0.01$)，生品又强于麸炒品和土炒品，而麸炒品和土炒品之间比较，则无显著性差异。

6．厚朴　胡丽萍等采用大鼠幽门结扎型及应激型二种急性实验性胃溃疡模型，研究了厚朴不同炮制品的抗溃疡作用。结果表明：厚朴生品、姜炙品均有抗胃溃疡作用，清炒品则无此作用；厚朴姜制后抗胃溃疡作用增强，其原因是辅料生姜的协同作用。可见传统炮制理论认为厚朴经姜制后其温中和胃作用增强是科学的。

（沈道修　王兴法）

【草乌等14种中药炮制方法的研究】

1．草乌　蒙药炮制草乌的目的是降低毒性，邹恩济等对诃子炮制草乌的降毒作用进行了研究。结果表明：草乌总生物的流失，蒙医的诃子制草乌比中医的水制草乌略高，而剧毒性生物碱含量二者相近；LD_{50}(g/kg)生草乌为 4.60、水制草乌为 5.87，诃子制草乌为 7.78。可见蒙医用诃子制草乌以降低毒性是科学的。

2．白芍　殷玉生等对白芍生品、酒制品、醋制品及炒黄品中芍药甙的含量，进行了定性定量比较。结果表明：炮制品中的芍药甙含量均高于生品，顺序为生品(0.65%)<醋制品(1.18%)<酒制品(1.21%)<炒黄品(最高 1.53%)。镇痛实验结果，炮制品作用较强，但炒黄品低于醋制品和酒制品。这也说明，白芍中的芍药甙不是唯一的镇痛成分。

3．南沙参　传统炮制是南沙参去皮后入药使用。江佩芬等以具有生理活性的化学成分为指标，对南沙参的根皮、去皮根及带皮根进行了对比研究。结果：β-谷甾醇、总皂甙及多糖的含量，根皮分别为0.01%、1.39%、16.96%，去皮根分别为0.11%、1.19%、20.98%，带皮根分别为0.017%、1.47%、18.12%；7种人体必需氨基酸和13种人体必需的微量元素的含量带皮沙参高于去皮沙参；多糖的含量带皮根与去皮根相近。所以从化学成分的角度来看，带皮根是南沙参的最佳入药部位。

4. 苦杏仁　张玲等研究了微波法炮制苦杏仁的新工艺。结果表明：用温度80℃、时间4～5min，苦杏仁酶完全灭活，而苦杏仁甙不受损失。这一新工艺的应用，为苦杏仁的炮制自动化创造了条件，也是中药炮制工艺研究中很有开发前途的一种新技术。

5. 巴豆　王毅等对不同地区的7种巴豆霜进行了均匀度、粒度及含油量的比较测定。结果发现：巴豆霜都存在均匀度差、粒度过大、影响含油量准确度等问题。鉴于巴豆霜是毒性中药，药用多入丸、散剂，所以巴豆霜的质量应达到通过药典规定的6号筛的粒度要求，才能发挥药效。

6. 葛根　王和平等以葛根黄酮含量为指标，对烘制葛根的温度、时间和用麸量三个因素进行了观察，并将最佳方案同生品和麸煨品进行了比较。结果：生品(0.78%)<麸煨品(0.87%)<烘制品(0.95%)。所以认为，烘法可以有效地代替传统煨法。

7. 决明子　杨梓懿等对决明子的不同炮制品（生品、炒爆品、炒焦品、烘制品）中蒽醌含量进行了测定。结果：各炮制品总蒽醌、结合性蒽醌含量均有不同程度的降低，而游离蒽醌含量相应有所提高。并且认为，炮制决明子以炒至外微焦、内部老黄色、种皮破裂、具香气为宜。

8. 淫羊藿　牛锐等对淫羊藿炮制前后淫羊藿甙的含量进行了测定比较。结果表明：淫羊藿甙含量在炮制品中无明显降低，但炮制品的水煎剂中淫羊藿甙的溶出量与生品比较，明显地提高。故仅就淫羊藿甙而言，淫羊藿用羊油炮制是适宜的。

9. 自然铜　李轩贞等以煎液中Fe^{2+}、炮制品中的单质硫和炮制品加盐酸后析出的硫为指标，研究了宋（醋炙法）、明(火煅水淬法和火煅醋淬法)、清（药汁制法）和现行（火煅醋淬法）等5种炮制方法。结果表明：5种炮制品的3个指标的含量，除醋炙品中单质硫低于生品外，其他均高于生品。这说明5种炮制方法对这3个指标均有影响。所以，在研究和评价自然铜的炮制工艺和质量时，应同时考虑这3个指标要比单考虑Fe^{2+}更合理。

10、磁石　华勇继等探讨了磁石在不同煅制温度、次数和醋酸浓度的炮制品中Fe^{2+}含量变化。实验结果表明：以650℃煅烧、恒温30min、米醋淬1～3次、粉碎成细粉、过60目筛。这样既可使磁石的有效成分充分煎出，又可煎煮时不必先煎。

11. 铁屑　白明纲等测定了铁屑生品及其不同炮制品水煎液中Fe^{2+}含量。结果表明：铁屑生品水煎液中不含Fe^{2+}，不同炮制方法对成品Fe^{2+}的煎出量有显著影响($P<0.01$)，其含量诃子汤煮制品>诃子汤浸制品>诃子汤煮后浸一日制品。铁屑传统炮制法中诃子汤煮制法工艺简便，省工省时，成品质量高，值得继承推广应用。

12. 牡蛎　袁铣帆等分别测定了牡蛎生品、醋煮牡蛎、煅牡蛎、醋淬牡蛎中微量元素的含量。结果表明：醋制品中微量元素的煎出率均高于相应的生品和煅制品，醋淬牡蛎中的Mn、Zn的煎出量显著增加，故牡蛎入煎剂治疗有关疾病时，应考虑用醋淬牡蛎或加适量的米醋煎煮。

13. 龟版　海学武等研究了烘法炮制龟版的新工艺，并与药典法就损耗率和水浸出物进行比较。结果表明：以0.5% NaOH液浸洗后，采用温度220℃烘制15min的龟版炮制品最佳。其煎出率（16.03%）比药典（12.04%）高，饮片损耗率（5%）比药典

(20%)低4倍，且工艺简单、省力省时、不失为龟版炮制的一种新工艺。

14．没药　梁文法等对清炒法、清炒喷醋法、灯心草法、水煮法和水浴法等不同炮制方法炮制的没药进行了比较研究。结果表明：用水浴法炮制的没药，其成品收得率、挥发油含量、水浸出物量、醇浸出物量等均为最高，而且杂质少、色泽匀、不焦化、易粉碎，动物试验刺激性不大，是没药中较为合理的一种炮制法。

（沈道修　王兴法）

【大黄各种煎煮方法的比较】

大黄为中医常用中药，正品为掌叶大黄 Rheum Palmatum L. 或唐古特大黄 R. tanguticum Maxim. ex Balf.。传统以汤剂为主。实验模拟《伤寒论》、《金匮要略》、《肘后方》、《千金方》等医籍中记载的煎煮要求，设计了大黄十种煎煮方法，即：(1)水浸30min，煎煮至沸，持续30min；(2)不浸，煎煮至沸，持续30min；(3)水浸30min，煎煮至沸，持续10min（轻煎）；(4)水浸30min，煎煮至沸，持续60min；(5)水浸30min，煎煮至沸，持续120min（久煎）；(6)沸水直接煎煮10min（后下）；(7)沸水热浸10min；(8)45°酒浸12h，煎煮至沸，持续10min；(9)30°酒浸12h，煎煮至沸，持续10min；(10)水浸12h，煎煮至沸，持续10min。来研究大黄不同煎煮方法对有效成分及药效学的影响。

（一）十种煎煮方法对大黄蒽醌含量的影响　王跃生等研究认为：煎煮均为30min的大黄液，先浸30min的与不浸的游离蒽醌相差不大，说明先浸30min意义不大。并且煎煮至沸持续时间分别为10min、30mim和60min，其游离蒽醌的百分含量相差亦不大，但如果持续至120min的大黄煎液中总蒽醌、游离蒽醌和结合蒽醌的百分含量均较低，说明煎煮时间越长，提取出蒽醌类成分越少，同时又增加了被破坏的可能性。但煎煮时间越短，则提取出蒽醌类成分越少，当然被破坏的可能性就越小。因此认为单味大黄煎煮最佳时间应为30～60min之间。

实验还发现沸水加大黄煮沸10min（相当于“后下”）与沸水加大黄热浸10min相比较，前者大黄煎煮液中的总蒽醌、游离蒽醌和结合蒽醌的百分含量明显高于后者；同样煎煮10min，先用45°酒浸与30°酒浸及水浸相比较，三项蒽醌的百分含量是45°酒＞30°酒＞水，在全部的十种煎煮法中，也是最高的。因此从实验结果表明，大黄“后下”或以45°酒先浸后转煎，其大黄蒽醌提出率为最高，

（二）十种煎煮方法对大黄煎液中鞣质含量的影响　李计萍、罗文毓等实验采用干酪素法对大黄煎液中鞣质含量进行测定。结果表明，同样煎煮30min，水浸30min与不浸的鞣质含量相差不大，甚至后者比前者略高，说明大黄先浸30min意义不大。水浸均为30min，煎煮至沸持续时间分别为10min、30min、60min和120min，其大黄煎液中鞣质的含量变化随着煎液时间的延长而呈增长趋势。另外，又通过实验发现，大黄水浸12h和水浸30min比较，鞣质含量前者高于后者，说明延长浸泡时间有助于鞣质煎出。沸水加大黄煎煮10min（相当于“后下”）或热浸10min比较，鞣质含量煎煮高于热浸。在相同条件下，用45°酒浸与30°酒浸及水浸比较，鞣质含量以45°酒浸为最高，在十种煎法中也是最高。以上实验结果表明：大黄以“后下”及45°酒浸，其大黄鞣质提出率为最高。

（三）十种煎煮方法对大黄致泻作用及金黄色葡萄球菌生长抑制作用的影响　陈馥馨等通过动物实验表明：同样煎煮30min，先浸泡30min的致泻作用强于不浸的，但抑菌作用无显著差异；同样浸泡30min，分别煎沸10、30、60min，时间越久，致泻作用越强；抑菌作用也有类似趋势。但煎沸120

min，则致泻和抑菌作用反而减弱。抑菌作用以煎沸30min的最强；致泻作用以煎沸60min为最强。综合考虑，以煎沸30～60min最理想。而且直接将大黄加入沸水中（相当于“后下”）的致泻作用是十种煎煮中作用最强。

综上所述，大黄的不同煎煮方法，对大黄蒽醌类与鞣质类成分有一定影响。就大黄泻下作用而言，大黄“后下”有一定道理；但就抑菌作用而言，则以煎沸30min的大黄煎液最理想。实验均系单味大黄不同煎煮方法进行比较研究，在煎煮过程中除受时间因素影响外，还会受其他多种原因的影响；在复方应用时，还会受其配伍药物的影响，为此，还需进一步研究。

（史美瑶）

【中药制剂的工艺研究】

（一）正交设计法　阿胶的原工艺生产粘度大、质量次、切胶困难。省存良等用正交试验优选阿胶粘度最佳工艺，以冰糖的加入量、麻油的加入量、凝胶温度、凝胶时间4个因素进行测定，结果得最佳工艺条件为：冰糖加入量8%、麻油加入量4%、凝胶温度12℃、凝胶时间16小时。四季菜中具护肝作用的有效成分是7-甲氧基香豆素。夏伯庆等对原提取工艺进行了改进，并以乙醇浓度、乙醇用量、热回流时间三个因子，按正交试验法设计，分析了浸膏得率、有效成分得率两个指标，结果认为：乙醇浓度为70%，乙醇溶液用量为生药的17倍量，回流时间共3小时（每次1.5小时），7-甲氧基香豆素得率提高3倍，所以认为此工艺为最佳提取方法。刘萍等以川贝总碱为指标，用正交试验法对蛇胆川贝液中川贝流浸膏的制备工艺进行优选，实验选择渗漉液乙醇的浓度、pH值、浸渍时间三个因素，结果表明：渗漉液选用70%乙醇，pH值为4.5时，制得的流浸膏中川贝总碱含量最高，而浸渍时间对结果影响不大。灯盏细辛胶囊为治疗心血管、脑血管疾病的有效药物，其主要有效成分为灯盏花乙素。莫静义等采用正交试验法对其提取工艺进行设计，得最佳工艺条件为：乙醇的浓度80%、乙醇的用量是10倍量（第一次）和6倍量（第二次），热回流时间1小时（第一次）和0.5小时（第二次），活性炭用量2%，此工艺具有减少工时、节约辅料、降低能源等优点。为探讨影响赭石汤元素煎出的因素，赵科社采用正交设计法对其煎制时间、煎制次数、药材粉碎度三个指标进行试验，得最佳工艺为：煎煮时间30min、煎制2次、药材粉碎为100目。为探讨绞股蓝口服液制备工艺条件，潘苏华等用正交试验方法，结果表明：用50%乙醇进行提取，醇沉前药液浓缩比重达1.14，醇沉浓度为70%，水沉时加药液3倍量的水，可使制备的口服液澄明度较好，且绞股蓝总皂甙含量也较高。

（二）渗漉法和热回流法　复方珍珠口服液样品，若采用水提醇沉方法提取者经放置3个月后，会产生大量的沉淀而影响产品的外观质量。翁诗全等采用渗漉提取法制备的复方珍珠口服液则无大量沉淀产生的现象，配制时pH值调至近5.0为宜。为改进生产藿香正气水的工艺，吴宗锡采用热回流法生产周期缩短为渗漉法的¼，乙醇耗用量从渗漉法生产一百万毫升用492kg降低至热回流法生产同量只需353kg，乙醇节约28%，总固体的量也相应增加，为渗漉法的145.84%，热回流法生产的藿香正气水，成品分装后放置3个月无沉淀产生，且澄明度较好，药液色泽也好；而渗漉法生产的成品分装后放置40天左右即有沉淀析出，说明产品质量得到明显改善，值得推广。为探讨提取生、制元胡中的延胡索乙素的最佳生产工艺，窦志华等采用冷浸、渗漉、热回流三种方法进行研究，结果表明：热回流提取得率高于渗漉法和冷浸法，而热回流法可以防止溶媒的挥发，操作方法比其它两种方法方便、卫生，所以说，采用热回流法能提高延胡索乙素的提取效率，增强镇痛作用，为最佳提取方法。

（三）其它方法　复方大青叶合剂常规水沉，发现沉淀松散，多悬浮于药液的中下层，有碍沉淀生成。朱胜峰采用水沉结合热处理的新工艺，沉淀紧密，可直接倾取上清液，而且新工艺配料放糖后直接灌装，简化了生产工艺。俞加林等研究了刺玫果注射液的制备过程，发现在酸性条件下制备的刺玫果总黄酮中含有大量的鞣质，鞣质自身的氧化聚合成与有效成分的聚合，使其制剂在贮藏过程中产生沉淀，从而影响了注射液的澄明度，也使有效成分的含量下降。而将酸性条件变为弱碱性的新工艺制备的刺玫果总黄酮纯度高、收率高，几乎不含鞣质，用其配制的注射液，在贮藏过程中有效成分含量稳定，色泽及澄明度均佳。张兆璧等对健胃灵口服液工艺合理性进行了探讨，通过测定总黄酮的含量，说明该口服液应采用酒沉工艺，而且提高了产品质量，药品总有效率达96.6%。张永恒等对双黄口服液4种提制工艺进行质量考察及药代动力学参数的比较，结果表明：用醇水法黄芩甙、绿原酸含量最高，色泽、澄明度也较好，其次为提取法、水醇法，最差为综合法。

（黄　燕）

参考文献

B

白明纲，等。铁屑蒙医传统炮制方法的研究。中成药，1991；(6):18

C

陈定一，等。阿胶及其炮制品中氨基酸和微量元素的分析研究。中国中药杂志，1991；(2):83

陈馥馨，等。大黄十种不同煎煮法的部分药效学比较研究。中成药，1990；(7):2

陈玉山，等。国产西洋参不同加工品药理活性的研究。中草药，1991；(5):215

丛俭勤，等。茯苓片型及煎煮条件的正交实验研究。山东中医杂志，1991；(1):41

D

窦志华，等。元胡止痛片提取工艺的探讨。中成药，1991；(10):5

F

冯敬群，等。黄精不同炮制品的毒性及浸出物对比研究。陕西中医学院学报，1991；(4):35

G

高家鉴，等。炮制对苦杏仁中苦杏仁甙含量影响和对苦杏仁酶破坏效果比较。中药材，1991；(9):28

龚跃新，等。20味中药炒炭前后的溶出液中微量元素的研究。中国中药杂志，1991；(2):85

龚跃新，等。20味中药炒炭前后的鞣质含量测定。中国中药杂志，1991；(11):664

H

海学武，等。烘法炮制龟版的工艺探讨。中成药，1991；(9):19

胡丽萍，等。高效液相色谱法测定不同厚朴饮片中厚朴酚含量及厚朴姜制原理的研究。中国中药杂志，1991；(9):535

厚朴及其炮制品对大鼠急性实验性胃溃疡的作用。中草药，1991；(11):509

华勇继，等。磁石炮制方法的探讨。中成药，1991；(12):21

J

贾天柱，等。肉豆蔻不同炮制品挥发油中肉豆蔻醚、黄樟醚的薄层扫描测定。中国中药杂志，1991；(5):275

江佩芬，等。南沙参去皮问题的研究。中国中药杂志，1991；(1):24

L

李　霞，等。独活浸膏中总香豆素的含量测定。中国中药杂志，1991；(9):543

李　赛，等。酒炙时间与赤芍化学成分含量变化关系。中成药，1991；(10):14

李轩贞，等。自然铜不同炮制方法的研究。中国中药杂志，1991；(10):598

李计萍，等。十种煎煮方法对大黄煎液中有效成分含量的影响——2．对鞣质含量的影响。中成药，1991；(1):6

梁文法，等。没药炮制方法的初步研究。中成药，1991；(4):18

林黎明。差示导数光谱法测定金银花及银翘解毒片中总绿原酸的含量。中国中药杂志，1991；(5):282

刘　萍，等。正交试验法对川贝流浸膏制备工艺的优选。中成药，1991；(7):4

刘德隆，等。对电烘法炮制温度的探讨。中国中药杂志，1991；(11):665

刘善新，等。炮制对小茴香挥发油的影响。中成药，1991；(11):21

刘成基，等。甘草及其炮制品中甘草酸含量测定方法。中药材，1991；(1):31

市售醋制延胡索的质量分析。中成药，1991；(5):18

何首乌及其炮制品中二苯乙烯甙含量测定。中国中药杂志，1991；(8):469

吕文海，等。水蛭炮制考论。中成药，1991；(2):18

罗文毓，等。大黄中鞣质测定方法研究——1．干酪素法。药物分析杂志，1986；(1):15

M

马长华，等。何首乌炮制前后磷脂成分比较。中国中药杂志，1991；(11):662

莫静义，等。灯盏细辛胶囊工艺研究。中成药，1991；(12):5

N

牛　锐，等。淫羊藿炮制前后淫羊藿甙的含量测定。中成药，1991；(1):18

P

潘光生，等。高压灭菌柜高压蒸制取代传统的笼蒸法。时珍国药研究，1991；(4):167

潘苏华，等。绞股蓝口服液工艺实验研究。中成药，1991；(5):5

R

任大伴，等。六种药材传统炮制与膨化炮制的比较研究。中药材，1991；(11):28

S

沙德智，等。补骨脂炮制机理的研究。西北药学杂志，1991；(1):28

省存良，等。用正交试验优选阿胶粘度最佳工艺。中成药，1991；(10):8

苏孝礼，等。乌头及其炮制品中含糖量的比较分析。中国中药杂志。1991；(4):215

T

唐第光。三七炮制方法研究——油炸法。中成药，1991；(7):18

唐小鹏。板蓝根饮片片型对其水溶性浸出物及还原糖含量的影响。中国中药杂志，1991；(3):151

滕茜华，等。不同浸出时间和方法对番泻叶有效成份的影响。时珍国药研究，1991；(2):75

铁步荣。自然铜中砷含量的研究。中国中药杂志，1991；(6):341

W

汪庆富，等。风油精聚胺酯海绵的研制及应用。中国中药杂志，1991；(7):419

王　毅，等。巴豆制霜的质量研究。中成药，1991；(4):20

王爱芳，等。乳香炮制工艺研究。中药材，1991；(4):29

王跃生，等。十种煎煮方法对大黄煎液中有效成分含量影响——1．对大黄蒽醌含量的影响。中成药，1990；(9):5

王和平，等。烘制麸葛根的实验研究。中成药，1991；(6):20

王兴文，等。穿山甲、蛤蚧不同部位无机元素及氨基酸含量分析。云南中医学院学报，1991；(4):10

翁诗全，等。复方珍珠口服液研制及质控。时珍国药研究，1991；(4):171

吴宗锡，等。热回流法生产藿香正气水工艺的改进。中国中药杂志，1991；(10):607

吴连英，等。关白附、禹白附抗炎及毒性比较研究。中国中药杂志，1991；(10):595

X

夏伯庆，等。用正交试验法探讨四季菜的提取工艺。中成药，1991；(1):8

夏新华，等。中药口腔溃疡复合膜的研制。中国中药杂志，1991；(11):666

许国振。肠道给药治疗中医急症的剂型改革。中药材，1991；(6):45

许益民，等。白扁豆炮制前后磷脂成分的比较。中国中药杂志，1991；(9):540

薛建海，等。半夏炮制品已知化学成分比较。中国中药杂志，1991；(4):220

Y

杨　明，等。醋炙对香附中α-香附酮溶出的影响。中

药材，1991；(4):30
杨 锡，等。法半夏中甘草酸的检测研究。中成药，1991；(8):17
三种炮制品中辅料甘草的薄层扫描检查。中药材，1991；(3):30
杨守业，等。天南星不同炮制法对饮品毒性的影响。中成药，1991；(2):16
杨中林，等。山药不同炮制品对小鼠碳粒廓清速率的影响。中国中药杂志，1991；(12):725
杨梓懿，等。决明子不同炮制品蒽醌含量测定。中成药，1991；(12):18
殷玉生，等。白芍炮制方法的研究。中成药，1991；(10):16
应 钶，等。红娘子的炮制工艺研究。中药材，1991；(6):26
于少军，等。从水溶性成分的变化探讨当归的炮制意义。中国中药杂志，1991；(3):148
俞加林，等。刺玫果注射液的研制，时珍国药研究，1991；(4):169
原思通，等。商陆饮片切制工艺研究。中药材，1991；(8):26
商陆炮制工艺的综合评价及中试验证。中药材，1991；(10):27
炮制对商陆饮片中主要毒性成分的影响。中国中药杂志，1991；(11):659
袁铣帆，等。不同炮制方法对牡蛎中微量元素煎出率的影响。中国中药杂志，1991；(3):150
Z
张 宏。赭石炮制历史沿革研究。中成药，1991；(12):19
张 玲，等。微波炮制苦杏仁的研究。中国中药杂志，1991；(3):146
张永恒，等。双黄连口服液4种提制工艺制品的质量考察。中成药，1991；(10):2
张卫星，等。冠舒片的质量控制方法。中成药，1991；(6):11
张守利，熊胆在熊胆丸生产中干燥方法的改进。中国中药杂志，1991；(1):45
张兆璧，等。健胃灵口服液酒沉工艺合理性的探讨。中成药，1991；(5):3
张庆生，等。薄层扫描法测定白芍及复方白芍片中芍药甙的含量。中国中药杂志，1991；(9):542
张尊祥。咽炎茶泡饮剂的剂型改进。中国中药杂志，1991；(11):672
赵 一，等。炮制对商陆毒性和药效的影响。中国中药杂志，1991；(8):467
赵科社。正交法考察影响赭石汤剂元素煎出量的因素。中国中药杂志，1991；(12):736
甄汉深，等。狗脊炮制历史沿革的研究。中药材，1991；(8):31
周冠群。能通能止活巴豆——兼论巴豆的炮制。浙江中医杂志，1991；(12):563
朱胜峰。复方大青叶合剂工艺改进。基层中药杂志，1991；(1):21
邹恩济，等。蒙药草乌炮制的研究。中成药，1991；(9):18

(五)方剂与成药

【概述】

在1991年中，方剂与成药的临床应用、实验研究亦有所发展，尤其对方论学开展了较深入的实验研究。此外，为适应临床急救、应用方便的需要，中药剂型向高效、速效、长效发展也出现了好势头。

一、临床应用

在古方的应用上，毕明文报道以真武汤治疗眩晕症162例，痊愈102例，好转35例，总有效率达85%；丁发权报道用加味白头翁汤合桃花汤治疗溃疡性结肠炎67例，基本治愈58例，好转7例，总有效率达97%；陈定生报道以桂枝茯苓丸加味治疗盆腔瘀血综合征32例，痊愈18例，显效11例，总有效率达90.62%；张光丽等报道用逍遥散合二陈汤加减治疗乳腺增生症51例，其总有效率达96.1%；李秀珍等报道用逍遥散加减治疗高泌乳素血症（PRL）54例，服药8～54剂，结果90.74%患者降至正常；朱文举等报道以三才封髓汤加减治疗男性不育112例，治愈84例，好转15例，治愈率为76.8%，总有效率达90.2%。李光海等报道了安宫牛黄丸的引伸应用，用其治疗婴幼儿重症肺炎50例，治愈48例，好转1例；治疗副鼻窦炎30例，有效率达100%；治疗急性胰腺炎26例，痊愈20例，好转5例，以及治疗红斑狼疮、血卟啉病昏迷、肺性脑病低氧血症、蛇咬伤、感染性高热等，均获良效。

在效方和自拟方的应用上，杨世忠报道以中药乙肝宁治疗慢性乙型肝炎304例，其中治愈128例，显效75例，好转69例，总有效率达89.5%；许肇荣等报道护肝宁片治疗各型肝炎228例，其中治愈171例，好转33例，治愈率达75%，总有效率达89.47%；林乐禧报道用自制溃疡散治疗消化道溃疡200例，其有效率为94%，明显优于对照组（$P<0.01$）；丁有钦等报道自拟强心煎治疗慢性充血性心力衰竭30例，心功改善在Ⅰ型以上者达80%，且收缩时间间期改善，SV、CO、CI及EF显著提高，PAWP、TPR下降，显示其能提高心肌收缩力，降低心脏负荷、改善心衰患者心功能的作用；杨晓晖报道以宫颈丸治疗874例宫颈糜烂，治愈712例，显效98例，有效52例，总有效率达98.63%；梁永平用妇炎净治疗妇科各类炎症488例，总有效率达98.2%，与对照组有显著差异（$P<0.01$）；张晋中等报道以自拟清热散治疗小儿发热112例，其中对上感发热（86例），有效率为94.1%，对急性支气管炎（11例），有效率为81.9%，对小儿肺炎（15例），有效率为86.7%。

二、实验研究

对复方、成药进行药理实验研究近年来发展得比较迅速，研究得也愈来愈深，取得了相当可喜的成绩。如葛子等人研究了地黄饮子对实验性脑栓塞局部下丘脑和肾上腺的组织化学变化，证明本方能明显促进下丘脑正中隆突与垂体门脉直接有关的血循环，使肾上腺皮质有较为明显的增殖和类固醇类激素有明显的释放，认为本方治疗脑栓塞性贫血中风的疗效可能是通过其"滋肾阴、补肾阳"的功用，激发了下丘脑—垂体—肾上腺轴的功能，改善了机体神经内分泌调节而取得的。黄桂芳等研究了复方五子衍宗丸的升白及抗氧自由基的作用，其能对抗环磷酰胺所致小白鼠白细胞降低，并降低大白鼠肝组织过氧化脂质丙二醛含量以及小白鼠心肌、肾组织脂褐质含量，增加大白鼠肝组织超氧歧化酶活力。戴苏林等研究了前列康栓对大白鼠实验性细菌性前列腺液中卵磷质小体密度的降低及白细胞数的升高有显著的抑制作用，对实质腔内炎细胞浸润及腺上皮质增生也有降低之趋势。刘青云等对首乌丸抗衰老作用进行了实验研究，其能抑制黄嘌呤—黄嘌呤氧化酶—鲁米诺化学发光强度50%的浓度（IC_{50}）为18.2ug/ml，该浓度对超氧阴离子自由基的清除率为43.2%，可明显降低大鼠肝过氧化脂含量和小鼠脑单胺氧化酶—β活性以及脑脂褐质含量，提示本药有抗衰老作用。

在方论学的实验研究上，富杭育总结、归纳为八个方面：(1) 全方有效，而同剂量的各组成单味药并不表现效果。(2) 方剂全方作用优于其组成的任何单味药物。(3) 方剂中君药的药理作用常是该方的主要药效。(4) 药物相伍，相辅相成，提高功效。(5)诸药相伍也能相反相成，降低毒副作用。(6)同一方中药味协同与拮抗共存。(7) 药物相伍中有调动作用。(8) 药物配伍起双相调节作用。如蒋莹等研究了六味地黄汤及其配伍对过氧化脂质及脂褐质含量的影响。黄黎等研究了黄芩汤的组方配伍，实验证明全方药理作用及作用强度优于各组成单味药，君药黄芩在方中起主要作用，芩与芍有相须作用，甘草、大枣在方中也起到一定作用，其清热止痢功效主要是黄芩的作用，缓急止痛功能主要是芍药、甘草的作用。

三、剂型改革

总结、归纳一下中药剂型改进方面主要有两个特点：

1. 剂型改进以增强药效为核心　随着中医事业的发展，临床迫切需要高效、速效、长效的药剂，同时还要降低毒副作用、减少剂量、方便生产和使用。如生脉散目前有汤剂、口服液、袋泡剂、针剂等四种剂型，针剂速效，用于急救，不用口服，其它三种口服剂，则又以袋泡剂效用最佳。

2. 剂型改进类型为多样化　(1)改进剂型，保持原有给药途径，一般多以原方为准，药味不变。如小青龙汤、小建中汤、独活寄生汤等改制成合剂，十全大补汤改制成口服液，大承气汤改制成冲剂，银翘散改制成袋泡剂，藿香正气散改制成酊水、冲剂、口服液、软胶囊剂等。(2) 既改进剂型，又改变给药途径，这主要为满足临床急救所需，通过注射给药，或通过呼吸道、粘膜、直肠等给药。如生脉注射液、参附注射液、四逆汤注射液、宽胸丸改制成气雾剂，安宫牛黄丸改制成栓剂等。(3) 优选方药，改进剂型，开发新药。如安宫牛黄丸优选药组成清开灵注射剂与滴鼻剂，苏合香丸优选药物组成后制成冠心苏合丸，当归龙荟丸优选药物组成后制成靛玉红片剂等。

（王道瑞）

【六味地黄汤(丸)的实验研究】

谢卓丘等的实验研究表明，本方煎剂对小鼠肝脏损伤具有明显的保护作用，其作用与联苯双酯相似，对 CCL_4、硫代乙酰胺和强的松龙诱导的 SGPT 活性升高均有显著的降低作用，其作用非直接抑制SGPT活性，故推测其作用一方面是间接抑制肝细胞内GPT酶的合成，另一方面是减轻肝细胞的损伤。煎剂亦能明显促进 CCL_4 中毒小鼠对溴磺酞钠的排泄，提示有助于恢复肝脏的正常解毒排泄功能。刘国卿等为进一步探讨本文配伍组成的合理性及其与保肝作用关系，观察本方拆成“三补”（熟地、山茱萸、山药)、“三泻”（茯苓、泽泻、丹皮）后对小鼠SGPT活性升高的影响。结果表明：对CCL_4、TAA引起的小鼠 SGPT 活性升高无降低作用，与全方煎剂差别很大。还发现给小鼠“三补”药的第 4 天即有 4 只小鼠死亡，提示三补药煎剂的毒性可能比全方煎剂大，推测“三泻”配伍可能有助于“三补”毒性的降低，“三补”、“三泻”相互作用可能是本方保肝机制之一。刘保林等研究了六味地黄汤及其组方的水煎剂对正常小鼠血糖和肝糖元的影响。结果表明：三补、山茱萸加丹皮、山药加茯苓可降低血糖水平；全方、三补、熟地加泽泻、山茱萸加丹皮可增加肝糖元的含量。王秋娟等根据中医理论以全方煎剂及“三补”、“三泻”、“一补”、“一泻”组成的 5 个拆方煎剂进行耐缺氧及降血脂作用的比较研究，结果表明：耐缺氧作用全方优于各种组合，全方和三泻有明显降血脂作用，山茱萸、丹皮组和熟地、泽泻组也有一定的降血脂作用，可推测六味地黄方中调节血脂作用的主要成分是泽泻、其次是丹皮。陈真等将本方拆成“一补”、“一泻”两两配对组，熟地与泽泻、山药与茯苓和山茱萸与丹皮对 CCL_4 中毒小鼠血清 SGPT 活性的影响。结果表明：对 CCL_4 所致肝损伤无保护作用，而对 TAA 引起 SGPT 活性升高有降低作用，提示“一补”、“一泻”两两配对组的保肝作用与全方机理不同。全方煎剂可对抗多种因素引起的实验性肝损伤。

戴德哉等进行了六味地黄煎剂对心、肾、脑缺血的实验研究，结果表明：本方能明显对抗大鼠由于左冠脉结扎而引起的心肌中超氧化物歧化酶（SOD）活性的降低及丙二醛（MDA）含量的增加，提示它能明显抑制梗塞心脏中氧自由基的大量生成。本方能明显缩小心肌缺血再灌大鼠的梗塞区面积，同时增加灌流区面积。本方对大鼠肾缺血有一定的保护作用，而对大鼠脑缺血及小鼠肾、脑缺血均无明显作用。王秋娟等人的实验表明，六味地黄煎剂对麻醉大鼠的正常血压有明显降压作用，而对心肌收缩力及心率无明显影响。本方煎剂能明显延长小鼠耐缺氧时间，能明显降低实验性高血脂大鼠的总胆固醇和肝中脂肪含量，还能明显升高血清高密度脂蛋白胆固醇含量，并认为本方煎剂对动脉粥样硬化所引起的疾病有一定的防治作用。

免疫功能低下是衰老的重要标志之一，李顺成等实验指出六味地黄汤对青、老小鼠ANAE阳性淋巴细胞的免疫功能有增强作用。蒋莹等人实验测定了本方及其配伍对过氧化脂质及脂褐质含量的影响，结果表明：全方能显著降低高龄小鼠血清过氧化脂质及肝脏褐质含量且降至与低龄小鼠相似。但将全方拆成“三补”、“三泻”两种组方，则对高龄鼠的过氧化脂质无明显影响，对肝脂褐质作用也不如全方。三种组方对心脏脂褐质均无明显影响。李耐三等将全方煎剂及“三补”、“三泻”对家蝇的抗衰老作用进行了研究，结果表明：全方煎剂能延长家蝇的存活时间，具有改善SOD、脂褐素及蛋白质含量三项指标的作用，提示全方在抗衰老方面具有深入研究的价值。而“三补”、“三泻”无抗衰作用，从而说明六味地黄组方的合理性。

一般认为，硒可视为抗癌元素之一，林氏等分别测定了本方六味药材及煎剂、五种不同配伍的煎剂和全方煎剂的硒含量。结果表明，方中熟地和山药均有较高的含硒量，其它4味药的含硒量基本近似，硒在水煎液中的溶出率大致在30～40%。六味药材配伍后煎剂中的含硒量，基本符合原药材中含硒量的比例。马世平等以微核试验法观察本方煎剂及主药对致突变剂环磷酰胺损伤染色体的影响，表明：熟地、“三补”及六味地黄煎剂对正常小鼠微核率无明显增高，但对环磷酰胺（大、小二个剂量）引起的微核率增高均有明显的对抗作用。

此外，蔡家骏等通过实验表明：本方对牙周组织的损害有保护、修复作用；阚天秀等研究表明：本方能较明显减轻庆大霉素的耳毒作用。

赵树仪等对六味地黄丸及其冲剂的药理作用进行比较，结果表明：(1)冲剂与丸剂均可明显降低麻醉猫血压，冲剂的作用较丸剂强；(2)两种剂型均可明显降低大鼠肾上腺内维生素C含量，均有兴奋肾上腺皮质功能作用；(3)两者均能明显增强小鼠耐疲劳作用，具有一定镇静作用；(4)冲剂能显著增强小鼠网状内皮系统的吞噬功能，而丸剂作用不明显。

在鉴定原药材方面，萧红等对9个药厂提供的六味地黄丸方剂原料药进行了显微鉴定和薄层鉴定，表明除地黄、山茱萸、泽泻、茯苓为药典规定的正品药材外，山药来源于5种同属植物的根茎；并对收集的6种牡丹根皮进行了鉴定研究。

徐凯建等应用恒温加速法对本方块冲剂中丹皮酚和熊果酸进行稳定性预测，结果表明：在室温25℃，相对温度84%的条件下，丹皮酚和熊果酸的标准有效期分别为166d和2088d。林似兰等测定了本方6味药材及全方汤剂中32种无机元素的含量和溶出率，指出6味药材及其汤剂中含K量都远远大于含Na量，尤以山茱萸含K量最高；Ca含量最高为丹皮；Mg含量最高为山茱萸，泽泻次之。方中6味药富含人体所需的微量元素，其中以Fe含量最高，Zn、Cu、Mn次之，泽泻的Fe、Zn、Cu、Mn含量居首，另还含Co、Cr、Mo等。并认为大部分微量元素在中药煎剂中均具有可观的溶出率，不能忽视它们的药理及其生理作用。

（袁宝权）

【温胆汤的临床应用】

温胆汤曾在《中医年鉴》1985、1989卷中介绍，近年来临床应用范围不断扩大。

李德成以温胆汤为主治疗69例患者，其中失眠36例，眩晕17例，心悸10例，胁痛6例。结果痊愈49例（71%），显效19例（27.5%），无效1例（1.5%），总有效率为98.5%。周俊成也用本方治愈了失眠和眩晕患者。候显庆以本方为主治疗眩晕7例、脑动脉硬化1例、脑供血不足3例、神经官能症1例，治疗后完全控制9例，显著减轻者3例。杜玉玲、易万德、姚念宏、张雅丽也分别报道了用本方加味治疗眩晕病，均获显著疗效。姜志昂用本方加味治愈患有6年精神分裂症的患者。杨占英用本方加味治疗精神呆滞、语无伦次、夜游眠差一年余的精神病人，进药40剂，症状基本消失，追访2年未再复发。姚念宏报道了用本方加味治疗36例癫痫病人，效果满意。另外：沈才栋、姜志昂、冯慕良也各用本方加减治疗癫痫，用药后诸症消失，随访未再复发。

冯慕良还报道了本方加味治疗阵发性心悸服药2周，心悸告愈。孙培桐治疗了冠状动脉粥样硬化性心脏病，用本方合丹参饮化裁，服药14剂后，心电图等检查均正常。檀俊翔治疗了胸闷、心悸的房性早搏患者，本方加味服18剂，诸症痊愈，复查心电图等正常。

谢惠芬治疗了间断性胃痛10年的胆石症病人，用本方加味服药4剂，诸症消失，并从大便中筛选出结石数块。另治疗了胸闷腹胀，恶心呕吐西医诊断为急性胃炎的患者，用本方加味服10剂，诸症消失。张雅丽用本方加味治疗呕吐一年的患者，共服10剂，症状消失。侯显庆用本方加减治疗曾服其它中药无效的胆胃不和所致的病人，疗效均佳。

谢氏又用本方加味治疗急性肾功能衰竭患者，服20余剂，诸症均恢复正常。郑德柱治疗患有尿毒症、代谢性酸中毒病人，用本方加减，每日1剂，连服58剂，症状消失。侯显庆用本方加减治疗了经用西药治疗效果不佳的急性肾炎、肾性高血压病人，血压为190/110毫米汞柱，服药6剂，血压下降为168/88毫米汞柱，治疗一月余恢复健康。

此外，郑家平临床观察了温胆汤的双向调节作用，对迥然不同的病症，如失眠与多寐、便秘与腹泻、寡言与多语、纳呆与多食，低血压与高血压病等，均有满意的疗效。

（鲍蓉芬）

【芍药甘草汤的临床应用与研究】

一、临床应用

1. 消化系统　俞文武介绍了俞尚德运用本方治疗溃疡病、浅表性胃炎、萎缩性胃炎、幽门梗阻、慢性痢疾、胆囊炎、胆石症、胆道蛔虫病等消化系统疾病所引起的疼痛、痞满、呕吐症状的经验。而且通过研究认为，应针对不同疾病，运用药物，如：对慢性疼痛用炙甘草；急性疼痛用生甘草；对胃肠病用炙甘草，旨在调脾；对肝胆病用生甘草，旨在泻火；对溃疡病、浅表性胃炎、幽门梗阻、胆囊炎等用赤芍；对萎缩性胃炎、慢性肝病、慢性痢疾等则用白芍。俞氏进一步认为，甘草有缓解挛急作用，而芍药则有直接镇痛作用。若解痉止痛，则甘草量应大于芍药。梁炳银等将本方按现代制药工艺制成颗粒冲剂（商品名“健肝乐”冲剂）治疗病毒性肝炎148例，疗效显著。其中急性黄疸型肝炎治愈率88.9%；急性乙型无黄疸型肝炎治愈率为80.4%；慢性迁延性肝炎治愈率为71.4%，2～6个月内，HBsAg转阴率为30.1%。

2. 神经系统　曹国蓉用本方加味治疗脾虚、肝血不足所致面肌痉挛42例，均获显效。张洪斌等以本方加止痉散治疗癫痫小发作、面肌痉挛、书写痉挛、功能性振颤等多种神经科病症，也获显效。如患者魏某，头部不自主颤动一年余，西医诊为“功能性振颤”，服安坦效果不佳，张氏以本方加石决明，水煎服1剂/日，冲服止痉散，服药20剂，症状消失。

3. 内分泌系统　李南夷以本方加全当归、牡丹皮等治疗由雄激素水平增高而致的特发性多毛症1例。患者5年前月经初潮后，四肢毫毛即逐渐增粗变黑，曾服安体舒通数月，效果不明显。视其前臂、小腿及腹中部毛密粗黑。经服上方治疗1月复查，毛色转淡，雄激素水平已降至正常，嘱停药观察。6个月后追访，毛发已如常人。

4. **其他**　贺方礼用本方（赤芍代替白芍）治疗急性乳腺炎102例，疗效显著。在治疗中，对局部涉性分泌物较多者加黄芪；局部湿疹瘙痒者加地肤子；乳房结核伴乳腺炎者加穿山甲、昆布。其中用药最多者7剂，最少者2剂，平均3.5剂。邹世光用本方加赤芍治疗腹部术后腹肌挛痛17例，效果较好。另外，王延凡用本方加桔梗治愈臁疮，安庭华用本方加地骨皮治愈长期低热，李华安等介绍了唐祖宣巧用本方合通脉四逆汤治愈血栓闭塞性脉管炎、无脉症、不育症、心脏病等数例。李志亮用本方加黄连、黄芩治疗舌纵一案，症见舌出于口外、不能回缩、无法言语、面目略呆视、两手足如常，无明显诱发原因，服药6剂，而痊愈。还有，黄瑞彬介绍了本方应用于儿科，治疗百日咳、血卟啉病、扁桃体炎、哮喘等病证。

二、实验研究

张洪斌据近代药理研究认为白芍有中枢性镇痛和抑制脊髓反射作用，甘草有镇静和抑制末梢神经作用。俞文武研究认为，甘草对离体兔肠因毒扁豆碱等引起的痉挛有解痉作用，而芍药则没有这种作用，但在甘草液中加入芍药后，则可增强解痉的作用。当甘草与芍药用量比例为1:1时，解痉作用强而迅速，但作用持续时间较短；当甘草与芍药用量比例为3:2时，不仅有较强的解痉作用，而且维持的时间也长；然而当甘草与芍药的用量比例为3:1时，两者协同作用不大。赵玉珍等报道，甘草、芍药水提合剂（CGP）对离体兔肠管运动呈明显抑制作用。降频率作用较降幅度作用强，CGP亦能够拮抗氯化钡、组织胺、乙酰胆碱对离体兔肠平滑肌的兴奋作用。

（王云阁　刘淑清）

【桂枝茯苓丸的研究与应用】

桂枝茯苓丸的临床应用，本年鉴1984卷曾有介绍。近年谢家俊等通过实验表明：桂枝茯苓丸能明显地降低全血比粘度，全血还原比粘度，血浆比粘度，纤维蛋白原浓度，增加红细胞电泳速度。这些结果与本方具有活血化瘀功效相一致，并指出本方是低毒显效方剂。刘瑞东等实验证实本方五味生药均有较强的凝固抑制作用，为祛瘀血药，可作蛋白分解酶抑制剂，而用于弥漫性血管内凝血的治疗和预防。

在临床应用方面，于俊生以本方加党参、苦参等药物治疗冠状动脉供血不足，频发性早搏，阵发性室性心动过速一例获效。刘氏等以本方与小柴胡汤同用，对慢性肝炎有确切疗效，能使GOT、GPT下降，还促使乙肝患者HBe抗原转为阴性，提示有促进抗原——抗体系统血清转化作用。何耀荣以本方加减，治愈多囊肝2例。黄志华等以本方加服蜈蚣蛋，治疗肾炎后蛋白尿66例，10天为一疗程，总有效率为96.91%。王忠民等以本方加附子、车前子治肾炎水肿有效。王如升以本方加消结排石药治疗输尿管结石有较好疗效。沈绍英、肖泽泉、刘斌武、陆惠铭均报道用本方加减治疗癃闭的经验。陆氏还认为本方尚兼和营、通脉、利窍、协调阴阳等功能，能治疗阳虚挟瘀之泄泻，配和解化痰之品治血瘀气逆咳嗽。张汝涛还报道以本方合当归芍药散治便血、喘满等病症。

在妇科方面的应用范围更为广泛。李长城以本方加三棱、莪术等治疗子宫肿瘤13例，6例痊愈，5例好转，2例无效。聂轩等以本方治妇科盆腔瘀血综合征32例，总有效率达91%。张孔等介绍了张季高老中医善用本方治胎死腹中、恶露不绝、经来腹痛、乳腺增生等的经验。黄道富等以本方加续断、杜仲治冲任虚损，瘀血阻于胞宫之滑胎。吴永明以本方加味治愈陈旧性宫外孕，胡敏以本方治妇女放置节育环所致下腹痛，李庆基以本方加味治愈子宫与直肠窝积液，均获良效。另外，任宪田、周立孝、王优芳、蒋湘岚、谭俊臣等人都报道了应用本方治疗积聚癥瘕等疾病。

此外，徐兆山综述了本方运用于甲状腺肿大、乳腺肿物、胶原性疾病、风疹块、前列腺肥大等多种外科疾患。陆氏以本方加减治疗寒冷性红斑、臀部多发性疖肿、下肢溃疡、乳腺炎、外伤感染等。王忠民以本方加味治妇女面部黄褐斑、血栓性浅静脉炎。谭俊臣以本方加减治粘连性肠梗阻。王斯宣等以本方加味治“脐痛”、“少腹包块”等顽症。王辅民以本方治因冲任壅实所致的青春期肥胖、嗜食、乳胀、水肿、痤疮等病症。李武忠以本方加味治男输精管结扎术后痛性结节25例，均获痊愈。

（陈家英　谌慕珍）

【仙方活命饮的临床应用】

仙方活命饮出自《妇人良方》，由银花、炙山甲、花粉、甘草、乳香、白芷、赤芍、象贝、防风、没药、皂角刺、归当尾、陈皮组成，具有清热解毒、活血消痈等功能。近年来，已广泛应用于内、外、妇及耳鼻喉各科疾患。

（一）外科　本方化裁治疗内痈，有极好疗效。梅雪礼报道，用本方配合大柴胡汤治疗肝痈；配合大黄牡丹皮汤治疗肠痈；配合桃核承气汤治疗脾破裂术后腹腔感染、阑尾穿孔合并肠间脓肿、急性盆腔炎，均取得满意疗效。陈凤桐用本方治疗阑尾周围脓肿32例，热盛者加蒲公英、败酱草；湿盛者加薏苡仁；气虚者加党参。服7剂后痊愈8例，服10剂后痊愈11例，服15剂后痊愈10例，17剂后痊愈3例，治愈率100%，随访1～11年，除1例有轻度肠粘连外，其它恢复良好。蔡学熙用本方加味水煎内服，每日1～2剂，配合芒硝拌蒜泥外敷，治疗急性阑尾周围脓肿伴有高热20例，用药后均获治愈。马列用本方治肠痈亦获得满意疗效，并认为本方比大黄牡丹汤和薏苡附子败酱散效果更佳。洪秀珍治疗多发性脑脓肿，患者为女性，四岁，突然口眼㖞斜，左侧上下肢抽搐，随即瘫痪，伴发热，呕吐，经某医院抗感染治疗好转。3个月后复发，再用抗感染治疗无效，病情日重，经CT检查，提示右额顶多发性脓肿，病灶周围脑组织水肿明显。用本方加连翘、败酱草等，服5剂后，病情缓解，继用10剂，症状消失，形同健儿。姚公树用本方治疗肝脓肿、肺脓肿及输卵管结扎术后腹直肌血肿，亦取得较好疗效。此外，吴恒亚认为本方不仅可用于阳性疮疡的各个阶段，也可应用于瘰核瘿瘤等阴证的治疗。李航生等用本方加减治疗半阴半阳肿疡54例，热盛者加蒲公英、连翘；湿重者加黄柏、车前子；寒重者加桂枝、干姜；气虚加黄芪、太子参；肝郁者加柴胡、生山栀。经治疗后痊愈46例（占85.5%），好转6例（占10.8%），无效2例（占3.7%），有效率为96.3%。

（二）内科　张玉亮等用本方为主治疗消化性溃疡58例，其中胃溃疡8例，球部溃疡44例，复合性溃疡6例，结果治愈47例（占81.04%），显效8例（占13.79%），进步3例（占5.17%），总有效率100%，明显优于对照组。王明武等用本方治疗消化道溃疡，马哲河用本方治疗胃粘膜脱垂，赵士毅用本方治疗大叶性肺炎和胆道蛔虫，均获良效。许增喜用本方治疗急性风湿热、急性食道炎、急性胰腺炎、急性肾盂肾炎等内科疾患，杨永年用本方治疗肾周围炎，用药8剂后获愈。刘家文用本方加减治疗热痹，胡友珍用本方治疗冠状动脉硬化性心脏病，也获显效。

（三）妇科　侯士林治疗妇科盆腔炎及手术感染粘连11例，临床症状以少腹硬痛拒按，脓性带下为主，药以本方化裁，热重者加红藤、败酱草；带下污水恶臭者加土茯苓、乌贼骨等。一般用药20剂后带下及全身症状好转，40剂后腹部变软，肿块消失。侯氏、赵氏用本方治疗阴道炎，慢性宫颈炎所引起的“带下”、“阴痒”诸症，亦获佳效。

（四）耳鼻喉科　徐献军等用本方治疗鼻渊68例，取得较好疗效。经3～19天治疗后，痊愈66例，好转2例，有效率为100%，治愈率97%。钱丽用本方加减治疗咽痛发热，吴氏用本方加减治疗扁桃体肿大并伴右颌颈肿块疼痛，均获良效。

(萧俊平　张宝春)

【甘露消毒丹的临床应用】

甘露消毒丹出自《温热经纬》，由藿香、薄荷、白蔻仁、石菖蒲、黄芩、连翘、滑石、茵陈、木通、贝母、射干等组成，具有清热除湿的功能。近年来本方的应用范围不断扩大。

(一) 内科　(1) 发热：侯俊明以本方加减治疗发热34例，其中上呼吸道感染5例、斑疹伤寒8例、发热待查21例，体温在37.1～39.7℃之间，服后均有退热疗效。爨积科用本方治疗夏季流感218例，主症有发热汗少、恶风、头昏、肢疲、咽肿、咳嗽痰粘、鼻塞流涕、心烦、胸闷、腹胀、纳呆、尿赤、舌苔白腻、脉濡数等，经3～6天治疗后，治愈189例，好转28例，无效1例，总有效率为99.5%，明显优于随机抽样治疗组。另外，毛永业用本方治疗子宫肌瘤术后高热不退，盗汗不止者；许丰敏用本方治疗流行性出血热；刘向东用本方治疟疾，均获良效。(2) 黄疸：陈永久治疗肝炎182例，凡肌肤巩膜发黄、口苦粘腻、纳呆、胸闷腹胀、口渴不欲饮、尿黄、或有低热、苔黄腻、脉濡数者，均用本方化裁治疗，获得显效。陈统荣等用本方加味治疗急性黄疸性肝炎26例，临床治愈16例，占61%；好转10例，占39%。张宗如、魏中德、周玫、王立华、吴树琪等用本方加减治疗黄疸性肝炎，均获良效。(3) 心悸：段尚忠用本方加味治疗频发性室性早搏，吴氏用本方治疗窦性心动过速，心肌受损，亦获显效。

(二) 妇科　王秀莲以本方为主治疗崩漏54例，大便干者加玄参、丹皮；胃脘胀满者加陈皮、厚朴；食纳不佳者加焦三仙；口干苦、乍寒乍热者与小柴胡汤合用。结果痊愈25例(占46.3%)，显效14例(占25.9%)，有效11例(占20.4%)，无效4例(占7.4%)，总有效率为92.6%。

(三) 儿科　陈振益用本方治疗小儿病毒感染发烧26例，其中上呼吸道感染19例，急性扁桃体炎4例，病毒性肺炎3例。用药后1日退热者21例，2日退热者4例，3日退热者3例，全部治愈。毕可恩用本方治疗手足口病10例，均有发热及口腔溃疡、舌质红、舌苔厚腻，用药后全部治愈，平均用药3.1天。王月英用本方治疗小儿黄疸、水肿等病，疗效明显。毕氏还用本方加味治疗小儿中枢神经系统疾病，如散发性病毒性脑炎、流行性乙型脑炎、小儿急性偏瘫，其效亦佳。

(四) 五官科　常林应用本方加减治疗天行赤眼(流行性出血性结膜炎)、鼻渊(慢性上颌窦炎)、脓耳(急性化脓性中耳炎)、乳蛾(急性化脓性扁桃体炎)、喉痹、喉疳、舌下痰包等，均获较好疗效。另外，刘树春、唐世英、程昭寰、周嫦昆也报道了用本方加减治疗急、慢性扁桃体炎及耳疾等，均获满意疗效。

(张宝春　萧俊平)

【黄芪桂枝五物汤的临床应用与研究】

一、临床应用

(一) 内科　王永培用本方治疗原发性低血压60例，结果显效33例，有效29例，无效2例，总有效率为96.8%。陈汝南取黄芪桂枝五物汤方意，一重用黄芪为君药，治疗十二指肠球部溃疡170例(其中病程最长者16年，最短者2年)，黄芪用量50～100克，连服3个月。结果治愈155例，有效15例，总有效率100%。程莉以本方治心气虚弱、血行无力、心脉失养而致心动过缓1例(心率51次/分钟)，服6剂明显好转，又续服15剂，诸症消除，心电图正常(心率72次/分钟)。程氏又用本方加味治脾胃虚弱、中阳不振、寒湿内停所致胃窦炎1例，服药3剂，患者未再吐酸水，疼痛大减，续进11剂，诸症消失。陈超等以本方加味治疗多发性神经炎35例，并根据不同症状进行配伍用药，感觉障碍为甚者，加当归、川芎；运动障碍为甚者，加附子、白术；营养机能障碍为甚者，加熟地、红花。治疗总有效率为91.4%。此外，郭正杰还报道了用本方加味治疗神经衰弱。

（二） 外科 王春荣等用本方加减治疗硬皮病48例，并根据不同病情，配伍用药，如偏气虚血瘀者，加党参、白术、丹参等；偏于阳虚寒凝血瘀者，加附子、鹿角霜等；偏于痰湿者加白芥子、僵蚕、薏苡仁等。结果显效28例，有效13例，无效5例，死亡2例，总有效率85%。徐献军等以本方加味治疗局限性冻伤566例，并根据发病部位加味药物，如发于面部加白芷、川芎，发于上肢加片姜黄、桑枝，发于下肢加川牛膝、独活，有瘀斑肿胀加桃仁、炮山甲、当归，有水疱加茯苓、乌梢蛇、苍术。治疗结果：明显有效453例，比较明显有效95例，一般效果18例。修玉珍用本方加减治疗肩周炎39例（病程长者半年，短者5天）。并因病情加味药物，如寒邪胜者加细辛、附片，湿胜者加苍术，风胜者加防风。修氏也主张重用黄芪，一般在40克以上，结果全部有效（其中痊愈33例，好转6例）。李建萍运用本方加味治疗证属营卫虚弱、气血凝滞或兼挟风寒湿邪入络的骨伤疾病。如治疗颈椎综合征、小腿麻木不仁、臂丛神经损伤，均获显效。程氏还以本方加味并配用三黄粉（黄芩、黄连、黄柏），治1例慢性下肢溃疡（即臁疮）反复发作2～3年者，且每遇阴雨天则疮痒疼痛，并流稀脓水，其溃疡面积约$5\times4cm^2$。经服上方5剂，疼痛消失、渗出物减少，续服10剂，疮面结痂而愈，未再复方。另外，谷励报道用本方也可治疗慢性前列腺炎。

（三） 其他 张宽智以本方加减治疗痛经、白带、妊娠腹痛、产后身痛等多种妇科疾病，金志春用本方治产后痉证。

二、实验研究

王春荣通过研究认为：黄芪有调整人体免疫功能作用，桂枝与芍药相配伍有改善微循环作用，用芪、桂、芍、枣、姜配伍应用，既能调节机体免疫，又能活血化瘀、改善组织微循环，故对硬皮病等结缔组织的病变有效。陈超等通过药理研究表明：黄芪、桂枝、白芍均有扩张血管作用，且大多对末梢血管有显著作用，从而可改善末梢神经的营养与代谢，故能对多发性神经炎等病有效。而且认为，黄芪用量宜大，少则疗效不显著。

（王云阁 刘淑清）

【普济消毒饮的临床应用】

普济消毒饮源于《东垣试效方》，由黄芩、黄连、牛蒡子、元参、桔梗、板蓝根、马勃、僵蚕、连翘、薄荷、陈皮、柴胡、升麻、甘草等药组成。本方在治疗大头瘟（流行性腮腺炎）上具有良效外，近年来，已得到较广泛的应用。程群才等用本方治疗流行性腮腺炎合并脑膜脑炎57例，全部治愈。并认为本方能迅速控制体温，对消除头痛、腮腺肿大及各种精神神经症状有确切疗效。程氏还通过投药剂量的比较，认为普济消毒饮组方严谨，治疗本病必以原方相投，才能收到最佳疗效。许文颖以本方治疗小儿呼吸道感染引起高热35例，伴抽搐神昏或惊跳者，加服紫雪散，平均退热时间为51.4小时。夏纯民按本方方意，以黄芩、元参、甘草、桔梗、板蓝根、升麻、柴胡、马勃、连翘、僵蚕、银花为主，治小儿急性肾炎14例，疗效均佳，追踪观察13例，至今未见复发。闵捷以本方治急性肾炎水肿；钱琳等宗本方方意，以连翘、板蓝根、川黄连、夏枯草、元参、牛蒡子、陈皮、柴胡为主药，治疗传染性单核细胞增多症；李述文以本方治变态反应性疾病，如：植物日光性皮炎、血管神经性水肿等，均获效。还有，李瑞玉以本方治疗流行性出血性结膜炎82例，以中药组与西药组对照，结果：中药组疗效明显优于西药组。赵昌宋以本方加减治流行性腮腺炎100例，总有效率94%。

徐德先用本方治流行性腮腺炎 90 例，其效亦佳。赵英明以本方治颜面丹毒 8 例；唐占山以本方治疗急性扁桃体炎、急性咽炎、急性喉炎；闵捷、徐金波还以本方治疗天行赤眼（急性结膜炎）等疾患，均获良效。

关于普济消毒饮的服用方法，齐昉等认为含化服法是历代医家通过长期医疗实践总结出来的治疗上焦疾患的有效给药方法。东垣将一半药物在口中含化是针对大头瘟病变部位在上焦头面的特点。所以齐氏等认为，临床上不应完全以水煎内服的方法代替含化服法。

（陈家英　诺慕珍）

【大柴胡汤的临床应用】

（一）内科（1）失眠：郑宣伦治疗一女，因产前精神紧张，产后呕吐不止，烦躁不得寐，服安神养心药及镇静催眠西药均无效，而服本方 3 剂即愈。（2）眩晕：郭国兴用本方加菊花、防风、蔓荆子等，治疗属热型眩晕，均获良效。（3）痢疾：李佩洲采用通因通用之法，用本方加减治休息痢一例，气滞挟食所致泄泻一例，均治愈。（4）过敏性紫癜、荨麻疹：郑氏报道一例因食冷肉引起腹痛，寒热如疟，遍身瘙痒的过敏性紫癜患者，用本方加东楂、当归等，3 剂治愈；李氏报道用本方治荨麻疹也有效。（5）急性胃炎：张永兰用本方加厚朴、芒硝、鸡内金，治疗急性胃炎一例，2 剂症减，继原方减大黄、芒硝，加香附、木香，3 剂而愈。

（二）外科（1）胆囊炎胆石症：李国显等用本方加减治疗胆囊炎 20 例(其中单纯性胆囊炎 8 例，胆囊炎合并胆结石 10 例，合并胰腺炎 2 例)，病程最短者 10 天，最长者40 年。结果：症状缓解者 19 例，胆石排出者 5 例。王承训用本方治疗胆绞痛 324 例，并根据热、湿、寒、痛等偏重不同进行配伍用药，如热盛加银花、蒲公英、连翘；痛剧加九香虫、元胡、五灵脂等。还有用本方加味治疗胆石症 120 例（郑祥光、汤文学报道）、胆石引起胆总管梗阻（何德生报道）、胆囊炎（汤海涛报道），均获良效。（2）急性胰腺炎：裴兢克用本方加味治疗急性胰腺炎 216 例（其中急性水肿型 210 例、出血坏死型 6 例），并根据证型的不同，配伍用药。结果：总有效率 98.7%。（3）胃扭转：张运法等用本方或配行气、活血之品治疗胃扭转 3 例，服药 6～10剂，均治愈。此外，还有用本方加减治疗高位肠梗阻（张永兰报道）、胆道蛔虫症（汤海涛报道）、黄疸（郑宣伦、李佩洲报道）。

（三）妇科　秦瑞民等用本方治疗因服用“18甲短效口服避孕滴丸”引起毒副反应 100 例（其中头目昏眩等症不能参加劳动者 49 例，恶心不思食、咽干咽痒、脱发等症者 15 例，月经失调者 15 例，面目及双下肢浮肿者 12 例，血压偏高者 8 例）。结果：治愈 84 例，显效 11 例，好转 5 例，总有效率 95%。郭氏还报道了用本方加味治愈因肝胆火旺，上逆犯胃所致妊娠恶阻的患者。

此外，张俊杰、刘家边用本方治疗小儿高热；彭世桥、庞瑞英用本方加味治疗急性扁桃体炎；彭氏还用本方治疗口腔颌面部急性炎症，均获良效。

（卞一明）

【桂枝汤的临床应用与实验研究】

一、临床应用

曲竹秋等报道，应用本方治疗慢性心肌炎，如：心悸、胸痛者，加丹参 15～30 克；风湿症状未愈或反复发作者，加防己 15 克；兼有心功能不全者，加北五加皮 10～15 克，人参 6～10 克。附案二例，疗效均佳。任正明用本方加木瓜、龙骨、牡蛎、枣仁等治疗舞蹈病 1 例，经服药 13 剂痊愈，随访 1 年未复发。沈若星用本方加香薷、黄芪等治疗 1 例植物神经功能紊乱，左侧半身干燥无汗患者，发病 1 月余，经服药 4 剂而愈，随访半年未发。刘汝峰用本方加火麻仁治疗老年性习惯性便秘患者，服药 4 剂即愈。刘长海报道以本方治疗晨起连连喷嚏不止者 2 例，均服药2剂后愈；又治荨麻疹36例，多数服药3剂即愈。故刘氏认为两病的共同发病机理是营卫不和，腠理不密，风邪侵袭肌表所致，故可用一方药治疗，收到殊途同归的效果。周庚生用本方加黄芪、当归等治愈半侧搔痒症，服药7剂，病症即除。周氏以本方加麦冬、党参等药治低热头汗症1例，服10剂而愈。汤淳康等以桂枝汤加附子等药，治愈夜间发热及手术后周期性发热各1例。并以本方加炒枳壳、广郁金等治食后恶寒并伴低热1例，均有显效。周氏还以本方加淮小麦、炒枣仁等治疗神经官能症1例，服药14剂，病情好转。

二、实验研究

1. 对机体的双相调节作用　(1)富杭育等报道用2.5～10g/kg剂量的桂枝汤口饲大鼠，能抑制鲜酵母皮下注射引起的体温升高；使静注安痛定引起的体温降低加速回升，恢复正常。(2) 富氏报道用8.75～35g/kg剂量的桂枝汤口饲小鼠，能抑制静注新斯的明引起的肠蠕动功能亢进；兴奋肾上腺素引起的肠蠕动减慢。(3) 富氏等采用动物后肢足跖部汗点着色试验，发现以桂枝汤口饲，对正常大鼠有显著发汗作用；对汗腺分泌进行性受抑的流感病毒感染小鼠，有促进发汗，并使之趋向正常；对阿托品所致汗腺分泌抑制的造型大鼠，也能提高汗腺的分泌；对安痛定诱发汗腺分泌亢进的造型大鼠，能使其汗腺分泌减少至正常水平。说明桂枝汤对汗腺分泌也有双相调节作用。(4) 卢长安等研究认为流感病毒感染小鼠，可使其免疫功能受抑；服用左旋咪唑小鼠，可使其免疫功能提高；给予桂枝汤，均能使血清溶血素水平、血清凝集素、外周T淋巴细胞比值等指标降低或接近至正常动物的相应水平。

2. 对桂枝汤组方配伍的研究　富氏等通过正交设计的组方分析后表明：在抑制流感病毒性肺炎，增强病鼠RES吞噬功能上，桂枝汤全方的作用显著强于方中诸药味的不同组合，减去任何一味药都会影响疗效。诸药在全方中所起的作用是不同的，桂枝在全方的抗炎作用上起主导作用，芍药在全方抑制流感病毒所致肺炎起主要作用，大枣在提高RES吞噬功能上具有主要作用。方中药味间存在有协同和拮抗作用，但协同作用是主要的。

3. 桂枝汤服法及药后护理的研究　富氏等以桂枝汤口饲动物，给药45min后，再模拟"啜粥"、"温覆"，灌0.5ml热稀粥，并提高环境温度，从22℃升高到27℃，维持1小时，然后再逐渐下降到22±1℃；与单纯给药组相比，能显著提高对小鼠流感病毒性肺炎的抑制作用，也有增强病鼠单核巨噬细胞系统吞噬活性及抑制流感病毒增殖的作用。

(陈德兴　毛　平)

【小儿热速清口服液的药理研究】

为防治小儿急性上呼吸道感染，河南中医学院研制了"小儿热速清口服液"，它由柴胡、葛根、川军、板蓝根、黄芩等中药组成。李建国等通过实验表明：本口服液对流感病毒甲$_1$、甲$_3$、乙型在鸡胚内繁殖均有明显的抑制作用，优于已知药对照组，即使病毒毒力提高10倍也是如此；且其浓度与抑制作用成正比关系，即浓度越高，抑制作用越强。李氏等实验又证明：本口服液对小鼠肺流感病毒适应株病毒感染后的小鼠具有一定的保护作用，可使小鼠的肺和气管的炎症明显减轻；对明显萎缩的胸腺皮质有预防、阻断和治疗作用，使胸腺皮质淋巴细胞数明显恢复。提示该液可增强细胞免疫的功能。苗明三等报道小儿热速清口服液对小儿感染性高热的临床疗效达98%。为探讨其作用机制，苗氏等又用大、小鼠及家兔进行实验研究，结果表明：本口服液对实验性家兔高热模型有好的退热作用，起效快且持续时间长；对炎症也有较强的抑制作用，且无毒副作用。宋南萍等用该液治疗96例小儿上感高热(其中病毒感染占79.2%)。经临床设对照组观察，其与对照组和有效率均有显著性差异。完全退烧时间明显短于对照组。

(包明蕙)

【敦煌方药的研究】

敦煌古医籍的发现和研究，逐渐形成了敦煌医学这一独特体系，其中方药研讨尤为引起人们的重视。

王淑民报道，敦煌卷子《辅行诀脏腑用药法要》中现存医方51首，其中治疗五脏虚实及劳损方29首，救率死方5首，引录经方17首。这些医方记录了已佚经方“二旦”、“六神大小”方等。“二旦”即指大小阴阳旦汤；“六神”即指大小青龙汤、大小白虎汤、大小朱雀汤、大小玄武汤。另有“勾陈”、“腾蛇”方未见。这些方剂，可补仲景方之未备或对已亡佚者（如：阴、阳旦汤）之补佚或可作为考订之用。如小白虎汤即今《伤寒论》白虎汤，大白虎汤即今《伤寒论》竹叶石膏汤易干姜为人参。这为研究张仲景以前经方提供了不可多得的文献依据，对研究古经方有重要参考价值。贾毅介绍了敦煌中医药的奇特疗法，用药酒（虎首骨、鹿血、狼肉、枸杞子、藏红花、三七等中药浸制），又用乌骨鸡熬汤，配合沙浴，边晒太阳边喝汤饮酒。可以行经和脉，养精补血，活血化瘀，除风祛冷，病自能愈。赵友琴对流沙坠简中敦煌医方作了探讨，认为治胸痹咳逆方（人参、紫苑、菖蒲、细辛、姜、桂枝、蜀板、乌头）和治阳明热实方（大黄、葶苈），以及兽医药方等，均有一定实用价值。黄腾辉认为治伤寒方(乌头、细辛、术、桂。温汤饮服，每服1刀圭，日三夜再)。体现了汉时敦煌一带治疗伤寒的特点，现在甘肃民勤一带治风寒感冒，仍习用回阳救逆，可谓古风犹在。同时，此方日三夜再服法与仲景桂枝汤用法相似。

张军平等通过实验研究了敦煌卷子中延年轻身长寿等效用的方药，观察其对体外培养兔主动脉SMC（平滑肌细胞）和对LPO（过氧化脂质）的影响。实验结果表明：敦煌长寿方与公认的天然抗氧化剂维生素E作用相同，与空白对照组比较有显著的降低SMC内LPO的含量($P<0.01$)。并认为敦煌长寿方可以阻止或打断脂质过氧化链式反应，降低其过氧化物的产生，保护膜类结构，提高SMC数，防止动脉中膜中SMC随年龄增加的自然减少，阻止血管老化，延迟衰老。通过实验，初步推断长寿方不仅具有自由基净化剂的作用，还可能兼有调节下丘脑—垂体—性腺轴的功能，使激素靶器官内受体和其传送机构的含量和功能增强等。欧阳广瑛用质子诱发x-荧光分析法，对《敦煌古医籍考释》中唐人选方第一种（甲卷）常服补益方药物的微量元素含量作了定量分析。方由干地黄、苁蓉、牛膝、菟丝子、巴戟天、远志、桂心、五味子、蜂蜜、蛇床子10味组成，研究表明这些药物含有丰富的微量元素如钾、钙、钛、钡、锰、铁、铜、锌、溴等。而且各单味药物的作用如下：(1)菟丝、五味子、巴戟、苁蓉、牛膝是补肝肾、益精髓，壮筋骨要药，它们共同的特点是Mn、Fe、Cu含量较高，这些元素主要功能是参与造血，从补血入手，增加人体内气血津液，达到益精髓、壮筋骨之功；(2)远志含Br(溴)量较高，其功能宁心安神，与溴可镇静吻合。对大脑皮层的高级神经活动有一定调节作用；(3)肉苁蓉含Cr（铬）较高，Cr^{3+}是人体必需的，它与糖代谢、生长发育有关。营养不良的儿童接受一定剂量Cr后，生长发育加速、体质改善。故苁蓉补肾之功不能排除Cr的作用；(4)牛膝除含Mn、Fe、Cu较多外，尚含大量Rb（铷），它能刺激肾上腺素，激活细胞膜ATP酶，调节心肌收缩力；(5)桂心含有很多的Mn、Sn、V，V对造血有刺激作用。

(张浩良)

【复方和中成药的不良反应】

一、毒副反应

（一）消化系统　牛黄抱龙丸（丁颜军报道）、六神丸（胡明灿报道）、复方丹参制剂（谭德讲等报道）、牛黄解毒丸（片）（钱小奇报道）、小活络丸（片）（胡明灿等报道）均可引起腹痛、腹胀、纳差、恶心、呕吐、腹泻，而且小活络丸（片）、牛黄解毒丸（片）可导致上消化道出血。丁氏曾治疗因服用牛黄抱龙丸所致腹泻32例，患儿平均用药量为8.5丸，服药时间为11.5天，服药后出现腹泻的时间为3.5天；每日腹泻4～10次者21例，10次以上者11例，轻、中度脱水者18例，重度脱水者1例。梁杰因治疗尿路结石，使患者服用由石苇、车前子、萹蓄、石蚕、生黄芪、炒枳壳、银花、炒玄胡、细辛、川楝子、炒当归、石见穿、落得打、补骨脂等组成的排石汤剂，连服11剂后出现肠麻痹，这一副作用在中药排石治疗中实属罕见。

（二）循环系统　朱天忠等报道，含乌头碱的中成药壮筋丹、活血丹、舒筋活血丸，以及小活络丹、71.50丸、和合丸、止痛丹、活络丸、复方宣乌片、风湿骨痛丸、活血壮筋丸、麝香丸、蠲痹胶囊、云南白药、六神丸、三七伤药片、牛黄清脑片、喉症丸和砒枣散等中成药中毒后均可引起心律失常。胡氏还报道了因六神丸中毒致死的5例患儿，皆有明显的心血管系统症状，如四肢冰冷、紫绀、脉搏扪不到等，其中4例出现Ⅲ°房室传导阻滞，1例有T波改变和循环衰竭。赵凤月也报道了1患者以常规剂量同时服用大活络丸与骨刺片，7日后出现频发室性早搏及二三联律。

（三）造血系统　张环等报道2例患者服云南白药0.5g，1日2次，分别于2周及1月后出现血小板减少，皮肤瘀斑瘀点、牙龈出血或鼻衄。杨成林报道一新生儿因“鹅口疮”外用冰硼散0.5g，每日2次，7天后消化道及皮肤出血，导致循环衰竭、休克死亡。邢玫报道一患者常规服用感冒通1天后即出现溶血性贫血。

（四）神经系统　霍忠怀报道，4例痹症患者服用豹骨壮筋丸30～45分钟后分别出现肢体强直、行动不便、面肌强拘等症。钱氏报道了服牛黄解毒丸（片）可致精神失常。陆生勤、谭德讲等报道了复方丹参注射液静脉点滴，则会引起剧烈头痛。

（五）其他　林绍志介绍了一患者长期并加量服用四虫散加味（蜈蚣、䗪虫、全蝎、地龙、水蛭）后，出现水肿、会阴和下肢奇痒灼痛、遍布水疱以及镜下血尿、尿蛋白卄等。张记旭认为盲目使用华佗再造丸，可致阴液损伤而见头昏头痛、口燥咽干、大便干燥等症，并可加重原有病情。梁英华用白降丹划点治疗急、慢性支气管炎，261例中有6例出现恶心、呕吐、心慌、水肿等汞中毒症状，中毒病例约占总数的2.3%。

二、过敏反应

樊惠兰等报道，复方制剂喉症丸、七厘散、六应丸、六神丸、风油精、三黄片、磁朱丸、云南白药、天麻密环菌片、附片理中丸、沉香化滞丸、舒筋活血丸、牛黄解毒丸（片）、鼻炎宁冲剂、冰硼散、天王补心丹、蛇胆川贝液、麝香虎骨膏、杞菊地黄丸、冠心苏合丸、云芝肝泰、藿香正气丸、三七伤药片、蛇胆陈皮末、茵栀黄注射液、清开灵注射液、参麦注射液和当归寄生注射液等，均可引起过敏反应。临床主要表现为：

（一）引起药疹的药物　安宫牛黄丸（臧青运、谭跃等报道）、大黄䗪虫丸（刘汉平报道）、三九胃泰（刘贵生报道）、虎骨木瓜酒（胡明灿报道）、脑心舒（徐寿生报道）、云南白药（许书记等报道）、正天丸（高宏科、范卫明报道）、小活络丸（片）（胡明灿报道）、复方丹参注射液（谭德讲等报道）、镇江膏（孙祥健报道）、藿香正气水（刘靖宇报道）。

（二）引起休克的药物　藿香正气水（卢国珍报道）、六神丸（万红梅等报道）。

（三）引起喉头水肿的药物　参麦注射液（李磊报道）、六神丸（胡明灿报道）。

（四）其他　陆生勤、藏青运、胡明灿、刘汉平、谭德讲报道，复方制剂过敏尚可表现为颜面、眼睑等处高度水肿、阵发性头痛、腹痛、恶心、哮喘等。

此外，关于解毒疗法，朱天忠等介绍乌头碱中毒可用银花50克、甘草30克、绿豆100克煎汤加红糖适量口服；或用生大黄30克、黄连10克水煎服。云南白药中毒可用甘草绿豆汤频服之。

（瞿　融　张浩良）

参考文献

A

安庭华。芍药甘草汤治长期低热。河北中医，1991；(1)：17

B

毕可恩。甘露消毒丹在小儿中枢神经系统疾病中的应用。湖南中医杂志，1987；(8)：19

甘露消毒丹治疗手足口病10例。湖南中医杂志，1988；(3)：46

毕明文。真武汤治疗眩晕病162例。新中医，1991；(9)：26

C

蔡家骏，等。六味地黄汤对实验性肾虚动物牙周组织的影响。中西医结合杂志，1990；(5)：295

蔡学熙。加减仙方活命饮合芒硝拌蒜泥治疗急性阑尾周围脓肿。福建中医药，1990；(6)：38

曹国容。加味芍甘汤治疗面肌痉挛。湖北中医杂志，1991；(1)：46

曩积科。甘露消毒丹治疗夏季流感218例。浙江中医杂志，1991；(7)：296

常　林，等。甘露消毒丹在五官科中的临床运用。新中医，1990；(10)：43

陈　超，等。黄芪桂枝五物汤加味治疗多发性神经炎35例疗效观察。新疆中医药，1991；(1)：41

陈定生，等。桂枝茯苓丸加味治疗盆腔瘀血综合征32例临床观察。新中医，1991；(6)：31

陈凤桐。仙方活命饮治疗阑尾周围脓肿32例观察。河北中医，1990；(1)：6

陈汝润。桂枝加芍药汤加黄芪治疗十二指肠球部溃疡170例观察。黑龙江中医药，1991；(4)：21

陈统荣。甘露消毒丹与中医辨证治疗急性黄疸型肝炎。新中医，1984；(8)：23

陈永久。甘露消毒丹治疗黄疸性肝炎。四川中医，1986；(3)：31

陈　真，等。六味地黄煎剂"一补""一泻"拆方组对肝脏的保护作用。中国药科大学学报，1991；(1)：39

陈振益。甘露消毒丹治疗小儿病毒感染发烧。四川中医，1990；(8)：16

程　莉。黄芪桂枝五物汤新用。山东中医杂志，1991；(1)：31

程群才，等。普济消毒饮治疗流行性腮腺炎合并脑膜炎57例。国医论坛，1991；(2)：32

程昭寰。甘露消毒丹新用。中医杂志，1988；(11)：26

D

戴德哉，等。六味地黄煎剂对心、肾、脑缺血的实验治疗。中国药科大学学报，1990；(5)：276

戴苏林，等，前列康对大鼠实验性细菌性前列腺炎的抗炎作用。中国中药杂志，1991；(9)：562

杜玉玲。温胆汤应用举偶。中原医刊，1990；(1)：21

段尚忠。甘露消毒丹加味治疗频发性室性早搏。四川中医，1991；(5)：18

丁发权。加味白头翁汤合桃花汤治疗67例溃疡性结膜炎临床观察。新中医，1991；(11)：26

丁颜军。回阳汤治疗牛黄抱龙丸引起腹泻32例。浙江中医杂志，1991；(9)：406

丁有钦，等。强心煎治疗慢性充血性心力衰竭的疗效观察。新中医，1991；(4)：25

F

樊惠兰，等。近10年来中药过敏反应报道综述。浙江中医杂志，1991；(5)：233

范卫明。正天丸引起固定性药疹2例报告。中成药，1991；(10)：45

冯慕良。温胆汤的临床应用举隅。实用中医内科杂志，1989；(1)：20

富杭育，等。啜粥、温覆对桂枝汤药效的影响。中国医药学报，1990；(1)：28

桂枝汤对体温和肠蠕动双相调节作用的实验研究。中国医药学报，1990；(2)：3

桂枝汤的药理学研究。中国药理与临床，1989；

(1):9

桂枝汤对汗腺分泌作用的实验研究。中西医结合杂志，1991 (1):34

富杭育。方剂配伍实验研究概述。中国中药杂志，1991; (2):114

G

高宏科。口服正天丸引起皮肤过敏反应2例。中成药，1991; (10):44

葛　子，等。地黄饮子对实验性脑栓塞局部下丘脑和肾上腺的组织化学变化观察。中医杂志，1991; (9):48

谷　励。黄芪桂枝五物汤的异病同治。黑龙江中医药，1988; (1):49

郭国兴。大柴胡汤的临床运用。陕西中医，1986; (3):122

郭正杰。黄芪桂枝五物汤治神经衰弱。四川中医，1989; (6):32

H

何德生。大柴胡汤加味治愈总胆管梗阻。四川中医，1986; (8):33

何耀荣。桂枝茯苓丸加味治疗多囊肝2例。中西医结合杂志，1988; (3):175

贺方礼。赤芍甘草汤治疗急性乳腺炎102例报告。湖南中医杂志，1990;(5):17

洪秀珍。仙方活命饮治愈多发性脑脓肿。陕西中医，1988; (12):555

侯俊明。甘露消毒丹治疗发热34例临床观察。陕西中医，1991; (2):63

侯士林。仙方活命饮妇科临床举偶。湖北中医杂志，1986; (3):6

侯士林。仙方活命饮加减擅治"带下""阴痒"。新中医，1986; (11):7

侯显庆。温胆汤运用的临床体会。贵阳中医学院学报，1988; (4):30

胡明灿。虎骨木瓜酒致不良反应一例。湖北中医杂志，1991; (3):47

六神丸的不良反应及其探讨。中西医结合杂志，1991; (9):563

小活络丸(片)不良反应及其探讨。江苏中医，1991;(9):37

胡　敏。桂枝茯苓丸治疗放置节育环的腹痛。江西中医药，1991; (2):64

胡友珍。仙方活命饮临床运用心得。湖北中医杂志，1988;(1):37

黄道富，等。桂枝茯苓丸治滑胎。四川中医，1989; (6):19

黄桂芳，等。复方五子衍宗丸的升白作用及抗氧自由基功能。中国中药杂志，1991; (7):414

黄　黎，等。黄芩汤的组方配伍研究。中国中药杂志，1991; (3):177

黄瑞彬。芍药甘草汤儿科新用。四川中医，1989; (6):25

黄腾辉。两张汉简医方的启示。上海中医药杂志，1988; (4):35

黄志华，等。桂枝茯苓汤配合蜈蚣蛋治疗肾炎后蛋白尿66例。陕西中医，1991; (7):307

霍忠怀。豹骨壮筋丸引起中毒4例。陕西中医，1991; (4):181

J

贾　毅。敦煌中医药的奇特疗法。上海中医药杂志，1991; (9):43

金志春，等。黄芪桂枝五物汤治愈产后痉证、痛经案。陕西中医，1991; (12):552

姜志昂。温胆汤治疗精神系统疾病的体会。新疆中医药，1989; (1):56

蒋湘岚。桂枝茯苓丸治愈盆腔囊肿。四川中医，1990; (5):35

蒋　莹，等。六味地黄汤及其配伍对过氧化脂质及脂褐质含量的影响。中国中药杂志，1991; (3):75

六味地黄汤及其配伍对过氧化脂质及脂褐质含量的影响。中国中药杂志，1991; (3):175

K

阚天秀，等。六味地黄汤加味对实验性耳中毒的保护作用。中成药，1990; (9):26

L

李长城，等。桂枝茯苓丸治疗子宫肌瘤的体会。湖北中医杂志，1991; (1):9

李德成。温胆汤加味治疗神经系统疾病69例临床观察。实用中西医结合杂志，1989; (4):37

李光海，等。安宫牛黄丸的引伸应用。中成药，1991; (1):36

李国显，等。大柴胡汤加减治疗胆囊炎胆石病体会。吉林中医杂志，1988; (1):25

李航生，等。加减仙方活命饮合黄地膏外敷治疗半阴半阳肿疡54例。湖北中医杂志，1988；(6)：23

李华安，等。唐祖宣运用通脉四逆汤加芍药甘草汤的经验。河南中医，1988；(5)：34

李建国，等。小儿热速清口服液对FM₁病毒感染小鼠的保护性实验及呼吸、免疫器官病理观察。河南中医，1991；(2)：35

小儿热速清口服液对流感病毒在鸡胚中繁殖的实验研究。河南中医，1991；(1)：14

李建萍。黄芪桂枝五物汤运用举隅。江苏中医，1990；(2)：30

李耐三，等。六味地黄煎剂研究Ⅲ。全方与"三补"、"三泻"对家蝇的抗衰老作用。中国药科大学学报，1990；(4)：246

李南夷。芍药甘草汤加味治愈多毛症。四川中医，1991；(6)：35

李庆基。桂枝茯苓丸治愈子宫与直肠窝积液一例。北京中医，1989；(3)：43

李佩洲。大柴胡汤新用。浙江中医杂志，1988；(11)：511

李瑞玉。普济消毒饮治疗流行性出血性结膜炎82例。河北中医，1989；(6)：31

李　磊。参麦注射液过敏1例报告。四川中医，1991；(5)：12

李述文。普济消毒饮的临床应用。吉林中医药，1988；(3)：21

李顺成，等。六味地黄汤及杞菊地黄汤对老年小鼠免疫衰老的调整作用。中成药，1990；(10)：28

李武忠。桂枝茯苓丸治疗男扎术后痛性结节。四川中医，1990；(12)：36

李秀珍，等。逍遥散加减治疗高泌乳素血症54例。中西医结合杂志，1991；(7)：439

李志亮。舌纵治验。河北中医，1991；(6)：38

梁炳银，等。芍药甘草汤治疗148例病毒性肝炎的临床观察。上海中医药杂志，1989；(6)：4

梁　杰。中药排石致肠麻痹一例报告。浙江中医杂志，1991；(9)：391

梁英华。中成药的不良反应及原因分析。陕西中医，1991；(3)：135

梁永平。妇炎净胶囊488例疗效分析。中成药，1991；(3)：22

林乐禧。溃疡散对消化性溃疡200例止痛效果观察。中医杂志，1991；(7)：23

林似兰，等。六味地黄汤中抗癌元素的研究。中国中药杂志，1991；(1)：13

六味地黄汤中无机元素的ICP-AES法测定和研究。中国中药杂志，1991：(4)：222

林绍志。中药复合中毒1例。山东中医杂志，1991；(2)：29

刘保林，等。六味地黄汤及其组方对小鼠血糖和肝糖元的影响。中国中药杂志，1991；(7)：437

刘斌武，等。桂枝茯苓丸加味治疗癃闭。新中医，1990；(3)：43

刘长海。桂枝汤临床应用举隅。实用中医内科杂志，1991；(2)：32

刘瑞东，等。桂枝茯苓丸的研究。中成药，1988；(12)：34

刘贵生。中药"三九胃泰"致全身过敏药疹1例。中医药研究，1991；(4)：35

刘国卿，等。六味地黄煎剂研究Ⅱ。中国药科大学学报，1990；(4)：244

刘汉平。大黄䗪虫丸致过敏反应一例。中国中药杂志，1991；(12)：756

刘家边。大柴胡汤治疗小儿高热临床验证。中西医结合杂志，1991；(5)：314

刘家文。仙方活命饮加减治验热痹两则。广西中医药，1986；(5)：43

刘靖宇，等。霍香正气水引起过敏性紫癜1例。陕西中医，1991；(4)：182

刘青云，等。首乌丸抗衰作用的实验研究。中成药，1991；(4)：28

刘树春。甘露消毒丹在耳鼻喉科临床上的应用。北京中医，1991；(2)：26

刘汝峰。桂枝汤加味治便秘等。四川中医，1990；(10)：34

刘向东。甘露消毒丹治验四则。江西中医药，1987；(4)：35

卢长安，等。桂枝汤的药理研究。中国药理与临床，1990；(1)：2

卢国珍。口服藿香正气水致过敏性休克一例。中国中药杂志．1991；(9)：566

陆惠铭。桂枝茯苓丸加减治验五则。山西中医，1986；(6)：13

桂枝茯苓丸治疡案例。陕西中医，1986；

(2):73

陆生勤。复方丹参注射液静脉点滴致剧烈头痛。浙江中医杂志，1991；(6):275

M

梅雪礼。仙方活命饮配经方治疗内痈及腹盆腔感染。浙江中医杂志，1991；(4):163

马　列。仙方活命饮治疗肠痈。陕西中医学院学报，1986；(4):16

马世平，等。六味地黄煎剂及其主药对环磷酰胺引起染色体损伤的保护作用。中国药科大学学报，1990；(5):305

马哲河。仙方活命饮治疗胃粘膜脱垂。浙江中医杂志，1986；(9):421

苗明三，等。小儿热速清口服液解热抗炎作用的研究。河南中医，1991；(6):11

毛永业。甘露消毒饮治盗汗。浙江中医杂志，1984；(8):357

闵　捷。普济消毒饮的临床运用。陕西中医，1985；(9):410

N

聂　轩，等。桂枝茯苓丸加味治疗盆腔瘀血综合征32例观察。实用中西医结合杂志，1991；(3):178

O

欧阳广瑛。敦煌补益方中十味药物微量元素含量分析。甘肃中医学院学报，1990；(4):24

P

庞瑞英。大柴胡汤治疗急性扁桃体炎36例。四川中医，1987；(6):44

裴兢克。大柴胡汤加减治疗急性胰腺炎216例。浙江中医杂志，1988；(6):252

彭世桥。大柴胡汤治疗口腔颌面部急性炎症31例。陕西中医，1991；(2):54

彭世桥。大柴胡汤加减治疗急性化脓性扁桃体炎60例。国医论坛，1991；(3):15

Q

齐　昉，等。普济消毒饮刍议。中成药，1988；(10):36

钱　丽。仙方活命饮治喉关痈。江苏中医，1991；(7):10

钱　琳，等。普济消毒饮加减治疗传染性单核细胞增多症。浙江中医杂志，1985；(1):14

钱小奇。牛黄解毒丸(片)临床毒副反应的分析。中成药，1990；(12):24

秦瑞民，等。大柴胡汤治疗复方18甲短效口服避孕滴丸毒副反应100例。新疆中医药，1991；(1):31

曲竹秋，等。桂枝汤治疗慢性心肌炎的临床经验。天津中医，1991；(3):31

R

任宪田。桂枝茯苓丸的临床应用。吉林中医药，1986；(5):26

任正明。桂枝汤加味治愈小舞蹈病。四川中医，1990；(11):32

S

檀俊翔。温胆汤异病同治的体会。河北中医，1989；(5):8

沈才栋。温胆汤在异病同治中的运用。黑龙江中医药，1991；(2):25

沈若星。桂枝汤治疗杂证三例。福建中医药，1990；(4):46

沈绍英。桂枝茯苓丸加黄芪地蜷散治疗前列腺肥大症。四川中医，1989；(3):27

宋南萍，等。小儿热速清口服液治疗小儿上感高热96例临床疗效观察，河南中医，1991；(1):12

孙培桐。温胆汤化裁治验五则。贵阳中医学院学报，1988；(2):43

孙祥健。治愈镇江膏过敏一例。江苏中医，1991，(7):46

T

汤淳康，等。桂枝汤新用。贵阳中医学院学报，1990；(1):60

汤文学。大柴胡汤运用举隅。四川中医，1986；(8):14

汤海涛。大柴胡汤加减在临床的运用。吉林中医药1988；(1):24

唐世英。甘露消毒丹治疗湿热喉痹。四川中医，1988；(4):35

唐占山。普济消毒饮在急性咽喉病中的应用。河北中医，1985；(2):28

谭德讲，等。丹参及复方丹参制剂所引起的不良反应。基层中药杂志，1991；(1):43

谭　跃，等。安宫牛黄丸致过敏。四川中医，1990；(11):52

谭俊臣。桂枝茯苓丸的临床应用。河南中医，1985；(2):20

W

万红梅，等。口服六神丸引起过敏性休克1例。四川中医，1991；(3)：51

王承训。大柴胡汤治疗胆绞痛324例临床观察。中医杂志，1986；(10)：44

王春荣，等。按痹辨证治疗硬皮病48例。北京中医杂志，1990；(1)：22

王辅民。桂枝茯苓丸新用。山东中医杂志，1990；(5)：20

王立华。甘露消毒丹的临床应用。山西中医，1987；(3)：11

王明武，等。仙方活命饮治疗上消化道溃疡。四川中医，1985；(2)：25

王秋娟，等。六味地黄煎剂对高血脂、耐缺氧及麻醉动物血压的影响。中国药科大学学报，1989；(6)：354

六味地黄煎剂研究Ⅰ，全方及拆方对小鼠耐缺氧与降血脂的作用。中国药科大学学报，1990；(4)：241

王如升。桂枝茯苓丸治疗输尿管结石。内蒙古中医药，1990；(2)：29

王斯宣，等。桂枝茯苓丸治顽症两则。江西中医药，1986；(6)：23

王淑民。敦煌卷子《辅行诀脏腑用药法要》考。上海中医药杂志，1991；(3)：36

王秀莲。甘露消毒饮治疗崩漏54例观察。陕西中医学院学报，1991；(2)：25

王永培。黄芪桂枝五物汤治疗原发性低血压60例。陕西中医，1991；(10)：464

王延凡。芍药甘草汤治臁疮。浙江中医杂志，1991；(6)：274

王优芳。桂枝茯苓丸治疗子宫肌瘤。四川中医，1990；(3)：40

王月英。甘露消毒丹在儿科临床上的应用。福建中医药，1986；(1)：20

王忠民。桂枝茯苓丸加味的临床新用。上海中医药杂志，1985；(6)：36

魏中德。甘露消毒丹验案二则。四川中医，1985；(6)：51

吴恒亚。我用仙方活命饮的治验与体会。江西中医药，1983；(1)：60

吴树琪。甘露消毒丹临床应用。广西中医药，1991；(2)：66

吴永明。桂枝茯苓丸治愈陈旧性宫外孕。四川中医，1991；(7)：42

X

夏纯民。普济消毒饮治疗小儿急性肾炎。四川中医，1987；(10)：18

肖泽泉。桂枝茯苓丸治带证、癃闭。四川中医，1989；(8)：38

萧　红，等。六味地黄方剂的原料药鉴定研究。中草药，1991；(1)：34

谢惠芬。温胆汤临床运用偶拾。河北中医，1989；(3)：35

谢家骏，等。桂枝茯苓丸对血液流变学的影响。中成药研究，1986；(5)：24

谢卓丘，等。六味地黄煎剂对小鼠实验性肝损伤的保护作用。中国药科大学学报，1989；(6)：351

修玉珍。黄芪桂枝五物汤加味治疗肩周炎39例。湖南中医杂志，1990；(5)：41

邢　玫。感冒通致溶血性贫血一例报道。贵阳中医学院学报，1991；(2)：16

徐德先。普济消毒饮治疗流行性腮腺炎。四川中医，1990；(5)：24

徐金波　普济消毒饮的临床应用。陕西中医，1987；(10)：459

普济消毒饮治五官科病三例。新中医，1988；(6)：20

徐凯建，等。六味地黄汤块冲剂稳定性的初步研究。中成药，1991；(12)：2

徐寿生。"脑心舒"过敏一例报道。四川中医，1991；(2)：45

徐献军，等。黄芪桂枝五物汤加味治疗局限性冻伤。山东中医杂志，1990；(3)：49

仙方活命饮加味治疗鼻渊68例。山东中医杂志，1991；(2)：36

徐兆山。桂枝茯苓丸在外科临床应用。中医药信息，1990；(6)：20

许丰敏。甘露消毒丹加减在流行性出血热发热期中的运用。江西中医药，1991；(4)：36

许书记，等。云南白药致过敏反应一例。江苏中医，1991；(1)：15

许文颖。普济消毒饮治疗小儿呼吸道感染高热35例疗效观察。广西中医药，1989；(1)：5

许肇荣，等。护肝宁片治疗肝炎228例疗效小结。中国中药杂志，1991；(9)：566

许增喜。仙方活命饮于内科临床的经验体会。黑龙江中医药，1985；(5)：30

Y

杨成林。冰硼散引起新生儿中毒死亡1例报告。中西医结合杂志，1991；(3)：146

杨世忠。中药乙肝宁治疗慢性乙型肝炎304例。北京中医，1991；(5)：40

杨晓晖。宫颈丸治疗874例宫颈糜烂疗效分析。中成药，1991；(8)：21

杨永年。仙方活命饮治疗肾周围炎。江苏中医杂志，1986；(5)：14

杨占英。温胆汤的临证举偶。实用中医内科杂志，1991；(1)：28

姚公树。仙方活命饮的临床应用。吉林中医药，1985；(5)：25

姚念宏。温胆汤临床应用的进展。中医药信息，1991；(4)：33

易万德。温胆汤临床应用体会。四川中医，1990；(11)：9

于俊生。桂枝茯苓丸临床新用。陕西中医，1991；(9)：415

俞文武。俞尚德运用芍药甘草汤治疗消化系统疾病经验。上海中医药杂志，1989；(9)：31

余国瑗。中医方剂的剂型改进研究概况。中国中药杂志，1991；(3)：182

Z

臧青运。安宫牛黄丸过敏反应1例。中国中药杂志，1991；(11)：692

张法运，等。大柴胡汤治愈胃扭转验案三则。新中医，1988；(10)：46

张永兰。大柴胡汤临床运用举隅。吉林中医药，1991；(1)：34

张玉亮，等。仙方活命饮加减治疗消化性溃疡疗效观察。国医论坛，1988；(1)：38

张宗如。甘露消毒丹应用举偶。吉林中医药，1990；(5)：30

张光丽，等。逍遥散合二陈汤加减治疗乳腺增生病临床观察。中西医结合杂志，1991；(7)：400

张洪斌，等。芍药甘草汤合止痉散临床应用。山东中医杂志，1991；(1)：28

张　环，等。云南白药引起血小板减少2例。中西医结合杂志，1991；(10)：591

张记旭。服华佗再造丸导致伤阴的案例报道。中国中药杂志，1991；(5)：309

张晋中，等。清热散治疗小儿发热112例临床观察。中医药研究，1991；(4)：45

张俊杰。大柴胡汤治疗小儿高热39例。中西医结合杂志，1990；(3)：167

张军平。等。敦煌长寿方药延缓衰老的实验研究。甘肃中医学院学报，1990；(4)：27

张　孔，等。张季高老中医运用桂枝茯苓丸经验介绍。新中医，1991；(6)：4

张宽智。黄芪桂枝五物汤妇科应用偶拾。浙江中医杂志，1990；(2)：68

张汝涛，等。桂枝茯苓丸临床应用举偶。河北中医，1988；(3)：36

张雅丽。温胆汤治验四则。中医药学报，1989；(6)：21

赵凤月。大活络丸与骨刺片同服致严重心律失常1例。浙江中医杂志，1991；(9)：391

赵昌宋。新加普济消毒饮治疗痄腮100例。云南中医杂志，1988；(1)：21

赵士毅。仙方活命饮临床应用。吉林中医药，1988；(2)：28

赵树仪，等。六味地黄冲剂与六味地黄丸药理作用比较。中草药，1991；(4)：165

赵友琴。流沙坠简中敦煌医方简初探。上海中医药杂志，1986；(11)：48

赵英明。普济消毒饮治疗颜面丹毒8例。辽宁中医杂志，1991；(4)：41

赵玉珍，等。甘草、芍药合剂对离体兔肠管运动的影响。中成药，1991；(1)：45

郑德柱。温胆汤的临床运用。实用中医内科杂志，1990；(1)：29

郑家本。温胆汤双相调节作用临床应用。陕西中医，1991；(7)：317

郑祥光。大柴胡汤加味治疗胆石症120例。山东中医杂志，1987；(3)：18

郑宣伦。大柴胡汤临床治验。河南中医，1986；(2)：37

邹世光。芍药甘草汤治疗腹部术后腹肌拘挛痛17例。辽宁中医杂志，1991；(5)：39

周嫦昆。"加减甘露消毒丹"治疗化脓性扁桃体炎。云南中医学院学报，1986；(1)：32

周庚生。桂枝汤治疗怪疾。浙江中医学院学报，1991；(2)：52

周俊成。温胆汤临床应用举偶。陕西中医，1989；(3):124

周　玫，等。甘露消毒丹的临床运用。湖南中医学院学报，1986；(4):36

周立孝，等。桂枝茯苓丸的加味治验举隅。北京中医学院学报，1991，(5):30

朱天忠，等。中成药所致心律失常及处理方法。中医药信息，1991；(2):28

朱文举。三才封髓汤加减治疗男性不育112例临床观察。天津中医，1991；(1):20

三、医史文献

(一) 学 派 研 究

【概述】

对于历代医家学说和治疗经验的研究，年复一年，虽未能获得重大的成果，但也确有一些进展。

近年来，对仲景学说的探讨，其内容主要有《伤寒论》平脉辨证法、医源性疾病论治，以及《金匮要略》治法等方面。研究仲景脉法，有相当难度，自任应秋等在十年前撰文之后，一些学者从不同角度进行了研索，虽然论文不多，但均有一定的深度，如柯雪帆提出，平脉辨证具有一证多脉分析法、脉似证异对比法和证岐脉同辨异法，其论说颇精，有指导意义。鉴于临床实际，医源性疾病日益为人所重视，在《伤寒论》中所载的误治、失治、变证、坏证等内容，成了研究的重要课题，有其现实意义。至于《金匮》中的许多治疗方法，如汗法、下法、调治小便法、治瘀法、养阴法等，许多学者作了细致研讨，对临床有一定裨益。

仲景以后历代医家的研究，其中较有价值的有孙思邈的中风内伤主热说，李时珍对经、带、胎、产的生理病理及治疗的论述，以及叶天士的学术渊源探索等。历来多认为，金代刘完素首创中风火热说，然而通过对孙思邈《千金翼方》的研读，刘毅以翔实的资料，证实早在唐代，孙氏已提出“中风多由热起”，其清热、豁痰、养阴的方药，也值得加以重视。李时珍的《本草纲目》，不只是一部药物学巨著，其中也包含着李氏丰富的疾病论治经验，这在以前已有不少著述，近则对其在妇科及预防保健方面的经验有所发掘，说明对李时珍学说的研究正在逐步深入。对于张介宾，学者讨论了其伤寒、本草和血症等方面的学术观点，研究之面有所扩展，但尚可深入。至于叶天士研究除深入探索其学术渊源，认为其搏洽精邃，于历代各家皆择宜而从之外，还对“论体治病”、顾护胃气、活用经方，以及中风论治、瘀血论治等问题，进行了讨论。关于吴鞠通的温病学说，则较多地集中于滋阴保津法的具体运用方面，可将其归纳为 10 种。近代医家研究，主要有张锡纯、丁甘仁等。张氏擅用药膳食疗，受到了应有的重视；丁甘仁医案 648 方，学者根据传统医案整理方法，结合现代医用数理统计手段，对其用药频数、配伍及剂量进行了研究，是一种新的尝试，予人以一定启示，对掌握丁氏用药规律很有帮助。

此外，学者对宋代针灸学家王执中、清代外治医家吴尚先的学术探索也有所获，如王氏重视调养脾胃、资生后天的学术思想在针灸取穴时的体现，值得进一步研究；吴氏“膏药贴法与针灸通”的观点，及其外治三焦疗法，对现代临床实有不少启发。

如上所述，在最近一年中，对于历代医家学说和治疗经验的研究确有相当的收获。但也存在不足之处，如仅从历年发表论文的内容来看，其中有不少重复，这种重复实是一种精力的浪费，也体现不出学术的进展，因之，殷切希望学者们能在“新”、“广”、“深”三方面努力。有新意，有广度，有深度，并能将理论与临床进一步结合，则学说学派研究工作，必将会成绩斐然。

（朱伟常）

【张仲景有关医源性疾病的论治】

中医虽无"医源性疾病"一词，但有诸多关于该病的论述。在《伤寒论》就有"误治"、"失治"、"变证"、"坏病"等可涉及。近年来，颇有研究，摘述如下。

（一）防治的原则　吴秀惠指出《伤寒论》16条是仲景针对误治形成坏病而制定的治则，"观其脉证，知犯何逆、随证治之"，反映了辨证论治的精神，具有普遍指导意义，也是防治医源性疾病的总则。原文中的"急当救"是强调急者先治。任清良认为仲景对误治后伤正气的病证，根据邪正缓急，采用攻补兼施、虚实并治的原则。如《伤寒论》62条桂枝新加汤证及《金匮要略》膈间支饮得之数十日，又经吐下的饮热夹杂又兼正虚之病证，以木防已汤治疗，均属扶正祛邪，虚实并调。

（二）治疗的方法　仲景治疗医源性疾病的方法，可分三类。(1) 原法治之。如李家庚指出，《伤寒论》第55条仲景对伤寒失汗，邪郁不解，损伤血络而致衄血，衄后太阳表实仍在，仍可用麻黄汤。(2) 原法加减治之。司国民认为太阳病误下后，正气仍有欲抗邪外出之势，仲景以桂枝汤解表，并根据兼证，随证加减治之。如《伤寒论》第43、21、22条，前者加杏仁厚朴以平喘，后者去助阴之芍药，甚则加附子，以利于扶正达邪。王心好、章恪指出第279条是为表证误下兼太阴虚寒或阳明腑实而设的两种治法。前者用桂枝汤加芍药，兼调中和脾、缓急止痛；后者加芍药、大黄兼通阳明腑实。发汗过多见表不解兼表阳虚，伤津病证或营血不足，身疼痛，脉沉迟病证，分别用桂枝汤加附子调和营卫、温经扶阳，加芍药、生姜、人参和营卫，补营血。见第20条、62条。(3) 变法治之。王心好认为《伤寒论》第112条《金匮要略·奔豚篇》"发汗后，烧针令其汗、针处被塞……"为误用火法的心阳受损心神不安病证及下焦虚寒、阴寒之气上逆病证，前者用桂枝去芍药加蜀漆牡蛎龙骨救逆汤，后者用桂枝更加桂二两汤。

（马坤范）

【《伤寒论》平脉辨证的研究】

近十年来，探讨《伤寒论》脉学的论文数量虽然不多，但质量较高，从不同的角度进行了深入的研究，有明显的进展。

1982年，任应秋撰文指出，《伤寒论》中脉证并举的有135条原文，58种脉象，分见于104个证候，并一一分析其辨证意义。认为《伤寒论》的平脉辨证，既从证以识脉，亦因脉而析证，证因脉明，脉以证著，从而确定证候，为立法论治的根据。时振声也曾对《伤寒论》与《金匮要略》中的21种主要脉象进行研究，提出了仲景脉法的四个特点：相互比较、一病多脉、一脉多病与脉象病机相结合，以及四点辨证意义：阐明病机、推测转归、决定治疗与判断预后。

1987年，聂惠民提出了仲景脉法以阴阳为总纲，与四时相应，因人辨脉，与证治并举等意见，并将仲景诊脉方法归纳为寸口法，趺阳法、少阴法等九种。此外，郭忠印指出，脉象变化可推断六经病的进退。烟建华从医学史的角度论证仲景脉诊的部位，贯彻了《难经》独取寸口的原则。寸关尺，浮中沉，三部九候分主脏腑，也是《难经》理论的继续。仲景诊脉以阴阳为纲，或主沉浮，或主尺寸，也是与《难经》一脉相承的。

1990年，柯雪帆发表了《〈伤寒论〉平脉辨证新探》，从方法论的角度，以中医辨证的观点，分析了《伤寒论》平脉辨证这一基本大法的四种具体方法。一是一证多脉分析法：在《伤寒论》中，一个主要汤证往往牵涉到多种脉象。如桂枝汤证的条文中，有浮、缓、洪、大、虚、弱、迟、数、紧等九种脉象。这些脉象各有辨证意义，可分为四类：(1) 典型脉，为浮缓，见第2、244条。(2) 可见脉，虽非典型但可能出现的脉象，如浮弱，第42条；浮数，见第57条；浮虚，见第240条；单浮脉，见第45条、第276条。(3) 变异脉。出现这种脉象，证情已有一定的变化，但变化不大，仍可用原方或略作加减。有洪大，见第25条；迟脉，见第234条。(4)禁忌脉，出现这种脉象，提示证情已有质的变化，不能再用原方治疗。桂枝汤证的禁忌脉为浮紧，见第16条。二是脉似证异对比法。在见症相似的情况下，脉象成为重要的鉴别点。细分之，有明比、暗比和综合比三种。(1)明比。太阳病初起，脉缓者为中风，见第2条；脉紧者为伤寒，见第3条。第4条以脉静与脉数急区别传经与不传经。第212条重症大承气汤证，以脉弦与脉涩判别其不同预后。第315条脉绝之后，脉搏复见，以脉暴出还是脉微续，估计其不同预后。(2)暗比。第177条“伤寒脉结代心动悸，炙甘草汤主之”，是与第176条“伤寒脉浮滑”的白虎汤证，与第174条“伤寒脉浮虚而涩”的风湿证作对比。(3)综合比。一组相似的症状，由于脉象不同而症情各异，脉象成为辨证的要点。如少阴、厥阴两篇中，以脉论厥的条文有15条、9种不同的脉象。(1)寒厥或脏厥见微脉，见第317、338、343、389条。(2)寒厥之较轻者可见弱脉，见第377条。(3)亡血之厥出现虚脉，见第349条。以上均须用四逆汤类方治疗。(4)阳气虚而不通之厥见促脉，宜用灸法，见第349条。(5)脉滑而厥为热厥，须投大剂白虎汤，见第350条。(6)脉细而厥为血虚寒厥，可用当归四逆汤，见第351条。(7)脉乍紧而厥为痰厥，可用瓜蒂散，见第355条。(8)痰热之厥可见沉迟脉，治宜麻黄升麻汤，见第357条。(9)厥逆无脉都属危重症，见第298、315、362、368条，或为阳亡阴竭或为阴盛格阳，治疗宜用四逆汤类方或灸法。三是证歧脉同辨异法。不同的证候却出现相同的脉象，或证虽变而脉尚未变，这就不可拘泥于脉，而是从证以识脉。如第122条中三种数脉，其证各不相同。一为中消证有内热，所以消谷引食；一为汗多伤阳，胃中虚冷；一为外邪化热，阻滞中焦，虽见数脉不能消谷。在第257条与第258条中，还有三种证候也出现数脉：一为表证未罢，里实已盛，虽见浮数脉，仍可攻下；二为攻下后六七日不大便，可考虑瘀血；三为攻下后，下利不止而脉数，可能为热利。四是危重证候关键脉象提示法：危重病证变化迅速，寒热虚实往往在疑似之间。这时脉诊是辨证的关键。如61条汗下之后，表证已罢，发热不高，白天烦躁，夜间转为安静。这或是邪去正虚，或是邪热内郁，或是突然亡阳。条文指出脉沉微，则提示为亡阳，急用干姜附子汤，大量顿服救治。第132条病属结胸，一般宜用下法，结胸常见沉紧脉，现为浮大脉，提示热盛于外，正虚于里，切忌攻下。

（柯雪帆）

【《金匮要略》治法的探讨】

（一）汗法　廖世煌举述《金匮要略》汗法十种：发汗平喘法、生津发汗止痉法、微汗除湿治痹法、发汗消肿法、解表通痹法、发汗治疟法、发汗治黄法、发表散寒止痛法、扶正驱邪解表法、温阳发汗化气法等。同时又论述了《金匮要略》对误汗致变认识，如误汗伤卫阳、误汗伤心阳、误汗伤中阳、误汗伤肾阳、误汗致阴伤等。

（二）下法　《金匮要略》的下法，基于“下者，引而竭之”的思想指导，是因势利导的具体运用。何任列举寒下、温下、润下、逐水、攻瘀、寒下散瘀、通腑去饮、水血俱去、清泻湿热和除满解表等十种下法予以分述，认为《金匮要略》下法并不光是单纯使用泻下药物，而是针对不同病情，以泻下药物为主，配合其他药物进行辨证治疗。李密英在探讨《金匮要略》下法与大便的关系时指出，硬便非仲景使用下法的特异指征。仲景既把大便是否结硬看作是能否应用下法的重要条件之一，又不拘泥于硬便。

（三）调治小便法　《金匮要略》中调小便治病法颇具特色，连增林归纳有九：利小便以实大便法、利小便治水肿法，利小便治微饮法，利小便治黄疸法，利小便治水逆法，利小便治哕逆法，利小便通阳气法，利小便治气利法，利小便治转胞法。认为仲景调小便不仅在于调治小便之色、质、量之异常，而尤为重要的是在调理小便的过程中调整失常的脏腑功能，使脏腑功能复常，疾病向愈。

（四）治瘀法　宋东眷认为，仲景治疗瘀血，并非单纯用行血散瘀药攻已成之瘀血，而是审察致瘀的不同原因，同时配合活血化瘀药。在治瘀时要注意给邪去路，久瘀主攻应缓图，顾护正气。

（五）养阴法　周亮等认为仲景养阴法有：清补肺胃法，方如麦门冬汤；滋阴利水法，方如猪苓汤；补肝益阴法，方如酸枣仁汤；养肺清心法，方如百合地黄汤。其益阴诸方，多以甘寒清润、养阴生津为主，并非纯用滋腻之品。这对后世温病学派的发展，具有重大的影响。

（六）安胎法　哈孝贤等总结《金匮要略》安胎有七法：活血化瘀、消癥安胎法，方用桂枝茯苓丸；温阳祛寒、暖宫安胎法，方用附子汤；养血止血、固冲安胎法，方用胶艾汤；疏肝健脾、利湿安胎法，方用当归芍药散；清化湿热、养血安胎法，方用当归散；温散寒湿、健脾安胎法，方用白术散；通窍利水、化气安胎法，方用葵子茯苓散。同时还指出：仲景安胎法虽亦用补虚法，但总以祛邪扶正、治病安胎为主，所重在肝脾。其治法或行气，或消瘀，或利水，或散寒，目的在于使肝脾调和，气机畅达，胎元得养。药物剂型则以丸、散居多。

（七）止痛法　以"通"治痛，是仲景治痛症的基本法则。而临床应用时，又针对痛位之所在、病性之所属、病势之缓急，灵活立法遣方。于世良分述其法有六：攻下通里法，发汗解表法，温经通阳法，通阳散结法，温通中阳法，破血通瘀法。仲景治法为后世医家运用通法治痛证奠定了基础。

（八）退黄法　胡兆满认为《金匮要略》治疗黄疸病，法度严谨，内容丰富。大要可归纳为解表发汗退黄、清热利湿退黄、调补脾胃退黄、润肠通便退黄、辨治兼证退黄诸法。其中女劳兼瘀血者，消瘀逐湿，顾护胃气，方用硝石矾石散；黄疸兼腹痛而呕者，疏肝和胃，调理气机，方选小柴胡汤。仲景为后世医家治疗黄疸立了法则。

（刘道清　蔡永敏）

【孙思邈中风内伤主热说的探讨】

刘毅据《千金翼方》阐述了孙思邈中风内伤主热学说。(1) 强调中风之因，内伤为主。一般而言，金元以前中风多以外风论治，孙思邈则着重强调内伤正虚为病。如《千金翼方》谓：人不能用心谨慎，遂得风病，半身不遂，言语不正，庶事皆废，此为猥退病……当须绝于思虑，省于言语，为于无为，乃可求愈"，明确提出了劳心烦神、嗜欲妄念、摄养不慎是中风的根本原因，五脏失养，风邪乘虚而入，发为卒中。(2) 指出中风之证，多属于热。中风之本以内虚为主，中风之证有闭、脱、痰、瘀等不同，然而五脏所藏的阴精亏损，往往导致脏腑功能失调，表现为阴不敛阳、阳亢则热，热盛动风。孙氏明谓"凡患风人多热"，"凡中风多由热起"。说明热是中风病症的主要病机。因而刘氏认为中风主热说源于孙思邈，而盛于刘河间。(3) 孙氏著作中所载的一些方剂如竹沥汤、荆沥方、生地黄汁汤、风著汤、防风汤、大续命汤等，均是针对中风热证而制的。总括其特点，一是用竹沥、荆沥、生姜汁、生葛汁、生地汁之类，取其甘凉濡润，清热豁痰养液；二是以羚羊角、石膏、黄芩、地骨皮等折上炎之热邪，以清为补，兼以麻黄、防风、独活、不仅祛风固表，且可宣通经络，体现了寒温互济、辛润通络的特点。后世治风要方，如《外台秘要》中延年葳蕤饮，《圣济总录》中红雪通中散、大秦艽汤、羚羊钩藤汤等，实亦不同程度体现了孙氏用方的特点。

（茅晓）

【李时珍学术思想的探析】

李时珍对临床医学及其预防保健都有不少贡献。

班兆根等研究发现，李氏的《本草纲目》不仅是一部内容极丰富的药物学巨著，而且对妇科的经、带、胎、产的生理、病理、治疗等的论述也有独到见解。（1）论述月经，有所创新。李氏明确提出妇女以血为主，认为月经产生的机理，主要取决于血液的盈亏，而月经病主要可归纳为经闭和月经不调两种。经闭的病因归纳有血滞和血枯虚实之分；月经不调则有血虚、血热之别。在治疗方面强调在辨证处方的同时，加入凌霄花、益母草疗效则更著。（2）治带用药，别具一格。李氏根据临床所见，把带下分为白带、赤白带下、室女白带、产后带下、五色带下等，认为带下病变多由湿热夹瘀所致，临证亦有虚实之分。凡属湿热者治当清热燥湿；属脾虚不运者治当健脾益气；属瘀湿混杂，带下赤白者治当化瘀止带；属先天不足，或后天失养，正虚不固者治当扶正固摄；久带绵绵不止者治当收敛止带。其中以海螵蛸、乌骨鸡、羊肉等动物药扶正止带更是李氏经验的独到之处。（3）胎病治疗，独具匠心。李氏在胎病治疗用药方面既推崇“胎前宜凉”之说，用黄芩、白术健脾清热以安胎，又总结出根据惊动出血、腹痛、胎动不安、妊娠呕吐等不同情况而灵活用药的独特经验。如腹痛用枳壳同黄芩煎服，用香附砂仁行气止痛，理气安胎。（4）产后论治，虚瘀并重。李氏依据产后既虚且瘀的特点，强调在治疗上以补虚活血为法，一直为临床所常用。

高尚社认为，李氏不仅常用升降学说的基本观点阐述药性药理、生理病理，而且也善于用以论治疾病，且辨证立法、遣方用药穷源竟委，灵活多变，形成了颇具特色的李氏升降学说，是李氏学术思想的不可分割的重要组成部分。李氏强调脾胃之治，关键在于健运开发，以药物之升降浮沉调整脏腑气机，重建脏腑平衡。用药力倡芳香温暖之品，以升清降浊，芳香暖土，升发中气。

肖沐英等认为，李氏对健身益寿方面的组方遣药，强调必须做到：（1）补肝肾取温肾益阴；（2）理中州润燥相济；（3）补心阴避金石重镇；（4）图缓功；（5）重炮制。

（季光　纪钧）

【张景岳学术思想及治病经验】

吴华强归纳了张景岳对元气学说的认识，指出张氏对元气的概念及其在生命活动中所发挥的生理功能作了大量论述。张氏认为，元气是生命之本，有元阴、元阳之分，元气的生理作用重在温煦蒸腾，元气的生理作用是通过气化来实现的，元气是生命之根源，又是体内物质转化的促进因素，元气一旦亏乏则导致疾病的发生，因此在防治疾病中要注意培补顾护元气，在摄生养护中则应注意不使元气受到损伤。

黄胜光认为张景岳对仲景之学甚为推崇，并善于学习运用。张氏谓“仲景之方，精简不杂至多不过数味”，故所创新方亦大多仅六味、八味药物，且多有自仲景方化裁而成者。如右归饮方系《金匮》肾气丸化裁，而五柴胡饮、正柴胡饮、柴芩煎诸方又以仲景小柴胡汤为基础创设。景岳指出，凡治伤寒，须先辨阴证阳证，阴阳有“经”与“证”的不同。经有阴阳，即三阳经为阳，三阴经为阴，是就生理而言；证有阴阳，即实热为阳，虚寒为阴，是指病理变化。因而三阳经亦有阴证，三阴经亦有阳证。如厥阴病的手足厥逆，既有阳衰阴盛的四逆汤证，又有热深厥深的白虎汤证。张氏强调：“此经自经而证自证，乃伤寒中最要之纲领，不可混也”。张景岳还继承仲景重正气的思想，认为伤寒生死之机，全在虚实二字，伤寒为患，多属乘虚而入者，故尤其善用扶助正气之法论治伤寒。张氏还能紧密联系临床实际，阐发仲景旨意。如风寒同气，不可截分，辨证治疗，不拘日数等观点确属经验之谈。

沈惠军分析了张氏《本草正》的学术特点为：(1) 论药性尤重阴阳升降。张氏注重以药物气味厚薄来确定其阴阳及升降属性，并依次阐发药物的功效；(2) 针对不同病证，用药制法亦当有别。张氏善于辨证以定制法，尤注重针对兼挟病证选用不同炮炙辅料，以使一药多效，一药多用。(3) 重补益首推人参、熟地。认为“人参有健运之功，熟地禀静顺之德”，二药一阴一阳，一形一气，互主生成，对虚损之证，所当首选。(4)《本草正》继承了《神农本草经》到《本草纲目》的历代中药理论，精辟地概括了常用药物性味、功效、主治，对一些中药学中长期认识不清的问题尤多见解。例如黄连有败脾伤正作用，柴胡易损营气，误用知、柏可致“扑灭元阳”之害。刘盛新分析了景岳《新方八阵》的制方用药特点。龚士澄以张氏《治形论》为文献依据，就形体与精血的关系、治形方法的应用范围及补阴治形用药等问题进行了分析。

在临证经验方面，朱静华阐述了张氏论治血证的观点。(1) 谓“动血之由，惟火惟气”，“定其血者，但定其有火无火；定其气者，但定其气虚气实”，而虚火之病源有阴虚、阳虚；(2) 临诊细辨明审出血之源。张氏谓“溺孔之血其来近者，出自膀胱，其证溺时必孔道涩痛，小水红赤不利”，“其来远者，出自小肠，其证则溺孔不痛，而血随承出，或痛隐于脐腹”，而“精道之血，必自精宫血海出于命门”，“少腹下精泄处觉有疼痛”等，为血证鉴别提供了依据。(3) 血证之治，自成体系。肺病宜清降，心病宜养营，脾病宜温中，肝病宜疏利，肾病宜壮水。又认为实证出血，火盛而逼血妄行者，宜清火为先；气逆于脏则血随气错经妄行者，当以顺气为先；血逆于上焦，聚而不散者宜行气。治血之法则多达28种，用方140余个。(4) 治血必须重视阴阳气血的作用，只有阴阳气血平衡协调，功能健全，血液才能灌溉全身，营养肢体，而不致有妄行。

(茅晓)

【叶天士的学术特色】

1. 学术渊源　潘华信认为，叶氏学术博洽精邃而多发明，其渊源在《内经》、《伤寒论》，医案中沿用了很多仲景方。还在汉唐医学坚实的基础上，兼采元明诸子学术经验。其甘濡润泽及不避驳杂的特色实源于唐方；取法刘张，又不汲汲步趋寒凉攻泄，而是重视气液宣通之理，着眼于推陈致新；对李、朱颇为心折，效法尤多，其胃阴证治，继东垣《脾胃论》而加以发挥，垂范后世。其他如中虚宗缪希雍，下损法景岳，各家皆择宜而从，化裁于临床。

2. 治病特色　张天侨阐述叶氏治病从整体出发，论体攻病。瘦人虑涸其阴，肥人虑虚其阳。老年人充其气血，使邪不致陷伏。幼稚用补药，须佐宣通。女科八脉，冲任最要。用药注重气味生克，理偏就和，宜从生气；补方都以子母相生同治。攻泻劫夺，都为有形而设。须知病是有余，体属不足，或寓攻于补，或攻补互施。倡通补，忌呆补，其虚者必以辛甘温补，佐以流行脉络。务在气血调和，病必痊愈。雍履平认为，叶氏视胃为脏真之源，生命所系。治疗注重顾护胃气，不仅要用药物调养脾胃，而且，要注意不乱投药，以免伤胃；病后不思食，要用药醒胃；药难奏效之症，则以谷食养胃。提出“食物自适者，即胃喜为补”的观点。不论外感，还是内伤，不论是脏腑病，还是九窍病，如肺病、肝病、痰症、血症、痿、痹、痛、厥等，大多从胃论治。创立诸多治胃之法，如甘凉濡润法、辛甘温法等。柴中元对叶氏活用经方的经验进行归纳总结，如对外寒内热之温病，用麻杏石甘汤；对内热而外不寒及风温上受者，用此方，以薄荷代麻黄，加连翘、桑叶；气分热渐炽，热邪由气及血者，加栀子、郁金，以清疏气血；喉痹加射干，痰湿加苡仁，化裁灵活。对伏温初发，用黄芩汤。对暑热内闭，用黄芩汤去大枣，加竹叶心、薄荷、枳实、黑山栀、通草等，灵其气机，透其伏邪。还有白虎汤、复脉汤、半夏泻心汤等均化裁运用于临床。雍履平归纳叶氏治瘀130余例的特色为：久病入络治络，治络从血从瘀。多用辛润活血之品以活血通络。治瘀兼治气痰，或补气、或降气、或调气、或破气、或化痰等，以求瘀消络通。王亚芬归纳叶氏论治中风的经验为：或平肝熄风，滋阴潜阳；或涤痰清火，宣通脉络；或滋阴降火；或填补精血。对中风危症，有暴脱之虞者，以大剂参附回阳救逆，颇具特色。王炳炎认为，叶氏对皮肤病的治疗，注重表里同治，常以清血络之热，养血熄风等从内而治。并分立清利湿热、升降阳明、清营熄风、清营利湿等四大治法。同时，注重生活调理，一要安静勿躁，二要勿进辛辣腥鲜。

（孔庆玺　李孝刚）

【吴鞠通治疗温病的滋阴保津法】

吴鞠通在《温病条辨》一书中，总结前贤经验，结合自己临床体会，把滋阴保津法贯穿于温病治疗的全过程，理法方药俱备，对指导温病的治疗有重要意义。李宇俊、聂天义、张腊荣、廖云龙等从10个方面进行了归纳。

1. 透表保津　用于温病初起，邪犯肺卫，卫表郁闭之证。此时津液损伤轻浅，治当透表祛邪为主，略佐保津之品。如银翘散、桑菊饮。方中取桑叶、菊花、薄荷、连翘，或荆芥、豆豉、薄荷、银花、连翘透散表邪，以疏风通闭；杏仁、桔梗、甘草、竹叶、芦根宣肺生津而治咳止渴，使邪热不致内传而伤津损液。

2. 清热生津　用于温病邪热入里，里热炽盛，迫津外泄，津液受伤之证。治当清泄里热为主，用辛凉重剂白虎汤治疗。方中重用石膏，辛寒而甘，清热生津；知母苦寒质润，清热养阴；佐甘草、粳米护胃气、顾胃津，以防过寒碍胃之弊。

3. 急下存阴　用于温病邪热入里与积滞相结而成的阴津耗伤之证。此时热愈炽则津愈伤，津愈伤而结更甚，唯以急下其实，邪热顿挫，而阴津得保。当用大、小承气汤攻下，但须强调“舌苔老黄、甚则有芒刺，肢体沉实，系燥结痞满，方可用之”。

4. 增液润下　用于温病邪热入里，阴液亏而阳明腑实之虚实夹杂证。此时因阴伤而难任峻猛攻下之品。治当增液润下，寓泻于补，以补药之体，作泻药之用，既可攻实，又可防虚。用增液汤治疗，重用玄参泻火养阴通便，配麦冬润燥生津，生地增液以退邪热。

5. 益气敛津　用于暑热伤津耗液，以致津气亏虚而成的化源欲竭之证。此时出汗不止，烦渴而喘，脉形散大，喘喝欲脱。急当益气敛津，用生脉散治疗。人参益气固脱，麦冬养阴生津，五味子敛津止汗。

6. 气血双清护津　用于邪热入气陷血而成的气血两燔之证。治当气血双清以顾护津血，可用景岳玉女煎加减，重用石膏以清气分热，配麦冬、知母生津泻火退热，玄参、生地凉血滋阴。

7. 养阴制火　用于温热久羁，伤及肾阴而见阳热亢、水火不济之证。治当养阴制火，用黄连阿胶汤治疗。取黄连、黄芩清心，白芍、阿胶、鸡子黄养阴，以冀水火既济，阴液充而邪热除。

8. 滋阴熄风　用于温病后期，邪热久羁，阴液亏损，虚风内动，筋脉失养而见手足蠕动或瘈疭等症者。治当滋阴熄风，用三甲复脉汤。取地黄滋阴，麦冬生津，阿胶养血，火麻仁润燥，白芍、甘草酸甘化阴缓急，牡蛎、龟板、鳖甲熄风止痉。

9. 养阴搜邪　用于温病后期，夜热早凉，热退无汗者。此时邪热深伏阴分，治当养阴搜邪，取青蒿鳖甲汤。用鳖甲入肝经，养阴入络搜邪；青蒿芳香透络，领邪外出；

生地清络热，丹皮泻伏火，再佐以知母清热。

10．补气养阴　用于温病后期气阴两虚之证。因邪热不退，阴液消烁，阳气亦损，而为睡眠不安，神识不清，不思饮食，形体消瘦。治当补气养阴，用三才汤。人参大补元气生津，天冬、地黄滋养阴液。

（沈庆法）

【吴尚先对外治法的贡献】

吴尚先，又名安业；字杖仙，一字师机；晚号潜玉居士。钱塘（今浙江省杭州）人。生于清嘉庆十一年（公元1806年），卒于光绪十二年（公元1886年）。为清代名医，其著作《理瀹骈文》（初名《外治医说》）是中医学文献中第一部以骈文形式写成的外治专著。几年来，对吴氏外治法的研究和应用颇受重视。

曾昭铎认为吴氏《理瀹骈文》为外治法奠定了坚实的基础，所创用的外治法不下数十种，用法之精之广，实乃前所未有。吴氏对外治法的运用有丰富的经验，如原书说："月阅症四、五千人，岁约五、六万人，出膏药大小约十万余张，虽不能尽人皆愈，而十也愈其八九，诚事简而功倍"。吴氏指出膏药能拔之病自出，能截之邪自断。同时对膏药的制炼、运用和贴法皆作了明确的论述。曾昭铎还列举了吴氏外治法中的十九法，并介绍了吴氏将内服汤丸改制成膏药、外贴治疗内疾的经验。又如温热疗法在吴氏临床应用发展甚大，有烘、烧、照、灸、熏、熨、酒醋、蜡疗等法。其中尤以灸法为进展全面，除了采用直接灸、隔姜灸、隔蒜灸之外，尚有奇香灸（葱装麝香插脐中，填盐令满艾灸脐部）治尿闭，盐艾灸（盐填脐中，艾柱灸关元穴）治霍乱转筋等。不仅详述了其方法，还明确了运用原则："外治必如内治者，先求其本"。即要"明阴阳、识脏腑"，"察四时、求病机、度病情、辨病形"。其外治法对以后临床影响很大，如现今应用较广的穴位敷贴治疗小儿支气管哮喘，药枕治头痛、眩晕等，均源于此。

王光晃根据《内》、《难》及前贤有关"三焦"和"气血流通"等理论，剖析了吴氏"三焦分证而论外治"的学术思想。指出《外治医说》总结了一百二十种外治法，提出了以三焦分证而论外治，首次倡导了运用膏贴等外治形式从"三焦"部位及经穴治疗人体内外诸疾的"三焦疗法"，从而丰富和发展了《内经》"三焦学说"的理论，拓宽了具有外治特点的"三焦治则"的运用范围，为进一步研究外治法创新了观念和提供了新的途径。《外治医说》"三焦"是一个具有发病内涵的概念；"三焦疗法"的理论基础是《内经》"气血流通"说；是外治高层次开拓运用的新形式。吴氏将敷、熨、罨、刮痧、火罐、按摩等数十种传统治法，以"三焦疗法"的新形式表现出来。它既充分显示了《内经》"杂合而治"珍贵的医学价值，又完美体现了外治高层次开拓运用的优越性。

何兴伟对吴氏外治法与针灸学之关系作了探讨，认为：(1)吴氏将"膏药贴法亦与针灸通"之说贯穿于全书，巧妙地将方药与针灸溶于一炉，为针灸临床贴穴治疗开了先河。吴氏外治法多以针灸学理论中的经络、穴位为基础，特别是膏贴法几乎均取膻中、神阙、关元、气海、命门、肺俞、涌泉、足三里、中脘等人体重要穴位为膏贴部位，取穴也采用针灸学中的经络辨证、脏腑辨证法。(2)吴氏强调外治之理即内治之理，外治须知经络相通，并参古针灸法；强调掌握经络穴位熟悉针灸治疗中的辨证取穴原则是采用各种外治法的基础所在。指出针药"相通"论，即作用机理相通，选穴原则相通，用穴相通，辨证论治相通，提倡外治依据经络气血循行规律按时取穴。总之，吴氏有机地将针灸理论和临床与外治理论和临床结合起来，以膏贴法替代传统的针刺、艾灼法，创立了以膏贴穴位为主的治法，以补"针灸禁忌太多且嫌之不足"。

吴氏对外治法的贡献一直为后世医家所珍重，1991年出版的《中医独特疗法大全》、《手到病除》等著作，收载了数百种临床行之有效的外治方法，其中许多内容即为吴氏所创或在其基础上发展而来。

（朱宝贵）

【张锡纯用药新探】

（一）单味药运用经验 （1）麦芽：李颖等指出张氏认为，麦芽入脾胃肝胆经，具升发肝胆气机、疏肝理脾、利胆退黄、催生回乳之功。（2）生赭石：曹杨波认为张氏将代赭石主要用于降胃气上逆，平肝熄风，潜镇心阳治失眠，坠痰下火治癫狂痫疯，重坠下行治难产。（3）三棱、莪术：李希新分析张氏用三棱、莪术的经验，除治胸胁诸痛、瘰疬、女子癥瘕经闭外，还在补益剂中用为佐使，调气化滞，与补气药并用，不惟不破气，反有开胃进食之功。（4）山药：易安认为张氏视山药为滋补药中“无上之品”，凡遇阴虚劳热，喘、利、羸弱之证多用之。张氏认为“山药多液”，“最善滋阴”，临证多以之滋补肺、脾、胃。主张生用重用，尤其适宜在急危重症中应用。（5）牛蒡子：韩克起认为张氏常用牛蒡子配滋阴益肾药润肺利肺，止咳定喘，配寒凉重坠药平冲降逆以止吐衄，配燮理阴阳药通利大便、祛散寒火，配清热利湿药利尿通淋，解花柳毒。

（二）擅长药膳食疗 翟耀等总结张氏药膳运用特点有（1）用衷中参西理论指导药膳的配方与煎制，在沟通中西食疗方面堪称先师。（2）用食疗治急症常起沉疴，如用鲜藕自然汁温饮治吐衄不止者。（3）用动物脏器制膳，以脏补脏，注意养护脾胃。其中用猪胰脏治消渴是张氏药膳以脏补脏的具体运用，用鸭肝治痢疾也是张氏的经验。又认为“鸡内金，鸡之脾胃也”，为消化瘀积之要药，健补脾胃之妙品。故养护脾胃多用之。

（三）主张中西药并用 周德生指出“衷中参西”是张氏中西药并用的指导思想。主张以中药为主体，参用西药。“相助为理”是中西药并用的用药原则。中西药并用，或者使原有效能得到增益，或者互补不足，或者消减药物的毒副作用，有助于提高疗效。中西药并用以内服为主，有中西药同服、先中药后西药、先西药后中药和中西药间服等不同方法。

（四）妇科用药特点 吴宗柏将张氏妇科用药特点归纳为三点：（1）别病类，妙拟方，不落旧窠。针对经、带、胎、产分类别病而设方，用药简练，富有灼见，如保胎主张重用菟丝子，“屡次用之皆效”。（2）重脾胃，理冲脉，独具匠心。如所用女科方中主用黄芪、山药或白术、党参者，有12方之多。（3）益气血，通瘀滞，推陈出新。张氏特别强调产后多虚有瘀的病理特点，遣药用方，每先顾护气血，兼祛其瘀。盛玉凤总结其妇科中用药经验为：鸡内金善化瘀，为治干血劳要药；海螵蛸与茜草能通能涩，经闭崩带宜选；水蛭善入血分，活血破瘀之力尤胜；紫石英温暖血海，疗胞寒不育；三棱、莪术通经消癥，菟丝子益精固胎，代赭石催生下胎等。

（刘道清 蔡永敏）

【丁甘仁治泄泻病经验及用药特点】

丁甘仁著有《药性辑要》、《脉学辑要》、《丁甘仁医案》及《喉痧症治概要》等书。另有《丁甘仁一百十三法》乃其门人所传抄本。

周富明将丁氏泄泻病症的治疗经验归纳为五大方面。一为疏邪化浊法。凡因外感而泄泻者，无论风寒入内化热，抑或时令暑湿之邪所致的泄泻均可应用。处方：大豆卷、生苡仁、佩兰、江枳壳、车前子、玉桔梗、鲜荷叶。伴有食积者加麦芽，腹胀甚者加大腹皮，苔黄腻者加马齿苋、知母、连翘等。二为和中化浊法。主治暴泄中之湿泄，常用厚朴、砂仁、半夏、陈皮利气和中，藿香、佩兰、荷梗芳香化浊，茯苓、猪苓、薏苡仁、扁豆健脾渗湿，再以神曲消积、大腹皮除满。

着重化湿利浊，并照顾脾胃。三为温中化浊法。主治寒湿泄泻，方选干姜、附子、桂枝温中祛寒，藿香、厚朴芳香燥湿，二陈、神曲和胃消积，茯苓、车前淡渗利浊。全方有温运中州，化浊厚肠之效。四为扶土和中法。主治脾虚泄泻。选用白术、茯苓、薏苡仁扶土健脾，谷芽、陈皮、莱菔和中消食，佩兰、砂仁芳香燥湿，白蒺藜、大腹皮疏气除满。诸药合奏培土益中、健脾和胃之功。五为益火扶土法。主治肾阳不振之泄泻。投益智仁、补骨脂以温肾补火，茯苓、白术、甘草健脾扶土，姜炭除寒，木香行气，谷芽、陈皮和中，诃子、粟壳固涩。

张剑宇等以《丁甘仁医案》648则方案为文献依据，根据传统医案整理方法，结合现代医用数理统计手段，对丁氏用方的用药频数、配伍及剂量进行研究。结果为：(1) 基本药组统计分析。取频数大于等于 152 方次者作为丁氏处方的基本药组；频数小于 152 方次者称为附加药组。《医案》共载病例 400 个，用药 333 味，处方 648 张，其中用药最多 32 味，最少 8 味，平均 12 味。单味药出现频率最大 262 次，最小 1 次，平均 23.2 次。用量最大 120 克，最小 0.6 克，平均6.5克。基本药组的出现频数显著大于附加药组，统计结果表明，以补气药为君组成的方剂最多，构成了四君汤和二陈汤加川贝母的配伍框架。纵观基本药组的配伍模式亦不外乎此框架，恰好构成了“六君子汤十川贝母”的配伍模式。其剂量的均数有显著差异，茯苓、人参用量最大。(2) 病案统计分析。《医案》群体用药比较松散，而具体到每一种疾病又相对集中。方中概率大于0.5的药物约占三分之二，最大达到0.77，并且围绕基本药组变化。“风温”、“产后”、“外科”用药偏离基本药组，与疾病本身特殊性有关。宏观上无损于基本药组的主体框架结构。(3) 君药统计分析。在 648 方中，作为君药出现的药物有 77 味，其中补气药人参、黄芪为君药组成的方剂165张，占处方总数的26%，明显多于其它君药的组方频数，有显著的统计学意义。张氏认为，从本资料可以揭示丁甘仁益气健脾、燥湿化痰的学术思想，“六君子汤十川贝母”的基本药组蕴含了其学术思想的内涵。

（茅晓）

参考文献

B

班兆根，等。李时珍的治学思想及其对祖国医学的贡献。广西中医药，1991；(1):34

C

柴中元。叶天士用麻杏石甘汤治温病经验琐谈。广西中医药，1990；(5):28

柴中元。叶天士用经方治温病之经验。浙江中医学院学报，1991；(4):33

曹杨波。镇降气逆是张锡纯用生赭石的宗旨。江西中医药，1991；(5):45

G

高尚社。李时珍升降学说撮略。河南中医，1991；(1):18

龚士澄。试谈张景岳的《治形论》。中医杂志，1990；(12):52

郭忠印，等。以脉象变化推断六经病进退。河北中医，1990；(2):47

H

哈孝贤，等。《金匮要略》安胎法述略。广西中医药，1991；(2):70

韩克起。张锡纯运用牛蒡子经验拾遗。湖南中医杂志，1991；(4):18

何任。《金匮》下法说略。浙江中医学院学报，1991；(2):45

何兴伟。浅论《理瀹骈文》的外治法与针灸学——对未来针灸工具改革的启示。天津中医，1991；(3):44

胡兆满。《金匮要略》黄疸治法初探。四川中医，1991；(9):3

黄胜光。略论张介宾对仲景学说的继承和发展。

国医论坛，1991；(2)：10

黄芝蓉，张锡纯制方用药特点浅析。湖南中医学院学报，1991；(3)：4

K

柯雪帆。《伤寒论》平脉辨证新探。中国医药学报，1991；(4)：3

L

李家庚。张仲景血证论治探要。陕西中医学报，1991；(2)：5

李密英，等。《伤寒论》及《金匮要略》中下法与大便的关系。陕西中医，1991；(3)：141

李希新。张锡纯运用三棱莪术的经验。山东中医杂志，1991；(4)：6

李颖，等。论张锡纯用麦芽的经验。陕西中医函授，1991；(3)：47

李宇俊。《温疗条辨》养阴护津法初探。四川中医，1991；(1)：5

连增林。简论《金匮要略》调小便治病法。浙江中医学院学报，1991；(2)：37

廖世煌。发汗解表法在《金匮要略》中的运用浅释。新中医，1991；(4)：13

廖云龙。《吴鞠通医案》运用经方的若干特点。江西中医药，1991；(5)：46

刘盛新。论张景岳《新方八阵》的制方用药特点。成都中医学院学报，1991；(1)：4

刘毅。孙思邈首创中风内伤主热说。上海中医药杂志，1991；(4)：39

N

聂惠民。《伤寒杂病论》脉法探要。国医论坛，1987；(4)：14

聂天义。试论吴鞠通治疗温疗急症的学术思想。四川中医，1990；(12)：18

P

潘华信。叶天士学术渊源探。浙江中医杂志，1991；(6)：272

Q

裘沛然，等。《中国中医独特疗法大全》。文汇出版社，1991年3月出版

R

任清良，等，试论仲景组方用药的阴阳配伍。四川中医，1990；(12)：6

任应秋。《伤寒论》脉证的再探讨。仲景学说讨论会论文会编，1982年全国中医学会编

S

司国民。《伤寒论》方药加减探讨。山东中医学报，1991；(1)：23

沈惠军。张景岳《本草正》的学术特点。浙江中医，1991；(4)：171

时振声。对《伤寒论》、《金匮要略》中有关脉诊的探讨。(一)～(三)。云南中医学院学报，1979；(1)：37，(2)：21，(4)：35

宋东耂。《金匮》治瘀法特点探析。甘肃中医学院学报，1991；(1)：7

盛玉凤，等。张锡纯妇科用药经验探要。浙江中医杂志，1991；(6)：242

W

王炳炎。叶天士治疗皮肤病特点的剖析。河北中医，1990；(6)：38

王光晃。《外治医说》"三焦疗法"探析。浙江中医学院学报，1990；(6)：32

王心好。试述仲景桂枝汤活用。河南中医，1991；(5)：7

王亚芬。叶天士论治中风特色。天津中医，1991；(3)：42

吴华强。张景岳对元气学说的认识和贡献。陕西中医学院学报，1991；(2)：15

吴秀惠，张仲景治则理论的三个层次。山东中医杂志，1991；(5)：9

吴宗柏。张锡纯妇科治疗用药经验探析。云南中医杂志，1991；(2)：6

夏翔，等。《手到病除》。上海三联书店，1991年5月出版

X

肖沐英，等。《本草纲目》健身医方用药特色探析。陕西中医，1991；(7)：332

Y

易安。浅析张锡纯运用山药之特点。湖北中医杂志，1991；(2)：46

烟建华，试析《难经》脉诊体系与《伤寒杂病论》辨脉诊病的关系。山西中医，1990；6(4)：3

雍履平，叶天士治瘀特色。浙江中医学院学报，1990；(6)：34

雍履平。叶天士从胃论治的学术思想探析。中医杂志，1991；(10)：9

于世良，等。《金匮》痛证通法的运用。江西中医药，1991；(3)：56

Z

翟耀，等。浅谈张锡纯的药膳流派特色。吉林中医药，1991；(2)：41

张腊荣。论温病与阴津。湖北中医杂志，1990；(6)：22

张剑宇。丁甘仁学术思想和用药规律浅析。山西中医，1991；(2)：4

张天侨。叶天士看诊要旨。江苏中医，1991；(5)：43

章恪。试论《伤寒论》救阴特点。四川中医，1991；(1)：2

赵云芳，等。谈《金匮》误汗致变。中医函授通讯。1991；(4)：10

曾昭锋。略论吴尚先对外治法的运用。广州中医学院学报合刊，1991；240

周德生。张锡纯中西药并用规律初探。杏苑中医文献杂志，1991；(2)：20

周富明。丁甘仁治泄泻五法浅析。江苏中医，1991；(2)：1

周亮，等。《金匮要略》养阴法初探。浙江中医学院学报，1991；(2)：8

朱静华。张景岳论血证。浙江中医，1991；(3)：129

(二) 医药古藉

【概述】

近年来中医药文献的研究尤其在整理和挖掘等工作方面有较多的进展。

敦煌遗书中的医学卷子，是在敦煌千佛洞莫高窟中收藏的隋唐前后抄写的卷子书籍，约有七十余种。本年鉴自首卷问世以来屡有介绍。1987卷列有“敦煌医学卷子研究述略”专条。近年孙国华又撰文简述了敦煌遗书中的科技文献的性质和特点。本年鉴对其中医学卷子目的部分内容进行摘介，可与前卷参看，以进一步了解这些残卷的主要内容及其价值。又据王冀青报道，敦煌唐人写本《备急单验药方卷》已在英国图书馆未公布的敦煌文书中发现。这为今后编辑敦煌遗书医学卷子的汇总集子提供了又一珍贵资料。

明堂图起于何时，尚不能确知。1900年后，在敦煌千佛洞发现《灸法图》残卷，绘于十世纪前，为目前存世的最早古灸法实物。本年鉴1986卷对此曾有介绍。近年靳士英撰文系统地探讨了隋唐宋元明清与民国迄至新中国时期关于明堂图的源流，并着重指出：随着针灸日渐兴起，现代的明堂图以挂图与图谱形式行世。图谱的解剖背景日趋鲜明，精美准确，并结合了科研的成果，更加具有实用价值。

《神农本草经》(《本经》)成书年代，向有神农说、黄帝说、西汉说、魏晋说等，尚无定论，王家葵撰文从《本经》所载药物名称、郡县设置等内容再次考证，认为《本经》成书于东汉早期（公元69～100年间）。王氏并举近世出土的竹简《武威医简》为例。该简被定为东汉早期的著作，其中载药100种，有80%以上的药名与《本经》相同，由此可证明《本经》与《医简》的成书年代相一致，即同为东汉早期（公元一世纪）的作品。

清代俞震著《古今医案按》，由于选案精严，按语重论析，每多点睛笔法，对后世医家影响深远。林乾良撰文披露所藏的俞震《古今医案按》序文手稿，并介绍其流传经过。本年鉴有关条目抄录了俞氏原序手稿全文。此亦为流传有绪的珍贵医史文物。

在少数民族医药古籍研究方面，本卷年鉴有关专条，着重介绍了藏医珍贵文物系列挂图“曼汤”（藏医彩色挂图，藏语称为“曼汤”）。藏医全套“曼汤”，曾先后由强巴赤列、王镭、蔡景峰等加以整理、研究、注释和翻译，书名《四部医典系列挂图全集》，由西藏人民出版社出版。该书有汉藏对照和藏英对照两种不同版本，受到国内外有关学术界的重视和好评。

（陆鸿元）

【藏医珍贵文物系列挂图“曼汤”】

藏医彩色挂图，藏语称“曼汤”。它是一

种可以卷起来收藏，用时展开挂在墙上的视教教具。它具有悠久的历史，是逐渐发展起来的。早在公元八世纪，就曾编绘《尸体图鉴》、《尸体分部图》和《活体测量》等书。十三世纪时，藏医著有《解剖明灯》、《药物蓝图》等专著，这些都具有早期曼汤的性质，但因原著均佚，难于考证。十四世纪，藏医形成南北两大学派，两派都擅长于医药图谱的绘制。1704年，在德西·桑吉嘉措主持下，以北方学派名医伦汀·都孜吉美所绘《四部医典》教学图画为核心，召集全藏著名医药家和画家，根据《四部医典蓝琉璃》的内容及编排顺序，又参考了《月王药诊》等著作，补充了尿诊和火灸穴位图，编绘成一套完整的、图文并茂的藏医彩色系列挂图共79幅。后在“门孜康”（现西藏自治区藏医院的前身）负责人钦饶诺布的主持下，又绘制了另一幅藏医学名人像。这样，全套曼汤共80幅，分为四部分。第一部分4幅，主要介绍人体的生理、病理、诊断和治疗；第二部分35幅，介绍生理解剖、病因、防病知识、药物性能、疾病诊断和治疗原则；第三部分16幅，专门论述临床各科病症及其诊断治疗；第四部分24幅，介绍脉诊、尿诊技术及其意义和方剂。

整套挂图为色泽鲜艳的彩色平面图，由几千幅的小图组成。其内容既有人物、药物、医疗器械、还有以树的根、干、茎、叶、花、果等来表示人体生理、病理、诊断和治疗的“树喻”照及生活用品、房屋建筑、山水风景等等。所绘内容大多具有鲜明的藏族特点，服饰是藏式的，人物也具有藏民的特征，深色皮肤、高颧骨、略凹的眼球、宽额头。对藏区特有的动植物，如牦牛、老鹰、秃鹫、高山雪莲、喜马拉雅紫茉莉、纤毛婆婆纳、毛瓣绿绒蒿、乌奴龙胆等的描绘大多形象逼真，有的植物几乎达到依图即可辨认原植物的程度。对人体胚胎发育过程，如鱼期、龟期、猪期等不同阶段的分化过程，也描绘得十分逼真，这等于简要地复述了动物进化的经历，这在世界科学史上也是不可多得的珍贵文物。对尿诊的描绘尤为细致，包括尿液的颜色、蒸汽、气味、泡沫、沉淀物、表面漂浮物等等，独具特色。

以有限的80幅图来包罗几乎整个藏医药学的基础理论和临床等方面的内容，不仅在藏医学的传播和发展中起到了积极作用，就是对藏族绘画艺术史、社会学、民族学、宗教等的研究也都具有一定意义。曼汤自问世以来，前后多次成套复制。1918年、1923年、1937年曾三次成套复制。受到国内外学术界的重视。现我国仍保存有二套完整的曼汤，一套保存在西藏自治区藏医院，另一套在区文物局，全套曼汤曾于1986年和1988年先后经强巴赤列、王镭、蔡景峰等加以整理、研究、注释和翻译，由西藏人民出版社出版，书名为《四部医典系列挂图全集》，有汉藏对照和藏英对照两种版本，受到国内外有关学术界的重视和好评。

应该指出，曼汤由于受到时代的局限和宗教思想的影响，不可避免地存在一些糟粕。这种现象在世界上各种古代医学乃至其他各学科的发展史中都是不可避免的，也是不足为奇的。尽管如此，曼汤仍属国内珍贵文物，在世界医学史文献中，仍有很高的地位，是古代医药学教学中绝无仅有的珍贵文献。

（蔡景峰　洪武娌）

【敦煌遗书《备急单验药方卷》在英发现】

英国图书馆东方部收藏敦煌遗书写本，已向世人公布的S1～8150号中有医学文献32件，其S3347号和S3395号两残片，因未见载于任何古医籍或簿录，其定名长期没有解决。1989年，王冀青在英国图书馆未公布的敦煌遗书中发现一批敦煌医学文献，其中S9987号文书原由两层残纸相粘贴。经修复得4块残片，其FRONT（前层纸）为1块残片，存45行字，是《备急单验药方卷》的药方部分；其BACK（后层纸）为3块残片，存9行字，是《备急单验药方卷》的标题和序文部分。这两块新发现的残片与已公布的S3347号和S3395号遗书的内容、纸质、书法、字体、格式、墨色等完全相同，按敦煌遗书拼接规则，这4块残片原属同一件写本，从文字上看，"治"、"葉"均因避唐太宗李世民、高宗李治讳，改为"疗"、"救"、"蘂"，更加证实无疑。据此还可推断《备急单验药方卷》是唐高宗以后的写本，时间下限应在唐代宗时吐蕃占领河西之前，即抄写于公元7世纪中叶至8世纪中叶间。

S9987号BACK2，长8.5厘米，高14.5厘米，为原卷首部，S9987号FRONT，长39厘米，高17厘米，修复前与标题序文部分相粘贴，当与原卷卷首相近。S3347号，长88.9厘米，高22.6厘米，存字126行；S3395号，长26.3厘米，高13.1厘米，存字32行。经复原4块残片共长162.7厘米，存字212行，这只是《备急单验药方卷》的一部分。《备急单验药方卷》序文说：收"救急易得，服之立效者一百八方，以人有一百八烦恼。"由此可知全卷载有治108种疾病的108个疗方，现知S9987号FRONT，S3347号和3395号3块残片共载25个"疗方"和144个"又方"。

S9987号敦煌唐人写本《备急单验药方卷》的发现解决了S3347号和S3395号的定名问题，使这部亡佚千余年的珍贵医籍得以重现。

（陆肇基）

【明堂图源流考】

明堂图为古代针灸经脉孔穴图，其出现晚于针灸著作，大约在秦汉之际。本年鉴1986年卷曾介绍现存最早的大型明堂图。今靳士英又撰文探讨其源流，摘介如下。

隋以前的明堂图。靳氏认为随着针灸理论的建立，经穴的确定，体表标志方法的解决，才有明堂图的出现。先有插图，后有专图。在《隋志》中录有明堂图名录十二种，惜已全佚。有线索可考者，有五种。(1)《黄帝中诰孔穴图经》，可能是最早有经有图的明堂著作，原书早佚。仅在王冰次注的《素问》中可见部分佚文。(2)《黄帝针灸虾蟆忌》。晋宋间已行于世。日本典药头和气氏奕世传有《针灸虾蟆图》一轴。1821年，丹波元胤改轴为册，并附识语，认为实系汉代作品。书中有插图30幅。(3)《十二经明堂偃侧人图》三国魏曹翕著，12卷。隋唐时尚存，似为最早明堂专图。4.《明堂图》。宋太医令秦承祖著。隋唐时存，后佚。此图为三人图，甄权、孙思邈曾以该图为校本。5.知聪父子东渡日本，曾携去明堂图，平安朝时存于奈良东大寺，后佚。可能为《隋志》所载的明堂图。

唐代的明堂图。明堂专图有三人图与十二人图，均已佚亡。针灸专著中多有插图。1.《明堂人形图》。绘于唐武德年间（公元618～626年），甄权审定。可能是第一部官修明堂图。2.《明堂三人图》，孙思邈绘，"十二经脉五色作之，奇经八脉绿色为之"。共载穴650个，其中单穴48个，双穴301个，奇穴159个。图人身长88.24厘米，为常人身高7.64尺之半。图分仰人、伏人、侧人三种。3.《明堂十二人图》。王焘绘。为十二人图，以脏腑名人，任脉诸穴列入"肾人"，督脉诸穴列入"膀胱人"。十二经脉皆以五色作之，奇经八脉以绿色标志"。经穴可灸者朱色，禁灸者黑色。图人身长为常人身高7.5尺之半，约合88.65厘米。4.明堂小插图。如：《治诸横邪癫狂针灸图诀》、《明堂灸经》。敦煌遗书中有《新集备急灸经》，抄写于公元816年，现存腧穴正面图一，上半身用线条标注穴名部位主治灸法。《灸法图》，残卷，载有多幅小图。《灸骨蒸法图》，唐崔知悌著，已佚。部分佚文存《外台秘要》卷13中，图11幅存《幼幼新书》中，示四花穴取法。

宋元的明堂图。宋代采取颁印图经、勒石刻碑、范铸铜人、颁绘明堂图，以推广针灸学。(1)宋天圣四年（公元1026年），王惟一范铸铜人，并著《铜人针灸腧穴图经》三卷。(参阅本年鉴1984年卷)。(2)南北两都版铜人明堂图，为四人图，已佚。(3)忽泰必烈《金兰循经取穴图解》，图长约43厘米，为折叠装，附于书后。该图为折叠明堂图的最早记录。(4)朱肱《内外二景图》，系将丁德用所绘的四肢五腧穴，石藏用所绘的任督及十二经脉流注图与杨介《存真图》，校订讹舛，补以针法，合成一图。(5)滑寿《十四经发挥》的经穴插图。

明代明堂图。明堂专图。(1)赵文炳重刊《铜人针灸明堂图》(公元1602年)，是"取南北两都板印铜人图"考正穴道，用阴图、阳图以别脏腑。现存康熙年间林起龙复刻，嘉庆九年(公元1804年)重摹本。(编者按：康熙四年林起龙重刻本，现存上海中医学博物馆，参阅本年鉴1986年卷)明堂插图。(2)高武《针灸聚英》的脏腑内景、十四经穴图。(2)杨继洲《针灸大成》的系列插图。(4)张景岳《类经图翼》的内景经穴图。

清代明堂图。明堂专图。(1)黄谷绘《明堂经络图册》，康熙甲子长夏(公元1864年)绘本，图16幅，现存中国历史博物馆。(2)官修明堂图为雍正九年(公元1731年)胡松镜绘，武英殿监造，内务府医书馆出版。中国医史博物馆现存1幅侧人图。嘉庆二十四年(公元1819年)，钱松镜重镌，此图存留情况，国内甚少报道。靳氏介绍了现存英国维尔康(Wellcome)医史博物馆藏有4幅，包括内景图1幅，正侧背人图3幅，有骨骼背景，宣纸本，75×24厘米。此外，还有金义溪的《明堂图》、叶赞彤的《明堂图》(公元1876年)、刘钟衡的《中西汇参铜人图说》(公元1899年)等。明堂插图.清代插图,愈趋细致.如吴谦的《医宗金鉴》等。清雍正五年(公元1727年)，命右院判王炳、御医吴谦等，铸大小针灸铜人，雍正九年(公元1731年)铸成。现英国维尔康(Wellcome)医史博物馆藏一具，身高27厘米。美国堪萨斯大学所藏者亦似清代小铜人。(编者按：有关清代针灸铜人，本年鉴已介绍二具，见1983年卷、1985年卷。)

民国时期明堂图。这时期针灸衰落，明堂图多包括在铜人图内。如范更人《铜人新图》、董德懋《实用铜人经穴图》、承淡安《铜人经穴图考》、贾梦莲《铜人图》、黄竹斋《针灸经穴图考》、包天白《最新考正经穴挂图》等。

新中国时期。针灸学日渐兴起，明堂图以挂图与图谱形式行世，注意表达人体真实结构，倾向穴位解剖定位。早期多用国画技法，后期多用立体透视西画技法。80年代后，图谱的解剖背景日趋详明，精美准确，并结合科研成果。如：上海中医学院《针灸经穴图》(1980年)、靳士英等《针灸经络穴位图及解说》(1984年)、严振国主编《经穴断面解剖图解》(1983年)，用冰冻尸体四肢断面表述了手经91穴，奇穴16穴，针刺涉及的解剖部位，绘有彩图185张。

(林功铮)

【俞震《古今医案按》原序手稿问世】

林乾良披露所珍藏的俞震《古今医案按》序文手稿，并撰文介绍其流传经过。林氏查考王孟英的记述，认为此手稿可能即系吴炳的遗物。吴氏为清道光、咸丰间嘉善名医，曾藏有《古今医案按》的原始底本《橘井流芳》。后传其子树人，再传树人门人陈良夫，三传陈氏东床与学生徐石年，四传徐春霖，今归林氏，为流传有绪的珍贵的医史文物。序文手稿，可供研究今本《古今医案按》修订的经过。现将原序手稿抄录如下。

"病不循规矩以患人，不必依(原书执，后改依)规矩以治病。常者生，变者死焉，转恨医书之方法未全也。不知方法岂能全，要在乎用方法者之巧耳。维彼名医，操纵于规矩之中，神明于规矩之外。始信方法有尽，而用方法者之巧无尽也。成案具在，彰彰可考也(考下原有而核也三字，后涂去)。此予所以有《古今医案》之选，而并出鄙见以按之。辨其真伪，别其是非，晰其同中之异，表其青出于蓝。或并数事为数语以檃括其大略（并下旁加节字，事下旁加则字，后均涂去），或纂录（原作述，后改为纂）旧说、新说（两说字原均作法，后改），以补诸案之未逮（未逮两字原曾作阙，后改回）爰自（原作始于，后改）乾隆丙申（原作丁酉，后改）冬月为始，至戊戌春月告成（为始至三字，原作成于），恰值生年七十岁，乃付剞劂之（乃付两字原作爰），以就正当世云。但欲（但欲两字初为盖欲，后改为犹思，再改为但欲）乞巧于先哲（先哲，原作前人），敢辞蒐集于暮年（敢字原作敢不），皆手编以定去取者（以定两字原作□之，□字因涂改而难以辨认），只虑（虑字原作恨）天下之载籍极博（载籍极博四字原作书集甚多），而一人（一人原作予）之见闻有限（下原有也字，后涂去）。譬诸（譬诸原作较夫）审曲面势者，已蹈夫斲而小之之讥矣”。纸末钤有“嘉善县西塘镇徐氏慎垣轩藏书”朱文印。

（林功铮）

【庞安时著作考辨】

庞安时（公元1042～1099年），字安常，蕲州蕲水（今湖北浠水县）人，北宋名医。据文献载，庞安时著作数十种，多已亡佚。毛德华对庞氏著作及《伤寒总病论》成书年代进行考证，摘述如下。

（一）研究难经著作　史载庞氏撰有《难经解》、《难经解义》、《难经辨》，据考，三书实为一种，当以《难经解》为正。

（二）脉学著作　《脉法篇》一卷，手稿交张来记入《庞安时墓志》中。

（三）本草著作　《主对集》一卷、《本草补遗》一卷。世传庞氏撰有《本草尔雅》一书，乃沿《湖北通志》之误。

（四）医方著作　据《宋史·艺文志》，庞氏有《验方书》一卷。《简明中医辞典》等书称其著有《验方集》，然查无所本，当是《验方书》名之误。

（五）伤寒著作　据《通志·艺文略》载，庞氏著《伤寒总病论》七卷。毛氏认为：其伤寒著作的名称和传本不止一种，《伤寒总病论》书名为公元1113年刊刻时所定。前此，曾以《补仲景伤寒论》、《伤寒解》、《庞安常伤寒论》而名，或省称《伤寒论》、《伤寒卒病论》。故而这些版本，可称为《伤寒总病论》的前身。值得注意的是，在《伤寒总病论》刊行后，其他传本的伤寒著作并未消失，如《庞氏家传秘宝方》即是《伤寒总病论》的其他传本。

综上所述，庞氏各种著作共计7种16卷，现仅存《伤寒总病论》及《脉法篇》二种。

《伤寒总病论》成书年代，据毛氏考证：庞安时于1062年（21岁）前后开始研究伤寒学说，1082～1084年（41～43岁），其伤寒著作已基本成书，后不断修订，至1092～1093年完稿。1098年向张来介绍伤寒著作，1099年5月28日苏轼回札允为其书作序，后张来为其写跋。1113年门人魏炳在其书后续编《音训》及《修治药法》，故《伤寒总病论》最早只能在此年刊刻，并由刊刻者定名。

（黄　瑛）

【敦煌遗书医学卷子存目摘介】

敦煌遗书为四大史料之一。其中医学卷子有70多种，大部分流散于巴黎、伦敦，一部分散见于日本、苏联、美国和中国私人手中。本年鉴在1983年卷、1984年卷、1986年卷、1987年卷、1988年卷、1990年卷，各有专条介绍。孙国华撰文简述敦煌遗书中的科技文献的性质和特点。现将医学文献部分摘介如下，以备查考。

在遗书的科技文献中，医学卷子为最多。大多数是医学典籍的择抄。如伦敦藏S5614号卷子前后择抄了《五脏论》、《平脉略例》、《五脏脉候阴阳相乘法》、《占五脏声色源候》四种医书。其抄本或写本年代，多属六朝至唐末五代时期，即公元四世纪至十世纪。如梁陶弘景的《本草经集注》、唐苏敬等《新修本草》、唐孟诜的《食疗本草》等，都有时代标志。卷子大部为卷轴，多已残损，完整者极少。日本龙谷大学藏《本草集注》，约存17米，高（宽）约28厘米，首佚数行，后均完好。伦敦藏S. 5614《五脏论、平脉略例》，巴黎藏P. 3596《医方》，都残存约3米左右。少量为折装或蝴蝶装书册。用纸多是蜀纸，质地较为粗糙，少数用洛阳纸，多用毛笔书写，字体多为自由体行书。少量为刻印卷子。

医方类卷子。所载医方超过千首，大多是六朝隋唐医家的经效方，另有不少单验方，个别是古方。伦敦藏的卷子主要有：S. 1467、S. 3347、S. 3395、S. 4329、S. 4433号背面、S. 5435、S 5795、S. 5968、S. 6107、S. 6177号背面等。巴黎藏的卷子主要有：P. 2565、P2637、P. 2662、P. 2662号背面、P. 2666号背面、P. 2703、P. 2755号背面、P. 2882号背面、P. 3043、P. 3093号背面、P. 3144号背面、P. 3201、P. 3230、P. 3378号背面、P. 3596号背面、P3731. P. 3877号背面、P. 3885号背面、P. 4837等。日本天理大学藏《医方》残卷一种。《李氏鉴藏敦煌写本目录》0232号为《医方》，下落不明。罗振玉藏《疗服石医方残卷》一种。

本草类卷子。重要的有《新修本草》(残)，伦敦藏S、4534号，为《新修本草》第十九卷米部的残段，始于菜部蕺注语，讫于米部胡麻。巴黎藏P. 3714号为《新修本草》第十卷，存药名30味。《李氏鉴藏敦煌写本目录》0228号有《新修本草序例卷上》残卷一种。伦敦藏S. 76号《食疗本草》(残)，为唐孟诜撰，张鼎补。首尾均残，始于石榴，终于芋，存药26味。日本龙谷大学藏龙530号，《本草经集注序录》(残)，首佚几行，后题“本集注第一序录华阳陶隐居撰”。另题“开元六年九月十一日尉迟卢麟于都写本草一卷辰时写了记。”原卷长17米，共720行，为《本草经集注》的第一卷，缺二至七卷。罗振玉的《吉石盦丛书》有影印件。(参阅本年鉴1984年卷)

医典类卷子。主要为以脏腑学说为中心的五脏论类的著作、医经和诊法等，大多数藏于巴黎。如：P. 2115号背面《五脏论一卷、平脉略例一卷》、(参阅本年鉴1986年卷)P. 2378号背面《五脏论》残卷。P. 3481和P. 3106号背面的《脉经》、P. 3287号首尾均残的《医书》(依次抄录《三部九候论》、《伤寒论》、《佚名氏脉经》、(参阅本年鉴1988年卷) P. 3477号《玄感脉经》残卷、(参阅本年鉴1988年卷)P. 3655号正反面的《明堂五脏论》残卷。伦敦藏S. 3655号《五脏论一卷、平脉略例一卷》残本。苏联列宁格勒藏孟02817号《黄帝内经素问》一种，不知其详。中国张偓南藏《辅行诀脏腑用药法要》一种，为罕见的内科学专著，惜原件毁于“文革”中，现存抄本。

针灸类卷子。伦敦藏《灸经》S. 5737、S. 6262、S. 6168号。其中S. 6168号为灸疗图谱，残存十余幅，为现存最古的针灸图录。(参阅本年鉴1984年卷) 巴黎藏P. 2675号《新集备急灸经》等

(林功铮)

参考文献

J

靳士英。明堂图源流考。中华医史杂志，1991；(3)：135

L

林乾良。俞震《古今医案按》亲笔序文初稿。中华医史杂志，1991；(2)：125

M

毛德华。庞安时著作考。中华医史杂志，1991；

(1):52

S

孙国华。敦煌遗书中的科技文献。中国科技史料，1991；(2):73

W

王冀青。敦煌唐人写本《备急单验药方卷》在英国首次发现。中华医史杂志，1991；21(2):71

王家葵。《神农本草经》成书年代新证。中华医史杂志，1991；(1)):56

(三) 医史文物

【概述】

1991年的医学史研究，无论是史实的考订，还是史论的研究，都有新的发现和新的见解。摘要分述如下。

(一) 通史　关于医学起源问题，马伯英认为要从概念的界定和文化背景的考察，综合分析研究这问题，不能简单地说是“本能说”、“劳动说”。而对中医学的形成，李华安提出了“多元论”。赵璞珊探讨了中医学理论建立的过程。朱现平探讨了中医学传承的体系。林功铮探讨了中医病历的创始。《上海中医药杂志》开展了魏晋唐时期医学成就的争鸣，活跃了学术风气，深化了医史理论的研究。

(二) 专科史　李经纬研究了《诸病源候论》的病因学，认为该书在传染病、寄生虫病、营养缺乏性疾病、泌尿系结石、麻风、不育症等病因的认识，达到了历史最高水平。巢氏在病因学上的成就，在于不囿于三因学说，而着重于逐病具体分析的方法。廖育群论述了秦汉之际针灸理论的建立，认为虽然可见阴阳、五行、四时诸说的渗入，而关键是经脉学的产生。周文泉等论述了中国传统老年病学发展概况。王怡介绍了新中国中医解剖学发展概况。还收录了“唐代针灸学的成就”和“新中国医学气功发展简况”。

(三) 教育史　高也陶介绍了中国古代医学考试制度的兴起和沿革。

(四) 中外交流史　今年在这方面有较多的论述。除了收载的“中国与东南亚医药交流述略”、“古代中朝医药的交流”和“明清时期中国赴日医师简介”三条外。还有陈宏波介绍了针灸传入苏联的历史和现状。陈道瑾论述了宋元医学东渐的史实。潘吉星介绍十七世纪流寓日本的中国名医陈明德事迹。俞雪如介绍了龚廷贤旅日的事迹。刘晖桢介绍了清代赴日医家周南及其域外诊治实录。史世勤考订了明·嘉靖年间来华习医的日本医家金持重弘的史实，认为金持重弘来华应在大内义隆的天文年间，而不是大内义弘的永应年间。

(五) 医家传记　高伟考证了金元医家，以正《中医人物词典》之误。王翼，金人，籍贯山西晋城。1232年正月为蒙古军所杀，生年不详。祁宰，卒年为辽正隆六年十二月乙亥，即公元1160年2月4日。粘割忠，姓粘割，名忠，女贞族，曾“为横赐夏国使”。因而以人名官名相混，误为“粘割忠为横。”尚从善，字仲良，大名(今河北)人。生于十三世纪七十年代末，师事钱塘张信之。征为太医、选为御诊太医、散阶成全郎、宣授上都惠民司提点、江浙医学提举。通绘画。著有《本草元命苞》、《伤寒纪玄妙用集》和《十图》。张一群考补了朱橚生年为元至正二十一年(公元1361年)，享年65岁。周益新考辨了嵇清、嵇胜并非父子。吴云波介绍了恽铁樵的生平和学术思想。林乾良披露了俞震《古今医案按》的原序手稿，可订俞氏出生的年代。金秋鹏论述了苏颂的政治生涯。郭君权分析孙思邈的医学社会学思想。张志远考正了薛雪生平事迹。时振声回忆了时逸人的生平事迹。赵洪钧考订了张锡纯年谱。关于扁鹊里籍的再考证，戴思恭，曹炳章，罗布桑楚乐特木等，均收有专条。

（六）地区医学史　沈钦荣论述了清末民初绍兴医学兴起的因素。刘晓庄等论述了江西盱江医学家的学术成就和特点。

（七）近代中医史　华碧春介绍了闽西苏区在第二次国内革命战争时期的中医药状况。郭桃美回顾了余云岫主废中医的始末。傅维康介绍了近代中西医汇通派吴瑞甫。

（八）社团刊物史　黄斌等初次披露了四十年代北平中国医药学会创立的始末。首次介绍了《常熟医学会月刊》。

（九）文物史迹　张金鼎等继续介绍了河南省济源市王屋山上的孙真人墓。墓在王屋乡孙真人坟村西侧，墓前建有孙真人圣庙，庙内嵌有清代石碑两通，皆为重修记述，始建年月尚待考证。赵建雄等继续考察了敦煌壁画中的医学图像。马玺伦报导了在山东沂水县发现周秦时期的古井。杨大可介绍了南诏大理国时期的两位医家墓碑。贾志宏等再次从避讳方面考订了龙门石窟药方刻制的年代。

（十）医史学　1991 年是医史学家李涛诞辰 90 周年，《中华医史杂志》刊登四篇纪念文章，其中有李约瑟的纪念短文，称李涛将以一位最杰出的中国医学史家而永留史册（参阅专条）。甄志亚回顾了中国医学史研究目的和任务。认为关于中国医学史研究目的的论述，大体可分两个阶段，四种见解。一是二十世纪初期到四十年代，有“传播说”和“维护说”。二是二十世纪五十年代到八十年代，有“发展说”和“规律说”。提出了医史学的社会功能，在于认识现实、预见未来和进行教育等。展示医史学发展趋势，应是多角度、多层次、多元化。不断开拓新领域，探索本学科独特的研究方法。吴前等提出应重视当代中国医学史的研究。

（林功铮）

【中医学传承体系的探讨】

朱现平撰文探讨中医学传承体系，认为其体系具有持续性和统一性的特点。在原始社会，为了群体延续，对抗疾病，人们创造了医药，同时把生产实践中积累的医疗经验，以口传心授，模拟仿效的方式传授给后继的人。有如《新校正》载“上古圣人使人行者，身先行之，为不言之教。不言之教，胜有言之教，故下百姓仿行者众。”继承者既通过感性具体的仿效，又不断丰富自身所获得的经验，使医疗经验不断丰富和系统化，从而使之与医药知识的源头一脉相承，世代相沿。这是医学传承体系的萌发。

奴隶社会，人们已认识到疾病与自然环境的关系，积累了丰富的医药经验和创造了系统的医药知识。随着阶级的产生和社会分工，专职医生开始把自己掌握的医药知识和技能看成是谋生的本领，从而使医学传承出现了师徒相传的形式。这一形式可归纳为 5 类：(1) 父子关系：专职医生把他的医药知识和技能传授给自己的子女，形成父子世代相传。(2) 主仆关系：拜师学医，徒弟形如仆从，可以视为对老师传授医药知识的补偿。(3) 传奇关系：学有渊源，师出名门，为每个医生所向往。有些名医却无清晰的师承脉络，而塑造了受神师秘传的神话。如秦越人师承长孙君。(4) 政治关系：师徒关系建立在政治因素上。如：淳于意与高期等。(5)择优关系：老师选择优秀的弟子以继承其医术。如：公乘阳庆传淳于意。这时传承内容和方法逐渐转向经验学习与经典著作学习相结合。老师的学术思想被视为弟子学术的源头、弟子的医术则为老师医术的延伸。师承效法的传承体系已基本奠定。

战国时期，在传承方式上，以师徒相传为主。此后，逐渐出现了通过私淑某学术流派和名医的著述而完成学业。学习方式是受术诵书，学习期间老师重点讲授，启发弟子，并随师实践，以达到理论与实践相结合的效果，成为中医学传承方法的一大特点。提倡览观杂学，也就是既要继承师说，又要博采众长，发展师说，把师说的核心与众家的精华，辨证地统一起来。表明中医学的传承体系基本形成。

（陆肇基）

【中医病历的创始】

关于中医病历的创始，历来有淳于意诊籍说、张仲景创始说、和周秦说。这三说，都缺乏溯源性的否证。林功铮根据中国现存最早的文字记载甲骨卜辞，认为甲骨卜辞中的某些有关疾病的记述，已具备病历的各项基本要求。是中国最早的原始病历的记载。因此，中医病历的创始，要追溯至殷商时期。摘介如下。

如："壬戌，卜，亘贞，有疾齿，唯有它。""丁卯，卜，它，有疾，脎，龙"，"贞脎，不其龙。""☐☐，卜，宾贞，……疒，王秉棗。"

这些卜辞，意虽简单，却已具备现代病历记载所要求的基本内容。即已有就诊时间、病人姓名、简明诊断、治疗方法、病因判断、医者签名等六个方面的明确记录。针对以上六点，林氏根据甲骨文逐一阐述：

就诊时间：即占卜日期，如"壬戌"、"丁卯"等。病人姓名：多数为王或妇妃等。简明诊断：疾齿、疾心、疾目等。治疗方法：有"脎"，康殷释为针刺，胡厚宣辨为"象艾木灸疗之形。"有"棗"被辨为枣。可见商周时期已有针刺或艾灸和药物的治疗方法。病因判断：有"它"表明有神鬼作祟。这些病因推断虽然是唯心的，却反映出当时人们已注意寻求发病原因，这是早期病因学思想的萌芽。医者签名："某贞"即贞人，相当于治疗医师的签名。另外姓别、职业、地址、不写自明，因王为男，妇、妃为女；职业为王或妃后，地址在皇宫，唯缺年令一项，稍逊后世病历。

林氏认为：对甲骨卜辞的研究，应当着眼于所记载的内容，而不应当拘泥于所采用的卜筮形式，须揭开其唯心的外衣，汲取其科学纪实的内核。殷商时代的甲骨卜辞有关疾病的记载，已具备作为病历的要求，它是中医学原始病历的记载，后世的"诊籍"和"医案"，是它的发展与完善。

（高毓秋）

【魏晋唐医学成就的论争】

魏晋时期的医学成就，或谓创新兴起，或谓守旧衰微。《上海中医药杂志》组织争鸣，活跃了对断代医史成就深入探讨的风气。摘述如下。

傅维康撰文认为，魏晋医学在理论、实践各方面，都有所发展，其中有不少记述是最早的记载如：人工呼吸、腹腔穿刺和导尿等。造就了不少名医，留下了不少名著，它在中医学发展史上起到了继往开来的作用（参阅本年鉴 1991 年卷）。

马伯英认为，魏晋医学之兴。一在集成传承，王叔和诠次《伤寒论》，为仲景之功臣，无叔和则恐世无《伤寒论》之今本。巢元方《巢氏病源》集疾病之大成。尚有卫讯、吴普、李当之等专著。二在名医辈出，马氏据有史可查者，共得魏晋时期医家 143 人。这一阶段仅历时 370 年，远较上古至汉末为短，而名医人数倍增。三在医籍灿然，马氏据有目可稽者，举亿有：医经，21 种，111 卷；本草，29 种，156 卷；医方，93 种，1166 卷；养生，27 种；115 卷；总计 170 种，1540 卷。较汉前的医藉数字翻番而再。四在探索之风勃兴。现存魏晋医书，颇多创见。王叔和《脉经》实属创始之作。葛洪在《肘后方》中对传染病的防治多有创见。陶弘景为蜾蠃螟蛉之实，亲自观察研究，记述于《本草经集注》。徐之才创十剂，为方剂学奠立基础。有关伤寒一病的论述，尚未将仲景《伤寒论》列为经典，而有《疗伤寒身验方》、《辨伤寒》、《伤寒总要》等著作并存，临床分科已初步形成。且有新发现病种的记述，如沙虱病、脚气病等。魏晋医学之容，在于理论医学、实用医药、道教方术、佛教医学，并蓄共存。理论医学：有新出的黄帝《众难经》、徐熙《扁鹊镜经》、《针经并孔穴虾蟆图》等针灸著作14种，《脉生死要诀》等脉学著作5种。实用医药：本草29种，156卷，医方98种，1166卷。其中有分科专题著作，如王末《小儿用药本草》。药物分门别类著作，如《药性》、《药对》、《药忌》等。有汇集医方著作，如《百病方》、《集验方》等。有专集医方著作，如《寒食散方》、《疗妇人药方》等。道家方术：多在养生方中，27种，115卷。大量为食经、食疗。有炼丹、炼气、房中秘术等。佛教医学：有释僧深、支法存著名医十余人。释僧深著有《药方》30卷，释昙鸾等著《论气治疗方》、《疗百病杂丸方》等。尚有译著《西域名医所集要方》、《龙树菩萨药方》等。陶宏景接受佛教医学"四大成病各为一百一病共得四百四病"说，将《肘后备急方》改订为《肘后百一方》。魏晋医学之失，医著的散佚，如《吴普本草》、《李当之本草》、卫讯《四逆三部厥经》、《妇人胎脏经》等。探索的失败，如《南史》载唐赐嘱妻儿剖验其尸案。魏晋医之放，思想开放，突破旧思想禁锢，玄学思想的兴起，而影响医学的兴盛。一脉源流，潺湲未绝，影响甚大。

潘华信认为由晋入唐，不仅临床医学进入全盛时期，而且基本理论更有很大发展，可惜未引起足够重视。其特点是全面继承，博采兼收。晋唐时期临床医学的特色，为治方丰繁，治病尚实。

俞世伟认为，"晋唐医学，上溯王熙、皇甫谧，下迄王冰，孙思邈，不论《唐本草》还是《诸病源候论》，均不脱《内经》、《神农本草经》的蕃篱。晋唐医学大抵是收遗徵秘(《千金方》)、整理注疏(《素问》)、类例分叙(《甲乙经》)，重方药而轻理论。晋唐医学那种墨守成规、学术滞闷、拘泥《灵》、《素》、沿袭仲景的保守风气，为世人皆碑，而用词虚浮，诩炫自矜之医门歧风，实乃开山于晋唐。"

（林功铮）

【唐代针灸学成就述略】

史广宇认为唐代"贞观之治"和"开元盛世"，为针灸学的发展造成了适宜的环境和机遇。主要有以下几个方面：

（一）考订穴位　唐以前针灸学流派的增多，各持己见，造成俞穴名称和位置的混乱，如心俞穴，就有在第三椎、第五椎、第七椎等不同。唐政府于贞观年间（公元627～649年）组织甄权等人进行考订，校定针灸图书的工作，统一经穴位置，有利于针灸的发展。

（二）发展针灸教育　在太医署中设针灸专业："针博士一人，针助教一人，针师十人，针工二十人，针生二十人。针博士掌教针生以经脉孔穴，使识浮沉涩滑之候，又以九针为补泻之法。"除中央设置太医署外，有的州还设置了地方性的医学校，民间传授以家传或带徒形式，也有相当规模的发展。

（三）刊行针灸专著　据《旧唐书》、《唐书》记载有12种计39卷。但大多散佚，现存仅有数种。如《黄帝内经明堂类成》杨上善撰。该书保存有《明堂》资料，且按经络系统来分布穴位，把俞穴和经络统一起来，对于研究疾病、俞穴、经络之间关系很有意义。并对穴位名称作了解释，为最早的专著。孙思邈的《千金要方》第29—30卷；《千金翼方》第26—28卷，填补了唐以前针灸理论的空白和不足，并保存了唐初著名针灸家甄权等的著作及事迹。孙氏曾用彩色绘制经脉图三幅，惜在战乱中亡佚。其中取穴方法的指寸法、一夫法，沿用至今。《千金要方》还用较大篇幅记述了经外奇穴的内容，如"阿是穴"即是孙氏最早命名的，为孙氏对针灸学的重大贡献，孙氏在针灸预防疾病方面也多有贡献。如以灸颊法防噤(小儿脐风)，还提出了著名的预防保健灸法：凡宦游吴蜀，体上常须三两处灸之，勿令疮暂瘥，则瘴疠、温疟、毒气不能著人。故吴蜀多行灸法，为后世针灸在预防医学中的运用开启了先河。

王焘的《外台秘要》第39卷为《明堂灸法》，专论十二经357穴的主治及灸法注意事项等，大大丰富和发展了针灸学理论，其按十二经绘制的针灸孔穴图，为现存最早的分经制图。但王焘重灸抑针的倾向也给后世带来一些不良影响。

（四）针灸临床 （1）急救，《读异录》载唐代梁革治妇女尸厥，刺其心及脐下各处。这种治法不同于扁鹊取"三阳五会"；（2）内科病，如甄权治安平公中风，针刺风池等九穴，治鲁州刺史库狄岭风痺，针肩隅（髃）而愈。《千金翼方·针灸上》载治猥退风、偏风、半身不遂法：肩髃"主偏风、半身不遂、热风、头风……"，可见该穴为《翼方》首载，而甄权为始用此穴之鼻祖。张文仲治风症、秦鸣鹤为唐高宗治头风，《外台秘要》有灸治血淋等。（3）传染病，《外台秘要》载灸治狂犬病、《千金方》载灸膏肓治肺痨。崔知悌有《骨蒸病灸方》。（4）妇产科病，用针刺催产，艾灸至阴治横产、难产，灸鱼际治妒乳等。（5）外科、五官科，如捣蔓菁子为炷灸治金疮，豆豉饼灸治发背，隔附片灸治痈疽等。（6）精神病用十三鬼穴等，为后世治疗精神神经疾病之滥觞。由于时代的局限，书中夹杂一些咒语、符法等迷信内容，虽属荒诞之说，但在当时历史条件下，以"祝由"手段作为精神、心理疗法，亦未可厚非。

（傅　芳）

【闽西苏区中医药史料】

华碧春介绍闽西苏区时期，1929～1934年，有关中医药史料。1930年，上杭才溪在苏维埃医疗所的基础上，成立了中国工农红军才溪后方临时中医院。1931年2月，闽西苏维埃政府决定在上杭溪口乡大洋坝设立闽西医院中医部。同年，长汀四都的福建军区后方总医院和南阳分院，均设有中药房。同时，闽西苏区政府也重视中医人才的培养，如1932年2月，才溪苏维埃政府举办了一期2年制的中医培训班，聘当地老中医任教，各乡苏维埃政府推荐了13名具有初小文化程度的青年参加。学习课程主要有《药性赋》、《汤头歌诀》、《伤寒论》、《难经》等。学员实习，为跟随老师诊病或帮助抓药。2年后结业，有的分配到部队，或自行开业，有的成为当地的名中医。该培训班，在革命根据地尚属首创，并为根据地的中医教育提供了经验。闽西苏区在国民党残酷的"围剿"、"会剿"和经济封锁下，造成药物严重匮乏。红军和苏维埃政府为解决军需民用的药物，从1930年起，全区办起了5个（一说3个）药材合作社（或称公共药铺），吸收当地中草药医生或有经验的老药工参加。合作社形式多样，有民办公助，有群众自愿集资，或专门售药，或附设门诊。才溪乡合作社，曾多次受到《红色中华》的表扬。社设主任、药剂生、医生和采购员等。尽量做到常用药不缺，并自制部分丹、膏、丸、散。医生坐堂或出诊。不收诊费。创办红色制药厂。如1932年初，福建军区在上杭南阳茶树下办起制药厂，是规模较大的一个。药厂产品主要有止痛定喘等药七、八种。苏区领导还重视发挥中医人员的作用，如蛟洋红军医院聘请了5名中医，才溪后方临时中医院聘请了2名伤科医生，并由中医师担任院长。红军医生经常虚心向当地中医求教，治疗疟疾、痢疾、下肢溃疡等病。才溪后方临时中医院自制刀枪外伤的二方：治伤口方和驳骨方（"驳"，客家方言，意"接"）至今仍由其后代应用于临床。

（包明蕙）

【新中国医学气功发展简况】

新中国成立后，气功疗法获得新生和发展。程忠录介绍了唐山市气功疗养所成立经过，1954年，建立气功疗养实验小组。1955年，成立唐山市气功疗养所，进行气功疗法临床研究。张幼天、马济人介绍了刘贵珍。刘氏接受了前人的练功经验，结合个人体会，整理发掘出内养功、强壮功、保健功等功法，并撰著《气功疗法实践》。1956年在唐山，北戴河先后开办训练班，培养气功专业人才。

1957年7月，陈涛从北戴河参观学习后，在上海成立气功疗养所。创立"放松功"作为气功训练的基础功法。1958年，开办"气功疗法讲座"，集体编写《气功疗法讲义》。

1958年后，气功医疗机构逐渐增加，对一些慢性病和溃疡病、胃下垂、高血压、肺结核等取得了较好的疗效。上海、北京、北戴河等市在运用现代科学方法研究气功原理方面，开始了呼吸、循环、神经等系统的实验研究。同时在加强临床、科研、教育之间的协作方面，也取得了一些成就。

1959年10月，中央卫生部委托秦皇岛市委、在北戴河召开了全国气功经验交流会，有64个单位(17个省、市、自治区)参加。其中有9个医学院校及研究单位。这是有史以来第一次全国性气功医疗学术座谈会。当时有10个国家报道了这次大会。

培养气功专业人才，1960年，中央卫生部在上海市气功疗养所举办了"全国气功师资进修班"，有学员39名。1959年创办了《气功》杂志（内部发行），至1961年共出版6期。在全国医疗单位开展气功疗法，形成第一次气功热潮。

1978年以来，上海、北京等地，进一步开展气功临床研究和气功疗法的临床观察。1979年3月，国家科委、国家体委、卫生部、中国科学院、中国科协等在北京联合召开了"气功汇报会"，会议得到国务院领导的支持，并引起社会各阶层的普遍重视 对气功普及和科研起了很大的推动作用。

1981年9月，在保定市召开了全国气功学术交流会，并成立了中华中医学会气功科学研究会，兴起第二次气功热潮。1985年12月25日，经国家经济体制改革委员会批准，中国气功科学研究会正式成立。1986年，卫生部中医司与河北省卫生厅共同投资百余万元在北戴河建设了气功教育基地大楼，为全国办了21期气功医疗师资班，培养了一千余名气功医疗人员、教师和气功科研人员。

1989年10月在北京召开"世界医学气功学术交流会"，会上成立了"世界医学气功学会"，中国任理事长，这标志着中华传统医学气功已走出国界，将为人类健康、人类的文明作出新贡献。

(张天戈)

【中国与东南亚医药交流述略】

李经纬等撰文介绍中国中医药与东南亚各国交流的史实。摘介如下。

(一)越南　早在公元前257年，中国医生崔伟，曾在越南治愈了雍玄和任修的虚弱症。公元二世纪，越南医学就有越南派与中国派。汉伏波将军马援引种越南薏苡。三国时名医董奉，曾赴越南治愈交趾太守杜燮的"痉厥"重症。南宋绍兴六年(公元1136年)，长安僧医明空以精神疗法治愈了越王李神宗的"心神恍惚"症，被封为国师。元代针灸医生邹庚至越南行医，治病神验，被誉为"邹神医"，官至宣徽院大使兼太医使。越南自唐开元年间，就向中国朝贡药材，有沉香、琥珀、犀角、槟榔、丁香等。在先医庙中塑有孙思邈像。选派医生来华学医，并从中国引进制药技术，称中医为东医。黎朝宰相之子黎有卓，悉心学习中医，写成《海上医宗心领全帙》66卷(公元1770年)。

(二)泰国　1001年古丹眉流国，遣使打吉马等入贡木香千斤、苏木万斤，还有象牙、紫草、胡黄连等。《明史》载暹罗国多次入贡药物，其中洪武二十三年（公元1390年）多达十七万斤。《清史稿》也有记载。新中国成立后，随着中泰两国友好关系的发展，中医药学在泰国也得到发展。1929年，成立"暹罗中医药联合分会"以挽救泰国中医药的危机。1930年，改名为"泰国中医总会"，会址内设有"华佗先师"神位。该会至今仍有较大影响。1927年由侨商组织的中药组织——"泰京联华药业公会。"据本世纪五十年代统计，泰国有开业执照的中医二千人，泰京天华医院最有影响。泰国翻译出版了不少中医著作，1983年11月，“中国今日中药展览会”在曼谷举行，泰方认为这次交流“轰动了泰国，大大增加了泰国人民对中医药的信任。”

（三）柬埔寨　古代的扶南国，真腊国，早在南朝、宋朝期间，已有郁金、苏合香、犀角、豆蔻等药物传入中国。

（四）印度尼西亚　公元二世纪，该地区国家已派使臣访问中国。唐代时，仍不断有药物传入中国。唐南海节度郑相公得诃陵国（今爪哇）舶主李摩诃献方而愈痼疾。明洪武年间，六次遣使来华送药。永乐七年（公元1409年）苏门答腊老王锁丹阿必镇率使来华居住三年。印尼的中医大都来自中国。1960年以前，中国与印尼在中医药交流方面一度良好。中国厦门大学函授部通过雅加达华侨总会进行函授教学。

（五）菲律宾　清乾隆三十七年（公元1772年）吕宋商人郎安敦等至厦门，进行药材交易。1917年中药得到政府承认。1922年成立旅菲“中华医学会”，1944年改名为“菲律宾中医师公会”，1929年组织“中华药商会”，1961年3月，成立“马尼拉中国医药研究社”，举办中医研究班，免费教育。

（六）新加坡　1860年，闽粤侨商何道生、梁炯堂组建“同济医社”，由中医挂牌施诊，现已成为规模宏大的“同济医院。”1901年创办《新加坡医学报》。1938年，福建名医吴瑞甫避居新加坡行医著述，1946年，吴氏发起组织“新加坡中医药学会”，后更名为“新加坡中医师公会”，并创办“国医研究所。”

（七）缅甸　古称罗斛国，1291年，就遣使入贡犀角、龙脑等。著名万金油大王闽侨胡文虎，其父早年在仰光华人区悬壶济世，兼营永安中药店。文虎与文豹继承父业，创制虎标万金油与其他良药，风行世界。1968年缅甸政府准许中医师成立中医协会，会员约400名。

为了加强东南亚地区的中医药学术交流，组织召开“亚细安中医药学术大会”，第一届，1983年6月25至26日，在新加坡召开，第二届，1986年7月26至27日，在马来西亚召开，第三届，1989年在曼谷召开。

（林功铮）

【古代中朝医药交流史略】

中朝医药交流历史悠久。张文宣介绍公元372年，高句丽仿中国设立“太学”教授儒家经典及医药知识。

南北朝时期，梁王应朝鲜百济圣王请求，派博士及工匠、画师等赴百济传播经义和阴阳五行思想以及医药知识。公元561年，知聪赴日途经高句丽，授中医学长达一年多。在医事制度方面，朝鲜仿中国当时医药分工，设立太医丞、药藏丞、医博士和采药师等职。同时，朝鲜药材也输入中国，在中国本草学著作《本草经集注》和《名医别录》中记载了朝鲜所产的药材。朝鲜药材的输入，丰富了中医的药材资源，为中国医学应用这些药材提供了经验。

隋唐时期，朝鲜派留学生来中国学习中医。中国的医学著作《本草经》、《甲乙经》、《素问》、《伤寒论》、《诸病源候论》、《备急千金要方》、《外台秘要》等传入朝鲜，对朝医学产生很大影响。朝鲜则以大量人参、牛黄等珍贵药材输入我国。

宋代，中国派遣了较多的医学家入朝传授中医学。在医事制度方面，朝鲜仿中国医事制度，分工更趋完善，设太医局和尚药局等机构和太医监、监、小监、丞、博士、医正等职。实施科举制度，以《素问》、《甲乙经》、《本草经》等中医书作为考试科目。并在地方设“惠民局”机构。朝医对中医著作的传入十分重视，不仅收藏，而且翻刻刊行。此时药品的交流品种也更多，数量也较大。

元代，中朝两国医药交流更密切，多次互派医生传授医疗技术。中国的烧酒蒸馏法这时传入朝鲜。

明代，中医著作大量传入朝鲜，朝鲜珍

藏中医书籍多达200余种，翻刻刊行中医书达70余种。一直被作为学习朝鲜医学必读的《乡药集成方》、《医方类聚》、《东医宝鉴》、《寿养丛书类聚》等朝医学著作，都是作者在大量阅读中医学著作后，集中医学的精华并结合朝医学实践经验编撰成的。这些著作在朝鲜医学中占有重要的地位。

清代，中医《本草纲目》、《万病回春》、《医学入门》、《医宗金鉴》等传入朝鲜，对朝鲜医学产生一定的影响，当时朝医出现了"宝鉴派"、"回春派"和"入门派"等不同学派。朝医的《医方类聚》和《东医宝鉴》传入中国，清朝对《东医宝鉴》的传入十分重视。于1763年和1796年先后两次翻刻刊行和再版。中国的人痘接种术传入朝鲜，为朝鲜应用人痘接种术做出了贡献。朝医在吸收中医法医学知识的同时，结合朝鲜的实际情况，撰写了法医学著作《增修无冤录》，为朝鲜法医学的形成和发展奠定了基础。

（洪武娌）

【扁鹊里籍再考证】

扁鹊里籍，素有"鄚"、"郑"之争。本年鉴1986年卷曾有介绍。除鲁籍、冀籍之争外，又提出豫籍的新说，摘述如下。

温如杰认为，扁鹊里籍或"郑"或"鄚"，虽有争议。但扁鹊姓秦则是无疑。提出从姓氏的溯源，考证其里籍。秦姓有两系，一代表地名，始于《春秋》庄公三十一年（公元前662年），秋，"公筑台于秦"。秦，即秦亭，为鲁邑，其地在今河南省范县城南三里处。秦邑大夫之后，以秦为姓。《汉书·古今人表》集三皇至战国间名士，秦姓四人，一代表国号，皆鲁人。唐《元和姓纂》云"非子周孝王封于秦，陇西秦亭是也。至始皇灭六国，子婴降汉（公元前206年），子孙以国为姓"。先后两秦，相间478年。诊赵简子（公元前500年），与上述秦氏相距184年，认为秦越人应为鲁国秦亭大夫后裔，里籍当为秦亭，属于豫籍。

凌华伟等对冀籍说再次考辨。据《任丘县志》的记载，鄚州扁鹊衣冠冢的遗址，圆丘前，有元人修建的扁鹊小庙，明万历十九年（公元1591年）扩大为三大殿，东为扁鹊殿，《任丘县志》附有该庙平面示意图，以后几遭火焚，1947年尚存三大山门，后因失于保存，今已无存。但有明代"敕重修鄚州药王庙碑"，于遗址处发现。凌氏等于1990年4月实地考察，碑已散裂，但可看出其散裂前为一整体。碑高2米许、宽1米许、厚约0.4米。碑文除一字外都可辨认。离遗址不远处鄚州城墙犹存。碑文载有"乃鄚有药王庙，独祀春秋扁鹊。扁鹊，鄚人也，一名秦越人。世传其受术长孙，治病神应，故前代封为神应王。而土人遂以药王称之，即其地祀焉"。说明《任丘县志》所载无误。徐广注释"郑当为鄚"，为最接近《史记》成书年代的背景资料，这些文字记载，与遗址的考察，相互印证，足资实证扁鹊确系冀籍。

（林功铮）

【戴思恭医学世系】

田渭法等撰文介绍戴思恭医学世系。据民国36年（1947年）重修《浦阳建溪戴氏宗谱》记载，其家族行医者始于14世，至29世共有11人。分别为，14世，戴锐，任本县医学提领；15世，戴清，字希夷，为元代庆元路昌国州医学学录；戴泳，字仲游，任本县医学学录；17世，戴士垚，字仲积，因母疾误治而立志学医；戴士彦，又名良，字叔能，号九灵山人；18世，戴思恭，字原礼，号肃斋，任太医院使；戴思温，字原直；戴思乐，字和之，明洪武间任本县医学训科；22世戴均，号卓亭；28世，戴世荣，字允锡；29世，戴凤仙。

戴氏医学世系以第17～18世即思恭父子时期最盛，究其原因可归纳为：(1) 戴士垚因"母病久不疗，凡医之知名者，迎致迨遍，所用药饵，大抵皆附子、灵砂之属。治益勤，病益剧。后遇义乌朱彦修，始知其药之非，图改治，而母病不可为矣!”。士垚鉴于庸医误治，乃发奋学医以济世。思恭弱冠随父拜朱丹溪为师，而入医门。(2) 戴思恭父子适生活在元代后期，灾祸、瘟疫、战乱不断发生，造成民众大量伤亡，更加坚定了他们以医济世的初愿。(3) 戴氏第17、18世孙与当代儒家、文学家有广泛密切的交往，他们中多有善长医学者，从而增长了戴氏医家的医学知识，同时也提高了声望。(4) 朱元璋曾驻访诸暨，熟悉当地情况，称帝后，即征召诸暨医戴思恭和名医石逵，思恭受奉政大夫、太医院使和皇上亲命的“仁义”人。士垚也被追赠为太医院使。

(陆肇基)

【曹炳章生平史实补正】

近代名医曹炳章的生平史实，现有记载，或有讹误与阙如。沈万生等查考史料、实地调查，予以补正。

名与字：据曹氏自传（抄本），名炳章，字赤电，又名彬章、琳笙。或将其名与字颠倒，应予订正。

生卒年月：生于1878年8月11日，卒于1956年3月5日19时，享年79岁。有的将生年误为1877年。

出生地：生于浙江鄞县沣火乡曹隘村，该乡位于宁波市南面，今划归妙胜村。或谓鄞县曹妙乡或沣港乡，均不确。

墓葬地：葬于绍兴县坡塘乡栖凫村，原属绍兴县漓渚区，现归绍兴县鉴湖区。

父亲：名显卿，有谓祖父，有误。

师承：先师事方福增，字晓安，达七年。后问业于何廉臣，历三十年。

任名誉总编辑：1956年2月，浙江省卫生厅致函绍兴县人民政府，“为了表达党和政府对他（曹氏）的关怀和鼓励，今后使其继续发挥著作才能，本厅聘请其为‘浙江中医药月刊社’（省府教卫办批复中为《浙江中医杂志》)名誉总编辑”。因年迈体弱，未能履任。

(林功铮)

【近代中西医汇通前驱吴瑞甫】

吴瑞甫（公元1872～1952年)，福建同安人，出身中医世家。吴氏在中医学上颇有建树，而在中西医汇通方面的成就却鲜为人知。傅维康特撰文论述，简介如下。

吴氏认为中医和西医各有所长，指出：“考天时之变，察脏腑之偏，此中医所长也；而西医之较精于中医者，曰手术，曰切开术、曰卫生、曰消毒法、曰检查霉菌、曰注射，此皆我国医者所宜注意学习之一事也。”因此主张“说取其长，理取其足，方取其效”；强调“学无论中西，惟能收伟效，便是良法良药。”这种观点无疑是正确的。

吴氏十分赞赏西医使用体温计测知准确体温的办法。认为中医仅以望闻问切为诊病之准绳，而于温热之度数，未能周悉，此缺点也。故详细而具体地介绍了三种检温计的检查部位与方法，并说明了人体正常体温的范围及影响取得准确体温的若干因素。但在舌诊方面，吴氏则明确指出“究之诊舌大法，西疏我密，西略我详”，充分肯定中医优于西医。

对人体的生理病理，吴氏应用中西医学理论进行对比，有些阐述颇具说服力。如他正确地认识到心脏主宰血液循环的事实，说道：“血液循环，根于心脏”；“手腕之动脉管，随与心之起落相应”；“动脉以受来自心脏之血液，而输送于毛细管，静脉即以集毛细管之血液，而还之于心”。吴氏还吸收一些西医知识来说明某些脏器。如：膻中，心外衣也；西洋医云心周围有夹膜裹之，名曰心包等。对于某些病症，吴氏也较正确地引用了西医学说。如说：何谓热，因新陈代谢之变化而起之体温升腾也……然既罹于传染病，则由微生体作用于身体内，“增进蛋白质之分解，以是发生体温，恒较常态为多”。他还汇通中西医理论对某些病症作了一定解释。如“热病之神昏谵语，为最常见之候；此症在我国有云邪入心包者，有云阳明燥实者，有云邪入于腑则不识人者，而在西医则以为神经障害之症耳”。

在临床实践中，吴氏根据某些西药的疗效予以灵活应用。如他十分赞赏匹拉米董、阿司匹林的退热和镇痛功效，称之为“解热之妙药”。对溴化钾的镇静解痉作用，也给以很高评价。但吴氏也并非盲目崇拜西药。如对于治疟特效药的金鸡钠霜，认为也有服之而变痢，百药不效，必须用小柴胡汤治疟才能效。故强调指出“杀菌之药又未尽可恃也”。此外，吴氏对某些疾病的西医护理法，也善于吸取应用。如在谈到中风的护理时指出“中风病猝然颠仆，脑既破裂溢血，自宜听其静卧，最忌嘈杂、喧嚷……卧时头宜略高侧睡，极忌仰卧，以防舌缩”；主张不能“推之拿之”，以防“脑中之血益复横溢，是直速其死也”。并强调“病发，不能立服药，恐溢入气管闭塞而死”。

凡此可见，吴瑞甫从生理、病理、诊断、治疗等多方面进行中西医汇通，其理解与阐述基本正确，对西医知识的应用也较适当。他还编撰了《中西脉学讲义》、《中西内科学讲义》、《中西温热串解》等著作。因此，称吴瑞甫为近代中西医汇通医家中的佼佼者是名符其实的。

（吴鸿洲）

【赵元益及其笔述医书】

赵元益（公元1840～1902年）字静涵，新阳（今江苏昆山）人。世代书香，光绪十四年（公元1888年）举人。22岁，因亲人病故，发愤学医，研读《内经》等数百种医书，治病有奇效。在李鸿章倡办江南机器制造局翻译西书三十余年，译述近二百万言。赵璞珊撰文详介。1890～1894年作为清大臣薛福成医官出访英、法、意、比四国，并被派往德国向著名细菌学家科赫学习，成为我国第一个会见科赫之人，薛福成在《出使英、法、意、比四国日记》中，1890年 12 月 20 日记载了这一重要历史记录：“前因柏林医生寇赫新得疗治痨症之法，系用金锈制成药浆，可杀痨虫，且能不使此虫复生，各国皆遣医官往习其法……若果得其秘要，行之中国，从此华人患痨症者，均有起死回生之望，余派医官赵元益静涵，驰往柏林，派翻译学生王丰镐有三伴之往……”。

赵氏是十九世纪下半叶为外国医士做中文笔述最有贡献的人物，他所翻译的医书有：

（一）《儒门医学》：原名《医学袖珍》，英国海得兰撰，傅兰雅口译，新阳赵元益笔述，江南制造总局刊版。书分上、中、下三卷，约十余万字。上卷“论培养精神以绝病源”；中卷“论治病之法”；卷下论方药；附卷包括“慎疾要言”，“病症大略”和“简易良方”。是一部卫生普及性读物。

（二）《内科理法前后编》：英国虎伯撰，茄合、哈来参订，慈溪舒高第口译，新阳赵元益笔述。江南制造总局刊版，全书约四十万字。《前编》着重讲述病源与总治法，共六卷，分别论述“平人与病”、“死之根源”、“全体功用与病论”、“查察病有分外之证据与兆”、“保身法”、“医道总论”等，计 1095 个问题。《后编》包括总目六卷，“专论病证”十卷，附一卷，主要分论各种疾病及查验法。特别重要的是该书包括许多流行病或传染病的历史资料，如从1510～1851年时疫（流行性感冒）的世界范围流行年份、范围、路线、死亡人数及牲畜数；英国1831～1854年流行霍乱吐泻。

（三）《西药大成》：十卷，英国来拉、海得兰同撰，傅兰雅口译，赵元益笔述。江南制造总局刊版，约三十万字，附图 200 余幅，是西方较早传入我国的药物学专书。

（四）《西药大成补编》：十卷，英国哈来撰，傅兰雅口译，赵元益笔述。1904年江南制造总局刊版。约十余万言。该书详记如何存贮药料，各种药物功用、特性、开方配药以及开方规距等，临床应用性很强。

（五）《法律医学》：二十四卷，附一卷，

英国该惠连、弗里爱同撰，傅兰雅口译，前四卷为赵元益校录，后二十卷及附卷为赵元益笔述。是我国第一部介绍西方近代法律医学的书藉。

(六)《济急法》：无卷数，共十五章，英国舍白辣撰，秀耀春译，赵元益笔述。江南制造总局刊版。约五万言。附图十余幅。该书为一套较完整的战场救护专书，临床急救实用性强。

(七)《保全生命论》：英国古兰肥勒撰，秀耀春口译，赵元益笔述，江南制造总局刊版，全书三万字，是一部人体自我养护的论述，有助于增进我国人民卫生新知识。

(八)《水师保身法》：无卷数。法国勒罗阿撰，英国伯克雷译，嘉善程銮，新阳赵元益重译。全书三万言，共六章，论述海军在船上的卫生注意事项，对我国海军初建之时具有重要意义。

赵元益是雅片战争后，中国知识界尽力汲取西方科学知识的突出代表。他所翻译的医书，反映了十九世纪医学的进展，对于促进我国医学科学有很大作用。

(高毓秋)

【李涛对医学史研究的贡献】

1991年是医史学家李涛教授诞辰90周年，医史学界如李鼎兰、马堪温、陆肇基等均著文纪念。摘介如下。

李涛（公元1901～1959年），字友松，笔名暗然、松声。北京房山县人。1925年毕业于北京医学专门学校，曾任军医。1929年在北平协和医学院细菌科工作，后调该院中文部工作并教授医学史。1935年与伍连德、王吉民等共同发起组织“中华医学会医史委员会”，1937年更名为“中华医史学会”，李涛任副会长。此后曾任《医学周刊》、《中华医学杂志》等主编，1940年编成《医学史纲》。1946年创建北京大学医学院医史学科，任主任教授。1955年中医研究院成立，李涛任该院医史研究室主任。李涛对医学史的贡献可分为以下几个方面。

1. 编写中国第一部中外医史合编的医学史著作——《医学史纲》：该书在叙述世界医学演进的概貌时，以中国和西方医学的发展为主线进行记述，因而也是比较医学史的尝试。不少内容多有启迪。“医学与社会”一节，对预防医学的兴起、医疗费、疾病保险制度、公医制度、社会病和未来的医学均有述及。认为要解决“医师无事可做”、“病人无处求医”之矛盾，“惟有施行公医制度一途”及“近来资本主义之大道上迈进”，持这种观点，实属难能可贵。

2. 收集中医古藉和考察医史文物：为了收集中国医学原始资料，李涛在协和医学院时，凡有价值的中医古籍，均不惜重金收购。十余年中，为协和图书馆收集中医书籍数千种，使其藏书仅次于当时的南满医科大学，从而也保存了大批珍贵的祖国医学文献。他还考察了北京市各名医庙宇，拍摄了不少珍贵照片。新中国成立后，还带领当时中央卫生研究院中国医药研究所及北医医史教研组的青年同志到全国各地名医故里进行访问考察，足迹遍及十多个省、市和区县，如河北任丘县鄚州镇扁鹊古迹；河间县刘守真故里；安徽亳县华佗故里，等等。获得了不少珍贵的第一手材料，如在义乌县从虞氏族谱上查到了虞抟的生卒年；在金坛王氏族谱上查到王肯堂的生卒年；而华佗故里亳县、孙思邈隐居的药王山的发现，引起当地有关部门的重视，如今已成为全国医史古迹中的名胜。

3. 医史教学和人材培养：早在协和医院工作时，李涛已兼授医史课程。1946年北京医学院成立医史科，李任主任教授，自编医史讲义，并多次改编充实，配以幻灯、图表等。1954年，受卫生部委托，中医研究院医史研究室与北京医学院医史教研室联合举办全国西医院校医史高级师资进修班，李任班主任并亲自授课。学员31人，是我国最早有系统的医学史师资训练班。1957年时，不少学员已成为国内医史界的中坚。近几年，国内医史科研教学有许多新进展，以及中西医学院校共有20余所开设医史课程，这些发展，与医史界前辈，包括李涛教授的开拓性工作是分不开的。

4．医学期刊和学会工作：1937年中华医史学会成立，李涛历任副会长、执行委员会主席等，在王吉民和李涛等主持下，医史学会在国内外医史学术交流中发挥了积极作用，团结了国内不少著名中西医专家，并有国际著名医史学者斯格里、伊博恩等作名誉会员，体现了中西医团结合作、国际交流的精神。李涛是《医史杂志》的创始人之一，并先后担任《中华医史杂志》（中文版）、《中华新医学报》、《医学周刊》、《科学史集刊》的主要编委，为我国医学、医学史等刊物的编辑出版做出了贡献。

李涛热爱祖国，信诚待人，锲而不舍，认真负责、刻意创新的精神，为后人树立了良好的榜样。李涛还重视中外医学交流，为促进中西医学术交流做了许多有益的工作。如先后翻译或主译了《台氏内科学》、《罗氏卫生学》、《秦氏细菌学》等，还写过多篇介绍西医知识的文章。他与英国著名中国科技史专家李约瑟之间也有着深厚的友谊，李约瑟为此也发表了“纪念李涛教授诞辰90周年”的文章，认为李涛教授“将以一位最杰出的中国医学史家而名垂不朽”。

（傅　芳）

【余云岫主废中医始末述略】

郭桃美撰文介绍余云岫主废中医的经过。早在1914年，余氏就撰著《灵素商兑》，“痛抵（诋）阴阳五行、十二经脉、五脏六腑之妄，从实地上指摘谬误，以忠告国人。……得恍然于岐黄学说，乃自欺欺人之事，绝无学术上之价值，庶几不致坠入罗网，误用心力，开倒车，逆潮流，昧事实，废法则，以学习必在淘汰劣败天演中之谬学也”。1925年7～8月，余作《旧医学校系统案驳议》抨击李钟钰的《学校系统应加入中医学校之建议》的提案。又代作《致全国教育联合会电》、《致全国各省教育会书》。余在后者申言，办中医学校将会“危于教育，乱于国势”。1929年，余氏在《请明令废止旧医学校》一文中，更言办中医学校是“荧惑社会，挂误青年，传谬种，开倒车”，是“医学文化上之大阻力，党国政治下之怪现象”，必须“禁其学习，废其学校”。1950年3月，余在所作《处理旧医实施步骤草案》中建议：“为彻底解决旧医问题起见，对于产生旧医的任何方式的教育，速即予以革除。”1929年2月23～26日，余氏在国民党中央卫生委员会会议上提出《废止旧医以扫除医事卫生之障碍案》（简称《废止旧医提案》），采取断然手段廓清中医，欲毕其功于一役。余曰：“废止中医，乃国家之大计”，“其斡旋枢纽，全在今日，乞大方注意为幸”。并言“旧医一日不除，民众思想一日不变，新医事业一日不能向上，卫生行政一日不能进展”。余在其提案中提出了若干废止中医的办法，包括“禁止登载介绍旧医；检查新闻杂志，禁止非科学医学之宣传；禁止旧医学校”。这一办法造成了恶劣的影响，自此而后，中医便更受歧视和非难，几于陵夷，奄奄一息。余氏为达到消灭中医之目的，在提案之余，更从理论上抵毁中医。如在《灵素商兑》中即言“其所以治疗有效者，则数千年以人命为尝试，积之既久，幸中偶合者日益加多，犹多言之必有中也”。1917年他在《科学的国产药物研究之第一步》一文中说：“那中医的治病是靠什么呢？……第一是中国的药品确是有用的……第二是中医用药全是凭经验的……第三是许多疾病经过一定时日后自然能慢慢儿治愈，并非药物的功效……第四是暗示的效果”。1925年他在《旧医学校系统案驳议》中说“所谓‘效如桴鼓’，所谓‘成效已著’者，无他，多言之中也，贪天之功以为已力也”。1935年他在《国医节之鸟瞰》中说：“他们的吹牛完全是冒着自然治愈的功能，当作自己的本领”。1939年他在《中国医学艺术论正谬》一文说：“按旧医治病之愈者，其理有二，幸中偶合，一也；贪天之功，二也”。“幸中偶合”、“贪天之功”八个大字，就成为余云岫对中医疗效所下的最终结论。国民党政府为了平息中医界的反对浪潮，于1930年11月成立中央国医馆。

1949年9月，余借中华医学会的名义，在上海召开了“处理旧医座谈会”，欲与中医“一刀两断”。他将座谈会纪要草拟了《处理旧医实施步骤草案》，并以全国自然科学工作者代表大会筹委会上海分会公卫组的名义向党中央建议采纳。使中医事业于建国初期又一次遭受严重打击，直到后来党中央和毛泽东主席直接指出这一错误，才扭转此紊乱局面。

（史济焱）

【清代蒙医学家罗布桑楚乐特木】

额日巴很图撰文介绍杰出的蒙医学家罗布桑楚乐特木。认为他的科学业绩可与清代蒙古科学家明安图相比美。

察哈尔·格布什·罗布桑楚乐特木，清乾隆五年（公元1740年）农历八月初三日，出生在察哈尔镶白旗的牧民家庭。罗氏从小聪敏好学，7岁去宝苏地图萨拉嘎其·宝迪梯卜寺当班迪，每日清晨，怀抱课本，站在门口等待老师，老师见到非常惊奇。因他常穿白色蒙古袍，又起的最早，老师爱称他为乌仁萨日拉（拂晓白驹）”。8岁投师呼图克图活佛受戒，并学习藏文。20岁从额尔德尼活佛学习藏文密宗术。23至29岁间，到北京，在雍和宫拜“巴拉金”明干为师，学习梵文、汉文和满文。在雍和宫求学七年期间，只上街两次，都是为了买经典。可见其求学专致的精神。30岁返回故乡，婉言谢绝出任宝迪梯卜寺主持。赴多伦诺尔庙，拜古师喇嘛活佛为师，学习密宗要诀。43岁，得到赠送的《四部医典》。46岁，创建查干乌拉庙木刻版基地。57岁，在多伦南边的矿泉，研究矿泉水的疗效。61岁，撰写天文历法方面的著作。63岁，撰写黄教领袖宗喀巴传。68岁，翻译了章嘉忽图克图关于宗教哲学著作，撰写《戒烟酒》等。69岁，撰写著作，在查干乌拉庙里，新建专用木刻文版印刷寺，命名为“功德幸福普济寺”。次年，该寺出版了他第九、十卷的著作。71岁圆寂。共撰写了十大卷著作。除了宗教哲学、训言、格言、箴言外，科技著作占一半以上，其中以易卜、天文历法、医学为突出。

罗布桑楚乐特木的学医，不仅是学术上的兴趣，而是自己切身的体验。15岁时，他的家乡天花流行，自己也染上天花，虽经治愈，但是天花夺走了他的叔父、弟妹等四人生命。因此，他致力研究天花的防治。研制出“预防天花鼻闻散”。写成《预防天花制剂及应用》，1785年印行。罗氏重视学习兄弟民族医药学的经验，参考了《本草纲目》和《藏医四部医典》著作，写成《本草分类》四卷，详细记述了药物的形态、产地、特征、性味、功能等，为识别、采集、应用药物，提供了较准确的依据，罗氏治病，不为前人经验所束缚，曾研制一种矿物药，治愈了大喇嘛松端的胃病。罗氏对矿泉疗法颇有研究，亲自开挖矿泉、研究其治疗价值，写成《甘露疗法笔录》。镶白旗小道营南坡的矿泉，至今仍有患者前往治疗。罗氏的医疗方法和经验，至今仍为蒙医学者所遵循，如诊脉原理、针刺方法、放血疗法等。

罗氏的著作：还有1770年的《清洁卫生》、1806年的《烟酒的危害》、1781年的《医药之镜》、1782年的《药物合壁》、《秘诀医典注解兰特布详解》、1794年的《最后事业续部述》、1795年的《解除病痛——善道灯》等。

（林功铮）

【明清时期中国赴日医师简介】

史世勤参阅中日文献，搜集了明清时期，赴日中国医师27人，部分人员属首次披露。摘介如下。

1. 陈宗敬：即陈延礼、陈顺祖，元朝礼部员外郎，明洪武二年（公元1369年)赴日，世以医业，秘传成药"透顶香"享有盛名。

2. 曾彦：又名庸山，明人，赴日居长崎业医，其后裔占春著有《本草纂疏》等书。

3. 许仪后：明隆庆五年（公元1571年）被日人掠至九州萨摩业医，于1591年获悉日本准备侵略朝鲜和中国的消息，与亲友计议，呈报北京朝廷，是一位爱国旅日医生。

4. 张膏：字甘子，号提山，于1592～1598年援朝战争中被日军所俘，精于眼科，传授其术，形成日本眼科桔本流。

5. 孟二宽（?～1657年)：杭州人 援朝战争为日军所俘，后在日业医，改名为武林次庵。

6. 陈二赟（1587～1671年）：字义都、士升，号既白山人、玄香斋逸叟，浙江余杭人。对医药、针灸、气功、武术、养生、诗书画、建筑、烹调、茶等均有造诣，1619年东渡，传播中国文化和医疗技术，曾为板坂十斋手抄《针灸聚英》题跋。

7. 陈明德（1591～?)：字完我，号颍川居士，浙江金华人，精儿科。在长崎入日籍，改名颍川八德，著有《心医集》。

8. 王宁宇（?～1660年)：号五云子、紫竹道人，福建人。临床声望高，被誉为"东方医工"，门人甚众，德川幕府医官、名医森云竹从其学。

9. 戴笠（1596～1672)：字曼公，号天外一闲人，僧名独立、性易。明浙江钱塘人，师事龚廷贤。1653年赴日，以痘科名于世，四世孙池田瑞仙为日本痘科名家，曾在医学馆设治痘专科讲授痘科，有弟子500人，著有《痘科辨要》、《痘科键删正》等。曼公弟子有池田正直、深见玄岱、北山道长，均为日本名医。

10. 张寿山：字振甫，明末清初赴日行医。

11. 曹数也：明末清初赴日行医，长于耳疾。

12. 刘有林：改名兼康友林，明末清初赴日行医，善制獭肝丸，善治口齿病。

13. 林瑞云：又名林宗呈，明末清初赴日行医。

14. 道亮：明末僧人，明末清初去日本，传医于国玄贞。

15. 化外，一作化林：明福建黄坡寺僧人，日籍明人马寿安从其学医。

16. 澄一（?～1691年)：明杭州僧人，1653年赴日，弟子有石原学鲁、今井引济、国玄贞等。

17. 心越（?～1696年)：明金华僧人，1677年赴日，弟子石原学鲁。

18. 陆文斋：清杭州人，1703年赴日居长崎。

19. 吴载南（?～1719年)：清苏州人，1719年3月赴日居长崎福济寺，六月病故。

20. 陈振先：清苏州人，1721年应聘赴日，著《陈振先采药录》。

21. 朱来章：清福建汀州人，1721年赴日行医，1726年回国。

22. 朱子章（?～1726年)：清福建汀州人，1725年赴日，次年三月病逝。

23. 赵松阳：清苏州人，1726～1729赴日，被日医誉为"国手"。为日名医香月牛山《药笼本草》写序。

24. 周南：字岐来，号慎斋，清崇明人。1725～1727年赴日，弟子有城门章阳秋，著有《其慎集》，1731年刊刻，1979年再次刊行。

25. 李仁山：清杭州人，擅痘科，1744年赴日，授人痘接种术，著有《李仁山种痘和解》，对日本的天花预防起了很大的作用。

26. 胡振：字兆新，清苏州医人，1803年应邀赴日，日医大田南庙、小川汶庵、千贺道逢、吉田长祯均从其学。

27. 程赤城：清医师，1804～1817年居日本长崎，与日名医伊泽兰轩有交。

（高毓秋）

【卜魁中医药源流考】

卜魁，为齐齐哈尔市旧称。建于清康熙三十年（公元1691年），兰殿君撰文介绍其中医药的发展。

“流人”传播医药。流人，为康熙时，因“书案、花案、文字得祸”的仕官及其眷属。其中不乏精医术明药理之人，常取菜蔬、草药医病。有人将史可法驱风寒的药酒制成“史国公酒”行销，深受欢迎。因生产此酒而发迹的“鼎恒升”药堂，现为齐齐哈尔制药厂。吕留良的后人配制的“乡巴佬的神膏药”，已有200年历史，治疗疖痈、达背疮有奇效。华照因无人识其医术，便借神异显灵吸引边民，扩大医术影响。在当地治痘疹颇有名气，人称“神华佗”。齐某之子用偏方“碎豆”糊“痄腮”消肿之法，至今在当地流行。这些史料证实，“流人”及其子孙在仕途阻绝的情况下为医，可以减轻烦恼，亦可养家糊口，在官私两厢不受轻视，故卜魁业医之盛，滥觞于“流人”戍边是符合历史事实的。其次，卜魁土药资源十分丰富，民间取草药或动物脏器治疑难杂症，至今沿袭。就地取材，以桦皮灰治疗妇科乳痈等疮疖类常见病。采艾蒿煎汤驱风寒，狼毒草止痢等。当地盛产益母草、赤．白芍、防风、黄精等药材。卜魁土著达斡尔人，在长期的牧猎生活中，熟知鹿胎安胎，鹿血养血，鹿鞭壮阳；满族人知道取车前子煎水服用，有利尿明目功效。少数民族在卜魁医药发展史上，做出了不可磨灭的贡献。第三，卜魁流民中身怀一技之长者不少，而江湖“铃医”（北方称“串医”）尤多。在齐齐哈尔地区享有盛名的“双葫芦”眼药，专治眼疾；四海堂理发店能正骨；郭大葫芦膏药店专治外伤脓瘘；马二先生“小药面”专治儿科惊风诸症。铃医走街串巷，或拔牙，或驱虫，或割鸡眼，或推拿针灸，或卖丹散小药。尽管官府不承认其“郎中”资格，呼为“黑医”（当然其中也杂有江湖骗子）。但他们在走街串巷中为民医病祛疾，为卜魁医药卫生的普及作出了一定的贡献。从以上三方面考证卜魁中医药源流，与“流人”的关键作用。

（包明蕙）

【海南黎族医药简介】

林诗泉等撰文介绍海南黎族医药的历史的现状。海南黎族，是“百越”西方部的一支。西汉时称为“骆越之人”。从文献的记载和现实的调查，黎族医药为原崇神医学模式。人生病，请巫师到家中杀鸡、杀猪、杀牛祭神求治。在20世纪50年代仍有巫卜的残存。建国后，建立医院、卫生学校、卫生防疫站、寄生虫病研究所等，促进了黎族医药的发展。

黎族防治疾病，多与壮医疗法相近。包括内服、外治、佩药、捻痧和接骨等医疗方法。（参见本卷民族医药栏有关条目）。清代以后，黎族医药与汉族医药加强往来，相互促进。海南地区药材丰富，有植物药2500多种，《中药大辞典》收载有500多种，治蛇毒药物有310种，治癌症药物有50多种。

林氏等还回顾了海南防治疟疾的历程。早在汉朝，就有疟疾流行的记载。唐、宋、明、清都有记述。建国前，虽然有学者专家调查研究，但是收效不大。建国后，人民政府在人力、财力、物力上不断支持，采取群防群治，开展科学研究。查明了海南桉蚊及其亚种有31个。建立了“毛阳灭疟实验区”，1980年，全区疟疾发病率为0.29%。实验区人口由1万多扩大到4万多。开展了青蒿素及其衍生物蒿甲醚治疗脑型疟的临床研究。1982年，世界卫生组织在中国举办“抗疟规划讲习班”，以毛阳实验区为实习现场，接待外国疟疾专家的访问和考察。一千多年来危害黎族人民的疟疾，得到了有效的控制和治疗。

（林功铮）

【北平中国医药学会创立始末】

北平中国医药学会，为四十年代北平市的中医药团体。黄斌等据该会发起人之一的马继兴回忆，和珍存的有关史料，撰文介绍其成立始末。摘介如下。

中国医药学会的前身，为周介人等创办的"中医学社"。1945年秋，由孟昭威与施今墨商议恢复活动，曾聚会数次，因会议方式不受欢迎，而宣告流产。

1947年春，由潘树仁、马继兴、周纮章三人发起复会，自3月23日至7月27日，共开筹备会议十次。前两次名为中医学社复员筹备会"，自第三次起改称"中国医药学会筹备会"。参加者有中医师、西医师、中药师、西药师、大学教授、学者等，并公推施今墨为该会领导。

在第三次筹备会上（4月20日），通过该会章程，筹备申请立案。申请呈文由于道济起草，"窃今墨等，慨中西医之深筑鸿沟，念特效药之急待发明，心有互让对勘，取长补短，志切社会生新，有所发明。""乃集中西医界同志组成中国医药学会，其唯一之目的，即以科学方法整理中国医药，以期发皇旧学，融汇新知"，云云。由马继兴负责约请得三十名以上同道盖章。5月27日，分别向社会局和市党部递交呈文、学会章程及基本发起人盖章名单。

6月1日，第六次筹备会，通过开设义诊所，暂设施宅。同日，潘树仁的小型医学传习所开学。

8月9日，市社会局批驳呈文，不准成立。8月10日，召开第十一次筹备会，对呈文被驳回表示愤慨，但并不失望和沮丧。拟再次呈报。在第十二会议上，提出并入世界科学社，借其已立案名义。9月5日，世界科学社社长唐嗣尧表示欢迎该会加入。自此，中国医药学会亦属合法组织，无需重新立案。从第十三次例会起，去除"筹备"二字。此后，该会修订章程、健全组织、积极开展学术活动。到年底，因时局变化，自动停止。该会的成立，虽然不到一年，但却为中医学术的发展，中西医学的沟通，做出了自身的贡献，在中医界团体史上留下不可磨灭的一页。

（林功铮）

【龙门石窟药方镌刻年代考订】

河南洛阳龙门石窟药方的镌刻年代，尚无定论。贾志宏等从避讳方面，考证其镌刻年代。贾氏等认为，在石窟药方中没有避讳隋、唐帝王的名字。药方中有"腹胀满坚如石"的"坚"字，就不避讳隋文帝杨坚的真名，因而，药方镌刻不在隋朝。药方中有"爰有合邑人等"的"爰"字，不避唐高祖李渊的嫌名。又有"煮世沸"的"世"字，犯讳唐太宗李世民的"世"字。再有"则杀人"与"温渍膝已下"，其中的"则"、"渍"犯讳武后则天的真、嫌名。因而，药方也不可能镌刻在唐高祖至武后时期。据药方篇首，有类序文的文字，文末纪有"大齐武平六年岁次乙未六月甲申日朔功记"。武平六年为公元575年，且字体劲瘦有力，字迹端正，为北齐的文风。再证之文中对武成帝高湛与后主高纬则十分避讳，因此，断定药方始刻于北齐武平六年。其下限不超过隋文帝。

（林功铮）

【敦煌壁画中医学图像补述】

敦煌壁画中有不少医学内容，本年鉴1986年卷已有介绍。赵健雄等续有报道，再补述如下。

练功运动。北魏·第254窟，画着一对金刚力士，赤膊披巾，挥拳比武，俨然要决一胜负。北周·第290窟的《佛传故事》、初唐·第321窟的《宝雨经变》、五代·第61窟的《佛经》屏风画中，都有古代的相扑运动场面。

卫生保健。北周·第296窟和隋·第302窟以及唐代的一些《福田经变》画中，都绘有加盖的水井，井周建有围栏，以保护饮水卫生。隋·第302窟，画有两个裸体人在四周有树木的浴池内洗澡。中唐·第159窟南壁《弥勒经变》，画有一幅揩齿图。一和尚赤裸上身，脖子上围着围巾，左手持净瓶，以右手手指揩齿，四周还有洗澡、洗头、剃头等画面。此窟建于中唐吐蕃时期(公元781～847年)，为世界上现存的最早的揩齿图像。

（林功铮）

【大理出土南诏大理国医家墓碑】

杨大可介绍，1972年，在云南省大理市出土大批宋元碑，其中有南诏、大理国时期医家墓碑两方，为《故溪智谥曰襄行宜德履戒大师墓志》，一为《故大师白氏墓铭》。为研究该时期的云南医药史提供了宝贵的史料。摘述如下。

《故溪智谥曰襄行宜德履戒大师墓志》：碑高82厘米，宽44厘米，每行32字。碑文多剥蚀。碑立于大理国初期，溪智，姓溪，名智，为南诏末期大长和国年间（公元903～910年）的名医。碑文称“生于长和之世，安国之时”，“撰用百药，为医疗济世，‘洞究仙丹神术，名显德归，述著脉诀要书布行后代”。“时安国遭公主之疾，命疗应愈”，受到“大赉褒财物”的奖赏，并“补阇梨之职”。

《故大师白氏墓铭》：碑高105厘米，宽55厘米，碑正、背面均刻17行，每行皆35字。立于元大德三年（公元1299年)。墓主白长（白长善)，为唐白居易从父弟白敏中的后裔。大理国晚期段兴智朝的名医。曾为高庆充医药侍从，后为姚州僧长，卒，号曰医明道蕴由理大师。

（林功铮）

参　考　文　献

C

陈宏波。针灸学传入苏联的简史及其发展现状。针灸学报，1991；(3):54

陈道瑾。宋元医学东浙纪略。山东中医学院学报，1991；(1):50

程忠录。唐山市气功疗养所始末。中国气功杂志，1988；(6):20

额日很巴图。杰出的蒙古医学家罗布桑楚乐特木。中国科技史料，1991；(4):28

F

傅维康。论魏晋南北朝时期的医学成就。上海中医药杂志，1990；(10):10(12):32

近代中西医汇通之佼佼者吴瑞甫。中医杂志，1991；(1):50

G

高　伟。金元医家新考。中华医史杂志，1991；(4):210

高也陶。中国古代医学考试管窥。中华医史杂志，1991；(1):17

郭桃美。余云岫主废中医史实。新中医，1991；(8):43

郭君权。孙思邈医学社会学思想析略。山东中医学院学报，1991；(2):6

H

华碧春。闽西苏区的中医药（1929～1934)。中华医史杂志，1991；(1):30

黄斌，等。四十年代北平中国医药学会的创立始末。北京中医杂志，1991年；(4):48，(5):58

J

贾志宏，等。从避讳谈龙门石窟药方的刻制年代。中华医史杂志，1991；(1):60

金秋鹏。略论苏颂的政治生涯。自然科学史研究，1991；(1):1

L

兰殿君。卜魁中医药源流。中华医史杂志，1991；(2):83

李华安。中医起源多元论。山东中医学院学报，1991；(5):47

李经纬。《诸病源候论》的病因学研究。中华医史杂志，1991；(3):129

李经纬，等。中国与东南亚医药交流史略。中医杂志，1991；(4):52

李鼎兰。纪念医史学家李涛教授诞辰90周年。中华医史杂志，1991；(4):193

李约瑟（Joseph needham)。纪念李涛教授诞辰90周年。中华医史杂志，1991；(1):198

陆肇基。李涛教授与医学期刊编辑工作。中华医史杂志，1991；(1):203

林功铮。中医病历的创始。福建中医杂志，1991；(1):48

林雅谷，等。《医学百科全书·气功学》。上海科技出版社出版，1988年。

林诗泉。海南黎族医药。中华医史杂志，1991；(2)：105

林诗泉，等.海南抗疟史略。中华医史杂志，1991；(4)：219

凌华伟，等。扁鹊遗迹考察和里籍辨析。河北中医，1991；(2)：46

刘晖桢。行医起废传道解惑——清代赴日医家周南及其域外诊治实录。中医杂志，1991；(6)：50

刘晓庄，等。浙江医学家初论。中华医史杂志，1991；(1)：10

刘贵珍。《气功疗法实践》。河北人民出版社出版，1957年。

廖育群。秦汉之际针灸理论的建立。自然科学史研究，1991；(3)：272

M

马伯英。关于我国医学起源问题的辨证思考。医学与哲学，1991；(8)：38

兼容并蓄开发新知——论魏晋医学的兴、失、容，放。上海中医药杂志，(2)：29

马玺伦。山东沂水县发现古井。考古，1991；(5)：465

马堪温。我国医史科研教学的先驱李涛教授。中华医史杂志，1991；(1)：199

马济人。现代医学气功的先驱者——怀念刘贵珍院长。中国医学气功学术交流大会论文集，1990；第7页

P

潘吉星。十七世纪流寓日本的中国名医陈明德事迹。中国科技史料，1991；(1)：26

潘华信，论晋唐医学的理论成就。上海中医药杂志，1990；(8)：41

治方丰繁治病尚实——试论晋唐时期临床医学之特色。上海中医药杂志，1991；(10)：36

S

沈饮荣。试论绍兴医学在清末民初间崛起的内外因素。浙江中医学院学报，1991；(5)：34

沈万生，等。关于曹炳章先生的若干史料补正。浙江中医杂志，1991；(8)：373

时振声。回忆先父时逸人。浙江中医杂志，1991；(4)：1

史世勤。金持重弘来华学医派遣者考辨。中华医史杂志，1991；(3)：189

明清时期中国赴日医师及其对日本汉方医学的影响。中国科技史料，1991；(1)：84

史广宇。略论唐代的针灸学成就。中华医史杂志，1991；(1)：6

T

田渭法等。戴氏世医考。中华医史杂志，1991；21(3)：157

W

王怡。建国以来中医解剖学研究发展概况。陕西中医学院学报，1991；(3)：23

王卜雄。中国医学气功学术发展史。河南科技出版社，1989年

吴云波。恽铁樵生平和学术思想。中华医史杂志，1991；(2)：88

吴前，等。应重视对当代中国医学史的研究。医学与哲学，1991；(9)：

温如杰。从秦字考扁鹊里籍。河南中医，1991；(2)：11

Y

杨可大。南诏大理时期的两位医墓碑。中华医史杂志，1991；(4)：251

俞雪如。医林状元龚廷贤与日本汉方医学。上海中医药杂志，1991；(10)：32

俞世伟。收遗微秘重方轻理——论晋唐医学的模式与瑕疵。上海中医药杂志，1991；(6)：46

Z

张幼天。深切怀念我国著名的气功专家——刘贵珍。中国气功，1986；(2)：4

张志远。薛雪生平小考。浙江中医学院学报，1991；(1)：36

张天戈，等。气功疗法实践。上海科技出版社，1990年。

张一群。朱橚生年补缺。中华医史杂志，1991；(3)：192

张金鼎，等.王屋山孙真人墓.中华医史杂志，1991，(2)：123

张文宣。古代中朝医药交流简史。中华医史杂志，1991年第2期

甄志亚，关于我国医史学研究目的和任务的回顾与探索。中华医史杂志，1991；(2)：65

周文泉，等。中国传统老年病发展简史。黑龙江中医药，1991；(3)：52(4)：

朱现平。中医学传承体系的形成。中华医史杂志，1991；(4):207

赵璞珊。赵元益和他的笔述医书。中国科技史料，1991；(1):69

对中国医学形成的一些看法。中华医史杂志，1991；(1):1

赵洪钧。张锡纯年谱。中华医史杂志，1991；(4):214

赵宝峰，等。中国气功学概论。人民卫生出版社，1986年。

赵健雄，等。敦煌壁画医学内容考察。甘肃中医，1991；(2):30

四、民族医药

【藏医的几种诊疗方法】

1．尿诊法　望诊中的尿诊法是藏医学中独特的一种诊断方法。迪庆晋美介绍了尿诊前的注意事项、验尿的时间、尿诊的器具及对病尿的观察。尿诊通过对病者之尿液，在热时、温时、冷却后三个阶段的颜色、蒸气、气味、尿花、沉渣、浮皮及尿液的转变时间与转变情形、转变后的色素分别进行检验观察，从而判断疾病的寒热属性、发病部位和病势轻重，作为辨证施治的一个依据。

2．导泻法　牛锐等指出藏医学的导泻疗法不仅应用于热病、瘟病、中毒症、六腑积热、食积不化、水肿等热证、实证，而且对精液耗竭、腰肾虚寒、月经过多、大小肠寒盛等虚证、寒证，也可进行缜密的导泻治疗，这却是汉医学中绝少见到的。比如在藏医药中最为猛烈的是四味勇猛舵手丸，用于体壮邪实者，而十味舵手膏则是猛中之柔方，治疗邪实而体不甚健的老人、孕妇等患者。对于虚证、寒证则用具有温补之性的刺激性药物灌肠导泻，寓补于泻，达到祛邪扶正之效。对于慢性病和热病实证早期就用柔中之柔的“奴日哈”方药导泻，在“奴日哈”导泻应用中又分为“锐利方”、“中平方”和“温和方”，以保证药对其症，方适其情。

3．放血法　王道瑞指出，藏医外治首推放血疗法。放血疗法是在人体一定的部位将血管切开或刺破，进行手术放血，使病血外流，以达到驱邪治病目的。适用于多种热性疾病。任旭介绍本法应用于热病、创伤、痛风、瘘管、麻风等病功效显著，是一种泻实的方法。文绍敦认为藏医运用本法，以达驱逐脉病，下泻病血、止痛、消肿，防止腐烂，培育新肌，愈合创伤，还可增强体质。

4．灸法　漆浩指出，藏医灸法从《四部医典》中就已有详细记载。藏医灸法不拘于艾。在灸法治疗的很多疾病中，以外科、伤科等疾病最具有特色，如治疗疝气的方法有“睾丸肿绳灸可愈”；小肠疝气的治疗中，甚至有纳入肠道的内部灸法等。据王氏临床所见，藏医艾灸法中的煮、烧法可致烧伤、出水泡、化脓，愈后出现小瘢痕，似中医的瘢痕灸。文氏等指出，藏医灸疗的精华是化脓灸，其可使局部组织经烧伤后产生无菌性化脓现象，致经络和穴位长时间受到刺激，从而达到防治疾病的目的。

5．药浴法　王氏指出，药浴疗法是水浴法的一种，即在热水中配入药物进行温浴以治疗疾病。除入浴外，还有将药汤加热成蒸气，使药汁气体浴于病人躯体的。本法对于中西医目前都感到比较棘手的一些慢性风湿病、类风湿病，以及一些皮肤病等均有较好的疗效。任氏还指出，凡四肢挛缩、僵直、创伤、炎症、各种风症，浴后均能缓解、治愈。并介绍浸浴法有水浴、汽浴、药浴之不同。尕玛江措等则把药浴疗法分为水浴和敷浴两种，并对药浴的基本组方、操作法，以及适应症和禁忌症都作了介绍。

此外，任氏还介绍了其他疗法。(1) 擦油法：用动物毛皮蘸清油或酥油涂于患处或遍擦全身。有润肌肤、滋五脏的作用。(2) 涂治法：用调制好的药膏或药糊涂于患处或全身涂匀。可用于皮肤粗糙、精枯血少、营养不良、目昏、失眠、各种劳损等。(3) 冷熨法：又称冷罨，是将装满雪水或药水的容器置于患处或四肢、头部。用于治疗热疼、疫热、外伤、喉闭、鼻衄、牙疼、热症。(4) 热熨法：把石头、砖、瓦或陶罐烤热，或用布卷药物烤热，置于患处或腰腹部，对各种寒症、痞症、风痛、脱肛均有效。(5) 业鼻法：让病人仰卧悬头，由鼻孔给药。这是一种特殊给药途径，多用于头颈部疾病以及黄水病、麻风病等。(6) 穿刺法：包括针刺俞穴和外科穿刺排脓。凡隆病（各种风症)、培根病（各种痰症)、寒症、食积、水肿、汗闭、肿胀、血病、麻风、脓肿、关节病等均可用。(7) 灌肠法：根据药物成份可分为缓性灌肠和烈性灌肠。用于治疗隆病、痞块、虫症、腹胀、急腹症、尿闭等病。

（赵雪松）

【独一味等藏药的研究】

1. 独一味　独一味（Lamiophlomis rotata(Benth)Kudo）以根及根状茎入药，具有活血祛瘀、消肿止痛的功效。易进海等药理实验表明，本品有较好的止血、镇痛、消炎和抑菌作用，并能显著提高特异性和非特异性细胞免疫功能。从其根中分离得到二个新环烯醚萜成分，经光谱和化学分析，确定其化学结构，命名为独一味素A（lamiophlomiolA·la）和独一味素B（lamiophlomiol B. lb）

2. 大株红景天　据藏药本草记载，本品能治温病时疫，消肺热，治脉病。张所明等采用气相-质谱（Gc/mc)联用仪对大株红景天(Rhodiola Kirilowii(Regel)Regel）挥发油成分进行了分析，鉴定出了47种成分，多数为脂肪醇、脂肪烃，仅有几个萜类，显示出高山、高寒植物的特点。

3. 雪灵芝　雪灵芝含生物碱、皂甙、氨基酸、香豆素和黄酮甙等成分，为清热解毒之品，主治肺热咳嗽、高血压等。彭定珠等报道雪灵芝（Arenaria Kansuensis Maxim uar oratipetala Tsui)对炎症、免疫功能的影响，还对抗炎作用机理和毒理作了探讨。发现本品对免疫功能的影响决定于药物剂量，小剂量抑制免疫，大剂量则增强免疫，说明本品是一免疫调节剂。其抗炎和免疫抑制作用与可的松非常相似。抗炎免疫有效成分主要是皂甙，并已提出单体，命名为雪灵芝I号。通过放射免疫法测定，提示本品的抗炎作用不是通过促进皮质醇释放，而是雪灵芝的直接作用。本品对肝、肾无毒性，具有保肝作用。

4. 翠雀属植物　翠雀属（Delphinium）植物具有局麻、镇痛、强心、解热等功效，通常认为是二萜生物碱起主要作用，但微量元素与有机成分形成的金属络合物常有明显的药理活性，在药物研究中应综合考虑各种成分。为此，杨永红等用原子吸收光谱法，对本植物11个分类群（5种6变种）的Zn、Cu、Cd、Co和Mn 5种微量元素作了测定，并对其中1种2变种不同产区的样品作了比较。张秀兰等用本属翠雀花(藏名玉珠色洼）的醇提物，经热板法和扭体试验，表明本品对热刺激所引起的疼痛及醋酸引起的外周疼痛均有良好的镇痛作用。

（沈施德）

【蒙医药辨治瘫痪】

蒙医认为瘫痪是由于气血相讧上冲于脑，使气虚不能运血，血不能营，气血瘀滞，脉络痹阻所致。因此治疗本病的关键是调畅气血。李春芳报道18例中，脑血栓形成15例，脑出血2例，产后受风引起的1例。治疗前左侧瘫痪13例，右侧5例。采用蒙药方剂“散盆拉敖日布”（珍珠、牛黄、犀角、栀子、肉桂、决明子、苘麻子、麝香、白檀香、沉香、木香、红花、丁香、川楝子、黑种草子、白种草子、荜拨、螃蟹、甘草、紫檀香、白云香、地锦草、海金砂、肉豆蔻、天竺黄、草果、草豆蔻、青木香、诃子，共29味药组成)，研成细粉，捻成黄豆粒大的丸剂，银珠着色。中午、晚上各2～3克热水送服。部分患者用同方外洗。急性期配以玛日钦-13味3克做药引服；慢性期用查干汤3克作药引服；恢复期配以壮伦一5味汤做药引服。45天为一疗程。结果：基本治愈12例，显效3例，有效2例，无效1例。张俊山报道216例瘫痪病例，均因脑血栓所致。病程最短15

天，最长2年。右侧瘫痪128例，左侧瘫痪85例，全身瘫痪3例。辨为风痰型和痰火型。风痰型治以通窍化痰，祛风除湿，主方扎冲13味丸（诃子、炙草乌、沉香、珍珠、广木香、菖蒲、珊瑚、磁石、禹余粮、丁香、肉豆蔻、甘草、麝香）共研细末，面糊为丸如黄豆大，每服9粒，1日2次。痰火型治以通经活络，祛风豁痰、镇静安神，主方珍珠丸（珍珠、石膏、丁香、红花、白云香、木香、白巨胜、水牛角、白檀香、降香、诃子、栀子、牛黄、麝香）研成细末，面糊为丸如黄豆大，每服12粒，1日2次。两型均另加药引同服，使主方之药力直达病所。药用：黑云香、白云香、诃子、石膏、丁香、青木香各10克，研成细末，每服3克。出现昏迷不醒者，可煎汤鼻饲；服蒙药2个月，仍见半身不遂，肢体拘挛者，可用菖蒲15克，小狼毒、羊蹄叶、艾叶、透骨草各10克，煎汤洗浴，每3日1次，每次15～30分钟；血压持续不降者，可点刺肘静脉（尺泽穴旁1厘米处），放血20毫升。此法只能进行1～2次。2个月为1疗程，一般轻型需1疗程，重型需2～3个疗程。结果治愈（神志清晰，肌力已恢复3级以上，生活能自理）78例，好转（神志清晰，肌力达3级，扶杖行走）116例。

（娄国菁）

【额莫—壮西等蒙药材炮制方法】

近年关于蒙药材的炮制方法屡有报道，如徐青等介绍了额莫—壮西，热格德勒介绍了马钱子、木鳖子、蒺藜、石决明、珍珠5种，崔亚君等、白明纲等、邹恩济等分别介绍了铜、铁屑和草乌，均涉及传统炮制方法、炮制机理和炮制工艺等方面，分述于下：

1. 额莫—壮西　汉名寒水石。先将本品捣成小颗粒后，按不同方法加以炮制。(1)酒制法：放入好白酒浸洗，取出待干后粉碎，主治胃、肠、肾病等症。(2)炒制法：放入锅内炒至微红色，喷酒覆盖密闭，闷后取用。主治寒性疾病。(3)凉性制法：喷适量牛黄溶液，晾干。主治热性疾病。(4)奶制法：煅透后研成细面，用牛奶拌和，晾干。有温补强身之功。(5)煅制法：放入铁器或瓦器内，封闭，煅透。主治消化不良，痞病，瘟病等。(6)酸牛奶制法：煅透后，倒入脱脂酸牛奶中淬酥，取出后干燥。主治聚合症(气、热、水湿、血等因素引起的疾病)。(7)食盐拌炒法：与等量食盐炒至发烫，加头汁青稞酒浸没，密封待凉，晾干。主治消化不良、胃寒等。(8)包兹制法：放于煤火煅透，趁热放入包兹（传统保健饮料）中，化成浓缩状物后取出，再放入冷水内洗净，干燥。主治消化不良，痞病，腹泻，肿痛等。

2. 马钱子　将细沙炒热，放入马钱子炒成微黄色，待药鼓起时取出，刮去茸毛；或浸泡于酸奶中，浸透后取出，刮去茸毛；或放入动植物油内炒至微焦后取出，刮去茸毛。

3. 木鳖子　将细沙炒热，放入木鳖子，炒至药壳鼓起，并有芳香味时取出，刮去绿色表皮；或先剥去外壳，倒入沸水内烫10分钟，取出后用布擦去绿色表皮，干后与细沙共炒至药鼓起并有芳香味时取出。

4. 蒺藜　置锅内用文火炒至变色时取出，用碾微串，簸去尖刺。

5. 石决明　放在无烟的碳火上烤至焦黄色；或包在绵羊肉内，埋在火中以取出后能掰碎为准；或放在绵羊奶内煮1～2小时；或放入火硝或硼砂水内煮1～2小时。

6. 珍珠　研碎后放入牛奶或绵羊奶内煮半天；或与适量奶油一起放入铁器中，炒至黄色；或包在锡纸内烧至黄色即可。

7. 铜　崔氏等采用定性分析法对蒙药铜炮制后主要成分变化及其机理进行研究。结果表明，铜经炮制后的主要产物是CuS，在炮制中，将其砸成极薄片，或锉屑，增大了反应接触面积。所用的辅料之一沙棘含大量的有机酸，可部分溶除铜在煅烧中表面所生成的CuO；在缺氧、高温环境中，辅料之麻炭化，可起到一定的还原剂作用，将部分 CuO 还原成 Cu；熔融状态的辅料硼砂亦可溶除铜表面的氧化物。均有利于铜与硫的化合。

8．铁屑 传统用诃子汤炮制，虽工艺简便，成品 Fe^{2+} 含量高，但在诃子的用量、煎取量及煎煮时间等方面尚无统一规定，以致难以保证成品的质量。白氏等采用正交试验法，对此炮制工艺进行了研究。结果表明当铁屑细粉 100 克，用诃子 50 克煎取汤 300 毫升，煎煮 120 分钟，为最佳条件。本实验还表明，煮制铁屑时宜采用隔水加热，或使用带有温控装置的电热器，将温度控制在110℃左右为宜。

9．草乌 邹氏等对诃子炮制草乌的降毒作用进行了研究。以《内蒙古药材标准》规定方法，同时设对照品分别用滴定法测定总生物碱，用薄层层析—光密度法测定剧毒性成分乌头碱、中乌头碱和次乌头碱含量，并作毒性药理实验比较。结果表明，剧毒性生物碱含量相近，用提取液给药进行动物试验，毒性相似，而直接口服给药测定 LD_{50}，则诃子制草乌毒性明显降低。其机理是用诃子炮制草乌时，一方面草乌在水中浸泡时，剧毒性生物碱部分水解，另一方面诃子中含有大量鞣质与草乌生物碱生成难溶性盐，减缓了体内吸收而降低了毒性。

（沈施德）

【嘎玛·珠尔等蒙成药的研究】

蒙根撰文介绍了以蒙药“霞日—森登”为君药的几种传统验方。蒙药霞日—森登，汉名文冠木，是常用的茎木皮类药材之一，具有清热、消肿、止痛的功效。其组方简介如下：（1）森登·苏木日益勒：文冠木膏、硫黄、山麻子各 100 克，粉碎成粉末，混匀备用。有燥湿杀虫作用，用于治疗瘰疬。1 日 1～2 次，每次 2.5 克，用文冠木煎汤为引送服。（2）森登·曼玛日：文冠木、白云香、决明子、山麻子、白花龙胆、沉香、黄柏各等量。研成粗粉，混匀，每 100 克粉末，加炼蜜 100 克，制成 6 克重蜜丸。有滋阴清热祛风的功效，用于治疗风湿病、脉病，以及瘰疬。1 日服 1～2 次，每次 1 丸，温开水送服。（3）森登·乃玛：文冠木膏 50 克，紫草茸、茜草、枇杷叶、白云香、决明子、山麻子、驴血粉各 45 克，共研细末。有清热、燥湿的功能，用于治疗肾型布氏杆菌病及黄水疮。1 日服 2 次，1 次 4 克，温开水送服。（4）森登·杜日本汤：文冠木、诃子、黄柏、白花龙胆各 120 克。研成细粉，混匀。有清热、燥湿的功能，用于治疗风湿热及热证。水煎温服，1 日 2～3 次，每次 3～5 克。（5）森登·吉日干汤：文冠木、龙骨、海螺、山麻子、白屈菜、苦参各等量。研成末，混匀。用于治疗风湿性关节炎、布病。1日 2～3 次，每次 3～4 克，水煎服。

徐青介绍了 8 种蒙成药的现代研究。（1）那如-3（诃子、草乌、荜拨制成的水丸）：具有除湿、祛风的作用。在研究其作用机制时，发现因诃子含大量鞣质，制成注射液，溶血及凝聚现象严重。而方中诃子主要用来解草乌之毒性，故去掉诃子，提取草乌总碱与荜拨挥发油配伍，制成注射液，经动物实验证明，具有明显镇静、消炎作用。（2）嘎日迪—13（草乌、诃子、珍珠、珊瑚等 13 味药组成），又名扎冲-13，汉名为华凤活络丸：用于治疗心脑血管疾病。经分析后，将其试制成扎冲注射液，具有活血化瘀、芳香开窍作用，临床上主要用于治疗中风。（3）哈它嘎其-7（麝香、冰片、雄黄等 7 味药组成）：是一种外用散剂，治疗疮疡肿毒、宫颈糜烂和宫颈癌。（4）沏其甘—喜莫：利用大青山野生沙棘研制成的一种沙棘精。不但能治咳嗽痰多，慢性支气管炎、胸满、消化不良、胃痛、跌打瘀肿、闭经，而且还能滋补强身。（5）嘎日迪-5（诃子、草乌、石菖蒲、广木香、麝香制成的水丸）：治疗风湿病、瘰疬、白喉。（6）哈布得仁-9（小狼毒、生草乌等

9味药组成)：是一种外用散剂，治疗腮腺炎、无名肿毒、蜂窝组织炎等病症。(7) 额日敦-7汤（土木香、苦参、诃子等7味药组成)：治疗感冒、瘟病等。但味苦。经研制后将汤剂改成片剂，获得成功。(8) 赞丹-3汤，汉名檀香三味汤（白檀香、广枣、肉豆蔻)：治疗心律不齐，心绞痛。邓丽嘉等报道本方具有清热、健心的功能，临床实践证明，用于冠心病、肺心病疗效显著，并指出在《蒙成方选》中收载的23个治疗心脏病的方剂中，就有19个方剂用广枣，其中17个方剂是广枣与肉豆蔻同用的。

齐国华介绍了蒙医皮肤科临床常用方剂——嘎玛·珠尔（寒水石35克，雄黄10克，石决明、朱砂、银朱各5克，麝香0.5克)，具有清热、解毒、燥湿、止痛的作用，多用于皮肤疮疡肿毒诸疾。近年来其适应症范围有所扩大，用于口腔粘膜溃疡，咽喉肿痛，腮腺炎，皮肤破溃感染，褥疮，妇女子宫糜烂等。蒙医还将本药用于胃、十二指肠溃疡、慢性结肠炎等，也都收到了一定的疗效。白音夫等报道用本药治疗胃肠系统疾病也取得很好的疗效，并发现其还可减少抗肿瘤药物的毒副作用，同时通过实验研究，证明本药有一定的抗实验性溃疡作用，还首次发现其具有促进胆汁分泌的利胆作用。

谢智惠等为探讨三普勒口服液的作用机制，对小鼠自家血肿消散进行了实验研究，证明三普勒有促进血肿消散的功能。三普勒口服液由芳香开窍、舒筋活血、镇静安神、止痛的“三普勒—淖日布”改制而成，用于治疗中风偏瘫。

（娄国菁）

【壮医药线点灸的应用与研究】

（一）临床应用　叶庆莲等以下关梅(关元穴下0.5寸为中点，旁开1寸，上下左右各一点)、三阴交为主穴，治疗青春期痛经106例。其中实证组配血海、地机、太冲、次髎；虚证组配气冲、肾俞、足三里、肝俞；虚实错杂组配血海、承山、肾俞、足三里。在月经来潮前1～2天开始灸治，每天1次，至经血基本干净时停灸。按卫生部药政局制定的疗效标准统计，总有效率为86.8%。但各组间的疗效相比，无统计学意义　吕琪玲治疗小儿腹泻54例，病程最长半年，最短1天。取脐周四穴、食背（双)、四缝（双)、足三里（双)，有粘液便者加次髎（双)、阳陵泉（双)，每日点灸2次。痊愈35例，好转14例，无效2例。治疗时间最长5天，最短1天。本法对脾虚或食积泄泻疗效尤佳。王华等以龙胆草、大黄各100克，雄黄、冰片各20克，烘干研粗颗粒，放入75%酒精2000毫升内浸泡20天，再将0.7毫米麻线25克浸泡20天，制成点灸药线，治疗带状疱疹102例。疱疹发于上肢者取合谷、内关、曲池；下肢取三阴交、足三里、承山，腰以上加支沟，腰以下加阳陵泉，每穴灸2壮，并点灸疱疹局部及周围皮肤。每日一次。对照组70例，口服消炎痛、强的松、肌注V-B_1、V-B_{12}，紫外线照射。结果治疗组1天内治愈8例，2天内治愈24例，4天内治愈99例，6天内治愈101例，治愈率为99%，平均治愈天数为3.03天。对照组治愈率19%，平均治愈天数10.72天，经统计学处理，差异非常显著（$P<0.0001$)。周其荣治疗内痔出血38例，取痔顶、长强、梁丘、神门、孔最、承山、八髎、肛周四穴(3、6、9、12点处)，随证加减。结果显效（点灸1～2次，大便无出血)29例，好转（点灸3～5次大便无出血)7例，无效2例。

（二）实验研究　壮医药线点灸疗法可治疗100多种疾病，尤其对各种炎症有良好的效果。黄瑾明等以本疗法对小白鼠腹腔巨噬细胞吞噬鸡红细胞的功能作了实验，发现其吞噬百分率及各消化程度的吞噬百分率、吞噬指数均明显高于人参对照组及空白对照组。提示本疗法具有提高机体免疫功能的作用。王坤等用药线点灸家兔大椎、足三里

（双），观察本疗法对免疫功能的影响。结果表明本疗法能明显增强家兔的特异性免疫和非特异性免疫作用，但对其血清总补体结合量无明显影响，其机理与针灸相似。

（沈施德）

【朝医四象方辨治慢性咽炎】

四象医学是朝鲜族传统医药学的基础（参见1990卷本年鉴）。许汉雄等报道，根据朝医四象医学理论采用“四象方”分象施治慢性咽炎120例，并指出朝医治病是根据四象人的体质、天禀脏理不同和四情顺逆动的生理病理特点，出现同象的异病发病机理相同，而异象同病发病机理则可完全不同，强调“药乃局限于人”的治病原则。认为慢性咽炎虽是同一个病，但不同象需用不同方和药施治，如同中医的辨证施治一样，120例中病程最长者5年，最短者6个月。方法为：(1)太阴人，方用热多寒少汤加味。药有葛根、藁本、升麻、五味子、莱菔子、白芷、射干、贝母、白茅根、蒲公英。每日1剂，水煎早晚分服。(2)少阴人，方用独参八物汤加味。药有党参、白芍、白术、当归、甘草、枳壳、青皮、何首乌、半夏、厚朴、苏叶。每日1剂，水煎早晚服。(3)少阳人，方用凉膈散火汤加味。药有生地、忍冬藤、板蓝根、地骨皮、金银花、连翘、黄连、路路通、玄参、天花粉、胖大海。每日1剂，水煎早晚服。(4)太阳人，此类病人偶见，一般一万人群中才有2～3例，许氏等所报道的120例中，没有此类病例。结果治愈81例，好转21例，无效18例，总有效率为85%。其中太阴人33例，治愈24例，好转3例，无效6例；少阴人12例，治愈3例，好转3例，无效6例；少阳人75例，治愈54例，好转15例，无效6例。

（娄国菁）

【傣医烘雅（熏蒸）疗法的应用】

熏蒸疗法傣族称为“烘雅”（音译）疗法，是傣医普遍使用的治疗方法之一。魏启龄等报道本法治疗风湿痹证205例。其中属拢梅（寒湿型）101例；拢嘎兰（虚寒型）63例；拢莫（湿热型）41例。病程最长为25年，最短3个月。烘雅疗法包括方法和药物两个方面。方法：熏蒸室内设熏蒸锅、熏蒸池，蒸气通过蒸气管直接进入池内。患者坐或卧于池内，上加蒸罩，让患者头部露于罩外，周围用毯子和塑料布围好，不透气为度。然后调到适当温度（以患者耐受性而定），熏蒸时间10～20分钟。熏蒸期间让患者把手伸在罩外，以便观察患者的脉搏、血压、呼吸等变化。药物：由小叶臭黄皮、三丫苦、长序岩豆树组成基本方。用于治疗拢嘎兰（偏虚的风湿痹证），加圣诞树叶、白花臭牡丹、野姜叶、小木通、五叶山小桔，各100克；用于治疗拢梅（风寒痹证），加接骨丹、两面针，各200克；用于治疗拢莫（风湿热痹证），加冰片叶100克。取鲜品切细放入锅内煎煮，让药气熏蒸躯体，达到开毛窍、通腠理、活气血、祛寒湿之目的。结果205例中，痊愈（肢体关节痠麻胀痛、屈伸不利、畏寒等症状消失）123例，随访1年未见复发，显效68例，无效14例。总有效率为93%。治疗次数最少1次，最多5次。

傣医还根据病情的不同，选用不同的配方治疗其他疾病。比如用冰片叶、蔓荆叶、通血香熏蒸，可治疗麻、痘、疹不透，加上生藤、独脚金鸡、姜熏蒸，可治疗痧症、感冒。在保健方面，傣医对产后1月的妇女普遍采用针金草、冰片叶、白花臭牡丹叶、无根藤、蔓荆叶煎煮熏蒸，起到祛风除毒、活血通络、增强体质之作用。正常人每月熏蒸1～2次，可起到预防疾病之作用。

（娄国菁）

【黎族医药】

林诗泉撰文介绍了海南黎族医药，指出黎族医药的特点与壮医基本相仿，其防治疾病的方法主要表现在五个方面。(1)草药内服法：如感冒发热采用黎茶煎服；急性腹痛用益智仁捣烂冲盐水服；腹痛、腹泻予草豆蔻冲盐水服；大腹病（指肠寄生虫和疟疾脾肿大）用槟榔果煮水服；发冷发热病取青蒿窄汁服等。(2) 佩药疗法：选用芳香植物的根块、叶子、果实等。如益智、莨羌、沉香、降真香、香茅，用红色丝绒串系，给患者佩挂在颈项胸前、手腕，也有缠在腰部的。用于体弱多病的儿童、妇女和老年人。此为黎族传统的、独特的医技。(3) 外敷疗法：此法应用较广，常选用大青叶、一点红、石榴叶的根块、叶、果实捣烂外敷患部，专治外伤或炎症性肿痛。黎族草医称此法有祛污生新的作用。(4) 捻痧疗法：与中医刮痧法相似。常选用头额、鼻梁、颈背、腹部、腰部、小腿、腘窝等部位施术，主治头痛、腹痛、腰腿痛。捻痧后要求病人躺在床上休息片刻。(5) 骨伤疗法：对于外伤病人常选用榕树根、接骨草、舒根藤、鸡骨香等捣烂外贴损伤部位，然后加用竹板外固定包扎，还常用熊胆或熊羔冲米酒服，或用此酒外涂散血。

此外，迄今所知，黎族地区能入药的植物有 2500 多种，被《中药大辞典》收载的就有 500 多种，其中治疗蛇毒的药物有 310 种，专治癌症的药物有 50 多种。

（姜国菁）

参考文献

B

白明纲，等。正交试验法研究蒙药铁屑炮制工艺。中药材，1991；(2):26

铁屑蒙医传统炮制方法的研究。中成药，1991；(6):18

白音夫，等。嘎玛珠尔对大白鼠胆汁分泌和抗实验性溃疡作用的初步研究。内蒙古中医药，1990；(3):40

C

崔亚君，等。蒙药铜的炮制机理探讨。中药材，1991；(6):31

D

邓丽嘉，等。蒙药赞丹．古日班的方剂研究。内蒙古中医药，1989；(1):3

迪庆晋美。藏医尿诊法简介。云南中医杂志，1991；(4):32

G

尕玛江措，等。藏医中的药浴法。甘肃中医学院学报，1991；(4):38

H

黄瑾明，等。壮医药线灸对小白鼠腹腔巨噬细胞吞噬鸡红细胞功能的影响。广西中医药，1991；(1):43

L

李春芳。蒙药方剂"散盆拉敖日布"治疗瘫痪的疗效观察。时珍国药研究，1991；(2):61

林诗泉。海南黎族医药。中华医史杂志，1991；(2):105

吕琪玲。壮医药线点灸治疗小儿腹泻54例。内蒙古中医药，1991；(2):22

M

蒙　根。蒙药"霞日—森登"的传统验方简介。时珍国药研究，1991；(2):84

N

牛　锐，等。藏医学导泻疗法初探。甘肃中医学院学报，1990；(1):25

P

彭宝珠，等。藏药雪灵芝对炎症和免疫功能的影响。中国中药杂志，1991；(6):363

Q

漆　浩。从《四部医典》看藏医灸法的特色。内蒙古中医药，1988；(2):13

齐国华。嘎玛·珠尔新用。内蒙古中医药，1989；(4):16

R

热格德勒。部分蒙药材的炮制方法。甘肃中医，1991；(1):48

任　旭。藏医外治疗法。内蒙古中医药，1991；(4):15

W

王道瑞。藏医用药及治法中的几个特点。中国医药学报，1989；(5):52

王　华，等。壮医药线点灸治疗带状疱疹。四川中医，1991；(10):49

王　坤，等。壮医药线点灸对家兔免疫功能的影响。广西中医药，1991；(1):46

魏启龄，等。傣医烘雅疗法治疗风湿痹证 205 例疗效观察。云南中医杂志，1991；(5):48

文绍敦，等。谈藏医的化脓灸疗法。甘肃中医学院学报，1990；(4):43

藏医放血疗法简介。甘肃中医学院学报，1991；(3):54

X

谢智惠，等。蒙药三普勒促进小鼠自家血肿消散的研究。内蒙古中医药，1991；(1):39

徐　青。几种传统蒙成药的现代研究初况。中成药，1991；(10):33

徐　青，等。蒙药额莫一壮西的传统炮制方法简介。中国中药杂志，1991；(1):30

许汉雄，等。朝医"四象方"治疗慢性咽炎120例疗效观察。内蒙古中医药，1991；(2):19

Y

杨永红，等。甘肃藏药翠雀属植物11个分类群的微量元素测定。兰州医学院学报，1991；(3):140

叶庆莲。壮医药线点灸治疗青春期痛经106例。广西中医药，1991；(2):49

易进海，等。藏药独一味根化学成分的研究。药学学报，1991；(1):37

Z

张俊山。蒙药治疗脑血栓 216 例。辽宁中医杂志，1990；(8):28

张所明，等。藏药大株红景天挥发油成分的研究。中药材，1991；(2):36

张秀兰，等。川西翠雀花药理作用的研究。中药材，1991；(1):40

周其荣。壮医药线点灸治疗内痔出血38例。云南中医杂志，1991；(1):33

邹恩济，等。蒙药草乌炮制的研究。中成药，1991；(9):18

五、港澳台中医药

【香港中医药近况】

自香港开埠以来，中医药一直深受香港人的信赖和广泛使用；由于历史及人为因素，长久以来，中医中药尚缺乏一个适当的环境，以便为香港社会的医疗保健事业作出更大贡献。随中国大陆的进一步开放和香港的回归，九十年代，香港中医药将会有较快的发展。

一、中医药行政管理

据1989～1990年调查，香港市民约有66%常用中药，在1989年2月两市民误服混用品草药而中毒，加上香港特别行政法有发展中医药的规定，1989年8月香港政府卫生福利司成立“中医药工作小组”，负责检讨传统中医药及有关行业的使用情况和运作。工作小组将就保障市民健康和推广中医中药应采取的措施，提出建议。“中医药工作小组”是由学术专家及有关政府决策部门代表组成。为了征询中医师和中药商的意见，定期与他们接触。在1990年5月成立专业咨询委员会，成员有执业中医师、参与中医培训及中药贸易的人士。“中医药工作小组”主要目标是提倡正确使用中药，确保病人安全，保障消费者权益；确认中医药人员在本港社会医疗体系的地位。对香港的中医药行业给予适当的扶助和推动。在1991年10月印发的《中医药工作小组中期报告》中肯定中医药在文化上的地位及对医疗体系的贡献，应加以扶植和推动，认为不宜将管制西医药的各项措施强加于传统中医药上；应本着“继承不泥古，创新不离宗”的精神，保持中医药的特色及其优良传统。优先处理下列事项：(1)安排中医参与有关程序，进行中医注册及管理；(2)拟订《烈性中药》目录；(3)对市民进行正确使用传统中医药的知识宣传和教育；(4)改善中药店专业人员短缺问题。工作小组将根据对中期报告的公开咨询意见，向政府提交建议。

二、中医师团体及培训

（一）中医师团体　目前香港有13个中医团体，其宗旨、目标大体相同，诸如促进中医的福利，提高中医的执业水准，以及与海外中医团体学术交流和联系。相当多的中医师加入一个以上团体，但亦有不少中医师未加入任何中医团体。1990年10月，由5个中医师公会组成的“全港中医师联合会”成立，目的在提高传统中医药在香港的地位。此外，“香港中医学会”亦于1990年12月成立，主要成员是中国大陆的中医学院毕业的中医师，宗旨是促进和发展传统中医药学，使之成为一种服务于市民的专业。

（二）中医师的培训　香港中医培训机构有12所，分别属于中医师公会会立和私立，其中以私立的中国国医学院和菁华中医学院历史最悠久，前者已开办45年，后者亦近40年。但均未获政府的承认和资助，进程艰难。近年修读中医的学员，平均年龄降低，素质提高，学员中不乏大专或更高学位的专业人士，显示出美好前景。目前进修中医的人员，都属业余，故各学院均在晚上授课。1991年7月，私立“香港中医学院”注册成立，将提供全日制的中医课程。

三、中药贸易和制造

（一）中药贸易　香港的中药绝大部分由外池输入，在港的分销商、炮制商及零售商，亦将货品转售给海外办庄。根据香港的贸易统计，1989年及1990年平均每年输入香港的中药价值超过港币20亿。在本港中药店，一般可以购得900种中药材。在约3300种中成药中，约85%以上是输入的。

（二）中药制造和销售　由于租金和工

资高涨，近年不少炮制商已把厂房迁往深圳及中国其他市镇。估计在本港经营的炮制工场已不足30所，其中不少只是小型工场。香港的中成药制造业则较为发达，不少厂商都是用国内老牌厂号，产品还远销至东南亚、中南美和非洲等40多个国家。据香港卫生署1990年调查显示，在本港大约有60多个中成药制造商，生产约500种中成药。近年来，中药店的经营方式有所改变，每多兼售营业额大、利润较丰的"参茸海味"等，而配剂药材反成次要。还兼售西药、日用品、化妆品等。近年有以连销店形式出现、规模较大的中药行，为中药零售行业带来生气。但有经验及专业知识的药铺掌柜相当缺乏。

四、中医药学术活动

（一）讲座　香港中文大学中药研究中心于1991年6月举办了以"香港中医药的现状和前瞻"为主题的公开讲座，内容涵盖中医药的管理、贸易、教育及科研等方面，对加强认识香港中医药的现况，探讨未来发展，有所俾益。

（二）国际研讨会　由"香港中医学会"组办，于1991年7月举行国际中医药学术研讨会，国内中医学术界应邀出席的单位有国家中医药管理局、中华全国中医学会、北京中医学院第一附属医院、中医杂志社、中国中医研究院、北京联合大学中医药学院、北京市中医医院、天津医学院、天津中医学院、上海中医学院、福建中医学院、厦门中医学院、广州中医学院、重庆市中医研究所、昆明市中医医院。该研讨会收到论文百余篇，其中78篇编成《资料汇编》，印行出版。台湾陈立夫先生寄来论文《中医的今昔观》，深受与会者重视。

（三）展览、旅游　1990年11月，香港商务印书馆为庆祝该馆与北京人民卫生出版社合作出版的大型中药工具书《中国本草图录》全套十卷出版完成，举办"中国本草介绍月"，包括11月23日至12月9日举办的"中国全国中草药展览"及12月1日举办的"专家漫谈中草药"讲座，地点均在商务印书馆图书中心展览厅举行。12月2日还举办了"中港专家交流游、西贡远足觅本草"活动。

（四）访问　应广州中医学院之邀，香港中药联商会广州访问团于1989年11月24～12月1日，赴穗访问，并以该会名义捐赠港币16万元予广州仲景中医药奖励基金会。

（杨显荣　任勉芝）

【台湾中医药动态】

据1991年9月30日台湾"行政院卫生署"公布的"台湾地区公共卫生概况"，迄1989年底，台湾地区中医师执业人数有3353人，中医医疗院所合计1735家，登记有案的中药贩卖业者6917家，中药制造业261家。1991年11月，经台湾立法院一读通过《"卫生署"中医药委员会组织条例》（草案），待三读通过后，将赋予该委员会实质职权，正式成为"卫生署"内半独立的行政单位。中医药委员会下设中医、中药、研究发展、咨讯典籍四组及秘书室，分别负责中医药执业的辅导、中医医事人员临床进修、中药政策拟定、中药厂商的辅导、中药广告、中医诊断及临床的评估、中药材基原、品质及剂型的研究，及中药典籍、资讯整理等项工作。

一、中医药行政管理

（一）中医药发展方向　郝柏村在第三届世界中医药学术大会（1990年11月）开幕词中指出：中医药的发展应从四个方面努力：(1) 整理中医典籍，建立现代中医药科学；(2) 结合现代医学人才，以科学验证中医药疗效。(3) 重点发展中医药及针灸特长，以应医疗需求。(4) 培植中医药人才，健全教学及执业体系。林昭庚提出：(1) 开放两岸中医药学术交流，列出共同研究的重点项目；(2) 提升中医学术研究，"国科会"中应有中医参加；(3) 台湾公立医院应普设中医部；(4) 中医药管理机构须具有中医专业的人才参与，中医应有独立的行政体系与财力支持；(5) 公立医学院应设研究所、中医系及研究生班。

(二) 中医医疗、科研机构的设置　1991年，经台湾"劳保局"对申请加入特约中医院所进行实地考察，决定比1990年增加410所。台湾阳明医学院于1991年8月份成立传统医学研究所，将对中医的"经络"、"气"、"穴"等概念予以标准化；在中药方面，将研究对人体血液循环的影响，如循药方电磁路线影响人体器官的作用机理等。

(三) 中药科学化管理　台湾"卫生署药政处"张鸿仁表示：药价基准订定、医药分业规划及中药 GMP 实施，是1991年工作的三大重点。目前台湾地区每年进口中药金额约30亿元(台币)，中药总消费值约达100亿元（台币），约为西药的一半。为加强中药品质管理，台湾"卫生署"初步决定1992年拨款2300万元（台币）进行中药材、中药方剂品质、药理等研究，并整合中药调剂方式和统一配方与剂量。目前"卫生署"已完成60种标准处方。计划至1994年核定200种中药标准处方。中药浓缩制剂的含量测定项目，目前仍只限于水及稀醇抽提物两项，且规格均由厂方自订。为求品质在批次间有较齐一水准，于1989年7月起，药物食品检验局就方剂中两个以上指标成分定量方法进行研究，预计至1993年可完成120个处方的定量方法，供厂家参考。为普及薄层层析法，于1988年7月份起，在5年内将完成150个处方，供药厂参考。

(四) 中药厂 GMP 管理　从1991年7月开始，用3年时间，在传统中药厂中实施 GMP（优良药品生产规范)。第一阶段要求所有申请新中药登记者必须符合 GMP 制造规定；第二阶段要求中药厂在登记新药前，必须所有产品都符合 GMP 的软件（完整的品管资料）规定；第三阶段要求生产中药新药的厂商必须符合 GMP 的各项软、硬件规定。台湾"卫生署"决定从1991年5月开始，由药检局与制药工业公会，共同在南、北、中三块地区举办薄层层析讲习班，凡申请中药产品有效期展延的中药业者，应具有中药材成分薄层层析资料。

(五) 中医人才的培养　台湾首批中医博士学位于1991年在私立中国医药学院造就。为了防止中医人才流失，台湾"卫生署"向"教育部"提出中医系毕业生不得报考西医执照和增加学士后中医系录取名额等建议，均未获通过。1991年10月12日举行了中医师特种考试。

二、中医药科研

1991年度台湾中医药界继续围绕着台湾地区常见病、多发病而展开一系列科研活动。

(一) 中医基础及临床研究　汪叔游等进行了脉波图形自动分析技术之开发。他们以 IBM-32 位元个人电脑作脉图自动分析，正确率近于百分之百(SR 除外，只达85%)。杨文达等对91名慢性气道阻塞病患者的脉图作了研究，提示升阶小隆是本病常见的脉图变化，其出现可能与本病患者普遍存在胸腔内负压增高及次发性红血球增多症有关。陈逸光等用电脑咨讯检索技术建立了《内经》检索系统，可在40秒内搜索整本《内经》，且可做跳导检索。曾谋贤等对1153名B型肝炎病患者进行了辨证归类的探讨，共归为三期：第一期为免疫耐受期，多无症状。第二期免疫廓清期，可分(1)湿热积滞型，此型 SGPT 较高，多属急性肝炎、慢性肝炎急性发作或暴发性肝炎；(2) 肝阳上亢兼脾虚，或兼肾虚，或兼心虚，或兼肺虚，E、HBV、DNA 多为阳性，这类患者最多，约占54.5%；(3) 肝阴血虚型，约占10%；(4) 肝气郁结型，约占24.2%；(5) 其他无明显症状者，约占8%。第三期是免疫廓清后期，本期中大部分兼有第一、二期类型，少部分属气滞血瘀、心肾两虚和五脏俱虚，肝硬化、肝癌约占2.1%。

（二）针灸研究　1991年侧重于3个方面：（1）针刺得气深度：林昭庚等对107名人体胸部诸穴之得气深度及得气与电阻的相关性进行了研究，研究显示，不同性别、不同体型各穴位平均得气深度均有显著差异，而各穴位其电阻与得气之相关性并无显著差异，还发现得气深度大部分在肌肉层，故认为得气与肌电活动、肌肉收缩有关。王清福等将病人分成胖、中、瘦三组，利用仪器测量躯干与下肢临床穴位之"得气深度"，并作统计学处理，从而在针刺的有效、安全深度上获得精确的数据。杨文达等利用X光摄影，间接观察球后穴得气深度与视神经孔距离的关系，认为绝大部分病人可用二寸长针（约5厘米）。（2）新针疗法治病机制探讨：陈昭明等进行了头皮针对脑血流的影响之研究，于足运感区、运动前区、运动区等处扎针，用颅内超声波测定脑血流速度，显示以律动指标较具临床意义。初步认为，头皮针治疗脑源性疾病的疗效机转可能是头皮针的刺激改善扎针侧局部的脑动脉血管的弹性，使脑血流量有更大的伸缩性，从而促进了脑部血液循环的代偿作用。程德欣认为耳针新穴电疗的治病机转，在于调整人体内"病理性损伤电流"。（3）新针具的开发：张永贤等进行了"精密陶瓷在针灸学的作用及临床应用"之研究，该陶瓷系以锰、钴、铁、镍等过渡金属氧化物为主要成分，对人体有远红线效应，离子效应和穴道作用效应等。

此外，尚有周碧瑟的"台湾针灸在临床应用的调查研究"和李汉平等用口腔电位测量仪探查各种金属补牙材料产生电流对人体影响之研究，从中医理论探讨牙齿和全身器官之关联等。

（三）中药研究　（1）抗肿瘤：吴午龙等以中国人多发的鼻咽癌、子宫颈癌、大肠癌及喉癌的癌细胞作为癌细胞株，对15种丹参酮成分进行体外癌细胞毒性试验，发现12种丹参酮中，凡有邻位醌官能基且含D环结构者，对人癌细胞具有颇强的抑制作用。但化学结构中只有2-羟基-对应醌之3种丹参酮则不具任何人癌细胞毒性作用。杨玲玲等选出100种理血药及50种祛瘀药，以组织培养方式检测其抗肿瘤活性，结果有18种能抑制KB细胞生长，其中2种对CA-431亦有抑制作用，而蓖麻子对上述两种细胞均有抑制作用，但不影响正常细胞。体内试验显示对P-388及S-180亦有影响。李旭生等对灵芝抗肿瘤效应及其作用机理作了进一步的研究；江雪卿等对茄科植物之抗肿瘤活性成分进行研究，并计划分离茄子及茄根所含之抗肿瘤成分，测试其活性。（2）活血化瘀中药的研究：苏铭嘉筛选出对心脏有临床疗效之成分。邓哲明等从其抑制血小板凝集、维护血管内膜、松弛血管、抑制血管性炎症，促进心缩效率及抗不整脉等方面作了探讨。（3）对常见病、多发病有效之中药研究：孙昌民等对治风湿病有疗效的10种台产高山药用植物进行化学成分的分析和检定。林忠男等对台湾龙胆中所含降血压等活性成分及相关活性成分进行分离和半合成。

（四）其他　邱卓凡进行了抗EB病毒DNA聚合酶的中药研究，探讨了8种药用植物的抑制酶活性之成分，并测试其抑制活性的效应。谢明村进行了安神丸对于大鼠行为药理学和镇静作用之机转的研究。陈介甫对不同品种的甘草及其药效成分进行研究，探讨甘草酸对皮质固醇、亲皮质素及醛固酮的作用。

（五）气功研究　李嗣涔进行了"气功态"、"刺激法及气功外气之红外线频谱"研究，实验发现在每次成功的练功中，不论用闪光或思想，均能瞬间大幅度增强α波的主峰振幅，并在5分钟内即引出"气感"；统计显示，以快速之思想及闪光刺激在引发气感上均很有效，50%以上之受试者在30分钟内可达"气集丹田"或"气走任脉"的效果。结果还表明，部分气功师能发放两种外气，一是调理之气，发放时其身体处于气功共振态，发出大量的红外线；另一则吸收外界之红外线能量。陈维廉等用放射性核种闪烁摄影术探讨气功对人体内脏的影响。

三、海峡两岸中医药交流

有鉴于海峡两岸形势的缓和，台湾“卫生署”已考虑分近、中、远三阶段进行两岸医药交流计划，开放大陆中药及制剂和西药原料进口。认为从大陆直接进口，不但距离较近，比较经济，而且使药源直接由台湾厂商掌握，药材的规格按需要的方式种植、采集及炮制。由于尚不了解大陆药厂水准和各类名牌药品，因此，台湾“药政部”认为进口中药制剂还不成熟。但可与大陆名成药厂合作，依台湾GMP的规定生产大陆中成药，使大陆中成药能在台核准上市，甚至可透过台湾行销世界。台湾“卫生署”、“财政部”于1991年1月30日重新修订“入境旅客携带小量自用大陆土产限量表”，凡属中药材限携带2种，每种可携带0.6公斤，品种不限；成药不得超过12种，每种最多带2瓶(盒)，总价不得超过1万元（台币）。

（林端宜　肖林榕）

六、国外中医药

【日本治疗男性不育症进展】

在日本不孕症夫妇中，由于男性精液异常者，占有一定比例。井田宪司统计了771组不孕症夫妇，有246例为男性精液异常，其中无精子者21例，精子减少者219例，精子活动能力不足者142例，精索静脉曲张者23例。除了用性激素等西医疗法外，不少医疗机构还开展了中药治疗的临床和实验研究。

临床研究方面，井田宪司治疗精子减少症72例，每日口服补中益气汤7.5克，连服3个月，结果41例精液明显改善，有9例的配偶妊娠。森明人对51例精子减少症，每日口服八味地黄丸7.5克，结果11例的配偶妊娠，多在服药3个月内。从临床有效者的精液所见，设服八味地黄丸前精子浓度和精子运动率为100%，服药后其精子浓度为350±150%，可见明显改善，而精子运动率为130±30%，改善不很明显。吉井慎一用补中益气汤每日7.5克，口服3个月后测定血清激素值，服药后HCG负荷试验T反应量明显上升，血清FSH减少，认为前者是该方剂促进Loydig氏细胞机能所致，后者则是作用于睾丸促进生精而继发性出现的。

实验研究方面，广渡恒治观察了中药对精子活动的影响。先用帕科尔（Pacol）脱氧法将精子浓缩、洗净，分别添加八味地黄丸、人参汤、补中益气汤、牛车肾气丸的提取剂，然后用运动功能自动分析仪测定精子运动率、运动速度、直进性及精子头部的振幅等。结果表明，人参汤、牛车肾气丸对精子运动功能上升有直接效果。臼杵悊发现八味地黄丸和桂枝茯苓丸对雄性性腺活动有相反的作用。用八味地黄丸、桂枝茯苓丸给雄性大鼠灌胃3～5天后，处死摘出鼠睾丸，发现八味地黄丸能促进睾丸酮产生，而桂枝茯苓丸抑制睾丸酮分泌。

伊东宏研究了蛇床子的化学成分，分离得到苯并呋喃衍生物（1,2,3），单萜衍生物（4,5）及P-香豆酸，经NMR解析确定了结构。用小白鼠对各组分进行强壮、强精试验，含有1和2的组分得到了良好的效果。

（姚　勇）

【日本应用黄连解毒汤的近况】

黄连解毒汤源出《外台秘要》，现在日本应用很广。据石川友章总结，本方临床可用于：(1)热性病迁延者；(2)出血症（吐血、衄血、下血）；(3)精神分裂症：躁郁症、神经症、失眠、血道症等精神神经疾病；(4)干癣、荨麻疹、湿疹、酒皶鼻等皮肤病；(5)高血压症；(6)胃溃疡、胃炎等胃肠症状；(7)脑卒中后遗症等。蔡诚献认为，本方对高血压、鼻出血、口腔炎、腹泻、烦热、眼球充血、胃炎以及脑循环的改善等有效。荒木五郎、大柳博士等分别报告了本方对老年性痴呆的疗效。

黄连解毒汤与脑血管障碍的研究报告，有川岛孝一郎等"黄连解毒汤对脑血管障碍的效果"，小暮久也"缺血性神经细胞坏死的机制与汉方"、"从临床角度看脑血管障碍"，荒木五郎"对脑血管性痴呆的药物疗法"、"老年脑血管障碍后遗症与汉方"等。长谷川恒雄认为，本方治疗脑血管后遗症适用于虚实之间、少阳病位而有火气逆上倾向者，因其具有止血、降压、改善脂质代谢、改善脑血流等作用，故按汉方的证投药可获较好疗效。长谷川总结96例、荒木等报告32例、后藤氏报告46例脑血管障碍所致各种后遗症，分别取得了不同疗效。但对于作为痴呆核心的智能障碍则疗效不明显。也有经治疗后改善智能减退方面取得显效的症例。松浦秀吉报告1例脑出血后陈旧性半身不遂、失语的高血压症例，经服本方胶囊后取得1周血压下降、3月能站立行走、8月后已能会话的疗效。

目前对高血压的治疗使用西药降压剂虽然很简便，但药后的副作用和需长期服用，给患者带来的负担往往影响治疗。因此开始求助于汉方药，黄连解毒汤便是常用方剂之一。掘达彦报告1例高血压治验，认为对用西药降压药无效的病例往往用本方获效，尤其对因酒精引起者更佳。井上允报告2例，服药后血压平稳下降，其他自觉症状也随之有不同程度改善，认为胶囊剂疗效很好。坂本登治、蔡诚献也分别报告了使用胶囊治疗高血压的经验。但也有因用药而致不良反应的报告，高桥贞则首次报告1例高血压脑动脉硬化患者因服本方而致血压剧烈波动的病例，并就其原因及机制进行了探讨，认为是由于认证不确而致。

近来本方在神经精神科应用也较广。在精神科以应用汉方治疗著称的山田光胤，其最常用的方剂之一就是黄连解毒汤。本方在日本医师会医药品卡片中是以不眠为使用目标的汉方之一。田中邦雄认为除相当虚证者外，本方是不眠的首选方剂，并报告10例治验例，指出该胶囊可做为不眠时睡前的顿服药。森莊祐曾将黄连解毒汤试用于躁郁症及精神分裂症，认为可替代碳酸锂，尤其可用于躁郁周期发作的预防，但对精神分裂症躁郁周期反复发作的难治病例，尚需与抗精神病药物并用。森氏认为本方具有改善升火、焦躁等交感神经占优势的兴奋状态的作用，对此可以传统的泻火作用解释，也提示了与影响神经递质代谢水平有关的可能性。石川氏报告一“登校拒否”女学生的治验例，每日服6粒胶囊加甘草汤2克，1年后痊愈，性格也变得开朗。关于老年痴呆，主要有脑血管性痴呆与阿耳茨海默型痴呆，随着日本人口老龄化，后者有逐渐增多的趋势。荒木氏报告黄连解毒汤治疗本病的适用性，认为这是汉方治疗的主要方剂，其疗效因医疗单位不同而差异较大。大柳氏据有关资料报道，对脑血管痴呆型投与本方，使用阳电子放射断层摄影法(PTA)测定脑内糖代谢变化，发现脑中风患者中77%有某种程度糖代谢的改善，未见副作用。

黄连解毒汤对胃炎、胃溃疡等有很好的临床疗效，近年来对其作用机制开展基础研究。渡边和夫在第9次和汉药讨论会，报告了本方对小白鼠应激溃疡与烧灼溃疡的抑制、修复作用；高漱英树也连续报告本方对胃粘膜的保护作用以及对胃机能的药理学研究等。森氏、堀氏等报告，本方还具有解酒毒作用，可用于酒后不适及“二日醉”；井上允还发现本方能增强人体对酒精的耐受力，酒宴前服用该胶囊可避免发生醉酒。

此外，还有仙头正四郎、高桥邦明分别使用本方治疗急性口腔炎及成人型特应性皮炎重病例的报告，以及松本一男将本方合于荆芥连翘汤内治愈血尿的报告等。

临床实验研究，森本由美、林孝秀等分别报告了本方急性负荷对人眼球结膜循环动态及血液流变学的影响。森氏认为本方可使眼球结膜浅层部血流量减少，深层部血流量增加；林氏认为本方使眼球结膜小静脉的血流速度和血流量增加，这可能是在血管内血浆量增加的同时，选择性地使脑循环血流增加的结果。并指出本方还具有降压、镇静、减少心率、降低血粘度、改善血流变以及收缩末梢血管等作用。这些在临床上都具有重要意义。

日本汉方是随证治疗，精制剂的使用也不例外。仙头氏认为本方是清泻实火的方剂，适用于实热证，因虚热而致之炎症、精神症状、不眠等用之无效。但又认为急性胃炎、急性口腔炎、急性荨麻疹等急性炎症多因实热而致，故可某种程度的省略辨证。仙头氏指出，因本方性味苦寒，过服伤阴耗气，故不宜长期服用，若需长期服用者应根据患者体质及病证与他方并用。

本方原为汤剂，日本汉方多使用提取精制的胶囊剂，因而克服了味苦难饮，服用方便，倍受医患欢迎。以上所述黄连解毒汤的应用基本上都是胶囊剂。

（王克勤）

【日本对小柴胡汤研究的近况】

（一）改善肝脏功能　沟口靖纮观察80例HBe抗原阳性慢性肝炎患者，服用小柴胡汤。疗效，肝功能改善者占50%，HBe抗原转阴者占18.8%，HBe抗原滴度降至1/2以下者占13.8%，表明小柴胡汤通过免疫激活作用在病毒学方面发挥了效能。久满将小柴胡汤用于乙型肝炎的中间证（即实证与虚证之间），表现为心下痞硬和胸胁苦满均不明显，而有疲劳感、大便溏薄倾向。其中70%患者观察到随着转氨酶下降自觉症状亦有明显改善。薄场彰观察小柴胡汤对外科手术后肝功能损害的效果，对象为66例呼吸系统和消化系统的外科手术患者。小柴胡汤每日5克口服，仅手术前投与者16例，术前及术后均投与者17例，未投与者33例。分别于术前、术后、术后2周、4周、6周，从临床症状、血液生化检查、中医辨证三方面进行观察。结果表明，小柴胡汤可改善外科手术后的临床症状，并促使血液生化检查恢复正常。以术前、术后均投药者效果最好，仅术前投药者也有一定效果。小柴胡汤对抑制慢性肝炎和肝硬化的恶性化也有明显作用。山本祐夫观察肝硬化；而经甲胎蛋白及超声波检查无肝癌可疑的患者292例，分为对照组和投药组各146例，投药组每日口服小柴胡汤7.5克，对照组给予一般保肝药物。三年后复查，投药组发生肝癌2例，对照组发生肝癌8例，$P<0.05$。动物实验。满川博点用氟烷引起大白鼠肝损害，再给小柴胡汤提出剂0.9mg/10ml/kg，胃管灌入，24小时后从腹主动脉采血，测定血清GOT、GPT，摘出肝脏。经与对照组比较，小柴胡汤组的血清GOT、GPT明显受到抑制（$P<0.01$，$P<0.01$），其组织学变化评分及坏死范围面积也明显减小（$P<0.05$）。推测小柴胡汤对肝损害有非特异性的抑制作用和膜的稳定作用，并可影响肝细胞内的代谢过程。

（二）调整免疫功能　井出哲正用小柴胡汤治疗继发性习惯性流产6例，4例获得成功。都于妊娠6周内开始服药，总剂量175～680克。妊娠第6周是胎盘形成的临界期，在此以前投药，可望通过调整免疫功能，消除机体对受精卵的排斥作用。加藤由美子用EL-TSA法和生物测定法测定白细胞介素1α和白细胞介素6，加入小柴胡汤50μg/ml后，前者明显增加，后者虽有个别增多现象，但无一定倾向性。认为小柴胡汤是通过刺激巨噬细胞和辅助性T细胞，从而诱导细胞产生抗体的。加藤氏又用小柴胡汤50μg/ml的比例加入足月分娩婴儿的单核细胞中，培养7天后，测定上清液，6例中有5例IgM明显增加，7例中有5例IgG明显增加。提示作为新生儿感染性疾病的预防和治疗用药，小柴胡汤具有临床实际应用的可能性。另外，小柴胡汤和其他方剂合用，对多种疾病呈现良好的治疗作用。如小柴胡汤合半夏厚朴汤长期煎服，可减少血中IgE，同时IgG上升。柴苓汤（小柴胡汤和五苓散的合方）可使血中过氧化物歧化酶（SOD）活性明显降低，治疗肾炎、类风湿性关节炎、红斑狼疮有效。柴胡四物汤治疗胶原病也取得较好的疗效。

根据以上文献报导，小柴胡汤的作用可归纳为：(1)促进蛋白质合成；(2)增加糖原；(3)调节抗体产生系统；(4)诱导产生干扰素；(5)促进肝细胞再生；(6)改善脂肪肝；(7)抗炎症；(8)抗变态反应；(9)抗应激性溃疡；(10)抗肿瘤。

（姚　勇）

【日本对柴苓汤的临床应用】

柴苓汤为《杂病源流犀烛·六淫门》治阳

明症方，近年日本屡有关于柴苓汤临床应用的报导。

（一）在肾病方面　石井策史等以柴苓汤长期治疗慢性肾炎成人患者，在31例中，非肾病综合征患者15例治疗后，有6例尿蛋白减少50%以上或尿沉渣有明显改善；肾病综合征患者16例；有10例获得改善或稍有改善。山内康平等用柴苓汤治疗IgA肾病1例，获得显著疗效。中野广文等对柴苓汤降低肾病综合征蛋白尿的疗效进行了调查，在20例患者中，有¾对治疗有抵抗，但在接连复发的5例中，4例有显著疗效。稻场进等应用柴苓汤治疗22例小儿激素反应肾病综合征，服药后复发率减少，对激素副作用之一的肥胖倾向有减轻效果，並有能撤停激素的病例。矢数道明以柴苓汤治疗伴发狼疮肾炎的全身性红斑狼疮1例，最后停用类固醇制剂，取得比预想要好的效果。姬井孟对糖尿病早期肾功能损害患者应用柴苓汤治疗，测定尿中微量蛋白，认为在糖尿病患者早期肾功能损害时，柴苓汤有减少尿中微量蛋白的作用。

（二）在肝病方面　木村圭志等认为，柴苓汤是小柴胡汤和五苓散的合剂，具有两方的药理作用。他们在临床上试用柴苓汤控制肝硬变腹水1例，取得良好效果。木村氏等报告了柴苓汤治疗伴有腹水和食道静脉曲张的非代偿性肝硬变4例，柴苓汤有效地控制了食道静脉曲张硬化疗法引起的腹水增加。大原健士郎等用柴苓汤治疗酒精性肝损伤27例，认为柴苓汤是治疗此病的有效方剂。国兼诚等采用双盲法对本方和肝宁片作了对比研究，结果表明，柴苓汤组GOT、GPT和γ-GTP等肝功能指标均获得改善。全身改善度、有效性评价与肝宁片组相比可见统计学差异。此外，小松真史等也有柴苓汤对慢性肝炎疗效的报道。

（三）在其他方面　柴苓汤可增强类固醇制剂的效果。小畑伸一郎等报告了3例溃疡性结肠炎患者并用柴苓汤，使类固醇制剂减量，防止复发，获得了良好的疗效。大野修嗣等肾上腺皮质激素和柴苓汤并用，治疗全身性红斑狼疮32例取得一定疗效，其中非活动期全身性红斑狼疮由于并用柴苓汤而安全地减少了激素用量的20%。向正井也等以柴苓汤治疗系统性红斑狼疮伴血小板减少症1例显效，类固醇得以减量。小林阳二报道并用柴苓汤治疗成人型Still病1例，类固醇制剂得以减量。小畑伸一郎等报道并用柴苓汤治疗特发性血小板减少性紫斑病1例，类固醇制剂用量减少。大萱稔等报告柴苓汤与西药并用治疗类风湿性关节炎（RA）有效48例。但松浦美喜雄以柴苓汤治疗RA 18例，与以往的报导相比较，效果不理想，认为由于包括了较多的曾用过金制剂、巯丙酰甘氨酸（tiopronin）及对其他疾病的调整药物治疗抗药的难治病例，以及用药剂量不足等，或许是造成这一结果的重要因素。池田胜久等运用柴苓汤治疗小儿渗出性中耳炎35名（46耳），疗效颇佳。高坂知节试用柴苓汤治疗渗出性中耳炎，结果优于过去的药物。冈进等用柴苓汤治疗腹泻，观察60例，其结果年青而有腹痛的急性胃肠炎中，腹泻1日7次以上的重症患者效果更好，且未见副作用。五味俊彦运用柴苓汤治疗27例带状疱疹及7例疱疹后神经痛患者，认为对下半身痛者有效率较高。

（赵雪松）

【日本对汉方精制剂效能的再评价】

将汉方药成分提取出来，并制成片剂或冲剂等剂型而服用的一类制剂，统称为汉方精制剂。由于精制剂服用方便、节约材料等优点，符合日本国情，故现已在日本广泛应用，而且成为日本汉方药今后发展的趋势。根据3000年来临床应用所确认的传统疗效，当前列入日本健康保险的汉方精制剂处方共有147个。因其疗效好、副作用少，很受医师与患者的欢迎。但也有服用后使病情恶化的报道，如埼玉医大松尾秀一等“服用小柴胡汤使肝功能急剧恶化的慢性肝炎一例”报告，便引起了较大的影响。

据 1990 年 7 月 23 日《朝日新闻》报道，日本厚生省已决定对汉方精制剂的效能进行科学的再评价。厚生省药务局在 9 月 13 日及 10 月 9 日，召开了具体实施办法的研讨会。在12 月19 日召开的中央药事审议会上决定，自1991 年 6 月开始对厚生省指定的小柴胡汤等 8 个再评价品种的汉方制剂进行审查。也就是说，将列入健康保险的小柴胡汤、黄连解毒汤、小青龙汤、六君子汤、白虎加人参汤、桂枝加芍药汤、芍药甘草汤、大黄甘草汤等 8 张汉方制剂处方，作为首次再评价审议的对象。这次审查将采用双盲检验法等科学的评定方法。

这项决定在日本汉方界产生很大反响，虽然都认为正确的科学评价会有助于阐明汉方医学，但担心不合理的评价将会带来严重后果，故应慎重。如伊藤清夫指出，重新评价汉方精制剂的效能，很容易与汉方疗效乃至整个汉方及中医学联系起来。但由于精制剂不具备传统汉方汤剂随证加味、合方使用等优点，因此不能等同于汉方疗效；而汉方的随证治疗又与中医学的辨证论治不同，故也不应混淆。

小柴胡汤精制剂是汉方精制剂市场中销量最大的一个品种，据 1988 年统计年销售额高达 300 亿日元，约占精制剂销售总额的四分之一。由此可见其应用范围之广，故造成肝功损害的问题自然就显得非常重要。因此厚生省首选小柴胡汤精制剂再评价其对肝炎的疗效及对机体的影响是可以理解的。伊藤氏认为，汉方药也是药，与西药同样都有各自的适应症，而汉方是随证治疗，尤其精制剂应用范围更受限制，必须符合其“证”才能运用，若无视证而滥用，便可因误治而造成不良后果。伊藤氏指出，小柴胡汤精制剂造成肝功能恶化一例即因未遵循随证治疗原则而致，该症例本来不是小柴胡适应证，故不能以此例否认其疗效，相反更说明了正确运用精制剂必须要掌握一定的汉方知识。

关于汉方精制剂的再评价问题，普遍认为需要首先解决正确合理的评价方法。伊藤氏认为，由于汉方使用天然生药治疗，其模糊性很强，所以用现有的西医方法进行评价是很困难的，双盲检验等所谓科学的方法，不适应汉方治疗中患者与医生的实际情况，因此不是理想的疗效评价方法。关于适合汉方药的方法，花轮寿彦认为古典的方法目前仍具有参考价值，因此建议应该重新重视相当于今天临床试验的江户时代的“亲试实验”。伊藤氏则认为，汉方治疗若从时间上看，是以不断进行着的“逐次实验”的形式而进行的“逐次治疗”，若将这种“逐次治疗”视为“逐次试验”而进行统计学处理，便可得到高精度的统计，因此建议将“医学逐次实验法”应用于汉方药的评价及疗效判定上。汉方精制剂的应用也是以随证治疗为指导的，伊藤氏指出对“逐次实验法”的应用，汉方随证治疗要比中医学的辨证论治更为有利，并且更具有重要意义。

此外伊藤氏还认为，对汉方精制剂评价的困难还在于实际上存在很多影响因素，如原方药味、药量的差异，古今度量衡的折算，生药质量及制剂工艺等。又因汉方药疗效的判定还应包括症状改善等问题，因此对双盲检验法的运用持一定的保留态度。

（王克勤）

【世界气功发展近况】

中国气功在80年代开始走向世界，本《年鉴》在 1990 年卷曾有介绍，近两年来又有新的进展。

（一）机构　日本新成立的民间气功组织多达一百个以上。阎海介绍 80 岁的高林雪山创办了“日中气功科学研究会”，並上书日本首相，建议重视气功，以改变日本人的精神面貌。《东洋医学》报道了东洋医学研究院在东京、大阪等地开办定期的医疗气功师培训班。美国，有北好莱坞市的大众气功协会，谢尔曼·奥克斯市的世界气功联合会收集医学气功的各种资料，並输入计算机。纽约联合国总部已设立气功协会，开办气功讲座，会长是美国人。苏联成立了“国际气功科学联合会列宁格勒研究中心”，並筹办苏联—欧洲气功协会。澳大利亚的李杰克在普拉兰创办气功学校，在墨尔本建立气功治疗中心。法国已设有气功联盟和气功协会。英国成立了英中气功协会。

（二）医疗　德国第一所中医院——魁茨汀中医院，除开展中医的常规疗法外，还应用气功疗法为患者治病。日本昭和大学医学部第一生理日汉生药研究所指导孕妇练功，使孕妇免受妊娠和分娩期间的身心痛苦。日本于1989年9月和1990年9月分别召开第三、四次临床气功研讨会，交流了运用气功治疗疑难病的体会。日本气功协会在积极推进老年气功保健。美国哈佛大学的本森教授运用放松技术治疗心脏病、不孕症、艾滋病、癌症等。美国整体医学会主席C. Norman·Shealy运用气功放松法治疗高血压、心律不齐、哮喘等病。日本，已注意纠治气功偏差。

（三）科研　日本国际气功联合会理事长吉见猪之助研究气功麻醉的原理，对鼠发放外气5分钟后，观察到与注射麻醉药几乎相同的效果。1990年9月，日本东北大学核医学研究所的伊藤正敏等用正电子断层照相仪观察气功态下人脑的耗能状态，发现气功师发放外气时，脑内的葡萄糖能量只集中在额部。以日本群马大学医学系教授丸山悠司为首的研究小组对气功外气效应提出异议，其研究结果表明，气功师发放外气时，气功师和受功者体内无任何特殊变化。气功外气效应只是“自我体验”的结果。美国斯坦福大学开展气功的生物光子研究。美国气功学会的Kenneth·M·Sancier等应用测定手臂肌张力的器械来测定气功外气和内气对人的肌张力的影响。

1990年6月，由美国数个中医团体联合主办的第一届世界气功大会在美国加州大学举行；1990年10月在上海举行了第三届国际气功研讨会；1990年11月，中国气功养生学学术与功法国际研讨会在北京召开；1991年11月举行上海国际医学气功应用研讨会。

（李小青）

【美国针灸学派简介】

中国针灸疗法，虽然早在十九世纪就传入美国，但是并没有引起广泛的重视。1972年，美国总统尼克松访华后，美国逐渐掀起了针灸热。美国人赴欧亚学习针灸，中国、日本、朝鲜等学者也到美国传授针灸和进行针灸治疗。目前，美国至少有23所针灸学院，学派各不相同。陆燕敏等介绍了主要的二个学派。

1．传统中国针灸学派：该学派渊源于新中国，接受中国的传统针灸理论。以英国的《中国针灸基础》、《针灸，一个综合教课书》和《没有编织的网》为课本。这三本书也是美国针灸学家鉴定委员会（NCCA）考核的标准课本。以阴阳、八法理论为主，五行学说次之。其课本包括近60种证型，有各自的症状和征象。如肝火旺，见症为头痛欲裂（偏头痛）、眩晕、面红目赤、口苦、心烦易怒、失眠、苔黄、脉弦数等，取穴重在消除亢盛的肝火，辅以益阴养肝、调理气机的穴位，一般多用募、俞穴，留针平均20分钟，兼用中药。

2．五行针灸学派：它由英人渥斯林（J. R. Worsely）发起，并由其学生带到美国。渥斯林曾随台湾针灸学家吴卫平学习。将五行学说与“西方的自我推理”的概念联系起来，根据《难经》理论，提出“十二个因素”，有面色、声音、体气、情绪、症状等。认为整个生命过程可以看作是纠正不平衡的过程。采用远端取穴，多取一穴，少用募、俞穴，留针仅数秒钟，疗程长，不用中药。该派治疗目的，在于用中国传统针灸帮助病人发挥自身潜力，恢复身体活力。

（林功铮）

【第二届世界针灸大会简介】

第二届世界针灸大会，由世界卫生组织、世界针灸联合会和法国卫生部联合主办，于1990年12月5日至8日在法国巴黎举行。共收到近40个国家和地区的370余篇论文和影像材料。中国有126篇。大会报告的论文有4篇，为Andersson博士的"针刺的生理学原理"，成柏华教授的"针刺免疫活动的机制研究"，Kanchan教授的"传统和现代针灸临床实践结果分析"和Bossy教授的"当今世界针灸概况"。分设6个会场，有论文报告和贴展。

针灸原理和经络实质研究，Aandersson认为针刺对机体的影响与从事长时期的肌肉锻炼相似，二者在痛阈调节，心血管功能改变，低频电针和经皮电刺激，都有类似的影响，特别是痛阈的提高与肌肉收缩或电刺激传入神经纤维机能有关。电针和经皮电刺激对高血压和外周缺血等疾病均有同样的治疗作用，针刺和长时间肌肉锻炼都可以提高血和脑组织中的内源性阿片肽的活动。文琛报道了人中穴用于抢救休克、复苏的机理，针刺人中穴，能使休克鼠的血压升高，肝糖元分解加速；能提高心电图R波的幅度，改善心肌代谢，促进垂体后叶激素和肾上腺髓质儿茶酚胺的分泌，增加T-淋巴细胞，这些效应对休克的恢复都是不可缺少的。意大利学者Pulcri用示踪剂锝99注射到腕关节经线皮下，观察到80%的受试者手经的循行路线与放射核素的示踪轨迹相符。但法国学者Cuiraud认为这种核素迁移与静脉血管有关，因为一旦阻断血行，同位素迁移也受阻，这种物质也不能超过上肢到达头面部。另外，经穴与对照点注射所得到的放射性显影的曲线大致相同。Stecool认为神经—肌肉—筋膜与针灸经络实质有关。阴经中，肺经和脾经与屈肌，心经和肾经与内收肌，心包经和肝经与内旋肌有关。阳经中，小肠经和膀胱经与伸肌，大肠经和胃经与外展肌，三焦经和胆经与外旋肌有解剖学的联系。肌肉收缩时刺激肌肉、筋膜中的机械感受器，这样连续分布的肌肉收缩形成了长时间的电动势与经络平行，其肌肉牵拉收缩时的电向量兴奋沿途的感受器，产生感传现象。在得气、循经感传与针效之间，Rizzo认为疗效并不依赖得气和感传。在穴位的电生理研究中，Noailles认为所谓"气"的传导只是脊髓神经的机能。胡翔龙介绍了一种新的测量经络阻抗的仪器，它可以克服一般仪器的电阻值受压力大小和施加作用时间长短的影响，从而能比较准确地记录十四经低阻特性的存在。

针灸临床观察研究，多用于缓解各种疼痛。如Fargas-Babjak介绍了一种针刺样TENS方法，这疗法能激活肌肉中Ⅱ、Ⅲ类传入纤维，对缓解慢性痛有良好疗效。Curti介绍针刺疼痛区的骨膜和肌膜可使患者的疼痛立即缓解。Bach报道局部取穴加辅穴（如三阴交、足三里、中脘和大椎等）治疗带状疱疹及所致的疼痛，取得了良好的疗效。Gadula介绍了一种术后穴位按压的止痛方法，治术后疼痛。Fiocca用双盲法观察术后肠麻痹性梗阻的针灸治疗，表明针刺组比对照组缩短麻痹时间30～50%。日本Yamamoto介绍了一种不同于中国头针的头针疗法，据报道在缓解疼痛和治疗运动疾病中更为有效。Cobos-Romans报道耳针治疗肩手疼痛综合症，一次即可缓解95%患者的70%疼痛。Khozyalnov报道针药结合治疗各类闭合性脑损伤有明显疗效。Chan Mullen用针刺合谷、太冲、华佗夹脊和热灸足三里、关元俞治疗肌痛性脑脊髓炎，可改善症状。Katal报道电针治疗慢性前列腺炎有效率达80%以上，能明显改善患者前列腺分泌物中的白细胞计数和指诊触痛。Miletic用永久性微磁铁长时间刺激穴位能治愈48%小儿遗尿症。Barbagallo用针灸治疗尿崩症 1 例，完全停用抗利尿激素，取得成功。Radzievsk单用针刺治疗缺血性心脏病患者 84 例，针刺后血压下降，心缩和心舒功能都得到改善。Fisenko 报道针刺治疗高血压病，血压下降稳固，并改善心血管功能。任丽萍报道用一种离子小药丸压迫耳穴治疗心律紊乱，取得满意疗效。Visalli用针刺治疗室性心动过速，50%的患者产生较好的即时效应。Drubor 用激光刺激治疗儿童支气管哮喘 138 例，90 例一年以上哮喘不再发作。Rinker-Marcon报道针刺筑宾可防治早产，针刺对子宫收缩有暂时的抑制和减弱作用。Caruso报道针刺支沟、关元、太冲、足三里和三阴交等穴能促进过期妊娠孕妇自主分娩。Moretti用针灸和中草药治疗 8 例爱滋病患者，时间为 18 个月到 5 年不等，所有患者的许多症状都有较大的改善，但对患者免疫机能的促进不明显。大会交流的论文，大都受中国针灸临床常用的方法和病种的影响。

大会讨论的热点问题之一，是作为传统的中医针灸如何满足现代医学的需要。Bischko 教授认为中医诞生的年代与古希腊医学相差无几，从希波克拉底(公元前 460～375 年）创立医学开始至今，一直不断地修正、充实、丰富自身的知识。而中医则无大的演变，且两种医学之间存在着一些矛盾之处。中医的哲学思想无可争议是充满魅力的，但我们不能将中医仍停留在神秘色彩的返祖之中。这就给全世界所有从事中医针灸事业的医学工作者提出了新的挑战。

本届大会选举了新的世界针灸联合会的领导机构，中国著名针灸学家王雪苔教授当选第二届世界针联主席。(参考文献见会议论文集)

（朱　兵）

【日本第八届和汉医药学会简介】

和汉医药学会，是由医学家、药学家和临床家参加的，进行和汉医药研究的学术团体。每年召开一次学术大会，发表研究报告并进行专题学术讨论。该学会自成立以来至今已值八届。

日本第八届和汉医药学会大会于 1991 年 8 月 24 日～25 日在大阪国际交流中心召开，参加者约 1200 人，会议通过各种形式共发表论文 173 篇。本届会长森泽成司为大会的召开撰文，题为“从和汉药研究的现状探讨未来”，国立刀根山病院院长矢野三郎的“甘草、人参皂甙的基础临床研究”，荣获本届大会奖。矢野氏的报告重点阐述了甘草与副肾皮质激素，特别是甘草酸、甘草次酸的体内动态。本届大会主要就“癌的治疗与汉方药”、“和汉药实验研究的若干问题”两个专题进行讨论，这些都是在该学会首次提出的问题。

本届大会与癌相关的一般讲演 15 篇，参加专题讨论 7 篇，分别报告了具有抗肿瘤作用的和汉药，通过增强机体防御机构而呈现抗肿瘤效果的和汉药。减轻抗癌剂与放射线副作用的和汉药，以及和汉药对术后的有用性、和汉药对癌的预防作用等问题。7篇专题报告为：岐阜药大森裕志等的“数种生药的抗肿瘤作用机制”、札幌医大赵重文的“通过NK活性的抗肿瘤效果”、国立癌中心若林敬二的“和汉药对发癌的影响”、静岡县立大学杉山清的“汉方方剂对大白鼠膀胱癌发生的影响”、关西医大池原进的“减轻因放射线、抗癌剂所致造血系统障碍”、杏林大学山田辉司等的“和汉药对消化器癌术后的有用性”、栃木县立癌中心森清志的“对进行肺癌化疗的全身倦怠感的有用性”。此外，山本祐夫、岡博子等也阐述了有关肝癌的预防。

对和汉药的实验研究，本届大会提出了至关重要的有效性和界限问题。森泽会长提出，和汉药本来是基于长期临床经验而被使用的，其投药与“证”这一参数密切相关，因此运用包括动物实验的活体内、外实验的西医方法进行和汉药药理学研究，存在着是否适宜的问题，加之和汉药由多种生药配伍，内含多样药理活性物质，其研究难度更大。本届大会也以此为中心议题进行讨论，津村药理研究部石毛敦的“活体内实验的问题”、国立京都病院田代真一的“活体外实验的问题”、富山医药大学难波恒雄的“实验材料的问题”、富山医科大学寺泽捷年的“来自和汉药临床部门的迫切期望”等，分别就实验方法、实验用和汉药的基源与质量以及临床要求等问题，发表了很好的见解。森泽会长指出，当前对和汉药的研究主要有两种形式，一是遵循汉方医学传统而进行的临床研究，一是将和汉药或生药的有效成份分离认定而阐明其作用机制的研究。当前这两种研究结果还存在某些不相符合的地方，森泽氏认为应逐渐统一起来，当其矛盾不复存在时，便可认为是和汉药研究的一大进步。

此外，在本届大会正式开幕之前的8月23日，第八届临床和汉药研究会首先召开了“对老年人特有疾患的汉方治疗”研讨会。森泽氏指出，在这个领域探讨和汉药的应用也是应该十分重视的。

（王克勤）

参 考 文 献

B

本誌編集部。黄連解毒湯の作用機序。消化器関連の諸論文。漢方研究，1991；(3):71

黄連解毒湯と脳血管障害。最近の各学術誌の諸論文。漢方研究，1991；(4):117

漢方製剤の効能を再评価。中央薬審が8品目を答申。漢方研究，1991；(1):3

漢方エキス製剤再评価の検討会開催さむる。漢方の臨床，1990；37(11):86

第8回和漢医薬学会大会プログラム。漢方研究，1991；(8):4

1200名が参加，治発討論大阪ブ第8回和漢医薬学会大会。漢方研究，1991；(9):35

D

《东洋医学》，1991；(3):134

L

陆燕敏，等。美国针灸两大学派的形成。天津中医，1991；(4):43

Y

阎海。东瀛气功家高林先生访华记。气功与体育，1990；(2):5

K

Kenneth·M·Sancier．通过肌肉测试测定外气与内气的效应。上海国际医学气功应用研讨会论文集，1991；13

あ

荒木五郎。从臨床角度看阿耳茨海默型老年痴呆。国外医学·中医中药分册，1991；(5):5

い

伊东宏。蛇床子的强壮和强精成分。国外医学·中医中药分册，1991；(3):45

伊藤清夫　日本の漢方診療の现状と今後(10)。漢方の臨床，1990；37(8):14

日本の漢方診療の现状と今後(11)。漢方の臨床，1990；37(10):14

日本の漢方診療の现状と今後(12)。漢方の臨床，1990；37(11):26

井上允。黄連解毒湯カブセルを使用レて。漢方研究，1991；(3):76

井田慎一。补中益气湯治疗男性不育症的效果。国外医学·中医中药分册，1991；(1):44

井田宪司。妊娠门诊中男性不育症治疗现状。国外医学·中医中药分册，1991；(4):41

井出哲正。小柴胡湯治疗继发性习惯性流产的经验。国外医学·中医中药分册，1991；(2):46

五味俊彦，他。柴苓汤对下半身带状疱疹的镇痛效果。国外医学·中医中药分册，1989；(5):30

石川友章。登校拒否の女生徒に黄连解毒湯。漢方研究，1991；(3):73

池田胜久，他。柴苓湯治疗小儿渗出性中耳炎。国外医学·中医中药分册，1989；(5):29

お

冈进，他。柴苓湯治疗腹泻的效果。国外医学·中医中药分册，1991；(2):48

小松真史，他。柴苓湯对慢性肝炎的疗效。国外医学・中医中药分册，1991；(3):40

小林陽二，他。柴苓湯の併用が有効であフズと考えウお为Chronic Polycyclic System型を呈する成人型Still病の一例。日本東洋医学雜誌，1991；(4):17

小畑伸一郎，他。柴苓湯の併用が副腎皮質示ルモニの減量に有用ゴあフズ特発性血小板减少性紫斑病の一例．日本東洋医学雜誌 1990；(2):31

大柳博士。漢方处方中当归及其对乙酰胆碱的作用。国外医学・中医中药分册，1991；13(5):10

大野修嗣，他。激素和柴苓汤并用疗法对全身性红斑狼疮的效果。国外医学・中医中药分册，1991；(4):44

大萱稔，他。柴苓汤对类风湿性关节炎的作用（第2报）。国外医学・中医中药分册，1991；(2):49

太原健士郎，他。柴苓汤治疗酒精性肝损伤。国外医学・中医中药分册，1991；(6):31

か

加藤由美子。大小柴胡汤在体外对新生儿产生抗体的影响。国外医学・中医中药分册，1991；(2):44

き

木村圭志，他。柴苓汤治疗伴有腹水和静脉曲张的非代偿性肝硬变的效果。国外医学・中医中药分册，1990；(1):50

柴苓汤治疗代偿性肝硬变腹水。国外医学。中医中药分册，1989；(5):25

吉见猪之助。气功麻醉的原理。上海国际医学气功应用研讨会论文集，1991；13页

く

図国兼诚，他。柴苓汤与肝水解制剂治疗慢性肝炎的效果比较。国外医学・中医中药分册，1991；(3):49

て

高橋邦明。漢方薬が奏効レた成人型アトビ——性皮膚炎の重症例。漢方研究，1991；(3):74

高阪知节。渗出性中耳炎的汉方治疗。国外医学・中医中药分册，1991；(4):43

さ

蔡诚献。高血压症における黄連解毒湯カプセル製剂の使用经験。漢方研究，1991；(3):79

坂本登治。脑出血に三黄瀉心湯　血压安定に黄連解毒湯を投与レた一症例。漢方研究，1991；(4):126

す

薄场彰。小柴汤对外科手术后肝功能损害的效果。国外医学・中医中药分册，1991；(5):39

た

田中邦雄。不眠と黄连解毒汤。漢方研究，1991；(3):70

と

石井策史，他。柴苓汤对慢性肾炎蛋白尿的作用。国外医学・中医中药分册 1989；(2):51

は

中野广文，他。柴苓汤对胃病综合症的疗效。国外医学・中医中药分册　1991；(4):48

は

長谷川恒雄。脑血管障碍的汉方治疗。国外医学・中医中药分册，1991；13(5):7

花轮寿彦。薬效评価と親試実験。漢方の臨床，1990；(10):13

ひ

姬井孟。柴苓汤治疗糖尿病性肾病。国外医学・中医中药分册，1991；(2):47

広渡恒治。汉方药对精子运动直接作用的分析。国外医学・中医中药分册，1991；(5):36

ほ

堀達彦。黄連解毒湯による高血压症の治療。漢方研究，1991；(3):77

ま

松本一男，荆芥連翹湯合黄连解毒湯治療血尿。国外医学・中医中药分册，1991；13(1):46

松浦秀吉。脑出血後の陳旧性半身不随に黄連解毒湯。漢方研究，1991；(3):75

松浦美喜雄。大防风汤、柴苓汤治疗类风湿性关节炎的临床应用。国外医学・中医中药分册，1991；(5):42

み

满川博美。小柴胡汤对氟烷引起的大白鼠肝损害的效果。国外医学・中医中药分册，1991；(5):40

溝口靖紘。小柴胡汤的免疫激活作用以及对乙型慢

性肝炎的效果。国外医学·中医中药分册，1991；(5):39

も

森本由美，他。黄連解毒湯对人眼球结膜微循环动态的影响(1)。国外医学·中医中药分册，1991；13(1):42

森荘祐．黄連解毒湯あれこれ。漢方研究，1991；(3):77

森明人。八味地黄丸对精子缺乏症的治疗效果。国外医学·中医中药分册，1991；(1):45

森沢成司。和漢薬研究の现状かウ未来あ探る．漢方研究，1991；(8):2

や

矢数道明。柴苓汤治疗蛋白尿及全身性红斑狼疮．国外医学·中医中药分册．1989；(6):28

仙頭正四郎。黄连解毒湯カプセルと口内炎。漢方研究，1991；(3):72

山内康平，他。柴苓汤对IgA肾病疗效显著。国外医学·中医中药分册，1989；(6):28

ん

林孝秀等。黄連解毒湯急性负荷引起人眼球结膜微循环动态及血液流变学的变化。国外医学·中医中药分册，1991；(1):43

杏林人物

石 晶 华

石晶华

石晶华，生于 1924 年，北京市人，回族。现任北京市宣武中医医院外科主任，主任医师。还兼任北京市第七、八、九届人大代表，北京医学会皮肤、外科专业委员，《实用中西医结合杂志》编委，中西医结合研究会北京分会周围血管学组副主任委员。

石氏生于中医世家，1946 年开始学医，曾拜赵炳南先生为师。1953～1954 年在北京市中医研究所进行系统学习。经过长期临床实践及刻苦钻研，对周围血管病的诊治有独特见解。认为血栓闭塞性脉管炎的基本病理变化是血脉瘀阻，至第三期则瘀久化热，伤及阴血，热炼瘀血以至毒热燔张，浸淫脉道，血流阻断，肢体完全失去濡养，从而出现血败肉腐、节节脱落的症象。根据这一病理变化，石氏拟定了“清热解毒，滋阴通络，活血化瘀”治则，突破了历来用温热药治疗的常规。并不断进行药物筛选，制订了脉通灵Ⅰ、Ⅱ、Ⅲ号方，提高了治愈率，降低了截肢率，深受患者欢迎，具有良好的社会效益。

石氏完成的国家“七·五”攻关课题《血瘀证·血栓闭塞性脉管炎临床及实践研究》获得北京市 1990 年科学技术进步成果二等奖；《血栓闭塞性脉管炎的研究》获 1978 年全国科学大会奖；《脉通灵 1 号》获北京市1986年科学技术进步三等奖。在《中华医学杂志》上发表了《中草药治疗血栓性静脉炎(606例)》；1975 年在日本《人民中国》上发表《血栓闭塞性脉管炎的辨证分型与治疗》；1988在北京召开的“血瘀证研究”的国际学术会议上发表了《活血化瘀为主治疗血栓闭塞性脉管炎 1290 例》等。

石氏视病人为亲人，有高度的责任心。1978年获“全国劳动模范”称号。1986年、1988 年获卫生部授予的“全国卫生文明先进工作者”称号；1989年北京市妇联授予“北京市三八红旗手标兵称号”。

（北京宣武区中医医院）

申 甲 球

申甲球

申甲球，生于 1933 年，湖南邵东人。经济师，省劳动模范。1984 年 5 月任衡阳中药厂厂长以来，大胆改革，科学管理，当年即使企业扭亏为盈，1986 年至 1989年产值利税分别以 47.5%和 60.0%的平均速度递增，居全省同行业之首。1988年创“省级先进企业”和“国家中医药管理局局级先进企业”，1989年主要经济技术指标均达到国家二级企业标准，企业先后获省市级荣誉称号 40 余项次，申氏获“市优秀企业家”、“省医药系统和市优秀党员”、“省质量管理优秀厂长”等荣誉称号。该厂的干部制度、用工制度和分配制度的改革经验分别在全省和全国会议上作了介绍。

申氏致力加强全面质量管理，先后有一个产品获部优，四个产品获省优，二个产品获省最佳医药产品称号，一个产品获全国中成药健康杯金杯奖，企业被评为省市质量管理奖企业和省全员教育先进企业。经中国药材公司科学论证，1988年优选衡阳中药厂为该公司在湖南唯一的联营企业。申氏以丰富的营销经验，采用销售目标承包责任制等方法，亲自带领销售人员在全国新开辟50多个网点，并加强产品宣传，产品打入国际市场。1989年完成销售为计划的102%，比上年增长39%。

申氏重视智力投资，在加强企业“三基”工作，提高现代化管理水平方面做了大量工作。建立了标准和计量管理体系，获得二级计量合格证书，对车间主任和班组进行岗位技术培训，使生产现场管理符合现代化生产要求。他参加撰写的现代化管理论文获省级三等奖，企业还先后荣获省文明卫生单位，能源和设备管理先进企业，安全生产先进单位等荣誉称号。

（衡阳中药厂）

刘 炳 凡

刘炳凡

刘炳凡，生于1910年，湖南省汨罗市人，湖南省中医药研究院研究员。1928年拜柳缙庭为师，1933年正式应诊。1950年任湘阴县（现汨罗市）四区卫协分会主任。1956年调湘潭专署卫生局从事中医教学和血防工作。1964年调湖南省中医药研究所负责晚期血吸虫病研究。1974年任湖南省中医学会副理事长兼组织委员，1979年起任中华全国中医学会一、二届理事。1981年任全国血防专题委员会委员。1986年任湖南省中医药研究院学术顾问。1987年连任湖南省科技专家顾问委员会委员。1988年评为湖南省劳动模范。曾任湖南省第五届党代表和省人民代表等。

解放初期，针对当时麻疹、痢疾等传染病流行，刘氏组织当地名老中医，从实践经验编写出各种防治手册，多次获得省、县人民政府的奖励。50年代中期至60年代末，担任晚期血吸虫病的研究，写出了《晚期血吸虫病腹水分型辨证论治》，1959年获中央卫生部嘉奖。著有《〈脾胃论〉注释》（1978年获全国科学大会奖）、《金元四大医家学术思想之研究》，主编《湖南省老中医医案选》一、二、三集，高等中医函授教材《中医儿科学》。

刘氏坚持理论与临床结合，认为“中医治病，必须治人”，通过调整机体的功能状态以提高免疫力，发挥自然、疗能作用。临床上注重后天之本一脾胃，先天之本一肾。认为“脾胃为生化之源，肾间动气，为人生之本”，“五脏不足调脾胃，久病不已穷则归肾”。在处理先、后天关系中，尤重调理脾胃。强调调理脾胃就是固本，只有资助后天，才能培养先天。临证处方须时时考虑脾胃是否胜药，理气慎用刚燥，养阴慎用滋腻。对疑难杂症的治疗，在健脾助化、益气养阴的基础上配合活血化瘀、通络散结，收到较满意的疗效。对功能性子宫出血和某些恶性肿瘤出血，用归脾汤加荆芥炭、灵脂炭、蒲黄炭治疗，经临床反复验证，确有良好的益气止血作用。对急性病之治疗有独到之处。如治一例阑尾炎，腹胀便秘不食十余日，刘氏诊为气秘肠阻，以“欲求南风，须开北牖”思想，予以大剂苏叶、藿香、荆芥、防风，配以白参、法夏、广皮，发汗以启皮毛和胃以降逆气，表出则里和，服二剂汗出便通，食进病愈。刘氏治一例血栓性血小板减少性紫癜，发热、昏沉、黄疸，诊为湿重于热的湿温证，治以清宣温化，渗湿除黄，解毒化斑，用甘露消毒丹加水牛角，连服七剂，呕止食进，热退神清、斑黄消失。用蛞蝓、地虱婆治疗上腭混合瘤及唇癌。认为老年病多因阴精耗损，而呈上盛下虚之候，治疗应侧重在养阴以配阳，慎用辛香燥烈，宜甘凉滋润，培养先天之本，甘淡养胃，使水谷不绝，以培养后天之本。

刘氏在晚年犹重养生之道，用自己的亲身体会写出《养生铭》：“饮食有节，起居有常。调济水火，平秘阴阳。惩忿窒欲，戒之方刚。动作体健，静则神藏。其足宜温，其首宜凉。意守丹田，易入睡乡。展腰暖腹，叩齿咽浆。精充脑健，气固神强。行之以恒，生命延长。

（湖南省中医药研究院）

杨　忠　臣

杨忠臣

杨忠臣，生于1941年，山东掖县人。哈尔滨中药厂厂长，工程师。自1986年任职以来，以开拓进取，勇于创新，求实奋进和忘我的工作精神，实现超前目标管理，狠抓技术进步，推行一系列现代化管理方法，为企业的发展做出了积极的贡献。1986年根据市场需求，及时调整产品结构，当年创产值1301万元，实现利润171万元，扭转了工厂利润徘徊在60～70万元的局面。杨氏提出开发高疗效、高技术、高效益产品的战略，成立由32人组成的中药研究所并与大专院校联合开发新产品。四年来，共开发新产品27种，其中已有18种新产品投入批量生产，形成三大中药体系，其中中药粉针剂，具有国际水平，填补了国内外空白。企业总产值由1985年的959万元，增长到1989年的3102万元。实现利税由1985年的116万元增至1989年的477万元。1990年1～6月份实现产值、利润、销售收入同步增长，分别为年计划的50.34%、53%和60%，居全国同行业先进水平。

杨氏以起点高，投资少、见效快的原则，对企业实施整体技术改造，“七五”期间投资1500万元，使固定资产原值由1986年的350万元增到1850万元，从根本上改变了全厂的生产面貌，增强了企业的应变能力，使企业符合“GMP”要求，被评为国家二级企业。在“双增双节”运动中，发动全厂职工开展“全方位达标创优竞赛活动”，通过技术攻关，合理化建议，提质降耗等方式，为企业增加经济效益67万元。

杨氏重视以人为中心的管理，关心、爱护职工，一心工作，尤其克己奉公，在1989年民主评议中，得到100%职工的拥护，被职工誉为廉洁奉公的好厂长。

（哈尔滨中药厂）

肖　承

肖　承

肖承，1941年出生于江西，广州敬修堂药厂厂长，经济师。自1978年任职以来，工作认真负责，有进取精神，有较强的组织管理和决策能力，使企业生产经营发展较快，仅用十年时间使敬修堂药厂从一间工业总产值仅612万元，利润120万元，固定资产净值28万元的落后企业，发展成具有现代化管理的中型先进企业。1989年工业总产值4080.42万元，利润963.17万元，固定资产净值达1447.53万元，人均利税18789.88元，全员劳动生产率58543元。全厂建筑总面积达39259平方米。生产有栓剂、中药油、胶囊、散剂、小丸、药用胶布、酊水、冲剂、片剂、兽药等10多个剂型100多个品种，在全国建立了2210多个销售网点，产品畅销全国各地和港澳、日本及东南亚等地。改革开放十二年来，该厂的工业总产值平均每年以20.66%的速度递增，利润总额以23.15%的速度递增。连续九年被评为医药总公司先进单位。1985年评为全国医药企业整顿先进单位，1986年获国家医药管理局“全国医药系统首届劳动模范先进集体奖”和国家医药总局”全国医药系统表扬单位”，1988年获省人民政府“省先进集体奖”和省医药联合总公司“省医药行业先进集体奖”，1989年晋升国家二级企业，获省质量管理奖，1990年获省档案管理先进企业称号。

近年来，以肖氏为首的厂领导确立了“供销是前提，科研为中心，生产为基础”的生产经营战略，引进7台（套）生产线，开发应用电子计算机协助企业管理和生产控制。为使管理与生产相适应，推行了责、权、利相结合的经济承包责任制和层级管理，把奖金、福利金和30%工资捆在一起浮动，把企业厂长任期承包10项总目标分解成60项中间目标，以386个具体指标落实到车间、班组和个人，使承包指标在纵横各个方位上付诸实施，确保全厂任务的完成。

（广州敬修堂药厂）

张　学　文

张学文

张学文，生于1935年，陕西汉中人。自幼从父学医，1958～1960年先后在陕西中医进修学校师资班及卫生部委托南京中医学院举办的全国首届温病师资班学习。结业后留于陕西中医学院任教至今。曾任陕西中医学院内科教研室主任，中医系副主任、主任，副院长、院长，教授、主任医师，国家中医药管理局重大科技成果评定委员会委员。现任中华全国中医学会常务理事、陕西中医学会副会长、陕西省中医内科专业委员会主任委员等职。

张氏注重"瘀血学说"的理论和临床研究，认为"久病多瘀，怪病多瘀"，"痰瘀互结，发病怪异"。善于运用活血化瘀法治疗疑难怪病。在温病学研究中，提出了"毒瘀交夹"这一病因病理概念，认为温热病的卫、气，营、血各个阶段都有可能"夹瘀、夹毒"，突破了传统的局限认识，用于临床，提高了疗效。对中风病的防治，认为"血瘀肝热"是中风先兆证病机之关键，并主持研制出具有化瘀通络、清肝和血功效的小中风片，用于治疗中风先兆证，取得了显著效果。该课题1990年通过省级鉴定。张氏编著有《瘀血证治》，主编《中医内科急症学简编》和《舌诊图鉴》。发表学术论文60余篇。张氏主持研究和参与领导的7项科研课题中，有5项获省级科技成果奖。主持研究的课题《通脉舒络液合汤剂辨证治疗中风病》及参与领导的《清开灵治疗中风病的临床与实验研究》获1986年度国家中医管理局重大科技成果乙等奖。曾四次被邀赴日本讲学。1989年被英国剑桥大学、美国北卡罗来那的世界名人传记研究中心所收录。1990年被国家两部一局确定为全国500名急需配备学术继承人的名老中医药专家之一。

（李　军）

赵　立　克

赵立克

赵立克，生于1934年，浙江金华市人。自1983年任大连市药材公司经理以来，认真贯彻"企业法"和"三个条例"，将思想政治工作和精神文明建设内容纳入企业内部群体承包合同中，进行检查考核。职工的政治素质不断提高。

赵氏努力增强企业发展后劲，几年来，先后对中药饮片厂进行彻底改造，改扩建仓库4000平方米，新建保健品厂、医院和南祥装修工程公司及7000平方米的"国药大厦"，为企业的发展奠定了坚实的基础。

赵氏锐意改革，完善企业经营机制。实行"群体承包经营责任合同制"，推行动态优化劳动组合和干部聘任制，改革分配制度，实行"按劳分配，多种形式激励，共同富强"的原则，激发了干部和职工的积极性。

赵氏重视采取外送及岗位练兵的形式，培训人才，基本上解决了中药后继乏人的问题，人员素质明显提高。正确处理国家、集体、个人三者利益关系、关心职工生活，解决住房、食堂和托儿所等问题，职工福利得到改善。

赵氏致力于推行现代化管理和坚持科技进步。拓宽生产经营门路，坚持以药为主，多种经营的方针，使企业由原单一的中药经营，发展成为农、工、商、医相结合的综合性企业，促进了企业的不断发展。

（刘茂堂）

赵　基　础

赵基础，生于1933年，河南省巩县人。1953年毕业于陕西省卫生学校医士班。1959～1960年曾脱产在吉林医科大学生理高师班进修。从1953年至今先后在陕西省卫校电针研究室、针灸研究所、中医研究所和中医药研究院工作。曾任生理研究室主任。陕

赵基础

西省中医药研究院副院长，现任该院院长兼文献医史研究所所长、中医基础研究二室主任、研究员。还担任中国针灸学会针刺麻醉研究会副会长，中华全国中医学会陕西分会副会长，陕西省中西医结合研究会副理事长，陕西省生理学会常务理事和科协常委等社会职务。

近40年来，赵氏致力于针灸、电针和针麻原理研究工作。"中枢神经介质在针刺镇痛中的作用"获1978年全国科学大会奖。"中缝核与篮斑核在针刺镇痛作用中的相互关系"获卫生部1983年科技成果乙等奖；"氦-氖激光光针镇痛机理的研究"1984年被评为陕西省科技攻关成果；"针刺对免疫反应的影响及其神经的调控作用"一题，1986年在南斯拉夫召开的"第二届国际神经免疫调控作用讨论会"上进行了交流，1990年被评为国家中医药管理局科技进步三等奖。主编和合编《电针疗法刺激部位图》和《中国电针学》等。历年来撰写和发表论文50多篇。由于赵氏在针麻原理研究方面做出了成绩，1978年出席全国科学大会，1980年被陕西省委科教部授于"优秀共产党员"的称号，1981年被陕西省人民政府授于"全省职工十二面先进旗帜"称号，1982年被陕西省委、省政府授于"劳动模范"称号，1986年由国家科委批准为国家级有突出贡献的专家，1989年陕西省委授予"陕西省有突出贡献专家"，被选为第六届、七届全国人大代表。

（杨德有）

施宪祖

施宪祖

施宪祖，生于1934年，江苏无锡人。江苏省无锡药材采购供应站总经理，经济师。1988、1989年度无锡市医药管理局优秀经理称号获得者。

施氏自1987年任职以来，在企业中积极倡导"艰苦奋斗一条心，奋发向上守纪律，开拓创新求实效，振兴中药为人民"的企业精神，按责权利相结合，以责为主的原则，不断完善内部承包经营责任制，搞活分配。深入开展双增双节运动，创造了企业良性循环的小气候。1989年在面临十分困难的情况下，强化信息管理，抓住机遇，超前决策，改革经营机制，增设批发部和零售网点，按照"全面放开搞活，开展双向竞争，各有专业特色，共同面向市场"的经营决策，建设好货源基地和销售基地，支持地方工业发展；抓住新品种、骨干品种，与药厂联合召开供货会和新品推广会。加强厂商横向联系，并运用滚动计划、ABC管理法对品种、库存结构、客户进行排队分析，开展全方位，多功能服务，促进销售。做到"人无我有，人有我全，人全我优”，赢得了省内外新老客户的信任，九个单位获“信得过单位”或“优胜单位”称号。连续两年被评为市“重合同、守信用”企业。

施氏注重增强企业发展后劲，花大力进行经营设施和技术改造，增设批发和零售网点。先后配合市政建设拆建改造了四家零售店，翻建8000平方米中药仓库、饮片厂等，共投资1532万元，改造后的饮片厂居全省领先地位。

施氏重视健全企业管理标准，积极创造条件，应用计算机辅助管理，推行现代化管理，抓紧对职工业务技术和文化培训。自任职以来，企业销售年年超亿元，提前22个月完成了四年承包指标，购、销、利、费和企业升级等考核指标在江苏省均名列前茅，下属饮片厂为国家中医药局饮片质量先进单位，储运仓库为国家级四好仓库。1988年晋升为江苏省省级先进企业和国家中医药管理局局级先进企业，被中国药材公司评为全国中药供应优质服务单位，1989年为省医药、药材商业先进单位。1990年通过了国家二级企业考评。

（无锡药材采购供应站）

董　平

董　平

董平，1920年生于福建省福州市马尾镇。少年时到上海求学，1943年毕业于上海新中国医学院，留校执教，同时开业行医，直到上海解放。50年代后期迁至宁夏。任中华全国中医学会理事、宁夏分会会长。

董氏是上海中医前辈朱小南先生入室弟子，善于融治古今，博采众长，在临床与科研中，敢于解放思想，逐渐形成了一切从病人实际出发、理论为实践服务、在继承的基础上努力创新的学术特点。这些学术观点散见于他发表的《中医也要解放思想，独立思考》、《试用唯物辨证观点探讨中医整体观念的基本特征》、《试论与六经本质有关的几个理论问题》等论文中。董氏的学术观点集中体现于《中医脏腑系统内科学》一书。该书创制了综合辨证的新体系，使初学中医者在辨证施治、组方遣药方面大有得益。董氏赞成中西医结合的方针，但不赞成以狭隘的中西医结合方式来包办代替多学科、多侧面发展中医学术。董氏作了许多突出中医特色的学术报告，整理辑为《董平论医集》、《中医脉学讲稿》、《气血阴阳虚证证治概要》等书稿。

（汪建勋）

資 料

一、1991年中医药界纪事

【工作会议】

▲全国中药物价工作会议　1月7日在广州番禺县举行。国家物价局、中医药管理局和各省、直辖市、单列市药材公司物价管理部门共70人参加了会议。会议主要是统一认识，研究如何贯彻国家物价局、国家中医药管理局《关于整顿中药价格的通知》。

▲全国中药工作局长会议　1月11日在北京召开。来自国务院有关部门及全国的医药管理局局长、各级药材公司经理和优秀企业代表、企业家近300人出席了会议。卫生部部长陈敏章，国家中医药管理局副局长张洪魁分别作了重要讲话和“继续推进治理整顿和深化改革，促进中药事业持续、稳定、协调发展”的报告。会议总结了“七五”期间，特别是国家中医药管理局成立三年来中药工作所取得的成绩和存在的问题，研究了中药行业进一步治理整顿和深化改革的各项政策措施，讨论制定中药产业政策，部署1991年中药工作任务。

▲全国中医工作厅局长会议　1月24日在北京召开。出席会议代表300余人，国务院副秘书长徐志坚、卫生部部长陈敏章也出席了会议并讲了话。会议由朱杰同志主持，诸国本同志代表国家中医药管理局作工作报告。报告共分四个部分：(1)关于“七五”期间中医工作的回顾和“八五”期间的主要奋斗目标；(2)认真抓好农村中医工作，为八亿农民的医疗保健服务；(3)进一步加强中医机构的内涵建设，提高各项业务工作水平；(4)加强思想政治工作和廉政建设，认真纠正行业不正之风。

▲全国中医编辑工作会议　2月28日在广东顺德召开。全国56个单位的74名代表参加了会议。会议回顾和总结了中医编辑学会成立以来所做的大量工作，肯定成绩，提出努力方向。还围绕加强学会组织建设，提高中医编辑队伍自身素质，协调中医期刊结构，创办中医药系列杂志，组织优秀中医刊物评选活动等一系列问题进行了讨论。该学会将以中药处方用名规范化为突破口，成立中医出版物规范化领导小组，制定出《常用中药处方用名正名表》等，在中医期刊内试行。

▲中医药外事工作会议　由国家中医药管理局主持，于4月9日在四川成都召开。全国各省、自治区、直辖市和计划单列市的中医药部门共160余名代表参加了会议。中国中医研究院、北京中医学院、黑龙江省中医管理局、天津市药材公司等14个单位在会上介绍了外事工作经验。会议就国家中医药管理局关于《中国医药涉外管理办法》、《关于开展中药对外经济技术合作项目的暂行规定》、《关于在华举办中医药国际学术会议和科技展览会的若干规定》、《举办国际针灸培训班的基本要求》等行业管理文件进行了讨论和修改。

▲全国首次高等中医药院校思想政治工作研究会　4月22日至25日在福建召开。全国31所高等中医药院校代表近80人与会。国家中医药管理局朱杰副局长主持会议。交流论文40多篇，对今后的政治思想工作将起推动和加强作用，进一步促进中医药事业的发展。

▲全国中医医院分级管理工作会议　5月2日在石家庄市召开。国务院副秘书长徐志坚、国务院办公厅秘书局副局长衣志良出席了会议。国家中医药管理局医政司司长陈佑邦在以“分级管理、全面提高、把中医医院的科学管理推向新阶段”为题的工作报告中，回顾了建国以来中医医院管理工作的进程，阐述了实行中医医院分级管理的意义和作用，对中

医医院分级管理工作及部分省市的试评工作进行了部署，并就有关具体问题作了说明。

▲首届全国中医护理工作会议　5月7日在北京召开。中顾委副主任薄一波、宋任穷，全国人大常委会副委员长陈慕华，全国政协副主席赵朴初，全国人大常委董建华为大会题了词。国家中医药管理局副局长朱杰、诸国本分别作了工作报告和总结讲话。大会表彰了全国100名优秀中医护理工作者和2个先进集体，并颁发了荣誉证书和奖状。全国共120名代表出席了会议，收到中医护理工作经验总结和学术论文198篇。会议就国家中医药管理局《中医护理工作“八五”计划》进行了讨论。

▲全国中医院校高教研究首次协作会议　5月21日至24日在湖北中医学院召开。全国26所中医院校和有关单位的负责同志出席了会议。会议总结和交流了近10年来中医院校高等教育研究的成绩和经验，并就高教研究室（所）自身建设、科研协作、科研招标、出版《高等教育研究论丛》一书等问题进行了研究和讨论。

▲全国继承老中医药专家学术经验工作座谈会　6月21日至24日在江西庐山召开。国家中医药管理局副局长朱杰出席会议并讲话，江西省副省长陈癸尊、江西省卫生厅厅长周标等到会祝贺。国家中医药管理局人事教育司副司长李安邦对半年来的继承工作进行了总结，上海、江西、重庆、山东、河南等7个省市的代表在大会上交流了经验，全国近百名代表参加了会议。

▲全国中医药政策法规研讨咨询会　6月28日至7月3日在安徽省黄山市召开。会议提出党的中医药政策的核心内容就是“保护、扶植、发展中医药”。并认为，我国《国民经济和社会发展十年规划和第八个五年计划纲要》把“中西医并重”列为新时期我国卫生工作的基本方针之一，这一成果来之不易，我们必须在实际工作中认真贯彻。

▲全国气功医疗管理研讨会　7月18日至7月21日在辽宁省丹东市召开。20人出席会议。国家中医药管理局副局长诸国本作了重要讲话。会上，与会代表和气功专家就气功医疗的现状、存在的问题、今后的发展，展开了广泛而深入的讨论，并拟定了关于加强气功医疗管理的有关规定。

▲全国中等中医药学校思想政治工作研讨会　8月2日至4日在黑龙江省召开。全国19个省市25所中医药学校的42名党政干部出席会议。与会代表认为，在“五育”中，德育应放在首位，要在传统中医药学和社会科学教育中坚持正确的德育导向。

▲全军第二届中医学会全体会议　8月中旬在包头召开。出席会议74人。会议以党的十三届七中全会为指针，贯彻落实全国中医厅（局）长会议和全军第五届医学科技大会精神，总结了第一届中医学会和“七五”全军中医药（中西医结合）工作，并研究部署“八五”期间军队的中医药工作。

▲整顿行业不正之风工作会议　由国家中医药管理局纪律检查委员会主持，于8月23日召开。会议总结了1990年以来纠风工作成绩，部署了下一步纠风和推进廉洁建设的工作。张洪魁副局长到会并作了总结讲话。

▲1992年全国中药经理计划会　11月21日至26日在福州召开。200余人参加了会议。国家中医药管理局副局长张洪魁到会作了题为《实干兴业，为争取“八五”期间中药事业更好地发展而努力奋斗》的报告，介绍了当前中药工作的形势，并就明年的中药工作提出了6点要求。会议期间各专业组分别对1991年计划完成情况和1992年各项计划安排意见进行了衔接。

▲广东省中医药宣传工作会议　2月25日至26日在珠海市召开。会议总结交流了经验，通报表彰了先进，提出为振兴中医药事业大力加强宣传工作的任务。国家中医药管理局副局长诸国本，珠海市副市长雷宇蓝出席了

会议并讲了话。广东省卫生厅副厅长兼省中医药管理局局长张孝娟就加强广东的中医药宣传工作强调了几个问题：一是要从思想上和行动上重视；二是要积极做好《中国中医药报》的发行和报道；三是要多渠道、多形式、更广泛、更深入地开展宣传；四是在宣传中要坚持实事求是的原则。

▲陕西省中医医院工作会议　11月23日至25日在西安召开。130余人参加会议。会议强调加强中医医院分级管理和内涵建设。并确定在认真学习《中医医院分级管理办法与标准》的基础上，分期分批举办分级管理讲习班和各类专业技术学习班，培养一支强有力的评审骨干队伍；用近半年的时间，分两个阶段进行自查和试评工作；结合实际，各地市选择1～2个试点单位，摸索经验，为分级管理的全面实施创造条件；成立全省分级管理工作领导小组，以加强领导。

【学术会议】

▲全国中医药治疗艾滋病学术研讨会　1月8日至10日在黑龙江中医学院召开。出席会议正式代表35人，列席15人。大会收到论文20篇，内容涉及临床报告、艾滋病模型建立与观察、治疗药物研究、基础研究和理论探讨。

▲首届全国中医药食疗学术研讨会　4月16日至19日在成都召开。出席会议150多人。收到论文246篇，其中9篇大会发言交流。论文内容涉及文献整理、理论探讨、临床应用、保健食品的开发研究、养生保健、食疗方药、回顾与展望七个方面。这次会议是对中医药食疗研究概况和进展的一次总结和检阅，基本上反映了当前国内的研究水平。

▲首届全国中医脑病学术研讨会　5月4日在北京召开。会议收到论文475篇，反映了近年来中医在脑胶质瘤、脑性瘫痪、遗传性共济失调等治疗研究上的成绩。与会者认为，中医学脑髓理论有2000多年的历史，积累了丰富的防治经验，需认真加以挖掘、继承和提高。

▲全国血瘀证与活血化瘀研究学术会议　5月15日至21日在北京召开，200名代表出席会议。会议是对我国近年来开展血瘀证与活血化瘀研究的学术总结，一批高质量、高水平的学术论文和中青年专家脱颖而出。代表们对交流论文进行了认真的答辩和热烈讨论。

▲中国针灸学会第二次全国青年针灸学术会议　5月30日至6月2日在广西桂林召开。64名代表出席会议。收到论文136篇，大会交流98篇。会议自始至终贯彻了“青年人的会由青年人自己开”的原则。

▲全国首届骨伤科研究生论文及导师经验交流会　6月1日至2日在北京针灸骨伤学院举行。15个中医院校36位代表出席了会议。14篇骨伤专业硕士或博士学位论文参加了大会交流。与会代表还就研究生教育、导师带教等问题专门召开了座谈会。

▲全国第二次雷公藤学术研讨会　6月18日至21日在湖北省武汉市召开。21个省市自治区97名代表出席会议。收到论文92篇，反映了国内自1987年首次雷公藤研讨会以来的新成果与新进展。

▲全国本草文献学术研讨会　8月4日至8日在烟台召开。150余人出席会议。学术论文217篇，内容涉及著作、药物品种、药物炮制、药性药理临床、民族药史、民俗等。

▲全军第二届针灸学术研讨会　9月3日至6日在哈尔滨市召开。各大军区70余名代表参加了会议，交流论文70余篇，代表了全军针灸临床和基础研究的最好水平。

▲中国针灸学会耳穴诊治专业委员会成立暨首届学术大会　9月9日在广州中医学院召开。全国各地和港台地区100多名代表出席了会议。共交流论文113篇。论文反映了耳穴治疗学术的开放性和各相关学科的渗透性，体现出耳穴治疗学不断汲取现代科研成果，与医学及其它科学密切结合的特点。主

任委员王岱教授代表委员会提出了5年计划和10年规划的目标。

▲首届全国慢阻肺学术研讨会 9月15日至20日在山东济南召开。26个省市自治区近300名代表参加会议。会议交流及发表论文近300篇。并举办了专题学术讲座。

▲全国第二届消渴病学术研讨会 9月21日至23日在北戴河召开。27个省市360多名代表出席会议。收到论文500余篇，其中387篇作了交流。与会代表从消渴病的基础研究、临床研究、中药研究及科研思路和方法等方面进行了广泛研讨，充分反映了当前国内消渴病研究的进展和最新水平。

▲海峡两岸第二届中医药学术交流会 9月23日至25日在厦门国际中医培训中心召开。出席代表120多名，收到论文206篇。台湾中国医药学院董事长陈立夫寄来了《中国的"中和位育原理"、新的医学如何产生》新论。到会两岸中医药界同仁相互介绍了大陆和台湾中医药现状，并从不同的角度论述了对中医药学发展前景和合作的设想。

▲全国第三届中医男性病学研讨会 9月27日在江西庐山召开。出席代表300余人。收到论文近900篇，其中大会交流38篇。

▲中华全国中医学会第三届内科疑难病学术研讨会 10月7日至9日在山西太原举行。出席会议代表153名。收到论文537篇，交流104篇。会议总结了治疗老年性痴呆、脑萎缩、狐惑病，系统性红斑狼疮、乙型肝炎、特发性浮肿、丝虫病、乳糜尿、氟骨病、晚期肿瘤、药物和农药中毒等各种疑难病的经验，基本上反映了我国近年来中医中药治疗疑难病的新水平。

▲李时珍国药研究学术交流会 10月12日至14日在湖北省黄石市召开。出席代表160余名。收到论文320篇，论文汇编录用215篇。大会交流11篇。论文包括李时珍生平事迹，《本草纲目》文献研究，中药临床、药性、鉴别、有效成分、炮制、饮片、栽培、仓贮等内容。

▲全国首届中医药延缓衰老学术研讨会 10月13日至16日在江西庐山召开。17个省市120名代表出席会议。收到论文500余篇。会议就衰老机制、衰老指标以及中医药延缓衰老对策等几个问题进行了较为深入的探讨。

▲第二届全国热病学会议 10月28日至30日在江苏南京举行。出席代表近百名。共收到论文105篇，会议交流95篇。论文以"流行性出血热"和"风温肺热病"为主，开始对热病中的危急重症进行多层次、多方位的研究。

▲全国第三届青年中医学术会 10月31日至11月4日在四川成都召开。出席代表400余名。与会者认识到青年在振兴中医工作中的价值，对如何加强自身内涵建设极为关注，希望各方面为青年中医成材提供有利条件。会议一致认为，组建全国青年中医研究会，在全国中医学会统一领导下，努力开展青年中医工作，是促进青年中医早日成材不可缺少的一环。

▲全国中西医结合肿瘤学术研讨会 11月5日至9日在长沙召开。26个省市自治区230名代表出席会议。收到论文280篇，大会交流100余篇。内容涉及临床、基础、诊断、药物研究等方面，多层次地反映了近年来国内中医、中西医结合、肿瘤研究的最新成果。

▲全国首届中医长寿学学术研讨会 11月21日至24日在成都召开。100余名代表与会。收到论文382篇，大会交流65篇。论文涉及基础理论、抗衰老药物、饮食保健、针灸、推拿、气功、老年病防治、名老中医经验等方面内容，基本反映了近年来中医长寿学研究的状况和水平。

▲第二届全国传统康复医学学术会议和专业委员会会议 11月26日在北京召开。近200名代表与会。大会共收到论文400余篇，内容丰富，质量较好，水平较高。会议期间，

研讨了传统康复医学“八五”工作要点。

▲七大古都针灸联谊会暨首届学术研讨会　由洛阳市针灸学会倡导主办，于4月21日至25日在洛阳召开。洛阳、北京、西安、杭州、开封、南京、安阳的200多名代表出席会议。收到论文280篇。世界针联主席王雪苔、中国针灸学会副会长贺普仁、《中国针灸》杂志主编王本显等也到会祝贺。

▲中华全国推拿学会华北地区首届学术交流会　10月7日至10日在廊坊市召开。出席代表143名。收到论文222篇，会议交流174篇。会议规模大，内容新颖，主要分组交流，然后各组推选出手法好、理论性强的高手，进行大会表演。

▲西北五省首届中医妇科学术交流会　9月7日至10日在银川召开。出席会议130余人。收到论文151篇，大会交流32篇。论文涉及中医妇科基础理论、临床研究、诊治心得、妇科用药及老中医经验等各方面。

▲山西首次中医针灸、按摩技术交流会　11月26日在太原开幕。省卫生厅俞益生厅长到会讲话，对山西针灸、按摩的理论研究、学术发展、全面振兴等提出了新的要求。会议采取现场应诊、即兴操作、对面交流、立即验证的方法进行交流，是一次有益的尝试。

▲安徽省中医老年医学会成立暨首届学术交流会　5月28日至30日在合肥召开。收到论文54篇，大会交流16篇。论文对中医老年医学基础理论、临床、实验、方药、保健、营养、护理的研究及老年医学研究方向等问题作了阐述。会议选举了徐经世为主任委员。

▲安徽省首届中医肾病学术交流会　11月21日至23日在合肥市召开。出席代表78人。收到论文109篇，大会交流20篇。论文内容丰富，涉及面广泛，既保持了中医肾病的传统特色，又发展和开拓了中医肾病新的思路、概念、方法和途径。

▲甘肃省第二届中草药学术讨论会暨武威药学分会成立大会　8月26日至28日在甘肃省武威市召开。出席代表120多名。收到论文130余篇，较为注目的是甘草系列研究以及在一些植物药中11个新化合物的发现。

【中医药科研获奖项目】

国家“七五”科技攻关奖励项目

研究课题	研究单位
针刺镇痛机理的揭示及针麻在临床的应用	上海医科大学　中国中医研究院针灸研究所　北京医科大学
著名中医诊治经验	黑龙江中医研究院　北京市中医医院
冬虫夏草的人工培殖技术	四川省中医研究院中药研究所
123种中药材品种质量评价	北京医科大学药学院　中国药科大学　中国中医研究院中药研究所　中国医学科学院药用植物资源开发研究所　上海医科大学

1991年科学技术奖励获奖项目(国家级)

研究课题	研究单位及个人	获奖级别
树皮年轮的研究及其在中药方面的应用	中国中医研究院中药研究所 赵中振　唐晓军　胡梅　鄢家林　王跃生　田建军	二等奖
清开灵注射液治疗中风病痰热证的临床与实验研究	北京中医学院　长春中医学院　山东中医学院　陕西中医学院　天津中医学院 孙塑伦　张孝　齐治家　黄启福　祁颂平	三等奖
敦煌医学研究	兰州医学院　甘肃中医学院 赵健雄　徐鸿达　王道坤	三等奖
蔄风轮(断血流)的药用基础和临床应用研究	安徽中医学院　安徽大学　霍山县制药厂 刘青山　薛申如　黄世华　李国贤　胡继龙	三等奖
澄清中药材混乱品种砂仁、贯众等六个品种的研究	中国药品生物制品检定所　卫生部药政局中药处等 杨兆起　王宝琴　韩白石	三等奖

1991年度医药卫生科技进步奖获奖项目(卫生部)

研究课题	研究单位与个人	获奖级别
中草药有效成份的X衍射晶体结构研究	中国医学科学院药物研究所　中国科学院物理研究所　中国医学科学院基础医学研究所　中国科学院生物物理研究所 郑启泰　范海福　贺存恒　徐常富　鲍光宏　林秀云　沈福苓	二等奖
中药五味子类木脂素资源利用的研究	中国医学科学院药物研究所 宋万志　童玉懿　刘耕陶　马林　王珂	三等奖
甘草的综合应用基础研究	中国医学科学院药用植物资源开发研究所 林寿全　冯毓秀　张阴麟　高光跃　林琳	三等奖
脂质过氧化与动脉粥样硬化发病机理及防治研究	中国医科大学　北京中医学院 陈铁镇　卢泳才　董玉兰　郭肇铮　杨向红	三等奖
银屑病的抗体依赖细胞介导生长刺激	武汉市第一医院　武汉市中西医结合研究所 胡长发　王玮秦　甘霖　阎鸣　孙曾拯	三等奖
^{60}Co-ro射线辐照中药质量评价研究	中国药品生物制品检定所　沈阳药学院　北京大学技术物理系　上海中药研究所　军事医学科学院放射医学研究所　广州市药品检验所　北京市同仁堂制药厂研究所　上海市中药制药一厂　黑龙江省药品检验所　广州中药一厂　中国科学原子能研究所 王宝琴　郭允珍　赵雅玲　袁荣尧　药风荷	三等奖
人参和滇紫草细胞大量培养小试	中国医学科学院药物研究所 朱蔚华　李新兰　周志华　罗淑荣　胡秋	三等奖

1991年中医药科技进步奖奖励项目(国家中医药管理局)

研究课题	主要研究单位与个人	获奖级别
循经感传和可见的经络现象的研究	全国经络研究协作组——中国中医研究院针灸研究所　福建省中医药研究所　安徽中医学院针灸经络研究所等 程莘农　胡翔龙　[孟昭威]	一等奖
医用文字信息处理及其应用研究	湖北中医学院附属医院 毛树松　何长青　沈绍武　高梅　邵企红　王天闻　王亚文　沈忠　翁月华	一等奖
林麝人工受精技术的研究	陕西省药材公司　陕西省中药研究所　陕西省镇坪县养麝实验场 关超　谭锋　关强　刘鸣　胡朝锋　杨昌金　朱承嗣　胡龙	一等奖
药物加强针刺镇痛效应的研究	上海医科大学针刺原理研究所　上海医科大学附属华山医院 许绍芬　曹小定　徐振邦　吴根诚　潘银英　莫浣英　吴钢　黄显奋　戴佳乐	一等奖
常用中药材品种整理和质量研究(北方片)(防风、龙胆草、秦艽、麻黄、甘草、大小蓟、五味子、蟾酥和干蟾、五加皮、茜草、刘寄奴、海藻)	北京医科大学药学院　中国医学科学院药用植物资源开发研究所　沈阳药学院　中国医学科学院药物研究所　天津药物研究院 楼之岑　张如意　李胜华　朱兆仪　陈碧珠　张豁中　崔征　宋万志　张树花	一等奖
常用中药材品种整理和质量研究（南方片）(党参、麦冬、黄芪、鸡血藤、骨碎补、菟丝子、蛇床子、砂仁、芍药、百部、沙参、七叶一枝花)	中国药科大学　第二军医大学　中国药品生物制品检定所 徐国钧　徐珞珊　王峥涛　苏中武　徐伯阳　王宝琴　屠鹏飞　梅其春　陈道峰	一等奖

续表

研究课题	主要研究单位与个人	获奖级别
脾虚型重症肌无力的临床和实验研究	广州中医学院 邓铁涛　李任先　张世平　刘小斌　李顺民　杨文辉　邓中光	一等奖
五行模型的研究	上海市第一人民医院 冯杜熊　蔡小荪	二等奖
300种药用植物种子生理的研究	浙江省中药研究所 孙昌高　许炫玉　方坚　徐秀瑛　郑俊波	二等奖
针麻在颞顶枕区及后颅窝手术中应用的规范化研究	上海医科大学附属华山医院　北京宣武医院　北京天坛医院　上海第二医科大学附属仁济医院　天津医学院附属医院 江澄川　方绍明　李德泽　罗其中　李庆彬	二等奖
中医阴虚火旺症研究	上海中医学院　上海中医学院附属曙光医院 赵伟康　顾文聪　吴敦序　柯雪帆　夏少农	二等奖
充气式弹性脊柱固定牵引器治疗屈曲型胸腰脊柱骨折	山东文登整骨医院 孙文学　赵锦民　朱惠芳　张恩忠　孙显滋	二等奖
循经感传规律性的研究	黑龙江省中医研究院 张缙　李永光　张文娟　赵泉林　李淑芳	二等奖
肾虚证和β肾上腺素受体M胆硷受体环核苷酸系统的关系及某些滋阴助阳药的调整作用	上海第二医科大学 易宁育　夏宗勤　胡雅儿　张世德　卞以洁	二等奖
"肾衰系列方"治疗慢性肾功能衰竭的临床及实验研究	天津市中医医院 张大宁　杨兴武　武寿芬　张宗礼　韩文轩	二等奖
龙胆草野生变家种的研究	黑龙江省中药研究所　黑龙江省药材公司 杨友仁　杜永祥　齐瑞呈　吴成信　房迎春	二等奖
中西医结合"自身调节体外复位固定支具"治疗胸腰段脊柱压缩骨折	天津医院 宫文清　顾云五　张铁良　陈宗源　师宜健	二等奖
康龙参系列产品的研制	吉林省浑江市临江区参茸实业集团公司　北京中医学院　吉林农业大学 柳忠润　陈德昌　李向高　阎文玫　李树殿	二等奖
病毒Ⅰ号滴眼液治疗单纯疱疹性角膜炎的研究	中国中医研究院广安门医院 高培质　陆丽珠　王克　蔡英娜　赵东云	二等奖
《中藏经》整理研究	湖南省中医药研究院 李聪甫　刘祖贻　孙光荣	二等奖
活血化瘀治疗视网膜静脉阻塞的实验与临床研究	成都中医学院附属医院 邓亚平　王明芳　王典荣　段俊国　李寿玲	二等奖
李时珍研究	湖北省中医药研究院 钱远铭　叶发正　毛德华　蔡渔琴　张林茂	二等奖
著名老中医张琪治疗劳淋经验的临床和实验研究	黑龙江省中医研究院 张琪　单翠华　李宝琪　高桂郁　张佩清	二等奖
脾虚型萎缩性胃炎的临床及实验研究	天津中医学院　解放军第272医院 高金亮　徐东琴　高玉德　张洪慈　惠忠道	二等奖
针刺治疗中风的临床与实验研究	天津中医学院第一附属医院 石学敏　胡国强　周继普　张存生　韩景献	二等奖
P物质在脊髓痛觉调制与针刺镇痛中的作用	中国中医研究院针灸研究所 朱丽霞　黎春元　方宗仁　赵飞跃　曹长清	二等奖
补肾益精法延缓衰老作用的机理研究	上海中医学院　上海市中医药研究院　上海中医学院附属龙华医院 赵伟康　宫斌　林水淼　徐莲英　章育正	二等奖
洁尔阴洗液	成都恩威世享制药有限公司 薛永新	二等奖

续表

研究课题	主要研究单位与个人	获奖级别
常用中药材品种整理和质量研究（北方片）（漏芦、白鲜皮、草乌、山药、厚朴、瓜蒌、败酱草、仙鹤草、苍术、百合、葛根、钩藤、桂皮和肉桂、泽兰、益母草、茵陈、青蒿、艾叶、大青叶、瞿麦、冬葵子、黄芩、地黄、贯众、紫花地丁）	北京医科大学药学院 中国医学科学院药用植物资源开发研究所 沈阳药学院 河南省中医药研究院 中国中医研究院中药研究所 秦波 冯毓秀 许春泉 都恒春 乐崇熙	二等奖
常用中药材品种整理和质量研究（南方片）（苦杏仁、紫草、淫羊藿、丹参、伸筋草、狼毒、防己、黄柏、马兜铃、木香、丹皮、山豆根、海桐皮、桔梗、巴戟天、吴茱萸、独活、菖蒲、旱莲草）	中国药科大学 上海医科大学 江西省药物研究所 四川省中药学校 湖北省中药材公司科研所 徐国钧 金蓉鸾 施大文 戴克敏 张海道	二等奖
中英文版针灸文献分析和检索系统	中国中医研究院图书情报研究所 吴兰成 刘兴华 邓青青 任其霞 刘静	三等奖
医学热像技术在面瘫针刺治疗及疗效评价中应用的研究	中国中医研究院针灸研究所 张栋 魏正岫 温宝珠 高惠合 孟镜壁	三等奖
中西医结合治疗大肝癌（临床研究）	上海医科大学肿瘤医院 于尔辛 刘鲁明 宋明志 黄雯霞 倪惠芳	三等奖
中医寒热的临床和实验研究	北京医科大学中西医结合研究所 北京医科大学第一附属医院 谢竹藩 梁月华 马澜 庞宁海 马剑鸣	三等奖
血瘀证证型研究	江苏省中医药研究所 顾亚夫 王殿俊 倪正 张珊珊 华兴邦	三等奖
中药续断原植物及续断属修订研究	中国中医研究院中药研究所 艾铁民 陈虎彪 程志铭 李燕立 王跃生	三等奖
中药驱铅的实验研究及临床观察	上海中医学院 天津南开医院 孙爱贞 吴敦序 赵英环 王惠芳 李维麓	三等奖
中药汤剂改进的研究——单味及复方系列袋泡剂的研究	湖南省中医药研究院 杨永华 徐华雄 杨岱鸿 张灵芝 杨勇	三等奖
杵针疗法经验整理研究	成都中医学院 成都中医学院附属医院 李仲愚 钟枢才 杜辛 曾升平 刘全让	三等奖
GZH型热针仪的研制及临床应用	昆明市中医医院 国营西南仪器厂 管遵惠 戴瑞坤	三等奖
大脑产伤后遗症点穴为主治疗之临床与机理研究	中国中医研究院骨伤科研究所 王肇普 吴夏勃 韩凤岳 陈燕平 杨梅香	三等奖
电针治疗抑郁症的临床与实验研究	北京医科大学精神卫生研究所 罗和春 沈鱼村 贾云奎 周东丰 舒良	三等奖
黄芩苷的基础药理研究	南京医学院 中国科学院有机化学研究所 南京药物研究所 张银娣 尤丽芬 王幼林 沈建平 庄碧年	三等奖
银柴胡栽培技术及其质量的研究	宁夏区药品检验所 宁夏区药材公司 沈阳药学院 宁夏区陶乐县药材公司 邢世瑞 余复生 王英华 段金廒 刘景林	三等奖
著名老中医方药中对慢性肾功能衰竭的临床诊治经验研究	中国中医研究院研究生部 方药中 许家松 聂莉芳 林秀彬 方芳	三等奖
复方161胶囊治疗冠心病心绞痛304例临床观察及实验研究	天津市第三医院 天津程林医院 马慧文 刘军 刘瑞珍 苏文瑞 吴中玲	三等奖
宫颈癌阻断研究——宫颈Ⅰ号栓治疗宫颈"间变"与重度糜烂的临床与实验研究	中国中医研究院广安门医院 李光荣 任德麟 秦玉华 王丽霞 于灵惠	三等奖
新生儿中药应用剂量的研究	湖南中医学院 湖南医科大学附属第一医院 张宝林 凌锡森	三等奖

续表

研究课题	主要研究单位与个人	获奖级别
冠心病动脉粥样硬化斑块消退药物及其机理研究	宁夏银川市中医医院 马浩良　张文威　卢化平　张衡达　王毓畦	三等奖
应用寒温统一热病理论治疗急症(高热、厥脱)的临床研究	江西中医学院　江西省中医药研究所 万友生　万兰清　卢卫　马超英　杨宁	三等奖
强壮灵治疗小儿脾气虚厌食症的研究	中国中医研究院广安门医院 邹治文　阎孝诚　文传　李秀敏　钱允键	三等奖
东莨菪碱穴位注射治疗小儿瘫痪	江西中医学院 张秀辉　熊翠凤　邓吉华　孔庆芳　涂俊杰	三等奖
当归、川芎药对(佛手散)配伍机理的研究	上海中医学院 李仪奎　胡月娟　徐军　马建平　周弘	三等奖
《黄元御医书十一种》整理研究	西安市中医医院 麻瑞亭　孙洽熙　徐淑凤　肖芳琴	三等奖
名老中医何宏邦对慢性萎缩性胃炎辨证施治临床观察研究	大连市中心医院 何宏邦　孙祥铁　刘玉姿　姜清华　樊纯风	三等奖
小儿眼肌型重症肌无力的临床研究	北京中医学院 刘弼臣　李素卿　陈丹　王允荣　郝清春	三等奖
家养麝活体取香质量评价研究	中国药品生物制品检定所 王宝琴　冷炜　徐康森　郭希圣　李九丹	三等奖
抗病毒口服液的研制	沈阳药学院　辽宁省本溪制药厂　广州市萝岗制药厂 徐绥绪　王秀智　罗国器　王志学　张大丰	三等奖
中医中药治疗乙型肝炎的临床及实验研究	北京中医医院　北京友谊医院　北京地坛医院　北京佑安医院　北京儿童医院 陈增潭　王宝恩　赵伯智　殷蔚荑　卓焕慈	三等奖
重症肌无力脾虚证型的辨证论治、疗效和治疗机理临床实验研究	第二军医大学附属长海医院　上海市虹口区中心医院　上海市第一肺科医院 涂来慧　李庚和　王律　张仁琴　蒋方建	三等奖
放射自显影研究中枢性5-羟色胺、γ-氨基丁酸和蛋氨酸在针刺镇痛中的作用	苏州医学院 朱寿彭　张澜生　刘忠浩	三等奖
旋转复位手法与治疗颈椎性血压异常疗效研究	广西中医学院 韦贵康　陈忠和　贺俊民	三等奖
新药小儿热速清口服液治疗小儿外感高热的临床及实验研究	河南中医学院 李晏龄　孙国强　董玉秀　丁樱　李建国	三等奖
泽泻的活血化瘀实验研究	北京中医学院 齐治家　何基渊　陶晋舆　张秋菊　钱家俊	三等奖
肝郁气滞血瘀的临床和实验研究	中国中医研究院基础理论研究所 李凤文　须惠仁　张问渠　温天明　傅湘琦	三等奖
热必宁治疗急症外感高热的临床及实验研究	湖北中医学院附属医院 涂晋文　刘耀先　熊家平　陈克进　柯新桥	三等奖
中医治疗尪痹(类风关)的临床机理和实验研究	中日友好医院　辽宁省本溪市第三制药厂 焦树德　冕恩祥　董长宏　冯世伦　王伟钢	三等奖
蝮龙抗栓丸治疗血管血栓病的临床研究	沈阳血栓病医疗中心 王仁华　驰明宇　汪维汉　邹有绵　张贵厚	三等奖
青白汤治疗咯血的临床与实验研究	湖北中医学院附属医院 刘耀先　涂晋文　陈克进　洪亨惠　董梦久	三等奖
中药微机程控炒药机的研制	中国中医研究院中药研究所 李铁林　汪文君　徐志坚　周杰　李川	三等奖
针麻开颅手术的临床效果及血流动力学和神经内分泌反应	北京天坛医院 王恩真　王保国　李淑芹　董吟辰　张淑珍	三等奖
中医舌诊客观化定量化的研究——光谱光度法中医舌象仪的研制及临床应用	上海市浦东中心医院　上海市激光技术研究所 余永敏　徐顺潮　韩新民　王均培　李月南	三等奖

续表

研究课题	主要研究单位与个人	获奖级别
常用中药材品种整理和质量研究（北方片）（苦参、木通、旋复花、合欢花、白术、威灵仙、昆布、地肤子、女贞子、葶苈子、青风藤、寄生、佩兰、天花粉、天南星、青木香、板蓝根、沙苑子、鹤虱）	北京医科大学药学院　沈阳药学院　中国中医研究院中药研究所　天津市药物科学研究院　北京中医学院中药系 王建华　孟宪纾　刘应泉　夏光成　李家实	三等奖
常用中药材品种整理和质量研究（南方片）（黄连、川芎、藁本、升麻、延胡索、远志、连翘、土茯苓、牛膝、金钱草、香薷、姜黄、莪术、郁金、辛夷、郁李仁、紫荆皮、桃仁）	中国药科大学　四川省中医药研究院中药研究所　华西医科大学　江西省药物研究所　成都市中药材采购供应站 姜荣兰　谢成科　郭春兰　谭天琼　王天志	三等奖

中医药科研获奖项目（省、市、自治区）

地区	研究课题	研究单位	获奖级别	获奖年分
北京市	血瘀证——血栓闭塞性脉管炎的临床及实验研究	宣武中医医院　首都医学院 石晶华　秦学贤　翟庆华　金有豫　陈铁军　李娟　曾朝辉	市科技进步二等奖	1990
	针麻开颅手术的临床效果及血流动力学和神经内分泌反应	北京天坛医院 王恩真　王宝国　董吟辰　张淑珍　李淑琴　张伯英　郭小明	市科技进步二等奖	1990
	北京市中医科技发展研究	北京市科学技术情报研究所　北京市中医管理局　北京市科委 张连群　高益　马静　王冠	市科技进步二等奖	1990
	北京市中医队伍现状分析及预测的研究	北京市中医管理局 佘靖　安宝　何丽春	市科技进步三等奖	1990
	四君子汤中各类化学成分与临床疗效及生物活性之间的关系	北京市中医研究所 何延良　王晓　傅萍	市科技进步三等奖	1990
	中西医结合治疗颅内压增高型脑囊虫病的研究	首都医学院宣武医院 谢淑平　孟家　王默力	市科技进步三等奖	1990
	脾气虚证的病理生理学基础及临床研究	北京市中医研究所 危北海　金敬善　赵子厚　胡彩钦	市中医管理局科技成果一等奖	1990
	气功外气对小鼠胶质细胞瘤作用的研究	首都医学院宣武医院　西苑医院　国家体委体研所 赵同健　李彩熙　吕丹云　徐庆中	市中医管理局科技成果一等奖	1990
	止喘灵注射液治疗哮喘和喘息性气管炎的研究	首都医学院宣武医院　江苏省泰县制药厂 蒋守友　唐仁茂	市中医管理局科技成果一等奖	1990
	循经感传气至病所的客观化显示——针刺合谷穴对上肢局部血流量及红外热像的影响	北京中医医院　中国中医研究院针灸研究所 张如心　马淑惠　周德安　庄鼎	市中医管理局科技成果二等奖	1990
	人工培养冬虫夏草菌粉抗移植肾排斥作用的实验与临床研究	北京友谊医院 于惠元　管德林　尔秀江	市中医管理局科技成果二等奖	1990
	中药鸦胆子的新用途——治疗胃溃疡的机理及临床研究	北京友谊医院 张澍田　于中麟　王宝恩	市中医管理局科技成果二等奖	1990
	中药独活抗心律失常成分-γ-氨基丁酸的研究	北京市心肺中心　北医大药学院 孟娟如　李荣芷　何云庆	市中医管理局科技成果二等奖	1990
	关于可见的经络现象形成条件的研究	北京市第六医院 李定忠	市中医管理局科技成果二等奖	1990

续表

地区	研究课题	研究单位	获奖级别	获奖年分
北京市	中药延缓衰老的研究：淫羊藿有效成分对D-半乳糖致衰模型小鼠免疫功能和脂质过氧化物代谢的作用	北京老年病中心　军医科院药毒所 刘汇波　邢善田	市中医管理局科技成果二等奖	1990
	中药黄连提取液对乳牙感染根管消毒作用的研究	北京口腔医院 苏瑞云　任蕾　赵宝荣	市中医管理局科技成果二等奖	1990
	益气活血法对癌症患者瘀血证及其血液高凝状态影响的研究	北京中医医院 王笑民　郁仁存　王禹堂	市中医管理局科技成果二等奖	1990
	经脉循行线的敏感和低阻抗特性的形态学基础研究	中科院生物物理所　首都医学院 祝总骧　王秀琴	市中医管理局科技成果二等奖	1990
	从植物神经机能状态探讨消化性溃疡的寒热病理	北京市中医研究所 赵荣莱　王立　赵子厚　危北海	市中医管理局科技成果二等奖	1990
	健脾益气法对脾虚证某些指标的研究	北京市中医研究所 赵子厚　刘晋生　金敬善　张锁雅	市中医管理局科技成果二等奖	1990
	邪在半表半里长期发热的中医辨证治疗的研究	中医药学院 姜超　周耀庭　陈彦	市中医管理局科技成果二等奖	1990
	厚朴酚药效学的实验研究	中医药学院 许环淑　程德新　王学江　陈忻	市中医管理局科技成果二等奖	1990
	疔毒丸治疗阑尾穿孔腹膜炎的临床与基础研究	首都医学院宣武医院　首都医学院 王湘衡　刘家峰　陈翊　孙颂三	市中医管理局科技成果二等奖	1990
	护肤止痒浴膏治疗老年搔痒症的临床与开发研究	首都医学院宣武医院　北京日化一厂 连石　石佩卿　王湘衡　顾安伦	市中医管理局科技成果二等奖	1990
	益脑丸治疗智能障碍的临床研究	首都医学院宣武医院 何筱仙　丁明臣　孟家眉	市中医管理局科技成果二等奖	1990
	中西医结合治疗肺结核干酪病灶的研究	北京市结研所 周霞如　刘东洋　明安宁	市中医管理局科技进步二等奖	1990
	积极创造条件，培养高层次中医人才——培养中医研究生工作的回顾与展望	北京市中医研究所　北京中医医院 赵荣莱等	市中医管理局科技进步二等奖	1990
	个人承担部分医药费用的必要性和可行性论证	北京中医医院 谢阳谷等	市中医管理局科技进步二等奖	1990
	牛黄上清丸中黄芩甙含量测定方法的研究及市售品质量的调研	北京市药研所 杜晓曦等	市中医管理局技术改进二等奖	1990
	90版药典蓼大青叶细胞内难溶成分提取方法的研究和HPLC测定	北京市药检所 赵德永等	市中医管理局技术改进三等奖	1990
	柴胡药材中皂甙a、d的HPLC测定	北京市药研所 罗燕燕等	市中医管理局技术改进三等奖	1990
	准确简便适用于大鼠急、慢性实验心脏穿刺采血新方法	北京市中医研究所 于世增	市中医管理局技术改进三等奖	1990
	北京地区"八五"期间中成药新品种开发方向论证报告	北京市中药科学研究所 刘仲则　张益民　关怀	市科技情报二等奖	1990
	脾气虚证的病理生理学基础及临床疗效研究	北京市中医研究所 危北海　金敬善　赵子厚　胡彩钦　赵荣莱　杨天文　刘晋生	市科技进步二等奖	1991
	关幼波、鲍友麟、梁宗翰专家诊疗系统	北京中医医院　北京宣武中医医院　首都医学院 陈勇　刘明建　梁宗翰　张美莲　李乾构　秦笃烈　邓丙华	市科技进步二等奖	1991

续表

地区	研究课题	研究单位	级别	获奖年分
北京市	三岛柴胡的引种栽培及生物技术研究	北京市中药综合所 邳春鹏 赵胜利 索建政 罗燕燕	市科技进步三等奖	1991
	黄芪对体外人胚肺二倍体成纤维细胞抗衰老作用的研究	首都医学院宣武医院 孙晓莉 乐效辉 刘裕 张燕	市科技进步三等奖	1991
	牙周Ⅰ号在牙周炎症的应用	北京口腔医院 杨圣辉 梁枝松 谢美慧 韩永成	市科技进步三等奖	1991
	莪术静脉注射液治疗小儿呼吸道合胞病毒肺炎及其作用原理研究	北京友谊医院 山西医学院 阎田玉 郑企静 孙本韬 周光延	市科技进步三等奖	1991
	改良清胆退黄汤药效学及其作用机理的研究	北京联大中医药医院 许环淑 陈素兰 周耀庭 王学江	市科技进步三等奖	1991
	更年期综合病症脉图变化规律的研究	北京广播电视大学 北京中医医院 冯雅君 刘琨 张岱霞 王季音	市中医管理局科技成果一等奖	1991
	脾胃方药知识库	北京联大中医药学院 周耀庭 高忠英 苏庆英 徐大鹏	市中医管理局科技成果一等奖	1991
	肝木克土研究——关于肝胃不和证和脾气虚证相互关系的探讨	北京市中医研究所 危北海 金敬善 赵子厚 刘晋生	市中医管理局科技成果一等奖	1991
	慢性胃炎中医证型的分级量化研究	北京市中医研究所 柯清林 赵荣莱 危北海 金敬善	市中医管理局科技成果一等奖	1991
	中西医结合核磁共振高技术诊治冠心病	北京积水潭医院 中国科学院遗传所 军事医学科学院 钱立平 袁传熙 杜泽涵 徐纯芝	市中医管理局科技成果一等奖	1991
	调脉汤治疗快速型心律失常临床及实验研究	北京中医医院 魏执真 曹若楠 吴江丽 代金素	市中医管理局科技成果一等奖	1991
	著名老中医房芝萱祖传《甲字提毒药粉》的临床及实验研究	北京中医医院 宋孝瑜 吴信受 张晓辉 何延良	市中医管理局科技成果一等奖	1991
	子宫内膜异位症中药综合治疗与实验研究	北京中医医院 北京市中医研究所 吴育宁 张福英 张晓辉 金敬善	市中医管理局科技成果一等奖	1991
	女性生殖道尖锐湿疣的中药治疗及实验研究	北京中医医院 中医研究院基础所 吴育宁 张福英 华苓 张晓辉	市中医管理局科技成果一等奖	1991
	清代上驷院绰班处历史沿革及其流派学术思想的初步研究	北京市护国寺中医院 佟乐康 吴定环 郭宪和	市中医管理局科技成果一等奖	1991
	佟润泉医集	北京积水潭医院 林珠 林维	市中医管理局科技成果一等奖	1991
	关于《专业证书》教育对本市中医队伍特殊适应性的研究	北京联大中医药学院 北京市中医管理局 方生 马静 张久玲 张冬梅	市中医管理局科技成果一等奖	1991
	脾虚证病人证候特异性的研究	北京市中医研究所 北京市中西医结合医院 金敬善 罗晓石 杨素如 赵荣莱	市中医管理局科技成果二等奖	1991
	补气方药四君子汤和黄芪对血液调节作用的实验研究	北京市中医研究所 于世增 王永红	市中医管理局科技成果二等奖	1991
	北京地区557例健康人血液流变学调查报告	北京积水潭医院 马必生 李祥瑞 何喜梅 朱贵琴	市中医管理局科技成果二等奖	1991
	化瘀丸治疗心绞痛的临床及实验研究	北京中医医院 黄丽娟 李沛华 郁仁存 白焕炳	市中医管理局科技成果二等奖	1991
	止血4号治疗上消化道出血的临床及实验研究	北京市中医研究所 北京中医医院 赵荣莱 赵子厚 何延良 王立	市中医管理局科技成果二等奖	1991
	"调免丹"的临床观察与动物实验	北京中医医院 中医研究院基础所 郭念筠 王莒生 王乃琪 李美茹	市中医管理局科技成果二等奖	1991

续表

地区	研究课题	研究单位	获奖级别	获奖年分
北京市	大黄治疗急性感染性疾病机理的研究	北京友谊医院 王宝恩　郭昌燕　赵淑颖　张淑文	市中医管理局科技成果二等奖	1991
	“消癖糖浆”治疗乳腺增生的临床观察与研究	北京中医医院 王玉章　符文澍　张金茹　毛克臣	市中医管理局科技成果二等奖	1991
	手术前后血液流变学对比观察的临床和实验研究	北京积水潭医院 马必生　李祥瑞　陈婉珠　伍实善	市中医管理局科技成果二等奖	1991
	中西医结合对功能性不孕的研究	北京中医医院　江西医学院 刘琨　邱文倩　王焕民　廖汀玲	市中医管理局科技成果二等奖	1991
	针刺诱发排卵的临床研究	北京市宣武中医院 刘继章　张淑侠　周秀珍　王幼铀	市中医管理局科技成果二等奖	1991
	初探钙与肾主骨的联系	北京友谊医院 阎田玉　龚明敏　侯安存　程皓	市中医管理局科技成果二等奖	1991
	中药新清宁抗乙型肝炎病毒感染的治疗及实验研究	北京友谊医院　北京佑安医院 李贵　黄德庄　凌筱明　闵福援	市中医管理局科技成果二等奖	1991
	血府逐瘀汤加减治疗精神分裂症的临床及实验研究	北京安定医院 张继志　牛宗新　唐永怡　王诚	市中医管理局科技成果二等奖	1991
	六味地黄丸对银屑病免疫异常的治疗研究	北京中医医院 安家丰　张志礼　姜延生　陈勇	市中医管理局科技成果二等奖	1991
	耳穴铍针敷药法治疗286例扁平疣疗效观察	北京市二龙路医院　北京市中西医结合医院　北京市城建中医门诊部　北京市朝阳门医院 孟宪惠　周雷　马志才　信世德	市中医管理局科技成果二等奖	1991
	中草药对实验性白内障防治作用的研究	北京市眼科研究所 商福　张士元　董冰　陈翠真	市中医管理局科技成果二等奖	1991
	神州烧伤药治疗872例烧伤临床	北京市蒲黄渝医院 肖成模	市中医管理局科技成果二等奖	1991
	中药骨痨平配合异菸肼治疗脊柱结核临床与基础研究	北京结核病研究所　潍坊市虞红桥医院　北京北新桥药店 田士和　张树安　韩增山　那希宽	市中医管理局科技成果二等奖	1991
	朱砂毒性成分的研究和评估	北京市药品检验所 吴德宣　田南卉　杨国红　黄康燕	市中医管理局科技成果二等奖	1991
	古方及中日近代方剂生药构成基本图谱的比较研究	北京市中药综合所 林明美　吴淑荣　赵胜利　罗燕燕	市中医管理局科技成果二等奖	1991
	中医护理病历书写模式	北京中医医院　护理学会北京分会　中国中医研究院 桂梅芳　焦素英　常立身　肖名媛	市中医管理局科技成果二等奖	1991
天津市	止痛涂剂的研制与观察	天津中医学院第一附属医院 牛元起等	市科委科技进步三等奖	1990
	舌色测色仪等三种舌诊仪器研制及临床应用	天津中医研究所　沈阳仪器仪表工艺研究所　张伯礼等	市科委科技进步三等奖	1990
	清热利胆疏肝止痛片研制临床与实验研究	天津市中西医结合急腹症研究所 吴咸中等	市科委科技进步三等奖	1990
河北省	中医药治疗血栓闭塞性脉管炎临床研究	滦县脉管炎医院	省科委科技成果三等奖	1991
	结核灵液插管冲洗为主治疗骨结核窦道的研究	新乐县骨髓炎医院	省科委科技成果三等奖	1991
	胸腰椎过伸外固定器的研制及临床应用	晋县中医院　晋县医疗机房设备厂	省科委科技成果四等奖	1991
	椎间孔周围注射结合推拿治疗颈椎病	石家庄市第二医院	省科委科技成果四等奖	1991

续表

地区	研究课题	研究单位	获奖级别	获奖年分
河北省	河北省男性不育抽样调查	河北省中医药研究所 河北省中医管理局	省卫生厅科技成果一等奖	1991
	按摩治疗外伤性截瘫临床研究	唐山市骨伤科研究所	省卫生厅科技成果一等奖	1991
	瑞香狼毒治疗恶性肿瘤的实验研究及临床观察	石家庄市第一医院	省卫生厅科技成果二等奖	1991
	清血搜毒丸治疗淋病的临床研究	承德市中医院	省卫生厅科技成果二等奖	1991
	中药蠲翳丸治疗老年性白内障	河北中医学院附属医院	省卫生厅科技成果二等奖	1991
	中药顺产汤矫治胎位异常的临床研究	正定县燃料公司　正定县妇幼保健所　正定县卫生局	省卫生厅科技成果二等奖	1991
	通便达康口服液临床疗效观察	河北省直属机关第一门诊部	省卫生厅科技成果二等奖	1991
	参乌降脂饮治疗高脂血症临床观察	行唐县人民医院　井陉县中医院	省卫生厅科技成果二等奖	1991
	中药敷脐辨症治疗小儿泄泻的临床研究	行唐县中医院	省卫生厅科技成果二等奖	1991
	中西医结合治疗急性心肌梗塞的疗效观察	河北医学院第四医院	省卫生厅科技成果三等奖	1991
	中西医(特制川黄连)结合治疗Ⅱ型糖尿病临床研究	石家庄市第三医院	省卫生厅科技成果三等奖	1991
	中西医(椎间孔周围注射和推拿)结合治疗颈椎病	石家庄市第三医院	省卫生厅科技成果三等奖	1991
	驱风通结法治疗肠梗阻临床应用	唐山碱厂职工医院　迁安县卫生局　迁安县医院	省卫生厅科技成果三等奖	1991
山西省	康洁司乐洗剂的研制	山西省中医研究所 杨勇	省科委应用性成果三等奖	1991
	菌尿症的快速检查法	山西省中医研究所 崔杰	省科委应用性成果三等奖	1991
	难病奇治	山西省中医研究所 朱进忠	省卫生厅科技著作二等奖	1991
	中西医结合治疗肝病的研究	山西省中医研究所 韩经寰	省卫生厅科技著作二等奖	1991
	吃能致病	山西省中医研究所 张鸿来	省卫生厅科技著作三等奖	1991
	气功治疗二十九种慢性病	山西省中医研究所 李国璋	省卫生厅科技著作三等奖	1991
	中国经络诊疗器耳穴麻醉	山西省中医研究所 李玉莲	省卫生厅引进新技术三等奖	1991
	推按运经仪	山西省中医研究所 张青珍	省卫生厅引进新技术鼓励奖	1991
内蒙古自治区	蒙药通拉嘎601治疗原发性血小板减少性紫癜及再生障碍性贫血研究	内蒙古中蒙医院 陈玉良	区科技进步二等奖	1991
辽宁省	中医专家系统生成工具	沈阳市中医研究所	省科委科技进步三等奖	1990
	抗精子抗体酶联免疫诊断试剂盒的研制	辽宁省中医研究院 张秀成	省政府科技进步三等奖	1990

续表

地区	研究课题	研究单位	获奖级别	获奖年分
辽宁省	复龙抗栓丸治疗血栓病的临床研究	沈阳血栓病医疗中心	沈阳市人民政府科技进步二等奖	1990
	老年大脑保健操提高智力的研究	沈阳市中医研究所	沈阳市人民政府科技进步三等奖	1990
	人参化学成份及抗癌抗心律不齐构效关系	沈阳药学院 陈英杰等	省政府科技进步一等奖　省医药局一等奖	1991
	妇宁康的研制	沈阳药学院 李相中等	省政府科技进步三等奖　省医药局二等奖	1991
	慢性扁桃体炎中医烙法	辽宁中医学院 于清涛等	省政府科技进步三等奖	1991
	脾阴虚的实质及临床研究	辽宁中医学院 李德新	省政府科技进步三等奖	1991
	中黄喉症胶囊	辽宁中医学院　颜峰	省医药局科技进步三等奖	1991
	循经传导治疗仪	辽宁中医学院　孙平生	省发明者协会科技成果二等奖	1991
	护士多用工具	辽宁中医学院　刘捷	省发明者协会科技成果三等奖	1991
	医用电烙器	辽宁中医学院　于清涛	省发明者协会科技成果三等奖	1991
吉林省	耙齿菌多糖(胃炎康)治疗慢性肾炎的研究	长春中医学院　宋启印	省科委科技进步二等奖	1991
	回春通淋丹治疗慢性前列腺炎的研究	长春中医学院　王少金	省科委科技进步三等奖	1991
	祛障穴冷冻治疗老年性进行期白内障	长春中医学院附属医院　李永才	省科委科技进步三等奖	1991
	长白山药用芳香植物资源调查研究和利用	吉林省中医中药研究院　严仲凯	省科委科技进步三等奖	1991
	骨质增生丸	长春中医学院　刘伯龄	省中医管理局科技进步一等奖	1991
	止痛化癥胶囊治疗慢性盆腔炎的研究	长春中医学院　王耀廷	省中医管理局科技进步一等奖	1991
	"肾炎灵"治疗慢性肾小球肾炎的实验与临床研究	白求恩医科大学　王淑琴	省中医管理局科技进步一等奖	1991
	中药"肾炎舒"治疗慢性肾炎的研究	吉林省中医中药研究院　张本	省中医管理局科技进步一等奖	1991
	长白山产胡枝子属植物化学成分的研究	吉林省中医中药研究院　王永奇	省中医管理局科技进步二等奖	1991
	针灸治疗糖尿病的临床研究	吉林省中医中药研究院　安西川	省中医管理局科技进步二等奖	1991
	LI-I型电子眼疗仪的研制及应用	辽源市中医院　鞠授	省中医管理局科技进步二等奖	1991
	蜡灸膏配套仪器LJ-2型黄蜡灸疗仪	前郭县中医院　吉林大学 郑福康	省中医管理局科技进步二等奖	1991
	珍珠烧伤膏	长春烧伤医院　刘清海	省中医管理局科技进步二等奖	1991
	活熊取胆技术开发	延边医学院　延吉市珍贵动物饲养场　金禹权	省中医管理局科技进步三等奖	1991

续表

地区	研究课题	研究单位	获奖级别	获奖年分
吉林省	再生障碍性贫血中西医结合临床研治	梨树县第一人民医院 潘之洲	省中医管理局科技进步三等奖	1991
	古代中朝医药交流史料的整理研究	延边民族医药研究所 张文宣	省中医管理局科技进步三等奖	1991
	自制两块塑型夹板固定治疗克雷氏骨折	扶余市中医院 王希军	省中医管理局科技进步三等奖	1991
	透入化骨液	盘石县中医院 张成思	省中医管理局科技进步三等奖	1991
黑龙江省	中医治疗劳淋经验的临床与实验研究	黑龙江省中医研究院 张琪 单翠华 李宝祺 高桂郁 张佩青 迟继铭 蒙毅	省政府科技进步二等奖	1990
	幽门弯曲菌与萎缩性胃炎的发病及中草药对其防治的临床与实验研究	黑龙江省中医研究院 张琳 潘崇兰 张静淑 宫崇哲 张莉 郑晓光 刘立力	省政府科技进步二等奖	1990
	双黄连抗病毒感染新机理及体外抑菌抑病毒谱	哈尔滨医科大学附属第二医院 江伟世 王瑞萍 栾丽英 徐樨巍 程欣宏	省政府科技进步三等奖	1990
	双黄连液治疗小儿呼吸道合胞病毒肺炎的临床和实验研究	哈尔滨医科大学附属第一医院 房洪太 孔晓棠 陈书立 蒋桂芹 张培金	省政府科技进步三等奖	1990
	辨证施推"按揉牵三法"治疗小儿肌性斜颈临床研究	哈尔滨市中医医院 尹丹 王玉兰 郑九香 芦芳 刘树本	省政府科技进步三等奖	1990
	古方抵当丸(胶囊)治疗高粘滞血症临床与实验研究	哈尔滨医科大学附属第一医院 胡晓晨 荣福祥 田景春 刘伟 张春	省政府科技进步三等奖	1990
	肾虚证病人血浆TXB26-Keto-PGF$_{12}$变化的研究	哈尔滨医科大学附属第二医院 张凤山 杨远航 王春荣 尚淑芳 卢滨	省政府科技进步四等奖	1990
	验方"结核散"治疗空洞型肺结核临床与实验研究	哈尔滨市中山中医慢性病研究所 佳木斯医学院 黑龙江中医学院 马理奇 马晓平 吴玉英 高永祥 杨景云	省政府科技进步四等奖	1990
	盆腔给药法治疗盆腔血瘀证的临床与基础研究	黑龙江中医学院 杨守范 傅文媛 李冬梅 刘克新 隋明	省政府科技进步四等奖	1990
	活血化瘀法治疗痛经的临床与实验研究	黑龙江中医学院 马宝璋 白刚 刘雅超 肖洪彬 曲秀芬	省政府科技进步四等奖	1990
	支气管内注入三七注射液治疗咳血的临床与实验研究	黑龙江中医学院 王殿祥 李惠民 赵喜胜 彭晨辰 刘建秋	省中医管理局科技进步二等奖	1990
	化湿降浊法治疗慢性肾衰(CRF)的临床与实验研究	黑龙江中医学院 哈尔滨市中医医院 张颖娟 周民全 赵喜胜 苏云明 张雅丽	省中医管理局科技进步二等奖	1990
	中医辨证治疗寒湿型顽固性痹证的临床研究	牡丹江市中医院 初振才 卢海山等	省中医管理局科技进步二等奖	1990
	著名老中医高仲山教授化痰通络法治疗类风湿性关节炎经验的临床研究	黑龙江中医学院 高文彬等	省中医管理局科技进步二等奖	1990
	银翘双解栓研究	黑龙江中医学院 刘令勉 郭贵强 腾晓萍 刘中申	省中医管理局科技进步三等奖	1990

续表

地区	研究课题	研究单位	获奖级别	获奖年分
黑龙江省	头穴治疗中风偏瘫的时效关系及机理研究	黑龙江中医学院　包向阳　于致顺　孙申田　张志芳	省中医管理局科技进步三等奖	1990
	大叶柴胡炮制去毒实验研究	黑龙江省中医研究院　于翔龙　原雪梅　史久良　杨桂英	省中医管理局科技进步三等奖	1990
	雷鸡全治疗囊虫病的研究	黑龙江中医学院　哈尔滨铁路中心医院 张贵君　李侠　杨戈　苑春生	省中医管理局科技进步三等奖	1990
	验方排石天惊散治疗泌尿系结石的临床与实验研究	黑龙江中医学院　省中医研究院 于福年　马贵华　马龙侪　王日芝	省中医管理局科技进步三等奖	1990
	清热化痰法对肺心病急发期治疗作用的研究——附清热咳喘宁冲剂200例临床观察	黑龙江中医学院 王刚　张迪　张伟　刘建秋	省中医管理局科技进步三等奖	1990
	中药复方FA冲剂治疗肺癌的临床研究及其抗肿瘤的实验	黑龙江中医学院 蒋立范　陈德发　俞仲义　何维	省中医管理局科技进步三等奖	1990
	活血化瘀结合辨证治疗缺血性中风的临床研究	牡丹江市中医医院 李湘孝　杨玉梅　彭磊　张志宏	省中医管理局科技进步三等奖	1990
上海市	顾伯华、徐长生教授治疗气郁型胆石病经验方——胆宁片临床与实验研究	上海中医学院附属龙华医院　上海中药制药一厂　上海市纺织工业局第三医院 朱培庭　王成荣　张帮哲　朱世敏　徐凤仙　曹棣芳　顾文聪	市科技进步二等奖	1990
	痹症的实验模型与现代病理基础	上海市中医药研究院骨伤科研究所 王绪辉　施杞　郑效文　朱显华　闻熙敬	市科技进步二等奖	1990
	王玉润教授治疗肝炎后肝硬化经验的临床和实验研究	上海市中医药研究院 王玉润　刘平　刘成　俞广声　洪嘉禾	市科技进步三等奖	1990
	中医中药治疗子宫肌瘤临床和实验研究	上海中医学院附属岳阳医院　上海中医学院 沈仲理　李如奎　袁鸣芳　宫斌　徐凤仙	市科技进步三等奖	1990
	固本降脂丸治疗高脂蛋白血症的临床及实验研究	上海中医学院附属龙华医院　上海中医学院 林水森　宫斌　顾文聪　徐凤仙　何红	市科技进步三等奖	1990
江苏省	慢性原发性肾小球疾病气阴两虚证病机变化规律与临床疗效的研究	江苏省中医院 邹燕勤　王钢	省政府科技进步三等奖	1991
	针刺治疗中风临床和机理研究	江苏省中医院 邱茂良　李忠仁　盛灿若	省政府科技进步四等奖	1991
	长效防感口服液治疗小儿呼吸道反复感染的临床及实验研究	江苏省中医院 江育仁	省卫生厅科技进步二等奖	1991
福建省	台湾中医药历史和现状研究	福建中医学院 黄劲松　林端宜	省科委科技情报三等奖	1990
	中国衰老指数与人体中医学年龄的研究	福建中医学院 林求诚　林朝晖　庄子长　吴瑞荣	省卫生厅科技进步一等奖	1990
	山美系列研究	福建中医学院 黄哲元　金洪漾　林炳辉　郑兴中　陈永培	省卫生厅科技进步三等奖	1990
江西省	渗漉法生产鲜竹沥	江西中医学院 毛友昌　王曲波　解文昌　刘曦　陈奇	省教委科技成果三等奖	1991

续表

地区	研究课题	研究单位	获奖级别	获奖年分
江西省	"86-12"合剂治疗细菌性痢疾的临床研究	江西省中医药研究所 郭建培　许鹤年　张庭玉	省卫生厅科技创新二等奖	1991
山东省	高效保健药枕及其与药磁枕、磁疗枕的比较研究	山东中医学院 张文高　殷镜海　贾文成　房秋爽　王树荣	省科技进步三等奖	1991
	药磁保健帽	山东中医学院实验药厂 贾文成　李国忠　牛领弟　张静　王树荣	省科技进步三等奖	1991
	舌象客观化指标的研究	山东中医学院 秦吉华　孙芝莲　王莉　庄泽澄　李碧	省科技进步三等奖	1991
	英汉对照实用中医文库	山东中医学院 张恩勤　史兰华　张文高　魏继武　王治奎	省教委自然科学理论成果一等奖	1991
	经穴解	山东中医学院 张灿甲　柳长华	省教委自然科学理论成果三等奖	1991
	本草从新	山东中医学院 窦钦鸿　曲京峰	省教委自然科学理论成果三等奖	1991
	肝荣汤治疗慢性活动性肝炎的临床观察与基础实验研究	山东中医学院　山东中医学院附院 王文正　尹常健　陈秀忱　张莲惠　李勇	省卫生厅科技进步三等奖	1991
	山东济南地区人体痰螨的研究	山东中医学院 滕斌　仇祯绪　王慧	省卫生厅科技进步三等奖	1991
	清热解毒法治疗活动期类风湿性关节炎的研究	山东中医学院附属医院 张鸣鹤　李建兰　宋绍亮　李学增　尹玉茹	省科委科技成果三等奖	1991
河南省	袁氏心复康方案治疗缺血性心脏病的研究	河南中医学院第一附属医院 袁海波　王九莲	省中医管理局科技进步一等奖	1991
	针刺、艾灸促进骨折愈合的研究	洛阳正骨研究所 张作君等	省中医管理局科技进步二等奖	1991
	活血消炎膏临床的实验研究	河南省中医院 林泽田	省中医管理局科技进步二等奖	1991
	多功能骨关节测绘模板	洛阳正骨研究所 张敏等	省中医管理局科技进步三等奖	1991
	自制复位固定器治疗股骨下端及髁上骨折	洛阳正骨研究所 李良业等	省中医管理局科技进步三等奖	1991
	骨碎补壮骨作用的实验研究	洛阳正骨研究所 马克昌等	省中医管理局科技进步三等奖	1991
	撬拔复位治疗前臂陈旧性骨折	洛阳正骨研究所 余传仁等	省中医管理局科技进步三等奖	1991
	外翻弹性垫夹板治疗陈旧性肱骨髁上尺偏型骨折	洛阳正骨研究所 任志凯等	省中医管理局科技进步三等奖	1991
	公式求余法推算干支纪时之研究	河南中医院 崔应麟	省中医管理局科技进步三等奖	1991
湖北省	肝本质的研究——肝瘀与植物神经及雌激素关系的研究	湖北中医学院脏象肝病研究所 李延福　吴寿善　黄晓　周大桥　赵小曼	省科委科技进步三等奖	1991
	(汉英中医药分类词典)专业分类词典编辑软件——SeD	湖北中医学院附属医院 毛树松　王亚文　王天闻　邵企红	省卫生厅科技进步三等奖	1991
	益气养阴汤对体内胆汁生化成分的影响	湖北中医学院附属医院 魏德全　余少中　竺稽能　谭大琦　张建纲	省卫生厅科技进步三等奖	1991

续表

地区	研究课题	研究单位	获奖级别	获奖年分
湖北省	721分光光度计光学截距色浊测定RBC法的研究	湖北中医学院附属医院 宋功臣　周桂林　潘应学　朱启桃　黄友平	省卫生厅科技进步三等奖	1991
	止血冲剂治疗血证(急性上消化道出血)的临床及实验研究	湖北中医学院附属医院 魏喜保　王喜云	省卫生厅科技进步三等奖	1991
湖南省	《中藏经》整理研究	湖南省中医药研究院 李聪甫　刘祖贻　孙光荣	省卫生厅科技进步一等奖	1991
	经络感传体表循行线检测指标——循经感传肌电信号及低电阻线的对比观察	湖南中医学院 严洁　易受乡　常小荣　王履华　李伟伦　姚雪祥　朱文锋	省卫生厅科技进步一等奖，省科委四等奖	1991
	中药汤剂改革的研究——单味及复方系列袋泡剂的研究	湖南省中医药研究院 杨永华　徐华雄　杨代鸿　张灵芝　杨勇	省卫生厅科技进步二等奖	1991
	高血压病中西医结合治疗的临床和实验研究	湖南医科大学中西医结合研究所 黎奎群　胡随瑜　翁伟强　潘其明　石林阶	省卫生厅科技进步二等奖　省科委四等奖	1991
	针灸的安全操作	湖南中医学院 谢国荣　海月明　傅绥民　吴爱华　朱禾芬	省卫生厅科技进步二等奖	1991
	健胃愈疡片治疗消化性溃疡的临床研究	湖南医科大学中西医结合研究所　长沙市制药二厂 李家邦　金益强　陈国林　赵玉林　潘其明	省卫生厅科技进步二等奖	1991
	乳核冲剂的临床疗效观察	湖南省中医药研究院 卓斌　徐继恩　何桂云　朱孝金　樊湘红	省卫生厅科技进步三等奖	1991
	高等中医教育评估研究	湖南中医学院 汪松葆　凌锡森　谭国俊　宾厚启　刘霞	省卫生厅科技进步三等奖	1991
	高等中医教育与管理	湖南中医学院 汪松葆　凌锡森　周衡　黄又岐	省卫生厅科技进步三等奖	1991
	新生儿中药应用剂量的研究	湖南中医学院　湖南医科大学附一医院 张宝林　凌锡森	省卫生厅科技进步三等奖	1991
	微观辨证学研究——心血管病证治学的微观化	湖南中医学院 郭振球　袁肇凯　周小青　吴正治　唐金元	省卫生厅科技进步三等奖	1991
	脾胃病察舌辨证的微观化	湖南中医学院 郭振球　吴正治　李颖	省卫生厅科技进步三等奖	1991
	人体鼻粘膜微循环显微镜的研制和应用	湖南中医学院附二医院 谭敬书　郭兆钢　李凡成	省卫生厅科技进步三等奖	1991
	冬虫夏草对免疫及造血机能影响的进一步研究	湖南医科大学 陈国桢　徐仁和　李京　陈国林　郭实士	省卫生厅科技进步三等奖　省科委四等奖	1991
	心房肽与肾虚证、肝硬化及高血压关系的研究	衡阳市中西结合医院　衡阳铁路医院　衡阳市三化工厂医务所 夏伟华　杨喜三　许凤礼　王秀美　刘崇汉	省卫生厅科技进步三等奖	1991
	血液流变学临床应用研究	益阳市中医院 陈启后　刘仁才　钱佩琼　李正荣　许克明	省卫生厅科技进步三等奖	1991

续表

地区	研究课题	研究单位	获奖级别	获奖年分
湖南省	乙肝康胶囊治疗乙肝及HBsAg携带者318例临床观察	汉寿县中医院　湖南中医学院　湖南省中医药研究院 肖才松　高绍利　王华　庄严　马丕玉	省卫生厅科技进步三等奖	1991
	JDZ—313型近视眼电子穴位治疗仪	涟源市无线电厂　涟源市中医院　涟源市卫生局 冯志俊　毛永人　肖孚卿　廖华	省卫生厅科技进步三等奖	1991
	望、闻、切三诊检测方法的研究	湖南中医学院 颜文明　蔡光先　李冰星　杨嗣明　朱传湘	省科委科技进步三等奖，省教委一等奖	1991
	中药托毒补骨丸与祛腐拔毒丹治疗慢性骨髓炎的研究	湖南省中医药研究院 李元熹　周亦农　朱孝金　仇湘中　李岳	省卫生厅科技进步四等奖	1991
	化脓灸治疗支气管哮喘疗效及血浆6-酮-PGFLα，TXB_2变化	湖南省中医药研究院　慈利化脓灸研究所 康晓娥　李永贵　陈明清　石瑞兵　张润田	省卫生厅科技进步四等奖　省科委四等奖	1991
	中医辨证与微量元素关系的研究	湖南中医学院 郭振球　张霞　张文安　江明良	省卫生厅科技进步四等奖	1991
	中药成方制剂质量研究	湖南中医学院 罗杰英　杜方麓　黄桂芳　杨光　刘学琼	省卫生厅科技进步四等奖	1991
	伏天穴位贴药防治慢性支气管炎与哮喘的推广应用	湘谭市中医院 李德荣　朱建孝　张孝文　易建昌	省卫生厅科技进步四等奖	1991
广东省	中医名言录	广州中医学院 邓铁涛等	省中医药管理局科技进步二等奖	1991
广西壮族自治区	青蒿琥酯抗疟作用机理的研究	广西中医学院 赵一	区教委科技进步二等奖	1991
	广西壮族颅骨的测量与研究	广西中医学院 朱芳武　卢为善	区教委科技进步三等奖	1991
	保健药——百年乐	广西中医学院 陆桂祥　黄英儒　禤瑞生　赵一	区教委科技进步三等奖	1991
	肤阴洁	广西中医药研究所　广西桂平县卫生保健厂 陈运育　莫兆钦　邓强　黄初贵　赵红艳	区卫生厅科技进步二等奖	1991
贵州省	吸烟对人体血液流变学指标的影响	贵州省中医研究所 何庭宇　林港祥　田应昌　陈子幸　何修泽	省卫生厅科技进步二等奖	1991
陕西省	三维色谱——光谱用于中药鉴别与质量鉴定的方法及谱图数据库的建立	陕西省中医药研究院 郭五保　李书　陈萍　权宜淑　杨智峰　戴真	省中医管理局科技进步二等奖	1991
	以胶体金标记药物为探针对中药归经的形态学研究	陕西省中医药研究院 王保乐　马学玲　宁小帆　樊淑贤	省中医管理局科技进步二等奖	1991
	DX—I动态血栓形成测定仪	陕西省中医药研究院 李金池　许青媛　钱蓓娟　王霞　戴真	省中医管理局科技进步二等奖	1991
	中西医结合治疗肾病的基础与临床研究	西安医科大学第二附属医院 杨世兴　刘锐　乔成林　周清发　刘素蓉	省中医管理局科技进步三等奖	1991

续表

地区	研究课题	研究单位	获奖级别	获奖年分
陕西省	中草药治疗慢性非特异性溃疡性结肠炎及发病机理研究	西安医科大学第一附属医院 万素清　郭琪　郭珍　余永敏　高亚非	省中医管理局科技进步三等奖	1991
	解卫清气注射液治疗急性发热证研究	西安医科大学第一附属医院　西安医科大学中西医结合研究所 刘茂甫　王晋源　孟庆雯　郑清莲　香兴福	省中医管理局科技进步三等奖	1991
	针刺治疗中风血瘀证临床及机理研究	陕西中医学院 焦新民　昌兴国　殷克敬　高亚伟　雷正权	省中医管理局科技进步三等奖	1991
	DW—B型多功能无痛进针器	陕西中医学院 樊哲　殷克敬　梁桢　朱伯荣　胡德发	省中医管理局科技进步三等奖	1991
	中医男性病学	陕西中医学院 张登本　周志杰　邢玉瑞　胡元会　黄广平	省中医管理局科技进步三等奖	1991
	陕西省中医机构中医药专门人才现状及对策研究	陕西省中医管理局 刘绍国　杨成虎　吴开昌　刘耀政	省中医管理局科技进步三等奖	1991
	脑中风的辨证辨病的分析与论治	陕西省泾阳县经干医院 贺中胜	省中医管理局科技进步三等奖	1991
宁夏回族自治区	银柴胡栽培技术及其质量研究	宁夏医学院附属医院 李玉幸　严以炳　孙立权　李云春　马瑞莲	区卫生厅科技进步一等奖	1991
	血瘀症的血液流变学的研究	宁夏医学院附属医院 李玉幸　严以炳　孙立权　李云春　马瑞莲	区卫生厅科技进步二等奖	1991

附注：省、市、自治区中医药科研获奖项目系根据各省市自治区提供资料汇编。

【获得荣誉的中药企业或部门】

一、国家级企业

经国家中医药管理局加强企业管理领导小组审定，并报国务院企业管理指导委员会核定，北京同仁堂制药厂、天津达仁堂制药厂晋升为第三批国家一级企业；武汉健民制药厂、河南宛西制药厂、上海中药制药三厂、江西清江制药厂、南京市药材公司、大连市药材公司、山东济宁药材站晋升为国家二级企业。

二、1991 年中药工业国家级节能企业

节能一级企业：山东东阿阿教胶厂、广州中药一厂。

节能二级企业：北京同仁堂制药二厂、北京同仁堂中药提炼厂、北京中药五厂、石家庄乐仁堂制药厂、哈尔滨中药二厂、哈尔滨制药三厂、上海中药制药三厂、浙江省兰溪制药厂、杭州天目山药厂、江西弋阳制药厂、河南省宛西制药厂、武汉市健民制药厂、长沙市中药一厂、广州敬修堂药厂、桂林中药制药厂、云南白药厂、兰州佛慈制药厂。

三、国家中医药管理局先进企业

经国家中医药管理局加强企业管理领导小组批准，沈阳中药厂、江西弋阳制药厂、安徽余良卿制药厂、杭州天目山制药厂、河北省秦皇岛药材站、山东潍坊医药公司高密分公司晋升为 1991 年度国家中医药管理局局级先进企业。

四、国家中医药管理局中药商业企业二级仓库

经国家中医药管理局加强企业管理领导小组研究，于 1991 年 10 月 8 日批准下例 105 家仓库为国家中医药管理局中药商业企业二级仓库。

北京：北京市药材公司通县仓库、供应储运站仓库。

天津：天津市药材集团公司北菜园仓库、成药经营部仓库、第一批发部仓库、第二批发部仓库。

河北：唐山市药材站仓库、石家庄药材站仓库、张家口药材站仓库、张家口市医药药材公司仓库、遵化县医药材公司仓库、秦皇岛药材站仓库。

山西：长治药材公司仓库、大同药材分公司仓库、襄垣县药材公司仓库、怀仁县药材公司仓库。

内蒙：通辽药材采购供应站仓库、赤峰药材采购供应站仓库、赤峰医药批发公司仓库、伊盟鄂托克前旗医药支公司仓库、哲盟科左后旗医药支公司仓库。

辽宁：大连市药材公司仓库、抚顺药材站仓库、锦州药材站仓库、瓦房店市医药公司仓库、新民县医药公司仓库、阜新市药材公司仓库、兴城市医药公司仓库。

吉林：吉林省药材采购供应站仓库、四平药材站仓库、双阳县药材公司仓库、镇赉县医药药材公司仓库、柳河县医药药材公司仓库。

黑龙江：黑龙江省中药联营公司仓库、哈尔滨市药材公司采购供应站仓库、齐齐哈尔药材采购供应站仓库、牡丹江药材站仓库、穆棱药材批发站仓库。

上海：上海市药材公司外马路仓库、沪闵路仓库、中山西路仓库、中成药业务部宜山路仓库。

江苏：无锡市药材采购供应站仓库、高邮市药材公司仓库、南京市药材采购供应站仓库、镇江采购供应站仓库、江苏医药公司扬州医药采购供应站。

浙江：杭州医药站中药经营部仓库、宁波市药材公司仓库、金华医药采购供应站中药经营部仓库。

安徽：滁县地区医药公司仓库、阜阳药材站中药材仓库、合肥市药材站北门仓库、安庆药材站马加岭仓库。

福建：三明市医药采购供应站仓库、邵武医药站仓库、福州药材采购供应站仓库。

江西：永新县医药公司仓库。

山东：烟台市药材采购供应站仓库、泰安药材采购供应站仓库、烟台市医药公司牟平县公司仓库、潍坊药材采购供应站仓库、青岛药材采购供应站仓库、济宁药材站仓库、济南药材采购供应站仓库、潍坊医药公司诸城分公司仓库、潍坊医药公司高密县分公司仓库。

河南：禹州市药材公司仓库、周口地区药材采购供应站仓库。

湖北：黄石市中药材公司仓库、湖北省中药材公司仓库、沙市药材站仓库、宜昌药材站仓库、宜昌县药材公司仓库、武汉市中药材公司仓库、荆门市中药材公司仓库。

湖南：常德市药材公司仓库、衡阳市药材公司仓库、岳阳市药材公司仓库。

广东：广东省药材公司仓库、广州市药材公司珠海分公司仓库、广州市药材公司仓库。

广西：南宁药材批发站仓库、贺县医药公司仓库、桂林药材站仓库、泰城瑶旗自治县医药公司仓库。

四川：四川省中药材公司南充经营站仓库、重庆中药材站仓库、宜宾中药材站仓库、万县中药材站仓库、攀枝花中药材站仓库、重庆市中药材公司北碚区公司仓库。

贵州：安顺地区药材公司仓库。

云南：云南省药材公司仓库、开远药材采购供应站仓库、昆明市药材公司仓库。

陕西：蒲城县药材公司仓库、兴平县药材公司仓库、大荔县药材公司仓库。

甘肃：天水医药采购供应站仓库、榆中县药材公司仓库。

青海：青海省药材公司仓库。

宁夏：中卫县医药药材公司仓库、灵武

县医药药材公司仓库。

新疆：乌鲁木齐市药材公司仓库。

（梁金龙　刘新　于海滨供稿）

1991年国家中医药管理局优秀QC小组

一、中成药

名次	发表单位	小组名称
1	南京同仁堂制药厂	排石冲剂QC小组
2	山东东阿阿胶厂	销售科QC小组
3	沈阳中药厂	四车间麝香虎骨膏QC小组
4	上海中药制药一厂	NEQC小组
	天津中药制药厂	愈风宁心片技术攻关QC小组
5	邯郸制药厂	粉碎机组改造QC小组
6	宁波中药厂	浓维磷补汁QC小组
7	黑龙江中医院中药厂	羚羊清肺散创优QC小组
8	天津乐仁堂制药厂	养阴清肺糖浆QC小组
9	广东潮州宏兴制药厂	厂部QC小组
10	杭州胡庆余堂药厂	丸剂QC小组
	郑州中药厂	提取车间QC小组
11	上海中药三厂	安络解痛片外观攻关QC小组
	广州中药一厂	质量成本QC小组
12	江西樟树制药厂	参茸黑锡丸QC小组
13	大连中药厂	财务QC小组
14	北京同仁堂中药提炼厂	降低原材料消耗QC小组
15	吉林省敦化市制药厂	提取车间QC小组
	无锡中药厂	黄氏响声丸QC小组
16	江苏省南通制药厂	季德胜蛇药片QC小组
17	湖南省株洲中药厂	妇科千金片前处理QC小组
	武汉市健民制药厂	龙牡壮骨冲剂QC小组
18	山东潍坊中药厂	小丸QC小组
	安徽淮南第一制药厂	节能管理QC小组
19	四川省阿坝州制药厂	片剂QC小组
	哈尔滨中药二厂	双黄连提取QC小组
20	四川省万县地区中药厂	乙肝胶囊QC小组
	吉林省临江制药厂	五加参蛤蚧精QC小组
21	北京同仁堂制药二厂	提取车间煮提工序QC小组

二、中药饮片

名次	发表单位	小组名称
1	北京同仁堂饮片厂	精制饮片QC小组
2	南京中药饮片厂	蒸制QC小组
3	上海徐汇中药饮片厂	节能QC小组
4	广州中药饮片厂	改善薄庄鹿茸片工艺管理QC小组
5	济南中药饮片厂	蒸制工艺QC小组
6	无锡中药饮片厂	中药炮制QC小组

三、中药商业

名次	发表单位	小组名称
1	上海市药材公司	探讨芳香药材综合管理办法QC小组
2	湖北省黄石市中药材公司	职教QC小组
3	杭州张国泰药店	中药营业柜QC小组
4	宫口市药材公司	中成药老产品QC小组
5	北京市药材公司储运站	科学养护QC小组
6	江苏省南通医药站	中药仓库QC小组
	河北省唐山药材公司	团委QC小组
7	烟台药材采购供应站	企业管理QC小组
	海拉尔药材公司	生产科QC小组
8	衡阳市药材公司	中药科QC小组
9	吉林市药材采购供应站	质检科QC小组

1991年国家中医药管理局先进QC小组

一、中成药

名次	发表单位	小组名称
1	新疆中药厂	片剂车间QC小组
2	广西玉林制药厂	制剂车间冲剂制粒工序QC小组
3	云南白药厂	运用QC手法控制白芍类粉细度QC小组
	岳阳市制药二厂	龟龄膏QC小组
4	安徽省滁州制药厂	提取车间QC小组
5	浙江新光制药厂	《西洋参口服液》QC小组
6	江苏泰州制药厂	雷公藤多甙QC小组
7	四川省中药厂	冲剂QC小组
	长春市中药厂	能源QC小组
8	云南白药厂	田七花精QC小组
9	佳木斯中药厂	蜜丸车间QC小组
	重庆中药总厂	清膏剂车间QC小组
10	湖北咸宁制药厂	板蓝根QC小组
11	兰州佛慈制药厂	三车间制丸工段QC小组
	山西中药厂	龟龄集QC小组
12	湖北省安陆制药厂	质监科QC小组
13	河北省沧州制药厂	片剂QC小组
14	广西梧州地区制药厂	金鸡产品QC小组
	辽宁省本溪中药厂	前处理QC小组
15	宁夏中药厂	煮提QC小组
16	江西省清江制药厂	脑灵素片创优QC小组
17	辽宁省锦州中药厂	益肺胶囊QC小组
18	洛阳民生制药厂	六车间QC小组
19	甘肃定西制药厂	提高"贞芪扶正冲剂"出粉率QC小组
20	内蒙东胜中药厂	水丸车间QC小组

名次	发表单位	小组名称
21	广东汕头制药厂	创优QC小组
22	山西新绛中药厂	六车间QC小组
23	漳州制药厂	《许可证》换证工作QC小组
24	贵阳中药厂	前处理灭菌QC小组

二、中药饮片

名次	发表单位	小　组　名　称
1	岳阳市药材公司	质监科QC小组
2	哈尔滨市药材公司中药饮片厂	穿山甲QC小组
3	吉林市中药饮片厂	吉林市中药饮片厂QC小组
4	青岛药材站中药饮片厂	中药饮片厂QC小组
5	河北省石家庄市饮片厂	饮片厂QC小组
6	齐齐哈尔市药材公司中药饮片厂	中药饮片厂QC小组
7	湖北省黄石市中药材公司	饮片第二QC小组
8	江西省吉水县金滩中药饮片加工部	金滩中药饮片加工部QC小组
9	辽宁省丹东中药饮片厂	中药饮片厂QC小组
10	陕西省陇县药材公司	饮片加工厂QC小组
11	长春中药饮片厂	中药饮片厂QC小组

三、中药商业

名次	发表单位	小　组　名　称
1	四川省绵阳中药材站	仓储质量QC小组
2	沈阳市医药公司	中药QC小组
3	武汉市江汉区中药材公司初开堂中药店	优质服务管理QC小组
4	陕西省陇县药材公司	益寿药店QC小组
5	广州市药材公司荔湾分公司	荔湾分公司QC小组
6	青岛药材站台东批发部	台东药材批发部QC小组
7	西安市药材公司南关中药店	南关中药店QC小组
	哈尔滨市药材公司保康药店	减少虫蛀QC小组
8	河南许昌医药站	中药质检QC小组
9	齐齐哈尔市药材站	质量管理QC小组
10	大连瓦房店市医药公司	计量QC小组
11	甘肃酒泉医药分公司	仓库第一QC小组
12	宁波市药材公司	第二QC小组
13	江西赣州地区医药公司	中药QC小组

（孙力英供稿）

【优质产品】

1990年国家优质产品复查确认产品

注册商标	产品名称	生产单位	获奖时间	获奖级别
东阿牌	山东阿胶	山东东阿阿胶厂	1985年	金质奖
远字牌	定坤丹	山西中药厂	1985年	金质奖
人参牌	鼻炎片	武汉中联制药厂	1985年	金质奖
李时珍牌	白凤丸	北京同仁堂制药厂	1985年	银质奖
参花牌	安脑牛黄片	吉林长春市人民制药厂	1985年	银质奖
向阳牌	消咳喘	哈尔滨市中药二厂	1985年	银质奖
鼎炉牌	六味地黄丸	厦门中药厂	1985年	银质奖
鲁牌	六味地黄丸	山东济南中药厂	1985年	银质奖
玉林牌	正骨水	广西玉林地区制药厂	1985年	银质奖
山花牌	愈风宁心片	北京同仁堂中药提炼厂	1985年	银质奖
松柏牌	益母草膏	天津市第六中药厂	1985年	银质奖
林源牌	延边人参再造丸	吉林敦化市制药厂	1985年	银质奖
葵花牌	护肝片	黑龙江五常制药厂	1985年	银质奖
健民牌	止嗽定喘膏	江苏常州健民制药厂	1985年	银质奖
铁船牌	十全大补酒	浙江绍兴中药厂	1985年	银质奖
百合牌(内销) 栈桥牌(外销)	利胆片	山东青岛中药厂	1985年	银质奖
万年青牌	消炎利胆片	广东汕头制药厂	1985年	银质奖
汾江牌	冯了性风湿跌打药酒	广东佛山市制药一厂	1985年	银质奖
灵峰牌	金鸡冲服剂	广西梧州地区制药厂	1985年	银质奖
金鼎牌(内销) 川江牌(外销)	喉炎丸	成都中药厂	1985年	银质奖

（郭清伍供稿）

1991年国家级优质产品

注册商标	产品名称	生产单位	获奖级别
镇海楼牌	胃乃安胶囊	广州中药一厂	金质奖
回生牌(内销) 长城牌(外销)	藿香正气软胶囊	天津达仁堂制药厂	金质奖
牡丹牌	妇科千金片	湖南株洲市中药厂	银质奖
南峰牌	固本咳喘片	浙江台州制药厂	银质奖
众牌	沈阳红药	沈阳中药厂	银质奖
体健牌(内销) 长城牌(外销)	藿香正气冲剂	天津中药制药厂	银质奖
宝塔牌	骨刺消痛液	北京同仁堂药酒厂	银质奖

1991年国家中医药管理局优质产品

注册商标	产品名称	生产单位
李时珍牌 同仁堂牌	大活络丹	北京同仁堂制药厂
长城牌	海马补肾丸	天津乐仁堂制药厂
潘高寿牌	蛇胆川贝枇杷膏	广州潘高寿药厂
王老吉牌	冲服凉茶	广州羊城药厂
天然牌	西洋参皇浆	哈尔滨制药五厂
樟树牌	脑灵素片	江西清江制药厂
岳阳楼牌	龟龄膏	湖南岳阳市制药二厂
红叶牌	刺五加片	黑龙江铁力制药厂
鞍山牌	痢特敏片	辽宁鞍山第一制药厂
桑海牌	牛黄蛇胆川贝液	南昌桑海制药厂
天目山牌	妇乐冲剂	浙江天目山药厂
黄氏牌	黄氏响声丸	无锡中药厂
神鹿牌	温胃舒	合肥中药厂
羊城牌 嘉应牌	重感灵	广东梅州制药厂
山庄牌	颈复康	承德中药厂
敖东城牌	颐和春	吉林延边敖东制药厂
济药牌	三黄片	河南焦作市第二中药厂
安药牌	午时茶冲剂	湖北安陆制药厂
杨济生牌	排石冲剂	江西南昌济生制药厂
万年青牌	胆石通胶囊	广东汕头制药厂
鼎炉牌	新癀片	厦门中药厂
松鼠牌	珍视明滴眼液	江西抚州制药厂
上药牌	珍珠粉	上海中药制药一厂
陈州牌	晕痛定	河南周口地区第二制药厂
仙人洞牌	活心丸	吉林浑江第二制药厂
石佛牌	强力枇杷露	山西大同中药厂
江河源牌	乙肝宁片	青海中药制药厂
红宁牌	金钱草冲剂	广西南宁制药企业集团公司
蜂王牌	再障生血片	吉林辽源市中药厂
健民牌	咽喉片	武汉健民制药厂
老君炉牌	骨质增生丸	长春市人民制药厂
郯南牌	银黄口服液	山东鲁南制药厂
大鹏牌	王中王口服液	深圳长白山制药厂
银药牌	妇炎栓	宁夏中药厂
春柳牌	乙肝灵	吉林柳河中药厂
松鹿牌	鹿角胶	内蒙古扎兰屯制药厂
神女峰牌	三号蛇胆川贝片	四川万县地区中药厂
昆明牌	血塞通注射液	昆明制药厂
峨嵋牌	消核片	四川省中药厂
梨乡牌	甘草浸膏	新疆湖光制药厂
巨烽牌	D74-10型剁刀式切药机	天津市中药机械厂

【传统药长城国际奖】

产品名称	生产单位	获奖级别
李时珍牌 同仁堂牌牛黄清心丸	北京同仁堂制药厂	金奖
回生牌　牛黄降压丸	天津达仁堂制药厂	金奖
远字牌　龟龄集(胶囊)	山西中药厂	金奖
上药牌　六神丸	上海中药制药一厂	金奖
九芝图牌　六神丸	江苏苏州雷允上制药厂	金奖
东阿牌　阿胶	山东东阿阿胶厂	金奖
中亚牌　至宝三鞭丸	山东烟台中药厂	金奖
星环牌　华佗再造丸	广东广州奇星药厂	金奖
四角牌　心灵丸	广东潮州宏兴制药厂	金奖
津村柴朴汤	日本株式会社津村	金奖
白凤丸	北京同仁堂制药厂	荣誉奖
国公酒	北京同仁堂药酒厂	荣誉奖
养阴清肺糖浆	天津乐仁堂制药厂	荣誉奖
额日敦·乌日勒	内蒙古制药厂	荣誉奖
沈阳红药	辽宁沈阳中药厂	荣誉奖
尪痹冲剂	辽宁本溪第三制药厂	荣誉奖
护肝片	黑龙江五常制药厂	荣誉奖
骨折挫伤散	黑龙江佳木斯中药厂	荣誉奖
麝香保心丸	上海中药制药一厂	荣誉奖
排石冲剂	南京同仁堂制药厂	荣誉奖
季德胜蛇药片	江苏南通制药厂	荣誉奖
浓缩六味地黄丸	河南宛西制药厂	荣誉奖
龙牡壮骨冲剂	武汉健民制药厂	荣誉奖
古汉养生精	湖南衡阳中药厂	荣誉奖
蛇胆川贝液	广州潘高寿药厂	荣誉奖
三九胃泰	深圳南方制药厂	荣誉奖
桂林西瓜霜	广西桂林中药制药厂	荣誉奖
正骨水	广西玉林制药厂	荣誉奖
珍珠七十味丸	西藏藏医院制药厂	荣誉奖
大佛水	香港美加康医药保健公司	荣誉奖

附：获传统药长城国际金奖产品简介

【李时珍牌、同仁堂牌牛黄清心丸】

北京同仁堂制药厂的李时珍牌、同仁堂牌牛黄清心丸是在国内外享有盛名的传统中成药，处方在宋《太平惠民和剂局方》中有载，后成为宫廷秘方。牛黄清心丸是为祖国医学所证明的有效古方。牛黄清心丸主要成份有山药、人参，白术、当归、牛黄、羚羊角、广角、麝香，具有益气养血、镇惊安神、化瘀息风的功能，用以治疗气血不足，痰热上扰引起诸证。经临床观察，在改善适应症方面总有效率为97%，血压下降总有效率80%。药理学研究也证明牛黄清心丸具有镇静、抗惊、解热和降血压的作用。

【回生牌牛黄降压丸】

天津达仁堂制药厂生产的回生牌牛黄降压丸为小蜜丸剂型，具有组方合理、选料上乘、疗效确切的特点，并以其剂量小、服用方便、无副作用等独特优势而畅销不衰。该药通过动物试验证明具有降压镇静、消炎解热、增强免疫功能的独特疗效。临床观察300多例高血压患者，服药后起效迅速，血压缓慢下降，无不良反应。血压降至正常水平后，继续服用血压不再降，稳定在正常水平，停药后能在一定时期内维持用药期血压水平。另外，它还有预防血栓形成的作用，为该药应用于心、脑血管病提供了依据。

【远字牌龟龄集】

山西中药厂生产的远字牌龟龄集系中国最早的中药复方升炼剂，为成药中历史悠久的一大珍品。它采用人参、鹿茸、海马、雀脑、地黄、苁蓉、枸杞、淫羊藿等20多种珍贵地道药材，应用特有传统升炼技术炼制而成。该品最早出现于明代中叶，经数百年临床实践，证明具有补脑、益髓、行阳、滋阴、调整神经、延年益寿的卓越效果。主要用于肾亏阳弱、记忆减退、夜梦精遗、腰酸腿软、气虚咳嗽、五更溏泻、食欲不振，疗效显著；同时对风湿性坐骨神经痛、肾亏型类中风症状、冠心病、脑血管硬化症、慢性胃炎、神经官能症等也均有相当疗效。

【上药牌六神丸】

上药牌六神丸是上海中药制药一厂的传统名牌成药。该品源于雷允上诵芬堂祖传秘方，由麝香、牛黄、珍珠、蟾酥等天然中药组成，具有清热解毒、消炎止痛等功能。主治烂喉丹痧、喉风乳蛾、咽喉肿痛等症。自清朝同治年间至今，近百年来在民间享有盛誉，并行销日本、东南亚各国及港澳地区。80年代初期该厂与上海中药研究所一起进行的各方面药理作用研究证明具有明显的强心、抗炎、镇痛和提高机体细胞免疫等多方面的药理作用。该产品的质量优级品率连续10年达到100%，受到有关部门的多次表彰。

【九芝图牌六神丸】

九芝图牌六神丸是江苏省苏州雷允上制药厂生产的传统优质名牌中成药。清朝同治年间，由雷允上诵芬堂开始生产六神丸，解放后至今，一直为雷允上制药厂的主要产品。该产品具有清凉解毒、消炎止痛之功能，用于治疗烂喉丹痧、咽喉肿痛、单双乳蛾、痈疡疔疮等症。既可内服，亦可外敷。服用方便，疗效显著，深受广大用户的欢迎。

【中亚牌至宝三鞭丸】

山东烟台中药厂主导产品中亚牌至宝三鞭丸系南宋宫廷单传御方，主要由朝红参、鹿茸、海狗鞭、梅鹿鞭、广狗鞭、上肉桂、上沉香、枸杞、大海马等40余种具有补肾、固精、益气养血作用的名贵地道中药材组成。1931年被挖掘整理并生产为成药销售。数十年来成为国内外市场上引人瞩目的名优中成药品，为我国四大中成药出口品种之一。80年代初，该厂用现代科学方法对传统中成药的制剂、药理及临床验证的研究工作，进一步证实了至宝三鞭丸确切而显著的壮腰补血、健脑补肾的功效，同时验证了该产品具有促进免疫机能、调节性机能、改善大脑血液循环、延缓衰老等功效，是一种理想的改善机体整体功能的传统药物。

【东阿牌阿胶】

山东东阿阿胶厂生产的东阿牌阿胶保持了古代优质阿胶的一切特点，色黑如莹漆，光透如琥珀，质硬而脆，断面光亮，均匀细腻，无杂点、气泡、油孔，冷凝后表面有“黑色、带绿顶猪鬃纹”。水质优良，工艺独特，选料上乘，遵古炮制，质量稳定，疗效确切，有补血、止血、抗休克、促进钙的吸收与贮存以提高免疫能力的良好疗效，称雄于全国阿胶之林。

【星环牌华佗再造丸】

广州奇星药厂生产的星环牌华佗再造丸是国家“七五”期间投资研制出的新药。该品系中药大复方制剂，处方中70%以上是中药。根据其有效成份的特性，采用不同方法，用不同的溶剂分别提取，最后混匀用仿日制的挖丸机制成小丸，改进了中药大复方制剂一锅煮及制丸全磨粉不提取的工艺。该产品虽然是以中医理论为指导组成的处方，但在用药机理方面又用现代理论加以阐述，用于治疗心脑血管疾病、出血性中风和缺血性中风。能活血化瘀，加速血肿病灶的清除与修复，达到改善临床症状和恢复瘫痪肢体功能的疗效，具有标本兼治的双重效能。

【四角牌心灵丸】

广东潮州宏兴制药厂生产的四角牌心灵丸系纯中药制剂，主要由麝香、珍珠、冰片、蟾酥、牛黄、熊胆组成，具有活血化瘀，益气强心、安心定神功效，能降低心脏的张力时间指数，恢复心肌氧的供求平衡，改善心肌供血，恢复心脏功能。主要用于冠心病、心绞痛、心功能不全、心律失常及伴随的高血压、高血脂，以及心脏病引起的胸闷、心悸、气促、眩晕等症。由于该品剂量小、作用迅速，且无毒副作用，安全范围大，可供冠心病人长期服用。

【津村柴朴汤】

日本株式会社津村顺天堂生产的津村柴朴汤是主要由柴胡、半夏、茯苓、黄芩、厚朴、大枣、人参、甘草、苏叶、生姜等药材的有效成份制成的冲剂。主要用于支气管哮喘的基础治疗，同时对小儿哮喘、支气管炎、咳嗽、焦虑型神经官能症等均有相当疗效。该产品采用津村独特的干式造粒法，是完全不使用甲醇、丙酮等有机溶剂而制成的颗粒剂。符合日本药典制剂总则“颗粒剂”项目的所有内容。

【出版、重印中医药书目】

类别＼项目	书名	编著(译者)	出版单位	出版年月	开本	页数	价格(元)
中医学	中医学(高等医药院校教材)(供基础、预防、临床、口腔、医学类专业用)*	贺志光主编	人民卫生出版社	1990.9	16	557	7.15
	中医学（全国高等医学院校医疗专科教材)*	刘长江　王忠江主编 江育仁　郭谦亨审阅	中医古籍出版社	1990.12	16	281	6.90
	中医学（上册)(中等卫生职业技术学校教材)*	周萍主编	湖南科学技术出版社	1991.8	16	301	7.30
	中医学（下册)(中等卫生职业技术学校教材)*	周萍主编	湖南科学技术出版社	1991.8	16	337	8.15
	简明中医学*	杨医亚编	人民卫生出版社	1991.2	32	409	7.85
	中医基础学（全国中等中医药学校教材)(供中医士、中药士、中医护士、针灸医士专业用)*	袁银根主编 张伯讷主审	江苏科学技术出版社	1990.2	16	224	3.10
	中医学基础（中国乡村医生培训系列教材)	于鸿玲编	河北教育出版社	1991.6	16	113	2.30
	中医学新编*	邓铁涛主编	上海科学技术出版社	1991.3	大32	1035	19.00
	中医学概要（中国乡村医生教材)*	宋桂琴　初航主编	人民卫生出版社	1990.11	32	447	4.40
	中医学概要（中等卫生职业学校教材)(供医士专业用)*	郑国治主编	广西科学技术出版社	1991.4	16	256	6.20
	中医学概要*	俞大祥主编	人民卫生出版社	1991.9	16	359	5.75
	中医学概论(修订本)*	孟景春　周仲瑛主编	人民卫生出版社	1991.10	16	637	21.60

类别 \ 项目	书名	编著(译者)	出版单位	出版年月	开本	页数	价格(元)
中医学	中医学科学原理（高等中医函授教材）	光明中医函授大学主编	光明日报出版社	1989.4	大32	130	1.50
	中医学问答(上册)*	杨医亚主编	人民卫生出版社	1990.12	16	683	14.00
	周易与中医学*	杨力著	北京科学技术出版社	1990.8	大32	731	精装14.50 平装12.50
	中医思想方法与基本观点	王大鹏著	南开大学出版社	1990.6	32	218	3.50
	台湾中医药概览	杜建主编	中国医药科技出版社	1990.12	16	311	精装11.00
	中国医学史（高等中医院校教学参考丛书）	甄志亚主编	人民卫生出版社	1991.2	16	589	33.30
	中国医学史（高等医药院校教材)(供中医、中药、针灸专业用)*	甄志亚主编 傅维康副主编	上海科学技术出版社	1991.4	16	147	2.65
	中国医学史（全国高等中医院校函授教材)*	车离主编	湖南科学技术出版社	1991.4	16	112	2.90
	景岳全书（中医古籍整理丛书）	(明)张介宾著 赵立勋主校 何光鉴等点校	人民卫生出版社	1991.6	16	1831	精装84.00
	寿世保元*	(明)龚廷贤编	上海科学技术出版社	1991.10	大32	733	精装11.30
	病机气宜保命集（外七种）(四库医学丛书)(影印本)	(金)张元素撰	上海古籍出版社	1991.4	32	1012	精装16.05
	太医局诸科程文格(外五种)(四库医学丛书)(影印本)	(宋)何大任编	上海古籍出版社	1991.4	32	542	精装9.90
	医说	(宋)张杲撰	上海古籍出版社	1991.4	32	800	精装13.25
	针灸资生经	(宋)王执中撰					
	妇人大全良方（四库医学丛书）(影印本)	(宋)陈自明撰					
	玉机微义（四库医学丛书）(影印本)	(明)徐用诚原辑 刘纯续增	上海古籍出版社	1991.4	32	895	精装14.55
	仁端录 (四库医学丛书)(影印本)	(明)徐谦撰 陈葵删定					
	赤水玄珠·医旨绪余（四库医学丛书)(影印本)	(明)孙一奎撰	上海古籍出版社	1991.4	32	1173	精装18.25
	张氏医通*	(清)张璐著	上海科学技术出版社	1990.12	大32	1054	精装23.40
	医述*	(清)程杏轩撰	安徽科学技术出版社	1990.8	大32	1121	精装17.50
	壶天散记	李浩然著	复旦大学出版社	1990.12	大32	406	7.00
	医易会通精义	李浚川 萧汉明主编	人民卫生出版社	1991.6	大32	479	13.20
	医古文（高等中医研究参考丛书5）	段逸山主编	知音出版社	1990.4	16	760	30.00

项目 类别	书名	编著(译者)	出版单位	出版年月	开本	页数	价格(元)
	医古文（供高等中医药专业自学考试及函授班学员使用）	钱超尘 王育麟编写	贵州人民卫生出版社	1990.9	大32	661	9.00
	医古文（中药中等专业学校通用教材）	《医古文》编写组编	中国商业出版社	1990.9	大32	360	2.80
	医古文(高等医药院校教材)（供中医、中药、针灸专业用）	段逸山主编	上海科学技术出版社	1991.4	16	395	5.30
中	医古文（高等中医院校教学参考丛书）*	段逸山主编 赵辉贤副主编	人民卫生出版社	1991.10	16	755	22.00
	医古文选读（全国高等中医院校函授教材）*	隋德俊主编 薛凤奎副主编	湖南科学技术出版社	1991.6	16	381	7.80
	医古文助读	陈永良编著	四川教育出版社	1991.8	16	337	6.20
	医古文译释	贾延利 钱秋海主编	山东大学出版社	1991.4	32	366	4.60
	医古文语法知识	许敬生主编	中国中医药出版社	1991.1	32	253	3.50
	医古文习题集	段逸山主编	人民卫生出版社	1990.12	大32	430	11.35
	中医论文写作教程	单书健编著	江苏科学技术出版社	1990.4	32	300	3.50
医	中国中医药年鉴(1990)	《中国中医药年鉴》编辑委员会主编	人民卫生出版社	1991.5	16	659	精装 25.00
	国内外中医药科技进展（1991年）	国家中医药管理局科学技术司，上海市中医药科学技术情报研究所编	上海科学技术文献出版社	1991.8	16	197	8.00
	汉英双解常用中医名词术语*	帅学忠编译	湖南科学技术出版社	1991.10	大32	765	11.30
	中医药用拉丁语（高等中医院校教材）	余汐满主编	江西高校出版社	1991.7	16	189	6.00
	中医经典字典	刘世昌等编著	重庆出版社	1990.12	32	300	精装 6.55 平装 5.30
学	中国医籍通考（第一卷）	严世芸主编	上海中医学院出版社	1990.6	大32	1629	精装 67.50
	中国医学大成（共六册）	曹炳章编纂	岳麓书社	1990.10	16		精装 480.00
	中国传统文化与医学	李良松 郭洪涛编著	厦门大学出版社	1990.5	16	358	12.90
	历代医德论述选译	王治民主编 孙雷副主编	天津大学出版社	1990.9	大32	338	5.05
	中国历代医家传录（上）	何时希著	人民卫生出版社	1991.9	大32	581	精装 25.00
	中国历代医家传录（中）	何时希著	人民卫生出版社	1991.9	大32	930	精装 35.00
	中国历代医家传录（下）	何时希著	人民卫生出版社	1991.9	大32	974	精装 36.00
	湖北历代医林人物志	黄乃奎 张林茂编 钱远铭审定	武汉出版社	1991.1	32	147	1.85

项目 类别	书　　名	编著(译者)	出版单位	出版年月	开本	页数	价格(元)
中医学	盐城中医人物志	盐城市中医研究所编	江苏人民出版社	1990.6	32	184	3.30
	新安名医考	邓大学等编写	安徽科学技术出版社	1990.7	大32	161	2.95
	药王孙思邈	陕西卫生志编纂委员会办公室编	陕西科学技术出版社	1990.3	16	79	18.60
	东周伟大医学科学家一秦越人扁鹊	杨世兴主编	陕西科学技术出版社	1991.3	32	48	1.40
	神医林如高	李玉光　游斌编文　郭东健绘画	福建美术出版社	1991.5	32	64	1.50
	中国名医妙药（第一集）	石中元主编	中国医药科技出版社	1991.4	大32	390	6.00
	中国当代中医名人志	《中国当代中医名人志》编委会编	学苑出版社	1991.7	16	1282	精装 88.00
	当代中国骨伤人才	宋一同主编	中国中医药出版社	1991.5	32	394	7.50
	今朝医文集一橘杏春秋	董建华主编	中国医药科技出版社	1990.7	32	171	5.10
	湖南中医学院三十年	周光优主编	湖南科学技术出版社	1990.8	大32	291	精装 6.20
	中医生手册*	广州中医学院《中医生手册》编写组　彭胜权主编	广东科技出版社	1991.5	32	677	8.50
	中医实习医师手册*	湖南中医学院编	上海科学技术出版社	1990.9	32	883	精装 10.60
	中医必读(医理,医术、验方、秘方)	李岛山编著　李开山重订	北京科学技术出版社	1989.8	32	190	3.20
	医药丛谈	谢海州编著	中医古籍出版社	1990.4	32	269	4.90
	古今时间医学（择时诊病、服药、针灸）*	刘炳权　苏祥编著	广东科技出版社	1991.5	32	208	2.80
	手掌与疾病（疾病预测与最佳治疗时间选择）	梁秋湖等编著	广西科学技术出版社	1990.8	32	114	1.60
	家庭中医顾问（一：药草、诊法、食疗篇）	马有度编著	人民卫生出版社	1990	大32	300	
	家庭中医顾问（二：针灸、气功、按摩篇）	马有度编著	人民卫生出版社	1990	大32	292	
	中医预防学（当代中医丛书）	柯新桥　刘凤云著	重庆出版社	1990.9	32	247	3.70
中医基础理论	中医基础理论（全国高等中医院校函授教材）*	李德新主编	湖南科学技术出版社	1991.8	16	167	3.95
	中医基础理论（高等医药院校教材（供中医，针灸专业用）*	印会河主编　张伯讷副主编	上海科学技术出版社	1991.4	16	145	2.55
	中医基础理论（高等中医院校教学参考丛书）*	印会河主编　张伯讷副主编	人民卫生出版社	1991.7	16	334	9.40
	中医基础理论（英文）	耿俊英　苏志红著	新世界出版社	1990	大32	167	14.00
	中医基础理论题解（中医自学辅导丛书）*	岳承忠等编	中医古籍出版社	1988.3	16	138	2.20

类别＼项目	书名	编著(译者)	出版单位	出版年月	开本	页数	价格(元)
中医基础理论	中医学基础及针灸学（中等卫生学校教材）	罗德安主编 徐精诚主审	湖北科学技术出版社	1990.7	16	184	4.90
	中医理论辩	瞿岳云编著	湖南科学技术出版社	1990.11	大32	318	4.60
	中医升降学	寇华胜编著	江西科学技术出版社	1990.9	32	255	3.50
	传统中医理论现代研究	蔡光先主编	湖南科技出版社	1990.12	大32	280	4.50
	古今图书集成医部全录（点校本）(第四册脏腑身形上)	(清)陈梦雷等编	人民卫生出版社	1991.7	16	1457	精装 77.00
	古今图书集成医部全录（点校本）(第五册脏腑身形下)	(清)陈梦雷等编	人民卫生出版社	1991.7	16	1365	精装 73.00
	古今图书集成医部全录（点校本）（第六册诸疾上）	(清)陈梦雷等编	人民卫生出版社	1991.7	16	1564	精装 83.00
	古今图书集成医部全录（点校本）(第七册诸疾下)	(清)陈梦雷等编	人民卫生出版社	1991.7	16	1699	精装 89.00
	古今图书集成医部全录（点校本）(第八册外科部分)	(清)陈梦雷等编	人民卫生出版社	1991.7	16	572	精装 32.00
	古今图书集成医部全录（点校本）（第九册妇科卷三八一～卷三九八）	(清)陈梦雷等编	人民卫生出版社	1991.7	16	590	精装 34.00
	古今图书集成医部全录（点校本）(第十册儿科上卷四〇一～卷四五八)	(清)陈梦雷等	人民卫生出版社	1991.7	16	1359	精装 74.00
	古今图书集成医部全录（点校本）（第十一册儿科下卷四五九～卷五〇〇）	(清)陈梦雷等	人民卫生出版社	1991.7	16	942	精装 51.00
	古今图书集成医部全录（点校本）（第十二册总论及其他卷五〇一～卷五二〇）	(清)陈梦雷等编	人民卫生出版社	1991.7	16	506	精装 29.00
	仁斋直指（外四种）（四库医学丛书）（影印本）	(宋)杨士瀛撰 (明)朱崇正附遗	上海古籍出版社	1991.4	32	926	精装 14.95
	推求师意（外四种）（四库医学丛书）（影印本）	(明)戴原礼撰 汪机校录	上海古籍出版社	1991.4	32	920	精装 14.85
	类经（四库医学丛书）（影印本）	(明)张介宾撰	上海古籍出版社	1991.4	32	1016	精装 16.10
	尚论篇（外四种）（四库医学丛书）（影印本）	(清)喻昌撰	上海古籍出版社	1991.4	32	936	精装 15.05
	研经言(中医古籍整理丛书)	(清)莫枚士述 王绪鳌 毛雪静点校	人民卫生出版社	1990.11	大32	154	4.00
	医学读书记（中医古籍整理丛书	(清)尤怡撰 傅幼荣等点校	人民卫生出版社	1991.1	大32	88	3.00
	内经讲义（全国高等中医院校函授教材）*	傅贞亮主编 张登本副主编	湖南科学技术出版社	1991.6	16	338	6.75
	内经讲义（高等医药院校教材）（供中医针灸专业用)*	程士德主编 孟景春副主编	上海科学技术出版社	1991.10	16	211	3.65
	《内经》多学科研究（中医现代研究丛书）	雷顺祥主编	江苏科学技术出版社	1990.6	16	342	8.00
	内经与临证*	杨智孚编著	广东科技出版社	1991.5	大32	388	5.80

类别 \ 项目	书　　名	编著(译者)	出版单位	出版年月	开本	页数	价格(元)
中医基础理论	黄帝内经素问译释*	孟景春　王新华主编	上海科技出版社	1991.3	大32	733	精装 16.00
	黄帝内经素问	(唐)王冰次注(宋)林亿等校正、	上海古籍出版社	1991.4	32	711	精装 12.10
	灵枢经	(唐)王冰次注(宋)史崧校正音释					
	难经本义	(周)秦越人撰(元)滑寿注					
	针灸甲乙经 (四库医学丛书)	(晋)皇甫谧撰(宋)高保衡等校注					
	黄帝内经素问集注*	(清)张隐庵集注	上海科学技术出版社	1991.9	大32	382	4.90
	素问补识	胡天雄著	中国医药科技出版社	1991.6	32	416	7.40
	难经语译(中医古籍整理丛书)	凌耀星主编	人民卫生出版社	1990.2	大32	115	3.55
	难经校注(中医古籍整理丛书	凌耀星主编	人民卫生出版社	1991.2	大32	202	6.05
	伤寒论(高等中医院校教学参考丛书)*	李培生主编 刘渡舟副主编	人民卫生出版社	1991.6	16	783	20.40
	伤寒论(在职医生学习中医丛书)*	湖北中医学院主编	人民卫生出版社	1991.11	32	193	3.10
	伤寒论讲解(高等中医函授教材)	光明中医函授大学主编	光明日报出版社	1987.3	大32	553	3.45
	伤寒论讲义(高等医药院校教材)(供中医专业用)*	李培生主编 刘渡舟副主编	上海科学技术出版社	1991.4	16	228	3.05
	伤寒论讲义(全国高等中医院校函授教材)*	李培生主编 梅国强副主编	湖南科学技术出版社	1991.6	16	326	6.60
	伤寒论校注(中医古籍整理丛书	刘渡舟主编	人民卫生出版社	1991.6	大32	347	6.70
	伤寒论析疑	沈济苍编著	上海科学技术出版社	1990.12	大32	221	3.50
	伤寒论研究	关祥祖等编著	云南大学出版社	1991.1	32	312	3.80
	伤寒论条辨	(明)方有执撰、先	上海古籍出版社	1991.4	32	858	精装 14.05
	醒斋广笔记	(明)缪希雍撰、神					
	农本草经疏 (四库医学丛书)(影印本)	(明)缪希雍撰					
	伤寒论临床应用	王占玺主编	科学技术文献出版社	1990.11	32	442	6.60
	伤寒六经病证治验选录	黄卿发编著	上海中医学院出版社	1990.9	32	200	2.40
	曹氏伤寒金匮发微合刊	曹颖甫著 顾瑞生校点	上海科学技术出版社	1990.11	32	256	7.05
	近代中医珍本集(金匮分册)	陆拯主编 包来发等编	浙江科学技术出版社	1991.1	大32	951	精装 15.40
	金匮要略讲义(全国高等中医院校函授教材)*	何任主编	湖南科学技术出版社	1991.6	16	274	5.45

类别 \ 项目	书名	编著(译者)	出版单位	出版年月	开本	页数	价格(元)
中医基础理论	金匮要略讲义（高等医药院校教材）(供中医专业用)*	李克光主编　杨百弗副主编	上海科学技术出版社	1991.10	16	272	4.60
	金匮要略论注（外四种）(四库医学丛书)(影印本)	(汉)张机撰 (清)徐彬注	上海古籍出版社	1991.4	32	908	精装 14.70
	金匮方歌括*	(清)陈修园编著	上海科学技术出版社	1991.9	32	144	1.70
	现代中医生理学基础（中国中西医结合学会基础医学丛书）	季仲朴主编	学苑出版社	1991.7	16	439	12.00
	气血病论治学	程绍恩等主编	北京科学技术出版社	1990.3	32	342	4.10
	脾胃学说与临床	王淑兰主编	人民卫生出版社	1990.9	大32	333	7.35
	经络学（高等医药院校试用教材）(供针灸专业用)*	李鼎主编	上海科学技术出版社	1991.10	16	115	2.15
	经络学说研究（经络脏腑相关及其联系途径）	何智明主编	文津出版社	1991.7	32	317	3.85
	中医经络现代研究	胡翔龙等主编	人民卫生出版社	1990.10	16	271	精装 24.20
	经络功法（古代秘传长寿术）*	彭静山编著	辽宁科学技术出版社	1991.7	32	94	2.75
	子午流注气功点穴法	罗振宇著	科学普及出版社	1990.10	32	141	2.30
	子午流注针法快速查表	张国瑞　朴联友著	人民卫生出版社	1991.2	32	51	1.10
	经穴部位文献考与解剖（中华人民共和国国家标准—《经穴部位》的编制说明）	国家中医药管理局编	中国中医药出版社	1990.11	16	140	5.00
	中国经络穴位图（英文）	李丁编写	外文出版社	1990	8开	每套20张	25.00
	经穴断面解剖图解（头颈、胸部）	严振国编	上海科学技术出版社	1990.12	16	261	精装 63.20
	标准经穴部位挂图	景来等编绘	中国计量出版社	1991.4		每套全3张	18.00
	折迭式经穴层次解剖图解（头颈部分)*	严振国主编	上海科学技术出版社	1990.10	折迭64开		0.78
	折迭式经穴层次解剖图解（上肢部分)*	严振国主编	上海科学技术出版社	1990.10	折迭64开		1.05
	折迭式经穴层次解剖图解（躯干部分)*	严振国主编	上海科学技术出版社	1990.10	折迭64开		0.78
	命门学说应用荟萃	张鑫华　黄宣能编著	上海中医学院出版社	1990.10	32	79	1.20
	中医革新—病机论疗法	朱振华编著	人民军医出版社	1990.6	32	177	2.90
	病理学(高等医药院校教材)(供中医、针灸专业用)*	魏民主编	上海科学技术出版社	1991.5	16	181	4.85
	病理学（全国高等中医院校函授教材)*	李宇萍主编 贝美莲副主编	湖南科学技术出版社	1991.9	16	250	5.90

项目 类别	书名	编著(译者)	出版单位	出版年月	开本	页数	价格(元)
中医临床学	中医临床学（中国乡村医生培训系列教材）	赵玉庸主编	河北教育出版社	1991.6	16	158	3.05
	中医临床诊治续集	贺升效著	四川大学出版社	1990.12	32	245	2.90
	中医临床科研选题设计分析	林平等编著	河南大学出版社	1990.8	大32	341	2.85
	中医临床实习手册	吴涛　田维君编著	江西科学技术出版社	1991.4	32	282	4.00
	中医临床200解	于天星著　林孟丽整理	中医古籍出版社	1990.6	32	207	2.85
	中医临床传统流派	黄煌编著	中国医药科技出版社	1991.2	32	332	5.60
	医学三字经 *	(清)陈修园著	上海科学技术出版社	1991.9	32	94	1.05
	医宗金鉴(上册)*	(清)吴谦等编	人民卫生出版社	1990.9	32	1137	精装 13.00
	医宗金鉴（下册)*	(清)吴谦等编	人民卫生出版社	1990.9	32	1206	精装 13.50
	医宗金鉴（全三册)(四库医学丛书)(影印本)	(清)吴谦　刘裕铎等纂	上海古籍出版社	1991.4	32	1740	精装 38.85
	浙江名中医临床经验选辑(第一辑)	浙江省中医管理局编	浙江科学技术出版社	1990.6	32	332	3.40
	古今名医临证秘诀	路振平主编	云南大学出版社	1990.10	大32	322	4.50
	中医临证三字诀*	胡翘武　胡国俊编著	安徽科学技术出版社	1990.1	32	211	2.60
	中医临证席谈	江椒安著	中国中医药出版社	1990.10	32	42	1.00
	临证见解*	广东省中医院编	人民卫生出版社	1991.8	32	51	0.65
	临症荟萃	赵洪斌等主编	学苑出版社	1990.7	大32	475	7.50
	乡村中医临证大全	中豫老区医药研究所主编	中医古籍出版社	1988.8	32	1019	9.75
	英汉实用中医药大全(21:临床会话)		高等教育出版社	1991.10	大32	428	9.55
	中医的非药物疗法的基础与临床(日文)	孙启凤　韩晶岩主编	中国医药科术出版社	1991.4	16	318	精装 19.00
	中医临床诊疗规范	安徽中医学院附属医院编	中国科学技术大学出版社	1991.2	大32	460	7.00
	医中百误歌浅说	马有度主编	人民卫生出版社	1991.5	32	223	3.50
	中医诊断学（全国高等中医院校函授教材)*	郭振球主编	湖南科学技术出版社	1991.5	16	196	4.50
	中医诊断学（高等中医院校教学参考丛书)*	邓铁涛主编　郭振球副主编	人民卫生出版社	1991.7	16	701	18.50
	中医诊断学（高等医药院校教材）(供中医、针灸专业用)*	邓铁涛主编　郭振球副主编	上海科学技术出版社	1991.10	16	205	3.60

类别＼项目	书名	编著(译者)	出版单位	出版年月	开本	页数	价格(元)
中医临床学	中医证候规范（中医自学丛书）	邓铁涛主编	广东科技出版社	1990.8	32	424	5.20
	中医证候鉴别诊断学*	中国中医研究院主编	人民卫生出版社	1991.7	16	589	11.85
	中医诊疗阐微	王少年　王卫中著	天津科学技术出版社	1990.6	32	237	3.20
	中医疾病诊疗纂要	张震主编	云南科技出版社	1990.9	16	416	精装 15.00 平装 12.00
	秘传疏经术	詹经山等著	湖南科学技术出版社	1991.10	32	213	3.50
	决生死秘要*	周信有等编著	甘肃科学技术出版社	1990.10	大32	255	4.10
	大众识病手册	王辉武　庞国荣主编	科学技术文献出版社重庆分社	1990.11	32	401	5.35
	脉学精微	王金芳编著	陕西科学技术出版社	1991.2	32	64	1.50
	脉诀汇辨*	(清)李延昰辑著	上海科学技术出版社	1991.9	32	234	2.70
	中医脉象研究	黄世林　孙明异著	人民卫生出版社	1991.9	16	202	精装 10.00
	中医脉学入门*	蒋长远编著 陈源生审订	科学技术文献出版社	1991.12	32	189	2.50
	望诊与健康	虚静编著	北京体育学院出版社	1989.12	32	258	3.90
	指甲诊病彩色图谱	李学诚著	山西科学教育出版社	1990.8	32	168	7.00
	指甲诊病*	王文华　李捷珈著	上海中医学院出版社	1991.3	32	113	1.60
中医治疗学	中医治疗学	孙国杰　涂晋文主编	中国医药科技出版社	1990.12	16	689	精装 24.00
	辨证论治研究七讲*	方药中编著	人民卫生出版社	1991.9	32	201	2.05
	民间医药秘诀*	韦炳智著	广西民族出版社	1991.5	32	240	2.95
	民间治病小手册	牙廷艺编著	广西民族出版社	1990.8	32	169	2.10
	杏林妙法*	夏德君　惠广喜编	人民卫生出版社	1991.10	32	340	5.55
	证治百问（中国医学诊本丛书）（影印本）	(清)刘默撰 上海中医文献所古籍研究室选	上海科学技术出版社	1991.4	32	576	精装 11.60
	中国名医妙药（第一集）	石中元主编	中国医药科技出版社	1991.4	大32	390	6.00
	怪病怪治	刘道清编	中原农民出版社	1990.2	32	339	3.70
	奇难杂证新编*	邓铁涛主编	广东科技出版社	1990.12	32	302	4.00

类别\项目	书名	编著(译者)	出版单位	出版年月	开本	页数	价格(元)
中医治疗学	当代名医证治汇粹	宋祖敬主编	河北科学技术出版社	1990.9	大32	878	精装18.00 平装14.50
	疑似病证的鉴别与治疗*	张震编著	上海科学技术出版社	1991.6	32	166	1.70
	中医证候辨治轨范*	冷方南主编	人民卫生出版社	1991.9	32	360	精装6.00
	历代中医治则精华	周超凡主编	中国中医药出版社	1991.7	32	584	9.00
	西药毒副反应的中医治疗	袁世华等编著	上海中医学院出版社	1990.	32	178	2.20
	中国常用民间疗法	黎文献主编	广东高等教育出版社	1991.8	大32	365	5.80
	常见病简易中医疗法*	杨智孚　张峰编著	金盾出版社	1991.11	32	132	1.50
	百病自我简易疗法*	王云凯主编	河北科学技术出版社	1991.5	32	517	6.95
	家庭简易疗法大全	江建民等编	福建科学技术出版社	1991.7	32	604	7.80
	最常见慢性病疗养问答*	李传良　金培珍编著	北京科学技术出版社	1991.5	32	252	3.00
	中国中医独特疗法大全	裘沛然主编	文汇出版社	1991.3	大32	1158	精装24.00
	特效疗法100种(家庭必备)	(日)小林三刚　佐藤久三著 高云岫、谢贵章译	煤碳工业出版社	1991.10	32	181	2.70
	中医急症救治	张笑平主编	湖南科学技术出版社	1991.7	大32	310	5.00
	推拿学(高等医药院校教材)(供针灸专业用)*	俞大方主编	上海科学技术出版社	1991.10	16	256	4.35
	实用中医推拿学*	骆竞洪编著	重庆出版社	1991.5	大32	557	精装9.40
	现代推拿法	李会生编著	北京科学技术出版社	1990.9	32	235	3.10
	中国推拿（英汉对照实用中医文库）	张恩勤主编	中医学院出版社	1990.6	大32	762	
	中国推拿练功学（推拿学系列丛书）	金宏柱主编	上海中医学院出版社	1990.12	大32	254	3.60
	推拿问答*	严隽陶等编著	上海科学技术出版社	1991.3	32	202	2.55
	推拿速成手册*	潘崇海等编写 严隽陶审阅	上海科学技术出版社	1991.3	32	303	3.85
	自我推拿手册*	刘进海编著	辽宁科学技术出版社	1991.3	32	165	2.50
	家庭推拿及保健医术	周华龙编著	东南大学出版社	1991.1	32	267	3.50
	实用推拿手法图解	费季翔等编著 黄　原摄影	上海翻译出版公司	1990.9	16	192	7.80
	自学推拿图说	张义炯主编	安徽科学技术出版社	1990.4	32	364	4.95

类别＼项目	书　　名	编著(译者)	出版单位	出版年月	开本	页数	价格(元)
中医治疗学	家庭推拿按摩*	金宏柱编著 刘雪绘图	金盾出版社	1991.11	32	159	2.30
	推拿疗法与医疗练功*	赵翱主编	人民卫生出版社	1991.2	32	459	6.85
	实用推拿治病百法*	骆竞洪著	人民体育出版社	1991.5	32	315	4.50
	常见腰腿痛病与推拿疗法	栾长业　李冬生编著	人民卫生出版社	1990.9	32	213	2.75
	养生抗老自我推拿指南*	金义成　陈鸿国编 楼绍来绘图	上海科学普及出版社	1990.11	32	145	1.90
	小儿推拿*	上海中医学院推拿教研组　金义成著	上海科学技术文献出版社	1991.10	32	262	2.65
	推拿意外的预防及处理	刘岚庆　李勇元编著	上海科学技术出版社	1991.8	32	142	1.90
	推拿按摩气功养生题目索引（1950～1985）		上海中医学院出版社	1991.2	16	186	6.30
	实用按摩推拿大全	李茂林编著	中医古籍出版社	1990.7	大32	683	12.00
	按摩各家学说（全国盲人按摩专业统编教材）	滕伟民　成为品主编	华夏出版社	1991.7	16	68	2.20
	按摩治疗学	北京按摩医院编著	华夏出版社	1991.3	16	246	8.90
	脏腑经络按摩*	董好魁　李恩复著	河北科学技术出版社	1991.5	32	233	3.50
	人人实用按摩术*	施峰等编著	上海文化出版社	1991.4	32	282	3.50
	自我按摩集锦*	骆勤方主编	人民体育出版社	1991.5	32	437	5.90
	常见病按摩图谱	纪君时等编	海天出版社	1990.8	32	149	4.25
	常见病的自我按摩（卫生知识丛书、第三辑）	郭剑华　王显华编著	重庆出版社	1991.3	32	94	1.30
	气功点穴按摩术	杨树文著	华夏出版社	1990.8	32	226	3.50
	点穴按摩急救自救法	张文进编著	山西科学教育出版社	1991.8	32	157	2.30
	特效足底按摩	张朝卿张佩芳编著 北京市陶然亭医院前院长尚授真审校	人民体育出版社	1991.7	32	70	1.20
	脚部按摩疗法	汤叔梁　杨秉元编著	东南大学出版社	1990.11	32	129	2.70
	实用家庭按摩	谈运良等编著	湖北科学技术出版社	1991.1	32	250	3.20
	家庭穴位按摩	伍后胜主编	中国广播电视出版社	1990.10	32	302	4.60
	家庭按摩术*	庞承泽编著	人民体育出版社	1991.7	32	163	2.50
	简易家庭按摩与导引术（小家庭丛书）*	李乐德编著	湖南科学技术出版社	1991.4	32	195	3.20

类别\项目	书名	编著(译者)	出版单位	出版年月	开本	页数	价格(元)
中医治疗学	家庭强身去病按摩术	刘金主　李金田编著	中国中医药出版社	1990.10	32	175	3.20
	自我保健按摩	石禾　迺清编	湖南科学技术出版社	1991.11	32	88	1.20
	按摩手足保健法	蔡林海　孙树建编译	上海科学技术出版社	1991.7	32	93	1.15
	百病自我按摩保健	康锁彬等编	河北科学技术出版社	1990.7	32	274	3.65
	(图解)实用保健按摩(健康丛书)	刘世森　高益民编著	人民卫生出版社	1991.	大32	234	
	中医美容保健按摩术	唐方城　张小典著	科学普及出版社	1991.2	32	41	0.90
	捏筋拍打疗法*	葛长海等著	北京科学技术出版社	1990.4	32	254	2.70
	伤科手法治疗图解*	狄任农编著 陈成斗绘图	浙江科学技术出版社	1990.9	32	129	1.20
	点穴秘要	迟　钝编	中国医药科技出版社	1991.1	32	194	3.00
	点穴疗法*	黄鼎坚编著	广西科学技术出版社	1991.1	32	88	1.10
	少林点穴法(修订本)(少林功夫丛书)	德虔编著	北京体育学院出版社	1990.3	32	149	2.40
	少林点穴法及治疗(海灯法师绝技)	苏应莲编	四川人民出版社	1991.10	48	79	1.10
	穴敷疗法聚方镜*	莫文丹编著	广西民族出版社	1990.7	32	336	3.50
	穴位贴药疗法*	王肖岩著	湖南科学技术出版社	1990.12	32	93	1.35
	穴位药物注射疗法*	刘建洪　何冬梅编著	江西科学技术出版社	1991.4	32	214	2.75
	耳穴疗法*	植兰英　蒙贵清编著	广西科学技术出版社	1991.4	32	198	2.30
	百病耳压诊治秘诀	王其祥主编	中国中医药出版社	1991.5	32	168	2.70
	耳穴压丸疗法	杨兰绪等编著	江苏科学技术出版社	1991.1	32	283	3.60
	耳穴贴压疗法	刘森亭等编著	陕西科学技术出版社	1991.1	32	208	3.35
	中医药贴物脐疗法	谭支绍编著	广西科学技术出版社	1991.7	32	268	3.40
	中医敷脐疗法	王端义等编著	人民卫生出版社	1991.8	32	136	2.00
	拔罐疗法	植兰英　蒙贵清编著	广西科学技术出版社	1991.6	32	196	2.35
	手到病除(家庭简易中医外治法)	夏翔主编	三联书店上海分店	1991.5	大32	309	4.50
	中医外治法*	詹永康　曹欣荣编	湖南科学技术出版社	1990.11	32	128	1.70
	常见病中草药外治疗法(农村实用科技文库)*	黄宗勋编著	福建科学技术出版社	1991.3	32	173	2.20

类别 \ 项目	书名	编著(译者)	出版单位	出版年月	开本	页数	价格(元)
中医治疗学	针灸推拿学史	傅维康主编	上海古籍出版社	1991.5	32	299	2.90
	腧穴学（全国中等中医学校教材）（供针灸医士专业用）	汪瀛乐主编 杨永峰等编	江苏科学技术出版社	1990.11	16	221	3.60
	腧穴学（高等医药院校试用教材）（供针灸专业用）	杨甲三主编 曹一鸣副主编	上海科学技术出版社	1991.10	16	199	3.55
	常用腧穴临床发挥	李世珍著	人民卫生出版社	1991.7	32	973	精装 15.40
	针灸（医学小百科）	钱信忠主编	天津科学技术出版社	1990.4	32	218	3.90
	针灸学（全国中等中医药学校教材）（供中医、中医护士专业用）*	王新明主编	江苏科学技术出版社	1991.2	16	252	4.15
	针灸学（全国高等中医院校函授教材）*	刘冠军主编	湖南科学技术出版社	1991.9	16	382	7.90
	针灸学(高等医药院校教材)（供中医专业用）*	邱茂良主编 张善忱副主编	上海科学技术出版社	1991.10	16	328	5.65
	简明针灸学（高等西医院校教材）	周荣兴　李复峰主编	黑龙江教育出版社	1989.1	16	130	2.75
	针法灸法学（高等医药院校教材）(供针灸专业用)*	奚永江主编 司徒铃副主编	上海科学技术出版社	1991.4	16	118	2.10
	现代针灸学概论	袁其伦编著	科学技术文献出版社重庆分社	1990.12	32	418	4.40
	针灸文献概论	李复峰编著	黑龙江科学技术出版社	1990.10	32	217	3.50
	中国针灸针麻科研概况(1977～1987)	王德深编	中国中医药出版社	1990.11	16	132	6.50
	针灸时间治疗概况	靳瑞等编著	上海翻译出版公司	199).5	大32	159	3.70
	针灸文献检索与利用	王德琛主编	上海中医学院出版社	1991.3	大32	222	5.80
	实用针灸大全*	刘汉银编著	北京出版社	1991.4	32	487	6.00
	实用针灸疗法临床大全	府强主编	中国中医药出版社	1991.4	16	677	精装 25.00
	实用针灸临床手册*	盛灿若主编	江苏科学技术出版社	1990.1	32	274	3.05
	针灸速成手册	杨之楠　姜明明编著	上海科学技术出版社	1991.5	32	303	3.65
	实用针灸选穴手册*	杨兆民　鞠传军编著	金盾出版社	1991.8	32	288	3.70
	汉英对照针灸手册	许小萍等编著	中国医药科技出版社	1990.9	32	203	3.20
	实用针灸美容手册	王宇华编著	江苏科学技术出版社	1991.3	32	225	3.00
	汉英对照针灸词汇	李复峰主编	黑龙江科学技术出版社	1991.4	32	275	4.80
	针灸学辞典*	安徽中医学院 上海中医学院编著	上海科学技术出版社	1991.9	大32	754	精装 12.00

类别 \ 项目	书名	编著(译者)	出版单位	出版年月	开本	页数	价格(元)
中医治疗学	实用针灸（英文）	耿俊英　苏志红著	新世界出版社	1991.1	大32	200	16.50
	针灸问答*	王卜雄等著	上海科学技术出版社	1991.3	32	244	3.05
	针灸治疗学（高等医药院校试用教材)(供针灸专业用)*	杨长森主编 何树槐副主编	上海科学技术出版社	1991.4	16	225	3.70
	英汉实用中医药大全（6:针灸治疗学）	刘玉檀　俞昌正主编	高等教育出版社	1991.10	大32	646	10.85
	针灸治疗和操作	刘炎　许建敏编著	上海科学技术出版社	1991.2	32	305	3.65
	中国针灸处方大成*	王立早主编	江西科学技术出版社	1991.5	大32	785	精装 19.80
	针灸处方学*	王岱主编	北京出版社	1991.5	16	196	7.10
	针灸聚英*	(明)高武纂集	上海科学技术出版社	1991.9	大32	299	4.00
	针方六集校释	(明)吴昆著　施土生校释	中国医药科技出版社	1991.2	16	489	12.46
	针灸大成校释*	黑龙江省祖国医药研究所校释	人民卫生出版社	1991.9	32	1312	精装 14.00
	针灸易学（中医古籍整理丛书）	(清)李守先撰　董晋宝点校	人民卫生出版社	1990.11	大32	73	1.85
	各家针灸学说（高等医药院校试用教材)(供针灸专业用)*	魏稼主编	上海科学技术出版社	1991.10	16	104	2.00
	中国当代针灸名家简介	针灸学报编辑部编	黑龙江科学技术出版社	1990.9	32	108	1.90
	针灸有效点图解	郭效宗著	科学技术文献出版社	1991.8	32	391	6.60
	实用针灸解剖挂图	严振国主编	上海中医学院出版社	1990	4开 1袋		9.00
	针灸气功经穴图谱（英汉对照）	湖南科学技术出版社编	湖南科学技术出版社	1991.4	32	150	3.20
	针灸经穴图*	上海市针灸经络研究所等编绘	上海科学技术出版社	1991.2	8 全张		12.50
	现代针灸师手册	胡伯虎等主编	北京出版社	1990.10	大32	751	精装 15.30 平装 11.45
	针灸新义	祁越著	新疆大学出版社	1990.8	32	217	3.50
	经络针灸心法*	程绍恩编著	北京科学技术出版社	1991.6	32	105	1.80
	古今针灸医案医话荟萃	高忻洙等编著	安徽科学技术出版社	1990.1	32	263	3.30
	针灸临证指南	胡熙明主编	人民卫生出版社	1991.2	大32	694	17.80
	针灸明理与临证	刘冠军著 刘若　刘虹整理	人民卫生出版社	1990.5	32	386	8.55

类别＼项目	书名	编著(译者)	出版单位	出版年月	开本	页数	价格(元)
中医治疗学	实用针灸内科学	崔述贵主编 马铁明副主编	白山出版社	1991.7	16	609	16.00
	针灸对内分泌血液免疫疾病影响的研究	侯建明著	青岛海洋大学出版社	1991.5	32	112	2.50
	针刺治疗功血病	刘万成　张晓彬著	黑龙江科学技术出版社	1990.8	32	96	1.80
	针灸秘验*	彭静山　费久治著	辽宁科学技术出版社	1991.6	32	258	4.10
	针灸临床治疗歌诀	郭效宗著	人民卫生出版社	1991.9	32	82	1.50
	针灸疗法歌诀	曾昭玨等编著	黑龙江科学技术出版社	1990.6	32	364	4.50
	针灸有效病症	方幼安　陈亚孟编	上海翻译出版公司	1990.5	32	413	精装 7.95 平装 6.20
	急症针灸治疗手册	朱明清　程晓明编著	浙江科学技术出版社	1990.8	32	155	2.20
	针灸治疗急难重症	李定明　施土生主编	中国医药科技出版社	1991,2	32	150	2.65
	针治疑难奇症案汇	黄宗勖　俞昌德著	福建科学技术出版社	1991.6	32	191	2.75
	难病针灸	张仁编著	人民卫生出版社	1991.1	32	448	8.40
	针灸治痛（针灸宝库）*	贺普仁编著	科学技术文献出版社	1990.10	32	273	3.85
	针灸眼科学	李复峰主编	黑龙江科学技术出版社	1990.11	32	211	2.90
	眼针疗法	彭静山著	辽宁科学技术出版社	1990.11	32	115	精装 7.50
	针灸三法的应用（刺血、燔针、发泡灸）	南正九编著	甘肃科学技术出版社	1990.11	32	113	1.45
	黄廷翼浅针术	黄之光编	福建科学技术出版社	1991.2	32	230	2.70
	腕踝针疗法*	张心曙著	人民军医出版社	1990.4	32	91	3.20
	蟒针疗法	王实古著	沈阳出版社	1990.7	32	189	2.95
	实用巨针疗法	万桂梅主编	科学出版社	1991.7	大32	275	6.00
	蜂刺疗法	陈伟编著	中南工业大学出版社	1990.9	32	156	2.50
	粗针疗法	李复峰主编	黑龙江科学技术出版社	1990.9	32	181	2.50
	刺灸学（全国中等中医药学校教材）	张智信主编	江苏科学技术出版社	1990.11	16	111	1.75
	耳针疗法	刘福信编著	陕西科学技术出版社	1991.3	32	164	2.40
	经穴解（附针灸阐岐幼科阐岐）（中医古籍整理丛书）	(清)岳含珍撰 张灿玾　柳长华点校	人民卫生出版社	1990.9	大32	610	13.50

类别 \ 项目	书名	编著(译者)	出版单位	出版年月	开本	页数	价格(元)
中医治疗学	标准针灸经穴挂图	中国中医研究院针灸研究所编绘	中国医药科技出版社	1990.11	16	每套挂图3全张	13.00
	标准针灸经穴部位图谱	中国中医研究院针灸研究所编	中国标准出版社	1990.11	大16		23.80
	中国民间灯火灸疗法	谭支绍著	广西科学技术出版社	1990.12	32	233	2.75
养生保健食疗气功	老年医学在中国（中国中西医现代研究丛书）*	邝安堃、陈可冀主编	湖南科学技术出版社	1991.6	大32	385	精装 8.60
	养生类要（气功、养生丛书）	(明)吴正伦辑	上海古籍出版社	1990.7	32	368	4.85
	太平御览（养生）	(宋)李昉等编	上海古籍出版社	1990.7	32		1.65
	苏沈良方(养生类)	(宋)苏轼撰					
	保生要录	(宋)蒲虔贯撰					
	摄生消息论	(元)邱处机撰					
	（气功、养生丛书）						
	寿亲养老新书（气功、养生丛书）	(宋)陈直撰 (元)邹炫续增	上海古籍出版社	1990.7	32	444	5.65
	性命要旨(气功、养生丛书)	(清)汪启护撰	上海古籍出版社	1990.7	32	100	1.75
	食宪鸿秘(气功、养生丛书)	(清)朱彝尊撰	上海古籍出版社	1990.7	32	235	3.55
	素问（摄生类）	( )不著撰人	上海古籍出版社	1990.7	32		1.70
	养生论	(三国魏)嵇康撰					
	养性延命录	(南朝梁)陶弘景撰					
	备急千金要方（养性）	(唐) 孙思邈撰					
	千金翼方（养生）	(唐) 孙思邈撰					
	(气功、养生丛书)						
	新刻养生导引法	(明)胡文焕编	上海古籍出版社	1990.7	32		2.40
	静坐要诀	(明)袁黄撰					
	(气功、养生丛书)						
	三元延寿参赞书	(元)李鹏飞编	上海古籍出版社	1990.7	32		2.10
	修龄要旨	(明)冷谦撰					
	医生	(明)王文禄撰					
	摄生	(明)袁黄撰					
	养生肤语	(明)陈继儒撰					
	(气功、养生丛书)						
	饮膳正要(气功、养生丛书)	(元)忽思慧撰	上海古籍出版社	1990.7	32	324	4.50
	中医养生大全*	白永波　孙光荣主编	北京科学技术出版社 香港雪谷出版社	1991.5	16	773	精装 38.00
	中医养生法（初级卫生保健丛书）	张奇文　尹常健编著	山东大学出版社	1990.11	32	127	1.50

类别＼项目	书名	编著(译者)	出版单位	出版年月	开本	页数	价格(元)
养生保健食疗气功	养生三字经（初级卫生保健丛书）	郎丰勋等编著	山东大学出版社	1990.10	32	89	1.25
	养生十八法	高崇学编著	沈阳出版社	1991.7	32	248	3.80
	东方养生法	黄渭铭　陈庆树编著	中国国际广播出版社	1990.7	32	305	4.50
	中外养生技巧精萃	戴炳炎等编著	同济大学出版社	1989.10	32	198	2.40
	古今养生秘法	王丽等编写	三秦出版社	1990.12	32	348	4.65
	中国传统养生术*	周文泉　文正才主编	广东科技出版社	1991.7	32	355	4.80
	中国古代养生之道（中国文化史知识丛书）	郑杰文著	山东教育出版社	1990.10	32	148	1.42
	中国古代养身术	洪丕谟著	上海人民出版社	1991.6	32	177	2.30
	中华帝王养身术	石非一主编	延边人民出版社	1991.1	32	381	4.90
	中老年养生妙术	漆浩　刘硕编著	中国妇女出版社	1990.12	32	179	2.80
	古代名家养生箴言	丁青艾　侯又白编著	华夏出版社	1990.12	大32	233	4.50
	中医药养生集萃	湖北省科学技术期刊编辑学会《大众中医药编辑部》	湖北科学技术出版社	1991.7	32	277	3.95
	佛道修性养生法*	洪丕谟著	上海文化出版社	1991.10	大32	327	4.15
	养生五百忌	郭申元编译	上海科技教育出版社	1990.9	32	251	2.60
	耳廓诊治与养生	刘士佩编著	上海教育出版社	1991.2	32	189	2.70
	中国传统健身养生图说	李经纬、朱建平编著	中国书店	1990.7	大32	289	10.00
	实用养生保健自疗手册	周志杰　雷跻九主编	陕西人民出版社	1990.12	32	619	7.95
	四季养生保健*	施仁潮等编著	金盾出版社	1991.6	32	227	2.70
	内功养生秘诀*	邓宏逖编著	湖南科学技术出版社	1991.9	大32	278	精装 6.20 平装 4.40
	养生神明功*	杨运良著	甘肃少年儿童出版社	1991.7	32	90	1.15
	静坐养生功法	周国远讲授 朱胜武整理	山西科学教育出版社	1990.7	32	50	1.00
	导引养生功功理	张广德编	北京体育学院出版社	1990.10	32	256	3.70
	养生导引秘籍（修真颐生者文丛）	陶弘景撰 韦溪　张苌编校	中国人民大学出版社	1990.12	32	208	3.40
	中年养生康复精要	葛琦等编	天津大学出版社	1989.12	32	214	2.95

类别 \ 项目	书名	编著(译者)	出版单位	出版年月	开本	页数	价格(元)
养生保健食疗气功	中医养生康复名著选读(医经分册)(中医养生康复系列丛书)	张湖德主编	上海中医学院出版社	1990.11	大32	285	8.00
	中国传统的康复医学(意大利文)	胡斌著	外文出版社	1990.	34	214	8.45
	养生长寿辞典	姚品荣　姚丽明编著	江苏古籍出版社	1990.10	32	224	5.00
	中国古代养生长寿秘诀(增订本)	浙江省当代国际问题研究会主编	浙江科学技术出版社	1990.3	32	403	4.00
	性命双修养生延寿法(道教龙门派外秘传)	牛金宝著	中国广播电视出版社	1989.1	32	142	2.00
	养生寿志集(第2版)*	林乾良、刘正才编著	上海科学技术出版社	1991.3	大32	529	精装 12.10
	养生强身益寿良方精选	莫厚育等编	广西科学技术出版社	1989.10	16	96	2.30
	养生长寿36忌*	刘镇修等编著	辽宁科学技术出版社	1991.8	32	154	2.50
	大众养生食谱(大众饮食丛书)	李之桂等编	轻工业出版社	1991.4	32	320	5.00
	鸡蛋养生食谱	王纯义编著	中医古籍出版社	1990.7	32	133	2.20
	素食与养生	田养年，邱永军编译	陕西人民出版社	1991.7	32	129	2.40
	实用中医保健学*	张奇文主编 江育仁主审	人民卫生出版社	1990.12	16	975	精装 25.00
	中国传统健身术*	阎海　马凤阁编	人民体育出版社	1991.5	32	513	6.40
	健美保健秘诀	白效曼、李业甫编著	中国中医药出版社	1991.6	32	307	4.50
	中医健美	谢凤英编著	湖南科学技术出版社	1991.7	32	381	4.70
	古今健美方汇粹	张炬主编	北京出版社	1991.7	大32	507	6.70
	古传民间祛病健身术	郭曼峰　刘玉璞编著	南海出版公司	1991.8	32	175	3.20
	不老回春术*	(日)早岛正雄著 翁同童编译	福建科学技术公司	1991.2	32	130	1.65
	长寿秘诀	项超编	中医古籍出版社	1991.3	32	190	3.00
	益寿五法初学指南*	綖春海编著	北京理工大学出版社	1991.1	32	227	3.50
	中草药保健饮料	李保真等编著	广西科学技术出版社	1991.1	32	290	3.30
	中医减肥疗法	伍后胜　缪钦编著	中国广播电视出版社	1989.9	32	236	3.50
	减肥妙法	温进之、凉子编著	华中理工大学出版社	1991.6	32	180	3.50
	中医营养学(中国食疗学)	申却骄　姚鸣春编著	中医古籍出版社	1990.7	32	335	5.80
	中医食疗营养学*	中国中医研究院	人民卫生出版社	1991.9	16	183	3.75

类别＼项目	书名	编著(译者)	出版单位	出版年月	开本	页数	价格(元)
养生保健食疗气功	中国药酒大全	陈熠主编 丛众副主编	上海科学技术出版社	1991.5	大32	447	精装 11.90
	家庭药酒	姜建国、陈家珍编著	广东科技出版社	1991.1	32	300	4.00
	家庭自制益寿药酒	卢祥之编著	中国医药科技出版社	1990.8	32	150	2.50
	补肾益寿药酒方	朱君波编著	科学技术文献出版社重庆分社	1990.2	32	175	3.15
	药用酒谱*	邓家刚编	广西科学技术出版社	1991.6	32	109	1.60
	实用药酒方	孙文奇主编	山西科学教育出版社	1991.5	32	161	2.50
	药酒配方800例*	李明哲编	轻工业出版社	1990.11	32	339	5.90
	解酒食品与解酒方法	刘博纯编著	辽宁大学出版社	1990.12	32	133	2.30
	茶酒治百病	程丽等编著	上海科学技术文献出版社	1991.4	32	238	2.95
	家庭巧用茶酒治百病	庞国明等主编	中国中医药出版社	1991.4	32	323	4.80
	中国药茶	茅晓编著	上海科学技术出版社	1991.8	大32	206	4.55
	百病中医药茶疗法	杨思澍等编著	学苑出版社	1991.1	32	302	3.35
	养生治病茶疗方	金国梁等编著	上海科学技术出版社	1991.7	32	310	3.70
	常见病饮茶疗法100方	谭真编	轻工业出版社	1991.4	32	139	3.85
	中华药膳宝典	连汝安等著	北京工业大学出版社	1991.8	大32	350	5.40
	中国药膳学*	彭铭泉主编	人民卫生出版社	1991.4	大32	390	精装 8.80
	中国药膳*	彭铭泉编	上海文化出版社	1990.11	大32	333	5.95
	大众药膳(修订本)*	彭铭泉　杨帆著	四川科学技术出版社	1991.2	32	347	3.90
	家庭药膳100种	阎金海等编著	山西科学教育出版社	1990.9	32	118	2.00
	家庭药膳*	顾奎勤等编著	金盾出版社	1991.10	32	273	3.10
	家常药膳	张达旭编著	广西科学技术出版社	1991.7	32	120	1.65
	中华美容药膳	赵菲主编	长春出版社	1991.5	32	611	9.80
	华夏药膳保健顾问	王仙舟等编	华夏出版社	1990.6	大32	285	6.10
	民间药膳药酒良方选	梁兴才、沈成英编著	广西民族出版社	1991.5	32	207	2.50
	实用抗癌药膳	常敏毅编著	中国医药科技出版社	1991.4	32	173	3.30

类别＼项目	书名	编著(译者)	出版单位	出版年月	开本	页数	价格(元)
养生保健食疗气功	肿瘤药膳(中国食疗丛书)	于尔辛等主编	上海科学技术出版社	1991.8	32	89	1.55
	防癌食品(家庭医药小丛书)	阎金海等编著	山西科学教育出版社	1990.9	32	100	1.70
	实用健儿药膳	王焕华等编著	江苏科学技术出版社	1990.1	32	241	2.90
	中华食物疗法大全	窦国祥主编	江苏科学技术出版社	1990.6	32	1582	精装 19.00
	中医饮食疗法(意大利文)	蔡景峰著	外文出版社	1990.	34	162	7.10
	家庭食疗法	李景文　李建伟编著	中国商业出版社	1990.12	32	159	2.65
	家庭食物疗法*	王文斗等编	辽宁科学技术出版社	1991.8	32	206	3.20
	粮菜瓜果肉食家庭疗法*	郭教礼、胡岩著	西北大学出版社	1991.8	32	192	2.50
	蔬菜的食疗*	顾智章、陈瑛编著	中国农业科技出版社	1991.6	32	441	6.95
	药用果品*	戴荫芳、刘成军编	广西科学技术出版社	1991.2	32	106	1.25
	肾脏病的饮食疗法（中国食疗丛书	王者龄　张庆怡主编	上海科学技术出版社	1991.3	32	134	1.95
	眼病食疗(中国食疗丛书)	姚芳蔚、郑祖同编著	上海科学技术出版社	1991.8	32	115	1.80
	食疗治女病	卢祥之编著	科学技术文献出版社重庆分社	1990.2	32	173	2.75
	古今家庭食疗方法精选（治病、美容、健身）	万德芬编	天津科学技术出版社	1990.9	32	570	7.35
	健美、祛病、食物疗法	林孟良　王发友编著	经济管理出版社	1990.9	32	347	4.60
	小儿家庭营养配餐与食疗名方	南光编著	山西科学技术出版社	1990.6	32	185	2.80
	小儿常见病食疗方*	郭玉霞、杨浩洁编著	学苑出版社	1991.5	32	210	2.45
	小儿常见病的饮食疗法（中国食疗丛书）	朱瑞群　吴敦序主编	上海科学技术出版社	1991.8	32	106	1.70
	婴幼儿中医食疗食补*	张达旭著	广西科学技术出版社	1991.3	32	91	1.20
	老年营养与食疗（老年大学试用教材）*	安徽老年大学 广西老年大学 编	甘肃人民出版社	1991.5	大32	199	2.95
	营养饮食与食物疗法	何冬兰编著	南海出版公司	1990.10	32	269	3.80
	俩情饮食奇方录	王佑民　易简编著	上海科学技术出版社	1990.1	32	199	3.40
	饮食保健与食疗	王梅平编著	人民军医出版社	1991.1	32	177	3.30
	食品的营养与食疗（中国食疗丛书）	赵章忠主编	上海科学技术出版社	1991.8	32	388	4.80
	中国食疗药粥谱集锦（家庭生活丛书，22）	俞长芳　孟庆娇编	轻工业出版社	1991.3	32	325	5.55

类别 \ 项目	书名	编著(译者)	出版单位	出版年月	开本	页数	价格(元)
养生保健食疗气功	食粥养生与治病—中国粥方集锦	尤廉、庄汉编著	上海科学技术文献出版社	1991.7	32	227	2.70
	大众食醋疗法300例(大众饮食丛书)	李明哲编	轻工业出版社	1991.3	32	100	2.20
	醋蛋神功(修订本)*	黄刃石编	广西民族出版社	1991.7	32	75	1.25
	醋蛋治百病*	李炳坤等编著 姜贞祥　陈连起审定	上海科学技术文献出版社	1991.11	32	179	2.40
	家庭保健膳食精选	刘瑞彩等编	河北科学技术出版社	1990.9	32	261	3.60
	益寿粥延年汤百谱	柏茂编著	北京科学技术出版社	1991.7	32	56	1.30
	食物药用指南	杨景俊主编	知识出版社	1991.8	32	405	5.60
	中华进补大全	高一聪主编	浙江科学技术出版社	1991.4	大32	503	7.50
	中国滋补名药	王金秋主编	中国中医药出版社	1990.9	大16		13.00
	中国传统补品补药	叶显纯等编	上海科学技术文献出版社	1991.7	32	415	4.70
	进补问答*	黄宣能等编著	上海科学技术出版社	1991.6	32	182	1.50
	常用保健滋补品知识	鲍迪富等编著	上海科学技术出版社	1990.10	32	108	1.75
	家庭食补与药补手册	张然等编著	黑龙江人民出版社	1990.7	32	301	4.35
	中国气功(第一至五辑合订本)	《浙江中医杂志》社编	浙江科学技术出版社	1991.4	32		5.00
	中国气功(第六辑:太湖气功)	陈诚献编	浙江科学技术出版社	1990.7	32	105	1.20
	中国气功经典(先秦至南北朝部分上)	吕光荣主编	人民体育出版社	1990.9	32	331	5.40
	中国气功经典(先秦至南北朝部分下)	吕光荣主编	人民体育出版社	1990.9	32	286	4.80
	中华古典气功文库(共14册)(影印本)	高鹤亭主编	北京出版社	1991.4	大16		精装 1400.00
	陆地仙经(附:心医集、修昆仑证验、养生秘旨)(珍本医籍丛刊)*	(清)马齐等著	中医古籍出版社	1991.1	32	132	1.50
	寿世青编 老老恒言 (气功、养生丛书)	(清)龙乘纂 (清)曹庭栋撰	上海古籍出版社	1990.7	32	133	2.85
	听心斋客问 尹真人寥阳殿问答编 梅华问答编 (气功养生丛书)	(明)万尚父撰 (明)尹真人传(清)闵一得订正 (清)薛阳桂述	上海古籍出版社	1990.10	32	130	2.60
	中国气功学概论*	赵宝峰等著	人民卫生出版社	1991.5	32	395	精装 7.10

类别 \ 项目	书名	编著(译者)	出版单位	出版年月	开本	页数	价格(元)
养生保健食疗气功	气功·养生·医论	乔鸿儒著	济南出版社	1990.6	32	302	4.20
	论气功长功与防偏	赵金香著	北京出版社	1990.6	32	124	2.15
	生物控制论与气功（中国气功丛书）	黄秉宪编著	华夏出版社	1990.12	大32	247	4.60
	走出气功的迷谷—气功的神经生理机制探秘	刘国隆、张秉坤著	中国医药科技出版社	1991.5	32	175	2.90
	中国气功图谱*	余功保编著	人民体育出版社	1991.5	32	259	4.00
	气功、科学与现代文明（中国气功丛书）	陶祖荣著	华夏出版社	1990.8	大32	374	7.15
	气功学基础研究及应用	王伽林著	北京出版社	1991.5	大32	385	5.60
	中国古代秘传气功（中国医疗气功丛书）	王敬等编	北京科学技术出版社	1991.3	32	439	6.50
	大众气功*	胡斌著	人民体育出版社	1991.5	32	108	2.00
	中国大众气功（西班牙文）	胡斌著	外文出版社	1990	34	151	6.45
	大众气功按摩(《实用气功保健》丛书)	《实用气功保健》丛书编委会主编　张福增　黄晓春编著	天津科学技术出版社	1990.6	32	84	1.60
	气功精选*	金冠等编	人民体育出版社	1991.7	32	441	5.50
	气功精选续篇*	陶熊等编	人民体育出版社	1991.7	32	717	8.10
	中华简易气功功法精选	祝跃平等编著	学苑出版社	1990.11	32	185	2.90
	中华气功精萃	许绍廷编著	大连理工大学出版社	1990.12	32	216	3.60
	中国气功功法精选*	赵宝峰、田宏计编著	江苏科学技术出版社	1990.10	32	495	5.60
	气功入门（第一辑）	辅声编	吉林大学出版社	1990.12	32	114	2.00
	气功入门（纵横）（严新绘画功法）	余楠主编	沈阳出版社	1991.1	32	265	6.00
	自学气功入门	张年顺　宋乃光编著	科学技术文献出版社重庆分社	1990.3	32	129	2.55
	自练气功法	陆恒主编	湖北科学技术出版社	1990.9	32	326	3.95
	气功天地	龚启莘编著	贵州人民出版社	1990.8	32	146	5.00
	气功入静之门*	刘天君著	人民体育出版社	1991.5	32	226	3.90
	气功心法	孔宪德著	复旦大学出版社	1990.12	大32	204	3.50
	气功秘旨*	莫文丹著	广西科学技术出版社	1991.9	32	374	3.40
	精选名家气功60种*	漆浩主编	北京出版社	1991.5	32	378	5.50
	千家气功精萃	藏单飞编	奥林匹克出版社	1990.8	32	316	4.80

类别＼项目	书　　名	编著(译者)	出版单位	出版年月	开本	页数	价格(元)
养生保健食疗气功	功坛六杰（气功、特异功能揭秘）	宋绍明著	中国工人出版社	1991.5	32	384	4.40
	中国流行气功选（第1集）*	邱陵编	广东科技出版社	1990.12	32	306	3.80
	中国流行气功选（第2集）*	邱陵编	广东科技出版社	1990.12	32	218	2.85
	气功知识百问(健康小丛书)	吕光荣　刘楚玉编著	人民卫生出版社	1991.2	32	72	0.95
	气功问答*	马济人著	上海科学技术出版社	1991.6	32	143	2.05
	中国气功辞典*	吕光荣主编	人民卫生出版社	1991.4	19	529	精装 16.40
	气功大辞典(繁体字版)	吕光荣主编	人民卫生出版社	1990.9	16	668	精装
	简明气功小辞典	许国经　石佳琳编写	北京体育学院出版社	1991.2	32	197	3.60
	实用气功小辞典*	漆浩主编	北京出版社	1991.5	32	235	3.95
	中国传统气功学词典*	张文江　常近编	山西教育出版社	1990.12	32	800	精装 14.00
	实用气功手册	张天戈　薛近芳编著	上海科学技术出版社	1990.8	32	274	精装 5.35
	气功与气功仪器	储维忠编著	上海中医学院出版社	1990.10	32	63	1.00
	气功修炼经穴图说*	刘福信　刘渺编	内蒙古人民出版社	1991.7	32	174	2.80
	超功能修炼法	晓鸣编著	中国医药科技出版社	1991.1	32	136	2.60
	气功金玉集	宋国巨编著	贵州科技出版社	1991.6	32	100	1.50
	英汉实用中医药大全(8:医学气功)(英汉对照)	毕永升　于文平主编	高等教育出版社	1990.10	大32	406	3.50
	中华医疗气功	张有寓等编	天津人民出版社	1990.8	32	260	4.00
	医疗气功精粹*	刘文清著	人民体育出版社	1991.5	32	217	4.00
	医学气功入门*	王若水等编著	上海科学技术出版社	1991.6	32	165	2.80
	气功疗法一〇〇问*	赵宝峰编著	甘肃人民出版社	1990.11	32	95	1.50
	中国诊疗气功	赵金香著	邮电学院出版社	1991.6	32	471	9.95
	实用气功疗法	陈宝年编著	人民体育出版社	1991.7	32	112	2.00
	中医1000问—气功篇《中医1000问》丛书	张洪林　胡卫国编著	上海科学技术出版社	1991.7	32	169	2.20
	中医气功内丹法	董永法编著	高等教育出版社	1991.1	32	180	2.80
	经络气功(西班牙文)	李丁著	外文出版社	1990	34	254	9.30
	气功书法与养生	林少明编著	广东科技出版社	1991.9	6	157	5.80

项目 类别	书 名	编著(译者)	出版单位	出版年月	开本	页数	价格(元)
养生保健食疗气功	中华益智气功*	陈永灿编著	江苏科学技术出版社	1990.7	32	250	2.90
	智能气功(中华医疗保健气功丛书)	庞明著　赵哲生整理	河南科学技术出版社	1991.1	32	144	2.40
	智能动功讲义*	庞鹤鸣讲述 智能动功讲义编辑组整理	北京邮电学院出版社	1990.9	32	285	3.50
	智能动功功法普及教材	庞明主编	河北人民出版社	1990.10	大32	217	3.00
	神奇的智能功(记庞明大师的智能气功进修学院)	宣德著	中国国际广播出版社	1990.9	32	321	4.80
	壮阳强肾固精气功功法(神功精武丛书)	黄明　俞广编	广西师范大学出版社	1991.4	32	218	2.60
	实用保健气功(老年大学试用教材)*	李成银编著	甘肃人民出版社	1991.8	大32	196	2.85
	益寿保健气功咨询	赵怀庆等编著	江西科学技术出版社	1990.11	32	258	3.50
	医疗健身气功	张六通主编	湖北科学技术出版社	1990.5	32	301	3.70
	四季气功健身术	施仁潮著	中国中医药出版社	1991.5	32	176	3.00
	陆国柱健身功九法	陆国柱著	学林出版社	1989.5	32	130	2.10
	旅游健身气功	夏双全编著	人民体育出版社	1990.9	32	78	1.60
	气功冥想健康法	悟真编译	北京体育学院出版社	1990.8	32	157	2.70
	达摩长寿秘功—自我气功点穴按摩法	李藏山编著	北京体育学院出版社	1990.5	32	224	3.30
	中华美容气功	杨一工编著	天津人民出版社	1990.12	32	234	4.05
	如意健美气功《实用气功保健》丛书)	《实用气功保健》丛书编委会主编 邹金华编著	天津科学技术出版社	1990.6	32	102	1.80
	气功—健美减肥	宋乃光　张年顺编	中国中医药出版社	1990.9	32	174	2.90
	减肥增高内功新法	王维亮等编著	广西民族出版社	1991.3	32	213	3.00
	气功针疗与减肥	淳子家平著	高等教育出版社	1990.7	32	198	4.30
	软气功减肥*	冯树新　叶定奎著	上海科学技术出版社	1991.4	32	99	1.75
	百病自我气功疗法	侯微　梁宏编著	河北科学技术出版社	1991.2	32	434	6.50
	百症练功指南(养生功练习法)*	孙真主编	人民军医出版社	1990.12	32	149	2.60
	百病气功与食饵自疗(中国医疗气功丛书)	王敬　杜杰慧编著	北京科学技术出版社	1989.5	32	400	4.70
	小功法治百病宝典(简易省时显效自疗的神通术)(神通术之三)(气功宝典丛书)	李和生编著	山西科学教育出版社	1990.6	32	196	3.40

类别 \ 项目	书名	编著(译者)	出版单位	出版年月	开本	页数	价格(元)
养生保健食疗气功	古代气功治病法(诸病源候论导引新解)	赵邦柱主编	贵州人民出版社	1990.8	32	322	4.50
	仙家秘传祛病功*	李远国编著　吴伯均绘图	人民体育出版社	1991.5	32	162	2.70
	气功治疗疑难杂症	王寅　王艳丽编著	中国医药科技出版社	1990.12	32	246	4.95
	常见病的气功疗法	吴鸿洲　虞定海编著	上海科学技术出版社	1991.4	32	230	2.80
	气功防治老年病(中西医结合防治老年病丛书)*	邝安堃主编	人民卫生出版社	1991.9	32	317	3.25
	气功与疾病的防治(中老年健身长寿必备)	王奇章　邵全正编著	宇航出版社	1989.12	32	277	3.90
	气功防治心血管疾病(中国气功丛书)	王崇行主编	华夏出版社	1990.12	大32	193	4.10
	神州明目功(矫治青少年视力低下的方法)	赵秀菊　泉福有编著	东方出版社	1991.6	32	118	2.00
	太极八卦气功与眼病治疗(实用气功保健丛书)	《实用气功保健》丛书编委会主编　张琼芳编著	天津科学技术出版社	1991.6	32	86	2.05
	中国自控气功——防治肿瘤疑难症快速功法*	张明武编著　王守信　王中凯整理	人民体育出版社	1991.5	32	222	4.00
	新气功防治癌症法*	郭林讲授　侯广灵整理	人民体育出版社	1991.7	32	122	2.10
	医，巫与气功——神秘的中国养生治病术*	漆浩著	人民体育出版社	1991.5	32	243	3.80
	神医奇功秘方录*	黄魂编著	广西民族出版社	1991.3	32	241	3.80
	道家气功精华	刘正才等编著	上海翻译出版公司	1991.1	32	191	2.45
	道家气功宝典(气功宝典丛书 5)	傣怀邦　周晓云编著	山西科学教育出版社	1990.12	32	231	3.80
	道家真气功	胡玉兰著	人民军医出版社	1990.4	32	159	5.50
	道家气功真传	陈述堂编著	北京体育学院出版社		32	199	3.15
	实用道家气功法*	严蔚冰编著	广西民族出版社	1990.8	32	335	3.95
	天仙金丹心法(道教典籍选刊)(附气功秘文破译)	旧题　八仙合著　松飞破译	中华书局	1990.8	大32	233	5.20
	道家气功南宗丹诀释义	浙江省气功科学研究会文献委员会编	浙江科学技术出版社	1991.1	大32	557	7.50
	秘传道家筋经内丹功*	王庆余著	人民体育出版社	1991.5	大32	250	5.00
	内丹与禅定(道佛医气功典籍选解)	张荣明编著	上海文艺出版社	1991.10	32	465	4.40
	佛家念力气功(特异气功修持法)	刘正编	中国国际广播出版社	1989.12	32	138	2.50
	生命在于静止(中国传统气功养生原理真谛)*	张文江　常近著	山西教育出版社	1991.6	32	237	3.10

类别 \ 项目	书名	编著(译者)	出版单位	出版年月	开本	页数	价格(元)
养生保健食疗气功	静坐法精义(气功养生丛书)	丁福保编·指道真诠 杨践形述	上海古籍出版社	1990.10	32	148	3.15
	静坐气功——因是子精坐法汇编*	蒋维乔著 侯汉初注释	四川科学技术出版社	1991.5	32	153	1.80
	静动气功(实用气功丛书)*	王觉民编著	山西科学技术出版社	1991.9	32	79	1.70
	应时通灵歌(用音律开发超功能的神通术)(神通术四)(气功宝典丛书 1)	隆影著	山西科学教育出版社	1990.10	32	219	3.80
	少林内劲一指禅气功	延边医学情报所编	延边人民出版社	1991.3	32	147	2.85
	少林内劲一指禅中级功法	姚金圣编著	同济大学出版社	1990.8	大32	110	1.85
	武林真传秘方荟萃(神功精武丛书)	易自刚编	广西师范大学出版社	1991.4	32	214	2.60
	武当气功	谭大江编著	北京体育学院出版社	1990.4	32	288	4.30
	武当气功(武当功夫丛书)	刘玉增编著 阎夫立绘图	河南科学技术出版社	1990.12	32	227	2.90
	武当太乙天鹰气功(中华医疗保健气功丛书)	杨瑞甫传授 刘彦华 田嵩岭整理	河南科学技术出版社	1990.12	32	158	2.65
	武当气功述真*	裴锡荣编著	三联书店	1991.4	大32	185	3.05
	严新气功*	前新 培金编著	人民体育出版社	1991.5	32	244	5.00
	严新与严新气功画册*	林彤编	中国电影出版社	1990.11	大32	82	3.00
	万苏建八卦循导功*	万苏建等编著	人民军医出版社	1990.12	32	170	3.20
	老子气功	孔庆连编著 朱胜武整理	山西科学教育出版社	1990.8	32	152	2.95
	瑜伽大全——身心的协调一致*	(印度)斯里、阿纳达著 石建农译 徐乐校	中国妇女出版社	1990.12	32	206	3.60
	瑜伽入门(自我保健丛书)	〔 〕理查德·希特尔曼编著 黄如琴 徐向行译	上海翻译出版公司	1991.6	32	121	1.80
	瑜伽——气功与冥想*	柏忠言 张蕙兰编著	人民体育出版社	1991.7	32	629	7.00
	慧明气功(1分册)	徐才章著	高等教育出版社	1991.7	32	258	4.20
	慧通丹田气功(《实用气功保健》丛书)	《实用气功保健》丛书编委会主编 邸占雄 王国良编著	天津科学技术出版社	1990.6	32	55	2.20
	中国慧莲功(上乘功法)*	陈林峰著	西安交通大学出版社	1990.11	16	113	4.75
	马家气功——强身、治病*	马春著	山西教育出版社	1991.6	32	80	1.30
	马礼堂养气功荟萃*	马礼堂著	湖南科学技术出版社	1991.3	32	292	4.80

项目 类别	书名	编著(译者)	出版单位	出版年月	开本	页数	价格(元)
养生保健食疗气功	马礼堂养生新功法集粹	马礼堂等编著	奥林匹克出版社	1990.7	32	214	3.20
	三三九乘元功与龙子论*	屈成春　余恒清著	四川科学技术出版社	1991.4	32	130	1.95
	九转还丹功	裴锡荣、施祖谷编著	三秦出版社	1990.6	32	175	2.10
	柳柏春吐纳导引气功疗法*	刘为文　柳智慧编著 柳柏春审订	学林出版社	1991.9	32	80	0.85
	摄生服气法全(修真颐生者文丛)	李鹏飞　邱处机等撰 韦溪、张苌编校	中国人民大学出版社	1991.1	32	180	3.10
	灵宝毕法	(唐)钟离权著(唐)吕洞宾传 曹志清等点校	山西人民出版社	1990.6	32	81	1.70
	鹤翔庄文选	赵金香主编	北京邮电学院出版社	1990.7	32	508	7.00
	中国鹤翔庄气功*	赵金香著	北京出版社	1991.5	32	326	4.15
	中国自在气功*	赵金香著	北京出版社	1991.5	32	252	3.85
	中国元极功法(卷一)*	张志祥编著	科学出版社	1990.6	32	219	精装 5.95
	内外功图说辑要(气功养生丛书)	席裕康纂辑	上海古籍出版社	1990.10	32	502	6.30
	内外功图说精要(中华气功丛书)	王西平　王永吉点注	三秦出版社	1990.12	32	181	2.80
	气功师陈天照和他的功法	刘书良著	科学普及出版社	1991.1	32	123	2.20
	气功武术点穴经络穴位详图(神功精武丛书)	黄明　陈艳清编	广西师范大学出版社	1991.5	32	196	2.40
	敦煌石窟气功　一分钟脐密功	张弘强、杜文杰著	甘肃科学技术出版社	1990.10	32	172	2.80
	苗真道人吐纳功(气功真宝)	王光辉原著　钱舸杰摄影 史克明编著	国际文化出版公司	1990.7	32	87	3.00
	生命自控光流气功(《实用气功保健》丛书	《实用气功保健》丛书编委会主编 徐岱　徐巍编著	天津科学技术出版社	1990.6	32	41	1.80
	通经功*	杨启编著	广东科技出版社	1991.5	32	88	1.30
	性命功	任阳泰著	中国中医药出版社	1990.11	大32	302	6.90
	宇宙沉思录(二)——逍遥功功理功法	林清泉著	甘肃民族出版社	1991.3	32	86	1.30
	轻身辟谷术	施仁潮著	浙江古籍出版社	1990.8	大32	304	4.80
	意拳气功	王安平编著	安徽科学技术出版社	1990.4	32	95	1.65
	周易气功	天南逸叟著	长春出版社	1990.6	32	238	4.60
	先天一元气功*	陈炎峰等著	广东科学技术出版社	1991.7	32	183	2 50

类别 \ 项目	书名	编著(译者)	出版单位	出版年月	开本	页数	价格(元)
养生保健食疗气功	前后六十四式大雁气功*	杨梅君编著	人民体育出版社	1991.5	32	99	2.00
	庞鹤鸣气功精华*		吉林文史出版社	1991.6	32	240	3.80
	神功五雷掌	裴锡荣，张玉娥著	河北科学技术出版社	1991.5	32	153	2.60
	新编养气功	王斌编著	百家出版社	1991.5	32	105	1.80
中医护理学	中医护理(护士晋升自学丛书20)*	彭佳珍主编　吴霞副主编	人民卫生出版社	1991.4	32	354	5.80
医案医话(临床经验)	中医各家学说(高等医药院校教材)(供中医专业)*	任应秋主编	上海科学技术出版社	1991.4	16	289	4.85
	中医各家学说(全国高等中医院校函授教材)*	陈大舜主编　曾勇副主编	湖南科学技术出版社	1991.5	16	267	6.40
	我们的历史责任——全国继承老中医药专家学术经验拜师大会文件汇集	国家中医药管理局办公室编	中国医药科技出版社	1991.2	32	36	2.00
	名老中医验方集	马汴梁等编著	中医古籍出版社	1991.1	32	136	1.95
	三秦中医集萃	郑志文主编	陕西科学技术出版社	1991.3	32	168	2.90
	山西民间中医集萃	《山西民间中医集萃》编写组编	山西科学教育出版社	1990.10	32	120	1.90
	重印全国名医验案类编*	何廉臣选编	上海科学技术出版社	1991.9	大32	408	精装 7.40
	历代名医临证经验精华	卢祥之主编	科学技术文献出版社重庆分社	1990.1	16	364	13.50
	清宫医案研究	陈可冀主编	中医古籍出版社	1990.5	16	2416	精装 350.00
	中医病案分析(自学中医之路丛书)	北京中医学院编	天津科学技术出版社	1991.1	32	270	5.10
	华陀神医秘传*	彭静山点校	辽宁科学技术出版社	1991.6	大32	342	7.25
	景岳全书(共二册)(四库医学丛书)	(明)张介宾撰	上海古籍出版社	1991.4	32	1651	精装 27.15
	石室秘录(明清中医临证小丛书)	(清)陈士铎著　张灿玾等点校	中国中医药出版社	1991.4	32	302	4.50
	石室秘录评述	(清)陈士铎著　程丑夫评述	湖南科学技术出版社	1991.2	大32	401	6.40
	四明心法　四明医案(中医古籍整理丛书)	(清)高鼓峰撰　周次青等点校	人民卫生出版社	1991.2	大32	144	3.55
	洞天奥旨(明清中医临证小丛书)	(清)陈士铎著　柳长华等点校	中国中医药出版社	1991.4	32	236	4.20
	续名医类案(外四种)(共2册)(四库医学丛书)(影印本)	(清)魏之琇撰	上海古籍出版社	1991.4	32	1485	精装 24.95
	临证指南医案*	(清)叶天士著　徐灵胎评	上海科学技术出版社	1991.9	大32	848	精装 12.90
	医学从众录	(清)陈修园著	上海科学技术出版社	1991.8	32	166	1.85

类别 \ 项目	书名	编著译(者)	出版单位	出版年月	开本	页数	价格(元)
医案医话(临床经验)	中医临证录	高兆彤等编著	中医古籍出版社	1990.3	32	158	2.00
	施今墨临床经验集	祝湛予等整理	人民卫生出版社	1991.10	大32	268	4.65
	袁子谦医疗经验选	袁子谦编著	陕西科学技术出版社	1991.2	32	129	2.00
	竹头木屑集(何炎燊临床经验)(岭南中医药丛书)	何炎燊著	广东高等教育出版社	1991.3	大32	189	精装 4.90
	邢锡波医案集	邢锡波著	人民军医出版社	1991.4	大32	505	8.90
	医学衷中参西录(上册)*	张锡纯著　王云凯等校点	河北科学技术出版社	1990.8	大32	388	精装 9.90 平装 6.10
	医学衷中参西录(中册)*	张锡纯著　王云凯等校点	河北科学技术出版社	1990.8	大32	552	精装 11.90 平装 8.10
	医学衷中参西录(下册)*	张锡纯著 王云凯等校点	河北科学技术出版社	1990.8	大32	382	精装 9.70 平装 5.90
	失眠嗜卧专辑(常见病证中医文献专辑)	方肇勤编	上海科学技术出版社	1990.12	32	204	3.15
	奇难病证验案选萃	刘继延等选编	知识出版社	1991.7	32	161	2.80
中医各科	中医临床各科(下册)(英汉对照实用中医文库)	张恩勤主编	上海中医学院出版社	1990.7	大32	1091	
	中医内科学(全国中等中医药学校教材)　(供中医士专业用)*	白淑仪主编　雷德明主审	江苏科学技术出版社	1990.8	16	278	4.00
	中医内科学(全国高等中医院校函授教材)*	周仲瑛主编　龚丽娟副主编	湖南科学技术出版社	1991.3	16	302	7.10
	中医内科学(高等中医院校教学参考丛书)	张伯臾主编 董建华　周仲瑛副主编	人民卫生出版社	1991.7	16	729	19.00
	中医内科学(上海市住院医师培养指导丛书)	蔡淦主编	上海科学技术出版社	1991.9	32	168	2.65
	中医内科学(高等医药院校教材)(供中医、针灸专业用)*	张伯臾主编 董建华　周仲瑛副主编	上海科学技术出版社	1991.10	16	298	5.00
	中医内科学(在职医生学习中医丛书)*	上海中医学院　上海市卫生局　主编	人民卫生出版社	1991.11	32	457	6.10
	实用中医内科学*	方药中主编 黄文东总审	上海科学技术出版社	1991.3	16	659	精装 17.20
	中医内科手册	孙建芝主编	河南科学技术出版社	1990.6	32	606	8.50
	中医内科临床手册*	夏德馨主编	上海科学技术出版社	1991.4	32	420	4.35
	中西医结合内科诊疗手册	洪用森、吴宝森主编	浙江科学技术出版社	1990.5	32	1141	精装 18.00

类别 \ 项目	书　　名	编著(译者)	出版单位	出版年月	开本	页数	价格(元)
中医各科	中西医结合内科急症手册	陈镜合等主编	广东科技出版社	1991.2	32	384	5.00
	内科证治心法(中医心法丛书)	程绍恩等编著	北京科学技术出版社	1991.6	32	414	5.60
	内科临证识见	黄星楼编著	江苏科学技术出版社	1990.5	32	368	3.90
	证治准绳(共5册)(四库医学丛书)(影印本)	(明)王肯堂撰	上海古籍出版社	1991.4	32	3550	精装 60.10
	悬壶漫录	任继学著	北京科学技术出版社	1990.3	大32	362	4.80
	温病学(中医院校系列教材)	彭胜权　李惠德主编	广东高等教育出版社	1990.6	16	182	3.25
	温病学(高等医药院校教材)(供中医专业用)*	孟澍江主编	上海科学技术出版社	1991.4	16	250	3.34
	温病学(全国高等中医院校函授教材)*	孟澍江主编	湖南科学技术出版社	1991.6	16	199	4.85
	温病学纲要	沈家祥编	甘肃科学技术出版社	1990.7	64	99	1.78
	温病教学一得*	林可华编著	人民卫生出版社	1991.6	32	313	5.00
	温病自学辅导	史定文等主编	中医古籍出版社	1990.9	16	92	2.60
	瘟疫论 痎疟疏论 本草乘雅半偈 (四库医学丛书)(影印本)	(明)吴有性撰 (明)卢元颐 (明)卢元颐	上海古籍出版社	1991.4	32	429	精装 8.40
	中医外感热病学	吴银根　沈庆法主编	上海科学技术出版社	1991.4	16	345	11.85
	汗证(中医病证专辑)	陶御风　贺静松编 朱邦贤等审	中医古籍出版社	1990.12	32	278	5.00
	阴虚证治*	田维君　魏桂芝编著	江西科学技术出版社	1991.4	32	284	3.50
	脏腑病因条辨	尚志钧编	安徽科学技术出版社	1989.9	32	170	2.25
	脏腑病证常用六药(自学中医之路丛书)	天津中医学院主编 北京中医学院等审阅	天津科学技术出版社	1990.5	32	252	4.90
	脏腑辨证施治歌括	常青　邢桂琴编	中国中医药出版社	1991.6	32	85	2.00
	脾胃明理论	陆拯编著	中医古籍出版社	1991.3	大32	311	5.20
	胃病研究——慢性胃炎研究论文专集	李恩复　庞鸿茹主编	河北科学技术出版社	1991.5	32	322	4.30
	萎缩性胃炎以痈论治与研究	李玉奇著	辽宁科学技术出版社	1991.6	32	99	2.75
	肝胆胰胃肠疾病千首妙方	樊中州主编	科学普及出版社	1991.5	大32	514	9.30
	中医肾脏病学	申志强主编	河南科学技术出版社	1990.10	16	470	精装 14.50

类别＼项目	书名	编著(译者)	出版单位	出版年月	开本	页数	价格(元)
中医各科	实用中医肾病学(中医临床医学大系)	张元　陈以平主编	上海中医学院出版社	1990.2	大32	923	精装 16.00
	古今男科医案选按(中华中医男科学丛书)	戴西湖　刘建华主编	华夏出版社	1990.10	32	330	4.50
	实用男科大全	张有寯主编	天津人民出版社	1990.11	大32	722	9.50
	男科病	黄吉棠主编	广东科技出版社	1991.7	32	305	4.00
	男科300问(中医男科丛书之五)	曹开镛主编	中国医药科技出版社	1991.2	大32	465	6.50
	中医男科临床手册(中医男科丛书之二)	曹开镛主编	中国医药科技出版社	1990.12	大32	139	2.30
	中医男科临床治疗学	冷方南主编	人民卫生出版社	1991.1	16	461	精装 20.00
	中医男科百问	关银根　沈庆法主编	上海科学技术出版社	1990.12	32	182	2.35
	中医男科辑要	张敏建　李小平编著	上海中医学院出版社	1990.4	32	121	1.40
	中医男科名方选议(中华中医男科学丛书)	刘采倩编著	华夏出版社	1990.9	32	264	4.15
	男科证治指南	李彪　何耀荣主编	湖南科学技术出版社	1991.8	32	360	4.80
	男科妙方	江玉文编著	科学普及出版社	1991.8	大32	211	3.85
	男女科病千首妙方(续集)	樊中州主编	科学普及出版社	1991.2	大32	4.6	8.00
	《医心方》男科奇览(中华中医男科学丛书)	陈和亮编著	华夏出版社	1990.12	32	134	2.35
	男科名医曹开镛	张树藩著	中国医药科技出版社	1990.4	32	103	2.00
	男性性功能障碍治疗与保健(中医男科丛书之一)	曹开镛主编	中国医药科技出版社	1990.12	大32	84	1.60
	男科验方汇编(中医内科丛书之四)	曹开镛主编	中国医药科技出版社	1991.3	大32	351	5.10
	男女性功能中医保养	杜中昌等编著	广西科学技术出版社	1991.8	32	174	2.15
	男女病秘验良方	杜杰慧主编 周素云等编	北京科学技术出版社	1991.4	32	379	5.10
	男女不育症的中医治疗	薛光耀编著	甘肃科学技术出版社	1990.11	32	132	1.70
	男女不孕不育症的中医诊治	张淑亭编著	河北科学技术出版社	1990.8	32	199	3.40
	中医外科学(高等中医院校教学参考丛书)	顾伯康主编 黄耀燊副主编	人民卫生出版社	1991.7	16	499	13.30
	实用中医外科*	顾伯华主编	上海科学技术出版社	1991.2	16	665	精装 17.80
	中医外科学(高等医药院校教材)(供中医专业用)*	顾伯康主编	上海科学技术出版社	1991.4	16	243	4.00
	中医外科学(上海市住院医师培养指导丛书)	唐仅钧主编	上海科学技术出版社	1991.9	32	171	2.75

类别 \ 项目	书名	编著(译者)	出版单位	出版年月	开本	页数	价格(元)
	中医外科学(全国高等中医院校函授教材)*	金之刚、周异群主编	湖南科学技术出版社	1991.4	16	370	7.60
	中医外科学(中等卫生职业学校教材)(供医士专业用)*	凌世禧主编	广西科学技术出版社	1991.4	16	139	3.60
	中医外科学(高等中医研究参考丛书 4)	顾伯康主编	知音出版社	1990.4	16	500	25.00
	中医外科常用外用方选(农村实用科技文库)*	陈惠蕃编著	福建科学技术出版社	1991.3	32	150	2.00
	中国医学百科全书(胸部外科学)	吴英恺主编	上海科学技术出版社	1991.8	16	127	4.15
中	疮疡证治	林祖庚编著	浙江科学技术出版社	1990.10	32	68	1.10
	疮疡图谱	杨吉相主编	人民卫生出版社	1991.9	16	142	精装 47.00
	外科与皮肤疾病千首妙方	樊中州主编	科学普及出版社	1991.5	大32	550	9.30
	中医妇科学(供高等中医药专业自学考试及函授班学员使用)	肖承悰主编	贵州人民出版社	1989.12	大32	380	5.35
医	中医妇科学(高等中医研究参考丛书 31)	罗元恺主编	知音出版社	1990.4	16	485	25.00
	中医妇科学(高等医药院校教材)(供中医专业用)*	罗元恺主编 曾敬光副主编	上海科学技术出版社	1991.4	16	189	2.60
	中医妇科学(全国高等中医院校函授教材)	黄绳武　毛美蓉主编	湖南科学技术出版社	1991.7	16	169	4.15
	中医妇科临床手册(第二版)*	戴德英　乐秀珍编 沈仲理主审	上海科学技术出版社	1991.4	32	291	3.20
	妇科精华	崔孟乾主编	中国医药科技出版社	1990.10	32	330	5.00
各	女科临证集要	刘长天　贺升效编著	甘肃科学技术出版社	1990.10	32	243	2.95
	妇科奇难病论治*	班秀文著	广西科学技术出版社	1991.1	32	186	2.00
	《妇人良方》校注补遗	(宋)陈自明著(明)熊宗立补遗(明)薛己校注　余瀛鳌等点校	上海科学技术出版社	1991.2	大32	692	14.40
科	傅青主女科*	(清)傅山著	上海科学技术出版社	1991.9	32	124	1.45
	女丹合编选注	邱小波、蒋红选编	上海翻译出版公司	1991.5	32	111	2.50
	崩漏、带下、不孕特效方	郭维峰等编著	中国中医药出版社	1990.10	32	156	2.65
	不孕症治验	胡龙才编著	中医古籍出版社	1990.6	32	162	2.50
	中医儿科学(高等中医研究参考丛书 32)	王育仁主编	知音出版社	1990.3	16	341	20.00
	中医儿科学(高等医药院校教材)(供中医专业用)*	江育仁主编 王玉润副主编	上海科学技术出版社	1991.4	16	179	2.50
	中医儿科学(高等中医院校教育参考丛书)*	江育仁主编 王玉润副主编	人民卫生出版社	1991.7	16	344	9.40

类别 \ 项目	书名	编著(译者)	出版单位	出版年月	开本	页数	价格(元)
中医各科	中医儿科学(在职医生学习中医丛书)*	上海中医学院 上海市卫生局主编	人民卫生出版社	1991.11	32	260	3.45
	中医儿科学(全国高等中医院校函授教材)*	衷诚伟主编	湖南科学技术出版社	1991.11	16	234	5.50
	英汉实用中医药大全(13.儿科学)	须鹤英　亦秀恒主编	高等教育出版社	1991.10	大32	429	7.30
	中医儿科概要(英文)	曹济民主编 金惠德译	外文出版社	1990	34	260	9.75
	小儿卫生总微论方(中医古籍整理丛书)	(宋)不著撰者 吴康健点校	人民卫生出版社	1990.10	大32	602	精装 14.50
	小儿药证直诀(中医古籍整理丛书)	(宋)钱乙著　阎孝忠编集 张灿玾　郭君双点校	人民卫生出版社	1991.6	大32	150	5.65
	中医儿科临床手册*	王骏彧　程家正主编	上海科学技术出版社	1991.4	32	293	3.20
	中医儿科临证备要*	王庆文　董克勤著	人民卫生出版社	1991.11	32	505	8.30
	儿科证治心法(中医心法丛书)	程绍恩等编著	北京科学技术出版社	1990.3	32	292	3.50
	幼科三字经	罗磐真编著	陕西科学技术出版社	1990.11	32	84	1.40
	董廷瑶《幼科撷要》	宋知行　王霞芳主编	百家出版社	1990.12	32	271	3.50
	小儿常见病外治偏方验方	邹馥馨、刘守灿编著	江西科学技术出版社	1991.5	32	201	2.70
	儿童多动症临床治疗学	冷方南等主编	中国医药科技出版社	1990.12	32	171	2.80
	中医优生学	周乐年、姜卫周主编	科学技术文献出版社	1991.6	32	170	3.50
	中医优生秘诀*	张达旭、杨惠兰著	广西科学技术出版社	1991.1	32	107	1.50
	中医治愈肿瘤五十例	梁秀清著	哈尔滨出版社	1990.9	32	211	2.90
	中医治癌之光	郑文友编著	科学普及出版社	1990.10	大32	179	7.50
	癌症家庭防治大全(附民间抗癌疗法验方2000例)	陈四传主编	上海科学技术文献出版社	1991.1	32	414	4.95
	名医治癌良方	杨柱星等编著	广西科学技术出版社	1991.1	32	249	2.80
	中药治愈癌症良方	李云祥主编	山东大学出版社	1990.4	32	179	2.20
	中国骨伤科学(中国医著系列丛书)	张希彬　张世明主编	四川科学技术出版社	1991.3	大32	859	精装 13.00
	中医骨伤科学*	张安桢　武春发主编	人民卫生出版社	1991.8	16	1012	精装 22.90
	中医骨伤科基础*	丁继华、汤邦杰主编	人民卫生出版社	1991.5	16	290	2.95
	中医骨伤历代医粹	丁继华、单文体主编	人民卫生出版社	1991.7	大32	701	精装 17.00

类别 \ 项目	书　　名	编著译者	出版单位	出版年月	开本	页数	价格（元）
中医各科	中医骨伤科各家学说（高等中医药院校教材）（供骨伤专业用）	刘柏龄　邓福树主编	人民卫生出版社	1991.9	16	124	2.25
	中国中医骨伤科百家方技精华	施杞主编	中国中医药出版社	1990.12	大32	538	精装 15.00
	骨伤临证治要	刘漠桐著	济南出版社	1991.1	32	203	2.90
	骨伤方剂学*	黄荣宗主编	人民卫生出版社	1991.5	16	166	3.10
	中国骨伤外固定博览	孟和主编 王正义副主编	华夏出版社	1991.5	16	334	17.00
	骨伤内伤学（高等中医药院校教材）（供骨伤专业用）	张安桢　沈敦道主编	人民卫生出版社	1991.5	16	173	3.10
	骨伤手术学（高等中医药院校骨伤科系列教材）（供骨伤专业用）	郭维淮　娄多峰主编	河南科学技术出版社	1990.6	16	295	7.10
	中医骨病学（高等中医药院校教材）（供骨伤专业用）	蒋位庄　王和鸣主编	人民卫生出版社	1991.4	16	380	6.35
	中医正骨学（高等中医药院校教材）（供骨伤专业用）	岑泽波　朱云龙主编 许鸿照　彭汉士副主编	人民卫生出版社	1991.5	16	337	5.80
	董万鑫骨科秘验	隋书义等整理	北京出版社	1990.9	32	259	4.55
	中医伤科学（全国中等中医药学校教材）（供针灸医士、中医士专业用）	周善民主编	江苏科学技术出版社	1990.10	16	197	3.25
	中医伤科学（全国高等中医院校函授教材）*	汤邦杰主编	湖南科学技术出版社	1991.8	32	285	6.80
	中医伤科学（高等医药院校教材）（供中医专业用	岑泽波主编　吴诚德副主编	上海科学技术出版社	1991.10	16	257	4.35
	伤科一百方	郭焕章编著	青海人民出版社	1991.3	32	85	1.45
	伤科补要*	（清）钱秀昌编著 阙再忠点校	上海科学技术出版社	1991.8	32	94	1.20
	中医筋伤学*	孙树藩　孙之镐编	人民卫生出版社	1991.4	16	246	4.20
	跌打损伤回生集·全体伤科（珍本医籍丛刊）	（清）胡青崑等辑 丁继华、单文钵点校	中医古籍出版社	1991.2	32	141	2.10
	中医治疗肩周炎（中医治百病丛书）	张有臣编著	河南科学技术出版社	1991.1	36	92	1.90
	英汉实用中医药大全（16、皮肤病学）	徐象山主编	高等教育出版社	1991.10	大32	416	8.10
	中医皮肤美容学（东方美容集萃）	（日）佐藤好司著 于淞等主译	哈尔滨出版社	1990.11	32	524	7.40
	实用中医美容	雷振萍等编著	广西科学技术出版社	1990.12	32	123	1.65
	美容验方*	裴培，李旸编著	学苑出版社	1991.4	32	140	1.75
	宫庭美容长寿方	张金鼎、薄立宏编著	河南科学技术出版社	1990.9	32	252	3.75

类别 \ 项目	书名	编著(译者)	出版单位	出版年月	开本	页数	价格(元)
中医各科	性科病症中医治疗良方	曹庆荣 罗钊编著	广西科学技术出版社	1991.2	32	151	1.95
	中医五官科学(全国中等中医药学校教材) (供中医士专用)*	廖品正主编 陆绵绵主审	江苏科学技术出版社	1990.2	16	207	2.95
	中医耳鼻喉科(中医入门丛书)	李书良编著	人民卫生出版社	1990.11	32	133	2.85
	中医耳鼻喉科学(高等中医院校教学参考丛书)*	王德鉴主编 干祖望 林先智副主编	人民卫生出版社	1991.1	16	374	11.40
	中医耳鼻喉科学(高等医药院校教材)(供中医专业用)*	王德鉴主编 干祖望副主编	上海科学技术出版社	1991.4	16	136	3.05
	中医耳鼻喉科学(全国高等中医院校函授教材)*	谭敬书主编	湖南科学技术出版社	1991.6	16	253	6.40
	实用中医耳鼻喉科学*	徐鸿庆编	人民卫生出版社	1991.8	32	238	2.45
	中医眼喉科学(全国中等卫生学校试用教材)(供中医士专业用)	全国中等卫生学校试用教材《中医眼喉科学》编写组编写	四川科学技术出版社	1991.3	16	124	1.70
	中医眼科学(高等医药院校教材)(供中医专业用)*	廖品正主编 陆绵绵副主编	上海科学技术出版社	1991.4	16	157	4.00
	中医眼科学(全国高等中医院校函授教材)*	廖品正主编	湖南科学技术出版社	1991.10	16	164	3.70
	中医治疗眼底病	庞万敏编	河北科学技术出版社	1991.1	32	183	2.60
	近视、远视、弱视与中医疗法*	李纪源编著	人民卫生出版社	1991.11	32	124	1.75
	糖尿病在中国(中国中西医现代研究丛书)*	邝安堃等主编	湖南科学技术出版社	1991.7	大32	342	精装 7.80
	实用中医神经病学	陈家扬著	甘肃科学技术出版社	1989.4	32	564	6.20
	中西医结合治疗三叉神经痛	刘长江主编	北京科学技术出版社	1991.6	32	115	2.30
	癫狂病(中医病证专辑)	上海中医学院、上海中医药研究院中医文献研究所编	中医古籍出版社	1990.12	32	294	4.85
	郁证的治疗	张翼编著	青海人民出版社	1991.2	32	154	2.15
中药学	中国医学百科全书(中药学)	吴贻谷主编	上海科学技术出版社	1991.10	16	514	11.30
	中药学(中级技术培训系列教材)	中国药材公司中级技术培训教材编写组编	中国商业出版社	1990.9	大32	625	3.60
	中药学(高等中医院校协编教材)	高学敏主编	中国医药科技出版社	1990.9	16	462	12.00
	中药学(全国高等中医院校函授教材)*	成都中医学院等主编	湖南科学技术出版社	1991.5	16	361	8.50
	中药学(高等中医院校教学参考丛书)	颜正华主编	人民卫生出版社	1991.6	16	1068	41.10
	中药学(高等医药院校教材)(供中医、中药、针灸专业用)*	凌一揆主编 颜正华副主编	上海科学技术出版社	1991.7	16	322	5.40

类别＼项目	书名	编著(译者)	出版单位	出版年月	开本	页数	价格(元)
中药学	实用延寿中药学	朱建贵等编著	北京出版社	1990.10	大32	445	精装 11.25 平装 7.30
	中华长春中药宝典	柴国钊　李志文主编	长春出版社	1991.1	大32	552	精装 13.00
	中药与长寿(补养中药的健身去病延寿作用)	吴吉周编	江西科学技术出版社	1991.2	32	229	2.90
	实用补养中药*	赵一、黄国均编著	广西科学技术出版社	1991.2	32	167	1.80
	中药学　方剂学　中医内科学(高等教育、中医专业自考指导丛书)*	湖南省中医学院自考办公室编	湖南科学技术出版社	1991.5	16	279	6.70
	中药三字经*	胡荣瑾编著	河南科学技术出版社	1991.4	32	112	1.80
	吉林述珍(中医药史概要)	傅维康著	上海古籍出版社	1991.5	32	160	2.10
	中药心法(中医心法丛书)	程绍恩等编著	北京科学技术出版社	1990.3	32	465	5.60
	实用中药手册	孔增科编	天津科学技术出版社	1990.6	32	495	6.55
	实用中药手册	陈瑞华等编著	上海科学技术出版社	1991.3	32	725	精装 10.00
	中药大辞典(上册)*	江苏新医学院编	上海科学技术出版社	1991.8	32	1439	精装 16.60
	中药大辞典(下册)*	江苏新医学院编	上海科学技术出版社	1991.6	32	1444	精装 16.10
	中药别名手册	包钖生编	广东科技出版社	1991.8	32	575	10.00
	中国药学年鉴（1988-1989）	《中国药学年鉴》编辑委员会编　彭司勋主编	人民卫生出版社	1960.9	16	392	精装 17.65
	常用中药知识(卫生知识丛书)*	徐辉光编著	上海科学技术出版社	1991.5	32	269	2.85
	中药商业基础知识(中级技术培训系列教材)	中国药材公司中级技术培训教材编写组编	中国商业出版社	1990.9	大32	234	1.90
	中药工业企业管理	蒋培华编	南京大学出版社	1990.12	32	271	4.00
	中医药管理学概论(高等医药院校试用教材)(供中医药本科专业用)	郑士杰主编　李明富、郑守曾副主编	上海科学技术出版社	1991.8	16	202	3.60
	中华人民共和国药典中药彩色图集（1990版）	中华人民共和国卫生部药典委员会编	广东科技出版社	1991.7	大16	436	精装 160.00
	中医中药科研方法撷要	张震等编著	云南科技出版社	1991.1	32	122	2.50
	中药品种理论研究	谢宗万著	中国中医药出版社	1991.4	32	109	2.00
	中药中毒与解救	庄国康，刘瓦利编	中国医药科技出版社	1991.4	32	212	4.00
	中药煎服方法百问	贾春华等编著	科学普及出版社	1991.6	32	57	1.00

类别 \ 项目	书名	编著(译者)	出版单位	出版年月	开本	页数	价格(元)
中药学	中医服药规则	贾春华等编著	科学普及出版社	1991.6	32	51	1.10
	证类本草(四库医学丛书)(影印本)	(宋)唐慎微撰 曹孝忠校 寇宗奭衍义	上海古籍出版社	1991.4	32	1139	精装 17.75
	本草纲目(校点本)(上册)*	(明)李时珍著	人民卫生出版社	1990.9	16	1483	精装 32.50
	本草纲目(校点本)(下册)*	(明)李时珍著	人民卫生出版社	1990.9	16	1607	精装 34.50
	本草纲目(外二种)(共三册)(四库医学丛书)(影印本)	(明)李时珍撰	上海古籍出版社	1991.4	32	2034	精装 34.85
	本经疏证(附本经续疏 本经序疏要)*	(清)邹澍撰	上海科学技术出版社	1991.9	大32	669	精装 16.00
	《本草纲目》精要*	湖北省中医药研究院医史文献研究室编	广东科技出版社	1991.6	大22	466	7.00
	新华本草纲要(第二册)	江苏省植物研究所等编著	上海科学技术出版社	1990.12	16	681	精装 25.90
	新华本草纲要(第三册)	江苏省植物研究所等编著	上海科学技术出版社	1990.12	16	953	精装 34.60
	中国本草图录(卷九)	萧培根主编 赵素云 李永江本卷主编	商务印书馆(香港)有限公司人民卫生出版社	1990.12	16	226	精装
	中国本草图录(卷十)	萧培根主编，本卷主编：黄燮才 夏光成	商务印书馆(香港)有限公司 人民卫生出版社	1990.12	16	226	精装
	中国本草图录索引	萧培根主编《中国本草图录》编写委员会编写	商务印书馆(香港)有限公司 人民卫生出版社	1991.1	10	187	精装
	穆氏本草启蒙录	陕西省中医学会办公室编著	三秦出版社	1990.12	32	104	1.50
	本草问答评注	黄杰熙评注	山西科学教育出版社	1991.1	32	173	2.35
	苏颂与《本草图经》研究	苏克福等主编	长春出版社	1991.3	大32	270	5.90
	湖北中药资源	刘国杜等编著	中国医药科技出版社	1989.12	16	319	精装 16.00
	青海中药资源及开发利用研究	邹寒雁等编著	东方出版社	1990.9	大32	203	精装 6.00
	云南中药志(第Ⅰ卷)	梁光南主编	云南科技出版社	1990.8	16	628	精装 30.00
	大理中药资源志	大理白族自治州人民政府编	云南民族出版社	1991.2	16	389	精装 22.50
	中药材手册*	中华人民共和国卫生部药政管理局中国药品生物制品检定所主编	人民卫生出版社	1990.10	大32	925	精装 20.40
	新编常用中草药手册	谭新华、彭泽南主编	湖南科学技术出版社	1991.6	32	385	5.30

类别 \ 项目	书名	编著(译者)	出版单位	出版年月	开本	页数	价格(元)
中药学	实用临床草药	陈庆全等编著	暨南大学出版社	1991.6	32	641	9.80
	中草药栽培技术*	中国医学科学院药用植物资源开发研究所编	人民卫生出版社	1990.10	16	511	10.20
	中国药用植物栽培学	中国医学科学院药用植物资源开发研究所主编	农业出版社	1991.9	16	1375	精装 75.70
	药用植物学(高等医药院校教材)(供中药专业用)*	丁景和主编 曾万章副主编	上海科学技术出版社	1991.10	16	363	精装 6.05
	名贵中草药栽培手册	徐乃良、岑丽华编著	广西民族出版社	1990.9	32	[illegible]	3.40
	名贵中药材高产栽培技术*	陆善旦等编著	广西科学技术出版社	1990.10	32	213	2.70
	常用中药种植技术*	姚宗凡编著	金盾出版社	1991.7	32	314	4.00
	采种中草药技术*	邓来送编著	农业出版社	1991.2	32	262	3.55
	民间常用草药	本社编写 冯成汉校阅	浙江科学技术出版社	1990.5	32	608	6.00
	药用庭园花卉	柯联才主编	湖南科学技术出版社	1991.5	32	253	3.95
	药用蔬菜*	张超良等编	广西科学技术出版社	1991.8	32	104	1.20
	广西药用动物*	林吕何编著	广西科学技术出版社	1991.6	32	529	5.85
	北方中药材病虫害防治	山东省中药材病虫害调查研究组编著	中国林业出版社	1991.3	32	309	5.00
	中药化学(高等医药院校试用教材)(供中药专业用)*	肖崇厚主编 陆蕴如副主编	上海科学技术出版社	1991.10	16	477	7.85
	中药材的采制与购销规格	那中凯编著	吉林大学出版社	1991.5	32	224	5.00
	常用中药材组织粉末图解	赵达文主编	人民卫生出版社	1991.3	16	296	12.20
	中药养护保管(中级技术培训系列教材)	中国药材公司中级技术培训教材编写组编	中国商业出版社	1990.9	大32	287	2.10
	中药材品种论述(上册)*	谢宗万编著	上海科学技术出版社	1990.11	16	543	17.90
	药用寄生	谭支绍编著	广西科学技术出版社	1991.7	32	368	4.50
	中药鉴定学(全国中等中医药学校教材)(供中药士专业用)*	孙火玉主编 任仁安主审	江苏科学技术出版社	1990.8	16	479	7.00
	中药鉴定学(高等医药院校教材)(供中药专业用)*	任仁安主编 陈瑞华副主编	上海科学技术出版社	1991.10	16	661	10.70
	叶类生药鉴定图说	楼之岑 童玉懿主编	人民卫生出版社	1990.10	16	121	6.90
	杜仲(经济林生产技术丛书)	张康健编著	中国林业出版社	1990.7	32	118	2.20

类别＼项目	书名	编著(译者)	出版单位	出版年月	开本	页数	价格(元)
中药学	贝母(常用中药现代研究丛书)	王文杰主编	中国医药科技出版社	1990.12	32	248	4.00
	胆汁，牛黄与动物结石(常用中药现代研究丛书)	俞长芳编著	中国医药科技出版社	1991.2	32	204	3.90
	碳谱及其在中草药化学中的应用	陈德昌编著	人民卫生出版社	1991.7	大32	515	17.50
	核技术在中草药研究中的应用	蔡锡麟编著	原子能出版社	1990.8	16	218	8.70
	中药药剂学(高等医药院校试用教材)(供中药专业用)*	曹春林主编 施顺清副主编	上海科学技术出版社	1991.10	16	615	10.00
	中药炮制学(全国中等中医药学校教材)*	金世元主编	江苏科学技术出版社	1991.2	16	185	2.65
	中药炮制学(高等医药院校教材)(供中药专业用)*	徐楚江主编 叶定江副主编	上海科学技术出版社	1991.9	16	188	3.30
	湖南省中药材炮制规范*	湖南省卫生厅编	湖南科学技术出版社	1991.9	32	429	6.20
	中药炮制品古今演变评述*	张炳鑫主编	人民卫生出版社	1991.9	大32	451	13.70
	樟树中药炮制全书	樟树中药研究会编 龚千峰主编	江西科学技术出版社	1990.10	大32	396	精装 9.50
	中药药理学(高等医药院校试用教材)(供中药专业用)*	王筠默主编	上海科学技术出版社	1991.4	16	140	2.45
	药理学(高等医药院校试用教材)(供中医、中药专业用)*	王钦茂主编 李仪奎副主编	上海科学技术出版社	1991.10	16	306	5.15
	中药性状鉴别歌诀	郑万功编著	华夏出版社	1990.12	32	418	5.40
	《药性赋》新编*	杨毓书等编	河南科学技术出版社	1991.5	32	190	2.60
	药性歌括四百味白话解(修订本)*	北京中医学院中药教研室编	人民卫生出版社	1991.9	32	341	3.60
	中国基本中成药(二部)(附：保健药品分册)	全国中医理论整理研究会编 冷方南主编	人民卫生出版社	1991.7	16	755	精装 31.70
	中成药分析*	孟宪纾 陈发奎编著	人民卫生出版社	1991.8	16	600	25.00
	中国常用中成药大全	刘树三主编	哈尔滨出版社	1990.8	大32	1519	精装 25.00
	中成药实用手册	张炳鑫主编	人民卫生出版社	1990.12	大32	439	8.00
	新编中成药手册	陈馥馨主编	中国医药科技出版社	1991.3	16	709	精装 25.00
	中成药临床手册	刘汉清主编 李富荣等副主编	江苏科学技术出版社	1990.4	64	731	4.40
	中成药选用指南	罗仁 吴省英编著	华南理工大学出版社	1991.7	大32	299	6.00
	医院基本常用中成药集释	吴焕才等编	青海人民出版社	1990.10	32	290	3.20
	广东实用中成药	吴丹媛 贝进凯主编	广东高等教育出版社	1990.3	32	525	7.60
	见常病自选中成药指南	王发渭 郝爱真编著	金盾出版社	1991.8	32	214	2.60

类别＼项目	书名	编著(译者)	出版单位	出版年月	开本	页数	价格(元)
中药学	中国中成药保健品集粹	冉小峰主编	科学出版社	1990.12	16	348	精装 34.00
	生脉散口服液的综合研究(常用中药现代研究丛书)	严永清主编	中国医药科技出版社	1990.9	32	414	6.90
方剂方书	方剂学(全国中等中医药学校教材)(供中医学校各专业使用)*	王蓉新主编 李飞主审	江苏科学技术出版社	1990.8	16	252	3.50
	方剂学(高等医药院校教材)(供中医、中药、针灸专业用)*	许济群主编 王绵之副主编	上海科学技术出版社	1991.4	16	256	3.45
	中医方剂学(全国高等中医院校函授教材)*	傅瑞卿主编 林通国副主编	湖南科学技术出版社	1991.9	16	248	6.10
	中药方剂学*	梁颂名主编	广东科技出版社	1991.3	大32	873	15.00
	中华名医方剂大全*	彭怀仁主编	金盾出版社	1991.5	16	789	精装 26.00
	中医方剂手册*	潘佛岩主编	江西科学技术出版社	1991.3	64	378	精装 3.25
	现代方剂手册*	王致谱等编写	福建科学技术出版社	1991.1	32	394	4.40
	实用中医方剂(英文)	耿俊英等著	新世界出版社	1991.	大32	259	20.00
	方剂图析	高忠英编著	中医古籍出版社	1989.1	32	303	4.80
	中医方剂诠解	李嵩山等编著	河北科学技术出版社	1990.10	32	654	8.00
	中医方剂题解*	江平安等编写	江西科学技术出版社	1991.5	32	302	4.10
	中医1000问—方药篇	周志东　陈卫星编著	上海科学技术出版社	1991.6	32	153	2.05
	中医理法方药精要	樊鼎编著	辽宁科学技术出版社	1991.6	32	970	15.00
	中医方剂的药理与应用	邓文龙编写	重庆出版社	1990.5	大32	956	精装 15.95
	中医百症用药配伍指南	杨思澍编著	中医古籍出版社	1990.3	32	994	精装 27.00
	中医处方学	李庆业主编	科学出版社	1991.10	大32	276	8.30
	中医处方指南*	朱玉祥编著	金盾出版社	1991.6	32	260	3.10
	方名释义	洪文旭　苏礼编著	中国医药科技出版社	1990.12	32	121	2.50
	广济方研究	王永庆等编著	黑龙江科学技术出版社	1990.5	32	270	5.80
	历代名方精编*	连建伟编著	浙江科学技术出版社	1990.10	32	555	精装 7.00
	古传中医名方新用*	刘坚等编著	广西民族出版社	1991.3	32	219	3.00
	中医名方应用进展	魏菊仙等主编	中国医药科技出版社	1991.4	16	567	15.00

类别 \ 项目	书　　名	编著(译者)	出版单位	出版年月	开本	页数	价　格(元)
	小品方辑录笺注	汤万春辑注	安徽科学技术出版社	1990.3	32	281	3.90
	不知医必要	梁廉夫编著 黄瑾明点校	广西民族出版社	1990.12	32	200	2.50
	常见病简易方药	徐俊本　陈凯章编著	湖南科学技术出版社	1991.7	32	447	5.60
	常用中医方药手册(修订本)*	丁学民主编	湖南科学技术出版社	1991.4	64	354	2.10
方	张仲景对药的临床应用	王玉芝等编著	北京科学技术出版社	1990.7	32	208	2.80
	全生指迷方(外五种)(四库医学丛书)(影印本)	(宋)王贶撰	上海古籍出版社	1991.4	32	833	精装 13.75
	外台秘要方(全二册)(四库医学丛书)(影印本)	(唐)王焘撰(宋)林亿、孙兆等校正	上海古籍出版社	1991.4	32	1398	精装 23.80
	古今方药集锦*	杨芳珍　余文彬编	四川科学技术出版社	1991.3	大32	302	4.60
剂	备急千金要方	(唐)孙思邈撰 (宋)高保衡　林亿等校正	上海古籍出版社	1991.4	32	1073	精装 16.90
	银海精微(四库医学丛书)(影印本)	旧题(唐)孙思邈撰					
方	种杏仙方、鲁府禁方(珍本医籍丛刊)	(明)龚廷贤撰 王志洁点校	中医古籍出版社	1991.7	32	252	3.60
	女科仙方(珍本医籍丛刊)	(清)傅山撰 刘国正点校	中医古籍出版社	1990.11	32	128	1.85
	增补神效集(珍本医籍丛刊)	(清)不著撰人著 刘宏伟　张瑞贤点校	中医古籍出版社	1990.12	32	132	1.90
书	医方集解	(清)汪讱庵著辑 叶显纯点校	上海科学技术出版社	1991.5	大32	295	5.85
	慈禧光绪医方选议*	陈可冀等编著	中华书局	1990.8	大32	340	7.30
	百病良方(第四集)*	贾河先、邱运梨编著	科学技术文献出版社	1991.11	32	250	3.50
	百病良方(第五集)*	贾河先、赵鸿鸣编著	科学技术文献出版社	1991.11	32	167	2.50
	现代名医百病良方*	麻能评、林中昌主编	广西科学技术出版社	1991.1	32	312	3.40
	简易良方	程宝书等编	黑龙江科学技术出版社	1990.7	32	250	3.50
	常用良方便览	卢祥之、郝玉明编著	科学技术文献出版社重庆分社	1990.2	32	199	3.20
	家庭效验良方大全	漆浩主编	北京出版社	1991.8	32	485	7.50
	顽症良方(一)	李庆升等编	中国医药科技出版社	1990.7	32	196	3.55
	顽症良方(二)	李庆升等编	中国医药科技出版社	1990.10	32	200	3.55
	奇效良方集成	李蕴祥等编　关幼波等审校	湖南科学技术出版社	1991.5	大32	642	精装 11.60

类别 \ 项目	书名	编著(译者)	出版单位	出版年月	开本	页数	价格(元)
方剂方书	万应经验良方	杜杰慧等点校	北京科学技术出版社	1991.3	32	234	3.10
	急救良方(珍本医籍丛刊)*	(明)张时彻辑	中医古籍出版社	1991.1	32	75	0.95
	万氏济芝良方(珍本医籍丛刊)	(明)万表集　济馨永清点校	中医古籍出版社	1991.2	32	448	4.90
	神仙济世良方(珍本医籍丛刊)*	(清)柏鹤亭等集　康维点校	中医古籍出版社	1990.11	32	157	2.00
	集验良方(珍本医籍丛刊)	(清)年希尧辑　刘振远　才惠珍点校	中医古籍出版社	1991.7	32	236	3.80
	急诊中医良方*	刘文巨等编写	江西科学技术出版社	1991.4	32	184	2.50
	中医急症奇方妙术	王维亮、刘意榕编著	广西民族出版社	1991.2	32	312	3.90
	古今妙方	刘俊德编	天津科学技术出版社	1991.4	32	237	3.30
	当代妙方*	李世文编	人民军医出版社	1991.1	32	457	8.50
	补益妙方	何松林等编著	福建科学技术出版社	1991.6	32	165	2.25
	今古秘方精选*	韦青云等编著	广西民族出版社	1991.7	32	196	2.50
	秘方集验(珍本医籍丛刊)	(清)王梦兰纂集　张遂辰鉴定　王玉英　王作林点校	中医古籍出版社	1990.6	32	139	1.80
	秘方治疗17种顽固病	汪伟生等编著	中国中医药出版社	1990.4	32	173	2.95
	神州秘方	河南中医研究院编	河南科学技术出版社	1991.3	32	350	4.50
	灵妙秘方	胡红栓编	河南科学技术出版社	1991.8	32	147	2.30
	台湾香港名医秘方*	杨柱星等编	广西科学技术出版社	1991.4	32	240	2.55
	少林寺秘方集锦*	德禅传授　德虔编写	河南科学技术出版社	1991.4	32	123	2.00
	中国民间灵验偏方	李绍芝主编	湖南科学技术出版社	1991.7	大32	595	8.50
	偏方大全*	《偏方大全》编写组编	北京科学技术出版社	1991.5	32	519	精装 9.60
	偏方奇效(民间偏方与验方2000例)	王启民编著	北京科学技术出版社	1991.1	32	475	5.70
	古代验方大全	傅景华主编	中医古籍出版社	1990.10	32	1164	精装 22.00
	验方新编(上册)(中医古籍整理丛书)	(清)鲍相璈编辑　梅启照增辑　周光优等点校	人民卫生出版社	1990.12	大32	509	8.30
	验方新编(下册)(中医古籍整理丛书)	(清)鲍相璈编辑　(清)梅启照增辑　周光优等点校	人民卫生出版社	1990.12	大32	673	10.50

类别 \ 项目	书名	编著(译者)	出版单位	出版年月	开本	页数	价格(元)
方剂方书	验方新编	(清)鲍相璈撰	天津科学技术出版社	1991.2	32	768	精装 12.50
	古今名医验方秘方(古今名医验证精华丛书)	路振平主编	云南大学出版社	1990.10	大32	316	4.50
	临床验方集锦(农村实用科技文库)	晋襄编	福建科学技术出版社	1991.4	32	290	3.45
	全国医药期刊验方精选(1950～1985)*	刘坚等编	广西科学技术出版社	1991.3	32	380	4.60
	现代千家验方荟萃	车龙日　金三星主编	延边人民出版社	1991.2	32	347	4.70
	当代中国名医高效验方1000首	庞国明等主编	中国中医药出版社	1991.4	32	557	6.70
	中国当代名医验方大全	杜怀棠主编	河北科学技术出版社	1990.11	大32	927	精装 21.00
	当代中医验方精选	郭桃美编	上海科学技术出版社	1990.12	32	302	3.75
	青海省中医单验才选	邹寒雁等编	青海人民出版社	1991.6	32	291	3.00
	英汉实用中医药大全(4:单验方)	胡遵达等主编	高等教育出版社	1991.10	大32	371	6.70
	单方验方偏方应用必备(家庭必备中医丛书)	朱进忠主编　王象礼　许逸民编著	科学技术文献出版社重庆分社	1990.3	32	123	2.20
	偏方验方500首	本书编写组编	天津科学技术出版社	1990.9	大64	124	1.20
	家庭常用验方(健康小丛书)	范正祥、刘德山主编	人民卫生出版社	1990.9	32	71	0.91
	经效验方四百八	成大权编著	山西科学教育出版社	1990.12	32	269	3.90
	驻颜有术偏验方	孙文奇编著	中国医药科技出版社	1990.7	32	154	2.70
	400种病症民间验方(民间医疗经验小丛书)	崔豪著	山西科学教育出版社	1990.5	32	110	1.65
	瑞竹堂经验方(外八种)(四库医学丛书)(影印本)	(元)沙图　穆苏编	上海古籍出版社	1991.4	32	981	精装 15.70
	仙传外科集验方 秘传外科方 (中医古籍整理丛书)	(明)杨清叟撰 (明)赵宜真辑 韦以宗点校	人民卫生出版社	1991.3	大32	190	3.85
	精选八百外用验方	王家忠主编	吉林科学出版社	1990.8	32	446	6.20
	秘传珍奇便方	李晓金等编	河北科学技术出版社	1991.1	32	179	2.40
	民间便方六百六	岳天虎　郭爱廷主编	北京科学技术出版社	1991.1	32	102	2.00
	新编民间方	迟纯　迟昭编著	中国医药科技出版社	1990.11	32	306	4.70
	中国民间草药方(中国民间医学丛书)*	刘瑞光　刘少林著	四川科学技术出版社	1991.3	32	172	2.10
	世医得效方*	(元)危亦林编著	上海科学技术出版社	1991.9	大32	1027	精装 16.00

类别 \ 项目	书名	编著(译者)	出版单位	出版年月	开本	页数	价格(元)
方剂方书	四科简效方(珍本医籍丛刊)	(清)王士雄撰 杨杰英 陈振南点校	中医古籍出版社	1991.2	32	83	1.60
	奇难杂症效方精选*	潘文昭 王振熹编著	广西科学技术出版社	1991.6	32	194	2.35
	成方便读(中医古籍小丛书)	(清)张秉成编著 李飞 瞿融点注	江苏科学技术出版社	1990.3	32	271	3.10
	新编汤头歌诀	程宝书等编	黑龙江科学技术出版社	1990.7	32	367	4.85
	汤头趣味速记法*	李惠德 张继昌著	北京科学技术出版社	1990.4	32	75	0.95
	汤头歌诀白话解*	北京中医学院 中药方剂教研组编	人民卫生出版社	1990.11	32	230	2.50
	便读速记新编方歌300首	何足道编著	内蒙古人民出版社	1990.8	32	277	3.70
	当代中药外治临床大全	贾一江等主编	中国中医药出版社	1991.4	16	761	精装 25.00
	百毒解方*	宋卫平 刘建民编著	广西民族出版社	1990.9	32	107	1.85
少数民族医药	蒙医经典著作选编(蒙古文)	那木吉拉主编 苏达那木副主编	民族出版社	1991.4	16	244	4.25
	名老蒙医经验选编(上)(蒙古文)	内蒙古蒙医学院、哲里木盟蒙医研究所编	内蒙古科学技术出版社	1990.5	大32	541	精装 8.00
	开景雅敖其尔(蒙古文)	达日茂玛仁巴·罗布桑朝日嘎著 锡林郭勒盟蒙医研究所译	内蒙古人民出版社	1990.9	大32	614	5.40
	蒙医学术论文集(二)(蒙古文)	内蒙古自治区蒙医学会编	民族出版社	1990.10	大32	491	4.15
	蒙医传统疗法(蒙古文)	巴·阿古拉 伊和巴雅尔编	内蒙古科学技术出版社	1990.9	32	199	1.40
	蒙医传统十八术(蒙古文)	达格巴雅尔 敖特根其木格编	内蒙古科学技术出版社	1990.8	32	122	0.90
	蒙医眼科学(蒙古文)	策·巴日格其主编 乌仁图雅副主编	民族出版社	1990.10	16	234	4.15
	内蒙古名医名药名厂(蒙医中医部分)(汉英文对照)	云曙碧主编	民族出版社	1991.8	16	156	精装 36.00
	蒙藏汉合璧药名	于庆祥 于尽忠编著	内蒙古科学技术出版社	1990.10	64	190	1.30
	医学百科全书(藏医分卷)(上册)(藏文)	本书编写委员会编著	西藏人民出版社	1990.12	16	554	精装 12.50 平装 9.50
	藏医学消化功能治疗法(藏文)	落桑罗布编著	西藏人民出版社	1991.6	32	31	0.70
	藏传真气疗法(藏文)	更嘎华丹著	甘肃民族出版社	1990.11	32	91	1.15
	维吾尔医学治疗骨折脱位(维吾尔文)	伊德力斯·阿吉优夫著	喀什维吾尔文出版社	1990.11	32	188	1.05

类别＼项目	书名	编著(译者)	出版单位	出版年月	开本	页数	价格(元)
少数民族医药	湘西苗药汇编(中国少数民族古籍苗族古籍之三)	湖南少数民族古籍办公室 湖南凤凰县民族事务委员会主编	岳麓书社	1990.11	大32	822	11.50
	贵州彝族医药验方选编	王荣辉翻译整理	贵州民族出版社	1990.7	32	120	1.60
	壮医针挑疗法*	黄贤忠编著	广西科学技术出版社	1991.1	32	50	0.71
	德昂族药集	方茂琴编	德宏民族出版社	1990.11	32	369	2.40

注：1．本目录据中国版本图书馆1991年收藏的中医书籍样书整理。

2．书名后有*号者为重版书

（吴素蓉供稿）

【逝世名中医】

韩天佑

曾天传

韩天佑（公元1901～1990年），河北省安平县人。教授、主任医师。曾任中华全国中医学会陕西分会理事。生于中医世家，1919年毕业于天津义庆里私立中医学校，1920年正式行医，1938年在洛阳神州眼科医院任职，1944年悬壶于西安、富平等地。建国后，任富平县政协委员和县科协委员会委员。1956年调任陕西省中医药研究所，1959年入陕西中医学院，擅长中医妇科。工作认真负责，一丝不苟，医德高尚，曾多次被评为先进工作者。撰写论文26篇。著作有《妇科胎前产后特效自疗法》、《中医四诊概要》、《药学精义》、《中医临床证治疗汇编》等。

曾天传（公元1919～1990年），四川省中江县人。主任医师。曾任成都市第六届至第八届政协委员。早年随父学医。1943年在家乡行医，1956年后曾先后在中江县卫生所、永泰医院、成都中医学院附属医院任职。一生治学严谨，注重理论联系实际，对肝、肾、胃肠多种疾病的诊治，有不少独到见解。谦虚谨慎，严于律己，宽以待人，勤勤恳恳为医疗、教学、科研忘我工作，曾多次被评为县、市、省和医院先进工作者。曾发表《中医治愈慢性肾小球肾炎记实》等学术论文10余篇。

郭国兴（公元1899～1991年），陕西省南郑县人。主任医师。曾任南郑县第一届、第二届政协委员，南郑县中医学会副会长等职。18岁跟师学医，学成后在家乡行医。1955

郭国兴

年加入乡联合诊所，后在卫生院工作，1979年调到南郑县中医院工作。擅长中医内科。医德高尚，医术精湛。沤心沥血，言传身教，为基层卫生战线培养了大批优秀人才。发表论文有《大柴胡汤的临床应用》等。

林修灏

林修灏（公元1908～1991年），福建省闽候县人。教授。曾任贵州省第二届至第四届政协委员、第五届常委会委员，九三学社贵阳分社委员，九三学社贵州省委员会科教委员会副主任及顾问等职。1936年毕业于法国斯特拉司堡大学药学院，并获博士学位。回国后，为中医药学事业的发展作了有益工作。1949年参加革命工作，历任上海药物食品检验所代理所长，卫生部药物食品检验所副所长，贵州省中医研究所药物室副主任。在政治上要求进步，坚持原则，作风正派，严于律已，宽于待人，对业务精益求精，对工作尽职尽责。主持并参加了贵州省中草药资源的考察、调查及中草药的分类、鉴定，参与主编《贵州野生植物图说》、《贵州民间药物》等书，发表了《贵州中药三十年历史及贵州中草药十个战略设想》等论文。

杨希贤

杨希贤（公元1908～1991年），福建省福州市人。主任医师。早年随岳父学医，1949年后，曾先后在福州中国人民银行、云南省人民医院、云南省中医学院附院任职。擅长推拿、气功、针灸。工作勤勤恳恳，兢兢业业，临床经验丰富，医术精湛，1984年曾被评为福建省科协系统先进工作者。著有《扬希贤推拿手法》一书，审编《中医大辞典·推拿分册》，撰写论文 10 余篇。

成业田

成业田（公元 1910～1991 年），河北高阳县人。主任医师。自幼受家庭熏陶，得先父真传，钻研中医正骨、按摩医术。1936年在北京开业，1956年受聘于西交民巷联合诊所，1956年调入北京中医医院工作。从医30余年，博采众长，师古而不泥古，吸收现代医学成就，积累了丰富的骨科临床经验，并毫无保留的传授于年轻一代。曾在《北京市老中医经验选编》及中医刊物上发表多篇学术论文。

吴俊卿

吴俊卿(公元1910～1991年)，云南省昆明市人。中共党员，主任医师。曾任云南省第四、第五届政协委员，昆明市卫生局专家资询委员会委员，昆明市中医学会副理事长，昆明市中医医院副院长。自幼随父学医，1933年考取云南省开业中医师资格后悬壶问世。建国后，先后在联合诊所、356厂、昆明市第二门诊部、安宁化工厂、昆明市中医医院任职。行医50余年，医德高尚，医术精湛，精心培养人才，为发展和振兴中医事业作出了贡献。撰有《肝病诊治》、《肺心病诊治》、《冠心病诊治》等论文2万余字。

金舒白

金舒白（公元1911～1991年），上海市上海县人。中共党员，研究员。曾任上海市中医学会针灸学分会第二届委员会副主任委员、卫生部针灸针麻专题委员会委员、上海市精神学委员会委员等职。生于中医世家，受父嫡传，16岁开业行医。1937年移居市区悬壶。1952年起先后在上海市中医门诊部、上海第十一人民医院、上海市针灸经络研究所、上海中医研究所任职。擅长针灸，是我国从事针灸麻醉研究的先驱者之一，被国家教委、国务院学位委员会确定为首批中医博士研究生导师。指导学生研究的课题《甲状腺机能亢进症的针刺疗效与机理研究》获1987年国家中医管理局科研成果乙级奖；《针刺治疗内分泌性突眼症的临床研究》获1987年上海市卫生局科技进步二等奖。编写了《针灸治疗精神病》一书，发表论文20余篇。

何世英

何世英（公元1912～1990年），天津市人。主任医师。曾任中华全国中医学会理事，中华医学会理事，中华全国中医学会脑病专业委员会主委，天津市科协常委，天津市第五届至第七届政协委员等职。早年从师于北京名医施今墨，1936年毕业于华北国医学院，尔后悬壶津门。1956年入天津市儿童医院，1983年调入天津市中医医院。擅长中医儿科、内科。首创脑病专科。在国内外享有盛誉。一生孜孜不倦，培养了一大批中医和中西医结合人才。著有《儿科疾病》、《何世英儿科医案》、《医论选读》、《历代儿科医案集成》、《重订幼科类萃》等书，共200余万字；发表论文100余篇。

熊梦周（公元1912～1991年），四川省

熊梦周

安岳县人。主任医师。曾任四川省中医学会副会长，成都市中医学会会长，四川省人民医院副院长。生于中医世家，自幼随父学医，又拜著名医家曾子正为师专攻医理。1937年开业行医，1956年入四川省人民医院工作。擅长中医儿科。工作勤恳，重视培养人才，曾多次被评为医院和省卫生系统先进工作者，1983年被评为四川省科技系统先进个人。著有《熊梦周儿科医案选》、《熊梦周儿科医话选》、《熊梦周儿科临床经验选编》等书，发表论文数10篇。

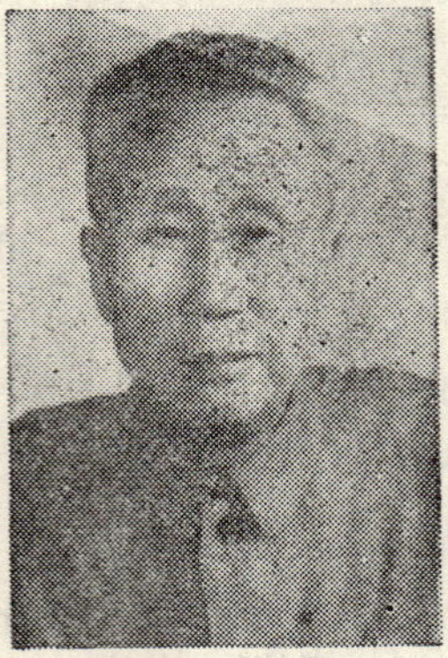

马　骥

马骥（公元1913～1991年），北京市人。教授、主任医师。曾任哈尔滨卫生局副局长，黑龙江中医学院附属医院副院长，全国中医学会委员，省市中医学会副理事长等职，及省政协常务委员会委员。出身于中医世家。1950年发起创办哈尔滨市第一中医联合诊所，嗣在哈尔滨市中医学校任职。从医60余载，积累了丰富的治疗经验，其独到的脾胃病理气养阴疗法，疗效显著。治学严谨，谦虚谨慎，认真负责，诲人不倦，为几代中医人才的培养付出了艰辛。编著出版了《马骥医文集》等10余部中医专著，发表论文多篇。

周绍奇

周绍奇（公元1916～1991年），福建省福州市人。主任医师。曾任福州市中医学会常务理事，福州市政协委员等职。1933年毕业于福州中医学社。1934年开业行医，1955年入福建省人民医院，1962年调入福建中医学院附院任职。从事中医工作近60年，工作极端负责，勤勤恳恳，任劳任怨，对技术精益求精，创制"溃疡第一合剂"，收到良好的临床治疗效果，订出的"藿砂合剂"被誉为治疗腹泻特效药。曾多次被评为先进工作者。撰写了《我对胃及十二指肠溃疡病的认识》、《中医对霍乱的辨证与抢救疗法》、《从辨证唯物观点论阴阳学说》、《肝病的辨证论治》等学术论文。

李幼昌（公元1918～1991年），云南省昆明市人。教授、主任医师。曾任全国医史学会理事，云南中医学会常务理事等职。出身于中医世家，深得家传。早年曾就读于云南大学中文系，1951年至1958年先后在云南省首届中医师进修班及南京中医学院中医内科师资班学习深造。1958年调入昆明医学院执教医疗系中医课程。从医50多年，医德高尚，医术精良，热心于医学教育事业，在中医的医疗、科研和人才培养方面作出了显著成绩，

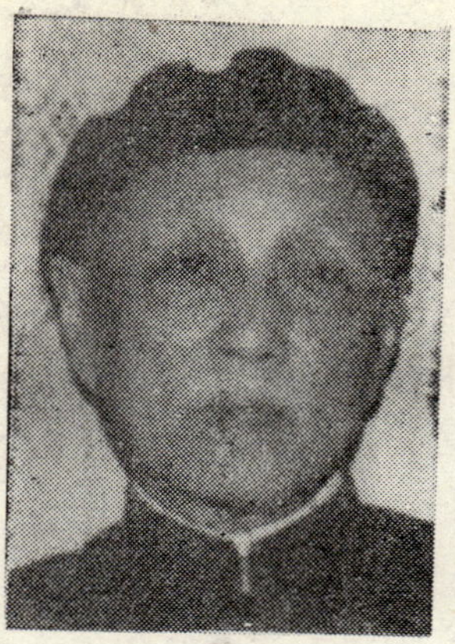

李幼昌

曾多次被评为省、市、院级先进工作者。曾主编反映其父李继昌先生学术经验的《李继昌医案》一书。

苗丕宪

苗丕宪（公元1919～1991年），河南省新郑县人。主任医师。曾任河南省第五届、第六届人大代表。生于中医世家，14岁开始行医。1956年入郑州市一分院任职，1958年北京中医学院进修学习，1960年调至河南中医学院任教。擅长儿科。医德高尚，治学严谨。医术精湛，善于总结经验，潜心研究药物剂型改革，创制了小儿散剂——“婴儿素”，并将其秘方公布于世，无偿献给国家。该药1979年载入《中华人民共和国药典》，为丰富祖国医药学做出了显著贡献。

周祖球（公元1921～1991年），湖南祁阳人。中共党员、教授、主任医师。1945年毕业于军医学校大学部。后在中国人民解放军部队后勤医院工作，转业后到湖北医学院

周祖球

附属第一、第二医院工作。1961年毕业于卫生部委托湖北中医学院主办的第二期西医学习中医学习班，1965年入湖北中医学院附属医院。一生勤奋笃学，治学严谨，运用中西医两种方法，对内科领域内的疾病从理论到实践进行了认真地探索，总结出有一定价值的临床论文，发表于各种杂志。曾将其珍藏《三三医书》共99册无偿捐献给湖北中医学院。

田成庆

田成庆（公元1922～1991年），河北省邯郸市人。教授、主任医师。曾任河北省第六届人民代表大会代表，河北省中医学会常务理事、理事，省人体科学学会理事等职。1938年毕业于天津中国国医函授学院。先后在磁县八区卫生所、河北省卫生工作者协会、河北邯郸医学专科学校、河北医学院邯郸分院工作。擅长治疗时令急性热病与疑难杂症。为邯郸市制药厂修订处方“复方川贝精片”，1985年获国家银质奖；研制的“田氏灭痨丹”

获省级科技成果。撰有《中医验方汇选》、《麻疹中医防治法》、《兰台轨范校注》等著作及论文60余篇。

孙宁铨

孙宁铨（公元1923～1991年），江苏省吴江县人。主任医师。曾任江苏省第五届、第六届政协委员、常务委员，中华全国中医学会江苏省分会理事，中国中西医结合研究会江苏省分会常务理事等职。1947年毕业于上海同德医学院，先后任职于苏州江南医院、苏州江南助产学校、苏州医专、苏州第二、第三、第四人民医院。1956年参加全国首届西医学习中医学习班，1966年调入江苏省中医研究所。从医40年如一日，为事业勤恳奋发，兢兢业业。擅长于中西医结合治疗妇科疾病，尤其对功能性子宫出血、不孕症、痛经等疾病的治疗见解独特，疗效卓著。主持研制的"痛经散"新药，获省科技成果四等奖。独立与共同参加著书5部，撰写论文30余篇。

孙承南（公元1925～1991年），山东省福山县人。主任医师。曾任中华全国中医学会山东分会常务理事，山东推拿学会主任委员，山东省卫生厅医学科学委员会委员。孙氏三代世医。1948年拜针灸名医王岐山为师，由坐堂医、诊所医调到县人民医院工作。1957年选派到山东省第一期中医研究班学习，先后又调至省中医进修学校、省中医学院及

孙承南

附属医院，任推拿科主任。孙氏擅长推拿治病，但学术思想受清·王清任影响较大，用药治病，多以活血化瘀法收功。孙氏推拿，除继承家传手法外，还有所发展，对一些高难手法的创制，得到国内专家的肯定。生前发表了30余篇学术论文及《齐鲁推拿》等书。

张令铮

张令铮（公元1930～1991年），浙江宁波人。中共党员、研究员。曾任上海中医学院医疗科研处副处长，上海中医学院、上海市中医药研究院图书情报中心副主任，《中国中医药年鉴》（《中医年鉴》）副主编，全国中医药图书情报工作委员会副主任委员等职。1953年毕业于上海第一医学院，1959年毕业于上海市首届西医学习中医研究班。曾先后在上海华山医院、中山医院、龙华医院、上海市针灸研究所、上海中医研究所任职。一生勤朴，淡于名利，严于律己，待人宽厚，真正体现了一个中国知识分子所有的优良品

质。在工作中谦虚好学，勤奋踏实，孜孜不倦，不断进取，学识渊博，中医造诣很深。领导创办的《中医译文》为中医研究提供了大量的国外参考文献，组织编纂《中西医文献检索与利用》，首次在上海中医学院开设了这门课程。并为《中医年鉴》、《中国中医药年鉴》的创立和编纂工作作出了重大贡献。参与编写著作多部，发表论文100余篇。

【中外交流】

▲张仲景学术国际研讨会　4月16日至19日在河南省南阳市召开。会议正式代表227名，其中国外代表31名。收集论文200多篇，选出110篇论文摘要编印成集。60名代表从临床、理论、方药等方面进行了交流发言。原国家中医药管理局副局长田景福主持开幕式，国家中医药管理局副局长诸国本、中华全国中医学会副会长施奠邦、日本代表团团长矢数圭堂等也在会上致词、讲话。会议期间，代表们参观了医圣祠，50多家企业同时举办了药品展览会。

▲首届国际中药节　中国药都樟树首届国际中药节6月10日在江西省樟树市开幕。来自美国、英国、日本、加拿大、印度尼西亚、丹麦、泰国、爱尔兰、台湾、香港等10多个国家和地区的来宾230多人，国内27个省市自治区的药业界代表数百人参加了国际中药节的各项活动，创造了江南药都有史以来的空前盛况。

▲中医药国际学术会议　6月27日至30日在沈阳召开。国内外中医药界、多学科界和有关方面的代表707人出席了会议。收到论文1500余篇，其中365篇汇集成中英文两种版本的论文集。会议期间还进行了中国传统医学特种诊法和非药物疗法的公开表演。

▲香港首届国际中医药研讨会　7月26日至28月在香港会议展览中心举行。参加会议代表，有来自中国、美国、日本、澳大利亚、新加坡、印度尼西亚、菲律宾等国家，以及香港、澳门、台湾地区的中医药专家、学者、教授200余人。大会共收到论文120多篇。这次会议对提高香港的中医学术水平，争取中医药事业地位和促进中医药走向世界，振兴中医药事业起了积极作用。

▲第二届针灸与自然医学国际会议　8月21日至27日在北京举行。22个国家300余名代表出席了会议。交流及发表针灸、中医药、按摩、气功等方面的论文200余篇，并举办了专题讲座，参观北京经络研究中心、气功研究所，观摩了针麻手术操作等。国家卫生部部长陈敏章、北京市副市长何鲁丽以及加拿大驻华使馆的官员参加了大会。

▲坦桑尼亚卫生代表团访华　应国家中医药管理局邀请，以卫生部首秘姆瓦布兰波为首的坦桑尼亚卫生代表团一行4人于8月22日至27日访华。8月26日在京签署了《关于继续合作试治艾滋病会谈纪要》。双方一致同意从1991年9月开始，中坦合作试治艾滋病的工作继续延长3年。诸国本副局长代表国家中医药管理局在纪要上签字。

▲首届中国广州国际中医药学术会议暨广州中医学院35周年院庆学术交流会　10月11日开幕。出席会议正式代表349名。国家中医药管理局副局长朱杰、泰国卫生部长派洛宁沙农、广东副省长卢钟鹤、省政协副主席等出席了开幕式。会议收到论文620多篇，其中70多篇论文分别参加大会和分会交流。会议还邀请了4名国内外著名专家进行学术专题讲座。会议展示了中医药学术发展的可喜成就和前景，为促进中医药学术水平的提高提供了最新信息。

▲国际传统医药大会（北京，91）　10月18日在北京召开。参加大会的有来自42个国家和地区的正式代表共800余人，其中国外代表300多人，国内代表400多人。大会评审确定557篇论文交流，并编入论文集；其中240篇分别在4个分会场交流。党和国家领导人江泽民、李鹏、李先念、王震、田纪云、李铁映、宋健等23位同志分别为大会题

词。李鹏总理接见全体代表时讲了话，并与大家合影。王震副主席担任大会组委会名誉主任，李铁映任组委会主任。大会诞生了以“人类健康需要传统医药”为题的《北京宣言》，将每年的10月22日定为世界传统医药日。大会同期举办了传统医药科研成果展览，对参展项目评出传统药“长城国际金奖”10个，荣誉奖20个。

▲国际针灸灸法现场交流会　受世界针灸学会联合会委托，中国针灸学会于10月23日至25日在北京主持召开。来自中国、日本、美国、加拿大、意大利、丹麦、挪威、瑞典、奥地利、以色利、巴西、香港、澳门等13个国家和地区的117名代表出席了会议。大会交流论文97篇，采用现场表演方法，针对患者病情，用毫针、火针、梅花针、鬃针、巨针、埋针等针具，运用烧山火、透天凉等补泻手法以及药线灸、铺灸、电针等方法，取得了显著的疗效。国外代表高度评价了本次会议，并一致认为中国针灸源远流长，博大精深，需下功夫研究。

▲中华自然疗法首届国际学术大会　11月6日至9日在四川成都召开。来自中国、美国、日本、法国、意大利等10个国家的代表近500人出席会议，交流论文438篇。大会用中英文两种文字编辑成100万字的《中华自然疗法汇粹》一书，由成都出版社出版。

▲首届国际按摩导引学术研讨会　11月20日至23日在武汉召开。国内代表300余人和日本、加拿大以及台湾、香港等地区的代表出席会议。收到论文543篇，其中334篇收入论文集中。会议采用幻灯、录像、手法表演和大会报告等形式交流了最新学术研究成果。

▲第一届国际脊柱相关疾病研讨会　12月6日至8日在北京举行。来自全国25个省、市、自治区及美国、日本、澳大利亚、新加坡、香港、台湾等国家和地区的130多名代表参加。收到论文200多篇，其中103篇进行了学术交流。与会代表一致认为，要加强脊柱相关疾病国际间的交流与合作，发展脊柱相关疾病研究的教育事业，在世界范围内培养从事脊柱相关疾病工作的人才，提高科学研究的学术水平和临床水平，为促进脊柱相关疾病学科的发展，造福于人类而奋斗。

【消息】

2月

▲《中国中医药报》22日讯：国家中医药管理局于最近在北京举办了首届“申请中医药对外科技合作项目培训班”。全国19个省市的科研、教育、医疗、生产单位的100多名中医药科技、外事工作者和管理干部参加了培训班学习。该班主要围绕中医药对外科技合作与交流的现状及前景，国际上对中医药感兴趣的领域内容以及合作途径和方式等议题进行了学习和讨论。

3月

▲《中国中医药报》讯：中国国际针灸考试委员会7日在北京成立，国内31位针灸专家受聘担任委员会委员，在国家中医药管理局的领导下，指导、监督国际针灸专业人员水平考试等有关工作。在7日至9日举行的第一次会上，讨论修改了《中国国际针灸考试委员会章程》和《国际针灸专业水平考试大纲》审议了《国际针灸专业人员水平考试办法》及《实施细则》。委员会的部分委员出席了会议。

▲《中国中医药报》25日讯：在第四届全国优秀企业家评选中，天津达仁堂制药厂厂长曹惠民是唯一荣获金球奖的中药行业代表。这是继1988年全国优秀企业家管理金马奖后，又一次荣获的个人最高荣誉奖。

5月

▲《新中医》讯：受国家中医药管理局委托，广州中医学院主办的全国中医院校第一期院校长培训班11日开学。这是国家中医药管理局为提高全国中医院校长的中医教育管理水平，利用世界银行贷款开展中医教育研究的项目内容之一。

▲《中国中医药报》讯：全国首家中医急症

研究所18日在湖北中医学院成立。该所所长黄玫知教授介绍，开展中医急症的研究，是继承和发扬祖国医药学的需要，是将古老的医药学推上一个新的台阶，是对几千年诊治急症的中医药经验挖掘、整理和提高，将造福于人类。

▲《中国中医药报》讯：北京同仁堂制药厂被受予国家级企业技术进步奖。

6月

▲《中国中医药报》讯：广州中医学院参办的马来西亚中医专科研究班上旬在吉隆坡正式开学，该院领导杨建宇研究员专程前往主持开学典礼。与马来西亚中医师公会联办研究班，是该院首次在海外开办的高层次教育。研究班学制为3年。

▲《中国中医药报》讯：广州中医学院主办，并得到世界卫生组织资助的中国广州国际中医药培训中心于11日正式成立。该中心是受国家中医药管理局直接领导，开展中医、中药、针灸、气功、推拿全系统培训的国际教育机构。广州中医学院院长李任先教授出任该中心主任。

▲《中国中医药报》讯：欧洲第一家中医院于24日在德国巴伐利亚州魁茨汀市正式开诊。中国驻德大使梅兆荣、国家中医药管理局副局长诸国本和德国卫生部部长哈塞尔·菲尔特出席开诊典礼并讲了话。魁茨汀中医院由德国实业家施道汀尔和北京中医学院东直门医院于1988年开始合作兴办，经过3年多的基本建设和筹备，现设病床70张。以廖家桢教授、商宪敏主任医师为首的中国中医药专家组一行12人于3月18日开始试诊，用中药、针灸、推拿、气功和食疗等方法进行中医医疗工作。

▲《中国中医药报》讯：我国第一所省级医史博物馆——陕西医史博物馆成立典礼，25日在陕西咸阳举行。该博物馆陈列面积为500平方米，有医史陈列室，铁盒陈列室，馆藏文物的数量与质量居于全国其它中医教学、科研单位医史博物馆之前。该馆的前身为陕西中医学院医史陈列室，始建于1965年，是我国解放后建立的第一所医史博物馆。

7月

▲《中国中医药报》8日讯：中国中医研究院教授朱仁康、程莘农、薛崇成、方药中受到世界文化理事会表彰，荣获“阿尔伯特·爱因斯坦”世界科学奖奖状。

8月

▲《中国中医药报》讯：广东省中医药科技专家委员会成立暨第一次全体会议5日召开。34位专家被聘为该委员会委员。会议提出了专家委员会的职责和任务，讨论了工作章程和广东省中医药管理局关于加强中医药科技工作的意见。广东省卫生厅副厅长、省中医药管理局局长张孝娟任第一届专家委员会主任委员，广州中医学院院长李任先教授和名老中医邓铁涛教授任副主任委员。

▲《中国中医药报》讯：针刺麻醉、冬虫夏草人工培植等21项中医药科技攻关成果在国家“七五”科技攻关成果展览会上展出。党和国家领导同志江泽民、李鹏、李瑞环、李铁映、吴学谦等分别于26日和29日晚到展览会参观，并观看了中医中药科技成果展览。

9月

▲《中国中医药报》讯：国家中医药管理局12日召开民主党派、归侨及港澳台属座谈会。会议通报了一年来中医药的工作情况，取得的成绩和“八五”期间中医药发展规划，并征求代表们的意见。国家机关党工委统战部部长陈署生同国家中医药管理局副局长兼直属机关党委书记朱杰到会并讲了话，强调各级领导和统战部门要加强统战意识，加强学习，提高业务水平，在建设和防止和平演变过程中结成广泛的统一战线，贯彻落实好长期合作、互相监督、荣辱与共、肝胆相照的十六字方针。

▲《中医药信息报》讯：西南首家中医药专业博物馆“成都中医学院医史博物馆于”23日

正式开馆。展厅共分四个专题陈列：四川医史文物、近现代名医、西南少数民族医药、建国40年四川中医药著作。

▲《中国中医药报》讯：新疆维吾尔医学专科学校在和田市成立，并于25日举行了隆重的成立典礼。该校暂设维医医疗1个专业，办学规模为500人，学制4年。国家中医药管理局副局长诸国本，卫生部原部长张之强、新疆维吾尔自治区卫生厅厅长热合甫·阿巴斯等参加了成立典礼。

10月

▲《中国中医药报》讯：1991年下半年全国中药交流会8日至12日在石家庄市举行。全国各省市药材公司、二级站及部分重点中药厂的1700余人参加了交流会，总成交达五亿元，市场稳中趋活。

▲《中国中医药报》讯：中国中西医结合学会成立10周年学术发展研讨会24日至28日在北京召开。国务委员李铁映为大会题词，卫生部副部长顾英奇、中国科协副主席刘恕、国家中医药管理局副局长朱杰出席了大会并作了重要讲话。中国中西医结合学会经过10年发展，目前拥有2.7万会员，全国30个省、自治区、直辖市均设有中西医结合学会，在134个地、市建立了中西医结合学会，已有急腹症、骨伤科、活血化瘀、急救医学、基础理论等27个专业委员会。

11月

▲《中国中医药报》15讯：经国家中医药管理局质量管理奖咨询诊断组的现场咨询、诊断，并报质量管理奖审定委员会审议批准，哈尔滨中药二厂、佳木斯中药厂、山东东阿阿胶厂、天津中药制药厂、广州中药一厂、上海中药一厂、杭州中药二厂、山东潍坊药材站、山东烟台药材站，九家工商企业被授予1991年国家中医药管理局“质量管理奖企业”称号。

▲《中国中医药报》15日讯：《中药事业报》获得新闻出版署的批准，于1992年元月1日正式公开发行。该报的宗旨、职能是宣传、贯彻党和国家对中药工作的方针、政策，为与中药密切相关的农、科、教、医等领域服务。公开发行后仍为对开四版，每周一出版。

▲《中国中医药学报》讯：中国中医药学会仲景学说专业委员会于21日在北京成立。著名老中医专家刘渡舟当选为主任委员。国家中医药管理局副局长朱杰到会祝贺，并作了讲话。全国人大常委董建华、全国政协委员吕炳奎及在京的名老中医专家和来自全国各地50余名代表参加了大会。

▲《中国中医药报》讯：首批中医管理师资班于30日在北京结业。来自全国各地中医战线从事医、教、研的管理干部23名学员，通过系统学习，结合实地研究，提高了中医管理理论水平。

12月

▲《中国中医药报》20日讯：由国家中医药管理局主办，卫生部、总后卫生部、农工民主党、中国中医药学会、中国中医药报社等单位协办的全国医院中药理论与技术竞赛在北京举行。浙江队、山东队分获团体冠亚军，河南队第三名，北京、湖北、湖南名列四、五、六名。湖北队张南方、北京队李照福、贵州耿维凤、江苏吴旭分别获得理论、鉴别、炮制和调剂竞赛的第一名，浙江队王小仙获个人全能。这是建国以来国家中医药行政部门首次举办的中药大赛。

▲《中国中医药报》讯：29日，北京中医医院以义诊来庆祝建院35岁周年。全院1300多名职工参加了义诊，所得收入全部献给2000年奥运会申请办公室。面积2万多平方米的门诊大楼也于当日正式启用，将缓解北京群众看中医难的矛盾。李鹏、李先念、李锡铭、薄一波、宋任穷等领导人分别题词，赞扬北京中医医院所取得的成就。

二、中医药机构

【1991年全国中医药人员、机构、床位及中医药院校(或系、专业)招生、毕业、在校学生数】

		单位	数字	合计
中医药卫生技术人员	中医师	人	240,818	
	中西医结合高级医师	人	4,892	
	中医士	人	89,097	
	中药师	人	59,067	
	中药剂士	人	73,040	
	中药剂员	人	37,296	
	其他中医	人	32,720	536,930
中医医疗机构	县及县以上中医医院	个	2,108	
	中医学院附属中医院	个	36	
	中西医结合医院	个	27	
	中医门诊部(所)	个	352	
	其他中医院	个	51	2,574
中医药研究机构(中医系统)	研究所一级(独立)	个	57	
中医床位	县及县以上中医医院	张	171,885	
	中医学院附属中医院	张	14,261	
	中西医结合医院	张	6,985	
	中医药研究院(所)	张	1,697	
	中医门诊部(所)	张	577	
	其他中医院	张	2,054	197,459
高等中医药院校和高等医药院校中医药系	高等中医药院校	所	31	
	高等医药院校设中医药系(或专业)	所	15	
	在校学生数	人	35,190	
	1991年招生数	人	8,548	
	1991年毕业数	人	8,255	
中等中医药学校和中等西医卫校中医药专业	中等中医药学校	所	55	
	中等西医卫校设中医药专业	所	—	
	在校学生数	人	20,903	
	1991年招生数	人	6,535	
	1991年毕业数	人	6,624	

【1991年各地区中医药卫生技术人员数】

地　　区	合计	中医师	中西医结合高级医师	中药师	中医士	中药士	其他中医	中药剂员
全国总计	536,930	240,818	4,892	59,067	89,097	73,040	32,720	37,296
北京市	11,712	6,164	926	1,391	1,118	1,548	362	203
天津市	7,571	5,182	34	868	294	694	304	195
河北省	22,713	12,370	510	1,946	3,760	2,634	706	787
山西省	19,181	9,532	396	2,093	3,103	1,669	985	1,403
内蒙古自治区	14,907	6,942	72	1,309	3,298	2,123	485	678
辽宁省	19,652	9,823	175	3,428	1,818	2,831	721	856
吉林省	12,798	6,221	271	1,963	1,519	1,897	325	602
黑龙江省	18,098	9,442	223	2,851	1,865	2,321	534	862
上海市	8,010	5,962	56	377	717	580	63	255
江苏省	21,601	11,687	163	2,742	2,128	2,541	937	1,403
浙江省	19,097	7,379	85	1,613	2,455	3,350	2,344	1,871
安徽省	15,421	7,438	24	2,124	2,415	1,680	951	789
福建省	14,656	5,747	113	1,008	2,557	2,657	1,276	1,298
江西省	20,511	7,922	55	2,386	2,784	3,224	2,207	1,933
山东省	26,142	12,118	71	5,637	3,086	3,787	641	802
河南省	32,964	14,398	118	4,138	5,802	4,873	1,603	2,032
湖北省	34,915	15,522	187	4,861	4,455	6,391	1,591	1,908
湖南省	35,150	13,759	180	5,183	4,291	6,257	1,535	3,945
广东省	35,398	11,243	39	1,196	7,786	6,853	1,258	7,023
广西壮族自治区	13,312	5,763	45	1,095	2,072	1,536	2,258	543
海南省	2,499	881	5	184	307	515	176	431
四川省	66,165	27,515	238	4,817	17,732	6,280	5,469	4,114
贵州省	8,425	3,460	164	1,027	1,484	874	981	435
云南省	11,295	5,607	32	1,061	2,068	851	1,351	325
西藏自治区	1,203	519	9	58	548	33	16	20
陕西省	21,364	9,164	213	1,473	5,315	2,867	1,326	1,006
甘肃省	12,460	4,714	279	831	2,694	985	1,816	1,141
青海省	2,577	1,186	56	216	641	296	79	103

续表

地 区	合计	中医师	中西医结合高级医师	中药师	中医士	中药士	其他中医	中药剂员
宁夏回族自治区	2,268	1,082	43	371	274	362	25	111
新疆维吾尔自治区	4,865	2,076	110	820	711	531	395	222

【1991年全国中医机构、床位、人员数和构成】

	实 有 数			构 成 (%)		
	机构(个)	床位(张)	人员(名)	机构(个)	床位(张)	人员(名)
总计	2,631	197,459	302,914	100.00	100.00	100.00
县及县以上中医院	2,108	171,885	250,151	80.12	87.05	82.58
中医学院附属医院	36	14,261	25,072	1.47	7.22	8.28
中西医结合医院	27	6,985	9,412	1.03	3.54	3.11
其他中医院	51	2,054	2,151	1.94	1.04	0.71
中医门诊部(所)	352	577	7,745	13.38	0.29	2.56
中医药研究院(所)	57	1,697	8,383	2.17	0.86	2.77

【1991年全国中医机构中医药卫生技术人员数】

	单位	合计	中医师	中西医结合高级医师	中药师	中医士	中药士	其他中医	中药剂员
总计	人	96,822	55,285	1,642	11,162	9,117	13,101	1,444	5,071
县及县以上中医院	人	81,550	45,741	990	9,025	8,409	11,624	1,177	4,584
中医学院附属医院	人	7,604	5,255	365	1,037	95	630	53	169
中西医结合医院	人	1,141	609	64	165	76	126	57	44
其他中医院	人	654	335	5	70	78	101	31	34
中医门诊部(所)	人	3,268	1,694	37	292	417	503	111	214
中医药研究院(所)	人	2,605	1,651	181	573	42	117	15	26

【1991年全国中医机构中医药人员数及比重】

	人员总数(人)	其中:			
		中医人员	占人员总数的%	中药人员	占人员总数的%
总计	302,914	65,846	21.74	29,334	9.68
县及县以上中医院	250,151	55,327	22.12	25,233	10.09
中医学院附属医院	25,072	5,403	21.55	1,836	7.32

续表

	人员总数(人)	其中: 中医人员	占人员总数的%	中药人员	占人员总数的%
中西医结合医院	9,412	742	7.88	335	3.56
其他中医院	2,151	444	20.64	205	9.53
中医门诊部(所)	7,745	2,222	28.69	1,009	13.03
中医药研究院(所)	8,383	1,708	20.37	716	8.54

【1991年各地区中医机构、床位数】

地区	合计		县及县以上中医医院		中医学院附属中医院		中西医结合医院		其他中医医院		中医门诊部(所)		中医药研究院(所)	
	机构数	床位数	机构数	床位数	机构数	床位数	机构数	床位数	机构数	床位数	机构数	床位数	机构数	床位数
全国总计	2,631	197,459	2,108	171,885	36	14,261	27	6,985	51	2,054	352	577	57	1,697
北京市	59	3,937	16	2,979	1	503	1	163	7	292	30	—	4	—
天津市	23	3,059	14	1,532	2	1,205	—	—	2	302	4	20	1	—
河北省	149	9,269	114	8,209	1	402	2	601	—	—	30	57	2	—
山西省	138	6,092	109	5,717	1	150	1	200	2	20	22	5	3	—
内蒙古自治区	106	3,901	80	3,733	—	—	—	—	2	30	20	30	4	108
辽宁省	94	12,199	73	10,504	1	830	1	500	—	—	14	50	5	315
吉林省	63	6,326	54	4,734	1	600	4	802	1	30	2	—	1	160
黑龙江省	101	8,779	83	7,580	1	601	3	263	2	35	9	—	3	300
上海市	23	2,396	15	1,491	3	813	—	—	—	—	3	—	2	92
江苏省	85	9,889	75	9,689	—	—	1	70	—	—	7	—	2	130
浙江省	88	6,751	63	5,775	1	500	1	270	4	170	18	36	1	—
安徽省	81	5,005	63	4,424	2	506	—	—	2	53	12	22	2	—
福建省	76	5,922	72	4,978	2	464	1	480	—	—	—	—	1	—
江西省	107	7,424	97	6,414	1	380	2	600	—	—	6	—	1	30
山东省	124	10,193	116	9,789	1	404	—	—	—	—	5	—	2	—
河南省	148	13,438	141	12,458	2	750	1	106	—	—	3	—	1	124
湖北省	87	9,171	77	7,639	1	750	1	670	3	112	3	—	2	—
湖南省	117	15,223	108	13,615	2	907	1	351	2	50	3	—	1	300
广东省	119	9,541	94	8,332	3	1,069	1	60	1	60	19	20	1	—
广西壮族自治区	83	5,619	65	4,607	2	875	1	133	—	—	14	4	1	—

续表

地区	合计		县及县以上中医医院		中医学院附属中医院		中西医结合医院		其他中医医院		中医门诊部(所)		中医药研究院(所)	
	机构数	床位数	机构数	床位数	机构数	床位数	机构数	床位数	机构数	床位数	机构数	床位数	机构数	床位数
海南省	13	754	9	674	1	80	—	—	—	—	2	—	1	—
四川省	241	19,097	189	16,366	2	791	4	1,440	7	232	31	208	8	60
贵州省	62	3,523	57	2,943	2	580	—	—	—	—	2	—	1	—
云南省	115	4,918	76	3,871	1	455	1	276	8	262	26	24	3	30
西藏自治区	15	430	14	430	—	—	—	—	—	—	1	—	—	—
陕西省	118	6,331	86	5,721	1	300	—	—	5	310	25	—	1	—
甘肃省	76	3,273	65	3,177	—	—	—	—	3	96	7	—	1	—
青海省	39	1,485	35	1,485	—	—	—	—	—	—	4	—	—	—
宁夏回族自治区	18	765	12	765	—	—	—	—	—	—	6	—	—	—
新疆维吾尔自治区	63	2,749	36	2,254	1	346	—	—	—	—	24	101	2	48

【1991年全国民族医医院机构、床位、人员情况】

机构分类名称	机构数(个)	床位数(张)	人员数(人)	卫生技术人员数(人)	其中:									
					民族医师士	中医师士	西医师士	民族药师士	中药师士	西药师士	无职称民族医	民族药剂员	中药剂员	西药剂员
合计	134	5,460	8,194	6,095	1,733	605	588	424	292	115	46	106	57	16
蒙医医院	39	1,355	2,299	1,708	660	54	141	209	35	36	11	38	—	2
藏医医院	46	1,181	1,704	1,217	620	37	113	84	2	16	25	24	—	1
维医医院	19	982	1,151	826	257	12	34	90	54	4	6	38	8	3
傣医医院	1	45	92	66	12	8	11	4	3	3	—	—	—	—
其他民族医院	29	1,897	2,948	2,278	187	494	289	37	198	56	4	6	49	10

【1991年各地区民族自治地方卫生机构中医、民族医人员情况】

地 区	专业卫生人员总数	其中:少数民族	中医	其中:少数民族	民族医	其中:			
						蒙医	藏医	维医	傣医
总计	621,172	178,890	42,922	11,689					
河北	3,017	815	358	89					
内蒙古	123,935	27,045	10,725	1,003					
辽宁	12,846	4,750	939	409					
吉林	23,751	11,651	1,045	315					
黑龙江	854	135	75	26					

续表

地　区	专业卫生人员总数	其中：少数民族	中医	其中：少数民族	民族医	其中：蒙医	藏医	维医	傣医
浙江	518	15	91	—					
湖北	14,704	6,835	2,755	1,744					
湖南	8,865	3,635	749	366					
广东	1,453	252	104	18					
广西	137,363	36,971	10,093	2,109					
海南	12,630	1,731	413	92					
四川	28,393	7,782	2,748	1,030					
贵州	34,819	12,406	1,388	494					
云南	58,216	16,338	3,753	1,178					
西藏	9,740	7,727	1,083	1,025					
甘肃	7,102	1,804	981	164					
青海	12,599	3,576	1,059	516					
宁夏	24,971	2,563	1,381	147					
新疆	105,396	32,859	3,182	994					

【1991年各地区民族医医院机构、床位、人员情况】

地　区	机构数(个)	床位数(张)	人员数(人)	卫生技术人员数(人)	其中：民族医师士	中医师士	西医师士	中西医结合高级医师	民族药师士	中药师士	西药师士	无职称民族医	其他中医	民族药剂员	中药剂员	西药剂员
全国总计	134	5,460	8,194	6,095	1,736	605	588	46	424	292	115	46	24	106	57	16
内蒙古自治区																
蒙医医院	33	1,010	1,762	1,341	582	15	92	—	171	6	24	8	—	29	—	2
其他民族医医院	21	1,541	2,451	1,902	161	416	215	13	37	167	51	4	8	6	43	8
辽宁省																
蒙医医院	2	170	299	192	38	30	17	—	21	27	3	—	—	8	—	—
黑龙江省																
蒙医医院	1	55	85	61	—	6	28	—	—	2	5	—	—	—	—	—
湖北省																
其他民族医医院	1	120	175	142	—	40	19	4	—	20	1	—	1	—	2	—
广西壮族自治区																
其他民族医医院	5	176	206	165	—	33	45	—	—	9	4	—	—	—	—	2

续表

地区	机构数(个)	床位数(张)	人员数(人)	卫生技术人员数(人)	其中：民族医师士	中医师士	西医师士	中西医结合高级医师	民族药师士	中药师士	西药师士	无职称民族医	其他中医	民族药剂员	中药剂员	西药剂员
四川省																
藏医医院	2	80	82	49	34	5	5	—	—	—	—	—	—	—	—	—
云南省																
藏医医院	1	10	15	10	—	9	—	—	—	—	—	—	1	—	—	—
傣医医院	1	45	92	66	12	8	11	—	4	3	3	—	—	—	—	—
西藏自治区																
藏医医院	14	430	825	560	297	—	51	7	47	—	7	5	—	16	—	—
甘肃省																
藏医医院	7	77	154	138	95	—	14	1	4	—	1	—	—	2	—	—
其他民族医医院	1	20	57	35	26	—	1	—	—	2	—	—	—	—	—	—
青海省																
蒙医医院	1	30	46	36	11	—	1	—	5	—	2	3			—	—
藏医医院	22	584	628	460	194	23	43	1	33	2	8	20	7	6	—	1
新疆维吾尔自治区																
蒙医医院	2	90	107	78	29	3	3	—	12	—	2	—	—	1	—	—
维医医院	19	982	1,151	826	257	12	34	19	90	54	4	6	7	38	8	3
其他民族医医院	1	40	59	34	—	5	9	1	—	—	—	—	—	—	4	—

【1991年全国卫生部门县及县以上中医医院按隶属关系机构、床位、人员数及平均每院床位、人员数】

	机构数(个)	床位数(张)	人员数(人)	平均每院床位数(张)	平均每院人员数(人)
合计	1,937	159,027	232,214	82.1	119.9
国家中医药管理局属	2	1,027	1,997	513.5	998.5
省、自治区、直辖市属	18	4,825	8,188	268.1	454.9
直辖市区、省辖市、地区(自治州盟)属	266	42,888	64,519	161.2	242.6
省辖市区、地辖市属	306	29,785	43,152	97.3	141.0
县(旗)属	1,345	80,502	114,358	59.9	85.0

【1991年各地区平均每万人口中医医院床位数和中医人数*】

地区	中医医院床位数	中医	中医师、士
全国总计	1.7	3.2	2.9
北京	3.8	7.3	7.0
天津	3.5	6.6	6.2
河北	1.5	2.7	2.6
山西	2.1	4.7	4.4
内蒙古	1.7	5.0	4.7
辽宁	3.0	3.1	3.0
吉林	2.5	3.3	3.1
黑龙江	2.4	3.4	3.2
上海	1.8	5.2	5.2
江苏	1.4	2.2	2.1
浙江	1.6	2.9	2.3
安徽	0.9	1.9	1.7
福建	1.9	3.2	2.7
江西	1.9	3.4	2.8
山东	1.2	1.9	1.8
河南	1.5	2.5	2.3
湖北	1.7	4.0	3.7
湖南	2.4	3.2	2.9
广东	1.5	3.2	3.0
广西	1.3	2.4	1.8
海南	1.1	2.1	1.8
四川	1.7	4.6	4.2
贵州	1.1	1.8	1.5
云南	1.3	2.4	2.1
西藏	1.9	4.9	4.8
陕西	1.9	4.8	4.4
甘肃	1.4	4.1	3.3
青海	3.4	4.3	4.2
宁夏	1.6	3.0	2.9
新疆	1.7	2.1	1.8

* 中医和中医师、士人数均包括中西医结合高级医师

【1991年全国主任、副主任、主治医师人数及比重】

	单位	主任			副主任			主治		
		合计	中医师	西医师	合计	中医师	西医师	合计	中医师	西医师
全国	人	10,187	1,123	9,064	79,002	8,240	70,762	452,961	77,204	375,757
中西医比重	%	100.00	11.02	88.98	100.00	10.43	89.57	100.00	17.04	82.96
卫生部门	人	6,742	597	6,145	52,647	5,527	47,120	255,836	43,377	212,459
中西医比重	%	100.00	8.85	91.15	100.00	10.43	89.57	100.00	16.96	83.04
医院	人	5,060	471	4,589	41,873	4,602	37,271	196,784	37,364	159,420
中西医比重	%	100.00	9.30	90.70	100.00	10.99	89.01	100.00	18.99	81.01

【1991年全国主任、副主任、主管药师人数及比重】

	单位	主任			副主任			主管		
		合计	中药师	西药师	合计	中药师	西药师	合计	中药师	西药师
全国	人	420	81	339	3,886	628	3,258	39,645	12,496	27,149
中西药师比重	%	100.00	19.29	80.71	100.00	16.16	83.34	100.00	31.52	68.48
卫生部门	人	294	32	252	2,793	424	2,369	25,758	8,571	17,187
中西药师比重	%	100.00	14.29	85.71	100.00	15.20	84.80	100.00	33.28	66.72
医院	人	94	10	84	1,505	218	1,287	19,937	6,690	13,249
中西药师比重	%	100.00	10.64	89.36	100.00	14.49	85.51	100.00	33.55	66.45

【1991年全国县及县以上医院床位与人员之比】

	每张床位与总人员之比	占人员总数比重(%)			占卫生技术人员比重(%)					每名医生与护理人员之比	每名护理员与护师、士之比
		卫技人员	管理人员	工勤人员	医生	护理人员	药剂人员	检验人员	其他卫技人员		
中医医院	1:1.46	80.3	8.9	10.1	42.6	29.6	17.32	3.88	6.59	1:0.7	1:9.78
综合医院	1:1.38	77.2	8.2	13.7	37.7	42.1	9.67	4.67	5.94	1:1.1	1:9.02

【中医医疗机构】

中国中医研究院西苑医院

地址：北京市海淀区西苑　电话：2553495 邮政编码：100091

院长：房定亚

职工 981 人。卫技人员中，中医 169 人，其中主任医师 15 人、副主任医师 11 人、主治医师 69 人、住院医师 74 人；中西医结合 86 人，其中主任医师 30 人、副主任医师21人、主治医师 33 人、住院医师 2 人；西医31人，其中主任医师 2 人、副主任医师 6 人、主治医师 18 人、住院医师 5 人；中药 52 人，其中主管中药师 12 人、中药师 26 人、中药士 14 人。

床位总数为 525 张。其中内肾科 33 张，妇科 39 张，外科 45 张，儿科 39 张，呼吸科 45 张，老年病 36 张，心血管 45 张，血液科 36 张，神经科 36 张，消化科 42 张，外宾科 18 张，针灸科 18 张，气功科 24 张，急诊科 15 张，骨科 21 张，监护区 8 张，高干区25张。

中国中医研究院广安门医院

地址：北京市宣武区广内北线阁 5 号　电话：3013311　邮政编码：100053

院长：阎孝诚

职工 1,028 人。卫技人员中，中医 198 人，其中主任医师 6 人、副主任医师 26 人、主治医师 78 人、住院医师 85 人、中医士 3 人；中西医结合 111 人，其中主任医师 22 人、副主任医师 37 人、主治医师 43 人、住院医师 9 人；西医 44 人，其中主任医师 3 人、副主任医师 10 人、主治医师 20 人、住院医师 11 人；中药 65 人，其中副主任中药师 1 人、主管中药师 7 人、中药师 24 人、中药士 33 人。

床位总数为 480 张。其中内科 117 张，肿瘤科 87 张，针灸科 45 张，外科 42 张，肛肠科 41 张，骨科 40 张，妇科 37 张，眼科35

张，泌尿科 20 张，皮肤科 16 张。

北京中医学院东直门医院

地址：北京市东城区海运仓 5 号　电话：4018855　邮政编码：100700

院长：杜怀棠

职工 1,100 人。卫技人员中，中医 331 人，其中主任医师 27 人、副主任医师 50 人、主治医师 177 人、住院医师 77 人；中西医结合 53 人，其中主任医师 13 人、副主任医师 11 人、主治医师 26 人、住院医师 3 人；西医 16 人，其中副主任医师 1 人、主治医师 5 人、住院医师 10 人；中药 99 人，其中副主任中药师 4 人、主管中药师 24 人、中药师 31 人、中药 40 人。

床位总数为 503 张。其中内科 181 张，外科 82 张，骨科 38 张，妇科 37 张，儿科 30 张，肿瘤科 25 张，乳腺科 30 张，按摩科 16 张，眼科 11 张，耳鼻喉科 10 张，口腔科 10 张，针灸科 31 张。

北京中医医院

地址：北京市美术馆后街 23 号　电话：4016677　邮政编码：100010

院长：李乾构

职工 1,335 人。卫技人员中，中医 279 人，其中主任医师 16 人、副主任医师 37 人、主治医师 85 人、住院医师 139 人、中医士 2 人；中西医结合 65 人，其中主任医师 16 人、副主任医师 28 人、主治医师 19 人、住院医师 2 人；西医 56 人，其中主任医师 1 人、副主任医师 11 人、主治医师 23 人、住院医师 20 人、医士 1 人；中药 109 人，其中副主任中药师 7 人、主管中药师 20 人、中药师 35 人、中药士 47 人。

床位总数为 505 张。其中外科 78 张，内科 114 张，肿瘤 41 张，针灸 39 张，骨科 40 张，肛肠科 38 张，儿科 36 张，皮肤科 38 张，妇科 30 张，综合(高干) 26 张，急诊观察室 25 张。

北京市地区级中医医院情况

全称	所有制	床位数(张)	职工总人数	中医药人数	西学中人数	西医药人数	中医临床科室数	详细地址	邮政编码
宣武区中医院	全民	272	594	126	15	70	15	北京市宣武区万明路8号	100050
崇文区中医院	全民	34	204	58	4	18	7	北京市崇文区西兴隆街1号	100062
东城区鼓楼中医院	全民	100	384	101	3	28	12	北京市东城区豆腐池胡同13号	100009
西城区护国寺中医院	全民	200	490	111	23	55	14	北京市西城区棉花胡同83号	100035
海淀区清河中医院	全民	20	106	24	1	27	1	北京市清河镇 2 街72号	100085
石景山区中医院	全民	80	142	42	2	35	9	北京市石景山区北辛安	100042
门头沟区中医院	集体	100	226	48		25	11	北京市门头沟新桥南大街1号	102300
房山区中医院	集体	247	340	46		60	19	北京市房山区保健路2号	102400

北京市县级中医医院情况

所有制	医院数(个)	床位总数(张)	职工总数(人)	其中		
				中医药人数	西学中人数	西医药人数
全民所有制县中医医院	5	367	610	160		93
集体所有制县中医医院						
合　计	5	367	610	160		93

天津市中医医院

地址：天津市河北区中山路125号　电话：662431　邮政编码：300140

院长：刘大功

职工622人。卫技人员中，中医248人，其中主任医师3人、副主任医师12人、主治医师30人、住院医师193人、中医士10人；中西医结合10人，其中副主任医师4人、主治医师6人；西医13人，其中副主任医师1人、主治医师3人、住院医师8人、医士1人；中药64人，其中主管中药师7人、中药师15人、中药士42人。

床位总数为230张。其中内科55张，骨外科56张，针灸科44张，肾病科26张，脑内科24张，眼科25张。

天津市区级中医医院情况

全称	所有制	床位数(张)	职工总人数	中医药人数	西学中人数	西医药人数	中医临床科室数	详细地址	邮政编码
和平区中医院	全民	100	202	50		43	5	天津市和平区贵州路43号	300051
南开区中医院	全民	150	218	60		37	8	天津市南开区四马路卿云里16号	300102
红桥区中医院	全民	100	150	45		6	13	天津市红桥区西街庄城坊里大街35号	300132
河西区中医院	全民	120	219	60		37	13	天津市河西区南楼五号路6号	300201
汉沽区中医院	全民	80	88	27		14	7	天津市汉沽区太平街	300480
北郊区中医院	全民	120	86	14		10	7	天津市北郊区三百万集贤道口	300400
河东区中医院	全民	100	216	57		37	10	天津市河东区张贵庄路35号	300160
东郊区中医院	全民	100	97	21		6	7	天津市东郊区张贵庄跃进路24号	300300
西郊区中医院	全民	100	131	10		40	5	天津市西郊区杨柳青镇十五街建设路35号	300380

天津市县级中医医院情况

所有制	医院数(个)	床位总数(张)	职工总数(人)	其中		
				中医药人数	西学中人数	西医药人数
全民所有制县中医医院	4	307	960	114		98
集体所有制县中医医院						
合　计	4	307	960	114		98

河北中医学院附属医院

河北省地市级中医医院情况

全　称	所有制	床位数(张)	职工总人数	中医药人数	西学中人数	西医药人数	中医临床科室数	详细地址	邮政编码
沧州市中西医结合医院	全民	351	485	27	11	113	3	河北省沧州市南环西路23号	061001
石家庄市中医院	全民	320	473	120	13	3	16	河北省石家庄市中山中路47号	050011
邯郸市中医院	全民	300	464	102		32		河北省邯郸市和平路311号	056001
秦皇岛市中医院	全民	151	200	73	4	12	13	河北省秦皇岛市海洋路65号	066000
保定市中医院	全民	70	114	31		9	11	河北省保定市联盟中路2号	071000
承德市中医院	全民	100	206	60	1	13	11	河北省承德市西大街152号	067000
张家口市中医研究院附属医院	全民	310	345	62		33	17	河北省张家口市桥东区东河沿56号	075000
衡水地区中医院	全民	60	75	25	1	5	6	河北省衡水市胜利西路	053000
沧州地区中医院	全民	100	134	40	5	1		河北省沧州市运河区	061001
石家庄地区老年病医院	全民	30	50	8	1	17	1	河北省石家庄市桥西工农路77号	050051
廊坊市中医院	全民	168	201	39	3	27	11	河北省廊坊市廊北路	102800
沧州市中医门诊部	全民		76	22	1	9		河北省沧州市新华中路139号	061001
邢台市中医院	全民	122	185	43	10	14	9	河北省邢台市东门里街42号	054001
唐山市中医院	全民	215	320	22	52	8	12	河北省唐山市新华道北侧	063000

地址：河北省石家庄市长安西路3号

电话：48185 邮政编码：050011

院长：李恩复

职工558人。卫技人员中，中医108人，其中副主任医师6人、主治医师41人、住院医师60人、中医士1人；西医49人，其中副主任医师14人、主治医师29人、住院医师5人、医士1人；中药35人，其中主管中药师2人、中药师7人、中药士26人。

床位总数为402张。其中内科156张，针灸科51张，妇科38张，骨伤科37张，外科30张，儿科30张，肛肠科42张，眼科9张，耳鼻喉科9张。

河北省县级中医医院情况

所有制	医院数（个）	床位总数（张）	职工总数（人）	其中		
				中医药人数	西学中人数	西医药人数
全民所有制县中医医院	134	5909	8335	3502	33	651
集体所有制县中医医院						
合计	134	5909	8335	3502	33	651

山西省中医研究所附属医院

地址：山西省太原市并州西街14号

电话：223577 邮政编码：030012

院长：曹家骥

职工414人。卫技人员中，中医96人，其中主任医师1人、副主任医师8人、主治医师25人、住院医师49人、中医士13人；中西医结合45人，其中主任医师2人、副主任医师25人、主治医师17人、住院医师1人；西医15人，其中主任医师1人、副主任医师3人、主治医师5人、住院医师4人、医士2人；中药45人，其中主管中药师15人、中药师17人、中药士13人。

床位总数为308张。其中消化血液科50张，内分泌科12张，外科56张，妇科31张，心肺科38人，老干部科36张，肾病科32张，肛肠、皮肤科13张，五官科6张，针灸科20张，神经科14张。

内蒙古自治区中蒙医院

地址：内蒙古自治区呼和浩特市健康街2号 电话：26231 邮政编码：010020

院长；伊光瑞

职工644人。卫技人员中，中医112人，其中副主任医师14人、主治医师36人、住院医师50人、中医士12人；蒙医57人，其中副主任医师5人、主治医师35人、住院医师15人、蒙医士2人；中西医结合13人，其中副主任医师6人、主治医师7人；西医10人，其中副主任医师2人、主治医师6人、住院医师2人；中药40人，其中副主任中药师2人、主管中药师13人、中药师17人、中药士8人。

末位总数为352张。其中中医204张，蒙医148张。

辽宁中医学院附属医院

地址：辽宁省沈阳市皇姑区北陵大街33号 电话：463257 邮政编码：110032

院长：袁家麟

职工1,327人。卫技人员中，中医302人，其中主任医师10人、副主任医师31人、主治医师125人、住院医师136人；中西医结合48人，其中主任医师8人、副主任医师20人、主治医师14人、住院医师6人；西医30人，其中副主任医师6人、主治医师11

人、住院医师 13 人、医士 1 人；中药 80 人，其中主任中药师 2 人、主管中药师 13 人、中药师 48 人、中药士 17 人。

床位总数为 830 张。其中儿科 30 张，妇科 48 张，骨科 108 张，外科 88 张，口腔科 10 张，耳科 10 张，肛肠科 50 张，皮肤科25 张，眼科 40 张，内科 245 张，急症 46 张，针灸科 100 张，干部科 30 张。

辽宁省地市级中医医院情况

全 称	所有制	床位数(张)	职工总人数	中医药人数	西学中人数	西医药人数	中医临床科室数	详细地址	邮政编码
沈阳市中医院	全民	350	381	176	1	39	9	辽宁省沈阳市和平区三好街23号	110003
大连市中医院	全民	400	586	232	1	38	21	辽宁省大连市中心区解放路321号	116013
鞍山市中医院	全民	150	235	65		29	15	辽宁省鞍山市洪东区湖南小区	114013
抚顺市中医院	全民	450	742	152	3	115	8	辽宁省抚顺市新抚区站前街东六路	113008
本溪市中医院	全民	350	390	114	6	9	25	辽宁省本溪市市府路	117000
丹东市中医院	全民	500	509	138	23	75	14	辽宁省丹东市锦山大街95号	118000
营口市中医院	全民	301	431	110	4	58	12	辽宁省营口市站前永清里10号	115000
锦州市中医院	全民	252	280	84		22	9	辽宁省锦州市太和区凌南街	121000
阜新市中医院	全民	252	346	117	2	28	15	辽宁省阜新市新华街115号	123000
辽阳市中医院	全民	330	453	134	4	30	22	辽宁省辽阳市文圣区东六街40号	111000
铁岭市中医院	全民	240	245	58	3	5	13	辽宁省铁岭市银州区工人街40号	112000
朝阳市中医院	全民	200	144	44		57	12	辽宁省朝阳市双塔区沈承大街	122000
盘锦市中医院	全民	250	186	46		38	12	辽宁省盘锦市双台子区新风街	124000
辽宁省中医研究院附属医院	全民	320	620	195	16	105	26	辽宁省沈阳市皇姑区黄河北大街60号	110031

辽宁省县级中医医院情况

所 有 制	医院数(个)	床位总数(张)	职工总数(人)	其中		
				中医药人数	西学中人数	西医药人数
全民所有制县中医医院	53	5780	7298	1667	45	1037
集体所有制县中医医院	8	980	892	211	8	119
合 计	61	6760	8190	1878	53	1156

长春中医学院附属医院

地址：吉林省长春市工农大路14号

电话：56941　邮政编码：130021

院长：刘冠军

职工723人。卫技人员中，中医276人，其中主任医师14人、副主任医师50人、主治医师93人、住院医师113人、中医士6人；中西医结合45人，其中主任医师4人、副主任医师15人、主治医师22人、住院医师4人；西医25人，其中副主任医师6人、主治医师10人、住院医师5人、医士4人；中药55人，其中主管中药师12人、中药师15人、中药士28人。

床位总数为600张。其中内科176张，外科88张，骨科88张，妇科44张，儿科44张，针灸科44张，眼科44张，干部病房28张。

吉林省中医中药研究院附属医院

地址：吉林省长春市工农大路17号

电话：52241　邮政编码：130021

院长：于作盈

职工142人。卫技人员中，中医72人，其中主任医师1人、副主任医师18人、主治医师53人、住院医师77人；中西医结合5

吉林省地市级中医医院情况

全称	所有制	床位数(张)	职工总人数	中医药人数	西医中人数	西医药人数	中医临床科室数	详细地址	邮政编码
长春市中医院	全民	405	645	180			12	吉林省长春市曙光路17号	130022
吉林市中医院	全民	160	245	167			13	吉林省吉林市德胜路	132011
四平市中医院	全民	185	150	80			8	吉林省四平市铁路东区三马路18号	136001
通化市中医院	全民	210	247	118			11	吉林省通化市新华大街118号	134001
浑江市中医院	全民	54	115	89			8	吉林省浑江市浑江大街273号	134300
辽源市中医院	全民	125	180	50			10	吉林省辽源市德康路65号	136200
白城市中医院	全民	257	351	110			15	吉林省白城市青年街16号	137001
延吉市中医院	全民	100	195	68			17	吉林省延吉市友谊路15号	133000
吉林市吉林中西医结合医院	全民							吉林省吉林市西安路	132012
浑江市中医院	全民	60	120	90			8	吉林省浑江市浑江大街	134300

吉林省县级中医医院情况

所有制	医院数(个)	床位总数(张)	职工总数(人)	其中		
				中医药人数	西学中人数	西医药人数
全民所有制县中医医院	41	3750	6470	1960		729
集体所有制县中医医院	13	922	2105	598		275
合计	54	4672	8575	2558		1004

人，其中主任医师2人、副主任医师1人、主治医师2人；西医10人，其中主治医师4人、住院医师6人；中药18人，其中主任中药师1人、副主任中药师2人、主管中药师1人、中药师11人、中药士3人。

床位总数为160张。其中内科62张，骨科31张，外科27张，老年病科40张。

黑龙江中医学院附属医院

地址：黑龙江省哈尔滨市动力区和平路16号　电话：221401　邮政编码：150040

院长：于耀才

职工1,069人。卫技人员中，中医238人，其中主任医师2人、副主任医师22人、主治医师72人、住院医师142人；中西医结合69人，其中主任医师6人、副主任医师25人、主治医师38人；西医49人，其中主任医师1人、副主任医师4人、主治医师18人、住院医师23人、医士3人；中药94人，

黑龙江省地市级中医医院情况

全　　称	所有制	床位数(张)	职工总人数	中医药人数	西学中人数	西医药人数	中医临床科室数	详细地址	邮政编码
黑龙江省中医研究院附属医院	全民	300	547	224	16	38	20	黑龙江省哈尔滨市香坊区三辅街72号	150036
哈尔滨市中医院	全民	300	491	147	32		16	黑龙江省哈尔滨市道里区中医街19号	150036
齐齐哈尔市中医院	全民	300	491	105	3	63	18	黑龙江省齐齐哈尔市铁丰区铁华路平安阳街36号	161000
牡丹市中医院	全民	330	349	84	2	26	13	黑龙江省牡丹市西长安街	157000
佳木斯中医院	全民	370	489	101	25	59	10	黑龙江省佳木斯市中山路北段	154000
鸡内市中医院	全民	200	264	90	1	22	11	黑龙江省鸡内市中心大街72号	158100
鹤岗市中医院	全民	120	182	48	4	24	15	黑龙江省鹤岗市向阳区红军街	154100
双鸭山市中医院	全民	100	140	50	2	18		黑龙江省双鸭山市东山区新兴大街	155100
大庆市中医院	全民	320	604	117	25	70	12	黑龙江市大庆市友谊大街35号	163000
伊春市中医院	全民	100	123	50	3	51	9	黑龙江省伊春市繁荣路普新街	153000
七台河市中医院	全民	100	142	41	16	22		黑龙江省七台河市新兴区	154600

黑龙江省县级中医医院情况

所有制	医院数(个)	床位总数(张)	职工总数(人)	其中		
				中医药人数	西学中人数	西医药人数
全民所有制县中医医院	68	4522	6952	2483	25	1519
集体所有制县中医医院						
合　　计	68	4522	6952	2483	25	1519

其中副主任中药师3人、主管中药师25人、中药师23人、中药士43人。

床位总数为657张。其中内科264张，外科60张，骨科100张，针灸科110张，肛肠科30张，肿瘤科20张，妇科50张，儿科23张。

上海中医学院附属龙华医院

地址：上海市徐汇区宛平南路750号 电话：4385700 邮政编码：200032

院长：吴银根

职工882人。卫技人员中，中医172人，其中主任医师5人、副主任医师19人、主治医师75人、住院医师73人；中西医结合17人、其中主任医师6人、副主任医师11人；西医48人，其中主任医师4人、副主任医师8人、主治医师18人、住院医师18人；中药37人，其中主管中药师1人、中药师9人、中药士27人。

床位总数为700张。

上海中医学院附属曙光医院

地址：上海市普安路185号 电话：3261650 邮政编码：200021

院长：石印玉

职工1,111人。卫技人员中，中医234人，其中主任医师7人、副主任医师22人、主治医师60人、住院医师145人；中西医结合11人，其中主任医师2人、副主任医师5人、主治医师4人；西医77人，其中主任医师6人、副主任医师23人、主治医师24人、住院医师22人、医士2人；中药65人，其中主管中药师10人、中药师24人、中药士13人。

床位总数为600张。

上海中医学院附属岳阳医院

地址：上海市岳阳路45号 电话：4374450 邮政编码：200031

院长：严隽陶

职工652人。卫技人员中，中医149人，其中主任医师3人、副主任医师16人、主治医师58人、住院医师71人、中医士1人；中西医结合5人，其中主任医师3人；副主任医师2人；西医46人，其中主任医师3人、副主任医师5人、主治医师15人、住院医师23人；中药28人，其中主管中药师7人、中药师14人、中药士7人。

床位总数为200张。其中伤科40张，外科27张，痔科21张，妇科11张，内科49张，泌尿科10张，推拿科23张，针灸科12张。

上海市中医医院

地址：上海市眉州路34号 电话：5190810 邮政编码：200090

院长：朱德馨

职工454人。卫技人员中，中医138人，其中主任医师3人、副主任医师17人、主治医师29人、住院医师85人、中医士4人；中西医结合8人，其中主任医师1人、副主任医师3人、主治医师3人、住院医师1人；西医19人，其中主任医师1人、副主任医师2人、主治医师5人、住院医师9人、医士2人；中药31人，其中主管中药师6人、中药师7人、中药士18人。

床位总数为103张。其中内科27张，外科24张，伤科18张，肿瘤科20张，妇科4张，老年病科4张。

上海市中医门诊部

地址：上海市石门一路67弄1号 电话：3280112 邮政编码：200041

主任：曹家骏

职工214人。卫技人员中，中医77人，其中主任医师1人、副主任医师9人、主治医师32人、住院医师29人、中医士6人；中西医结合2人，均为副主任医师2人；西医14人，其中主治医师5人、住院医师6人、医士3人；中药20人，其中主管中药师2人、中药师4人、中药士14人。

上海市区级中医医院情况

全称	所有制	床位数(张)	职工总人数	中医药人数	西学中人数	西医药人数	中医临床科室数	详细地址	邮政编码
南市区中医院	全民	102	289	49		64	8	上海市方浜中路59号	200010
香山中医院	全民	102	233	99	1	14	10	上海市香山路28号	200020
天山中医院	全民	213	316	56		81	9	上海市娄山关路天山四村	200051
闸北区中医院	全民	50	146	28		32	8	上海市共和新路1700弄75号	200072
宝山区中医院	全民	30	72	42		1	8	上海市友谊支路301号	201900
东海中医院	全民	60	96	47		6	9	上海市锦州路300号	200900
普陀区中医院	集体	120	224	34		62	8	上海市甘泉三村93号	200060
黄浦区中医院	全民	118	289	105	2	21	10	上海市北京西路130号	200003

上海市县级中医医院情况

所有制	医院数(个)	床位总数(张)	职工总数(人)	其中		
				中医药人数	西学中人数	西医药人数
全民所有制县中医医院	2	90	164	72	1	67
集体所有制县中医医院	4	453	903	240	3	207
合计	6	543	1067	312	4	274

江苏省中医院

地址：江苏省南京市汉中路155号 电话：648555 邮政编码：210029

院长：唐蜀华

职工1,047人，卫技人员中，中医267人，其中主任医师16人、副主任医师30人、主治医师78人、住院医师141人、中医士2人；中西医结合27人，其中主任医师1人、副主任医师14人、主治医师10人、住院医师2人；西医20人，其中主任医师1人、副主任医师5人、主治医师8人、住院医师6人；中药97人，其中副主任中药师5人、主管中药师13人、中药师54人、中药士25人。

床位总数为616张。其中内科223张，外科90张，妇科39张，儿科24张，推拿科21张，针灸科44张，骨伤科62张，肛肠科50张，耳鼻喉科21张，眼科18张，急诊科24张。

南京中医学院附属针灸推拿医院

地址：江苏省南京市南湖沿河一村50号 电话：626726 202779 邮政编码：210017

职工98人。卫技人员中，中医37人，其中副主任医师1人、主治医师8人、住院医师26人、中医士2人；中西医结合2人，其中副主任医师1人、主治医师1人；西医10人，其中副主任医师2人、主治医师8人；中药7人，其中中药师4人、中药士3人。

江苏省地市级中医医院情况

全称	所有制	床位数(张)	职工总人数	中医药人数	西学中人数	西医药人数	中医临床科室数	详细地址	邮政编码
南京市中医院	全民	340	628	161	5	42	15	江苏省南京市金陵路1号	210001
镇江市中医院	全民	200	267	61	1	24	15	江苏省镇江市运河路105号	212002
常州市中医院	全民	310	482	118	9	35	13	江苏省常州市和平南路156号	213003
无锡市中医院	全民	210	357	110	2	10	17	江苏省无锡市后西溪33号	214001
苏州市中医院	全民	310	522	137	5	32	13	江苏省苏州市景德路314号	215003
南通市中医院	全民	160	308	80	4	29	10	江苏省南通市建设路14号	226001
杨州市中医院	全民	120	213	69	2	12	14	江苏省杨州市石塔西路91号	225002
盐城市中医院	全民	320	328	80		23	13	江苏省盐城市人民中路53号	224002
连云港中医院	全民	120	163	45		7	12	江苏省连云港市新浦朝阳路	222004
淮阴市中医院	全民	100	144	50	2	18	16	江苏省淮阴市和平路3号	223002
徐州市中医院	全民	250	363	98	1	13	13	江苏省徐州市石磊巷1号	221009

江苏省县级中医医院情况

所有制	医院数(个)	床位总数(张)	职工总数(人)	其中		
				中医药人数	西学中人数	西医药人数
全民所有制县中医医院	53	5426	7801	1405		1328
集体所有制县中医医院	8	952	1481	307		250
合计	61	6378	9282	1712		1578

床位总数为 80 张。

浙江省中医院

地址：浙江省杭州市邮电路54号 电话：768001 邮政编码：310006

院长：肖鲁伟

职工 928 人。卫技人员中，中医 162 人，其中主任医师 2 人、副主任医师 17 人、主治医师 65 人、住院医师 77 人、中医士 1 人；西医 168 人，其中主任医师 10 人、副主任医师 29 人、主治医师 59 人、住院医师 69 人、医士 11 人；中药 56 人，其中副主任中药师 1 人、主管中药师 6 人、中药师 21 人、中药士 29 人。

床位总数为 500 张。其中中医内科 151 张，妇科 15 张，儿科 25 张，伤科 40 张，针灸科 11 张，推拿科 12 张，眼科 5 张，五官 7 张，皮肤科 3 张，痔瘘科 15 张，气功科10 张；西医内科 78 张，外科 88 张，妇科 5 张，儿科 7 张，眼科 9 张，五官科 7 张，皮肤科 4 张，口腔科 7 张。

浙江省地市级中医医院情况

全称	所有制	床位数(张)	职工总人数	中医药人数	西学中人数	西医药人数	中医临床科室数	详细地址	邮政编码
杭州市中医院	全民	402	722	178	5	114	11	浙江省杭州市环城西路59号	310006
宁波市中医院	全民	180	267	113	2	16	12	浙江省宁波市孝闻巷64号	315000
温州市中医院	全民	200	223	81		29	7	浙江省温州市大士门	325000
湖州市中医院	全民	200	289	106		36	12	浙江省湖州市南街	313000
嘉兴市中医院	全民	200	278	86		54	10	浙江省嘉兴市中山西路	314000
绍兴市中医院	全民	200	223	69	1	32	8	浙江省绍兴市上大路179号	312000
金华市中医院	全民	300	473	113	6	76	11	浙江省金华市双淡西路	321000
巨州市中医院	全民		55	25		13	8	浙江省巨州市上街122号	324000

浙江省县级中医医院情况

所有制	医院数(个)	床位总数(张)	职工总数(人)	其中		
				中医药人数	西学中人数	西医药人数
全民所有制县中医医院	74	3784	7444	2172	35	1466
集体所有制县中医医院						
合计	74	3784	7444	2172	35	1466

安徽中医学院附属医院

地址：安徽省合肥市梅山路27号　电话：336764　336765　邮政编码：230031

院长：徐宝圻

职工780人。卫技人员中，中医183人，其中主任医师1人、副主任医师18人、主治医师49人、住院医师111人、中医士4人；西医86人，其中主任医师5人、副主任医师18人、主治医师31人、住院医师31人、医士1人；中药43人，其中副主任中药师1人、主管中药师5人、中药师30人、中药士7人。

床位总数为500张。其中内科56张，西医内科39张，外科31张，西医外科25张，骨科40张，妇科16张，儿科16张，推拿科45张，五官科8张，眼科11张，肿瘤科8张，泌尿科15张，痔瘘科15张，神经科45张，传染科30张，干部病房100张。

安徽中医学院附属针灸医院

地址：安徽省合肥市六安路75号　电话：273133、273178　邮政编码：230061

院长：邢江淮

职工141人。卫技人员中，中医48人，其中主任医师2人、副主任医师6人、主治医师18人，住院医师21人，中医士1人；西医8人，其中主任医师1人、副主任医师3人、主治医师3人、住院医师1人；中药9人，其中中药师5人、中药士4人。

床位总数为150张。其中内科50张，外科50张。

安徽省地市级中医医院情况

全　　称	所有制	床位数(张)	职工总人数	中医药人数	西学中人数	西医药人数	中医临床科室数	详细地址	邮政编码
合肥市中医院	全民	60	58	20		5		安徽省合肥市滁州路9号	230014
蚌埠市中医院	全民	108	156	51		21		安徽省蚌埠市朝阳路332号	233010
淮南市中医院	全民	71	144	48		13		安徽省淮南市人民路	232001
淮北市中医院	全民	32	49	24		4		安徽省淮北市相山淮海路80号	235000
马鞍山市中医院	全民	112	262	71		51		安徽省马鞍山市四新路40号	243021
芜湖市中医院	全民	300	412	164		39		安徽省芜湖市九华山路340号	241000
安庆市中医院	全民	160	277	89		46		安徽省安庆市龙山路67号	246004
黄山市中医院	全民	91	151	59		23		安徽省黄山市三马路	245000
六安地区中医院	全民	150	195	63		26		安徽省六安市人民路	237008
宿县地区中医院	全民	45	67	22		10		安徽省宿州市胜利路西段	234000

安徽省县级中医医院情况

所有制	医院数(个)	床位总数(张)	职工总数(人)	其中		
				中医药人数	西学中人数	西医药人数
全民所有制县中医医院	38	2218	2639	916	1	481
集体所有制县中医医院	3	157	195	43		54
合　　计	41	2375	2884	959	1	535

江西中医学院附属医院

地址：江西省南昌市八一大道 153 号

电话：215357　邮政编码：330006

院长：黄海龙

职工 586 人。卫技人员中，中医 113 人，其中副主任医师 12 人、主治医师 44 人、住院医师 50 人、中医士 7 人；中西医结合 5 人，其中主任医师 1 人，副主任医师 2 人、主治医师 1 人、住院医师 1 人；西医 43 人，其中副主任医师 9 人、主治医师 15 人、住院医师 14 人、医士 5 人；中药 41 人，其中副主任中药师 3 人、主管中药师 11 人、中药师 23 人、中药士 4 人。

床位总数为 360 张。其中内科 94 张，外科 153 张，针灸科 36 张，肿瘤科 30 张，康复 28 张，妇科 8 张。

江西省地市级中医医院情况

全称	所有制	床位数(张)	职工总人数	中医药人数	西学中人数	西医药人数	中医临床科室数	详细地址	邮政编码
洪都中医院	全民	227	350	96	20	12	11	江西省南昌市民德路246号	330008
吉安市人民中医院	全民	101	151	49		22	10	江西省吉安市中山东路37号	343000
抚州市中医院	全民	208	176	52		18	11	江西省抚州市大公路142号	344000
赣州市中医院	全民	270	282	74	5	16	11	江西省赣州市西半路42号	341000
上饶市中医院	全民	55	199	50	2	25	11	江西省上饶市东门路61号	334000
九江市中医院	全民	80	112	33	1	14	8	江西省九江市滨湖路6号	332000
宜春市中医院	全民	200	217	45	2	17	10	江西省宜春市中山中路243号	336000
景德镇市中医院	全民	180	263	106	4	8	10	江西省景德镇大月山	333000
萍乡市中医院	全民	150	226	71		4	11	江西省萍乡市城关区站前二路	337000
新余市中医院	全民	140	230	53		20	10	江西省新余市建设东路	336500
鹰潭市中医院	全民	137	167	35		40	10	江西省鹰潭市胜利东路45号	335000

江西省县级中医医院情况

所有制	医院数(个)	床位总数(张)	职工总数(人)	其中		
				中医药人数	西学中人数	西医药人数
全民所有制县中医医院	84	4330	6291	1851	83	764
集体所有制县中医医院	1	30	50	10		6
合计	85	4360	6341	1861	83	770

福建中医学院附属人民医院

地址：福建省福州市八一七中路714号
电话：258135　邮政编码：350004

院长：范德荣

职工548人。卫技人员中，中医142人，其中主任医师1人、副主任医师26人、主治医师41人、住院医师62人、中医士12人；中西医结合11人，其中主任医师1人、副主任医师7人、主治医师3人；西医60人，其中主任医师6人、副主任医师13人、主治医师22人、住院医师18人、医士1人；中药27人，其中主管中药师2人、中药师15人、中药士10人。

床位总数为464张。其中内科171张，外科79张，妇科20张，儿科16张，骨科44张，肿瘤科35张，痔科33张，针灸科25张，康复科25张，眼科10张，耳鼻喉科6张。

福建中医学院附属第二人民医院

地址：福建省福州市五四路三角桥1号
电话：536445　邮政编码：350003

院长：张安桢

职工 65 人。卫技人员中，中医 15 人，其中副主任医师 1 人、主治医师 1 人、住院医师 13 人；中西医结合 2 人，其中主治医师 1 人、住院医师 1 人；西医 5 人，其中主治医师 3 人、住院医师 2 人；中药 4 人，其中主管中药师 1 人、中药师 2 人、中药士 1 人。

山东中医学院附属医院

地址：山东省济南市文化西路 42 号

电话：20414　邮政编码：250011

院长：吕同杰

职工 880 人。卫技人员中，中医 181 人，其中主任医师 10 人、副主任医师 23 人、主治医师 45 人、住院医师 98 人、中医士 5 人；中西医结合 41 人，其中主任医师 4 人、副主任医师 11 人、主治医师 26 人；西医 39 人，其中主任医师 1 人、副主任医师 5 人、主治医师 10 人、住院医师 21 人、医士 2 人；中药 78 人，其中副主任中药师 3 人、主管中药

山东省地市级中医医院情况

全称	所有制	床位数(张)	职工总人数	中医药人数	西学中人数	西医药人数	中医临床科室数	详细地址	邮政编码
荷泽地区中医院	全民	143	288	61		24		山东省荷泽市丹阳路	274005
济南市中医院	全民	220	407	122		86		山东省济南市共青团路	250012
青岛市中医院	全民	305	367	114		7		山东省青岛市	266012
淄博市中医院	全民	182	238	51		5		山东省淄博市周村区	255333
枣庄市中医院	全民	95	270	45		35		山东省枣庄市	277155
烟台市中医院	全民	115	201	53		9		山东省烟台市	264000
潍坊市中医院	全民	252	378	94		56		山东省潍坊市工农路	261041
济宁市中医院	全民	120	258	53		31		山东省济宁市	272137
泰安市中医院	全民	100	166	41		4		山东省泰安市	271000
惠民地区中医院	全民	102	159	40		4		山东省滨州市	256613
德州市中医院	全民	180	186	38		16		山东省德州市	253013
聊城地区中医院	全民	170	261	66		31		山东省聊城市	252058
临沂地区中医院	全民	304	474	85		104		山东省临沂市	276003
日照市中医院	全民	80	163	53	23	14	3	山东省日照市东关北路	276800

山东省县级中医医院情况

所有制	医院数(个)	床位总数(张)	职工总数(人)	其中		
				中医药人数	西学中人数	西医药人数
全民所有制县中医医院	106	11386	27053	18940	4013	4105
集体所有制县中医医院	6	210	420	298	60	62
合计	112	11596	27473	19238	4073	4167

师 18 人、中药师 36 人、中药士 21 人。

床位总数为 404 张。其中内科 98 张，骨科 68 张，外科 33 张，血液科 28 张，痔瘘科 28 张，针灸科 26 张，妇科 23 张，儿科 18 张，眼科 18 张，耳鼻喉科 6 张，推拿科 10 张，急诊科 28 张，保健科 20 张。

河南中医学院第一附属医院

地址：河南省郑州市人民路 15 号　电话：28901　邮政编码：450001

院长：袁海波

职工 779 人。卫技人员中，中医 168 人，其中主任医师 1 人、副主任医师 17 人、主治医师 53 人、住院医师 90 人、中医士 7 人；中西医结合 50 人；其中主任医师 1 人、副主任医师 21 人、主治医师 25 人、住院医师 3 人；西医 33 人，其中副主任医师 3 人、主治医师 23 人、住院医师 7 人；中药 73 人，其中副主任中药师 1 人、主管中药师 13 人、中药师 36 人、中药士 23 人。

床位总数为 500 张。其中内科 211 张，外科 156 张，妇科 45 张，儿科 30 张，针灸科 28 张，眼科 30 张。

河南省中医院

地址：河南省郑州市东风路　电话：332870　332872　邮政编码：450002

院长：徐汝祥

职工 269 人。卫技人员中，中医 67 人，其中副主任医师 8 人、主治医师 14 人、住院医师 45 人；西医 54 人，其中主任医师 1 人、副主任医师 9 人、主治医师 17 人、住院医师 13 人、医士 14 人；中药 13 人，其中主管中药师 4 人、中药师 4 人、中药士 13 人。

床位总数为 242 张。其中内科 88 张，外科 44 张，妇科 22 张，骨科 88 张。

河南省洛阳正骨医院

地址：河南省洛阳市东郊白马寺　电话：351284　邮政编码：471013

院长：夏祖昌

职工 613 人。卫技人员中，中医 99 人，其中主任医师 1 人、副主任医师 15 人、主治医师 25 人、住院医师 58 人；中西医结合 1 人，为主治医师；西医 42 人，其中主任医师 1 人、副主任医师 3 人、主治医师 4 人、住院医师 29 人、医士 5 人；中药 30 人，其中主管中药师 1 人、中药师 13 人、中药士 16 人。

床位总数为 620 张。其中小儿正骨科 56 张，上肢正骨科 51 张，下肢科 106 张，矫型显微科 55 张，筋伤骨病科 52 张，颅脑脊柱科 55 张，科研科 102 张，康复科 113 张、内科 30 张。

河南省地市级中医医院情况

全　　称	所有制	床位数(张)	职工总人数	中医药人数	西学中人数	西医药人数	中医临床科室数	详细地址	邮政编码
郑州市中医院	全民	466	683	151	15	75	15	河南省郑州市友爱路	450007
郑州市第二中医院	集体	150	178	45	4	20	10	河南省郑州市二七路	450000
开封市第一中医院	全民	273	361	115	4	6	15	河南省开封市财政厅东街54号	475001
开封市第二中医院	全民	103	158	50		15	13	河南省开封市西郊解放路	475004
洛阳市第一中医院	全民	250	302	75	5	22	18	河南省洛阳市玻璃厂路	471000
洛阳市第二中医院	全民	200	310	65	2	23	23	河南省洛阳市南昌路口	471003
平顶山市中医院	全民	198	274	189	2	8	20	河南省平顶山市中兴路北段	467000

全称	所有制	床位数(张)	职工总人数	中医药人数	西学中人数	西医药人数	中医临床科室数	详细地址	邮政编码
安阳市中医院	全民	250	365	124	5	8	22	河南省安阳市解放路中段	455000
鹤壁市中医院	全民	100	150	98	1	51	13	河南省鹤壁市汤河街13号	456650
新乡市中医院	全民	260	285	104	7	26	13	河南省新乡市向阳路1号	453003
焦作市中医院	全民	210	343	110	23	50	10	河南省焦作市解放西路	454150
濮阳市中医院	全民	15	40	16	1	3	3	河南省濮阳市胜利路中段	457003
许昌市中医院	全民	218	301	83	7	51	17	河南省许昌市前进路	461000
漯河市中医院	全民	150	139	41	7	7	14	河南省漯河市交通路南段	462000
三门峡市中医院	全民		5	3				河南省三门峡市黄河路中段	472000
商丘地区中医院	全民	200	183	57	25	56	18	河南省商丘市民主东路70号	476000
周口地区中医院	全民	200	275	125	2	73	13	河南省周口市七路西段	466000
驻马店地区中医院	全民	140	174	54	1	12	12	河南省驻马店市解放路西段	463000

河南省县级中医医院情况

所有制	医院数(个)	床位总数(张)	职工总数(人)	其中		
				中医药人数	西学中人数	西医药人数
全民所有制县中医医院	102	6375	8561	2437	108	970
集体所有制县中医医院	2	350	420	120	2	70
合计	104	6725	8981	2557	110	1040

湖北中医学院附属医院

地址：湖北省武汉市武昌区花园山4号 电话：877461 877462 邮政编码：430061

院长：欧阳忠兴

职工1,382人，卫技人员中，中医160人，其中主任医师1人、副主任医师14人，主治医师54人、住院医师89人、中医士2人；中西医结合79人，其中主任医师16人、副主任医师26人、主治医师28人、住院医师9人；西医159人，其中主任医师2人、副主任医师14人，主治医师35人、住院医师108人；中药88人，其中副主任中药师1人、主管中药师20人、中药师33人、中药士34人。

床位总数为750张。其中急诊科40张，内科154张，外科99张，肛肠科12张，骨伤科40张，妇科74张，产科28张，传染科44张，儿科53张，眼科34张，耳鼻喉科21张，口腔科4张，针灸科40张，皮肤科16张，高干病房51张，乙肝科40张。

湖北省中医药研究院附属医院

地址：湖北省武汉市洪山区珞瑜路232号 电话：701404 邮政编码：430073

院长：王柏枝

职工 225 人。卫技人员中，中医63人，其中副主任医师 4 人、主治医师 23 人、住院医师 36 人；中西医结合 4 人，其中主任医师 1 人、副主任医师 3 人；西医 16 人，其中副主任医师 1 人、主治医师 11 人、住院医师 4 人；中药 17 人，其中主管中药师 1 人、中药师 6 人、中药士 10 人。

床位总数为 130 张。其中内科 51 张，外科 8 张，妇科 4 张，皮肤科 4 张，眼科 7 张，骨伤科 28 张，肾科 15 张，针灸科 8 张，舌诊 5 张。

湖南中医学院第一附属医院

地址：湖南省长沙市韶山路 105 号　电话：554631　邮政编码：410007

院长：谭新华

职工 863 人。卫技人员中，中医 186 人，其中主任医师 1 人、副主任医师 30 人、主治医师 112 人、住院医师 77 人、中医士 8 人；中西医结合 3 人，均为副主任医师；西医64人，其中副主任医师 9 人、主治医师29人、住院医师 24 人、医士 2 人；中药 88 人，其中副主任中药师 3 人、主管中药师 8 人、中药师 42 人、中药士 35 人。

床位总数为 606 张。其中肝炎科 50 张，老干部 20 张，内科 152 张，针灸科 34 张，儿科 19张，眼科 54 张，外科 92 张，ENT 16 张，碎石科 30 张，妇产科 45 张，伤科 94 张。

湖南中医学院第二附属医院

地址：湖南省长沙市蔡锷北路 185 号　电话：22978　邮政编码：410005

院长：贺执茂

职工 380 人。卫技人员中，中医88人，其中主任医师 1 人、副主任医师13人、主治医师 42 人、住院医师 30 人、中医士 2 人；中西医结合 2 人，均为副主任医师；西医54人，其中副主任医师 1 人，主治医师 41 人，住院医师 8 人、医士 4 人；中药 54 人，其中副主任中药师 1 人、主管中药师 12 人、中药师 19 人、中药士 22 人。

床位总数为 300 张。其中内科 100 张，伤科 50 张，肛肠科 50 张，皮肤科 50 张，眼科 13 张，耳鼻喉科 8 张，针灸科 29 张。

湖南省中医药研究院附属医院

地址：湖南省长沙市麓山路 167 号　电话：83627　邮政编码：210006

湖南省地市级中医医院情况

全称	所有制	床位数(张)	职工总人数	中医药人数	西学中人数	西医药人数	中医临床科室数	详细地址	邮政编码
衡阳市中西医结合医院	全民	351	251	13		57		湖南省衡阳市湖北路	421002
长沙市中医院	全民	185	367	126		31	9	湖南省长沙市书院路口1号	410002
株洲市中医院	全民	340	434	126		50	7	湖南省株洲市人民中路50号	412000
湘潭市中医院	全民	253	316	124		26	14	湖南省湘潭市人民路76号	411100
衡阳市中医院	全民	415	439	181	8	2	14	湖南省衡阳市相北路9号	421000
邵阳市第一中医院	全民	255	292	97		38	9	湖南省邵阳市东风路103号	422000
邵阳市第二中医院	全民	160	171	58		18	13	湖南省邵阳市城西南路2号	422000
岳阳市中医院	全民	106	159	62		22	14	湖南省岳阳市洞庭北路	414000
常德市第一中医院	全民	174	261	103		47	13	湖南省常德市人民西街	415000
湘西自治州中医院	全民	134	148	65	1	8	8	湖南省吉首市马坡岭	416000

院长：潘敏求

职工300人。卫技人员中，中医105人，其中主任医师1人、副主任医师11人、主治医师38人、住院医师54人、中医士1人；中西医结合3人，其中副主任医师1人、主治医师1人、住院医师1人；西医12人，其中副主任医师1人、主治医师7人、住院医师4人；中药18人，其中副主任中药师3人、主管中药师5人、中药师3人、中药士7人。

床位总数为300张。其中内科157张，外科12张，肿瘤科30张，妇科12张，针灸科9张，儿科6张，眼科10张，肛肠科6张，皮肤科6张，耳鼻喉科10张，骨伤科21张，推拿科6张，急诊科15张。

湖南省县级中医医院情况

所有制	医院数（个）	床位总数（张）	职工总数（人）	其中		
				中医药人数	西学中人数	西医药人数
全民所有制县中医医院	103	12375	13606	4293		2105
集体所有制县中医医院	1	30	83	21		32
合计	104	12405	13689	4314		2137

广州中医学院附属医院

地址：广东省广州市机场路口　电话：6661912　邮政编码：510405

院长：丘和明(兼)

职工895人。卫技人员中，中医152人，其中副主任医师13人、主治医师49人、住院医师90人；西医65人，其中主任医师1人、副主任医师12人、主治医师16人、住院医师33人、医士3人；中药101人。其中主任中药师1人、主管中药师3人、中药师38人、中药士59人。

床位总数为620张。其中内科209张，针灸科45张，外科46张，皮痔科33张。儿科43张，骨伤科91张，耳鼻喉科35张，眼科35张，肿瘤科38张，妇科45张。

广州中医学院附属广东省中医院

地址：广东省广州市大德路111号　电话：8887233　邮政编码：510120

院长：史德林

职工807人。卫技人员中，中医157人，其中主任医师1人、副主任医师27人、主治医师41人、住院医师88人；中西医结合42人，其中主任医师1人、副主任医师13人、主治医师25人、住院医师3人；西医19人，其中主治医师7人、住院医师10人、医士2人；中药84人，其中主任中药师1人、副主任中药师1人、主管中药师4人、中药师47人、中药士31人。

床位总数为412张。其中内科138张，外科53张，骨科87张，妇科39张，儿科22张，眼科7张，痔科36张，针灸科30张。

广州中医学院附属骨伤科医院

地址：广东省广州市江南大道江南西路32号　电话：4429304　邮政编码：510240

院长：刘庆思

职工60人。卫技人员中，中医19人，其中副主任医师1人、主治医师4人、住院医师6人、中医士2人；中西医结合2人，其中副主任医师1人、住院医师1人；中药8人，其中中药师1人、中药士7人。

床位总数为37张。

广州中医学院附属三亚中医院

地址：海南省三亚市榆林大道04号　电话：74902　邮政编码：572021

院长：郭兴伯

职工83人。卫技人员中，中医27人，其中主任医师1人、主治医师5人、住院医师4人、中医士17人；中西医结合5人，其中副主任医师1人、住院医师2人；西医27人，其中主治医师2人、住院医师4人；中药5人，其中中药1人、中药士4人。

床位总数为80张。其中内、儿科40张，肝病、疟疾科30张，外科、五官科10张。

广东省地市级中医医院情况

全称	所有制	床位数(张)	职工总人数	中医药人数	西学中人数	西医药人数	中医临床科室数	详细地址	邮政编码
广州市中医院	全民	305	665	124	3	78	18	广东省广州市珠玑路16号	510130
深圳市中医院	全民	200	265	60	3	52		广东省深圳市解放西路	518001
珠海市中医院门诊部	全民		29	6				广东省珠海市吉大景乐路	519015
汕头市中医院	全民	50	184	30	3	22		广东省汕头市新兴路10号	515041
韶关市中医院	全民	80	220	44		34		广东省韶关市武江南路61号	512026
惠州市中医院	全民	160	234	44		32		广东省惠州市下角	516001
中山市中医院	全民	133	245	40		33		广东省中山市石岐城区	528400
佛山市中医院	全民	320	419	77	5	44		广东省佛山市亲仁路6号	528000
阳江市中医院	全民	140	269	30		11		广东省阳江市漠阳街	529511
湛江市第一中医院	全民	160	206	39		22		广东省湛江市赤坎区海滨7号	524034
湛江市第二中医院	全民	170	203	45		25		广东省湛江市霞山区解放西路2号	524013
茂名市中医院	全民	60	161	26		10		广东省茂名市油城五路7号	525000
肇庆市中医院	全民	100	141	26		11		广东省肇庆市端州6路20号	526040
清远市中医院	全民	175	172	22		10		广东省清远市牛皇庙	511500
东莞市中医院	全民	140	291	60		30		广东省东莞市城内区东城街	511700
江门市中医院	全民	210	402	57		32		广东省江门市跃进路62号	529053

广东省县级中医医院情况

所有制	医院数(个)	床位总数(张)	职工总数(人)	其中		
				中医药人数	西学中人数	西医药人数
全民所有制县中医医院	83	5381	10143	1739	255	1567
集体所有制县中医医院	10	192	2551	247	12	108
合计	93	5573	12694	1986	267	1675

广西中医学院第一附属医院

地址：广西壮族自治区南宁市园湖路2号 电话：22294 邮政编码：530023

院长：黎伟台

职工710人。卫技人员中，中医129人，其中副主任医师17人、主治医师48人、住院医师61人、中医士3人；中西医结合9人，其中主任医师1人、副主任医师6人、主治医师2人、西医81人，其中主任医师1人、副主任医师24人、主治医师34人、住院医师22人；中药27人，其中主管中药师12人、中药师7人、中药士8人。

床位总数为510张，其中内科150张，骨伤科50张，外科50张，痔瘘科50张，针灸科50张，儿科45张，妇产科40张，高干病房25张，推拿科25张，五官科20张。

广西中医学院第二附属医院

地址：广西壮族自治区南宁市南京路38号 电话：21003 邮政编码：530011

院长：韦永兴

职工562人。卫技人员中，中医106人，其中主任医师1人、副主任医师9人、主治医师48人、住院医师48人；中西医结合5人，其中主任医师1人、副主任医师2人、主治医师2人；西医86人，其中主任医师1人、副主任医师17人、主治医师40人、住院医师23人、医士5人；中药16人，其中主管中药师3人、中药师9人、中药士4人。

床位总数为405张。其中内科115张，神经科40张，外科135张，儿科35张，妇产科35张，五官科15张，皮肤科10张，针灸科10张，急诊科10张。

广西壮族自治区　地市级中医医院情况

全称	所有制	床位数(张)	职工总人数	中医药人数	西学中人数	西医药人数	中医临床科室数	详细地址	邮政编码
桂林市中医院	全民	400	446	151	5	50	16	广西壮族自治区桂林市临桂路4号	541002
柳州市中医院	全民	300	371	122	3	35	19	广西壮族自治区柳州市解放路32号	545001
柳州市民族中医院	全民	105	225	77		20	13	广西壮族自治区柳州市罗池路1号	545001
南宁市中医院	全民	175	291	74	1	47	13	广西壮族自治区南宁市新华街	530012
北海市中医院	全民	265	346	98	6	30	12	广西壮族自治区北海市中山西路83号	536000
梧州市中医院	全民	178	307	123	2	33	14	广西壮族自治区梧州市埠民路4号	543000
玉林地区中医院	全民	200	345	105	4	29	15	广西壮族自治区玉林市县西路174号	537000
河池地区中医院	全民	202	227	58	1	27	12	广西壮族自治区河池市新建路69号	547000

广西壮族自治区　县级中医医院情况

所有制	医院数(个)	床位总数(张)	职工总数(人)	其中		
				中医药人数	西学中人数	西医药人数
全民所有制县中医医院	72	3250	5192	1422	34	870
集体所有制县中医医院						
合计	72	3250	5192	1422	34	870

海南省中医院

地址：海南省海口市和平北路　电话：222705　邮政编码：570003

院长：华良才

职工389人，卫技人员中，中医74人，其中主任医师1人、副主任医师13人、主治医师25人、住院医师34人、中医士1人；中西医结合3人，其中副主任医师1人、主治医师2人；西医48人，其中副主任医师3人、主治医师24人、住院医师20人、医士1人；中药38人，其中副主任中药师1人、主管中药师4人、中药师10人、中药士23人。

床位总数为320张。其中内科124张，骨伤科52张，外科40张，妇科40张，五官、整容科40张，急诊科24张。

海南省地市级中医医院情况

全　称	所有制	床位数(张)	职工总人数	中医药人数	西学中人数	西医药人数	中医临床科室数	详细地址	邮政编码
海口市中医院	全民	100	185	65	3	26	6	海南省海口市文明东路	570003
通什市中医院	全民	30	83	20	1	6	4	海南省通什市	572200
三亚市中医院	全民	40	42	14	4	8	5	海南省三亚市	572000

海南省县级中医医院情况

所有制	医院数(个)	床位总数(张)	职工总数(人)	其中		
				中医药人数	西学中人数	西医药人数
全民所有制县中医医院	7	287	474	143	8	167
集体所有制县中医医院						
合　　计	7	287	474	143	8	167

成都中医学院附属医院

地址：四川省成都市十二桥街39号　电话：769902　邮政编码：610072

院长：陈中熊

职工1,127人。卫技人员中，中医193人，其中主任医师7人、副主任医师13人、主治医师62人、住院医师110人、中医士1人；中西医结合47人，其中主任医师9人、副主任医师16人、主治医师21人、住院医师1人；西医38人，其中副主任医师3人、主治医师28人、住院医师7人；中药76人，其中副主任中药师2人、主管中药师12人、中药师33人、中药士17人。

床位总数为629张。其中内科231张，外科94张，指针、康复科46张，针灸科46张，肛肠科47张，眼科47张，妇科43张，骨科47张，儿科16张，推拿科12张。

泸州医学院附属中医医院

地址：四川省泸州市　电话：24412转330　邮政编码：646000

院长：刘金龙

职工267人。卫技人员中，中医39人，

其中副主任医师4人、主治医师8人、住院医师25人，中医士1人；中西医结合20人，其中副主任医师3人、主治医师10人、住院医师5人；西医12人，其中主治医师9人、住院医师3人；中药14人，其中主管中药师1人、中药师4人、中药士9人。

床位总数为170张。其中内科89张，外科16张，妇科10张，儿科10张，骨伤科12张，皮肤科8张，针灸科15张，五官科10张。

贵阳中医学院第一附属医院

地址：贵州省贵阳市外环东路119号 电话：27971 邮政编码：550001

院长：刘尚义

职工591人。卫技人员中，中医358人，其中副主任医师18人、主治医师118人、住院医师221人、中医士1人；中西医结合61人，其中副主任医师13人、主治医师39人、住院医师9人；西医32人，其中副主任医师3人、主治医师20人、住院医师6人、医士3人；中药50人；其中主管中药师4人、中药师21人、中药士25人。

床位总数为423张。其中内科144张，骨伤科60张，外科70张，痔瘘科48张，五官科16张，儿科18张，妇科32张，针灸科35张。

贵阳中医学院第二附属医院

地址：贵州省贵阳市飞山街83号 电话：523621-243 邮政编码：550003

院长：孙成榆

职工454人。卫技人员中，中医65人，其中副主任医师3人、主治医师28人、住院医师34人；中西医结合13人，其中主任医师1人、副主任医师2人、主治医师10人；西医70人，其中主任医师1人、副主任医师7人、主治医师43人、住院医师16人、医士3人；中药32人；其中副主任中药师1人、主管中药师4人、中药师14人、中药士10人。

床位总数为250张。其中内科132张，妇产科45张，外科45张，骨科28张。

云南中医学院附属医院

地址：云南省昆明市光华街104号 电话：30624 30625 30626 邮政编码：650021

院长：吴生元

职工661人。卫技人员中，中医153人，其中主任医师5人、副主任医师11人、主治医师45人、住院医师84人、中医士8人；中西医结合6人，其中副主任医师1人、主治医师5人；西医65人，其中主任医师1人、副主任医师6人、主治医师24人、住院医师27人、医士7人；中药45人，其中主管中药师6人、中药师16人、中药士23人。

床位总数为482张。其中内科128张，儿科33张，妇科40张，急症科22张，眼耳鼻喉科34张，针灸科26张，推拿科24张，干保科28张，痔瘘科34张，皮肤科12张，骨伤科50张，外科51张。

云南省地市级中医医院情况

全称	所有制	床位数(张)	职工总人数	中医药人数	西学中人数	西医药人数	中医临床科室数	详细地址	邮政编码
曲靖地区中医院	全民	40	71	35		2		云南省曲靖市	655000
昭通地区中医院	全民	131	168	48		28		云南省昭通市	657000
昆明市中医院	全民	455	662	186	2	107		云南省昆明市东风路	650011
楚雄州中医院	全民	193	241	76		32		云南省楚雄市	675000

全称	所有制	床位数(张)	职工总人数	中医药人数	西学中人数	西医药人数	中医临床科室数	详细地址	邮政编码
玉溪地区中医院	全民	201	266	79		35		云南省玉溪市	653100
西双版纳州傣医院	全民	45	92	26		14		云南省景洪县	666100
思茅地区中医院	全民	145	218	56		41		云南省思茅县	665000
文山州中医院	全民	70	106	41		10		云南省文山县	663000
德宏州中医院	全民	19	43	21		3		云南省潞西县	678400
怒江州中医院	全民	30	44	13		9		云南省六库县	673100
迪庆州藏医院	全民	10	15	10				云南省中甸县	674400
保山地区中医院	全民	108	116	41		13		云南省保山市	678000
东川市中医院	全民	60	98	39		12		云南省东川市	654100

云南省县级中医医院情况

所有制	医院数(个)	床位总数(张)	职工总数(人)	其中		
				中医药人数	西学中人数	西医药人数
全民所有制县中医医院	57	1979	2427	1830	27	462
集体所有制县中医医院	7	380	646	186		119
合计	64	2350	3073	1016	27	581

西藏自治区藏医院

地址：西藏自治区拉萨市娘热路14号

电话：23428　邮政编码：850000

院长：强巴赤列

职工 410 人。卫技人员中，藏医 115 人，其中主任医师 4 人、副主任医师 18 人、主治医师 33 人、住院医师 40 人、藏医士20人；藏西医结合 25 人，其中副主任医师 1 人、主治医师 4 人、住院医师 20 人；西医 21 人，其中主治医师 4 人、住院医师 7 人、医士10人；藏药 31 人，其中主任藏药师 1 人、副主任藏药师 1 人、主管藏药师 6 人、藏药师13人、藏药士 10 人。

床位总数为 200 张。其中内科 106 张，妇、儿科 39 张，外科 29 张，藏西医结合科 24 张。

西藏自治区地市级中医医院情况

全称	所有制	床位数(张)	职工总人数	中医药人数	西学中人数	西医药人数	中医临床科室数	详细地址	邮政编码
山南地区藏医院	全民	50	72	51				西藏自治区山南地区泽当镇	856000
日喀则地区藏医院	全民	50	108	72				西藏自治区日喀则市	875000
阿里地区藏医院	全民	24	32	17				西藏自治区狮泉河	859000
昌都地区藏医院	全民	28	77	47				西藏自治区昌都地区昌都镇	854000
那曲地区藏医院	全民	56	81	31				西藏自治区那曲池地区那曲镇	852000
林芝地区藏医院	全民		5	5				西藏自治区林芝地区	850400

西藏自治区县级中医医院情况

所有制	医院数(个)	床位总数(张)	职工总数(人)	其中		
				中医药人数	西学中人数	西医药人数
全民所有制县中医医院	6	10	52	45	1	6
集体所有制县中医医院						
合计	6	10	52	45	1	6

陕西中医学院附属医院

地址：陕西省咸阳市安定路2号　电话：215378　邮政编码：712083

院长：张武翔

职工624人。卫技人员中，中医117人，其中副主任医师6人、主治医师27人、住院医师80人、中医士4人；中西医结合35人，其中副主任医师14人、主治医师16人、住院医师5人；西医17人，其中副主任医师2人、主治医师12人、住院医师5人；中药64人，其中主管中药师6人、中药师24人、中药士34人。

床位总数为314张。其中内科58张，脑病科28张，传染科34张，外科41张，骨伤科20张，肿瘤科28张，眼科12张，妇科43张，儿科21张，针灸科14张，急诊科15张。

陕西省中医药研究院附属医院

地址：陕西省西安市西华门20号　电话：71-8712　邮政编码：710003

院长：赵玉哲

职工361人。卫技人员中，中医92人，其中主任医师1人、副主任医师7人、主治医师41人、住院医师39人、中医士4人；中西医结合42人，其中副主任医师20人、主治医师20人、住院医师2人；西医9人，其中副主任医师1人、主治医师6人、住院医师1人、医士1人；中药27人，其中主管中药师3人、中药师7人、中药士17人。

床位总数为253张。其中内科85张，肝胆科22张，肿瘤科20张，脑内科30张，眼科12张，耳鼻喉科4张，外科20张，骨伤科21张，妇科12张，儿科8张，针灸科15张，肛肠科4张。

陕西省地市级中医医院情况

全称	所有制	床位数(张)	职工总人数	中医药人数	西学中人数	西医药人数	中医临床科室数	详细地址	邮政编码
西安市中医院	全民	300	615	159	21	38		陕西省西安市东大街183号	710001
榆林地区中医院	全民	150	324	51		36		陕西省榆林市南部	719000
宝鸡市中医院	全民	300	442	69	2	88		陕西省宝鸡市空福路43号	721001
安康地区中医院	全民	255	356	60	5	52		陕西省安康市新城巴山东路	725000
商洛地区中医院	全民	70	91	22		17		陕西省商州市西关	726000
铜川市中医院	集体	154	230	41		23		陕西省铜川市红旗街	727000

陕西省县级中医医院情况

所有制	医院数(个)	床位总数(张)	职工总数(人)	其中		
				中医药人数	西学中人数	西医药人数
全民所有制县中医医院	78	3957	5655	2100	15	954
集体所有制县中医医院	1	19	97	31		22
合计	79	3976	5752	2131	15	976

甘肃省中医院

地址：甘肃省兰州市七里河区王家堡27号　电话：35211　邮政编码：730050

院长：杨守义

职工603人。卫技人员中，中医151人，其中主任医师3人、副主任医师9人、主治医师19人、住院医师88人、中医士32人；中西医结合27人，其中主任医师2人、副主任医师5人、主治医师18人、住院医师2人；西医28人，其中主任医师1人、副主任医师2人、主治医师9人、住院医师12人、医士3人；中药29人，副主任中药师1人、

甘肃省地市级中医医院情况

全称	所有制	床位数(张)	职工总人数	中医药人数	西学中人数	西医药人数	中医临床科室数	详细地址	邮政编码
庆阳地区中医院	全民	222	282	41	7	20	9	甘肃省西峰市炮台巷22号	745000
天水市中医院	全民	130	122	50	1	9	8	甘肃省天水市王石城西路	741000
武威地区中医院	全民	80	104	23		10	6	甘肃省武威市东关街复兴南路	733000
临夏州中医院	全民	70	93	34	1	5	6	甘肃省临夏市红园路	731100
金昌市中医院	全民	30	32	11		1	4	甘肃省金昌市延安路	737100
白银市中医院	全民		8	6		1		甘肃省白银市	730913

主管中药师7人、中药师13人、中药士6人。

床位总数为500张。其中痔瘘科51张，干部病房19张，心脑科65张，消化科65张，针灸科67张，急诊科23张 外科53张，按摩科16张，儿科30张，呼吸科32张，骨科81张。

甘肃省县级中医医院情况

所有制	医院数(个)	床位总数(张)	职工总数(人)	其中		
				中医药人数	西学中人数	西医药人数
全民所有制县中医医院	54	1762	2665	753	23	295
集体所有制县中医医院						
合计	54	1762	2665	753	23	295

青海省中医院

地址：青海省西宁市七一路220号 电话：77036 邮政编码：810000

院长：胡国栋

职工461人。卫技人员中，中医95人，其中主任医师2人、副主任医师5人、主治医师43人、住院医师39人、中医士6人；中西医结合7人，其中主任医师1人、副主任医师5人、主治医师1人；西医23人，其中三任医师2人、副主任医师6人、主治医师12人、住院医师2人、医士1人；中药37人，其中副主任中药师1人、主管中药师6人、中药师11人、中药士19人。

床位总数为346张。其中内科134张，外科28张，妇科40张，针灸科24张，肛肠科32张，骨伤科36张，疮疡科12张，急诊科16张，保健科24张。

青海省地市级中医医院情况

全称	所有制	床位数(张)	职工总人数	中医药人数	西学中人数	西医药人数	中医临床科室数	详细地址	邮政编码
玉树藏族自治州藏医院	全民	62	47	24			5	青海省玉树州结古镇	815000
海西蒙古族藏族自治州蒙藏医院	全民	25	37	11	4	1	6	青海省海西州德令峪镇幸福路7号	817000

宁夏回族自治区中医医院

地址：宁夏回族自治区银川市新市区西夏东路 邮政编码：250021

院长：蔡鼎华

职工总数118人。卫技人员中，中医39人，其中副主任医师4人、主治医师6人、住院医师27人；中西医结合2人，均为主治医师；西医5人，其中主治医师3人、住院医师2人；中药11人，其中中药师3人、中药士8人。

床位总数为96张。其中内科34张，针灸科33张，骨伤、推拿科29张。

宁夏回族自治区地市级中医医院情况

全　　称	所有制	床位数(张)	职工总人数	中医药人数	西学中人数	西医药人数	中医临床科室数	详细地址	邮政编码
银川市中医院	全民	189	293	103	4	30	8	宁夏回族自治区银川市解放西街153号	750001
石嘴山市中医院	全民	40	84	25		14	6	宁夏回族自治区石嘴山市石嘴山区	753200
固原地区中医院	全民	70	93	30		17	10	宁夏回族自治区固原县城西关路	756000

宁夏回族自治区县级中医医院情况

所　有　制	医院数(个)	床位总数(张)	职工总数(人)	其中		
				中医药人数	西学中人数	西医药人数
全民所有制县中医医院	8	370	632	204	1	89
集体所有制县中医医院						
合　　计	8	370	632	204	1	89

新疆维吾尔自治区中医医院

地址：新疆维吾尔自治区乌鲁木齐市黄河路53号　电话：553611　553612　邮政编码：830000

院长：金洪元

职工540人。卫技人员中，中医78人，其中主任医师1人、副主任医师9人、主治医师36人、住院医师29人、中医士3人；中西医结合20人，其中主任医师1人、副主任医师6人、主治医师13人；西医19人，其中副主任医师1人、主治医师16人、医士2人；中药39人，其中主管中药师8人，中药师29人、中药士2人。

床位总数为348张。其中干部病房9张，内科126张，外科111张，妇科44张，儿科16张，针灸科42张。

【中医药院校】

北京中医学院

地址：北京市和平街北口　电话：4213841　邮政编码：100013

职工1,271人。医药专任教师389人，其中教授49人、副教授72人、讲师161人、助教78人、教员29人。

专业设置	学制	在院学生数	1991年毕业人数	1991年招生人数
卫生学	5	87		
针灸推拿	5	197	41	40
护理	3	59		30
药学	4	306	80	48
中医	7	20		20
中医	6	663	120	103
中药	4	81		25
卫生管理	5	24		
医科新专业	5	121		32

在院硕士研究生68人，1991年招硕士研究生26人、毕业45人；在院博士研究生29人，1991年招博士研究生10人、毕业2人；在院外国留学生87人。

附属机构：北京中医学院附属东直门医院，气功研究所，中医基础理论研究所，中药研究所，临床医学研究所，实验药厂，《北京中医学院学报》编辑部。

北京针灸骨伤学院

地址：北京市朝阳区望京中环南路6号 电话：5007131 邮政编码：100015

院长：张殿璞

职工408人。医药专任教师88人，其中教授6人、副教授7人、讲师8人、助教12人、教员55人。

专业设置	学制	在院学生数	1991年毕业人数	1991年招生人数
针灸推拿	5年	147	18	31
中医	5年	173	12	48
针灸推拿	3年		75	
中医	3年		68	

中国中医研究院卫生学校

地址：北京市东直门内北新仓18号 电话：401.4411转3076 邮政编码：100700

职工24人。专任教师13人，其中高级讲师2人、讲师7人、助理讲师1人、教员3人。

专业设置	学制	在校学生数	1991年毕业人数	1991年招生人数
护士	3年	76	45	

北京市中医学校

地址：北京市通县梨元乡 电话：9545931 邮政编码：101101

校长：李进贵

职工78人。专任教师41人，其中高级讲师1人、讲师11人、助理讲师21人、教员8人。

专业设置	学制	在校学生数	1991年毕业人数	1991年招生人数
中医士	4年	211	50	40
护士	3年	80	88	40

北京卫生学校

地址：北京市宣武区南横西街94号 电话：301.8822 邮政编码：100053

校长：翟燕生

职工343人。专任教师136人，其中高级讲师14人、讲师43人、助理讲师72人、教员7人。

专业设置	学制	在校学生数	1991年毕业人数	1991年招生人数
中药士	3年	71	91	40

天津中医学院

地址：天津市南开区西湖村 电话：703426 邮政编码：300193

院长：戴锡孟

职工664人。医药专任教师196人，其中教授3人、副教授48人、讲师101人、助教41人、教员3人。

专业设置	学制	在院学生数	1991年毕业人数	1991年招生人数
中医	5年	286	122	60
针灸推拿	5年	196	30	30
中药	4年	119	30	30
中医	3年	157	32	36
针灸推拿	3年	90		30

在院硕士研究生39人，1991年招硕士研究生2人、毕业34人；在院博士研究生4人；1991年招博士研究生1人；在院外国留学生17人。

附属机构：天津中医学院第一附属医院，第二附属医院，中医研究所，中药厂，《天津中医》、《天津中医学院学报》编辑部。

天津市中医学校

地址：天津市静海县静海镇文化里一排一号 电话：942599 邮政编码：301600

校长：纪清芬

职工81人。专任教师59人，其中讲师

9 人、助理讲师 33 人。

专业设置	学制	在校学生 数	1991年毕业人数	1991年招生人数
中医士	4 年	106		42
中医士	3 年	40		40
针灸医士	3 年	31		
护士	3 年	28	40	

天津市中药学校

地址：天津市北郊区刘家房子　电话：572461　邮政编码：300400

职工 93 人。专任教师 51 人，其中高级讲师 3 人、讲师 14 人、助理讲师 29 人。

专业设置	学制	在校学生 数	1991年毕业人数	1991年招生人数
中药制药	4 年	93	39	46
中药制药	3 年	46		46
中药材	3 年	131	37	33
中药商品	4 年	137		

天津中医学院中专班

地址：天津市南开区西湖村　电话：703737　邮政编码：300193

专业设置	学制	在校学生 数	1991年毕业人数	1991年招生人数
护士	3 年	34	81	

河北中医学院

地址：河北省石家庄市新石南路24号　电话：331950　邮政编码：050091

院长：宗全和

职工 431 人。医药专任教师 145 人，其中教授 11 人，副教授 31 人，讲师 63 人，助教 32 人，教员 8 人。

附属机构：河北中医学院附属医院，河北省中医药研究所。

专业设置	学制	在院学生人数	1991年毕业人数	1991年招生人数
中医	5 年	811	152	170
针灸推拿	5 年	184		60
针灸推拿	3 年		76	

张家口医学院中医系

地址：河北省张家口市长青路14号　电话：213571　邮政编码：075029

系主任：任启瑞

中医药教师共28人，其中副教授 5 人、讲师 9 人、助教 10 人、教员 4 人。

专业设置	学制	在校学生 数	1991年毕业人数	1991年招生人数
中医	5 年	164	32	38

河北医学院邯郸分院中医系

地址：河北省邯郸市丛台路甲 42 号　电话：314817　邮政编码：056006

系主任：淮辉先

中医药教师共35人，其中教授 1 人、副教授 3 人、讲师 14 人、助教 5 人、教员 11 人。

专业设置	学制	在校学生 数	1991年毕业人数	1991年招生人数
针灸推拿	3 年	120	40	40

邢台地区卫生学校

地址：河北省邢台市钢铁路83号　电话：222503　邮政编码：054056

校长：王庆仁

职工 186 人。专任教师 119 人，其中高级讲师 8 人、讲师 46 人、助理讲师 57 人、教员 8 人。

专业设置	学制	在校学生 数	1991年毕业人数	1991年招生人数
针灸医士	3 年	120	40	40

张家口地区卫生学校

地址：河北省张家口市桥西区平门路20号 电话：217289 215156 邮政编码：075000

校长：鲍彤生

职工157人。专任教师73人，其中高级讲师4人、讲师20人、助理讲师45人、教员4人。

专业设置	学制	在校学生数	1991年毕业人数	1991年招生人数
中医士	4年	50		

山西中医学院

地址：山西省太原市晋祠路19号 电话：664597 邮政编码：030024

职工240人。医药专任教师87人，其中教授5人、副教授28人、讲师22人、助教32人。

专业设置	学制	在院学生数	1991年毕业人数	1991年招生人数
中医	5年	401	83	80
针灸推拿	5年	79		40
中药	3年	40		40

附属机构：山西中医学院附属医院，药品研究所，药厂。

大同医学专科学校中医学系

地址：山西省大同市医卫街4号 电话：524616 524617 邮政编码：037008

系主任：王鸿源

中医药教师共24人，其中副教授2人、讲师16人、助教6人。

专业设置	学制	在校学生数	1991年毕业人数	1991年招生人数
中医	3年	129	60	40

山西省中医学校

地址：山西省太原市双塔东街14号 电话：224224 邮政编码：030012

校长：刘庆俊

职工166人。专任教师53人，其中高级讲师13人、讲师20人、助理讲师13人。

专业设置	学制	在校学生数	1991年毕业人数	1991年招生人数
中药制药	3年	45	119	
药剂士	3年	140	41	
针灸医士	3年	80	45	
护士	3年	318	340	120

山西省中药材学校

地址：山西省太原市北营民航南路8号 电话：774794 邮政编码：030031

职工235人。专任教师89人。其中高级讲师6人、讲师19人、助理讲师29人，教员2人。

专业设置	学制	在校学生数	1991年毕业人数	1991年招生人数
中药调剂	4年	95		
中药分析与鉴定	4年	49		
制药工程	4年	201		56
中药商品	2年	102	53	46
中药商品	4年	111		50
中药商品（干部班）	3年	44	50	
制药工程（干部班）	3年	19		
中药分析与鉴定（干部班）	3年	41		

山西省运城地区卫生学校

地址：山西省运城市红旗西路64号 电话：223354 邮政编码：044000

校长：王庆孝

职工184人。专任教师84人，其中高级讲师13人、讲师42人、助理讲师27人、教员3人。

专业设置	学制	在校学生数	1991年毕业人数	1991年招生人数
中医士	3年	·	45	

内蒙古医学院

地址：内蒙古自治区呼和浩特市锡林南路　邮政编码：010020

医药教师共384人。其中教授34人、副教授86人、讲师171人、助教89人、教员4人。

专业设置	学制	在院学生数	1991年毕业人数	1991年招生人数
中医	5年	252	59	41
中医	3年	146	57	62

内蒙古蒙医学院

地址：内蒙古自治区通辽市霍林河大街　电话：33796　邮政编码：028041

院长：吉日木图

职工473人。医药专任教师131人，其中教授1人、副教授18人、讲师42人、助教52人、教员18人。

专业设置	学制	在院学生数	1991年毕业人数	1991年招生人数
中医	5年	302	84	41
医学	5年	238	90	40
中医	3年	62	38	30
医学	3年	120	75	80
中药	3年	88	29	29

呼伦贝尔蒙医学校

地址：内蒙古自治区海拉尔市河东区学府路　电话：3466　邮政编码：021008

校长：康恒亮

职工163人。专任教师76人，其中讲师21人、助理教师51人。

专业设置	学制	在校学生数	1991年毕业人数	1991年招生人数
蒙医士	3年	77		4
蒙药士	3年	45	40	
护士	3年	239	82	81

赤峰卫生学校

地址：内蒙古自治区赤峰市红山区长青路11号　电话：33827　邮政编码：024001

校长：廉玉淳

职工214人。专任教师15人，其中高级讲师3人、讲师5人、助理讲师6人、教员1人。

专业设置	学制	在校学生数	1991年毕业人数	1991年招生人数
中医士	3年	121	40	41

辽宁中医学院

地址：辽宁省沈阳市崇山东路79号　电话：462567　邮政编码：110032

院长：刘鹏举

职工869人。医药专任教师300人，其中教授22人、副教授55人、讲师125人、助教98人。

专业设置	学　制	在院学生数	1991年毕业人数	1991年招生人数
中医	5年	727	140	140
中药	5年	122		58
中药	4年	124		
针灸推拿	5年	220	39	27

在院硕士研究生47人，1991年招硕士研究生15人、毕业34人；在院博士研究生1人，1991年博士研究生毕业1人。

附属机构：辽宁中医学院附属医院，卫生学校，针灸研究所，医史文献研究所，中医基础研究所，中医临床研究所，中药研究所，制药厂，《辽宁中医杂志》、《中医函授通讯》编辑部。

沈阳药学院

地址：辽宁省沈阳市沈河区文化路 103 号　电话：383706　邮政编码：110015

院长：靳瑞征

中医药教师共 72 人，其中教授 7 人、副教授 8 人、讲师 21 人、助教 14 人、教员22人。

专业设置	学　制	在院学生　数	1991年毕业人数	1991年招生人数
中药学	4年	87	59	
中药制药	4年	149		61

在系硕士研究生15人，1991 年招硕士研究生 3 人、毕业 8 人。

沈阳中医药学校

地址：辽宁省沈阳市新民县铁北　电话：3490　邮政编码：110300

校长：刘世昌

职工 140 人，专任教师 55 人，其中高级讲师 3 人、讲师 15 人、助理讲师 9 人：

专业设置	学　制	在校学生　数	1991年毕业人数	1991年招生人数
中医士	4年	135		45
护士	3年	175	225	45

辽宁中医学院附属卫生学校

地址：辽宁省沈阳市皇姑区崇山东路79号　电话：467036　邮政编码：110032

校长：杨永广

专业设置	学制	在校学生　数	1991毕业年人数	1991年招生人数
护士	3年	79	124	
制药	3年	60		

辽阳市中医药学校

地址：辽宁省辽阳市文圣区北门街　电话：33668　邮政编码：111000

职工 165 人。专任教师 70 人，其中高级讲师 6 人、讲师 33 人、助理讲师 26 人。

专业设置	学制	在校学生　数	1991年毕业人数	1991年招生人数
针灸推拿医士	4年	280		80
中医士	3年	200	40	80
护士	3年	120	150	40

锦州市卫生学校

地址：辽宁省锦州市北京路4段　电话：467472　邮政编码：121001

校长：刘洪德

职工 170 人。专任教师 87 人，其中高级讲师 10 人、讲师 37 人、助理讲师 15 人、教员 25 人。

专业设置	学制	在校学生　数	1991年毕业人数	1991年招生人数
中医士	4年	48		

长春中医学院

地址：吉林省长春市工农大路15号　电话：58760　邮政编码：130021

院长：邓明鲁

职工 696 人。医药专任教师 196 人，其中教授 4 人、副教授 44 人、讲师 48 人、助教 100 人。

专业设置	学制	在院学生　数	1991年毕业人数	1991年招生人数
中医	5年	615	120	86
中药	4年	182	42	46
针灸推拿	5年	186		38
中医	3年	325	42	150

在院硕士研究生 56 人，1991 年招硕士研究生 17 人、毕业 20 人。

附属机构：长春中医学院附属医院，中医研究所，中医古籍研究所，附属卫生学校，

附属药厂,《吉林中医药》杂志编辑部

长春中医学院附属卫生学校

地址：吉林省长春市工农大路14号 电话：56940 邮政编码：130021

校长：王兵

职工32人。专任教师23人，其中高级讲师5人、讲师6人、助理讲师12人。

专业设置	学制	在校学生数	1991年毕业人数	1991年招生人数
中医士	3年	158	71	50
针灸推拿医士	3年	93		
中药调剂	3年	39		

浑江中医药学校

地址：吉林省浑江市浑江大街 电话：3841 邮政编码：134300

职工321人。专任教师64人,其中高级讲师2人、讲师20人、助理讲师24人。

专业设置	学制	在校学生数	1991年毕业人数	1991年招生人数
中药制药	3年	90		
护士	3年	90		40

黑龙江中医学院

地址：黑龙江省哈尔滨市动力区和平路14号 电话：220652 邮政编码：150041

院长：栗德林

职工957人。医药专任教师235人，其中教授14人、副教授53人、讲师93人、助教53人、教员22人。

专业设置	学制	在院学生数	1991年毕业人数	1991年招生人数
针灸推拿	5年	355	39	28
针灸推拿	3年	81		45
中医	5年	643	80	107
中医	3年	169	40	67
中药	4年	234	61	58

在院硕士研究生88人，1991年硕士研究生27人、毕业30人；在院博士研究生18人，1991年招博士研究生6人、毕业6人；在院外国留学生9人。

附属机构：黑龙江中医学院附属医院，中医基础理论研究所，中药研究所，骨伤研究所，针灸研究所，中医工程研究所，中西医结合呼吸病研究所，情报研究所，高教理论研究所，中医治疗艾滋病研究中心，中医实验研究中心，中医药科技情报检索中心，实验动物中心，中药厂,《中医药学报》、《针灸学报》、《中医药信息》编辑部。

黑龙江省中医药学校

地址：黑龙江省佳木斯市前进区光华路南端 电话：22385 邮政编码：154007

校长：崔天东

职工223人。专任教师83人,其中高级讲师3人 讲师26人 助理讲师47人。

专业设置	学制	在校学生数	1991年毕业人数	1991年招生人数
中医士	4年	100		
中医士	3年	298	102	151
针灸医士	3年	50	52	50
护士	3年	160	154	50
药剂士	3年	153	54	50
药剂士(职工班)			30	
中医士(职工班)	3年	1398		200
针灸医士(职工班)	3年		77	
护士(职工班)	3年	32		

上海中医学院

地址：上海市零陵路530号 电话：4385400 邮政编码：200032

院长：陆德铭

职工1,017人。医药专任教师234人，其中教授17人、副教授76人、讲师92人、助教49人。

在院硕士研究生79人，1991年招硕士

专业设置	学制	在院学生数	1991年毕业人数	1991年招生人数
中医	6年	483	124	73
针灸	5年	209	47	32
推拿	5年	187	49	30
中药	4年	78	35	20
中医基础	5年	25		25
中医基础	7年	25		25
中医专科	3年	195		49

研究生 20 人，毕业 48 人；在院博士研究生 20 人，1991 年招博士研究生 9 人，毕业 6 人；在院外国留学生 54 人。

附属机构：上海中医学院附属龙华医院（临床第一研究所），曙光医院（临床第二研究所），岳阳医院（推拿研究所），卫生学校，上海市气功研究所，上海市针灸经络研究所，上海中医学院中医文献研究所，中药研究所，中医基础理论研究所，骨伤科研究所，老年病研究所（筹），图书情报中心，制药厂，《上海中医药杂志》社。

上海中医学院附属卫生学校

地址：上海市宛平南路 650 号　电话：4381576　邮政编码：200030

专业设置	学制	在校学生数	1991年毕业人数	1991年招生人数
护士	3年	36	80	
中药制药	3年		17	
推拿医士	3年		70	

上海市医药学校

地址：上海市浦东沈家弄 700 号　电话：8824080　邮政编码：200135

副校长：舒一平

专业设置	学制	在校学生数	1991年毕业人数	1991年招生人数
中药	4年	112	70	37

职工 89 人。专任教师 62 人，其中高级讲师 2 人、讲师 28 人、助理讲师 29 人、教员 3 人。

上海市闸北中医学校

地址：上海市大统路 993 号　电话：6627277　邮政编码：200070

校长：高正兴

职工 87 人。专任教师 44 人，其中高级讲师 4 人、讲师 30 人、助理讲师 10 人。

专业设置	学制	在校学生数	1991年毕业人数	1991年招生人数
中医士	4年	136	30	43
护士	3年		40	

普陀区卫生学校

地址：上海市普陀区延长路1600号　电话：6611093　邮政编码：200061

校长：黄次灿

职工 120 人。专任教师 71 人，其中高级讲师 4 人、讲师 40 人、助理讲师 25 人，教员 2 人。

专业设置	学制	在校学生数	1991年毕业人数	1991年招生人数
中药士	3年	114	58	38
护士	3年	105	40	40

南京中医学院

地址：江苏省南京市汉中路 282 号。电话：641462　邮政编码：210029

院长：周仲瑛

职工 951 人。医药专任教师 328 人，其中教授 18 人，副教授 72 人，讲师 154 人，助教 84 人。

在院硕士研究生 37 人，1991 年招硕士研究生 12 人、毕业 29 人；在院博士研究生 13 人，1991 年招博士研究生 6 人、毕业 8 人；在院外国留学生 24 人。

附属机构：江苏省中医院，江苏省针灸

专业设置	学制	在院学生数	1991年毕业人数	1991年招生人数
中医	5年	894	181	184
中药	4年	270	82	59
中药	5年	30		30
针灸推拿	5年	228	56	38
针灸推拿	3年	90	31	29

推拿医院，南京中医学院中医药研究所，中医药文献研究所，制药厂，《南京中医学院学报》编辑部。

中国药科大学中药学院

地址：江苏省南京市童家巷24号　电话：631611—420　邮政编码：210009

院长：王明时

中医药教师共64人，其中教授9人、副教授12人、讲师19人、助教24人。

专业设置	学制	在院学生数	1991年毕业人数	1991年招生人数
中药	4年	120		60
中药制药	4年	90		
中药分析鉴定	4年	90		30
中药药理	5年	60		

在院硕士研究生40人，1991年招硕士研究生12人、毕业9人；在院博士研究生11人，1991年博士研究生毕业3人；在院外国进修生8人。

扬州医学院中医系

地址：江苏省扬州市淮海路6号　电话：345811转4055　邮政编码：225001

系主任：王树槐

医药教师共179人，其中教授2人、副教授18人、讲师72人、助教69人、教员18人。

专业设置	学制	在系学生数	1991年毕业人数	1991年招生人数
中医	5年	170	43	30

连云港中药学校

地址：江苏省连云港市新浦海连东路　电话：51493　邮政编码：222001

校长：吴国法

职工99人。专任教师51人，其中高级讲师2人、讲师21人、助理讲师19人、教员2人。

专业设置	学制	在校学生数	1991年毕业人数	1991年招生人数
药剂士	3年	299	100	100
护士	3年	190	156	50
医士	4年	262	101	79

南通卫生学校

地址：江苏省南通市启秀路9号　电话：513096　邮政编码：226001

校长：王士德

职工148人。专任教师67人，其中高级讲师12人、讲师24人、助理讲师26人、教员5人。

专业设置	学制	在校学生数	1991年毕业人数	1991年招生人数
中医护士	3年	148		50

南京中医学院附属医院卫生学校

地址：江苏省南京市汉中路155号　电话：649464　邮政编码：210029

校长：戴美娟

职工16人。专任教师16人，其中高级讲师2人、讲师8人、助理讲师4人、教员2人。

专业设置	学制	在校学生数	1991年毕业人数	1991年招生人数
中医护士	3年	209	69	69

江苏省中药学校

地址：江苏省镇江市京岘山路　电话：

42251　邮政编码：212003

校长：殷文陶

职工105人。专任教师60人，其中高级讲师2人、讲师9人、助理讲师34人、教员4人。

专业设置	学制	在校学生数	1991年毕业人数	1991年招生人数
中药制药	4年	225		45
药物分析	4年	225		45
药物制剂	4年	135		45
微生物	4年	135		45

南通市海安卫生职工中等专业学校

地址：江苏省海安县海安镇曙光中路24号　电话：812536　邮政编码：226600

校长：高元生

职工53人。专任教师35人，其中高级讲师3人，讲师9人，助理讲师19人，教员4人。

专业设置	学制	在校学生数	1991年毕业人数	1991年招生人数
针灸推拿医士	3年	240	40	80
中医士	4年	50		

苏州第二卫生学校

地址：江苏省吴县木渎镇　电话：561476　邮政编码：215101

校长：汪雪麟

职工37人。专任教师19人，其中高级讲师1人、讲师12人、助理讲师5人、教员1人。

专业设置	学制	在校学生数	1991年毕业人数	1991年招生人数
中医士	4年	129		

浙江中医学院

地址：浙江省杭州市庆春路　电话：771914　邮政编码：310009

院长：葛琳仪

职工562人。医药专任教师173人，其中教授6人、副教授28人、讲师88人、助教42人、教员9人。

专业设置	学制	在院学生数	1991年毕业人数	1991年招生人数
中医	5年	484	110	100
中医	3年	116		50
针灸推拿	5年	128	20	30
针灸推拿	3年	87	20	30
中药	3年	93	30	30

在院硕士研究生25人，1991年招硕士研究生6人、毕业8人。

附属机构：浙江中医学院附属医院，附属门诊部，分子医学研究所，实验药厂，《浙江中医学院学报》编辑部。

浙江省医药学校

地址：浙江省宁波市文教路1号　电话：344409　邮政编码：315010

校长：竺芝芬

职工77人。专任教师44人，其中高级讲师6人、讲师17人、助理讲师19人、教员2人。

专业设置	学制	在校学生数	1991年毕业人数	1991年招生人数
药学	4年	326	39	46
中药	4年	189	39	90

金华卫生学校

地址：浙江省金华市人民东路42号　电话：339287　邮政编码：321000

校长：李飞之

专业设置	学制	在校学生数	1991年毕业人数	1991年招生人数
中医士	4年	31		
中药士	3年	175	48	42

职工 190 人。专任教师 125 人，其中高级讲师 22 人、讲师 59 人、助理讲师 26 人、教员 13 人。

安徽中医学院

地址：安徽省合肥市梅山路24号 电话：336548 邮政编码：230038

院长：高尔鑫

职工 712 人。医药专任教师 204 人，其中教授 10 人、副教授 57 人、讲师 85 人、助教 52 人。

专业设置	学制	在院学生数	1991年毕业人数	1991年招生人数
中医	5 年	427	138	110
中医	3 年	112		50
护理	3 年	50		30
针灸推拿	5 年	163	47	40
药学	3 年	56	38	
药学	4 年	121	29	30
中药	4 年	130	30	30

在院硕士研究生 13 人，1991 年招硕士研究生 7 人、毕业 8 人。

附属机构：安徽中医学院附属医院，附属针灸医院、针灸经络研究所，精神病学研究所，计算机中医运用研究所，中医药研究所，科教药厂，印刷厂。

芜湖中医学校

地址：安徽省芜湖市九华山路邢家山 7 号 电话：34472 邮政编码：241000

校长：吴恒亚

职工 220 人。专任教师 81 人，其中高级讲师 15 人、讲师 26 人、助理讲师 39 人、教员 1 人。

专业设置	学制	在校学生数	1991年毕业人数	1991年招生人数
中医士	3 年	119		40
中药士	3 年	119	39	40
针灸医士	3 年	40	19	20
推拿医士	3 年	40	20	20
中医护士	3 年	79	40	40
中医士（职工班）	3 年		30	

安庆卫生学校

地址：安徽省安庆市宜城路 129 号 电话：513176 邮政编码：246003

校长：柯贤楷

职工 153 人。专任教师 67 人，其中高级讲师 15 人、讲师 16 人、助理讲师 34 人、教员 2 人。

专业设置	学制	在校学生数	1991年毕业人数	1991年招生人数
中药制药	3 年	42		

福建中医学院

地址：福建省福州市五四北路53号 电话：570746 邮政编码：350003

院长：杜 建

职工 564 人。医药专任教师 167 人，其中教授 13 人、副教授 35 人、讲师 65 人、助教 54 人。

专业设置	学制	在院学生数	1991年毕业人数	1991年招生人数
中医	5 年	638	131	125
针灸推拿	5 年	128	17	25
针灸推拿	3 年	68	22	22
中药	3 年	89	34	27
医科新专业	3 年	191	52	68

在院硕士研究生 13 人，1991 年招硕士研究生 2 人、毕业 8 人；在院外国留学生 4 人。

附属机构：福建中医学院附属第一人民医院，附属第二人民医院，中医药研究所，福州屏山制药厂，《福建中医药》、《福建中医学院学报》编辑部。

福建医药学校

地址：福建省福州市建新中店42号 电话：710079 邮政编码：350002

校长：张庆春

职工 57 人。专任教师 34 人，其中高级讲师 1 人、讲师 6 人、助理讲师 25 人、教员 2 人。

专业设置	学制	在校学生数	1991年毕业人数	1991年招生人数
中药材	4 年	199		40
制剂工艺	4 年	199	43	40

泉州卫生学校

地址：福建省泉州市县后街50号　电话：223475　邮政编码：362000

校长：陈国华

职工 136 人。专任教师 83 人，其中高级讲师 7 人、讲师 25 人、助理讲师 35 人、教员 16 人。

专业设置	学制	在校学生数	1991年毕业人数	1991年招生人数
中医士	3 年	44	44	
中医士	4 年	45		45
针灸医士	3 年	45		

江西中医学院

地址：江西省南昌市阳明路20号　电话：216708　邮政编码：330006

院长：杨扶国

职工 759 人。医药专任教师 324 人，其中教授 4 人、副教授 77 人、讲师 141 人、助教 98 人、教员 4 人。

专业设置	学制	在院学生数	1991年毕业人数	1991年招生人数
中医	5 年	624	180	120
中药	4 年	257	48	70
针灸推拿	5 年	202		40
药学	4 年	211	51	50

在院硕士研究生 31 人，1991 年招硕士研究生 11 人、毕业 12 人；在院外国留学生 2 人。

附属机构：江西中医学院附属医院，中药研究所，中医基础理论研究所，中医临床医学研究所，基础医学研究所，江中制药厂，药用动植物实验部，《江西中医药》、《江西中医学院学报》编辑部。

江西医学院吉安分院

地址：江西省吉安市吉福路23号　电话：224771　邮政编码：343000

副院长：杨南开

职工 105 人。医药专任教师 34 人，其中副教授 8 人、讲师 15 人、助教 11 人。

专业设置	学制	在院学生数	1991年毕业人数	1991年招生人数
中医	3 年	140		50

九江医学专科学校

地址：江西省九江市浔阳东路　邮政编码：332000

医药教师共 81 人，其中教授 2 人，副教授 23 人、讲师 22 人、助教 23 人、教员 11 人。

专业设置	学制	在校学生数	1991年毕业人数	1991年招生人数
中医	3 年	129	55	50

抚州中医学校

地址：江西省抚州市焊东大道 137 号　电话：223280　邮政编码：344000

校长：傅淑清

职工 96 人。专任教师 67 人，其中高级讲师 6 人、讲师 33 人、助理讲师 26 人。

专业设置	学制	在校学生数	1991年毕业人数	1992年招生人数
中医士	4 年	104		53
药剂士	3 年	156	53	52
护士	3 年	149	52	49
中医士	2 年		51	
推拿医士	3 年		54	

山东中医学院

地址：山东省济南市经十路23号 电话：643364 邮政编码：250014

院长：邹积隆

职工842人。医药专任教师263人，其中教授8人、副教授65人、讲师99人、助教89人。

专业设置	学制	在院学生数	1991年毕业人数	1991年招生人数
中医	5年	629	116	158
中医	3年	162	49	43
中医	7年	144		
针灸推拿	5年	198	40	29
针灸推拿	3年	89		29
中药	3年	29		29
中药	4年	205	50	38

在院硕士研究生54人，1991年招硕士研究生17人、毕业20人；在院博士研究生6人，1991年招博士研究生2人、毕业2人。

附属机构：山东中医学院附属医院，中医文献研究所，实验药厂，《山东中医杂志》、《山东中医学院学报》编辑部。

山东省中医药学校

地址：山东省莱阳市文化路2号 电话：832148 邮政编码：265200

校长：马学臣

职工297人。专任教师110人，其中高级讲师12人、讲师40人、助理讲师50人。

专业设置	学制	在校学生数	1991年毕业人数	1991年招生人数
中医士	4年	247	40	40
中医士	3年		29	
针灸医士	3年	200	81	40
护士	3年	596	40	120
中药调剂	3年	480	40	160

曲阜中医药学校

地址：山东省曲阜市归德北路 电话：412330 邮政编码：273100

校长：贾延玉

职工31人。专任教师19人，其中高级讲师2人、讲师6人、助理讲师2人。

专业设置	学制	在校学生数	1991年毕业人数	1991年招生人数
针灸医士	3年	105	40	55
中医护士	3年	145	40	55

青岛第二卫生学校

地址：山东省胶州市徐州路73号 电话：712313 邮政编码：266300

校长：吴学先

职工96人。专任教师56人，其中高级讲师1人、讲师15人、助理讲师35人、教员5人。

专业设置	学制	在校学生数	1991年毕业人数	1991年招生人数
中医士	3年		40	

河南中医学院

地址：河南省郑州市金水路东段 电话：556695 邮政编码：450003

院长：尚炽昌

职工964人。医药专任教师296人，其中教授2人、副教授53人、讲师138人、助教102人、教员1人。

专业设置	学制	在院学生数	1991年毕业人数	1991年招生人数
中医	5年	816	255	199
中医	3年	32	54	32
五官医学	5年	46		
针灸推拿	5年	165		59
针灸推拿	3年		57	
中药	4年	321	71	80

在院硕士研究生37人，1991年招硕士研究生13人、毕业15人。

附属机构：河南中医学院第一附属医

院，第二附属医院，中药厂，中药试验场，《河南中医》编辑部。

安阳市中医药学校

地址：河南省安阳市彰德路 电话：426000 邮政编码：455000

校长：樊廷林

职工244人。专任教师60人，其中高级讲师7人、讲师26人、助理讲师28人。

专业设置	学制	在校学生数	1991年毕业人数	1991年招生人数
中医士	4年	110		
针灸推拿医士	4年	54		

安阳卫生学校

地址：河南省安阳市轻工路67号 电话：424084 邮政编码：455000

校长：夏登高

职工220人。专任教师120人，其中高级讲师16人、讲师49人、教员17人。

专业设置	学制	在校学生数	1991年毕业人数	1991年招生人数
针灸医士	3年	82	108	
中西医士	2.5年	41		41

云阳中医中药学校

地址：河南省南召县云阳镇 电话：66606 邮政编码：474676

校长：孙仁民

职工180人。专任教师60人，其中高级讲师4人、讲师28人、助理讲师19人、教员9人。

专业设置	学制	在校学生数	1991年毕业人数	1991年招生人数
中药士	3年	270	84	94
中医护士	3年	187	102	48
中医士	3年	153	17	62

河南省盲人按摩学校

地址：河南省洛阳市青岛路29号院 电话：413484 邮政编码：471003

校长：孙振芳

职工154人。专任教师33人，其中高级讲师2人、讲师9人、助理讲师15人、教员7人。

专业设置	学制	在校学生数	1991年毕业人数	1991年招生人数
按摩医士	3年	166	64	61
按摩医士	4年	44		22

焦作中医中药学校

地址：河南省焦作市学生路一巷 电话：3359 邮政编码：454150

职工159人。专任教师56人，其中高级讲师8人、讲师26人、助理讲师16人、教员5人。

专业设置	学制	在校学生数	1991年毕业人数	1991年招生人数
中医士	3年	195	49	47
药剂士	3年	266	99	80
护士	3年	48	91	48

湖北中医学院

地址：湖北省武汉市武昌云架桥110号 电话：741051 邮政编码：430061

院长：张六通

职工387人。医药专任教师232人，其中教授8人，副教授46人，讲师78人，助教23人，教员77人。

专业设置	学制	在院学生数	1991年毕业人数	1991年招生人数
五官医学	3年	47		
针灸推拿	5年	223	55	52
护理	3年	69	30	40
中医	5年	778	168	164
中药	4年	193	47	49

在院硕士研究生 53 人，1991 年招硕士研究生 19 人，毕业 25 人。

附属机构：湖北中医学院附属医院，中医工程研究所，中药研究所，脏象肝病研究所，中西医结合研究所，外科研究所，中医急症研究所，南湖分部制药厂，《湖北中医杂志》编辑部。

宜昌医学专科学校

地址：湖北省宜昌市夷陵路 159 号 邮政编码：443003

医药教师共 138 人，其中教授 5 人、副教授 18 人、讲师 62 人、助教 53 人。

专业设置	学制	在校学生数	1991年毕业人数	1991年招生人数
中医	3 年	92	30	31

恩施医学专科学校

地址：湖北省恩施市午阳大街四巷 61 号 邮政编码：445000

医药教师共 103 人，其中副教授 9 人、讲师 37 人、助教 43 人、教员 14 人。

专业设置	学制	在校学生数	1991年毕业人数	9991年招生人数
中医	3 年	96	35	30

黄冈卫生学校

地址：湖北省黄州市体育路马家巷 电话：54474 邮政编码：436100

校长：刘培高

职工 241 人。专任教师 100 人，其中高级讲师 11 人、讲师 29 人、助理讲师 45 人、

专业设置	学制	在校学生数	1991年毕业人数	1991年招生人数
推拿针灸医士	4 年	63	57	
推拿针灸医士	3 年	56		
骨伤医士	3 年	112		53

教员 15 人。

宜昌地区当阳卫生学校

地址：湖北省当阳市玉阳镇广家洲 电话：22042 邮政编码：44410。

校长：唐红

职工 95 人。专任教师 58 人，其中高级讲师 2 人、讲师 7 人、助理讲师 31 人、教员 18 人。

专业设置	学制	在校学生数	1991年毕业人数	1991年招生人数
中医护士	3 年	46	45	

沙市中医院附属中医学校

地址：湖北省沙市市毛家坊 60 号 电话：3436 邮政编码：434000

职工 29 人。专任教师 16 人，其中高级讲师 1 人、讲师 3 人、助理讲师 8 人。

专业设置	学制	在校学生数	1991年毕业人数	1991年招生人数
中医护士	3 年	150	93	70

十堰市卫生学校

地址：湖北省十堰市人民路 15 号 电话：51124 邮政编码：442000

职工 69 人。专任教师 42 人，其中高级讲师 2 人、讲师 11 人、助理讲师 22 人、教员 7 人。

专业设置	学制	在校学生数	1991年毕业人数	1991年招生人数
中医士	4 年		90	
针灸医士	3 年	53		

湖南中医学院

地址：湖南省长沙市韶山路 102 号 电话：556471 邮政编码：410007

院长：陈大舜

职工 915 人。医药专任教师 254，其中

教授5人、副教授38人、讲师140人、助教30人、教员41人。

专业设置	学制	在院学生人数	1991年毕业人数	1991年招生人数
中医	5年	564	182	94
中医	3年	358	32	167
五官医学	5年	30		30
五官医学	3年	60	39	
护理	3年	84	26	28
中药	4年	218	64	41
中药	3年	80		30
中药	5年	7		
制药	4年	32		32
针灸推拿	5年	149		28

在院硕士研究生37人，1991年招硕士研究生11人、毕业20人；在院博士研究生2人，1991年招博士研究生1人、毕业1人。

附属机构：湖南中医学院附属第一医院、第二医院，药厂，《湖南中医学院学报》编辑部。

湖南省中医药学校

地址：湖南省株州市南区高家坳　电话：22295　邮政编码：412002

职工166人。专任教师107人，其中高级讲师14人、讲师39人、助理讲师54人。

专业设置	学制	在校学生数	1991年毕业人数	1991年招生人数
中医士	3年	137		39
中药制药	3年	187		85
中医护士	3年	393	223	160
针灸推拿医士	3年	120		41

吉首卫生学校

地址：湖南省吉首市荣昌路18号　电话：222660　邮政编码：416000

职工188人。专任教师88人，其中高级讲师19人、讲师40人、助理讲师22人、教员7人。

专业设置	学制	在校学生数	1991年毕业人数	1991年招生人数
中药士	3年	153	49	51
针灸推拿医士	4年	97	44	51

广州中医学院

地址：广东省广州市机场路10号　电话：661233　邮政编码：510407

院长：李任先

职工1104人。医药专任教师322人，其中教授19人、副教授87人、讲师131人、助教85人。

专业设置	学制	在院学生数	1991年毕业人数	1991年招生人数
中医	5年	1028	195	201
中医	7年	20		20
中医	3年	39		39
中药	4年	196	65	40
针灸推拿	5年	198	41	38

在院硕士研究生48人，1991年招硕士研究生14人，毕业41人，在院博士研究生7人，1991年招博士研究生4人毕业3人；在院外国留学生131人。

附属机构：广州中医学院附属医院，附属广东省中医院，附属骨伤科医院，附属三亚（热带病）中医院，附属中医药学校，附属实验中药厂，《新中医》、《广州中医学院学报》、《中药新药与临床药理》编辑部。

广州中医学院附属中医药学校

地址：广东省广州市三元里　电话：661233　邮政编码：510407

职工19人。专任教师17人，其中高级

专业设置	学制	在校学生数	1991年毕业人数	1991年招生人数
护士	3年	72	40	33
推拿医士	3年	29		

讲师 1 人、讲师 5 人、助理讲师 9 人。

新兴中药学校

地址：广东省新兴县新城镇南外果园路 电话：884172 邮政编码：527400

校长：梁仕达

职工 62 人。专任教师 34 人，其中讲师 12 人、助理讲师 12 人、教员 5 人。

专业设置	学制	在校学生数	1991年毕业人数	1991年招生人数
中药士	3 年	302	50	103
护士	3 年	183	75	44

湛江中医学校

地址：广东省湛江市霞山文明东路 4 号 电话：220597 邮政编码：524003

校长：柯万宪

职工 75 人。专任教师 47 人，其中高级讲师 2 人、讲师 14 人、助理讲师 27 人、教员 4 人。

专业设置	学制	在校学生数	1991年毕业人数	1991年招生人数
骨伤医士	3 年	160	51	49
五官医士	3 年	54	51	
中医护士	3 年	133		54
中医士（职工班）	3 年	159		54

惠州卫生学校

地址：广东省惠州市东坡亭 电话：250317 邮政编码：516020

校长：徐玉琪

职工 150 人。专任教师 96 人，其中高级讲师 7 人、讲师 37 人、助理讲师 31 人、教员 21 人。

专业设置	学制	在校学生数	1991年毕业人数	1991年招生人数
中医士（职工班）	3 年	108	76	

广西中医学院

地址：广西壮族自治区南宁市明秀东路 21 号 电话：334562 邮政编码：530001

院长：韦贵康

职工 756 人。医药专任教师 160 人，其中教授 1 人、副教授 54 人、讲师 63 人、助教 42 人。

专业设置	学制	在院学生数	1991年毕业人数	1991年招生人数
中医	3 年	333	33	129
中医	5 年	693	168	140
中药	4 年	247	61	40
中药	3 年	30		30

在院硕士研究生 7 人，1991 年招硕士研究生 1 人、毕业 3 人。

附属机构：广西中医学院附属第一、第二医院，护士学校，制药厂，传统医药研究所，《广西中医药》编辑部。

广西中医学院附设护士学校

地址：广西壮族自治区南宁市园湖路 电话：28898 邮政编码：530023

职工 42 人。专任教师 22 人，其中高级讲师 1 人、讲师 6 人、助理讲师 14 人、教员 1 人。

专业设置	学制	在校学生数	1991年毕业人数	1991年招生人数
中医士	3 年	282	91	89

融水民族卫生学校

地址：广西壮族自治区融水县融水镇 电话：2604 邮政编码：545300

校长：骆能西

专业设置	学制	在校学生数	1991年毕业人数	1991年招生人数
民族护士	3 年	140	50	40
民族护士	3 年	99	50	
民族妇幼医士	3 年	40		40

职工62人。专任教师41人，其中讲师13人、助理讲师14人、教员14人。

玉林地区卫生学校

地址：广西壮族自治区玉林市东校路
电话：5348　邮政编码：537000

校长：杨镇铭

职工298人，专任教师73人，其中高级讲师16人、讲师28人、助理讲师23人、教员7人。

专业设置	学制	在校学生数	1991年毕业人数	1991年招生人数
针灸推拿医士	3年	48		

成都中医学院

地址：四川省成都市十二桥街15号
电话：768611　邮政编码：610075

院长：李明富

职工1,059人。医药专任教师270人，其中教授15人、副教授62人、讲师113人、助教72人、教员8人。

专业设置	学制	在院学生数	1991年毕业人数	1991年招生人数
五官医学	5年	160		40
针灸推拿	5年	302	62	59
药理	5年	27		27
中医	5年	654	187	89
中药	4年	243	50	61
医科新专业	5年	198		40
中医	3年	246	70	72

在院硕士研究生38人，1991年招硕士研究生12人、毕业17人；在院博士研究生11人，1991年招博士研究生5人。

附属机构：成都中医学院附属医院，附属针灸学校，中药研究所，古籍文献研究所，制药厂，《成都中医学院学报》编辑部。

泸州医学院

地址：四川省泸州市忠山　电话：4412
邮政编码：646000

医药教师共291人，其中教授5人、副教授45人、讲师104人、助教122人、教员15人。

专业设置	学制	在院学生数	1991年毕业人数	1991年招生人数
中医	5年	298	58	60

四川省医药学校

地址：四川省峨眉山市马路桥　电话：22807　邮政编码：614201

职工260人。专任教师92人，其中高级讲师14人、讲师26人、助理讲师48人、教员4人。

专业设置	学制	在校学生数	1991年毕业人数	1991年招生人数
中药商品	4年	278	79	39
中药制药	4年	322	84	41
中药商品（职工班）	3年	172	66	36
中药制药（职工班）	3年	75	33	24

成都中医学校

地址：四川省成都市红星中路44号
电话：282028　邮政编码：610017

职工121人。专任教师74人，其中讲师19人、助理讲师19人、教员36人。

专业设置	学制	在校学生数	1991年毕业人数	1991年招生人数
中医士	2年	40		
中药调剂士	3年	119	38	40
中医士（职工班）	3年	32	32	32
针灸医士（职工班）	3年	20	31	
中药调剂士	3年	32		

成都中医学院附属医院针灸学校

地址：四川省成都市新罗路　电话：

769763　邮政编码：610072

职工 47 人。专任教师 24 人，其中讲师 3 人、教员 14 人。

专业设置	学制	在校学生数	1991年毕业人数	1991年招生人数
针灸医士	4 年		41	
针灸医士	3 年	128	40	40
护士	3 年	119	40	40

内江中医学校

地址：四川省内江市东兴镇　电话：23713　邮政编码：641003

校长：吴自强

职工 61 人。专任教师 33 人，其中讲师 3 人、助理讲师 18 人、教员 10 人。

专业设置	学制	在校学生数	1991年毕业人数	1991年招生人数
中医士	4 年	80		40
中药士	3 年	70		30
中医护士	3 年	80		
中药士（职工班）	3 年	15		15
中医士（职工班）	4 年	40		40

达县中医学校

地址：四川省达县市张家湾 79 号　电话：25164　邮政编码：635000

校长：徐安金

职工 99 人。专任教师 53 人，其中高级讲师 2 人、讲师 12 人、助理讲师 26 人、教员 8 人。

专业设置	学制	在校学生数	1991年毕业人数	1991年招生人数
中医士	4 年	40		
针灸医士	3 年	120	42	40
中医士（职工班）	3 年	116	41	46

万县中医学校

地址：四川省万县市乌龙池 12 号　电话：223135　邮政编码：634000

校长：黄吉庆

职工 171 人。专任教师 39 人，其中高级讲师 1 人、讲师 17 人、助理讲师 7 人、教员 13 人。

专业设置	学制	在校学生数	1991年毕业人数	1991年招生人数
中医士	4 年	120		40
护士	3 年	79	78	40
中医士	3 年	30		30

重庆中医学校

地址：四川省重庆市九龙坡西郊支路18号　电话：622183　邮政编码：630050

校长：韩为琨

职工 191 人。专任教师 57 人，其中高级讲师 8 人、讲师 20 人、助理讲师 29 人。

专业设置	学制	在校学生数	1991年毕业人数	1991年招生人数
中医士	4 年	40		
护士	3 年	40		
中药士	3 年	127		47
骨伤医士	4 年	112		
针推医士	3 年	30		

绵阳中医学校

地址：四川省绵阳市绵州南路 380 号　电话：23053　邮政编码：621000

校长：胡道铭

专业设置	学制	在校学生数	1991年毕业人数	1991年招生人数
中医士	3 年	9		
中医士	4 年	80	40	40
民族医士	3 年	40		40
针灸医士	3 年	80	39	
中医士（职工班）	3 年	111		40
护士（职工班）	3 年		10	

职工 155 人。专任教师 110 人，其中高级讲师 5 人、讲师 20 人、助理讲师 21 人、教员 50 人。

贵阳中医学院

地址：贵州省贵阳市市东路 1 号　电话：22633　邮政编码：550002

院长：朱凤堂

职工 755 人。医药专任教师 230 人，其中教授 9 人、副教授 45 人、讲师 94 人、助教 52 人、教员 30 人。

专业设置	学制	在院学生数	1991年毕业人数	1991年招生人数
中药	4 年	157	40	40
中医	5 年	571	151	120
针灸推拿	5 年	70	19	40
针灸推拿	3 年	25	28	
药学	5 年	60		30
药学	3 年	26	36	
中医	2 年	48	41	48

在院硕士研究生 2 人，1991 年招硕士研究生 1 人，毕业 8 人。

附属机构：贵阳中医学院第一附属医院，第二附属医院，微量元素研究所，骨伤科研究所，实验药厂，《贵阳中医学院学报》、《微量元素》杂志编辑部。

贵阳中医学院第一附属医院护士学校

地址：贵州省贵阳市外环城东路　邮政编码：550001

职工 5 人。专任教师 5 人，其中讲师 3 人、助理讲师 2 人。

专业设置	学制	在校学生数	1991年毕业人数	1991年招生人数
护士	3 年	40		

遵义中医学校

地址：贵州省遵义县南白镇　电话：22521　邮政编码：563100

校长：赵伟光

职工 50 人。专任教师 31 人，其中高级讲师 1 人、讲师 3 人、助理讲师 21 人。

专业设置	学制	在校学生数	1991年毕业人数	1991年招生人数
药剂士	3 年	48		
护士	3 年	50		
推拿医士	3 年	45	48	45

云南中医学院

地址：云南省昆明市白塔路 6 号　电话：24972　邮政编码：650011

院长：宣明盛

职工 530 人。医药专任教师 169 人。其中副教授 35 人、讲师 45 人、助教 33 人、教员 56 人。

专业设置	学制	在院学生数	1991年毕业人数	1991年招生人数
中医	5 年	347	88	53
针灸推拿	3 年	177	82	58
中药	4 年	144	38	32
中药经营管理	3 年	116		40

在院硕士研究生 4 人，1991 年毕业硕士研究生 3 人。

附属机构：云南中医学院附属医院，云南省高校心理卫生研究所，《云南中医学院学报》编辑部。

玉溪卫生学校

地址：云南省玉溪市文化路 5 号　电话：222082　邮政编码：653100

职工 123 人。专任教师 78 人，其中高级讲师 10 人、讲师 15 人、助理讲师 32 人、教员 11 人。

专业设置	学制	在校学生数	1991年毕业人数	1991年招生人数
中医护士	3 年	50	50	

保山卫生学校

地址：云南省保山市小梨园　电话：22371　邮政编码：678000

职工104人。专任教师56人，其中高级讲师4人、讲师15人、助理讲师33人、教员4人。

专业设置	学制	在校学生数	1991年毕业人数	1991年招生人数
中医护士	3年	149	50	50

云南省中医学校

地址：云南省昆明市　邮政编码：650010

专业设置	学制	在校学生数	1991年毕业人数	1991年招生人数
中医士	3年	30		
中药士	3年	30		

大理卫生学校

地址：云南省大理市　电话：25815　邮政编码：671000

职工113人。专任教师58人，其中高级讲师4人、讲师21人、助理讲师24人、教员9人。

专业设置	学制	在校学生数	1991年毕业人数	1991年招生人数
民族医士	4年	97		
民族妇幼医士	4年	101		50

西藏自治区藏医学校

地址：西藏自治区拉萨市　邮政编码：850000

专业设置	学制	在校学生数	1991年毕业人数	1991年招生人数
藏医士	4年	160	46	30

陕西中医学院

地址：陕西省咸阳市渭阳路1号　电话：212766　邮政编码：712083

副院长：杜雨茂

职工658人。医药专任教师194人，其中教授1人、副教授30人、讲师70人、助教49人、教员44人。

专业设置	学制	在院学生数	1991年毕业人数	1991年招生人数
中医	5年	499	139	135
中医	3年	96	28	60
中药	4年	124	34	30
针灸推拿	5年	177	34	35
医学	3年	40		40

在院硕士研究生36人，1991年招硕士研究生10人、毕业26人。

附属机构：陕西中医学院附属医院。

宝鸡市中医学校

地址：陕西省宝鸡市十里铺大庆路　电话：413469　邮政编码：721004

校长：陈文思

职工136人。专任教师59人，其中高级讲师3人、讲师26人、助理讲师22人、教员8人。

专业设置	学制	在校学生数	1991年毕业人数	1991年招生人数
中医士	4年	161	39	40
药剂士	3年	129	50	40
中医护士	3年	121	33	40
针灸推拿医士	4年	146	53	40
中医士	3年	71	46	

渭南地区中医学校

地址：陕西省渭南市杜桥　电话：212915　邮政编码：714000

职工271人。专任教师75人，其中高级讲师12人、讲师32人、助理讲师24人。

专业设置	学制	在校学生数	1991年毕业人数	1991年招生人数
中医士	4年	40	35	40
中药调剂士	3年	100	40	40
中医护士	3年	120	40	40
中医士	3年	130	50	40

陕西省自强中等专业学校

地址：陕西省宝鸡市十里铺　电话：213641　邮政编码：721004

职工85人。专任教师37人，其中高级讲师1人、讲师12人、助理讲师5人。

专业设置	学制	在校学生数	1991年毕业人数	1991年招生人数
盲人按摩医士	4年	78	29	25

甘肃中医学校

地址：甘肃省兰州市定西东路35号　电话：27121　邮政编码：730000

院长：丛春雨

职工430人。医药专任教师100人，其中教授3人、副教授21人、讲师35人、助教39人、教员2人。

专业设置	学制	在院学生数	1991年毕业人数	1991年招生人数
中医	5年	513	101	103
中医	3年		16	
中药	3年	137	40	45
针灸推拿	3年	156	40	52
医科新专业	3年	60		30

附属机构：甘肃中医学院附属门诊部，《甘肃中医学院学报》编辑部。

甘肃省中医学校

地址：甘肃省兰州市七里河地区安西路168号　电话：35375　邮政编码：730050

校长：伊达伟

职工122人。专任教师69人，其中高级讲师7人、讲师23人、助理讲师35人。

专业设置	学制	在校学生数	1991年毕业人数	1991年招生人数
中医士	3年	80	66	80
中医士	4年	81		
针灸医士	3年	118	44	40
中医护士	3年	118	40	40
中药制药	3年	118	39	40

甘肃中医学院附设中专班

地址：甘肃省兰州市定西东路　电话：27121　邮政编码：730000

专业设置	学制	在校学生数	1991年毕业人数	1991年招生人数
中医护士	3年	73	45	50

武威卫生学校

地址：甘肃省武威市东关街市民路49号　电话：2335　邮政编码：733000

校长：刘学仁

职工117人。专任教师61人，其中高级讲师10人、讲师21人、助理讲师27人、教员3人。

专业设置	学制	在校学生数	1991年毕业人数	1991年招生人数
中医士	4年	80		

青海医学院中医系

地址：青海省西宁市昆仑路84号　电话：43751转379　邮政编码：810001

系主任：李福安

中医药教师共42人，其中副教授2人、讲师20人、助教12人、教员6人。

专业设置	学制	在校学生数	1991年毕业人数	1991年招生人数
中医	5年	149	31	30
中医	3年	20	36	10

宁夏医学院中医系

地址：宁夏回族自治区银川市南郊　电话：32832　邮政编码：750004

系主任：赵自强

中医药教师共24人，其中教授2人、副教授6人、讲师2人、助教13人、教员1人。

专业设置	学制	在院学生数	1991年毕业人数	1991年招生人数
中医	5年	196		40

宁夏卫生学校

地址：宁夏回族自治区银川市新市区　电话：74650　邮政编码：750021

校长：张熙之

职工208人。专任教师93人，其中高级讲师17人、讲师17人、讲师27人、助理讲师43人、教员6人。

专业设置	学制	在校学生数	1991年毕业人数	1991年招生人数
中药士	3年	40	40	
中医士	4年			40

新疆中医学院

地址：新疆维吾尔族自治区乌鲁木齐市新医学路10号　电话：413394　邮政编码：830000

院长：张绚邦

职工210人。医药专任教师63人，其中教授3人、副教授13人、讲师28人、助教19人。

专业设置	学制	在院学生数	1991年毕业人数	1991年招生人数
中医	5年	200	37	39
中医	4年		1	
针灸推拿	5年	160	39	
中药	3年	40		40
民族医	4年	69		

附属机构：新疆中医学院附属中医医院，中医研究所。

新疆维吾尔医学专科学校

地址：新疆维吾尔自治区和田市奴尔瓦克西路　电话：23236　邮政编码：848000

职工61人。医药专任教师32人，其中教授1人、副教授3人、讲师3人、助教16人、教员9人。

专业设置	学制	在院学生数	1991年毕业人数	1991年招生人数
维吾尔医	4年	229	39	80

【中医药研究机构】

中国中医研究院

地址：北京市东直门内北新仓18号　电话：4014411　邮政编码：100700

院长：傅世垣

职工4,215人。科研人员中，中医850人，其中研究员106人、副研究员138人、助理研究员384人、研究实习员222人；中西医结合69人，其中研究员57人、副研究员9人、助理研究员2人、研究实习员1人；中药222人，其中研究员4人、副研究员7人、助理研究员60人、研究实习员151人；西医478人，其中研究员95人、副研究员88人、助理研究员225人、研究实习员70人。

下属研究所：中药研究所，针灸研究所，骨伤科研究所，基础理论研究所，中国医史文献研究所，图书情报研究所，研究生部。

在院硕士研究生97人，1991年招生11人、毕业54人；在院博士研究生16人，1991年招生9人、毕业18人。

附属机构：广安门医院，西苑医院，卫生学校，《中医杂志》社，科技服务部。

中国中医研究院针灸研究所

地址：北京市东直门内北新仓18号　电话：4032682　邮政编码：100700

所长：邓良月

职工 325 人。科研人员中，中医 127 人，其中研究员 3 人、副研究员 15 人、助理研究员 46 人、研究实习员 63 人；中西医结合43人，其中研究员 11 人、副研究员 10 人、助理研究员 20 人、研究实习员 2 人；中药 3 人，均为助理研究员；西医 53 人，其中研究员 13 人、副研究员 5 人、助理研究员 26 人、研究实习员 9 人。

下属研究室：神经、循环、消化运动研究室，针法第一、第二研究室，灸法研究室，腧穴研究室，中医内科研究室，气功研究室，文献研究室。

在所硕士研究生 2 人，1991 年毕业 6 人；在所博士研究生 3 人，1991 年招生 1 人、毕业 3 人。

附属机构：《针刺研究》编辑部、《中国针灸》编辑部。

中国中医研究院骨伤科研究所

地址：北京市东直门内北新仓 18 号
电话：4032684　邮政编码：100700

所长：丁继华

职工 208 人。科研人员中，中医 57 人，其中研究员 3 人、副研究员 2 人、助理研究员 15 人、研究实习员 37 人；中西医结合 8 人，其中副研究员 2 人、助理研究员 2 人、研究实习员 2 人；中药 5 人，其中副研究员 1 人、助理研究员 3 人、研究实习员 1 人；西医 10 人，其中研究员 3 人、助理研究员 6 人、研究实习员 1 人。

下属研究室：中医骨伤基础理论研究室，基础医学研究室，生物力学研究室，颈椎病研究室，腰腿痛研究室，传统手法研究室，骨折研究室，骨病研究室，脊柱相关疾病研究室，老年病研究室。

在所硕士研究生 9 人，1991 年招生 1 人，毕业 2 人；在所博士研究生 5 人，1991 年招生 2 人。

附属机构：《中国骨伤》杂志编辑部。

中国中医研究院基础理论研究所

地址：北京市东直门内北新仓 18 号
电话：4013896　邮政编码：100700

所长：包景珍

职工 197 人。科研人员中，中医 27 人，其中研究员 4 人、副研究员 3 人、助理研究员 9 人、研究实习员 8 人；中西医结合 2 人，其中研究员 1 人、助理研究员 1 人；中药 4 人，其中研究员 1 人、助理研究员 1 人、研究实习员 3 人；西医 26 人，其中研究员 7 人、副研究员 3 人、助理研究员 12 人、研究实习员 4 人。

下属研究室：电子显微镜研究室，计算机研究室，仪器分析研究室，生理研究室，药理研究室，病理研究室，细胞研究室，生物化学研究室，免疫研究室，医用仪器研究室，中药剂型改革研究室，药物化学研究室，辨证研究室，治则研究室，养生研究室，脏象研究室，病因研究室，实验动物中心。

在所硕士研究生 5 人，1991 年毕业 3 人；在所博士研究生 1 人，1991 年招生 1 人、毕业 1 人。

中国中医研究院图书情报研究所

地址：北京市东直门内北新仓 18 号
电话：4013995　邮政编码：100700

所长：吴伯平

职工 161 人。科研人员中，中医 32 人，其中副研究员 8 人、助理研究员 16 人、研究实习员 8 人；中西医结合 5 人，其中研究员 3 人、副研究员 2 人；中药 3 人，其中助理研究员 2 人、研究实习员 1 人；西医 14 人，其中研究员 4 人、副研究员 5 人、助理研究员 4 人、研究实习员 1 人。

下属研究室：情报研究一室，情报研究二室，典籍研究室，文献检索室。

中国中医研究院中药研究所

地址：北京市东直门内北新仓 18 号
电话：4014411 转 2954　邮政编码：100700

所长：姜廷良

职工360人。科研人员中，中医3人，其中研究员2人、助理研究员1人；中药297人，其中研究员22人、副研究员53人、助理研究员103人、研究实习员119人。

下属研究室：第一、二、三、四药理研究室，生药研究室，中药剂型研究室，中药炮炙研究室，中药化学研究室，中药分析化学研究室，仪器分析室，中药文献研究室，中药理论研究室。

附属机构：中药实验药厂，《中国中药杂志》编辑部。

中国中医研究院中国医史文献研究所

地址：北京市东直门内北新仓18号 电话：4014411转3239 邮政编码：100700

所长：余瀛鳌

职工61人。科研人员中，中医23人，其中研究员8人、副研究员5人、助理研究员21人、研究实习员14人；中西医结合4人，均为研究员；西医4人，均为助理研究员。

下属研究室：医史一、二室，文献一、二室，单秘验方研究室，图书资料室，医史博物馆。

北京市中医研究所

地址：北京市东城区美术馆后街23号 电话：4011391转226 邮政编码：100010

所长：危北海

职工66人。科研人员中，中医4人，其中副研究员1人、研究实习员3人；中西医结合51人，其中研究员2人、副研究员8人、助理研究员15人、研究实习员26人；中药5人，其中副研究员1人、助理研究员1人、研究实习员3人。

下属研究室：生化研究室，生理研究室，微循环研究室，微生物免疫研究室，药理研究室，药化研究室，中药制剂改革研究室，形态研究室，气功研究室，中医文献研究室，经络研究室。

北京中医学院气功学研究所

地址：北京市和平街北口11号 电话：4225566转2772 邮政编码：100029

所长：杨秦飞

职工47人。科研人员中，中医4人，其中助理研究员2人、研究实习员2人；中西医结合11人，其中研究员1人、副研究员3人、助理研究员5人、研究实习员2人；中药4人，其中研究员1人、副研究员1人、助理研究员1人、研究实习员1人；西医12人，其中研究员3人、副研究员2人、助理研究员6人、研究实习员1人。

下属研究室：生理研究室，病理研究室，生化研究室，免疫室，微量元素室，临床室，气功信息室。

北京中医学院中医基础理论研究所

地址：北京市朝阳区北环东路11号 电话：4220893

所长：刘燕池

职工60人。科研人员中，中医23人，其中研究员6人、副研究员5人、助理研究员9人、研究实习员3人；中西医结合30人，其中研究员5人、副研究员7人、助理研究员12人、研究实习员6人；中药7人，其中研究员2人、副研究员1人、助理研究员2人、研究实习员2人。

下属研究室：中医文献研究室，中医基础研究室，内经研究室，老中医经验研究室，针灸形态研究室，气血生化研究室，免疫研究室，神经体液研究室。

在所硕士研究生31人，1991年招生6人、毕业18人；在所博士研究生7人，1991年招生3人、毕业1人。

北京市中药科学研究所

地址：北京市安定门外外馆东街甲14号 电话：4214515 邮政编码：100011

所长：周时来

职工90人。科研人员中，中药59人，其中高级工程师5人、工程师21人、助理工程师27人。

下属研究室：科研部，质量部，信息中心。

河北省中医药研究所

地址：河北省石家庄市长安西路3号
电话：46812　邮政编码：1050011

所长：李　浩

职工50人。科研人员中，中医45人，其中副研究员5人、助理研究员20人、研究实习员20人；西医1人，为研究实习员。

下属研究室：临床研究室，情报资料研究室，中心实验室。

山西省中医研究所

地址：山西省太原市并州西街14号
电话：223577　邮政编码：030012

所长：曹家骥

职工108人。科研人员中，中医19人，其中研究员1人、副研究员3人、助理研究员7人、研究实习员7人；中西医结合6人，其中研究员2人、副研究员4人；中药10人，其中助理研究员3人、研究实习员7人；西医4人，其中研究员1人、副研究员1人、助理研究员1人、研究实习员1人。

下属研究室：肝病研究室，方剂研究室，中药研究室，中医基础理论研究室，眼病研究室，细菌免疫室，中心实验室，动物实验室。

在所硕士研究生7人，1991年招生2人、毕业2人。

辽宁省中医研究院

地址：辽宁省沈阳市皇姑区黄河大街七段六号　电话：462923　邮政编码：110031

院长：孙启凤

职工519人。科研人员中，中医29人，其中研究员1人、副研究员2人、助理研究员12人、研究实习员14人；中西医结合2人，均为副研究员；中药34人，其中副研究员3人、助理研究员5人、研究实习员26人；西医16人，其中研究员1人、副研究员2人、助理研究员4人、研究实习员9人。

下属研究室：心脑血管病研究室，中药剂型研究室，药理研究室，病生理研究室，本草研究室，生殖不孕研究室，生化研究室，药化研究室，人参研究室，同位素研究室，医史文献研究室，中心实验室，中心情报室。

附属机构：辽宁省中医研究院附属医院

吉林省中医中药研究院

地址：吉林省长春市工农大路17号
电话：57689　邮政编码：130021

院长：王　阁

职工493人。科研人员中，中医113人，其中研究员3人、副研究员21人、助理研究员27人、研究实习员7人；中西医结合6人，其中研究员5人、助理研究员1人；中药115人，其中研究员6人、副研究员11人、助理研究员26人、研究实习员55人；西医44人，其中研究员1人、副研究员3人、助理研究员26人。

下属研究所：中医研究所，中药研究所，老年医学研究所。

附属机构：吉林省中医中药研究院附属医院，药厂。

长春中医学院中医研究所

地址：吉林省长春市工农大路15号
电话：55911转417

所长：南　征

职工25人。科研人员中，中医5人，其中副研究员1人、助理研究员2人、研究实习员2人；中西医结合4人，其中研究员1人、副研究员2人、助理研究员1人；中药11人，其中副研究员2人、助理研究员4人、研究实习员5人；西医2人，其中副研究员1人、助理研究员1人。

下属研究室：临床研究室，药理研究室，生化免疫研究室，中成药研究室，植化质控研究室。

在所硕士研究生2人，1991年招生1人。

黑龙江省中医研究院

地址：黑龙江省哈尔滨市香坊区三辅街78号　电话：53086　邮政编码：150036

院长：刘永铭

职工583人。科研人员中，中医185人，其中研究员2人、副研究员20人、助理研究员55人、研究实习员108人；中西医结合18人，其中研究员2人、副研究员7人、助理研究员9人；中药80人，其中研究员3人、副研究员10人、助理研究员23人、研究实习员44人；西医25人，其中副研究员3人、助理研究员14人、研究实习员8人。

下属研究所：针灸经络研究所，中药研究所，临床医学研究中心。

在院硕士研究生34人，1991年招生4人、毕业7人。

附属机构：黑龙江省中医研究院附属医院，实验药厂，《黑龙江中医药》杂志社。

上海市针灸经络研究所

地址：上海市宛平南路650号　电话：4395972　邮政编码：200030

所长：陈汉平

职工149人。科研人员中，中医22人，其中副研究员7人、助理研究员10人、研究实习员5人；中西医结合8人，其中副研究员6人、助理研究员2人。

下属研究室：生化研究室，免疫研究室，病理生理研究室，组胚研究室，文献研究室，情报室，仪器研制室，中心测试一、二室。

在所硕士研究生12人。

附属机构：《上海针灸杂志》编辑部。

上海市气功研究所

地址：上海市徐汇区宛平南路650号　电话：4394141　邮政编码：200030

所长：柴剑宇

职工96人。科研人员中，中医27人，其中研究员1人、副研究员5人、助理研究员9人、研究实习员12人；中西医结合40人，其中研究员2人、副研究员4人、助理研究员10人、研究实习员24人。

下属研究室：气功原理研究一、二室，气功效应研究室，文献情报研究室，中心实验室。

附属机构：上海市气功研究所气功门诊部。

上海中医学院中医文献研究所

地址：上海市南昌路218号　电话：3275670　3273691　邮政编码：200020

副所长：严恩清

职工45人。科研人员中，中医33人，其中研究员2人、副研究员3人、助理研究员15人、研究实习员4人；中药4人，其中助理研究员3人、研究实习员1人；西医1人，为研究实习员。

下属研究室：现代文献研究室，古籍研究室，上海地区中医学术研究室，医史研究室。

附属机构：《中国中医药年鉴》编辑部。

上海市中医文献馆　上海市中医药科技情报研究所

地址：上海市瑞金二路156号　电话：4335009　邮政编码：200020

馆（所）长：励正康

职工38人。科研人员中，中医21人，其中主任医师2人、副主任医师6人、主治医师9人、住院医师4人；中西医结合4人，其中主任医师2人、副主任医师2人。

下属研究室：古籍文献研究室，医史文献研究所，老中医经验及民间单方、验方研究室，情报成果交流研究室，情报资料检索研究室。

附属机构：《杏苑中医文献杂志》编辑部，老中医门诊部。

上海市中医药研究院中药研究所

地址：上海市零陵路530号　电话：4385400转314　邮政编码：200032

所长：李仪奎

职工33人。科研人员中，中西医结合9人，其中研究员1人、副研究员6人、助理研究员2人；中药14人，其中助理研究员11人、研究实习员2人。

下属研究室：中药复方研究室，中药剂型研究室，炮制研究室，肿瘤药物研究室，植物细胞工程研究室，中草药有效成分研究室，农药残留量研究室，药膳研究室，中药标本室。

附属机构：上海中医学院制药厂。

上海医科大学中西医结合研究所

地址：上海市乌鲁木齐中路12号华山医院内　电话：4333999转517　邮政编码：2000040

所长：沈自尹

职工50人。科研人员中，中西医结合33人，其中研究员6人、副研究员10人、助理研究员17人。

下属研究室：脏象研究室，老年医学研究室，肿瘤研究室，心血管病研究室，肝炎研究室，四诊研究室，妇科虚诊研究室，儿科研究室。

上海第二医科大学传统医学研究中心

地址：上海市重庆南路227号　电话：3286590　邮政编码：200025

职工140人。科研人员中，中医76人，其中研究员3人、副研究员12人、助理研究员29人、研究实习员32人；中西医结合42人，其中研究员7人、副研究员9人、助理研究员15人、研究实习员11人；中药11人，其中研究员2人、副研究员3人、助理研究员3人、研究实习员3人；西医11人，其中研究员2人、助理研究员7人、研究实习员2人。

在校硕士研究生3人，1991年招生3人、毕业1人；在校博士研究生6人，1991年招生2人。

江苏省中医药研究所

地址：江苏省南京市栖霞区迈皋桥十字街100号　电话：502829　邮政编码：210037

所长：陈廉

职工283人。科研人员中，中医47人，其中研究员1人、副研究员5人、助理研究员12人、研究实习员29人；中西医结合25人，其中研究员5人、副研究员12人、助理研究员8人；中药24人，其中研究员3人、副研究员1人、助理研究员4人、研究实习员15人；西医72人，其中副研究员6人、助理研究员24人、研究实习员40人。

下属研究室：生理研究室，药理研究室，药物研究室，病理研究室，文献情报研究室。

南京中医学院中医药文献研究所

地址：江苏省南京市汉中路282号　电话：649121转381　邮政编码：210029

所长：张民庆

职工29人。科研人员中，中医19人，其中研究员2人、副研究员6人、助理研究员6人、研究实习员5人；中药9人，其中研究员1人、副研究员2人、助理研究员2人、研究实习员4人。

下属研究室：中药文献研究室，方剂文献研究室，临床文献研究室。

在所硕士研究生1人，1991年招生1人。

浙江省中医药研究院

地址：浙江省杭州市天目山路26号　电话：882214　邮政编码：310007

院长：樊良卿

职工258人。科研人员中，中医57人，其中研究员2人、副研究员10人、助理研究员21人、研究实习员24人；中药14人，其中研究员1人、副研究员3人、助理研究员2人、研究实习员8人。

下属研究室：基础研究室，临床研究室，针灸研究室，气功研究室，中药研究室，情报研究室，文献研究室。

附属机构：浙江省中医药研究院门诊部，药厂，《浙江中医杂志》、《气功》杂志编辑部。

浙江中医学院分子医学研究所

地址：浙江省杭州市青春路　电话：776721　邮政编码：310009

所长：张菊明

职工23人。科研人员中，中医2人，均为研究实习员；中西医结合16人，其中副研究员3人、助理研究员8人、研究实习员5人。

下属研究室：细胞生物研究室，免疫研究室，生物化学研究室，中药研究室，微量元素研究室。

安徽中医学院针灸经络研究所

地址：安徽省合肥市梅山路24号　电话：333237　邮政编码：230038

所长：周逸平

职工44人。科研人员中，中医12人，其中助理研究员7人、研究实习员5人；中西医结合2人，其中副研究员1人、助理研究员1人；中药1人，为助理研究员；西医21人，其中副研究员5人、助理研究员9人、研究实习员7人。

下属研究室：生理研究室，解剖研究室生化研究室，感传研究室，形态研究室，免疫研究室，电子研究室，资料研究室。

附属机构：安徽中医学院针灸经络研究所附属医院。

福建省中医药研究所

地址：福建省福州市五四北路53号　电话：571279　邮政编码：350003

所长：陈文岳

职工142人。科研人员中，中医28人，其中副研究员4人、助理研究员16人、研究实习员8人；中西医结合5人，其中研究员2人、副研究员2人、助理研究员1人；中药25人，其中研究员2人、副研究员7人、助理研究员10人、研究实习员6人；西医28人，其中研究员5人、副研究员6人、助理研究员14人、研究实习员3人。

下属研究室：中医基础理论研究室，针灸研究室，经络研究室，临床研究室，中医文献研究室，药物研究室，图书情报室，动物实验室。

江西省中医药研究所

地址：江西省南昌市文教路101号　电话：331921　邮政编码：330006

所长：蔡秉仁

职工114人。科研人员中，中医41人，其中副研究员7人、助理研究员17人、研究实习员11人；中西医结合6人，其中研究员3人、副研究员2人、助理研究员1人；中药16人，其中助理研究员7人、研究实习员5人；西医21人，其中副研究员1人、助理研究员6人、研究实习员9人。

下属研究室：文献图书情报研究室，临床研究室，中心实验室，气功、针灸研究室。

附属机构：江西省中医药研究所附属医院

山东省中医药研究所

地址：山东省济南市山大南路　电话：48477　邮政编码：250014

所长：俞昌正

职工136人。科研人员中，中医30人，其中副研究员5人、助理研究员13人、研究实习员12人；中西医结合4人，其中研究员2人、副研究员1人、助理研究员1；中药49人，其中研究员8人、副研究员9人、助理研究员13人、研究实习员19人。

下属研究室：中药化学研究室，生药研究室，药理研究室，病理研究室，中药炮制研究室，中医临床研究室，情报资料研究室，中心实验室。

山东中医学院中医文献研究所

地址：山东省济南市经十路23号　电话：64691 7转329　邮政编码：250014

副所长：田代华

职工17人。科研人员中，中医13人，其中研究员2人、副研究员2人、助理研究员3人、研究实习员6人。

下属研究室：文献研究一室，文献研究二室。

在所硕士研究生4人，1991年招生1人、毕业 2 人；在所博士研究生 2 人。

河南省中医研究院

地址：河南省郑州市城北路 7 号　电话：22590　邮政编码：450004

院长：邱保国

职工 214 人。科研人员中，中医 65 人，其中研究员 1 人、副研究员 7 人、助理研究员 14 人、研究实习员 44 人；中西医结合 7 人，其中副研究员 2 人、助理研究员 5 人；中药 20 人，其中研究员 1 人、副研究员 2 人、助理研究员 6 人、研究实习员 11 人。

下属研究室：消化研究室，仲景研究室，针灸经络研究室，心血管研究室，老年病研究室，泌尿研究室，肿瘤研究室，呼吸研究室，中药研究室，基础研究室。

附属机构：河南省中医研究院实验药厂，《中医研究》编辑部。

河南省中药研究所

地址：河南省郑州市东明路　电话：26719　邮政编码：450004

所长：张万诚

职工 50 人。科研人员中，中医 1 人；中药 29 人，其中副研究员 2 人、助理研究员 9 人、研究实习员 18 人。

下属研究室：制剂室，药材室，药理药化室，中试室，情报室，临床药理门诊部。

湖北省中医药研究院

地址：湖北省武汉市武昌珞瑜路 232 号　电话：701404　邮政编码：430074

院长：李同生

职工 484 人。科研人员中，中医 139 人，其中研究员 2 人、副研究员 17 人、助理研究员 14 人、研究实习员 25 人；中西医结合 9 人，其中研究员 3 人、副研究员 5 人、助理研究员 1 人；中药 43 人，其中助理研究员 7 人、研究实习员 28 人；西医 32 人，其中副研究员 6 人、助理研究员 15 人、研究实习员 5 人。

下属研究所：中西医结合研究所，骨伤科研究所，医史文献研究所，中医临床研究所，中药研究所，中医基础理论研究所，图书情报室。

附属机构：湖北省中医药研究院附属医院

湖北中医学院脏象肝病研究所

地址：湖北省武汉市武昌花园山 10 号　电话：875761 转 933　邮政编码：430061

所长：王伯祥

职工 48 人。科研人员中，中医 16 人，其中副研究员 1 人、助理研究员 9 人、研究实习员 6 人；中西医结合 5 人，其中研究员 3 人、副研究员 1 人、助理研究员 1 人；西医 12 人，其中副研究员 2 人、助理研究员 9 人、研究实习员 1 人。

下属研究室：肝病研究室，脏象研究室，脾胃研究室，生物医学工程研究室，细胞研究室，细胞电生理室，消化内窥镜室，电子显微镜室，图象处理室，肝病实验室，腹腔镜手术室。

在所硕士研究生 3 人，1991 年招生 1 人、毕业 2 人

附属机构：《中西医结合肝病杂志》编辑部。

湖北中医学院中医工程研究所

地址：湖北省武汉市武昌花园山　电话：877461 转 643　邮政编码：430061

所长：鲍亦万

职工 21 人。科研人员中，中医 6 人，其中研究员 1 人、副研究员 1 人、助理研究员 1 人、研究实习员 3 人；中西医结合 6 人，其中研究员 1 人、助理研究员 3 人、研究实习员 2 人；西医 9 人，均为研究实习员。

下属研究室：中医计算机研究室，中医康复工程研究室，中医专家系统研究室。

湖北中医学院中药研究所

地址：湖北省武汉市武昌云架桥　电话：875694 转 185　邮政编码：430061

所长：何功倍

职工 14 人。科研人员中，中医 4 人，其中助理研究员 2 人、研究实习员 2 人；中药 7 人，其中助理研究员 3 人、研究实习员 4 人；西医 3 人，其中副研究员 2 人、助理研究员 1 人。

下属研究室：药理研究室，植化研究室，制剂研究室，临床药理研究室。

湖南省中医药研究院

地址：湖南省长沙市麓山路 167 号　电话：83627　邮政编码：410006

院长：刘祖贻

职工 462 人。科研人员中，中医 110 人，其中研究员 3 人、副研究员 19 人、助理研究员 53 人、研究实习员 33 人；中西医结合 6 人，其中研究员 2 人、副研究员 1 人、助理研究员 2 人、研究实习员 1 人；中药 114 人，其中研究员 1 人、副研究员 13 人、助理研究员 27 人、研究实习员 47 人；西医 30 人，其中副研究员 2 人、助理研究员 13 人、研究实习员 11 人。

下属研究所：中医临床研究所，中医基础研究所，中药研究所。

附属机构：湖南省中医药研究院附属医院，药厂，《湖南中医杂志》编辑部。

湖南省中医药研究院中医基础研究所

地址：湖南省长沙市麓山路 167 号　电话：83727 转 232　邮政编码：410006

所长：李肇夷

职工 40 人。科研人员中，中医 33 人，其中研究员 1 人、副研究员 8 人、助理研究员 12 人、研究实习员 12 人；中西医结合 1 人，为研究员；中药 4 人，均为研究实习员；西医 1 人，为助理研究员。

下属研究室：文献理论研究室，临床理论研究室，基础理论研究室。

广东省中医研究所

地址：广东省广州市惠福路 60 号　电话：7764890　邮政编码：510060

所长：冯新送

职工 40 人。科研人员中，中医 25 人，其中副研究员 1 人、助理研究员 7 人、研究实习员 17 人；中药 6 人，其中研究员 1 人、助理研究员 1 人、研究实习员 4 人；西医 4 人，其中副研究员 1 人、研究实习员 1 人。

下属研究室：中医基础理论研究室，中药研究室，中医药情报研究室。

附属机构：广东省中医研究所附属医院，《按摩与导引》杂志社。

广西壮族自治区中医药研究所

地址：广西壮族自治区南宁市古城路20号　电话：203514　邮政编码：530022

所长：郑学忠

职工 175 人。科研人员中，中医 8 人，其中副研究员 2 人、助理研究员 6 人；中药 107 人，其中研究员 1 人、副研究员 20 人、助理研究员 33 人、研究实习员 13 人。

下属研究室：中医研究室，中药研究室，化学研究室，药理研究室，情报资料室，仪器分析室，制剂室，实验动物室。

附属机构：广西壮族自治区中医药研究所附属门诊部，实验药厂。

广西中医学院传统医药研究所

地址：广西壮族自治区南宁市明秀东路 21 号　电话：332101 转 164　邮政编码：530001

所长：赵　一

职工 37 人。科研人员中，中医 12 人，其中副研究员 1 人、助理研究员 9 人、研究实习员 2 人；中西医结合 1 人，为助理研究员；中药 6 人，其中研究员 1 人、助理研究员 4 人、研究实习员 1 人；中医 5 人，其中研究员 3 人、副研究员 2 人。

下属研究室：针灸经络研究室，中草药研究室，壮医研究室，软组织损伤研究室，医史文献研究室，气功研究室，中医电脑研究室。

成都中医学院中药研究所

地址：四川省成都市十二桥路 15 号　电话：769241　邮政编码：610075

所长：凌一揆 副所长：王一涛

职工 129 人。科研人员中，中药 107 人，其中研究员 7 人、副研究员 26 人、助理研究员 31 人、研究实习员 43 人。

下属研究室：中药药性研究室，中药成分研究室，中药炮制制剂研究室，中药品质研究室，中药标本中心，中药测试分析中心，中药情报分析室。

在所硕士研究生 9 人，1991年招生 2 人，毕业 4 人，在所博士研究生 1 人。

成都中医学院中医古籍文献研究所

地址：四川省成都市十二桥街 15 号 电话：769241 转 408 邮政编码：610075

所长：赵立勋

职工 12 人。科研人员中，中医 10 人，其中研究员 1 人、副研究员 2 人、助理研究员 4 人、研究实习员 2 人；中药 1 人，为助理研究员。

四川省中医药研究院

地址：四川省成都市人民南路四段 51 号 电话：554425 邮政编码：610041

院长：郁文骏

职工 879 人。科研人员中，正、副研究员 47 人，助理研究员 85 人，研究实习员 132 人。

下属研究所：临床医学研究所，针灸经络研究所，省中药研究所，药物种植研究所。

附属机构：四川省中医药研究院附属医院，《中药药理与临床》编辑部。

四川省中药研究所

地址：四川省重庆市南岸区黄桷垭 电话：481615 邮政编码：630065

所长：黄衡

职工 386 人。科研人员中，中医 2 人，其中研究员 1 人、助理研究员 1 人；中西医结合 2 人，均为助理研究员；中药 241 人，其中研究员 2 人、副研究员 25 人、助理研究员 74 人、研究实习员 120 人；西医 5 人，其中助理研究员 1 人、研究实习员 4 人。

下属研究室：生药研究室，药物化学研究室，药理研究室，中药栽培研究室，中药炮制与制剂研究室，中心实验室，中药综合开发室，实验动物研究室，图书情报研究室。

附属机构：四川省中药研究所门诊部，制药厂，保健饮料厂，《中药药理与临床》编辑部。

四川省中医药研究院针灸经络研究所

地址：四川省成都市四道街 16 号 电话：665866 邮政编码：610031

所长：李伯宁

职工 34 人。科研人员中，中医 23 人，其中副研究员 1 人、助理研究员 4 人、研究实习员 17 人；中西医结合 1 人，为研究员。西医 3 人，其中助理研究员 1 人、研究实习员 2 人。

下属研究室：临床研究室，推拿研究室，经络研究室。

四川省中医药研究院药物种植研究所

地址：四川省南川县三泉 电话：22239 邮政编码：648408

所长：何大志

职工 167 人。科研人员中，中药 62 人，其中研究员 1 人、副研究员 2 人、助理研究员 15 人、研究实习员 44 人。

下属研究室：栽培研究室，品种选育研究室，动植物资源调查研究室，土药化分析研究室。

附属机构：南川制药厂。

重庆市中医研究所

地址：四川省重庆市北区路 1 号 电话：53369 邮政编码：630013

所长：冯涤尘

职工 489 人。科研人员 201 人，其中中医 104 人、中西医结合 39 人、中药 58 人。

下属研究室：基础研究部，针灸研究室，老年医学研究室，中药制剂研究室，急腹症研究室，痔核研究室，内科急症研究室，情报研究室。

附属机构：重庆市中医研究所附属医院，“全国急症培训中心”，《中国中医急症》杂志社。

贵州省中医研究所

地址：贵州省贵阳市市东路1号　电话：22416　邮政编码：550002

所长：周惠明

职工106人。科研人员中，中医15人，其中副研究员3人、助理研究员4人、研究实习员8人；中西医结合5人，其中副研究员2人、助理研究员3人；中药39人，其中副研究员3人、助理研究员15人、研究实习员11人；西医2人，其中助理研究员1人、研究实习员1人。

下属研究室：临床研究室，中药药化室，中药药理室，民族医药室，中药剂型组，情报资料室。

附属机构：贵州省中医研究所附属医院

贵阳中医学院微量元素研究所

地址：贵州省贵阳市市东路1号　电话：25003　邮政编码：550002

所长：朱梅年

职工23人。科研人员中，中西医结合5人，其中副研究员1人、助理研究员2人、研究实习员2；中药18人，其中研究员2人、副研究员1人、助理研究员8人、研究实习员8人。

下属研究室：基础研究室，临床研究室，药物研究室，中心实验室。

附属机构：保健品厂，《微量元素》杂志编辑部。

云南省中医中药研究所

地址：云南省昆明市莲花池　电话：51957　54494　邮政编码：650223

所长：吴华

职工82人。科研人员中，中医70人，其中副研究员6人、助理研究员17人、研究实习员47人；中西医结合2人，均为副研究员；西医2人，其中助理研究员1人、研究实习员。

下属研究室：临床研究室，药理研究室，药化研究室，制剂研究室，民族医药研究室，耳针研究室，情报研究室。

附属机构：《云南中医杂志》编辑部。

陕西中药研究所

地址：陕西省咸阳市毕塬路　电话：3509　邮政编码：712000

所长：关超

职工214人。科研人员中，中医2人，其中副研究员1人、助理研究员1人；中西医结合3人，其中助理研究员1人、研究实习员2人；中药50人，其中副研究员11人、助理研究员21人、研究实习员18人；西医1人，为研究实习员。

下属研究室：植化研究室，新药开发研究室，药理研究室，药用植物栽培研究室，药用动物研究室。

附属机构：中间试验药厂，《西北药学》杂志编辑部。

陕西省中医药研究院

地址：陕西省西安市西华门大街20号　电话：713310　邮政编码：710003

院长：赵建础

职工691人。科研人员477人，其中正、副研究员59人，助理研究员179人，研究实习员234人。

下属研究所(室)：文献医史研究所，中医基础研究室，实验动物研究室，中药剂型生药研究室，中药化学成分研究室，中药药研究室，针灸经络研究室，中心仪器室。

附属机构：陕西省中医药研究院附属医院，附属肛肠医院，科研实验药厂，《陕西中医》杂志、《陕西医学》杂志编辑部。

陕西省中医药研究院文献医史研究所

地址：陕西省西安市西华门20号　电话：710470　713310

所长：赵建础

职工 21 人。科研人员中，中医 14 人，其中研究员 1 人、副研究员 3 人、助理研究员 6 人、研究实习员 4 人。

下属研究室：文献研究一、二、三、四室，医史研究室。

西安医科大学中西医结合研究所

地址：陕西省西安市朱雀大街 205 号 邮政编码：710061

所长：刘茂甫

科研人员中，中医 11 人，其中研究员 1 人、副研究员 4 人、助理研究员 2 人、研究实习员 4 人；中西医结合 21 人，其中研究员 4 人、副研究员 6 人、助理研究员 6 人、研究实习员 5 人；中药 4 人，其中助理研究员 2 人、研究实习员 2 人。

下属研究室：中西医结合基础研究室，中医内科研究室，中医肾病研究室，中西医结合急腹症研究室。

在所硕士研究生 3 人，19991 年招生 3 人、毕业 2 人。

附属机构：《现代中医》杂志编辑部。

新疆维吾尔自治区中医研究所

地址：新疆维吾尔自治区乌鲁木齐市解放路29号 电话：217222 邮政编码：830002

所长：乐德行

职工 102 人。科研人员中，中医 9 人；中西医结合 8 人，其中研究员 2 人、副研究员 3 人；中药 14 人；西医 2 人。

下属研究室：心血管病研究室，老年病研究室，血液病研究室，中医基础理论研究室，中医药情报资料研究室，气功研究室。

【中医药学术团体】

中国中医药学会

地址：北京市和平里东街樱花路甲 4 号 电话：4218311 邮政编码：100013

会长：崔月犁 副会长：胡熙明 施奠邦 刘志明 高辉远 王绵之 王永炎 李顺成 陈彤云 张镜人 王一章 凌一揆 副秘书长：李惠治 会员：39,000 余人。

分科学会：内科学会，妇科学会，眼科学会，外科学会，肛肠学会，骨伤科学会，医学气功学会，中药学会，耳鼻喉科学会，儿科学会，中医理论研究整理研究会。推拿学会，老年病学会，医古文研究会

中国中西医结合学会

地址：北京市东直门内北新仓 18 号 电话：4010688 4014411—3026 邮政编码：100700

理事长：吴咸中 副理事长：田景福 唐由之 陈可冀 沈自尹 廖家桢 秘书长：董文成 副秘书长：危北海 穆大伟 会员：27,000 人。

下设急腹症专业委员会，肿瘤专业委员会，骨伤科专业委员会，妇产科专业委员会，儿科专业委员会，急救医学专业委员会，呼吸病专业委员会，微循环专业委员会，精神疾病专业委员会，中药专业委员会，肝病专业委员会，周围血管病专业委员会，医学影像学专业委员会，疮疡专业委员会，肾病专业委员会，活血化瘀专业委员会，虚证与老年病专业委员会，四诊研究专业委员会，耳鼻喉科专业委员会，皮肤性病专业委员会，风湿类疾病专业委员会，血液病专业委员会，心血管疾病专业委员会，眼科专业委员会，管理专业委员会，基础理论专业委员会，消化系统疾病专业委员会，农村基层专业委员会，外语专业委员会。

中国针灸学会

地址：北京市东直门内北新仓 18 号 电话：4014411 转 3063 或 3065 邮政编码：100700

会长：胡熙明 副会长：王雪苔 陈绍武 陈佑邦 陈汉平 贺普仁 曹小定 程莘农 秘书长：李维衡 副秘书长：古励 田从豁 会员：11,156 人。

分科学会：针刺麻醉分会，经络分会，实验针灸分会，针灸临床分会，针法灸法分

会，腧穴分会，针灸文献专业委员会，针灸器材专业委员会，耳穴诊治专业委员会。

中国中医药学会内科分会

地址：北京市和平街北口北京中医学院 电话：4225566转 邮政编码：100029

主任：王永炎 副主任：焦树德 路志正 张镜人 巫君玉 杨明均 秘书长：晁恩祥 副秘书长：任占利

下设中风学组，辨证论治与检测学组，肝病专业委员会，心病专业委员会，脾胃病专业委员会，肾病专业委员会，肺系病专业委员会，血证专业委员会，脑病专业委员会，热病专业委员会，痹病专业委员会，疑难病学组。

中国中医药学会外科分会

地址：北京市广安门北线阁广安门医院内 电话：3013311 邮政编码：100053

主任：朱仁康 副主任：陈彤云 顾乃强 施汉章 秘书长：王沛

下设疮疡专题学组，胶原病专题学组，肿瘤专题学组，牛皮癣专题学组，男性病专题学组，周围血管病专题学组，乳腺病专题学组，皮肤癌专题学组。

中国中医药学会骨伤科学会

地址：上海市北京西路1623号或上海市普安路曙光医院 电话：2565939或3261650 邮政编码：200040或200021

主任：施杞 副主任：郭维淮 李国衡 李同生 武春发 孙树椿 张安桢 岑泽波 秘书长：石印玉 副秘书长：朱云龙 韦以宗

下设学术部，教育部，科技情报部，秘书部。

中国中医药学会妇科专业委员会

地址：天津市南开区天津中医学院内 电话：703426 邮政编码：300193

主任：哈荔田 副主任：高金亮 罗元恺 蔡小荪 秘书长：高金亮 副秘书长：吴炳岳 吴高媛

中国中医药学会儿科专业委员会

地址：山东省济南市省卫生厅内 电话：26621—123 邮政编码：250011

副主任：张奇文 江育仁 马新云 张锡君 秘书长：张奇文 副秘书长：朱锦善 李开法

中国中医药学会肛肠学会

地址：江苏省南京市金陵路1号 电话：626130 邮政编码：210001

会长：丁泽民 副会长：史兆岐 李润庭 金虎 尹伯钧 秘书长：史兆岐 副秘书长：张树义

中国中医药学会医古文研究会

地址：北京市和平里北街北京中医学院内 电话：4212731转 邮政编码：100029

副主任：刘振民 陈增真 刘健 段逸山

中国中医药学会医学气功研究会

地址：北京市和平里北街 电话：422、5566 邮政编码：100029

理事长：高鹤亭 副理事长：冯理达 焦国瑞 林雅谷 王莒生 秘书长：杜洛尹 副秘书长：钱菊卿

下设外事组，科研组，组织组，医疗组，增视组。

中国中医药学会北京分会

地址：北京市东单三条甲7号 电话：550460 邮政编码：100005

理事长：方和谦 副理事长：佘清 巫君玉 路志正 李乾构 杨光 秘书长：李惠治 副秘书长：郑庸 马静 会员2,542人。

分科学会：基础理论专业学会，内科专业委员会，妇科专业学会，儿科专业学会，皮肤、外科、五官、眼科专业学会，正骨按摩学会，肛肠学会，医学气功科学会，中药专业学会。

中国中西医结合学会北京分会

地址：北京市东单三条甲七号 电话：

550460　邮政编码：100005

理事长：高寿征　副理事长：危北海　王宝恩　谢竹藩　廖家桢　陈可冀　秘书长：贾葆鹏　副秘书长：马必生　王莒生　会员1,300余人。

分科学会：内科专业委员会，外科专业委员会，妇产科专业委员会，儿科专业委员会，皮肤科专业委员会，基础理论专业委员会，中药专业委员会，活血化瘀专业委员会，骨伤科专业委员会，肿瘤科专业委员会，肥胖专业委员会，耳鼻喉学组，周围血管病学组，精神病学组。

中国中医药学会天津分会

地址：天津市河西区佟楼佟卫里14号　电话：317875　邮政编码：300074

会长：何世英　副会长：王一章　王士相　戴锡孟　赵恩俭　李少川　秘书长：王一章　副秘书长：张大宁　陈金义　邬大正　会员860人。

分科学会：内科学会，基础理论学会，妇科学会，儿科学会，综合学科学会，骨伤科学会。

中国中西医结合学会天津分会

地址：天津市河西区佟楼佟卫里14号　电话：317875　邮政编码：300074

理事长：吴咸中　副理事长：边天羽　王今达　尚天裕　秘书长：原希偃　副秘书长：许树朴　会员500人。

天津市针灸学会

地址：天津市河西区佟楼佟卫里14号　电话：317875　邮政编码：300074

理事长：赵藕善　副理事长：石学敏　曹一鸣　秘书长：石学敏　副秘书长：邬大正　李宜中　会员250人。

分科学会：基础理论学会，临床学会。

中国中医药学会河北分会

地址：河北省石家庄市富强大街　电话：612762　邮政编码：050011

会长：王立山　副会长：郑兆华　马新云　夏锦堂　高濯风　郑英州　李恩复　于鸿玲　张伯石　王其飞　李彬之　秘书长：赵玉庸　副秘书长：孙万珍　林宏盖　武智　会员：3,296人。

分科学会：内科学会，外科学会，骨伤科学会，儿科学会，妇科学会，气功学会，推拿学会，肛肠学会，基础理论学会，眼科学会，老年病研究会。

中国中西医结合学会河北分会

地址：河北省石家庄市富强大街19号　电话：614762　邮政编码：050011

理事长：傅大为　副理事长：陈巽昭　李彩瑞　李恩　毕庚年　纪民育　秘书长：李恩　副秘书长：董淑萍　赵元璋　叶增茂　会员500余人。

分科学会：组织工作委员会，咨询工作委员会，学术工作委员会，国际交流工作委员会，科普工作委员会，皮肤专业委员会，神经精神病专业委员会，肝病专业委员会，肿瘤专业委员会，心血管专业委员会，微循环专业委员会，老年与虚证专业委员会，妇产科专业委员会，儿科专业委员会，血液病专业委员会，呼吸病专业委员会，风湿病专业委员会，耳鼻喉专业委员会，骨伤科专业委员会，口腔科专业委员会，急腹症专业委员会，眼科专业委员会，周围血管专业委员会，疮疡专业委员会，活血化瘀专业委员会，农村基层委员会，内分泌专业委员会。

中国中医药学会山西分会

地址：山西省太原市东华门23号　电话：382795　邮政编码：030013

会长：蒋天佑　副会长：师怀堂　金振堂　秘书长：蒋天佑，副秘书长：赵尚华　马宁启　会员1,404人。

分科学会：基础理论分会，内科分会，外科分会，妇科分会，儿科分会，肛肠分会，五官科分会。

中国中西医结合学会山西分会

地址：山西省太原市并州西街12号　电

话：223577—11　邮政编码：030012

理事长：贾得道　副理事长：于载畿　刘万程　包尚恕　杨占林　秘书长：刘万程　副秘书长：李国章　王宁　会员 1,211 人。

分科学会：皮肤科专业委员会，耳鼻喉专业委员会，活血化瘀专业委员会，急腹症专业委员会，眼科专业委员会，骨伤科专业委员会，肛肠专业委员会，经络专业委员会。

中国中医药学会内蒙古分会

地址：内蒙古自治区呼和浩特市内蒙古卫生厅中医处　电话：23201—301　邮政编码：010020

会长：苏力　副会长：孔庆洪　苏根元　伊光瑞　李树森　党铎　夏振义　斯琴　秘书长：赛喜娅　副秘书长：朱宗元　会员 1,795 人。

分科学会：内科专业委员会，妇科专业委员会，儿科专业委员会，肛肠专业委员会，医学气功专业委员会。

中国中医药学会辽宁分会

地址：辽宁省沈阳市皇姑区黄河大街七段 6 号　电话：64439　邮政编码：110032

会长：王镇藩　副会长：史常永　刘忠德　秘书长：史常永　副秘书长：于景宏　陈玉琦　张信

分科学会：内科专业委员会，外科专业委员会，骨伤科专业委员会，针灸专业委员会，肛肠专业委员会，妇产科专业委员会，辨证施护委员会，仲景学说委员会，推拿专业委员会，中医基础学组，古典医籍学组，人体科学学组，医院管理学组。

中国中西医结合学会辽宁分会

地址：辽宁省沈阳市省中医研究院内　电话：64484　邮政编码：110032

理事长：王镇藩　副会长：朱俊贵　秘书长：薛万达

分科学会：肿瘤学会，老年病与虚证学会，急证学会，软组织骨科学会，气功学会，眼科专业委员会，血证专业委员会。

辽宁省针灸学会

地址：辽宁省沈阳市皇姑区崇山东路 119 号　电话：4675617　邮政编码：110032

会长：马瑞林　副会长，王耀斌　徐斌　副秘书长：张信　崔述贵　郝学君　会员 700 人。

分科学会：学会办公室，腧穴学科学会，经络学科学会，针法灸法分科学会。

中国中医药学会吉林分会

地址：吉林省长春市建政路 9 号　电话：825126　邮政编码：130061

会长：刘冠军　副会长：刘柏令　李学中　苗洪范　王耀廷　秘书长：王庆文　副秘书长：南征　井枫林　会员 1,136 人。

分科学会：肛肠专业委员会，骨伤科专业委员会，内科专业委员会，外科专业委员会，儿科专业委员会，仲景学说专业委员会，医史医古文专业委员会，气功、推拿专业委员会，五官科专业委员会，老年病专业委员会，男性学专业委员会。

中国中西医结合学会吉林分会

地址：吉林省长春市建政路 9 号　电话：825126　邮政编码：130061

会长：刘庆欣　副会长：谭家兴　苗洪范　王保义　吴胜东　秘书长：谭家兴　副秘书长：何莉　会员 755 人。

分科学会：活血化瘀专业委员会，肝病专业委员会，急腹症专业委员会，软组织疼痛专业委员会，精神医学专业委员会，虚证老年病专业委员会，中青年学术研究委员会。

中国中医药学会黑龙江分会

地址：黑龙江省哈尔滨市南岗区大成街 36 号　电话：225786—362　邮政编码：150009

会长：张金良　副会长：张琪　栗德林　赵京　秘书长；赵京　副秘书长：李国清　王克勤　会员 2100 人。

分科学会：内科专会委员会，妇科专业

委员会，儿科专业委员会，外科专业委员会，肛肠科专业委员会，骨伤科专业委员会，基础理论专业委员会，医院管理专业委员会，医学气功专业委员会，中药专业委员会，肿瘤专业委员会，糖尿病专业委员会，护理专业委员会。

中国中西医结合学会黑龙江分会

地址：黑龙江省哈尔滨市南岗区　电话：226654　邮政编码：150009

会长：张金良　副会长：张亭栋　姜涛　黄炳山　焦士舜　张凤山　秘书长：姜涛　副秘书长：韩志杰　杨书兴　会员 1,100 余人。

分科学会：活血化瘀专业委员会，老年病专业委员会，儿科专业委员会，妇科专业委员会，急腹症专业委员会，血液病专业委员会，呼吸病专业委员会，消化病专业委员会，神经病专业委员会，眼科专业委员会，农村基层学组，肝炎学组，心血管学组，肾病学组，骨科学组，职业病学组，肿瘤学组，虚证学组，基础理论学组，周围血管学组，精神病学组。

黑龙江省针灸学会

地址：黑龙江省哈尔滨市香坊区三辅街 72 号　电话：53086　邮政编码：150001

会长：张缙　副会长：于致顺　于跃才　王风代　孙恩泽　刘家荫　张一民　郑艺钟　秘书长：裴廷辅　副秘书长：李育勤　李复峰　李凤兰　会员 1200 人。

分科学会：针灸临床专业委员会，针法灸法专业委员会，经络与腧穴专业委员会。

中国中医药学会上海分会

地址：上海市北京西路 1623 号　电话：2532271　邮政编码：200040

理事长：张镜人　副理事长：施杞　沈惠民　钱永益　陆德铭　朱承伟　柯雪帆　秘书长：郭尧清　副秘书长：许锦柏　会员 3691 人。

分科学会：内科学会，外科学会，妇科学会，儿科学会，针灸科学会，眼科学会，气功学会，肛肠学会，老年病学会，肾病学会，伤科学会，推拿学会，肝胆学会，男性病学会，脑病学会，喉科学会。

中国中西医结合学会上海分会

地址：上海市北京西路 1623 号　电话：2565939转 17 邮政编码：200040

理事长：沈自尹　副理事长：施杞　赵伟康　陈梅芳　秘书长：蒋槐　副秘书长：周治萍　会员 1,200 余人。

分科学会：虚证与老年病专业委员会，妇产科专业委员会，皮肤科专业委员会，肿瘤专业委员会，急腹症专业委员会，骨伤科专业委员会。

中国中医药学会江苏分会

地址：江苏省南京市汉中路 282 号　电话：741399　邮政编码：210029

会长：张华强　副会长：周仲瑛　徐景藩　孙浩　张锦清　秘书长：张锦清　副秘书长：成建山　会员 4,636 人。

分科学会：内科专业委员会，外科专业委员会，妇科专业委员会，儿科专业委员会，肛肠专业委员会，皮肤专业委员会，眼科专业委员会，耳鼻喉专业委员会，伤骨科专业委员会，推拿专业委员会，肿瘤专业委员会，急症专业委员会，男性病专业委员会，中医护理专业委员会，中药专业委员会，心系研究会，肝系研究会，肺系研究会，肾系研究会，脾胃研究会，痹病研究会，中医院管理研究会，医学气功研究会，老年医学研究会，青年中医研究会，仲景学说研究会，内经研究会，温病研究会，中医史研究会，局部解剖研究会，中医药美容研究会，中医外治疗法研究会，时间医学研究会，医古文研究会，中医多学科研究会，检测研究会。

中国中西医结合学会江苏分会

地址：江苏省南京市湖南路 8 号　电话：308871　邮政编码：210009

理事长：陈萍　副理事长：顾亚夫　陈

廉　徐长桂　任光荣　秘书长：陈德华　副秘书长：丁冠明　黄秀珍　会员1,772人。

分科学会：骨伤科专业学会，急腹症专业委员会，皮肤科专业委员会，肝病专业委员会，中药专业委员会，肾病免疫学组，肿瘤病学组，乳房病学组，微循环学组，周围血管病研究学组。

中国中医药学会浙江分会

地址：浙江省杭州市光复路8号　电话：773313　邮政编码：310002

会长：何任　副会长：王绪鳌　杨继荪　盛循卿　于诗俊　葛琳仪　王钖员　秘书长：张泳泉　副秘书长：朱鹏飞　吴康健　黄光华　陈春圃　会员3720人。

分科学会：医史学会，外科学会，推拿学会，伤科学会，内科学会，妇科学会，儿科学会，肛肠学会，眼科学会，中药学会，基础理论研究会，景岳学说研究会，医学气象筹备组，中医院管理学会，医学气功研究会，医古文学会，肿瘤研究会，蛇伤学会，肾病学会，耳鼻喉科学会，男性病学学组。

中国中西医结合学会浙江分会

地址：浙江省杭州市天目山路26号　电话：882214　邮政编码：310007

理事长：戴迪　副理事长：于诗俊　宫云志　王锦云　樊良卿　周朗生　王曼　王泽时　洪用森　秘书长：宫云志　副秘书长：钟达绵　章剑今　会员1,911人。

分科学会，肾病专业委员会，儿科专业委员会，妇科专业委员会，眼科专业委员会，肛肠专业委员会，急腹症专业委员会，活血化瘀专业委员会，精神病专业委员会，消化系疾病专业委员会，临床药学专业委员会，微循环与莨菪药物研究专业委员会，皮肤科专业委员会，骨伤科专业委员会，影像专业委员会。

浙江省针灸学会

地址：浙江省杭州市光复路8号　电话：773313　邮政编码：310002

会长：王绪鳌　副会长：高镇五　王坤根　李栋森　阮少南　许文波　秘书长：王坤根　副秘书长：吴士高　王樟连　会员619人。

分科学会：针灸临床专业委员会，针法灸法专业委员会，实验针灸专业委员会，针灸文献专业委员会，耳穴专业委员会，头穴专业委员会，经络腧穴专业委员会，针灸器材专业委员会。

中国中医药学会安徽分会

地址：安徽省合肥市梅山路安徽中医学院附属医院内电话：336764—37　邮政编码：230031

副会长：孟德海　陈可望　高光监　秘书长：孟德海　副秘书长：夏晋和，会员2983人。

分科学会：内科专业委员会，儿科专业委员会，妇科专业委员会，骨伤科专业委员会，气功专业委员会，老年医学专业委员会，肾病专业委员会，中药专业委员会，肛肠专业委员会，推拿专业委员会。

中国中西医结合学会安徽分会

地址：安徽省合肥市梅山路安徽医学院附院　电话：331326　邮政编码：230031

理事长：孙弼纲　副理事长：金乃时　贺承钧　秘书长：原存信　副秘书长：徐国榕　会员400人。

分科学会：技术服务部，活血化瘀专业委员会，软组织疼痛专业委员会。

安徽省针灸学会

地址：安徽省合肥市　电话：73133　邮政编码：230061

理事长：陆亚一　副理事长：罗庆道　秘书长：张自云　会员231人。

下设天然医学咨询部。

中国中医药学会福建分会

地址：福建省福州市古屏路17号　电话：553026转448　邮政编码：350003

会长：黄春源　副会长：俞长荣　蔡友

敬　肖熙　秘书长　王宜方　副秘书长：林颖　肖钦朗　叶威礼　会员2,701人。

分科学会：内科专业委员会，妇科专业委员会，儿科专业委员会，肛肠专业委员会，按摩专业委员会，护理专业委员会，外科专业委员会，骨伤专业委员会，基础理论研究会，中医院管理研究会，林如高学术研究会，陈修园学说研究会，医学气功研究会，脾胃病专业委员会，草医药专业委员会，中医药仪器研究会，青年中医学术研究会，五官科专业委员会。

中国中西医结合学会福建分会

地址：福建省福州市古屏路17号　电话：522750　邮政编码：350003

理事长：黄春源　副理事长：林求诚　庄子长　张安桢　叶孝礼　秘书长：余育元　副秘书长：林祥慎　赵竞成，会员778人。

分科学会：儿科专业委员会，急腹症专业委员会，微循环专业委员会，急救医学专业委员会，妇产科专业委员会，五官科专业委员会，虚证与辨病研究专业委员会，肝病学组。

福建省针灸学会

地址：福建省福州市古屏路17号　电话：553026转448　邮政编码：350003

会长：蔺云桂　副会长：梁栋富　黄建章　陈以教　秘书长：梁栋富　副秘书长：肖钦朗　吴炳煌　吴泳仁　会员600余人。

中国中医药学会江西分会

地址：江西省南昌市八一大道中医学院附院内　电话：215357　邮政编码：330046

会长　杨扶国　副会长：洪广祥　张海峰　姚奇蔚　杨卓寅　秘书长：陈瑞春　副秘书长：任正心　黄存垣　会员2327人。

分科学会：内科专业委员会，骨伤专业委员会，肛肠专业委员会，老年病专业委员会，儿科专业委员会，妇科专业委员会，气功专业委员会，推拿专业委员会，中医院管理专业委员会，外科专业委员会，针灸专业委员会，五官科专业委员会。

中国中西医结合学会江西分会

地址：江西省南昌市文教路101号　电话：331921　邮政编码：330006

理事长：周标　副理事长：徐炽度　余鹤令　汤益明　龚琼模　秘书长：汤益明　副秘书长：李国贤　李敬国　会员1157人。

分科学会：急腹症专业委员会，活血化瘀专业委员会，眼科专业委员会，妇产科专业委员会，骨伤科专业委员会，急诊专业委员会。

江西省针灸学会

地址：江西省南昌市八一大道中医学院附院内　电话62606　邮政编码：330046

会长：魏稼　副会长：宗瑞麟　黄延龄　秘书长：黄延龄　会员360余人。

下设学术宣传组，信息交流组，经络腧穴研究组，刺灸临床研究会。

中国中医药学会山东分会

地址：山东省济南市青年东路1号　电话：613270转　邮政编码：250011

理事长　何克　副理事长：张灿玾　吕同杰　蔡剑前　秘书长：蔡剑前　副秘书长：张吉人　卢尚岑　会员1700人。

分科学会：内科学会，外科学会，儿科学会，针灸学会，推拿学会，五官科学会，肛肠学会，气功学会，中医基础理论学会，中医多学科研究会。

中国中西医结合学会山东分会

地址：山东省济南市青年东路1号　电话：613270　邮政编码：250011

理事长：张奇文　副理事长：邹积隆　王荣江　陈克忠　田文　王继寅　秘书长：王继寅　副秘书长：俞昌正　顾振东　田代华　会员620余人。

中国中医药学会河南分会

地址：河南省郑州市纬五路东段　电话：51276　邮政编码：450003

理事长：张磊　副理事长：李振华　郭

维淮　乔保钧　韩俊钦　秘书长：韩俊钦　副秘书长：周世印　李纪源　会员1,700余人。

分科学会：外科学会，妇科学会，儿科学会，骨伤学会，推拿学会，医古文研究会，气功学会，针灸学会，中医理论研究会，仲景学说研究会，肛肠学会，眼科学会，内科学会，及中药、中医肿瘤、中医男性病学会筹备组。

中国中西医结合学会河南分会

地址：河南省郑州市纬五路东段　电话：555045　邮政编码：450003

理事长：韩俊钦　副理事长：李晏龄　于真玲　邵梦扬，秘书长：宁选　副秘书长：邱保国　李忠　会员1,050余人。

分科学会：虚证与老年病专业委员会，活血化瘀专业委员会，急腹症专业委员会，骨伤科专业委员会，眼科专业委员会，妇产科专业委员会，儿科专业委员会，肿瘤专业委员会。

河南省针灸学会

地址：河南省郑州市纬五路东段　电话：555045　邮政编码：450003

会长：毕福高　副会长：王宗学　孙六合　秘书长：王宗学　会员420余人。

中国中医药学会湖北分会

地址：湖北省武汉市武昌东湖路27号　电话：811592　邮政编码：430071

会长：李今庸　副会长：李同生　孙国杰　章真如　艾利民　秘书长　梅国强　副秘书长：徐晋文　会员1712人。

分科学会：内科学会，外科学会，妇科学会，儿科学会，骨伤科学会，中药学会，肛肠学会，青年中医药研究会，中医基础理论研究会，按摩学会。

中国中西医结合学会湖北分会

地址：湖北省武汉市武昌东湖路27号　电话：1811592　邮政编码：430071

理事长：李鸣真　副理事长：靳明辅　余青萍　舒达夫　贺昌木　秘书长：胡思吉　副秘书长：李国成　汪早立　会员1479人。

分科学会：急腹症专业委员会，肝病专业委员会，肾病专业委员会，心脑血管疾病专业委员会，妇产科专业委员会，活血化瘀专业委员会，呼吸病专业委员会，皮肤性病专业委员会，消化病专业委员会。

中国中医药学会湖南分会

地址：湖南省长沙市北站路16号　电话：26285　邮政编码：410008

理事长：朱杰　副理事长：欧阳锜　肖佐桃　刘祖贻　王奇成　谭新华　贺执茂　会员3600余人。

分科学会：内科学会，针灸学会，外科学会，肛肠科学会，妇科学会，儿科学会，眼科学会，耳鼻喉科学会，骨伤科学会，推拿学会，中药学会，民族医药学会，医学气学会，科研管理研究会，草医药研究会，马王堆医书研究会。

中国中西医结合学会湖南分会

地址：湖南省长沙市北站路16号　电话：255 77—230　邮政编码：410008

理事长：杨蕴祥（代）副理事长：杨蕴祥　孙材江　温耀繁　刘伟仕　张璧姿　秘书长：杨蕴祥　副秘书长：欧阳泽生　何锐　张自强　张盛光　会员1,630人。

分科学会：学术专业委员会，骨伤科专业委员会，急腹症专业委员会，皮肤科专业委员会，儿科专业委员会，活血化瘀专业委员会，耳鼻喉科专业委员会，虚证与老年病专业委员会，急救医学专业委员会，心血管专业委员会，精神病专业委员会，性医学专业委员会。

湖南省针灸学会

地址：湖南省长沙市韶山路84号　电话：3312　邮政编码：410007

会长：谢国荣　副会长：肖木生　许人华　秘书长：严洁　副秘书长：彭楚湘　会员170余人。

中国中医药学会广东分会

地址:广东省广州市恒福路 64 号 302 房间　电话：7760641　邮政编码：510060

理事长：张孝娟　副理事长：冯新送　丘和明　岑泽波　李锦开　李益民　秘书长：邝日建　副秘书长　黄宪章　张荣　会员 2,305 人。

下设机构（分科学会）：内科专业委员会，外科专业委员会，骨科专业委员会，妇科专业委员会，儿科专业委员会，五官科专业委员会，中药专业委员会，针灸专业委员会，肛肠专业委员会，护理专业委员会，气功专业委员会，按摩推拿专业委员会，名老中医专业委员会。

中国中西医结合学会广东分会

地址：广东省广州市先烈南路 17 号大院　电话:7766275转 207　邮政编码:510060

理事长：欧明　副理事长：王建华　李委　周国雄　梁湛聪　秘书长：李委　副秘书长：张礼康　罗日永　朱伯威　刘义海　余少琼　崔巍　会员 1,152 人。

广东省针灸学会

地址：广东省广州市大德路广东省中医院　电话：8887233　邮政编码：510120

会长：陈全新　副会长：靳瑞欧　阳群　梁庆临　秘书长：郑心仪　会员 235 人。

分科学会：临床实验研究会，经络研究会，针法灸法研究会，医疗仪器学组，耳针学组，针麻学组。

中国中医药学会广西分会

地址：广西壮族自治区南宁市桃源路35号区卫生厅内　电话：23986　邮政编码：530021

会长：张羽　副会长：曾昭明　黄谨明　韦贵康　班秀文　秦家泰　王鉴钧　许式谦　李少强　张洪源　秘书长：黄谨明　副秘书长：李锡光　黄汉儒　邓家刚　会员 1,650 余人。

分科学会：内科学会，外科学会，儿科学会，骨伤科学会，基础理论学会，医古文学会，肛肠科学会，气功学会，推拿学会，青年中医药研究会。

中国中西医结合学会广西分会

地址：广西壮族自治区南宁市桃源路35号　电话：202398—715　邮政编码:530021

理事长：兰芳馨　副理事长：谭家祥　黄祥续　任仕琨　秘书长：黄祥续　副秘书长：林中昌　齐幼龄　曾宝光　郭惠琴　会员 816 人。

分科学会：内科专业委员会，儿科专业委员会，蛇伤专业委员会，骨伤科专业委员会,妇产科专业委员会,精神疾病专业学组，农村基层专业学组。

中国中医药学会四川分会

地址：四川省成都市上汪家拐街 34 号　电话：26576　邮政编码：610041

会长：邓明仲　副会长：李克光　李明富　杨明钧　副秘书长：罗士信　余定国　徐洪勋　会员 3,300 余人。

分科学会：内科专业委员会，外科专业委员会,妇科专业委员会,儿科专业委员会，骨伤科专业委员会，医院管理专业委员会，民族医药专业委员会。

中国中西医结合学会四川分会

地址：四川省成都市文庙后街 80 号　电话：26576　邮政编码：610041

理事长：郝怀仁　副理事长：文长青　吴康衡　陈文彬　陈伯煊　姚邦恒　秘书长：吴康衡　副秘书长：李成林　刘言正　陈学忠　龚照明　会员 1,486 人。

分科学会：皮肤性病专业委员会，呼吸专业委员会，骨伤科专业委员会，医学影像专业委员会，管理专业委员会，虚证与老年医学专业委员会，活血化瘀血液病专业委员会，眼科专业委员会。

四川省针灸学会

地址：四川省成都市上汪家拐街 34 号　电话：26576　邮政编码：6100041

会长：李仲愚　副会长：郝怀仁　张邦粲　李伯宁　秘书长：李伯宁　副秘书长：严仁芳　会员340人。

分科学会：针灸专业委员会，推拿专业委员会，医学气功专业委员会，针麻专业委员会，实验针灸专业委员会，头针研究学组，耳针研究学组。

中国中医药学会贵州分会

地址：贵州省贵阳市市北村　电话：23943—594　邮政编码：550002

理事长：袁家玑　副理事长：王祖雄　贺志光　刘尚义　秘书长：曹桂　副秘书长：张厚权　徐学义　刘丽华　会员700余人。

分科学会：内科学会，外科学会，妇科学会，肛肠学会。

中国中西医结合学会贵州分会

地址：贵州省贵阳市市东路10号　电话：22416　邮政编码：550002

理事长：陆鸿滨　副理事长：周廷龄　杨勤槐　孙治　张凤群　沈冯君　孙成瑜　秘书长：李志伟　副秘书人：黄茂泉　吴家驹　会员630余人。

分科学会：呼吸病组，血液病组，肾病学组，心血管组，消化病组，活血化瘀组，软组织组，妇科组，老年病组，针灸组，传染病组，肿瘤组，骨伤科组，皮肤病组。

贵州省民族民间医药研究会

地址：贵州省贵阳市市东路10号　电话：22416　邮政编码：550002

会长：赵松　副会长：杨济中　陆科闵　张厚权　罗廷华　秘书长：李志伟　副秘书长：袁正谦　缪美淑　余俊生　会员100人。

中国中医药学会云南分会

地址：云南省昆明市光华街104号　电话：22058转275　邮政编码：650021

会长：欧振康　副会长：戴慧芬　杨荣辉　魏述徵　苏涟　姚克敏　詹文涛　秘书长：杨荣辉　副秘书长：金鸿猷　沈家骥　会员903人。

分科学会：内科专业委员会，妇科专业委员会，儿科专业委员会，外科专业委员会，肛肠专业委员会，中药专业委员会，骨伤科专业委员会，眼科专业委员会，推拿专业委员会，中医急症专业委员会。

中国中西医结合学会云南分会

地址：云南省昆明市人民东路东栗巷　电话：69308　邮政编码：650051

理事长：欧振康　副理事长：苏涟　张震　杨荣辉　于兰馥　秘书长：张震　副秘书长：赵天敏　孙培毅　会员739人。

分科学会：虚证与老年病专业委员会，妇产科专业委员会，风湿类疾病专业委员会，周围血管病学组，心脑血管病科研协作组。

云南省针灸学会

地址：云南省昆明市光华街104号　电话：30627转368　邮政编码：650021

会长：欧振康　副会长：张沛霖　苏涟　秘书长：张沛霖　副秘书长：孙培毅　周幼民　会员324人。

中国中医药学会陕西分会

地址：陕西省西安市西华门20号　电话：710470　邮政编码：710003

会长：卢希谦　副会长：杨世兴　赵建础　张学文　白武刚　杜雨茂　韩荣升　傅贞亮　午雪峤　黄保中　郑志文　秘书长：郑志文　副秘书长：王学礼　刘绍国　张德兴　会员1,767人。

分科学会：内科学会，外科学会，妇科学会，儿科学会，中药学会，肿瘤学会，文献医史学会，基础理论学会，骨伤科学会，眼科学会，肛肠学会，医疗气功学会，男性病学会，青年中医联合会，职工医院中医科技工作者联合会。

中国中西医结合学会陕西分会

地址：陕西省西安市西华门20号　电话：716873转　邮政编码：710003

理事长：卢希谦　副理事长：杨世兴

赵建础　王志义　白武刚　马援　杨俊　施文海　郑志文　韩荣升　刘建民　秘书长：王学礼　副秘书长：杨文儒　张德兴　会员887人。

分科学会：内科专业委员会，急腹症专业委员会，眼科专业委员会，骨伤科专业委员会，青年中医科技工作者联合会，职工医院中医科技工作者联合会，男性病学组，肝病学组，中风病学组，心周围血管病学组。

陕西省针灸学会

地址：陕西省西安市西华门20号　电话：713310　邮政编码：710003

会长：雷自申　副会长：赵建础　郭诚杰　郝金凯　章逢润　秘书长：郑志文　副秘书长：王学礼　张德兴　会员280人。

分科学会：针灸临床专业委员会，经络专业委员会，刺灸专业委员会，腧穴专业委员会，针刺麻醉专业委员会。

中国中医药学会甘肃分会

地址：甘肃省兰州市畅家巷63号　电话：25811　邮政编码：730030

会长：石国璧　副会长：贾斌　华占福　旦巴　杨守义　秘书长：翟衍庆　副秘书长：赵文鼎　张正昭　叶盛德　滕贵明　会员705人。

分科学会：真气运行研究会，肛肠学会，民族医学会，儿科学会，妇科学会，内科学会，医古文学会，中医基础理论研究会，骨伤科学会，外科学会。

中国中西医结合学会甘肃分会

地址：甘肃省兰州市畅家巷63号　电话：25811转3224　3222　邮政编码：730030

理事长：石国璧　副理事长：刘宝厚　斐正学　夏永潮　王镜　秘书长：斐正学　副秘书长：陈建中　崔笑梅　张宪平　会员324人。

分科学会：呼吸专业委员会，儿科专业委员会，急腹症专业委员会，精神病专业委员会，天水分会，科普组，会务组，编辑组。

甘肃省针灸学会

地址：甘肃省兰州市七里河王家堡20号　电话：3521　邮政编码：730050

会长：石国璧　副会长：金安德　梁水源　张忠权　周汶　秘书长：刘福　林佩冲　副秘书长：刘履坦　马明非　马坤范　会员627人。

分科学会：实验针灸专业研究会，临床针灸专业研究会，针灸文献专业研究会，经络专业研究会，腧穴专业研究会，针法灸法专业研究会，针麻专业研究会。

中国中医药学会青海分会

地址：青海省西宁市七一路省中医院内　电话：77695　邮政编码：8100000

理事长：张翼　副理事长：胡国栋　马正国　王道瑞　秘书长：曹正逵　副秘书长：汪辉东　张杰　会员297人。

分科学会：内科学会，外科学会，针灸学会，气功按摩学会，儿科学会，妇科学会，骨伤科学会，肛肠学会。

中国中西医结合学会青海分会

地址：青海省西宁市北大街84号　电话：47167　邮政编码：810000

理事长：秦德奎　副理事长：才让　李树毅　贺捷　袁培秀　秘书长：沙成金　副秘书长：丁椿年　毛来法　会员186人。

分科学会：骨伤科外固定分会，内科学组，儿科学组，外科学组。

青海省针灸学会

地址：青海省西宁市七一路220号　电话：77036—345　邮政编码：810000

会长：秦德奎　副会长：李景荣　耿显才让　秘书长：黄淑贞　副秘书长：马崇乾　文绍敦　会员112人。

中国中医药学会宁夏分会

地址：宁夏回族自治区银川市民族北街150号　电话：23359　邮政编码：750001

理事长：蒋厚文　副理事长：王又恩　张衡达　常清　卢化平　秘书长：杨占元

副秘书长：赵自强　龚以平　夏立红　会员270余人。

分科学会：学术工作委员会，组织工作委员会，咨询服务工作委员会，编审工作委员会，骨伤专业委员会，妇科专业委员会，中药专业委员会，肛肠专业委员会。

中国中西医结合学会宁夏分会

地址：宁夏回族自治区银川市南郊宁夏医学院内　电话：31488—360或342　邮政编码：750004

理事长：黄辉钊　副理事长：王又恩　邹光珍　李玉幸　蔡鼎华　马浩亮　秘书长：文武需　副秘书长：傅静芬　魏守法　会员203人。

分科学会：肝病学组：瘀证学组，外科学组，妇科学组。

宁夏回族自治区针灸学会

地址：宁夏回族自治区银川市南郊宁夏医学院　电话：31488—269　邮政编码：750004

会长：牛琦　副会长：戴玉勤　蔡升华　李迎春　王又恩　秘书长：刘润茂　副秘书长：夏立宏　会员168人。

分科学组：临床针灸学组，经络腧穴学组，实验针灸学组。

中国中医药学会新疆分会

地址：新疆维吾尔自治区乌鲁木齐市龙泉路66号　电话：25422　邮政编码：830001

会长：张绚邦　副会长：刘昌寿　金洪元　王振海　秘书长：牟全胜　副秘书长：李兴培　沈宝藩　王多让　会员1400余人。

分科学会：内科专业委员会，妇儿科专业委员会，外科专业委员会，推拿专业委员会，肛肠专业委员会，中医基础理论研究会，青年中医药研究会。

中国中西医结合学会新疆分会

地址：新疆维吾尔自治区乌鲁木齐市龙泉路66号　电话：224230　邮政编码：830001

会长：买买提明·沙比尔　副会长：赵琨　苗延升　周云霄　陈兰青　杨文光　火树华　秘书长：火树华　副秘书长：洪秀芳　张震环　李全智　刘季昭　会员506人。

分科学会：急腹症专业委员会，虚证与老年病专业委员会，活血化瘀专业委员会。

新疆维吾尔自治区针灸学会

地址：新疆维吾尔自治区乌鲁木齐市龙泉街卫生厅内　电话：24230　邮政编码：830001

会长：买买提明·沙比尔　副会长：洪圣达　申旭德　赵光　秘书长：洪圣达　会员180人。

【中医药期刊杂志一览表】

名称	创刊年月	出刊周期	字数（万字）	发行数(册)		编委会		主编或副主编	编辑部			地址	邮政编码	电话
				国内	国外	主任	委员人数		主任	职工人数	其中编辑人数			
中国医药学报	1986.7	双月	12	10,500	240	胡熙明	46	主　编：董建华 副主编：李惠治 李致重	李致重		8	北京市和平里东街樱花路甲4号	100029	4216650
中医杂志	19551.1	月刊	10	83,000	1,000	胡熙明	56		宋祖憼	24	15	北京市东直门内北新仓18号	100700	4014411转584
中西医结合杂志	1981.8	月刊	13	35,000	300	季钟朴	77	主　编：季钟朴		11	9	北京市西苑草场1号	100091	2563344转
中国针灸	1981.8	双月	10	41,000	700			主　编：魏明峰	刘炜宏	8	5	北京市东直门内北新仓18号	100700	4014411—2946
针刺研究	1976.10	季刊	12.5	1,500	100	黎春元	15	主　编：马廷芳	王少荣	6	3	北京东直门内北新仓18号	100700	4014411—2925
中医教育	1982.9	双月	7	3,000	46	傅世垣		主　编：刘振民 副主编：钟孟良	杨秀英	5	2	北京市朝阳区北三环东路11号	100029	422.5566转
中医药图书情报	1985.11	双月	7	1,000				主　编：薛清录 副主编：魏菊仙		4	3	北京市东直门内北新仓18号中国中医研究院图书情报所内	100700	4014411—3278
中医药管理杂志	1991.	双月						主　编：邢思邵				北京市朝阳区东兴路7号国家中医药管理局政法司	100027	
中华医史杂志	1947.3	季刊	10	2,700	130	程之范	18	主　编：程之发 副主编：李经纬 耿鉴庭　蔡景峰 陆肇基	陆肇基	4	3	北京市东直门内中国中医研究院	100700	4014411—3237
中国中药杂志	1955.7	月刊	10	15,000	200			主　编：毛华训 副主编：孙南君 冉小峰	林育华	8	7	北京市东直门内北新仓18号大院内	100700	4014411—2966

续表

名称	创刊年月	出刊周期	字数(万字)	发行数(册)		编委会		主编或副主编	编辑部			地址	邮政编码	电话
				国内	国外	主任	委员人数		主任	职工人数	其中编辑人数			
国外医学、中医中药分册	1978.10	双月	11	7,000				黄小愚　张志军	黄小愚 张志军	6	5	北京市东直门内北新仓18号	100700	4014411-3225
中国骨伤	1987.10	双月						主　编：尚天裕				北京市东直门内北新仓18号中国中医研究院	100700	4014411转
北京中医	1982.3	双月	8	57,630	1,604		52	主编：佘靖		6	5	北京市东单三条甲七号	100500	557767
北京中医学院学报	1959.10	双月	10	3,000	200	王永炎		王永炎	刘金生	6	4	北京市北三环东路11号	10029	422.5566-2830
中华气功		双月						主　编：高鹤亭				北京市和平街北口北京中医学院内	10029	4225566-2380
东方气功		双月										北京市工人体育场院内	100027	
光明中医	1985.5	双月	8	7,000			64	方药中		6	3	北京市海淀区翠微路平台村9号	100036	821.0131
中国中医眼科杂志	1991.11	季刊	12	3,000			42	主编：唐由之		1	1	北京市宣武区广内北线阁5号	100053	301.3311转203
天津中医	1983.10	双月	9	5,000	200	赵藕善	30	郭霭春	职延广	6	4	天津市西湖村	300193	70.3737
中草药	1970.	月刊	7.5	13,000	200	沈家祥	48	主　编：仇有珍 副主编：金秀莲		7	5	天津市南开区鞍山西道308号	300193	71.1320-72
中国气功	1982.6	季刊	8	140,000	1,000			主　编：赵宝峰 副主编：田宏计				河北省北戴河海滨东经路198号气功康复医院内	066100	41057
河北中医	1979.10	双月	8	5,500	300	夏锦堂	54		史定文	5	5	河北省石家庄市青园街62号	050021	612687

续表

名称	创刊年月	出刊周期	字数（万字）	发行数(册)		编委会		主编或副主编	编辑部			地址	邮政编码	电话
				国内	国外	主任	委员人数		主任	职工人数	其中编辑人数			
山西中医	1985.1	双月	10	8,000	200	孙建成	50	崔天悦		3	2	山西省太原市东华门73号	030013	341551-529
中医药研究	1984.12	双月	13	9,700	3,100	卢祥之	17	卢祥之	白玉金	24	17	山西省太原市柳巷南路儿童大世界五楼	030002	444933
实用中西医结合杂志	1988	双月						主　编：翁维良 副总编：马永春 王仰宗 刘万程				山西省长治市延安路46号	046000	
内蒙古中医药	1982.7	季刊	7	3,500		苏力	53	主　编　孔庆洪 副主编：胡志坚 刘玉书 成贵珈	刘玉书 成贵珈	4	3	内蒙古自治区呼和浩特市健康路	010020	26231-265
辽宁中医杂志	1985.11	月刊	8	8,000	300	刘鹏举	40	主　编：陆永平		10	9	辽宁省沈阳市皇姑区崇山东路79号	110032	467561转221
实用中医内科杂志	1987.3	季刊	7.5	13,710		李玉奇	20	主　编：李玉奇 副主编：于景宏	姚玉洁	3	2	辽宁省沈阳市皇姑区黄河北大街60号	110031	463185
中医函授通讯	1982.1	双月	11	47,500	321	刘忠德	31	杨连生	杨连生	4	3	辽宁省沈阳市皇姑区崇山东路79号	110032	
吉林中医药	1979.	双月	8	4,000	200	鲁安平	35	高光震	高光震	12	7	吉林省长春市工农大路15号	130021	53374
长春中医学院学报	1985.	季刊	11	500		邓明鲁	40	高光震	高光震	12	7	吉林省长春市工农大路15号	130021	55911转362
黑龙江中医药	1965.10	双月	8.3	2,727	17	张琪	10	张琪	李国平	6	4	黑龙江省哈尔滨市香坊区三辅街72号	150036	53086
中医药学报	1973	双月	9.6	8,000		栗德林	36	主　编：王永庆 副主编：李笑然	王永庆	6	4	黑龙江省哈尔滨市和平路14号	150040	220801转337

续表

名称	创刊年月	出刊周期	字数(万字)	发行数(册)		编委会		主编或副主编	编辑部			地址	邮政编码	电话
				国内	国外	主任	委员人数		主任	职工人数	其中编辑人数			
中医药信息	1984.3	双月	8	12,000		栗德林	36	主　编：王永庆 副主编：李笑然	王永庆	6	4	黑龙江省哈尔滨市和平路14号	150040	220801转
针灸学报	1985.1	季刊	8	6,000	200	孙申田	52	程宝书	程宝书	6	4	黑龙江省哈尔滨市动力区和平路14号	150040	241166
上海中医药杂志	1955.6	月刊	8.5	48,000	800	陆德铭	54		王若水	14	13	上海市零陵路530号	200032	4382934
上海中医学院上海市中医药研究院学报	1987	半年刊	12			陆德铭	39	主　编：陆德铭 副主编：张伯讷 陈瑞华 黄宣能	王若水	3	3	上海市零陵路530号	200032	4382934
上海针灸杂志	1982	季刊	8	12,000	500	陈汉平			黄琴峰	4	3	上海市宛平南路650号	200030	4383453
中成药	1988.8	月刊	8	10,000	300	任德权	66	主　编：张元珍	史美瑶	5		上海市人民路324号	200002	3289639
杏苑中医文献杂志	1983.12	季刊	7.2	2,000		励正康	37	张仁	张仁	3	2	上海市瑞金二路156号	200020	4371481
医古文知识	1984.3	季刊	7	15,000	300	裘沛然	9	主　编：段逸山 副主编：葛德宏	葛德宏	4	4	上海市零陵路530号	200032	4385400转227
江苏中医	1956.6	月刊	7	12,000	400	张泽生	60	张华强		8	6	江苏省南京市汉中路282号	210029	741794
南京中医学院学报	1959.6	季刊	11	1,500		周仲瑛	33		黄煌	5	4	江苏省南京市汉中路282号	210029	649121转329
中西医结合眼科杂志	1981	季刊	9.5	2,000	10		34	主　编：姚芳蔚 副主编：汪凯林 郑俊海 曹俊	郑俊海			浙江省温州市医学院路	325003	334941转3036

续表

名称	创刊年月	出刊周期	字数(万字)	发行数(册)		编委会		主编或副主编	编辑部			地址	邮政编码	电话
				国内	国外	主任	委员人数		主任	职工人数	其中编辑人数			
浙江中医杂志	1956.12	月刊	8	30,000	500	王锦云	26	主　编：陆　拯 副主编：方春阳 吕　直	陆拯	14	10	浙江省杭州市天目山路26号	310007	882214
气功杂志	1980.10	月刊	4.8	300,000	2000	王锦云	26	主　编：陆　拯 副主编：吕　直 方春阳	陆拯	14	10	浙江省杭州市天目山路26号	310007	882214
浙江中医学院学报	1977.1	双月	9	3,000	300	葛琳仪		主　编：葛琳仪 副主编：华祝考 高秋松	副主任：华祝考 高秋松	5	5	浙江省杭州市青春路	310009	771914转
中医临床与保健	1989	季刊				陆亚一	86	主　编：邓大学 副主编：吴达生 王书德				安徽省合肥市永红路1号	230038	331006转226
安徽中医学院学报	1981.12	季刊	10	3,000		高尔鑫	17	主　编：刘中本	马宗华	4	3	安徽省合肥市梅山路	230038	331006转236
基层中药杂志	1987.1	季刊	7	2,000		邓大学	30	尚志钧	刘晓龙	6	4	安徽省芜湖市邢家山7号	241000	34072, 34492
福建中医药	1956.7	双月	11	5,123	168	俞长荣	53	主　编：俞长荣 副主编：庄子长 俞慎初	叶挺兴	6	5	福建省福州市五四北路53号	350003	571296
福建中医学院学报	1991.11	季刊	10			杜建	30	杜建	叶挺兴	3	2	福建省福州市五四北路53号	350003	571296
江西中医药	1951.4	双月	10	8,000	200	洪广祥	35	主　编：洪广祥 副主编：匡奕璜	匡奕璜	5	4	江西省南昌市阳明路20号	330006	223131-260
江西中医学院学报	1988.10	半年	11	1000		洪广祥	35	主　编：洪广祥 副主编：匡奕璜	匡奕璜	5	4	江西省南昌市阳明路20号	330006	223131-260

续表

名称	创刊年月	出刊周期	字数(万字)	发行数(册)		编委会		主编或副主编	编辑部			地址	邮政编码	电话
				国内	国外	主任	委员人数		主任	职工人数	其中编辑人数			
山东中医杂志	1981.10	双月	11	12,000	140	周凤梧	34	主　编：丛　林 副主编：李庆升	丛林	10	8	山东省济南市经十路23号	250014	646911-359
山东中医学院学报	1977.2	双月	12	3,500	100	周凤梧	17	主　编：丛　林 副主编：李庆升	丛林	10	8	山东省济南市经十路23号	250014	646911-359
河南中医	1976.6	双月	8	11,000	310	李振华	34	李振华	李僖如	7	5	河南省郑州市金水大道东段河南中医学院内	450003	556695-526
国医论坛	1986.2	双月	8	5,300	28	吴林鹏	15	吴林鹏	赵体浩	7	5	河南省南阳市卧龙岗张仲景国医大学内	473061	332497
中医正骨	1989.12	季刊	9	9,587		郭维淮	61			4	3	河南省洛阳市启明南路1号	471002	353520
中医研究	1988	季刊										河南省郑州市城北路7号	450004	22075
湖北中医杂志	1979.7	双月	8					主　编：张六通 副主编：左覃鑫	左覃鑫	8	7	湖北省武汉市武昌区云架桥110号	430061	875694
时珍国药研究	1990.10	季刊	8	2,300		刘清岭	34	主　编：邓来送		4	3	湖北省黄石市青山湖	435002	222701转385
大众中医药	1985.4	季刊	8	10.000	131	柳菊兴	55	主　编：杨友信 副主编：王　平	王平	5	4	湖北省黄石市天津路31号	435000	
湖南中医杂志	1985.	双月	8.5	8,475	82	欧阳锜	50	欧阳锜	朱佑武	6	6	湖南省长沙市麓山路167号	410006	82852-234
湖南中医学院学报	1979.7	季刊	10	4,800		陈大舜	32	主　编：陈大舜	谭兴贵			湖南省长沙市韶山路107号	410007	33123转

续表

名称	创刊年月	出刊周期	字数(万字)	发行数(册)		编委员		主编或副主编	编辑部			地址	邮政编码	电话
				国内	国外	主任	委员人数		主任	职工人数	其中编辑人数			
中医药时代	1991.9	季刊	15	5,000		刘祖贻	50	主编：刘祖贻 副主编：孙光荣	孙光荣	5	4	湖南省长沙市麓山路167号	410006	83627或83727-219
新中医	1969.11	月刊	9.5	83,000	1,500	李任先	10	主编：李任光 副主编：曾德环 程万		14	8	广东省广州市三元里广州中医学院内	510407	661233转485
广州中医学院学报	1984.9	季刊	9.6				23	副主编：欧明 区永欣		3	2	广东省广州市三元里广州中医学院内	510407	661233转268
中药新药及临床药理	1990.6	季刊	9			李任先	24	主编：欧明	王宁生	9	7	广东省广州市三元里广州中医学院内	510407	661233转483
中药材	1978.1	月刊	10	12,000	35	李军	86	冯明开	元四辉	4	3	广东省广州市浆栏路66号	510130	8882760
气功与科学	1982.8	月刊	6	250,000	3,000	董刚昭	10	董刚昭	董刚昭	8	4	广东省广州市邮政信箱343号	510030	6678600
按摩与导引	1935.4	双月	6.47	24,000	100	尤润珠	21	主编：卓大宏 副主编：邝日建	惠广喜	7	3	广东省韶关市武江南路61号	512026	880395
广西中医药	1965.3	双月	7.2	6,000		谭家祥	65	主编：班秀文	刘坚	5	4	广西壮族自治区南宁市新民路21号	530001	32101转252
中国中医骨伤科杂志	1985.5	双月	12	12,000	200	施杞	60	主编：韦以宗	余飞	6	3	广西壮族自治区南宁市新民路32号	530012	27585
蛇志	1989	季刊						主编：李其斌				广西壮族自治区南宁市津头商业大楼二楼	530012	27585
四川中医	1982.10	月刊	10	16,000	150	傅灿冰	80	金家浚 方连举	方连举	8	6	四川省成都市文庙西街80号	610041	26595

续表

名称	创刊年月	出刊周期	字数(万字)	发行数(册)		编委会		主编或副主编	编辑部			地址	邮政编码	电话
				国内	国外	主任	委员人数		主任	职工人数	其中编辑人数			
中药药理与临床	1985	双月	8.5	2,500		王建华	63	主　编：黄　衡	邓文龙	4	2	四川省重庆市黄桷垭四川省中药研究所	630065	271610
成都中医学院学报	1963	季刊	7.2	3,500		凌一揆	40		黄英志	4	2	四川省成都市十二桥街15号成都中医学院内	610072	669241
实用中医药杂志	1985	季刊				陶克文	43	主　编：陶克文				四川省重庆市中区山城巷83号	630010	
贵阳中医学院学报	1979.7	季刊	10	9,000		袁家玑	31	主　编：邱德文		6	4	贵州省贵阳市市东路1号	550002	23971转224
云南中医杂志	1980.2	双月	7	4,500	220	张　震	47	主　编：张　震 副主编：杨健武	杨健武	6	3	云南省昆明市莲花池	650223	54494
云南中医学院学报	1978.1	季刊	7	1,500		戴慧芬	24	马逢升　吴家骏	马逢升	5	3	云南省昆明市白塔路6号	650011	
陕西中医	1980.2	月刊	8			李经纶	42		黄洁	7	6	陕西省咸阳市渭阳中路陕西中医学院内	712083	2788转36?
陕西中医学院学报	1978.1	季刊	10						李天德	5	4	陕西省咸阳市渭阳中路陕西中医学院内	712083	2788转
陕西中医函授	1981.9	双月	10						王景洪			陕西省咸阳市渭阳中路陕西中医学院内	712083	2788转

续表

名称	创刊年月	出刊周期	字数(万字)	发行数(册)		编委会		主编或副主编	编辑部			地址	邮政编码	电话
				国内	国外	主任	委员人数		主任	职工人数	其中编辑人数			
现代中医	1987.10	季刊	7.5	3,000		任惠民	50	主　编：刘茂甫	刘茂甫	5	4	陕西省西安市朱雀大街205号西安医科大学内	710061	711609
气功与体育		双月						主　编：郭周礼				陕西省西安市小寨兴善寺西街6号	710061	55676
甘肃中医学院学报	1984.7	季刊	10	1,200	20	丛春雨	20	主　编：宁　越 副主编：谢　光	江葳葳	4	3	甘肃省兰州市定西东路35号	730000	27121转287
甘肃中医	1988.5	季刊	7	3,000		石国璧	22	王自立	李应寿	4	3	甘肃省兰州市七里河区安西路168号	730050	37364
新疆中医药	1981.1	季刊	9	2,000		张绚邦	31	主　编：张绚邦 副主编：牟全胜	牟全胜	3	2	新疆维吾尔自治区乌鲁木齐市龙泉街66号区卫生厅内	830001	225422

索引

D　大戴丹胆当党导盗地第颠癫点跌丁冬董动独杜敦多

E　莪颌呃恶儿耳二

F　发方房防放肥肺蜂佛扶富副复蝮腹

Y 牙亚咽延眼厌燕羊阳养杨腰药液叶医一胰遗乙

一九八三～一九九二年卷累积索引

C **采彩参蚕苍仓曹草侧茶柴蝉缠产常长肠超朝车尘沉陈成程承痴迟齿尺赤冲虫崇抽臭初出除川穿传喘疮创吹垂春椿唇淳磁此刺次葱粗醋促崔催焠存挫错重贮卒苁芜葛痤螗**

D　达大傣戴带代袋丹单胆旦氮淡蛋当挡党荡倒导道盗德得灯登邓低滴涤翟抵地第帝颠滇点靛电刁跌蝶丁定东冬董动侗冻豆痘督毒独杜断敦顿多夺疔癫窦骶黛

G　G　概干甘肝赶感肛岗杠高膏葛格蛤个各根跟更耿工攻功龚公宫巩汞钩狗孤鼓古骨股顾固瓜挂关官冠观灌贯光广归龟鬼桂滚郭国果过粳睾佝构旰肱膈钴疳

H 哈海邯韩含寒旱汗汉好荷核和何合河鹤贺黑衡烘虹红喉猴厚后呼葫胡狐虎护花华滑化槐坏环还缓痪黄皇挥蛔回会昏豁活火获霍诃茴蒿藿琥桦铧颌

J 基肌激鸡集急挤脊己剂济寄计嘉夹颊甲尖间煎兼肩碱减健建僵姜江降椒焦胶交矫脚角绞教接截节桔洁结解戒芥疥筋金津锦靳禁近荆睛晶京惊精经景颈静镜痉净韭灸九酒救居菊局举聚巨卷决绝菌军峻厥芨蒺蕨拮绛橘腱睑䴔秸鸠疖皲

K 咯开坎康抗考柯科咳可克课孔控口枯哭苦宽狂眶溃坤昆扩邝疴蛞

L 拉蜡莱蓝阑兰狼郎劳老勒雷肋类泪棱冷梨黎离理李里荔历利傈痢立粒莲连敛链炼练凉梁良两疗了裂林淋零羚凌灵硫刘流柳六龙聋楼漏芦颅炉露路鹿陆葎绿卵罗落洛络乳偻苓蒌藜栌榄臁戾疠痨瘘瘰瘤瘰蝼

M 麻蚂马麦脉满蔓慢芒猫茅毛梅霉没美蒙梦孟麋米秘泌蜜密棉眠绵免面苗灭民闽明名命蘑膜魔末鞣鞨牡毋木目穆猕缪礞螨

N 那奶南囊脑闹臑内泥腻逆年尿捏聂柠凝宁牛扭钮脓农女暖疟粘衂奈哓衄鲵

O 欧呕

P 膀辟帕排潘盘庞炮胚培配佩盆彭硼砒霹啤脾皮痞偏贫萍平破葡蒲朴普丕枇螃蟛蟠

R　冉热人忍任认妊日荣溶绒柔肉懦如乳褥软瑞润若濡

S 4 萨腮三散桑嗓搔扫色涩僧砂杀沙杉山善伤商上尚烧芍少邵绍蛇舌摄射申身参深神沈肾渗声生升盛胜失施湿十石时食实史世柿逝嗜适视收手首守寿瘦输舒疏熟暑鼠术树刷衰双水睡顺嘶思丝死四松愡宋搜苏速宿肃酸孙损缩所睔唯畲疝鳝麝

T　T调塔胎苔台泰太瘫痰炭汤唐糖烫绦桃陶藤疼提蹄体天填田挑条贴铁厅听通桐瞳同铜彤童统痛头透突图土吐兔推道托脱菟葶腟瘫耵

W　蛙娃瓦外顽完万脘汪王网望威微韦围维苇萎委胃魏卫瘟温文蜗我乌屋无梧吴武五午伍煨瘘蜈

X 西矽锡息膝熄犀席喜洗细下夏先仙鲜涎弦 现县相香硝哮消小肖效蝎斜胁蟹泄泻谢锌辛新心 信星猩行醒杏性胸雄熊休虚徐蓄宣悬旋玄癣眩薛 学穴雪血循驯芎苦荨蕈逍痫

Y 鸦鸭牙哑亚咽烟盐研延颜阎炎眼燕厌杨羊洋阳痒养腰摇药噎野叶腋夜液一医伊遗移胰彝乙抑易疫益溢异翼茵殷音阴银淫饮引隐印营迎硬痈涌永幽忧有右幼于榆余俞鱼禹宇玉郁喻愈育预元鸢远院约越岳月云运晕孕毓瘗芫芸薏恽聿疣疭瘐瘾瘟瞿翳龈

Z 藏杂再在攒赞脏枣早蚤躁造皂燥泽增曾扎占樟章张嶂赵浙蔗珍真甄贞针枕诊震振镇阵蒸怔癥整正郑证支蜘知肢脂职直植指止至制智秩质炙痔滞治中肿重仲舟周肘皱珠蛛朱猪诸逐竹著助注祝驻抓专转庄壮追赘灼资滋紫子自棕总邹足祖阻左坐苎枳栀栓痄蛭蟑赭跖

(京)新登字025号

中国中医药年鉴
(一九九二)
《中国中医药年鉴》 编辑委员会 编审
*
中国中医药出版社出版
(北京市东城区新中街11号)

新华书店科技发行所发行 三河科教印刷厂印刷
787×1092毫米 16开本 52 25印张 1320千字
*
1993年2月第1版 1993年2月第1次印刷
印数1—2200册

ISBN 7-80089-164-X/R·165 定价：50.00元